gem

Collins

Irish

Dictionary

HarperCollins Publishers
Westerhill Road
Bishopbriggs
Glasgow
G64 2QT
Great Britain

Third edition 2010

10 9 8 7

© HarperCollins Publishers 1995,
2006, 2010

ISBN 978-0-00-732496-5

Collins Gem® is a registered
trademark of HarperCollins
Publishers Limited

www.collins.co.uk

A catalogue record for this book is
available from the British Library

Typeset by Davidson Publishing
Solutions, Glasgow

Printed in Italy by LEGO Spa,
Lavis (Trento)

When you buy a Collins dictionary
or thesaurus and register on
www.collins.co.uk for the
free online and digital services,
you will not be charged by
HarperCollins for access to Collins
free Online Dictionary content or
Collins free Online Thesaurus
content on that website. However,
your operator's charges for using
the internet on your computer will
apply. Costs vary from operator to
operator. HarperCollins is not
responsible for any charges levied
by online service providers for
accessing Collins free Online
Dictionary or Collins free
Online Thesaurus on www.collins.co.uk using
these services.

HarperCollins does not warrant
that the functions contained in
www.collins.co.uk content
will be uninterrupted or
error free, that defects will be
corrected, or that
www.collins.co.uk or the
server that makes it available are
free from viruses or bugs.
HarperCollins is not responsible
for any access difficulties that may
be experienced due to problems
with network, web, online or
mobile phone connections.

Acknowledgements
We would like to thank those
authors and publishers who
kindly gave permission for
copyright material to be used in
the Collins Corpus. We would
also like to thank Times
Newspapers Ltd for providing
valuable data.

EDITORIAL MANAGEMENT/
BAINISTÍOCHT EAGARTHÓIREACHTA
Gaëlle Amiot-Cadey

EDITORS/EAGARTHÓIRÍ
Séamus Mac Mathúna
Máire Nic Mhaoláin
Ailbhe Ó Corráin
Pádraig Ó Mianáin

COORDINATING EDITORS/
EAGARTHÓIRÍ COMHORDAITHE
Maggie Seaton
Rachel Smith

COMPUTING SUPPORT/TACAÍOCHT
RÍOMHAIREACHTA
Thomas Callan

SERIES EDITOR/EAGARTHÓIR NA
SRAITHE
Rob Scriven

William Collins' dream of knowledge for all began with the publication of his first book in 1819. A self-educated mill worker, he not only enriched millions of lives, but also founded a flourishing publishing house. Today, staying true to this spirit, Collins books are packed with inspiration, innovation, and practical expertise. They place you at the centre of a world of possibility and give you exactly what you need to explore it.

Language is the key to this exploration, and at the heart of Collins Dictionaries is language as it is really used. New words, phrases, and meanings spring up every day, and all of them are captured and analysed by the Collins Word Web. Constantly updated, and with over 2.5 billion entries, this living language resource is unique to our dictionaries.

Words are tools for life. And a Collins Dictionary makes them work for you.

Collins. Do more.

CONTENTS

CLÁR ÁBHAIR

Note on trademarks
Words which we have reason to believe constitute trademarks have been designated as such. However, neither the presence nor the absence of such designation should be regarded as affecting the legal status of any trademark.

Nóta ar thrádmharcanna
Aon fhocal a cheapaimid atá ina thrádmharc, léirítear amhlaidh le comhartha é. Ach bíodh an comhartha ann nó ná bíodh, ní bhaineann sé de stádas dlíthiúil an trádmhairc.

INTRODUCTION

We are delighted you have decided to buy the **Collins Irish Gem Dictionary** and hope you will enjoy it and benefit from using it.

Its comprehensive and up-to-date wordlist, based on the statistical evidence of the *Bank of English*®, and its attractive, user-friendly layout combine to make this an invaluable small dictionary for learners and users of Irish.

There is a useful Irish grammar section in the middle of the dictionary, which gives extensive tables of regular and irregular verbs and noun declensions.

In addition, Collins' unique "keyword" feature gives the user extra help with the most frequently used words in English and Irish (eg. **about**, **from**, **get**, **agus**, **cé**, **mar**).

We are sure that you will find this compact book an indispensable reference tool.

RÉAMHRÁ

Cuireann sé áthas orainn gur shocraigh tú **Foclóir Gem Gaeilge Collins** a cheannach agus tá súil againn go mbainfidh tú sult agus tairbhe as.

Lena stór focal cuimsitheach, nua-aimseartha, atá bunaithe ar an teanga bheo de réir fhianaise staitistiúil an *Bank of English*®, beidh an foclóir beag seo an-luachmhar ag lucht labhartha agus foghlamtha na Gaeilge.

Sa ghraiméar beag úsáideach i lár an fhoclóra, faightear táblaí de réimniú na mbriathra, idir rialta agus neamhrialta, mar aon le díochlaontaí na n-ainmfhocal.

Ina theannta sin, beidh leagan amach na n-eochairfhocal, gné speisialta de chuid foclóirí Collins, ina áis bhreise ag an léitheoir le teacht ar na focail is coitianta a mbaintear úsáid astu i mBéarla agus I nGaeilge (m.sh. **about, from, get, agus, cé, mar**).

Táimid cinnte go mbeidh tarraingt agat go mion minic ar an leabhar beag fíorúsáideach seo.

ABBREVIATIONS

abbr	abbreviation
adj	adjective
Admin	administration
adv	adverb
Agr	agriculture
Anat	anatomy
Archit	architecture
art	article
Astrol	astrology
Astron	astronomy
attrib	attributive
Aut	cars and motoring
aux	auxiliary
Aviat	aviation
Biol	biology
Bot	botany
Brit	British
Chem	chemistry
Cine	cinema
Comm	commerce, banking
compar	comparative
Comput	computing
conj	conjunction
Constr	building, construction

GIORRÚCHÁIN

cpd	compound element
Culin	cookery
def art	definite article
dem pron	demonstrative pronoun
dir rel	direct relative
dpl	dative plural
ds	dative singular
Eccl	ecclesiastical
Econ	economics
Elec	electricity, electronics
esp	especially
etc	et cetera
excl	exclamation, interjection
f (f2, f3, f4)	feminine (second etc declension)
fig	figurative
Fin	finance
fpl	feminine plural
fsg	feminine singular
fus	(phrasal verb) where the particle cannot be separated from the main verb

fut	future	Liter	literature
fvn	feminine verbal noun	m (m1, m3, m4)	masculine (first etc declension)
gen	genitive, generally	Math	mathematics, calculus
Geog	geography	Med	medical term, medicine
Geol	geology		
Geom	geometry	Meteor	meteorology
Gram	grammar	Mil	military matters
gpl	genitive plural	msg	masculine singular
gs	genitive singular		
gsf	genitive singular feminine	Mus	music
		mvn	masculine verbal noun
gsm	genitive singular masculine	n	noun
Hist	history	Naut	sailing, navigation
impers	impersonal	neg	negative
Ind	industry	nf (nf2, nf3, nf4)	feminine noun (second etc declension)
indef art	indefinite article		
indir rel	indirect relative		
inf(!)	colloquial usage (! particularly offensive)	n gen (as adj)	noun in genitive as adjective
		n inv	invariable noun
infin	infinitive	nm (nm, nm3, nm4)	masculine noun (first etc declension)
Ins	insurance		
interr	interrogative		
inv	invariable	nom	nominative
Irl	Ireland	npl	plural noun
irreg	irregular	num	numeral adjective or noun
Ling	linguistics		

x

o.s.	oneself	*Ski*	skiing
part	particle	*sth*	something
pej	derogatory, pejorative	*sub*	subjunctive
		subj	subject
pers pron	personal pronoun	*superl*	superl
Phil	philosophy	*Tech*	technical term, technology
Phot	photography		
Phys	physics	*Tel*	telecommun- ications
Physiol	physiol		
pl	plural	*Theat*	theatre
Pol	politics	*Tv*	television
poss adj	possessive adjective	*Typ*	typography, printing
		Univ	university
pp	past participle	*US*	(North) American
prep	preposition(al)	*vadj*	verbal adjective
pres	present	*vb(s)*	verb(s)
pron	pronoun	*vi*	intransitive verb
Psych	psychology	*vn*	verbal noun
Rail	railways	*voc*	vocative
reg	regular	*vt*	transitive verb
Rel	religion	*Zool*	zoology
rel	relative	®	registered trademark
sb	somebody		
Scol	schooling, schools	≈	introduces a cultural equivalent
Scot	Scottish		
sg	singular		

LENITION AND ECLIPSIS

The beginnings of Irish words can change in certain
circumstances, usually due to the effect of the preceding
word. There are two major kinds of changes, *lenition* and
eclipsis. The following is a general guide.

Lenition
This only affects consonants. Before feminine nouns, the
article **an** causes initial lenition to a noun which is the
subject or object of the sentence. For example, 'a woman'
is **bean**, but 'the woman' is **an bhean**. Lenition also occurs
when definite singular masculine nouns are in the genitive
cases (**súile an chait** 'the cat's eyes').

Proper nouns of both genders without the article are lenited
in the genitive (**gúna Chaoimhe** 'Keeva's dress', **foireann
Mhuineacháin** 'the Monaghan team', **faoi choinne Sheáin**
'for John').

Lenition follows the possessive pronouns **mo**, **do**, **a** (=his),
so that while 'a car' is **carr**, 'my car' is **mo charr**.

Nouns without the article are also lenited after most of the
simple prepositions **ar**, **do**, **de**, **faoi**, etc. The compound
forms **den**, **don** and **sa** lenite (**den chrann**, **sa chathair**).

The vocative particle **a** lenites (**a Sheoirse**, **a chailíní**),
while numerals 1-6 and their compounds lenite singular
nouns (**dhá bhliain déag**). Direct relative **a** lenites.

The past tense of verbs is generally lenited (**chuir me**
'I have put'), even without any preceding word. (The past

autonomous, such as **cuireadh é** 'he was buried', and some forms like **fuaireamar** 'we got', and **dúirt sé** 'he said' are not lenited.) The conditional and past habitual are lenited, as are most forms after the negatives **ní, níor, nár,** after relative or interogative **ar,** after **má** and **murar** and **gur,** and after **cár, cér,** etc.

Adjectives are lenited after singular feminine nouns not in the genitive (**duilleog ghlas** 'a green leaf', **leis an ngirseach bheag** 'with the little girl', **sa tsúil chlé** 'in the left eye'). With masculine nouns, adjectives are lenited in the genitive singular (**coiléar an mhadra mhóir** 'the big dog's collar'), and in the plural after a final consonant preceded by **i** (**fir bhreátha** 'handsome men').

Note also the lenition of plural adjectives with numerals, as in **dhá bhuidéal fholmha, trí leabhar mhóro, seacht gcaora dhubha.**

In compound words, the second (and any subsequent) elements are lenited (**bangharda, fíor-dhrochmhargadh**) but not where any pair of the letters **d, l, n, s** or **t** come together (**lánsásta**).

A few words always begin with a lenited letter, such as **bheith** 'to be', **chuig** 'towards', **thall** 'over there', etc.

In no case is there lenition of **h, j, l, n, q, r, v, w, x, y,** or **z.** Nor is there lenition of **d** or **t** after the article (**an duilleog** 'the leaf'', **sa doras** 'in the doorway', **ceann an tairbh** 'the bull's head'), nor of **sc, sf, sm, sp, st** or **sv.**

Lenitable initial **s** after the article has **t** prefixed
(**an tslat, sa tslí, teach an tsagairt**).

Eclipsis

This affects both consonants and vowels (vowels being
eclipsed by **n-**). Eclipsis occurs after the possessives **ár,
bhur** and **a** (= their), and after the preposition **i** (**i mbaol**
'in danger', **in Éirinn** 'in Ireland').

Eclipsis also follows the article in the dative singular,
unless there is lenition or the noun begins with a vowel or
with **d** or **t** (**ag an gcluiche, leis an mbean, den chrann,
faoin talamh**), and in the genitive plural (**bróga na bhfear**
'the men's shoes', **hataí na mban** 'the women's hats', **ceol
na n-éan** 'the singing of the birds').

Numerals 7-10 and their compounds also eclipse nouns
(**seacht mbliana déag**).

Interrogative **an** and all uses of **nach** and **go** eclipse verbs.
And so do words like **dá, sula, mura** and **cá** (= where?),
and the indirect relative **a**.

Adjectives are not eclipsed.

Other mutations (vowels)

Masculine nouns beginning with a vowel have **t-** prefixed
in the nominative and accusative (**an t-uisce**). Nouns
beginning with a vowel have **h** prefixed after the article
na (**muintir na háite** 'the local people', **leis na húlla**
'with the apples', **sna hoileáin** 'in the islands').

A word which neither lenites nor eclipses but which ends in **a** vowel prefixes **h** to words that begin with a vowel (**le hairgead a shaothrú** 'to earn money', **Dé hAoine** 'on Friday', **an dara háit** 'the second place', **go hálainn** 'beautifully', **ná hith é** 'don't eat it', **cá huair?** 'when?', **a hathair** 'her father').

Verbs beginning with a vowel or **f** (lenited) have **d'** prefixed in the independent forms of the past, past habitual and conditional (**d'athraigh, d'éiríodh, d'fhágfadh**).

The following tables show which letters may be lenited or eclipsed, and how to write and pronounce the mutated letters.

CONSONANT	LENITED	ECLIPSED
p	ph	bp
b	bh	mb
m	mh	*not eclipsed*
n	*no change*	*not eclipsed*
t	th	dt
d	dh	nd
c	ch	gc
g	gh	ng
l	*no change*	*not eclipsed*
f	fh	bhf
s	sh	*not eclipsed*

A n (Mus) A m4

abbreviation n giorrúchán m1, nod m1

abdomen n bolg m1; (Biol) abdóman m1

abduct vt fuadaigh

abide vt: **I can't ~ it/him** níl cur suas agam leis; **abide by** vt fus seas le, cloígh le

ability n ábaltacht f3, inniúlacht f3, cumas m1

able adj ábalta; **to be ~ to do sth** bheith ábalta or in ann or in inmhe rud a dhéanamh

abnormal adj mínormálta; (unusual) neamhghnách, as an ngnáth

aboard adv ar bord ▷ prep ar bord + gen

abolish vt cuir ar ceal

abort vt (plan etc) éirigh as; **abortion** n ginmhilleadh m; **to have an abortion** ginmhilleadh a fháil

○ **KEYWORD**

a indef art (no indef article in Irish) **1**: **a book** leabhar; **an apple** úll; **she's a doctor** is dochtúir í

2 (instead of the number "one"): **a year ago** bliain ó shin; **a hundred/thousand** etc **euros** céad/míle etc euro

3 (in expressing ratios): **3 a day/week** 3 sa lá/sa tseachtain; **10 km an hour** 10 gciliméadar san uair; **30p a kilo** 30 pingin an cileagram

aback adv: **he was taken ~** baineadh siar or stangadh as

abandon vt (desert) tréig, fág; (give up) éirigh as, lig uait; (hope, right, ideals) tabhair suas

abbey n mainistir f

○ **KEYWORD**

about adv **1** (approximately) timpeall, thart ar, tuairim is; **about a hundred/thousand** etc tuairim is céad/míle etc; **it takes about 10 hours** tógann sé thart faoi 10 n-uaire an chloig; **at about 2 o'clock** i dtrátha a dó a chlog; **I've just about finished** tá mé chóir a bheith críochnaithe or de chóir críochnaithe, tá mé beagnach críochnaithe

2 (referring to place) thart, timpeall, anseo is ansiúd; **to leave things lying about** rudaí a fhágáil ina luí thart; **to run about** rith thart; **to walk about** siúl thart

3: **to be about to do sth** bheith ar tí or ar bhéala rud a dhéanamh

▷ prep **1** (*relating to*): **a book about London** leabhar faoi Londain; **what is it about?** (*book, programme*) cad is ábhar dó?; **we talked about it** labhraíomar faoi or ina thaobh or fá dtaobh de; **what or how about doing this?** cad é do bharúil dá ndéanfaimis seo? **2** (*referring to place*): **to walk about the town** siúl thart faoin mbaile mór or siúl timpeall an bhaile mhóir

above *adv* thuas ▷ *prep* thar, os cionn + *gen*, taobh thuas de; (*more*) breis agus; **mentioned ~** thuasluaite; **~ all** os cionn gach uile ní, thar gach uile ní

abroad *adv* ar an gcoigríoch, thar lear

abrupt *adj* (*sudden*) tobann; (*gruff*) giorraisc

abscess *n* easpa f4

absence *n* easpa f4, éagmais f2; (*of person*) neamhláithreacht f3; **during my ~** agus mé as láthair

absent *adj* (*missing*) in easnamh, ar iarraidh; (*person*) as láthair; **absent-minded** *adj* dearmadach

absolute *adj* iomlán, lán-; **~ certainty** lánchinnteacht f3; **absolutely** *adv* (*completely*) iomlán, go hiomlán, ar fad, amach is amach, fíor-; (*in agreement*) cinnte

absorb *vt* súigh, ionsúigh; **to be ~ed in a book** bheith sáite i leabhar; **absorbent cotton** (*US*) *n* cadás *m1* súiteach

abstain *vi*: **to ~ (from)** staonadh (ó); (*meat*) tréanas a dhéanamh (ar)

abstract *adj* teibí ▷ *n* coimriú *m*, achoimairecht f3

absurd *adj* áiféiseach

abundance *n* flúirse f4, raidhse f4

abundant *adj* flúirseach; **an ~ supply of food** flúirse bia

abuse *n* (*of person*) mí-úsáid f2, drochíde f4; (*insults*) masla *m4* ▷ *vt* tabhair drochíde or mí-úsáid do; (*insult*) maslaigh; **verbal ~** íde f4 béil; **drug ~** mí-úsáid drugaí; **abusive** *adj* maslach

abysmal *adj* uafásach, ainnis, léanmhar

academic *adj* acadúil ▷ *n* scoláire *m4*; **academic year** *n* bliain f3 acadúil

academy *n* (*learned body*) acadamh *m1*; **~ of music** acadamh ceoil

accelerate *vt* cuir tuilleadh siúil faoi, luathaigh, luasghéaraigh ▷ *vi* tóg siúl, luathaigh, luasghéaraigh; **accelerator** *n* luasaire *m4*

accent *n* blas *m1*; (*Gram*) aiceann *m1*; (*length accent*) síneadh *m* fada

accept *vt* glac (le); (*apology*) gabh; **acceptable** *adj* inghlactha; **acceptance** *n* glacadh *m*

access *n* bealach isteach, rochtain f3; (*permission*) cead *m3* isteach; (*Comput*) rochtain; **~ time** (*Comput*) aga *m4* rochtana; **random ~** (*Comput*) randamrochtain f3; **accessible** *adj* (*place*) so-aimsithe; (*person*) sochaideartha

accessory *n* oiriúint f3, gabhálas *m1*; (*Law*) cúlpháirtí *m4*

accident *n* taisme f4, timpiste f4, tionóisc f2; **by ~** de thaisme, de thimpiste, trí thionóisc; **accidental** *adj* taismeach, timpisteach, tionóisceach; **accidentally** *adv* de thaisme, de thimpiste, trí thionóisc

acclaim *n* gairm f2, moladh *m* ▷ *vt* gair, mol

accommodate *vt* tabhair lóistín

do, cuir cóir ar; (oblige, help) déan garaíocht do; (car etc) it ~s five tá fairsinge do chúigear ann

accommodation n iostas m, lóistín m4, cóiríocht f3; **office ~** cóiríocht oifige

accompany vt tionlaic, comóir

accomplice n comhchoirí m4

accomplish vt cuir i gcrích, críochnaigh; **accomplishment** n (completion) críochnú m; (feat) éacht m3

accord n comhaontú m ▷ vt deonaigh; **of his own ~** dá thoil féin, dá dheoin féin; (initiative) ar a chonlán féin; **accordance** n: **in accordance with** de réir + gen; **according** prep: **according to** de réir + gen, dar le, de réir; **accordingly** adv dá réir (sin), mar sin de, amhlaidh

account n (Comm, bank) cuntas m; (report) tuairisc f2; (bill) bille m4; **accounts** npl (Comm) cuntais mph; **of no ~** gan tábhacht; **on ~** ar cairde; **on no ~** ar chuntar ar bith; **on ~ of** de bharr + gen; **on ~ of that** dá bharr sin, i ngeall ar sin; **to take sth into ~, take ~ of sth** rud a chur san áireamh; **account for** vt fus mínigh, tabhair cuntas i; **accountable** adj: **accountable (to)** freagrach (do), cuntasach (faoi i); **accountant** n cuntasóir m3

accumulate vt tiomsaigh, carn ▷ vi carn, méadaigh

accuracy n beachtas m, cruinneas m

accurate adj beacht, cruinn; **accurately** adv go beacht, go cruinn

accusation n gearán m, cúiseamh m; (allegation) líomhain f3

accuse vt cúisigh; **to ~ sb of sth** rud a chur i leith duine, rud a chur

síos do dhuine; **accused** n: **the accused** (sing) an cúisí m4; (plural) na cúisithe mpl4

accustomed adj (usual) coitianta, gnách, gnáth-; (in the habit) **he is ~ to doing that** tá sé de nós aige sin a dhéanamh

ace n aon m

ache n pian f2, tinneas m ▷ vi (yearn) **to ~ to do sth** bheith ar bís chun rud a dhéanamh; **my head ~s** tá tinneas cinn orm

achieve vt cuir i gcrích, bain amach; **achievement** n éacht m3

acid n aigéad m ▷ adj aigéadach

acknowledge vt (letter, fact) admhaigh; **acknowledgement** n (of letter) admháil f3; (of work) aitheantas m

acne n aicne f4

acorn n dearcán m

acoustic adj fuaimiúil

acquaintance n duine m aitheantais

acquire vt faigh

acquit vt saor; **to ~ o.s. well** cruthú go maith

acre n acra m4

across prep trasna + gen, ar an taobh thall de; (crosswise) crosach ▷ adv anonn, anall, thall; **to run ~** rith trasna; **he went ~ the street** chuaigh sé trasna na sráide; **he went ~ the bridge** chuaigh sé anonn or thar an droichead; **he lives ~ the river** tá sé ina chónaí ar an taobh thall den abhainn; **~ from** os comhair + gen

acrylic adj aicrileach

act n (gen, also of play) gníomh m; (in music hall etc) mír f2; (Law) acht m3 ▷ vi (take action) gníomhaigh, feidhmigh; (Theat) bheith ag aisteoireacht; (pretend) lig ort féin (go) ▷ vt (part): **to ~ a character** carachtar a dhéanamh; **to ~ as** gníomhú mar; **acting** adj gníomhach ▷ n aisteoireacht f3

action n aicsean m1, gníomh m1, gníomhú m, beart m1; (Mil) comhrac m1; (Law) caingean f2; **out of ~** (machine) as feidhm, as gléas, ó threoir; **to take ~ on sth** tabhairt faoi rud

activate vt (mechanism) cuir ar obair, gníomhachtaigh

active adj fuinniúil, gnóthach, cruógach; (in organization etc) gníomhach; (volcano) beo; **~ voice** (Ling) faí ghníomhach; **actively** adv (go) gníomhach

activist n gníomhaí m4

activity n gníomhaíocht f3

actor n aisteoir m3

actress n banaisteoir m3

actual adj fíor, dearbh; (Law) iarbhír

actually adv (really) go fírinneach, go dearfa; (in fact) déanta na fírinne

acupuncture n snáthaidpholladh m

acute adj géar; **~ accent** agúid f2; **~ angle** géaruillinn f2

A.D. adv abbr (= anno Domini) I.C., iar-Chríost

ad n abbr = **advert**(isement)

adamant adj dáigh, diongbháilte

adapt vt: **to ~ sth (to)** rud a chur in oiriúint (do) ▷ vi: **to ~ to** tú féin a chló le; **adapter, adaptor** n cuibheoir m3

add vt cuir le; (figures: also: **~ up**) suimigh ▷ vi: **to ~** (increase) cur le; **that ~s up** tá dealramh sa fhírinne air sin, tá sin ceart

addict n andúileach m1; **addicted** adj: **to be addicted to** (drugs, drink etc) bheith ar shlabhra ag, andúil a

bheith agat i; (fig: to football etc) bheith tugtha do, dúil bhocht a bheith agat i; **addiction** n (Med) andúil f2

addition n suimiú m, suimiúchán m1; (thing added) breis f2, aguisín m4; **in ~** ina theannta sin; **in ~ to** le cois + gen, mar bharr ar; **additional** adj breise n gen

additive n breiseán m1

address n seoladh m1; (talk) óráid f2 aitheasc m1 ▷ vt cuir seoladh ar; (speak to) cuir forrán ar, labhair le

adequate adj sásúil

adhere vi: **to ~ to** greamú do; (fig: rule, decision) cloí le, géilleadh do

adhesive n greamachán m1; **adhesive tape** n (Brit) téip f2 ghreamaitheach; (US: Med) greimlín m4

adjacent adj: **~ (to)** cóngarach (do), buailte (le)

adjective n aidiacht f3

adjoining adj tadhlach; (land) atá sínte le, atá ag críochantacht le

adjourn vt cuir ar atráth ▷ vi scoir; **they ~ed the meeting** chuir siad an cruinniú ar atráth

adjust vt (clock, scales, compass) ceartaigh, cuir ina cheart; (machine) cóirigh, deisigh; (clothes) cuir in ord, cóirigh, socraigh; (prices) coigeartaigh ▷ vi: **to ~ (to)** tú féin a chló (le); **adjustable** adj incheartaithe, insocraithe, inathraithe; **adjustment** n ceartú m; (to machine) cóiriú m, deisiú m; (of prices, wages) coigeartú m

administer vt (country) riar; (drug) tabhair (do); (test) cuir air; (justice) cuir i bhfeidhm; **administration** n riaracháin m1; (people) lucht m3 riaracháin; (Pol) rialtas m1; **administrative** adj riarthach;

administrative centre lárionad riaracháin

admiral n aimiréal m1

admire vt: **to ~** meas mór a bheith agat ar

admission n (to place) cead m3 isteach; (fee) táille f4; (of guilt) admháil f3

admit vt (let in) lig isteach; (confess) admhaigh; (agree) aontaigh, glac le; **admittance** n cead m3 isteach; **admittedly** adv is fíor go, caithfear a rá go

adolescent adj óigeanta ▷ n óganách m1

adopt vt (child) uchtaigh; (plan) cinn ar, glac le; (stance) glac chugat, cuir ort; **adopted** adj (child) ucht-; **adoption** n uchtú m

adore vt gráigh; (Rel) adhair; **to ~ sth** dúil mhór a bheith agat i rud

adorn vt maisigh, cuir maise ar

Adriatic, Adriatic Sea n Muir f3 Aidriad

drift adv: **to be ~** bheith ar fuaidreamh or ag imeacht le sruth

ADSL n abbr (= asymmetric digital subscriber line) ADSL, líne f4 dhigiteach neamhshiméadrach rannpháirtí

dult n duine m4 fásta, aosach m ▷ adj fásta; **~ education** oideachas aosach

dultery n adhaltranas m1

dvance n (money) airleacan m1, réamhíocaíocht f3 ▷ adj: **he made an ~ booking** chuir sé ticéad in áirithe (roimh ré) ▷ vt (move forward) cuir chun cinn; (money) tabhair ar airleacan do ▷ vi téigh chun tosaigh; **~ notice** fógra roimh ré; **to make ~s (to sb)** mór a dhéanamh (le duine); **in ~** roimh ré; **advanced** adj (course)

forbartha; (guard) tosaigh n gen; (Scol): **advanced students** scoláirí ardleibhéil; **advanced GCSE** ardleibhéal GCSE; **Institute of Advanced Studies** Institiúid Ardléinn

advantage n (also Tennis) buntáiste m4; **to take ~ of** (sth) buntáiste or leas a bhaint as; (sb) buntáiste a bhreith ar

advent n teacht m3; **A~** (Rel) An Aidbhint f2

adventure n eachtra f4; (Comm) fiontar m

adverb n dobhriathar m1

adversary n céile m4 comhraic

adverse adj (damaging) dochrach, aimhleasach; (hostile) naimhdeach

advert n fógra m4; (small) fógrán m1

advertise vt, vi fógair, déan fógraíocht ar; **advertisement** n = **advert**; **advertiser** n (in newspaper etc) fógróir m3; **advertising** n fógraíocht f3

advice n comhairle f4; (notification) faisnéis f2; **to take legal ~** dul i gcomhairle le dlíodóir

advisable adj inmholta

advise vt comhairligh, mol do; **to ~ sb of sth** faisnéis a thabhairt do dhuine faoi rud; **to ~ against doing sth** comhairliú gan rud a dhéanamh; **adviser, advisor** n comhairleoir m3

advocate n (upholder) cosantóir m3; (Law) abhcóide m4 ▷ vt (course of action) mol

aerial n aeróg f2 ▷ adj aerga, aer-

aerobics n aeróbaíocht f3, aeraclaíocht f3

aeroplane n eitleán m1

aerosol n aerasól m1

affair n (concern) gnó m4; (event) cás m1; (also: **love ~**) caidreamh m1

suirí; **current ~s** cúrsaí reatha;
foreign ~s gnóthaí eachtracha;
affect vt (influence) téigh i bhfeidhm
ar; (move deeply) corraigh; **it
doesn't ~ us** ní bhaineann sé linn;
affected adj galamaisíoch,
móiréiseach, gothach,
mórchúiseach; **affection** n cion
m3, gean m3; **affectionate** adj
ceanúil, geanúil
afflict vt caith ar; **John was ~ed
with tuberculosis** bhí an eitinn ag
caitheamh ar Sheán
affluent adj rathúil, saibhir,
acmhainneach, i do sháith den
saol; **the ~ society** sochaí na
flúirse
afford vt: **she can ~ to** tá sé de
ghustal aici, tá sé ar a hacmhainn
afraid adj eaglach; **to be ~ of sb/
sth** eagla a bheith ort roimh
dhuine/rud; **to be ~ to go out**
eagla a bheith ort dul amach; **I am
~ that ...** tá eagla orm go ...; **I am
~ so** is eagal liom gur mar sin atá
Africa n an Afraic f2; **African** adj, n
Afracach m
after prep, adv tar éis + gen, i ndiaidh
+ gen ▷ conj tar éis do, i ndiaidh do;
what/who are you ~? cad/cé atá
á lorg agat?; **~ he left** i ndiaidh dó
imeacht; **ask ~ him** cuir a
thuairisc; **to name sb ~ sb** duine a
bhaisteadh as duine; **twenty ~
eight** (US) fiche i ndiaidh or tar éis a
hocht; **~ all** i ndiaidh an iomláin,
ina dhiaidh sin is uile, tar éis an
tsaoil; **~ you!** tusa ar dtús!;
after-effects npl (of disaster, illness
etc) fuíoll msg1, iarsmaí mpl4,
iarmhairt f3; **aftermath** n
iarmhairt f3; **afternoon** n iarnóin
f3, tráthnóna m4; **Good
afternoon!** tráthnóna maith duit!;

aftershave n ionlach m
iarbhearrtha; **aftersun** n lóis f2
iarghréine; **afterwards** (US
afterward) adv tar a éis sin, ina
dhiaidh sin
again adv arís, athuair; **to do sth ~**
rud a dhéanamh athuair; **not ...
ní ... arís; **~ and ~** arís agus arís eile
what is his name ~? cén t-ainm
seo atá air?; **then ~** ach ina dhiaidh
sin; **once ~** arís eile
against prep in aghaidh + gen, i
gcoinne + gen, in éadan + gen
age n (maturity) aois f2; (era) aois, ré
f4 ▷ vi téigh (anonn) in aois; **it's been ~s since**
is fada ó; **he is 20 years of ~** tá sé
fiche bliain d'aois; **she came of ~**
tháinig sí in aois bhná; **~d 10** deich
mbliana d'aois, na seandaoine
mpl4; **age group** n aoisghrúpa m4;
age limit n teorainn f aoise
agency n gníomhaireacht f3,
áisíneacht f3
agenda n clár m oibre or gnó
agent n gníomhaire m4; (Ling)
gníomhaí m4
aggravate vt (make worse) cuir in
olcas, géaraigh (ar); (annoy) griog,
saighid faoi, cuir corraí ar
aggression n (attack) ionsaí m;
(pugnacity) bruíonachas m1;
(fierceness) boirbe f4
aggressive adj ionsaitheach;
bruíonach; borb
agile adj aclaí, lúfar
ago adv: **2 days ~** dhá lá ó shin;
long ~ fadó; **not long ~** le déanaí,
ar ball beag; **how long ~?** cá fhad a
shin?
agony n (pain) céasadh m; **to be in
~** bheith i bpianphráis
agree vt (price) socraigh ▷ vi: **to ~
with** (person) aontú le; (statements)

etc) réiteach le chéile; (Ling) géilleadh do; **to ~ to do sth** toiliú rud a dhéanamh; **to ~ to sth** aontú le rud; **to ~ that** (admit) admháil go; **garlic does not ~ with me** ní réitíonn gairleog liom; **agreeable** adj pléisiúrtha, caoithiúil; (willing) toilteanach; **agreed** adj (time, place) socraithe; **agreement** n aontú m, comhaontú m; **in agreement** ar aon intinn

agricultural adj talmhaíochta, talmhaíochta n gen; **the A~ Institute** an Forás Talúntais

agriculture n talmhaíocht f3

a head adv (in front: of position, place) roimh; (: at the head) ar thosach + gen, ar cheann + gen; (look, plan) romhat; **~ of** roimh, chun tosaigh ar; (fig: schedule etc) chun tosaigh le; **~ of time** (go) luath; **go right or straight ~** gabh díreach ar aghaidh; **go ~!** (fig: permission) ar aghaidh leat!

aid n cúnamh m, cuidiú m, cabhair f; (device) áis f2 ▷ vt tabhair cúnamh do, cuidigh le, cabhraigh le; **in ~ of** ar mhaithe le; **to ~ and abet** (Law) cabhrú agus neartú le; see also **hearing aid**

aide n (person, Mil) cúntóir m3

AIDS n abbr (= Acquired Immune or Immuno~) Deficiency Syndrome) SEIF, Siondróm Easpa Imdhíonachta Faighte

ailment n easláinte f4

aim vt (blow) deasaigh (ar); (remark) dírigh (ar), caith (le); **to ~ sth (at)** (gun, camera) rud a dhíriú or a aimsiú (ar); (stone, missile) rud a chaitheamh (le) ▷ vi (also: **to take ~**) amas a thógáil ▷ n aidhm f2; (on gun) amas m; (skill): **his ~ is bad** tá drochurchar aige; **to ~ at sth**

aimsiú ar rud, díriú ar rud; (fig) rud a bheith de chuspóir or d'aidhm agat; **to ~ to do sth** é a bheith de rún or ar intinn agat rud a dhéanamh

air n aer m ▷ vt (room, bed, clothes) aeráil; (grievances, views, ideas) nocht, cuir in iúl ▷ cpd (currents, attack etc) aer-; **to throw sth into the ~** rud a chaitheamh san aer; **by ~** (travel) ar an eitleán or bealach na spéire; **to be on the ~** (Radio, TV) bheith ar an aer; **airbag** n mála m4 aeir; **airbed** n tocht m3 aeir; **airborne** adj ar eitilt; **air-conditioned** adj aeroiriúnaithe; **air conditioning** n aeroiriúnú m; **aircraft** n aerárthach m; **airfield** n aerpháirc f2; **Air Force** n aerfhórsa m4; **air hostess** n aeróstach m; **airlift** n aertharlú m; **airline** n aerlíne f4; **airliner** n aerlínéar m; **airmail** n aerphost m; **by airmail** le haerphost; **airplane** n (US) eitleán m; **airport** n aerfort m; **air raid** n aer-ruathar m; **airsick** adj: **to be airsick** tinneas aerthaistil a bheith ort; **airtight** adj aerdhíonach, aerobach; **air-traffic controller** n stiúrthóir m3 aerthráchta; **airy** adj aerach

aisle n (in church) taobhroinn f2; (in theatre etc) pasáiste m4

ajar adj ar leathoscailt

alarm n aláram m; (warning) rabhadh m; (fright) scaoll m; (signal) rabhchán m ▷ vt cuir scaoll i; **alarm call** n scairt f2 or glao m4 dúisithe; **alarm clock** n clog m dúisithe or aláraim

Albania n an Albáin f2

albeit conj (although) cé (go)

album n albam m

alcohol n alcól m1; **alcoholic** adj
alcólach ▷ n alcólach m1;
Alcoholics Anonymous Alcólaigh
Anaithnide

alcove n almóir m3, cuasán m1

ale n leann m3

alert adj airdeallach ▷ n rabhadh m
▷ vt tabhair rabhadh do; **on the ~**
san airdeall; **he was ~ to the
dangers** ba mhaith a thuig sé na
contúirtí

algebra n ailgéabar m1

Algeria n an Ailgéir f2

alias adv: **Zimmerman ~ Dylan**
Zimmerman nó Dylan mar a
thugtar air ▷ n ainm m4 bréige;
(writer) ainm m4 cleite

alibi n ailbí m4

alien n coimhthíoch m1,
eachtrannach m1; (from outer space)
neach m4 neamhshaolta ▷ adj: **it is
~ to me** tá sé coimhthíoch agam;
alienate vt: **to alienate sb** duine
a chur i d'aghaidh

alight adj, adv trí thine ▷ vi ísligh;
(passenger) tuirling; (bird) luigh

align vt ailínigh

alike adj cosúil, ionann ▷ adv cosúil
le chéile, mar an gcéanna; **they
are ~** tá siad cosúil le chéile

alive adj beo, i do bheatha; (lively)
beoga

  KEYWORD

all adj (singular) gach (uile), an uile;
all day an lá ar fad; **all night** i rith
na hoíche; **all men** gach uile
dhuine, gach aon duine, an saol
mór; **all five** lán an chúigir; **all the
food** an bia uile (go léir); **all the
books** iomlán na leabhar; **all the
time** i rith an ama, an t-am ar fad;
all his life ar feadh a shaoil

▷ pron 1 uile, iomlán; **I ate it all, I
ate all of it** d'ith mé an t-iomlán or
an uile chuid de; **all of us went**
chuaigh an t-iomlán againn; **all of
the boys went** chuaigh na
buachaillí uile

2 (in phrases): **above all** thar gach
aon ní; **after all** i ndiaidh an
iomláin, tar éis an tsaoil; **at all** ar
chor ar bith, in aon chor; **not at all**
(reply to question) níl ar chor ar bith,
ní hea ar chor ar bith; **did he do it**
— not at all an ndearna sé é? — ní
dhearna ar chor ar bith; (reply to
thanks) go ndéana a mhaith duit;
I'm not at all tired níl aon tuirse
orm, níl tuirse dá laghad orm;
anything at all will do déanfaidh
rud ar bith cúis; **all in all** idir gach
aon rud

▷ adv: **to be all alone** bheith i
d'aonar ar fad; **it's not as hard as
all that** níl sé chomh deacair sin
uile; **all the more/the better** is
amhlaidh is mó/is fearr; **all but**
(almost) beagnach; **the score is 2
all** tá siad a 2 cothrom, is é an scór
ná 2 an taobh/duine

allegation n líomhain f3

allegedly adv más fíor, mar dhea

allegiance n dílseacht f3, géillsine
f4

allergy n ailléirge f4

alleviate vt tabhair faoiseamh do,
maolaigh

alley n caolsráid f2; (Handball)
pinniúir m1; (address) scabhat m1

alliance n comhaontas m1; **the A~**
Party (Pol) Páirtí m4 na
Comhghuaillíochta

allied adj comhaontaithe; **the ~**
powers na comhghuaillithe

alligator n ailigéadar m1

all-in adj (also adv: charge) (san) iomlán

All-Ireland n (Sport: also: ~ **Final**) cluiche m4 ceannais na hÉireann ▷ adj uile-Éireann n gen

allocate vt (share out) roinn, riar; cionroinn, leithdháil; **to ~ to** (duties) leagan amach do; (sum, time) dáileadh ar, roinnt ar

allot vt: **to ~ (to)** (money) roinnt (ar); (work, duty, time) leagan amach (do); **what has been ~ted to us** an rud atá geallta dúinn, an rud atá leagtha amach dúinn

all-out adj (effort etc) dólámhach ▷ adv: **all out** ar theann do dhíchill, dólámhach, ar dólámh

allow vt (practice, claim, goal) ceadaigh; (sum to spend etc) lamháil; (time estimated) cuir san áireamh; **to ~ that** admháil go; **to ~ sb to do sth** ceadú or ligean do dhuine rud a dhéanamh; **he is ~ed** **to ...** tá cead aige...; **allow for** vt fus cuir san áireamh; **allowance** n (money received) liúntas m1; (Tax) liúntas m1; (discount) lascaine f4, lacáiste m4; **to make allowances for sth** rud a chur san áireamh

all right adv ceart go leor

ally n comhghuaillí m4 ▷ vt: **to ~ o.s. with** dul i bpáirt le

almighty adj uilechumhachtach

almond n almóinn f2

almost adv beagnach, chóir a bheith; **I ~ fell** dóbair dom titim, dóbair gur thit mé, is beag nár thit mé

alone adj, adv aonarach, i do aonar; **to leave sb ~** ligean do dhuine; **to leave sth ~** rud a fhágáil mar atá; **let ~ ...** gan trácht ar...; **he is living ~** tá sé ina chónaí leis féin; **Seán ~**

knew ag Seán amháin a bhí a fhios

along prep, adv: **is he coming ~ with us?** an bhfuil sé ag teacht linn?; **he was limping ~** bhí sé ag bacadaíl leis; **~ with** (together with: person) in éineacht le, i gcuideachta + gen, mar aon le; **all ~** (all the time) i rith an ama; **alongside** prep le taobh + gen

aloof adj deoranta, seachantach ▷ adv: **to stand ~ from** fanacht amach as

aloud adv os ard

alphabet n aibítir f2

Alps npl: the ~ Na hAlpa

already adv cheana, cheana féin

alright adv = **all right**

also adv fosta, freisin, leis, chomh maith

altar n altóir f3

alter vt, vi athraigh, athchóirigh; **alteration** n athrú m, athchóiriú m

alternate adj gach re, gach dara ▷ vi malartaigh le; **on ~ days** gach dara lá; **to ~ with sb** sealaíocht or uaíníocht a dhéanamh le duine

alternative adj (solutions) eile, malartach ▷ n (choice) rogha f4; (other possibility) bealach m1 eile, dóigh f2 eile; **alternatively** adv ina áit sin, de rogha air sin

although conj cé go, bíodh (is) go

altitude n airde f4

altogether adv go hiomlán, ar fad; (on the whole) tríd is tríd; (in all) san iomlán

aluminium (US **aluminum**) n alúmanam m

always adv i gcónaí, i dtólamh; (in past) riamh; **she was ~ placid** bhí sí riamh séimh; (in future) go deo, go bráth, choíche; **they will ~ be with us** beidh siad linn go deo

Alzheimer's, Alzheimer's disease n aicíd f2 Alzheimer
a.m. adv abbr (= ante meridiem) r.n.
amalgamate vt, vi cónaisc
amateur n amaitéarach m1
amaze vt: **it ~s me** cuireann sé iontas or ionadh an domhain orm; **to be ~d (at)** iontas (an domhain) a bheith ort (faoi); **amazement** n ionadh m1, iontas m1; **amazing** adj iontach
ambassador n ambasadóir m3
amber n ómra m4
ambiguous adj athbhríoch, débhríoch; (unclear) doiléir
ambition n uaillmhian f2; **ambitious** adj uaillmhianach, aidhmeannach
ambulance n otharcharr m1
ambush n luíochán m1 ▷ vt cuir luíochán ar, déan luíochán roimh
amend vt (law) leasaigh; (text) ceartaigh, leasaigh ▷ n: **to make ~s** cúiteamh a dhéanamh
amenities npl áiseanna fpl2
America n Meiriceá m4; **American** adj, n Meiriceánach m1
amicable adj cairdiúil; (Law) síochánta
amid, amidst prep i lár + gen, i measc + gen
ammunition n armlón m1
among, amongst prep i measc + gen
amount n (sum) méid m4, suim f2; (quantity) méid ▷ vi: **that ~s to** (same as) is ionann sin agus; **that ~s to five euros** sin cúig euro san iomlán
amp, ampere n aimpéar m1
ample adj fairsing, dalladh; (enough): **this is ~** is leor é seo; **to have ~ time/room** tréan ama/ spáis a bheith agat

amplifier n aimplitheoir m3
amputate vt teasc, gearr or bain de
amuse vt siamsa or cuideachta a dhéanamh do; **amusement** n cuideachta f4, siamsa m4; (pastime) caitheamh m aimsire; **amusement arcade** n stuara m4 siamsa; **amusement park** n páirc f2 shiamsaíochta
amusing adj (humorous) greannmhar, barrúil; (entertaining) siamsúil
an indef art see **a**
anaemic (US **anemic**) adj neamhfholach, anaemach
anaesthetic (US **anesthetic**) n ainéistéiseach m1
analog, analogue n analóg f2
analyse (US **analyze**) vt déan anailís or mionscrúdú ar, anailísigh; **analysis** n anailís f2; **analyst** n (Pol etc) anailísí m4; (esp US: psychoanalyst) anailísí, anailíseoir m3
analyze (US) vt = **analyse**
anarchy n ainriail f, anlathas m1
anatomy n anatamaíocht f3
ancestor n sinsear m1, sinsearach m1
anchor n ancaire m4 ▷ vi an t-ancaire a chur ▷ vt: **to ~ a boat** bád a chur ar ancaire; (fig): **to ~ sth to** rud a fheistiú de; **to drop ~** an t-ancaire a chur
anchovy n ainseabhaí m4
ancient adj ársa, seanda, sean-
and conj agus, is; **~ so on** agus araile; **try ~ come** déan iarracht teacht; **he talked ~ talked** níor stop sé de bheith ag caint, lean sé air ag caint; **it got better ~ better** bhí sé ag dul i bhfeabhas in aghaidh an lae
anesthetic (US) = **anaesthetic**

angel n aingeal m1

anger n fearg f2, colg m1 ▷ vt: **to ~ sb** fearg a chur ar dhuine

angina n aingíne f4

angle n uillinn f2; (viewpoint) dearcadh m1; **at an ~** ar fiar, ar claonadh

angler n duánaí m4, iascaire m4 slaite

Anglican adj, n Anglacánach m1

angling n duántacht f3, iascaireacht f3 slaite

Anglo-Irish adj Angla-Éireannach; **the ~ Agreement** an Comhaontú Angla-Éireannach

angrily adv go feargach; **he left ~** d'imigh sé agus fearg air

angry adj feargach, colgach; **to be ~ with sb/at sth** fearg a bheith ort le duine/faoi rud; **she got ~** tháinig fearg uirthi

anguish n (physical) crá m4, pianpháis f2; (mental) pian f2 intinne, léan m1

animal n ainmhí m4, beithíoch m1, míol m1 ▷ adj ainmhíoch

animated adj beo, gleoiréiseach, anamúil; **~ film** cartún m1; **he became ~** tháinig oibriú or corraí air, d'éirigh sé tógtha

aniseed n síol m1 ainíse

ankle n murnán m1, rúitín m4, caol m1 na coise

annexe n forteach m; (to document) iarscríbhinn f2

anniversary n cothrom m an lae; **my wedding ~** cothrom an lae a pósadh mé

announce vt fógair;

announcement n fógra m4;

announcer n (Radio, TV, between programmes) fógróir m3, bolscaire m4

annoy vt buair, ciap; (inconvenience)

cuir isteach ar, cuir as do, bodhraigh; (vex) cuir olc ar; **don't get ~ed!** tóg go réidh é!; **sth is ~ing him** tá rud éigin ag cur as dó; **she got ~ed** tháinig olc uirthi;

annoying adj ciapach; (person) bearránach, bambairneach; **it's awful annoying** is mór an crá croí é

annual adj bliantúil ▷ n (Bot) bliantóg f2; (book) bliainiris f2;

annually adv gach bliain, in aghaidh na bliana

annum n see **per**

anonymous adj gan ainm; **it's ~** ní fios cé a chum

anorak n anarac m1

anorexia n anaireicse f4

anorexic adj: **she is ~** tá anaireicse uirthi

another n freagra m4; (to problem) fuascailt f2, réiteach m ▷ vi freagair ▷ vt (reply to) freagair; (problem) réitigh; **in ~ to your letter** mar fhreagra ar do litir; **to ~ the phone** an teileafón a fhreagairt; **to ~ the door** an doras a oscailt; **answer back** vt tabhair aisfhreagra ar; **answer for** vt fus: **to ~ for sb** dul in urrús ar dhuine; (crime, one's actions) **to ~ for sth** cuntas a thabhairt i rud; **answer to** vt fus: **she ~s to that description** sin é an chosúlacht atá uirthi

answering machine, answerphone n gléas m1 freagartha

ant n seangán m1

Antarctic adj Antartach ▷ n: **the ~** an tAntartach m1; **the ~ Ocean** an tAigéan m1 Antartach

antelope n antalóp m1

antenatal adj réamhbheirthe

anthem n (Eccl) aintiún m1; **the national ~** an t-amhrán m1 náisiúnta

anthropology n antraipeolaíocht f3

anti- prefix frith-, anta(i)-;

antibiotic n frithbheathach m1, antaibheathach m1; **antibody** n frithábhar m1, antashubstaint f2

anticipate vt (actions etc) tar roimh (dhuine) i, réamh-mheas; **to ~ sth** (look forward to) bheith ag súil le rud or ag feitheamh le rud; **anticipation** n feitheamh m1, fuireachas m1, súil f2; **with anticipation** go tnúthánach

anticlimax n frithbhuaic f2

anticlockwise adj tuathalach
▷ adv tuathal

antics npl geáitsí mpl4, cleasaíocht fsg3

antidote n nimhíoc f2, frithnimh f2;

antifreeze n frithreo m4;

antihistamine n frith-hiostaimín m4, antaihiostaimín m4

antique n rud m3 ársa or seanda
▷ adj seanda, seanaimseartha, seanchaite; **~s** seandachtaí;

antique shop n siopa m4 seandachtaí

antiseptic n frithsheipteán m1, antaiseipteán m1 ▷ adj frithsheipteach, antaiseipteach;

antisocial adj seachantach, frithshóisialta; **antivirus** adj frithvíreasach; **antivirus software** n bogearraí frithvíreasacha

antlers npl beanna fpl2

Antrim n Aontroim m3

anxiety n imní f4, buairt f3

anxious adj imníoch, buartha; (keen): **to be ~ to do sth** bheith ar

bís le rud a dhéanamh; **he is ~** tá imní air

KEYWORD

any adj aon, ar bith **1** (in questions etc): **have you any butter/ink?** an bhfuil aon im/dúch agat?; **have you any children?** an bhfuil clann ar bith agat?, an bhfuil aon chlann ort?, an bhfuil cúram ar bith ort?
2 (with negative): **I haven't any money/books** níl airgead/leabhair ar bith agam, níl aon airgead/leabhair agam
3 (no matter which): **choose any book you like** bíodh do rogha leabhar agat
4 (in phrases): **in any case** i gcás ar bith, ar aon chaoi; **any day now** lá ar bith feasta; **at any moment** nóiméad ar bith; **at any rate** ar aon chuma, ar scor ar bith, ar chuma ar bith
▷ pron **1** (in questions etc): **have you got any?** an bhfuil a dhath agat?, an bhfuil aon cheann agat?; **can any of you sing?** an bhfuil ceol ag aon duine agaibh?
2 (with negative): **I haven't any** níl a dhath or dada or puinn or faic agam, níl aon chuid ar bith agam; **I haven't any of them** níl aon cheann díobh agam
3 (no matter which one(s)): an bhfuil aon cheann, ceann ar bith, is cuma cé acu (ceann); **take any of those books (you like)** tabhair leat do rogha as na leabhair sin
▷ adv **1** (in questions etc): **do you want any more soup/ sandwiches?** an bhfuil a thuilleadh tae/ceapairí de dhíth ort?; **are you feeling any better?** an bhfuil aon

bhiseach ort, an bhfuil biseach ar bith ort?

2 (with negative): **I can't hear him any more** ní chluinim or ní chloisim níos mó é; **don't wait any longer** ná déan a thuilleadh moille

anybody pron duine m4 ar bith, aon duine; **anyhow** adv (at any rate) ar scor ar bith, ar aon chuma, ar aon chaoi, pé scéal é, ar aon nós; **anyone** pron = **anybody**; **anything** pron aon rud, rud ar bith; **anytime** adv am ar bith, aon am; **anyway** adv ar aon chaoi, ar aon nós; **anywhere** adv áit ar bith, aon áit; **I don't see him anywhere** ní fheicim (in) áit ar bith é

apart adv (to one side) i leataobh; (separately) ó chéile; **the two cities are sixty miles ~** tá an dá chathair seasca míle ó chéile; **to take sth ~** rud a bhaint as a chéile; **it fell ~** thit sé as a chéile; **~ from** diomaite de, lasmuigh de, cé is moite de

apartment n (US) árasán m1, leithleann f2; **apartment building** (US) n bloc m1 árasán

ape n ápa m4 ▷ vt: **to ~ sb** aithris a dhéanamh ar dhuine

aperitif n greadóg f2

aperture n poll m1, oscailt f2; (Phot) cró m4

apologize vi: **to ~ (to sb for sth)** leithscéal a ghabháil (le duine as rud); **I ~** gabhaim pardún agat, gabh(aim) mo leithscéal

apology n leithscéal m1

apostrophe n uaschamóg f2

appal vt scanraigh; **to ~ sb** uafás a chur ar dhuine; **appalling** adj scanrúil; uafásach, fuafar

apparatus n gléas m1, gaireas m1;

(in gymnasium) trealamh m1; (of government) córas m1

apparent adj follasach, soiléir; **apparently** adv is dealraitheach, de réir dealraimh, is cosúil; (disbelievingly): **was he here? — apparently!** an raibh sé anseo? — is cosúil go raibh!; **he was here, apparently** is cosúil go raibh sé anseo, bhí sé anseo de réir cosúlachta

appeal vi (Law) achomharc, déan achomharc, cuir isteach achomharc ▷ n achainí f4, guí f4; (Law) achomharc m1; (charm) tarraingt f, mealltacht f3; **to ~ for sth** rud a iarraidh; **to ~ to sb** (beg) duine a agairt, impí ar dhuine; (be attractive): **it ~s to me** taitníonn sé liom; **appealing** adj (attractive) taitneamhach, tarraingteach

appear vi nocht, taispeáin; (Law) láithrigh; (publication) tar amach; (seem): **you ~ tired** tá cuma thuirseach ort; **it ~s that he lost the money** is cosúil or dealraíonn sé gur chaill sé an t-airgead; **it ~ed to me that he didn't understand the question** chonacthas dom nár thuig sé an cheist; **it would ~ that** ba dhóigh go; **to ~ in Hamlet** páirt a bheith agat in Hamlet; **to ~ on TV** bheith ar an teilifís; **appearance** n (arrival) teacht m3; (Law) láithreas; (look, aspect) cuma f4, cló m4, cosúlacht f3, dreach m3

appendicitis n aipindicíteas m1; **he has ~** tá aipindicíteas air

appendix n (of book etc) aguisín m4; (Med) aipindic f2

appetite n goile m4

appetizer n géarú m goile; (drink) greadóg f2

applaud vt, vi (clap) tabhair bualadh

bos (do); (*praise*) mol os ard

applause n bualadh m bos, moladh m

apple n úll m

appliance n fearas m1, gléas m1

applicable adj (*relevant*): **to be ~ to** bheith fóirsteanach or oiriúnach or feiliúnach do

applicant n: **~ (for)** iarratasóir m3 (ar)

application n (*use*) feidhm f2; (*for a job, a grant etc*) iarratas m; **application form** n foirm f2 iarratais

apply vt (*paint, ointment*) cuir le; (*law etc*) cuir i bhfeidhm (ar) ▷ vi (*be suitable or relevant to*): **that applies to you** baineann sin leatsa; (*ask*): **I applied (to him) for help** d'iarr mé cúnamh (air); **to ~ (for)** (*job, permit, grant*) cur isteach (ar); **to ~ o.s. (to)** luí isteach (ar), cromadh (ar); **the same applies to me** is é an dála céanna agamsa é

appoint vt ceap; **appointment** n ceapachán m, ceapadh m; (*meeting*) coinne f4; **to make an appointment (with)** coinne a dhéanamh (le)

appraisal n measúnacht f3, meastóireacht f3, breithmheas m3

appreciate vt: **he ~s that** (*likes*) is maith leis sin, is mór aige é sin, tá toil aige dó sin; (*is grateful for*) tá sé buíoch as sin; (*understands*) tuigeann sé sin, tá ciall aige dó sin ▷ vi (*Fin*) luachmhéadaigh, méadaigh ar luach + gen; **he doesn't ~ music** níl cluas ar bith dó cheol aige; **appreciation** n léirthuiscint f3, buíochas m; (*Comm*) ardú m, luachmhéadú m

apprehensive adj faitíosach, eaglach; **she feels ~** tá cineál scátha or imní uirthi

apprentice n printíseach m

approach vi druid le ▷ vt (*come near*) druid le, tarraing ar; (*ask, apply to*) téigh chun cainte le; (*situation, problem*) tabhair faoi, téigh i gceann ▷ n modh m3 oibre, cur m chuige; (*access*) bealach m isteach

appropriate adj (*moment, remark*) tráthúil; (*tool etc*) cuí, feiliúnach, fóirsteanach ▷ vt (*take*) glac seilbh ar, leithghabh

approval n (*satisfaction*) sásamh m; (*permission*) cead m3; (*Admin, of goods*) formheas m; faomhadh m; **on ~** (*Comm*) ar triail

approve vt aontaigh le, ceadaigh, glac le, formheas; **approve of** vt fus bheith i bhfách le; **I don't ~ of them** níl siad chun mo thaitnimh

approximate adj cóngarach, gar ▷ vt: **to ~ to sth** bheith cóngarach do rud; **approximately** adv amuigh agus istigh ar, timpeall (is)

apricot n aibreog f2

April n Aibreán m; **~ Fool** Amadán m Aibreáin

apron n naprún m, práiscín m4

apt adj (*suitable*) feiliúnach, cuí; (*likely*): **to be ~ to do sth** claonadh a bheith agat le rud a dhéanamh

Aquarius n (*Astrol*) An tUisceadóir m3

Arab adj, n Arabach m; **Arabian** adj Arabach; **Arabic** adj Arabach ▷ n (*Ling*) Araibis f2

Aran Islands n Oileáin mph Árann

arbitrary adj ar togradh

arbitration n eadráin f3

arc n stua m4

arcade n stuara m4

arch n áirse f4, stua m4; (*also:* **~ of the foot**) trácht m3 na coise ▷ vt **the cat ~ed its back** chuir an cat cruit air féin

archaeology n seandálaíocht f3

archbishop n ardeaspag m

archeology (US) n = **archaeology**

architect n ailtire m4;
architecture n ailtireacht f3

archives npl cartlann fsg2

Arctic adj Artach ▷ n: the ~ an
tArtach m; the ~ Ocean an
tAigéan m Artach

area n (Math) achar m; (zone)
ceantar m, limistéar m, dúiche f4;
(knowledge, research) réimse m4,
ábhar m

arena n airéine f4

Argentina n an Airgintín f2;
Argentinian adj, n Airgintíneach
m

arguably adv: **it is ~ ...** is é is dóichí
go ..., d'fhéadfaí a rá go ...

argue vi (reason) áitigh; **to ~ that**
áitiú go; **to ~ with sb** argóint (a
dhéanamh) le duine; **to be**
arguing bheith ag argóint

argument n argóint f2

arise vi éirigh; (case): **should the**
occasion ~ sa chás sin, sa gcás
(go); **a difficulty arose** tháinig
achrann sa mbealach

arithmetic n uimhríocht f3,
áireamh m

arm n géag f2, lámh f2, sciathán m
▷ vt armáil; **arms** npl (weapons)
airm mph; (Heraldry) armas msg1; ~
in ~ uillinn ar uillinn

Armagh n Ard m Mhacha

armchair n cathaoir f uilleach or
uilleann

armed adj armtha; **armed robbery**
n robáil f3 armtha

armour (US armor) n cathéide f4;
(Mil, tanks) armúr m

armpit n ascaill f2

armrest n taca m4 uillinne

army n arm m

aroma n dea-bholadh m,
cumhracht f3

around adv timpeall, thart; (nearby)
ar na gaobhair ▷ prep timpeall
+ gen; (near) in aice le, (i n)gar do;
(about) thart timpeall; (date, time) i
dtrátha + gen

arouse vt múscail, dúisigh

arrange vt socraigh, leag amach,
eagraigh, cuir in eagar; (flowers,
hair, objects) cóirigh; **arrangement**
n socrú m; **arrangements** npl
(plans etc) socruithe mpl; **the**
arrangement of the room leagan
amach or eagar an tseomra

array n: ~ **of** mustar m + gen, cóiriú
m + gen

arrears npl riaráiste m4; **to be in ~**
with one's rent bheith ar deireadh
leis an gcíos

arrest vt gabh ▷ n gabháil f3;
under ~ gafa, faoi ghlas

arrival n teacht m3; **new ~**
núíosach m; (baby) babaí m4 úr

arrive vi sroich, bain amach, tar
chuig

arrogant adj díomasach, sotalach,
uaibhreach

arrow n saighead f2

arse (infl) n tóin f3

arson n coirloscadh m

art n ealaín f2; **Arts** npl (Scol) An
Ealaín fsg2; **the Fine Arts** na
hEalaíona Uaisle; **Bachelor of**
Arts Baitsiléir Ealaíne

artery n cuisle f4 mhór, artaire m4

art gallery n dánlann f2, gailearaí
m4 ealaíne

arthritis n airtríteas m1

artichoke n bliosán m

article n (in newspaper etc) alt m; (of
merchandise) airteagal m, earra m4;

articles npl (Law) airteagail mph; **~ of clothing** ball éadaigh

articulate adj (person) glinn, deisbhéalach, dea-labhartha, sothuigthe, líofa; (speech) glan, sothuigthe ▷ vt: **to ~ sth** rud a chur i bhfriotal

artificial adj saorga; **~ intelligence** intleacht f3 shaorga; **~ respiration** riospráid f2 shaorga

artist n ealaíontóir m3; **artistic** adj ealaíonta

art school n scoil f2 ealaíne

 KEYWORD

as conj **1** (referring to time): **he came in as I was leaving** tháinig sé isteach agus mé ag imeacht; **as the years went by** de réir mar a bhí na blianta ag gcaitheamh; **as from tomorrow** ón lá amárach (amach)

2 (in comparisons): **as big as** chomh mór le; **twice as big as** dhá uair chomh mór le, a dhá oiread chomh mór le; **as much or many as** a oiread agus; **as much money/ many books** a oiread airgid/ leabhar; **as soon as** a luaithe a, a thúisce a, chomh luath agus a

3 (since, because) mar, óir, toisc, as siocair, de thairbhe, de dheasca; **as he had to be home by 10 …** mar go raibh air bheith ar ais sa mbaile ar a deich

4 (referring to manner, way): **do as you wish** déan do chomhairle féin, déan do rogha rud, déan mar is áil leat

5 (concerning): **as for or to that** maidir leis sin, i dtaca leis sin

6: **as if or though** amhail is, faoi mar, (faoi) mar a bheadh; **he**

looked as if he was ill bhí sé mar a bheadh tinneas air, bhí cuma air mar a bheadh sé tinn; see also **long such; well**

▷ prep: **he works as a driver** tá sé ina thiománaí; **as chairman of the company** mar chathaoirleach ar an gcomhlacht; **dressed up as a cowboy** gléasta mar a bheadh buachaill bó ann; **he gave me it as a present** thug sé mar bhronntanas dom é

asbestos n aispeist f2

ascent n éirí m4; (of a hill) tógáil f3

ash n (dust) luaith f3; (also: **~ tree**) fuinseog f2; **ashes** npl (human remains) luaith fsg3

ashamed adj náirithe; **she was ~ of them** bhí náire uirthi leo; **he was ~** bhí náire air, bhí ceann faoi air; **it's no reason to be ~** ní scéal cinn chroim é; **he was ~ to say it** ní ligfeadh an náire dó é a rá

ashore adv i dtír; **to go ~** dul i dtír

ashtray n luaithreadán m

Ash Wednesday n Céadaoin f4 an Luaithrigh

Asia n an Áise f4; **Asian** adj, n Áiseach m1

aside adv i leataobh ▷ n seachfhocal m1; **put it ~** cuir i leataobh é

ask vt iarr ar; (invite): **he ~ed me to leave** d'iarr sé orm imeacht; **to ~ sb sth** rud a fhiafraí or a fhiosrú de dhuine; **to ~ (sb) a question** ceist a chur (ar dhuine); **to ~ sb out to dinner** cuireadh chun dinnéir a thabhairt do dhuine; **they ~ed me where I left the money** d'fhiafraigh siad díom cén áit ar fhág mé an t-airgead; **ask for** vt iarr; **he's ~ing for trouble** tá sé ag tuar or ar lorg trioblóide dó féin

asleep adj: **he is ~** tá sé ina chodladh; **she fell ~** thit sí ina codladh, thit a codladh uirthi

asparagus n lus m3 súgach or spreagtha

aspect n aghaidh f2, dreach m3, gné f4

aspire vi: **to ~ to sth** tnúth le rud, rud a bheith mar aidhm agat

aspirin n aspairín m4

ass n asal m1; (inf: idiot) dobhrán m1, bómán m1; (US: backside: infl) tóin f3, geadán m1

assassinate vt feallmharaigh, dúnmharaigh

assault n ionsaí m ▷ vt ionsaigh; (sexually) tabhair drochiarraidh ar

assemble vt bailigh, cruinnigh; (machinery) cuir i gceann a chéile, cóimeáil ▷ vi tar le chéile, cruinnigh, bailigh

assembly n teacht m3 le chéile, tionól m, comhthiomsú m; (construction) cóimeáil f3

assert vt dearbhaigh; **he ~ed himself** chuir sé é féin in iúl; **he ~ed his innocence** dhearbhaigh sé go raibh sé neamhchiontach; **assertion** n dearbhú m

assess vt measúnaigh, meas; **assessment** n measúnacht f3, measúnú m; **tax assessment** cáinmheas m3

asset n sócmhainn f2, áirge f4; **assets** npl (Fin) maoin fsg2, sócmhainní fpl2

assign vt (date) ainmnigh; (jury) sann; (task) tabhair do, dáil; (resources) dáil, leag amach; **to ~ the job to sb** an tasc a thabhairt do dhuine; **assignment** n (Scol) tasc m1; (allocation) dáileadh m; (Law) sannadh m

assist vt cuidigh le, cabhraigh le; **to ~ sb to do sth** cuidiú le duine rud a dhéanamh, cúnamh a thabhairt do dhuine rud a dhéanamh;

assistance n cuidiú m, cúnamh m1, cabhair f; **assistant** n cúntóir m3, cabhróir m3; (also: **shop assistant**) freastalaí m4 siopa

associate adj comhpháirteach, gaolmhar ▷ n comhpháirtí m4, comhlach m1 ▷ vt: **to ~ sth with sth else** rud a shamhlú le rud eile ▷ vi: **to ~ with sb** caidreamh a dhéanamh le duine, cuideachta a choinneáil le duine; **~ professor** comhollamh m1; **~s** páirtí msg4

association n (with people) caidreamh m, comhluadar m1, comhlachas m1; (club etc) cumann m, comhaltas m1; **~ of ideas** comhcheangal m1 smaointe

assorted adj measctha

assortment n éagsúlacht f3, ilchumasc m1, meascra m4, meascán m1

assume vt glac le; (responsibilities etc) gabh (ort féin); **assuming you are right** abraimis go bhfuil an ceart agat; **I ~ you don't drive** glacaim leis nach bhfuil tiomáint agat; **he ~d his mother's name** thug sé ainm a mháthar air féin

assumption n glacadh m; (of power) gabháil f3

assurance n dearbhú m; (pledge) gealltanas m1; (confidence) muinín f2; (insurance) árachas m1

assure vt cinntigh, dearbhaigh, deimhnigh; **he will complete the work, I ~** cuirfidh sé an obair i gcrích, geallaim duit

asthma n asma m4, múchadh m, plúchadh m

astonish vt: **to ~ sb** alltacht or

ionadh a chur ar dhuine;
astonishing adj iontach;
astonishment n iontas m,
alltacht f3
astound vt: **to ~ sb** alltacht a chur
ar dhuine

astray adv: **to go ~** dul amú, dul ar
seachrán; (fig) dul chun drabhláis;
to lead sb ~ duine a chur amú; (fig)
duine a chur chun drabhláis, duine
a chur ar bhealach a aimhleasa
astrology n astralaíocht f3
astronaut n spásaire m4
astronomy n réalteolaíocht f3
astute adj géarchúiseach
asylum n teach m na ngealt;
(sanctuary) tearmann m1

KEYWORD

at prep **1**(referring to position,
direction) ag; **at the top** an an
bharr, ar bharr + gen; **at home/
school** sa bhaile or ag baile/ar
scoil; **at Patrick's** i dteach
Phádraig, tigh Phádraig; **to look
at sth** amharc or breathnú ar rud
2(referring to time): **at 4 o'clock** ar a
ceathair a chlog; **at Christmas** um
Nollaig, faoi Nollaig; **at night**
d'oíche, san oíche; **at times** (in)
amanna, idir amanna, scaití,
uaireanta
3(Comput, symbol @) ag
4(referring to rates, speed etc): **at £1 a
kilo** ar phunt an cileagram; **two at
a time** ina mbeirteanna, ina bpéirí,
péire in éineacht; **at 50 km/h** 50
ciliméadar san uair
5(referring to manner): **at a stroke**
d'aon iarraidh; **at peace** faoi
shíocháin
6(referring to activity): **to be at
work** bheith ag obair; **to play at**

cowboys bheith ag imirt buachaillí
bó; **to be good at sth** bheith go
maith i gceann ruda
7(referring to cause): **to be
surprised/annoyed at sth**
iontas/fearga bheith ort faoi rud;
I went at his suggestion ar an
gcomhairle s'aigesean a chuaigh
mé

atheist n aindiachaí m4
Athens n an Aithin f
athlete n lúthchleasaí m4, lúithnire
m4
athletic adj lúfar, lúthchleasach;
(club) lúthchleas gpl; **the Gaelic A~
Association** Cumann Lúthchleas
Gael; **athletics** n lúthchleasa mph,
cleasa lúith, lúthchleasaíocht
fsg3
Atlantic adj Atlantach ▷ n: **the ~
(Ocean)** an tAigéan m Atlantach
atlas n atlas m1
atmosphere n atmaisféar m,
aerbhrat m
atom n adamh m1; **atomic** adj
adamhach; **atomic bomb/power**
buama/cumhacht adamhach
atrocity n ainghníomh m, gníomh
m uafáis
attach vt: **to ~ sth to sth** rud a
cheangal or a ghreamú de rud;
(document, letter) rud a chur le rud;
to be ~ed to sb/sth bheith ceanúil
ar dhuine/rud; **he ~ed the
greatest of importance to that**
ba ríthábhachtach leis é sin;
attachment n (tool) ball m breise,
forbhall m; (Comput) ceangaltán
m, iatán m; (love): **attachment
(to)** cion (ar)
attack vt ionsaigh; (task etc)
tabhair faoi ▷ n ionsaí m, fogha m4;
(also: **heart ~**) taom m3 croí

attain vt (also: **to ~ to**) sroich, bain amach

attempt n iarraidh f, iarracht f3, ionsaí m ▷ vt: **to ~ sth** iarraidh a thabhairt ar rud; **to ~ to do sth** féachaint le rud a dhéanamh; **to make an ~ on sb's life** iarraidh mharaithe a thabhairt ar dhuine

attend vt (course) freastail; **to ~** (lectures) freastal ar, bheith i láthair ag; (school) dul ar; (patient) freastal ar; **to ~ Mass** an tAifreann a éisteacht; **attend to** vt fus: **to ~ to sth** aire a thabhairt do rud; **to ~ to sb** (care for) freastal ar dhuine, aire a thabhairt do dhuine; **attendance** n (caring for) giollacht f3; (people present) freastal m; (at school) tinreamh m; **attendant** n freastalaí m4 ▷ adj: **the attendant dangers** na deacrachtaí a ghabhann le rud

attention n aire f4, aird f2, suntas m; **~!** (Mil) ar airel; **for the ~ of** (Admin) le haghaidh + gen

attic n áiléar m

attitude n (position) gotha m4; (mental) dearcadh m, mana m4

attorney (US) n (lawyer) aturnae m4; **Attorney General** n Ard-Aighne m4

attract vt tarraing, meall; **attraction** n (pleasant things) tarraingt f; (Phys) imtharraingt f; (fig): **attraction towards sb/sth** dúil n nduine/i rud; **attractive** adj tarraingteach, meallacach

attribute n airí m4, bua m4, cáilíocht f3 ▷ vt: **to ~ sth to sb** rud a fhágáil ar or a leagan ar dhuine, rud a chur i leith duine

aubergine n ubhthoradh m

auction n (also: **sale by ~**) ceant m4 ▷ vt: **to ~ sth** rud a cheantáil; **to put sth up for ~** rud a chur ar ceant, ceant a chur ar rud

audible adj inchloiste, inchluinte

audience n (for radio) lucht m3 éisteachta; (for television) lucht féachana; (interview) éisteacht f3

audit n iniúchadh m ▷ vt iniúch

audition n triail f

auditor n iniúchóir m3

auditorium n halla m4 éisteachta

August n Lúnasa m4

aunt n aint f2; **auntie, aunty** n aintín f4

au pair n (also: **~ girl**) au pair

Australia n an Astráil f2; **Australian** adj, n Astrálach m

Austria n an Ostair f2; **Austrian** adj, n Ostarach m

authentic adj barántúil, údarach, fíor

author n údar m

authority n údarás m; **the authorities** npl (ruling body) na húdaráis

authorize vt údaraigh; **to ~ sb to do sth** údarás a thabhairt do dhuine rud a dhéanamh

auto (US) n carr m, gluaisteán m; **autobiography** n dírbheathaisnéis f2; **autograph** n síniú m ▷ vt sínigh; **automatic** adj uathoibríoch ▷ n (washing machine) inneall m níocháin (uathoibríoch); **automatically** adv go huathoibríoch; **automobile** (US) n gluaisteán m, carr m; **autonomy** n féinriail f, uathriail f

autumn n Fómhar m; **in ~** san Fhómhar

auxiliary adj cúnta, cúntach ▷ n cúntóir m3

avail vt: **to ~ o.s. of sth** úsáid a bhaint as rud ▷ n: **to no ~** gan tairbhe

availability n infhaighteacht f3

available adj ar fáil, infhaighte; **readily ~** ar aghaidh boise, ar fáil gan stró

avalanche n (of snow) maidhm f2 shneachta; (of rocks, clay etc) maidhm f2 shléibhe

avenue n aibhinne m4, ascaill f2; (fig) slí f4, féidearthacht f3

average n meán m ▷ adj cothrom, meánach, meán-; (fig): **the ~ person** an gnáthdhuine ▷ vt (a certain figure) meán a thógáil ar; **on ~** ar an meán; **average out** vi: **it ~s out at 3.5** (8) 3.5 an meán

avert vt (one's eyes etc) iompaigh ó; **we ~ed disaster** choinníomar uainn an tubaiste

avocado n (also: **~ pear**) piorra m4 abhchóide

avoid vt seachain, teith ó, téigh taobh anonn de; **to ~ work** teitheadh ó obair, obair a sheachaint; **to ~ sb** an bealach a fhágáil ag duine, duine a sheachaint

await vt fan le

awake adj múscailte, dúisithe ▷ vt múscail, dúisigh ▷ vi múscail, dúisigh; **I was ~** bhí mé múscailte, bhí mé i mo dhúiseacht

award n duais f2; (Law, damages) dámhachtain f3 ▷ vt: **to ~ a prize to sb** duais a thabhairt do dhuine; (Law): **to ~ damages to sb** cúiteamh a dhámhachtain ar dhuine

aware adj: **I am ~ of them** is eol dom iad, is eol dom í a bheith ann; **to become ~** that teacht ar an eolas go; **to become ~ of sth** fios ruda a fháil; **he was ~ of that** ní raibh sin ceilte air, ní dheachaigh sin amú air; **as far as I am ~** go

bhfios dom; **awareness** n aithne f4, eolas m

away adv imithe, ar shiúl ▷ adv: **he went ~** d'imigh sé; **he talked ~** labhair sé leis; **two kilometres ~** dhá chiliméadar ar shiúl; **it is two hours ~ by car** tógann sé dhá uair an chloig sa charr; **~ from** ar shiúl ó; **stay ~ from the fire** fan amach ón tine; **he's ~ for a week** beidh sé ar shiúl go ceann seachtaine; **to fade ~** (sound) síothlú; **to wither ~** (plant) seargadh; **he took it ~** thug sé leis é; **take three ~ from five** (subtract) bain a trí óna cúig; **~ from home** as baile; (no longer present) as láthair; **far ~** i bhfad ar shiúl, i bhfad ó bhaile; **he went ~** d'imigh sé (leis); **do it right ~** déan láithreach é

awe n uamhan m; **awesome** adj uamhnach, creathnach

awful adj uafásach, millteanach, scanrúil; **an ~ lot (of)** cuid mhór + gen; **it was an ~ death** ba choscrach an bás é; **awfully** adv go huafásach; **awfully funny** millteanach or thar a bheith greannmhar

awkward adj (clumsy) anásta, liobarnach, amscaí; (hands) ciotach, sliopach; (inconvenient) ciotach

axe (US **ax**) n tua f4 ▷ vt: **the report was ~d** caitheadh an tuarascáil i dtraipisí; **jobs were ~d** gearradh poist

axle n (Aut) fearsaid f2, acastóir m3

ay, aye excl (yes) sea

b

B n (Mus) B m4

baby n leanbh m1, leanbán m1, babaí m4; **baby carriage** (US) n pram m4; **baby-sit** vi: **to baby-sit** páistí a fheighil, aire a thabhairt do pháistí; **baby-sitter** n feighlí m4 páistí

bachelor n fear m1 singil, baitsiléir m3; **B~ of Arts/Science** baitsiléir ealaíne/eolaíochta

back n (of person, animal) droim m3; (of horse) droim, muin f2; (of hand, chair) droim, cúl m1; (of house, room, street, page) cúl; (of car, train) deireadh m1; (Football) cúlaí m4 ▷ vt (candidate: also: ~ **up**) tacaigh le, tabhair tacaíocht do; (horse: at races) cuir geall ar; (car) cúlaigh ▷ vi (also: ~ **up**) cúlaigh, téigh ar gcúl, baiceáil ▷ adv (not forward) siar, ar gcúl ▷ adj (in compounds): ~ **door/ room** doras/seomra cúil; ~ **seats/**

wheels/legs suíocháin/rothaí/cosa deiridh; ~ **payments/rent** riaráistí; **he's** ~ (returned) tá sé ar ais; **he called** ~ (again) ghlaoigh sé ar ais; **as far** ~ **as** chomh fada sin le; **he ran** ~ rith sé ar ais; **stay** ~ **from the fire** fan amach ón tine; **I will write** ~ **to you** scríobhfaidh mé ar ais chugat; **throw the ball** ~ caith ar ais an liathróid; **get off his** ~ lig dó; **in the** ~ **of the car** i gcúl an chairr; **back down** vi tarraing siar, géill; **back out** vi téigh ar do chúl i; **back up** vt (candidate etc) tacaigh le, tabhair tacaíocht do; **backbencher** n cúlbhinseoir m3; **backbone** n cnámh f2 droma, slat f2 droma; **backfire** n (Aut) cúltort, déan cúltortadh; (plans etc) fill ar; **his actions backfired on him** d'fhill a chuid gníomhartha air; **background** n cúlra m4 ▷ adj (Comput) cúlrach; **backing** n (fig) tacaíocht f3, cúl m1 taca; **backlog** n riaráiste m4; **backpack** n mála m4 droma; **backstage** adv ar chúl stáitse; **backstroke** n snámh m3 droma; **backup** adj (train, plane etc: also Comput) cúltaca ▷ n (support) tacaíocht f3, cúl m1 taca; (also: **backup copy**) cóip f2 chúltaca; (also: **backup disk**) diosca m4 cúltaca; (also: **backup file**) comhad m1 cúltaca; **backward** adj (movement) siar, ar gcúl; (person) cúthail, neoid; (place) cúlráideach, iargúlta; **backwards** adv (move, go) ar gcúl, siar; (read a list) droim ar ais; (walk) i ndiaidh do chúil, ar lorg do thóna; **to fall backwards** titim i ndiaidh do chúil; **backyard** n clós m1 cúil, cúlchlós m1

bacon n bagún m1, muiceoil f3

bacteria *npl* baictéir *mph*
bad *adj* olc, dona; *(child)* crosta, dána, dalba; *(mistake, accident etc)* droch-; *(meat, food)* lofa; **his ~ leg** a chos thinn *or* nimhneach; **to go ~** *(meat, food)* cor a theacht i; **it's not ~** níl caill air
badge *n* suaitheantas *m*
badger *n* broc *m*
badly *adv* *(work, dress etc)* go dona, go holc, go hamscaí; **~ wounded** gonta go dona, loite go dona; **he needs it ~** tá sé de dhíth go géar air, teastaíonn sé uaidh go géar
badminton *n* badmantan *m*
bad-tempered *adj* colgach, confach
bag *n* mála *m4* ▷ *vt* cuir i mála; *(inf: nab)* croch leat; **~s of money** na múrtha airgid; **baggage** *n* bagáiste *m4*; **baggage allowance** *n* liúntas *m* bagáiste; **baggy** *adj*: **baggy trousers** bríste atá ina mhála; **bagpipes** *npl* píb *fsg2* mhór, píb mhála, píoba *fpl2*
bail *n* *(payment)* bannaí *mpl4* ▷ *vt* *(prisoner: also:* **~ grant**) lig amach ar bannaí; *(boat: also:* **~ out**) taosc; **on ~** *(prisoner)* faoi bhannaí, ar bhannaí; **bail out** *vt* *(prisoner)* téigh i mbannaí ar
bait *n* baoite *m4* ▷ *vt* cuir suas baoite; *(fig: tease)* **to ~ sb** bheith ag spochadh as duine
bake *vt* bácáil, bruith ▷ *vi* bácáil; **baked beans** *npl* pónairí *fpl4* bruite; **baker** *n* báicéir *m3*; **bakery** *n* bácús *m*, teach *m* báicéireachta; **baking** *n* báicéireacht *f3*; **baking powder** *n* púdar *m* bácála
balance *n* cothrom *m*, cóimheá *f4*, cothromaíocht *f3*; *(Comm, sum)* iarmhéid *m4*; *(remainder)* fuílleach *m*; *(scales)* scálaí *mpl4*, meá *f4* ▷ *vt*

cothromaigh, meáigh; *(budget, account)* comhardaigh; **~ of payments/trade** comhardú na n-íocaíochtaí/na trádála; **to hang in the ~** bheith idir dhá cheann na meá; **she lost her ~** baineadh dá cothrom í; **balanced** *adj* cothrom; *(judgement etc)* cóir; **balance sheet** *n* clár *m* comhardaithe
balcony *n* balcóin *f2*, grianán *m*; *(in theatre)* áiléar *m*
bald *adj* maol, blagadach; *(tyre)* maol; *(statement)* lom; **~ man** blagadán; **~ patch** plait, blagaid
ball *n* liathróid *f2*, bál *m*; *(Football)* peil *f2*; *(for hurling)* sliotar *m*, cnag *m*; *(of wool, thread, string)* ceirtlín *m4*; *(dance)* bál *m*; **to play ~ (with sb)** *(fig: cooperate)* comhoibriú (le duine)
ballerina *n* bailéiríne *f4*
ballet *n* bailé *m4*; **ballet dancer** *n* rinceoir *m3* bailé
balloon *n* balún *m*; *(in comic strip)* bolgán *m*
ballot *n* ballóid *f2*
ballpoint, ballpoint pen *n* badhró *m4*, peann *m* gránbhiorach
ballroom *n* bálseomra *m4*
Baltic *n*: **the ~ (Sea)** Muir Bhailt
bamboo *n* bambú *m4*
ban *n* cosc *m*, cros *f2* ▷ *vt* cosc, toirmeasc, cuir cosc ar
banana *n* banana *m4*
band *n* banda *m4*; *(Mus)* banna *m4* *or* buíon *f2* ceoil
bandage *n* bindealán *m*, bréid *m4* ▷ *vt* cuir bindealán *or* bréid ar
bang *n* pléasc *f2*; *(of door)* tailm *f2*, plab *m4* ▷ *vt* pléasc; *(door)* dún de phlab, plab ▷ *vi* pléasc ▷ *excl* plimp; **the door closed with a ~** dhún an doras de phlab
bangs *(US)* *npl* frainse *msg4*

banish vt díbir

banister n, **banisters** npl balastair mph, ráillí mpl4 staighre

banjo n bainseo m4

bank n banc m1; (of river, lake) bruach m1; (of earth) carnán m1 ▷ vi (Aviat) claon sciathán; **bank on** vt fus braith ar, cuir do mhuinín i; **bank account** n cuntas m1 bainc; **bank card** n cárta m4 bainc/baincéara; **banker** n baincéir m3; **bank holiday** n lá m saoire bainc; **banking** n baincéireacht f3; **banknote** n nóta m4 bainc

bankrupt adj féimheach; **he went ~** breithníodh ina fhéimheach é, briseadh ina ghnó é; **bankruptcy** n féimheacht f3

bank statement n ráiteas m1 bainc

banner n meirge m4, bratach f2, fleaige m4

bannister n, **bannisters** npl = **banister**

banquet n féasta m4; **wedding ~** bainis f2

baptism n baisteadh m

bar n (also Mus) barra m4; (pub, counter in pub) beár m1; (rod: of metal etc: lock) bolta m4, sparra m4; (on window etc) sparra; (fig) bac m1, constaic f2; (ban) cosc m1, toirmeasc m1 ▷ vt (road) dún; (door) sparr, cuir sparra le; (person, activity) cuir cosc ar; **~ of soap** barra sópa; **the B~** (Law) an Barra; **behind ~s** (prisoner) faoi ghlas

barbaric adj barbartha

barbecue n barbaiciú m4, fulacht f3

barbed wire n sreang f2 dheilgneach

barber n bearbóir m3

bar code n barrachód m1

bare adj nocht, lom ▷ vt nocht; **barefoot** adj, adv cosnochta;

barely adv ar éigean

bargain n (transaction) margadh m1; (good buy) sladchonradh m, margadh maith ▷ vi (haggle) déan margáil; (negotiate) **to ~ (with sb)** margáil a dhéanamh (le duine); **into the ~** de bharr ar an iomlán; **bargain for** vt fus: **he got more than he ~ed for** fuair sé rud nach ndearna sé margadh air

barge n báirse m4; **barge in** vi (walk in) gread isteach, tar isteach de rúid, siúil romhat isteach; (interrupt talk) bris isteach ar, téigh roimh

bark n (of tree) coirt f2, rúsc m1; (of dog) tafann m1, glam f2 ▷ vi: **to ~** lig glam (as), déan tafann, bheith ag tafann or ag amhastrach

barley n eorna f4

barmaid n cailín m4 beáir, bean f an leanna

barman n fear m1 beáir, fear m1 an leanna

barn n scioból m1

barometer n baraiméadar m1

baron n barún m1; **baroness** n banbharún m1

barracks npl beairic fsg2

barrage n (Mil, dam) baráiste m4; (fig) rois f2

barrel n bairille m4

barren adj aimrid, seasc

barricade n baracáid f2 ▷ vt cuir baracáid ar

barrier n bac m1, bacainn f2; (fig: to progress etc) constaic f2

barring prep ach amháin

barrister n abhcóide m4

barrow n (wheelbarrow) barra m4 (rotha)

bartender (US) n freastalaí m4 beáir

base n bun m1; (foundation) bonn m1;

(*Mil*) bunáit f2 ⊳ vt: **to ~ sth on** rud a bhunú ar ⊳ *adj* suarach, táir

baseball n básbhál m

basement n íoslach m

bash vt cnag, buail, gread, basc

basic adj bunúsach, bunaidh, bun-; **basically** adv go bunúsach; (*in fact*) is amhlaidh (go)

basil n basal m4, lus m3 mic rí

basin n (*vessel*) mias f2; (*Geog*) imchuach m4; (*of river*) abhantrach f2; (*also*: **wash~**) báisín m4, scála m4

basis n bun m1, bonn m1, bunús m1, dúshraith f2; **on a trial ~** ar bhonn trialach; **on a part-time ~** ar bhonn páirtaimseartha

basket n bascaed m, ciseán m, cliabh m; **basketball** n cispheil f2

bass n (*Mus*) dord m1; (*voice*) dordghuth m3

bastard n tuilí m4, mac m1 suirí; (*infl*) bastard m

bat n builteoir m3, slacán m; (*Zool*) sciathán m leathair ⊳ vt: **he didn't ~ an eyelid** súil níor chaoch sé

batch n dol m3; (*of turf, eggs, potatoes*) baisc f2

bath n folcadh m; (*bathtub*) folcadán m ⊳ vt folc; **to have a ~** tú féin a fholcadh; *see also* **baths**

bathe vi folc ⊳ vt (*wound*) nigh, ionnail

bathing n snámh m3; **bathing costume** (US **bathing suit**) n culaith f2 shnámha

bathrobe n fallaing f2 folctha; **bathroom** n seomra m4 folctha; **baths** npl (*also*: **swimming baths**) poll m5g1 or linn f2 snámha; **bath towel** n tuáille m4 folctha

baton n (*Mus*) baitín m4; (*club*) bata m4, smachtín m4

batter vt gread, batráil ⊳ n

fuidreamh m; **battered** adj (*hat, pan*) briste brúite, seanchaite

battery n (*Elec*) cadhnra m4, ceallra m4

battle n cath m3, briseadh m3 ⊳ vi: **to ~ against sth** troid in aghaidh ruda, streachailt in éadan ruda; **battlefield** n páirc f2 an áir

bay n (*of sea*) bá f4; (*small*) camas m (*tree*) crann m1 labhrais; **to hold sb at ~** srian a choinneáil ar dhuine

bay leaf n duilleog f2 labhrais

bazaar n basár m

B.C. adv abbr (= *before Christ*) R.Ch., Roimh Chríost

 KEYWORD

be aux vb **1** (*with present participle*: forming continuous tenses): **what are you doing?** cad é atá tú a dhéanamh?; **they're coming tomorrow** beidh siad ag teacht amárach; **I've been waiting for you for two hours** tá mé ag fanacht leat le dhá uair an chloig **2** (*with pp*: forming passives): **he was killed** maraíodh é; **he was nowhere to be seen** ní raibh sé le feiceáil thuas ná thíar **3** (*in tag questions*): **it was fun, wasn't it?** ba mhór an chuideachta or an spraoi é, nár mhór?; **she's back, is she?** tá sí ar ais, an bhfuil? **4** (+ *to* + *infin*): **the house is to be sold** tá an teach le díol; **he's not to open it** caithfidh sé gan é a oscailt, ná hosclaíodh sé é
⊳ vb (+ *complement*) is, bí **1** (*gen*): **I'm Irish** is Éireannach mé; **I'm tired** tá tuirse orm, tá mé tuirseach; **I'm cold/hot** tá mé fuar/te; **he's a doctor** is dochtúir é; **2 and 2 are 4** a dó is a dó a ceathair

2 (health): **how are you?** cad é mar atá tú?, cén chaoi a bhfuil tú?, conas atá tú?; **he's fine now** tá sé go breá anois; **he's very ill** tá sé an-bhreoite

3 (age): **how old are you?** cén aois atá agat?; **I'm sixteen (years old)** tá mé sé bliana déag (d'aois)

4 (cost): **how much was the meal?** cá mhéad a bhí ar an mbéile?; **that'll be £5, please** cúig phunt, le do thoil

▷ vi **1** (exist, occur etc): **the prettiest girl that ever was** an cailín is deise dá raibh riamh ann; **be that as it may** bíodh sin mar atá, bíodh sin amhlaidh nó ná bíodh; **so be it** bíodh amhlaidh

2 (referring to place): **I won't be here tomorrow** ní bheidh mé anseo amárach; **Edinburgh is in Scotland** tá Dún Éideann in Albain, is in Albain atá Dún Éideann

3 (referring to movement): **where have you been?** cén áit a raibh tú?

▷ impers vb **1** (referring to time, distance): **it's 5 o'clock** tá sé a cúig a chlog; **it's the 28th of April** an t-ochtú lá is fiche de Mhí Aibreáin atá ann; **it's 10 km to the town** tá sé deich gciliméadar chun an bhaile mhóir

2 (referring to the weather): **it's too hot/cold** tá sé róthe/rófhuar; **it's windy** tá sé gaofar

3 (emphatic): **it's me/the postman** mise atá ann/fear an phoist atá ann

beach n trá f4 ▷ vt (boat) tabhair rith cladaigh do
beacon n (lighthouse) solas m1; (marker) rabhchán m1
bead n (decorative) coirnín m4; (of

sweat, blood) deoir f2; **Rosary ~s** Paidrín msg4, Coróin fsg Mhuire
beak n gob m1
beam n (of wood) maide m4; (of light) ga m4 ▷ vi soilsigh, lonraigh; **she was ~ing** bhí aoibh an gháire uirthi
bean n pónaire f4; **runner/broad ~** pónaire reatha/leathan; **beansprouts** npl spruitíní mpl4 soighe
bear n béar m1 ▷ vt (carry) iompair; (endure) fulaing ▷ vi: **to ~ right/left** coinneáil ar dheis/ar chlé; **bear out** vt (fact) cruthaigh; **bear up** vi (person) fulaing go cróga
beard n féasóg f2; **goat's ~** meigeall m
bearer n iompróir m3; (of passport) sealbhóir m3
bearing n iompar m1, siúl m1; (connection) baint f2; **bearings** npl (also: **ball ~s**) gráinní mpl4 iompair
beast n ainmhí m4, beithíoch m1; (inf: person) brúid f2
beat n bualadh m1; (Mus) buille m4; (of policeman) cuairt f2, stádar m1 ▷ vt, vi buail; **off the ~en track** scoite, iargúlta; **~ it!** gread leat!; **beat up** vt (inf) buail, tabhair greasáil or léasadh do; (egg) buail; **beating** n bualadh m, greasáil f3, léasadh m
beautiful adj álainn, sciamhúil, galánta, sciamhach; **beautifully** adv go hálainn, go sciamhúil, go sciamhach
beauty n áilleacht f3, sciamh f2; **~ products** earraí áillithe; **beauty spot** n (Tourism) ball m áilleachta
beaver n béabhar m
because conj óir, mar, toisc
beckon vt: **~ to** sméid ar

become vi éirigh; **to ~ fat/thin** éirí ramhar/caol; **he became afraid** tháinig eagla air; **he became a priest** rinneadh sagart de; **he became a Catholic** d'iompaigh sé ina Chaitliceach; **he became a soldier** chuaigh sé sna saighdiúirí; **what became of him?** cad (é) a d'éirigh dó?

bed n leaba f; (of flowers) ceapach f2; (of coal, clay) scair f2; (of sea) grinneall m1; **to make the ~** an leaba a chóiriú; **he went to ~** chuaigh sé a luí; **bed and breakfast** n leaba f agus bricfeasta; **bedclothes** npl éadaí mph leapa; **bedding** n córacha fpl3 leapa; **bedroom** n seomra m4 leapa; **bedside** n: **at sb's bedside** ag colbha na leapa ag duine; **bedsit, bedsitter** n seomra m4 suí is leapa, suanlann f2 chónaithe; **bedspread** n scaraoid f2 leapa; **bedtime** n am m3 luí

bee n beach f2

beech n fáibhile m4, feá f4

beef n mairteoil f3; **roast ~** mairteoil rósta; **beefburger** n martbhorgaire m4

beer n beoir f, leann m3

beet n (vegetable) biatas m1; (US: also: **~ red**) ~ biatas dearg

beetle n ciaróg f2, daol m1

beetroot n meacan m1 biatais, biatas m1

before prep (in time) roimh; (preference) thar; (in space) os comhair + gen, os coinne + gen ▷ conj sula ▷ adv ar tosach, roimhe sin, cheana; **~ going** roimh imeacht; **~ she goes** sula n-imíonn sí; **the week ~** an tseachtain roimhe sin; **I've seen it ~** chonaic mé cheana é; **beforehand** adv

roimh ré

beg vi bheith ag iarraidh na déirce ▷ vt impigh ar; (forgiveness, mercy etc) agair; (entreat) achainigh ar; see also **pardon**

beggar n bacach m1, fear m1 déirce, bean f déirce

begin vt, vi tosaigh, cuir tús le; **to ~ doing** or **to do sth** tosú ar rud a dhéanamh; **beginner** n tosaitheoir m3; **beginning** n tús m1, tosach m1

behalf n: **on ~ of sb** (representing) thar ceann duine; **on ~ of** (for benefit of) ar son + gen; **on my/his ~** thar mo/a cheann

behave vi iompair; (well: also: **~ o.s.**) tú féin a iompar go maith; **~ yourself** bíodh múineadh ort; **behaviour** (US **behavior**) n iompar m1; **good/bad behaviour** dea-/drochiompar m1

behind prep taobh thiar de, laistiar de, ar chúl + gen; (time, work, studies) siar, ar deireadh ▷ adv thiar, chun deiridh ▷ n tóin f3; **to be ~ (schedule)** bheith ar deireadh (leis an obair); **~ the scenes** ar chúl stáitse, ar an gcúlráid

beige adj béas

Beijing n Beijing f4

being n neach m4; (existence) beith f2

belated adj deireanach, mall

belch vi brúcht ▷ vt (also: **~ to ~ out**: smoke etc) bheith ag tonnadh

Belfast n Béal m Feirste; **~ Lough** Loch m Lao

Belgian adj, n Beilgeach m1

Belgium n an Bheilg f2

belief n (opinion) barúil f3, tuairim f2; (trust, faith) creideamh m1

believe vt, vi creid; **to ~ in** (God, method) creidiúint i; (ghosts) tabhairt isteach do; **believer** n (Rel) creidmheach m1

bell n clog m1

bellow vi (bull) búir; (person) béic

belly n bolg m1

belong vi: **that ~s to me** is liomsa sin; (group): **she ~s to that party** is ball den pháirtí úd í; (place): **I don't ~ to this town** ní as an mbaile seo mé; **belongings** npl giuirléidí fpl2

beloved adj ionúin ▷ n muirnín m4

below prep faoi ▷ adv thíos, laistíos; **see ~** féach thíos; **from ~** aníos

belt n crios m3, beilt f2; (of land, Tech) crios ▷ vt (thrash) buail, tabhair greadadh do, tabhair léasadh do; **beltway** (US) n (Aut: motorway) cuarbhóthar m1

bemused adj trí chéile, trína chéile

bench n binse m4; **the B~** (Law) An Binse m4

bend vt lúb ▷ vi lúb, crom ▷ n (in road) cor m1, lúb f2; (in pipe) lúb; (in river) lúb, camas m1; **the ~s** (Med) tinneas m tumadóra; **bend down** vi crom síos; **bend over** vi crom

beneath prep (thíos) faoi ▷ adv thíos; **it is ~ me** ní chromfainn air

beneficial adj tairbheach, sochrach; **~ to the health** tairbheach don tsláinte

benefit n sochar m1, leas m3, tairbhe f4; (also: **unemployment ~**) sochar dífhostaíochta ▷ vt téigh chun sochair do; **it ~ted me** chuaigh sé chun sochair dom ▷ vi bain sochar as; **I ~ted from it** bhain mé sochar as

benign adj (person, smile) caoin; (Med) neamhaincíseach, neamhurchóideach

bent adj cam ▷ n: **he has a ~ for it** tá claonadh or luí aige leis; **he is ~**

on escaping tá rún daingean aige éalú

bereaved n: **the ~** muintir f2 an mharbhánaigh

beret n bairéad m1

Berlin n Beirlín f4

berry n caor f2

berth n (bed) leaba f (loinge); (for ship) leaba ancaire ▷ vi (in harbour) tar le cé; (at anchor) téigh ar ancaire

beside prep in aice (le), le hais + gen, taobh le; **that's ~ the point** ní bhaineann sin le hábhar; **he was ~ himself with anger** bhí sé thairis féin le fearg; **besides** adv le cois, freisin, chomh maith; (in any case) thairis sin, cár bith ▷ prep (as well as) seachas, diomaite de, chomh maith le

best adj, adv is fearr; **the ~ part of** an mhórchuid de; **at ~** ar an gcuid is fearr de; **to make the ~ of sth** a mhór a dhéanamh de rud; **to do one's ~** do dhícheall a dhéanamh; **to the ~ of my knowledge** ar feadh m'eolais; **to the ~ of my ability** a fheabhas agus is féidir liom, chomh maith agus a thig liom; **best man** n finné m4 fir, vaidhtéir m3; **bestseller** n leabhar m móréilimh

bet n geall m1 ▷ vt, vi cuir geall (ar); **I ~ five euros on a horse** chuir mé (geall) cúig euro ar chapall; **I'll ~ you he comes** bíodh geall go dtiocfaidh sé

betray vt braith, feall ar; (secret) sceith; (feeling) taispeáin

better adj, adv níos fearr ▷ vt sáraigh, feabhsaigh ▷ n: **to get the ~ of** an lámh in uachtar a fháil ar; **you had ~ do it** b'fhearr duit é a dhéanamh; **he thought ~ of it** rinne sé athchomhairle; **to get ~**

bisiú, dul i bhfeabhas

betting n geallacur m1; **betting shop** n siopa m4 geallghlacadóra

between prep idir ▷ adv: **(in)** ~ i lár báire; ~ **meals** idir bhéilí; ~ **Belfast and Dublin** idir Béal Feirste agus Baile Átha Cliath

beverage n deoch f

beware vi seachain; **"~ of the dog"** "seachain an madra"; ~ **of him** fainic thú féin air, bí ar d'fhaichill air

bewildered adj ar mearbhall, trí (na) chéile

beyond prep (in space, time) ar an taobh thall (de); (exceeding) thar, os cionn ▷ adv ansiúd, thall; ~ **doubt** gan aon amhras; **it is ~ repair** tá sé ó chóiriú

bias n (prejudice) claonadh m; **biased, biassed** adj leataobhach, claonta; **he is bias(s)ed towards/against women** tá sé claonta i leith/i gcoinne na mban

bib n bráidín m4

Bible n Bíobla m4

bicarbonate of soda n décharbónáit f2 sóide

biceps n bíceps f2

bicycle n rothar m

bid n (at auction etc) tairiscint f3; (attempt) iarraidh f, iarracht f3 ▷ vi tairg, déan tairiscint ▷ vt ordaigh do; **~ me goodbye** d'fhág sé slán agam; **bidder** n tairgeoir m3; **the highest bidder** an té a thairgeann an t-airgead is mó

big adj mór; **bigheaded** adj sotalach, leitheadach; **he is bigheaded** tá a cheann séidte, tá sé mór as féin

bike n rothar m4

bikini n bicíní m4

bilateral adj déthaobhach

bilingual adj dátheangach

bill n (also Pol) bille m4; (US: banknote) nóta m4 bainc; (of bird) gob m; (Theat): **on the ~** ar an gclár; **"post no ~s"** "cros ar fhógráin"; **to fit** or **fill the ~** (fig) cúis a dhéanamh ▷ vt: **to ~ sb** bille a chur chuig duine; **billboard** n clár m fógraí; **billfold** (US) n sparán m1

billiards n billéardaí

billion n (Brit) billiún m1 + sg; (US) míle m4 míllún + sg

bin n araid f2; (also: **dust~**) bosca m4 bruscair

bind vt (tie) ceangail, nasc; (book) ceangail; (oblige): **to ~ sb to do sth** iallach a chur ar dhuine rud a dhéanamh ▷ n (nuisance) crá m4 croí

binge (inf) n ragús m óil, drabhlás m; **to go on a** or **the ~** dul ar an ól or ar na cannaí

bingo n biongó m4

binoculars npl déshúiligh mph

bio- prefix bith-, beath-;
biochemistry n bithcheimic f2;
biodegradable adj bith-indíghrádaithe; **biography** n beathaisnéis f2; **biological** adj bitheolaíoch; **biology** n bitheolaíocht f3; **biotechnology** n bitheicneolaíocht f3

birch n beith f2

bird n éan m1

bird watcher n éanfhairtheoir m3, éaneolaí m4

Biro® n badhró m4

birth n breith f2; **she gave ~ to a son** rugadh mac di; **he's Irish by ~** is Éireannach ó dhúchas é; **birth certificate** n teastas m beireatais; **birth control** n (policy) cosc m beireatais; (method) frithghiniúint f3; **birthday** n breithlá m, lá m

breithe ▷ cpd breithlae n gen;
birthplace n: **my birthplace** an áit ar rugadh mé; (fig) m'áit f2 dhúchais

biscuit n (Brit) briosca m4; (US) toirtín m4

bishop n (also Chess) easpag m1

bit n giota m4, blúire m4, píosa m4; (of tool) béalmhír f2; (for horse) béalbhach f2; (Comput) giotán m1; a ~ of píosa de, giota; a ~ tired rud beag tuirseach; ~ by ~ de réir a chéile, diaidh ar ndiaidh, ó ghiota go giota

bitch n (dog) soith f2, bitseach f2; (inf!) raicleach f2, bitseach (mná)

bite vt, vi bain greim or plaic or sclamh as; (insect) cailg ▷ n (insect bite) cailg f2, greim m3; (mouthful) greim; **let's have a ~ (to eat)** beidh greim bia againn; **to ~ one's nails** d'ingne a ithe

bitter adj goirt, searbh, gangaideach; (weather, wind) nimhneach, feanntach; (person) domlasta; (criticism) géar, dian, feanntach ▷ n (beer) leann m3 searbh

bizarre adj ait, aisteach, saoithiúil

black adj dubh ▷ n (colour) dubh m1; (person): B~ Gormach m1, duine m4 gorm ▷ vt (Ind) baghcatáil; **to give sb a ~ eye** súil dhubh a fhágáil ag duine; **to be in the ~** (in credit) bheith ar thaobh an tsochair; **blackberry** n sméar f2 dhubh; **blackbird** n lon m1 dubh, céirseach f2; **blackboard** n clár m1 dubh; **black coffee** n caife m4 dubh; **blackcurrant** n cuirín m4 dubh; **black ice** n oighear m1 dubh; **blackmail** n dúmhál m1 ▷ vt cuir faoi dhúmhál, dúmhál; **black market** n margadh m1 dubh;

blackout n (Elec) lánmhúchadh m1; **to have a blackout** (fainting) titim i laige, dul i dtámh or i dtámhnéal; **Black Sea** n: **the Black Sea** an Mhuir f3 Dhubh

bladder n lamhnán m1

blade n (of weapon) lann f2, faobhar m1; (of oar, hurling stick, shoulder) bos f2; ~ **of grass** gas m1 or ribe m4 féir

blame n locht m3, milleán m1 ▷ vt: **to ~ sb/sth for sth** an locht a chur ar dhuine/ar rud as rud; **who's to ~?** cé air an locht or an milleán?; **he is to ~** eisean is ciontaí

bland adj (taste, food) tur, leamh

blank adj bán, folamh; (look) folamh, bómánta ▷ n (space) bearna f4; (cartridge) cartús m1 caoch; **his mind was a ~** ní raibh aon smaoineamh ina cheann

blanket n blaincéad m1, pluid f2; (of snow, cloud) cumhdach m1

blast n (of wind) rois f2, soinneán m1; (of explosive) pléasc f2 ▷ vt pléasc, réab

blatant adj lom-, dearg-; (clear) follasach

blaze n (fire) dóiteán m1, gléiréan m1; (on animal) scead f2 ▷ vi: **to ~** (fire) bheith ag bladhmadh; (sun) bheith ag scalladh or spalpadh ▷ vt: **to ~ a trail** (fig) ceannródaíocht a dhéanamh

blazer n bléasar m1

bleach n bléitse m4 ▷ vt (linen etc) bánaigh, tuar

bleak adj sceirdiúil, deileoir; (future) gruama

bleed vt (Med) bain or lig fuil as, déan cuisleoireacht ar ▷ vi cuir fuil, fuiligh (ar); **his nose was ~ing** bhí sé ag cur fuil shróine

blemish n ainimh f2, máchail f2,

smál *m*; (*on fruit, reputation*) smál ▷ *vt* smálaigh

blend *n* cumasc *m*, meascán *m* ▷ *vt* cumaisc, measc ▷ *vi*: **to ~ (in)** (*colours etc*) dul isteach ina chéile, cur le chéile; **blender** *n* cumascóir *m3*

bless *vt* beannaigh, coisric; **~ you!** (*after sneeze*) Dia leat!; Dia linn!; **blessing** *n* beannacht *f3*, coisreacan *m*; (*godsend*) tabhartas *m* Dé, tíolacadh *m* ó neamh

blight *vt* smol, mill; **to ~ sb's hopes** duine a chur dá dhóchas *or* as a dhóchas

blind *adj* dall, caoch ▷ *n* (*for window*) dallóg *f2*; **the ~** *npl* na daoine *mpl4* dalla, na daill *mpl* ▷ *vt* dall, caoch; **blindfold** *n* púicín *m4* ▷ *adj, adv* faoi phúicín ▷ *vt* cuir púicín ar

blink *vi* (*light*) preab; **to ~ an eye** súil a chaochadh *or* a bhobáil ▷ *n*: **in the ~ of an eye** i bhfaiteadh na súl

bliss *n* aoibhneas *m*

blister *n* (*on skin*) spuaic *f2*, clog *m*; (*on paintwork, rubber*) clog *m* ▷ *vi* (*paint*) clog; **~ed** éirigh clog air

blizzard *n* síobadh *m* sneachta

bloated *adj* ata, séidte, borrtha

blob *n* (*drop*) daba *m4*, braon *m*; (*daub, lump*) daba *m4*; (*stain*) smál *m*; (*spot*) ball *m*

block *n* bloc *m*, ceap *m*; (*in pipes*) bacainn *f2*; (*toy*) bloicín *m4*; (*of buildings*) ceap *m* ▷ *vt* coisc, cuir bac *or* cosc ar, stop; (*ball*) stop, blocáil; (*fig*) tuirip roimh; **~ed** (*road*) dúnta; **mental ~** bac intinne; **blockade** *n* imshuí *m4*; **blockage** *n* caochail *f3*, bac; **block capitals**, **block letters** *npl* bloclitreacha *fpl*, mórlitreacha *fpl* bloic

blog *n* (*Comput*) blog *m4*

bloke (*inf*) *n* diúlach *m*

blond, blonde *adj* fionn, bán ▷ *n* duine *m4* fionn

blood *n* fuil *f*; **blood donor** *n* deontóir *m3* fola; **blood group** *n* fuilghrúpa *m4*; **blood poisoning** *n* nimhiú *m* fola; **blood pressure** *n* brú *m4* fola; **bloodshed** *n* ár *m*, doirteadh *m* fola, fuildoirteadh *m*; **bloodshot** *adj* sreangach; **bloodstream** *n* sruth *m3* (na) fola; **blood test** *n* triail *f* fola; **blood vessel** *n* fuileadán *m*, soitheach *m* fola; **bloody** *adj* fuilteach; (*infl*): **this bloody ...** an .... mallaithe seo; **bloody strong/good** damanta láidir/maith

bloom *n* bláth *m3*, snas *m3*, snua *m4* ▷ *vi* tar i mbláth

blossom *n* bláth *m3*, plúr *m* ▷ *vi* bláthaigh, tar i mbláth

blot *n* smál *m* ▷ *vt* smálaigh; **blot out** *vt* (*memories*) cuir as do cheann; (*view*) folaigh, ceil

blouse *n* blús *m*

blow *n* buille *m4* ▷ *vi* (*wind*) séid; (*fuse*) dóigh ▷ *vt* séid; (*instrument*) séid; **to ~ one's nose** do shrón a shéideadh; **to ~ a whistle** feadóg a shéideadh; **blow away** *vt* séid ar siúl, séid chun siúil; **blow down** *vt* séid chun talún; **blow off** *vt* séid de, sióbde; **blow out** *vt* (*fire, flame*) múch, séid amach ▷ *vi* téigh as; **blow over** *vi* síothlaigh; **blow up** *vt* (*tyre*) séid, teann, cuir aer i; (*Phot*) méadaigh ▷ *vi* pléasc

blue *adj* gorm; (*fig*) graosta, gáirsiúil ▷ *n*: **the ~s** (*Mus*) na bliúanna *mpl4*, na gormacha *mpl*; **~ joke** scéal (grinn) graosta; **~ movie** scannán pornagrafaíochta; **to come out of the ~** (*fig*) teacht mar a bheadh splanc ann, teacht gan choinne; **bluebell** n cloigín m4 gorm

bluff vi: **he was ~ing** bhí sé ag cur i gcéill ▷ vt cuir dallamullóg ar ▷ n cur m i gcéill; **to call sb's ~** tabhairt ar dhuine cur lena chuid cainte

blunder n botún m1, meancóg f2 ▷ vi déan botún or meancóg

blunt adj (person) giorraisc; (knife, pencil) maol

blur n dusma m4 ▷ vt smálaigh, doiléirigh

blush vi dearg, las ▷ n lasadh m, luisne f4; **she ~ed** las sí sa haghaidh

board n clár m1, bord m1; (on wall, for chess) clár; (cardboard) cairtchlár m; (committee) coiste m4; (in company) bord; (Naut, Aviat): **on ~** ar bord ▷ vt (ship) téigh ar bord; (train) téigh ar; **full/half ~** lánchothú/leathchothú; **~ and lodging** bia agus leaba; **which goes by the ~** (fig) a ligtear ar lár; **board up** vt (door, window) dún le cláir; **boarding card** n = **boarding pass**; **boarding pass** n (Aviat, Naut) cárta m4 or pas m4 bordála; **boarding school** n scoil f2 chónaithe; **board room** n seomra m4 comhairle

boast vi: **to ~ (about or of)** maíomh (as), mórtas a dhéanamh (as), gaisce a dhéanamh (as)

boat n bád m1; (small) coite m4

bob vi (boat, cork, on water: also: **~ up and down**) damhsaigh

body n corp m1, colainn f2; (dead) corp, corpán m1, marbhán m1; (of car, plane) cabhail f; (fig: society) comhlacht m3; (of wine) tathag m1; **body-building** n corpdhéanamh m1; **bodyguard** n garda m4

cosanta; **bodywork** n cabhalra m4

bog n portach m1, caorán m1 ▷ vt: **to get ~ged down** (fig) dul in abar

bogus adj bréagach; **a ~ company** comhlacht m3 bréige

boil vt, vi beirigh, fiuch, bruith ▷ n (Med) neascóid f2; **to come to the** or (US) **a ~** tosú ag fiuchadh, tosú ag gail; **to bring to the ~** gail or fiuchadh a bhaint as; **boil down to** vt fus (fig): **it ~s down to** is é bun agus barr an scéil; **boil over** vi téigh thar maoil; **boiled egg** n ubh f2 bhruite; **boiler** n coire m4, gaileadán m1; **boiling point** n pointe m4 fiuchta

bold adj dána, dalba, neamheaglach; (pej: cheeky) crosta, soibealta; (clear and distinct) glan soiléir; (print) trom

bollard n (Aut) mullard m1

bolt n (lock) bolta m4, sparra m4; (with nut) bolta ▷ adv: **~ upright** ina cholgsheasamh ▷ vt boltáil, cuir bolta or sparra ar; (Tech: also: **~ on, ~ together**) boltáil; (food) alp, slog, pulc ▷ vi: **the horse ~ed** d'imigh an capall chun scaoill; **he ~ed** d'imigh sé de sciotán, thug sé do na boinn é; **~ of lightning** splanc thintrí

bomb n buama m4, pléascán m1 ▷ vt buamáil; **bomber** n (Aviat) buamadóir m3

bond n cuibhreach m1, ceangal m1; (binding promise) gealltanas m1, conradh m; (Comm) banna m4; **in ~** (of goods) faoi bhanna

bone n cnámh f2 ▷ vt bain na cnámha as, díchnámhaigh

bonfire n tine f4 chnámh

bonnet n boinéad m1

bonus n bónas m1 ▷ adj breise n gen; **~ number** uimhir bhreise

boo *excl* bú ▷ *vt:* **to ~ sb** faíreach a dhéanamh faoi dhuine

book *n* leabhar *m*; *(of stamps, tickets)* leabhrán *m1* ▷ *vt (ticket, seat, room)* cuir in áirithe; *(football player)* glac ainm, cuir sa leabhar; **books** *npl (accounts)* leabhair *mph* chuntas; **bookcase** *n* prios *m3* leabhar, leabhragán *m1*; **booking office** *n* oifig *f2* ticéad; **book-keeping** *n* cuntasóireacht *f3*, leabharchoimeád *m*; **booklet** *n* leabhrán *m1*; **bookmaker** *n* geallghlacadóir *m3*; **bookmark** *n (also Comput)* leabharmharc *m*; **bookseller** *n* díoltóir *m3* leabhar; **bookshop, bookstore** *n* siopa *m4* leabhar

boom *n* tormán *m1*, búireach *f2*; *(in prices, population)* borradh *m* ▷ *vi:* **to ~** bheith ag búireach; *(prices etc)* bheith ag borradh

boost *n* méadú *m*, spreagadh *m* ▷ *vt* treisigh, méadaigh, tabhair uchtach (do); **to ~ the power** an chumhacht a mhéadú

boot *n* bróg *f2* mhór, buataisí *f2*; *(for football etc)* bróg pheile; *(of car)* cófra *m4* ▷ *vt (Comput)* tosaigh; **to ~** *(in addition)* de bhabhta leis, chomh maith, lena chois

booth *n (at fair)* stainnín *m4*; *(telephone etc)* both *f3*; *(also:* **voting ~)** both vótála

booze *(inf) n* an braon *m* crua, biotáille *f4* ▷ *vi* déan pótaireacht or póit

border *n* ciumhais *f2*, teorainn *f*, imeall *m1*; *(of a country)* teorainn, críoch *f2* ▷ *vt:* **to ~ (on)** *(country)* bheith ag críochantacht (le); **the B~** *(Irl: Geog)* An Teorainn; **borderline** *n (fig)* teorainn *f*

bore *vt (hole)* poll, toll; *(oil well,*

tunnel) toll; *(person)* tuirsigh, cráigh ▷ *n* leadránaí *m4*, liostachán *m1*; *(of gun)* cró *m4*; **to be ~d** bheith dubh dóite; **he's such a ~!** a leithéid de strambánaí!; **boredom** *n* leamhthuirse *f4*

boring *adj* leadránach, tuirsiúil; **a ~ story** strambán

born *adj:* **to be ~** teacht ar an saol; **when were you ~?** cén bhliain a rugadh tú?; **I was ~ in 1985** rugadh i 1985 mé

borough *n* buirg *f2*

borrow *vt:* **to ~ sth (from sb)** rud a fháil ar iasacht (ó dhuine)

Bosnia *n* Boisnia *f4*

bosom *n* brollach *m*, cliabh *m*, ucht *m3*

boss *n* saoiste *m4*, máistir *m4*, maor *m1* ▷ *vt:* **to ~ sb (around or about)** barrastóireacht or saoistíocht a dhéanamh ar dhuine; **bossy** *adj* tiarnúil

both *adj* araon ▷ *pron:* **~ (of them)** (s)iad beirt; **~ of us went, we ~ went** chuaigh an bheirt againn; **~ of you** sibh araon, an bheirt agaibh; **~ (of) the books** an dá leabhar; **~ men and women** idir fhir agus mhná

bother *vt (worry)* cráigh, clip, buair; *(disturb)* cuir as do ▷ *vi:* **to ~ (o.s.)** an stró a chur ort féin, bacadh le ▷ *n* crá *m4*, buairt *f3*; **it's no ~** ní stró ar bith é; **to ~ doing sth** bacadh le rud a dhéanamh, an saothar a chur ort rud a dhéanamh

bottle *n* buidéal *m* ▷ *vt:* **to ~ sth** rud a chur i mbuidéal, rud a bhuidéalú; **bottle up** *vt (emotion)* brúigh fút; **bottle bank** *n* gabhdán *m1* buidéal; **bottle-opener** *n* osclóir *m3* buidéal

bottom *n (of container etc)* bun *m*,

íochtar m1; (of sea, lake) grinneall m1, íochtar; (buttocks) tóin f3; (of page, list) bun ▷ adj bun-

boulder n bollán m1, moghlaeir m3

bounce vi (ball) preab, bocáil, léim; (cheque) preab ▷ vt preab ▷ n (rebound) preab f2; **bouncer** (inf) n (at dance, club) fear m1 (an) dorais

bound n (gen pl) teorainn f; (leap) léim f2, abhóg f2 ▷ vi (leap) léim, preab ▷ vt (limit) teorannaigh ▷ adj: **to be ~ to do sth** (obliged) é a bheith mar oibleagáid ort rud a dhéanamh, ceangal a bheith ort rud a dhéanamh; **it's ~ to happen** (likely) is cinnte go dtarlóidh sé; **to be ~ by** (law, regulation) iallach + gen a bheith ort; **to be ~ for ...** bheith ag triall ar ...; **out of ~s** toirmiscthe; (Sport) thar teorainn

boundary n teorainn f

bouquet n crobhaing f2; (of wine) cumhracht f3

bout n dreas m3; (of malaria etc) ráig f2, taom m3; (Boxing etc) babhta m4

bow[1] n (ribbon) cuach f2, cuan m1, cuachóg f2; (weapon, Mus) bogha m4

bow[2] n (with body) umhlú m; (Naut: also: **~s**) tosach m1 or ceann m1 báid ▷ vi sléacht, umhlaigh; (yield): **to ~ to** or **before** géilleadh do

bowels npl inní mpl4, ionathar m sg1

bowl n (for eating) babhla m4, cuach m4 ▷ vi (Cricket, Baseball) babhláil; **~s** (Sport) bollaí mpl4; **bowler** n (Cricket, Baseball) babhláil; (also: **bowler hat**) babhlaer m1; **bowling** n (game) bollaí mpl4; **bowling green** n faiche f4 bollaí

bow tie n carbhat m cuachóige

box n (also Theat) bosca m4; (large) cófra m4 ▷ vt cuir i mbosca; (Sport) dornáil ▷ vi dornáil; **boxer** n

(fighter) dornálaí m4; **boxing** n dornálaíocht f3; **Boxing Day** n Lá m Fhéile Stiofáin; **boxing gloves** npl lámhainní fpl2 dornála; **boxing ring** n cró m4 dornálaíochta; **box office** n oifig f2 ticéad

boy n buachaill m3, gasúr m1, garsún m1; (young man) stócach m1

boycott n baghcat m1 ▷ vt baghcatáil

boyfriend n stócach m1, buachaill m3

bra n cíochbheart m1

brace n (on teeth) cuing f2, teanntán m1; (tool) bíomaí m1 ▷ vt (knees, shoulders) teann; **braces** npl (for trousers) guailleáin mph, gealasacha mph; **to ~ o.s.** tú féin a chur i dtaca; (fig) tú féin a chur faoi réir

bracelet n bráisléad m1

bracket n (Tech) brac m1; (group) aicme f4; (also: **brace ~**) cuing f2; (also: **round/square ~**) lúibín m4 cruinn/cearnach ▷ vt cuir idir lúibíní; (fig: also: **~ together**) cuir ar aon chéim; **tax ~** réim f2 chánach

brag vi déan mórtas

braid n (trimming) bréad m1, órshnáithe m4; (of hair) dual m1, trilseán m1

brain n inchinn f2; **brains** npl (intellect) eagna f sg4 chinn; **he's got ~s** tá éirim ann, tá eagna chinn aige

braise vt galstobh

brake n (on vehicle, also fig) coscán m1 ▷ vi na coscáin a theannadh; **brake light** n solas m coscán

bran n bran m4

branch n craobh f2, géag f2; (of river, road) gabhal m1, brainse m4; (Comm) brainse, gasra m4 ▷ vi (road: also: **to ~ off from**) imeacht ó, géagú ó

brand n branda m4, marc m1 ▷ vt (cattle) brandáil; **brand-new** adj úrnua

brandy n branda m4

brash adj sotalach, teanntásach

brass n prás m1; **brass band** n banna m4 práis

brat (pej) n sotaire m4, dailtín m4

brave adj cróga, calma ▷ vt tabhair aghaidh ar, tabhair dúshlán + gen; **bravery** n crógacht f3, calmacht f3

brawl n maicín m4, racán m1

Brazil n an Bhrasaíl f2; **Brazilian** adj, n Brasaíleach m1

breach n vt bearnaigh ▷ n (gap) bearna f4; (breaking): **~ of contract** sárú m conartha; **~ of the peace** briseadh na síochána

bread n arán m1; (fig) cothú m, slí f4 beatha; **breadbin** (US **bread box**) n bosca m4 aráin; **breadcrumbs** npl grabhróga fpl2 aráin

breadth n fairsinge f4, leithead m1

break vt bris; (promise) bris; (law) sáraigh, bris ▷ vi bris; (weather) claochlaigh, bris; (story, news) sceith; (day) bánaigh ▷ n (gap) bearna f4; (fracture) briseadh m; (pause, interval) scíth f2, sos m3; (at school) am m3 sosa; (chance) deis f2, faill f2; **to ~ one's leg** do chos a bhriseadh; **to ~ a record** curiarracht a bhriseadh; **to ~ the news to sb** an drochscéal a ligean le duine; **to ~ even** gan gnóthú ná cailleadh; **break down** vt (figures, data) miondealaigh ▷ vi: **his health broke down** bhris a ra shláinte; **the car broke down** chlis an carr, bhris an carr anuas; **break in** vt (horse etc) bris ▷ vi (burglar) bris isteach; (interrupt):

to ~ in on sb briseadh isteach ar dhuine; **break into** vt fus (house) bris isteach i; **break off** vi (speaker) stad; (branch) scoith; **break out** vi bris amach; (war) tosaigh; (prisoner) éalaigh; **to ~ out in spots** or **a rash** baill or gríos a theacht ort; **break up** vi (ship) tit as a chéile, scoir; (crowd) scaip; (Scol, meeting) scoir; (marriage) clis (ar), scoir ▷ vt bris ina phíosaí; (fight etc) réitigh; **breakdown** n (Aut, fig) cliseadh m; (of statistics) anailís f2, miondealú m; **nervous breakdown** (Med) cliseadh néarógach; **breakfast** n bricfeasta m4; **break-in** n briseadh m isteach; **breakthrough** n céim f2 (mhór) ar aghaidh

breast n (of woman) cíoch f2, brollach m1; **~ of chicken** brollach sicín; **breast-feed** vt, vi tabhair an chíoch do

breath n anáil f3; **out of ~** rite as anáil, píopáilte

Breathalyser® n anáilíseoir m3

breathe vt, vi tarraing anáil, análaigh; **breathe in** vi tarraing d'anáil isteach ▷ vt ionanálaigh; **breathe out** vi cuir d'anáil amach ▷ vt easanálaigh; **breathing** n análú m; **breathless** adj séidte, as anáil; **breathtaking** adj iontach, millteanach; **it was breathtaking** bhain sé an anáil díom

breed vt, vi póraigh, síolraigh ▷ n pór m1, sliocht m3

breeze n leoithne f4, feothan m1

breezy adj gaofar

brew vt (tea) déan; (beer) grúdaigh ▷ vi (storm) bheith ag cruinniú; **brewery** n grúdlann f2

bribe n breab f2 ▷ vt breab, ceannaigh; **bribery** n

breabaireacht f3

brick n bríce m4; **bricklayer** n bríceadóir m3

bride n brídeach f2; **bridegroom** n grúm m; **bridesmaid** n cailín m4 coimhdeachta

bridge n droichead m; (of nose) caol m na sróine; (Cards) beiriste m4 ▷ vt (fig: gap, gulf) líon

bridle n srian m, araí f

brief adj achomair, gairid ▷ n (guidelines) treoir f; (Law) mionteagasc m ▷ vt cuir ar an eolas; **briefs** npl (undergarment) fobhríste msg4, brístín msg4; **briefcase** n mála m4 cáipéisí; **briefly** adv i mbeagán focal, go hachomair

bright adj geal, glé; (clever) cliste, (cheerful) gealgháireach; **a ~ idea** smaoineamh maith

brilliant adj lonrach; (great) ar dóigh, iontach

brim n béal m; (of hat) duilleog f2

brine n (Culin) sáile m4

bring vt tabhair leat, beir leat; **bring about** vt: **it was he who brought it about** ba é ba chúis leis, ba é faoi deara é; **bring back** vt tabhair ar ais; **bring down** vt (price) ísligh, laghdaigh; (enemy plane) leag; (government) bris; **bring forward** vt tabhair chun tosaigh; **bring off** vt (task, plan) cuir i gcrích; **bring out** vt (meaning) léirigh; (book) foilsigh; (object) cuir ar an margadh; **bring round, bring to** vt (revive): **to ~ sb round** or **to** duine a thabhairt chuige féin; **bring up** vt (child) tóg; (carry up) tabhair suas; (question) cuir i dtreis, tarraing ort; (food: vomit) urlaic, aisig, cuir amach; **she was brought up in Ireland**

tógadh in Éirinn í

brink n bruach m; **on the ~ of** ar bhruach, ar tí

brisk adj briosc, bíogúil

bristle n gaowe m4, colg m ▷ vi: **he ~d with anger** d'éirigh colg feirge air

Brit (inf) n Gall m, Sasanach m

Britain n (also: **Great ~**) an Bhreatain f2 Mhór

British adj Briotanach ▷ npl: **the ~** na Briotanaigh mph; **British Isles** npl: **the British Isles** na hOileáin mph Bhriotanacha, Oileáin Iarthair Eorpa

Briton n Briotanach m

brittle adj sobhriste, briosc

broad adj leitheadach, leathan, (distinction) ginearálta; (accent) láidir; **in ~ daylight** i lár an lae ghil; **broadband** (Comput) n banda m4 leathan ▷ adj leathanbhanda; **broadcast** n craoladh m, craobhscaoileadh m ▷ vt, vi craol, craobhscaoil; **broaden** vt fairsingigh, leathnaigh ▷ vi leath; **to broaden one's mind** d'intinn a fhairsingiú; **broadly** adv go ginearálta; **broad-minded** adj leathanaigeanta

broccoli n brocailí m4

brochure n bróisiúr m

broil vt (Culin) gríosc

broke adj (inf) briste, sportha, creachta

broken adj briste; (also: **~ down**) as gléas; **in ~ English/French** i mBéarla briste/i bhFraincis bhriste; **~ leg** cos bhriste

broker n bróicéir m3

bronchitis n broinicíteas m

bronze n umha m4, cré-umha m4

brooch n dealg f2, bróiste m4

brood n ál m ▷ vi: **to ~ over sth** gor

a dhéanamh ar rud

broom n scuab f2; (Bot) giolcach f2 shléibhe

broth n brat m1, anraith m4

brothel n drúthlann f2, teach m striapachais

brother n deartháir m; (Rel) bráthair m; **brother-in-law** n deartháir m céile

brow n (forehead) clár m1 an éadain; (eyebrow) mala f4, fabhra m4; (of hill) grua f4

brown adj donn; (tanned) crón, donn ▷ n (colour) donn m1 ▷ vt (Culin) donnaigh; **brown bread** n arán m1 donn; **brown sugar** n siúcra m4 donn

browse n (among books) bheith ag caitheamh do shúile thar; **to ~ through a book** mearspléachadh a thabhairt ar leabhar

bruise n brú m4, ball m1 gorm ▷ vt brúigh

brunette n cailín m4 donn

brush n scuab f2; (for painting) cleiteán m1; (for shaving) scuaibín m4; (quarrel) imreas m1, teagmháil f3 (bheag) ▷ vt scuab; (also: ~ against) cuimil de, teagmhaigh le; **brush aside** vt déan a bheag de; **brush up** vt (knowledge) bain an mheirg de; **to ~ up on sth** athstaidéar a dhéanamh ar rud

Brussels n an Bhruiséil f2

Brussels sprout n bachlóg f2 Bhruiséile

brutal adj brúidiúil

bubble n boilgeog f2, bolgán m1, súil f2 ▷ vi bheith ag boilgearnach; **bubble bath** n folcadh m sobalach; **bubble gum** n guma m4 coganta

buck n poc m1, boc m1; (US: inf) dollar m1 ▷ vi rad; **to pass the ~**

(to sb) an freagairt a fháil uait (chuig duine)

bucket n buicéad m1

buckle n búcla m4 ▷ vt (belt etc) búcla ▷ vi (warp) lúb, cam

bud n bachlóg f2 ▷ vi bachlaigh, sceith

Buddhism n Búdachas m1

Buddhist n Búdaí m4 ▷ adj Búdaíoch

buddy (US) n compánach m1

budge vt bog, corraigh; (fig: person) bain feacadh as ▷ vi corraigh, bog

budgerigar n budragár m1

budget n buiséad m1, cáinaisnéis f2 ▷ vi: **to ~ for sth** buiséad le haghaidh + gen

budgie n = **budgerigar**

buff adj donnbhuí ▷ n (inf: enthusiast) móidín m4; **a film ~** saineolaí scannánaíochta

buffalo n buabhall m1

buffer n (also Comput) maolaire m4

buffet[1] vt tuairteáil

buffet[2] n (bar) cuntar m1 bia; (food) buiféa m4; **buffet car** n (Rail) carráiste m4 bia

bug n feithid f2; (fig: germ) fríd f2; (: spy device) gaireas m1 cúléisteachta; (Comput) fabht m4 ▷ vt (inf: annoy) cráigh, ciap

build n (of person) déanamh m1 ▷ vt tóg, déan; **build up** vt carn, méadaigh, neartaigh; **builder** n tógálaí m4, foirgneoir m3; **building** n (trade) foirgníocht f3; (house, structure) foirgneamh m1; **building society** n cumann m1 foirgníochta

built-in adj (cupboard, oven) ionsuite; (device) inlonnaithe

bulb n (Elec) bolgán m4, bulba m4; (Bot) bleib f2

Bulgaria n an Bhulgáir f2; **Bulgarian** adj, n Bulgárach m1 ▷ n

(Ling) Bulgáiris f2

bulge n boilsc f2 ▷ vi (pocket, file etc) boilscigh; (cheeks) séid

bulk n téagar m, toirt f2, bulc m; **in ~** (Comm) ar an mhórchóir; **the ~ of ...** an mhórchuid de ...; **bulky** adj toirtiúil, téagartha

bull n tarbh m; (male whale) míol m mór fireann; (male elephant) eilifint f2 fhireann

bulldozer n ollscartaire m4

bullet n piléar m

bulletin n bileog f2 nuachta; (TV, Radio, news bulletin) feasachán m

bullfight n tarbhchomhrac m; **bullfighter** n tarbhchomhraiceoir m3; **bullfighting** n tarbhchomhrac m

bully n bulaí m4 ▷ vt: **to ~ sb** bheith ag maistíneacht ar dhuine

bum n (inf: backside) geadán m, tóin f3; (esp US: tramp) geochach m, fánaí m4, ráigí m4

bumblebee n bumbóg f2

bump n (swelling) cnapán m; (in car: minor accident) tuairt f2; (jolt) croitheadh m; (on road etc, on head) uchtóg f2 ▷ vt buail, gread, tuairteáil; **bump into** vt fus buail in éadan + gen; (meet) buail le; **I ~ed into Sean** casadh Seán orm; **bumper** n cosantóir m3, maolaire m4 ▷ adj (edition) mór; **bumper crop/harvest** barr/fómhar den scoth; **bumpy** adj tuairteálach, corrach

bun n borróg f2; (in hair) cocán m

bunch n (of flowers) dos m, scoth f3, triopall m; (of keys) cloigín m4; (of bananas) dornán m; (of people) baicle f4, drong f2; **bunches** npl (in hair) snaidhmeanna fpl2; **~ of grapes** triopall caor fíniúna

bundle n burla m4, beart m; (of

paper) cual m ▷ vt (also: **~ up**) cnap; (put): **to ~ sth/sb into** rud/duine a chuachú isteach i

bungalow n bungaló m4

bunion n pachaille f4, buinneán m

bunk n bunc m4

bunker n (coal store) gualchró m4; (Mil) buncaer m, tochaltán m

bunny, bunny rabbit n coinín m4

buoy n baoi m4, bulla m4; **buoyant** adj snámhach; (carefree) aigeantach; (economy) buacach, bríomhar

burden n eire m4, ualach m; (responsibility) muirear m, cúram m ▷ vt (trouble) ualaigh, cuir ualach ar

bureau n (Brit: writing desk) biúró m4; (US: chest of drawers) cófra m tarraiceán; (office) oifig f2

bureaucracy n maorlathas m

burglar n buirgléir m3; **burglar alarm** n rabhchán m, buirgléireacht f3

burglary n adhlacadh m, cur m

burial n adhlacadh m, cur m

burn vt, vi dóigh ▷ n dó m4, ball m dóite; **burn down** vt dóigh go talamh; **burning** adj loiscneach; (house) (atá) trí thine; (ambition) dóchra

burrow n (gen) uachais f2; (rabbit's) poll m coinín; (badger's) brocach f2 ▷ vt tochail

burst vt maidhm, pléasc; (subj: river: banks etc) maidhm ▷ vi pléasc, maidhm; (tyre) pléasc ▷ n (of gunfire) rois f2; (also: **~ pipe**) réabadh m; **a ~ of enthusiasm/ energy** tallann díograise/ fuinnimh; **to ~ into flames** lasadh d'aon bhladhm; **to ~ out laughing** pléascadh amach ag gáire, racht gáire a ligean asat; **to be ~ing with ...** bheith ag cur thar maoil

le ...; **burst into** vt fus (room etc)
téigh isteach de rúid

bury vt adhlaic, cuir

bus n bus m4

bush n tor m, tom m; (scrubland)
mongach m1, díthreabh f2; **to beat
about the ~** teacht thart ar an
scéal

business n (trading) gnó m4,
gnóthas m1; (firm) gnólacht m3; **to
be away on ~** bheith as láthair ar
chúrsaí gnó; **it's none of your ~**
ní de do ghnó é, ní bhaineann sé duit;
mind your own ~! déan do
ghnóthaí duit féin!; **he means ~** tá
sé dáiríre; **businesslike** adj ar
bhonn ordúil; **businessman** n fear
m1 gnó; **business trip** n turas m1
gnó; **businesswoman** n bean f
ghnó

busker n ceoltóir m3 sráide

bus pass n pas m4 bus

bus stop n stad m4 bus

bust n bráid f, busta m4, brollach m1
▷ adj (inf: broken) as gléas, briste;
to go ~ cliseadh

bustling adj fuadrach

busy adj gnóthach, cruógach,
broidiúil ▷ vt: **to ~ o.s. with sth**
bheith ag gabháil do rud, tú féin a
choinneáil gnóthach le rud

 KEYWORD

but conj ach; **I'd love to come, but
I'm busy** ba bhreá liom teacht, ach
tá mé gnóthach
▷ prep (apart from, except) ach;
we've had nothing but trouble ní
raibh a dhath againn ach trioblóid;
no-one but him can do it ní thig le
duine ar bith é a dhéanamh ach é
féin; **but for you/your help** ach
ab é or murach tusa/do chuidiúsa;

anything but that gach rud ach é
sin
▷ adv (just, only) ach; **she's but a
child** níl inti ach páiste; **had I but
known** ach fios a bheith agam; **all
but finished** beagnach
críochnaithe

butcher n búistéir m3 ▷ vt déan
búistéireacht ar; **butcher's,
butcher's shop** n siopa m4
búistéara

butler n buitléir m3

butt n (large barrel) buta m4; (of gun)
stoc m; (of cigarette) bun m; (fig:
target) ceap m1 ▷ vt buail sonc ar;
butt in vi (interrupt) bris isteach,
cuir do ladar i

butter n im m ▷ vt cuir im ar;
buttercup n cam m an ime

butterfly n féileacán m1; **~ stroke**
bang m3 an fhéileacáin

buttocks npl mása mph, tóin fsg3

button n cnaipe m4; (US: badge)
suaitheantas m ▷ vt: **to ~ (up)
one's coat** cnaipí do chóta a
cheangal or a dhúnadh

buy vt ceannaigh ▷ n ceannach m1;
to ~ sb sth/sth from sb rud a
cheannach do/ó dhuine; **to ~ sb a
drink** deoch a cheannach do
dhuine; **buyer** n ceannaí m4

buzz n crónán m1, dordán m1; (of
talking) monabhar m1; (inf: phone
call): **to give sb a ~** glaoch a chur ar
dhuine ▷ vi bheith ag dordán;
buzzer n dordánaí m4

 KEYWORD

by prep **1** (referring to cause, agent) le,
ag; **he was killed by lightning**
splanc thintrí a mharaigh é; **he
was struck by a stone** buaileadh

le cloch é; **the house was surrounded by a fence** bhí sconsa thart timpeall ar an teach or timpeall an tí; **a painting by Picasso** pictiúr le Picasso
2 (*referring to method, manner, means*): **by bus/train** ar an or leis an mbus/traein; **by car** i gcarr or sa charr; **to pay by cheque** íoc(as) le seic; **by saving hard** trí choigilt mhór a dhéanamh
3 (*via, through*) trí, tríd; **we came by Dublin** thángamar trí Bhaile Átha Cliath
4 (*close to, past*) in aice + *gen*, in aice le, taobh le, láimh le, cois + *gen*; **the house by the school** an teach in aice leis an scoil; **a holiday by the sea** laethanta saoire cois (na) farraige; **she sat by the bed** shuigh sí ag colbha na leapa; **she went by me** chuaigh sí thair.or thart liom; **I go by the post office every day** téim thart le hoifig an phoist gach lá
5 (*with time: not later than*) roimh; (*during*): **by daylight** de sholas an lae, de lá, sa lá; **by night** d'oíche, san oíche; **by 4 o'clock** roimh a 4 a chlog; **by this time tomorrow** faoin am seo amárach; **by the time I got there it was too late** faoin am ar tháinig mé ann bhí sé rómhall
6 (*amount*): **by the kilometre** an ciliméadar; **he is paid by the hour** íoctar in éadan na huaire é
7 (*Math, measure*): **to divide by 3** roinnt ar 3; **to multiply by three** méadú faoi thrí; **a room 3 metres by 4** seomra atá trí mhéadar ar cheithre mhéadar; **it's broader by a metre** is leithne de mhéadar é; **one by one** ceann i ndiaidh an

chinn eile, ina gceann is ina gceann, ceann ar cheann, ina nduine is ina nduine; **little by little** de réir a chéile, ó ghiota go giota, beagán ar bheagán
8 (*according to*) le, ar, de réir; **it's 3 o'clock by my watch** tá sé a trí a chlog de réir an chloig/an uaireadóra s'agamsa; **it's all right by me** i dtaca liomsa de, tá sin i gceart
9: **(all) by o.s.** *etc* i d'aonar (ar fad), leat féin *etc*
10: **by the way** dála an scéil
▷ *adv* **1** *see* go; **pass**
2: **by and by** ar ball (beag), i gceann na haimsire; **by and large** tríd is tríd, den chuid is mó

bye, bye-bye *excl* slán leat, slán agat
by-election *n* fothoghchán *m*
bypass *n* seachród *m*; (*Med*) seach-chonair *f2* ▷ *vt* seachain
byte *n* (*Comput*) beart *m*

C

C n (Mus) c

cab n cab m4, tacsaí m4; (of train, truck) cábán m1

cabaret n (show) seó m4, cabaret m4

cabbage n cál m1, cabáiste m4

cabin n (house) bothóg f2, bothán m1; (on ship) cábán m1

cabinet n (Pol) comh-aireacht f3; (furniture) caibinéad m1, clóiséad m1; (also: **filing ~**) comhadchaibinéad m1

cable n cábla m4; (of anchor) téad f2 ▷ vt cáblaigh, cuir sreangscéal chuig; **cable car** n carr m1 cábla; **cable television**, **cable TV** n teilifís f2 chábla

cactus n cachtas m1

café n caife m4

cafeteria n caifitéire m4, caifealann f2

caffeine n caiféin f2

cage n caighean m1, cás m1; (bird cage) éanadán m1

cagoule n cóta m4 éadrom fearthainne

cake n cáca m4, císte m4; **~ of soap** bloc m1 gallúnaí or sópa

calcium n cailciam m4

calculate vt áirigh, comhair, ríomh; (estimate: chances, effect) meas; **calculation** n áireamh m1, comhaireamh m1, ríomh m3, ríomhaireacht f3; **calculator** n áireamhán m1

calendar n féilire m4, caileandar m1

calf n (of cow) gamhain m3, lao m4; (of other animals) ceann m1 óg; (also: **~skin**) laochraiceann m1; (Anat) colpa m4

calibre (US **caliber**) n (Mil) calabra m4; (of character) mianach m1

call vt glaoigh ar, scairt ar; (name) tabhair ar; (meeting) tabhair le chéile, gair; (to visit: also: **~ in**, **~ round**) tabhair cuairt ar; (for help) glaoigh ar chúnamh ▷ n (shout) scairt f2, glao m4, gairm f2; (also: **telephone ~**) glao, scairt ghutháin; (visit) cuairt f2; **he is ~ed Patrick** Pádraig atá air; **to be on ~** bheith ar dualgas; **call back** vi (return) tar ar ais ▷ vt (Tel) glaoigh ar ais; **call for** vt fus (demand) iarr; (fetch) buail isteach faoi choinne + gen, tar ag iarraidh + gen; **call off** vt (meeting) cuir ar ceal; (strike) cuir deireadh le; (dogs) glaoigh ar ais ar; **call on** vt fus (visit) téigh ar cuairt chuig, buail isteach chuig; (request): **to ~ on sb to do sth** iarraidh ar dhuine rud a dhéanamh; **call out** vi glaoigh amach, scairt amach; **call up** vt (Mil) cuir gairm slógaidh ar; (Tel) glaoigh or scairt ar; **call box** n (Tel) bosca m4 teileafóin or gutháin; **call centre** n (Brit) ionad m1 glaonna; **caller** n (Tel) scairteoir m3; (visitor) cuairteoir m3

callous adj fuarchroíoch, gan taise gan trócaire

calm adj socair, ciúin; (weather) soineanta, ciúin ▷ n ciúnas m1, calm m1 ▷ vt, vi ciúnaigh, suaimhnigh; **calm down** vt, vi socraigh, suaimhnigh, ciúnaigh

calorie n calra m4

Cambodia n an Chambóid f2

camcorder n ceamthaifeadán m1

camel n camall m1

camera n (Phot) ceamara m4; (Cine, TV) ceamthaifeadán m1; **cameraman** n ceamaradóir m3; **camera phone** n fón m1 ceamara

camouflage n duaithníocht f3 ▷ vt duaithnigh, cuir bréagriocht ar

camp n (also Mil) campa m4; (camping place) áit f2 or láthair f champála ▷ vi campáil ▷ adj (man) piteogach, baineann

campaign n (Mil, Pol etc) feachtas m1 ▷ vi (Pol) déan toghchánaíocht

camp bed n leaba f champa; **camper** n campálaí m4; (vehicle) carr m1 campála; **camping** n: **to go camping** dul ag campáil; **campsite** n áit f2 champála, láithreán m1 campála

campus n campas m1

can¹ n canna m4, stán m1 ▷ vt cannaigh, cuir i gcanna1, stánaigh

KEYWORD

can² aux vb **1** (be able to) féad, is féidir le; **you can do it if you try** féadfaidh tú é a dhéanamh má thugann tú faoi, beidh tú ábalta é a dhéanamh má thugann tú faoi;

I can't hear you ní chluinim thú, ní chloisim thú

2 (know how to): **I can swim/drive** tá snámh/tiomáint agam; **can you speak French?** an bhfuil Fraincis agat?

3 (may): **can I use your phone?** an bhfuil cead agam glaoch gutháin or teileafóin a dhéanamh?

4 (expressing disbelief, puzzlement etc): **it can't be true!** ní thiocfadh leis bheith fíor!; **what CAN he want?** cad é bheadh de dhíth air ar chor ar bith?

5 (expressing possibility, suggestion etc): **he could be in the library** d'fhéadfadh sé bheith sa leabharlann; **she could have been delayed** thiocfadh dó gur cuireadh moill uirthi

Canada n Ceanada m4; **Canadian** adj, n Ceanadach m1

canal n canáil f3

canary n canáraí m4

cancel vt cealaigh, cuir ar ceal; (cross out) scrios amach, síog; **cancellation** n cealú m1, cealúchán m1

cancer n (Med) ailse f4; **C~** (Astrol) An Portán m1

candidate n iarrthóir m3

candle n coinneal f2; **candlestick** n coinnleoir m3; (bigger, ornate) coinnleoir craobhach

candy n candaí m4; (US) milseáin mph; **candyfloss** n flas m3 candaí

cane n (for walking) bata m4 siúil; (Scol) slat f2; (for furniture, baskets etc) cána m4; (Bot) giolcach f2

canister n ceanastar m1

cannabis n (drug) cannabas m1

canned adj (food) stánaithe, cannaithe

cannon n canóin f3, gunna m4 mór

canoe n canú m4, curach f2;
canoeing n curachóireacht f3

canon n (clergyman) canónach m1;
(rule) prionsabal m1

can-opener n stánosclóir m3

canteen n ceaintín m4, bialann f2;
(flask) ceaintín

canter vi (horse): **to be ~ing** bheith
ag gearrshodar

canvas n bréid m4, anairt f2
(bheag); (for painting) canbhás m1

canvass vi (Pol): **to ~ for** vótaí a
iarraidh ar son + gen,
toghchánaíocht a dhéanamh ar
son + gen ▷ vt (investigate: opinions
etc) canbhasáil

canyon n cainneon m1

cap n caidhp f2, caipín m4, bairéad
m1; (contraceptive, of pen, for toy gun)
caipín; (of bottle) claibín m4, caipín

capability n cumas m1, ábaltacht
f3, inniúlacht f3

capable adj ábalta, cumasach; **to
be ~ of doing sth** bheith inniúil ar
rud a dhéanamh

capacity n toilleadh m1; (for heat,
drink etc) acmhainn f2; (of factory)
cumas m1 táirgthe

cape n (garment) cába m4, clóca m4;
(Geog) ceann m1 or rinn f2 tíre

caper n ceáfar m1 ▷ vi ceáfráil,
pramsáil

capital n (also: ~ **city**)
príomhchathair f; (money) caipiteal
m1; (also: ~ **letter**) ceannlitir f;
capitalism n caipitleachas m1;
capitalist adj caipitlíoch ▷ n
caipitlí m4; **capital punishment** n
pionós m1 an bháis

Capricorn n (Astrol) An Gabhar m1

capsize vt, vi tiontaigh, iompaigh

capsule n capsúl m1

captain n captaen m1

caption n ceannteideal m1,
fortheideal m1

capture vt gabh, tóg; (attention)
tarraing ▷ n gabháil f3; (data
capture) gabháil sonraí

car n carr m1, gluaisteán m1; (Rail)
carr, carráiste m4, cóiste m4

caramel n caramal m1

carat n carat m1

caravan n carbhán m1; **caravan
site** n láithreán m1 carbhán

carbohydrate n carbaihiodráit f2

carbon n carbón m1; **carbon
dioxide** n dé-ocsaíd f2 charbóin;
carbon footprint n lorg m1
carbóin; **carbon monoxide** n
aonocsaíd f2 charbóin

carburettor (US **carburetor**) n
carbradóir m3

card n cárta m4; **cardboard** n
cairtchlár m1; **cardboard box** n
bosca cairtchláir; **card game** n
cluiche m4 cártaí

cardigan n cairdeagan m1

cardinal adj príomh-, bunúsach,
cairdinéalta ▷ n cairdinéal m1

cardphone n cártafón m1

care n aire f4, cúram m1, faichill f2;
(worry) buairt f3, imní f4; (charge)
cúram m1 ▷ vi: **to ~ about sb** cion a
bheith agat ar dhuine, cás a bheith
agat i nduine; **~ of** faoi chúram +
gen; **in sb's ~** faoi chúram + gen; **to
take ~** bheith faichilleach; **to take
~ to do sth** tabhairt do d'aire rud a
dhéanamh; **to take ~ of** aire a
thabhairt do; **I don't ~** is cuma
liom; **care for** vt fus tabhair aire
do; (like): **to ~ for sb** cion a bheith
agat ar dhuine

career n slí f4 bheatha ▷ vi: **to ~
(along)** imeacht de rúchladh,
strócadh (leat)

carefree adj neamhbhuartha;

careful adj (cautious) cúramach, faichilleach, cáiréiseach; **(be) careful!** aire!, seachain!, faichill!;

carefully adv go cúramach;

careless adj míchúramach, leibideach, amscaí; (heedless) neamhairdiúil, neamh-aireach;

carer n (Med) feighlí m4;

caretaker n airíoch m

car-ferry n bád m fartha gluaisteán

cargo n lasta m4, ládáil f3

car hire n fruilliú m carranna or gluaisteán, carranna ar cíos

Caribbean adj: **the ~ (Sea)** Muir f3 Chairib

caring adj (person) dea-chroíoch, cásmhar; (society, organization) carthanach

Carlow n Ceatharlach m

carnation n coróineach f2

carnival n (public celebration) carnabhal m

carol n: **(Christmas) ~** carúl m

car park n carrchlós m

carpenter n saor m adhmaid, cearpantóir m3

carpet n cairpéad m, brat m urláir

car phone n carrfón m

carriage n carráiste m4, cóiste m4; (of goods) iompar m, carraeireacht f3; **carriageway** n carrbhealach m

carrier n (Med) iompróir m3; (company) carraeir m3; (mechanical) iomprán m; **carrier bag** n mála m4 iompair

carrot n cairéad m, meacan m dearg

carry vt iompair ▷ vi (sound): **his voice carries** tá guth láidir cinn aige, chluinfeá míle ó bhaile é; **to get carried away** (fig) dul thar fóir; **carry on** vi: **to ~ on with sth/**

doing sth dul ar aghaidh le rud/ag déanamh ruda ▷ vt (conversation, work) lean de; **carry out** vt (orders) comhlíon, (investigation) déan, cuir i bhfeidhm; **to ~ out an experiment** turgnamh a dhéanamh

cart n cairt f2, trucail f2 ▷ vt (inf: lug) tarraing, srac (leat)

carton n cartán m

cartoon n cartún m

cartridge n cartús m

carve vt (meat) spól, gearr; (wood, stone) snoigh, gearr, grean; **carve up** vt gearr, roinn; **carving** n snoíodóireacht f3

car wash n carrfholcadh m

case n cás m; (Law) cás, cúis f2; (also: **suit~**) mála m4 taistil; **in ~ of** ar eagla + gen, i gcás go; **in ~ he comes** ar eagla go dtiocfadh sé; **just in ~** ar eagla na heagla; **in any ~** ar aon chaoi

cash n airgead m tirim ▷ vt bris; **to pay (in)** ~ íoc in airgead tirim; **~ on delivery** íoc ar sheachadadh; **cash card** n cárta m4 airgid; **cash desk** n deasc f2 airgid; **cash dispenser** n dáileoir m3 airgid

cashew n (also: **~ nut**) cnó m4 caisiú

cashier n airgeadóir m3

cashmere n caismír f2

cash register n scipéad m cláraithe

casino n caisíne m4

casket n cisteog f2; (US: coffin) cónra f4

casserole n casaról m

cassette n caiséad m; **cassette player** n seinnteoir m3 caiséad

cast vt (throw) caith, teilg, diúraic; (shed) scoith, caith; (Theat): **to ~ sb as Hamlet** páirt Hamlet a thabhairt do dhuine ▷ n (Theat) foireann f2; (also: **plaster ~**) múnla m4 plástair; **to ~ one's vote** do vóta a chaitheamh; **cast off** vi (Naut) scaoil an feistiú; (Knitting) lig síos, leag (lúb); **cast on** vi (Knitting) tóg (lúb)

caster sugar n siúcra m4 mín

castle n caisleán m1; (Chess) caiseal m1

casual adj (by chance) fánach, teagmhasach; (unconcerned) neamhchúiseach; (conversation) fánach; (dress) neamhfhoirmiúil

casualty n taismeach m1; (Med, department) An Roinn f2 Éigeandála

cat n cat m1

catalogue (US **catalog**) n catalóg f2, clár m1 ▷ vt cláraigh

catalytic converter n tiontaire m4 catalaíoch

cataract n (Med) fionn m1; (waterfall) eas m3

catarrh n réama m4

catastrophe n matalang m1, tubaiste f4

catch vt beir ar, gabh, ceap; (grip) beir greim ar; (fish) ceap, maraigh; (by surprise) beir (amuigh) ar; (understand, hear) **I didn't ~ that** níor chuala mé sin i gceart ▷ vi (fire) téigh le thine; (become trapped) téigh i bhfostú ▷ n gabháil f3; (trick) cleas m1; (of door) laiste m4; **to ~ sb's attention** or **eye** iúl duine a tharraingt; **she caught her breath** baineadh an anáil di; **to ~ sight of** amharc a fháil ar; **to ~ a cold** slaghdán a thógáil or a tholgadh; **catch on** vi (understand) tuig; (grow popular) éirigh faiseanta; **it has caught on** tá an saol mór ag gabháil dó, tá sé san fhaisean; **catch up** vi tabhair isteach do bhris; **catch up with** vt

beir ar, tar suas le, tarraing isteach; **catching** adj (Med) tógálach

catchment area n (of school) scoilcheantar m1

category n catagóir f2, earnáil f3, rangú m

caterpillar n bolb m1, péist f2 chapaill or chabáiste

cathedral n ardeaglais f2

Catholic n, adj Caitliceach m1

cattle npl eallach msg1, bólacht fsg3, buar msg1

cauliflower n cóilis f2

cause n údar m1, fáth m3, cúis f2 ▷ vt: **to ~ trouble** bruíon a tharraingt; **what ~d them to fight?** cad é a tháinig eatarthu?

causeway n cabhsa m4, tóchar m1

caution n faichill f2, fuireachas m1; (warning) rabhadh m1 ▷ vt tabhair rabhadh do; **cautious** adj faichilleach, airdeallach, fuireachair

Cavan n an Cabhán m1

cave n uaimh f2, prochóg f2, pluais f2; **cave in** vi (roof etc) tit isteach, tabhair uaidh

caviar, caviare n caibheár m1

CCTV n abbr (= closed-circuit television) TCI

CD n abbr (= compact disc) dlúthdhiosca m4; **CD burner** n dóire m4 CDanna; **CD player** n seinnteoir m3 dlúthdhioscaí; **CD-ROM** n abbr (Comput) dlúthdhiosca m4 ROM; **CD-ROM drive** n (Comput) tiomáint f3 dlúthdhiosca ROM; **CD writer** n scríbhneoir m3 CDanna

cease vt stad (de), éirigh as ▷ vi stad, éirigh as; **ceasefire** n sos m3 lámhaigh or cogaidh

cedar n céadar m1

ceiling n síleáil f3

celebrate vt, vi ceiliúir, comóir;
to ~ Mass aifreann a léamh or a
cheiliúradh; **celebration** n
ceiliúradh m, comóradh m1
celebrity n duine m4 cáiliúil or
clúiteach
celery n soilire m4
cell n cill f2, cillín m4
cellar n siléar m1
cello n dordveidhil f2
cellphone n teileafón m1 ceallach
Celtic adj Ceilteach; **Celtic Sea** n
an Mhuir f3 Cheilteach
cement n suimint f2, stroighin f2
▷ vt stroighnigh; (friendship)
daingnigh, neartaigh
cemetery n reiligf2
censor n cinsire m4 ▷ vt coisc, déan
cinsireacht ar; **censorship** n
cinsireacht f3
census n daonáireamh m1
cent n (coin) ceint m4; **per ~** faoin
gcéad
centenary n ceiliúradh m or
comóradh m1 céad bliain
center (US) n = **centre**
centigrade adj ceinteagrádach
centimetre (US **centimeter**) n
ceintiméadar m1
centipede n céadchosach m1
central adj lárnach; **C~ Bank of
Ireland** Banc Ceannais na
hÉireann; **Central America** n
Meiriceá m4 Láir; **central heating**
n téamh m1 lárnach; **central
locking** n glasáil f3 lárnach; **central
reservation** n (Aut)
tearmann m1 láir
centre (US **center**) n lár m1,
lárphointe m4, ceartlár m1;
(building) lárionad m ▷ vt: **to ~ sth**
rud a chur i lár báire; **centre-
forward** n (Sport) lárthosaí m4;
centre-half n (Sport) leathchúlaí

m4 láir
century n aois f2, céad m1; **21st ~**
an 21ú haois or céad
ceramic adj criaga, ceirmeach
cereal n gránach m1, arbhar m1
ceremony n searmanas m1,
deasghnáth m3; **to stand on ~**
an ghalántacht a imirt
certain adj cinnte, dearfa;
(particular) áirithe; **for ~** gan
amhras; **certainly** adv go cinnte,
go deimhin; **certainty** n
cinnteacht f3, deimhneacht f3
certificate n teastas m1,
teistiméireacht f3, deimhniú m
certify vt deimhnigh, dearbhaigh
chain n slabhra m4; (of islands,
poems) sraith f2 ▷ vt (also: **~ up**) cuir
ar slabhra, ceangail le slabhraí; **~
stores** sreangshiopaí mpl4
chair n cathaoir f; (armchair)
cathaoir uilleach or uilleann; (of
university) ollúnacht f3; (of meeting,
committee) cathaoirleacht f3 ▷ vt:
to ~ a meeting bheith sa chathaoir
ag cruinniú; **chairman** n
cathaoirleach m1; **chairperson** n
cathaoirleach m1
chalet n sealla m4
chalk n cailc f2
challenge n dúshlán m1 ▷ vt
(statement, right) caith amhras ar,
cuir i gcoinne + gen; **to ~ sb** dúshlán
duine a thabhairt; **he ~d me to do
it** thug sé mo dhúshlán á a
dhéanamh; **to ~ sb to a fight** troid
a chur ar dhuine; **challenging** adj
dúshlánach
chamber n seomra m4; **~ of
commerce** Cumann m1 Lucht
Tráchtála; **chambermaid** n cailín
m4 aimsire
champagne n seaimpéin m4
champion n seaimpín m4, curadh

m; **championship** *n* craobh *f2*,
craobhchomórtas *m*

chance *n* (*fate*) cinniúint *f3*;
(*opportunity*) áiméar *m1*, faill *f2*;
(*hope, likelihood*) seans *m4*; (*risk*)
fiontar *m1*, seans ▷ *vt*: **to ~ it** triail a
bhaint as, dul sa seans air ▷ *adj*
teagmhasach, taismeach,
cinniúnach; **to take a ~** dul sa
seans; **by ~** de sheans, de thaisme

chancellor *n* seansailéir *m3*;
Chancellor of the Exchequer *n*
Seansailéir *m3* an Státchiste

chandelier *n* coinnleoir *m3*
craobhach, crann *m1* solais

change *vt* athraigh; (*Comm, Fin*)
sóinseáil, bris; (*transform*): **to ~**
water into wine fíon a dhéanamh
d'uisce ▷ *vi* athraigh; (*one's clothes*)
cuir malairt éadaigh ort féin ▷ *n*
athrú *m*, malairt *f2*; (*money*)
briseadh *m*, sóinseáil *f3*; **to ~ one's**
mind athchomhairle a dhéanamh,
d'intinn a athrú; **to ~ sth beyond**
recognition rud a chur as aithne *or*
as a ríocht ar fad; **the weather**
has ~d (*for the worse*) chlaochlaigh
an aimsir, (*for the better*) bhisigh an
aimsir; **it ~d my life** chuir sé cor i
mo chinniúint; **a ~ of clothes**
malairt éadaigh; **for a ~** mar athrú;
changeable *adj* inathraithe,
inmhalartaithe; (*weather*)
claochlaitheach, luaineach;
change machine *n* inneall *m1*
sóinseála; **changing room** *n*
seomra *m4* gléasta

channel *n* (*TV*) cainéal *m1*, bealach
m1; (*for water*) cainéal *m1*; (*gulley*)
clais *f2*; (*at low tide*) deán *m1*;
(*irrigation*) caidhséar *m1* ▷ *vt* dírigh
ar; **the (English) C~** Muir *f3* nIocht;
the C~ Islands Oileáin *mph* Mhuir
nIocht

chant *n* coigeadal *m1*; (*Rel*)
cantaireacht *f3* ▷ *vt* déan
cantaireacht

chaos *n* anord *m1*

chaotic *adj* anordúil, bunoscionn

chap (*inf*) *n* (*man*) diúlach *m1*

chapel *n* séipéal *m1*, teach *m* pobail

chapped *adj* (*skin, lips*) gágach

chapter *n* caibidil *f2*

character *n* carachtar *m1*, pearsa *f*;
(*quality*) tréith *f2*; (*eccentric*) mac *m1*
barrúil; **characteristic** *adj*
tréitheach ▷ *n* tréith *f2*

charcoal *n* gualach *m1*, fioghual *m1*

charge *n* (*cost*) táille *f4*, costas *m1*,
muirear *m1*; (*accusation*) cúis *f2*,
cúiseamh *m*; (*Elec*) lucht *m3*; (*of*
gun) lánán *m1* ▷ *vt* (*battery*)
luchtaigh; (*enemy*) tabhair ruathar
faoi; (*customer, sum*): **she ~d him**
five pounds ghearr sí cúig phunt
air ▷ *vi* tabhair ruathar; **charges**
npl (*costs*) muirir *mph*, costais *mph*;
to reverse the ~s (*Tel*) glao (táille)
frithmhuirir a chur; **to take ~ of**
aire a thabhairt do, dul i gceannas
ar; **to be in ~ of** bheith i gceannas
ar; **how much do you ~?** cá mhéad
atá agat air?; **to ~ sb (with)** duine
a chúiseamh (as); **charge card** *n*
cárta *m4* muirir

charity *n* déirc *f2*, grá *m4* dia;
(*organization*) cumann *m*
carthannachta

charm *n* cuannacht *f3*, meallacacht
f3; (*spell*) ortha *f4*; (*amulet*) briocht
m3 ▷ *vt* meall, cuir faoi dhraíocht;
charming *adj* cuannach,
meallacach

chart *n* cairt *f2*, graf *m1*; (*Naut, map*)
cairt *f2* ▷ *vt* (*coast*) déan cairt de

charter *n* (*plane etc*) cairtfhostaigh
▷ *n* (*document*) cairt *f2*; **chartered**
accountant *n* cuntasóir *m3* cairte;

charter flight n eitilt f2 chairtfhostaithe

chase vt téigh sa tóir ar, seilg; (also: **~ away**) ruaig, cuir an ruaig ar ▷ n tóir f3, seilg f2; (rout) ruaig f2

chat vi (also Comput) comhrá a dhéanamh ▷ n comhrá m4; **to have a ~** tamall comhrá a dhéanamh; **chat room** n (Comput) seomra m4 comhrá; **chat show** n seó m4 cainte

chatter vi déan geabaireacht or cabaireacht ▷ n geabaireacht f3, cabaireacht f3; (of teeth) gliogar m; **her teeth were ~ing** bhí a cár ag greadadh ar a chéile

chauffeur n tiománaí m4

chauvinist n seobhaineach m1

cheap adj saor; (joke) suarach, táir ▷ adv go saor; **~ at the price** saor ar a luach; **cheaply** adv go saor

cheat vi bheith ag rógaireacht, déan séitéireacht ▷ vt déan calaois ar, cuir dallamullóg ar ▷ n séitéir m3, caimiléir m3

Chechen adj, n Seitniach m1

Chechnya n an tSeitnia f4

check vt deimhnigh, seiceáil; (halt) stad; (restrain) srian, cuir srian le; (chess) sáinnigh ▷ n seiceáil f3; (curb) srian m; (US: bill) bille m4; (pattern) seic m4; (US: cheque) seic ▷ adj (pattern) seicear; (cloth) páircíneach; **~!** (Chess) sáinn!; **check in** vi (at airport, hotel) cláraigh, seiceáil isteach; **check out** vi (from hotel) imigh, seiceáil amach; **check up** vi: **to ~ up on sth** rud a fhiosrú or a chinntiú; **to ~ up on sb** fiosrú a dhéanamh ar dhuine; **checkers** (US) npl cluiche msg4 táiplise; **check-in, check-in desk** n deasc f2 cláraithe; **checking account** (US) n (current

account) seic-chuntas m1; **checkmate** n marbhsháinn f2; **checkout** n (in shop) cuntar m1 amach; **checkpoint** n ionad m1 seiceála; **checkroom** (US) n (left-luggage office) seomra m4 bagáiste; **checkup** n (Med) scrúdú m dochtúra

cheddar n céadar m1

cheek n (Anat) grua f4, leiceann m1; (nerve) dánacht f3, soibealtacht f3; **cheekbone** n cnámh f2 grua; **cheeky** adj dalba, soibealta; **cheeky person** cocaire m4

cheer vt (team etc) bheith ag gárthaí ar son; (gladden) tabhair a chroí do ▷ vi lig gáir mholta ▷ n (of crowd) gáir f2 mholta; (disposition) meanma f; **~s!** sláinte!; **cheer up** vi glac misneach ▷ vt: **to ~ sb up** aigne a chur i nduine, cian a thógáil de dhuine; **~ up!** bíodh misneach agat!; **cheerful** adj meanmnach, gealgháireach, croíúil

cheerio excl slán

cheese n cáis f2; **cheesecake** n císte m4 cáise

chef n príomhchócaire m4, cócaire m4

chemical adj ceimiceach ▷ n ceimiceán m1

chemist n (pharmacist) ceimiceoir m3, poitigéir m3; **chemistry** n ceimic f2; **chemist's, chemist's shop** n siopa m4 ceimiceora or poitigéara

cheque n seic m4; **chequebook** n seicleabhar m1; **cheque card** n seic-chárta m4

cherry n silín m4; (also: **~ tree**) crann m1 silíní

chess n ficheall f2; **chessboard** n clár m1 fichille

chest n cliabh m1, cliabhrach m1,

ucht m3; (box) cófra m4, ciste m4

chestnut n (horse) cnó m4 capaill; (Spanish) castán m; (also: **~ tree**) crann m castán

chest of drawers n cófra m4 tarraiceán

chew vt, vi cogain, mungail; **chewing gum** n guma m4 coganta

chic adj faiseanta

chick n scalltán m, sicín m4; (inf) báb f2, leadhb f2

chicken n eireog f2, sicín m4; (food) circeoil f3, sicín; (inf: coward) faiteachán m; **chickenpox** n deilgneach f2

chickpea n piseánach m1

chief n (of a tribe) taoiseach m; (boss) ceann m urra ▷ adj príomh-, ard-; **chief executive** (US **chief executive officer**) n príomhoifigeach m feidhmiúcháin; **chiefly** adv go príomha, go mór mór

child n leanbh m, páiste m4, gasúr m; **child abuse** n drochíde f4 ar pháistí; **childbirth** n breith f2 clainne; **childhood** n leanbaíocht f3, macacht f3; **childish** adj leanbaí, páistiúil; **child minder** n feighlí m4 páistí

Chile n an tSile f4

chill n fuacht m3, crithfhuacht m3 ▷ vt (Culin) fuaraigh

chilli, chili n cilí m4

chilly adj féithiur; **to feel ~** fuacht a bheith ort, aireachtáil pas beag fuar

chimney n simléar m

chimpanzee n simpeansaí m4

chin n smig f2

China n an tSín f2

china n poirceallán m; (crockery) gréithe pl poircealláin

Chinese adj Síneach m; (Ling) Sínis f2

▷ adj Síneach

chip n (Culin: Brit) sceallóg f2 phrátaí; (: US: potato chip) brioscán m prátaí; (of wood) slis f2; (of stone) sceall m3, scealpóg f2; (also: **micro~**) slis ▷ vt (cup, plate) bain slis de

chiropodist n coslia m4

chisel n siséal m1

chives npl síobhais mph

chlorine n clóirín m4

chocolate n seacláid f2; **a box of ~s** bosca seacláidí

choice n rogha f4, togha m4 ▷ adj tofa, scothúil

choir n cór m, claisceadal m1

choke vt, vi tacht ▷ n (Aut) tachtóir m3

cholesterol n colaistéaról m1

choose vt togair, togh, roghnaigh

chop vt (wood) gearr (le tua), tuaigh (Culin: also: **~ up**) gearr ina phíosaí, mionghearr ▷ n (Culin) gríscín m4; **chopper** n (helicopter) héileacaptar m

chord n (Mus) corda m4

chore n creachlaois f2

chorus n cór m; (of song, fig) curfá m4, loinneog f2

Christ n Críost m4

christen vt baist; **christening** n baisteadh m

Christian adj Críostaí, Críostúil ▷ n Críostaí m4; **Christianity** n An Chríostaíocht f3; **Christian name** n ainm m baiste

Christmas n Nollaig f; **Happy** or **Merry ~!** Nollaig Shona!; **~ night** Oíche f4 Lá Nollag; **Christmas card** n cárta m4 Nollag; **Christmas Day** n Lá m Nollag; **Christmas Eve** n Oíche f4 Nollag; **Christmas tree** n crann m Nollag

chrome n cróm m3

chronic adj leanánta, ainsealach

chrysanthemum n órscoth f3

chubby adj plucach, sultmhar

chuck (inf) vt (throw) caith, rop; (also: ~ **up**: job) tabhair suas; (person) fág; **chuck out** vt caith amach

chuckle vi déan maolgháire, bheith ag sclogaíl

chum n compánach m1, comrádaí m4

chunk n alpán m1, smután m1

church n teach m pobail, eaglais f2, teampall m1; (organization) eaglais; **churchyard** n reilig f2

churn n (for butter) cuinneog f2; (also: **milk** ~) canna m4 bainne; **churn out** vt steall amach

chute n fánán m1, sleamhnán m1; (also: **rubbish** ~) sleamhnán bruscair

chutney n seatnaí m4

cider n ceirtlis f2

cigar n todóg f2

cigarette n toitín m4

cinema n pictiúrlann f2

cinnamon n cainéal m1

circle n ciorcal m1, fáinne m4; (in cinema, theatre) áiléar m ▷ vi teacht thart, bheith ag guairdeall ▷ vt (move round) tar thart ar, bheith ag guairdeall ar; **a vicious** ~ ciorcal lochtach

circuit n timpeall m1, cúrsa m4, cuairt f2; (Elec) ciorcad m1

circular adj ciorclach ▷ n imlitir f, ciorclán m1

circulate vi téigh timpeall ▷ vt: **to** ~ **a story** scéal a scaipeadh; **circulation** n (of blood) imshruthú m; (of newspaper) scaipeadh m, díol m3; (of air) cúrsaíocht f3

circumstances npl tosca fpl2, cúrsaí mpl4, cúinsí mpl4

circus n sorcas m1

cite vt luaigh; (Law) glaoigh ar

citizen n saoránach m1, cathróir m3; (resident): **the ~s of this town** bunadh m1 an bhaile seo; **citizenship** n saoránacht f3, cathróireacht f3

city n cathair f

civic adj cathartha

civil adj cathartha, sibhialta; (polite) béasach, sibhialta; **civil engineering** n innealtóireacht f3 shibhialta; **civilian** adj, n sibhialtach m1

civilization n sibhialtacht f3

civilized adj sibhialta

civil law n dlí m4 sibhialta; **civil rights** npl cearta mph sibhialta; **civil servant** n státseirbhíseach m1; **Civil Service** n státseirbhís f2; **civil war** n cogadh m1 cathartha

claim vt (rights, inheritance) éiligh; (assert) maígh ▷ vi (for insurance) déan éileamh ar ▷ n éileamh m1; (entitlement) teideal m1; (right) ceart m1

clam n breallach m1

clamp n teanntán m1, clampa m4 ▷ vt clampaigh, cuir clampa ar; **clamp down on** vt fus cuir faoi chois

clan n treibh f2

clap vi buail bosa, tabhair bualadh bos ▷ n bualadh m bos; ~ **of thunder** plimp f2 thoirní, rois f2 toirní

Clare n an Clár m1

claret n cláiréad m1

clarify vt soiléirigh

clarinet n cláirnéid f2

clarity n soiléireacht f3, glinne f4

clash n (dispute) caismirt f2, achrann m1 ▷ vi buail in éadan a chéile; (argue) **they ~ed** d'éirigh eatarthu,

bhí caismirt eatarthu; (*two events*)
tar salach ar a chéile; (*colours*):
orange ~es with pink ní thagann
oráiste le bándearg
clasp n (*of necklace, bag*) claspa m4,
greamán m ▷ vt fáisc, diurnaigh
class n (*type*) cineál m1; (*social
status*) aicme f4; (*Scol*) rang m3,
grád m; (*style*) cineál m ▷ vt
rangaigh, grádaigh; **the upper/
lower ~** an uasaicme f4/an
ísealaicme f4
classic adj clasaiceach ▷ n saothar
m1 clasaiceach; **classical** adj
clasaiceach
classify vt rangaigh, aicmigh
classmate n comrádaí m4 scoile
classroom n seomra m4 ranga
clatter n clagarnach f2 ▷ vi clag,
déan clagarnach
clause n agús m, clásal m1; (*Ling*)
clásal
claw n crág m, crúb f2; (*of bird of prey*)
ionga f; (*of lobster*) ladhar f2; **claw
at** vt fus crúbáil ar, ladhráil ar
clay n cré f4, créafóg f2
clean adj glan ▷ vt glan; **clean out**
vt glan amach; **clean up** vt glan;
cleaner n (*person*) glantóir m3;
cleaning n glanadh m,
glantóireacht f3
cleanser n (*for face*) ungadh m4
glanta
clear adj glan; (*evident*) follasach;
(*explanation, speech*) soiléir ▷ vt
glan; (*of people*) bánaigh; (*cheque*)
cuir tríd an mbanc; (*Law*: *suspect*)
saor ▷ vi (*weather*) geal; (*fog*) scaip
▷ adv: **~ of** glan ar, amach ó; **to ~
the table** an bord a réiteach; **clear
up** vt réitigh; (*mystery*) fuascail; **clearance** n (*removal*) bánú m;
(*permission*) cead m3; (*customs*)
imréiteach m1; **clear-cut** adj

soiléir, follasach; **clearing** n (*in
forest*) réiteach m1; (*Comm*)
imréiteach m1; **clearly** adv go
soiléir, go follasach
clench vt (*teeth*) teann ar a chéile
clergy n cléir f2
clerk n cléireach m1; (*US*:
salesperson*) díoltóir m3
clever adj (*mentally*) cliste, gasta;
(*deft, crafty*) glic; (*device,
arrangement*) cliste
click vi cniog; **click on** vt fus
(*Comput*) cliceáil ar
client n cliant m1
cliff n aill f2, binn f2
climate n aeráid f2, clíoma m4;
(*economic*) timpeallacht f3
climax n buaic f2, barrchéim f2,
forchéim f2; (*Theat*) buaicphointe
m4; (*sexual*) orgásam m1
climb vt dreap, tóg ▷ vi dreap ▷ n
dreapa m4, dreapadh m; **climber** n
dreapadóir m3; **climbing** n
(*mountaineering*) dreapadóireacht f3
clinch vt (*deal*) cuir i gcrích, ceangail
cling vi: **to ~ (to)** greim a choinneáil
(ar); (*person*) bheith crochta (as);
(*of clothes*) luí leis an gcraiceann
clinic n clinic m4; **clinical** adj
cliniciúil
clip n (*for hair*) fáiscín m4; (*also*:
paper ~) fáiscín páipéir ▷ vt
(*fasten*) fáisc; (*hair, nails, hedge*)
bearr; **clippers** npl (*for hedge*)
deimheas msg; (*also*: **nail
clippers**) siosúr msg ingne;
clipping n (*from newspaper*)
gearrthán m1
cloak n clóca m4, brat m ▷ vt (*fig*)
ceil, folaigh; **cloakroom** n (*for
coats etc*) seomra m4 cótaí; (*WC*)
leithreas m1
clock n clog m1; **clock in** or **on** vi
clogáil isteach; **clock off** or **out** vi

clogáil amach; **clockwise** adv deiseal; **clockwork** n: ~ like **clockwork** dul chun cinn bonn ar aon ▷ adj (precision, regularity) rialta

clog n paitín m4 ▷ vt calc, tacht ▷ vi (also: ~ **up**) éirigh calctha or tachta

close¹ adj (near): ~ **(to)** gar (do), láimh (le), in aice (+ gen), i gcóngar + gen; (contact, link) dlúth-; (contest, watch) géar; (examination) mion; (weather) meirbh, marbhánta ▷ adv go dlúth; ~ **to** gar do, láimh le, in aice + gen; ~ **by**, ~ **at hand** adj, adv in aice láithreach or láimhe; **a ~ friend** dlúthchara; **it was a ~ shave** (fig) chuaigh sé gairid go maith dó

close² vt, vi druid, dún, iaigh ▷ vt (debate, conference) cuir an chlabhsúr ar ▷ n (end) clabhsúr m1, críoch f2; **close down** vt, vi dún, druid; **closed** adj dúnta, druidte

closely adv (examine, watch) go géar

closet n clóiséad m1

close-up n gar-amharc m1

closure n clabhsúr m1, dúnadh m

clot n téachtán m1; (inf: person) pleidhce m4, cnapán m1 amadáin ▷ vi (blood) téacht

cloth n (material) éadach m1, bréid m4, ceirt f2; (also: **tea ~**) éadach tae

clothes npl éadaí mpl; **clothes line** n líne f4 éadaí; **clothes peg** (US **clothes pin**) n pionna m4 éadaí

clothing n = **clothes**

cloud n scamall m1, néal m1; (of dust) ceo m4; ~**s of smoke** calcanna toite, bús deataigh; **cloudy** adj scamallach, néaltach; (liquid) modartha

clove n (Culin: spice) clóbh m1; ~ **of garlic** ionga f gairleoige

clown n fear m1 grinn, áilteoir m3; (pej) cábóg f2 ▷ vi (also: **to ~ about,**

~ **around**) bheith ag abhlóireacht

club n (society, place) club m4, cumann m1; (also: **golf ~**) maide m4; (weapon) lorga f4, smachtín m4 ▷ vi: **to ~ together** airgead a bhailiú i bpáirt le chéile; **clubs** npl (Cards) triufanna mpl4

clue n leid f2; **he hasn't a ~** níl barúil aige

clump n: ~ **of trees** mothar m crann

clumsy adj ciotach, ciotrúnta

cluster n (of fruit) crobhaing f2; (of berries) triopall m1; (of nuts) mogall m1; (of houses) cloigín m4; (of people) comhthionól m1, drong f2 beag, scata m4 beag ▷ vi cruinnigh le chéile

clutch n (grip, grasp) greim m3; (Aut) crág f2; (of chicks) éillín m4 ▷ vt (grasp) glám, beir or coinnigh greim ar

coach n (bus, horse-drawn) cóiste m4; (of train) carráiste m4; (Sport: trainer) traenálaí m4; (Scol: tutor) oide m4 múinte ▷ vt traenáil; (student) múin, teagasc; **coach trip** n turas m1 cóiste

coal n gual m1

coalition n (Pol) comhcheangal m1; ~ **government** comhrialtas m1

coal mine n mianach m1 guail

coarse adj garbh, garg; (fig) gáirsiúil, madrúil

coast n cósta m4; **coastal** adj cósta; **coastguard** n garda m4 cósta, vaidhtéir m3 cuain; **coastline** n imeallbhord m1, líne f4 an chósta

coat n cóta m4; (of animal) fionnadh m1; (of paint) brat m1 ▷ vt cuir brat ar, cumhdaigh; **coat hanger** n crochadán m1 cótaí; **coating** n screamh f2, scim f2, cumhdach m1

coax vt meall, bréag

cobbles npl (also: **cobblestones**) clocha fpl2 duirlinge

cobweb n líon m or téada fpl2 damháin alla

cocaine n cócaon m1

cock n coileach m1; **cockerel** n coileach m óg

cockney n cocnaí m4

cockpit n (in aircraft) cábán m1 (píolóta)

cockroach n ciaróg f2 dhubh

cocktail n manglam m1

cocoa n cócó m4

coconut n cnó m4 cócó

cod n trosc m1

code n cód m1

coeducational adj comhoideachais n gen

coffee n caife m4; **coffee bean** n síol m1 caife; **coffee break** n sos m3 caife; **coffeepot** n pota m4 caife; **coffee table** n bord m1 caife

coffin n cónra f4

cog n fiacail f2; (wheel) roth m3 fiaclach

coil n lúb f2, corna m4; (contraceptive): **the ~** an corna ▷ vt corn

coin n bonn m1 ▷ vt (word) cum

coincide vi comhtharlaigh (le); (agree) tar le chéile, réitigh le chéile; **coincidence** n comhtharlú m

Coke® n Cóc m4

coke n cóc m1

colander n síothlán m1

cold adj fuar, dearóil ▷ n fuacht m3; (Med) slaghdán m1; **it's ~** tá sé fuar; **to be** or **feel ~** (person) bheith fuar, aireachtáil fuar; **to catch a ~** slaghdán a thógáil or a tholgadh; **I have a ~** tá slaghdán orm; **in ~ blood** as fuil fhuar; **cold sore** n cneá f4 fuachta

coleslaw n cálslá m4

colic n coiliceam m1

collaborate vi comhoibrigh (le), téigh i gcomhar (le)

collapse vi (building etc) tit go talamh, tabhair uaidh; (person) tit i bhfanntais or i meirfean ▷ n titim f2; **he ~d** thit sé as a sheasamh; **the ditch ~d** sceith an claí, thug an claí uaidh

collar n (of coat, shirt) bóna m4, coiléar m1; (for animal) coiléar m1; **collarbone** n cnámh f2 an smiolgadáin, branra m4 brád, dealrachán m1

colleague n comhoibrí m4, comhpháirtí m4, comhalta m4

collect vt bailigh, cruinnigh, tiomsaigh, cnuasaigh; (call and pick up) tóg ▷ vi (people) cruinnigh; **to call ~** (US: Tel) glao (táille) frithmhuirir a chur; **collection** n bailiú m, cruinniú m; (of poetry etc) díolaim f3, cnuasach m1; (of mail) bailiú m; (for money) bailiúchán m1; (Eccl) tobhach m1; **collector** n bailitheoir m3

college n coláiste m4

collide vi tuairteáil; **the two cars ~d** bhuail an dá charr faoina chéile or in éadan a chéile

collision n imbhualadh m, tuairt f2

colloquial adj comhráiteach, neamhfhoirmiúil

colon n (Typ) idirstad m4; (Med) drólann f2

colonel n coirnéal m1

colonial adj coilíneach

colony n coilíneacht f3

colour (US **color**) n dath m3; (of person) dath, snua m4, lí f4 ▷ vt (paint, dye) dathaigh, cuir dath ar ▷ vi (blush) dearg, las san aghaidh; **colours** npl (of party, club) suaitheantais *mph*; **he passed with flying ~s** d'éirigh go geal leis; **colour in** *vt* líon isteach le dathanna; **colour-blind** *adj* dathdhall; **coloured** *adj* (*illustration*) daite; **colour film** *n* scannán *m* daite; **colourful** *adj* dathannach, dathúil; (*personality*) beoga, aigeanta; **colouring** *n* dathú *m*, lí *f4*; (*complexion*) lí, snua *m4*; **colour television** *n* teilifís *f2* dhaite

column *n* colún *m*

coma *n* cóma *m4*, támhnéal *m*

comb *n* cíor *f2* ▷ *vt* (*hair*) cíor, spíon; (*area*) cíor, cíorláil

combat *n* comhrac *m*, coimheascar *m* ▷ *vt*: **to ~ sth** troid in éadan ruda, dul i ndeabhaidh le rud

combination *n* comhcheangal *m*, teaglaim *f3*

combine *vi* comhcheangal, cuir le chéile, cumaisc; (*Chem*) cuingrigh ▷ *vt*: **to ~ things** rudaí a chomhcheangail *or* a chur le chéile ▷ *n* (*Econ*) comhaontachas *m*; (*also*: **~ harvester**) comhbhuainteoir *m3*

come *vi* tar; **to ~ to** (*decision etc*) tar ar; **it came undone** *or* **loose** scaoil sé; **come about** *vi* tit amach, tarlaigh; **come across** *vt fus* (*find*) tar ar; (*meet*): **I came across John** casadh orm Seán; **come along** *vi* = **come on**; **come away** *vi*: **~ away from there!** tar amach as sin!; **come back** *vi* fill, tar ar ais; **come by** *vt fus* (*acquire*) faigh; **come down** *vi* tit; **come forward** *vi* tar chun tosaigh; **come from** *vt fus*: **she came from Belfast by train** tháinig sé as Béal Feirste leis an traein; **where do you ~ from?**

cárb as duit?; **I ~ from Derry** is as Doire dom, is as Doire mé; **come in** *vt fus* tar isteach; **come into** *vt fus* (*money*) tar isteach ar; **come off** *vi* (*button*) scaoil; (*stain*) tar amach; (*attempt*): **it came off** d'éirigh leis; **come on** *vi* (*pupil, work, project*) téigh *or* tar chun cinn; (*lights*) las; **~ on!** chugainn!, siúil leat!; **come out** *vi* tar amach; **come round**, **come to** *vi* (*after faint, operation*) tar chugat féin; **come up** *vi* tar aníos; **come up against** *vt fus* (*resistance, difficulties*) buail le; **come upon** *vt fus* tar ar; **come up to** *vt fus* sroich, tar suas le; **come up with** *vt fus* tar chun tosaigh le

comedian *n* fuirseoir *m3*

comedy *n* coiméide *f4*, dráma *m4* grinn

comet *n* cóiméad *m*

comfort *n* compord *m*, sócúl *m*; (*relief*) sólás *m* ▷ *vt* tabhair sólás do, sólásaigh; **the ~s of home** sócúl an bhaile; **comfortable** *adj* compordach, sócúlach, cluthar; (*walk etc*) éasca; **he is comfortable** (*financially*) tá sé go maith as; (*mentally*) tá sé ar a sháimhín; (*patient*) tá sé ar aghaidh bisigh; **comfort station** (US) *n* leithreas *m*

comic *adj* (*also*: **~al**) greannmhar, barrúil ▷ *n* (*man*) fear *m* grinn, fuirseoir *m3*; (*woman*) bean *f* ghrinn, banfhuirseoir *m3*; (*paper*) greannán *m*

comma *n* camóg *f2*

command *n* ordú *m*; (*leadership*) ceannas *m*, ceannasaíocht *f3*; (*Mil, authority*) ceannas; **he has a good ~ of Irish** tá Gaeilge mhaith aige ▷ *vt* (*troops*) stiúir; **to ~ sb** ordú a thabhairt do dhuine; **to be in ~ of**

o.s. smacht a bheith agat ort féin;
commander n (Mil) ceannfort m,
ceannasaí m4
commemorate vt: **to ~ sb**
cuimhneachán a dhéanamh ar
dhuine, duine a chomóradh or a
chuimhneamh; **to ~ sth** rud a
cheiliúradh
commence vt, vi cuir tús le, tosaigh
commend vt mol
comment n trácht m3 ▷ vi: **to ~ on**
trácht ar; **"no ~"** "níl dada le rá
agam"; **commentary** n
tráchtaireacht f3; **commentator** n
tráchtaire m4
commerce n tráchtáil f3
commercial adj tráchtála n gen ▷ n
(TV, Radio) fógra m4
commission n coimisiún m;
(power) barántas m ▷ vt
coimisiúnaigh; **out of ~** (not
working) as úsáid, as feidhm,
díomhaoin; **commissioner** n
coimisinéir m3
commit vt (act) déan; (resources)
cuir ar fáil; **to ~ o.s.** (to do sth) tú
féin a cheangal (chun rud a
dhéanamh); **to ~ suicide** lámh a
chur i do bhás féin, féinbhás a
ghabháil; **to ~ a crime** coir a
dhéanamh; **commitment** n
ceangal m; (Comm) ceangaltas m;
(responsibility) dualgas m;
(obligation, pledge, assurance) geall
m, gealltanas m4
committee n coiste m4
commodity n earra m4,
tráchtearra m4
common adj coiteann, coitianta,
comónta, gnáth-, comh- ▷ n (land)
coimín m4, coiteann m; **in ~** i
gcoitianta; **commonly** adv go
coitianta, go forleathan;
commonplace adj gnáth-, gnách;

common sense n ciall f2;
Commonwealth n: **the
Commonwealth** an Comhlathas
m
communal adj comhchoiteann
commune n (group) común m
communicate vi: **to ~ with sb**
bheith i dteagmháil le duine, scéala
a chur chuig duine ▷ vt cuir in iúl;
to ~ sth (to sb) rud a chur in iúl (do
dhuine)
communication n cumarsáid f2;
(message) teachtaireacht f3, scéala
m4
communion n (also: **Holy C~**)
Comaoineach f4 Naofa
communism n cumannachas m;
communist adj cumannach ▷ n
cumannaí m4
community n pobal m,
comhphobal m; **community
centre** n (lár)ionad m pobail
commute vi bheith ag
comaitéireacht ▷ vt (Law) gearr;
commuter n comaitéir m3
compact adj dlúth ▷ n (also:
powder ~) boiscín m4 púdair;
compact disc n dlúthdhiosca m4;
compact disc player n seinnteoir
m3 dlúthdhioscaí
companion n compánach m,
comrádaí m4
company n (social) comhluadar m,
cuideachta f4; (business)
comhlacht m3, cuideachta; **to
keep sb ~** cuideachta a dhéanamh
le duine
comparative adj comparáideach;
comparatively adv (relatively)
measartha, cuibheasach, réasúnta
compare vt: **to ~ sth/sb with/to**
rud/duine a chur i gcomparáid le
▷ vi: **to ~ favourably with** bheith
lán chomh maith le; **~d with** i

gcomparáid le, taobh le;
comparison n comparáid f2
compartment n urrann f2
compass n compás m1; **compasses**
npl (Geom) compás msg1
compassion n trua f4, trócaire f4,
taise f4
compatible adj: **to be ~ (with)**
bheith ag freagairt do, bheith
oiriúnach do, bheith
comhoiriúnach do
compel vt: **to ~ sb to do sth** iallach
a chur ar dhuine rud a dhéanamh;
compelling adj (irrefutable)
dochloíte; (persuasive) éifeachtach,
áititheach
compensate vt cúitigh ⊳ vi: **to ~**
sb for sth rud a chúiteamh le
duine; **compensation** n cúiteamh
m1
compete vi: **to ~ (with sb)** dul san
iomaíocht (le duine), dul i
gcoimhlint (le duine)
competent adj éifeachtach,
cumasach, inniúil
competition n (contest) comórtas
m1; (Econ) iomaíocht f3; **in ~ with**
in iomaíocht le
competitive adj (Econ) iomaíoch;
(Sport) comórtais is
competitor n iomaitheoir m3
complain vi: **to ~ (about)** gearán or
casaoid a dhéanamh (faoi); **to ~ of**
(pain etc) bheith ag éileamh as;
complaint n clamhsán m1, gearán
m1; (Med) éileamh m1
complement n líon m1; (of ship's
crew etc) foireann f2, iomlán m1;
(Ling) comhlánú m ⊳ vt
comhlánaigh; **complementary**
adj comhlántach
complete adj iomlán; (utter,
outright) críochnaithe, cruthanta,
dearg- ⊳ vt críochnaigh, cuir i

gcrích; (perfect) iomlánaigh;
(a form) líon; (set, group): **that ~s**
section 2 sin deireadh le roinn 2;
completely adv go hiomlán, ar
fad; **completion** n críochnú m,
iomlánú m; (of contract) cur m1 i
gcrích
complex adj casta ⊳ n coimpléasc
m1
complexion n snua m4, lí f4
compliance n (submission)
géilleadh m; **in ~ with** de réir + gen
complicate vt: **to ~ sth** rud a chur
trí chéile, rud a chur in achrann;
complicated adj casta,
achrannach; **complication** n
(problem) fadhb f2; (complexity)
castacht f3; (Med) aimhréidh f2
compliment n moladh m, focal m1
molta ⊳ vt mol, tabhair focal molta
do; **compliments** npl (respects)
beannacht fsg3; **with ~s** le
dea-mhéin; **to pay sb a ~** duine a
mholadh; **complimentary** adj
moltach; (free) dea-mhéine
comply vi: **to ~ with the law**
déanamh de réir an dlí
component n comhpháirt f2, ball
m1, comhball m1
compose vt cum, ceap; (form):
to be ~d of bheith déanta or
comhdhéanta de; **to ~ o.s.** tú féin
a dhéanamh socair, tú féin a
shocrú; **composer** n (Mus)
cumadóir m3, ceapadóir m3;
composition n comhdhéanamh
m1; (atmosphere etc) comhshuíomh
m1; (literary) aiste f4
(ceapadóireachta); (art etc)
ceapachán m1; (music)
cumadóireacht f3
composure n sócúlacht f3,
suaimhneas m1, neamhchúis f2
compound n cumasc m1; (Ling)

comhfhocal m; (enclosure) bábhún m; (Phys) comhdhúil f2, comhshuíomh m ▷ adj (fracture) créachtach; (interest) iolraithe
comprehension n tuiscint f3
comprehensive adj cuimsitheach, uileghabhálach ▷ n scoil f2 chuimsitheach; **comprehensive school** n scoil f2 chuimsitheach
compress vt comhbhrúigh; (text, information) coimrigh ▷ n (Med) adhartán m, comhbhrúiteán m
comprise vt (also: **be ~d of**) bheith comhdhéanta de, cuimsigh; **the council ~s or is ~d of 200** tá 200 ar an gcomhairle
compromise n comhréiteach m, comhghéilleadh m ▷ vi comhréitigh, tar ar chomhréiteach
compulsory adj éigeantach
computer n ríomhaire m4; **computer game** n cluiche m4 ríomhaire; **computerize** vt ríomhairigh; **computer programmer** n ríomhchláraitheoir m3; **computer programming** n ríomhchlárú m; **computer science, computing** n an ríomhaireacht f3
con vt: **to ~ sb** bob a bhualadh ar dhuine, caimiléireacht a imirt ar dhuine ▷ n caimiléireacht f3
conceal vt folaigh; **to ~ sth** rud a chur i bhfolach
conceited adj postúil, sotalach, mórchúiseach
conceive vt, vi (child) gin, gabh; (devise) ceap; (imagine) samhlaigh
concentrate vi: **to ~ on sth** d'intinn a dhíriú ar rud ▷ vt (thoughts etc) cruinnigh; (liquid etc) tiubhaigh
concentration n dianmhachnamh m1

concept n coincheap m3
concern n (affair, business) cúram m, gnó m2; (anxiety) imní f4; (Comm) gnó ▷ vt: **to ~ o.s. with sth** dul i mbun ruda, rud a thógáil idir lámha; **to be ~ed (about)** bheith i gcás (faoi), bheith buartha (faoi); **it is none of your ~** ní de do ghnóthaí-sa é, ní bhaineann sé leat or duit; **concerning** prep i dtaobh + gen faoi, mar gheall ar, fá dtaobh de
concert n ceolchoirm f2, coirm f2 cheoil; **concert hall** n ceoláras m
concerto n coinséartó m4
concession n lamháltas m; **tax ~** lamháltas cánach
conclude vt críochnaigh, cuir críoch ar, cuir deireadh le; **conclusion** n deireadh m, críoch f2; (decision) cinneadh m, tuairim f2, barúil f3; (deduction) tátal m; **to jump to conclusions** scéal a dhéanamh de do bharúil; **to draw a conclusion from sth** tátal a bhaint as rud
concrete n coincréit f2 ▷ adj coincréiteach
concussion n (Med) comhshuaitheadh m, comhtholgadh m
condemn vt cáin
condensation n comhdhlúthú m
condense vt, vi comhdhlútaigh; (writing) coimrigh
condition n (stipulation) coinníoll m; (state) staid f2, caoi f4, dóigh f2, bail f2; (circumstance) toisc f2, dáil f3 (Med) riocht m3 ▷ vt múnlaigh; **on ~ that** ar choinníoll go, ar chuntar go, ar acht go; **conditional** adj coinníollach; **conditioner** n feabhsaitheoir m3
condom n condam m, coiscín m4,

clúidín m4 boidín (inf)

condominium(US) n comhthiarnas m1, árasiann f2

condone vt maith

conduct n iompar m ▷ vt iompair; (Mus) stiúir; (Elec) seol; **conductor** n stiúrthóir m3; (Elec) seoltóir m3

cone n coirceog f2; (Bot) buaircín m4

confectionery n sólaistí mpl4, milseogra m4, sócamais mph

confer vi: **to ~ with sb** dul i gcomhairle le duine

conference n comhdháil f3

confess vt, vi admhaigh; (Rel) déan faoistin, tabhair faoistin do; **confession** n admháil f3; (Rel) faoistin f2

confide vi: **to ~ in sb** do rún a ligean le duine

confidence n muinín f2; (also: **self~**) féinmhuinín f2; (secret) rún m; **in ~** (speak, write) faoi rún, i modh rúin; **I have ~ in you** tá muinín agam asat; **confident** adj féinmhuiníneach; **confidential** adj rúnda

confine vt: **to ~ o.s.** cloí le; (shut up): **to ~ sb** duine a chur i ngéibheann or i bpríosún or i mbraighdeanas; **to be ~d to bed** bheith ag coinneáil na leapa; **confined** adj (space) cúng

confirm vt cinntigh, dearbhaigh; (Rel) cóineartaigh; **she was ~ed** chuaigh sí faoi lámh easpaig; **confirmation** n cinntiú m; (Rel) cóineartú m

confiscate vt coigistigh

conflict n coimhlint f2, caismirt f2 ▷ vi (opinions) tar salach ar a chéile

conform vi: **to ~ to the rules** déanamh de réir na rialacha

confront vt: **to be ~ed by a problem** fadhb or deacracht a

theacht sa bhealach ort; (enemy, danger): **to ~ sb/sth** aghaidh a thabhairt ar dhuine/rud; **to ~ sb about sth** rud a chur chun tosaigh ar dhuine; **confrontation** n caismirt f2

confuse vt: **to ~ sb** mearbhall a chur ar dhuine, duine a chur tríd a chéile; (situation): **to ~ sth** meascán mearaí a dhéanamh de rud; (one thing with another) rud a mheascadh le rud eile; **confused** adj bunoscionn, trí chéile; **he is confused** tá mearbhall air; **to be confused by sth** bheith in aimhréidh i rud, bheith trí chéile ag rud; **confusing** adj mearbhlach; **confusion** n (of situation) tranglam m1; (of person) mearbhall m1; **to throw sth into confusion** rud a chur chun siopharnaí, rud a chur trí chéile

congestion n (Med) plúchadh m; (traffic etc) plódú m

congratulate vt: **to ~ sb (on sth)** comhghairdeas a ghabháil or a dhéanamh le duine (faoi rud), (rud) a tréaslú do dhuine or le duine; **congratulations** npl comhghairdeas msgı; **congratulations!** go maire tú!; (on marriage) go maire tú do shaol úr!; (on birthday) go maire tú an lá!

congregation n pobal m

congress n comhdháil f3

conjugation n (Ling) réimniú m

conjunction n (Ling) cónasc m

conjure vi toghair; **conjure up** vt (ghost, spirit) toghair; (memories) dúisigh, múscail

Connacht n Connachta mpl, Cúige m4 Chonnacht ▷ adj Connachtach

connect vt nasc, ceangail; (Elec) ceangail; (Tel: caller, subscriber)

ceangail ▷ vi (train): **to ~ with the Belfast train** bualadh le traein Bhéal Feirste; **it is ~ed with** (fig) tá baint aige le, baineann sé le;
connection n nasc m1, ceangal m1; (relationship) baint f2; (Tel) ceangal m1; (Elec) cónasc m1; **in connection with** i dtaca le, maidir le, mar gheall ar
conquer vt buaigh ar, buail, faigh bua ar
conquest n (land etc) gabháil f3, concas m1; (act) bua m4
cons npl see **convenience**; **pro**
conscience n coinsias m3
conscientious adj coinsiasach
conscious adj meabhrach, comhfhiosach; **he was ~** bhí a mheabhair aige; **to be ~ of sth** rud a aireachtáil; **consciousness** n comhfhios m3; (Med) meabhair f; **to lose/regain consciousness** do mheabhair a chailleadh/a theacht ar ais chugat
consent n cead m3, deoin f3 ▷ vi ceadaigh, deonaigh
consequence n iarmhairt f3, toradh m1; (significance) tábhacht f3
consequently adv ar an ábhar sin, dá bhrí sin, dá bhíthin sin
conservation n caomhnú m
conservative adj coimeádach; **Conservative** (Brit) adj, n (Pol) Coimeádach m1
conservatory n teach m gloine
consider vt (think about) machnaigh ar, smaoinigh ar; (think, judge) síl, ceap, meas; (bear in mind) cuimhnigh ar; (take into account) cuir san áireamh; **to ~ doing sth** smaoineamh ar rud a dhéanamh; **all things ~ed** tríd is tríd, i dtaca le holc; **considerable** adj (great) maith, mór; (significant)

mór le rá; **considerably** adv go mór; **considerate** adj cásmhar, tuisceanach; **consideration** n (attention) aird f2, dearcadh m1; (deliberation) machnamh m1; (concern) tuiscint f3; (Comm) comaoin f2; **to have consideration for others** cuimhneamh ar dhaoine eile; **to take sth into consideration** rud a chur san áireamh, cuimhneamh ar rud; **considering** prep: **considering how deep it is** agus a dhoimhne atá sé
consignment n coinsíniú m; (Comm) coinsíneacht f3
consist vi: **the job ~s of** is é atá sa phost ná
consistency n comhsheasmhacht f3, seasmhacht f3, buaine f4; (of substance) raimhre f4, téagar m1; **his words lack ~** níl a chuid focal de réir a chéile
consistent adj comhsheasmhach, seasmhach, buan; **~ with** ar aon dul le, ag teacht le, comhsheasmhach le
consolation n sólás m1
console n (Comput) consól m1
consonant n consan m1
conspicuous adj sofheicthe, feiceálach
conspiracy n comhcheilg f2
constable n constábla m4; **chief ~** an príomhchonstábla m4
constant adj seasmhach, síor-; **constantly** adv de shíor, i gcónaí, oíche is lá, Domhnach is Dálach
constipated adj iata, ceangailte (sa chorp); **constipation** n iatacht f3, ceangailteacht f3 (coirp)
constituency n dáilcheantar m1
constituent n bunreacht m3; (Med) coimpléasc m1; (Phys)

comhdhéanamh m1

constraint n srian m1; (Comm) sriantacht f3

construct vt tóg, déan; **construction** n déantús m1; (Constr) tógáil f3, foirgníocht f3; **constructive** adj éifeachtach; (helpful) cuidiúil, cúntach, úsáideach

consul n consal m1; **consulate** n consalacht f3

consult vt téigh i gcomhairle le, ceadaigh le; **consultant** n comhairleoir m3; (Med) lia m4 comhairleach; (Comm) comhairleach m1; **consulting room** n seomra m4 comhairle

consume vt (eat) ith, caith; (drink) ól; (use up) ídigh; **consumer** n tomhaltóir m3

consumption n (of goods) tomhaltas m1; (of capital) caitheamh m1, ídiú m; (Med) an eitinn f2

cont. abbr (= continued) ar lean

contact n teagmháil f3, tadhall m1 ▷ vt teagmháigh le, déan teagmháil le; **contact lenses** npl lionsaí mpl4 tadhaill

contagious adj: ~ disease galar m1 tadhaill

contain vt: **the box ~s money** tá airgead sa bhosca; (capacity): **the bottle ~s a pint** coinníonn an buidéal pionta; **to ~ o.s.** (fig) smacht a bheith agat ort féin; **container** n soitheach m1, gabhán m1; (Comm) coimeádán m1

contaminate vt truailligh

cont'd abbr (= continued) ar lean

contemplate vt smaoinigh ar, machnaigh ar, meabhraigh (ar)

contemporary adj comhaimseartha ▷ n: **her**

contemporaries lucht a comhaimsire

contempt n dímheas m3, drochmheas m3; ~ **of court** (Law) díspeagadh m cúirte

contend vt: **to ~ that** maíomh go ▷ vi: **to ~ with** (compete) dul in iomaíocht le; (struggle) bheith ag coimhlint le, bheith i ngleic le

content adj suaimhneach ▷ vt sásaigh ▷ n: **the ~ of the book** ábhar m an leabhair; (of fat, moisture) méid m4; **contents** npl: **the ~s of the container** a bhfuil sa soitheach; **(table of) ~s** clár msg1 ábhair; **contented** adj sásta, ar do sháimhín; **to be contented** suaimhneas intinne a bheith agat

contest n comhlann f2; (competition) comórtas m1 ▷ vt (decision, statement) cur i gcoinne + gen; (compete for) dul san iomaíocht; **contestant** n (in competition etc) iomaitheoir m3; (of will) conspóidí m4

context n comhthéacs m4

continent n mór-roinn f2, ilchríoch f2; **the C~** an Mhór-Roinn f2, Mór-Roinn na hEorpa; **continental** adj mór-roinneach, ón Mhór-Roinn

continual adj leanúnach; **continually** adv i gcónaí, de shíor

continue vi lean (ort), mair ▷ vt lean de

continuity n leanúnachas m1

continuous adj leanúnach

contour n comhrian m1, imlíne f4; (on map: also: ~ **line**) comhrian, imlíne chomh-airde

contraception n frithghiniúint f3

contraceptive adj frithghiniúnach ▷ n frithghiniúnach m1, coiscín m4

contract n conradh m ▷ vt (disease)

tolg, tóg ▷ vi (become smaller) crap; (Comm): **to ~ to do sth** conradh a dhéanamh le rud a dhéanamh; **contractor** n conraitheoir m3
contradict vt bréagnaigh, cuir in éadan, trasnaigh
contrary¹ adj codarsnach, contrártha; (also: **~ to**) contrártha le ▷ n malairt f2; **on the ~** os a choinne sin; **unless you hear to the ~** mura gcluinfidh tú a athrach or a mhalairt
contrary² adj contráilte, dáigh, cancrach, conróideach
contrast n codarsnacht f3, contrárthacht f3 ▷ vt: **to ~ things** rudaí a chur i gcomparáid or i gcomórtas or i bhfrithshuí; **in ~ to** or **with** i gcodarsnacht le, i gcomórtas le, neamhionann is, ní hionann is
contribute vi, vt íoc, tabhair; (magazine etc): **to ~ (an article) to** (alt a) scríobh do; (situation): **to ~ to** cur le; **contribution** n (donation) síntiús m1; (share of) cion m4; **contributor** n síntiúsóir m3; (to newspaper) scríbhneoir m3; (participator) rannpháirtí m4
control vt smachtaigh, cuir smacht ar, stiúir; (Comm, inflation etc) rialaigh ▷ n smacht m3, stiúir f, stiúradh m; (Comm) rialú m; **controls** npl (of machine etc) stiúir fsg; (on radio, TV) cnaipí mpl4; **under ~** faoi smacht; **to be in ~ of** bheith i gceannas ar; **to lose ~ of o.s.** dul as do chrann cumhachta; **the car went out of ~** chuaigh an carr ó smacht; **it went beyond my ~** chuaigh sé thar mo smacht
controversial adj conspóideach
controversy n conspóid f2
convenience n áis f2, cóir f3; **at**

your ~ ar do chaoithiúlacht; **all modern ~s, all mod cons** gach deis is nua
convenient adj áisiúil, caoithiúil
convent n clochar m1
convention n (social) comhghnás m1, coinbhinsiún m1; (gathering) comhdháil f3; **conventional** adj comhghnásach, coinbhinsiúnach
conversation n comhrá m4
conversely adv go contrártha, os a choinne sin
convert vt (Rel, Comm) tiontaigh; (building) athchóirigh; (alter) athraigh ▷ vi (Rel) iompaigh ▷ n iompaitheach m1; **convertible** adj inathraithe; (currency) insóinseáilte, in-chomhshóite
convey vt iompair; (thanks, idea) cuir in iúl; **conveyor belt** n crios m3 iompair
convict vt ciontaigh ▷ n ciontach m1; **conviction** n (Law) ciontú m1; (belief) creideamh m1, tuairim f2 láidir
convince vt: **to ~ sb of sth** rud a chur ina luí ar dhuine; **to be ~d of sth** bheith cinnte dearfa de rud; **convincing** adj éifeachtach, a théann i gceann ar
cook vt, vi cócaráil, i déan cócaireacht, bheith ag cócaireacht ▷ n cócaire m4; **cookbook** n leabhar m1 cócaireachta; **cooker** n cócaireán m1; **cookery book** n = **cookbook**; **cookie** (US) n briosca m4; **cooking** n cócaráil f3, cócaireacht f3
cool adj fionnuar; (unfriendly) fuar ▷ vt fuaraigh, fionnuaraigh ▷ vi fuaraigh, fionnuaraigh, téigh i bhfuaire
cooperate vi comhoibrigh; **cooperation** n comhoibriú m; **cooperative** adj comhoibritheach

▷ n comharchumann m1

coordinate vt comhordaigh

cop (inf) n péas m4, píléar m1

cope vi: **to ~ with sth** cur suas le rud; (solve) rud a chur díot

copy n cóip f2 ▷ vt cóipeáil, déan cóip de, athscríobh; **copyright** n cóipcheart m1

coral n coiréal m1

cord n sreang f2; (fabric) corda m4; (Elec) sreang

corduroy n corda m4 an rí

core n croí m4, smior m3

coriander n cóiriandar m1

Cork n Corcaigh f2

cork n corc m1; **corkscrew** n corcscriú m4

corn n (Brit: wheat) arbhar m1; (US: maize) arbhar Indiach; (on foot) fadharcán m1

corned beef n mairteoil f3 shaillte

corner n coirnéal m1; (in room) cúinne m4; (of fireplace) clúid f2; (of street) coirnéal m1; (also: **blind ~**) coirnéal caoch; (Football: also: **~ kick**) cúinneach m1 ▷ vt sáinnigh, teanntaigh; (Comm) cúinneáil ▷ vi cas

cornflakes npl calóga fpl2 arbhair

cornflour (US **cornstarch**) n gránphlúr m1

Cornwall n Corn na mBreatine

coronary n (also: **~ thrombosis**) trombóis f2 chorónach

coronation n corónú m

coroner n cróinéir m3

corporal n ceannaire m4 ▷ adj: **~ punishment** pionós corpartha

corporate adj corparáideach

corporation n (of town) bardas m1; (Comm) corparáid f2

corps n cór m1

corpse n marbhán m1

correct adj (accurate) ceart; (proper)

cuí ▷ vt ceartaigh; **correction** n ceartú m, ceartúchán m1; (adjustment) leasú m

correspond vi: **~ to** freagair do; **~ with** déan comhfhreagras le; **correspondence** n comhfhreagras m1; **correspondent** n comhfhreagraí m4

corridor n dorchla m4, pasáiste m4

corrode vt creim, cnaígh ▷ vi cnaígh

corrupt adj truaillithe ▷ vt truailligh; **corruption** n truailliú m

Corsica n an Chorsaic f2

cosmetic n cosmaid f2 ▷ adj cosmaideach

cost n costas m1; (price) praghas m1 ▷ vt: **how much does it ~?** cá mhéad atá air?; **it ~s too much** tá sé ródhaor; **at all ~s** ar ais nó ar éigean

co-star n comhréalta f4

costly adj costasach

costume n culaith f2, éide f4; (also: **swimming ~**) culaith f2 shnámha; (Theat) feisteas m1

cosy (US **cozy**) adj teolaí, cluthar, seascair

cot n (Brit: child's) cliabhán m1; (US: camp bed) leaba f champa

cottage n teachín m4; **cottage cheese** n cáis f2 bhaile or tí

cotton n cadás m1; **cotton candy** (US) n candaí m4 cádáis; **cotton wool** n olann f cadáis

couch n tolg m1

cough vi: **to ~** casacht a dhéanamh ▷ n casacht f3; **to have a ~** casacht a bheith ort

council n comhairle f4, bardas m1; **council house** n teach m comhairle or bardais; **councillor** n comhairleoir m3

counsel n (lawyer) dlíodóir m3; (advice) comhairle f4; **counsellor** n comhairleoir m3; (US: lawyer) dlíodóir m3

count vt, vi cuntais, déan cuntas, tomhais, déan comhaireamh ▷ n cuntas m1, comhaireamh m1, áireamh m1; (nobleman) cunta m4; **count on** vt fus braith ar

counter n áiritheoir m3; (in shop) cuntar m1; (in game) lícín m4 ▷ vt cuir i gcoinne + gen, cuir in aghaidh + gen ▷ adv: **~ to** in aghaidh + gen

counterfeit n (money) bréige n gen ▷ vt falsaigh ▷ adj bréagach, bréige n gen

counterpart n (of person etc) macasamhail f3, leithéid f2, leathbhreac m1

countess n cuntaois f2

countless adj gan áireamh

country n tír f2; (as opposed to town) tuath f2; (region) dúiche f4; **a ~ area** ceantar tuaithe; **in the ~** faoin tuath; **country house** n teach m tuaithe; **countryside** n taobh m tíre

county n contae m4

coup n (achievement) éacht m3; (also: **~ d'état**) coup d'état, gabháil f3 cheannais

couple n lánúin f2; (a few) cúpla m4; **a ~ of words** cúpla focal

coupon n cúpón m1

courage n misneach m1, uchtach m1; **courageous** adj misniúil, uchtúil, móruchtúil

courier n cúiréir m3

course n cúrsa m4; (for golf) galfchúrsa m4; **first ~** (food) an cúrsa tosaigh; **of ~** ar ndóigh, ní nach ionadh; **~ of action** plean gníomhaíochta; **in due ~** i gceann na haimsire

court n cúirt f2; **courtesy** n cúirtéis f2; **~ of** le caoinchead ó

courthouse (US) n teach m cúirte

courtroom n seomra m4 cúirte

courtyard n clós m1

cousin n col m1 ceathar or ceathrair; **second/third ~** col seisir/ochtair; **they are second ~s** tá siad an dá ó

cover vt clúdaigh, cumhdaigh ▷ n clúdach m1, cumhdach m1; (of pot) clár m1; (shelter) foscadh m1, dídean f2; **to take ~ (from)** dul ar foscadh (ó); **under ~** ar foscadh m1; **under ~ of darkness** faoi choim na hoíche; **cover up** vt ceil, forcheil; **to ~ up for sb** maide as uisce a thógáil do dhuine; **coverage** n (TV, Press) tuairisciú m, plé m4; **cover charge** n táille f4 cumhdaigh; **cover-up** n forcheilt f2

cow n bó f4

coward n cladhaire m4; **cowardly** adj cladhartha

cowboy n buachaill m3 bó

cozy (US) adj = **cosy**

crab n portán m1

crack n scoilt f2, scáineadh m, gág f2; (in skin) gág; (blow) cnag m1; (noise) bloscadh m1, pléascadh m1; (drug) craic f2 ▷ vt scoilt; (noise): **to ~ sth** bloscadh or pléascadh a bhaint as rud; (nut) oscail; (code) bris; (problem) fuascail, réitigh ▷ adj (athlete) sár-; **crack down on** vt fus teann ar, cuir faoi chois; **crack up** vi: **he ~ed up** thit sé as a chéile; **cracker** n (Christmas cracker) pléascóg f2 Nollag; (also: **cream cracker**) craicear m1

crackle vi bheith ag brioscarnach or ag cnagarnach

cradle n cliabhán m1

craft n ceird f2; (vehicle) soitheach

m, árthach m; **craftsman** n
ceardaí m4, saor m m;
craftsmanship n ceardaíocht f3,
obair f2 cheardaíochta
crafty adj fadcheannach, glic
cram vt (fill): **to ~ sth with** ruda
a shacadh le; (put): **to ~ sth into** rud
a dhingeadh isteach or a shacadh
isteach i ▷ vi (for exams) pulc
cramp n crampa m4 ▷ vt (encroach
on) cúngú ar; **cramped** adj
craptha; (room) cúng
cranberry n mónóg f2
crane n corr f2 mhóna; (machine)
craein f, crann m tógála
crash n tuairt f2, plimp f2; (car,
plane) taisme f4 ▷ vt pléasc ▷ vi
pléasc, tit de phlimp or de thuairt;
(cars) buail faoina chéile; (plane)
tuairteáil; (Comm) tit ▷ vi **to ~ into**
buail faoi, buail in éadan; **crash
course** n dianchúrsa m4; **crash
helmet** n clogad m cosanta
crate n cis f2, cliathbhosca m4; (for
bottles) cráta m4
crave vt, vi: **to ~ for sth** cíocras ruda
a bheith ort
crawl vi snámh, bheith ag
lámhacán; (vehicle) déan falróid ▷ n
(Swimming) cnágshnámh m3
crayfish n inv (freshwater) cráifisc f2;
(saltwater) piardóg f2
crayon n crián m
craze n mearadh m
crazy adj ar buile, ar mire,
craiceáilte, buile n gen, mire n gen; **~
about sb** splanctha i ndiaidh
duine, ag briseadh na gcos i ndiaidh
duine
creak vi díosc ▷ n díoscán m
cream n uachtar m; (best) togha
m4 ▷ vt (colour) bánbhuí, **creamy**
adj uachtarúil
crease n filltín m4, roc m ▷ vt: **to ~**

sth (with iron) filltín a chur i rud;
(untidily) roic a chur i rud ▷ vi éirigh
rocach
create vt cruthaigh; **creation** n
cruthú m; **creative** adj (artistic)
cruthaitheach
creature n créatúr m, dúil f2
crèche n naíolann f2
credentials npl (references) dintiúir
mph
credit n cairde m4, creidmheas m3;
(Accountancy) sochar m; (recognition) dea-chlú m4 ▷ vt
(believe: also: **give ~ to sth**) creid,
tabhair isteach do; (Comm): **to ~ sb
with sth** rud a chur do shochar
duine; **to ~ sb with sth** (fig) rud a
chur i leith duine, rud a shamhlú le
duine; **~s** (Cine, TV) teidil mph
chreidiúna; **to be in ~** (person, bank
account) bheith sa dubh; **on ~** ar
cairde; **credit card** n cárta m4
creidmheasa; **credit crunch** n
géarchor m creidmheasa
creek n crompán m, góilín m4; (US:
stream) sruthán m
creep vi snámh, téaltaigh
creepy adj uaigneach, aerachtúil
cremate vt créam
crematorium n créamatóiriam m4
crescent n corrán m
cress n biolar m
crest n (feathers) cuircín m4; (hill)
mullach m; (helmet) cíor f2; (arms)
suaitheantas m
crew n criú m4, foireann f2
crib n cruib f2; (Rel) mainséar m;
(for baby) cliabhán m ▷ vt (inf)
bheith ag canrán or ag cnáimhseáil
cricket n (insect) criogar m; (game)
cruicéad m
crime n coir f2; **criminal** n
coirpeach m ▷ adj coiriúil
crimson adj corcairdhearg

cringe vi lútáil

cripple n bacach m1, cláiríneach m1, mairtíneach m1 ▷ vt craplaigh

crisis n géarchéim f2, éigeandáil f3, gábh m1

crisp adj briosc; (weather) úr; (style, speech) gonta; **crisps** (Brit) npl brioscáin mph prátaí

criterion n critéar m1, slat f2 tomhais

critic n criticeoir m3, léirmheastóir m3; **critical** adj cáinteach, criticiúil; (very ill) i mbaol; **criticism** n (of faults) lochtú m; (of art) critic f2, léirmheastóireacht f3; **criticize** vt lochtaigh, cáin

Croatia n an Chróit f2

crockery n soithí mph, gréithe pl

crocodile n crogall m1

crook n crúca m4, bacán m1; (thief) cneámhaire m4, bithiúnach m1; (of shepherd) caimín m4; (Rel) bachall f2; **crooked** adj cam

crop n barr m1; (riding crop) fuip f2 ▷ vt (hair) bearr; **crop up** vi tar aníos

cross n cros f2; (Biol etc) cros-síolrú m ▷ vt (street etc) trasnaigh, téigh trasna + gen; (cheque) crosáil; (Biol etc) cros-síolraigh ▷ adj míshásta, cantalach; **to ~ one's arms/legs** do dhá lámh/chos a chur trasna ar a chéile; **to ~ o.s.** (Rel) comhartha na croise a ghearradh ort féin; **it ~ed my mind** rith sé liom; **cross out** vt cealaigh, scrios; **cross over** vi (towards) téigh anonn; (from) tar anall; **cross-eyed** adj fiarshúileach; **he's cross-eyed** tá fiarshúil ann; **crossing** n (at sea) trasnáil f3; (also: **pedestrian crossing**) crosaire m4; **crossing guard** (US) n maor m1 crosaire; **crossroads** n crosbhealach m1,

crosbhóthar m1; **crosswalk** (US) n crosaire m4; **crossword** n crosfhocal m1

crotch n gabhal m1

crouch vi crom, téigh ar do chromada

crow n (bird) préachán m1; (of cock) scairt f2, glao m4 ▷ vi (cock) scairt, glaoigh

crowd n slua m4, scata m4, drong f2 ▷ vt, vi plódaigh; **to ~ in** plódú isteach; **crowded** adj plódaithe

crown n coróin f; (of head) baithis f2, mullach m1; (of hill) mullach

crucial adj barrthábhacht, den mhórthábhacht

crucifix n (Rel) croch f2, cros f2 chéasta

crude adj (materials) amh-; (rough) garbh, gairgeach; (lewd) gáirsiúil, graosta ▷ n (also: **~ oil**) amhola f4

cruel adj cruálach; **cruelty** n cruálacht f3

cruise n cúrsáil f3 ▷ vi cúrsáil

crumb n grabhróg f2

crumble vt mionaigh, déan smidiríní or smionagar de, mionbhrúigh, déan mionbhruar de

crumpet n crombóg f2

crumple vt, vi crap

crunch vt cnag ▷ vi bheith ag cnagarnach ▷ n (fig) uair f2 na cinniúna; **crunchy** adj cnagach

crush n brú m4; (love): **to have a ~ on sb** bheith splanctha i ndiaidh duine ▷ vt brúigh; (grind) meil; **to ~ sb's hopes** duine a chur dá dhóchas

crust n crústa m4

crutch n maide m4 croise

cry vi caoin, goil, bheith ag caoineadh or ag gol; (shout: also: **~ out**) glaoigh, scairt, lig gáir asat ▷ n scairt f2

crystal n criostal m

cub n coileán m; (also: **~ scout**) gasóg f2 óg

Cuba n Cúba m4

cube n ciúb m1 ▷ vt (Math) ciúbaigh

cubic adj ciúbach

cubicle n cubhachail m4

cuckoo n cuach f2

cucumber n cúcamar m1

cuddle vt, vi muirnigh, déan gráin le

cue n (Theat etc) leid f2; **snooker/ billiard ~** cleathóg f2 snúcair/ billéardaí

cuff n (of shirt, coat etc) cufa m4; (blow) smitín m4; **off the ~** as do sheasamh, as maol do chonláin;
cufflink n lúibín m4 cufa

cul-de-sac n cul-de-sac, caochshráid f2

cull vt togh; (animals) tanaigh ▷ n (of animals) tanú m

culminate vi: **to ~ in** teacht chun buaice

culprit n ciontach m1

cult n cultas m1

cultivate vt saothraigh

cultural adj cultúrtha

culture n cultúr m1

cunning n gliceas m1, cleasaíocht f3 ▷ adj glic, lúbach, cleasach; (device, idea) cliste

cup n cupán m1; (as prize) corn m1

cupboard n cófra m4, almóir m3

cup tie n cluiche m4 cupa

curator n feighlí m4, coimeádaí m4

curb vt srian, cuir srian le ▷ n (fig) srian m1; (US: kerb) ciumhais f2

curdle vt téacht, gruthaigh ▷ vi (milk) bris, téacht

cure vt leigheas; (Culin) leasaigh, sailligh ▷ n leigheas m1; (for hangover) leigheas m1 na póite

curfew n cuirfiú m4

curiosity n fiosracht f3

curious adj fiosrach

curl n coirnín m4 ▷ vt: **to ~ sb's hair** coirníní a chur i gcuid gruaige duine ▷ vi éirigh catach; **curl up** vi crap;
to ~ o.s. up tú féin a chuachadh, ceirtlín a dhéanamh díot féin;
curly adj catach, coirníneach

currant n cuirín m4

currency n airgeadra m4, airgead m1 reatha

current n sruth m3 ▷ adj reatha n gen; **current account** n cuntas m1 reatha; **current affairs** npl cúrsaí mpl4 reatha; **currently** adv faoi láthair

curriculum n curaclam m1;
curriculum vitae n curriculum vitae

curry n curaí m4 ▷ vt: **to ~ favour** fabhar a lorg

curse vi bheith ag eascainí, tabhair mionnaí móra ▷ vt mallaigh, cuir mallacht ar ▷ n mallacht f3, eascaine f4; (problem, scourge) crá m4 croí, plá f4; (swearword) eascaine, mionn m3 mór

cursor n (Comput) cúrsóir m3

curt adj giorraisc

curtain n cuirtín m4

curve n cuar m1; (in the road) lúb f2 ▷ vi cuar; (road) lúb

cushion n cúisín m4 ▷ vt (fall, shock) plúch

custard n custard m1

custody n (of child) cúram m1; (Comm) cumhdach m1; **in ~** faoi choinneáil; **to take sb into ~** duine a ghabháil

custom n gnás m1, nós m1

customer n custaiméir m3

customs npl custam m1; **customs officer** n oifigeach m1 custaim

cut vt gearr, ciorraigh; (hair) bearr, gearr; (turf) bain ▷ n gearradh m;

(wound) cneá f4; (in salary etc)
laghdú m; (of meat) stiall f2; **cut
down** vt fus (tree etc) leag; (costs)
gearr (anuas), laghdaigh; **cut off**
vt scoith; (fig) gearr; **cut out** vt
gearr amach; (stop): **~ it out!** éirigh
as!; (remove) bain amach; **cut up** vt
(potatoes, meat) scean; **cutback** n
gearradh m siar, ciorrú m
cute adj cleasach; (US) gleoite
cutlery n sceanra m4, cuitléireacht
f3
cutlet n gearrthóg f2 (gualainne)
cut-price (US cut-rate) adj faoi ráta
cutting adj faobhrach; (fig) géar
  ▷ n (from newspaper) gearrthán m1;
  (from plant) gearrthóg f2
CV n abbr = **curriculum vitae**
cyberspace n cibirspás m1
cycle n timthriall m3; (Liter) sraith
f2; (bicycle) rothar m1 ▷ vi rothaigh,
téigh ag rothaíocht; **cycle lane** n
lána m4 rothaíochta; **cycling** n
rothaíocht f3; **cyclist** n rothaí m4
cylinder n sorcóir m3
cynical adj ciniciúil, searbhasach
Cypriot adj, n Cipireach m1
Cyprus n an Chipir f2
cyst n cist f2
czar n sár m1
Czech adj, n Seiceach m1; (Ling)
Seicis f2; **the ~ Republic** an
Phoblacht f3 Sheiceach

d

D n (Mus) D m4
dab vt tabhair daba do, smeadráil,
smear
dad, daddy n daid m4, daidí m4
daffodil n lus m3 an chromchinn
daft adj amaideach; **to be ~ about
sb** (fig) bheith sa chéill is aigeantaí
ag duine, bheith splanctha i
ndiaidh duine
dagger n miodóg f2, daigéar m1
daily adj laethúil ▷ n nuachtán m1
laethúil ▷ adv go laethúil; (dosage)
in aghaidh an lae, sa lá
dairy n déirí m4
daisy n nóinín m4
dam n damba m4 ▷ vt dambáil
damage n damáiste m4, dochar m1
  ▷ vt déan damáiste or dochar do;
  damages npl (Law) damáistí mpl4
damn vt damnaigh; (curse)
mallaigh, cuir mallacht ar ▷ n (inf):
I don't give a ~ is cuma liom sa

diabhal ▷ adj (inf: also: **~ed**) damanta, mallaithe; **~ (it)!** damnú air!

damp adj tais ▷ n taise f4 ▷ vt (also: **~en**: cloth, rag) taisrigh, fliuchaigh

dance n damhsa m4, rince m4; (social event) damhsa m4 ▷ vi déan damhsa or rince; **dancer** n damhsóir m3, rinceoir m3; **dancing** n damhsa m4, rince m4

dandelion n caisearbhán m1

dandruff n sail f2 chnis

Dane n Danmhargach m1, Danar m1

danger n contúirt f2, baol m1; **there is a ~ of fire** tá contúirt dóiteáin ann; **in ~** i gcontúirt, i mbaol; **D~!** (sign) Aire!; **dangerous** adj contúirteach, baolach

dangle vt coinneáil ar bogarnach ▷ vi bheith ar bogarnach

Danish adj Danmhargach ▷ n (Ling) Danmhairgis f2

dare vt: **to ~ sb to do sth** dúshlán duine a thabhairt rud a dhéanamh ▷ vi: **to ~ to do sth** é a bheith de mhisneach agat rud a dhéanamh, é a bheith de dhánacht ionat rud a dhéanamh; **I ~ say** (I suppose) déarfainn; **daring** adj dána ▷ n dánacht f3, misneach m1

dark adj (night, room) dorcha; (colour, complexion) crón ▷ n dorchadas m1; **in the ~** sa dorchadas; **in the ~ about** (fig) dall ar; **after ~** ar dhul ó sholas dó; **darken** vt dorchaigh, dall ▷ vi dorchaigh, téigh ó sholas; **darkness** n dorchadas m1; **darkroom** n seomra m4 dorcha

darling adj muirneach ▷ n muirnín m4, grá m4 geal; **my ~ girl** a chailín mo chroí

dart n ga m4; **~s** dairteanna fpl2; **dartboard** n clár m1 dairteanna

dash n (sign) dais f2; (small quantity) steall f2 ▷ vt (missile) teilg; **to ~ sb's hopes** duine a chur ó dhóchas ▷ vi: **to ~ towards** rúid or sciurd a thabhairt ar, seáp a thabhairt faoi

dashboard n (Aut) painéal m1 ionstraimí

data npl sonraí mpl4; **database** n (Comput) bunachar m1 sonraí; **data processing** n (Comput) próiseáil f3 sonraí

date n dáta m4; (with sb) coinne f4; (fruit) dáta m4 ▷ vt dátaigh; **to ~ sb** siúl amach le duine; **~ of birth** dáta breithe; **to ~** (until now) go nuige seo, go dtí seo; **out of ~** (clothes etc) seanfhaiseanta, seanaimseartha; **up to ~** nua-aimseartha, suas chun dáta; (news) is deireanaí; **dated** adj seanfhaiseanta

daughter n iníon f2; **daughter-in-law** n banchliamhain m4, bean f mhic

daunting adj scáfar

dawn n breacadh m1 or bánú m or bodhránacht f3 an lae ▷ vi (day) bánaigh, geal; (fig): **it ~ed on him that ...** rith sé leis go ...

day n lá m; **the ~ before** an lá roimhe; **the ~ after, the following ~** an lá arna mhárach; **the ~ after tomorrow** anóirthear, arú amárach; **the ~ before yesterday** arú inné; **by ~** de ló; **daydream** n brionglóid f2 lae ▷ vi bheith ag aislingeacht ▷ n taibhreamh m na súl oscailte; **daylight** n solas m an lae; **daytime** n: **in the daytime** i rith an lae, de sholas lae; **day-to-day** adj laethúil; (events) gnáth-

dazed adj ar mearbhall, néal a bheith ionat

dazzle vt dall, dallraigh, caoch

dead adj marbh; (telephone): **the
line is** ~ tá an líne marbh ▷ adv lán,
iomlán, an- ▷ npl: **the** ~ na mairbh
mph; ~ **on time** díreach in am; ~
tired marbh tuirseach; **to stop** ~
stopadh in áit na mbonn; **dead
end** n ceann m caoch; **deadline** n
spriocdháta m4; **deadly** adj
marfach; **Dead Sea** n: **the Dead
Sea** an Mhuir f3 Mharbh

deaf adj bodhar; **deafen** vt
bodhraigh

deal n margadh m ▷ vt (blow)
tabhair do, buail ar; (cards) roinn;
a great ~ **of** cuid mhór + gen, lear
mór + gen; **deal in** vt fus déileáil i or
ar; **deal with** vt fus (person,
problem) déileáil le; (be about: book
etc) bain le, bí faoi; **dealer** n
(Comm) déileálaí m4; **dealings** npl
déileáil fsg3

dean n (Rel, Scol) déan m

dear adj ionúin, dil, dílis; (expensive)
daor, costasach ▷ n ... a chroí, a
stór; ~ **me!** m'anam!; **D~ Sir/
Madam** (in letter) A dhuine uasail/
A bhean uasal; **D~ John** A Sheáin,
a chara; **dearly** adv (love) go mór,
go domhain; (pay) go daor

death n bás m; **to be the** ~ **of sb**
bás duine a thabhairt; **death
penalty** n pionós m an bháis

debate n díospóireacht f3 ▷ vt
pléigh; **to** ~ **sth** rud a phlé or a
chaibidil

debit n dochar m ▷ vt: **to** ~ **a sum
to sb** or **to sb's account** suim a
chur do dhochar cuntas duine; see
also **direct debit**

debris n (rubbish) bruscarnach f2;
(fragments) smionagar m,
treascarnach f2

debt n fiach m, fiacha mph; **to be in
~** fiacha a bheith ort

debug (Comput) vt dífhabhtaigh

decade n deich mbliana fpl3; (Rel: of
rosary) deichniúr m

decaff (inf) n = **decaffeinated
coffee**

decaffeinated adj gan caiféin;
~ **coffee** caife m4 gan chaiféin

decay n (also: **tooth** ~) lobhadh m
fiacla ▷ vi (rot) lobh, meathlaigh;
(wither: flower) feoigh; (teeth, meat)
lobh; (fruit) lobh, meathlaigh

deceased n marbh m, marbhán m

deceit n cealg f2, camastaíl f3,
calaois f2, feall m; **deceive** vt
cealg, meall

December n Nollaig f, Mí f4 na
Nollag

decent adj gnaíúil, cneasta,
macánta; (amount) cuibheasach,
measartha; **they were very ~
about it** bhí siad an-tuisceanach
faoi

deception n camastaíl f3, cealg f2,
cluain f3

deceptive adj cealgach, cluanach,
mealltach

decide vt réitigh, socraigh ▷ vi cinn
(ar), beartaigh (ar); **to** ~ **to do sth**
beartú or cinneadh ar rud a
dhéanamh

decimal adj deachúlach ▷ n
deachúil f3

decision n cinneadh m

decisive adj cinntitheach; (person)
diongbháilte

deck n (Naut) deic f2, bord m; (of
bus): **top** ~ urlár m uachtair; (of
cards) paca m4; (record deck) deic;
deckchair n cathaoir f dheice

declare vt (state) dearbhaigh,
fógair, maígh; (war) fógair; (at
customs) admhaigh

decline n (decay) meath m3,
meathlú m; (lessening) maolú m,

titim f2 ▷ vt diúltaigh ▷ vi (health) meath, meathlaigh

decorate vt (adorn, give a medal to) bronn gradam ar; (room, house) maisigh, cóirigh; **decoration** n maisiúchán m1; (medal, award) suaitheantas m1; **decorator** n maisitheoir m3

decrease n: ~ (in) laghdú (i) ▷ vt, vi laghdaigh

decree n (Pol) forógra m4; (Law) foraithne f4

dedicate vt tiomnaigh; **dedication** n (devotion) dúthracht f3; (in book) tiomnú m

deduce vt déan amach; **to ~ from** baint as, tuiscint as

deduct vt bain de, bain as; **deduction** n tátal m1; (from wages etc) gearradh m

deed n gníomh m1, beart m1; (Law) cáipéis f2, gníomh m

deep adj domhain ▷ adv: **spectators stood 20 ~** bhí fiche rang de lucht féachana ann; **4 metres ~** ceithre mhéadar ar doimhne(acht); **deeply** adv go domhain; **I am deeply interested in it** tá an-spéis agam ann

deer n inv fia m4

default n (Law) mainneachtain f3; (Comput: also: ~) loiche; **by ~** (Law) de los éagmaise trí mhainneachtain; (Sport) de los éagmaise

defeat n briseadh m, maidhm f2 ▷ vt cloígh, buaigh ar

defect n locht m3, fabht m4; **mháchail** f2 ▷ vi: **to ~ to the enemy** dul leis an namhaid; **defective** adj lochtach, fabhtach, easnamhach

defence (US **defense**) n cosaint f3

defend vt cosain; (rights) seas

defendant n cúisí m4, cosantóir

m3; **defender** n cosantóir m3

defensive adj cosantach

defer vt (postpone) cuir ar athlá, cuir siar ▷ vi: **to ~ to sb** géilleadh or tabhairt isteach do dhuine

defiance n dúshlán m1, neamhghéilliúlacht f3; **in ~ of** ar neamhchead do, de

defiant adj dúshlánach, neamhghéilliúil, ládasach

deficiency n easpa f4; (Med) easnamh m1; **deficient** adj (inadequate) easpach, easnamhach, uireasach; **to be deficient in sth** bheith in easnamh ruda, easpa ruda a bheith ort

deficit n easnamh m1

define vt sainmhínigh, sainigh

definite adj (fixed) cinnte, deimhneach; (clear, obvious) follasach, soiléir; (certain) cinnte, dearfa; **he was ~ about it** bhí sé cinnte de; **definitely** adv go cinnte, go dearfa

definition n sainmhíniú m, sainiú m; (clearness) géire f4, léire f4

deflate vt díbholg; (ball) lig an t-aer amach as; (fig) bain an ghaoth de

deflect vt sraon

defraud vt déan calaois ar, cúbláil; **to ~ sb of sth** rud a bhaint de dhuine le calaois

defrost vt díshioc, díreoigh

defuse vt (bomb) bain an t-adhnú as; (situation) bain an t-aidhniú or an dochar as

defy vt (efforts etc) sárú ar; **to ~ sb** dúshlán duine a thabhairt

degree n (also Scol) céim f2, grád m1; **by ~s** (gradually) de réir a chéile; **to some ~, to a certain ~** go pointe áirithe

dehydrated adj (parched) spalptha

(leis an tart), díhiodráitithe

de-ice vt dí-oighrigh

de-icer n dí-oighritheoir m3

delay vt moilligh, cuir moill ar, bain moill as ▷ vi déan moill, moilligh ▷ n moill f2; **she was ~ed** bhain moill di, baineadh moill aisti

delegate n toscaire m4 ▷ vt: **to ~ sb to do sth** údarás a thiomnú do dhuine le rud a dhéanamh

delete vt cealaigh, scrios, bain amach; (Comput) scrios

deli n abbr (= delicatessen) deilí m4

deliberate adj (intentional) réamhbheartaithe; (slow) malltriallach ▷ vi machnaigh (ar); **deliberately** adv (on purpose) d'aon ghnó, d'aon turas

delicacy n (of quality, character) fíneáltacht f3; (frailness, fragility) leiceacht f3, leochaileacht f3; (sensitivity) íogaireacht f3, míníneacht f3; **delicacies** sólaistí pl, sócamais mpl, míníneachtaí fpl3

delicate adj (of quality, character) fíneálta; (frail, fragile) leice, leochaileach; (sensitive) íogair

delicious adj caithiseach, sobhlasta, neamhlúl

delight n lúcháir f2, aoibhneas m1, pléisiúr m1 ▷ vt: **to ~ sb** lúcháir or aoibhneas a chur ar dhuine; **to take (a) ~ in sth** aoibhneas a bhaint as rud; **delighted** adj: **to be delighted (at** or **with/to do sth)** áthas a bheith ort (as rud/rud a dhéanamh); **delightful** adj álainn, galánta

delinquent adj ciontach ▷ n ciontóir m3

deliver vt (mail, goods) seachaid; (message) seachaid, tabhair do; (speech) tabhair (uait); (baby) saolaigh; **delivery** n seachadadh

m; (of speaker) cur m1 i láthair; (Med) breith f2; **to take delivery of** glacadh le

delusion n seachrán m1, dallamullóg m4

demand vt éiligh ▷ n éileamh m1, ráchairt f2; **in ~** éileamh or ráchairt a bheith air; **on ~** ar éileamh

demanding adj (person) doiligh a shásamh; (work) crua, maslach

demise n éag m3, bás m1

demo n abbr = **demonstration**

democracy n daonlathas m1;

democrat n daonlathaí m4;

democratic adj daonlathach

demolish vt (building) leag; (overthrow, annihilate) scrios, treascair; (food) plac

demonstrate vt léirigh; (show) taispeáin ▷ vi léirsigh, déan agóid; **to ~ for/against** léirsiú i leith/in aghaidh, agóid a dhéanamh i leith, in aghaidh; **demonstration** n (exposition) taispeántas m; (illustration) léiriú m; (Pol) léirsiú m, agóid f2; **demonstrator** n (Pol) léirsitheoir m3, agóideoir m3

demote vt: **he was ~d** tugadh céim síos dó

den n pluais f2, prochóg f2

denial n séanadh m; (refusal) diúltú m

denim n deinim m4; **denims** npl (jeans) bríste m4

Denmark n an Danmhairg f2

denomination n (of money) luach m3; (Rel) sainchreideamh m

denounce vt cáin (go poiblí)

dense adj dlúth; (fog) dlúth, tiubh; (stupid) tiubh, dobhránta, dúr

density n dlús m1, tiús m1; **double-high-~ diskette** discéad dédhlúis, ard-dlúis

dent n log m1, ding f2 ▷ vt log or dir

a chur i; **to make a ~ in** log or ding
a chur i

dental adj déadach; **dental floss** n
flas m3 déadach or fiacla

dentist n fiaclóir m3

dentures npl déadchíor fsg2

deny vt séan; (refuse) diúltaigh

deodorant n díbholaíoch m

depart vi imigh, fág; **to ~ from** (fig:
differ from) gan a bheith ag teacht le

department n roinn f2;
department store n siopa m4
ilranna

departure n imeacht m3, fágáil f3;
a new ~ treo nua, athrú gnáis, cor
nua i do shaol

depend vi: **to ~ on** brath ar, bheith i
dtuilleamaí or i muinín + gen; **it ~s**
braitheann sé; **~ing on the result**
ag brath ar an toradh; **if your life
~ed on it** dá mbeadh do bheo de
gheall leis; **dependable** adj
iontaofa, muiníneach; **dependant**
n cleithiúnaí m4; **dependent** adj:
to be dependent (on) bheith ag
brath (ar), bheith spleách (ar),
bheith i dtuilleamaí + gen ▷ n
= dependant

depict vt léirigh, cuir síos ar, déan
cur síos ar

deport vt díbir as an tír, díbir thar tír
amach

deposit n deascán m, dríodar m;
(Comm) taisce f4; (Chem) screamh
f2; (Geog) síl-leagan m, fosú m;
(part payment) éarlais f2 ▷ vt (in
bank) taisc, cuir i dtaisce; (put down)
leag síos; (as part payment) cuir
éarlais ar; **deposit account** n
cuntas m taisce

depot n (warehouse) stóras m; (US:
Rail) stáisiún m

depreciate vi titeann (a) luach

depress vt cuir gruaim ar; (press

down) brúigh síos; **depressed** adj
(person) faoi ghruaim; **a depressed
area** limistéar bochtaineachta;
depressing adj gruama;
depression n gruaim f2, smúit f2;
domheanma f; (melancholy) droim
m3 dubhach, lionn m dubh; (in
trade) lagar m tráchtála; (Meteor)
lagbhrú m4; (hollow) logán m,
ísleán m

deprive vt: **to ~ sb of sth** rud a
bhaint de dhuine or a choinneáil ó
dhuine; **deprived** adj in anás, ar
an ngannchuid

depth n doimhneacht f3; **in the ~s
of despair** in umar na haimléise;
to be out of one's ~ bheith thar do
bhaint or thar d'fhoras

deputy adj leas- ▷ n ionadaí m4,
(Pol, second in command) tánaiste
m4; **~ head** (teacher) leas-
phríomhoide m4; **Dáil ~** (Irl: Pol)
teachta m4 Dála

derail vt (train) cuir de na ráillí, (fig)
cuir dá threoir

derelict adj tréigthe

derive vt: **to ~ sth from** rud a
bhaint as ▷ vi: **to ~ from** fréamhú
ó, díorthú ó

Derry n Doire m4

descend vt, vi tuirling, téigh síos,
tar anuas; (lineage): **to ~ from**
síolrú ó; **to ~ to (doing) sth** tú féin
a fhágáil thíos le rud (a dhéanamh);
descendant n: **she is a
descendant of** is de shliocht or
d'iaróibh + gen í; **descendants**
sliocht msg3; **descent** n tuirlingt
f2, ísliú m; (origin) bunadh m; **of
Irish descent** de shliocht or
d'iaróibh Éireannach

describe vt cuir síos ar, tabhair
cosúlacht (rud) uaidh; **can you ~ him
for me?** an féidir leat a chosúlacht
a thabhairt dom?; **description** n:

description (of) cur *m* síos (ar), tuairisc *f2* (ar); **of some description or other** (*sort*) de chineál éigin

desert *n* fásach *m1*; (*sandy*) gaineamhlach *m1* ▷ *vt, vi* tréig

deserve *vt* tuill, tabhaigh

design *n* (*sketch, layout, shape*) dearadh *m1*; (*plan*) leagan *m1* amach, plean *m4*; (*pattern*) patrún *m1*, gréas *m3*; (*art*) gréas; (*intention*) rún *m1* ▷ *vt* leag amach, ceap, dear

designate *vt* (*to office*) ceap, ainmnigh; (*indicate*) léirigh, sainigh, taispeáin

designer *n* (*Tech*) dearthóir *m3*; (*fashion*) dearthóir éadaigh

desirable *adj* inmhianaithe; (*woman*) tarraingteach, meallacach, a bhfuil mian súl inti

desire *n* mian *f2*, dúil *f2*, fonn *m1* ▷ *vt* santaigh; **to ~ sth** dúil a bheith agat le rud, rud a shantú

desk *n* deasc *f2*; (*in hotel, at airport*) deasc cláraithe

desktop *n* (*also*: **~ computer**) ríomhaire *m4* deisce

despair *n* éadóchas *m1* ▷ *vi* tit in éadóchas; **to ~ of sth** deireadh dúile a bhaint de rud

desperate *adj* (*hopeless*) éadóchasach, gan dóchas, doileigheasta; (*very grave*) an-chontúirteach, uafásach; **desperately** *adv* go huafásach, go millteach; (*very*) an-; **desperately tired** marbh tuirseach, traochta; **desperately urgent** an-phráinneach; **desperation** *n* éadóchas *m1*, scaoll *m1*; **in sheer desperation** le teann éadóchais

despise *vt*: **to ~ sb/sth** gráin a bheith agat ar dhuine/rud,

drochmheas *or* dímheas a bheith agat ar dhuine/rud

despite *prep* d'ainneoin + *gen*; **~ all the difficulties** d'ainneoin na ndeacrachtaí uile

dessert *n* milseog *f2*

destination *n* ceann *m1* scríbe, ceann cúrsa

destined *adj*: **to be ~ to do/for sth** é a bheith i ndán duit rud a dhéanamh/rud a bheith i ndán duit

destiny *n* cinniúint *f3*

destroy *vt* scrios, mill, creach

destruction *n* scrios *m*, léirscrios *m*, millteanas *m1*

destructive *adj* (*injurious*) millteach, díobhálach; (*antagonistic, adverse*) naimhdeach

detach *vt* scar, scoir, dícheangail, bain de; **detached** *adj* (*distant, aloof*) leithleach; (*objective*) neodrach; **detached house** teach aonair

detail *n* sonra *m4* ▷ *vt* tabhair mionchuntas ar; **in ~** go mion; **detailed** *adj* mion-; **detailed account** mionchuntas

detain *vt* (*pupil*) coinneáil istigh; **to ~ sb** (*delay*) moill a chur ar dhuine; (*arrest*) duine a ghabháil; (*intern*) duine a choinneáil i bpríosún

detect *vt* (*notice, perceive*) braith, tabhair faoi deara; (*discover, find*) fionn, faigh amach; **detection** *n* lorgaireacht *f3*, bleachtaireacht *f3*; **he escaped detection** ní bhfuarthas amach air é; **detective** *n* bleachtaire *m4*; **private detective** bleachtaire príobháideach; **detective story** *n* scéal *m1* bleachtaireachta

detention *n* coimeád *m*, coinneáil *f3*; (*Scol*) coinneáil istigh; **~ camp** campa géibhinn

deter vt coisc; **to ~ sb from doing sth** duine a chur ó rud a dhéanamh, cosc a cur ar dhuine rud a dhéanamh

detergent n glantóir m3

deteriorate vi téigh in olcas, meath, meathlaigh

determine vt cinn ar, socraigh ar; **to ~ to do sth** socrú or cinneadh ar rud a dhéanamh; **determined** adj diongbháilte, daingean; **to be determined to do sth** bheith meáite or leagtha ar rud a dhéanamh

deterrent n cosc m1, iombhagairt f3 ▷ adj coisctheach

detest vt: **to ~ sb/sth** dearg-ghráin or fuath a bheith agat ar dhuine/rud; **there is nothing I ~ more** ní lú orm an diabhal or an donas ná é

detour n cor m1 bealaigh, timpeall m1; (US: Aut, diversion) atreorú m

detract vt: **to ~ from** (quality, pleasure, reputation) baint ó

detrimental adj dochrach, aimhleasach; **~ to** a dhéanann dochar or aimhleas do

devastating adj millteach, coscrach

develop vt forbair; (Phot) réal; (disease) tolg, tóg; (resources) forbair ▷ vi fás, forbraigh; (situation, disease: evolve) tar chun cinn; (cause) éirigh; (facts, symptoms: appear) nocht, tar chun cinn; **~ing country** tír f2 i mbéal forbartha; **development** n forbairt f3, forás m1; (of affair, case) casadh m1 nua

device n gaireas m1, gléas m1, áis f2; (plan) seift f2; **listening ~** gaireas éisteachta

evil n diabhal m1, deamhan m1; **he's a real ~!** d'imigh an diabhal air!, tá an diabhal ina sheasamh

anns; **why the ~ didn't you tell me?** cad chuige sa diabhal nár inis tú dom?

devious adj lúbach, slítheánta

devise vt ceap, cum

devote vt: **to ~ sth** rud a thoirbhirt do or a thiomnú do; **to ~ o.s. to sth** do dhúthracht a chaitheamh le rud; **devoted** adj dílis, díograiseach; **to be devoted to** (learning) bheith tugtha do; (person) bheith doirte do, do chroí a bheith istigh i; **a book devoted to** leabhar faoi; **devotion** n dúthracht f3; (Rel) deabhóid f2, cráifeacht f3

devour vt alp

devout adj dúthrachtach, deabhóideach, cráifeach

dew n drúcht m3

diabetes n diaibéiteas m1

diabetic adj, n diaibéiteach m1

diagnosis n fáthmheas m3

diagonal adj fiar ▷ n trasnán m1

diagram n léaráid f2, diagram m1

dial n aghaidh f2, diail f2 ▷ vt (number) diailigh

dialect n canúint f3

dialling code n cód m1 diailithe

dialling tone n ton m1 diailithe

dialogue n comhrá m4

diameter n trastomhas m1, lárlíne f4

diamond n diamant m1; (shape) muileata m4; **diamonds** npl (Cards) muileata msg4

diaper n (US) n clúidín m4

diarrhoea (US **diarrhea**) n buinneach f2

diary n dialann f2

dice n dísle m4 ▷ vt (Culin) dísligh

dictate vt deachtaigh; **dictation** n deachtú m

dictator n deachtóir m3

dictionary n foclóir m3

die vi faigh bás, éag, básaigh; **to be dying for sth** bheith fíáin chun ruda, cíocras chun ruda a bheith ort; **to be dying to do sth** bheith ar bís le rud a dhéanamh; **die away** vi síothlaigh, théigh i léig; **die down** vi maolaigh, ciúnaigh, síothlaigh; **die out** vi téigh i léig, faigh bás

diesel n (also: **~ oil**) ola f4 díosail; (vehicle) díosal m; **~ engine** inneall m díosail

diet n aiste f4 bia ⊳ vi (also: **be on a ~**) bheith do do thanú féin; **to be on a regular ~** bheith ar aiste bia

differ vi (be different) **to ~ from** bheith éagsúil le; **difference** n difear m, difríocht f3; (quarrel) easaontas m; **different** adj difriúil, éagsúil; **that's entirely different** rud eile ar fad é sin; **differentiate** vi: **to differentiate (between)** idirdhealú a dhéanamh (ar), dealú a dhéanamh (idir); **differently** adv ar dhóigh eile

difficult adj deacair, doiligh; crua; **to get out of a ~ situation** teacht as an abar; **difficulty** n deacracht f3, dua m4; **to have difficulty with sth** saothar a fháil le rud

dig vt (hole) tochail; (garden) rómhair ⊳ n (prod) sonc m4; (fig) sáiteán m1, goineog f2; (archeological) tochaltán m; **dig in** vi talmhaigh; (Mil: also: **o.s. in**) tú féin a thalmhú; **~ in!** (eat up) ith leat!; **dig up** vt (potatoes etc) bain; (information) nocht, tabhair chun solais

digest vt díleáigh, cloígh ⊳ n achoimre f4; **digestion** n díleá m4

digit n (number) digit f2; (finger) méar f2; **digital** adj digiteach; **digital camera** n ceamara m4

digiteach; digital TV n teilifís f2 dhigiteach

dignified adj maorga, díníteach, uasal

dignity n dínit f2

digs (inf) npl lóistín msg4

dilemma n cruachás m1, aincheist f2

dilute vt (drink) lagaigh; (paint) tanaigh, caolaigh

dim adj (light) lag, doiléir; (outline, figure) doiléir; (room) breacdhorcha; (stupid) dúr, bómánta ⊳ vt (light) ísligh, lagaigh

dime (US) n **= 10 cents**

dimension n (aspect) gné f4; (scope) méid f2; **the ~s of the house** buntomhais mpl an tí

diminish vt, vi laghdaigh, maolaigh ar

din n trup m4, tormán m1; (clamour) callán m1; (commotion) tamhach m táisc, ruaille m4 buaille

dine vi dinnéar a ithe, béile a ithe or a chaitheamh, do chuid a dhéanamh; **diner** n (person) aoi m4; (US: restaurant) bialann f2; (Rail) carráiste m4 bia

dinghy n báidín m4; (also: **rubber ~**) báidín rubair; (also: **sailing ~**) báidín seoil

dingy adj gruama, modartha

dining room n proinnseomra m4, seomra m4 bia

dinner n dinnéar m1; **dinner jacket** n seaicéad m1 dinnéir; **dinner party** n cóisir f2 dinnéir; **dinner time** n am m3 dinnéir

dip n (hollow) fána f4; (in sea) tumadh m; (Culin) tumadh, dip f2 ⊳ vt tum; (Aut: lights) ísligh ⊳ vi (slope) tit

diploma n dioplóma m4

diplomacy n taidhleoireacht f3

diplomat n taidhleoir m3;

diplomatic adj taidhleoireachta n gen; (adroit) géarchúiseach; **diplomatic relations** caidreamh m1 taidhleoireachta

dipstick n (Aut) slat f2 tumtha

dire adj uafásach, tubaisteach; **to be in ~ straits** bheith sa chúngach or san fhaopach

direct adj díreach ▷ vt treoraigh; (letter) seol; (film, programme) stiúir; (order): **to ~ sb to do sth** ordú a thabhairt do dhuine rud a dhéanamh ▷ adv go díreach; **can you ~ me to ...?** an gcuirfeá ar an bhealach go ...? an gcuirfeá ar an bhealach go ...? **direct debit** n dochar m1 díreach

direction n aird f2, treo m4; (guidance) treoir f; **directions** npl (orders) orduithe mpl; **to ask ~s** eolas or faisnéis an bhealaigh a chur; **~s (for use)** treoracha fpl; **in all ~s** sna ceithre hairde fichead

directly adv (in a straight line) (caol) díreach; (at once) láithreach bonn

director n stiúrthóir m3

directory n eolaí m4, eolaire f4; (Comput) eolaire m4

dirt n brocamas m1, salachar m1; (earth) cré f4; **~ track** smútraon m1; **dirty** adj salach; (talk) gáirsiúil ▷ vt salaigh; **dirty trick** cleas suarach

disability n míchumas m1

disabled adj míchumasach ▷ npl: **the ~** daoine mpl4 míchumasacha

disadvantage n míbhuntáiste m4

disagree vi: **to ~** (be discordant) gan cur le chéile; (quarrel) gan réiteach le duine; (think otherwise) gan aontú le duine; **disagreeable** adj míthaitneamhach; **disagreement** n easaontas m1

disappear vi (depart) imigh; (be lost to view) téigh as amharc; (slip away)

seanagaigh as; (vanish) ceiliúir; (die out) téigh ar ceal bánaigh; **disappearance** n imeacht (as amharc), dul m3 ar ceal, dul m3 as

disappoint vt meall, cuir díomá ar; **disappointed** adj meallta, díomách; **disappointing** adj mealltach; **disappointment** n mealladh m, díomá f4

disapproval n míshásamh m1

disapprove vi: **to ~ (of)** bheith míshásta (le); **I ~ of his methods** ní maith liom an modh oibre atá aige

disarm vt dí-armáil; **disarmament** n dí-armáil f3

disaster n tubaiste f4, anachain f2, matalang m1; **disastrous** adj tubaisteach

disbelief n díchreideamh m1; (doubt) amhras m1; (amazement) iontas m1

disc n (circular plate) teasc f2, diosca m4; (record) ceirnín m4; see also **disk**

discard vt: **to ~ sth** rud a chaitheamh uait

discharge vt (cargo) folmhaigh; (duties) comhlíon; (patient) scaoil amach; (employee) bris; (soldier) urscaoil; (defendant) lig saor ▷ n folmhú m; (dismissal) briseadh m; (Med) sileadh m1

discipline n disciplín m4, smacht m3; (regular habits) riailbhéas m3

disc jockey n ceirneoir m3

disclose vt (make known) tabhair le fios, foilsigh; (expose) nocht

disco n dioscó m4

discoloured adj (water) ruaimneach

discomfort n míshuaimhneas m1; (lack of comfort) míchompord m1

disconnect vt scaoil, scoir; (Tel) gearr (an líne), díchónaisc

discontent n míshásamh m1

discount n lascaine f4 ▷ vt (sum)
lascainigh; (fig: leave out) fág as an
áireamh; (disregard) déan
neamhshuim de

discourage vt (dishearten) cuir
beaguchtach ar; (dissuade)
athchomhairligh

discover vt (detect) fionn; (come
across) tar ar; **discovery** n
fionnachtain f3

discredit vt (idea) tarraing
míchreidiúint ar; (person) cuir
drochtheist ar

discreet adj discréideach

discrepancy n (difference) difear m1,
difríocht f3; (inconsistency)
neamhréir f2, neamhréiteach m1;
**there were discrepancies in the
accounts** ní raibh na cuntais de réir
a chéile

discretion n discréid f2; **use your
own ~** déan de réir do bhreithiúnais
féin

discriminate vi: **to ~ against**
leithcheal a dhéanamh ar;
discrimination n idirdhealú m,
leithcheal m3; (judgment)
géarchúis f2

discuss vt pléigh, caibidil; (debate)
caibidil, déan díospóireacht ar;
discussion n (conversation)
comhrá m4; (consideration) plé m4;
(debate) díospóireacht f3, caibidil f2;
under discussion idir chamáin

disease n galar m1

disembark vi téigh i dtír

disgrace n náire f4; (disfavour)
míchlú m4 ▷ vt náirigh; **to ~ sb**
duine a náiriú, náire duine a
thabhairt; **disgraceful** adj
náireach; (scandalous) scannalach

disgruntled adj míshásta

disguise n bréagriocht m3 ▷ vt cuir

bréagriocht f2; **in ~** faoi
bhréagriocht

disgust n déistin f2, samhnas m1,
masmas m1 ▷ vt cuir déistin etc ar

disgusting adj déistineach,
samhnasach, masmasach,
múisciúil

dish n soitheach m1, mias f2; **to do
or wash the ~es** na soithí a ní;
dishcloth n éadach m1 soithí

dishonest adj mí-ionraic

dishtowel (US) n éadach m1 soithí

dishwasher n niteoir m3 soithí,
miasniteoir m3

disinfectant n dífhghlánán m1

disintegrate vi tit as a chéile,
díscaoil

disk n (Comput) diosca m4; **hard-**~
diosca crua; **single-/
double-sided** ~ diosca aontaoibh/
détaobh; **disk drive** n (Comput)
diosctiomáint f3; **diskette** n
díscéad m1

dislike n col m1 ▷ vt: **I ~** ní maith
liom é, tá col agam leis; **I ~ him
intensely** is fuath liom é; **to take
a ~ to sth** snamh a thabhairt do
rud

dislocate vt cuir as áit; (bone) cuir
as alt

disloyal adj mídhílis

dismal adj (dreary) gruama;
(abysmal) ainnis

dismantle vt bain as a chéile,
díchóimeáil

dismay n (consternation) anbhá m4;
(disappointment) díomá f4

dismiss vt (soldiers) scaip; (after
service) scaoil le; (from meeting)
scoir; (idea) caith as do cheann;
(Law): **to ~ a case** cúis a dhíbhe;
to ~ sb from employment duine
a bhriseadh as a phost, an bóthar a
thabhairt do dhuine, duine a

dhífhostú; **dismissal** n scaipeadh m; scaoileadh m; scor m; dífhostú m; díbhe f4

disobedient adj easumhal, aimhriarach

disobey vt: **to ~ sb** bheith easumhal do dhuine

disorder n mí-ordú m; (rioting) círéibeacht f3; (Med) easláinte f4

disorganized adj gan ord, gan eagar

disown vt (son) séan

dispatch vt (goods) seol ⊳ n seoladh m; (Mil, Press) teachtaireacht f3

dispel vt scaip

dispense vt (medicine) ullmhaigh; (justice) riar ⊳ vi: **to ~ with sth** teacht gan rud; **dispenser** n (device): **cash dispenser** dáileoir m3 airgid

disperse vt, vi scaip

display n (also Comput) taispeántas m; (of anger etc) ligean m amach ⊳ vt taispeáin; (goods) taispeáin, cuir ar taispeáint; (results, departure times) cuir suas, cuir ar taispeáint; (pej) taispeáin, déan gaisce as

disposable adj (pack etc) indiúscartha; (income) inchaite

disposal n (of goods, property) díol m3, cur m de lámh; (of rubbish) diúscairt f3; **to have sth at one's ~** rud a bheith faoi do réir agat

dispose vt fus (unwanted goods etc) cuir díot; (problem) réitigh

disposition n méin f2

disproportionate adj díréireach, éaguimseach

dispute n conspóid f2, argóint f2; (also: **industrial ~**) díospóid f2 thionsclaíoch ⊳ vt déan argóint faoi, cuir in aghaidh + gen

disqualify vt (Sport) dícháiligh; **to ~ sb for sth/from doing sth** duine a

dhícháiliú as rud a dhéanamh/ ó rud a dhéanamh

disregard vt déan neamhshuim de

disrupt vt (interrupt) bris isteach ar; (disturb) cuir isteach ar; **disruption** n briseadh m, cur m isteach

dissatisfied adj: **~ (with)** díomúch (de), míshásta (le)

dissent n easaontas m

dissertation n tráchtas m

dissolve vt tuaslaig, díscaoil ⊳ vi leáigh; (partnership) díscaoil; **she ~d in(to) tears** bhris a gol uirthi

distance n achar m, fad m; **in the ~** i bhfad uait, i gcéin

distant adj i bhfad ar shiúl, imigéiniúil; (manner) leithleach

distil vt driog; **distillery** n drioglann f2; (small) teach m stiléireachta

distinct adj (separate) leithleach, ar leith; (clear) soiléir; **as ~ from** ní hionann is; **distinction** n idirdhealú m; (honour, merit) céimíocht f3, gradam m; **distinctive** adj sainiúil

distinguish vt (identify) sonraigh, aithin; **to ~ one thing from another** rud a idirdhealú ó rud eile; **to ~ between X and Y** idirdhealú a dhéanamh ar X agus Y; **to ~ o.s.** clú a thabhú duit féin; **distinguished** adj (eminent) oirirc, céimiúil

distort vt (argument etc) cuir as a riocht; (picture, sound etc) saobh, díchum

distract vt: **to ~ sb or ~ sb's attention from** iúl duine a thógáil de, aigne duine a bhaint de; **distracted** adj ar mearaí; (anxious) i mbarr do chéille; **distraction** n (diversion) caitheamh m aimsire; (nuisance) crá m4 croí

distraught adj i mbarr do chéille

distress n broid f2, anacair f3; (suffering) crá m4, pian f2 ▷ vt cráigh; **~ signal** comhartha guaise; **distressing** adj coscrach, corraitheach

distribute vt dáil, riar, roinn; **distribution** n dáileadh m, riar m4, roinnt f2; **distributor** n dáileoir m3

district n (of country) ceantar m1, dúiche f4; (of town) ceantar m1; **district attorney** (US) n aturnae m4 dúiche

distrust n drochmhuinín f2, drochmhras m1 ▷ vt: **to ~ sb** drochmhuinín a bheith agat as duine

disturb vt cuir isteach ar, corraigh; (inconvenience) cuir as do; **disturbance** n (emotional) anbhuain f2, (interruption) coiscriú m; (fracas) griolsa m4; **disturbed** adj (worried, upset) corraithe, suaite; **disturbing** adj suaiteach

ditch n díog f2, (irrigation) clais f2 ▷ vt tabhair suas; (person) fág, cuir díot

ditto adv (an rud) céanna

dive n onfais f2, (of submarine) tumadh m ▷ vi tum; **to ~ into** (bag, drawer etc) sá a thabhairt i; (shop, car etc) scinneadh isteach i; **diver** n tumadóir m3

diverse adj (distinct) éagsúil; (assorted) ilghnéitheach

diversion n (Mil) claonadh m; (Aut) atreorú m

divert vt atreoraigh; **to ~ sb's attention from sth** iúl duine a thógáil de rud

divide vt, vi roinn; **divided highway** (US) n mótarbhealach m1

dividend n díbhinn f2

divine adj (godlike) diaga; (beautiful) sár-álainn

diving n tumadóireacht f3; **diving board** n clár m1 tumadóireachta

division n (split) deighilt f2, scoilt f2; (Math) roinnt f2; (department) roinn f2; (section) rannóg f2

divorce n colscaradh m, idirscaradh m ▷ vt: **to ~** idirscaradh ó dhuine; **to get ~d** idirscaradh; **divorced** adj colscartha, idirscartha; **divorcee** n duine m4 colscartha or idirscartha

dizzy adj: **to feel ~** meadhar a bheith ionat; **to make sb ~** meadhar a chur i nduine

DJ n abbr = **disc jockey**

DNA n abbr (= deoxyribonucleic acid) DNA

⊙ **KEYWORD**

do n (inf: party etc) cóisir f2, féasta m4 ▷ vb 1 (in negative constructions): **I don't understand** ní thuigim

2 (to form questions): **didn't you know?** nach raibh a fhios agat?; **why didn't you come?** cén fáth nár tháinig tú?

3 (for emphasis, in polite expressions): **she does seem rather late** nach déanach atá sí; **do sit down/help yourself** bí i do shuí/tarraing ort

4 (used to avoid repeating vb): **she swims better than I do** is fearr an snámh atá aicise ná atá agamsa; **do you agree? — yes, I do/no, I don't** an aontaíonn tú? — aontaím/ní aontaím; **she lives in Glasgow — so do I** tá sí ina cónaí i nGlaschú — tá agus mise; **who broke it? — I did** cé a bhris é? — mise

5 (in question tags): **he laughed, didn't he?** rinne sé gáire, nach ndearna?; **I don't know him, do I**

níl aithne agam air, an bhfuil?
▷ vt (gen: carry out, perform etc)
déan; **what are you doing
tonight?** cad é atá tú a dhéanamh
anocht?, céard atá ar siúl agat
anocht?; **to do the cooking** an
chócaireacht a dhéanamh; **to do
the washing-up** na soithí a ní; **to
do one's teeth** do chuid fiacla a
scuabadh; **to do one's hair** do
chuid gruaige a chóiriú; **to do
one's nails** do chuid ingne a
ghearradh; **the car was doing
100** bhí an carr ag déanamh 100
míle san uair
▷ vi 1 (act, behave): **do as I do** déan
mar a dhéanaimse
2 (get on, fare): **to do well** déanamh
go maith or cruthú go maith; **the
firm is doing well** tá an comhlacht
ag cruthú go maith, tá ag éirí go
maith leis an gcomhlacht; **how do
you do?** cad é mar atá tú?, cén
chaoi a bhfuil tú?, conas atá tú?
3 (suit) déan cúis; **will it do?** an
ndéanfaidh sé cúis?
4 (be sufficient) is leor; déanann cúis;
will £10 do? an leor deich bpunt?;
that'll do déanfaidh sin cúis;
that'll do! (in annoyance) is leor sin
anois!; **to make do (with)** teacht
le; **we'll have to make do with it**
caithfimid teacht leis
do away with vt fus cuir
deireadh le
do up (laces) ceangail; (button)
dún; (renovate: room, house etc)
deisigh, cóirigh, cuir bail ar
do with vt fus (need): **I could do
with a drink** ní dhéanfadh deoch
aon dochar; (be connected): **that
has nothing to do with you** ní
bhaineann sin leatsa; **I won't
have anything to do with it** ní

bheidh aon bhaint agam leis
do without vi tar gan
▷ vt fus: **we couldn't do without
him** ní thiocfadh linn teacht gan é

dock n duga m4; (Law) gabhann m1
▷ vi (ship) tar chun cé; (Space) tar
chun glais
doctor n (Med, PhD) dochtúir m3
▷ vt (drink) truailligh, cuir rud i
document n cáipéis f2, doiciméad
m1 ▷ vt (also Comput)
doiciméadaigh; **documentary** adj
faisnéiseach; (bill) doiciméadach
▷ n clár m faisnéise
dodge n (trick) cleas m ▷ vt (missile)
seachain; (tax etc) seachain,
éalaigh ó
dog n madra m4, gadhar m1
dole n (payment) dól m1; **to be on
the ~** bheith ar an dól
doll, dolly n bábóg f2
dollar n dollar m1
dolphin n deilf f2
dome n cruinneachán m1
domestic adj (of country: trade,
situation etc) intíre; (animal) clóis;
~ chores obair f sg2 tí
dominant adj ceannasach
dominate vt (control) bheith i
gceannas ar; (be overbearing)
smachtaigh
domino n dúradán m1; **dominoes**
n dúradáin mph
donate vt bronn
Donegal n Dún m na nGall, Tír f
Chonaill
donkey n asal m1
donor n (of blood etc) deontóir m3;
(to charity) bronntóir m3; **donor
card** n cárta m4 deontóra
donut (US) n taoschnó m4
doom n míchinniúint f3 ▷ vt: **he is
~ed (to failure)** níl aon rath i ndán dó

door n doras m1; **doorbell** n cloigín m4 (an) dorais; **doorstep** n leac f2 (an) dorais; **doorway** n doras m1

dope n (inf: drugs) drugaí mpl4; (: idiot) bómán m1 ▷ vt (horse etc) drugáil

dormitory n suanlios m3, dórtúr m1

dosage n dáileog f2, miosúr m1

dose n dáileog f2 ▷ vt tabhair druga do

dot n ponc m1, pointe m4; (on material) ball m1 breac ▷ vt: **~ted with** breac le; **he came at ten on the ~** tháinig sé ar bhuille a deich

double adj dúbailte ▷ adv: **to cost ~** a dhá oiread a bheith ar rud ▷ n scál f2, taise f2 ▷ vt, vi dúbail; **doubles** n (Tennis) cluiche m4 ceathrair; **at the ~** go tiubh téirimeach; (Mil) ar sodar; **double bass** n olldord m1; **double bed** n leaba f dhúbailte; **double-click** vt: **to double-click on** (Comput) déchliceáil ar, cliceáil faoi dhó ar; **double-cross** vt déan feall ar; **double-decker** n bus m4 dhá urlár; **double glazing** n gloiniú m dúbáilte, déghloiniú m; **double room** n seomra m4 dúbailte

doubt n amhras m1, dabht m4 ▷ vt bheith in amhras ar; **to ~ that ...** bheith in amhras go ...; **doubtful** adj amhrasach; **doubtless** adv gan amhras, gan dabht

dough n taos m1; (inf: cash) iarann m1; **doughnut** (US donut) n taoschnó m4

dove n colm m1

Dover n Dobhar m1

Down n an Dún m1

down n (soft feathers) clúmh m1 ▷ adv thíos; (motion) síos; (from above) anuas; (on the ground) thíos, ar lár ▷ prep síos ▷ vt (inf: drink, food) slog siar; **down-and-out** adj ar an trá fholamh ó n bacach m1 bóthair; **downfall** n (of dictator etc) turnamh m1; **downhill** adv: **to go downhill** dul le fána; (fig) bheith ag meath; **download** vt íoslódáil; **downloadable** adj in-íoslódáilte; **downright** adj (refusal) glan, scun scan; **a downright lie** deargéitheach; **downstairs** adv thíos (an) staighre; (motion) dul síos (an) staighre; **down-to-earth** adj siosmaideach; **downtown** adv i lár na cathrach; **down under** adv san Astráil; **downward** adj, adv síos; (from above) anuas; **face downward** béal faoi; **downwards** adv = **downward**

doze vi néal a chodladh ▷ n sámhar m1; **doze off** vi: **she ~d off** thit a néal uirthi

dozen n dosaen m4; **a ~ books** dosaen leabhar; **~s of** cuid mhór + gen

Dr abbr = **doctor**

drab adj (colourless) lachna; (lacklustre) leamh

draft n (also Comm) dréacht m3; (US: call-up) coinscríobh m ▷ vt dréachtaigh; see also **draught**

drag vt tarraing, srac; (river) saibhseáil ▷ vi tarraing, slaod ▷ n (inf) strambán m1, leadrán m1; (women's clothing): **in ~** faoi éadaí ban; **drag on** vi téigh chun leadráin

dragonfly n snáthaid f2 mhór

drain n draein f; (ditch, trench) díog f2, clais f2; (on resources) idiú m, disciú m ▷ vt (land, marshes etc) taosc, sil; (vegetables) sil; (glass) diúg ▷ vi (blood) sil; **drainage** n draenáil f3, taoscadh m; **drainpipe** n gáitéar m1

drama n (Theat) drámaíocht f3; **a ~** dráma m4; (fig) seó m4; **dramatic** adj drámata; (moving, exciting) corraitheach; (striking) suntasach, sonraíoch; (sudden) tobann

drastic adj (changes) bunúsach; (measures) dian

draught (US **draft**) n (wind) siorradh m1, séideadh m; (in doorway etc) siorradh isteach, séideadh isteach; (from chimney) séideadh anuas, cur m1 anuas; (Naut) snámh m3; **on ~** (beer) ar na bairillí; **~ beer** beoir bhairille; **draughts** n táiplis f2 (bheag); **draughty** adj: **it's a bit draughty in here** tá siorradh beag isteach ann

draw vt tarraing; (tooth) tarraing, stoith; (comparison, distinction) déan; (conclusion) bain as; (tear from) bain as ▷ vi (Sport): **they drew 1-1** chríochnaigh siad ar chomhscór 1-1 ▷ n (Sport) comhscór m1; (lottery) crannchur m1; **~ near** druid le; **draw out** (money) tarraing as; (lengthen) bain fad as, cuir chun leadránaí; **draw up** vi (stop) stad ▷ vt (chair) tarraing chugat or ort; (document) dréachtaigh; **drawback** n (hindrance) míbhuntáiste m4

drawer n tarraiceán m1; (person) líntheoir m3

drawing n líníocht f3; **drawing pin** n tacóid f2 ordóige; **drawing room** n seomra m4 suí

dread n scáth m3, imeagla f4 ▷ vt: **to ~ sb/sth** eagla do chraicinn a bheith ort roimh dhuine/rud; **dreadful** adj uafar, uafásach, scáfar

dream n brionglóid f2, taibhreamh m1 ▷ vi, vt: **to ~ of sth** brionglóid a

bheith agat ar rud; (envisage): **I ~t that** taibhríodh dom go; **I had a ~** rinneadh taibhreamh dom, rinne mé brionglóid

dreary adj (bleak) dearóil; (gloomy) gruama, duairc; (tedious, boring) leadránach; (lonely) uaigneach

drench vt báigh, fliuch, folc

dress n gúna m4; (clothing) éadach m1, feisteas m1 ▷ vi: **to ~ do chuid** éadaigh a chur ort ▷ vt cóirigh, gléas, feistigh; (Med) cóirigh; **to get ~ed** do chuid éadaigh a chur ort; **dress up** vi: **to ~ up** tú féin a chóiriú; **dresser** n (furniture) drisiúr m1; **dressing** n (Med) cóiriú m; (Culin) anlann m1, blastán m1; **dressing gown** n fallaing f2 sheomra; **dressing room** n seomra m4 gléasta; **dressing table** n clár m1 maisiúcháin

dried adj (fruit, beans) tíortha; (milk) triomaithe

drier n triomadóir m3

drift n (of current etc) treo m4; (of snow) ráth m3, muc f2; (general meaning) éirim f2 ▷ vi (in boat) téigh le sruth; (sand, snow) síob

drill n (tool) druilire m4, druil f2 ▷ vt, vi druileáil

drink n deoch f; (alcoholic) deoch (mheisciúil), ól m1, ólachán m1 ▷ vt, vi ól; **to have a ~** deoch a ól; **a ~ of water** deoch uisce; **drinker** n óltóir m3, pótaire m4; **drinking water** n uisce m4 inólta

drip n braon m1, sileadh m1; (Med) sileadh m ▷ vi sil; **to be ~ping wet** bheith i do líbín báite

drive n tiomáint f3; (also: **~way**) cabhsa m4; (energy) fuinneamh m1; (push) feachtas m1; (Comput: also: **disk ~**) tiomáint f3 ▷ vt tiomáin; (nail, stake etc): **to ~ sth into sth**

rud a thiomáint i rud ▷ vi (Aut)
tiomáin; **left-/right-hand ~**
tiomáint tuathail/deisil; **to ~ sb
mad** duine a chur as a mheabhair;
to ~ sb home/to the airport
duine a thiomáint abhaile/chuig
an aerfort

driver n tiománaí m4; **driver's
license** (US) n ceadúnas m1
tiomána

driveway n cabhsa m4

driving n tiomáint f3; **driving
lesson** n ceacht m3 tiomána;
driving licence n ceadúnas m1
tiomána; **driving test** n triail f
tiomána

drizzle n brádán m1, ceobhrán m1
▷ vi (also: **to be drizzling**) bheith
ceobhránach or ag brádán

droop vi (shoulders) crom; (head)
crom, claon; (flower) sleabhac,
crom, claon

drop n deoir f2, braon m1; (fall) titim
f2; (also: **parachute ~**) léim f2
pharaisiúit ▷ vt lig titim, lig síos;
(voice, eyes, price) ísligh; (set down
from car) fág; (hint) tabhair ▷ vi tit;
~ in or **by** (visit) buail isteach;
drops npl (Med) deora fpl2; **drop
off** vi (sleep) tit thart ▷ vt
(passenger) fág; **drop out** vi (of
contest) éirigh as

drought n triomach m1

drove n: **~s of people** na sluaite

drown vt, vi báigh

drowsy adj codlatach; **to feel ~**
codladh a bheith ort

drug n druga m4 ▷ vt drugáil; **to be
on ~s** bheith ar drugaí; **drug
addict** n andúileach m1 drugaí;
drug dealer n mangaire m4
drugaí, díoltóir m3 drugaí;
druggist (US) n drugadóir m3;
drugstore (US) n druglann f2

drum n druma m4; **drummer** n
drumadóir m3

drunk adj ólta, ar meisce ▷ n (also:
~ard) meisceoir m3, pótaire m4,
druncaeir m3; **drunken** adj (person)
ólta; (rage, stupor) meisciúil

dry adj tirim; (humour) tur; (well)
tirim, tráite ▷ vt, vi triomaigh;
dry up vi triomaigh; (well) tráigh,
téigh i ndísc; (plant) searg ▷ vt:
to ~ up the dishes na soithí a
thriomú; **dry-clean** vt tirimghlan;
dry-cleaning n tirimghlanadh m;
dryer n triomadóir m3

dual adj déach, dúbailte, dé–; **dual
carriageway** n carrbhealach m1
dúbailte

dubbed adj (Cine): **the film was ~**
cuireadh fuaimrian leis an scannán

dubious adj amhrasach, éiginnte;
(reputation, company) amhrasach

Dublin n Baile m4 Átha Cliath;
Dublin Bay n Cuan m1 Bhaile Átha
Cliath

duck n lacha f ▷ vi crom go tapa

due adj (expected) le teacht; (fitting)
cóir, dleathach ▷ n: **to give sb
his/her ~** a cheart/a ceart a
thabhairt do dhuine ▷ adv: **~ north**
ó thuaidh díreach; **dues** npl (for
club, union) táillí fpl4 ballraíochta;
(in harbour) dleachtanna mpl3; **in ~
course** in am is i dtráth; **~ to** de
bharr + gen, de dheasca + gen; **he's
~ to finish tomorrow** tá sé le
críochnú amárach; **the train is ~
at three** tá an traein le teacht ar a
trí

duet n díséad m1

duke n diúc m1

dull adj leadránach, leamh; (boring)
strambánach, leadránach, tur;
(sound, pain) marbh; (weather, day)
gruama, smúitiúil; (fire)

marbhánta ▷ vt (pain, grief, mind etc) maolaigh

uly adv (on time) go tráthúil, in am; (as expected) mar is cóir, (go) cuí

umb adj balbh; (stupid) bómánta

ummy n (tailor's model) riochtán m1; (for baby) gobán m1 ▷ adj bréag-, bréige n gen

ump n (also: **rubbish ~**) láithreán m fuíllígh; (pej: place) prochóg f2 ▷ vt (put down) caith amach, fág; (get rid of) dumpáil, caith uait; (Comput, data) dumpáil

umpling n domplagán m1, úllagán m1

ungarees npl bríste msg4 dungaraí

ungeon n doinsiún m1

uplex (US) n (apartment) árasán m1 dhá urlár

uplicate n dúblach m1, macasamhail f3 ▷ vt cóipeáil, déan cóip de; (on machine) cóipeáil, ilchóipeáil; **in ~** dhá chóip de

urable adj buanfasach, fadsaolach

uration n fad m1, achar m1, feadh m3

uring prep i rith + gen, le linn + gen, i gcaitheamh + gen, ar feadh + gen

usk n clapsholas m1, crónú m1, cróntráth m3

ust n deannach m1, smúit f2 ▷ vt dustáil, glan an deannach de; **dustbin** n bosca m4 bruscair; **duster** n ceirt f2 deannaigh; **dusty** adj deannachúil, smúrach

utch adj Ollannach, Dúitseach ▷ n (Ling) Ollainnis f2 ▷ adv (inf): **to go ~** an bille a roinnt; **the Dutch** npl na hOllannaigh mph

uty n dualgas m1, cúram m1; (tax) dleacht f3; **on ~** ar dualgas, ar diúité; **off ~** saor

uvet n fannchlúmhán m1

DVD n abbr (= digital versatile disc) DVD; **DVD burner** n dóire m4 DVD; **DVD writer** n scríbhneoir m3 DVD

dwarf n abhac m1, draoidín m4 ▷ vt crandaigh, cuir cuma bheag bhídeach ar

dwell vt fus: **to ~ on sth** seanbhailéad a dhéanamh de rud

dwindle vi laghdaigh

dye n dath m3 ▷ vt dathaigh

dynamic adj bríomhar

dynamite n dinimít f2

dyslexia n disléicse f4

e

E n (Mus) E m4

each adj gach, gach aon ⊳ pron gach aon; **~ other** a chéile; **they hate ~ other** is fuath leo a chéile; **you are jealous of ~ other** tá éad oraibh lena chéile; **they have two books ~** tá dhá leabhar an duine acu

eager adj (keen) díocasach, cíocrach, fonnmhar; **to be ~ to do sth** bheith ar bior chun rud a dhéanamh, fonn mór a bheith ort rud a dhéanamh; **to be ~ for sth** bheith scafa chun ruda, fonn ruda a bheith ort

eagle n iolar m1

ear n cluas f2; (of corn) dias f2; **earache** n tinneas m1 cluaise; **eardrum** n tiompán m1 cluaise

earl n iarla m4

earlier adj níos luaithe ⊳ adv roimhe seo, ar ball, níos luaithe

early adv go luath; (morning) go moch, go luath; (near the beginning) i dtús + gen, i dtosach + gen ⊳ adj luath; (morning) luath, moch; (settler, Christian) tosaigh n gen; (death) óg; **to have an ~ night** dul a luí go luath; **in the ~** or ~ **in the spring/19th century** i dtús an Earraigh/an naoú haois déag; **early retirement** n: **to take early retirement** scor a ghlacadh go luath, éirí as do phost go luath

earmark vt: **to ~ sth for** rud a chur i leataobh do or in áirithe do

earn vt tuill, gnóthaigh, saothraigh

earnest adj dáiríre; **in ~** adv i ndáiríre

earnings npl pá m4, tuarastal msg1, saothrú msg, tuilleamh msg1

earphones npl cluasáin mph;

earplugs npl plugaí mpl4 cluaise;

earring n fáinne m4 cluaise

earth n (soil) talamh m or f, cré f4; (planet) an Domhan m1; (Elec) talmhú m ⊳ vt talmhaigh; **earthquake** n crith m3 talún

ease n sócúlacht f3; (comfort) compord m1 ⊳ vt (soothe) tabhair faoiseamh do; (burden, pain) maolaigh; **at ~!** (Mil) ar áis!; **to be at ~** bheith ar do shuaimhneas

easily adv go héasca, go furasta

east n oirthear m1 ⊳ adj oirthearach; (wind) anoir; (side) thoir ⊳ adv (in) thoir; (towards) soir (from) anoir; **the E~** an tOirthear m1; **~ of** taobh thoir de

Easter n Cáisc f3; **~ Sunday** Domhnach m1 Cásca; **Easter egg** ubh f2 Chásca

eastern adj oirthearach, thoir; **E~ Europe** Oirthear m1 na hEorpa

easy adj furasta, éasca; (comfortable, peaceful) socair, suaimhneach; (*carefree: of life*) bog, réidh; (*easy going*) réidh ▷ *adv*: **to take it** or **things ~** é or rudaí a ghlacadh go réidh, bheith ar do shuaimhneas; **easy-going** *adj* réchúiseach, sochma

eat *vt* ith, déan do chuid ▷ *vi* ith, caith

eccentric *adj* ait, aisteach, corr ▷ *n* duine *m4* corr, éan *m* corr, mac *m* barrúil

echo *n* macalla *m4* ▷ *vt* (*cause to*) bain macalla as ▷ *vi* déan macalla

eclipse *n* urú *m*

ecology *n* éiceolaíocht *f3*

e-commerce *n* ríomhthráchtáil *f3*

economic *adj* eacnamúil, eacnamaíoch; (*business etc*) sóchmhainneach; **economical** *adj* eacnamaíoch; (*person*) coigilteach, spárálach, barainneach;

economics *n* eacnamaíocht *f3* ▷ *npl* (*of project, situation*) taobh *m* an airgid de

economist *n* eacnamaí *m4*

economize *vi* coigil, spáráil

economy *n* eacnamaíocht *f3*, geilleagar *m*; (*thrift*) coigilteas *m*

ecstasy *n* eacstais *f2*, sceitimíní *pl*, lúcháir *f2* an tsaoil; **ecstatic** *adj* eacstaiseach; **she was ecstatic** bhí sceitimíní uirthi, bhí lúcháir an tsaoil uirthi

eczema *n* eachma *f4*

edge *n* imeall *m*, bruach *m*, ciumhais *f2*; (*of knife etc*) faobhar *m*; (*of road, ridge*) grua *f4*; (*edging: of cloth*) ciumhais ▷ *vt* (*cloth*) cuir ciumhais le; (*knife etc*) cuir faobhar ar; **on ~** (*fig*) ar bior; **to ~ away from** druidim amach ó

edgy *adj* faoi chearthaí, corrthónach

edible *adj* inite

Edinburgh *n* Dún *m* Éideann

edit *vt* (*text, book*) cuir in eagar; **edition** *n* eagrán *m*; **editor** *n* eagarthóir *m3*; **editorial** *n* eagarfhocal *m*

educate *vt* oil, múin

education *n* oideachas *m*; (*studies*) léann *m*, scolaíocht *f3*; **educational** *adj*: **educational policy/institution** polasaí/ institiúid oideachais

eel *n* eascann *f2*

eerie *adj* diamhair, uaigneach

effect *n* éifeacht *f3*, toradh *m* ▷ *vt* feidhmigh, cuir i gcrích; **to take ~** (*law*) dul i bhfeidhm; **in ~** go fírinneach; **effective** *adj* éifeachtach; (*actual*) fíor-; **effectively** *adv* go héifeachtach, le héifeacht; (*in reality*) dáiríre, le fírinne

efficiency *n* éifeachtacht *f3*

efficient *adj* éifeachtach

effort *n* iarracht *f3*; **to make an ~ to do sth** iarracht a thabhairt ar rud a dhéanamh; **effortless** *adj* gan saothar, gan stró

e.g. *adv abbr* (= *exempli gratia*) e.g., m.sh.

egg *n* ubh *f2*; **hard-/soft-boiled ~** ubh chruabhruite/bhogbhruite; **eggcup** *n* ubhchupán *m*; **eggplant** *n* (*US*) ubhthoradh *m*

ego *n* (*self-esteem*) féinspéis *f2*

Egypt *n* an Éigipt *f2*; **Egyptian** *adj*, *n* Éigipteach *m*

eight *num* ocht; **~ bottles** ocht mbuidéal; **~ people** ochtar *m*; **eighteen** *num* ocht (gcinn) déag; **eighteen bottles** ocht mbuidéal déag; **eighteen people** ocht nduine dhéag; **eighth** *num* ochtú; **the eighth woman** an t-ochtú bean

eighty num ochtó

Eire n Éire f

either pron (one or other of two) ceachtar; ~ **of the two** (people) ceachtar den bheirt ▷ pron: ~ **(of them)** ceachtar acu ▷ adv ach oiread ▷ conj: ~ **good or bad** maith nó olc; ~ **that or** sin nó; **on** ~ **side** ar gach aon taobh, ar an dá thaobh; **I don't like** ~ ní maith liom ceachtar acu

eject vt caith amach

elaborate adj (thorough) críochnúil; (complex) casta; (of inspection) mion; (of style) greanta, saothraithe ▷ vt léirigh go mion ▷ vi: **to** ~ **(on)** cur le, forbairt a dhéanamh ar

elastic adj leaisteach; (fig) sobhogtha, solúbtha ▷ n leaistic f2; **elastic band** n crios m3 leaisteach

elbow n uillinn f2

elder adj: **the** ~ **of the twins** an duine is sine den chúpla, an leathchúpla is sine ▷ n (tree) trom m; (of tribe etc) seanóir m3, sinsear m; **elderly** adj cnagaosta ▷ npl: **the elderly** na seandaoine mpl4

eldest adj, n: **the** ~ **(child)** (an páiste) is sine

elect vt togh ▷ adj: **the president** ~ an t-uachtarán tofa; **to** ~ **to do sth** socrú or cinneadh ar rud a dhéanamh; **election** n toghchán m, toghadh m; **electorate** n toghthóirí mpl3

electric adj leictreach; **electrical** adj leictreach; **electric blanket** n blaincéad m leictreach; **electric fire** n tine f4 leictreach; **electrician** n leictreoir m3; **electricity** n leictreachas m; **electronic** adj leictreonach; **electronic mail** n (Comput) post

m1 leictreonach; **electronics** n leictreonaic f2

elegant adj maisiúil, galánta, cuanna, fíneálta

element n dúil f2; (of heater, kettle etc) eilimint f2

elementary adj bunúsach, bun-; ~ **school/education** bunscoil f2/ bunoideachas m

elephant n eilifint f2

elevate vt ardaigh, tóg

elevator n ardaitheoir m3

eleven num aon déag; ~ **bottles** aon bhuidéal déag; ~ **people** aon duine déag; **eleventh** num: **the eleventh woman** an t-aonú bean déag

eligible adj: **to be** ~ **for sth** bheith i dteideal ruda

eliminate vt (remove) díbir, cuir as; (destroy) díothaigh, cuir deireadh le

elm n leamhán m

eloquent adj deaslabhartha, soilbhir; **an** ~ **person** duine a bhfuil deis a labhartha aige

else adv eile; **something** ~ rud éigin eile; **somewhere** ~ áit éigin eile; **everywhere** ~ gach aon áit eile; **nobody** ~ **came** níor tháinig aon duine eile; **where** ~? cén áit eile?; **elsewhere** adv (be) in áit eile; (go) go háit eile

elusive adj doiligh a cheapadh, do-aimsithe; (evasive) seachantach; (transitory) díomuan

email (Comput) n r-phost m1, ríomhphost m1 ▷ vt: **to** ~ **sb** ríomhphost a chur chuig duine; **to** ~ **sth** rud a chur leis an ríomhphost; ~ **address** seoladh m ríomhphoist

embankment n (of road, railway) claífort m1; (of river) port m1

embargo n lánchosc m1

embark vi téigh ar bord; **to** ~ **on**

(*journey*) tabhair faoi, tosaigh ar; (*fig*) tosaigh ar

mbarrass vt cuir aiféaltas or cotadh ar; (*make blush*) bain lasadh as; (*confuse*) cuir trína chéile; **embarrassed** adj: **I'm embarrassed** tá aiféaltas or cotadh orm; **embarrassing** adj: **sth embarrassing** rud a chuireann aiféaltas ort; **embarrassment** n aiféaltas m, cotadh m

mbassy n ambasáid f2

mbrace vt: **to ~ sb** duine a theannadh le do chroí, barróg a bhreith ar dhuine; (*include*) cuir san áireamh ▷ vi: **they ~d** shnaidhm siad iad féin ina chéile ▷ n barróg f2

mbroider vt bróidnigh; (*story*) cuir craiceann ar, dathaigh; **embroidery** n bróidnéireacht f3

mbryo n suth m3, gin f2

merald n (*stone*) smaragaid f2; **~ green** glas m smaragaide; **the E~ Isle** Oileán m lathghlas na hÉireann

merge vi (*surface*) tar as, éirigh as, éirigh ó; (*from room, car*) éirigh amach as; (*problem etc*) tar chun cinn; (*transpire*) dealraigh, tar chun solais

mergency n éigeandáil f3, géarchéim f2; **in an ~** ar uair na práinne; **~ exit** doras éalaithe; **emergency services** npl: **the emergency services** (*fire, police, ambulance*) na seirbhísí fpl2 éigeandála

migrate vi téigh ar imirce

minent adj (*distinguished*) céimiúil, cáiliúil

missions npl astúcháin mph

mit vt (*heat, light*) cuir as; (*shout, roar*) lig asat; (*fumes*) déan; (*wind*) séid

emoticon n straoiseog f2

emotion n mothúchán m, mothú m; **emotional** adj corraitheach, tochtmhar, maoithneach

emperor n impire m4

emphasis n béim f2, treise f4

emphasize vt cuir béim ar;

emphatic adj (*strong*) láidir; (*unambiguous, clear*) glan, soiléir, cinnte

empire n impireacht f3

employ vt fostaigh; (*use*) bain feidhm as; **employee** n fostaí m4; **employer** n fostóir m3; **employment** n fostaíocht f3; **in employment** ag obair

empress n banimpire m4

emptiness n (*of area, region*) loime f4; (*of life*) díomhaointeas m; (*vacuum*) folús m

empty adj folamh; (*threat, promise*) gan cur leis ▷ vt folmhaigh; (*cup, glass*) diúg; (*barrel*) taosc ▷ vi folmhaigh; **empty-handed** adj de lámha folmha; **to leave empty-handed** imeacht mar a tháinig tú

EMU n = **European Monetary Union**

emulsion n eibhleacht f3

enable vt: **to ~ sb to do sth** cur ar chumas duine rud a dhéanamh

enamel n cruan m; (*also: ~ paint*) péint chruain

enchanting adj draíochtach, mealltach

encl. abbr = **enclosed**

enclose vt (*land*) fálaigh, cuir fál timpeall ar; (*sheep*) loc; (*confine: in prison*) coinnigh; (*letter etc*): **to ~ (with)** cuir isteach (le), cuir faoi iamh (le); **cheque ~d** seic faoi iamh

enclosure n fál m, clós m

encore excl arís ▷ n (*Theat*)

athghairm f2

encounter n teagmháil f3 ▷ vt cas ar, teagmhaigh le; **we ~ed difficulties** bhí deacrachtaí againn, tháinig deacrachtaí sa bhealach orainn

encourage vt (embolden) tabhair misneach or uchtach do; (inspire, stimulate) spreag

encouraging adj spreagúil

encyclopaedia, encyclopedia n ciclipéid f2

end n deireadh m1, críoch f2; (of street, rope etc) ceann m1; (of course, journey) ceann m1, bun m1 ▷ vt críochnaigh; (also: **bring to an ~, put an ~ to**) cuir deireadh le ▷ vi críochnaigh; **in the ~** sa deireadh; **for hours on ~** uair i ndiaidh na huaire eile; **end up** vi (wind up): **he ~ed up in jail** ba é an príosún a dheireadh

endanger vt cuir i mbaol or i gcontúirt

endearing adj tarraingteach, grámhar

endeavour (US **endeavor**) n iarracht f3 ▷ vi: **to ~ to do sth** iarracht a thabhairt ar rud a dhéanamh

ending n críoch f2, deireadh m1; (Ling) foirceann m1

endless adj síoraí; (plain) éigríochta

endorse vt (cheque) droimscríobh; (approve) aontaigh le; **endorsement** n (approval) aontú m; (on driving licence) smachtbhanna m4

endure vt fulaing, cuir suas le ▷ vi mair

enemy n namhaid m

energetic adj fuinniúil; (activity) bríomhar

energy n fuinneamh m1

enforce vt feidhmigh, cuir i bhfeidhm

engaged adj (busy, in use) in úsáid, in áirithe; (betrothed) luaite le chéile, geallta; **to get ~** lámh is focal a thabhairt dá chéile, fáil geallta

engagement n coinne f4; (to marry) gealltanas m1 pósta; **engagement ring** n fáinne m4 gealltanais

engaging adj mealltach

engine n inneall m1; **~ trouble** (Aut) fadhbanna leis an inneall

engineer n innealtóir m3; (repairer) deisitheoir m3; **engineering** n innealtóireacht f3

England n Sasana m4

English adj Sasanach ▷ n (Ling) Béarla m4; **the English** npl (people) na Sasanaigh mph; **the ~ Channel** Muir f3 nIocht; **Englishman** n Sasanach m1; **Englishwoman** n Sasanach m1 mná

engrave vt grean

engraving n greanadóireacht f3

enhance vt méadaigh

enjoy vt bain sult as; (have: health, fortune): **she ~s wealth** tá rachmas aici; **to ~ o.s.** bheith ag déanamh suilt, cuideachta a dhéanamh; **enjoyable** adj pléisiúrtha, sultmhar; **enjoyment** n pléisiúr m1, sult m1

enlarge vt méadaigh; **enlargement** n (Phot) méadú m

enlist vt, vi liostáil

enormous adj ábhalmhór

enough adj, pron go leor, sáith, dóthain; **~ time/books** go leor ama/leabhar ▷ adv: **big ~** mór go leor; **have you got ~?** an bhfuil go leor or do sháith agat?; **he has not worked ~** níl a sháith oibre déanta aige; **~ to eat** go leor le hithe, do sháith le hithe; **(that's) ~!** is leor sin!; **that's ~, thanks** is leor sin, go raibh maith agat; **I've had ~ of this work** tá mo sháith agam den obair seo; **funnily** or **oddly ~** breathnaíonn go leor

enquire vt, vi = **inquire**

enrich vt saibhrigh

enrol (US **enroll**) vt, vi cláraigh; **enrolment** (US **enrollment**) n clárú m

en route adv ar an mbealach

ensure vt cinntigh

entail vt: **what does this ~?** cad é atá i gceist anseo?

enter vt (room) téigh isteach i, tar isteach i; (club, army) téigh i; (competition) glac páirt i; (examination) cuir isteach ar, iontráil ar; (sb for a competition) cuir duine isteach ar; (write down) cuir isteach, iontráil; (Comput) iontráil ▷ vi téigh isteach i, tar isteach i; **enter for** vt cuir isteach ar; **enter into** vt fus (discussion, negotiations) glac páirt i; (agreement) déan

enterprise n fiontar m; (initiative) fiontraíocht f3; **free ~** saorfhiontraíocht f3; **private ~** fiontar príobháideach; **business ~** fiontar gnó; **enterprising** adj fiontrach; (resourceful) teallúsach, gustalach; (go-ahead) borrúil

entertain vt déan sult or siamsa do; (guest) tabhair aíocht do; **entertainer** n fuirseoir m3; (of guests) óstach m; **entertaining** adj siamsúil, sultmhar; **entertainment** n siamsa m4

enthusiasm n fonn m, fonnmhaireacht f3; (fervour) díograis f2; **full of ~** lán croí agus aigne, lán de chroí is d'aigne

enthusiast n díograiseoir m3; **enthusiastic** adj fonnmhar, díograiseach; **to be enthusiastic about sth** bheith tógtha le rud

entire adj iomlán, uile; **entirely** adv go hiomlán, go léir, go huile is go hiomlán

entitled adj: **a story ~ "The Islandman"** scéal dar teideal "An tOileánach"; **to be ~ to sth** bheith i dteideal ruda

entrance n bealach m isteach; (entering) teacht m3 isteach; **to gain ~ to** (university etc) áit a fháil i; **entrance exam** n scrúdú m iontrála; **entrance fee** n táille f4 iontrála; **entrant** n iontrálaí m4; (in exam) iarrthóir m3, iontrálaí

entrepreneur n fiontraí m4

entrust vt: **to ~ sth to sb** rud a thabhairt do dhuine ar iontaoibh

entry n dul m3 isteach; (in register) iontráil f3; **'no ~'** 'ná téitear isteach'; **entry phone** n idirghuthán m

envelope n clúdach m

envious adj éadmhar; **to be ~ of sb** bheith ag éadmhar or in éad le duine

environment n imshaol m, timpeallacht f3; (social, moral, economic) timpeallacht; **environmental** adj imshaolach, imshaoil n gen, timpeallachta n gen

envisage vt samhlaigh

envoy n (diplomat) toscaire m4

envy n éad m3, formad m, tnúth m3 ▷ vt: **to ~ sb** bheith ag éad le duine; **to ~ sb sth** bheith ag éad le duine faoi rud, éad a bheith ort le duine faoi rud, tnúth a bheith agat le duine faoi rud

epic n eipic f2 ▷ adj eipiciúil

epidemic n eipidéim f2

epilepsy n an tinneas m

beannaithe, tinneas talún, titimeas *m*; **epileptic** *adj*: **to be epileptic** an tinneas beannaithe *etc* a bheith ort

episode *n* eipeasóid *f2*

equal *adj* cothrom, ionann, comhionann ⊳ *n* cómhaith *f2*, macasamhail *f3* ⊳ *vt*: **to ~ sth** bheith cothrom le rud; **she is ~ to the work** tá sí in ann ag an obair; **two times two ~s four** a dó faoina dó sin a ceathair; **equality** *n* ionannas *m1*, comhionannas *m1*; **equalize** *vi* (Sport) cothromaigh; **equally** *adv* go cothrom; (*just as*): **equally good** lán chomh maith

equation *n* (Math) cothromóid *f2*

equator *n* meánchiorcal *m1*, crios *m3* na cruinne

equip *vt*: **to ~ (with)** (*boat*) trealmhú (le); (*house, person*) feistiú (le); **to be well ~ped** (*office etc*) bheith deisiúil; **equipment** *n* trealamh *m1*

equivalent *adj*: **~ (to)** ar comhbhrí (le), cothrom (le) ⊳ *n* comhbhrí *f4*; (*Math etc, in money*) coibhéis *f2*

era *n* ré *f4*

erase *vt* scrios; **eraser** *n* scriosán *m1*

erect *adj* díreach ⊳ *vt* cuir suas; (*monument*) tóg; **erection** *n* tógáil *f3*; (*Anat*) adharc *f2*

erode *vt* creim

erosion *n* creimeadh *m*

erotic *adj* anghrách

errand *n* teachtaireacht *f3*

erratic *adj* neamhrialta, guagach, mearbhlach

error *n* earráid *f2*

erupt *vi* brúcht; (*fig*) pléasc; **eruption** *n* brúchtadh *m*

escalator *n* staighre *m4* beo or creasa

escape *n* éalú *m* ⊳ *vt*, *vi* éalaigh; (*fig*) tar slán; (*leak*) éalaigh; **to ~ from** éalú ó; (*fig*) teacht slán ó

escort *n* duine *m4* comórtha; (*guard*) garda *m4* ⊳ *vt* comóir, tionlaic

especially *adv* go háirithe

espionage *n* spiaireacht *f3*

essay *n* aiste *f4*

essence *n* (*core*) croí *m4*, smior *m3*; (*basic meaning*) bunbhrí *f4*; (*extract*) úscra *m4*; (*Phil*) eisint *f2*

essential *adj* (*necessary*) riachtanach; (*basic*) bunúsach ⊳ *n*: **~s** riachtanais *mpl*; **essentially** *adv* go bunúsach

establish *vt* bunaigh; (*prove*) cruthaigh; **establishment** *n* bunaíocht *f3*; (*founding*) bunú *m*; **the Establishment** Na hÚdaráis *mph*

estate *n* (*land*) eastát *m1*; (*also*: **housing ~**) eastát tithíochta; **estate agent** *n* gníomhaire *m4* eastáit

estimate *n* meastachán *m1* ⊳ *vt* meas

Estonia *n* an Eastóin *f2*

estuary *n* inbhear *m1*

etc *abbr* (= *et cetera*) etc, srl, agus araile

eternal *adj* síoraí, síor-

eternity *n* síoraíocht *f3*

ethical *adj* eiticiúil; **ethics** *n* eitic *f2*

Ethiopia *n* an Aetóip *f2*

ethnic *adj* ciníoch, eitneach; (*music etc*) eitneach; **ethnic minority** *n* mionlach *m1* eitneach

e-ticket *n* ríomhthicéad *m1*

etiquette *n* dea-bhéasa *mpl4*

EU *n abbr* = **European Union**

euro *n* (*currency*) euro *m4*

Europe *n* an Eoraip *f3*; **European** *adj* Eorpach ⊳ *n* Eorpach *m1*;

European Union n Aontas m na hEorpa

evacuate vt (place) bánaigh; (people) aslonnaigh

evade vt seachain; **to ~ tax** cáin a imghabháil

evaluate vt luacháil, meas

evaporate vi galaigh

eve n: **on the ~ of** an lá roimh; **Christmas E~** Oíche f4 Nollag; **New Year's E~** Oíche Chinn Bliana, Oíche na Seanbhliana, Oíche Chaille

even adj (level, smooth) cothrom, réidh; (equal) cothrom ▷ adv (go) fiú; **~ if** fiú (amháin) má; **~ though** cé go...; **~ now** anois féin; **~ so** mar sin féin; **not ~** ní hé amháin; **to get ~ with sb** cúiteamh a bhaint as duine; **~ number** ré-uimhir f; **~ score** comhscór m; **~ you** gan fiú tusa; **even up** vt cothromaigh

evening n tráthnóna m4; (after dark) oíche f4; **in the ~** tráthnóna, um thráthnóna; **this ~** (after dark) anocht; **evening class** n rang m3 oíche; **evening dress** n (for man) culaith f2 thráthnóna; (for woman) gúna m4 tráthnóna

event n (adventure) eachtra f4; (affair) imeachtaí mpl3, cúrsaí mpl4; (Sport) babhta m4, cluiche m4, comórtas m; **in the ~ of** sa chás go; **eventful** adj eachtrúil; (decisive) cinniúnach; (remarkable) suntasach

eventual adj (final) deiridh n gen

eventually adv sa deireadh, faoi dheireadh

ever adv (past) riamh; (future) choíche; (at all times) i gcónaí; **have you ~ seen it?** an bhfaca tú riamh é?; **~ since** adv as sin amach ▷ conj ón uair; **evergreen** adj síorghlas, bithghlas ▷ n crann m1 síorghlas

every adj gach; **~ day** gach lá; **~ other day** gach re lá, gach dara lá; **everybody** pron cách, gach duine; **everyday** adj (daily) laethúil; (commonplace) coitianta; **everyone** pron = **everybody**; **everything** pron gach (aon or uile) rud; **everywhere** adv i ngach (aon or uile) áit

evict vt díshealbhaigh, cuir amach (as)

evidence n (proof) cruthú m; (of witness) fianaise f4; **to give ~** fianaise a thabhairt

evident adj follasach; **evidently** adv go follasach; (apparently) de réir dealraimh

evil adj olc, droch- ▷ n olc m1, olcas m1

evoke vt dúisigh

evolution n forás m1; (of life) éabhlóid f2

evolve vt (develop) forbair ▷ vi déan forbairt

ewe n caora f; (yearling) fóisc f2

ex- prefix iar, ath-

exact adj beacht, cruinn; **~ same** ceannann céanna; **exactly** adv go beacht, go cruinn, go baileach; **exactly!** go díreach!

exaggerate vi déan áibhéil ▷ vt déan áibhéil ar; **exaggeration** n áibhéil f2

exam n abbr (Scol) = **examination**

examination n (Scol, Med) scrúdú m; (by customs) cuardach m1

examine vt scrúdaigh; **examiner** n scrúdaitheoir m3

example n sampla m4; **for ~** mar shampla

exceed vt (excel) beir barr ar; (overstep) téigh thar; **exceedingly**

adv as cuimse, thar a bheith, an-, thar barr

excel *vt* beir barr ar, cinn ar, sáraigh ▷ *vi* bheith ar fheabhas Éireann

excellent *adj* ar fheabhas, thar barr, ar dóigh

except *prep* (*also:* **~ for, ~ing**) ach, diomaite de, cé is moite de ▷ *vt* fág as, déan eisceacht de; **~ if/when** ach amháin má/nuair a; **~ that** ach amháin go; **exception** *n* eisceacht *f3*; **to take exception to sth** col a ghlacadh le rud; **exceptional** *adj* eisceachtúil; **exceptionally** *adv* (*unusually*) go heisceachtúil; (*extremely*) thar a bheith

excerpt *n* sliocht *m3*

excess *n* farasbarr *m1*, barraíocht *f3*; (*overindulgence*) ainmheasarthacht *f3*; **in ~ (of)** de bharraíocht (ar); **excess baggage** *n* bagáiste *m4* breise; **excessive** *adj* iomarcach

exchange *n* malairt *f2*, malartú *m*; (*Fin*) malairt; (*also:* **telephone ~**) malartán teileafóin ▷ *vt* (*goods*) malartaigh; (*greetings*) beannaigh dá chéile; (*money, blows*) malartaigh; **exchange rate** *n* ráta *m4* malairte

excite *vt* corraigh, oibrigh, tóg; **to get ~d** éirí tógtha, oibriú a theacht ort; **excited** *adj* corraithe, oibrithe, tógtha; **to be excited** bheith corraithe or oibrithe or tógtha, sceitimíní a bheith ort; **excitement** *n* (*commotion*) fuadar *m1*; (*elation*) sceitimíní *pl*, scleondar *m1*; **exciting** *adj* corraitheach

exclaim *vi* gáir, abair os ard; **exclamation** *n* agall *f2*; **exclamation mark** *n* comhartha *m4* uaillbhreasa

exclude *vt* fág as

exclusive *adj* (*right*) eisiach, amháin; (*club*) príobháideach, leithliseach; (*district*) saibhir; **exclusively** *adv* (*solely*) amháin

excruciating *adj* céasta, cráite

excursion *n* turas *m1*, aistear *m1*

excuse *n* leithscéal *m* ▷ *vt* maith do; **to ~ sb from sth** (*activity*) duine a scaoileadh ó rud; **~ me!** gabh mo leithscéal

ex-directory *adj*: **to be ~** gan bheith san eolaí teileafóin

execute *vt* (*carry out*) cuir i gcrích; (*kill*) cuir chun báis; **execution** *n* bású *m*

executive *n* (*of organization, political party*) coiste *m4* feidhmiúcháin; (*Comm*) feidhmeannach *m1* ▷ *adj* feidhmithe

exempt *adj*: **~ from** saor ó ▷ *vt*: **to ~ sb from sth** duine a shaoradh ó rud

exercise *n* cleachtadh *m1*; (*physical*) aclaíocht *f3* ▷ *vt* aclaigh ▷ *vi* déan aclaíocht; **exercise book** *n* cóipleabhar *m1*

exert *vt* (*influence*) téigh i bhfeidhm ar; **to ~ o.s.** saothar a chur ort féin; **exertion** *n* saothar *m1*

exhaust *n* (*also:* **~ fumes**) gás *m1* sceite; (*also:* **~ pipe**) sceithphíopa *m4* ▷ *vt* (*tire out*) traoch, spíon; (*resources*) ídigh; (*subj*) pléigh ina iomláine; **exhausted** *adj* traochta, spíonta; ídithe; **exhaustion** *n* traochadh *m*; **nervous exhaustion** traochadh néarach

exhibit *n* (*Art*) taispeántas *m1*; (*Law*) foilseán *m1* ▷ *vt* taispeáin; **exhibition** *n* taispeántas *m1*

exhilarating *adj* spreagúil; **it was ~** chuir sé drithlíní or sceitimíní áthais orm

exile n deoraíocht f3; (person) deoraí m4 ▷ vt díbir; **to be in ~** bheith ar deoraíocht

exist vi bheith ann; **existence** n beith f2, bheith ann; (Phil) eiseadh m1; **existing** adj atá ann, atá ar fáil anois

exit n bealach m amach ▷ vi (Theat) amach le, astéigh; (Comput) astéigh

exotic adj coimhthíoch

expand vt leathnaigh ▷ vi (trade etc) fairsingigh; (gas, metal) borr

expansion n leathnú m, fairsingiú m

expect vt (anticipate) bheith ag súil le; (count on) bheith ag brath ar; (suppose) bheith ag meas ▷ vi bheith ag dúil le duine clainne; **I'm ~ing him** tá mé ag súil leis; **expectation** n dóchas m, súilíocht f3

expedition n (journey) turas m1; (exploration) eachtra f4; (Mil) sluaíocht f3

expel vt díbir; (Scol) cuir as an scoil

expenditure n caiteachas m1

expense n costas m1, expenses npl (Comm) speansais mpl; **at the ~ of** ar chostas + gen; **expense account** n cuntas m1 speansais

expensive adj costasach, daor

experience n (practice) taithí f4; (incident) eachtra f4 ▷ vt (feel) mothaigh; (go through) téigh trí; (endure) fulaing; **experienced** adj cleachta; (wise) seanchríonna; **to be experienced in sth** taithí or seanchleachtadh a bheith agat ar rud

experiment n turgnamh m1 ▷ vi triail; **to ~ with** triail a bhaint as; **experimental** adj trialach

expert adj saineolach ▷ n saineolaí

m4; **expertise** n saineolas m1

expire vi téigh in éag, síothlaigh; (passport etc) téigh as feidhm; **expiry** n deireadh m1, éag m3; **expiry date** dáta éaga

explain vt mínigh; **explanation** n míniú m

explicit adj (clear) follasach; (definite) cinnte

explode vi pléasc

exploit n éacht m3 ▷ vt bain sochar as; (person) tar i dtír ar; **exploitation** n (abuse) drochíde f4

explore vt taiscéal; (possibilities) scrúdaigh; **explorer** n taiscéalaí m4

explosion n pléascadh m; **explosive** adj pléascach ▷ n pléascán m1

export vt easpórtáil, onnmhairigh ▷ n easpórtáil f3, onnmhaire f4; **exporter** n easpórtálaí m4, onnmhaireoir m3

expose vt (to danger) cuir i gcontúirt; (unmask) nocht, foilsigh; **exposed** adj (position, house): **exposed (to)** rite (le); **exposure** n (Med) fuacht m3, aimliú m3; (Phot) nochtadh m; **to die from ~** (Med) bás a fháil le fuacht

express adj (definite) cinnte; (letter etc) luais n gen, luas- ▷ n (train) luastraein f; (bus) luasbhus m4 ▷ vt cuir in iúl; **to ~ o.s.** tú féin a chur in iúl; **expression** n (phrase) leagan m cainte; (look) dreach m3; (Math) slonn m1; **expressway** (US) n (urban motorway) mótarbhealach m1

exquisite adj fíorálainn

extend vt (visit) cuir fad le; (building, street) cuir le; (welcome) cuir roimh; (hand, arm) sín amach ▷ vi sín;

extension n síneadh m; (building) fortheach m; (to wire, table) fadú m; (telephone) folíne f4; **extensive** adj leathan, fairsing

extent n fairsinge f4; **to some ~** go pointe áirithe; **to that ~** sa mhéid sin; **to the ~ that ...** sa mhéid go ...

exterior adj amuigh ▷ n taobh m1 amuigh

external adj seachtrach

extinct adj díobhaí

extinguish vt múch, cuir as

extra adj breise, sa bhreis ▷ adv (in addition) de bhreis ▷ n breis f2, tuilleadh m; (Theat) aisteoir m3 breise ▷ prefix sár-

extract vt bain as; (tooth) stoith; (money, promise) meall, bain de ▷ n sliocht m3

extradite vt eiseachaid

extraordinary adj neamhchoitianta; (amazing) iontach

extravagance n doscaí f4, rabairne f4; **extravagant** adj míchuimseach, rabairneach; (in spending: person) doscaí, rabairneach

extreme adj antoisceach, fíor- ▷ n ceann m1; **extremely** adv fíor-

extremist n antoisceach m1

extrovert adj, n eisdíritheach m

eye n súil f2; (of needle) cró m4 ▷ vt breathnaigh ar; **to keep an ~ on sb/sth** súil a choinneáil ar dhuine/rud; **eyebrow** n mala f4, braoi f4; **eyelash** n fabhra m4; **eyelid** n caipín m4 na súile; **eye shadow** n cosmaid f2 súile; **eyesight** n radharc m1 na súl; **eyesore** n smál m1

f

F n (Mus) F m4

fabric n éadach m1, fabraic f2, uige f4

fabulous adj fabhlach; (inf: super) iontach

face n aghaidh f2; (expression) dreach m3 ▷ vt tabhair aghaidh ar; **~ down** béal faoi; **to lose/save ~** d'oineach a chailleadh/a theasargan; **to make** or **pull a ~** strainc a chur ort féin; **in the ~ of** (difficulties etc) in aghaidh + gen; **on the ~ of it** de réir cosúlachta; **~ to ~** aghaidh ar aghaidh; **face up to** vt fus tabhair aghaidh ar, glac le; **face cloth** n ceirt f2 aghaidhe

facilities npl áiseanna fpl2, saoráidí fpl2; **credit ~** áiseanna creidmheasa; **shopping ~** saoráidí siopadóireachta

fact n fíric f2, fíoras m1; **in ~** is amhlaidh (atá)

factor n fachtóir m3, toisc f2, cúis f2

factory n monarcha f

actual adj fírinneach, fíorasach

faculty n bua m4; (Univ) dámh f2; (US: teaching staff) foireann f2 teagaisc

fad n (craze) teidhe m4

fade vi tréig; (light, sound) meath; (flower) sleabhac

fag (inf) n (cigarette) toitín m4

fail vt (candidate) bris; (subj: courage, memory) cliseann ar; **I ~ed the exam** theip an scrúdú orm; **his memory ~ed him** chlis an chuimhne air ▷ vi cliseann ar; (brakes) clis; (eyesight, health, light) meath; **the scheme ~ed** theip ar an scéim; **to ~ to do sth** (neglect) faillí a dhéanamh i rud; (be unable) sáraíonn ort rud a dhéanamh; **he ~ed to make the jump** sháraigh an léim air; **without ~** gan teip, go cinnte; **failing** n locht m3 ▷ prep in éagmais + gen; **failure** n loiceadh m, teip f2; (person) cúl m1 le rath; (mechanical etc) cliseadh m

faint adj lag ▷ n fanntais f2, laige f4 ▷ vi: **to ~** titim i bhfanntais or i laige; **to feel ~** brath go lag; **~ recollection** mearchuimhne

fair adj cóir, cothrom, réasúnta; (hair, skin) fionn; (weather) soineanta; (good enough, sizeable) measartha ▷ adv: **to play ~** an cothrom a dhéanamh ▷ n aonach m1; (funfair) aonach seó; **~ play** cothrom na Féinne; **~ weather** soineanta f2; **fairly** adv go macánta, go cothrom; (quite) cuibheasach, measartha, réasúnta

fairy n síóg f2; **fairy tale** n síscéal m

faith n creideamh m1; (trust) muinín f2; **faithful** adj dílis; **faithfully** adv: **yours faithfully** is mise le meas

fake n (person) caimiléir m3, séitéir m3 ▷ adj bréige n gen ▷ vt falsaigh, cuir bréagriocht ar; **a ~ picture** pictiúr bréige

falcon n fabhcún m1

fall n titim f2; (US: autumn) fómhar m1 ▷ vi tit; (price, temperature, dollar) tit, ísligh; **falls** npl (waterfall) eas m sg3; **to ~ flat** (on one's face) titim ar do bhéal; (joke) imeacht gan éifeacht, dul ar lár; (plan) teipeann ar; **fall back** vi tit siar; **fall back on** vt fus téigh i muinín; **fall behind** vi tit chun deiridh; **fall down** vi tit; **fall for** vt fus (trick, story etc) mealltar le; (person) tit i ngrá le; **I fell for the trick** mealladh leis an chleas mé; **fall in** vi tit isteach; (Mil) luigh isteach; **fall off** vi tit de; (diminish) téigh i laghad; **fall out** vi (hair, teeth) tit (amach); (Mil) luigh amach; (friends etc) tit amach (le); **they fell out** thit siad amach le chéile, d'éirigh eatarthu; **fall through** vi (plan, project) teipeann ar

fallout n astitim f2

false adj bréagach; **false alarm** n gáir f2 bhréige; **false teeth** npl fiacla f pl2 bréige

fame n cáil f2

familiar adj aithnidiúil; **to be ~ with** (subject) cur amach a bheith agat ar

family n teaghlach m1; **has she any ~?** (children) an bhfuil clann ar bith aici?, an bhfuil cúram or muirín uirthi?; (relatives) an bhfuil aon ghaolta aici?

famine n gorta m4

famished (inf) adj caillte or stiúgtha leis an ocras

famous adj cáiliúil

fan n (folding) fean m4; (Elec) geolán

m1; *(follower)* móidín m4 ⊳ vt gaothraigh; *(fire, quarrel)* séid

fanatic n fanaiceach m1

fan belt n beilt f2 tiomána

fancy n nóisean m1, samhlaíocht f3 ⊳ adj maisiúil ⊳ vt: **to ~ sth** *(feel like, want)* fonn ruda a bheith ort; *(imagine, think)* rud a shamhlú; **to take a ~ to** taitneamh a thabhairt do; **he fancies her** *(inf)* tá nóisean aige di; **fancy dress** n éide f4 bréige

fantastic adj fantaiseach, iontach

fantasy n fantaisíocht f3; *(dream)* aisling f2, taibhreamh m1

FAQ n abbr *(= frequently asked questions)* CCanna, ceisteanna coitianta

far adj fada ⊳ adv i bhfad; **~ away** or **off** i gcéin, i bhfad ar shiúl; **at the ~ side/end** ag an taobh/ cheann thall de; **~ behind** i bhfad ar gcúl; **~ better** i bhfad níos fearr; **~ from** i bhfad ó; **by ~** go mór fada; **go as ~ as the farm** téigh a fhad leis an fheirm; **as ~ as I know** go bhfios dom, ar feadh m'eolais; **how ~ is it to ...?** cá fhad atá sé go ...?; **how ~ have you got?** an fada chun cinn atá tú?; **faraway** adj imigéiniúil; *(look)* brionglóideach

farce n fronsa m4

fare n táille f4; *(passenger: in taxi)* paisinéir m3; *(food)* beatha f4; **half ~** leath-tháille f4; **full ~** lántáille f4

Far East n: **the ~** an Cianoirthear m1

farewell excl slán ⊳ n slán m1

farm n feirm f2 ⊳ vt saothraigh; **farmer** n feirmeoir m3; **farmhouse** n teach m feirme; **farming** n feirmeoireacht f3; *(of animals)* tógáil f3; **farmland** n talamh m or f curaíochta

farmyard n clós m feirme

far-reaching adj forleathan, leitheadach

fart *(inf!)* vi lig broim ⊳ n broim m3

farther adv níos faide ⊳ adj níos faide ar shiúl

fascinate vt cuir draíocht ar, cuir faoi dhraíocht

fascinating adj draíochtach; *(captivating)* fíorspéisiúil

fashion n faisean m1; *(manner)* dóigh f2, nós m1, déanamh m1 ⊳ vt múnlaigh; **in/out of ~** san fhaisean/as faisean; **fashionable** adj faiseanta; **fashion show** n seó m4 faisin

fast adj gasta, sciobtha, tapa; *(clock)* chun tosaigh, mear; *(dye, colour)* buan, marthanach ⊳ adv go gasta, go sciobtha, go tapa; *(stuck, held)* go daingean ⊳ n troscadh m1 ⊳ vi troisc, déan troscadh; **to be ~ asleep** bheith i do chnap codlata

fasten vt greamaigh, ceangail; *(coat)* dún ⊳ vi greamaigh do

fat adj ramhar ⊳ n blonag f2; *(on meat)* saill f2; *(for cooking)* geir f2

fatal adj marfach; **fatality** n *(road death etc)* bás m1

fate n cinniúint f3

father n athair m; **father-in-law** n athair m céile

fatigue n tuirse f4

fatty adj *(food)* sailleach ⊳ n *(inf)* feolamán m1

faucet *(US)* n sconna m4, buacaire m4

fault n locht m3; *(defect)* fabht m4; *(Geol)* éasc m1 ⊳ vt lochtaigh; **it's my ~** ormsa an locht, is mise is ciontach leis; **to find ~ with** locht a fháil ar; **at ~** ciontach; **faulty** adj lochtach, fabhtach

fauna n ainmhithe mpl4

avour (US **favor**) n fabhar m; (help) gar m ▷ vt (proposition) bheith i bhfabhar + gen; (pupil etc) bheith fabhrach do; (team, horse) taobhú le; **to do sb a ~** gar a dhéanamh do dhuine; **in ~ i** bhfabhar le, i bhfách le; **favourable** adj fabhrach; (advantageous) buntáisteach; (comment etc) moltach; (omen etc) maith; **favourite** adj muirneach; **my favourite book** an leabhar is fearr liom

fawn adj (also: **~-coloured**) buídhonn

fax n (document) facs m4; (machine) gléas m faics ▷ vt facsáil

fear n eagla f4, faitíos m ▷ vt: **to ~ sth** eagla or faitíos a bheith ort roimh rud; **for ~ of** eagla + gen, ar fhaitíos + gen; **fearful** adj eaglach, faiteach; (sight, noise) uafásach, scanrúil; **fearless** adj neamheaglach, neamhfhaitíosach

feasible adj indéanta

feast n féasta m4; (Rel: also: **~ day**) féile f4

feat n éacht m3

feather n cleite m4

feature n gné f4; (article) gné-alt m; (programme) gnéchlár m ▷ vi: **to ~ in** bheith páirteach i; (in film) páirt a bheith agat i; **features** npl (of face) ceannaithe fpl2; **a film featuring ...** scannán a bhfuil ... ann; **feature film** n príomhscannán m

February n Feabhra f4

federal adj cónascach, cónaidhme n gen

fed up adj: **to be ~ with sb/sth** bheith dubh dóite or dubhthuirseach or bréan de dhuine/rud

fee n táille f4

feeble adj fann; (excuse, joke) lag

feed n (of baby) bia m4, cothú m; (of animal) fodar m ▷ vt beathaigh, cothaigh; **feedback** n (information) aiseolas m; (Elec) aisfhotha m4

feel n mothú m ▷ vt mothaigh; (explore) bheith ag smúrthacht or ag paidhceáil romhat; (think, believe) ceap, mothaigh; **to ~ hungry/cold** ocras/fuacht a bheith ort; **to ~ lonely/better** uaigneas/biseach a bheith ort; **I don't ~ well** ní bhraithim mé féin go maith; **it ~s soft** tá mothú boige ann; **I ~ like a walk** (want) tá fonn siúil orm; **feeling** n (physical) mothú m; (opinion) barúil f3, tuairim f2

fell vt leag

fellow n diúlach m; (comrade) compánach m, comrádaí m4, comhghleacaí m4; (of learned society) comhalta m ▷ cpd: **their ~ countrymen/-women** a gcomhthírigh, fir/mná a dtíre; **fellow citizen** n comhshaoránach m; **fellow countryman** n comhthíreach m; **fellow men** npl comhdhaoine mpl4; **fellowship** n (society) cuallacht f3, cumann m; (Scol) comhaltacht f3; (comradeship) muintearas m, comrádaíocht f3

felony n feileonacht f3

felt n feilt f2; **felt-tip pen** n peann m feilte

female n (Zool) baineannach m ▷ adj (Biol) baineann; (sex, character) ban-

feminine adj banda

feminist n feimíní m4

fence n fál m, sconsa m4 ▷ vt (also: **~ in**) cuir fál ar ▷ vi (Sport) déan

pionsóireacht; **fencing** n fál m;
(Sport) pionsóireacht f3

fend vi: **to ~ for o.s.** déanamh as
duit féin; **fend off** vt (attack)
cosain, cosc, cur ar gcúl; (blow)
cosain, cosc

fender n fiondar m; (US: of car)
pludgharda m4

Fenian adj (Pol) Fíníneach; (cycle)
fiannaíochta n gen ⊳ n Fínín m4

Fermanagh n Fear m Manach

ferment vt, vi coip ⊳ n coipeadh m

fern n raithneach f2

ferocious adj fíochmhar

ferret n fíréad m1

ferry n bád m farantóireachta

fertile adj torthúil, síolmhar;
fertilizer n leasachán m m, aoileach
m1

festival n (Rel) féile f4; (Mus) fleá f4
cheoil

festive adj féiltiúil; (mood etc)
meidhreach; **the ~ season**
(Christmas) an Nollaig f

fetch vt téigh faoi choinne or i
gcomhair or faoi dhéin + gen; (sell
for): **the car ~ed a high price**
chuaigh an carr ar luach maith

feud n fíoch m

fever n fiabhras m; **feverish** adj
fiabhrasach

few adj (not many): **~ people
believe it** is beag duine a
chreideann é; **a ~** beagán, roinnt;
a ~ years roinnt blianta; **in a ~
words** i mbeagán focal; **fewer** adj:
he has fewer coins than me tá
níos lú bonn aige ná atá agamsa;
fewest adj is lú, is gainne

fiancé, fiancée n fiancé m4

fib n caimseog f2

fibre (US **fiber**) n snáithín m4;
fibreglass n gloine f4
shnáithíneach

fickle adj guagach, luathintinneach

fiction n ficsean m, finscéalaíocht
f3; **fictional** adj cumtha,
finscéalach, samhailteach

fiddle n (Mus) fidil f2; (cheating)
cleas m, caimiléireacht f3, calaois f2
⊳ vt (accounts) falsaigh, cúbláil;
fiddle with vt fus: **to ~ with** bheith
ag fútráil or ag méaraíocht le

fidget vi déan fútráil

field n páirc f2, gort m; (fig) ábhar
m, réimse m4; (Sport, ground) páirc
f2, faiche f2; (Comput) réimse;
field marshal n marascal m machaire

fierce adj fíochmhar; (look) fíata

fifteen num cúig (cinn) déag; **~
bottles** cúig bhuidéal déag; **~
people** cúig dhuine dhéag

fifth num cúigiú; **the ~ woman** an
cúigiú bean

fifty num caoga + sg

fig n fige f4

fight n troid f3; (brawl) griolsa m4,
racán m ⊳ vt troid; **fighter** n
trodaí m4; **fighting** n comhrac m,
troid f3

figure n déanamh m, pearsa f,
cruth m3; (number, cipher) uimhir f,
figiúr m ⊳ vt (think: esp US) meas
⊳ vi (appear) bheith ar, bheith i;
figure out vt (work out) oibrigh
amach

file n (also Comput) comhad m;
(row) líne f4; (tool) líomhán m,
oighe f4 ⊳ vt (nails, wood) líomh;
(papers, claim) comhdaigh ⊳ vi: **to ~
in/out** dul isteach/amach duine i
ndiaidh duine; **filing cabinet** n
comhadchaibinéad m

fill vt líon ⊳ n: **to eat one's ~** do
dhóthain or do sháith a ithe; **to ~
with** líonadh le or de; **fill in** vt (hole,
form) líon (isteach); **fill up** vt líon;
~ it up, please (Aut) líon í, le do

thoil
illet n filléad m; **fillet steak** n stéig f2 filléid

illing n (Culin) líonadh m; (for tooth) líonadh m, táthán m; **filling station** n stáisiún m peitril

ilm n scannán m; (of powder, liquid) scream f2 ▷ vt (scene) scannánaigh; **film star** n réaltóg f2 scannán

ilter n scagaire m4 ▷ vt scag

ith n salachar m; (obscenity) gáirsiúlacht f3; **filthy** adj cáidheach, bréan; (language) gáirsiúil, graosta, madrúil

in n (of fish) eite f4, colg m

inal adj deiridh n gen, deireanach ▷ n (Sport) cluiche m4 ceannais; **finals** npl (Univ) scrúduithe mpl4 deiridh; **finale** n críoch-cheol m; (inf) críoch f2, deireadh m; **finalize** vt tabhair chun críche, cuir an dlaoi mhullaigh ar; **finally** adv faoi dheireadh, i ndeireadh na dála; (lastly) ar deireadh

inance n airgeadas m ▷ vt maoinigh; **finances** npl acmhainn fsg2; **financial** adj airgeadais n gen

find vt faigh; (lost object) faigh, tar ar, aimsigh ▷ n fionnachtain f3; **to ~ sb guilty** (Law) duine a fháil ciontach; **find out** vt (truth, secret, person) faigh amach ▷ vi (by chance) faigh amach, téigh amach ar; **to ~ out sth about sth** (make enquiries) fáisnéis a chur faoi rud; **findings** npl (Law) cinneadh m, breithiúnas m

ine adj (excellent) breá; (thin, subtle) mion, caol ▷ adv (well) maith ▷ n (Law) cáin f, fíneáil f3 ▷ vt (Law) cáin, fíneáil; **to be ~** (person, weather) bheith go breá; **fine arts** npl ealaíona fpl2 uaisle

finger n méar f2 ▷ vt méaraigh; **little/index ~** lúidín m4 / corrmhéar f2; **fingernail** n ionga f méire; **fingerprint** n méarlorg m; **fingertip** n barr m méire

finish n críoch f2; (Sport) críoch f2, ceann m sprice; (polish etc) slacht m3 ▷ vt, vi críochnaigh; **to ~ doing sth** rud a chur i gcrích; **to ~ third** críochnú ar an tríú duine, teacht isteach sa tríú háit; **finish off** vt críochnaigh; (kill) maraigh, cuir cos i bpoll le; **finishing line** n ceann m sprice

Finland n an Fhionlainn f2; **Finn** n Fionlannach m; **Finnish** adj Fionlannach ▷ n (Ling) Fionlainnis f2

fir n giúis f2

fire n tine f4 ▷ vt (discharge) scaoil; **to ~ a gun** gunna a scaoileadh or a lámhach; (fig: enthuse) gríosaigh, spreag; (dismiss) bris, tabhair an bóthar do ▷ vi (shoot) scaoil; **on ~** ar thine, le thine, trí thine; **fire alarm** n aláram m dóiteáin; **firearm** n arm m tine; **fire brigade** (US fire department) n briogáid f2 dóiteáin; **fire engine** n (vehicle) inneall m dóiteáin; **fire escape** n staighre m4 éalaithe; **fire extinguisher** n múchtóir m3 dóiteáin; **fireman** n fear m dóiteáin; **fireplace** n iarta m4, teallach m, tinteán m; **fire station** n stáisiún m dóiteáin; **firewall** n balla m4 dóiteáin; **firewood** n brosna m4, connadh m; **fireworks** npl tinte fpl4 ealaíne

firm adj daingean ▷ n gnólacht m3

first adj céad ▷ adv ar an gcéad duine; (when listing reasons etc) ar an gcéad dul síos; **the ~ woman** an chéad bhean ▷ n (person: in race) buaiteoir *m3*, (an) chéad duine; (*Univ*) chéad onóracha *fpl3*; (*Aut*) (an) chéad ghiar *m*; **at ~** ar dtús; **~ of all** i dtús báire; **first aid** *n* garchabhair *f*; **first-aid kit** *n* fearas *m* garchabhrach; **first class** *adj* den chéad scoth, thar barr; **first lady** (US) *n* bean fan Uachtaráin; **firstly** *adv* ar dtús; **first name** *n* ainm *m4* baiste; **first-rate** *adj* ar fheabhas, den chéad scoth

fish *n* iasc *m* ▷ *vt, vi* iasc; **fisherman** *n* iascaire *m4*; **fish farm** *n* feirm *f2* éisc; **fishing** *n* iascaireacht *f3*; **to go fishing** dul ag iascaireacht or ag iascach; **fishing boat** *n* bád *m* iascaigh or iascaireachta; **fishing line** *n* dorú *m4*; **fishing rod** *n* slat *f2* iascaigh or iascaireachta; **fishmonger's, fishmonger's shop** *n* siopa *m4* éisc; **fishy** (*inf*) *adj* amhrasach

fist *n* dorn *m*

fit *adj* (*healthy*) fiteáilte, aclaí, folláin; (*proper*) oiriúnach, cuí ▷ *vt* (*subj: clothes*) oir do, fóir do; (*put in, attach*) cuir le; (*equip*) feistigh, gléasaigh; (*suit*) oir do, luigh le, cuir le ▷ *vi* (*clothes*) oir do, fóir do; (*parts*) freagair dá chéile; (*in space, gap*) toill i, téigh (*isteach*) i ▷ *n* (*of anger*) spadhar *m*, tallann *f2*, racht *m3*; **~ to** i riocht; **~ for** réidh le; **a ~ of giggles** racht sciotíola; **that dress is a good ~** is deas a luíonn an gúna sin leat; **by ~s and starts** ina threallanna; **fit in** *vi* réitigh le; **he ~s in well** is breá a réitíonn sé leis an chuideachta; **fitness** *n* (*suitability*) feiliúnacht *f3*; (*Med*) folláine *f4*; **fitted kitchen** *n* cistin *f2* fheistithe; **fitting** *adj* cuí ▷ *n* (*of dress*) tástáil *f3*; (*of piece of*

equipment*) feistiú *m*; **fittings** *npl* (*in building*) feisteas *msg1*; **fitting room** *n* seomra *m4* gléasta

five *num* cúig; **~ bottles** cúig bhuidéal; **~ people** cúigear *m*; **fiver** *n* (*Brit*) (páipéar *m*) cúig phunt; (*US*) (páipéar) cúig dhollar

fix *vt* (*date, amount etc*) socraigh; (*mend*) deisigh, cóirigh; (*meal*) réitigh; (*drink*) ullmhaigh, giollaigh; **fix up** *vt* (*meeting*) socraigh; **to ~ sb up with sth** rud a sheiftiú do dhuine; **fixed** *adj* (*prices etc*) seasta; **fixture** *n* fearas *m*, daingneán *m*; (*Sport*) cluiche *m4*, coinne *f4*

fizzy *adj* coipeach

flag *n* brat *m*, bratach *f2*; (*also:* **~stone**) leac *f2* phábhála ▷ *vi* sleabhac, lagaigh, meathlaigh; **flagpole** *n* crann *m* brait

flair *n* bua *m4*

flak *n* (*Mil*) tine *f4* bharáiste; (*inf: criticism*) cáineadh *m*, beachtaíocht *f3* láidir

flake *n* (*of rust, paint*) screamhóg *f2*; (*of snow, soap powder*) lubhóg *f2*, calóg *f2*, cáithnín *m4* ▷ *vi* (*also:* **~ off**) scil, scealp

flamboyant *adj* gáifeach, péacach, taibhseach

flame *n* bladhm *f3*, bladhaire *m4*, lasair *f*

flamingo *n* lasairéan *m1*

flammable *adj* inlasta

flan *n* toirtín *m4* oscailte

flannel *n* (*fabric*) flainín *m4*; (*also:* **face ~**) éadach *m* na haghaidhe

flap *n* (*of pocket, envelope*) liopa *m4* ▷ *vt* (*wings*) buail ▷ *vi*: **to ~ (about)** (*sail, flag*) bheith ag bratáil or ag clupaideach; (*inf: also:* **be in a ~**) bheith trí chéile, driopás a bheith ort

are n (signal) tóirse m4; (in skirt etc) spré m; **to flare up** vi las, bladhm; (fig: person) bladhm, splanc, pléasc; (: strife etc) éirigh

ash n laom m3, splanc f2, scal f2; (Phot) splanc ▷ vt (light) caith ▷ vi (light) splanc; **a ~ of lightning** saighneán m1, splanc thintrí; **in a ~** ar luas lasrach; **to ~ one's headlights** do cheannsoilse a chaitheamh; **to ~ by** or **past** (person) scinneadh thart;

flashlight n laomlampa m4, tóirse m4

ask n fleasc m3; (also: **vacuum ~**) folúsfhlaigín m4

at adj cothrom; (beer) leamh; (denial) lom, neamhbhalbh; (Mus) maol; (voice) leamh ▷ n (apartment) árasán m1; (Mus) maol m1; **on the ~** (Aut) ar an réidh; **to be working ~ out** bheith ag obair ar theann do dhíchill; **flatten** vt (also: **flatten out**) leacaigh; (crop, building(s)) treascair, leag

atter vt déan plámás le, déan béal bán le; **flattering** adj plámásach; **that dress is very flattering** is deas atá an gúna sin ag teacht duit

aunt vt déan gaisce de

lavour (US **flavor**) n blas m1 ▷ vt blaistigh; **flavouring** n blastán m1

law n cáim f2, éalang f2, locht m3, máchail f2; **flawless** adj gan cháim, gan éalang

lea n dreancaid f2

lee vi teith

leece n lomra m4 ▷ vt (inf) feann

leet n cabhlach m1, loingeas m1

leeting adj duthain; (visit) reatha n gen

Flemish adj Pléimeannach ▷ n (Ling) Pléimeannais f2

lesh n feoil f3

flex n fleisc f2 ▷ vt (knee, muscles) aclaigh; **flexible** adj solúbtha; (person): **to be flexible** ligean chugat is uait a bheith agat

flick n smeach m3, smálóg f2 ▷ vt tabhair smeach do

flicker vi (light) preab

flight n eitilt f2; (escape) teitheadh m; (also: **~ of steps**) staighre m4; **flight attendant** (US) n aeróstach m1

flimsy adj tanaí

fling vt caith, teilg

flint n breochloch f2, cloch f2 thine

flip vt (throw) caith; **to ~ a coin** bonn a chaitheamh in airde

flirt vi: **to ~ with** bheith ag cliúsaíocht le ▷ n cliúsaí m4

float n snámhán m1; (Fishing) bolbóir m3; (in procession) flóta m4; (money) cúlchnap m1 ▷ vi snámh

flock n (also Rel) tréad m3; (of birds) ealta f4

flood n tuile f4, rabharta m4 ▷ vt báigh; **flooding** n bá m4; **floodlight** n tuilsolas m1

floor n urlár m1; (of sea) grinneall m ▷ vt (subj: question) déan stangaire de; (: punch) leag; **ground ~, first ~** (US) urlár m1 na talún; **first ~, second ~** (US) chéad urlár; **floorboard** n clár m urláir

flop n teip f2 ▷ vi teipeann ar; (fall) tit; **floppy** adj liobarnach ▷ n (Comput: also: **floppy disk**) diosca m4 flapach

flora n flóra m4

floral adj bláthach; (dress) bláthbhreac

florist n bláthadóir m3

flour n plúr m1

flourish vi tar chun cineáil; **they are ~ing** tá rath (agus bláth) orthu ▷ n (gesture) croitheadh m

flow n sruth m3; (of cash) sreabhadh m ⊳ vi sruthaigh; (traffic) gluais; (robes, hair) slaod, bheith ag titim ina slaodanna

flower n bláth m3 ⊳ vi bláthaigh; **flower bed** n ceapach f2 bláthanna; **flowerpot** n próca m4 bláthanna

flu n fliú m4, ulpóg f2

fluctuate vi luainigh; (Math) iomlaoidigh

fluent adj (speaker) líofa; **he speaks ~ Irish, he's ~ in Irish** tá Gaeilge líofa aige

fluff n clúmhach m; **fluffy** adj clúmhach

fluid adj sreabhach ⊳ n sreabhán m

fluke (inf) n taisme f4, beangán m den ádh

fluoride n fluairíd f2

flurry n (of wind) cuaifeach m; (of snow) cith m3; (of activity) flústar m

flush n (on face) lasadh m ⊳ vt sruthlaigh ⊳ vi scaird

flute n feadóg f2 mhór, fliúit f2

flutter n (of panic, excitement) sceitimíní pl; (of wings) cleitearnach f2 ⊳ vi: **to ~ about** (bird) bheith ag cleitearnach thart; (person) bheith ag geidimíneacht thart

fly n (insect) cuileog f2; (on trousers: also: **flies**) cailpís f2 ⊳ vt píolótaigh; (passengers, cargo) iompair (in eitleán); (flag) cuir ar foluain ⊳ vi eitil; (passengers) taistil in eitleán; (escape) teith; (flag: also: **to be ~ing**) bheith ar foluain; **with ~ing colours** thar barr go geal; **fly away, fly off** vi imigh ar eitleog; **flying** n eitilt f2 ⊳ adj: **a flying visit** cuairt reatha; **flyover** n (bridge) uasbhealach m

foal n searrach m

foam n cúr m, coipeadh m, sobal m ⊳ vi (liquid) coip

focus n fócas m; (of interest): **it is the ~ of public interest** tá aird an phobail air ⊳ vi: **to ~ on** dírú ar; **out of/in ~** (picture) as fócas/i bhfócas

fog n ceo m4; **foggy** adj ceomhar; **it's foggy** tá ceo ann; **fog lamp** n (Aut) lampa m4 ceo

foil vt sáraigh ⊳ n scragall m; (contrast) codarsnacht f3

fold n (bend, crease) filleadh m; (Agr) loca m4; (fig) tréad m3 ⊳ vt fill; **folder** n fillteán m; (file) comhad m; **folding** adj (chair, bed) infhillte

foliage n duilliúr m

folk npl daoine mpl; **folks** npl (family) muintir fsg2; **folklore** n béaloideas m; **folk music** n ceol m tíre

follow vt, vi lean; (ensue): **there ~ed a discussion** bhí plé ann ina dhiaidh sin; **follower** n leanúnaí m4, leantóir m3; **following** adj a leanann, a leanas; (day) ina dhiaidh sin ⊳ n lucht m3 leanúna

fond adj ceanúil; (hopes, dreams) baoth; **she is ~ of him** tá sí ceanúil air, tá sí geal dó

food n bia m4; **food mixer** n meascthóir m3 bia; **food poisoning** n nimhiú m bia; **food processor** n próiseálaí m4 bia; **foodstuffs** npl bia-ábhair mph

fool n amadán m; (woman) óinseach f2 ⊳ vt meall, cuir dallamullóg ar ⊳ vi déan pleidhcíocht; **foolish** adj amaideach

foot n cos f2; (measure) troigh f2 ⊳ vt (bill) íoc; **on ~ de chois; **football** n peil f2, caid f2; **footballer** n peileadóir m3; **football match** n cluiche m4 peile; **football player** n peileadóir m3; **footbridge** n droichead m coisithe; **foothills** npl bunchnoic mph; **foothold** n greim m3 coise, áit f2 do choise; **footing** n (fig) bonn m1; **he lost his footing** bhain tuisle dó; **footnote** n fónóta m4; **footpath** n cosán m1; **footprint** n lorg m1 coise; **footstep** n coiscéim f2; **footwear** n coisbheart m1

○ **KEYWORD**

or prep do, ar; faoi choinne + gen; i gcomhair + gen; le haghaidh + gen
1 (indicating destination, intention, purpose): **the train for London** traein Londan, an traein go Londain; **he went for the paper** chuaigh sé faoi choinne an pháipéir or i gcomhair an pháipéir; **it's time for lunch** tá am lóin ann; **what's it for?** céard lena aghaidh é?; **what for?** (why) cad chuige?, cén fáth?
2 (on behalf of, representing): **the MP for Hove** teachta parlaiminte Hove; **to work for sb** bheith ag obair ag duine; **to work for sth** bheith ag obair ar son ruda; **G for George** G mar i George
3 (because of): **for this reason** ar an ábhar seo, dá bhrí seo; **for fear of being criticized** ar eagla go gcáintí é, ar eagla a cháinte
4 (with regard to): **it's cold for July** tá sé fuar do Mhí Iúil; **to have a gift for languages** bheith go maith i gceann teangacha or i mbun teangacha
5 (in exchange for): **I sold it for £5** dhíol mé ar chúig phunt é; **to pay 50 pence for a ticket** 50 pingin a dhíol ar thicéad
6 (in favour of): **are you for or**

against us? an bhfuil tú inár leith nó inár n-éadan or ar ár son nó inár gcoinne?
7 (referring to distance): **there are roadworks for 5 miles** tá cúig mhíle de chóiriú bóthair ann; **we walked for miles** shiúlamar na mílte
8 (referring to time): **he was away for two years** bhí sé ar shiúl ar feadh dhá bhliain; **I have known her for years** tá aithne agam uirthi leis na blianta; **can you do it for tomorrow?** an féidir leat é a dhéanamh don lá amárach?
9 (with infin clauses): **it is not for me to decide** ní fúmsa atá sé cinneadh a dhéanamh; **it would be best for you to leave** b'fhearr duit imeacht; **there is still time for you to do it** tá am go leor agat fós le é a dhéanamh
10 (in spite of) (in) ainneoin, d'ainneoin; **for all his complaints, he's very fond of her** in ainneoin na ngearán uile aige tá sé an-ghealmhar uirthi
▷ conj (since, as: rather formal) óir, ós rud é go

forbid vt cros ar, coisc ar
force n teann m3, fórsa m4 ▷ vt tabhair ar; (lock) bris; (door) cuir isteach; **by ~** le treise lámh; **in ~** i bhfeidhm; **forceful** adj éifeachtach
ford n áth m3
fore n: **to come to the ~** teacht chun tosaigh; **forearm** n rí f4, bacán m1 láimhe; **forecast** n réamhaisnéis f2 ▷ vt tuar; **forefinger** n méar f2 thosaigh, corrmhéar f2; **forefront** n: **in or at the forefront** an tús cadhnaíochta + gen; **foreground** n

réamhionad *m*; **forehead** *n* clár *m* éadain

foreign *adj* coimhthíoch, eachtrannach; (*language*) iasachta *n gen*; **foreigner** *n* coimhthíoch *m*, eachtrannach *m*; **foreign exchange** *n* malairt *f2* eachtrach, airgead *m* eachtrach; **Foreign Secretary** *n* (*Irl*) Aire *m4* Gnóthaí Eachtracha; (*Brit*) Rúnaí *m4* Gnóthaí Eachtracha

foreman *n* (*factory, building site*) saoiste *m4*; **foremost** *adj* (*position*) chéad; (*rank*) is tábhachtaí; (*time*) is túisce ▷ *adv*: **first and foremost** i dtús báire

foresee *vt* aithin, tuar; **foreseeable** *adj*: **in the foreseeable future** roimh i bhfad; **for the foreseeable future** go ceann i bhfad

forest *n* coill *f2*, foraois *f2*; **forestry** *n* foraoiseacht *f3*

forever *adv* go deo; (*fig: long time*) i gcónaí, i dtólamh

foreword *n* réamhfhocal *m*

forfeit *vt* (*lose*) caill

forge *n* ceárta *f4* ▷ *vt* (*signature*) brionnaigh, falsaigh; (*wrought iron*) gaibhnigh; **to ~ money** airgead bréige a dhéanamh; **forger** *n* (*counterfeiter*) falsaitheoir *m3*; **forgery** *n* brionnú *m*

forget *vt, vi* dearmad; **to ~ about sb/sth** dearmad a dhéanamh ar dhuine/ar rud; **I forgot my pen** rinne mé dearmad de mo pheann; **forgetful** *adj* dearmadach

forgive *vt* maith do; **he forgave her for it** mhaith sé di é, thug sé maithiúnas di ann

fork *n* (*for eating*) forc *m*; (*in road*) gabhal *m* ▷ *vi* (*road*) gabhlaigh; **fork out** *vt* tabhair amach

forlorn *adj* (*deserted*) tréigthe, dearóil; (*attempt*) gan éifeacht

form *n* cruth *m3*, déanamh *m*, foirm *f2*; (*Scol*) rang *m3*; (*questionnaire*) foirm *f2* ▷ *vt* cruthaigh, foirmigh; **to ~ a habit** nós a dhéanamh; **in top ~** lán croí agus aigne

formal *adj* (*offer, receipt*) foirmiúil; (*person*) nósmhar

format *n* formáid *f2* ▷ *vt* (*Comput*) formáidigh

formation *n* foirmiú *m*

former *adj* iar-, sean-, ath-; **formerly** *adv* roimhe seo, seal den tsaol

formidable *adj* (*frightening*) scanrúil; (*powerful*) éifeachtach

formula *n* foirmle *f4*

fort *n* dún *m1*

forthcoming *adj* (*event*) le teacht; (*character*) garach; (*available*) ar fáil

fortify *vt* daingnigh, neartaigh

fortnight *n* coicís *f2*; **fortnightly** *adv* uair sa choicís

fortunate *adj* ádhúil, fortúnach; **you are ~** tá an t-ádh ort; **it is ~ that ...** is mór an gar go ...; **fortunately** *adv* go hádhúil; **fortunately for him** ar an dea-uair dó

fortune *n* (*luck*) ádh *m1*; (*fate*) cinniúint *f3*; (*wealth*) maoin *f2*, saibhreas *m1*; **to tell sb's ~** fios a dhéanamh do dhuine; **she had the good ~ to be there** bhí sé de rath uirthi bheith ann; **fortune-teller** *n* (*female*) bean *f* feasa; (*male*) fear *m* feasa

forty *num* daichead + *sg*

forward *adj* (*ahead of schedule*) chun tosaigh; (*movement, position*) chun tosaigh, ar aghaidh; (*not shy*) dána, treallúsach ▷ *adv* ar aghaidh; **to move ~** bog chun tosaigh ▷ *vt*

(Sport) tosaí m4 ▷ vt (letter) seol ar aghaidh; (fig) cuir chun cinn

orwards adv = **forward**

ossil n iontaise f4

oster vt forbair, cuir chun cinn; (child) altramaigh; **foster child** n leanbh m altrama, dalta m4

oul adj (weather) doineanta; (language) gáirsiúil; (smell) bréan ▷ n (Sport) feall m1 ▷ vt (dirty) salaigh; **he has a ~ temper** tá sé chomh colgach le gráinneog; **~ weather** doineann f2

found vt (establish) bunaigh; **foundation** n (act) bunú m; (base) bonn m, dúshraith f2; (institution) fondúireacht f3; (also: **foundation cream**) fochosmaid f2

founder n bunaitheoir m3

fountain n fuarán m1, foinse f4; **fountain pen** n peann m tobair

four num ceathair; **~ bottles** ceithre bhuidéal; **~ people** ceathrar m1; **on all ~s** ar ceithre boinn; **four-poster** n (also: **four-poster bed**) leaba f ceithre phost; **fourteen** num ceathair déag; **fourteen bottles** ceithre bhuidéal déag; **fourteen people** ceithre dhuine dhéag; **fourth** num ceathrú; **the fourth woman** an ceathrú bean

fowl n éan m1 ▷ npl éanlaith fsg2

fox n sionnach m1, madra m4 rua ▷ vt buail bob ar

foyer n forhalla m4

fraction n codán m1

fracture n briseadh m1

fragile adj sobhriste

fragment n blúire m4, stiall f2

frail adj anbhann, lag

frame n fráma m4; (body) cabhail f; (figure) fíoraíocht f3 ▷ vt frámaigh; **~ of mind** meon m1, staid f2 intinne;

to ~ sb duine a fhágáil in áit chos an ghadaí; **framework** n creatlach f2, plean m4

France n an Fhrainc f2

franchise n (Pol) ceart m1 vótála; (Comm) saincheadúnas m1

frank adj ionraic, neamhbhalbh ▷ vt (letter) frainceáil; **frankly** adv leis an fhírinne a dhéanamh, déanta na fírinne

frantic adj (hectic) mear; (distraught) i mbarr do chéille

fraud n calaois f2; (person) caimiléir m3

fraught adj: **~ with** lán + gen, lán de

freak n torathar m1, anchúinse m4

freckle n bricín m4 (gréine)

free adj saor; (gratis) in aisce ▷ vt (prisoner etc) scaoil saor; (jammed object, person) scaoil amach; **~ of charge** saor in aisce; **freedom** n saoirse f4; **free kick** n cic m4 saor; **freelance** adj neamhspleách; **freely** adv go réidh; (liberally) go fairsing; **Free State** n (also: **Irish Free State**) Saorstát m1 na hÉireann; **freeway** (US) n ≈ mótarbhealach m1; **free will** n toil f3 shaor; **by her own free will** dá deoin féin

freeze vt, vi sioc, reoigh; (person) conáil; (prices, salaries) calc ▷ n sioc m3; (on prices, salaries) calcadh m; **freezer** n reoiteoir m3; **freezing** adj: **freezing (cold)** (weather, water) feanntach ▷ n: **three degrees below freezing** trí chéim faoin reophointe; **it is freezing** tá sé ag sioc; (fig) chonálfadh sé na corra; **I'm freezing** tá mé conáilte or sioctha; **freezing point** n reophointe m4

freight n (goods) lasta m4; (charge)

last-táille f4; **freight train** n traein f earraí

French adj Francach ⊳ n (Ling) Fraincis f2; **the French** npl na Francaigh mph; **French bean** n pónaire f4 fhrancach; **Frenchman** n Francach m; **French window** n fuinneog f2 fhrancach; **Frenchwoman** n Francach m (mná)

frenzy n buile f4, mire f4

frequency n minicíocht f3

frequent adj minic ⊳ vt taithigh, gnáthaigh; **frequently** adv go minic

fresh adj úr, nua, glan; (cheeky) soibealta; **freshen** vi (wind) géaraigh; **fresher** (US**freshman**) n (Scol) mac m1 léinn úr; **freshly** adv go húrnua; **freshwater** adj (fish) uisce abhann, uisce locha

fret vi: **to ~ about** or **over sb/sth** tú féin a bhuaireamh faoi dhuine/rud

friction n (lit) cuimilt f2; (fig) imreas m1

Friday n (An) Aoine f4; **on ~** Dé hAoine; **he comes on ~s** tagann sé ar an Aoine

fridge n cuisneoir m3

fried adj friochta

friend n cara m; **friendly** adj cairdiúil; **to be friendly with sb** bheith mór le duine; **friendship** n cairdeas m1

fries npl (esp US) sceallóga fpl2

fright n scanradh m, scéin f2; **she took ~** scanraigh sí; **frighten** vt scanraigh, cuir scéin i; **frightened** adj: **he was frightened of it** bhí scanradh air roimhe; **frightening** adj scanrúil, scáfar; **frightful** adj scanrúil, scáfar

frill n rufa m4

fringe n (of hair) frainse m4; (edge: of forest etc) imeall m1

fritter n fríochtóg f2

frivolous adj aerach, giodamach, éaganta

fro adv: **to go to and ~** dul anonn agus anall

frock n gúna m4

frog n frog m1, loscann m1; (in throat) sceach f2; **frogman** n frogaire m4

 KEYWORD

from prep ó, as, de 1 (indicating starting place, origin etc) ó, as; **where do you come from?**, **where are you from?** cárb as tú or duit?; **from London to Paris** ó Londain go Páras; **a letter from my sister** litir ó mo dheirfiúr; **to drink from the bottle** ól as an mbuidéal

2 (indicating time) ó; **from one o'clock to** or **until** or **till two** óna haon a chlog go dtí a dó; **from January (on)** ó Mhí Eanáir amach

3 (indicating distance) ó; **the hotel is one kilometre from the beach** tá an óstlann ciliméadar ón trá

4 (indicating price, number etc) ó; **the interest rate was increased from 9% to 10%** ardaíodh an ráta úis ó 9% go 10%

5 (indicating difference) idir ... agus; **he can't tell red from green** ní aithníonn sé idir dath dearg agus dath glas

6 (because of, on the basis of): **from what he says** ón méid a deir sé; **weak from hunger** lag leis an ocras

front n (aspect) aghaidh f2; (section) tosach m1; (Mil) tosach catha; (fig: appearances) cur m1 i gcéill ⊳ adj

tosaigh n gen; **in ~ (of)** (ahead)
roimh; (opposite) os comhair + gen;
front door n doras m1 tosaigh;
frontier n teorainn f; **front page**
n leathanach m1 tosaigh;
front-wheel drive n tiomáint f3
rotha tosaigh

rost n sioc m3; (also: **hoar~**) sioc
bán or geal; **frostbite** n dó m4
seaca; **frosty** adj (weather) siocúil,
seaca

roth n cúr m1, coipeadh m

rown vi cuir púic or gruig ort féin

ruit n toradh m1; **fruit juice** n sú
m4 torthaí; **fruit salad** n sailéad
m1 torthaí

frustrate vt (person) cuir
frustrachas ar; (plan) sáraigh, mill

fry vt frioch ⊳ n friochadh m; **frying
pan** n friochtán m

fudge n (Culin) faoiste m4

fuel n breosla m4; **fuel tank** n (in
vehicle) umar m breosla

fulfil (US **fulfill**) vt (function,
condition, order) comhlíon, cuir i
gcrích; (wish, desire) sásaigh

full adj lán; (details, information)
iomlán, gach ⊳ adv: **he knew ~
well that** is maith a bhí a fhios aige
go; **I'm ~ (up)** tá mé lán go béal; **a
~ two hours** dhá uair druidte; **at ~
speed** ar lánluas; **in ~** (reproduce,
quote) ar fad; **paid in ~** íoctha ina
iomlán, láníoctha; **full-length** adj
(film, portrait, mirror) lánfhada;
(coat) go colpaí; **full moon** n
iomlán m gealaí; **full-scale** adj
(attack, war) oll-; (model)
cuimsitheach; **full stop** n lánstad
m4; **full-time** adj (work)
lánaimseartha ⊳ adv go
lánaimseartha; **fully** adv ar fad, go
hiomlán, go lán-

fumble vi: **to ~ with sth** bheith ag

méiríneacht or ag útamáil le rud

fumes npl múch fsg2

fun n spraoi m4, spórt m1, greann
m1; **to have ~** spraoi a dhéanamh;
for ~ le greann; **to make ~ of sb**
ceap magaidh a dhéanamh de
dhuine

function n feidhm f2; (social
occasion) féasta m4, oíche f4
chaidrimh ⊳ vi feidhmigh

fund n ciste m4; (source, store) stór
m1; **funds** npl maoin fsg2,
acmhainn fsg2

fundamental adj bunúsach,
bunaidh n gen

funeral n tórramh m1, sochraid f2

funfair n aonach m1 seó

fungus n fungas m1

funnel n fóiséad m1, tonnadóir m3;
(of ship) siméar m1

funny adj greannmhar; (strange)
aisteach, saoithiúil

fur n fionnadh m1; (in kettle etc) coirt
f2, screamh f2; **fur coat** n cóta m4
fionnaidh

furious adj fíochmhar, fraochta; **to
be ~ with sb** bheith ar an daoraí le
duine

furnish vt: **to ~ a house** troscán a
chur i dteach; (supply): **to ~ sb with
sth** rud a sholáthar do dhuine;
furnishings npl feisteas msg1

furniture n troscán m1, trealamh
m1, trioc m4; **piece of ~** ball m1
troscáin

furry adj (animal) clúmhach; (toy)
bog

further adj (additional) breise n gen
⊳ adv de bhreis; (more) tuilleadh
+ gen; (moreover) ar a bharr sin ⊳ vt
cuir chun cinn; **further education**
n oideachas m1 tríú leibhéil;
furthermore adv a dhála sin,
thairis sin, chomh maith leis sin

fury n buile f4

fuse (US **fuze**) n fiús m; (for bomb etc) aidhnín m4; **fuse box** n bosca m4 fiúsanna

fuss n (excitement) fuadar m1, griothal m1; (complaining) gluaireán m1 ▷ vi fuirsigh; **to make a ~** raic a thógáil; **to make a ~ of sb** adhnua a dhéanamh de dhuine, a mhór a dhéanamh de dhuine; **fussy** adj (person) gluaireánach; (eater) beadaí; (dress, style) cúirialta

future adj le teacht ▷ n todhchaí f4; (Ling) aimsir f2 fháistineach; **in ~** as seo amach

fuze (US) n, vt, vi = **fuse**

fuzzy adj (Phot) doiléir; (hair) mionchatach

g

gadget n gaireas m1

Gaelic adj Gaelach ▷ n (Ling: also: **Irish ~**) Gaeilge f4; (also: **Scots or Scottish ~**) Gaeilge na hAlban; **~ football** peil f2 ghaelach; **~ speaker** Gaeilgeoir m3

gag n (on mouth) gobán m1; (joke) scéal m1 grinn

gain vt gnóthaigh ▷ vi (watch) bheith gasta or mear; **to ~ three lbs (in weight)** trí phunt meáchain a chur suas; **to ~ on sb** (catch up) teannadh le duine; **to ~ from/by** gnóthú ar/as

gale n gála m4

gall bladder n máilín m4 domlais

gallery n áiléar m1, gailearaí m4; (also: **art ~**) dánlann f2

gallon n galún m1

gallop n: **at a ~** ar cosa in airde ▷ vi dul ar cosa in airde

gallstone n cloch f2 dhomlais

Galway n Gaillimh f2

gamble n buille m4 faoi thuairim, amhantar m1 ▷ vi imirt, bheith ag cearrbhachas ▷ vt: **to ~ sth** rud a chur i ngeall; **to ~ on** (fig) dul sa seans (go); **gambler** n cearrbhach m1; **gambling** n cearrbhachas m1

game n cluiche m4, (Hunting) géim m4, seilg f2 ▷ adj (willing): **to be ~ (for)** bheith i bhfách (le); **big ~** seilg mhór

gammon n (bacon) gealbhlús f dheataithe; (ham) liamhás m1 deataithe

gang n drong f2; (of workmen) meitheal f2; **gang up** vi: **to ~ up on sb** ceann corr a thógáil do dhuine

gangster n drongadóir m3

gap n bearna f4

gape vi: **to ~ at sb** bheith ag stánadh ar dhuine

garage n garáiste m4

garbage n (US: rubbish) bruscar m1; (inf: nonsense) seafóid f2; **garbage can** (US) n bosca m4 bruscair

Garda n (policeman) Garda m4; **the ~** (Police) na Gardaí mpl4

garden n gairdín m4, garraí m4; **gardener** n garraíodóir m3; **gardening** n garraíodóireacht f3

garlic n gairleog f2

garment n ball m1 éadaigh

garrison n garastún m1

gas n gás m1; (US: gasoline) peitreal m1, artola f4 ▷ vt gásaigh; **gas cooker** n cócaireán m1 gáis, gáschócaireán m1; **gas cylinder** n sorcóir m3 gáis; **gas fire** n tine f4 gháis

gasket n (Aut) gaiscéad m1

gasoline (US) n peitreal m1, artola f4

gasp vi lig cnead; **~ing for breath** d'anáil a bheith i mbarr do ghoib

agat, ga seá a bheith ionat

gas station (US) n stáisiún m1 peitril

gate n (of garden) geata m4

gateway n geata m4, bealach m1 isteach

gather vt cruinnigh, bailigh; (flowers, fruit) bain; (assemble) cruinnigh le chéile; (understand) tuig ▷ vi (assemble) cruinnigh; **to ~ speed** siúl a thógáil; **gathering** n cruinniú m

gauge n (instrument) tomhsaire m4 ▷ vt tomhais

gay adj (homosexual) aerach; (cheerful) aigeantach, meidhreach; (colour etc) péacach ▷ n homaighnéasach m1

gaze n amharc m1 ▷ vi: **to ~ at** stánadh ar

gear n (equipment) trealamh m1, gléasra m4; (Tech) fearas m1; (Aut) giar m1 ▷ vt (fig: adapt): **to ~ sth to** rud a chur in oiriúint do; **top ~**, **high ~** (US) ardghiar; **low ~** ísealghiar; **in ~** i ngiar; **gear box** n giarbhosca m4; **gear lever** (US **gear shift**) n luamhán m1 an ghiair

gel n glóthach f2

gem n seoid f2

Gemini n (Astrol) An Cúpla m4

gender n cineál m1; (Ling) inscne f4

general n ginearál m1 ▷ adj ginearálta, gnáth-; **in ~** i gcoitinne; **general election** n olltoghchán m1; **generally** adv de ghnáth, go hiondúil; **general practitioner** n gnáthdhochtúir m3

generate vt gin

generation n glúin f2; (of electricity etc) giniúint f3

generator n gineadóir m3

generosity n féile f4, flaithiúlacht f3

generous adj fial

g

genetic adj géiniteach; **~ engineering** innealtóireacht f3 ghéiniteach; **genetically** adv: **genetically modified** géinathraithe; **genetics** n géineolaíocht f3

genitals npl baill mph ghiniúna

genius n (natural talent) bua m4; (person) sárintleachtach

gentle adj caoin, séimh, maránta

gentleman n duine m4 uasal

gently adv go caoin, go réidh

gents n leithreas m na bhfear: **"G~"** (on sign) "Fir"; **where's the ~?** cá bhfuil leithreas na bhfear?

genuine adj fíor-, dílis; (person) ionraic, macánta

geography n tíreolaíocht f3

geology n geolaíocht f3

geometry n céimseata f

geranium n geiréiniam m4

geriatric adj seanliach, seanliachta n gen

germ n (Med) frídín m4, geirm f2, bitheog f2

German adj, n Gearmánach m1; (Ling) Gearmáinis f2; **German measles** n an bhruitíneach f2 dhearg

Germany n an Ghearmáin f2

gesture n gotha m4, geistear m1; (sign) comhartha m4

KEYWORD

get vi 1 (become, be) éirigh; **to get old/tired** éirí sean/tuirseach; **to get drunk** dul ar meisce; **he got killed** maraíodh é; **when do I get paid?** cá huair a gheobhaidh mé mo thuarastal?; **it's getting late** tá sé ag éirí mall

2 (go): **to get to/from somewhere** áit a bhaint amach/imeacht ó áit;

to get home an baile a bhaint amach; **how did you get here?** cén dóigh ar cén chaoi ar tháinig tú anseo?

3 (begin): **I'm getting to know him** tá mé ag cur aithne air; **let's get going** or **started** (on journey) bímis or beidh muid ag imeacht, buailfidh muid an bóthar

4 (modal aux vb): **you've got to do it** caithfidh tú é a dhéanamh; **I've got to tell the police** caithfidh mé scéala a chur chuig na póilíní

▷ vt 1: **to get sth done** rud a (chur á) dhéanamh; **to get one's hair cut** do chuid gruaige a bhearradh; **to get sb to do sth** tabhairt ar dhuine rud a dhéanamh; **to get sb drunk** duine a chur ar meisce

2 (obtain: money, permission, results) faigh; (find: job, flat) faigh; (fetch: person, doctor, object) téigh faoi dhéin + gen or faoi choinne + gen; **to get sth for sb** rud a fháil do dhuine; **get me Mr Jones on the phone, please** faigh Mr. Jones ar an nguthán or an teileafón dom, le do thoil; **can I get you a drink?** ar mhaith leat deoch?

3 (receive: present, letter) faigh; (acquire: reputation) faigh, tabhaigh; (prize) faigh, gnóthaigh; **what did you get for your birthday?** cad é a fuair tú cothrom an lae or ar do lá breithe?

4 (catch) ceap, gabh, faigh greim ar; (hit: target etc) aimsigh; **to get sb by the arm/throat** greim sciatháin/scornaí a fháil ar dhuine; **get him!** beir air!, gabh é!

5 (take, move) tabhair; **do you think we'll get it through the door?** meas tú an rachaidh sé isteach ar an doras?; **I'll get you**

there somehow fágfaidh mé thú ann ar dhóigh éigin

6 (catch, take: plane, bus etc) gabh ar, faigh; **he got the bus** chuaigh sé ar an mbus

7 (understand) tuig, cluin, clois; **I've got it!** tá sé agam!; (hear) **I didn't get your name** níor chuala mé d'ainm

8 (have, possess): **to have got sth** rud a bheith agat; **how many have you got?** cá mhéad atá agat?

get about vi (be socially active) bheith i gcónaí ar do chois; (after illness) bheith ar do bhonn arís; (news) leath, scaip

get along vi (agree) tar or tarraing le chéile; (depart) imigh (leat); **they get along well together** tá siad ag tarraingt go maith le chéile; (manage) = **get by**

get at vt fus (attack) tabhair faoi; (niggle) bain as; (facts) tar ar; (reach) sroich, bain amach

get away vi imigh; (escape) éalaigh

get away with vt fus: **to get away with the money** an t-airgead a fháil leat; **he won't get away with it** ní ligfear leis é

get back vi (return) fill, tar ar ais
▷ vt faigh ar ais

get by vi (pass) gabh thar; (manage) tar le; **we had to get by with what we had** b'éigean dúinn teacht leis an méid a bhí againn

get down vi fus, vt fus téigh síos, tar anuas
▷ vt (depress) cuir gruaim ar; (on paper) breac síos

get down to vt fus (work) crom ar, dírigh ar, luigh isteach ar

get in vi (train) tar isteach; **the train got in at six o'clock** tháinig

an traein isteach ar a sé a chlog

get into vt fus (car, train etc) téigh isteach i; (clothes) cuir ort; **to get into bed** dul a luí

get off vi (from train etc) tuirling, tar anuas; (depart: person, car) imigh; (escape): **he got off** scaoileadh saor é
▷ vt (remove: clothes) bain díot; (: stain) bain amach
▷ vt fus (train, bus) tuirling de, tar anuas de

get on vi (at exam etc) éiríonn le; (agree): **to get on with each other** réiteach le chéile, tarraingt le chéile
▷ vt fus (horse) téigh in airde ar

get out vi (of vehicle) téigh amach as, éirigh amach as, tuirling
▷ vt (take out) tabhair amach

get out of vt fus éirigh as; (duty etc) éalaigh ó

get over vt fus (illness) tar slán ó, cuir thart

get round vt fus téigh timpeall ar; (fig: person) meall; **to get round sb** duine a fháil le cabhadh

get up vi (rise) éirigh
▷ vt fus cuir in a shuí
▷ vt fus téigh suas; **have you got up yet?** an bhfuil tú i do shuí go fóill?

get up to vt fus (reach) sroich, bain amach; (prank etc) déan; **he is getting up to his old tricks** tá an tseanchleasaíocht arís air

getaway n: **to make one's ~** do chosa a bhreith leat

Ghana n Gána m4

ghastly adj uafar; (pale) mílítheach, geal bán san aghaidh

ghost n taibhse f4

giant n fathach m1 ▷ adj ollmhór

gift n bronntanas m1, féirín m4;

(*ability*) bua m4; **gifted** adj tréitheach, ábalta; **gift token** n éarlais f2 bhronntanais

gigantic adj ábhalmhór

giggle vi déan sciotaíl (gháire)

gills npl (*of fish*) geolbhach msg1

gilt adj órnite ▷ n órú m

gimmick n seift f2, ciúta m4

gin n jin f2

ginger n sinséar m1; **ginger beer** n beoir f shinséir; **gingerbread** n arán m1 sinséir

gipsy n giofóg f2

giraffe n sioráf m1

girl n cailín m4, girseach f2; (*daughter*) iníon f2; **girlfriend** n (*of girl*) cara m mná, banchara m4; (*of boy*) cailín m4, leannán m

gist n éirim f2, bunbhrí f4

give vt tabhair ▷ vi (*break*) géill; (*stretch: fabric*) sín; **to ~ sb sth, ~ sth to sb** rud a thabhairt do dhuine; **to ~ a cry/sigh** scread/ osna a ligean; **give away** vt tabhair uait (in aisce); (*betray*) feall ar; (*disclose*) sceith, scil; (*bride*) tionlaic (chun na haltóra); **give back** vt tabhair ar ais; **give in** vi géill ▷ vt tabhair isteach; **give off** vt (*heat, smell*) cuir as; **give out** vt roinn, tabhair amach; **give up** vi géill ▷ vt éirigh as, tabhair suas; **to ~ up cigarettes** éirí as na toitíní; **to ~ o.s. up to** tú féin a thabhairt suas; **give way** (*Brit: collapse*) vi tabhair (uaidh), bris; (*Aut*) géill slí; **the ground gave way under my feet** thug an fód faoi mo chos

glacier n oighearshruth m3

glad adj áthasach, sásta, meidhreach; **to be ~ of sth** áthas a bheith ort as rud; **gladly** adv le fonn, go fonnmhar, faoi chroí mhór mhaith; **I'll do it gladly** déanfaidh

mé (é) agus fáilte

glamorous adj luisiúil, maisiúil, sciamhach

glamour n loise f4; (*fascination*) draíocht f3

glance n sracfhéachaint f3 ▷ vi: **to ~ at** súil a chaitheamh ar

gland n faireog f2

glare n (*of anger*) súil f2 fhiata; (*of light*) dallrú m ▷ vi dallraigh; **to ~ at** súil fhiata a thabhairt ar; **glaring** adj (*mistake*) follasach

Glasgow n Glaschú m 5

glass n gloine f4; **glasses** npl (*spectacles*) spéaclaí mpl4

glaze vt (*door, window*) cuir gloine i, gloinigh; (*Culin, pottery*) glónraigh ▷ n (*on pottery*) gléas m1

gleam vi dealraigh, drithligh

glide vi (*Aviat*) téigh ar foluain; (*slide*) sleamhnaigh; **glider** n (*Aviat*) faoileoir m3

glimmer n fannléas m1

glimpse n spléachadh m1 ▷ vt faigh spléachadh ar

glint vi drithligh, glinnigh

glisten vi bheith ag glioscarnach

glitter vi ruithnigh

global adj domhanda; **~ warming** téamh m domhanda

globe n cruinneog f2

gloom n (*darkness*) dorchacht f3; (*sadness*) gruaim f2, duairceas m1, smúit f2; **gloomy** adj gruama, dubhach, duairc

glorious adj glórmhar; (*day*) aoibhinn, álainn

glory n glóir f2; (*splendour*) breáthacht f3

gloss n (*shine*) snas m3; (*also*: **~ paint**) péint f2 snasaithe

glossary n gluais f2

glossy adj snasta

glove n miotóg f2, lámhainn f2

glow vi lonraigh; **her cheeks were ~ing** bhí lasadh ina grua

glucose n glúcós m

glue n gliú m4 ▷ vt cuir gliú ar, gliúáil; **she was ~d to the screen** bhí a súile sáite sa scáileán

gnaw vt creim, cnaígh

go vi téigh, gabh; (depart) imigh; (collapse etc) tabhair; (be sold): **to go for £10** imeacht ar £10; (fit, suit): **to go with** teacht le; (become): **to go pale** éirí geal bán san aghaidh; **it went mouldy** tháinig coincleach air ▷ n: **to have a go (at)** tabhair faoi; **to be on the go** bheith ar do chois; **it's your go** do shealsa atá ann; **he's going to ...** tá sé ag dul a dhéanamh ...; **to go for a walk** dul ag spaisteoireacht; **to go dancing** dul ag damhsa; **how did it go?** cad é mar a d'éirigh leis?; **to go round the back/by the shop** dul thart ar chúl/thart leis an siopa; **go about** vi (rumour) gabh thart ▷ vt fus: **how do I go about this?** cad é mar a thugaim faoi seo?; **go ahead** vi (make progress) téigh chun cinn; (get going) gabh ar aghaidh; **go along** vi siúil romhat ▷ vt fus téigh feadh + gen; **go away** vi imigh leat; **go back** vi fill; **go back on** vt fus (promise) séan, téigh siar ar; **go by** (years, time) téigh thart ▷ vt fus déanamh de réir + gen; **go down** vi téigh síos; (ship) téigh go grinneall; (sun) téigh faoi; **go for** vt fus (fetch) téigh ar lorg; (attack) tabhair fogha faoi; **go in** vi téigh isteach; **go in for** vt fus (competition) téigh san iomaíocht do; (like): **he goes in for that sort of thing** tá dúil aige sa chineál sin ruda; **go into** vt fus (discuss) pléigh; (investigate) fiosraigh; (embark on) cromar; **go off** vi imigh; (explode) pléasc; (food): **the milk has gone off** tá corr sa bhainne ▷ vt fus tabhair snamh do; **the gun went off** scaoil an gunna; **go on** vi lean ort; **to go on with sth** dul ar aghaidh le rud; **go out** vi (fire, light) téigh as; **go over** vt fus (check) téigh siar ar; **go through** vt fus (town etc) téigh tríd; **go up** vi téigh suas; (price) ardaigh ▷ vt fus (ladder, mountain) téigh suas; **go without** vt fus déan gan, téigh gan

go-ahead adj forásach; **to give sb the ~** ligean do dhuine dul ag aghaidh, cead a chinn a thabhairt do dhuine

goal n báire m4, cúl m1; **goalkeeper** n cúl m baire; **goalpost** n cuaille m4 báire

goat n gabhar m1

gobble vt (also: **~ down**, **~ up**) alp, plac

god n dia m1; **My G~!** A Dhia dhílis!; **godchild** n leanbh m1 baistí; **goddaughter** n iníon f2 baistí; **goddess** n bandia m4; **godfather** n athair m baistí; **godmother** n máthair f baistí; **godson** n mac m1 baistí

goggles npl (for skiing etc) gloiní fpl4 cosanta

going n (conditions) deis f2 ▷ adj: **the ~ rate** an ráta reatha

gold n ór m1 ▷ adj óir n gen; **golden** adj (made of gold) óir n gen; (in colour) órga; **goldfish** n iasc m1 órga; **gold-plated** adj órphlátáilte

golf n galf m1; **golf ball** n liathróid f2 ghailf; **golf club** n cumann m1 gailf; (stick) maide m4 gailf; **golf course** n galfchúrsa m4; **golfer** n galfaire m4

gong n gang m3

good adj maith ▷ n maith f2; **goods** npl (Comm) earraí mpl4; **~I** go maith!; **to be ~ at Irish** bheith go maith ag an Ghaeilge; **to be ~ at games** bheith go maith i gceann cluichí; **it did me ~** chuaigh sé go maith dom; **would you be ~ enough to ...?** ar mhiste leat ...?; **a ~ deal (of)** roinnt mhaith + gen; **a ~ many** gearrchuid; **to make ~** vi (succeed) rath a dhéanamh ▷ vt (deficit, losses) tabhairt isteach; **it's no ~ complaining** níl maith (duit) a bheith ag gearán; **for ~** go deo, gan súil le filleadh; **~ morning!** Dia duit ar maidin!; **~ evening!** tráthnóna maith duit!; **~ night!** oíche mhaith duit! (on going to bed) oíche mhaith agat!, slán codlata agat!, codladh sámh!; **goodbye** excl slán; **Good Friday** n Aoine f4 an Chéasta; **good-looking** adj dathúil, gnaíúil, dóighiúil; **good-natured** adj (person) lách, cineálta, deáthach; **goodness** n (of person) maitheas f3; **for goodness sake!** in ainm Dé!; **goodness gracious!** a Thiarna Dhia!; **goods train** n traein f earraí; **goodwill** n dea-mhéin f2, dea-thoil f3

goose n gé f4

gooseberry n spíonán m

goose bumps npl cáithníní mpl4

gorge n altán m

gorgeous adj sárálainn, fíorsciamhach

gorilla n goraille m4

gospel n soiscéal m

gossip n cardáil f3, cadráil f3; (malicious) cúlchaint f2; (person) cardálaí m4, béadánaí m4; (malicious) cúlchainteoir m3 ▷ vi: **to**

~ (about) bheith ag béadán or ag cúlchaint (ar)

govern vt rialaigh; **government** n rialtas m; **governor** n (of state, bank) gobharnóir m3

gown n gúna m4

GP n abbr = **general practitioner**

grab vt sciob, glám ▷ vi: **to ~ at** iarraidh or áladh a thabhairt ar

grace n grásta m4; (elegance) cuannacht f3 ▷ vt (adorn) maisigh; **five days' ~** cairde cúig lá; **~ before meals** altú roimh bhia; **graceful** adj mómhar; **gracious** adj grástúil

grade n (Comm) cáilíocht f3; (in hierarchy) aicme f4; (Scol) grád m; (US: school class) rang m3 ▷ vt (US) grádaigh, rangaigh; **grade school** (US) n bunscoil f2

gradient n grádán m

gradual adj céimseach, dréimreach; **gradually** adv de réir a chéile, as a chéile

graduate n céimí m4 ▷ vi céim a bhaint amach; **graduation** n (Univ) bronnadh m céimeanna

graffiti npl graffiti mpl

graft n (Agr, Med) nódú m; (bribery) breabaireacht f3 ▷ vt nódaigh; **hard ~** obair f2 chrua

grain n gráinne m4; (corn) arbhar m

gram n gram m1

grammar n gramadach f2; (book) graiméar m1; **grammar school** n scoil f2 ghramadaí

gramme n gram m1

grand adj breá, maorga; (superior) ardnósach; (gesture etc) mór ▷ n (inf): **a ~ mile** punt or dollar; **that's ~** tá sin go breá!; **grandchildren** npl clann f2 clainne; **granddad, grandpa** (inf) n daideo m4; **granddaughter** n gariníon f2;

grandfather n seanathair m;
grandma (inf) n mamó f4;
grandmother n seanmháthair f;
grandparents npl an seanathair
agus an tseanmháthair; **grand
piano** n mórphianó m4; **grandson**
n garmhac m; **grandstand** n
(Sport) seastán m mór
granite n eibhear m
granny (inf) n mamó f4
grant vt deonaigh; (permission)
tabhair; (admit) admháigh ▷ n
(Scol) deontas m; (Admin) deonú m;
to take it for ~ed that talamh slán
a dhéanamh de go
grape n fíonchaor f2
grapefruit n seadóg f2
graph n graf m; **graphic** adj
grafach; (account, description) léir,
glinn; **graphics** n graificí fpl2
grasp vt beir ar ▷ n (grip) greim m3;
(understanding) tuiscint f3
grass n féar m; **grasshopper** n
dreoilín m4 teaspaigh
grate n gráta m4 ▷ ví díosc ▷ vt
(Culin) grátáil
grateful adj buíoch
gratitude n buíochas m
grave n uaigh f2 ▷ adj
tromchúiseach
gravel n gairbhéal m
gravestone n leac f2 uaighe, tuama
m4
graveyard n reilig f2
gravity n (Phys) imtharraingt f;
(seriousness) tromchúis f2
gravy n súlach m
gray (US) adj = **grey**
graze ví bheith ag innilt ▷ vt (touch
lightly) teagmhaigh le; (scrape)
gránaigh ▷ n gránú m
grease n (fat) bealadh m ▷ vt
bealaigh; **greasy** adj bealaithe
great adj mór; (inf) iontach; **it was

~!** bhí sé go hiontach; **Great
Britain** n an Bhreatain f2 Mhór;
great-grandfather n
sin-seanathair m; **great-
grandmother** n sin-seanmháthair
f; **greatly** adv go mór
Greece n an Ghréig f2
greed n (also: **~iness**) saint f2; (for
food) cíocras m1, ampla m4; **greedy**
adj santach; (for food) cíocrach,
amplach
Greek adj, n Gréagach m; (Ling)
Gréigis f2
green adj, n glas m; (vivid) uaine f4;
(stretch of grass) faiche f4; **greens**
npl (vegetables) glasraí mpl4; **The
G~ Party** (Pol) An Páirtí m4 Glas;
(Irl) An Comhaontas m1 Glas; **green
card** n (Aut, also US) cárta m4 glas;
greengrocer n grósaeir m3 glasraí;
greenhouse n teach m gloine;
greenhouse effect n éifeacht f3
teach gloine
Greenland n an Ghraonlainn f2
greet vt beannaigh do; **greeting** n
beannacht f3; **greeting card,
greetings card** n cárta m4
beannachta
grey (US gray) adj liath; (sheep,
horse) glas; **grey-haired** adj
liath, ceannliath; **greyhound** n
cú m4
grid n greille f4; (Elec) eangach f2
grief n brón m, dobrón m, léan m
grievance n cúis f2 ghearáin
grieve ví dobrón a dhéanamh ▷ vt
dobrón a chur ar
grill n (on cooker) greille f4; (food)
gríscín m4 ▷ vt gríosc; (inf:
question) cuir ceastóireacht ar
grille n grátáil f3, greille f4
grim adj dúr
grime n smúr m, ciobar m1
grin n draid f2, straois f2 ▷ ví cuir

draid or straois ort féin

grind vt meil ▷ n (work) obair f2 chortha, tiaráil f3

grip n (hold) greim m3; (control) smacht m3; (grasp) tuiscint f3; (handle) greamán m ▷ vt faigh greim ar, greamaigh; **to come to ~s with** dul i ngleic le, dul i ngreim i; **gripping** adj corraitheach, dúspéisiúil

grit n grean m1; (courage) gus m3, spriolladh m ▷ vt cuir grean ar; **to ~ one's teeth** na fiacla a theannadh ar a chéile

groan n éagnach m ▷ vi éagnaigh, déan éagnach

grocer n grósaeir m3; **groceries** npl earraí mpl4 grósaera; **grocer's, grocer's shop** n siopa m4 grósaera

groin n bléin f2

groom n grúmaeir m3; (also: **bride~**) grúm m ▷ vt (horse) cuir cóir ar; **well-~ed** deachóirithe

groove n eitre f4

grope vi: **I ~d for a pen** rinne mé méarnáil ar lorg pinn

gross adj (serious) tromchúiseach; (vulgar) otair; **~ income** (Comm) ioncam m comhlán; **grossly** adv (greatly) go mór

ground n talamh m or f, fearann m; (Sport) páirc f2; (US: also: **~ wire**) talmhú m; (reason: gen pl) cúis f2 ▷ vt (plane) cuir fuireacht point ar; (US: Elec) talmhaigh; **grounds** npl (gardens etc) fearann msg; **to fall to the ~** titim go talamh; **to gain/ lose ~** talamh a dhéanamh/a chailleadh; **groundsheet** n braillín f2 talún; **groundwork** n ullmhú m, obair f2 bhunaidh

group n gasra m4 ▷ vt (also: **~ together**) cuir i ngrúpaí ▷ vi cruinnigh

grouse n (bird) cearc f2 fhraoigh ▷ vi (complain) déan clamhsán

grovel vi lodair, (fig) lútáil, déan flústaireacht

grow vt, vi fás; (increase) méadaigh; (become): **to ~ rich/weak** éirí saibhir/lag; (develop): **he's ~n out of his jacket** tá a chasóg séanta aige; **he'll ~ out of it!** fágfaidh sé ina dhiaidh é leis an aimsir; **grow up** vi éirí mór, teacht i méadaíocht, fás aníos

growl vi drantaigh

grown-up n duine m4 fásta, duine mór

growth n fás m; (expansion) forás m, borradh m; (Med) siad m3

grub n cruimh f2; (inf: food) bia m4

grubby adj grabasta

grudge n fala f4, olc m1 ▷ vt: **to ~ sb sth** rud a mhaíomh ar dhuine, rud a thnúth do dhuine; **to bear sb a ~ (for)** fala a bheith agat le duine (as), olc a bheith agat do dhuine (as)

gruelling (US **grueling**) adj dian, maslach

gruesome adj urghránna, uafásach

grumble n ceasnaigh, déan clamhsán or canrán

grumpy adj cantalach, cancrach

grunt vi déan gnúsacht

guarantee n ráthaíocht f3 ▷ vt ráthaigh, téigh in urra ar

guard n garda m4; (on machine) sciath f2; (also: **fire~**) sciath f2 tine ▷ vt gardáil; **to ~ (against** or **from)** gardáil (ar), tú féin a ghardáil or a fhaichill (ar); **guardian** n coimirceoir m3; (of minor) caomhnóir m3

guerrilla n guairille m4

guess vt tomhais; (estimate) meas; (esp US: suppose) creid ▷ vi tomhais

▷ n tomhas m1; **to take** or **have a ~** buille faoi thuairim a thabhairt; **~ what! I won** cad é do bharúil! bhain mé

guest n aoi m4; **guest-house** n teach m aíochta; **guest room** n seomra m4 aíochta

guidance n treoir f

guide n (person, book etc) eolaí m4; (also: **girl ~**) brídín f4 ▷ vt treoraigh, déan treoir do; **guidebook** n eolaí m4, leabhrán m1 eolais; **guide dog** n madra m4 treoraithe; **guidelines** npl (fig) treoirlínte fpl4

guild n gild m4, cuallacht f3

guilt n ciontacht f3; **guilty** adj ciontach

guinea pig n muc f2 ghuine

guitar n giotár m1

gulf n murascaill f2; (fig) scoilt f2

gull n faoileán m1

gulp vi sclog ▷ vt (also: **~ down**) slog siar

gum n (Anat) drandal m1, carball m1; (glue) guma m4, gumroisín m4; (sweet: also gumdrop) póirín m4 guma; (also: **chewing ~**) guma coganta ▷ vt cuir guma ar

gun n gunna m4; **gunfire** n lámhach m1; **gunman** n fear m gunna; **gunpoint** n: **at gunpoint** faoi bhéal gunna; **gunpowder** n púdar m1 gunna; **gunshot** n urchar m1 gunna

gush vi scaird; (fig) téigh thar fóir

gust n (of wind) séideán m1

gut n putóg f2; **guts** (courage) spriolladh msg1

gutter n gáitéar m1

guy n (inf: man) diúlach m1, ógánach m1; (also: **~rope**) cuibhreach m1

gym n (also: **~nasium**) giomnáisiam m4; **gymnast** n gleacaí m4; **gymnastics** npl

gleacaíocht f3

gynaecologist (US **gynecologist**) n lia m4 ban

gypsy n giofóg f2, tincéir m3

g

h

habit n nós m1, béas m3, gnás m1
hack vt coscair, ciorraigh, leadair
haddock n cadóg f2; **smoked ~**
cadóg dheataithe
haemorrhage (US **hemorrhage**) n
rith m3 fola, fuiliú m
haemorrhoids (US **hemorrhoids**)
npl fíocas m1, daorghalar m1
Hague n: **the ~** an Háig f2
hail n cloch f2 shneachta ▷ vt (call)
glaoigh ar, scairt le; (welcome)
fáiltigh roimh; (address) cuir ceiliúr
or forrán ar ▷ vi: **it's ~ing** tá sé ag
cur cloch sneachta; **he was ~ed as
a great writer** bhí clú agus cáil air
mar scríbhneoir mór; **hailstone** n
cloch f2 shneachta
hair n (on head) gruaig f2, folt m1
(gruaige); (on body, animal)
fionnadh m1; (pubic hair) stothóg f2,
caithir f; (single hair: on head) ribe
m4 gruaige; (: on body, animal) ribe
fionnaidh; **to do one's ~** do chuid
gruaige a chóiriú; **hairbrush** n
scuab f2 ghruaige; **haircut** n
bearradh m gruaige; **hairdo** n
cóiriú m gruaige; **hairdresser** n
gruagaire m4; **hairdresser's** n
siopa m4 gruagaire; **hair dryer** n
triomadóir m3 gruaige; **hairpin** n
(bend) coradh m géar; **hair spray** n
laicear m gruaige; **hairstyle** n stíl
f2 ghruaige; **hairy** adj gruagach,
clúmhach
hake n colmóir m3
half n leath f2; (of beer: also: **~ pint**)
leathphionta m4; (Irl: of whiskey)
leathcheann m1; (train, bus: also:
~ fare) leath-tháille f4
▷ adj leath- ▷ adv leath-; **~ a
dozen** leathdhosaen m4; **~ a
pound** leathphunt m1; **two and a
~ days** dhá lá go leith; **to cut sth
in ~** rud a ghearradh ina dhá leath;
the bottle was ~ empty bhí an
buidéal leathfholamh; **at ~ past
two** ar leathuair i ndiaidh or tar éis
a dó; **in ~ an hour** i gceann
leathuaire; **half-hearted** adj
fuarbhruite; **half-hour** n leathuair
f2; **half-price** adj, adv: **(at)
half-price** (ar) leathphraghas, (ar)
leathluach; **half term** n (Scol) lár
m1 téarma; **half-time** n leath am
m3; **halfway** adv leath f2 bealaigh
hall n halla m4; (entrance way)
forhalla m4
hallmark n sainmharc m1; (fig) lorg
m1, comhartha m4
hallo excl = **hello**
hall of residence n halla m4
cónaithe
Hallowe'en n Oíche f4 Shamhna
hallucination n mearú m súl
hallway n halla m4
halo n fáinne m4; (of saint etc) luan m1

halt n stad m4, stop m4 ▷ vt, vi stad, stop

halve vt (expense) laghdaigh faoina leath; **he ~d the apple** rinne sé dhá leath den úll

ham n liamhás m1

hamburger n martbhorgaire m4

hamlet n gráig f2, sráidbhaile m4

hammer n casúr m1 ▷ vt (nail) orlaigh; (fig) gread ▷ vi (on door) buail tailm ar

hammock n ámóg f2

hamper vt cuir isteach ar, cuir as do, bac ▷ n amparán m1, cis f2, ciseán m1

hamster n hamstar m1

hand n lámh f2; (worker) oibrí m4; (at cards) lámh f2 ▷ vt tabhair do; **to give** or **lend sb a ~** lámh chuidithe a thabhairt do dhuine; **to have a ~ in sth** lámh a bheith agat i rud; **at ~** in aice láimhe; **in ~** (time) le spáráil, sa bhreis; (job, situation) idir lámha; **to be on ~** bheith in aice láimhe, bheith in áit na garaíochta; **to ~** (information etc) in aice láimhe, ag an láimh (agat); **on the one ~ ...**, **on the other ~** ar láimh amháin (de) ..., ar an láimh eile (de); **hand in** vt fág isteach, tabhair isteach; **hand out** vt dáil, tabhair amach; **hand over** vt tabhair (do), tabhair uait; **handbag** n mála m4 láimhe; **handbook** n lámhleabhar m1; **handbrake** n coscán m1 láimhe; **handcuffs** npl glais mph lámh, dornaisc mph; **handful** n dornán m1, lán láimhe, glac f2; **he's a bit of a handful** (fig) ní haon dóithín é

handicap n (also Golf) cis f2 ▷ vt cis, cuir cis ar

handkerchief n ciarsúr m1

handle n (of door) murlán m1; (of saucepan etc) hanla m4; (of cup, jug, saw) cluas f2; (of knife etc) cos f2; (for winding) lámhchrann m1; (of bucket) lámh f2 ▷ vt láimhsigh; (deal with) láimhseáil, pléigh le; **"~ with care"** "láimhsigh go cúramach"; **to fly off the ~** dul ar steallaí mire, dul as do chrann cumhachta; **handlebars** npl cluasa fpl2 rothair

hand luggage n bagáiste m4 láimhe; **handmade** adj lámhdhéanta; **handout** n (document) bileog f2; (money) síneadh m1 láimhe

handsome adj dóighiúil, dathúil; (profit, return) maith

handwriting n lámhscríbhneoireacht f3, scríbhneoireacht f3, lámh f2

handy adj (person) deaslámhach, seiftiúil; (close at hand) in aice láimhe; (useful) áisiúil, sásta

hang vt, vi croch; **to get the ~ of (doing) sth** teacht isteach ar rud (a dhéanamh); **hang about, hang around** vi: **to ~ about the place** bheith ag máinneáil or ag fáinneáil thart faoin áit; **hang on** vi (wait) fan; **hang up** vi (Tel): **to ~ up (on sb)** an guthán a chur síos (ar dhuine) ▷ vt (coat, painting etc) croch

hanger n crochadán m1

hang-gliding n faoileoireacht f3 shaor

hangover n póit f2

hankie, hanky n abbr = **handkerchief**

happen vi tarlaigh, tit amach; **it so ~s that** tarlaíonn go; **as it ~s** mar a tharlaíonn, mar atá

happily adv go sona (sásta);

(*luckily*) go hádhúil

happiness *n* sonas *m*, séan *m*

happy *adj* sona, séanmhar; **~ with** (*arrangements etc*) sásta le; **to be ~ to help with** bheith bréá sásta cuidiú le; **~ birthday!** go maire tú an lá!

harass *vt* ciap, cráigh; **harassment** *n* ciapadh *m*, crá *m4*

harbour (*US* **harbor**) *n* cuan *m*, port *m*

hard *adj* (*physical object, facts, evidence*) crua; (*question, problem*) deacair, doiligh, crua; (*stubborn*) cadránta ▷ *adv* (*work*) go crua, go dian, go dícheallach; (*think*) go dian, go domhain; **they tried ~** rinne siad a ndícheall; **to look ~ at** breathnú go grinn ar; **no ~ feelings!** níl dochar ar bith déanta!; **to be ~ of hearing** moill éisteachta a bheith ort; **hardback** *n* clúdach *m* crua; **hard disk** *n* (*Comput*) diosca *m4* crua; **harden** *vt, vi* cruaigh

hardly *adv*: **I had ~ come in** ar éigean a bhí mé istigh; **she ~ ever speaks** is ar éigean a labhraíonn sí ar chor ar bith; **I ~ know the man** níl ach breacaithne agam ar an bhfear

hardship *n* cruatan *m*, anró *m4*; **hardware** *n* crua-earraí *mpl4*; **hardware shop** *n* siopa *m4* iarnra or crua-earraí; **hard-working** *adj* dícheallach, saothrach, dlúsúil

hardy *adj* crua, urrúnta; (*plant*) crua

hare *n* giorria *m4*

harm *n* dochar *m*, díobháil *f3*, urchóid *f2* ▷ *vt* déan dochar or díobháil do; **out of ~'s way** slán ó chontúirt, ar láimh shábháilte; **harmful** *adj* dochrach,

díobhálach, urchóideach;

harmless *adj* gan dochar, gan urchóid, neamhurchóideach; **he's harmless** níl dochar ar bith ann

harmony *n* comhcheol *m*

harness *n* úim *f3*; (*safety harness*) úim *f3* shábháilteachta

harp *n* cláirseach *f2*; (*small*) cruit *f2*

harsh *adj* (*hard*) crua; (*severe*) dian; (*unpleasant: sound*) borb; (: *light*) scéiniúil; (*drink*) garg, borb; (*words*) gairgeach, trom

harvest *n* fómhar *m* ▷ *vt* bain, sábháil, déan

hassle (*inf*) *n* cur *m* isteach, ciotaí *f4* ▷ *vt*: **to ~ sb** duine a chiapadh or a chrá

haste *n* deifir *f2*, dithneas *m1*; **in ~** faoi dheifir or dhithneas; **hasten** *vt, vi* deifrigh, brostaigh; **hastily** *adv* faoi dheifir or dhithneas; **hasty** *adj* deifreach; (*rash*) tobann, araiciseach

hat *n* hata *m4*

hatch *n* haiste *m4* ▷ *vt, vi* gor; **to ~ a plot** ceilg a chothú

hatchback *n* (*Aut*) carr *m* le haiste cúil

hate *vt* fuathaigh, gráinigh; **to ~ sb/sth** fuath or gráin a bheith agat ar dhuine/rud ▷ *n* fuath *m3*, gráin *f*; **hatred** *n* fuath *m3*, gráin *f*

haul *vt* tarraing, tarlaigh ▷ *n* (*of fish*) dol *m3*, cor *m*; (*of stolen goods etc*) creach *f2*, éadáil *f3*

haunt *vt* gnáthaigh, taithigh; **~ed house** teach siúil ▷ *n* gnáthóg *f2*

KEYWORD

have *aux vb* **1** (*past tense*): **he has arrived/gone** tháinig/d'imigh sé; **he has eaten/slept** d'ith/chodail sé; **he has been promoted**

tugadh ardú céime dó
2 (in tag questions): **you've done it, haven't you?** rinne tú é, nach ndearna?, tá sé déanta agat, nach bhfuil?
3 (in short answers and questions): **you've made a mistake — so I have!**/**no I haven't** rinne tú meancóg — rinne maise or is fíor duit!/ní dhearna in aon chor; **I've been there before, have you?** bhí mise ann cheana, an raibh tusa?
▷ modal aux vb (be obliged): **to have (got) to do sth** fiacha a bheith ort rud a dhéanamh; **she has (got) to do it** ní mór di é a dhéanamh; **you haven't to tell her** caithfidh tú gan a rá léi or gan a insint di
▷ vt 1 (possess, obtain: articles, goods etc): **she has a car** tá carr aici; **he has plenty of money** tá airgead mór aige; (parts of the body): **she has long legs** tá cosa fada uirthi; **she has (got) blue eyes** tá súile gorma aici; **he has a moustache** tá croimbéal air; (illness): **she has a cold** tá slaghdán uirthi; **he has the measles** tá an bhruitíneach air; (innate ability): **he has great strength** tá urra mór ann; (obtain): **may I have your address?** an dtabharfaidh tú do sheoladh dom, le do thoil?
2 (+ noun: take, hold etc): **to have breakfast/dinner/lunch** bricfeasta/dinnéar/lón a ithe; **to have a bath** folcadh a dhéanamh/a ghlacadh; **to have a swim** dul ag snámh; **to have a meeting/party** cruinniú/cóisir a bheith agat
3: **to have sth done** rud a chur á dhéanamh; **I had the room cleaned** thug mé an seomra a

ghlanadh; **to have one's hair cut** do chuid gruaige a bhearradh; **to have sb do sth** tabhairt ar dhuine rud a dhéanamh
4 (experience, suffer): **to have a cold/flu** slaghdán/fliú or ulpóg a bheith ort; **to have an operation** dul faoi scian
5 (inf: dupe): **he's been had** buaileadh bob or port air, cuireadh dallamullóg air
have out vt: **to have it out with sb** (settle a problem etc) rud a chur de do chroí le duine

haven n cuan m1, port m1; (fig) tearmann m1
havoc n scrios m, slad m3
hawk n seabhac m1
hay n féar m1; **hay fever** n fiabhras m1 léana, slaghdán m1 teaspaigh; **haystack** n cruach f2 fhéir
hazard n (danger) guais f2, contúirt f2, baol m1; **hazard warning lights** npl (Aut) soilse mph guaise
haze n ceo m4, dusma m4
hazelnut n cnó m4 coill
hazy adj (weather) ceobhránach, smúránta; (view) doiléir
he pron sé, é; (as subject): **he came in** tháinig sé isteach; (with copula): **he is a man** is fear é; (in passive, autonomous): **he was injured** gortaíodh é; (emphatic) seisean, eisean; **he came and he stayed** tháinig seisean agus d'fhan sise; **it is he who ...** is eisean a ...
head n ceann m1, cloigeann m1; (leader) ceannaire m4; (of school) príomhoide m4; (Comput) cnoga m4
▷ vt (list) bheith ar bharr + gen; (group) bheith i do cheann (feadhna) ar; **~s or tails** aghaidh nó droim, ceann nó cláirseach; **~**

first i ndiaidh do chinn; **they are ~ over heels in love** tá siad splanctha i ndiaidh a chéile; **to ~ a ball** an cloigeann a chur le peil; **they ~ed home** thug siad aghaidh ar an bhaile; **head for** vt fus tabhair aghaidh ar; **they're ~ing for Derry** tá siad ag tarraingt ar Dhoire; **head up** vt fus (group, team) bheith i mbun + gen, bheith i gceannas ar; **headache** n tinneas m cinn; **heading** n ceannteideal m1; **headlamp, headlight** n ceannsolas m1; **headline** n ceannlíne f4; **head office** n ardoifig f2, príomhoifig f2; **head-on** adj gan chosnamh; **a head-on collision** bualadh díreach in éadan a chéile; **headphones** npl cluasáin mph; **headquarters** npl ceanncheathrú fsg; **headrest** n taca m4 cinn; **headroom** n fairsinge f4 cinn; **headscarf** n caifirín m4; **headteacher** n príomhoide m4; **head waiter** n príomhfhreastalaí m4

heal vt, vi leigheas, cneasaigh

health n sláinte f4; **to drink to sb's ~** sláinte duine a ól; **health centre** n ionad m1 sláinte; **health food** n bia m4 sláinte; **health food shop** n siopa m4 bia sláinte; **Health Service** n: **the Health Service** An tSeirbhís f2 Sláinte; **healthy** adj folláin, sláintiúil

heap n carn m1, moll m1, cnap m1 ▷ vt: **to ~ (up)** carnadh; **to fall in a ~** titim i do chnap

hear vt, vi cluin, clois, airigh, mothaigh; **to ~ about** cloisteáil faoi, scéala a fháil faoi; **to ~ from sb** scéala a fháil ó dhuine; **to ~ confession** faoistin a éisteacht

hearing n (also Law) éisteacht f3;

hearing aid n áis f2 éisteachta

hearse n cóiste m4 na marbh

heart n croí m4; (courage) misneach m1; **hearts** npl (Cards) hairt mph; **I lost ~** tháinig beaguchtach or lagmhisneach orm; **take ~!** bíodh uchtach or mhisneach agat!; **at ~** i do chroí istigh; **by ~** (learn) de ghlanmheabhair; **to know sth by ~** rud a bheith ar do theanga agat, rud a bheith de ghlanmheabhair agat; **heart attack** n taom m3 croí; **heartbeat** n bualadh m croí; **heartbroken** adj croíbhriste; **heartburn** n daigh f2 chroí; **heart failure** n cliseadh m croí, teip f2 croí

hearth n tinteán m1, teallach m1

hearty adj croíúil; (appetite) folláin, groí; (dislike) ó chroí

heat n teas m3, teocht f3; (of weather) brothall m1; (Sport: also: **qualifying ~**) dreas m3 cáilithe ▷ vt, vi téigh; **heated** adj téite; (fig: argument etc) teasaí, lasánta; **heater** n téitheoir m3

heather n fraoch m1

heating n teas m3, téamh m1; **central ~** téamh lárnach

heatwave n tonn f2 teasa, tonn teaspaigh

heaven n neamh f2, na flaithis mph; **good ~s!** a thiarcais!, ailliliú!; **for ~'s sake** in ainm Dé!; **heavenly** adj neamhaí; (fig) ar dóigh, aoibhinn

heavily adv go trom

heavy adj trom; (sea) ramhar; (rain) trom; (work) maslach

Hebrew adj, n Eabhrach m1 ▷ n (Ling) Eabhrais f2

Hebrides npl: **the ~** Inse fpl2 Ghall

hectic adj fuadrach, corrach

hedge n fál m1 ▷ vi téigh ar chúl sceithe le; **to ~ one's bets** (fig) tú féin a chumhdach

hedgehog n gráinneog f2

heel n sáil f2

hefty adj (person) téagartha; (profit) mór

height n airde f4; (high ground) ard m; (fig: apex) buaic f2; **what ~ are you?** cén airde atá ionat?; **heighten** vt ardaigh; (fig) cuir le

heir n oidhre m4, comharba m4; **heiress** n banoidhre m4

helicopter n héileacaptar m1

hell n ifreann m1; (fig) céasadh m, ceas m3 croí; **~!** (inf!) damnú!; **to ~ with you!, go to ~!** go hifreann leat!, imigh sa diabhal!; **it was a** or **one ~ of a mess** bhí sé ina phrácás ceart; **what the ~ did you say that for?** cad chuige faoi Dhia an ndúirt tú sin?

hello excl Dia duit, Dia daoibh; (to attract attention) hóigh

helmet n clogad m1

help n cuidiú m, cúnamh m1, cabhair f; (charwoman) bean f oibre ▷ vt cuidigh le, tabhair cuidiú or cúnamh or cabhair do, cabhraigh le; **~I** tarrtháil!, fóir orm!; **~ yourself** ith leat; **he can't ~ it** níl neart aige air; **helper** n cuiditheoir m3, cúntóir m3; **helpful** adj cuidiúil, cúntach, cabhrach; (obliging) garach; (useful) áisiúil, úsáideach; **helping** n riar m4 ▷ adj: **to give sb a helping hand** lámh chuidithe or chúnta a thabhairt do dhuine; **helpless** adj anbhann

hem n fáithim f2; **hem in** vt sáinnigh

hemorrhage (US) n = **haemorrhage**

hemorrhoids (US) npl = **haemorrhoids**

hen n cearc f2

hence adv (therefore) dá bhrí sin, mar sin de; **two years ~** i gceann dhá bhliain

her pron í; (emphatic) ise ▷ adj a; **I saw ~** chonaic mé í; **without ~** gan í; **I saw him but not ~** chonaic mé eisean ach ní fhaca mé ise; **after ~** ina diaidh; **~ coat** a cóta; **~ father** a hathair; **~ work** a cuid oibre

herb n luibh f2, lus m3

herd n tréad m3

here adv anseo; **~I** seo!; **~ is, ~ are** seo; **~ she comes!, ~ she is!** seo chugainn anois é!; **~ you are** seo dhuit; **~ and there** thall is abhus; **~'s to your new job!** go maire tú do phost nua!, seo sláinte do phoist nua!

hereditary adj dúchasach, oidhreachtúil

heritage n (of country) dúchas m1, oidhreacht f3

hernia n maidhm f2 sheicne

hero n laoch m1, gaiscíoch m1

heroin n hearóin f2

heroine n banlaoch m1

heron n corr f2 éisc, corr mhóna, Máire f4 fhada

herring n scadán m1

hers adj (single article) a ceannsa; (share of) a cuidse; (emphatic) is léise é; **this one is ~** is léi é; **this book of ~** an leabhar seo aici

herself pron (reflexive) sí féin; (object) í féin; (emphatic) sise féin, ise féin

hesitant adj moillitheach; **he was ~** bhí sé idir dhá chomhairle

hesitate vi: **he ~d** baineadh stad as, bhain stad dó, bhí sé idir dhá chomhairle; **hesitation** n braiteoireacht *f3*; **without hesitation** gan leisce ar bith, gan amhras ar bith

heyday *n*: **in his ~** i mbuaic a réime, in ard a réime, i mbláth a réime

hi *excl* hóigh

hibernate *vi* geimhrigh

hiccups *npl*: **he has** *or* **he's got the ~** tá snag air

hide *n* seithe *f4*, craiceann *m1* ▷ *vt* folaigh, ceil ▷ *vi*: **to ~ (from sb)** téigh i bhfolach (ar dhuine)

hideous *adj* míofar, uafar, urghránna

hiding *n* (*beating*) leadhairt *f3*, léasadh *m*, greasáil *f3*; **to be in ~** bheith i bhfolach

hi-fi *n*, *adj* hi-fi *m4*

high *adj* ard; **20 m ~** 20 m ar airde; **highchair** *n* (*child's*) cathaoir *f* ard; **higher education** *n* oideachas *m1* ardleibhéil; **high jump** *n* (*Sport*) léim *f2* ard; **highlands** *npl* garbhchríocha *fpl2*; **the Scottish Highlands** Garbhchríocha na hAlban, na Garbhchríocha; **highlight** *n* (*fig: of event*) buaic *f2* ▷ *vt* aibhsigh, tabhair chun suntais; **highlights** *npl* (*in hair*) gealáin *mpl*; **highly** *adv* go hard; **to speak/think highly of sb** duine a mholadh go hard na spéir/ ardmheas a bheith agat ar dhuine; **highness** *n*: **Her** (*or* **His**) **Highness** A M(h)órgacht *f3*; **high-rise** *adj*: **high-rise block, high-rise flats** bloc *m1* árasán ardéirí, árasáin *mph* ardéirí; **high school** *n* scoil *f2* ghramadaí; (*US*) ardscoil *f2*; **high season** *n* lár *m* an tséasúir; **high street** *n* príomhshráid *f2*, sráid *f2* mhór; **highway** *n* bealach *m* mór, bóthar *m1* mór; **Highway Code** *n* cód *m1*

an bhealaigh mhóir

hijack *vt* (*plane*) fuadaigh; **hijacker** *n* fuadaitheoir *m3*

hike *vi* siúl de chois, bheith ag fánaíocht ▷ *n* siúlóid *f2*; **hiker** *n* siúlóir *m3*

hilarious *adj* an-ghreannmhar

hill *n* cnoc *m1*; (*on road*) mala *f4*, fánán *m*, fána *f4*; **hillside** *n* mala *f4* cnoic; **hilly** *adj* cnocach, sléibhtiúil

him *pron* é; (*emphatic*) eisean; **I saw ~** chonaic mé é; **without ~** gan é; **I saw ~ but not her** chonaic mé eisean ach ní fhaca mé ise; **after ~** ina dhiaidh; **himself** *pron* (*reflexive*) sé féin; (*object*) é féin; (*emphatic*) seisean féin, eisean féin

hind *adj* deiridh *n gen*; **~ legs** cosa deiridh

hinder *vt* bac, cuir as do, coisc; (*delay*) cuir moill ar

hindsight *n* iarchonn *m1*, iarghaois *f2*; **with the benefit of ~** le bua an iarchoinn

Hindu *n*, *adj* Hiondúch *m1*

hinge *n* inse *m4*, lúdrach *f2* ▷ *vt* aibhsigh, tabhair chun suntais; **to ~ that** tabhairt le fios go, leid *or* nod a thabhairt go

hint *n* leid *f2*, nod *m1* ▷ *vt*, *vi*: **to ~ that** tabhairt le fios go, leid *or* nod a thabhairt go

hip *n* cromán *m*, corróg *f2*

hippopotamus *n* dobhareach *m1*

hire *n* fostú *m* ▷ *vt* (*worker*) fostaigh; **for ~** le ligean; (*taxi*) ar fáil *f2*; **to ~ sth** rud a fháil ar cíos; **to ~ sth out** rud a ligean (ar cíos); **hire purchase** *n* fruilcheannach *m*

his *adj* a; **~ coat** a chóta, **~ father** a athair; **~ work** a chuid oibre; **it's ~** is leis é; (*emphatic*) is leis-sean é; **this one is ~** is leis an ceann seo, seo é a cheannsan; **~ share** a chuidsean; **this book of ~** an leabhar seo aige

hiss vi sios

historian n staraí m4

historic adj stairiúil

history n stair f2

hit vt buail; (reach: target) aimsigh; (fig: affect) téigh i bhfeidhm ar ▷ n buille m4; (Comput) amas m1; (success): **it was a great ~** d'éirigh go geal leis

hitch vt (fasten) ceangail; (also: **~ up**) tarraing aníos ▷ n (difficulty) constaic f2; **to ~ a lift** dul ar an ordóg, síob a fháil

hitch-hike vi bheith ag síobaireacht; **hitch-hiker** n síobaire m4

hi-tech adj ard-teicneolaíochta n gen

HIV n HIV, VED; **HIV-negative/ HIV-positive** VED-dhiúltach/ VED-dhearfach

hive n coirceog f2

hoard n (of food) stór m1; (of money) ceallóg f2, taisce f4, folachán m1 ▷ vt cuir i dtaisce or i bhfolach

hoarse adj piachánach; **I'm ~** tá piachán ionam

hoax n bob m4, cleas m1

hob n iarta m4

hobble vi bheith ag bacadradh

hobby n caitheamh m1 aimsire

hobo (US) n rágaí m4, fear m1 siúil

hockey n haca m4

hog n collach m1 (coillte) ▷ vt (fig): **to ~ the television** an teilifís a ghlacadh chugat féin; **to go the whole ~** an t-orlach a loisceadh

hoist n (apparatus) ardaitheoir m3 ▷ vt ardaigh

hold vt coinnigh, coimeád; (meeting) coinnigh, tionóil; (believe) creid, maígh, bheith den bharúil; (possess): **to ~ a licence/degree** ceadúnas/céim a bheith agat ▷ vi

(remain firm) seas ▷ n (also fig) greim m3; (Naut) broinn f2; **~ the line!** (Tel) fan bomaite or nóiméad!; **to catch** or **get (a) ~ of** greim a bhreith ar, greim a fháil ar; **hold back** vt coinnigh cúl ar, coinnigh or coimeád siar; (truth) ceil; **hold down** vt (person) coinnigh faoi smacht; (job) coinnigh; **hold on** vi coinnigh ort; (wait) fan; **~ on!** (Tel) fan bomaite or nóiméad!; **~ on a minute!** fan ort go fóill!; **~ onto** vt fus beir or coinnigh greim ar; (keep) coinnigh; **hold out** vt sín amach ▷ vi (resist) seas an fód; **hold up** vt (raise) ardaigh; (support) tacaigh le, neartaigh le; (delay) cuir moill ar; (rob) robáil, creach; **holdall** n mála m4 iompair; **holder** n sealbhóir m3; (container) gabhdán m1; **holdup** n (robbery) robáil f3; (delay) moill f2

hole n poll m1; **~ in the wall** (cash dispenser) poll m1 sa bhalla, meaisín m4 bainc

holiday n saoire f4; (day off) lá m saor; **on ~** ar saoire; **holiday camp** n (also: **holiday centre**) campa m4 saoire; **holiday job** n post m1 i rith na laethanta saoire; **holidaymakers** npl lucht msg3 saoire; **holiday resort** n ionad m1 saoire

Holland n an Ollainn f2

hollow adj cuasach, folamh; (sound) toll; (tube) folamh ▷ n cuas m1, log m1, logán m1

holly n cuileann m1

holocaust n uileloscadh m

holy adj naofa; (water) coisricthe; (ground) beannaithe

home n baile m4 ▷ adj baile n gen ▷ adv abhaile; **at ~** sa bhaile; **make**

yourself at ~ déan tú féin sa bhaile; **to bring it ~ to sb that** é a chur ina luí ar dhuine go; **home address** n seoladh m baile; **homeland** n tír f2 dhúchais; **homeless** adj gan dídean ▷ npl: **the homeless** na díthreabhaigh mph; **homely** adj tíriúil, nádúrtha; **home-made** adj baile n genta, déanta sa bhaile, de dhéantús baile; **Home Office** (Brit) n An Roinn f2 Gnóthaí Baile; **home page** n (Comput) leathanach m baile; **Home Secretary** (Brit) n An Rúnaí m4 Gnóthaí Baile; **homesick** adj: **to be homesick** cumha a bheith ort (i ndiaidh an bhaile); **home town** n: **my home town** mo bhaile m4 dúchais; **homework** n obair f2 bhaile

homosexual adj, n homaighnéasach m1

honest adj ionraic; (sincere) macánta, cóir; **honestly** adv go hionraic; (sincerely) go macánta; **honesty** n ionracas m1; (sincerity) macántacht f3

honey n mil f3; **honeymoon** n mí f na meala; **honeysuckle** (Bot) n féithleann m1

honorary adj onórach; (duty, title) oinigh

honour (US honor) vt onóraigh ▷ n onóir f3, urraim f2; **one's word of ~** d'fhocal; **honourable** (US honorable) adj onórach; **honours degree** n (Scol) céim f2 onórach

hood n cochall m1; (of machine) cumhdach m1

hoof n crúb f2

hook n crúca m4; (for fishing) duán m1 ▷ vt crúcáil, cuir crúca i; (fish) cuir duán i; **by ~ or by crook** ar ais nó ar éigean

hooligan n maistín m4

hoop n fonsa m4

hooray excl hurá, abú, go deo

hoot vi (Aut) séid an bonnán; (siren) séid; (owl) scréach

Hoover® n folúsghlantóir m3; **hoover** vt folúsghlan

hop vi (on one foot) tabhair truslóg, imigh ar leathchos, bheith ag preabarnach

hope vt, vi: **I ~ (that)** tá dóchas or súil or dúil agam (go) ▷ n dóchas m1, súil f2, dúil f2; **hopeful** adj (person) dóchasach; **the situation is hopeful** tá cuma mhaith ar an scéal; **to be hopeful that ...** bheith dóchasach go ...; **hopefully** adv le cuidiú Dé, go dóchasach; **hopeless** adj gan dóchas, doileigheasta; **it's a hopeless situation** tá sé ó mhaith mar scéal

hops npl (plant) leannlus msg3; (fruit) hopa msg4

horizon n bun m1 na spéire; **horizontal** adj cothrománach

horn n adharc f2; (Mus) corn m1; (Aut) bonnán m1

horoscope n tuismeá f4

horrendous adj millteanach, uafásach

horrible adj uafásach

horrid adj gránna, déistineach

horror n uafás m1, déistin f2

horse n capall m1; **horseback** n: **on horseback** ar mhuin f2 or ar dhroim m3 capaill; **horse chestnut** n cnó m4 capaill; **horsepower** n each-chumhacht f3; **horse-racing** n rásaíocht f3 chapall; **horseradish** n raidis f2 fhiáin; **horseshoe** n crú m4 capaill

hose n (also: ~pipe) píobán m1; (also: garden ~) píobán m1 gairdín

hospital n ospidéal m1, otharlann

f2; **in ~** san ospidéal

hospitality n féile f4, flaithiúlacht f3

host n óstach m1

hostage n giall m1

hostel n teach m ósta; (also: **youth ~**) brú m4 óige

hostess n banóstach m1

hostile adj naimhdeach; **to be ~ to bheith (go dubh) in éadan +** gen

hostility n naimhdeas m1

hot adj te; (contest etc) géar; (temper) tintrí, teasaí

hotel n óstán m1, óstlann f2

hotspot n (forWi-Fi) ball m te

hot-water bottle n buidéal m1 te

hound vt ciap, céas, cráigh ⊳ n cú m4

hour n uair f2 an chloig; **on the ~** ar bhuille na huaire; **he walked for ~s** shiúil sé ar feadh na n-uaireanta; **till all ~s, till the small ~s** go maidin, go ham lui domhain; **hourly** adj, adv san uair, in aghaidh na huaire

house n teach m ⊳ vt (person) tabhair dídean do; (objects) coinnigh; **on the ~** (fig) in aisce; **household** n teaghlach m, líon m tí; **housekeeper** (female) bean f tí; (male) fear m tí; **housekeeping** n (work) tíos m; (money) airgead m tís; **house-warming, house-warming party** n infear m; **housewife** n bean f tí; **housework** n obair f2 tí

housing n tithíocht f3; **housing estate** n eastát m tithíochta

hover vi bheith ar foluain; **hovercraft** n árthach m te foluaineach

how adv cad é mar, conas; **~ are you?** cad é mar atá tú, conas atá tú?, cén chaoi a bhfuil tú?; **~ do you**

do? Dia duit; **~ far is it to?** cá fhad atá sé go?; **~ long have you been here?** cá fhad atá tú anseo?; **~ lovely!** nach álainn é!, chomh hálainn leis!; **~ many?** cá mhéad + nom sg; **~ much?** cá mhéad + gen; **~ old are you?** cén aois atá agat?, cá haois tú?; **~ should I know?** cá bhfuil mar a bheadh a fhios agamsa?

however adv áfach, ámh, dá; (in questions) cá ⊳ conj ach; **~ good it is, it's not good enough** dá fheabhas é, níl sé maith go leor

howl vi lig glam agat, bheith ag uallfartach

HQ abbr = **headquarters**

HTML abbr (Comput: = hypertext markup language) HTML

hubcap n molchaidhp f2

huddle vi: **to ~ together** cuachadh or teannadh isteach le chéile

huff n: **she's in a ~** tá stuaic uirthi

hug n barróg f2 ⊳ vt beir barróg ar, cuach (le do chroí); (shore, kerb) coinnigh le

huge adj ollmhór; **a ~ amount of money** an t-uafás airgid

hull n cabhail f

hum n crónán m1 ⊳ vt (tune) bheith ag drantán ⊳ vi bheith ag crónán

human adj daonna ⊳ n: **~ being** duine m4 daonna

humane adj daonnachtúil

humanitarian adj daonchairdiúil

humanity n an cine m4 daonna

humble adj umhal, uiríseal ⊳ vt umhlaigh, uiríslígh, bain béim as

humid adj tais

humiliate vt náirigh, uiríslígh

humiliation n náire f4, uirísliú m

humorous adj greannmhar

humour (US **humor**) n greann m1; (mood) fonn m1, aoibh f2, giúmar m1

h

▷ *vt*: **to ~ sb** duine a ghiúmaráil, moladh le duine; **to be in good ~** giúmar maith *or* aoibh mhaith a bheith ort

hump *n* cruit *f2*; (*on road*) dronn *f2*

hunch *n* (*on person*) cruit *f2*; (*idea*) tuaileas *m1*, barúil *f3*

hundred *num* céad an + *sg*; **~s of** na céadta + *sg*; **hundredweight** *n* céad *m1* meáchain

Hungarian *adj, n* Ungárach *m1* ▷ *n* (*Ling*) Ungáiris *f2*

Hungary *n* an Ungáir *f2*

hunger *n* ocras *m1*; **hungry** *adj* ocrach; **to be hungry** ocras a bheith ort

hunt *vt, vi* seilg ▷ *n* seilg *f2*, fiach *m1*; **to ~ for sb** duine a fhiach; **hunter** *n* sealgaire *m4*, fiagaí *m4*; **hunting** *n* seilg *f2*, fiach *m1*

hurdle *n* (*Sport*) cliath *f2*; (*fig*) bac *m1*, constaic *f2*

hurl *vt* teilg, caith ▷ *n* (*Sport*) camán *m1*; **he ~ed abuse at me** thug sé aghaidh a chraois orm

hurler *n* (*Sport*) iománaí *m4*

hurley *n* (*also*: **~ stick**) camán *m1*; = **hurling**

hurling *n* (*Sport*) iománt *f3*, iománaíocht *f3* ▷ *adj*: **~ ball** sliotar *m1*, cnag *m1*; **~ stick** camán *m1*

hurrah, hurray *excl* = **hooray**

hurricane *n* hairicín *m4*, stoirm *f2* ghaoithe

hurry *n* deifir *f2*, dithneas *m1* ▷ *vt, vi* (*also*: **~ up**) brostaigh, déan deifir; **I am in a ~** tá deifir orm; **to do sth in a ~** rud a dhéanamh faoi dheifir; **what's your ~?** cén deifir atá ort?; **I'm in no ~, I'm not in any ~** níl deifir ar bith orm

hurt *vt* (*cause pain to*) gortaigh ▷ *vi*: **it ~s** tá sé nimhneach ▷ *adj* gortaithe

husband *n* fear *m1* céile

hush *n* ciúnas *m1* ▷ *vt* ciúnaigh; **~!** fuist!

husky *adj* piachánach ▷ *n* huscaí *m4*

hut *n* both *f3*; (*shed*) bothán *m1*

hyacinth *n* bú *m4*

hydroelectric *adj* hidrileictreach

hydrogen *n* hidrigin *f2*

hygiene *n* sláinteachas *m1*

hymn *n* iomann *m1*, caintic *f2*

hype (*inf*) *n* poiblíocht *f3*, bolscaireacht *f3*

hypermarket *n* ollmhargadh *m1*

hyphen *n* fleiscín *m4*

hypnotize *vt* hiopnóisigh

hypocrite *n* fimíneach *m1*

hypocritical *adj* fimíneach, béalchráifeach

hypothesis *n* hipitéis *f2*

hysterical *adj* histéireach

i

I *pron* mé; (*emphatic*) mise; (*as subject*): **I came in** tháinig mé isteach; (*with copula*): **I am a person** is duine mé; (*in passive, autonomous*): **I was injured** gortaíodh mé

ice *n* oighear *m1*, leac *f2* oighir; (*on road*) siocán *m1*, sioc *m3* ▷ *vi* (*also:* **~ over, ~ up**) oighrigh; **iceberg** *n* cnoc *m1* oighir; **ice cream** *n* uachtar *m1* reoite; **ice cube** *n* ciúb *m1* oighir; **ice hockey** *n* haca *m4* oighir

Iceland *n* an tÍoslainn *f2*

ice lolly *n* líreacán *m1* reoite; **ice rink** *n* rinc *f2* oighir, oighear-rinc *f2*; **ice skating** *n* scátáil *f3* oighir

icing *n* reoán *m1*; **icing sugar** *n* siúcra *m4* reoáin

icon *n* (*Comput*) deilbhín *m4*, íocón *m1*

icy *adj* oighreata, sioctha

idea *n* smaoineamh *m1*, barúil *f3*, idé *f4*; **I've no ~** níl barúil agam; **it's a good ~** smaoineamh maith atá ann; **do you get the ~?** an dtuigeann tú?

ideal *n* idéal *m1*, barrshamhail *f3* ▷ *adj* idéalach; (*perfect*) ar fheabhas (Éireann)

identical *adj* ionann, mar a chéile, comhionann

identify *vt* aithin, sainaithin

identity *n* céannacht *f3*, comhionannas *m1*, ionannas *m1*; (*of person*) aithne *f4*; (*separate*) féiniúlacht *f3*; **mistaken ~** an aithne chontráilte; **to reveal one's ~ to sb** d'aithne a ligean le duine; **identity card** *n* cárta *m4* aitheantais

ideology *n* idé-eolaíocht *f3*

idiom *n* cor *m1* cainte

idiot *n* (*man*) amadán *m1*; (*woman*) óinseach *f2*

idle *adj* díomhaoin; (*lazy*) falsa; (*unemployed*) dífhostaithe, díomhaoin; (*words, thoughts*) díomhaoin, fánach ▷ *vi* (*engine*) bheith ag réchasadh; **to lie ~** (*machine*) bheith ar stad; **~ talk** baothchaint, caint gan éifeacht; **to ~ away the time** an t-am a chaitheamh go díomhaoin

idol *n* íol *m1*; (*pop star etc*) díol *m beag*

i.e. *adv abbr* (= *id est*) i.e., is é sin

if *conj* má + *present, past*, dá + *conditional, imperfect*; **if so** más amhlaidh atá; **if not** murab amhlaidh atá; **if only** mura mbeadh ann ach; **if I were you ...** dá mba mise tusa ...

ignite *vt, vi* las

ignition *n* (*Aut*) adhaint *f2*

ignorant *adj* aineolach, ainbhiosach; **to be ~ of** (*subject*)

bheith aineolach or dall ar
ignore vt déan neamhiontas de, lig
thar do chluas, scaoil tharat; **to ~
sb's advice** dul thar chomhairle
duine; **I completely ~d him** níor
lig mé orm go raibh sé ann nó as,
níor thug mé lá airde air
ill adj (sick) tinn, breoite; (bad)
droch-▷ n olc m ▷ adv: **to speak ~
of sb** duine a cháineadh; **ills** npl
(misfortunes) anró msg4, cruatan
msg1, gátar msg1; **she took ~**
buaileadh tinn í
illegal adj mídhleathach, in éadan
an dlí; (contract, competition)
neamhdhlíthiúil
illegible adj doléite
illegitimate adj mídhlisteanach;
~ child leanbh m díomhaointis,
páiste m4 gréine
illiterate adj neamhliteartha
illness n tinneas m1, breoiteacht f3
illuminate vt (room, street) soilsigh;
(for special effect) maisigh
illusion n seachmall m1, léaspáin
mph, dul m3 amú; **to shatter sb's
~s** a bharúil a mhilleadh ar dhuine;
don't be under any ~s about it ná
bíodh aon dul amú ort faoi, ná
bíodh dada dá sheachmall ort
illustrate vt léirigh; (book) maisigh
illustration n léiriú m, léiriúchán
m1; (in book) léaráid f2
image n íomhá f4, samhail f3; **he's
the ~ of his father** is é pictiúr a
athar é, is é a athair ar athphrátaí é
imaginary adj samhailteach
imagination n samhlaíocht f3; **it's
all in your ~** ar do shúile atá sé
imaginative adj samhlaíoch,
samhlaíochta n gen; **an ~ person**
duine a bhfuil bua na samhlaíochta
aige
imagine vt samhlaigh; (suppose):

I ~ so cheapfainn or déarfainn gur
mar sin atá
imbalance n éagothroime f4;
(Comm) neamhchomhardú m
imitate vt déan aithris ar;
imitation n aithris f2 ▷ adj bréige
n gen
immaculate adj gan smál
immature adj neamhaibí, anabaí
immediate adj láithreach;
(superior) go díreach os do cheann;
in the ~ vicinity in aice láimhe, ar
na gaobhair; **immediately** adv (at
once) láithreach bonn, ar an toirt, ar
an bpointe; **immediately next to**
go díreach in aice leis
immense adj ollmhór, ábhalmhór,
aibhseach
immerse vt tum; **to be ~d in one's
work** bheith sáite i do chuid oibre
immigrant n inimirceach m1;
immigration n inimirce f4
imminent adj ar tí titim amach; **to
be in ~ danger** contúirt a bheith i
ngar duit or a bheith ag bagairt ort;
war was ~ bhí cogadh ag bagairt,
bhí baol cogaidh ann
immoral adj mímhorálta
immortal adj bithbheo,
neamhbhásmhar, síoraí, buan
immune adj: **~ (to)** imdhíonach
(ar); (fig) saor (ar)
impact n imbhualadh m; (fig)
tionchar m, éifeacht f3, feidhm f2
impair vt loit, déan dochar do,
lagaigh
impartial adj neamhchlaon,
cothrom
impatience n mífhoighne f4
impatient adj mífhoighneach; **to
get** or **grow ~** foighne a chailleadh
impeccable adj gan cháim, gan
smál
impending adj: **~ danger** contúirt

atá ag bagairt or atá as do cheann

imperative adj práinneach ▷ n (Ling) (modh m3) ordaitheach m; **it's absolutely ~ you go** ní mór duit dul ann

imperfect adj neamhfhoirfe; (goods etc) lochtach ▷ n (Ling) aimsir f2 ghnáthchaite

imperial adj impiriúil

impersonal adj neamhphearsanta

impersonate vt pearsanaigh, téigh i riocht + gen; (do impression of) déan aithris ar

impetus n fuinneamh m1, spreagadh m

implement n uirlis f2 ▷ vt cuir i bhfeidhm or i gcrích or i ngníomh, comhlíon

implicit adj intuigthe; (belief) diongbháilte

imply vt (suggest) tabhair le fios or le tuiscint; (mean, entail) ciallaigh, leanann as

impolite adj mímhúinte

import vt allmhairigh, iompórtáil ▷ n allmhaire f4, iompórtáil f3; (meaning) brí f4, ciall f2

importance n tábhacht f3

important adj tábhachtach

importer n allmhaireoir m3, iompórtálaí m4

impose vt cuir ar; (fine, penalty) gearr ar, cuir ar ▷ vi: **to ~ on sb** suí i mbun duine, bheith ag gabháil ar dhuine; **imposing** adj maorga, iontach

impossible adj dodhéanta; (person) dochomhairleach

impotent adj éagumasach

impoverished adj bocht, bochtaithe

impractical adj neamhphraiticiúil

impress vt téigh i bhfeidhm ar; (mark) cuir ar; **to ~ sth on sb** rud a

chur ina luí ar dhuine

impression n (thoughts on) tuairim f2; (of stamp, seal) lorg m1; (imitation) aithris f2; **to be under the ~ that** bheith den bharúil go; **to create a good ~ (on)** dul i gcion or i bhfeidhm (ar)

impressive adj suntasach, iontach, mórthaibhseach, corraitheach

imprison vt cuir i bpríosún; **imprisonment** n príosúnacht f3

improbable adj neamhdhóchúil, neamhchosúil, éadóigh; (excuse) gan dealramh; **it's ~ nil aon dealramh air; it is ~ that …** ní dócha go …; **I think ~** ní dóigh liom é

improper adj (unsuitable) míchuí, mí-oiriúnach; (dishonest) mí-ionraic

improve vt feabhsaigh, cuir feabhas ar ▷ vi feabhsaigh, tagann feabhas ar; (health) bisigh, tagann biseach ar; (pupil etc) déan dul chun cinn; **improvement** n feabhas m1, feabhsú m; (in health) biseach m1

improvise vt, vi seiftigh, bain seiftiú as

impulse n (impulse) spreagadh m; (fig: urge) tallann f2, spadhar m1, ríog f2; **impulsive** adj tallannach, taghdach, ríogach, luathintinneach; **to be impulsive by nature** an deoir thaghdach a bheith ionat

KEYWORD

in prep i; sa; sna **1** (indicating place, position): **in the house/the fridge** sa teach/sa chuisneoir; **in the garden** sa ghairdín; **in town** sa bhaile mór, ar an mbaile mór, sa chathair; **in the country** faoin

tuath; **in school** ar scoil; **in here/ there** istigh anseo/ansin
2 (*with place names: of town, region, country*): **in London** i Londain; **in England** i Sasana; **in Japan** sa tSeapáin; **in the United States** sna Stáit Aontaithe; **in Dingle** ar an Daingean; **in Killybegs** ar na Cealla Beaga
3 (*indicating time: during*): **in spring** san earrach; **in summer** sa samhradh; **in May 2010** i Mí na Bealtaine, 2010; **in the afternoon** tráthnóna *or* um thráthnóna; **at 4 o'clock in the afternoon** ar a ceathair a chlog tráthnóna
4 (*indicating time: in the space of*): **I did it in 3 hours/days** rinne mé i dtrí huaire an chloig é/i dtrí lá é; (: *future*): **I'll see you in 2 weeks** *or* **in 2 weeks' time** feicfidh mé i gceann *or* faoi cheann coicíse thú
5 (*indicating manner etc*): **in a loud/ soft voice** de ghlór ard/íseal; **in pencil** le peann luaidhe; **in French** as Fraincis *or* i bhFraincis; **the boy in the blue shirt** an buachaill a bhfuil an léine ghorm air, buachaill na léine goirme
6 (*indicating circumstances*): **in the sun** faoin ngrian; **in the shade** ar scáth na gréine; **in the rain** faoin mbáisteach
7 (*indicating mood, state*): **in tears** agus na deora leat; **in despair** in éadóchas; **it is in good condition** tá caoi mhaith air; **to live in luxury** sócúl an tsaoil a bheith agat, bheith i do shuí go te, bheith i do sháith den saol
8 (*with ratios, numbers*): **1 in 10 (households), 1 (household) in 10** teaghlach as gach deichniúr; **20 pence in the pound** fiche

pingin sa phunt; **they lined up in twos** sheas siad beirt ar chúl beirte; **in hundreds** ina gcéadta
9 (*referring to people, works*): **the disease is common in children** tá an galar coitianta i measc páistí; **in (the works of) Dickens** i gcuid scríbhinní Dickens, i saothar Dickens
10 (*indicating profession etc*): **to be in teaching** bheith i do mhúinteoir, bheith ag múinteoireacht
11 (*after superlative*): **the best pupil in the class** an dalta is fearr sa rang
12 (*with present participle*): **in saying this** agus sin á rá agam
▷ *adv*: **to be in** (*person: at home, work*) bheith ann *or* istigh; (*train, ship, plane*) bheith istigh; (*in fashion*) san fhaisean; **to ask sb in** iarraidh ar dhuine teacht isteach; **to run/limp in** rith/bacadaíl isteach
▷ *n*: **the ins and outs (of)** (*of proposal, situation etc*) bun agus barr (+*gen*)

inability *n* néamhábaltacht *f3*, míchumas *m1*
inaccurate *adj* míchruinn, neamhbheacht
inadequate *adj* uireasach, easpach, easnamhach
inadvertently *adv* (*by accident*) de thaisme, de thimpiste; (*unthinkingly*) gan cuimhneamh; **he ~ let it slip** d'imigh sé air dá ainneoin
inappropriate *adj* mí-oiriúnach, míchuí
incapable *adj* éagumasach, neamhábalta; **to be ~ of doing sth** gan a bheith ábalta (ar) rud a dhéanamh

incense n túis f2 ▷ vt (anger) cuir le buile

incentive n spreagadh m, dreasacht f3, dreasú m; (at work) dreasú chun oibre, obairdhreasú m

inch n orlach m; **within an ~ of** faoi orlach de; **he didn't give an ~** (fig) níor ghéill sé orlach

incident n eachtra f4, teagmhas m1, tarlú m

incidentally adv (by the way) dála an scéil

inclination n (fig) claonadh m

incline n fána f4 ▷ vt claon; (head) claon, crom ▷ vi (surface) claon; **to be ~d (to do sth)** claonadh a bheith ionat or agat (rud a dhéanamh); (feel like) fonn a bheith ort (rud a dhéanamh)

include vt cuir san áireamh; (comprise) cumsigh; **including** prep mar aon le, san áireamh; **inclusive** adj cuimsitheach; **inclusive of tax** cáin san áireamh

income n ioncam m1, teacht m3 isteach; **income tax** n cáin f ioncaim

incoming adj (mail) isteach; **~ tide** líonadh m

incompetent adj neamhinniúil

incomplete adj neamhiomlán, uireasach, easpach, easnamhach

inconsiderate adj neamhthuisceanach, neamhchásmhar, neamhmhothálach

inconsistent adj contrártha, neamhfhreagrach, neamhréireach; **~ with** gan a bheith ag teacht or ag cur le

inconvenience n míchaoithiúlacht f3, mí-oiriúnacht f3 ▷ vt cuir as do, cuir isteach ar

inconvenient adj mí-oiriúnach,

ciotach, mí-áisiúil, míchaoithiúil

incorporate vt corpraigh, ionchorpraigh

incorrect adj mícheart

increase n (in prices etc) ardú m; (in population etc) méadú m ▷ vi, vt méadaigh, ardaigh, cuir le; **on the ~** ag méadú; **increasingly** adv: **it's increasingly difficult** tá sé ag éirí níos deacra in aghaidh an lae

incredible adj dochreidte

incur vt: **to ~ sb's anger** fearg duine a tharraingt ort féin

indecent adj mígheanasach

indeed adv go deimhin, go dearfa; **yes ~!** cinnte!

indefinitely adv go deo

independence n neamhspleáchas m1

independent adj neamhspleách, saor-

index n treoir f, innéacs m4; (in book) innéacs; (in library etc) catalóg f2 ▷ vt, vi innéacsaigh, cláraigh

India n an India f4; **Indian** adj, n Indiach m1; **(American) Indian** Indiach m1 Dearg

indicate vt léirigh, tabhair le fios, cuir in iúl (le comhartha); **indication** n comhartha m4; **to give an indication that** tabhairt le fios go, cur in iúl go; **indicative** adj: **indicative of** ina chomhartha ar ▷ n (Ling) táscach m1; **indicator** n treoir f; (economic, social) táscaire m4

indict vt: **to ~ sb for an offence** duine a dhíotáil i gcoir; **indictment** n díotáil f3

indifference n neamhshuim f2, fuarchúis f2

indifferent adj neamhshuimiúil, fuarchúiseach, ar nós cuma liom;

(*poor*) leathmheasartha; **to be ~ to sb** bheith fuar i nduine; **to be ~ to sth** bheith neamhshuimiúil i rud

indigenous *adj* dúchasach, dúchais *n gen*

indigestion *n* mídhíleá *m4*, tinneas *m* bhéal an ghoile

indignant *adj*: **~ (at sth/with sb)** fearg fhíréin a bheith ort (faoi rud/le duine)

indirect *adj* indíreach

indispensable *adj* riachtanach, éigeantach

individual *n* duine *m4* aonair; (*Phil*) indibhid *f2* ▷ *adj* aonair *n gen*; indibhidiúil

Indonesia *n* an Indinéis *f2*

indoor *adj* (*work*) istigh; (*swimming pool, sport etc*) faoi dhíon; **indoors** *adv* istigh, laistigh, taobh istigh; **to go indoors** dul isteach (i dteach), dul faoi theach

induce *vt* (*persuade*) cuir ina luí ar; (*bring about*) spreag, meall, aslaigh

indulge *vt* (*whim*) sásaigh; (*child*) déan peataireacht ar ▷ *vi*: **to ~ in sth** bheith tugtha do rud, luí isteach ar rud, rud a chleachtadh; **indulgent** *adj* bog, boigéiseach

industrial *adj* tionsclaíoch, tionsclaíochta *n gen*; **industrial estate** *n* eastát *m1* tionsclaíoch(ta); **industrialist** *n* tionsclaí *m4*; **industrial park** (*US*) *n* = **industrial estate**

industry *n* tionscal *m1*; (*diligence*) dícheall *m1*

inefficient *adj* neamhéifeachtach

inequality *n* éagothroime *f4*

inevitable *adj* dosheachanta, gan dul as, sa chinniúint; **inevitably** *adv* gan dul as nó uaidh, go cinnte, go cinniúnach

inexpensive *adj* neamhchostasach, saor

inexperienced *adj* gan taithí, neamhchleachtach, aineolach, neamhoilte

infallible *adj* do-earráide

infamous *adj* míchlúiteach, mí-iomráiteach; (*shocking*) uafásach, uafáis *n gen*, millteanach; (*disgraceful*) náireach

infant *n* (*baby*) naíonán *m*, páiste *m4*

infant school *n* naíscoil *f2*

infect *vt* galraigh, ionfhabhtaigh; **infection** *n* galrú *m*, ionfhabhtú *m*; **infectious** *adj* tógálach

infer *vt* tuig as; (*imply*) cuir i gcéill

inferior *adj* íochtarach ▷ *n* mionduine *m4*; (*in rank*) íochtarán *m1*; **~ goods** dramhaíl *fsg3*; **inferiority complex** *n* coimpléasc *m* íochtaránachta, meon *m1* táiríseachta

infertile *adj* neamhthorthúil

infinite *adj* éigríochta

infinitive *n* (*Ling*) infinideach *m*

infirmary *n* otharlann *f2*

inflamed *adj* séidte, lasta; (*Med*) athlasta

inflammation *n* gríosú *m*, lasadh *m*; athlasadh *m*

inflatable *adj* inséidte

inflate *vt* (*tyre, balloon*) séid, cuir aer i, teann; (*Comm*) boilsigh; **inflation** *n* (*Econ*) boilsciú *m*

inflict *vt*: **to ~ on** (*fine*) gearradh ar; (*damage*) déanamh ar

influence *n* tionchar *m1* ▷ *vt* téigh i bhfeidhm or i gcion ar; **to have ~ over sb** tionchar or comhairle a bheith agat ar dhuine; **to be under sb's ~** bheith ar chomhairle duine; **influential** *adj* tábhachtach, éifeachtach; **an influential**

person duine mór le rá, duine tábhachtach

influenza n ulpóg f2, fliú m4

influx n sní f4 isteach; (of people) plódú m isteach

inform vt: **to ~ sb of sth** rud a insint do dhuine, rud a chur in iúl do dhuine ▷ vi: **to ~ on sb** sceitheadh ar dhuine, scéala a dhéanamh ar dhuine

informal adj neamhfhoirmiúil

information n faisnéis f2, eolas m1; **information office** n oifig f2 eolais

informative adj faisnéiseach; (instructive) oiliúnach

infrastructure n bonneagar m1

infuriating adj mearaitheach; **sth ~** rud a chuireann duine le báiní or i mbarr a chéille or ar an daoraí

ingenious adj intleachtach, seiftiúil, an-chliste go deo

ingredient n comhábhar m1

inhabit vt áitrigh, bheith i do chónaí i; **inhabitant** n áitritheoir m3

inhale vi tarraing isteach d'anáil ▷ vt ionanálaigh

inherent adj nádúrtha; **~ (in or to)** ó dhúchas (i)

inherit vt faigh le hoidhreacht, faigh mar oidhreacht, tar in oidhreacht + gen, tit le; **the whole family ~ed that illness** leanann an tinneas sin den teaghlach uile; **inheritance** n oidhreacht f3

inhibit vt cuir cosc or cúl ar; (Psych) urchoill; **inhibition** n cosc m1; (Psych) urchoilleadh m

initial adj tosaigh n gen, tionscantach ▷ n túslitir f, iniseal m ▷ vt cuir do cheannlitreacha le; **initials** npl (as signature) inisealacha mph; **~ letters** mórlitreacha fpl bloic; **initially** adv

ar dtús, ó thosach, an chéad uair

initiate vt (start) tionscain, tosaigh, cuir tús le; **to ~ proceedings against sb** an dlí a chur ar dhuine

initiative n tionscnamh m1; **to do sth on one's own** ~ rud a dhéanamh as do stuaim féin or ar do chonlán féin

inject vt insteall, cuir isteach i; (person): **to ~ sb with sth** instealladh ruda a thabhairt do dhuine; **injection** n instealladh m

injure vt gortaigh, déan díobháil or dochar do; **injured** adj gortaithe; **injury** n gortú m1; **injury time** n (Sport) am m3 cúitimh

injustice n éagóir f3

ink n dúch m1

inland adj intíre n gen ▷ adv faoin tír

in-laws npl gaolta mph cleamhnais

inmate n (in prison) cime m4; (in asylum) cónaitheoir m3

inn n teach m ósta, teach iostais

inner adj inmheánach, istigh

innocent adj neamhchiontach, gan choir; (harmless) neamhurchóideach; (naive) soineanta

in-patient n othar m1 cónaitheach

input n (also Comput) ionchur m1

inquest n ionchoisne m4; **(coroner's)** ~ coiste m4 cróinéara

inquire vi, vt fiafraigh, fiosraigh; **to ~ about sb/sth** fiafraí a dhéanamh faoi dhuine/rud; **to ~ after** duine tuairisc duine a chur, duine a fhiafraí; **inquiry** n fiafraí m, ceist f2; (investigation) fiosrúchán m1

insane adj: **to be** ~ bheith as do mheabhair, mearadh a bheith ort

insanity n mire f4, gealtacht f3

insect n feithid f2

insecure adj neamhdhaingean, éadaingean

insensitive adj neamh-
mhothálach, dúr, fuarchroíoch; **to
be ~** gan beann a bheith agat ar

insert vt (also Typ, Comput) ionsáigh,
cuir isteach

inside n taobh m istigh ▷ adj istigh,
laistigh ▷ adv (be) istigh; (go)
isteach ▷ prep istigh i; (of time):
~ 10 minutes laistigh de 10
nóiméad; **insides** npl (inf)
ionathar msg1, inní mpl4; **inside
lane** n (Aut) lána m4 istigh; **inside
out** adv droim ar ais; **he knows it
inside out** tá sé ar bharr a theanga
aige

insight n géarchúis f2, léirstean f2;
(glimpse, idea) léargas m4, léaró m4,
léas m1

insignificant adj
neamhthábhachtach,
neamhshuimiúil, gan tábhacht;
(paltry) suarach

insincere adj éigneasta, nach bhfuil
ar do chroí; (lying) bréagach, bréige
n gen; (dishonest) mí-ionraic

insist vi: **to ~ on sth** seasamh ar
rud; **to ~ that** dearbhú go,
maíomh go; **insistent** adj
seasmhach, teann, ceartaiseach;
(dogged) dígeanta

insomnia n neamhchodladh m,
easuan m4

inspect vt iniúch, scrúdaigh, déan
cigireacht ar; **inspection** n
iniúchadh m, scrúdú m, cigireacht
f3; **inspector** n cigire m4

inspiration n inspioráid f2; **inspire**
vt spreag

install vt cuir isteach; (instate)
insealbhaigh; (fit) suiteáil;
installation n (fitting) suiteáil f3;
(military, industrial) bunáit f2; (of
bishop) insealbhú m

instalment (US**installment**) n

glasíoc m3, glasíocaíocht f3; (Comm,
credit) tráthchuid f3; **in ~s** (pay) ina
ghálaí, ina ghlasíocaí

instance n cás m1, sampla m4; **for ~**
cuir i gcás, mar shampla; **in the
first ~** ar an gcéad dul síos

instant n meandar m1, nóiméad m1
▷ adj láithreach; (coffee, food)
gasta, ar an toirt; **instantly** adv
láithreach bonn, ar an toirt, lom
láithreach

instead adv ina áit; **~ of** in áit + gen,
i leaba + gen, in ionad + gen

instinct n dúchas m1, instinn f2;
instinctive adj dúchasach,
instinneach

institute n institiúid f2 ▷ vt
bunaigh; (inquiry) tionscain

institution n institiúid f2

instruct vt múin, teagasc,
foghlaim; **to ~ sb in sth** rud a
mhúineadh do dhuine; **to ~ sb to
do sth** ordú a thabhairt do dhuine
rud a dhéanamh; **instruction** n
múineadh m, teagasc m, foghlaim
f3; **instructions** npl (orders)
orduithe mpl; **instructions (for
use)** treoracha fpl (úsáide);
instructor n teagascóir m3,
múinteoir m3

instrument n uirlis f2, gléas m1,
ionstraim f2; **instrumental** adj
(music) uirlise n gen; **to be
instrumental in** bheith ina chúis
le

insufficient adj easpach,
easnamhach, neamhleor

insulate vt insligh; (against heat)
teasdíon; (against sound)
fuaimdhíon; **insulation** n insliú m;
(against heat) teasdíonadh m;
(against sound) fuaimdhíonadh m

insulin n inslin f2

insult n masla m4, tarcaisne f4 ▷ vt

maslaigh, tabhair masla do
insurance n árachas m1; **fire/life ~** árachas tine or dóiteáin/saoil; **insurance policy** n polasaí m4 árachais
insure vt cuir árachas ar, cuir faoi árachas; **to ~ (o.s.) against** (fig) tú féin a chosaint ar
intact adj slán, iomlán
intake n tógáil f3 isteach; (of food, fluid) ionghabháil f3; (of oxygen) iontógáil f3; (Scol): **an ~ of 200 a year** glacadh m isteach de 200 sa bhliain
integral adj (part) riachtanach; (Math) suimealach
integrate vi, vt comhtháthaigh, iomlánaigh; (Math) suimeáil
intellect n intleacht f3, éirim f2 (aigne); **intellectual** adj, n intleachtach m1
intelligence n intleacht f3; (Mil etc) faisnéis f2
intelligent adj intleachtúil, cliste, éirimiúil
intend vt (gift etc): **the parcel was ~ed for her** is chuisce a bhí an beartán ceaptha; **to ~ to do sth** bheith ag brath rud a dhéanamh, é a bheith ar intinn or ar aigne agat rud a dhéanamh
intense adj dian, díochra, tréan, fíor-; (look) géar; (person) díocasach, díograiseach
intensive adj dian, dian-, tréan; **intensive care unit** n aonad m1 dianchúraim
intent n intinn f2, aigne f4, rún m1; **to all ~s and purposes** ach sa bheag, nach beag, ionann is; **to be ~ on doing sth** bheith meáite ar rud a dhéanamh, rún daingean a bheith agat rud a dhéanamh
intention n rún m1, intinn f2, aigne

f4; **she had no ~ of doing it** ní raibh lá rúin aici é a dhéanamh; **it is my ~ to ...** is rún dom ..., tá sé ar intinn agam; **intentional** adj d'aon turas, d'aon ghnó
interact vi imoibrigh; **interactive** adj (also Comput) idirghníomhach
interchange n (exchange) malartú m; (on motorway) crosbhealach m1
intercom n idirchum m4, gléas m1 idirchumarsáide
intercourse n caidreamh m1; (also: **sexual ~**) caidreamh collaí, comhriachtain f3
interest n spéis f2, suim f2; (pastime): **my main ~** an caitheamh m1 aimsire is mó agam; (Comm) ús m1 ▷ vt: **music doesn't ~ her** níl aon spéis sa cheol aici; **to be ~ed in sth** spéis a bheith agat i rud; **I am ~ed in going** ba mhaith liom dul; **interesting** adj spéisiúil, suimiúil; **interest rate** n ráta m4 úis
interface n (Comput) comhéadan m1
interfere vi: **to ~ in** (in other people's business) do ladar a chur i; **to ~ with** (object) baint do; (plans) cur isteach ar; **interference** n cur m1 isteach; (Radio, TV) trasnaíocht f3
interim adj eatramhach ▷ n: **in the ~** idir an dá linn, san eatramh, san idirlinn
interior n taobh m1 istigh ▷ adj inmheánach, intíre n gen
intermediate adj idirmheánach; (Scol, course, level) meán-
intermission n sos m3
intern vt cuir i gcampa géibhinn, imtheorannaigh ▷ n (US) ábhar m1 dochtúra
internal adj inmheánach
international adj idirnáisiúnta
internet n: **the ~** an tIdirlíon m1, an

tidirghréasán *m*; **internet café** *n*
caife *m4* idirlín

interpret *vt* bain ciall as, ciallaigh,
mínigh; (*Tech*) léirléigh; (*Comput*)
léirmhínigh ▷ *vi* bheith ag
teangaireacht, teangaireacht a
dhéanamh; **interpreter** *n*
teangaire *m4*, ateangaire *m4*; **to
act as interpreter (for)** teanga a
dhéanamh (do)

interrogate *vt* ceistigh, cuir
ceastóireacht ar; **interrogation** *n*
ceistiú *m*, ceastóireacht *f3*

interrupt *vt, vi* trasnaigh; (*in
conversation*) téigh roimh, cuir
isteach ar, bris isteach ar; (*work*)
cuir isteach ar; (*Comput*) idirbhris;
interruption *n* cur *m* isteach,
briseadh *m* isteach

intersection *n* (*of roads*)
crosbhealach *m*; (*Tech*) trasnú *m*

interval *n* aga *m4*, sos *m3*, spás *m1*;
(*Theat*) eadarlúid *f2*; (*Sport*) sos;
(*Mus*) idirchéim *f2*; **at ~s** ó am go
ham, ó am go chéile

intervene *vi* (*person*) déan
idirghabháil; (*event*) tar idir; (*time*):
two months ~d bhí dhá mhí
d'achar eatarthu

interview *n* agallamh *m* ▷ *vt* cuir
agallamh ar, cuir faoi agallamh;
interviewer *n* agallóir *m3*

intimate *adj* dlúth, dlúth-;
(*knowledge*) mion- ▷ *vt* (*hint*)
tabhair le fios; **to be on ~ terms
with sb** bheith mór le duine

into *prep* isteach i, i, go; **the vase
broke ~ pieces** bhris an vása ina
phíosaí; **translate the poem ~
Irish** cuir Gaeilge ar an dán; **a
study ~ cancer** grinnstaidéar ar an
ailse; **she's ~ astrology** tá dúil aici
san astralaíocht; **he's well ~ his
fifties** tá sé anonn go maith sna

caogaidí; **four ~ seven won't go**
níl seacht inroinnte ar a ceathair;
the cost will run ~ millions beidh
costas na milliún euro air

intolerant *adj*: **~ (of)** éadulangach
(ar)

intransitive (*Ling*) *adj*
neamhaistreach

intricate *adj* casta, imchasta,
achrannach

intrigue *n* cealg *f2*, uisce *m4* faoi
thalamh ▷ *vt* múscail spéis ag;
intriguing *adj* an-spéisiúil,
inspéise

introduce *vt* tionscain, tabhair
isteach; (*TV show*) cuir i láthair;
(*people to each other*) cuir in aithne
dá chéile; **to ~ sb to** (*pastime,
technique*) eolas + *gen* a thabhairt
do dhuine, duine a chur ar an eolas
faoi; **introduction** *n* tionscnamh
m; (*to person*) cur *m* in aithne; (*in
book*) réamhrá *m4*, intreoir *f*;
introductory *adj* réamh-

intrude *vi*: **to ~ on** (*conversation etc*)
cur isteach ar; **intruder** *n* foghlaí
m4; (*gatecrasher*) stocaire *m4*

intuition *n* iomas *m1*

invade *vt* déan ionradh ar

invalid *n* easlán *m* ▷ *adj* (*not valid*)
neamhbhailí

invaluable *adj* fíorluachmhar

invariably *adv* de shíor, i gcónaí, go
buan

invent *vt* cum, ceap, airg; (*discover*)
fionn; **invention** *n* aireagán *m1*,
fionnachtain *f3*; **inventor** *n*
aireagóir *m3*, cumadóir *m3*;
(*discoverer*) fionnachtaí *m4*

inventory *n* liosta *m4*, fardal *m1*

inverted commas *npl*
uaschamóga *fpl2*, camóga *fpl2*
inbhéartaithe

invest *vt* infheistigh ▷ *vi*: **to ~ in**

sth infheistiú i
investigate vt (crime etc) fiosraigh; **investigation** n (of crime) fiosrú m
investment n infheistíocht f3
investor n infheisteoir m3
invisible adj dofheicthe
invitation n cuireadh m
invite vt tabhair cuireadh do, cuir cuireadh ar; (opinions etc) iarr; **were you ~d?** an ndeachaigh cuireadh ort?, an bhfuair tú cuireadh?; **inviting** adj tarraingteach
invoice n sonrasc m
involve vt (concern) bain le; (associate): **to ~ sb (in)** duine a tharraingt isteach (i); **it would ~ money** bheidh airgead i gceist; **involved** adj (complicated) casta; **to be involved in** bheith gafa i, baint a bheith agat le; **involvement** n: **involvement (in)** baint f2 (le); (enthusiasm) bá f4 (le)
inward adj (thought, feeling) inmheánach; (movement) isteach (i)
inward, inwards adv isteach
iPod® n iPod® m
Iran n an Iaráin f2
Iraq n an Iaráic f2
Ireland n Éire f; **she went to ~** chuaigh sí go hÉirinn; **in ~** in Éirinn; **the people of ~** pobal na hÉireann
iris n (eye) imreasc m; (plant) feileastram m
Irish adj Éireannach, Gaelach ▷ n (Ling) Gaeilge f4 ▷ npl: **the ~** na hÉireannaigh mpl, na Gaeil mpl; **~ speaker** Gaeilgeoir m3; **Irish-American** adj, n Gael-Mheiriceánach m; **Irish coffee** n caife m4 gaelach; **Irishman** n Éireannach m, Gael

m; **Irish Republic** n: **the Irish Republic** Poblacht f3 na hÉireann; **Irish Sea** n: **the Irish Sea** Muir f3 Éireann; Éireannach m (mná), Gael m; **Irishwoman** n Éireannach m (mná), Gael m
iron n iarann m ▷ cpd iarainn n gen; (fig) crua ▷ vt (clothes) iarnáil; **iron out** vt (fig) réitigh
ironic, ironical adj íorónta
ironing n iarnáil f3; **ironing board** n bord m iarnála
irony n íoróin f2
irrational adj neamhréasúnach
irregular adj mírialta, neamhrialta; (surface) éagothrom
irrelevant adj neamhábhartha; **it's completely ~** ní bhaineann sé le hábhar ar chor ar bith
irresistible adj (temptation) dochloíte; (alluring) meallacach, draíochtach
irresponsible adj (act) meargánta; (person) gan stuaim, ar bharr na gaoithe; (talk) ráscánta
irrigation n uisciú m
irritable adj gairgeach, colgach; **to become ~ with** éirí feargach or colgach le
irritate vt cuir tochas i, cuir fearg or colg ar, greannaigh; (goad) griog; (Med) greannach, bambairneach; **irritating** adj bearránach, bambairneach; **irritation** n fearg f2, mothú m feirge; (irritant) crá m4, ciapadh m; (minor) griogadh m
Islam n Ioslamachas m; **Islamic** adj Ioslamach
island n oileán m, inis f2; **islander** n oileánach m
isle n inis f2; **Isle of Man** n Oileán m Mhanann
isolated adj aonarach, aonraithe; (Med) leithliseach; (place) iargúlta, cúlriascúil, scoite (amach)

isolation n uaigneas m1, aonrú m; (Med) leithlis f2

ISP n abbr (Comput: = internet service provider) ISP

Israel n Iosrael m4; **Israeli** adj, n Iosraelach m1

issue n ceist f2; (of book) foilsiú m; (of banknotes etc) eisiúint f3; (of newspaper etc) eagrán m1; (offspring) sliocht m3 ▷ vt (books) foilsigh; (rations) tabhair amach; (statement, notes) eisigh; **at ~** i gceist, faoi chaibidil; **to take ~ with sb (over)** dul i ngleic le duine (faoi), easaontú le duine (faoi)

IT abbr (= information technology) teicneolaíocht f3 an eolais

KEYWORD

it pron **1** (specific: subject) sé, sí; (with copula) é, í; (: direct object) é, í; (: indirect object) dó, di etc; **it's on the table** tá sé ar an mbord; **about/from/out of it** faoi/uaidh/as; **I spoke to him about it** labhair mé leis faoi; **what did you learn from it?** céard a d'fhoghlaim tú uaidh?; **I'm proud of it** tá bród orm as; **in/towards it** ann, chuige; **put the book in it** cuir an leabhar ann; **he agreed to it** d'aontaigh sé leis; **did you go to it?** (party, concert etc) an ndeachaigh tú air or uirthi?; **after it** (masculine) ina dhiaidh

2 (impersonal) sé; **it's raining** tá sé ag cur; **it's Friday tomorrow** amárach an Aoine; **it's 6 o'clock** tá sé a sé a chlog; **it's half past six** tá sé leath i ndiaidh or tar éis a sé; **who is it? — it's me** cé atá ann? — mise

Italian adj, n Iodálach m1; (Ling) Iodáilis f2

italics npl cló m4 iodálach

Italy n an Iodáil f2

itch n tochas m1 ▷ vi (person) tochas a bheith i; **I'm ~ing to go** táim ar bís le dul; **itchy** adj tochasach; **to be itchy** tochas a bheith ionat

item n mír f2; (also: **news ~**) mír f2 nuachta

itinerary n cúrsa m4 taistil, plean m4 turais or aistir

its adj a; (masculine) a chuid + gen; (feminine) a cuid + gen

itself pron (reflexive: masculine) sé/é féin; (: feminine) sí/í féin; **it's washing ~** tá sé á ní féin

ivory n eabhar m1

ivy n eidhneán m1

j

jab vt: **to ~ sth into** rud a shá isteach i ▷ n (inf: injection) instealladh m

jack n (Aut) seac m1, crann ardaithe; (Cards) cuireata m4; **jack up** vt: **to ~ up a car** carr a chrochadh le seac

jacket n casóg f2, seaicéad m1; (of book) clúdach m1

jackpot n an pota m4 óir, an duais f2 mhór

jagged adj eangach; (blade, mountain) mantach; (stone) spiacánach

jail n príosún m1, carcair f ▷ vt cuir i bpríosún

jam n subh f2; (also: **traffic ~**) plódú m tráchta ▷ vt brúigh, sac, pulc, ding ▷ vi téigh i bhfostú, greamaigh; **to be in a ~** (inf) bheith i sáinn or i bponc

jammed adj stoptha, greamaithe, i bhfostú, pulctha

janitor n doirseoir m3

January n Eanáir m4

Japan n an tSeapáin f2; **Japanese** adj, n Seapánach m1; (Ling) Seapáinis f2

jar n crúsca m4, próca m4, searróg f2; (small) crúiscín m4

jargon n béarlagair m4

javelin n ga m4, bonsach f2

jaw n giall m1

jazz n snagcheol m1

jealous adj éadmhar; **to be ~ (of sb)** bheith in éad (le duine), éad a bheith ort (le duine); **jealousy** n éad m3, formad m1

jeans npl bríste msg4 géine or deinim

jeep® n jíp m4

jelly n glóthach f2; **jellyfish** n smugairle m4 róin

jerk n sracadh m1, tarraingt f thobann; (inf: idiot) prioll f2 ▷ vt (pull) srac, tarraing go tobann ▷ vi (vehicles) preab, léim

jersey n (pullover) geansaí m4

Jesus n Íosa m4

jet n (gas, liquid) scaird f2; (Aviat) scairdeitleán m1; **jet lag** n tuirse f4 aerthaistil

jetty n lamairne m4, caladh m1 cuain

Jew n Giúdach m1

jewel n seoid f2; **jeweller** (US **jeweler**) n seodóir m3; **jeweller's, jeweller's shop** n siopa m4 seodóra; **jewellery** (US **jewelry**) n seodra m4; (business) seodóireacht f3

Jewish adj Giúdach

jig n (Dance, Mus) port m1

jigsaw n (saw) preabshábh m1; (also: **~ puzzle**) (tomhas) míreanna fpl2 mearaí

jingle n (for advert) deilín m4
job n jab m4, tasc m1, post m1; **it's a good ~ that ...** is mór an gar go ...; **that's just the ~** sin é díreach atá ag teastáil!; **job centre** n malartán m1 fostaíochta; **jobless** adj dífhostaithe, díomhaoin
jockey n jacaí m4, marcach m1
jog vt (nudge) tabhair broideadh do ▷ vi (Sport) bheith ar bogshodar; **to ~ sb's memory** cuimhne duine a spreagadh, rud a chur i gcuimhne do dhuine; **jogging** n bogshodar m1
join vt (become member of) téigh i, cláraigh le; (queue, army, police) téigh sa; (person) tar le, téigh i gcomhar le; (put together): **to ~ sth to sth** rud a cheangal de rud; **to ~ things together** rudaí a cheangal or a nascadh or a shnaidhmeadh le chéile ▷ vi (roads, rivers) tar le chéile ▷ n ceangal m1, nasc m1; **join in** vi, vt glac páirt i
joiner n siúinéir m3
joint n alt m1, siúnta m4; (Culin) spóla m4; (of cannabis) rífear m1 ▷ adj comh-, comhpháirteach; **out of ~** as alt; **joint account** n comhchuntas m1
joke n magadh m1, cúis f2 gháire, scéal m1 grinn; (also: **practical ~**) cleas m1, bob m4, grealltóireacht f3 ▷ vi: **you're joking!** ag magadh atá tú!; **to play a ~ on** cleas a imirt ar, bob a bhualadh ar; **to ~ about sb/ sth** magadh a dhéanamh faoi rud/ dhuine; **what a ~!** cúis gháire chugainn!; **joker** n áilteoir m3; (Cards) fear m1 na gcrúb
jolly adj aigeanta, meidhreach; (pleasant) pléisiúrtha, suairc, suáilceach; **~ good** maith go leor, tá go maith

jolt n stangadh m, croitheadh m, preab f2 ▷ vt croith, preab
Jordan n an Iordáin f2
journal n iris f2, nuachtán m1; **journalism** n iriseoireacht f3, nuachtóireacht f3; **journalist** n iriseoir m3, nuachtóir m3
journey n turas m1, aistear m1
joy n gliondar m1, áthas m1, lúcháir f2; **joystick** n (Aviat, Comput) luamhán m1 stiúrtha
judge n (Law) breitheamh m1; (Sport etc) moltóir m3 ▷ vt meas; (Law) tabhair breith ar; (Sport etc) meas, déan moltóireacht ar
judgement, judgment n breithiúnas m1, breith f2
judo n júdó m4
jug n crúsca m4, cruiscín m4
juggle vi déan lámhchleasaíocht; **juggler** n lámhchleasaí m4
juice n sú f4; **juicy** adj súmhar
July n Iúil m4
jumble n manglam m1, meascán m1 ▷ vt (also: ~ **up**) measc, cuir trí chéile; **jumble sale** n reic m3 manglaim
jumbo, jumbo jet n (scairdeitleán) jumbó m4
jump vt, vi léim, éirigh, téigh in airde de gheit ▷ n léim f2
jumper n (Brit: pullover) geansaí m4; (US: dress) gúna m4
jump leads npl sreanga fpl2 dúisithe
junction n (of roads) gabhal m1
June n Meitheamh m1
jungle n mothar m1, dufair f2
junior n óigeanach m1 ▷ adj sóisearach; **he's 2 years my ~, he's my ~ by 2 years** tá dhá bhliain agam air; **he's my ~** (in rank) tá sé níos sóisearaí ná mé; **junior school** n scoil f2 shóisearach

junk n (rubbish) bruscar m; (cheap goods) mangarae m4, mangaisíní fpl4

junkie (inf) n andúileach m drugaí

junk mail n dramhphost m

Jupiter n (planet) lúpatar m

jury n giúiré m4

just adj cóir ▷ adv: **he had ~ done it** ní mó ná go raibh sé déanta aige; **~ right** go díreach, i gceart; **she's ~ as clever as you** tá sí lán chomh cliste leatsa; **it's ~ as well!** ní fearr ar bith é!; **it's ~ as well that ...** is maith an rud é go ...; **~ as he was leaving** go díreach agus é ag imeacht; **~ before it go** díreach roimhe; **it's ~ me** níl ann ach mé féin; **it's ~ a mistake** níl ann ach meancóg; **~ listen to this!** éist leis seo anois!

justice n ceart m1, cóir f3; (also: **J~ of the Peace**) breitheamh m1, giúistís m4

justify vt (Comput) comhfhadaigh; **to ~ an action** gníomh a chosaint

jut vi (also: **~ out**) gob amach

juvenile adj óigeanta, óg-; (court, books) don aos óg ▷ n ógánach m1, aosánach m1

k

kangaroo n cangarú m4

karate n karaté m4

Kazakhstan n an Chasacstáin f2

kebab n kebab m4

keel n cíle f4; **on an even ~** (fig) seasmhach, socair; (business etc) ar snámh

keen adj díograiseach, díocasach; (intellect, competition) géar; (eye) géar, grinn; (interest, desire) mór, ard-, an-; (wind) géar, feanntach; **to be ~ on sth** dúil mhór a bheith agat i rud; **~ edge** faobhar m1

keep vt (retain, preserve, detain) coinnigh, coimeád; (rules) comhlíon; (promise, word) cuir le ▷ vi (remain: quiet etc) fan; (food) seas ▷ n (of castle) daingean m1; (food etc) **enough for his ~** riar m4 a cháis; (inf): **for ~s** go buan, ar buanchoinneáil; **to ~ doing sth** leanúint de rud; **to ~ sb from**

doing sth duine a bhacadh ar rud a dhéanamh; **to ~ sb happy/a place tidy** duine a shásamh/slacht a choinneáil ar áit; **to ~ sth to o.s.** rud a choinneáil agat féin; **to ~ sth (back) from sb** rud a cheilt ar dhuine; **to ~ time** (clock) bheith ar an am; **well kept** slachtmhar, néata; **keep on** vi coinnigh le; **he kept on walking** shiúil sé leis; **don't ~ on about it!** lig dúinn leis!; **keep out** vt coinnigh amach; **keep up** vt coinnigh suas, coinnigh in airde; (continue with) lean le ▷ vi: **to ~ up with sb** coinneáil suas le duine, cos a choinneáil le duine, bheith céim ar chéim le duine; (in work etc) **~ up the good work** lean ort leis an dea-obair!; **~ it up!** coinnigh leis!; **keeper** n coimeádaí m4; **keep-fit** n aclaíocht f3; **keeping** n: **in keeping with** ag cur le, ag teacht le, de réir + gen; **in safe keeping** ar lámh shábhála

kennel n conchró m4

Kenya n an Chéinia f4

kerb n colbha m4 cosáin

Kerry n Ciarraí f4

ketchup n citseap m1

kettle n citeal m1

key n (gen) eochair; (Mus) gléas m1 ▷ cpd eochair- ▷ vt (also: **~ in**) eochraigh isteach, buail isteach; **keyboard** n eochairchlár m1, méarchlár m1; **keyhole** n poll m1 eochrach; **keyring** n fáinne m4 eochracha; **keystroke** n (Comput) eochairbhuille m4

kick vt, vi ciceáil, speach ▷ n cic m4, speach f2; (thrill): **he does it for ~s** mar mhaithe leis an spórt a dhéanann sé é; **to ~ the habit** (inf) éirí as an nós; **kick off** vi (Sport) tosaigh

kid n (inf: child) páiste m4, leanbh m1, tachrán m1; (goat) meannán m1; (leather) meannleathar m1 ▷ vi (inf) bheith ag magadh; **to ~ o.s. that** samhlú chugat féin go

kidnap vt fuadaigh; **kidnapping** n fuadach m1

kidney n (Anat) duán m1

Kildare n Cill f Dara

Kilkenny n Cill f Chainnigh

kill vt maraigh ▷ n (act) marú m1; **killer** n marfóir m3; **killing** n marú m1; **to make a killing** (inf) brabús maith a dhéanamh

kiln n áith f2

kilo n cileagram m1; **kilobyte** n (Comput) cilibheart m1; **kilogram, kilogramme** n cileagram m1; **kilometre** (US **kilometer**) n ciliméadar m1; **kilowatt** n cileavata m4

kilt n filleadh m1 beag

kin n see **next-of-kin**

kind adj cineálta, lách, caoin ▷ n cineál m1, sórt m1, saghas m1; (race) cine m4; **they are two of a ~** sáit d'aon mhuineál an dís; **to pay sb back in ~** comaoin or tomhas a láimhe féin a thabhairt do dhuine

kindergarten n naíscoil f2

kindly adj cineálta, lách, nádúrtha ▷ adv go cineálta; **will you ~ ...!** ar mhiste leat ...!

kindness n cineáltas m1; **to do sb a ~** cineál a dhéanamh ar dhuine, gar a dhéanamh do dhuine

king n rí m4; **kingdom** n ríocht f3, flaitheas m1; **kingfisher** n cruidín m4

kiosk n both f3

kipper n scadán m1 leasaithe

kiss n póg f2 ▷ vt póg; **to ~ (each other)** póg a thabhairt (dá chéile);

to blow (sb) a ~ póg a chaitheamh (chuig duine); **kiss of life** n análú m tarrthála

kit n trealamh m1, fearas m1, feisteas m1

kitchen n cistin f2

kite n (toy) eitleog f2

kitten n puisín m4, piscín m4

kitty n (money) leac f2, carnán m1

knack n: **to have the ~ of doing sth** sás a dhéanta a bheith agat

knee n glúin f2; **kneecap** n capán m1 glúine, pláitín m4 glúine

kneel vi (also: **~ down**) dul ar do ghlúine, sléacht

knickers npl bristín msg4

knife n scian f2

knight n ridire m4

knit vt cniotáil; **knitting** n cniotáil f3; **knitting needle** n biorán m1 cniotála, dealgán m1; **knitwear** n éide f4 chniotáilte

knob n cnap m1; (on door) murlán m1; (of butter) meall m1

knock vt cnag, buail; (bump into) buail in éadan + gen, buail faoi ▷ vi (at door etc): **to ~ at** or **on** cnagadh ar, bualadh ar, cnag a bhualadh ar ▷ n cnag m1, buille m4; **knock down** vt leag; **knock off** vi (inf: finish) scoir den obair ▷ vt (from price) bain de; (inf: steal) sciob; **knock out** vt leag amach, sín, cnag, cuir néal i; (Boxing): **to ~ sb out** duine a leagan amach or a shíneadh; (of competition) cuir as or amach; **knock over** vt leag

knot n snaidhm f2 ▷ vt snaidhm

know vt (information): **I ~ that** tá a fhios sin agam, tá sin ar eolas agam; (person): **I ~ her** tá aithne agam uirthi; (place): **I ~ Belfast** tá mé eolach ar Bhéal Feirste; **I ~ how to drive/swim** tá tiomáint/

snámh agam; **she ~s about** or **of** tá sí ar an eolas faoi; **I ~ about** or **of him** tá a fhios agam é; **do you ~ the way?** an bhfuil fios or eolas an bhealaigh agat?; **to ~ sb by sight** aithne shúl a bheith agat ar dhuine; **to ~ what's what** fios do ghnóthaí a bheith agat; **as far as I ~** ar feadh m'eolais, go bhfios dom; **how do you ~?** cá bhfios duit?; **God only ~s!** ag Dia atá a fhios; **know-all** (pej) n saoithín m4; **know-how** n saineolas m1, fios m3 gnóthaí; **knowing** adj (look etc) eolach ▷ n: **there's no knowing** níl a fhios, ní fios; **knowingly** adv (intentionally) d'aon turas; (look) go heolach

knowledge n eolas m1, fios m3; **it's common ~ that ...** tá a fhios ag an saol (mór) go ...; **knowledgeable** adj eolach

knuckle n alt m1

Koran n Córan m4

Korea n an Chóiré f4; **North/South ~** an Chóiré Thuaidh/Theas

kosher adj: **~ food** bia coisir

Kosovo n an Chosaiv f2

k

l

label n lipéad m1 ▷ vt cuir lipéad ar, lipéadaigh

labor (US) n = labour

laboratory n saotharlann f2

labour (US labor) n (work) saothar m1, obair f2; (workforce) lucht m3 oibre ▷ vi: to ~ (at) bheith ag obair go dian (ar) ▷ vt: to ~ the point seanbhailéad a dhéanamh den scéal; in ~ (Med) i luí seoil, i dtinneas clainne; L~, the L~ party Páirtí an Lucht Oibre; labourer n oibrí m4, saotharaí m4; farm labourer oibrí feirme

lace n lása m4; (of shoe etc) iall f2, barriall f2 ▷ vt (shoe: also: ~ up) ceangail

lack n easnamh m1, easpa f4 ▷ vt: he ~s experience tá easpa taithí air; through or for ~ of (de) cheal + gen; to be ~ing bheith easnamhach; to be ~ing in sth easpa ruda a bheith ort, bheith in easnamh ruda, rud a bheith in easnamh ort

lacquer n laicear m1

lad n buachaill m3, leaid m4, stócach m1

ladder n dréimire m4; (in tights) roiseadh m

ladle n ladar m1, liach f2

lady n bean f uasal; (in address): ladies and gentlemen a dhaoine uaisle; young ~ ógbhean f; (married) bean f phósta; (title) bantiarna f4; the ladies' (room) leithreas m na mban; ladybird (US ladybug) n bóín f4 Dé

lag n moill f2, moilliú m, aga m4 moille ▷ vi (also: ~ behind) moilligh; (fig) bheith chun deiridh ▷ vt (pipes) fálaigh

Lagan n: the (river) ~ Abhainn f an Lagáin

lager n lágar m1

lagoon n murlach m1

laid-back (inf) adj luite siar

lake n loch m3

lamb n (animal) uan m1; (meat) uaineoil f3; lamb chop n gríscín m4 uaineola

lame adj bacach

lament n caoineadh m, marbhna m4 ▷ vt caoin

lamp n lampa m4, lóchrann m1; lamppost n lóchrann m1 sráide; lampshade n scáthlán m1 lampa

land n talamh m or f; (country) tír f2; (estate) fearann m1 ▷ vi landáil; (Aviat) landáil, luigh, tuirling, téigh or tar i dtír ▷ vt (passengers, goods) cuir i dtír; to ~ sb with sth (inf) rud a chur ar dhuine; land up vi: we eventually ~ed up in Cork casadh faoi dheireadh muid i gCorcaigh; landing n (Aviat) tuirlingt f2; (of

staircase) léibheann *m1*, ceann *m1* staighre; (*of troops*) teacht *m3* i dtír;
landlady *n* (*of house*) bean fhlóistín, bean tí; (*of pub*) bean ósta, bean tí;
landlord *n* tiarna *m4* talaimh or talún; (*of pub etc*) fear *m1* tábhairne;
landmark *n* sprioc *f2*; (*fig*) rud a bhfuil tábhacht ar leith ag baint leis; **landowner** *n* úinéir *m3* talaimh; **landscape** *n* tírdhreach *m3*; **landslide** *n* (*Geog*) maidhm *f2* thalún; **landslide victory** (*fig*, *Pol*) bua *m4* caoch, bua maidhme

lane *n* (*in country*) bóithrín *m4*, cabhsa *m4*; (*Aut*, *in race*) lána *m4*

language *n* teanga *f4*; **bad ~** droch-chaint *f2*; **language laboratory** *n* teanglann *f2*, saotharlann *f2* teanga

lantern *n* lóchrann *m1*

Laois *n* Laois *f2*

Laos *n* Laos *m4*

lap *n* (*of track*) cuairt *f2*; (*of body*): **in** or **on one's ~** i dtucht *m3* ▷ *vt* (*also*: **~ up**) leadhb siar ▷ *vi* (*waves*) bheith ag lapadaíl or ag slaparnach; **lap up** *vt* (*fig*) slog siar

lapel *n* bóna *m4*, lipéad *m1*

lapse *n* earráid *f2*; (*in behaviour*) dearmad *m1* ▷ *vi* (*Law*) téigh i ndímrí; (*contract*) téigh as feidhm, téigh i léig; **to ~ into bad habits** titim chun drochnósanna; **~ of time** imeacht aimsire

laptop, **laptop computer** *n* (*Comput*) ríomhaire *m4* glúine

lard *n* blonag *f2*

larder *n* lardrús *m*

large *adj* mór, toirtiúil; **at ~** (*free*) saor; *see also* **by**; **largely** *adv* den chuid is mó, ar an mórchóir; **large-scale** *adj* mór, ar mhórscála; (*production*) ar an mórchóir

lark *n* (*bird*) fuiseog *f2*; (*joke*) cleas *m1*, spórt *m1*; **to ~ about** *vi* bheith

ag pleidhcíocht

laryngitis *n* laraingíteas *m*

laser *n* léasar *m1*; **laser printer** *n* léasarphrintéir *m3*

lash *n* lasc *f2*; (*also*: **eye~**) fabhra *m4* ▷ *vt* (*whip*) lasc, stiall; (*tie*) ceangail; **lash out** *vi*: **to ~ out at** or **against** iarraidh de bhuille a thabhairt ar

lass *n* cailín *m4*

last *adj* deireanach, déanach ▷ *adv* ar deireadh; (*finally*) faoi dheireadh ▷ *vi* mair; **~ week** an tseachtain seo caite; **~ night** (*evening*) tráthnóna aréir; (*night*) aréir; **~ year** anuraidh; **at ~** faoi dheireadh; **~ but one** leathdheiridh, leathdheireanach; **and ~ but not least** agus an meall is mó ar deireadh; **to make sth ~** fad a bhaint as rud; **lastly** *adv* (*in list*) ar deireadh thiar; (*talk*, *oration*) mar fhocal scoir; **last-minute** *adj* ar an nóiméad deireanach

latch *n* laiste *m4*

late *adj* (*not on time*) mall, déanach; (*former*) iar-; (*dead*) nach maireann ▷ *adv* (*go*) déanach, (*go*) mall; **of ~** ar na mallaibh, le déanaí; **in ~ May** i ndeireadh na Bealtaine; **the ~ Mr O'Donnell** an tUasal Ó Dónaill nach maireann; **latecomer** *n* straigléir *m3*, leastar *m1*; **lately** *adv* le déanaí, ar na mallaibh, ó chianaibh; **later** *adj* (*date etc*) níos moille; (*version etc*) níos déanaí ▷ *adv* níos moille; **later on** idir sin is tráthas, ar ball; **latest** *adj* is déanaí; **at the latest** ar a dhéanaí

lather *n* sobal *m1* ▷ *vt* cuir sobal ar

Latin *n* Laidin *f2* ▷ *adj* Laidineach; **Latin America** *n* Meiriceá *m4* Laidineach; **Latin American** *adj* Meiriceánach Laidineach

latitude n domhanleithead m;
(*freedom*) saoirse f4, scóip f2

latter adj deireanach ▷ n: **the ~** an
ceann deireanach a luadh

laugh n gáire m4 ▷ vi déan gáire; **to
make sb ~** gáire a bhaint as duine;
to stop o.s. from ~ing cluain a
chur ar na gáirí; **to ~ sth off** cuid
ghrinn a dhéanamh de rud; **laugh
at** vt fus bheith ag gáire faoi;
laughter n gáire m4

launch n lainse f4; (*motorboat*)
mótarbhád m ▷ vt (*boat*) lainseáil;
(*missile*) scaoil, teilg; (*book*) seol,
lainseáil

Launderette® n neachtlainnín f4

Laundromat® (US) n
neachtlainnín f4

laundry n (*clothes*) níochán m;
(*business*) neachtlann f2; (*room*)
seomra m4 níocháin

lava n laibhe f4

lavatory n leithreas m

lavender n labhandar m

lavish adj (*amount*) fial ▷ vt: **to ~
sth on sb** rud a thabhairt go fial do
dhuine

law n dlí m4; **lawful** adj dlíthiúil,
dleathach; **lawless** adj (*action*)
aindlíthiúil

lawn n faiche f4, léana m4;
lawnmower n lomaire m4 faiche
or léana

lawsuit n cúis f2 dlí

lawyer n dlíodóir m3

lax adj (*loose*) scaoilte; (*negligent*)
faillitheach

laxative n purgóid f2

lay adj tuata ▷ vt (*hand, carpet*) leag;
(*bet*) cuir; **to ~ eggs** uibheacha a
bhreith; **to ~ the table** an bord a
leagan; **lay aside, lay by** vt fág i
leataobh; **lay down** vt fág uait,
leag uait; **to ~ down the law** na

rialacha a fhógairt; **to ~ down
your life** d'anam a thabhairt; **lay
off** vt (*workers*) leag as; **lay on** vt
(*provide*) cuir ar fáil; **lay out** vt
(*display*) leag amach; **lay-by** n
leataobh m

layer n (*of paint*) brat m; (*Geol*)
sraith f2

layman n tuata m4

layout n leagan m amach

lazy adj falsa, leisciúil, scraisteach

lead¹ n (*distance, time ahead*) tosach
m; (*clue*) leid f2; (*Theat*)
príomhpháirt f2; (*Elec*) seolán m;
(*for dog*) iall f2 ▷ vt treoraigh; (*be
leader of*) bheith i gceannas ar ▷ vi
(*street etc*) téigh go; (*Sport*) bheith
chun tosaigh; **in the ~** chun
tosaigh; **to ~ the way** an t-eolas a
dhéanamh; **lead on** vt (*tease*)
meall leat; **lead to** vt fus (*road*)
téigh go

lead² n (*metal*) luaidhe f4

leader n ceannaire m4, ceann m
feadhna; (*Sport, in league, race*)
tosaí m4; **leadership** n
ceannasaíocht f3; (*quality*) cumas
m ceannasaíochta

lead-free adj (*petrol*) saor ar luaidhe

leading adj príomh-, ceann-; (*in
race*) tosaigh n gen

lead singer n (*in pop group*)
príomhamhránaí m4

leaf n duille m4, duilleog f2; (*of book*)
bileog f2, duilleog ▷ vi: **to ~
through** na leathanaigh a thiontú;
to turn over a new ~ béasa a
athrú

leaflet n bileog f2 eolais,
duilleachán m

league n (*Pol*) conradh m; (*Sport*)
sraith f2, sraithchómórtas m; **to
be in ~ with** bheith i bpáirt le

leak n ligean m (*isteach or amach*),

deoir f2 isteach; (in roof) deoir f2
anuas ▷ vi (pipe) lig; (liquid etc)
sceith; (shoes) lig isteach (uisce);
(ship) déan uisce ▷ vt (information)
scil, sceith

lean adj caol; (meat) trua ▷ vt: **to ~
sth on sth** rud a chur le rud ▷ vi
(slope) claon; (rest): **to ~ against** do
thaca a ligean le; **to ~ on** taca a
bhaint as; **to ~ back/forward**
cromadh siar/chun tosaigh; **lean
out** vi cromadh amach

leap n léim f2 ▷ vi léim

leap year n bliain f3 bhisigh

learn vt, vi foghlaim; **to ~ to do sth**
an dóigh a fhoghlaim le rud a
dhéanamh; **to ~ about** or **of sth**
(hear, read) fáil amach faoi rud;
learner n foghlaimeoir m3; (also:
learner driver) foghlaimeoir
tiomána; **learning** n foghlaim f3;
(knowledge) léann m

lease n léas m3 ▷ vt léasaigh

leash n iall f2

least adj (not right) clé ▷ n ciotóg f2,
clé f4 ▷ adv clé; **on the ~, to the ~**
ar chlé, ar thaobh na láimhe clé; **the
L~** (Pol) an eite chlé; **left-handed**
adj ciotógach; **left-luggage,
left-luggage office** n oifig f2 an
bhagáiste; **leftovers** npl fuílleach
msg1; **left-wing** adj (Pol) na heiten
gen clé

leg n cos f2; (of journey) scríob f2;
1st/2nd ~ (Sport) an chéad/
gheábh/an dara geábh m3; **~ of
chicken/lamb** cos f2 sicín/ceathrú
f uaineola

legacy n oidhreacht f3

legal adj dlíthiúil, dleathach; **legal
holiday** (US) n lá m saoire poiblí

legend n finscéal m

legible adj inléite, soléite

legislation n reachtaíocht f3

legitimate adj dlisteanach

Leinster n Laighin mpl, Cúige m4
Laighean ▷ adj Laighneach

leisure n fóillíocht f3; **at one's ~** ar
do shocairshuaimhneas; **leisure
centre** n ionad m fóillíochta;
leisurely adj go socair, go réidh, ar
do shocairshuaimhneas

Leitrim n Liatroim m3

lemon n líomóid f2; **lemonade** n
líomanáid f2; **lemon tea** n tae m4
líomóide

lend vt: **to ~ sth (to sb)** rud a

---

least adj: **the ~** (+ noun) ... dá
laghad, an ... is lú; (: smallest
amount of) an méid is lú ▷ adv (+
verb) is lú; (+ adj): **the ~ powerful
country** an tír is lú cumhacht; **at ~**
ar a laghad; **he wasn't in the ~
perturbed by the news** níor chuir
an nuacht buaireamh dá laghad
air; **that is the ~ I can do** sin an
saothar is lú dom

leather n leathar m

leave vt fág; (forget) déan dearmad
de ▷ vi imigh ▷ n (time off) saoire
f4; (also Mil, consent) cead m3 scoir;
to be left bheith fágtha; **there's
some milk left over** tá braon
bainne fágtha; **on ~** ar scor; (Mil)
ar cead; **leave behind** vt (person,
object) fág i do dhiaidh; (forget)
déan dearmad de; **leave out** vt

Lebanon n an Liobáin f2

lecture n léacht f3 ▷ vi tabhair
léacht ▷ vt (scold) tabhair fios a
bhéasa do; **to give a ~ on
literature** léacht a thabhairt ar an
litríocht; **lecturer** n léachtóir m3

ledge n (of window, on wall) leac f2;
(of mountain) fargán m

Lee n the (River) ~ an Laoi f4

leek n cainneann f2

fág ar lár, fág as

thabhairt ar iasacht (do dhuine)

length n fad m; (section: of road, pipe etc) píosa m4; (of time) tamall m; **at ~** (at last) faoi dheireadh; (for a time) ar feadh tamaill fhada;
lengthen vi, vt fadaigh, cuir fad le;
lengthways adv ar (a) fhad;
lengthy adj fada; (long-winded) fadálach, strambánach

lens n lionsa m4

Lent n An Carghas m

lentil n lintile f4; **~s** piseánach msg1; **~ soup** anraith m4 piseánaigh

Leo n (Astrol) An Leon m

leotard n léatard m

leprosy n lobhra f4

lesbian n leispiach m

less adj, pron, adv níos lú, is lú ▷ prep lúide; **~ 50%** lúide 50%; **~ than that/you** níos lú ná sin/tusa; **~ than half** níos lú ná (a) leath, faoi bhun (a) leath; **~ than ever** níos lú ná riamh; **~ and ~** níos lú agus níos lú; **the ~ he works ...** dá laghad a oibríonn sé ...; **lessen** vi laghdaigh, síothlaigh ▷ vt maolaigh; **lesser** adj níos lú, is lú, beag; **to a lesser extent** ar bhonn is lú

lesson n ceacht m3; **to teach sb a ~** (fig) ceacht a mhúineadh do dhuine; **that taught me a ~** rinne sin mo shúile dom

let vt lig, ceadaigh; (lease) lig ar cíos; **to ~ sb do sth** ligean do dhuine rud a dhéanamh; **to ~ sb know sth** rud a chur in iúl do dhuine; **~'s go!** chugainn!, ar aghaidh linn!; **~ him come** a chead aige teacht; **"to ~"** "le ligean (ar cíos)"; **let down** vt (tyre) lig an t-aer as; (person) loic ar; **let go** vi lig amach do ghreim ▷ vt scaoil le; **~ me go** lig amach mé; **let in** vt lig isteach; **let off** vt (culprit) lig a cheann leis; (gun etc)

scaoil; **let on** (inf) vi sceith, lig ort (go); **don't ~ on** ná lig a dhath or dada ort; **let out** vt lig amach, scaoil amach; (scream) lig asat; **let up** vi maolaigh; (cease) staon; **is it ~ting up?** an bhfuil maolú ag teacht air?

lethal adj marfach

letter n litir f; **letterbox** n bosca m4 litreacha

lettuce n leitís f2

leukaemia (US **leukemia**) n leoicéime f4

level adj cothrom ▷ n cothrom m; (standard) leibhéal m, caighdeán m; (floor) urlár m ▷ vt cothromaigh; **to be ~ with** bheith cothrom le; **to draw ~ with** (person, vehicle) teacht gob ar ghob le; **"A" ~s** (Brit) Ardleibhéil mph, A-leibhéil, = Ardteistiméireacht f3, = Ardteist f2; **on the ~** (fig: honest) ionraic, macánta; **level off** vi (prices etc) cothromaigh; **level crossing** n crosaire m4 comhréidh

lever n luamhán m; **leverage** n luamhánacht f3; **leverage (on or with)** (fig) tionchar m (ar)

levy n tobhach m, cáin f ▷ vt toibhigh; **to ~ a tax on sth** cáin a ghearradh ar rud

liability n (responsibility) freagracht f3; (Comm) fiachas m; (Law) dliteanas m; (handicap) cis f2; **liabilities** npl (on balance sheet) fiachais mph

liable adj (responsible): **~ (for)** freagrach (as); (likely): **he's ~ to cause a quarrel** b'fhurasta dó achrann a thógáil

liaise vi: **to ~ (with)** comhoibriú (le

liar n bréagadóir m3

libel n leabhal m ▷ vt leabhlaigh

liberal adj liobrálach; (generous):

~ with fairsing le, fial le; **the L~ Democrats** (Brit) na Daonlathaithe Liobrálacha
liberation n saoradh m, fuascailt f2
liberty n saoirse f4; **to be at ~ to do sth** cead a bheith agat rud a dhéanamh
Libra n (Astrol) An Mheá f4
librarian n leabharlannaí m4
library n leabharlann f2
Libya n an Libia f4
licence (US **license**) n ceadúnas m1; **licence number** n uimhir f cheadúnais
license n (US) = **licence** ▷ vt ceadúnaigh; **~d to sell alcohol** ceadúnaithe chun deochanna meisciúla a dhíol; **licensed** adj (car) ceadúnaithe, faoi cheadúnas; **license plate** n (US) uimhirchlár m1
lick vt ligh; (inf: defeat) buail, tabhair léasadh do; **to ~ one's lips** (fig) bheith ag blasachtach
lid n claibín m4, clár m1; (eyelid) caipín m4 súile, duille m4
lie n (rest) luigh; (in grave) bheith sínte; (be situated) bheith suite; (be untruthful) inis bréag ▷ n bréag f2; **to tell a ~** bréag a dhéanamh or a inse; **without a word of a ~** gan bhréag gan áibhéil; **to ~ low** (fig) do cheann a choinneáil thíos; **lie about** or **around** vi bheith ag leadaíocht (thart)
lie-in n: **to have a ~** codladh go headra
lieutenant n leifteanant m1
life n beatha f4, saol m1; (vitality) beocht f3; **to come to ~** éirí beoga; **how's ~?** cad é mar atá an saol agat?; **for ~** (for good) feadh do shaoil, le do shólas; **that's ~!** is iomaí cor sa saol!, sin an saol agat!;

throughout his ~ fad a mhair sé, ar feadh a shaoil; **to run for one's ~** teicheadh le d'anam; **life assurance** n árachas m1 saoil; **lifebelt** n crios m3 tarrthála; **lifeboat** n bád m1 tarrthála; **lifeguard** n garda m4 tarrthála, maor m1 snámha; **life insurance** n árachas m1 saoil; **life jacket** n seaicéad m1 tarrthála; **lifelike** adj a bhfuil dealramh na beatha air; **life preserver** (US) n = **lifebelt** or **life jacket**; **life sentence** n príosúnacht f3 saoil; **lifestyle** n stíl f2 bheatha, béascna f4; **lifetime** n saol m1; **in his lifetime** lena linn, lena shólas
Liffey n: **the ~** an Life f4
lift vt tóg, ardaigh ▷ vi (fog) scaip ▷ n (elevator) ardaitheoir m3; **to give sb a ~** (Aut) síob f2 or marcaíocht f3 a thabhairt do dhuine; **lift-off** n scaoileadh m, éirí m4 de thalamh
light n solas m1; (lamp) lóchrann m1; (Aut: headlight) ceannsolas m1; (for cigarette etc): **have you got a ~?** an bhfuil lasán agat? ▷ vt las ▷ adj (bright) geal; (not heavy/strenuous) éadrom; **lights** npl (Aut: traffic lights) soilse mph; **to come to ~** teacht chun solais; **light up** vi (face) geal ▷ vt (illuminate) caith solas ar, soilsigh; **light bulb** n bolgán m1 solais; **lighten** vt (make less heavy) éadromaigh; (burden) laghdaigh; **lighter** n (also: **cigarette lighter**) lastóir m3 (toitíní); **light-headed** adj (giddy) éaganta; **light-hearted** adj éadromchroíoch, aerach, meidhreach, aigeanta; **lighthouse** n teach m solais; **lighting** n (on road, in theatre) soilsiú m; **lightly**

adv go héadrom; **to get off lightly** teacht as saor go maith

lightning *n* tintreach *f2*, splancacha *fpl2*; **flash of ~** splanc *f2* thintrí, saighneán *m*

lightweight *adj* (suit) éadrom ▷ *n* (Boxing) éadrom-mheáchan *m*

like *vt*: **I ~** is maith liom ▷ *prep* amhail ▷ *adj* den chineál céanna ▷ *n*: **and the ~** agus a leithéid; **his ~s and dislikes** na rudaí is maith leis agus na rudaí nach maith leis; **I would ~, I'd ~** ba mhaith liom; **would you ~ a coffee?** ar mhaith leat caife?; **to be ~ sb** bheith cosúil le duine; **to look ~ sb** dealramh a bheith agat le duine; **what does it look ~?** cad é an chuma atá air?; **what does it taste ~?** cad é an blas atá air?; **that's just ~ him** a leithéid féin a dhéanfadh é; **do it ~ this** déan mar seo é; **it's nothing ~ ...** níl sé ar dhóigh ar bith cosúil le ...; **likeable** *adj* taitneamhach; (person) geanúil, pléisiúrtha, groí

likelihood *n* dóchúlacht *f3*; **there's every ~ that ...** tá an uile chosúlacht go ...

likely *adj* dóchúil; **he's ~ to leave** tá gach cosúlacht ann go bhfágfaidh sé; **not ~!** (inf) beag an baoil!; **as ~ as not** chomh dócha lena athrach; **it's hardly ~ that** ní móide go

likewise *adv* mar an gcéanna; **to do ~** déanamh amhlaidh, an cleas céanna a dhéanamh

liking *n* dúil *f2*; **to have a ~ for sth** dúil a bheith agat i rud; **to take a ~ to sth** taitneamh a thabhairt do rud; **to one's ~** in aice le do thoil

lilac *n* liathchorcra ▷ *n* craobh *f2* liathchorcra

lily *n* lile *f4*

limb *n* géag *f2*

limbo *n*: **to be in ~** (fig) bheith ligthe i ndearmad

lime *n* (tree) crann *m* líomaí; (fruit) líoma *m4*; (Geog) aol *m*

limelight *n*: **in the ~** (fig) os comhair an phobail

Limerick *n* Luimneach *m1*

limestone *n* aolchloch *f2*

limit *n* teorainn *f* ▷ *vt* teorannaigh, cuir srian le; **over the ~** thar an cheart; **limited** *adj* teoranta

limp *n*: **he has a ~** tá céim bhacaí ann ▷ *vi* bheith ag bacadradh ▷ *adj* bacach

line *n* líne *f4*; (stroke) stríoc *f2*; (wrinkle) roc *m1*; (rope) téad *f2*; (Fishing) dorú *m4*; (wire) sreang *f2*; (row, series) sraith *f2*; (of poetry) líne; (of people) scuaine *f4*; (railway track) líne; (Comm, series of goods) rang *m3*; (work) brainse *m4*; (attitude, policy) mana *m4* ▷ *vt*: **to ~ sth (with)** rud a líneáil (le); **to ~ a road with trees** crainn a chur feadh an bhóthair; **in a ~** i líne; **in ~ with** de réir + *gen*, faoi réir + *gen*; **along those ~s** ar an téad sin; **line up** *vi* déan scuaine, téigh i líne ▷ *vt* déan líne de, cuir i líne; (event) eagraigh

linen *n* líon *m1*, líneádach *m1*; (sheets etc) éadaí *mph*

liner *n* línéar *m1*; (for bin) mála *m4* bruscair

linesman *n* maor *m1* líne

line-up *n* (US: queue) scuaine *f4*; (Sport) foireann *f2*, liosta *m4* foirne

linger *vi* moilligh, bheith ag moilleadóireacht; (smell, tradition) mair

linguist *n* teangeolaí *m4*

lining *n* líneáil *f3*

link *n* ceangal *m1*, nasc *m1*; (of a chain) lúb *f2*; (also: **hyper~**) nasc *m1*

▷ vt ceangail; **links** npl (Golf) machaire m4 gailf (cois na farraige); **link up** vi tar le chéile ▷ vt ceangail

lion n leon m; **lioness** n leon m baineann

lip n liopa m4; **to wet one's ~s** do bhéal a fhliuchadh; **I heard it from his own ~s** óna bhéal féin a chuala mé é; **lip salve** n íoc f2 liopaí; **lipstick** n béaldath m3

liqueur n licéar m1

liquid adj leachtach ▷ n leacht m3; **liquidizer** n leachtaitheoir m3

liquor (US) n biotáille f4; **liquor store** (US) n siopa m4 biotáillí

Lisbon n Liospóin f4

lisp n gliscín m4 ▷ vi labhair go briotach

list n liosta m4 ▷ vt (write down) déan liosta de, liostaigh; (mention) luaigh

listen vi éist; **to ~ to** éisteacht le, éisteacht a thabhairt do; **to ~ closely** cluas le héisteacht a chur ort féin; **listener** n éisteoir m3

liter (US) n lítear m1

literacy n litearthacht f3

literal adj litriúil; (sense) liteartha; **literally** adv go litriúil, go liteartha

literary adj liteartha

literate adj liteartha

literature n litríocht f3; (brochures etc) leabhráin mph eolais

Lithuania n an Liotuáin f2

litre (US **liter**) n lítear m1

litter n (rubbish) bruscar m1; (young animals) ál m1; **litter bin** n bosca m4 bruscair

little adj (small) beag ▷ adv: **I ~ thought ...** is beag a shíl mé ...; **a ~** beagán; **a ~ milk** braon m1 bainne; **a ~ bit** píosa beag m1; **there's ~ time left** is beag am atá fágtha, tá an t-am ag éirí gearr reireaballach;

~ by ~ beagán ar bheagán

live¹ adj beo

live² vi (exist, last) mair; (reside) bheith i do chónaí (i); **live down** vt: **he'll never ~ it down** ní bheidh tógáil a chinn choíche aige; **live on** vt fus (food, salary) bheith beo ar; **live together** vi bheith in aontíos; **live up to** vt fus: **she ~s up to her reputation** is bean mar a tuairisc í, tá sí inchurtha lena cáil

livelihood n slí f4 bheatha, slí mhaireachtála

lively adj anamúil, bríomhar, beoga

liven up vt, vi beoigh, cuir anam i, cuir spleodar i

liver n ae m4

livestock n beostoc m1

living adj beo ▷ n maireachtáil f3; **cost of ~** costas m1 maireachtála; **to earn** or **make a ~** do chuid a shaothrú, do bheatha a thabhairt i dtír; **living room** n seomra m4 teaghlaigh

lizard n laghairt f2

load n (weight) ualach m1, lód m1; (thing carried) lasta m4, lód ▷ vt (also: **~ up**): **to ~ (with)** lódáil (le), ualach a chur ar; (gun) stangadh; (Comput) lódáil; **a ~ of, ~s of** (fig) an dúrud + gen; **to talk a ~ of rubbish** bheith ag seafóid or ag caint seafóide, raiméis a bheith ort; **loaded** adj (question) cealgach; (inf: rich) an-saibhir; **they're loaded** tá na múrtha acu

loaf n builín m4, bollóg f2

loan n iasacht f3 ▷ vt tabhair ar iasacht; **on ~** ar iasacht

loathe vt: **she ~s her husband** tá fuath léi a fear céile

lobby n forsheomra m4; (Pol) brúghrúpa m4 ▷ vt cuir brú ar

lobster n gliomach m1

local adj áitiúil, logánta ▷ n (pub)
teach m tábhairne áitiúil; **the
locals** npl (inhabitants) muintir fsg2
na háite; **local anaesthetic** n
ainéistéiseach m logánta; **local
government** n rialtas m áitiúil
locate vt (find) aimsigh; (situate):
to be ~d in suite san áit i
location n láthair f; **on ~** (Cine) ar
láthair amuigh
loch n loch m3
lock n (of door, box) glas m; (of canal)
loc m; (of hair) dlaoi f4 ▷ vt (with
key) cuir glas ar ▷ vi (door etc) téigh i
nglas; (wheels) téigh i ngreim; **lock
in** vt cuir faoi ghlas; **lock up** vt
(person) cuir faoi ghlas; (house) cuir
an glas ar ▷ vi: **I'll ~ up** cuirfidh
mise an glas ar an doras
locker n taisceadán m
locksmith n glasadóir m3
locum n (Med) ionadaí m4, fear m
ionaid
lodge n lóiste m4; (hunting lodge)
grianán m seilge ▷ vi (person):
to ~ (with) bheith ar lóistín (ag);
(bullet) lonnaigh ▷ vt: **to ~ a
complaint** gearán a chur isteach;
lodger n lóistéir m3
loft n lochta m4
log n (of wood) lomán m, sail f2;
(Naut) leabhar m loinge ▷ vt
(record) breac síos, coinnigh tuairisc
ar; **log in, log on** vi (Comput) log
ann; **log off, log out** vi (Comput)
log as; **logbook** n (of car) leabhar
m cláraithe
logic n loighic f2; **logical** adj
loighciúil
login n (Comput) logáil f3 isteach
lollipop n líreacán m
London n Londain f; **Londoner** n
Londanach m
lone adj aonarach

loneliness n uaigneas m, cumha
m4
lonely adj uaigneach, aonarach
long adj fada ▷ adv i bhfad ▷ vi:
to ~ for sth bheith ag tnúth le rud,
bheith ag feitheamh go crua le rud;
so or **as ~ as** a fhad agus; **don't be
~!** ná bí i bhfad!; **how ~ is this
river/course?** cá fhad atá an
abhainn/cúrsa seo?; **six metres ~**
sé mhéadar ar fad; **six months ~**
(ar) feadh sé mhí; **all night ~** i rith
na hoíche; **he no ~er comes** ní
thagann sé a thuilleadh; **~ before**
i bhfad roimh; **~ after** i ndiaidh;
before ~ roimh i bhfad; **at ~ last**
faoi dheireadh thiar; **long-
distance** adj (call) cian-
Longford n an Longfort m
longing n tnúth m3, dúil f2
longitude n domhanfhad m
long jump n léim f2 fhada;
long-life adj saolach, fadsaolach;
(milk) marthanach; **long-range**
adj (forecast) fadtréimhseach; (gun)
fadraoin n gen; **long-sighted** adj
(Med) fadradharcach;
long-standing adj
seanbhunaithe; **long-term** adj
fadtréimhseach, fadtéarmach
loo (inf) n teach m beag
look vi amharc, féach; (seem)
dealraigh, cuma a bheith ar;
(building etc): **it ~s south** tá a
aghaidh ó dheas; **it ~s (out) onto
the sea** tá a aghaidh leis an
fharraige ▷ n amharc m, féachaint
f3; (appearance) dealramh m, cuma
f4, cló m4; **looks** npl (good looks)
dathúlacht fsg3, gnaíúlacht fsg3,
scéimh fsg2; **to have a ~**
spléachadh a thabhairt; **~! féach!;
~ (here)! (annoyance) éist!;
**look
after** vt fus (care for, deal with)

tabhair aire do; **look at** vt fus féach ar, amharc ar; (consider) smaoinigh ar; **look back** vi: **to ~ back on** (event etc) súil siar a chaitheamh ar; **look down on** vt fus (fig) drochmheas a bheith agat ar; **look for** vt fus lorg, cuardaigh, bheith ar lorg; **look forward to** vt fus bheith ag feitheamh go crua le, bheith ag tnúth le; **we ~ forward to hearing from you** (in letter) táimid go dréim go mór le scéala uait; **look into** vt fus iniúch, fiosraigh; **look on** vi breathnaigh ar, féach ar, amharc ar; **look out** vi (beware): **to ~ out!** faichill!, seachain!, coimhéad!; **look out for** (try to obtain) coinnigh súil in airde le; **look round** vi breathnaigh thart; **look to** vt fus (rely on) bheith ag brath ar, bheith i dtuilleamaí + gen; **look up** vi féach suas; (improve) bisigh, feabhas a bheith ag teacht ar ▷ vt (word, name) cuardaigh; **look up to** vt fus tabhair urraim do, meas a bheith agat ar; **lookout** n faire f4; (person) fear m faire; **to be on the lookout (for)** súil a choinneáil in airde (le)

loom vi (also: **~ up**) nocht; (approach: event etc) bheith ag teacht in aicearracht; (threaten) bheith ag bagairt ▷ n (for weaving) seol m

loony (inf) adj craiceáilte ▷ n gealt f2

loop n lúb f2, dol m3; **loophole** n (fig) lúb f2 ar lár

loose adj bog; (clothes) scaoilte, liobarnach; (woman's hair) síos léi; (morals, discipline) drabhlásach, ainrianta ▷ n: **on the ~** ag imeacht le scód; **loosely** adv go scaoilte; (imprecisely) go neamhchruinn;

loosen vt scaoil

loot n (inf: money) creach f2 ▷ vt creach

lord n tiarna m4; **L~ Smith** An Tiarna m4 Mac Gabhann; **the L~** An Tiarna m4; **good L~!** a Thiarna!; **the (House of) L~s** (Brit) Teach m na dTiarnaí

lorry n leoraí m4; **lorry driver** n tiománaí m4 leoraí

lose vt, vi caill; **to ~ time** (clock) bheith ag cailleadh ama; **get lost!** gread leat!, croch leat!, bain as!; **loser** n cailliúnaí m4

loss n caill f2, caillteanas m1; **I was at a ~ as to what her name was** ní raibh barúil agam cad é an t-ainm a bhí uirthi

lost adj caillte; **lost and found** n (US), **lost property (office)** n oifig f2 na mbeart caillte

lot n (fate) cinniúint f3, dán m1; (at auction) luchtóg f2; **the ~** an t-iomlán; **a ~ (of)** a lán, **~s of** cuid mhór, raidhse; **to draw ~s (for sth)** crann a chaitheamh (ar rud)

lotion n lóis f2, ionlach m1

lottery n crannchur m1, lottó m4; **to do the ~** an lottó a dhéanamh

loud adj ard, callánach; (support, condemnation) láidir; (gaudy) gáifeach ▷ adv (speak etc) go hard; **out ~** os ard; **loudly** adv go hard; **loudspeaker** n callaire m4

lough n loch m3; **L~ Derg** Loch Dearg or Deirgeirt; **L~ Erne** Loch Éirne; **L~ Neagh** Loch nEathach; **Belfast L~** Loch Lao

lounge n seomra m4 suí or caidrimh; (at airport) tolglann f2; (also: **~ bar**) tolglann ▷ vi: **to ~ (about/around)** bheith ag leadaíocht or ag sínteoireacht

louse n míol m1 cnis

lousy (inf) adj ainnis, míofar;
  a ~ pound punt scallta

Louth n Lú m4

love n grá m4 ▷ vt bheith i ngrá le;
  I ~ her tá mo chroí istigh inti;
  (caringly, kindly) tá mé go maith di;
  "~ (from) Anne" "le grá (ó) Áine";
  I ~ chocolate tá dúil m'anama
  agam i seacláid; **to be/fall in ~
  with** bheith/titim i ngrá le; **to
  make ~** luí le chéile; **"15 ~"** (Tennis)
  "cúig déag, náid"; **love affair** n
  caidreamh m suirí, cumann m;
  love life n cúrsaí mpl4 grá

lovely adj álainn; (delightful: person)
  gleoite; (holiday etc) aoibhinn,
  galánta

lover n leannán m; (person in love)
  suiríoch m; (amateur): **a ~ of music**
  duine m4 mór ceoil

loving adj geanúil, ceanúil,
  grámhar

low adj íseal; (person: depressed) in
  ísle brí, lagmhisneach ▷ adv go
  híseal ▷ n (Meteor) lagbhrú m4;
  to be ~ on bheith gann i; **to feel ~**
  bheith in ísle brí; **to reach an
  all-time ~** bheith in umar na
  haimléise; **low-alcohol** adj ar
  bheagán alcóil

lower adj íochtarach, íochtair
  ▷ vt ísligh

low-fat adj tanaithe, ar bheagán
  saille; **loyalty** n dílse f4,
  dílseacht f3

L-plates npl L-phlátaí mpl4

Ltd abbr (= limited) Tta

luck n ádh m; **bad ~** mí-ádh m;
  good ~! ádh mór ort!; **luckily** adv
  go hámharach, go hádhúil, ar an
  dea-uair; **lucky** adj (person)
  ámharach, ádhúil; (coincidence,
  event) sona, séanmhar; (object)
  sonais n gen, ádha n gen

ludicrous adj áiféiseach

luggage n bagáiste m4; **luggage
  rack** n (on car) raca m4 bagáiste

lukewarm adj bogthe, alabhog;
  (person) patuar

lull n eatramh m; (in conversation)
  tost m3 ▷ vt: **to ~ sb to sleep** duine
  a chealgadh chun suain

lullaby n suantraí f4

lumber n (wood) crann mph
  leagtha, lomán mph; (junk)
  manglam m

luminous adj lonrach

lump n cnap m; (of sugar) cnapán
  m; (of wood) smután m; (of butter)
  meall m; (swelling) meall m ▷ vt:
  to ~ things together rudaí a
  charnadh le chéile; **lump sum** n
  cnapshuim f2; **lumpy** adj cnapach;
  (wood etc) cnapánach; (porridge etc)
  stolptha

lunatic adj gealltach, mire, buile

lunch n lón m

lung n scamhóg f2

lure n (attraction) mealladh m,
  cluain f3 ▷ vt meall

lurk vi bheith ag guairdeall go
  formhothaithe

lush adj méith

lust n (sexual) ainmhian f2, drúis f2;
  (for money) saint f2

Luxembourg n Lucsamburg m4

luxurious adj macnasach, sóúil

luxury n ollmhaitheas m3, só m4

lying n bréagadóireacht f3

lyrics npl (of song) lirící fpl2

m

mac n cóta m4 báistí

macaroni n macarón m1

Macedonia n an Mhacadóin f2

machine n meaisín m4, inneall m1; **machine gun** n meaisínghunna m4; **machinery** n innealra m4, meaisínre m4; (fig) gléas m1

mackerel n ronnach m1, murlas m1, maicréal m1

mackintosh n cóta m4 báistí

mad adj mire n gen, buile n gen; (dog) oilc n gen, mire; (fond of): **to be ~ about** bheith splanctha i ndiaidh; (infuriated): **to be ~ (with sb)** bheith ar mire or ar buile (le duine); **to get ~** dul le báiní; **to drive sb ~** duine a chur ar mire or le báiní

madam n (address) a bhean f uasal

madly adv (crazily) mar a bheadh duine buile ann; (frenziedly) go dásachtach; **~ in love (with)** amach as do stuaim (faoi)

---

madman n fear m1 buile or mire

madness n mire f4, buile f4; (fury) dásacht f3

Madrid n Maidrid f4

magazine n (Press) iris f2; (Radio, TV: also: ~ **programme**) irischlár m1

maggot n cruimh f2

magic n draíocht f3 ▷ adj draíochta n gen; (inf: excellent) ar fheabhas, ar dóigh, thar cinn; **magical** adj draíochta n gen; (experience, evening) ar dóigh, aoibhinn; **magician** n (conjurer) asarlaí m4

magistrate n giúistís m4

magnet n maighnéad m1, adhmaint f2; **magnetic** adj maighnéadach, adhmainteach

magnificent adj thar barr, thar cinn, ar fheabhas Éireann, ollásach; (robe, building) galánta

magnify vt formhéadaigh; (sound) méadaigh; **magnifying glass** n gloine f4 formhéadúcháin

magpie n meaig f2, snag m3 breac

mahogany n mahagaine m4

maid n cailín m4 (aimsire)

maiden name n: **her ~ was Walsh** ba de mhuintir Bhreatnach í

mail n post m1; (letters) litreacha fpl ▷ vt postáil, cuir sa phost; (Comput) seachaid leis an ríomhphost; **mailbox** (US) n bosca m4 poist; **mail-order** n postdíol m3

main adj príomh-, ceann- ▷ n: **the ~** (gas, water) príomhphíopa msg4; **the mains** npl (Elec) príomhlínte fpl4, príomhlíonra m4; (gas, water) príomhphíopa msg4; **in the ~** den chuid is mó, tríd is tríd; **mainland** n mórthír f2, tír f2 mór, míntír f2; **mainly** adv den chuid is mó, ar an mórchóir, go príomha; **main road** n bóthar m1 mór, bealach m1 mór, príomhbhóthar m1; **mainstream** n cuilithe f4

maintain vt coinnigh, coimeád; (*sustain: growth*) cothaigh; (*affirm*) dearbhaigh; **maintenance** n cothabháil f3, cothú m; (*alimony*) liúntas m cothabhála, ailiúnas m

maize n min f2 bhuí, arbhar m Indiach

majesty n mórgacht f3

major n (*Mil*) maor m ▷ *adj* (*important*) tábhachtach, mór-; (*most important*) príomh-; (*Mus*) mór-; **~ key** mórghléas

Majorca n Mallarca m4

majority n móramh m, tromlach m, formhór m, bunáite f2

make vt déan; (*earn*) saothraigh; (*cause to be*): **to ~ sb sad** brón a chur ar duine; (*force*): **to ~ sb do sth** iachall a chur ar dhuine rud a dhéanamh, tabhairt ar dhuine rud a dhéanamh; (*equal*): **2 and 2 ~ 4** 2 agus 2 sin 4 ▷ n déanamh m; (*brand*) marc m, cineál m; (*Comm*) déantús m; **to ~ sb laugh** gáire a bhaint as duine; **to ~ sth known to sb** rud a chur in iúl do dhuine; **to ~ a fool of sb** amadán a dhéanamh de dhuine; (*trick*) cúig a dhéanamh ar a fháil; **to ~ a profit** brabach a dhéanamh; **to ~ a loss** cailleadh; **to ~ up one's losses** do bhris a thabhairt isteach; **he made it** (*succeeded*) d'éirigh leis; **what time do you ~ it?** cén t-am atá agat?; **to ~ do with** teacht le; **make for** vt fus (*place*) tabhair aghaidh ar, déan ar; **make off** vi bain as, bain na cosa as; **make out** vt (*write out: cheque*) scríobh; (*decipher*) déan amach, bain ciall as; (*understand*) déan amach, tuig; (*see*) feic; **make up** vt (*constitute*) comhdhéan; (*invent*) cum, déan suas; (*parcel*)

déan, réitigh; (*bed*) cóirigh; (*one's mind*) déan suas ▷ *vi* (*with cosmetics*) tú féin a smideadh; **make up for** vt fus cúitigh le; **make up to** vt déan suas le; **maker** n (*male*) fear m déanta + *gen*; (*female*) bean f déanta + *gen*; **makeshift** *adj* leithscéal + *gen*, ionad + *gen*; **a makeshift bed** leithscéal leapa; **make-up** n smideadh m

making n (*fig*) **artist in the ~** ábhar m ealaíontóra; **he has the ~s of an actor** tá mianach aisteora ann

malaria n maláire f4

Malaysia n an Mhalaeisia f4

male n (*Biol*) fireannach m ▷ *adj* fireann; **~ child** páiste m4 fir

malicious *adj* mailíseach, mioscaiseach

malignant *adj* (*Med*) urchóideach

mall n (*also: shopping ~*) malla m4 or lárionad m siopadóireachta

mallet n máilléad m

malpractice n míchleachtas m

malt n braich f2; (*also: ~ whisky*) uisce m4 beatha braiche

Malta n Málta m4

mam *see* **mammy**

mammal n mamach m, sineach f2

mammoth n mamat m ▷ *adj* ollmhór

mammy n mam f2, mamaí f4

man n fear m ▷ *vt* (*Naut*) cuir foireann ar; (*Mil, gun*) cuir i bhfearas; (*machine*) téigh i bhfeighil + *gen*; **an old ~** seanfhear m; **~ and wife** lánúin f2 (phósta)

manage *vi*: **she ~d** d'éirigh léi, chuaigh aici ▷ *vt* stiúir; (*business etc*) stiúir, riar; (*ship*) láimhsigh; (*problem, task*) ionramháil; **manageable** *adj* (*task*)

soláimhsithe; **management** n
bainistíocht f3; **manager** n
bainisteoir m3; **manageress** n
bainistreás f3; **managerial** adj
bainistíochta n gen, bainistiúil;
managing director n stiúrthóir
m3 bainistíochta

mandarin n (also: ~ **orange**)
mandairín m4; (person)
Mandairíneach m1

mandatory adj riachtanach,
sainordaitheach

mane n moing f2

maneuver (US) vt, vi, n
= **manoeuvre**

mango n mangó m4

manhole n dúnpholl m1

manhood n (adulthood) aois f2 fir;
(virility) feargacht f3; **to reach** ~
teacht i méadaíocht

mania n (Med) máine f4; (lunacy)
gealtacht f3; (fig: craze) dúil f2
mhire; **maniac** n (Med) máineach
m1; (lunatic) gealt f2, duine m4 buile

manic adj (Med) máineach; (fig:
crazy) buile n gen, mire n gen

manicure n lámh-mhaisiú m

manifest vt taispeáin, nocht,
léirigh ⊳ adj follasach, soiléir,
sofheicthe

manifesto n forógra m4

manipulate vt láimhsigh,
ionramháil; (Fin) mí-ionramháil

mankind n an cine m4 daonna, an
duine m4; **manly** adj fearúil;
man-made adj de dhéantús an
duine, saorga

manner n caoi f4, dóigh f2, cineál
m1; (behaviour) béasa mpl3; (sort):
all ~ of gach cineál + gen; **manners**
npl (behaviour) múineadh m

manoeuvre (US **maneuver**) vt
(move) bog; (manipulate: person)
ionramháil; (: situation) láimhsigh

⊳ n beart m1; (Mil) inlíocht f3

manpower n daonchumhacht f3

mansion n mainteach m, teach m
mór; **the M~ House** Teach an
Ard-Mhéara

manslaughter n dúnorgain f3

mantelpiece n matal m1

manual adj láimhe n gen ⊳ n
lámhleabhar m1

manufacture vt déan, monaraigh
⊳ n déantús m1, déantúsaíocht f3,
monarú m; **manufacturer** n
déantóir m3, monaróir m3

manure n leasú m, aoileach m1 ⊳ vt
leasaigh

manuscript n lámhscríbhinn f2

many adj a lán + gen, go leor ⊳ pron
mórán; **a great** ~ cuid mhór;
there is ~ a ... (number) is iomaí ...;
(frequency) is minic ..., is iomaí uair
...; **how ~ times?** cá mhéad uair?;
too ~ an iomarca + gen, barraíocht
+ gen; **as ~ as** suas le

map n léarscáil f2, mapa m4; **map
out** vt leag amach

maple n mailp f2

mar vt loit, mill, déan dochar or
díobháil do

marathon n maratón m1

marble n marmar m1; (toy) mirlín
m4

March n Márta m4

march vi máirseáil ⊳ n máirseáil f3;
(demonstration) mórshiúl m1

mare n láir f, capall m1

margarine n margairín m4

margin n imeall m1, teorainn f,
ciumhais f2; (of profit) corrlach m1;
(of error, safety) lamháil f3;
marginal adj imeallach,
teorannach

marigold n ór m1 Muire

marijuana n marachuan m1

marina n muiríne m4

marine adj mara n gen ▷ n muirí m4

marital adj: **~ status** stádas m1 pósta

mark n (stain) smál m1; (of skid etc) rian m1; (Scol) marc m1; (sign) comhartha m4 ▷ vt (also Scol) marcáil, cuir marc ar; (stain) smáloigh; **to ~ time** an t-am a chur thart, lá a bhaint as; **marker** n marcálaí m4; (bookmark) leabharmharc m1; (ink marker) marcóir m3

market n margadh m1 ▷ vt (Comm) cuir ar an margadh, margaigh; **marketing** n margaíocht f3; **market research** n taighde m4 margaidh

marmalade n marmaláid f2

maroon vt: **to be ~ed** bheith fágtha i bponc or i sáinn or ar an mblár fholamh ▷ adj marún

marquee n ollphuball m1

marriage n pósadh m1; **marriage certificate** n teastas m1 pósta

married adj pósta

marrow n smior m3; (vegetable) mearóg f2

marry vt pós ▷ vi (also: **get married**) pós

Mars n (planet) Mars m3

marsh n seascann m1, riasc m1

marshal n marascal m1; (Sport, US: fire, police) maor m1 ▷ vt eagraigh, cuir eagar ar

martyr n mairtíreach m1

marvel n iontas m1 ▷ vi: **to ~ (at)** iontas a dhéanamh (de); **marvellous** (US **marvelous**) adj iontach

Marxist adj, n Marxach m1

marzipan n prásóg f2

mascara n mascára m4

masculine adj fireann; (Ling) firinscneach

mash vt brúigh; **mashed potatoes** npl brúitín msg4

mask n masc m1 ▷ vt masc, folaigh

mason n (also: **stone~**) saor m1 cloiche; (also: **free~**) máisiún m1; **masonry** n saoirseacht f3 chloiche

mass n toirt f2; (Rel) aifreann m1 ▷ cpd (meeting, production) oll- ▷ vi cruinnigh (le chéile), dlúthaigh; **the masses** an pobal m1, an coiteann m1, an choitiantacht f3; **~es of** an dúrud + gen, cuid mhór + gen; **~es of people** na sluaite mpl4; **to go to ~** (Rel) dul ar aifreann

massacre n ár m1

massage n suathaireacht f3 ▷ vt suaith

massive adj oll-, as cuimse

mass media n na meáin mph chumarsáide

mast n crann m1 (seoil); (Radio) crann

master n máistir m4; (in school) múinteoir m3, máistir; (title for boys) **M~ John** Seán Óg ▷ vt máistrigh; (overcome) sáraigh; (learn) **to have ~ed sth** rud a bheith ar do chomhairle féin agat; **to be one's own ~** bheith ar do chomhairle féin; **M~ of Arts/ Science** máistir m4 ealaíne/ eolaíochta; **~ of ceremonies** fear m1 an tí; **masterpiece** n sárshaothar m1

mat n mata m4; (also: **door~**) mata tairsí; (also: **table~**) mata boird ▷ adj neamhlonrach

match n (for lighting) lasán m1; (equivalent) macasamhail f3, leathbhreac m1, leithéid f2; (game) cluiche m4; (marriage) cleamhnas m1 ▷ vt (also: **~ up**) meaitseáil, cuir in oiriúint; (equal) bheith inchurtha le ▷ vi (suit) tar or cuir le chéile, oir

dá chéile; **to be a good ~** bheith ag
oiriúint or ag fóirstean go maith dá
chéile, bheith ag teacht or ag cur go
maith le chéile; **he'll meet his ~**
(fig) casfar fear a dhiongbhála air;
matchbox n bosca m4 lasán,
bosca meaitseanna; **matching** adj
ag teacht or ag cur le chéile, ag
freagairt dá chéile

mate n (inf) comrádaí m4; (for bird)
leathán m; (partner) céile m4; (in
merchant navy) máta m4 ▷ vi (in
animals) cúpláil

material n (substance) ábhar m;
(cloth) éadach m; (data) sonraí
mpl4 ▷ adj ábhartha; (important)
tábhachtach; (relevant): **it's not ~**
ní bhaineann sé le hábhar;
materials npl (equipment) ábhar
msg1

maternal adj máthartha; (aunt,
uncle etc) ar thaobh na máthar

maternity n máithreachas m ▷ adj
máithreachais n gen; **maternity
hospital** n ospidéal m
máithreachais

mathematical adj matamaiticiúil

mathematics, maths (US math) n
matamaitic fsg4

matinée n nóinléiriú m

matriculation n máithreánach m1

matron n (in hospital) mátrún m1

matt adj neamhlonrach

matter n ábhar m; (Phys) damhna
m4; (Med, pus) angadh m ▷ vi: **it ~s
that ...** tá sé tábhachtach go ...;
matters npl (affairs, situation)
cúrsaí mpl4; **it doesn't ~ (about)** is
cuma (faoi); (I don't mind) ní miste
liom, is cuma liom; **what's the ~?**
céard or cad é tá cearr?; **no ~ what**
cá bith, cibé; **as a ~ of fact** déanta
na fírinne, dáiríre píre; **for that ~**
maidir leis sin, i dtaca leis sin de

mattress n tocht m3

mature adj aibí ▷ vi (person) tar in
inmhe or i méadaíocht; (wine,
cheese) aibigh

maul vt clamhair, basc

mauve adj bánchorcra

maximum adj uas- ▷ n uasmhéid f2

May n Bealtaine f4; **~ Day** Lá m
Bealtaine

may (conditional **might**) vi
(indicating possibility): **he ~ come**
d'fhéadfadh sé teacht; (be allowed
to): **~ I smoke?** an bhfuil cead agam
caitheamh?; (wishes): **~ God bless
you!** go mbeannaí Dia thú!; **you ~
as well go** féadann tú imeacht or dul

maybe adv seans; **~ he'll come**
b'fhéidir go dtiocfadh sé

mayhem n cíor f2 thuathail

Mayo n Maigh f Eo

mayonnaise n maonáis f2

mayor n méara m4; **mayoress** n
banmhéara m4

maze n lúbra m4

me pron m4; (emphatic) mise; **he
heard me** chuala sé mé; **give me a
book** tabhair leabhar dom; **after
me** i mo dhiaidh; **tormenting me**
do mo chrá

meadow n móinéar m

meagre (US **meager**) adj gortach

meal n béile m4; (flour) min f2;
mealtime n am m3 béile

mean adj (with money) sprionlaithe,
ceachartha, gortach; (unkind)
suarach; (shabby) ainnis; (average)
meán- ▷ vt ciallaigh; (understand):
what she ~t was is é a bhí i gceist
aici ná; (intend): **to ~ to do sth** é a
bheith de rún agat rud a dhéanamh
▷ n meán m; **means** npl (way,
money) caoi fsg4, dóigh fsg2,
acmhainn fsg2, gléas msg1; **by ~s of**
le, trí; **by some ~s or other** ar

dhóigh (amháin) nó ar dhóigh eile;
by all ~s! ar ndóigh!, cinnte!; **to be
~t** for sb/sth bheith i ndán do
dhuine/rud; **do you ~ it?** an i
ndáiríre atá tú?; **what do you ~?**
cad é atá tú a rá or a mhaíomh?;
you don't ~ it! ag magadh atá tú!
meaning n ciall f2, brí f4;
meaningful adj a bhfuil brí or
éifeacht leis; (significant)
tábhachtach, fiúntach;
meaningless adj gan chiall, gan
bhrí; (worthless) gan mhaith, gan
fiúntas
meantime, meanwhile adv (also:
in the ~) idir an dá linn, san idirlinn
measles n bruitíneach f2
measure vt tomhais ▷ vi: **it ~d two
metres wide** bhí sé dhá mhéadar
ar leithead ▷ n tomhas m, miosúr
m; (action) beart m
measurements npl toisí mpl4
meat n feoil f3
Meath n an Mhí f4
Mecca n Meice f4
mechanic n meicneoir m3;
mechanical adj meicniúil
mechanism n meicníocht f3
medal n bonn m; **medallist** (US
medalist) n (Sport)
bonnbhuaiteoir m3
meddle vi: **to ~ in** do ladar a chur
(isteach) i; **to ~ with** baint le
media npl (na) meáin mph
chumarsáide
mediaeval adj = **medieval**
mediate vi déan eadráin, déan
idirghabháil
medical adj leighis n gen, míochaine
n gen ▷ n scrúdú m leighis
medication n míochnú m; (drugs)
cógas m
medicine n míochaine f4, leigheas
m; (drug) cógas m

medieval adj meánaoiseach
mediocre adj lagmheasartha
meditate vi machnaigh,
meabhraigh
Mediterranean adj Meánmhuirí;
the ~ (Sea) an Mheánmhuir f
medium adj meán-, meánach ▷ n
(means) meán m; (person) bean f
feasa, meán m; **a happy ~**
cothrom cirt; **medium wave** n an
mheántonn f2
meek adj ceansa
meet vt cas le, buail le; (for the first
time) cuir aithne ar; **I met him**
casadh orm é; (go and fetch) téigh
in araicis + gen; (opponent, danger)
tabhair aghaidh ar; (obligations)
comhlíon ▷ vi (friends) buail le
chéile; (join: lines, roads) tar le
chéile; **meet with** vt fus buail le;
meeting n cruinniú m
megabyte n (Comput) meigibheart
m
megaphone n callaire m4
melancholy n gruaim f2, droim m3
dubhach, lionn m dubh ▷ adj
gruama, duairc
melody n fonn m
melon n mealbhacán m
melt vi, vt leáigh; **melt away** vi
leáigh; (thaw) bheith ag leá or ag
coscairt
member n ball m; **M~ of
Parliament** (Brit) Feisire m4
Parlaiminte; **M~ of the
European Parliament** Feisire
Eorpach; **membership** n
ballraíocht f3, comhaltas m;
membership card n cárta m4
ballraíochta
memento n cuimhneachán m
memo n = **memorandum**
memorandum n meamram m;
(legal etc) meabhrán m

memorial n leacht m3 cuimhneacháin ▷ adj cuimhneacháin i n gen

memorize vt cuir de ghlanmheabhair, meabhraigh

memory n meabhair f; (recollection) cuimhne f4; **to the best of my ~** ar feadh mo chuimhne; **in ~ of** i gcuimhne ar; **memory card** n cárta m4 cuimhne; **memory stick** n méaróg f2 cuimhne

menace n bagairt f3; (nuisance) crá m4 croí ▷ vt bagair ar

mend vt deisigh, cóirigh, cuir caoi or bail ar; (darn) cuir cliath ar ▷ n: **on the ~** ar aghaidh bisigh; **to ~ one's ways** do bheatha a leasú; **if you don't ~ your ways** mura n-athraíonn tú béasa

meningitis n meiningíteas m1

menopause n sos m3 míostraithe; (male) athrú m saoil

menstruation n míostrú m, fuil f mhíosta

mental adj intinne i n gen; (Med) meabhair-; **mentality** n meon m1

mention n tagairt f3 ▷ vt luaigh, tagair do, déan trácht ar; **don't ~ it!** ná habair é!, níl a bhuíochas ort!; **not to ~ ...** gan trácht ar ...

menu n (Culin) biachlár m1; (Comput) roghchlár m1

MEP n abbr = **Member of the European Parliament**

mercenary adj santach ▷ n saighdiúir m3 tuarastail, amhas m1

merchandise n earraí mpl4, marsantacht f3

merchant n ceannaí m4; **merchant bank** n banc m1 marsantach; **merchant navy** (US **merchant marine**) n loingeas m1 trádála

merciless adj gan trua, gan trócaire

mercury n mearcair m4

mercy n trócaire f4; **to have ~ on sb** trócaire a dhéanamh ar dhuine; **may God have ~ on him!** go ndéana Dia trócaire air!

mere adj lom-; **by ~ chance** le barr áidh; **a ~ two minutes** dhá nóiméad scallta; **he's a ~ ...** níl ann ach ...; **merely** adv: **it's merely a warning** níl ann ach rabhadh; **she merely sighed** ní dhearna sí ach osna a ligean

merge vt cónaisc ▷ vi (colours, shapes, sounds) cumaisc; (roads) tar le chéile; (Comm) cumaisc, déan cumasc le; **merger** n (Comm) cumasc m1

meringue n meireang m4

merit n fiúntas m1, luaíocht f3; (of case) tuillteanas m1

mermaid n maighdean f2 mhara

merry adj suairc, súgach; **M~ Christmas!** Nollaig Shona!; **merry-go-round** n áilleagán m1 intreach

mesh n mogall m1

mess n prácás m1; (muddle: of situation) praiseach f2; (dirt) salachar m1; (Mil) cuibhreann m1; **mess about** or **around (with)** (inf) vi bheith ag únfairt (le); **mess up** vt (dirty) salaigh; (spoil) mill; (bungle, disarrange) déan praiseach de

message n teachtaireacht f3, scéala m4

messenger n teachtaire m4

messy adj salach, cáidheach, ina phraiseach, trína chéile

metal n miotal m1; **metallic** adj miotalach

metaphor n meafar m1

meteorology n meitéareolaíocht f3

meter n (instrument) méadar m1;

(*also*: **parking ~**) méadar *m1*
páirceála; (*US*: unit) = **metre**
method *n* modh *m3*; **methodical**
adj rianúil, críochnúil, slachtmhar
metre (*US* **meter**) *n* méadar *m1*
metric *adj* méadrach
Mexican *adj, n* Meicsiceach *m1*
Mexico *n* Meicsiceo *m4*
microchip *n* micrishlis *f2*;
microphone *n* micreafón *m1*;
microscope *n* micreascóp *m1*;
microwave *n* (*also*: **microwave
oven**) oigheann *m1* micreathoinne
mid *adj* lár-; **in ~ May** i lár Mhí na
Bealtaine; **in ~ air** idir spéir is
talamh, eadarbhuas; **midday** *n*
meán *m1* lae
middle *n* lár *m1* ▷ *adj* lár-; (*average*)
meán-; **in the ~ of the night** i lár
na hoíche; **middle-aged** *adj*
meánaosta; **Middle Ages** *npl*: **the
Middle Ages** na Meánaoiseanna
fpl2, an Mheánaois *fsg2*;
middle-class *adj* meánaicmeach;
middle class(es) *n(pl)*: **the
middle class(es)** an mheánaicme
fsg4; **Middle East** *n* an
Meánoirthear *m1*; **middle name** *n*
ainm *m4* láir
midge *n* míoltóg *f2*
midget *n* abhac *m1*
midnight *n* meán *m1* oíche
midst *n*: **in the ~ of** i lár + *gen*,
i measc + *gen*
midsummer *n* lár *m1* an
tsamhraidh; **M~('s) Day** Lá Fhéile
Eoin
midway *adj, adv*: **~ (between)**
leath bealaigh (idir), leath slí (idir);
~ through ... leath bealaigh tríd ...
midweek *n* lár *m1* na seachtaine
midwife *n* bean *f* ghlúine, bean
chabhrach
might *n* neart *m1* ▷ *vb see* **may**;

mighty *adj* neartmhar, láidir
migraine *n* mígréin *f2*
migrant *adj* imirceach; **~ worker**
spailpín *m4*
migrate *vi* téigh ar imirce
mike *n abbr* = **microphone**
mild *adj* séimh; (*person*) séimh,
cneasta; (*weather*) cineálta, séimh;
(*reproach*) gan ghoimh; **mildly** *adv*
go séimh; **to put it mildly** gan ach
an ceann caol a lua
mile *n* míle *m4*; **~s away** na mílte ar
shiúl; **mileage** *n* míleáiste *m4*;
milestone *n* cloch *f2* mhíle
military *adj* míleata
militia *n* míliste *m4*
milk *n* bainne *m4* ▷ *vt* (*cow*) bligh,
crúigh; (*fig: person*) tar i dtír ar;
(: *situation*) beir buntáiste ar; **milk
chocolate** *n* seacláid *f2* bhainne;
milkman *n* fear *m1* bainne; **milk
shake** *n* creathán *m1* bainne;
milky *adj* (*drink*) bainniúil; (*colour*)
lachtmhar
mill *n* muileann *m1*; (*steel mill*)
muileann *m1* iarainn; (*spinning mill*)
muileann *m1* sníomhacháin; (*flour
mill*) muileann *m1* plúir ▷ *vt* meil
▷ *vi* (*also*: **~ about**) bheith ag
ruatharach thart
milligram, milligramme *n*
milleagram *m1*
millimetre (*US* **millimeter**) *n*
milliméadar *m1*
million *n* milliún *m1* + *sg*;
millionaire *n* milliúnaí *m4*
mime *n* mím *f2* ▷ *vt, vi* mím
mimic *n* aithriseoir *m3* ▷ *vt* déan
aithris ar
min. *abbr* = **minute(s)**; **minimum**
mince *vt* mionaigh ▷ *n* (*Culin*) feoil
f3 mhionaithe; **he didn't ~ his
words** níor chuir sé fiacail ann;
mincemeat *n* (*fruit*) mionra *m4*

torthaí; (US: meat) feoil f3
mhionaithe; **mince pie** n (sweet)
píóg f2 mionra
mind n intinn f2, meabhair f,
cuimhne f4 ▷ vt (attend to, look
after) tabhair aire do; (be careful)
seachain, fainic; (object to): **I don't
~ the noise** ní miste liom an callán;
I don't ~ is cuma liom, ní miste
liom; **on my ~** ar m'intinn; **to my ~**
dar liom, de mo dhóighse, i mo
bharúil or thuairimse; **to be out of
one's ~** bheith as do mheabhair,
bheith ar mire; **he changed his ~**
d'athraigh sé a intinn, rinne sé
athchomhairle; **to have sth in ~**
rud a bheith ar intinn agat; **to
keep** or **bear sth in ~** rud a
choinneáil i gcuimhne,
cuimhneamh ar rud; **to make up
one's ~** cinneadh ar (chomhairle);
to put sth out of one's ~ rud a
ligean chun dearmaid, rud a chur as
do cheann; **to read sb's ~** léamh ar
intinn duine; **to be in two ~s**
bheith idir dhá chomhairle; **~ you,
...** mar sin féin, ...; **never ~** (don't
bother) ná bac leis; (don't worry) ná
bí buartha; **"~ the step"** "seachain
an chéim"
mine¹ adj (single article) mo
cheannsa; (share of) mo chuidse
▷ adj: **this book is ~** is liom an
leabhar seo; **this book of ~** an
leabhar seo agam
mine² n (coal) mianach m guail;
(landmine) mianach talún ▷ vt
(coal) bain; (ship, beach) cuir
mianach faoi; **miner** n mianadóir
m3
mineral adj mianrach ▷ n mianra
m4; **minerals** npl (soft drinks)
mianraí mpl4; **mineral water** n
uisce m4 mianraí

mingle vi: **to ~ with** dul i measc,
meascadh le
miniature adj mion- ▷ n
mionsamhail f3
minibar n mionbhéar m1
minibus n mionbhus m4
minimal adj íos-
minimize vt (reduce) íosmhéadaigh,
íoslaghdaigh; (play down) déan a
bheag de
minimum adj íos- ▷ n íosmhéid f2
mining n mianadóireacht f3
miniskirt n mionsciorta m4
minister n (Pol) aire m4; (Rel)
ministir m4 ▷ vi: **to ~ to sb** riar ar
dhuine
ministry n (Pol) aireacht f3
minor adj fo-; (Mus, poet, problem)
mion- ▷ n (Law) mionaoiseach m1;
(Sport) mionúr m1
minority n mionlach m1
mint n (plant) miontas m1; (sweet)
milseán m1 miontais ▷ vt (coins)
buail; **in ~ condition** úrnua
minus n (also: **~ sign**) míneas m1
▷ prep lúide
minute¹ adj beag bídeach; (detail,
search) mion-
minute² n nóiméad m1, bomaite
m4; **minutes** npl (official record)
miontuairiscí fpl2; **wait a ~, just a
~** fan nóiméad or bomaite; **do it
this ~!** déan láithreach bonn é
miracle n míorúilt f2
mirage n mearú m súl
mirror n scáthán m1
misbehave vi bheith dána or crosta
miscarriage n (Med) breith f2
anabaí; (Law) iomrall m1 ceartais;
she had a ~ scar sí le duine clainne
miscellaneous adj il-, éagsúil,
ilchineálach, ilghnéitheach
mischief n (naughtiness)
diabhlaíocht f3; (playfulness)

m

ábhaillí f4; (maliciousness)
drochobair f2; **mischievous** adj
iomlatach, dalba, dána, diabhalta

misconception n míthuiscint f3

misconduct n mí-iompar m1

miser n sprionlóir m3

miserable adj ainnis, dearóil,
anróiteach; (stingy) gortach,
sprionlaithe; (failure) dona

misery n (wretchedness) ainnise f4,
dearóile f4, anró m4

misfortune n mí-ádh m1,
tubaiste f4

misgiving n (apprehension) amhras
m1, drochamhras m1; **to have ~s
about sth** (droch) amhras a bheith
ort faoi rud

misguided adj ar mhíthreoir,
seachránach

mishap n taisme f4, míthapa m4

misinterpret vt bain míchiall as,
bain an chiall chontráilte as

misjudge vt: **to ~ sb** an aithne
chontráilte a bheith agat ar dhuine,
bheith san pháirt ar dhuine

mislead vt: **to ~ sb** míchomhairle a
chur ar dhuine; **misleading** adj
míthreorach; (information,
statement) a chuireann (duine) ar
seachrán or amú

misplace vt: **to ~ sth** rud a ligean
amú, rud a chur san áit chontráilte

misprint n dearmad m1 cló

Miss n Iníon f2; **~ O'Donnell** Iníon
Uí Dhónaill

miss vt caill; (regret the absence of):
I ~ him/it cronaím é; **I ~ed the
train** chaill mé an traein, d'imigh
an traein orm ▷ vi téigh amú ▷ n
(shot) urchar m1 iomraill; **miss out**
vt caill

missile n (Mil) diúracán m1; (object
thrown) diúracán m1

missing adj in easnamh, ar iarraidh

mission n misean m1; **missionary**
n misinéir m3

mist n ceo m4; (light) dusma m4 ▷ vi
(also: ~ over): **her eyes ~ed (over)**
tháinig deoir ar an tsúil aici

mistake n meancóg f2, dearmad
m1, botún m1; **to make a ~**
meancóg or botún or dearmad a
dhéanamh; **by ~** de dhearmad, i
ndearmad ▷ vt (meaning, remark)
bain míchiall as; **to ~ sb for sb else**
duine a thógáil ar son duine eile; **to
be ~n about sth** dul amú a bheith
ort faoi rud; **unless I am ~n** mura
bhfuil dul amú or seachrán orm;
mistaken adj earráideach,
mícheart, amú

mister n: **M~ McLaughlin** An
tUasal Mac Lochlainn; see also **Mr**

mistletoe n drualus m3

mistress n bean fluí; (in school)
máistreás f3

mistrust n: **to ~ sb** bheith in
amhras ar or faoi dhuine,
drochiontaoibh a bheith agat as
duine

misty adj ceobhránach, smúitiúil

misunderstand vt bain
míthuiscint as, bain an chiall
chontráilte as; **she
misunderstood me** níor thuig sí (i
gceart) mé; **if I don't ~** mura bhfuil
seachrán or dul amú orm;
misunderstanding n míthuiscint
f3

misuse n mí-úsáid f2; (of power)
mí-úsáid f2 cumhachta ▷ vt bain
mí-úsáid as; **~ of funds** míriar
acmhainní

mitt, mitten n miotóg f2, mitín m4

mix vt, vi measc, cumaisc; (drink etc)
cumaisc; (cement) suaith;
(socialize): **to ~ with people**
comhluadar a dhéanamh le daoine;

he doesn't ~ well ní fear mór cuideachta é ▷ n meascán m1, cumasc m1; (people) éagsúlacht f3; **mix up** vt measc; (confuse) cuir trí chéile; **mixed** adj measctha; (salad) ilchineálach; **mixed grill** n griolladh m measctha; **mixed-up** adj (confused) trí chéile; **mixer** n (for food) meascthóir m3; (person): **he is a good mixer** tá sé sochaideartha; **mixture** n meascán m1, cumasc m1; **mix-up** n meascán m mearaí

mm abbr (= millimeter) mm

moan n éagaoin f2 ▷ vi bheith ag éagaoin, cnead a ligean asat

moat n móta m4

mob n gramaisc f2; (disorderly) gráscar m1 ▷ vt plódaigh

mobile adj soghluaiste, gluaiseach ▷ n soghluaisteog f2; (also: ~ phone) fón m or guthán m1 póca; **mobile home** n teach m gluaisteach; **mobile phone** n fón m or guthán m1 póca

mock vt déan magadh or fonóid faoi ▷ adj breag-, bréige n gen; **mockery** n magadh m1; **to make a mockery of sb/sth** ceap magaidh a dhéanamh de dhuine/rud

mode n modh m3

model n samhail f3, eiseamláir f2; (make) déanamh m1; (person: for fashion) mainicín m4; (: for artist) cuspa m4 ▷ vt (with clay etc) múnlaigh ▷ vi (clothes) bheith ag mainicíneacht ▷ adj (railway: toy) mion-; **to ~ o.s. on** tú féin a mhúnlú ar

modem n (Comput) móideim m4

moderate adj cuibheasach, measartha, réasúnta ▷ vi maolaigh ▷ vt maolaigh; (supervise) stiúir; (regulate) rialaigh

moderation n measarthacht f3

modern adj nua-aimseartha, nua-; **~ languages** nuatheangacha fpl4; **modernize** vt nuachóirigh, tabhair suas chun dáta, cuir in oiriúint don lá inniu

modest adj modhúil, cúthail; (middling) cuibheasach, measartha; **modesty** n modhúlacht f3

modify vt modhnaigh; (demands) maolaigh

module n modúl m1

mohair n móihéar m1

moist adj tais; **moisture** n taisleach m1, fliuchán m1; **moisturizer** n taisritheoir m3

mold (US) n, vt = **mould**

mole n (animal) caochán m1; (fig: spy) spiaire m4; (on body) ball m1 dobhráin

molest vt (harass) cuir isteach ar, déan díobháil do; (sexually) déan ionsaí gnéis ar

molten adj leáite

mom (US) n = **mum**

moment n nóiméad m1, bomaite m4; **at the ~** i láthair na huaire; **at that ~** ag an nóiméad sin, leis sin; **I'll be there in a ~** beidh mé ann i gceann nóiméid; **I'm OK for the ~** beidh mé ceart go leor go fóill beag; **momentary** adj gearrshaolach; **momentous** adj an-tábhachtach, cinniúnach

momentum n móiminteam m1; (fig) fuinneamh m1; **to gather ~** dul i neart

mommy (US) n mamaí f4

Monaco n Monacó m4

Monaghan n Muineachán m1

monarch n monarc m4; **monarchy** n monarcacht f3

monastery n mainistir f

Monday n (An) Luan m1; **on ~** Dé Luain; **he comes on ~s** tagann sé ar an Luan

monetary adj airgeadúil, airgeadaíochta n gen

money n airgead m1; **to make ~** airgead a dhéanamh; **money order** n ordú m airgid

mongrel n (dog) bodmhadra m4

monitor n (TV, Comput) monatóir m3 ▷ vt: **to ~ sth** monatóireacht a dhéanamh ar rud, súil a choinneáil ar rud

monk n manach m1

monkey n moncaí m4

monopoly n monaplacht f3

monotonous adj aontonach; (boring) leadránach, liosta, leamh

monsoon n monsún m1

monster n arracht m3, ollphéist f2

month n mí f; **monthly** adj míosúil ▷ adv in aghaidh na míosa

monument n séadchomhartha m4; (memorial) leacht m3 cuimhneacháin

mood n aoibh f2, fonn m1; **to be in a good/bad ~** dea-/drochaoibh a bheith ort; **moody** adj (variable) taghdach; (sullen) dúr

moon n gealach f2; **moonlight** n solas m na gealaí

moor n móinteán m1, caorán m1 ▷ vt (ship) feistigh, cuir ar ancaire ▷ vi téigh ar feistiú

moose n mús m1

mop n (of hair) mothall m1, grágán m1, mapa m4; (for dishes) mapa (soithí) ▷ vt mapáil; **mop up** vt glan suas

mope vi bheith i ndroim dubhach

moped n móipéid f2

moral adj morálta ▷ n (of story) brí f4; **morals** npl (attitude, behaviour) moráltacht f sg3

morale n meanma f, misneach m1

morality n moráltacht f3

 KEYWORD

more adj níos mó; breis; tuilleadh **1** (greater in number etc) níos mó; **more people/work (than)** níos mó daoine/oibre ná **2** (additional) a thuilleadh + gen; **do you want (some) more tea?** ar mhaith leat tuilleadh tae?; **I have no** or **I don't have any more money** níl níos mó or a thuilleadh airgid agam; **it'll take a few more weeks** tógfaidh sé cúpla seachtain eile

▷ pron breis agus, corradh le; **more than ten** corradh le deich; **it cost more than we expected** chosain sé níos mó ná a shíleamar; **I want more** ba mhaith liom tuilleadh; **is there any more?** an bhfuil tuilleadh ann?; **there's no more** níl a thuilleadh ann; **a little more** beagáinín eile, dornán eile, braon beag eile; **many/much more** bhfad níos mó

▷ adv: **more dangerous/easily (than)** níos contúirtí/fusa (ná); **more and more expensive** ag éirí níos daoire, ag dul i ndaoire; **more or less** a bheag nó a mhór; **more than ever** níos mó ná riamh

moreover adv ar a bharr sin, ina theannta sin

morning n maidin f2; **in the ~** ar maidin; **7 o'clock in the ~** 7 a chlog ar maidin; **morning sickness** n tinneas m1 maidne

Morocco n Maracó m4

moron (inf) n leathdhuine m4, uascán m1

mortar n (Mil) moirtéar m1; (Constr) moirtéal m1

mortgage n morgáiste m4 ▷ vt morgáistigh

mortuary n marbhlann f2

mosaic n mósáic f2

Moscow n Moscó m4

Moslem adj, n = **Muslim**

mosque n mosc m1

mosquito n muiscít f2, corrmhíol m1

moss n caonach m1, (Irish) carraigín m4

most adj bunáite + gen, bunús + gen, formhór + gen ▷ pron an mhórchuid f ▷ adv is (+ superl); (very) an-; ~ **of** formhór + gen, bunús + gen; ~ **of them** a mbunús, a bhformhór; **at the (very)** ~ ar a mhéad; **to make the ~ of** sth a mhór a dhéanamh de rud; **mostly** adv (chiefly) go príomha, den chuid is mó; (usually) de ghnáth, go hiondúil

motel n carróstlann f2

moth n féileacán m1 oíche, leamhan m1; **mothballs** npl millíní mpl4 leamhan

mother n máthair f ▷ vt (pamper, protect) déan peataireacht ar; ~ **country** tír dhúchais; **motherhood** n máithreachas m1; **mother-in-law** n máthair f chéile; **mother tongue** n teanga f4 dhúchais

motif n móitíf f2

motion n gluaiseacht f3; (gesture) geáitse m4; (at meeting) rún m1; **in** ~ (moving) faoi shiúl; (functioning) ar siúl, ar obair ▷ vt, vi: **to** ~ **(to) sb to do** sméideadh ar dhuine rud a dhéanamh; **to set sth in** ~ rud a chur sa siúl, siúl a chur faoi or ar rud; **motionless** adj gan bhogadh, gan chorraí; **motion picture** n scannán m1

motive n cúis f2, bunchúis f2, réasún m1

motor n inneall m1; (inf: vehicle) mótar m1, gluaisteán m1, carr m1 ▷ cpd (industry, vehicle) mótar-, gluais-; **motorbike** n gluaisrothar m1; **motorboat** n mótarbhád m1; **motorcar** n mótar m1, gluaisteán m1, carr m1; **motorcycle** n gluaisrothar m1; **motorcyclist** n gluaisrothaí m4; **motor racing** n rásaíocht f3 ghluaisteán; **motorway** n mótarbhealach m1

motto n mana m4

mould (US **mold**) n múnla m4; (mildew) coincleach f2 ▷ vt múnlaigh; (fig) fuin; **mouldy** adj clúmhúil; (smell) dreoite

mound n meall m1; (heap) carn m1; (hill) tulach m1

mount n cnoc m1, sliabh m ▷ vt gabh suas ar, téigh in airde ar; (horse) téigh ar mhuin + gen ▷ vi (inflation, tension) méadaigh; (also: ~ **up**: problems etc) carnaigh

mountain n sliabh m, cnoc m1 ▷ cpd sléibhe n gen; **mountain bike** n rothar m1 sléibhe; **mountaineer** n sléibhteoir m3; **mountaineering** n sléibhteoireacht f3; **mountainous** adj sléibhtiúil; **mountain range** n sliabhraon m1

mourn vi, vt caoin; **mourner** n sochraideach m1; **mourning** n brón m1, dobrón m1

mouse n (US mold) luchóg f2; (Comput) luch f2; **mouse mat, mouse pad** n (Comput) mata m4 luchóige, ceap m3 luiche

mousse n mousse m4

moustache (US **mustache**) n croiméal m1

mouth n béal m1; **mouthful** n bolgam m1; **mouth organ** n orgán *m* béil; **mouthpiece** n (*of musical instrument*) béalóg f2; (*spokesman*) urlabhraí m4; **mouthwash** n folcadh m béil

move n (*movement*) bogadh m; (*in game*) cor m1; (: *turn to play*) seal m3; (*change: of house, job*) aistriú m ⊳ vt bog, corraigh; (*emotionally*) bain; **the music ~d her to tears** bhain an ceol na deora aisti; (*Pol, resolution etc*) mol; (*in game*) bog ⊳ vi (*gen*) bog; (*traffic*) gluais; (*also: ~ house*) aistrigh; (*situation*) athraigh; **that was a good ~** is maith a rinne tú é; **to ~ sb to do sth** duine a spreagadh le rud a dhéanamh; **to get a ~ on** brostú; **move about** vi (*fidget*) bheith ag tónacán, bheith corrthónach; (*travel*) bog thart; (*change residence, job*) aistrigh; **move along** vi bog leat; **move away** vi bog ar shiúl; **move back** vi bog ar ais, bog siar; **move forward** vi bog chun tosaigh; **move in** vi (*to a house*) bog isteach i; (*police, soldiers*) druid isteach le; **move on** vi bog ar aghaidh; **move out** vi (*of house*) bog amach as; **move over** vi bog anonn; **move up** vi (*pupil*) aistrigh suas; (*employee*) faigh ardú céime; **movement** n bogadh m, cor m1; (*campaign*) gluaiseacht f3

movie n scannán m1; **to go to the ~s** dul chuig na pictiúir

moving adj beo; (*emotional*) corraitheach

mow vt bain; (*lawn*) lom, bain; **mow down** vt treascair

MP n abbr = **Member of Parliament**

MP3 n: **~ player** seinnteoir m3 MP3

Mr (US **Mr.**) n: **Mr Smith** An tUasal Smith

Mrs (US **Mrs.**) n: **~ Smith** Bean Smith

Ms (US **Ms.**) n (= *Miss or Mrs*): **Ms Smith** Iníon Smith

much adj mórán + gen ⊳ adv, n, pron a lán + gen; **how ~ is it?** cá mhéad atá air?; **too ~** an iomarca + gen, barraíocht + gen; **as ~ as (he has)** a oiread agus (atá aige)

muck n (*dirt*) salachar m1; **muck up** (*inf*) vt (*exam, interview*) déan praiseach de; **mucky** adj cáidheach, draoibeach; (*book, film*) graosta, gáirsiúil

mud n clábar m1, lábán m1

muddle n (*mess*) cíor f2 thuathail; (*mix-up*) meascán m1 mearaí ⊳ vt (*also: ~ up*) cuir trí chéile

muddy adj lábánach, draoibeach

mudguard n pludgharda m4

muffin n muifín m4, bocaire m4

muffled adj (*sound*) múchta; (*person*) clutharaithe

muffler (US) n (Aut) ciúnadóir m3

mug n (*cup*) muga m4; (*inf: face*) pus m1; (: *fool*) bómán m1 ⊳ vt (*assault*) ionsaigh; **mugging** n ionsaí m

muggy adj meirbh

mule n miúil f2

multiple adj iomadúil, il- ⊳ n iolraí m4; **multiple sclerosis** n ilscléaróis f2

multiplication n iolrú m

multiply vt, vi iolraigh

multistorey adj ilstórach

mum (*inf*) n mam f2 ⊳ adj: **to keep ~ about sth** rud a choinneáil faoin duilleog

mumble vt, vi mungail; **to ~ sth** rud a rá trí d'fhiacla

mummy n (*mother*) mamaí f4; (*embalmed*) seargán m1

mumps n an plucamas m1, an leicneach f2

munch vt, vi mungail
municipal adj cathrach n gen
Munster n an Mhumhain f, Cúige m4 Mumhan ▷ adj Muimhneach
murder n dúnmharú m ▷ vt dúnmharaigh; **murderer** n dúnmharfóir m3
murky adj amhrasach; (water) modartha
murmur n monabhar m ▷ vi bheith ag monabhar ▷ vt: **to ~ sth** rud a rá de mhonabhar
muscle n matán m; (fig) cumhacht f3; **muscle in** vi: **to ~ in** tú féin a bhrú chun cinn; **muscular** adj matánach; (person, arm) féitheogach
museum n músaem m
mushroom n muisiriún m, beacán m ▷ vi borr
music n ceol m; **musical** adj binn; (person) ceolmhar; (show) ceoil n gen; **musical instrument** n gléas m ceoil, uirlis f2; **musician** n ceoltóir m3
Muslim adj, n Moslamach m
muslin n muislín m4
mussel n diúilicín m4
must aux vb (obligation): **I ~ do it** ní mór dom é a dhéanamh, tá orm é a dhéanamh, caithfidh mé é a dhéanamh; (probability): **he ~ be there by now** caithfidh sé go bhfuil sé ann faoi seo; (suggestion, invitation): **you ~ come and see me** caithfidh tú teacht ar cuairt chugam; **why ~ he behave so badly?** cad chuige a gcaithfidh sé bheith chomh crosta sin? ▷ n riachtanas m
mustache (US) n = **moustache**
mustard n mustard m
mute adj balbh
mutiny n ceannairc f2 ▷ vi éirigh amach

mutter vi bheith ag monabhar ▷ vt: **to ~ sth** rá trí d'fhiacla
mutton n caoireoil f3
mutual adj díbhlíonach; (benefit, interest) comhchomaoineach
muzzle n soc m; (protective device) féasrach m, puslach m; (of gun) béal m ▷ vt cuir féasrach or puslach ar
my adj mo; **my house/car/gloves** mo theach/ghluaisteáin/ mhiotóga, an teach/an gluaisteán/na miotóga agam; **my hair** mo chuid gruaige
myself pron (reflexive) mé féin; (emphatic) mise féin; see also **oneself**
mysterious adj rúndiamhair, mistéireach
mystery n rúndiamhair f2, mistéir f2
mystify vt mearaigh
myth n miotas m; **mythology** n miotaseolaíocht f3

m

n

nag vt tabhair amach do ▷ vi: **to be
~ging at sb** bheith sáite as duine;
it was ~ging at him bhí sé ag dó
na geirbe aige

nail n (human) ionga f; (metal) tairne
m4 ▷ vt cuir tairne i, tairneáil; **to ~
sb down to a date/price** dáta/
praghas a chinntiú le duine or a
fhascadh as duine; **nailbrush** n
scuab f2 ingne; **nailfile** n raspa m4
ingne; **nail polish, nail varnish** n
snas m3 or vearnais f2 iongan; **nail
polish remover** n díobhach m1
vearnais iongan; **nail scissors** npl
siosúr msg1 ingne

naïve adj saonta, soineanta

naked adj (person) lomnocht; (light
etc) nocht; (hatred, truth) lom

name n ainm m4 ▷ vt ainmnigh; **by
his ~** ina ainm; **in the ~ of** in ainm
+ gen; **what's your ~?** cén t-ainm
atá ort?, cad is ainm duit?; **in God's
~ in ainm Dé; ~ a date or place**
luaigh dáta nó áit; **namely** adv
eadhon, is é sin, mar atá

nanny n buime f4

nap n: **to take a ~** néal m1 a
chodladh, dreas codlata a
dhéanamh ▷ vi: **he was caught
~ping** rugadh maol air, thángthas
aniar aduaidh air, rugadh gairid air

napkin n naipcín m4

nappy n clúidín m4

narcotic n (drug) támhshuanach m1

narrative n scéal m1

narrow adj cúng; (mind) cúng, caol
▷ vt, vi cúngaigh, caolaigh; **I had a
~ escape** ní mó ná gur éalaigh mé,
is ar éigean a d'éalaigh mé; **to ~ sth
down to** rud a laghdú go;
narrowly adv: **he narrowly
missed injury** is ar éigean a
d'éalaigh sé gan gortú, is ar éigean
a tháinig sé slán as; **narrow-
minded** adj caolaigeanta,
cúngaigeanta

nasty adj (person) urchóideach,
mailíseach; (attack) mailíseach;
(accident, disease) droch-; (blow,
injury) trom, droch-; (smell) bréan

nation n náisiún m1, cine m4, pobal
m1

national adj náisiúnta ▷ n
náisiúnach m1; **national dress** n
éide f4 náisiúnta; **National Health
Service** (Brit) n An tSeirbhís f2
Náisiúnta Sláinte; **National
Insurance** n Árachas m1
Náisiúnta; **nationalist** adj
náisiúnach ▷ n náisiúnaí m4;
nationality n náisiúntacht f3;
nationalize vt náisiúnaigh

nationwide adj ar fud na tíre;
(problem) náisiúnta ▷ adv ar fud na
tíre

native n dúchasach m1 ▷ adj

dúchasach; (country) dúchais n gen;
(ability) ó dhúchas; **he's a ~ of
Russia** is as an Rúis ó dhúchas é;
a ~ speaker of French cainteoir
dúchais Fraincise

natural adj nádúrtha, aiceanta;
natural gas n gás m nádúrtha;
naturally adv (obviously) ar ndóigh
cinnte; (logically) ar ndóigh;
(behave) go nádúrtha; **naturally!**
(of course) ar ndóigh!, cinnte!

nature n nádúr m, dúchas m; (the
elements) dúlra m4; (the ~ of sth)
saghas m; ó nádúr, ó
dhúchas; **she's shy by ~** is dual di a
bheith cúthail; **it's in his ~** tá sé
san fhuil ann or sa smior aige

naughty adj (child) crosta, dána,
dalba; (book etc) graosta

nausea n masmas m, samhnas m,
múisc f2, déistin f2

naval adj cabhlaigh n gen; (maritime,
marine) muirí

navel n imleacán m

navigate vt (steer) stiúir, piólótaigh
▷ vi stiúir, déan loingseoireacht;
navigation n loingseoireacht f3

navy n cabhlach m, loingeas m
▷ adj dúghorm

navy-blue adj dúghorm

Nazi n Naitsí m4 ▷ adj Naitsíoch

near adj: **~ (to)** cóngarach (do), gar
(do) ▷ prep (also: **~ to**) in aice + gen
▷ vt druid le, tar i ngar do; **it's ~ing
completion** tá sé beagnach
críochnaithe, tá sé (de) chóir a
bheith críochnaithe; **he was very
~ to tears** bhí sé faoi aon dhul a
chaoineadh; **nearby** adj in aice
láimhe, gaobhardach ▷ adv ar na
gaobhair; **nearly** adv beagnach,
(de) chóir a bheith; **I nearly fell**
dóbair dom titim; **he was nearly
dead** bhí sé beagnach marbh; **it's
not nearly as good** níl sé baol ar a

bheith chomh maith;
near-sighted adj gearr-
radharcach

neat adj (work) slachtmhar; (house)
slachtmhar, glanordúil; (dress)
néata; (figure) comair; (action,
movement) críochnúil, deismir;
neatly adv go slachtmhar, go
néata, go comair, go deismir

necessarily adv: **that doesn't ~
mean ...** ní gá go gciallódh sin ...

necessary adj riachtanach; **it is ~
to ...** ní mór ..., ní foláir ..., is gá ...

necessity n riachtanas m, gá m4

neck n muineál m; (of bottle) scóig
f2, scrogall m ▷ vi (inf) póg; **~ and ~**
gob ar ghob; **necklace** n muince f4
(bráid); **necktie** n carbhat m

need n riachtanas m, gá m4 ▷ vt:
I ~ money tá airgead uaim, tá
airgead de dhíth or de dhíobháil
orm; **I ~ to leave** ní mór dom, tá
orm, caithfidh mé, tá agam le;
you don't ~ that níl sin de dhíth
ort, níl sin uait; **you don't ~ to ...**
ní gá duit ...

needle n snáthaid f2; (Knitting)
dealgán m, biorán m cniotála

needless adj neamhriachtanach;
~ to say ar ndóigh

needlework n obair f2 shnáthaide

needy adj bocht, dearóil, gátarach;
to be ~ bheith ar an ngannchuid

negative n (Phot) claonchló m4;
(Ling) diúltach m ▷ adj diúltach

neglect vt: **to ~ sth** faillí or neamart
a dhéanamh i rud ▷ n
neamhchúram m, faillí f4; (of duty)
neamart m

negotiate vt (difficulty) sáraigh;
(price) socraigh; (treaty) déan
idirbheartaíocht; **to ~ an
agreement** tar ar chomhréiteach
▷ vi: **to ~ with sb** (bargain) dul chun

margaidh or chun réitigh le duine;
(Pol) bheith i gcomhchainteanna le
duine

neighbour (US **neighbor**) n
comharsa f; **neighbourhood** n
(place) comharsanacht f3;
neighbouring adj lámh le; **the
neighbouring villages** na
sráidbhailte in aice láimhe

neither adj, pron: **~ of the two was
there** ní raibh ceachtar den bheirt
ann ▷ conj: **I didn't move and ~
did Seán** níor chorraigh mise ná
Seán ach oiread or ná Seán ach
chomh beag ▷ adv: **~ good nor
bad** maith ná olc; **..., ~ did I refuse
...,** agus níor dhiúltaigh mé ach
oiread; **I didn't see her — N~ did I**
Ní fhaca mé í — Ní fhaca ná mise

neon n neon m1

nephew n nia m4

nerve n néaróg f2; (fig: courage)
misneach m1, uchtach m1; (: cheek)
sotal m1, éadan m1

nervous adj (tense) neirbhíseach;
(anxious) imníoch; (Med)
néarógach; **nervous breakdown**
n cliseadh m néarógach

nest n nead f2 ▷ vi neadaigh

Net (Comput: inf) n: **the ~**
= internet

net n (Fishing) líon m1, eangach f2;
(for hair) líontán m1; (Sport) líontán,
eangach ▷ adj (price, weight) glan
▷ vt (fish etc) gabh, ceap; (profit)
déan; **netball** n líonpheil f2

Netherlands npl: **the ~** an Ísiltír f2

nett adj = **net**

nettles npl neantóga fpl2, cál msg1
faiche

network n gréasán m1, mogalra m4;
(Comput) líonra m4

neurotic adj, n néaróiseach m1

neuter adj (Biol) seasc, neodrach;

(Ling) neodrach ▷ vt (cat etc) coill,
neodraigh

neutral adj neodrach

never adv (past) riamh; (present) in
am ar bith, riamh; (future) go deo,
choíche; **it ~ happened** níor tharla
sé riamh; **he's ~ on time** ní bhíonn
sé riamh in am; **she'll ~ return** ní
fhillfidh sí choíche; **~ in my life** le
mo shaol or sholas or ré; see also
mind; **never-ending** adj síor-;
(story etc) gan chríoch; (noise etc)
síoraí; **nevertheless** adv mar sin
féin, fós, ina dhiaidh sin, a shon
sin

new adj nua, úr; **brand ~** úrnua;
newborn adj nuabheirthe;
newcomer n núíosach m1;
newly adv go húr, nua-

news n scéala m4; (Radio, TV)
nuacht f3; **news agency** n
nuachtghníomhaireacht f3;
newsagent n nuachtánaí m4;
newscaster n léitheoir m3
nuachta; **newsdealer** (US) n
= **newsagent**; **newsletter** n
nuachtlitir f; **newspaper** n
nuachtán m1; **newsreader** n
= **newscaster**

newt n earc m1 luachra

New Year n: **The ~** An AthBhliain f3,
An Bhliain Úr; **New Year's Day** n
Lá m Nollag Beag, Lá Caille; **New
Year's Eve** n Oíche f4 Chinn
Bliana, Oíche na Seanbhliana,
Oíche Chaille

New York n Nua-Eabhrac m4

New Zealand n an Nua-Shéalainn
f2; **New Zealander** n
Nua-Shéalannach m1

next adj: **the ~ person** an chéad
duine eile; (in time): **~ week** an
tseachtain seo chugainn ▷ adv
(after) ina dhiaidh sin; (afterwards)

ansin; **the ~ day** an lá dar gcionn, an lá arna mhárach; **~ year** an bhliain seo chugainn; **~ time** an chéad uair eile; **~ to** taobh le, cois + *gen*, in aice + *gen*, lámh le, le hais + *gen*; **we knew ~ to nothing** is ar éigean a bhí aon rud ar eolas againn; **~, please!** (*at doctor's*) an chéad duine eile, le do thoil!; **next door** *adv, adj* béal dorais; **next door neighbour** comharsa béal dorais; **next-of-kin** *n* neasghaol *m*

nibble *vt* gráinseáil, creimseáil

nice *adj* deas, álainn; (*person*) deas, cineálta; (*journey*) pléisiúrtha; (*weather*) breá, deas; **nicely** *adv* go sásta

nick *n* (*indentation*) eang *f3*; (*wound*) gránú *m* ⊳ *vt* (*inf*) cuir eang i; **in the ~ of time** go díreach in am

nickel *n* nicil *f2*; (*US*) bonn *m* nicile, ≈ réal *m*

nickname *n* leasainm *m4* ⊳ *vt* tabhair (de) leasainm ar; **he was ~d Judas** baisteadh or tugadh Iúdás mar leasainm air

niece *n* neacht *f3*

Nigeria *n* an Nigéir *f2*

night *n* oíche *f4*; (*evening*) tráthnóna *m4*; **at ~** san oíche, istoíche; **by ~** d'oíche; **last ~** aréir; **the ~ before last** arú aréir; **it kept me up all ~** chuir sé ó chodladh na hoíche mé; **night club** *n* club *m* oíche; **nightdress, nightgown, nightie** *n* léine *f4* oíche; **nightlife** *n* siamsaíocht *f3* oíche; **nightly** *adj* oíche; (*show etc*) gach oíche; (*by night*) de shiúl oíche, istoíche ⊳ *adv* gach oíche; **nightmare** *n* tromluí *m4*; **night school** *n* scoil *f2* oíche; **night shift** *n* (*work*) seal *m3* na

hoíche; **night-time** *n* **= night**

nil *n* náid *f2*, neamhní *m4*

nine *num* naoi; **~ bottles** naoi mbuidéal; **~ people** naonúr *m*; **nineteen** *num* naoi (gcinn) déag; **nineteen bottles** naoi mbuidéal déag; **nineteen people** naoi nduine dhéag; **ninety** *num* nócha + *nom sg*

ninth *num* naoú; **the ~ woman** an naoú bean

nip *n* liomóg *f2* ⊳ *vt*: **to ~ sb** liomóg a bhaint as duine

nipple *n* (*Anat*) dide *f4*, sine *f4*

nitrogen *n* nítrigin *f2*

no *adv* (*opposite of "yes"*): **are you coming? — no (I'm not)** an bhfuil tú ag teacht? — níl; **would you like some more? — no thank you** ar mhaith leat tuilleadh? — níor mhaith, go raibh maith agat ⊳ *adj* (*not any*) aon, ar bith; **I have no money** níl aon airgead agam; **I have no books** níl leabhair ar bith agam; **no players turned up** níor tháinig imreoir ar bith; **"no smoking"** "ná caitear tobac"; **"no dogs"** "cros ar mhadraí"

nobility *n* uaisle *f4*, uaisleacht *f3*

noble *adj* uasal

nobody, no one *pron*: **~ spoke** níor labhair aon duine/duine ar bith; **there was ~ home** ní raibh duine ar bith or aon duine sa bhaile; **I saw ~ else all day** ní fhaca mé aon duine eile i rith an lae; **~ knows** níl a fhios ag aon duine ⊳ *n*: **he's a ~** níl ann ach neamhdhuine

nod *vi* (*sleep*) néal a chodladh ⊳ *vt*: **to ~ one's head** do cheann a sméideadh ⊳ *n* sméideadh *m* cinn; **nod off** *vi*: **she ~ded off** thit a codladh uirthi

noise *n* gleo *m*, tormán *m*, callán

m1; **noisy** adj glórach, callánach

nominal adj (leader) ainmiúil; **~ rent** cíos ainmiúil

nominate vt (propose) mol; (appoint) ceap, ainmnigh

non-alcoholic adj neamh-mheisciúil

none pron ceann ar bith, aon cheann; (of people) duine ar bith, aon duine; **~ of you** duine ar bith agaibh; **I've ~ left** níl ceann ar bith fágtha agam, níl aon cheann fágtha agam; **he's ~ the worse for it** ní dhearna sé lá dochair dó, ní measaide (dó) é

nonetheless adv mar sin féin, dá ainneoin sin

non-fiction n neamhfhicsean m1

nonsense n seafóid f2, amaidí f4; **don't talk ~!** bíodh ciall agat!

non-smoker n duine m4 nach gcaitheann, neamhchaiteoir m3

non-stick adj neamhghreamaitheach

noodles npl núdail mph

noon n nóin f3, meán m1 lae

no one pron = **nobody**

nor conj, adv see **neither**

norm n gnás m1; (standard) caighdeán m1

normal adj (life) gnáth-, gnách, nádúrtha; (person) gnáth-; **he's perfectly ~** níl aon rud neamhghnách faoi; **as (is) ~** mar is gnách; **normally** adv de ghnáth

Normandy n an Normainn f2

north n tuaisceart m1 ▷ adj tuaisceartach; (to) aduaidh ▷ adv (in) thuaidh; (to) ó thuaidh; (from) aduaidh; **the N~** an Tuaisceart m1; **~ of** taobh thuaidh de; **North America** n Meiriceá m4 Thuaidh; **north east** n oirthuaisceart m1 ▷ adj

oirthuaisceartach; (wind) anoir aduaidh; (side) thoir thuaidh ▷ adv (in) thoir thuaidh; (towards) soir ó thuaidh; (from) anoir aduaidh; **the North East** an tOirthuaisceart m1; **north east of** taobh thoir thuaidh de; **northern** adj tuaisceartach, thuaidh; **the Northern Lights** na Saighneáin mph; **Northern Ireland** n Tuaisceart m1 (na h) Éireann; **North Pole** n: **the North Pole** an Pol m Thuaidh; **North Sea** n: **the North Sea** an Mhuir f3 Thuaidh; **north west** n iarthuaisceart m1 ▷ adj iarthuaisceartach; (wind) aniar aduaidh; (side) thiar thuaidh ▷ adv (in) thiar thuaidh; (to) siar ó thuaidh; (from) aniar aduaidh; **the North West** an tIarthuaisceart m1; **north west of** taobh thiar thuaidh de

Norway n an Iorua f4; **Norwegian** adj, n Ioruach m1; (Ling) Ioruais f2

nose n srón f2, gaosán m; **nosebleed** n fuil f shróine; **nosey** (inf) adj = **nosy**

nostalgia n cumha m4, uaigneas m

nostril n polláire m4, poll m1 sróine

nosy (inf) adj fiosrach, caidéiseach

not adv ní; nach; nár; níor; ná; níor(bh); nár(bh); chan; **he is ~ or isn't here** níl sé abhus; **you must ~ or you mustn't do that** níor chóir duit sin a dhéanamh; **it's too late, isn't it or is it ~?** tá sé rómhall (nó) nach bhfuil?; **~ yet/now** chan go fóill/anois; **did you see her? — ~ at all!** an bhfaca tú í? — ní fhaca ar chor ar bith; see also **all**; **only**; **notably** adv (particularly) go háirithe; (markedly) go sonrach

notch n eang f3

note n nóta m4 ▷ vt (also: **~ down**)

breac síos; (observe) tabhair faoi deara; **notebook** n leabhar m1 nótaí; **notepad** n ceap m1 nótaí; **notepaper** n páipéar m1 litreacha

nothing n faic f4, dada m4, rud m3 ar bith, aon rud; **he does** ~ ní dhéanann sé faic; ~ **new** dada or faic úr; **for** ~ (saor) in aisce; **it's** ~ **of the sort!** ní hea, ná baol air

notice n (announcement) fógra m4; (of court) ardú m; (warning) foláireamh m1 ⊳ vt tabhair faoi deara; **to bring sth to sb's** ~ aird duine a tharraingt ar rud; **at short** ~ gan chairde; **until further** ~ go bhfógrófar a mhalairt; **to hand in one's** ~ éirí as; **take no** ~ **of him** ná tabhair aon aird air; **noticeable** adj suntasach, sonraíoch

notice board n clár m1 fógraí

notify vt: **to** ~ **sb of sth** duine a chur ar an eolas faoi rud, rud a chur in iúl do dhuine

notion n nóisean m1; (concept) tuairim f2; (clue, idea) barúil f3; (whim) spadhar m1

notorious adj míchlúiteach

notwithstanding adv in ainneoin + gen, ar son + gen

nought n neamhní m4, náid f2

noun n ainmfhocal m1, ainm m4

nourish vt beathaigh, cothaigh; **nourishment** n scamhard m1, cothú m

novel n úrscéal m1 ⊳ adj úr, nua; **novelist** n úrscéalaí m4; **novelty** n nuacht f3, úire f4

November n Samhain f3

now adv anois ⊳ conj: ~ (that) anois agus, anois go; **right** ~ láithreach bonn; **by** ~ faoi seo; **that's the fashion just** ~ sin an faisean faoi láthair; ~ **and then**, ~ **and again** anois agus arís, ó am go

ham; **from** ~ **on** as seo amach; **nowadays** adv sa lá atá inniu ann

nowhere adv in áit ar bith, in aon áit, in aon bhall; **she's** ~ **near as old as Seán** níl sí baol ar chomh sean le Seán

nozzle n soc m1

nuclear adj núicléach, eithneach

nucleus n núicléas m1, eithne f4

nude adj lomnocht ⊳ n nochtach m1

nudge vt broid

nudist n nochtach m1

nuisance n: **it's a** ~ is cur isteach mór é; **what a** ~! a leithéid de chrá croí!

numb adj bodhar; ~ **with fear** sioctha le heagla

number n uimhir f ⊳ vt uimhir a chur ar; **a** ~ **of** roinnt + gen; **to be** ~**ed among** bheith i measc + gen; **they were seven in** ~ bhí siad seachtar ann; **number plate** n (Aut) uimhirphláta m4

numerical adj uimhriúil

numerous adj líonmhar, iomadúil

nun n bean f rialta

nurse n banaltra f4 ⊳ vt (patient) banaltracht a dhéanamh ar; **she** ~**d him back to health** thug sí chun bisigh é

nursery n naíolann f2; (for plants) plandlann f2; **nursery rhyme** n rann m písti; **nursery school** n naíscoil f2; **nursery slope** n (Ski) fánán m1 tosaitheoirí

nursing n banaltracht f3; **nursing home** n teach m banaltrachta

nut n cnó m4

nutmeg n noitmig f2

nutritious adj scamhardach, cothaitheach

nuts (inf) adj ar mire, le broim

nylon n níolón m1 ⊳ adj níolóin

O

oak n dair f ⊳ adj darach
OAP n abbr = **old age pensioner**
oar n maide m4 rámha
oasis n ósais f2
oath n mionn m3
oatmeal n min f2 choirce
oats n coirce msg4
obedience n umhlaíocht f3
obedient adj umhal
obey vt géill do, bheith umhal do; (instructions) lean, déan de réir + gen
obituary n fógra m4 báis
object n rud m3, réad m3; (purpose) cuspóir m3; (Ling) oibiacht f3, cuspóir ⊳ vi: **to ~ to** (attitude) col a ghlacadh le; (proposal) cur i gcoinne + gen; **expense is no ~** is cuma faoin chostas; **he ~ed that ...** dúirt sé ina choinne go ...; **objection** n agóid f2; **I have no objection to that** níl rud ar bith agam ina choinne sin; **objective** n cuspóir

m3, aidhm f2 ⊳ adj oibiachtúil
obligation n oibleagáid f2, dualgas m1; **you're under no ~ to ...** níl tú faoi oibleagáid ar bith chun ...
oblige vt (force): **to ~ sb to do sth** rud a chur ina oibleagáid ar dhuine, iachall a chur ar dhuine rud a dhéanamh; **to ~ sb** (do a favour) oibleagáid or gar a dhéanamh do dhuine; **to be ~d to sb for sth** bheith faoi chomaoin ag duine as rud
oblique adj fiar, claon-, sceamhach
obliterate vt díothaigh, scrios ar fad
oblivious adj: **to be ~ of** (fact) bheith dall ar; (person) gan aird a bheith agat ar
oblong adj leathfhada ⊳ n dronuilleog f2
oboe n óbó m4
obscene adj gáirsiúil, graosta, madrúil
obscure adj (dim) doiléir; (unknown) gan iomrá ⊳ vt doiléirigh, dorchaigh; (hide: sun) folaigh, déan níos doiléire
observant adj grinnsúileach, airdeallach, braiteach
observation n (remark) focal m1, tuairim f2; (watching) breathnóireacht f3, grinniú m, scrúdú m
observatory n réadlann f2
observe vt coimhéad; (orders) comhlíon; (remark) abair; **observer** n féachadóir m3, coimhéadaí m4, breathnóir m3
obsess vt lean do; **~ed by** i ngreim ag, ciaptha ag; **he became ~ed by it** chuaigh sé ina cheann dó; **obsessive** adj galrach

obsolete adj as feidhm

obstacle n constaic f2, bac m1

obstinate adj dáigh, dígeanta, ceanntréan

obstruct vt (block) coisc, stop; (hinder) cuir bac ar

obtain vt faigh

obvious adj soiléir, follasach; **obviously** adv go follasach; **is he here? — obviously not!** an bhfuil sé anseo? — is léir nach bhfuil!

occasion n ócáid f2; (opportunity) deis f2, faill f2; **occasional** adj corr-, fánach; **occasionally** adv corruair, anois is arís

occupation n (job) gairm f2 (bheatha); (pastime) caitheamh m1 aimsire

occupy vt (house) bheith i do chónaí i, áitigh; (space): **the picture occupied most of the wall** bhí bunús an bhalla faoin bpictiúr; **to ~ o.s. in** or **with** do chuid ama a chaitheamh ar

occur vi tarlaigh, tit amach; **occurrence** n tarlú m, teagmhas m1

ocean n aigéan m1, farraige f4 mhór

o'clock adv: **it is 5 ~** tá sé a cúig a chlog

October n Deireadh m1 Fómhair

octopus n ochtapas m1

odd adj (strange) aisteach, ait; (number, not of a set) corr; **60-~** tuairim is 60, timpeall 60; **the ~ one out** an ceann corr; **the ~ man out** an t-éan corr; **oddly** adv go haisteach; **oddly enough** aisteach go leor; **odds** npl (in betting) corrlach m1; **it makes no odds** is cuma; **at odds** ag achrann; **odds and ends** giúirléidí fpl2

odour (US **odor**) n boladh m1, mos m1

○ **KEYWORD**

of prep **1** (gen): **a friend of ours** cara dúinn or linn or dár gcuid; **a boy of 10** gasúr deich mbliana; **that was kind of you** ba dheas uait sin

2 (expressing quantity, amount, dates etc): **a kilo of flour** cileagram plúir; **how much of this do you need?** cá mhéad de seo atá de dhíth ort?; **there were 2 of them** (people) bhí siad beirt ann; (objects) bhí dhá cheann acu or díobh ann; **3 of us went** chuaigh triúr againn or dínn ann; **the 5th of July** an cúigiú lá de Mhí Iúil

3 (from, out of) déanta as; **a statue of marble** dealbh déanta as marmar; **made of wood** déanta as adhmad

off adj, adv (engine) as; (light) as, múchta; (bad: food) lofa; (: milk) iompaithe, cor a bheith ann; (absent) as láthair; (cancelled) ar ceal ▷ prep de, ó; **to be ~** (to leave) bheith ag imeacht; **to be ~ sick** bheith tinn, gan a bheith ann de bharr tinnis; **a day ~** lá saoire; **to have an ~ day** drochlá a bheith agat; **he had his coat ~** bhí a chóta de aige; **10% ~** (Comm) lascaine 10%; **I'm ~ meat** táim ag staonadh den fheoil; **on the ~ chance (that)** ar an gcaolseans (go)

Offaly n Uíbh Fhailí mpl

offence (US **offense**) n (crime) coir f2; **she took ~ at the joke** chuir an scéal stuaic uirthi

offend vt (person) cuir stuaic or olc ar; **offender** n ciontóir m3, coireach m1

offense (US) n = **offence**

offensive adj (smell etc)
déistineach, bréan; (weapon)
ionsaitheach ▷ n (Mil) ionsaí m

offer n tairiscint f3 ▷ vt tairg, ofráil;
"on ~" (Comm) ar reic

offhand adj (abrupt) giorraisc;
(uninterested) neamhshuimiúil
▷ adv gan ullmhú

office n (place, room) oifig f2;
(position) post m1; (responsibility)
dualgas m1, cúram m1; **to take ~**
dul i mbun dualgais; **office block**
(US **office building**) n ceap m1
oifigí; **office hours** npl uaireanta
fpl2 oifige; (US: Med) uaireanta
comhairle

officer n (Mil etc) oifigeach m1; (also:
police ~) garda m4; (Brit) péas m4

official adj oifigiúil ▷ n
feidhmeannach m1

off-licence n (shop) eischeadúnas
m1; **off-line** adj (Comput) as líne;
off-peak adj ag uaireanta,
neamhghnóthacha

offset vt (counteract) déan cothrom,
cúitigh

offshore adj amach ón gcósta

offside adj (Sport) as an imirt

offspring n inv sliocht m3, clann f2

often adv go minic; **how ~ do you
go?** cá mhinice a théann tú ann?;
every so ~ anois is arís

oh excl ó

oil n ola f4; (petroleum) peitriliam m4
▷ vt (machine) bealaigh; **oil filter** n
(Aut) scagaire m4 ola; **oil rig** n rige
m4 ola; **oil well** n tobar m1 ola; **oily**
adj olúil; (food) bealaithe

ointment n ungadh m

O.K., okay excl ceart go leor, tá go
maith ▷ adj (average) go measartha
▷ vt ceadaigh

old adj sean; (person) aosta, sean-;
(former) sean-, ath-; **how ~ are**

you? cén aois thú?, cá haois thú?;
he's 10 years ~ tá sé 10 mbliana
d'aois; **~er brother/sister**
deartháir mór/deirfiúr mhór;
old age n seanaois f2; **old age
pensioner** n pinsinéir m3;
old-fashioned adj
seanfhaiseanta; (person)
seanaimseartha

olive n (fruit) ológ f2; (tree) crann m1
ológ ▷ adj (also: **~-green**) glas
ológ; **olive oil** n ola f4 ológ

Olympic adj Oilimpeach; **the ~
Games, the ~s** na Cluichí mpl4
Oilimpeacha

omelette n uibheagán m1

omen n tuar m1, mana m4

ominous adj tuarúil

omit vt fág ar lár; **to ~ to do sth**
gan rud a dhéanamh; **he ~ted to
say whether ...** ní duirt sé cé acu ...

KEYWORD

on prep **1** (indicating position) ar;
on the table ar an mbord; **on the
wall** ar an mballa; **on the left** ar
clé, ar thaobh na láimhe clé
2 (indicating means, method,
condition etc): **on foot** de chois;
on the train/plane sa traein/san
eitleán; **on the telephone/radio/
television** ar an nguthán or
teileafón/raidió/teilifís; **to be on
drugs** bheith ag caitheamh drugaí;
on holiday ar (laethanta) saoire
3 (referring to time): **on Friday** Dé
hAoine; **on Fridays** ar an Aoine;
on June 20th ar an bhfichiú lá de
Mhí an Mheithimh; **a week on
Friday** seachtain ón Aoine seo; **on
his arrival** ar theacht (isteach) dó
4 (about, concerning): **a book on
Yeats/physics** leabhar faoi Yeats/

faoin bhfisic

▷ *adv* **1** (*referring to dress, covering*): **to have one's coat on** do chóta a bheith ort; **to put one's coat on** do chóta a chur ort; **what's she got on?** céard atá sí a chaitheamh?, cén t-éadach atá uirthi?; **put the lid on tightly** fáisc an clár go docht air

2 (*further, continuously*): **to walk on** *etc* siúl *etc* leat; **on and off** anois is arís, ó am go chéile

▷ *adj* **1** (*in operation: machine*) ag gabháil, ar obair; (: *radio, TV*) ag gabháil; (: *light*) lasta; (: *tap*) ag gabháil; (: *brakes*) teannta; (*in progress*) ar siúl; **is the meeting still on?** (*not cancelled*) an bhfuil an cruinniú le bheith ann go fóill?; **when is this film on?** cá huair a bheas an scannán seo ann?

2 (*inf*): **that's not on!** (*not acceptable, not possible*) níl sé sin indéanta!

once *adv* (*one time*) uair (amháin); (*formerly*) tráth, in am amháin, lá den saol ▷ *conj* a luaithe (is) a; **~ he had left/it was done** a luaithe a bhí sé ar shiúl/a bhí sé déanta; **at ~** láithreach bonn; (*simultaneously*) in éineacht; **~ a week** uair sa tseachtain; **~ more** uair amháin eile; **~ upon a time** fadó, fadó

 KEYWORD

one *num* aon; **one hundred and fifty** céad go leith, (aon) lá amháin

▷ *adj* **1** (*sole, unique*) aon; **the one book which ...** an t-aon leabhar (amháin) a ...; **the one man who ...** an t-aon fhear (amháin) a ...

2 (*same*) aon, céanna; **they came in the one car** tháinig siad san aon charr (amháin)

▷ *pron* **1**: **this/that one** an ceann seo/sin; **I've already got one/a red one** tá ceann/ceann dearg agam cheana féin; **one by one** (*articles*) ceann i ndiaidh an chinn eile; (*people*) duine i ndiaidh an duine eile, ina nduine is ina nduine **2**: **one another** a chéile; **to speak to one another** labhairt lena chéile

3 (*impersonal*): **one never knows** ní bhíonn a fhios agat/ag aon duine; **to cut one's finger** do mhéar a ghearradh

one-off (*inf*) *adj* ar leith, aonuaire

oneself *pron*: **to keep sth for ~** rud a choinneáil agat féin; **to talk to ~** bheith ag caint leat féin

one-sided *adj* leataobhach, leatromach, claon; **one-to-one** *adj* (*relationship*) duine le duine; **one-way** *adj* (*street, traffic*) aontreo

ongoing *adj*: **the ~ investigation** an fiosrúchán atá ag dul ar aghaidh faoi láthair

onion *n* oinniún *m1*

on-line *adj* (*Comput*) ar líne

onlooker *n* féachadóir *m3*, breathnóir *m3*

only *adv* amháin ▷ *adj* aon-, aonair

▷ *conj* ach, murach; **an ~ child** páiste aonair; **not ~ X but also Y** ní amháin X ach Y chomh maith; **I have ...** níl agam ach ...; **if ~ for** mura mbeadh ann ach

onset *n* tús *m1*, tosach *m1*

onto *prep* = **on**

onward, onwards *adv* (*move*) ar aghaidh; **from that time ~(s)** as sin amach

ooze vi úsc

opaque adj teimhneach; (fig)
dothuigthe

open adj oscailte; (view) fairsing;
(meeting) poiblí; (admiration) gan
cheilt ▷ vi, vt oscail; (debate etc:
commence) cuir tús le; (letter) bris,
oscail; **in the ~ (air)** amuigh faoin
aer; **open on to** vt fus (subj: room,
door): **that door ~s on to the
garden** tabharfaidh an doras sin
amach chun an ghairdín tú; **open
up** vi, vt oscail; **opening** n oscailt
f2; (hole) bearna f4; (opportunity)
deis f2 ▷ adj céad, tosaigh; **openly**
adv go hoscailte, os ard;
open-minded adj: **an
open-minded person** duine a
bhfuil intinn oscailte aige

opera n ceoldráma m4

operate vt, vi oibrigh; (Med): **to ~
on sb** duine a chur faoi scian,
obráid a dhéanamh ar dhuine

operating theatre n obrádlann f2

operation n feidhmiú m; (of
machine) oibriú m; (Med) obráid f2;
to be in ~ (system, law) bheith i
bhfeidhm; **to have an ~** (Med) dul
faoi scian, obráid a bheith agat

operative adj i bhfeidhm,
feidhmiúil

operator n (of machine) oibreoir m3

opinion n barúil f3, tuairim f2; **in
my ~** dar liomsa; **he's of the ~
(that)** tá sé den bharúil (go);
opinion poll n pobalbhreith f2

opponent n céile m4 comhraic,
teagmhálaí m4

opportunity n deis f2, faill f2; **to
take the ~** an deis a thapú

oppose vt cuir i gcoinne + gen, cuir
in aghaidh + gen; **~d to** i gcoinne
+ gen, in aghaidh + gen, in éadan

+ gen; **as ~d to** i gcomórtas le

opposite adj (facing) os comhair
+ gen; (opposing) os comhair
▷ adv os comhair + gen ▷ prep os
comhair + gen, os coinne + gen ▷ n
malairt f2; **the house** ~ an teach
sin thall, an teach os ár gcomhair
amach

opposition n (Pol) freasúra m4, cur
m in éadan, naimhdeas m1; (Sport)
an fhoireann f2 eile

opt vi: **to ~ for sth** rud a roghnú,
taobhú le rud; **to ~ to do sth**
cinneadh le rud a dhéanamh;
opt out vi: **to ~ out of** tarraingt
siar as

optician n radharceolaí m4

optimist n duine m4 dóchasach,
soirbhíoch m; **optimistic** adj
dóchasach, soirbh

option n rogha f4; **your only ~ is to
...** níl (de rogha) agat ach ...;
optional adj roghnach

or conj nó; (with negative) ná; **or
else** nó

oral adj cainte n gen, béil n gen
▷ n scrúdú m cainte; **~ tradition**
béaloideas m

orange n (fruit) oráiste m4 ▷ adj
oráiste, flannbhuí

Orangeman n Fear m Buí,
Oráisteach m

orbit n fithis f2 ▷ vt fithisigh, téigh
thart ar

orchard n úllord m

orchestra n ceolfhoireann f2

orchid n magairlín m4

ordeal n triail f, féachaint f3, crá m4

order n eagar m; (command) ordú
m; (Rel) ord m ▷ vt ordaigh; **in ~**
in ord; **in (working)** ~ ar deil; **out of
~** (not in correct order) as ord; (not
working) as gléas; **in ~ to do** le or
chun rud a dhéanamh; **in ~ that** le

go, chun go, ionas go; **to ~ sb to do sth** ordú a thabhairt do dhuine rud a dhéanamh; **to put sth in ~** (*rectify*) deis a chur ar rud; **order form** *n* foirm *f2* ordaithe; **in ~** (*Mil*) giolla *m4*; (*Med*) giolla ospidéil ⊳ *adj* (*room*) (glan) ordúil; (*person*) a bhfuil eagar air
ordinary *adj* coitianta, gnáth-; (*pej*) comónta; **out of the ~** neamhghnách, as an gcoitianacht
ore *n* mianach *m*
organ *n* orgán *m*, ball *m* (beatha); (*Mus*) orgán; **organic** *adj* orgánach
organization *n* (*arrangement*) eagrú *m*; (*political etc*) eagraíocht *f3*
organize *vt* eagraigh
orgasm *n* orgásam *m*
oriental *adj* oirthearach
origin *n* bun *m*, bunús *m*, údar *m*; (*of river*) foinse *f4*; **what's the ~ of it?** cad is bun de?
original *adj* bun-, bunúsach ⊳ *n* (*book, picture*) bunchóip *f2*; **originally** *adv* (*at first*) ó thús, ar dtús
originate *vi*: **to ~ from** teacht as or ó; **to ~ in** tosú i
ornament *n* maisiú *m*; (*trinket*) ornáid *f2*; **~s** (*decorations*) bunchóip *f2*; **ornamental** *adj* maisiúil, ornáideach
ornate *adj* ornáideach
orphan *n* dílleachta *m4*
orthopaedic (*US* **orthopedic**) *adj* ortaipéideach
ostrich *n* ostrais *f2*
other *adj* eile ⊳ *pron*: **the ~ one** an ceann *m* eile; (*person*) an fear/bhean eile; **~s** (*other people*) daoine eile; **~ than** seachas; **every ~** gach dara; **the ~ day** an lá faoi dheireadh; **I have no ~ choice** níl an dara rogha agam; **otherwise**

adv ar chuma eile, ar dhóigh eile ⊳ *conj* nó
otter *n* dobharchú *m4*, madra *m4* uisce
ouch *excl* áigh
ought *aux vb*: **I ~ to do it** ba chóir dom é a dhéanamh; **he ~ to win** ba chóir or cheart go mbainfeadh sé
ounce *n* unsa *m4*
our *adj* ár; **~ house/car/gloves** ár dteach/ngluaisteán/miotóga, an teach/an gluaisteán/na miotóga againn; **~ hair** ár gcuid gruaige; *see also* **my**; **ours** *adj* (*single article*) ár gceann-na; (*share of*) ár gcuid ne; **this book is ours** is linn an leabhar seo; **this book of ours** an leabhar seo againn; *see also* **mine**; **ourselves** *pron pl* (*reflexive*) muid féin, sinn féin; (*emphatic*) sinne féin, muidne féin
oust *vt* cuir amach
out *adv* (*go, come*) amach; (*be, stay*) amuigh; (*published*) amuigh, ar fáil; (*not at home*) as baile; (*light, fire*) as; **~ here/there** amuigh anseo/ ansin; **he's ~** (*absent*) níl sé anseo; (*unconscious*) leagtha amach; **~ loud** os ard; **~ of** (*outside*) taobh amuigh de; (*because of: anger etc*) as; (*from among*): **~ of 10** as deichniúr; (*without*): **~ of petrol** as peitreal; **~ of order** (*rite*) as peitreal; **~ order** (*machine*) as gléas; **outbreak** *n* briseadh *m* amach; **outburst** *n* (*of anger*) racht *m3*; (*of shots*) rois *f2*; **outcast** *n* díbeartach *m*; (*socially*) éan *m* scoite; **outcome** *n* toradh *m*; **outcry** *n* casaoid *f2*; **outdated** *adj* challánach, agóid *f2*; **outdated** *adj* seanaimseartha, seandéanta; **outdoor** *adj* lasmuigh; **outdoors** *adv* taobh amuigh (de dhoras), amuigh faoin aer

outer adj lasmuigh, seachtrach, amuigh; **outer space** n imspás m1

outfit n (clothes) feisteas m1

outgoing adj (character) cuideachtúil

outhouse n bothán m1, cró m4

outing n turas m1 aeraíochta

outlaw n coirpeach m1, meirleach m1 ▷ vt déan mídhleathach, eisreachtaigh; **outlay** n eisíoc m3, caiteachas m1; **outlet** n (for liquid etc) poll m1 éalaithe; (US: Elec) soicéad m1; (also: **retail outlet**) cóir f3 dhíolacháin, asraon m1 miondíola; **outline** n (shape) fíor f, cruthaíocht f3, imlíne f4; (summary) achoimre f4, cnámha f2 (scéil) ▷ vt (fig: theory, plan) tabhair achoimre ar; **outlook** n dearcadh m1;

outnumber vt bheith níos líonmhaire ná; **out-of-date** adj (passport) as dáta; (clothes etc) seanaimseartha, seanfhaiseanta; **out-of-the-way** adj (place) cúlráideach, scoite; **outpatient** n othar m1 seachtrach; **outpost** n urphost m1; **output** n táirgeacht f3; (Comput) aschur m1

outrage n (anger) fearg f2; (violent act) gníomh m1 uafásach, éigneacht m1; (scandal) scannal m1 ▷ vt cuir colg ar; **outrageous** adj ainspianta, scannalach

outright adv ar fad; (refuse) glan; (ask) go neamhbhalbh; (kill) in áit na mbonn ▷ adj iomlán

outset n tús m1; **from the ~** ó thús, an chéad lá in Éirinn

outside n an taobh m1 amuigh ▷ adj amuigh, seachtrach ▷ adv taobh amuigh, lasmuigh; (go, put) amach ▷ prep taobh amuigh de, lasmuigh de; **at the ~** (at most) ar a mhéad; (latest) ar a mhoille; **outsider** n

(stranger) coimhthíoch m1

outskirts npl (of city) imeall msg1;

outspoken adj díreach, neamhbhalbh; **outstanding** adj (noticeable) suntasach; (excellent) thar barr, ar fheabhas; (unsettled) gan réiteach; (debt) gan íoc

outward adj (sign, appearances) ón taobh amuigh; (journey) amach

outweigh vt bheith níos troime or níos tábhachtaí ná

oval adj ubhchruthach ▷ n ubhchruth m3

ovary n ubhagán m1

oven n oigheann m1

over adv (across) thar, trasna; (towards) anonn go; (finished) thart; (left) fágtha; (again) arís ▷ adj (finished) thart ▷ prep thar; (above) os cionn + gen; (on the other side of) ar an taobh thall de; (more than) os cionn + gen, níos mó ná; **~ here** abhus anseo; **~ there** thall ansin; **all ~** (everywhere) i ngach áit, ar fud na háite; **~ and ~ (again)** arís is arís (eile); **~ and above** le cois + gen, ar bharr + gen; **to ask sb ~** cuireadh chun tí a thabhairt do dhuine

overall adj (length, cost etc) iomlán; (study) ginearálta ▷ n (also: **~s**) rabhlaer m1, forbhríste m4 ▷ adv ar an iomlán, san iomlán

overboard adv (Naut) thar bord

overcast adj gruama

overcharge vt: **to ~ sb for sth** barraíocht a ghearradh ar dhuine as rud

overcoat n cóta m4 mór

overcome vt sáraigh

overcrowded adj rólíodaithe

overdo vt téigh thar fóir le; (overcook) déan cócaireacht rófhada ar; **to ~ it** (work etc) tú féin a chur thar d'acmhainn

overdose n ródháileog f2, anlucht m3

overdraft n rótharraingt f2

overdrawn adj (account) rótharraingthe

overdue adj mall, dlite thar téarma

overestimate vt déan meastachán iomarcach ar; (exaggerate) déan áibhéil ar

overflow vi sceith; (container) bheith ag cur thar maoil

overgrown adj (garden) mothrach, fiáin

overhaul vt cóirigh, ollchóirigh ▷ n cóiriú m, ollchóiriú m

overhead adj, adv thuas, lastuas ▷ n (US) = **overheads**; **overheads** npl (expenses) costais mph riartha, forchostais mph

overhear vt cluin, clois

overland adj, adv thar tír

overlap vi téigh thar a chéile, forluigh, rádal

overleaf adv thall, an taobh eile

overload vt anluchtaigh

overlook vt (have view of) féach síos ar, bheith suite os cionn; (miss: by mistake) caill, lig thar do shúile

overnight adj, adv thar oíche; (fig) go tobann; **he stayed ~** d'fhan sé thar oíche

overpower vt cloígh; **they ~ed him** ba treise leo air; **overpowering** adj (heat) marfach; (stench) dofhulaingthe

overrule vt (decision) cuir ar neamhní; (person) rialaigh in aghaidh + gen

overrun vt (country) gabh de ruathar; (time limit) téigh thar

overseas adv (abroad) thar lear, thar sáile ▷ adj (trade) thar lear; (visitor) ón choigríoch

overshadow vt (fig) bain an barr de

oversight n dearmad m1, faillí f4

overt adj follasach, oscailte

overtake vt (Aut) téigh thar

overthrow vt (government) bris

overtime n ragobair f2, obair f2 bhreise

overturn vi, vt iompaigh, caith (rud) thar a chorp

overweight adj (person) ramhar

overwhelm vt (enemy, opponent) cloígh, treascair; **overwhelming** adj (victory, defeat) caoch, treascrach; (desire) marfach

owe vt: **I ~ her £10** tá £10 aici orm; **she ~s him a favour** tá sí faoi chomaoin aige; **owing to** prep mar gheall ar, de thairbhe + gen, as siocair + gen

owl n ulchabhán m1

own vt: **I ~ the book** is liomsa an leabhar ▷ adj féin; **my ~ car** mo charr féin; **a room of my ~** seomra dom féin; **to get one's ~ back on sb** do chuid féin a bhaint amach as duine; **on his ~** leis féin, ina aonar; **own up** vi ciontaigh thú féin; **owner** n úinéir m3; **ownership** n úinéireacht f3

ox n damh m1

oxygen n ocsaigin f2

oyster n oisre m4

oz. abbr = **ounce(s)**

ozone layer n brat m1 ózóin

O

P

PA n abbr = **personal assistant**; **public address system**

p.a. abbr = **per annum**; see **per**

pace n coiscéim f2; (speed) luas m1 ▷ vi: **to ~ up and down** siúl suas agus anuas; **to keep ~ with** coinneáil (suas) le; **pacemaker** n (Med, Sport) séadaire m4

Pacific n: **the ~ (Ocean)** an tAigéan m1 Ciúin

pack n (packet: US: of cigarettes) paca m4; (also: ~ **of hounds**) conairt f2; (of lies) moll m1; (of thieves etc) drong f2 ▷ vt (goods) pacáil; (cram) sac; **to ~ sb off to** duine a chur go or chuig; ~ **it in!** stad de!, éirigh as!; **the hall was ~ed** bhí an halla plódaithe, bhí an halla lán ó chúl go doras

package n pacáiste m4; (also: ~ **holiday**) saoire f4 láneagraithe; **package tour** n turas m1

láneagraithe

packed lunch n lón m1 pacáilte

packet n paca m4

packing n (act of) pacáil f3; (material) stuáil f3

pact n comhaontú m

pad n (for helicopter) ardán m1; (for knee etc) pillín m4; (inf: flat) árasán m1 ▷ vt stuáil

paddle n (oar) céasla m4; (US: for table tennis) slacán m1 ▷ vt céaslaigh ▷ vi bheith ag lapadáil; **paddling pool** n linn f2 lapadaíola

paddock n banrach f2

padlock n glas m1 fraincín

page n (of book) leathanach m1; (also: ~ **boy**) péitse m4, buachaill m3 freastail ▷ vt (in hotel etc) glaoigh ar

pager n (Tel) glaoire m4

paid adj (work, official) íoctha, díolta; **to put ~ to** deireadh a chur le

pail n stópa m4

pain n pian f2; **to be in ~** pian a bheith ort, bheith i bpian; **to take ~s with sth** stró a chur ort féin le rud, dua a chaitheamh le rud; **painful** adj pianmhar, nimhneach; (distasteful) míthaitneamhach; (fig) goilliúnach; **painkiller** n pianmhúchán m1; **painstaking** adj (person) dícheallach; (work) mionchúiseach

paint n péint f2 ▷ vt, vi péinteáil; **to ~ the door blue** dath gorma a chur ar an doras; **paintbrush** n scuab f2 phéinte or phéinteála; **painter** n péintéir m3; **painting** n péinteáil f3; (art) péintéireacht f3; (picture) pictiúr m1

pair n (of shoes, gloves etc) péire; ~ **of scissors** siosúr msg1; ~ **of trousers** bríste m4

pajamas (US) npl pitseámaí mpl4

Pakistan n an Phacastáin f2; **Pakistani** adj, n Pacastánach m1

pal (inf) n comrádaí m4; **to be/become ~s with sb** bheith mór le duine/mór a dhéanamh le duine

palace n pálás m1

pale adj (complexion) mílítheach; (light) báiteach ▷ n: **the P~** (Irl Hist) an Pháil f2; **to grow ~** éirí bán san aghaidh

Palestine n an Phalaistín f2; **Palestinian** adj, n Palaistíneach m1

palm n (of hand) bos f2, dearna f; (also: ~ **tree**) pailm f2, crann m1 pailme ▷ vt: **to ~ sth off on sb** (inf) rud a chur ora bhualadh ar dhuine; **to have sth in the ~ of one's hand** rud a bheith i gcúl do dhoirn agat

pamper vt: **to ~ sb** peata a dhéanamh de dhuine, duine a mhilleadh

pamphlet n paimfléad m1

pan n (also: **sauce~**) scillead m1, sáspan m1; (also: **frying ~**) friochtán m1

pancake n pancóg f2; (also: **P~ Tuesday**) Máirt f4 Inide

panda n panda m4

pane n pána m4, gloine f4 fuinneoige

panel n painéal m1

panic n scaoll m1, driopás m1 ▷ vi: **they ~ked** tháinig scaoll fúthu, chuaigh siad i scaoll, bhuail driopás iad

pansy n (Bot) goirmín m4; (inf: pej) piteog f2

pant vi cnead, d'anáil a bheith i mbarr go ghoib agat, ga seá a bheith ionat, saothar a bheith ort

panther n pantar m1

panties npl bristín msg4

pantomime n geamaireacht f3

pants npl (Brit: woman's) bristín msg4; (: man's) fobhríste msg4; (US: trousers) bríste msg4

pantyhose (US) npl riteoga fpl2

paper n páipéar m1; (also: **wall~**) páipéar m1 balla; (also: **news~**) nuachtán m1 ▷ adj páipéir n gen ▷ vt: **to ~ the wall** páipéar a chur ar an mballa; **papers** npl (also: **identity ~s**) páipéir mph aitheantais; **paperback** n bogchlúdach m1; (also: **paperback book**) leabhar m bogchlúdaigh, leabhar faoi chlúdach bog; **paper bag** n mála m4 páipéir; **paper clip** n fáiscín m4 páipéir; **paperwork** n obair f2 pháipéir

par n cothrom m1; **on a ~ with** ar chomhchéim le, cothrom le

parachute n paraisiút m1

parade n paráid f2 ▷ vi (fig) taispeáin ▷ vi máirseáil

paradise n parthas m1

paradox n paradacsa m4, fríthchosúlacht f3

paraffin n pairifín m4

paragraph n paragraf m1

parallel adj comhthreomhar; (fig): **that is ~ to ...** tá sin ar aon dul ..., tá sin cosúil le ... ▷ n (line) líne f4 chomhthreomhar; (Geog) líne dhomhanleithid; (fig): **it has no ~ in English** níl a chómhaith i mBéarla

paralyse vt: **the accident ~d him** d'fhág an taisme pairilis air

paralysis n pairilis f2

paralyze (US) vt = **paralyse**

paranoid adj (Psych) paranóiach

parcel n beart m1, beartán m1 ▷ vt (also: ~ **up**) cuir i mbeart, déan beart de or as

pardon n pardún m1, maithiúnas m1 ▷ vt: **they were ~ed** tugadh

pardún dóibh; **~ me!, I beg your ~!**
gabhaim pardún agat!, mo
phardún!; **(I beg your) ~?, (**US**) ~
me?** cad é sin arís?
parent n tuismitheoir m3; **parents**
npl tuismitheoirí mpl3
Paris n Páras m4
parish n paróiste m4
Parisian adj, n Párasach m1
park n páirc f2 ⊳ vt, vi páirceáil
parking n páirceáil f3; **"no ~"** ná
páirceáiltear anseo"; **parking lot**
(US) n carrchlós m1, áit f2
pháirceála; **parking meter** n
méadar m1 páirceála; **parking
ticket** n ticéad m1 páirceála
parliament n parlaimint f2;
parliamentary adj
parlaiminteach, parlaiminte n gen
parole n: **on ~** ar parúl m1
parrot n pearóid f2
parsley n peirsil f2
parsnip n meacan m1 bán
parson n ministir m4
part n cuid f3, páirt f2; (Theat, of
serial) páirt; (of machine) ball m1;
(US: in hair) stríoc f2; **~ of** cuid or
páirt de ⊳ adv **= partly** ⊳ vt, vi scar;
to take ~ in páirt a ghlacadh i; **to
take sth in good ~** rud a ghlacadh i
bpáirt mhaitheasa; **to take sb's ~
for my ~** i dtaca
liomsa de, ó mo thaobhsa de; **for
the most ~** den chuid is mó; **part
with** vt fus scaradh le
partial adj (not complete) leath-,
neamhiomlán; **she is ~ to drink** tá
dúil sa deoch aici
participate vi: **to ~ (in)** bheith
páirteach (i), páirt a ghlacadh (i)
particle n cáithnín m4; (Gram) mír
f2
particular adj áirithe, ar leith, faoi
leith; (special) ar leith, speisialta;

(precise) beacht; (fussy)
mionchúiseach, beadaí; (about
food) beadaí, éiseálach, nósúil;
particulars npl (details)
mionsonraí mpl4; **in ~** go mór mór,
go háirithe; **particularly** adv go
háirithe, go sonrach
parting n (of people) scaradh m; (in
hair) stríoc f2 ⊳ adj deireanach,
scoir n gen
partition n (wall) spiara m4; (Pol)
deighilt f2, críochdheighilt f2 ⊳ vt
(Pol) deighil
partly adv breac-, leath-
partner n páirtí m4; (in marriage)
céile m4; **partnership** n páirtíocht
f3, comhar m1
partridge n patraisc f2
part-time adj, adv páirtaimseartha
party n (Pol) páirtí m4; (celebration)
cóisir f2, fleá f4; (Law): **to be a ~ to**
bheith i do pháirtí i ⊳ cpd (Pol)
páirtí n gen
pass vt téigh thar, gabh thar;
(overtake) scoith, téigh thar; (exam):
he ~ed the exam d'éirigh an
scrúdú leis; (approve) ceadaigh;
(Sport) pasáil, seachaid; (time)
caith, cuir thart; (day) cuir isteach
⊳ vi téigh thart, gabh thart ⊳ n
(permit) pas m4, cead m3 (isteach);
(in mountains) bearnas m1, mám f3;
(Sport) seachadadh m, pas; (Scol:
also: **~ mark**) pasmharc m1; **to get
a ~** pas a fháil; **to make a ~ at sb**
(inf) (é) a chur chun tosaigh ar
dhuine, ceiliúr a chur ar dhuine;
pass away vi síothlaigh, faigh bás;
pass by vi téigh thart, gabh thart;
(time) caith ⊳ vt téigh thar; **pass
on** vt seachaid; **pass out** vi titim i
laige; **pass up** vt (opportunity) lig
tharat; **passable** adj (road)
oscailte; (work) cuibheasach,

measartha, inghlactha, maith go leor

passage n (also: **~way**) pasáiste m4, dorchla m4; (gen, in book) sliocht m3; (by boat) pasáiste m4

passenger n paisinéir m3

passer-by n duine m4 ag dul an bealach, duine ag dul thar bráid

passing place n (Aut) áit f2 scoite

passion n paisean m1; (Rel) páis f2; **passionate** adj paiseanta

passive adj síochánta; (Ling: also: **the ~ voice**) an fhaí f4 chéasta

passport n pas m4; **passport control** n rialú m na bpas; **passport office** n oifig f2 pasanna

password n focal m1 faire; (Comput) pasfhocal m1

past prep (in front of) thar, i ndiaidh + gen; (later than) i ndiaidh + gen, tar éis + gen ▷ adj caite; (Ling: also: **the ~ tense**) an aimsir f2 chaite; (president etc) iar-, sean- ▷ n an t-am m3 atá thart; **in the ~** roimhe seo, sa seanam; **he's ~ forty** tá sé os cionn daichead, tá sé thar an daichead; **for the ~ few years** le blianta beaga anuas, le cúpla bliain anois; **quarter ~ eight** ceathrú i ndiaidh a hocht, ceathrú tar éis a hocht; **to go ~ sb** dul thar duine éigin

pasta n pasta m4

paste n taos m1, leafaos m1; (glue) gliú m4, glae m4 ▷ vt greamaigh

pasteurized adj paistéartha

pastime n caitheamh m aimsire

pastry n (dough) taosrán m1; (cake) cáca m4 milis, císte m4 milis

pasture n féarach m1, talamh m or f féaraigh

pasty n pastae m4 ▷ adj (complexion) mílítheach

pat vt slíoc; (animal) bán bán a

dhéanamh le; **to ~ sb on the back** comhghairdeas a dhéanamh le dhuine

patch n (of material) paiste m4; (eye patch) bileog f2 shúile; (spot) ball m1; (on animal) scead f2 ▷ vt (clothes) paisteáil; **to go through a bad ~** drocham a chaitheamh, am crua a chaitheamh; **patch up** vt deisigh, cóirigh; **to ~ up a quarrel** síocháin a dhéanamh; **patchy** adj sceadach; (irregular) treallach

pâté n páté m4

patent n paitinn f2 ▷ vt paitinnigh ▷ adj paiteanta

paternal adj athartha

path n cosán m1; (trajectory) ruthag m1

pathetic adj (pitiful) truamhéalach, truacánta; (very bad) ainnis

pathway n cosán m1

patience n foighne f4; (Cards) cluiche m4 aonair; **have ~** bíodh foighne agat; **he lost his ~ (with her)** bhris (sí) ar a fhoighne

patient n othar m1 ▷ adj foighneach; **to be ~** foighne a dhéanamh, bheith foighneach

patriotic adj tírghrách

patrol n patról m1 ▷ vt bheith ar patról i; **patrol car** n patrólcharr m1

patron n pátrún m1; (in shop) custaiméir m3; **~ saint** éarlamh m1

pattern n patrún m1, gréasán m1

pause n sos m3, moill f2 (bheag) ▷ vi déan moill

pave vt pábháil; **he ~d the way for us** réitigh sé an bealach dúinn

pavement n cosán m1

pavilion n pailliún m1

paving n (material) pábháil f3

paw n lapa m4, crobh m1

pawn n (Chess) ceithearnach m1;

pay | 190

(fig) fichillín *m4* ▷ *vt* cuir i ngeall;
pawnbroker *n* geallearbóir *m3*
pay *n* pá *m4*, tuarastal *m1* ▷ *vt* díol,
íoc ▷ *vi* íoc; *(be profitable)*: **it ~s ...** is
fiú ...; **to ~ attention (to)** aird a
thabhairt (ar); **to ~ sb a visit**
cuairt a thabhairt ar dhuine; **to ~
one's respects to sb** do
dhea-mhéin a chur in iúl do dhuine;
you'll ~ dearly for it beidh daor
ort; **pay back** *vt* aisíoc; **pay for** *vt
fus* íoc as, íoc ar son, díol as, díol ar
son; **pay in** *vt* íoc isteach, díol
isteach; **pay off** *vt*: **to ~ off a debt**
fiach a ghlanadh; *(person)* bris ▷ *vi
(scheme, decision)*: **it paid off** b'fhiú
é; **pay up** *vt (money)* íoc, díol;
payable *adj*: **payable to (sb)**
(cheque) iníoctha le (duine); **pay
envelope** *(US)* n fáltas *m1* pá;
payment *n* íoc *m3*, íocaíocht *f3*;
payment by the hour íocaíocht
san uair, íocaíocht de réir na huaire;
pay packet *n* fáltas *m1* pá; **pay
phone** *n* táillefón *m1*; **payroll** *n*
párolla *m4*; **pay slip** *n* duillín *m4* pá
PC *n abbr* = **personal computer**
PDA *n abbr* = *personal digital
assistant)* PDA, cúntóir digiteach
pearsanta
pea *n* pis *f2*, piseán *m1*
peace *n* síocháin *f3*; *(calm)*
suaimhneas *m1*, ciúnas *m1*;
peaceful *adj* suaimhneach,
síochánta; **peace process** *n*
próiseas *m1* síochána
peach *n* péitseog *f2*
peacock *n* péacóg *f2*; *(male)*
coileach *m1* péacóige; *(female)*
cearc *f2* phéacóige
peak *n* (mountain) binn *f2*, stuaic *f2*,
(of cap) speic *f2*; *(fig: highest point)*
buaic *f2*, barr *m1*; **peak hours** *npl*
buaicuaireanta *fpl2*

peanut *n* pis *f2* talún
pear *n* piorra *m4*
pearl *n* péarla *m4*
peasant *n* tuathánach *m1*
peat *n* móin *f3*
pebble *n* méaróg *f2*, púróg *f2*; *(on
beach)* cloch *f2* dhuirlinge
peck *vt (also: ~ at)* gob ▷ *n* priocadh
m1; *(kiss)* póigín *m4*; **peckish** *(inf)*
adj: **to feel peckish** ré-ocras a
bheith ort
peculiar *adj (strange)* corr, aisteach,
ait; *(particular)* sainiúil, leithleach
pedal *n* troitheán *m1* ▷ *vi* na
troitheáin a oibriú
pedestal *n* seastán *m1*
pedestrian *n* coisí *m4*; **pedestrian
crossing** *n* trasrian *m1* coisithe
pedigree *n* ginealach *m1*; *(of animal)*
pórtheastas *m1* ▷ *cpd (animal)*
ginealaigh *n gen*
pee *(inf)* *vi* mún
peek *vi*: **to ~ (at)** bheith ag
gliúcaíocht (ar)
peel *n* craiceann *m1* ▷ *vt, vi* scamh;
to ~ an orange an craiceann a
bhaint d'oráiste
peep *n (look)* spléachadh *m1*; *(sound)*
bíog *f2*, gíog *f2* ▷ *vi*: **to ~ (at)**
spléachadh a thabhairt (ar)
peer *vi (also: ~ at)* stán (ar) ▷ *n
(noble)* tiarna *m4*; *(equal)*: **his ~** fear
a dhiongbhála; *(age group)*: **my ~s**
lucht *m3* mo chomhaoise
peg *n (for coat etc)* pionna *m4*; *(also:
clothes ~)* pionna éadaigh
pelican *n* peileacán *m1*; **pelican
crossing** *n (Aut)* trasrian *m1* le
soilse lámhrialaithe
pelt *vt*: **to ~ sb with stones** duine a
rúscadh le clocha ▷ *vi (rain)*: **it is
~ing down** tá sé ag doirteadh ▷ *n*
craiceann *m1*, seithe *f4*
pelvis *n* peilbheas *m1*

pen n (for writing) peann m1; (for sheep) cró m4

penalty n pionós m1; (fine) cáin f; (Football) cic m4 éirice or phionóis

pencil n peann m1 luaidhe; **pencil case** n cás m1 peann luaidhe; **pencil sharpener** n bioróir m3

pendant n siogairlín m4

pending prep ag feitheamh le ▷ adj ar feitheamh

penetrate vt poll, treáigh; (organisation) téigh or gabh isteach i

penfriend n cara m pinn

penguin n piongain f2

penicillin n peinicillin f2

peninsula n leithinis f2

penis n bod m1, péineas m1

penitentiary n príosún m1

penknife n scian f2 phóca

penniless adj (skint) ar phócaí folmha, briste; (poor) bocht dearóil

penny n pingin f2; (US) = **cent**

penpal n cara m pinn

pension n pinsean m1; **pensioner** n pinsinéir m3

penthouse n díonteach m

penultimate adj leathdhéanach

people npl daoine mpl4; (inhabitants) bunadh msg1, muintir fsg2; (Pol) pobal msg1; (nation, race) cine msg4; **my ~ come from Donegal** as Dún na nGall mo mhuintir or mo bhunadh; **several ~ came** tháinig roinnt daoine; **~ say that ...** deirtear go ..., táthar ag rá go ..., tá daoine ag rá go ...

pepper n piobar m1, (sweet) milseán m1 miontais

per prep de réir + gen, in aghaidh + gen; **~ hour** san uair, de réir na huaire; **~ kilo** an cileagram; **~ annum** sa bhliain, in aghaidh na bliana

perceive vt airigh; (notice) sonraigh

per cent adv faoin gcéad

percentage n céatadán m1

perception n aireachtáil f3; (insight) tabhairt f3 faoi deara, léargas m1

perch n (for bird) fara m4; (fish) péirse f4 ▷ vi: **to ~ on** suigh ar

perennial adj síoraí; (Bot) ilbhliantúil ▷ n ilbhliantóg f2

perfect adj foirfe, iomlán, slán ▷ n foirfe m4; (also: **~ tense**) aimsir f2 chaite orfhoirfe ▷ vt foirfigh, cuir i gcrích, tabhair chun críche or chun foirfeachta; **perfectly** adv go foirfe, go hiomlán

perform vt (duties) comhlíon; (task) déan; (music) seinn; (drama) cuir i láthair; **performance** n léiriú m; (of an artist) cur m i láthair; (Sport) taispeántas m1; (of car, engine) oibriú m; (of company, economy) feidhmiú m; **performer** n (drama) aisteoir m3; (music) ceoltóir m3

perfume n cumhrán m

perhaps adv b'fhéidir, seans

perimeter n imlíne f4

period n tréimhse f4; (Scol) rang m3; (full stop) lánstad m4; (Med: also: **~s**) fuil fsg mhíosta, cúrsaí mpl4 ▷ adj (costume, furniture) tréimhse n gen; **periodical** n tréimhseachán m1 ▷ adj tréimhsiúil

perish vi éag; (decay) meath

perjury n mionnú m éithigh

perm n (for hair) buantonn f2

permanent adj buan, seasmhach

permission n cead m3

permit n ceadúnas m1, cead m3 ▷ vt ceadaigh

perplex vt mearaigh, cuir mearbhall ar; **to be ~ed** mearú or mearbhall a bheith ort

persecute vt céas, cráigh

P

persevere vi: **to ~ (with)** coinneáil ort (le)

Persian adj Peirseach ▷ n Peirseach m; (Ling) Peirsis f2; **the ~ Gulf** Murascaill f2 na Peirse

persist vi: **to ~ with sb** coinneáil le duine; **to ~ in arguing** leanúint ort or coinneáil ort ag argóint;

persistent adj (person) dígeanta, righin, dáigh

person n (human) duine m4; (Law, Ling) pearsa f; **personal** adj pearsanta; **personal assistant** n cúntóir m3 pearsanta; **personal computer** n ríomhaire m4 pearsanta; **personality** n pearsantacht f3; **personally** adv go pearsanta; **to take sth personally** rud a ghlacadh chugat féin; **personal stereo** n steiréo m4 pearsanta

personnel n foireann f2

perspective n peirspictíocht f3, dearcadh m; **to get things into ~** rudaí a chur i gcomhthéacs

perspiration n allas m

persuade vt: **to ~ sb to do sth** cur ina luí ar dhuine rud a dhéanamh, áitiú ar dhuine rud a dhéanamh

persuasion n áitiú m; (creed) creideamh m

perverse adj saobh, claon; (contrary) contrártha

pervert n saofóir m3 ▷ vt (person) saobh; (words) cuir as riocht, claon

pessimist n duarcán m;

pessimistic adj duairc; **I am pessimistic about it** níl dóchas ar bith agam as

pest n plá f4 (fig) crá m4 croí

pester vt cráigh

pet n peata m4 ▷ vt (stroke) slíoc, cuimil; (animal) déan bán bán le ▷ vi (inf): **to ~** bheith ag pógadh

agus ag diurnú a chéile; **teacher's ~ peata** an mhúinteora; **~ hate** púca m4 na n-adharc

petal n peiteal m

petite adj beag, comair

petition n achainí f4, iarratas m

petrified adj (fig) stiúgtha le heagla, faoi uafás, faoi uamhan

petrol n peitreal m, artola f4

petroleum n peitriliam m

petrol pump n caidéal m peitril; **petrol station** n stáisiún m peitril; **petrol tank** n umar m peitril

petticoat n fo-ghúna m4, cóta m4 beag

petty adj (mean) suarach; (unimportant) mion-

pew n suíochán m

pewter n péatar m

phantom n taibhse f4

pharmacy n (shop) cógaslann f2

phase n céim f2 ▷ vt: **to ~ sth in** rud a thabhairt isteach de réir a chéile, rud a thabhairt isteach céim ar chéim

pheasant n piasún m

phenomenon n feiniméan m

Philippines n: **the ~** na hOileáin mph Fhilipíneacha

philosophical adj fealsúnach

philosophy n fealsúnacht f3

phobia n fóibe f4

phone n fón m, guthán m ▷ vt: **to ~ sb** scairt (ghutháin) a chur ar dhuine; **to be on the ~** bheith ar an nguthán or bhfón, bheith ag fónáil; **phone back** vt, vi scairt a chur ar ais (ar), glaoch ar ais (ar); **phone up** vt, vi glaoigh ar an nguthán (ar), fónáil; **phone bill** n bille m4 gutháin or teileafóin; **phone book** n leabhar m gutháin; **phone box, phone booth** n bosca

m4 guth**áin**; **phone call** n scairt f2 ghutháin, glao m4 gutháin; **phonecard** n cárta m4 gutháin
phonetics n foghraíocht fsg3
phoney adj bréagach
photo n grianghraf m; **photocopier** n (machine) fótachóipire m4; **photocopy** n fótachóip f2 ▷ vt fótachóipeáil
photograph n grianghraf m ▷ vt glac grianghraf de; **photographer** n grianghrafadóir m3; **photography** n grianghrafadóireacht f3
phrase n abairt f2; (expression) leagan m cainte; (Ling) frása m4 ▷ vt cuir (i bhfocail); **phrase book** n leabhar m ráite or frásaí
physical adj fisiceach; **physical education** n corpoideachas m; **physically** adv go fisiceach; **physically handicapped** corpéislinneach
physician n lia m4, dochtúir m3
physicist n fisiceoir m3
physics n fisic fsg2
physiotherapy n fisiteiripe f4
physique n déanamh m coirp
pianist n pianódóir m3
piano n pianó m4
pick n (tool: also: ~**axe**) piocóid f2 ▷ vt roghnaigh; (fruit etc, lock) pioc; **take your ~** déan or pioc do rogha; **the ~ of** togha + gen; **to ~ one's nose** do shrón a phiocadh; **to ~ a quarrel with sb** iaróg a thógáil le duine, troid a chur ar dhuine; **pick at** vt fus: **to ~ at one's food** blaisínteacht a dhéanamh ar do chuid bia; **pick on** vt fus (person): **they are always ~ing on me** bíonn siad i gcónaí ag gabháil dom, bíonn siad i gcónaí ag spochadh asam; **pick out** vt togh, pioc

(amach); (distinguish) aimsigh; **pick up** vi (improve) téigh i bhfeabhas, bisigh, feabhsaigh ▷ vt tóg; (collect) bailigh, cruinnigh; (give lift to) tabhair síob do; (learn) foghlaim; (Radio) faigh; **to ~ up speed** luas a ghéarú; **to ~ o.s. up** teacht chugat féin
pickle n (also: ~**s**: as condiment) picilí fpl2 ▷ vt picil; **to be in a ~** (mess) bheith san fhaopach, bheith i gcruachás
pickpocket n peasghadaí m4
pick-up n (small truck) truiclín m4
picnic n picnic f2
picture n pictiúr m ▷ vt samhail; **the ~s** (inf) an phictiúrlann f2, na pictiúir mph; **picture messaging** n cur m teachtaireachtaí pictiúr
picturesque adj pictiúrtha
pie n píóg f2
piece n píosa m4, giota m4; (item: of furniture) ball m ▷ vt: **~ together** cuir le chéile; **take to ~s** bain ó chéile, bain as a chéile; **to smash sth to ~s** smionagar a dhéanamh de rud
pie chart n píchairt f2
pier n cé f4
pierce vt poll, treáigh
pig n muc f2
pigeon n colúr m, colmán m
piggy bank n bosca m4 coigilte
pigsty n cró m4 muc
pigtail n trilseán m
pike n (fish) liús m
pilchard n pilséar m
pile n (pillar, of books) carn m, carnán m; (of carpet) caitín m4 ▷ vt, vi (also: ~ **up**) carn; **~ into** (car) plódaigh isteach i; **piles** npl fíocas msg1, daorghalar msg1; **pile-up** n (Aut) dul m3 i mullach a chéile
pilgrim n oilithreach m

pill n piollaire m4

pillar n colún m1, gallán m1

pillow n piliúr m1, ceannadhairt f2; **pillowcase** n clúdach m1 piliúir

pilot n píolóta m4 ▷ cpd (scheme etc) píolótach ▷ vt píolótaigh; **pilot light** n solas m1 treorach

pimple n goirín m4

PIN n (= personal identification number) Uimhir f Aitheantais Phearsanta

pin n biorán m1, pionna m4 ▷ vt: **to ~ a note to the door** nóta a chur ar an doras le biorán; **to have ~s and needles in one's foot** codladh gliúragáin a bheith ar do chos; **to ~ sb down** (fig) duine a sháinniú; **to ~ sth on sb** (fig) rud a chur i leith duine

pinafore n pilirín m4

pinch n liomóg f2; (of salt etc) gráinnín m4 ▷ vt: **to ~ sb** liomóg a bhaint as duine; (inf: steal) sciob; **at a ~** más gá

pine n péine m4, giúis f2; (also: **~ tree**) crann m1 giúise ▷ vi: **to ~ for** codladh in iandaidh

pineapple n anann m1

ping n (noise) cling f2; **ping-pong**® n leadóg f2 bhoird

pink adj bándearg ▷ n (colour) bándearg m1; (Bot) caoróg f2 léana

pinpoint vt aimsigh

pint n pionta m4; **to go for a ~** dul faoi choinne pionta

pioneer n ceannródaí m4

pious adj cráifeach, diaganta, naofa

pip n (seed) síol m1; **the pips** npl (time signal) na gíoga fpl2

pipe n píopa m1; (Mus) píb f2; **~s** (bagpipes) píobaí fpl2 mála; (also: **uilleann ~s**) píobaí uilleann ▷ vt cuir trí phíopaí; **pipeline** n píblíne f4; **in the pipeline** ar a bhealach,

ar na bacáin; **piper** n píobaire m4

pirate n foghlaí m4 mara

Pisces n (Astrol) Na hÉisc mph

piss (infl) vi mún m1; **~ off!** bain as!, imigh leat!; **pissed** adj (Brit: infl: drunk) ar dheargmheisce, ar na cannaí; (US: inf: angry) ar buile

pistol n piostal m1

piston n loine f4

pit n poll m1, clais f2; (also: **coal ~**) gualpholl m1 ▷ vt: **to ~ one's wits against sb** dul i gcoimhlint le duine; **pits** npl (Aut) láthair fsg seirbhísithe; **this place is the ~s!** (inf) deireadh gach díogha an áit seo!

pitch n (Mus) airde f4; (Sport) páirc f2 (imeartha); (tar) pic f2 ▷ vt (throw) caith ▷ vi (fall) tit; **to ~ a tent** puball a chur suas; **pitch-black** adj dubh dorcha

pitfall n gaiste m4

pith n (of orange etc) fochraiceann m1

pitiful adj (touching) truacánta, truamhéalach

pity n trua f4 ▷ vt: **I ~ him** is trua liom é, tá trua agam dó; **what a ~!** nach mór an trua!, is mór an trua!

pizza n píotsa m4

placard n fógra m4

place n áit f2 ▷ vt (object) cuir; (identify) cur ainm air, aithin; **to take ~** titim amach; **out of ~** (not suitable) neamhoiriúnach, mífhoirsteanach, as áit; **to change ~s with sb** áit a mhalartú le duine; **in the first ~** sa chéad dul síos, ar an gcéad dul síos

plague n plá f4 ▷ vt (fig) ciap, cráigh

plaice n leathóg f2 bhallach

plain adj (in one colour) d'aon dath, ar aon dath (amháin); (simple) simplí; (clear) soiléir; (not

handsome) **mísciamhach** ⊳ *adv* go
soiléir ⊳ *n* machaire *m4*, má *f4*;
plain chocolate *n* seacláid *f2*
phléineáilte; **plainly** *adv* go soiléir;
(frankly) gan fiacail a chur ann, go
lom

plaintiff *n* éilitheoir *m3*, gearánaí
m4

plait *n* trilseán *m*

plan *n* plean *m4*; *(scheme)* beart *m1*,
scéim *f2* ⊳ *vt, vi (think in advance)*
pleanáil; **he ~s to go** tá rún aige
dul

plane *n (Aviat)* eitleán *m1*; *(Art, Math
etc, tool)* plána *m4*; *(also: ~ tree)*
crann *m1* plána ⊳ *vt* plánáil

planet *n* pláinéad *m1*

plank *n* planc *m1*

planning *n* pleanáil *f3*; **family ~**
pleanáil *f3* chlainne

plant *n* planda *m4*; *(machinery)*
gléasra *m4*; *(factory)* monarcha *f*
⊳ *vt* cuir, plandáil

plaster *n* plástar *m*; *(also: ~ of
Paris)* plástar Pháras; *(also:
sticking ~)* greimlín *m4* ⊳ *vt*
plástráil; *(cover)*: **~ with** clúdaigh le

plastic *adj, n* plaisteach *m*; **plastic
bag** *n* mála *m4* plaisteach; **plastic
surgery** *n* máinliacht *f3*
athdheilbhithe

plate *n (dish)* pláta *m4*

plateau *n* ardchlár *m1*

platform *n (in station)* ardán *m*;
(stage) stáitse *m4*

platinum *n* platanam *m1*

platter *n (dish)* trinsiúr *m*; *(as part
of meal)* mias *f2*

plausible *adj* inchreidte,
dealraitheach

play *n (Theat)* dráma *m4* ⊳ *vt (game)*
imir; *(team, opponent)* imir in éadan
+ *gen*; *(instrument)* seinn ar ⊳ *vi*:
to ~ bheith ag spraoi or ag súgradh;

go out to ~ téigh *or* gabh amach ag
spraoi *or* ag súgradh; **~ it safe!** bí ar
d'fhaichill!, bí fachilleach *or*
cúramach!; **play down** *vt* bain de
thábhacht + *gen*, ná tabhair aird ar;
play up *vi*: **to ~ up** *(cause trouble)*
racán a thógáil, trioblóid a
tharraingt; **player** *n* imreoir *m3*;
(Theat) aisteoir *m3*; *(Mus)* seinnteoir
m3, ceoltóir *m3*; **playful** *adj*
spraíúil, spórtúil; **playground** *n*
(in school) clós *m1* scoile; *(in park)* áit
f2 spraoi *or* súgartha; **playgroup** *n*
naíolann *f2*; **playing card** *n* cárta
m4 imeartha; **playing field** *n* páirc
f2 imeartha; **playtime** *n* am *m3*
spraoi *or* súgartha; **playwright** *n*
drámadóir *m3*

plea *n (request)* achainí *f4*; *(Law)*
pléadáil *f3*

plead *vt, vi* pléadáil; *(beg)*: **to ~ with
sb** achainí ar dhuine

pleasant *adj* pléisiúrtha,
taitneamhach, suáilceach

please *excl* le do thoil, más é do thoil
é ⊳ *vt*: **it ~d me** thaitin sé liom,
shásaigh sé mé; *(satisfy)* sásaigh
⊳ *vi* sásaigh; *(think fit)*: **do as you ~**
déan do rogha rud, déan cibé rud *or*
pé ar bith rud is mian leat; **~
yourself!** bí ar do chomhairle féin!,
déan do chomhairle féin!; **pleased**
adj: **pleased (with)** sásta (le);
pleased to meet you go
mbeannaí Dia duit

pleasure *n* pléisiúr *m*, sásamh *m*,
taitneamh *m*; **it's a ~** fáilte
romhat, níl a bhuíochas ort; **I'll do
it with ~** déanfaidh mé é agus fáilte

pleat *n* filleadh *m*

pledge *n (promise)* geall *m*,
gealltanas *m* ⊳ *vt* geall; **to ~ sth**
rud a chur i ngeall

plentiful *adj* flúirseach, fairsing

plenty n: **~ of** flúirse + gen, neart + gen, tréan + gen, go leor + gen
pliers npl greamaire msg4
plight n cor m, anchaoi f4
plod vi fairsigh; (fig): **she ~ded on** threabh or shraon sí lei
plonk (inf) n (wine) fíon m3 saor ▷ vt: **to ~ sth down** rud a phlabadh síos
plot n comhcheilg f2; (of story, play) plota m4; (of land) gabháltas m1, plásóg f2; (grave) uaigh f2 ▷ vt (sb's downfall) beartaigh; (mark out) déan plean de, mapáil ▷ vi bheith ag ceilg, bheith i mbun comhcheilge
plough (US **plow**) n céachta m4, seisreach f2 ▷ vt (earth) treabh; **to ~ money into** airgead a chur isteach i
ploy n cleas m1
pluck vt pioc; (fruit) bain; (flower) stoith ▷ n sracadh m1; **to ~ up courage** misneach a ghlacadh
plug n (Elec) plocóid f2; (stopper) stopallán m1; (Aut: also: **spark(ing) ~**) spréachphlocóid f2 ▷ vt (hole) calc, cuir stopallán i; (inf: advertise) fógair; **plug in** vt (Elec) plugáil isteach
plum n (fruit) pluma m4
plumber n pluiméir m3
plumbing n (trade) pluiméireacht f3; (piping) píopaí mpl4
plummet vi tit go tobann
plump adj ramhar ▷ vi: **~ for** (inf: choose) roghnaigh, pioc
plunge n tumadh m, vt báigh ▷ vi (dive) tum; (fall) tit i ndiaidh do chinn, tit ar mhullach do chinn; **to take the ~** dul sa seans
pluperfect adj, n (Gram) ollfhoirfe m4
plural adj, n iolra m4
plus n (also: **~ sign**) plus m4 ▷ prep

móide; **ten ~os** cionn an deich, sna déaga
ply vt (a trade) cleacht ▷ vi (ship) téigh idir ▷ n (of wool, rope) dual m1; **to ~ sb with** deoch a choinneáil le duine; **to ~ sb with questions** ceisteanna a radadh le duine, bheith ag caitheamh ceisteanna le duine; **plywood** n sraithadhmad m1
PM abbr = **Prime Minister**
p.m. adv abbr (= post meridiem) i.
pneumatic drill n druilire m4 aeroibrithe
pneumonia n niúmóine m4
poach vt (cook) scall; (steal) póitseáil ▷ vi póitseáil
P.O. Box n abbr = **Post Office Box**
pocket n póca m4 ▷ vt: **to ~ sth** rud a chur i do phóca; **to be out of ~ (with)** bheith thíos (le); **pocketbook** (US) n (wallet) tiachóg f2; **pocket money** n airgead m1 póca
pod n cochall m1
podcast n podchraoladh m
podiatrist (US) n coslia m4
poem n dán m1
poet n file m4; **poetic** adj fileata; **poetry** n filíocht f3
poignant adj coscrach; (sharp) géar
point n pointe m4, ponc m1; (tip) bior m3, rinn f2; (in time) am m3; (of pen) gob m1; (Sport) pointe, cúilín m4; (sense) ciall f2; (location) ball m1; (also: **decimal ~**): **2 ~ 3 (2.3)** (a) dó pointe or ponc a trí ▷ vt (show) taispeáin; (gun etc): **to ~ sth at** rud a dhíriú ar ▷ vi: **to ~ at** do mhéar a dhíriú ar; **points** npl (Aut) pointí mpl4; (Rail) ladhróg fsg2; **to be on the ~ of doing sth** bheith ar tí or ar bhéal(a) rud a dhéanamh; **to make a ~ of** déanamh cinnte de;

I get the ~ tuigim, tá mé leat;
she misses the ~ tá sé ag dul amú
uirthi, ní thuigeann sí rudaí i
gceart; **come to the ~!** cruinnigh
do chuid cainte!; **the whole ~ is ...**
is é bun agus barr an scéil ...;
there's no ~ (in going) ní fiú (dul);
point out vt: **~ sth out to sb**
aird duine a tharraingt ar rud;
point to vt fus (fig) léirigh;
point-blank adv (fig) glan; (also:
at point-blank range) faoi bhéal
an ghunna; **pointed** adj (shape)
biorach; (remark) pointeáilte;
pointer n (needle) snáthaid f2;
(piece of advice) comhairle f4; (clue)
leid f2; **pointless** adj gan tairbhe;
it's pointless talking to him níl
gar or maith bheith leis; **point of
view** n dearcadh m

poison n nimh f2 ▷ vt nimhigh;
poisonous adj nimhiúil;
poisonous snake nathair f nimhe
poke vt (fire) rúisc; (jab with finger,
stick etc) prioc; (hole) poll; (put):
to ~ sth in(to) rud a dhingeadh
isteach (i); **to ~ fun at sb** ceap
magaidh a dhéanamh de dhuine;
poke about n ransaigh, rúisc
poker n (for fire) priocaire m4;
(Cards) pócar m
Poland n an Pholainn f2
polar adj polach; **polar bear** n béar
m bán
Pole n Polannach m
pole n cuaille m4; (of wood) maide
m4; (Geog) pol m1; **pole bean** (US) n
pónaire f4 cuaille; **pole vault** n
léim f2 chuaille
police npl póilíní mpl4, gardaí mpl4
(síochána), péas m4; **police car** n
carr m póilíní, carr péas;
policeman n póilín m4, garda m4,
péas m4; **police station** n stáisiún

m na bpóilíní or na ngardaí;
policewoman n banphóilín m4,
bangharda m4, banphéas m4
policy n polasaí m4
polio n polaimiailíteas m1
Polish adj Polannach ▷ n (Ling)
Polainnis f2
polish n (for shoes) snas m3, snasán
m1; (shine) loinnir f; (also: **nail ~**)
vearnais f2 iongan ▷ vt (put polish
on shoes, wood) cuir snas i or ar;
(make shiny) cuir loinnir ar; **polish
off** vt (work) cuir i gcrích; (food) ith
deireadh + gen; **polished** adj (fig)
snasta, líofa
polite adj múinte, béasach;
politeness n múineadh m,
dea-bhéasa mpl4
political adj polaitiúil, polaitíochta
n gen
politician n polaiteoir m3
politics npl an pholaitíocht f3
poll n vótáil f3; (also: **opinion ~**)
pobalbhreith f2 ▷ vt (votes) faigh
pollen n pailin f2
polling station n stáisiún m vótála
pollute vt truailligh
pollution n truailliú m
polo n póló m4; **polo shirt** n léine
f4 phóló
polythene n polaitéin f2;
polythene bag n mála m4
plaistigh
pomegranate n pomagránait f2
pompous adj mustrach, stáidiúil,
mórchúiseach
pond n linn f2, lochán m1
ponder vt meabhraigh, machnaigh
(ar), meáigh
pony n pónaí m4, capaillín m4;
ponytail n eireaball m capaill;
pony trekking n fálróid f2 ar
chapaillíní
poodle n púdal m1

pool n (of rain) slodán m1; (pond) linn f2; (also: **swimming ~**) linn snámha; (billiards) púl m4 ▷ vt cuir i gcomhchiste; **pools** npl (also: **football ~s**) linnte fpl2 peile

poor adj bocht ▷ npl: **the ~** na boicht mph, na bochtáin mph; **poorly** adj, adv go dona, go holc

pop n (Mus) popcheol m1; (drink) deoch f2 choipeach; (US: inf: father) daid m4 ▷ excl pop ▷ vt (put) sac ▷ vi pléasc; (cork) bain; **to ~ in** do cheann a chur isteach, buaileadh isteach; **to ~ out** rúid a thabhairt amach; **to ~ up** preab aníos

pope n pápa m4

poplar n poibleog f2

poppy n poipín m4

Popsicle® (US) n líreacán m1 reoite

popular adj (common) coitianta, (fashionable) faiseanta, san fhaisean; (well liked) **he's ~** tá tóir air, tá aghaidh na ndaoine air

population n (number of people) daonra m4; (community) pobal m1

porcelain n poircealláin m1

porch n póirse m4; (US) vearanda m4

pore n piochán m1, póir f2 ▷ vi: **to ~ over a book** bheith sáite i leabhar

pork n muiceoil f3

pornography n pornagrafaíocht f3

porridge n brachán m1, leite f

port n (harbour) port m1, calafort m1, cuan m1; (Naut: left side) clébhord m1; (wine) pórfhíon m3; **~ of call** stad m4 cuairte

portable adj iniompartha

porter n (for luggage) póirtéir m3; (doorkeeper) doirseoir m3

portfolio n mála m4 cáipéise; (of artist) cnuasach m1; (Pol) cúram m1 aire

portion n (share) roinn f2; (part,

helping) cuid f3

portrait n portráid f2

portray vt léirigh

Portugal n an Phortaingéil f2

Portuguese adj, n Portaingéalach m1; (Ling) Portaingéilis f2

pose n (posture) gothaí mpl3; (act) staidiúir f2 ▷ vi (pretend): **he ~d as a policeman** lig sé air or chuir sé i gcéill gur péas a bhí ann ▷ vt (question) cuir; **she was posing** bhí sí ag cur gothaí uirthi féin

posh adj galánta

position n áit f2, láthair f; (location) suíomh m1; (for purpose) ionad m1; (job) post m1; (opinion) dearcadh m1 ▷ vt suigh

possess vt: **to ~ sth** rud a bheith agat, rud a bheith i do sheilbh; **what ~ed him?** cad é an diabhal a tháinig air?, cad é na ciapóga a cuireadh air?; **possession** n seilbh f2; **possessions** sealúchas msg1

possibility n féidearthacht f3; **it is a ~** is féidir é, thig a dhéanamh

possible adj: **it is ~ that** is féidir go, thiocfadh dó go, d'fhéadfadh sé go; **as big as ~** chomh mór agus is féidir; **possibly** adv (perhaps) (gach) seans; **if you possibly can** más féidir leat (in aon chor), má thig leat (ar chor ar bith); **I cannot possibly come** níl aon dóigh ar féidir liom teacht, ní thig liom teacht

post n (letters, delivery): **the ~** an post m1; (job, situation) post m1; (Mil) ionad m1; (pole) cuaille m4 ▷ vt (send by post) postáil, cuir (sa phost); **postage** n postas m1; **postal order** n ordú m poist; **postbox** n bosca m4 litreach;

postcard n cárta m4 poist;
postcode n cód m1 poist
poster n póstaer m1
postgraduate n iarchéimí m4
▷ adj iarchéime
postman n fear m1 poist
postmark n postmharc m1
post office n (building) oifig f2 an
phoist; (organization): **the Post
Office** An Post m1
postpone vt cuir ar athlá
posture n (stance) staidiúir f2;
(attitude) dearcadh m1
pot n pota m4; (teapot) taephota
m4; (coffeepot) pota m4 caife; (inf:
marijuana) pot m4 ▷ vt (plant) cuir
(i bpota); **to go to ~** (inf: work,
performance) dul chun siobarnaí
potato n práta m4; **potato peeler**
n scamhaire m4 prátaí
poteen n poitín m4
potent adj cumhachtach; (drink)
láidir; (man) cumasach
potential adj: **a ~ doctor** ábhar
dochtúra ▷ n acmhainn f2,
mianach m1
pothole n (in road) linntreog f2,
sclaig f2; (in cave) uaimh f2
potter n potaire m4 ▷ vi: **to ~
around, ~ about** bheith ag
útamáil thart; **pottery** n
potaireacht f3
potty adj (inf: mad) ar mire, le broim
▷ n (child's) pota m4
pouch n (Zool) póca m4; (for tobacco,
money) spaga m4, púitse m4
poultry n éanlaith f2 chlóis
pound n (money, weight) punt m1;
(for animals) gabhann m ▷ vt (beat)
buail, gread; (crush) creim ▷ vi
(heart) preab, léim; **a ~ coin** bonn
m1 puint
pour vt, vi doirt; **it is ~ing (with
rain)** tá sé ag stealladh báistí, tá sé

ag cur de dhíon is de dheora; **to ~
sb a drink** deoch a chur amach do
dhuine; **pour in** vi (people)
plódaigh isteach, cruinnigh
isteach; (news, letters etc) tar
isteach as gach cearn; **pour out** vi
(people) plódaigh amach ▷ vt
scaird, doirt amach; (serve: a drink)
cuir amach
pout n pus m1, smut m1 ▷ vi cuir pus
ort féin
poverty n bochtaineacht f3, anás
m1
powder n púdar m1 ▷ vt: **to ~ one's
face** púdar a chur ar d'aghaidh;
powdered milk n bainne m4
púdrach
power n cumhacht f3; (force) brí f4,
neart m1; **to be in ~** (Pol etc) bheith i
réim or i gcumhacht; **power cut** n
gearradh m cumhachta; **power
failure** n cliseadh m cumhachta;
powerful adj cumhachtach;
powerless adj
neamhchumhachtach, gan bhrí;
power point n pointe m4
cumhachta; **power station** n
stáisiún m cumhachta
PR n abbr = **public relations**
practical adj praiticiúil; **practical
joke** n cleas m3, bob m4;
practically adv (virtually) geall le,
ionann is
practice n cleachtadh m;
(professional) cleachtas m3 ▷ vt, vi
(US) = **practise**; **in ~** (in reality) le
fírinne; **out of ~** as cleachtadh
practise (US **practice**) vt, vi cleacht;
practising adj cleachtach
practitioner n cleachtóir m3;
(medical) lia m4
prairies npl féarthailte mpl or fpl
praise n moladh m ▷ vt mol
pram n pram m4

prank n cleas m1, bob m4

prawn n cloicheán m1

pray vi guigh, bí ag urnaí; **prayer** n paidir f2, urnaí f4, guí f4

preach vi tabhair seanmóir, bheith ag seanmóireacht ▷ vt (gospel) craobhscaoil

precaution n réamhchúram m1, faichill f2

precede vt téigh roimh, gabh roimh, tar roimh; **precedent** n fasach m1, réamhshampla m4

precinct n (US) ceantar m1, líomatáiste m4; **precincts** npl (neighbourhood) comharsanacht fsg3; **pedestrian/shopping ~** (Brit) ceantar coisithe/líomatáiste siopadóireachta

precious adj luachmhar

precise adj beacht, cruinn; **precisely** adv go beacht, go cruinn

predecessor n réamhtheachtaí m4

predicament n cruachás m1; **to be in a ~** bheith i gcruachás or i sáinn or i bponc

predict vt réamhaithris, tuar; **predictable** adj sothuartha; **predictive text, predictive texting** n téacsáil f3 réamhaisnéise

predominantly adv go mór mór, ar an mórchuid, ar an mórchóir

preface n réamhrá m4, brollach m1

prefect n (in school) maor m1

prefer vt: **I ~ milk** is fearr liom bainne; **preferably** adv de rogha (ar); **preference** n tosaíocht f3; **in preference to** de rogha ar

prefix n réimír f2

pregnancy n toircheas m, iompar m1 clainne

pregnant adj torrach, ag iompar clainne

prehistoric adj réamhstairiúil

prejudice n réamhchlaonadh m; **prejudiced** adj claonta, leataobhach

premature adj anabaí, roimh am

premier adj príomha, príomh- ▷ n (Pol) príomh-aire m4, ≈ Taoiseach m1

premiere n an chéad taispeáint f3; (Theat) an chéad léiriú m

premium n (Ins) préimh f2; **to be at a ~** bheith gann, bheith doiligh a fháil

premonition n mana m4

preoccupied adj gafa (le), sáite (i)

prepaid adj réamhíoctha

preparation n ullmhúchán m1, réiteach m1; **preparations** npl (for trip, war) stócáil fsg3

preparatory school n scoil f2 ullmhúcháin

prepare vt ullmhaigh ▷ vi: **to ~ for** ullmhú faoi choinne + gen, déanamh réidh le haghaidh + gen; **~d to** réidh le, ullamh chun; (willing) sásta

preposition n réamhfhocal m1

prep school n = **preparatory school**

prerequisite n réamhriachtanas m1, réamhchoinníoll m1

prescribe vt ordaigh

prescription n (Med) oideas m1

presence n láithreacht f3; **~ of mind** stuaim f2; **in the ~ of sb** i láthair or i bhfianaise duine

present adj láithreach, i láthair ▷ n (gift) bronntanas m1; (actuality): **the ~** an t-am m3 i láthair ▷ vt tabhair; (give): **to ~ sb with sth** or **sth to sb** rud a bhronnadh ar dhuine; **to give sb a ~** bronntanas a thabhairt do dhuine; **at ~** faoi láthair, i láthair na huaire; **presentation** n bronnadh m;

present-day adj comhaimseartha; **presenter** n (Radio, TV) láithreoir m3; **presently** adv ar ball, gan mhoill; (at present) faoi láthair

preservative n leasaitheach m1

preserve vt (keep safe) caomhnaigh, coinnigh slán; (food) leasaigh ▷ n (jam) subh f2; (sanctuary) tearmann m1; **God ~ us!** Dia ár gcumhdach!

president n uachtarán m1; **the P~ of Ireland** Uachtarán na hÉireann; **presidential** adj (an) uachtaráin n gen

press n (newspapers) preas m3; (machine) fáisceán m1; (for wine) cantaoir f2; (cupboard) prios m3 ▷ vt (squeeze) fáisc; (push) brúigh; (clothes: iron) preasáil, iarnáil; (insist): **to ~ sth on sb** brú a thathant ar dhuine; **to ~ sb to do sth** tathant ar dhuine rud a dhéanamh ▷ vi brúigh; **to ~ for sth** rud a éileamh or a iarraidh; **we are ~ed for time** tá an t-am ag teannadh orainn; **if you are hard ~ed** má thagann crua ort; **press on** vi lean ar (aghaidh), coinnigh ort or leat; **press conference** n preasagallamh m1; **pressing** adj práinneach, práinniúil; **press-up** n brú m4 aníos

pressure n brú m4; (stress) brú, teannas m1; **to put ~ on sb (to do sth)** teannadh ar dhuine (rud a dhéanamh), brú or crua a chur ar dhuine (rud a dhéanamh); **pressure cooker** n bruthaire m4 brú; **pressure group** n brúghrúpa m4

prestige n gradam m1

presumably adv is cosúil, is dócha

presume vt síl, meas; (dare) leomh

pretence (US **pretense**) n (claim)

cur m1 i gcéill; (Law) dúmas m1; **under false ~s** le dúmas bréige

pretend vt, vi (feign) lig ort, cuir i gcéill

pretext n leithscéal m1

pretty adj gleoite deas ▷ adv cuibheasach, measartha, cineál

prevail vi (win) buaigh ar, bain; **prevailing** adj coitianta; **prevailing wind** gnáthghaoth f2

prevalent adj (widespread) leitheadach; (dominant) ceannasach

prevent vt coisc, stad, cuir stad le

preview n (of film etc) réamhthaispeántas m1

previous adj roimh ré; **previously** adv roimhe sin

prey n seilg f2, creach f2 ▷ vi: **it was ~ing on his mind** bhí sé ag déanamh buartha dó

price n praghas m1, luach m3 ▷ vt (goods) cuir praghas or luach ar; (Comm) costáil; **priceless** adj domheasta; **price list** n praghasliosta m4

prick n priocadh m ▷ vt prioc; **to ~ up one's ears** do chluasa a bhiorú

prickly adj deilgneach

pride n uabhar m1, bród m1, mórtas m1 ▷ vt: **to ~ o.s. on sth** mórtas or bród a bheith ort as rud

priest n sagart m1

primarily adv go príomha, den chuid is mó

primary adj (first in importance) príomha ▷ n (US: election) réamhthoghchán m1; **primary school** n bunscoil f2

prime adj bun-, príomh-; (excellent) den chéad scoth ▷ n: **to be in one's ~** bheith i mbláth do shaoil ▷ vt (wood) príméail; (with information) cuir ar an eolas;

P

Prime Minister n Príomh-Aire m4; (Irl) = Taoiseach m

primitive adj (tool etc) seanársa; (person) bunaíoch

primrose n sabhaircín m4

prince n prionsa m4

princess n banphrionsa m4

principal adj príomh-, bun- ▷ n (headmaster) príomhoide m4

principle n prionsabal m

print n (mark) lorg m; (letters) cló m4; (Art) prionta m4; (photograph) dearbhchló m4 ▷ vt clóigh, clóbhuail; (publish) cuir i gcló; (write in block letters) scríobh i gceannlitreacha; **out of ~** as cló; **printer** n clódóir m3; (machine) clóire m4, printéir m3

prior adj roimh ré ▷ adv: **~ to my doing it** sula ndearna mé é

priority n tosaíocht f3

prison n príosún m; **prisoner** n príosúnach m

pristine adj gan teimheal

privacy n príobháid f2

private adj príobháideach ▷ n (soldier) saighdiúir m3 singil; **to speak in ~** labhair faoi rún, labhairt i leataobh; **private property** n maoin f2 phríobháideach

privatize vt príobháidigh

privilege n pribhléid f2

prize n duais f2 ▷ adj (example) foirfe; (idiot) fíor- ▷ vt: **to ~ sth** rud a bheith luachmhar agat; **prize-giving** n bronnadh m duaiseanna; **prizewinner** n duaiseoir m3

pro n (Sport) gairmí m4; **the ~s and cons** an dá thaobh

probability n dóchúlacht f3; **in all ~** is é is dóichí

probable adj dócha, dóchúil

probably adv de réir dealraimh, is dócha (go); **~ not** ní dócha é

probation n: **on ~** (Law) ar promhadh m; (employee) ar tástáil f3

probe n (Med, Space) tóireadóir m3; (enquiry) fiosrúchán m ▷ vt braith; (investigate) fiosraigh

problem n fadhb f2, deacracht f3; **no ~!** fadhb ar bith!

procedure n nós m imeachta, gnáthamh m, gnás m

proceed vi lean ort; (go forward) téigh or gabh ar aghaidh; **to ~ (with)** dul ar aghaidh (le); **she ~ed to work/to write** chuaigh sí i mbun oibre/i mbun pinn; **proceedings** npl (Law, meeting) imeachtaí mpl; **proceeds** npl fáltais mph

process n próiseas m; (method) modh m3 ▷ vt próiseáil

procession n mórshiúl m; **funeral ~** tórramh m, sochraid f2

proclaim vt fógair

prod vt prioc, broid

produce n (Agr) toradh m ▷ vt táirg; (to show) taispeáin; (cause) gin; (Theat) léirigh; **producer** n táirgeoir m3; (Theat) léiritheoir m3

product n (outcome) toradh m; (goods) táirge m4; **production** n táirgeadh m; (Theat) léiriúchán m; **productivity** n táirgiúlacht f3

profession n gairm f2, slí f4 bheatha; **professional** n (Sport) gairmí m4 ▷ adj gairmiúil

professor n ollamh m

profile n próifíl f2; (picture etc) leathaghaidh f2

profit n brabús m, sochar m ▷ vi: **to ~ by or from** tairbhe a bhaint as, brabús a dhéanamh ar; **profitable** adj brabúsach

profound adj domhain
program (Comput) n ríomhchlár m1; (US) = **programme** ▷ vt (Comput) ríomhchláraigh
programme (US program) n ríomhchlár m1; (Radio, TV, schedule) clár m1 ▷ vt (also Comput) ríomhchláraigh; **programmer** (US **programer**) n ríomhchláraitheoir m3
progress n dul m3 chun cinn ▷ vi téigh or gabh chun cinn; **in ~** ar siúl, ar bun; **progressive** adj forásach
prohibit vt cros, coisc
project n (plan) scéim f2; (Scol, research) tionscadal m1 ▷ vt teilg; **to ~ a picture on a screen** pictiúr a theilgean ar scáileán ▷ vi (stick out) gob amach; **projection** n teilgean m1; (overhang) starr f3; (estimate) réamh-mheastachán m1; **projector** n teilgeoir m3
prolong vt fadaigh, bain fad as
promenade n (by sea) promanád m1
prominent adj (standing out) suntasach, feiceálach; (important) oirirc, mór le rá
promiscuous adj ilchaidreamhach
promise n gealltanas m1 ▷ vt, vi geall; **promising** adj dóchúil
promote vt (person) tabhair ardú céime do; (new product) cuir chun cinn; **promotion** n ardú m céime; (of sales etc) tionscnamh m1
prompt adj pras ▷ adv (punctually) go pras, láithreach; (in Comput) leid f2 ▷ vt spreag; (Theat) tabhair leid; **promptly** adv go pras, láithreach (bonn)
prone adj (lying) béal faoi, ar a bhéal faoi, **~ to** tugtha do
prong n (of fork) beangán m1
pronoun n forainm m4
pronounce vt (word) fuaimnigh;

(declare) fógair
pronunciation n fuaimniú m, foghraíocht f3
proof n cruthú m, cruthúnas m1; (Typ) profa m4; (test) promhadh m1 ▷ adj: **~ against** díonach ar
prop n taca m4; (fig) cúl m1 taca ▷ vt (also: **~ up**) tacaigh le; (lean) **to ~ sth against** rud a chur ina sheasamh le
propaganda n bolscaireacht f3
propeller n lián m1
proper adj (suited, right) cóir, ceart; (seemly) cuibhiúil; (authentic) dílis; **properly** adv go ceart, mar is ceart, mar is cóir, i gceart; **proper noun** n ainm m4 dílis
property n sealúchas m1; (things owned) maoin f2; (of chemical etc) airí m4
prophecy n tairngreacht f3, fáistine f4
prophet n fáidh m4
proportion n comhréir f2, coibhneas m1; (share) cionmhaireacht f3; **proportional, proportionate** adj comhréireach, cionmhar; **proportional to** i gcoibhneas le
proposal n moladh m; (plan) scéim f2; (of marriage) ceiliúr m1 pósta
propose vt and vi: **to ~ to sb** ceiliúr pósta a chur ar dhuine; **I ~ to go there** tá rún or súil agam dul ann, tá sé ar intinn agam dul ann
proposition n moladh m, tairiscint f3
prose n (not poetry) prós m1
prosecute vt ionchúisigh; **prosecution** n ionchúiseamh m1; (accusing side): **the prosecution** na hionchúisitheoirí mpl3; **prosecutor** n (also: **public prosecutor**) ionchúisitheoir m3 an stáit; (US: plaintiff) gearánaí m4

P

prospect n ionchas m ▷ vt, vi cuardaigh; **prospects** npl (for work etc) ionchais mph; **prospective** adj (future) ionchasach; **a prospective priest** ábhar sagairt

prospectus n réamheolaire m4

prosperity n (wealth) rathúnas m1; (success) rath m3

prostitute n striapach f2, meirdreach f2

protect vt cosain, sábháil (ar); **protection** n cosaint f3, scáth m3; **protective** adj cosantach; (clothing, notice) cosanta n gen

protein n próitéin f2

protest n agóid f2; (complaint) casaoid f2 ▷ vi, vt dearbhaigh; **to ~ (that)** gearán m3

Protestant adj, n Protastúnach m1

protester n agóideoir m3; **~s** lucht m3 agóide

proud adj bródúil, uaibhreach; (pej) leitheadach

prove vt, vi cruthaigh; (test) promh

proverb n seanfhocal m1

provide vt soláthair, cuir ar fáil; **to ~ sb with sth** rud a chur ar fáil ar sholáthar do dhuine; **provide for** vt fus (person) riar ar; (future event) réitigh i gcomhair + gen; **provided conj: provided (that)** ar choinníoll (go); **providing** conj: **providing (that)** ar choinníoll (go)

province n cúige m4; **the P~** (Northern Ireland) An Tuaisceart m1, na Sé Chontae; **provincial** adj cúigeach

provision n (supplying) soláthar m1, riar m4; (stipulation) cuntar m1, foráil f3; **provisions** npl (food) lón m1; **provisional** adj sealadach

provocative adj gríosaitheach

provoke vt (incite) saighid; (inspire) spreag

prowl vi (also: **~ about, ~ around**): **to ~ about** or **around** bheith ag smúrthacht thart ▷ n: **on the ~** sa tseilg

proxy n ionadaí m4

prudent adj críonna

prune n prúna m4 ▷ vt bearr

pry vi: **to ~** bheith ag srónaíl

pseudonym n ainm m4 cleite or bréige

psychiatrist n síciatraí m4

psychic adj (also: **~al**) síceach; (person) a bhfuil fios aige/aici

psychological adj síceolaíoch

psychologist n síceolaí m4

psychology n síceolaíocht f3

PTO abbr = **please turn over**

pub n (= public house) teach m tábhairne, pub m4, teach (an) óil

public adj poiblí ▷ n: **the ~** an pobal m1; **in ~** os comhair an phobail, go poiblí, os ard; **to make sth ~** rud a phoibliú; **public company** n cuideachta f4 phoiblí; **public convenience** n leithreas m poiblí; **public holiday** n lá m saoire poiblí; **public house** n teach m tábhairne

publicity n poiblíocht f3

publicize vt poibligh

public opinion n dearcadh m an phobail; **public relations** n caidreamh m poiblí; **public school** n (Brit) scoil f2 phríobháideach; (US) scoil f2 phoiblí; **public transport** n córas m1 iompair poiblí

publish vt foilsigh; **publisher** n foilsitheoir m3; **publishing** n foilsitheoireacht f3

pudding n maróg f2; (sweet) milseog f2; (sausage) putóg f2; **black ~,** (US) **blood ~** putóg dhubh

puddle n slodán m1, lochán m1 uisce

puff n puth f2 ▷ vi (pant) séid; **puff**

pastry (US **puff paste**) n taosrán m1 blaoscach

pull n (tug) tarraingt f, sracadh m1; **to give a ~** tarraingt a thabhairt ▷ vt tarraing, bain ▷ vi tarraing; **to ~ to pieces** stróiceadh or sracadh as a chéile; **to ~ one's weight** do chion féin a dhéanamh; **to ~ o.s. together** misneach a ghlacadh; **to ~ sb's leg** (fig) bob a bhualadh ar dhuine; **pull apart** vt (break) tarraing or stróic as a chéile; **pull down** vt (house) leag; **pull in** vi (Aut, Rail) tarraing isteach ar leataobh; **pull off** vt: **he ~ed it off** d'éirigh leis a bhualadh de a chuid éadaigh; (deal etc): **we ~ed it off** d'éirigh linn; **pull out** vi (of race, job) éirigh as ▷ vt tarraing amach; **pull over** vi (Aut) tarraing or druid isteach i leataobh; **pull through** vi tar slán as; **pull up** vt, vi (stop) stad; (uproot) stoith

pulley n ulóg f2

pullover n geansaí m4

pulp n laíon m1

pulpit n crannóg f2, puilpid f2

pulse n (of blood) cuisle f4; (of heart) frithbhualadh m1; (of music) buille m4; (Bot, Culin) piseánach m1; (of engine) bíog f2

pump n caidéal m1; (shoe) buimpéis f2; (for tyres) teannaire m4 ▷ vt caidéalaigh; **pump up** vt teann, cuir aer i

pumpkin n puimcín m4

pun n imeartas m1 focal

punch n (with fist) dorn m1; (tool) pritil f2; (drink) puins m4 ▷ vt (hit): **to ~ sb** dorn a thabhairt do dhuine, dorn a bhualadh ar dhuine; **punch-up** (inf) n troid f3, maicín m4

punctual adj poncúil

punctuation n poncaíocht f3

puncture n poll m1

punish vt cuir pionós ar; **punishment** n pionós m1

punk n (also: ~ **rocker**) punc m4; (also: ~ **rock**) an punc; (US: inf: hoodlum) maistín m4

pup n coileán m1

pupil n (Scol) dalta m4; (of eye) mac m1 imrisc

puppet n puipéad m1

puppy n coileáinín m4

purchase n ceannach m1 ▷ vt ceannaigh

pure adj íon, fíor-, glan-; **purely** adv: **it is purely ...** níl ann ach ...

purple adj corcra

purpose n aidhm f2, cuspóir m3; **on ~** d'aon turas, d'aon ghnó

purr vi déan crónán

purse n (Brit: for money) sparán m1; (US: handbag) mála m4 láimhe ▷ vt crap

pursue vt tóraigh, téigh sa tóir ar, lean

pursuit n tóir f3; (pastime) caitheamh m1 aimsire

push n brú m4; (shove) sonc m4; (drive) treallús m1 ▷ vt brúigh, sáigh; (thrust): **to ~ sth (into)** rud a shá or brú (isteach i); (product) cuir chun cinn ▷ vi brúigh; (demand) éiligh; **push aside** vt brúigh ar leataobh; **push off** (inf) vi: **~ off!** gread leat!, bain as!; **push on** vi (continue) téigh ar aghaidh, lean ort; **push through** vi: **he ~ed through the crowd** bhrúigh sé a bhealach tríd an slua ▷ vt (measure) cuir á vótáil; **push up** vt (total, prices) ardaigh, cuir suas; **pushchair** n bugaí m4 linbh; **pusher** n (also: **drug pusher**)

díoltóir m3 drugaí; **push-up** (US) n
= **press-up**

put vt cuir; (say) abair; **he ~ a
question to me** chuir sé ceist orm;
(case, view) meas, scaip; (estimate)
meas, scaip; **they ~ about bad
rumours** chuir siad drochráflaí
thart; **put across** vt (ideas etc) cuir
in iúl, mínigh; **put away** vt (store)
cuir i dtaisce; **put back** vt (replace)
cuir ar ais; (postpone) cuir siar;
(delay) cuir moill ar; **put by** vt
(money) cuir i dtaisce; **put down** vt
(parcel etc) cuir síos; (suppress: revolt
etc) cuir faoi chois; (animal)
maraigh; **put down to** vt
(attribute) cuir síos do; **put
forward** vt (ideas) mol, cuir chun
cinn; **put in** vt (gas, electricity,
application etc) cuir isteach; (time,
effort) caith; **put off** vt (light etc)
cuir as; (postpone) cuir ar an méar
fhada; (discourage): **it ~ me off
going** d'áitigh sé orm gan dul; **put
on** vt (record, light etc) cuir ar, siúl;
(clothes) cuir ort; (play etc) léirigh;
(cook: food) cuir síos; (gain): **to ~ on
weight** titim chun meáchain,
meáchan a chur suas; **to ~ the
brakes on** teannadh ar na coscáin;
to ~ the kettle on an citeal a chur
síos; **put out** vt (cat, one's hand etc)
cuir amach; (light etc) cuir as;
(inconvenience: person) cuir as do;
put through vt (Tel: person): **they
~ me through to John** chuir siad i
dteagmháil le Seán mé; (plan) cuir i
gcrích; **put up** vt (raise) ardaigh,
cuir suas; (pin up) cuir in airde;
(hang) croch (suas); (build) tóg;
(tent) cuir suas; (increase) ardaigh;
(accommodate) tabhair lóistín do;
put up with vt fus cuir suas le
putt n amas m; **putting green** n

plásóg f2 amais

puzzle n dúcheist f2; (jigsaw)
míreanna fpl2 mearaí ▷ vt: **the
problem ~d the doctor** chuaigh
an fhadhb sa mhuileann ar an
dochtúir, bhí an fhadhb ag
déanamh meadhráin don dochtúir
▷ vi: **the scientists ~d over the
information** chuir na heolaithe an
t-eolas trí chéile ina n-intinn;
puzzling adj mearbhlach

pyjamas npl pitseámaí mpl4
pyramid n pirimid f2
Pyrenees npl: **the ~** na Piréiní mpl

q

quack n (of duck) vác m4; (pej: doctor) potrálaí m4

quadruple vt, vi méadaigh faoi cheathair

quail n (Zool) gearg f2 ▷ vi: **to ~ at** or **before** scanrú roimh

quaint adj aisteach; (house, village) den seandéanamh

quake vi creathnaigh ▷ n (also: **earth~**) crith m3 talún; **to be quaking with fear** an croí a bheith ar crith i do chliabh

qualification n (degree etc) cáilíocht f3; (limitation) agús m1, coinníoll m1, maolú m

qualified adj (trained) oilte; (professionally) cáilithe; (fit, competent) in inmhe; (limited) maolaithe

qualify vt cáiligh; (modify) maolaigh ▷ vi (Sport) faigh tríd; **she qualified as a doctor** tháinig sí amach ina dochtúir; **he qualified for a pension** bhain sé aois an phinsin amach

quality n cáilíocht f3

qualm n scrupall m1

quantity n méid m4

quarantine n coraintín m4

quarrel n troid f3, geamhthroid f3 ▷ vi troid; **they began to ~** d'éirigh eatarthu

quarry n (for stone) cairéal m1; (animal) creach f2, seilg f2

quart n cárt m1

quarter n ceathrú f; (US: coin: 25 cents) ceathrú dollair; (of year) ráithe f4; (district) ceantar m1 ▷ vt (divide) roinn ina cheathrúna; **a ~ of an hour** ceathrú f uaire; **quarters** npl (living quarters) áit f2 chónaithe; (Mil) ceathrú fsg; **quarter final** n cluiche m4 ceathrúcheannais; **quarterly** adj ráithiúil ▷ adv go ráithiúil

quartet, quartette n ceathairéad m

quartz n grianchloch f2

quay n (also: **~side**) cé f4

queasy adj: **to feel ~** masmas or samhnas a bheith ort

queen n banríon f3

queer adj aisteach; (eccentric) corr ▷ n (inf!) piteog f2

quench vt: **to ~ one's thirst** do thart a chosc

query n ceist f2 ▷ vt ceistigh

quest n cuardach f1

question n ceist f2 ▷ vt (person) ceistigh; (doubt) cuir amhras ar; **beyond ~** gan aon agó; **it is out of the ~** níl sé sin ar dhlísl, níl sé sin indéanta; **to pop the ~** an focal a rá; **questionable** adj amhrasach; **question mark** n comhartha m4 ceiste; **questionnaire** n ceistiúchán m

queue n scuaine f4, ciú m4 ▷ vi
(also: **~ up**) téigh i scuaine, ciúáil

quick adj tapa, gasta, mear;
(intelligent) aibí ▷ n: **that cut her
to the ~** (fig) ghoill sin go dtí an croí
uirthi; **be ~!** déan deifir!; **as ~ as a
flash** chomh gasta le splanc;
quickly adv go tapa, go gasta

quid (inf) n punt m

quiet adj (peaceful) suaimhneach;
(silent) ciúin ▷ n suaimhneas m;
ciúnas m; **keep ~!** bí i do thost!;
to keep ~ about sth rún a
dhéanamh ar rud; **quietly** adv
go suaimhneach, go ciúin

quilt n cuilt f2

quit vt fág; (smoking, grumbling)
éirigh as ▷ vi (give up, resign) éirigh
as

quite adv (rather) go maith;
(entirely) ar fad; **I don't ~ know**
níl a fhios agam (go) baileach;
I ~ understand tuigim go maith;
~ a few of them cuid mhaith acu;
~ (so)! sin é go díreach!

quits adj: **~ (with)** cúiteach (le);
let's call it ~ abraimis go
bhfuilimid cúiteach le chéile

quiver vi crith, bheith ar crith

quiz n (game) tráth m3 na gceist
▷ vt ceistigh

quota n cuóta m4, cion m4

quotation n athfhriotal m, sliocht
m3; (estimate) praghas m luaite;
quotation marks npl comharthaí
mpl4 athfhriotail

quote n sliocht m3; (estimate)
praghas m luaite; (statement) caint
f2 dhíreach ▷ vt luaigh; **quotes** npl
comharthaí mpl4 athfhriotail

r

rabbi n raibí m4

rabbit n coinín m4

rabies n confadh m

raccoon n racún m

race n (species) cine m4;
(competition, rush) rás m3 ▷ vt
(horse) rith ▷ vi (compete) rith;
(hurry) deifrigh; (engine) rásáil; **his
pulse was racing** bhí gal reatha
faoina chuisle; **race car** (US) n carr
m rása; **racecourse** n ráschúrsa
m4; **racehorse** n capall m rása;
racetrack n raon m rásaí

racial adj ciníoch

racing n rásaíocht f3; **racing car** n
carr m rása; **racing driver** n
tiománaí m4 rása

racism n ciníochas m; **racist** adj
ciníoch ▷ n ciníochaí m4

rack n (for guns, tools) raca m4; (also:
luggage ~) raca bagáiste; (also:
roof ~) raca dín; (dish rack) raca

gréithre ▷ vt ciap; **to ~ one's brains** do chuimhne a chíoradh

racket n (for tennis) raicéad m1; (noise) callán m1, racán m1, raic f2; (swindle) camastaíl f3

racquet n raicéad m1

radar n radar m1

radiation n radaíocht f3

radiator n radaitheoir m3

radical adj radacach

radio n raidió m4 ▷ vt craol; **on the ~** ar an raidió; **radioactive** adj radaighníomhach; **radio station** n stáisiún m1 raidió

radish n raidis f2

raffle n crannchur m1

raft n (craft: also: **life ~**) rafta m4

rag n (cloth) giobal m1, ceirt f2; (pej: newspaper) liarlóg f2; (student rag) cifleog f2 mac léinn; **to be in ~s** bheith sna bratóga

rage n cuthach m1, fraoch m1 ▷ vi (person) bheith ar buile or ar mire; (storm) bheith ina ghála or ina stoirm; **it's all the ~** tá sé an-fhaiseanta, tá sé go mór san fhaisean

ragged adj (edge) spiacánach; (clothes) bratógach, gioblach; (appearance) sraoilleach, gioblach

raid n (attack, also Mil, Police) ruathar m1, ionsaí m; (criminal) ruaig f2 chreiche ▷ vt déan ruathar ar

rail n ráille m4, slat f2; **rails** npl (track) ráillí mpl4; **by ~** leis or ar an traein; **railing** n, **railings** npl ráillí mpl4; **railroad** (US) n, **railway** n (track) iarnród m1, bóthar m1 iarainn; **railway line** (Brit) n iarnród m1, bóthar m1 iarainn; **railway station** (Brit) n stáisiún m1 traenach

rain n fearthainn f2, báisteach f2 ▷ vi bheith ag cur fearthainne or báistí, bheith ag báisteach; **in the ~** faoin bhfearthainn, san fhearthainn; **it's ~ing** tá sé ag cur fearthainne or báistí, tá sé ag báisteach; **rainbow** n bogha m4 báistí, tuar m1 ceatha; **raincoat** n cóta m4 báistí; **raindrop** n deoir f2 fhearthainne; **rainfall** n báisteach f2; (measurement) fliuchras m1; **rainforest** n foraois f2 bháistí; **rainy** adj báistiúil, fliuch

raise n ardú m ▷ vt (lift) ardaigh, tóg; (increase) méadaigh; (morale, standards) ardaigh; (question, doubt) tarraing anuas; (cattle, family) tóg; (crop) saothraigh; (army, funds, loan) bailigh, cruinnigh; **to ~ one's voice** do ghlór a ardú

raisin n rísín m4

rake n (tool) ráca m4 ▷ vt (garden, leaves) rácáil; (with machine gun) déan scuablámhach ar, criathraigh

rally n (Aut) raílí m4; (Pol etc) slógadh m1, cruinniú m; (Tennis) raílí m4 ▷ vt (support) cruinnigh ▷ vi (sick person) tar chugat féin; (stock exchange) tar aniar; **rally round** vt fus cruinnigh thart ar

RAM n abbr (Comput: = random access memory) cuimhne f4 randamrochtana

ram n reithe m4 ▷ vt pulc; (crash into) tuairteáil, sáinnigh

ramble n spaisteoireacht f3 ▷ vi (walk) bheith ag spaisteoireacht; (talk: also: **~ on**) bheith ag rámhaille; **rambler** n fánaí m4, cóstóir m3; (Bot) planda m4 dreaptha; **rambling** adj (speech) scaipthe; (Bot) dreaptha

ramp n (incline) fánán m1; **on/off ~** (Aut) sliosbhóthar m1 isteach/amach

rampage n: **they went on the ~** rinne siad scrios agus slad

ranch n rainse m4

random adj fánach, corr; (Tech) randamach ▷ n: **at ~** go fánach; (Tech) go randamach

range n (of mountains) sliabhraon m; (of missile, voice) raon m; (of products) réimse m4; (Mil: also: **shooting ~**) raon lámhaigh; (also: **kitchen ~**) sorn m ▷ vt (place in a line) rangaigh ▷ vi: **to ~ over** (extend) síneadh (thar); **to ~ from ... to** bheith sa réimse ó ... go

ranger n maor m páirce

rank n céimíocht f3; (Mil) rang m3; (also: **taxi ~**) stad m4 tacsaí ▷ vi: **to ~ among** bheith ar ▷ adj (stinking) bréan; **the ~ and file** (fig) an gnáthbhallra

ransom n fuascailt f2; **to hold sb to ~** duine a chur ar fuascailt

rant vi bheith ag callaireacht

rap vt buail smitín ar; (door) cnag ar, buail cnag ar ▷ n: **~ music** rapcheol m1

rape n éigniú m; (Bot) ráib f2 ▷ vt éignigh

rapid adj tapa, gasta; **rapids** npl (Geog) fánsruth msg3

rapist n éigneoir m3

rapport n comhthuiscint f3

rare adj annamh; (Culin, steak) tearcbhruite

rash adj tobann ▷ n (Med) gríos m1; (spate: of events) ráig f2

rasher n slisín m4

raspberry n sú f4 craobh

rat n francach m1, luch f2 or luchóg f2 mhór

rate n ráta m4; (speed) luas m1; (price) praghas m1 ▷ vt meas; **rates** npl (on property) rátaí mpl4, gearrthacha mpl; (fees) táillí fpl4;

to ~ sb/sth as duine/rud a áireamh mar

rather adv beagán, pas (beag), rud beag; **it's ~ expensive** tá sé daor go leor, tá sé cineál daor; (too much) tá sé pas daor; **there's ~ a lot** tá measarthacht ann, tá cuid mhaith ann; **I would** or **I'd ~ go** b'fhearr liom imeacht

rating n (assessment) meastachán m1; (score) grádú m; (Naut: sailor) grád m (mairnéalaigh); (Radio, TV) rátáil; **ratings** npl (Radio, TV) scór m1 féachana

ratio n coibhneas m1

ration n ciondáil f3

rational adj réasúnach; (solution, reasoning) céillí, ciallmhar

rat race n: **the ~** coimhlint f2 an fhill

rattle n (of door, window) bualadh m; (of coins, chain) gliogar m1; (of train, engine) cleatar m1; (object: for baby) gligín m4 ▷ vi bheith ag gliogarnach; (car, bus): **to ~ along** bheith ag cleatráil leis ▷ vt bain gliogarnach as; (unnerve) bain croitheadh as, cuir trína chéile

rave vi bheith ag cur i dtíortha; (Med) bheith ag rámhaille, bheith as do mheabhair ▷ n (also: **~ music**) rámhcheol m1

raven n fiach m1 dubh

ravine n cumar m1, altán m1, ailt f2

raw adj (uncooked) amh; (not processed) amh-, bun-; (sore) dearg; (inexperienced) neamhoilte; (weather, day) feanntach

ray n ga m4; **~ of hope** léaró m4 dóchais

razor n rásúr m1; **razor blade** n lann f2 rásúir

re prep maidir le, i dtaca le, i dtaobh + gen

reach n fad m1 láimhe; (of river etc)

réimse m4 ▷ vt sroich, bain amach; (conclusion, decision) tar ar ▷ vi sín; **out of his ~ as a aice**; **within his ~** faoi fhad láimhe de; **within ~ of the shops** i gcóngar na siopaí, faoi fhad siúil de na siopaí; **reach out** vt, vi sín amach

react vi freagair; **reaction** n freagairt f3; (Phys etc) imoibriú m; **reactor** n freasaitheoir m3

read vi léigh ▷ vt léigh; (understand) tuig (as); (study) déan staidéar ar; **read out** vt léigh os ard or amach; **reader** n léitheoir m3

readily adv go toilteanach, go réidh; (easily) gan stró, go furasta, go héasca, go sásta

reading n léamh m; (understanding) tuiscint f3

ready adj réidh; (willing) toilteanach; (available) éasca, ar fáil ▷ n: **at the ~** (Mil) ar tinneall; **get ~** ullmhaigh ▷ vt ullmhaigh; **ready-made** adj réamhdhéanta; (convenient) áisiúil

real adj fíor, ceart; (Comm) nithiúil; **in ~ terms** i dtéarmaí réadacha; **real estate** n eastát m réadach; **realistic** adj réadúil; **reality** n réaltacht f3; **in reality** dáiríre, i ndáiríre

realization n (awareness) tuiscint f3; (fulfilment, also: of asset) réadú m

realize vt (understand) tuig, aithin; (a project, Comm: asset) réadaigh

really adv go fírinneach, dáiríre, i ndáiríre; (very) an-; **~ sad** an-bhrónach; **~?** dáiríre?, i ndáiríre?

realm n ríocht f3; (fig) cúrsaí mpl4

realtor® (US) n gníomhaire m4 eastáit

reappear vi nocht arís

rear adj cúil n gen, deiridh n gen; (Aut, wheel etc) deiridh ▷ n cúl m1

▷ vt (cattle, family) tóg ▷ vi (also: **~ up**: animal) éirigh ar na cosa deiridh; **rear-view mirror** n (Aut) scáthán m1 cúlradhairc

reason n (sense) ciall f2, réasún m1; (cause) cúis f2, fáth m3, údar m1 ▷ vi: **to ~ with sb** dul chun réasúin le duine; **to have ~ to think sth** cúis or ábhar a bheith agat rud a shíleadh; **it stands to ~ that ...** luíonn sé le ciall go ..., tig sé le réasún go; **reasonable** adj ciallmhar; (not bad) réasúnta, measartha; **reasonably** adv (go) réasúnta; **reasoning** n réasúnaíocht f3

reassurance n sólás m1, faoiseamh m1; (factual) athdhearbhú m

reassure vt cuir ar a shuaimhneas; (factual) athdhearbhaigh

rebate n lacáiste m4

rebel n ceannairceach m1 ▷ vi téigh chun ceannaire, éirigh amach; **rebellious** adj ceannaircach, reibiliúnach

recall vt athghair, tabhair chun cuimhne; (remember) cuimhnigh ar, smaoinigh ar; (horses, book) tarraing siar ▷ n athghairm f2; (ability to remember) cuimhne f4

receipt n (for parcel etc) admháil f3; (amount received) fáltas m1; (act of receiving) glacadh m; **receipts** npl (Comm) fáltais mph

receive vt faigh, glac; (visitor) fáiltigh roimh; **receiver** n glacadóir m3

recent adj deireanach; **recently** adv ar na mallaibh, le déanaí, le deireanas, go deireanach

reception n (on radio) glacadh m; (welcome) fáiltiú m4; **reception desk** n deasc f2 fáiltithe; **receptionist** n fáilteoir m3

r

recession n meathlú m, cúlú m, lag m trá

recipe n oideas m1

recipient n faighteoir m3

recital n (of poetry etc) aithris f2, aithriseoireacht f3; (Mus) ceadal m1

recite vt (poem) aithris

reckless adj (driver etc) meargánta

reckon vt (count) áirigh, cuntais, comhairigh; (think) **I ~ that ...** ceapaim or measaim or sílim go ..., tá mé ag déanamh (amach) go ...

reclaim vt (demand back) faigh or iarr ar ais; (land: from sea) tabhair chun míntíreachais; (waste materials) athchúrsáil

recline vi luigh siar, bheith ar do leasluí

recognition n aitheantas m1; **to gain ~** aitheantas a fháil; **beyond ~** as aithne

recognize vt aithin

recollection n cuimhne f4

recommend vt mol

reconcile vt (two people) déan athmhuinteras idir; (two facts) déan réiteach idir; **to ~ o.s. to** do thoil a chur le

reconstruct vt (building) atóg, tóg arís; (crime, policy, system) athchum, cum arís

record n taifead m1; (of meeting etc) cuntas m1; (register) rolla m4; (file) cáipéis f2; (also: **criminal ~**) teist f2 choiriúil; (Mus) ceirnín m4; (Sport) curiarracht f3 ▷ vt (set down) cláraigh, scríobh síos; (Mus, song etc) taifead; **in ~ time** i gcuriarracht ama; **off the ~** i modh rúin; **recorder** n (Mus) fliúit f2 Shasanach; **recording** n (Mus) taifeadadh m; **record player** n seinnteoir m3 ceirnín

recount vt inis, aithris

recover vt faigh ar ais or arís ▷ vi: **to ~ (from)** (illness) biseach a fháil (ó), teacht (as), teacht chugat féin; (shock) teacht chugat féin (i ndiaidh + gen); **recovery** n (retrieval) athghabháil f3; (recuperation) biseach m1; (Econ) téarnamh m

recreation n caitheamh m aimsire

recruit n earcach m1 ▷ vt earcaigh

rectangle n dronuilleog f2; **rectangular** adj dronuilleogach

rectify vt (error) ceartaigh, cuir ina cheart

rector n (Rel) reachtaire m4

recur vi atarlaigh; (symptoms) fill, athfhill

recycle vt athchúrsáil

red n dearg m1; (Pol: pej) Cumannaí m4 ▷ adj dearg; (hair) rua; **in the ~** (account) i bhfiacha; **Red Cross** n an Chros f2 Dhearg; **redcurrant** n cuirín m4 dearg

redeem vt (debt) fuascail; (fig, also Rel) slánaigh

red-haired adj rua; **redhead** n ruafholtach m1; **red-hot** adj dearg te; **red light** n (Aut) solas m1 dearg

reduce vt laghdaigh, maolaigh, moilligh; (lower) íslaigh; **"~ speed now"** (Aut) "go mall"; **reduction** n laghdú m; (discount) lascaine f4

redundancy n iomarcaíocht f3

redundant adj (worker) iomarcach, as obair, dífhostaithe; (detail, object) díomhaoin, gan feidhm; **to be made ~** do phost a chailleadh

reed n giolcach f2

reef n (at sea) sceir f2

reel n (of thread) ceirtlín m4; (Fishing) roithleán m1, crann m1 tochrais; (Cine) ríl f2; (dance) cor m, ríl f2 ▷ vi (sway) bheith ag stámhailleach

ref (inf) n abbr = **referee**

refectory n proinnteach m

refer vt: **to ~ sb to** duine a sheoladh chuig, duine a chur faoi bhráid + gen; (dispute, decision): **to ~ sth to** rud a chur faoi bhráid + gen ▷ vi: **to ~ to** (allude to) tagairt do, luaigh; (consult) ceadaigh le, téigh or gabh i gcomhairle le

referee n réiteoir m3; (for job application) teistiméir m3

reference n (remittal) tarchur m1; (mention) tagairt f3; (for job application: letter) teastas m1, teistiméireacht f3; **with ~ to** (Comm, in letter) maidir le, i dtaca le

refill vt athlíon ▷ n (for pen etc) athlíonadh m

refine vt (sugar, oil) scag, athscag; (taste) tabhair chun míneadais; (theory, idea) foirfigh, tabhair chun foirfeachta; **refined** adj (person, taste) deismíneach

reflect vt (light, image) frithchaith; (fig) cuir in iúl, léirigh ▷ vi (think) smaoinigh (ar), meabhraigh (ar), machnaigh (ar); **it ~s badly on him** is olc an mhaise air é;

reflection n (contemplation) athmhachnamh m; (image) scáil f2; (criticism) míchlú m4; **on reflection** ar athmhachnamh

reflex adj athfhillteach; (Physiol) frithluaileach ▷ n athfhilleadh m; (Physiol) frithluail f2

reform n leasú m ▷ vt leasaigh

refrain vi: **to ~ from doing sth** staonadh ó rud a dhéanamh ▷ n loinneog f2, curfá m4

refresh vt úraigh; (subj: sleep) cuir athbhrí i; **refreshing** adj (drink) íocshláinteach; (sleep) uaimhneach, athbhríoch; **refreshments** npl sólaistí pl; **refreshments available** bia agus deoch ar fáil

refrigerator n cuisneoir m3

refuel vi athbhreoslaigh

refuge n tearmann m1, dídean f2; **to take ~ in** dul ar do chaomhnú i, dul ar tearmann i; **refugee** n dídeanaí m4

refund n aisíoc m3, athchistiú m ▷ vt aisíoc, athchistigh

refurbish vt athchóirigh, athdheisigh

refusal n diúltú m1, eiteach m1; **to have first ~ on** an chéad eiteach or diúltú a bheith agat ar

refuse[1] vt, vi diúltaigh

refuse[2] n bruscar m1, dramhaíl f3

regain vt faigh ar ais, athghnóthaigh

regard n aird f2; (respect) meas m3, ómós m1 ▷ vt breathnaigh, amharc, féach ar; (heed) tabhair aird ar; **to give one's ~s to** do dhea-mhéin a chur in iúl do; **"with kindest ~s"** "le gach dea-mhéin", "le gach beannacht"; **give him my ~s** tabhair mo bheannacht dó; **as ~s, with ~ to** = regarding;

regarding prep maidir le, i dtaca le; **regardless** adv ar aon chaoi, ina ainneoin sin; **regardless of** beag beann ar, ar neamhchead do

regiment n reisimint f2

region n réigiún m1, ceantar m1, dúiche f4; **in the ~ of** (fig) timpeall + gen, thart ar, tuairim is; **regional** adj réigiúnach

register n clár m1, rolla m4; (also: **electoral ~**) rolla m4 toghcháin; (Ling) réim f2 ▷ vt cláraigh ▷ vi cláraigh; (make impression) téigh or gabh i bhfeidhm ar; **registered** adj (letter, parcel) cláraithe; **registered trademark** n trádmharc m1 cláraithe

registrar n cláraitheoir m3

registration n clárú m; (Aut: also:
~ **number**) uimhir f chláraithe
registry office n clárlann f2; **to get
married in a** ~ pósadh i gclárlann
regret n aithreachas m1, aiféala m4
▷ vt: **I deeply** ~ **it** tá aithreachas
orm faoi, is oth liom é
regular adj rialta, féiltiúil; (usual)
gnáth-; (soldier) seasta ▷ n (client
etc) gnáthóir m3, gnáthchustaiméir
m3; **regularly** adv go rialta, go
tomhaiste
regulate vt rialaigh; **regulation** n
(rule) riail f, rialachán m1;
(adjustment) rialú m
rehabilitation n (of offender)
athoiliúint f; (of addict) athshlánú m
rehearsal n cleachtadh m
rehearse vt cleacht
reign n réimeas m1 ▷ vi rialaigh,
bheith i réim
reimburse vt aisíoc, cúitigh (le)
rein n (for horse) srian m1
reindeer n réinfhia m4
reinforce vt treisigh, neartaigh;
reinforcements npl (Mil) trúpaí
mpl4 athneartaithe
reinstate vt cuir ar ais
reject n (Comm) colfairt f2 ▷ vt
cuileáil; (idea) diúltaigh do, cuir
suas de; **rejection** n diúltú m
rejoice vi: **to** ~ **(at or over)**
ollghairdeas a dhéanamh (faoi)
relate vt (tell) aithris, inis; (connect)
nasc, ceangail ▷ vi: **this** ~**s to**
baineann seo le; **to** ~ **to sb** dáimh a
bheith agat le duine; **related** adj
gaolmhar, muinteartha; **relating
to** prep ag baint le
relation n (person) gaol m1, duine
m4 muinteartha; (link) nasc m1;
public ~**s** caidreamh m1 poiblí;
relationship n baint f2, ceangal
m1; (personal ties) caidreamh m1;

(also: **family relationship**) gaol m1
relative n gaol m1, duine m4
muinteartha ▷ adj coibhneasta;
(by comparison) réasúnta; **all her** ~**s**
a gaolta uile, iomlán a muintire;
relatively adv: **relatively easy**
measartha or réasúnta furasta,
éasca go leor
relax vi (muscle) bog; (person:
unwind) glac do shuaimhneas, lig
do scíth, tabhair faoiseamh duit
féin ▷ vt bog, scaoil; (mind, person)
socraigh (síos); **the music** ~**es him**
cuireann an ceol ar a shuaimhneas
é; **relaxation** n scíth f2; (of mind)
faoiseamh m1; (recreation)
caitheamh m aimsire; **relaxed** adj
suaimhneach, réidh, ar do
shocairshuaimhneas; **relaxing** adj
suaimhnitheach
relay n (Sport) sealaíocht f3 ▷ vt
(message) leaschraol
release n (from prison, obligation)
fuascailt f2, scaoileadh m; (of gas
etc) scaoileadh m; (of film etc) eisiúint
f3 ▷ vt (prisoner) fuascail, scaoil or
lig amach; (gas etc) scaoil; (free:
from wreckage etc) saor; (Tech, catch,
spring etc) scaoil; (book, film) cuir
amach; (report, news) scaoil
relegate vt tabhair céim síos do,
tabhair ísliú céime do; (Sport): **they
were** ~**d** cuireadh síos iad
relent vi maolaigh; **relentless** adj
neamhthrócaireach; (unceasing)
gan staonadh, gan stad
relevant adj (question) ag baint le
hábhar, ábhartha; ~ **to** bainteach le
reliable adj (person, firm) iontaofa,
muiníneach; (method, machine)
buanseasmhach; (news,
information) údarásach
relic n (Rel) taisí fpl4; (of the past)
iarsma m4

relief n (from pain, anxiety etc) faoiseamh m; (help, supplies) fóirithint f2; (Art, Geog) rilíf f2

relieve vt (pain, fear, worry) maolaigh; (patient) tabhair faoiseamh do; (bring help) fóir ar; (take over from: gen) glac áit + gen; (: guard) déan uainíocht ar; **to ~ sb of sth** rud a bhaint de dhuine; **to ~ o.s.** cnaipe a scaoileadh

religion n creideamh m, reiligiún m

religious adj reiligiúnda; (order) rialta; (book, person) cráifeach

relish n (Culin) anlann m; (enjoyment) díograis f2 ▷ vt (food etc) faigh blas ar; **to ~ doing sth** rud a dhéanamh le fonn

relocate vt athaimsigh ▷ vi athlonnaigh

reluctance n drogall m1, leisce f4

reluctant adj drogallach; **to be ~ to do sth** leisce or drogall a bheith ort rud a dhéanamh; **reluctantly** adv go drogallach, go leisciúil

rely on vt fus (be dependent) braith ar; (trust): **to ~ sb** muinín or iontaoibh a bheith agat as duine

remain vi fan, mair; **remainder** n fuílleach m1; **remaining** adj: **the remaining pictures** an chuid eile de na pictiúir, fuílleach na bpictiúir; **remains** npl fuílleach msg1; (body) corp msg1; (of animal etc) conablach m1

remand n: **on ~** ar coimeád f3 ▷ vt: **he was ~ed (in custody)** athchuireadh faoi choimeád é

remark n focal m1; **to pass ~s on** caidéis a fháil do ▷ vt sonraigh, tabhair faoi deara; **to ~ on** tagair do; **remarkable** adj sonraíoch; (wonderful) iontach

remedy n: **~ (for)** leigheas m1 (ar) ▷ vt leigheas

remember vt cuimhnigh (ar); (send greetings): **~ me to him** beir mo bheannacht chuige, abair leis go raibh mé ag cur a thuairisce; **she ~s** is cuimhin léi, tá cuimhne aici ar

remind vt: **to ~ sb of sth** rud a chur i gcuimhne do dhuine; **to ~ sb to do sth** meabhrú do dhuine rud a dhéanamh, cur i gcuimhne do dhuine rud a dhéanamh; **reminder** n (souvenir) cuimhneachán m1; (letter) litir f mheabhrúcháin

reminiscent adj: **it was ~ of old times** chuirfeadh sé an seanam i gcuimhne do dhuine

remnant n fuílleach m1; (of cloth) luideog f2; **remnants** npl (Comm) fuílleach msg1

remorse n doilíos m1, aiféala m4

remote adj iargúlta, scoite; (person) coimhthíoch; (possibility) fánach; **remote control** n cianrialú m1; **remotely** adv go hiargúlta

removal n (taking away) baint f2 amach, tógáil f3 ar shiúl; (from house) aistriú m; (from office: dismissal) briseadh m; (of stain) glanadh m; (Med) gearradh m; **removal van** n veain f4 aistrithe troscáin

remove vt bain amach, tóg amach; (employee) bris; (stain) glan; (abuse, doubt) cealaigh

render vt: **to ~ sth useless** rud a chur ó mhaith

rendezvous n coinne f4

renew vt athnuaigh; (negotiations) atosaigh; **renewable** adj (energy) in-athnuaite

renovate vt athchóirigh

renowned adj clúiteach, cáiliúil

rent n cíos m3 ▷ vt (landlord) lig ar cíos; (tenant) tóg or faigh ar cíos; **rental** n cíos m3

rep n abbr = **representative**

repair n deisiú m, cóiriú m ▷ vt deisigh, cóirigh; **it's in good/bad ~** tá cóir mhaith ar, tá droch-chóir ar; **repair kit** n fearas m deisiúcháin

repay vt (money, creditor) aisíoc, íoc ar ais; (sb's efforts) cúitigh; **repayment** n aisíoc m3, aisíocaíocht f3

repeat n (Radio, TV) athchraoladh m ▷ vt abair arís; (Radio, TV) athchraol; (Comm: order): **to ~ the order** tabhair an t-ordú céanna arís; (Scol: a class) athdhéan ▷ vi (food) brúcht aníos; **repeatedly** adv arís agus arís eile

repellent adj éarthach ▷ n: **insect ~** éarthach m feithidí

repetition n (of words) athrá m4; (Mus, of action) athdhéanamh m

repetitive adj (movement, work) timthriallach; (speech) athráiteach

replace vt (put back) cuir or fág ar ais; (take the place of) glac áit + gen, ionad + gen; **replacement** n (substitution) malartú m; (person) ionadaí m4, ionadaíocht f3

replay n (of match) athimirt f3; (of tape) athsheinm f3

replica n macasamhail f3

reply n freagra m4 ▷ vi, vt freagair

report n tuarascáil f3; (Press etc) tuairisc f2; (also: **school ~**) tuairisc f2 scoile; (of gun) bloscm ▷ vt tuairiscigh; (bring to notice: occurrence) cuir in iúl ▷ vi (make a report) tabhair tuairisc, scríobh tuairisc; (present o.s.): **to ~ (to sb)** dul i láthair (+ gen); (be responsible to): **to ~ to sb** bheith faoi cheannas + gen, bheith freagrach do; **report card** n tuairisc f2 scoile; **reportedly** adv: **she is reportedly living in ...** tá sé amuigh uirthi go bhfuil sí ina cónaí i ..., tá sí in ainm is a bheith ina cónaí i ...; **he reportedly told them to ...** táthar á rá go ndúirt sé leo ..., d'inis sé dóibh más fíor ...; **reporter** n tuairisceoir m3

represent vt seas do; (as proxy) déan ionadaíocht ar son + gen; (view, belief) léirigh; (describe): **to ~ sth as** rud a chur i láthair mar; **representation** n samhail f3; (Pol) ionadaíocht f3; **proportional representation** n ionadaíocht chionmhar; **representative** n ionadaí m4

repress vt cloígh; (feelings) cuir srian le, cuir cluain ar; **repression** n smachtú m; (political) géarleanúint f3, cos f2 ar bolg

reproduce vi, vt atáirg; **reproduction** n atáirgeadh m

reptile n péist f2, reiptíl f2

republic n poblacht f3; **the R~ (of Ireland)** Poblacht na hÉireann; **republican** adj, n, poblachtán m1

reputable adj creidiúnach; (occupation) measúil

reputation n clú m4, cáil f2

request n iarratas m1; (formal) éileamh m1 ▷ vt: **~ (of or from)** iarr ar

require vt (need): **she ~s more money** teastaíonn breis airgid uaithi, tá tuilleadh airgid de dhíth or de dhíobháil uirthi; (want): **what do you ~?** cad é atá uait?, cad é atá de dhíth ort?; (order): **to ~ sb to do sth/sth of sb** rud a éileamh ar dhuine; **the case ~s urgent attention** ní foláir cúram práinneach a dhéanamh den chás; **requirement** n iarratas m1; (necessity) riachtanas m1; (condition) coinníoll *m*

rescue *n* sábháil *f3*, tarrtháil *f3*
▷ *vt* sábháil, tarrtháil, tabhair
tarrtháil ar

research *n* taighde *m4* ▷ *vt* taighd,
déan taighde (ar)

resemblance *n* cosúlacht *f3*,
dealramh *m1*

resemble *vt* cosúlacht or dealramh
a bheith agat le

resent *vt*: **he ~s ...** cuireann ... olc
air, is fuath leis ..., is beag air ...;
resentful *adj* doicheallach;
resentment *n* doicheall *m1*,
faltanas *m1*

reservation *n* (*booking*) áirithint *f2*;
(*doubt*) agús *m1*; (*for tribe*)
tearmann *m1*; **to make a ~**
seomra/tábla/suíochán *etc* a chur
in áirithe

reserve *n* (*Comm*) cúlchiste *m4*;
(*Sport*) fear *m1* ionaid, ionadaí *m4*;
(*personality*) dúnáras *m1* ▷ *vt* taisc,
cuir i dtaisce; (*seats etc*) cuir in
áirithe; **reserves** *npl* (*Mil*) cúltaca
msg4; **in ~** i dtaisce; **reserved** *adj*
(*seats etc*) in áirithe; (*personality*)
dúnárasach; **all rights reserved**
gach ceart ar cosaint

reshuffle *n* athshuaitheadh *m*,
atheagar *m1*

residence *n* cónaí *m*, áit *f2*
chónaithe, teach *m* cónaithe;
residence permit *n* cead *m3*
cónaithe

resident *n* cónaitheoir *m3* ▷ *adj*
cónaitheach; **residential** *adj*
(*area*) cónaithe; (*course*)
inchónaitheach

residue *n* fuílleach *m1*; (*Chem etc*)
iarmhar *m1*

resign *vt, vi* éirigh as; **to ~ o.s. to
sth** do thoil a chur le rud;
resignation *n* (*of post*) éirí *m4* as;

(*state of mind*) géilliúlacht *f3*

resist *vt* (*oppose*) cuir i gcoinne
+ *gen*; (*abstain from*) diúltaigh do,
cuir suas de; **resistance** *n* (*gen*)
frithbheart *m1*; (*Elec etc*) friotaíocht
f3

resolution *n* (*of problem*) fuascailt
f2, réiteach *m1*; (*at meeting*) rún *m1*;
(*determination*) diongbháilteacht *f3*

resolve *n* diongbháilteacht *f3* ▷ *vt*
(*problem*) réitigh ▷ *vi*: **to ~ to do
sth** cinneadh ar rud a dhéanamh,
socrú rud a dhéanamh

resort *n* (*town*) ionad *m1* saoire;
(*recourse*) seift *f2* ▷ *vi*: **to ~ to** dul i
muinín + *gen*; **in the last ~** cheal
aon rogha eile, gan an dara suí sa
bhuaile; **do it only as a last ~** ná
déan é go sáróidh ort

resource *n* seift *f2*; **resources** *npl*
(*supplies, wealth etc*) acmhainn *fsg2*;
resourceful *adj* (*person*) seiftiúil

respect *n* meas *m3*, urraim *f2* ▷ *vt*:
to ~ sb meas a bheith agat ar
dhuine; **respects** *npl*
(*compliments*) dea-mhéin *f2*; **with ~
to** (*as regards*) maidir le, dóigh le; **in
this ~** maidir leis seo, ar an gcuma
seo; **with ~ (to you)** i gcead duit;
respectable *adj* measúil, fiúntach;
respectful *adj* urramach,
ómósach

respite *n* (*reprieve*) cairde *m4*;
(*break*) sos *m3*, briseadh *m*

respond *vi* freagair, tabhair freagra
ar; **response** *n* freagra *m4*;
(*reaction*) freagairt *f3*

responsibility *n* freagracht *f3*,
cúram *m1*

responsible *adj* (*liable*) freagrach;
(*person*) stuama; (*job*) le
freagrachtaí; **~ (for)** freagrach as

responsive *adj* freagrach; (*person*)
mothálach

rest n scíth f2; (stop) stad m4; (Mus) sos m3; (support) taca m4; (remainder): **the ~** an fuílleach m, an chuid f3 eile ▷ vi glac or déan do scíth; (be supported): **to ~ on** luí ar; (remain) fan ▷ vt (lean): **to ~ sth on/against** rud a chur ina luí ar/i gcoinne + gen or in éadan + gen; **the ~ of them** an chuid eile acu; **it ~s with him to ...** is faoi atá sé ...

restaurant n bialann f2, proinnteach m; **restaurant car** n carráiste m4 bialainne

restless adj corrthónach, míshuaimhneach

restoration n athchóiriú m; (money etc) aiseag m; (Pol) athbhunú m

restore vt (building) athchóirigh; (sth stolen, health) aisig; (peace) athbhunaigh

restrain vt srian, cuir srian ar; (person): **to ~ sb (from)** duine a chosc (ó); **to ~ o.s. from laughing** rún a dhéanamh ar na gáirí; **restraint** n (restriction) srian m; (moderation) measarthacht f3

restrict vt cúngaigh, teorannaigh; **restriction** n srian m, cúngú m, crapall m

rest room (US) n leithreas m

result n toradh m1 ▷ vi: **it ~ed in an agreement** tháinig comhaontú de or as; **as a ~ of** mar gheall ar, de thoradh +gen

resume vt, vi tosaigh arís, atosaigh, téigh i gceann + gen arís

résumé n achoimre f4; (US) curriculum m vitae

resuscitate vt (Med) athbheoigh

retail n miondíol m3 ▷ adj miondíola n gen; **retailer** n miondíoltóir m3

retain vt (keep) coinnigh, coimeád

retaliation n díoltas m

retarded adj mallintinneach

retire vi (give up work) éirigh as; (withdraw) tarraing siar, fág, imigh; (go to bed) téigh or gabh a luí; **retired** adj (person) scortha, ath-, ar pinsean; **retirement** n scor m

retort n aisfhreagra m4 ▷ vi aisfhreagair

retreat n cúlú m; (Rel) cúrsa m4 spioradálta; (hideaway) díseart m ▷ vi cúlaigh, tarraing siar

retrieve vt (sth lost) faigh ar ais; (situation, honour) tarrtháil; (error, loss) leigheas

retrospect n: **in ~** ag féachaint siar; **retrospective** adj aisbhreathnaitheach; (law) cúlghabhálach

return n (going or coming back) filleadh m; (of sth stolen etc) aischur m; (Fin: from land, shares) toradh m1, fáltas m1 ▷ cpd (journey) ar ais; (ticket) fillte ▷ vi (come back) fill, tar ar ais ▷ vt cuir ar ais; (bring back) tabhair ar ais; (send back) seol ar ais; (Pol: candidate) togh; **returns** npl (Comm, tax etc) tuairisceán m; (Fin) sochar msg1; **in ~ (for)** mar mhalairt (ar); **by ~ (of post)** le casadh an phoist; **many happy ~s (of the day)!** go maire tú an lá!; **~ match** athchluiche m4

reunion n athaontú m, teacht m3 le chéile

reunite vt athaontaigh

revamp vt athchóirigh

reveal vt (make known) foilsigh; (display) nocht; **revealing** adj suimiúil, léiritheach

revel vi: **she ~s in ...** is breá léi ...

revenge n díoltas m, éiric f2; **to take ~ on** (enemy) díoltas a imirt ar, díoltas a bhaint amach as

revenue n ioncam m, teacht m3

isteach

Reverend adj: **the ~ John Smith** an tOirmhinneach m John Smith

reversal n (of opinion) malartú m tuairime; (of order) freaschur m; (of direction) aisiompú n

reverse n malairt f2; (back, coin, of paper) cúl m; (Aut: also: **~ gear**) giar m culaithe ▷ adj (order, direction) contrártha ▷ vt (order, position, direction) athraigh (ar fad); (roles) malartaigh; (decision) freaschuir; (car) culaigh ▷ vi (Aut) culaigh; **he ~d (the car) into a wall** chulaigh sé (an carr) in éadan an bhalla; **reversing lights** npl (Aut) soilse npl culaithe

revert vi: **to ~ to** filleadh ar

review n iris f2; (of book, film) léirmheas m3; (of situation, policy) athbhreithniú m ▷ vt athbhreithnigh; (book, film) déan léirmheas ar

revise vt athbhreithnigh, téigh or gabh siar ar; (manuscript) athcheartaigh; (law) leasaigh ▷ vi (study) athbhreithnigh; **revision** n athbhreithniú m; (review) leasú m

revival n athbheochan f3; (recovery) athbhrí f4; (of faith) athbheochan f3

revive vt (person) athbheoigh; (custom) athbhunaigh, tabhair ar ais; (economy) cuir athbhrí i; (hope, courage) múscail; (play) athléirigh ▷ vi (person) tar chugat féin; (hope etc) múscail; (activity) tar i réim arís

revolt n ceannairc f2, éirí m4 amach ▷ vi éirigh amach ▷ vt cuir déistin ar; **revolting** adj déistineach, samhnasach

revolution n réabhlóid f2; (of wheel etc) imrothlú m, casadh m; **revolutionary** adj réabhlóideach ▷ n réabhlóidí m4

revolve vi imrothlaigh, cas (thart), tiontaigh ▷ vt cas (thart), tiontaigh

revolver n gunnán m

reward n luach m3 saothair, duais f2 ▷ vt: **to ~ sb for sth** rud a chúiteamh le duine, luach a shaothair a thabhairt do dhuine; **rewarding** adj (fig) sásúil

rewind vt cúlchas; (tape) athchas

rewritable adj (CD, DVD) in-athscríofa

rheumatism n daitheacha fpl2, pianta fpl2 cnámh, scoilteacha fpl2

rhinoceros n srónbheannach m1

rhubarb n biabhóg f2, rúbarb m4

rhyme n rím f2; (verse) rann m

rhythm n rithim f2

rib n (Anat) easna f4

ribbon n ribín m4; **in ~s** (torn) stróicthe, stiallta

rice n rís f2; **rice pudding** n maróg f2 ríse

rich adj saibhir; (gift, clothes) costasach ▷ npl: **the ~** lucht m3 an airgid or an tsaibhris

rid vt: **to ~ sb of** duine a shaoradh ó; **to get ~ of sth** rud a chur díot, fáil réidh le rud

riddle n (puzzle) tomhas m1 ▷ vt criathraigh; **he was ~d with** (guilt etc) bhí sé cráite le or ag

ride n turas m1; (on horse) marcaíocht f3; (distance covered) geábh m3; (lift in car) síob f2 ▷ vi (on horse) téigh ag marcaíocht; (journey: on bicycle, motorcycle, bus) tabhair geábh ▷ vt marcaigh; **to take sb for a ~** (fig) bob a bhualadh ar dhuine, cluain a chur ar dhuine; **to ~ a horse/bicycle** capall/rothar a mharcaíocht; **rider** n marcach m1; (on bicycle) rothaí m4; (on motorcycle) gluaisrothaí m4

ridge n (of roof) cíor f2; (of hill) droim m3; (on object) iomaire m4

ridicule n fonóid f2, magadh m; **ridiculous** adj seafóideach, amaideach, áiféiseach

riding n marcaíocht f3; **riding school** n scoil f2 mharcaíochta

rife adj forleathan, leitheadach; ~ **with** breac le, lán le

rifle n raidhfil m4 ▷ vt creach; **rifle through** vt (belongings) ransaigh; (papers) siortaigh

rift n scoilt f2; (fig: disagreement) deighilt f2, scoilt f2

rig n (also: **oil** ~) rige m4 ▷ vt (election etc) cóirigh

right adj ceart; (true) fíor; (suitable) cuí, oiriúnach, fóirsteanach; (just) cóir; (not left) deas ▷ n (what is morally right) ceart m; (title, claim) ceartas m; (not left): **the** ~ an taobh m deas ▷ adv (answer) (go) cruinn, (go) beacht; (treat) go cóir; (not on the left) ar dheis ▷ vt cuir i gceart, leigheas ▷ excl déanfaidh sin!; **to be** ~ (person) an ceart a bheith agat; (answer) bheith ceart; (clock) bheith beacht or ceart; **by** ~**s** de or ó cheart; **on the** ~ ar dheis; **to be in the** ~ an ceart a bheith agat, bheith sa cheart; ~ **now** láithreach bonn, anois díreach; ~ **in the middle** i gceartlár, díreach i lár báire; ~ **away** láithreach, ar an toirt; **right angle** n (Math) dronuillinn f2; **rightful** adj ceart; (heir, claim) dlisteanach; **right-handed** adj (person) deaslámhach, deasach; **right-hand side** n: **the right-hand side** taobh m na láimhe deise; **rightly** adv (with reason) ní gan ábhar; **right of way** n ceart m slí; (Aut) ceart m

tosaíochta; (Law) bealach m achtaithe; **right-wing** n: the **right-wing** n eite f4 dheas ▷ adj (Pol): **right-wing politics** polaitíocht na heite deise

rigid adj dolúbtha, righin; (principle, control) docht

rigorous adj dian, géar

rim n fóir f, fonsa m4; (of spectacles) imeall m; (of wheel) fleasc f2

rind n craiceann m, crotal m

ring n fáinne m4; (also ~) fáinne m4 pósta; (arena, for boxing) cró m4, fáinne m4; (sound of bell) cling f2 ▷ vi (telephone, bell) buail; (person: by telephone) déan glao, glaoigh; (also: ~ **out**: voice, words) fuaimnigh; **my ears are** ~**ing** tá ceol i mo chluasa ▷ vt (Tel: also: ~ **up**) glaoigh ar; **to** ~ **the bell** an clog a bhualadh; **to give sb a** ~ (Tel) glao guthháin a chur ar dhuine; **ring back** vt, vi (Tel) glaoigh ar ais; **ring up** vt (Tel) glaoigh ar; **ringleader** n ceann m feadhna; **ring road** n cuarbhóthar m4; **ringtone** n clingcheol m

rink n (also: **ice** ~) rinc f2

rinse vt sruthlaigh, rinseáil

riot n círéib f2; (of flowers, colour) scléip f2 ▷ vi tóg círéib; **to run** ~ dul i bhfiáin

rip n roiseadh m, stróiceadh m ▷ vi, vt rois, stróic

ripe adj (fruit) aibí

ripple n cuilithín m4; (of laughter) monabhar m1 ▷ vi bheith ag tonnaíl

rise n (slope) ard m, mala f4; (increase) ardú m; (number) méadú m; (fig: to power etc) teacht m3 chun cinn, teacht i réim ▷ vi éirigh; (prices, waters) ardaigh; (numbers) méadaigh; (also: ~ **up**: tower, building) téigh in airde; (rebel) éirigh amach; (in rank) faigh ardú céime; **give ~ to** tionscain; **to ~ to the occasion** bheith inchurtha leis an ócáid; **rising** adj (increasing: number, prices) ag ardú; (sun, moon) ag éirí; **the rising tide** an líonadh

risk n fiontar m1, baol m1, contúirt f2 ▷ vt téigh sa seans le; **at ~** i mbaol, i gcontúirt; **at one's own ~** ar do phriacal féin; **risky** adj contúirteach, baolach, priaclach

rite n deasghnáth m3; **last ~s** ola agus aithrí, an ola dhéanach

ritual adj deasghnáth ▷ n deasghnáth m3

rival n céile m4 iomaíochta or comhraic ▷ adj (meeting, movement) iomaíochta n gen; freas- ▷ vt (match) bheith inchurtha le; **rivalry** n iomaíocht f3, coimhlint f2

river n abhainn f, sruth m3 ▷ cpd (port, traffic) abhann n gen; **up/down ~** síos/suas an abhann; **riverbank** n bruach m abhann

rivet n seam m3 ▷ vt (fig): **the film was ~ing** bhí an scannán an-spéisiúil go deo

road n bealach m1, bóthar m1, slí f4; **major ~** príomhbhóthar m1, bealach mór; **minor ~** mionbhóthar, mionbhealach; **roadblock** n bacainn f2 bhóthair; **road map** n léarscáil f2 bhóithre; **road rage** n buile f4 bóthair; **road safety** n sábháilteacht f3 ar bhóithre; **roadside** n taobh m1 bóthair or bealaigh; **roadsign** n comhartha m4 bóthair or bealaigh; **road works** npl oibreacha fpl2 bóthair

roam vi bheith ag fánaíocht or ag seachráin

roar n búir f2; (of crowd) gáir f2;

(thunder) plimp f2 ▷ vi búir, déan búir, béic, lig béic as; **to ~ with laughter** do sheangháire a ligean; **to do a ~ing trade** trácht lasta a dhéanamh, bheith ag díol as éadan

roast n rósta m4 ▷ vt róst; **roast beef** n mairteoil f3 rósta

rob vt (person) robáil; (bank) robáil, creach; (fig): **to ~ sb of sth** rud a ghoid ó dhuine; (deprive) rud a bhaint de dhuine; **robber** n robálaí m4; **robbery** n slad m3, robáil f3

robe n (for ceremony etc) fóba m4; (also: **bath~**) fallaing f2 fholctha; (US) pluid f2

robin n spideog f2

robust adj urrúnta; (material) acmhainneach, folláin; (appetite) groí, buanfasach

rock n (substance, boulder) carraig f2, creig f2; (US: small stone) méaróg f2; (sweet) gallán m1 milis; (also: ~ music) rac m4 ▷ vt (swing gently: cradle) luasc; (shake) croith ▷ vi luasc, bheith ag longadán or ag luascadh, croith; **on the ~s** (drink) le hoighear; (marriage etc) ar an dé deiridh

rocket n roicéad m

rocking chair n cathaoir f luascáin

rocky adj creagach, carraigeach; (path) clochach

rod n (wooden) slat f2, maide m4; (metallic) barra m4; (Tech) slat f2; (also: **fishing ~**) slat f2 iascaireachta

rodent n creimire m4

rogue n rógaire m4, cneámhaire m4

role n ról m1; (acting) páirt f2

roll n rolla m4; (of banknotes) burla m4; (also: **bread ~**) rollóg f2; (sound: of drums etc) tormáil f3 ▷ vt roll; (also: ~ **up**: string) tochrais; (sleeves) corn (suas); (also: ~ **out**: pastry) leath ▷ vi roll; **roll in** vi (mail, cash) tar isteach go flúirseach; **the money is ~ing in** tá na pinginí ar a gcorr againn; **roll up** vi (inf: arrive) bailigh thart ▷ vt corn; **roller** n rollóir m3; (wheel) roithleán m; **roller coaster** n cóstóir m3 roithleáin; **roller skates** npl scátaí mpl4 rothacha; **rolling pin** n crann m fuinte

ROM n abbr (Comput: = read only memory) cuimhne f4 léimh amháin

Roman adj Rómhánach; **Roman Catholic** adj, n Caitliceach m Rómhánach

romance n (love affair) cumann m; (charm) draíocht f3; (novel) scéal m grá

Romania n an Rómáin f2

Romanian adj n Rómánach m; (Ling) Rómáinis f2

Roman numeral n uimhir f Rómhánach

romantic adj rómánsach

Rome n an Róimh f2

roof n díon m; (of mouth) carball m, ceann m ▷ vt díon; **roof rack** n (Aut) raca m4 dín

rook n (bird) préachán m; (Chess) caiseal m

room n seomra m4; (also: **bed~**) seomra m4 leapa; (space) fairsinge f4, áit f2; **rooms** npl (lodging) seomraí mpl4; **single/double ~** seomra singil/dúbailte; **there is ~ for improvement** d'fhéadfadh sé bheith níos fearr, d'fhéadfaí feabhas a chur air; **roommate** n comrádaí m4 seomra; **room service** n seirbhís f2 seomraí; **roomy** adj fairsing

rooster n (esp US) coileach m

root n (Bot, Math) fréamh f2, rúta m4; (fig: of problem) bunúdar m, fréamh f2 ▷ vi (plant) fréamhaigh;

root out vt (eliminate) díothaigh

rope n téad f2, rópa m4 ▷ vt (tie up or together) ceangail; (area: rope off) cuir rópa ar; **to know the ~s** (fig) bheith oilte ar an gceird, bheith i do sheanlámh ar

Roscommon n Ros m Comáin

rose n rós m3

rosé n fíon m3 bándearg

rosemary n rós m3 Mhuire

rosy adj rósach; **a ~ future** todhchaí tarraingteach

rot n (decay) lobhadh m, meath m3 ▷ vt, vi lobh, meath

rota n uainchlár m, róta m4; **on a ~ basis** ar bhonn róta, ar a seal

rotate vt (revolve) rothlaigh, cas thart or timpeall; (change round: jobs) cuir thart ▷ vi (revolve) imchas, téigh thart

rotten adj (decayed) lofa, morgtha; (mean) suarach; (inf: bad) droch-, gránna; **to feel ~** (ill) bheith tinn, mothú go hainnis

rough adj garbh; (terrain) míchothrom; (voice) garg; (person, manner: coarse) gairgeach; (plan etc) garbh; **~ guess** buille faoi thuairim ▷ n (Golf) garbhlach m; **to ~ it** maireachtáil in indócúl; **to sleep ~** codladh faoin spéir or faoin aer; **roughly** adv (handle, make) go garbh; (speak) go garg; (approximately) timpeall, tuairim is

roulette n rúiléid f2

round adj cruinn ▷ n (duty: of policeman, doctor etc) cuairt f2; (game: of cards: Boxing) babhta m4; (of talks) dreas m3; (of drinks, sandwiches) cur m ▷ vt (corner) téigh thart or timpeall ar ▷ prep timpeall + gen, thart faoi ▷ adv: **all ~** mórthimpeall, thart timpeall; **the long way ~** an bealach fada; **all the year ~** ó cheann ceann na bliana; **it's just ~ the corner** (fig) tá sé in aice láimhe; **~ the clock** lá agus oíche, ó dhubh go dubh; **to go ~ to John's (house)** dul tigh Sheáin; **go ~ the back (of the house)** téigh or gabh thart an chúl (an tí); **to go ~ a house** dul timpeall tí, dul thart an teach; **enough to go ~** riar an iomláin; **~ (of ammunition)** piléar m1; **~ of applause** bualadh bos; **round off** vt (speech etc) cuir clabhsúr ar, cuir deireadh le; **round up** vt cruinnigh, bailigh (isteach); **roundabout** n (Aut) timpeallán m1; (at fair) áilleagán m1 intreach ▷ adj (route, means) timpeallach; **to take a roundabout way** cor bealaigh a chur ort féin; **round trip** n turas m fillte; **roundup** n cruinniú m; (news summary) achoimre f4

rouse vt (wake up) dúisigh, múscail; (stir up) spreag, gríos

route n cúrsa m4, slí f4; (of bus) bealach m1; (also: **trade ~**) trádbhealach m

routine adj gnáth- ▷ n (habits) gnáthamh m1; (Theat) mír f2

row[1] n (line) líne f4; (Knitting, of seats) sraith f2; (behind one another: of cars, people) scuaine f4 ▷ vi, vt iomair, rámhaigh; **in a ~** (fig) as a chéile, i ndiaidh a chéile

row[2] n (noise) racán m1; maicín m4; (dispute) achrann m, aighneas m; (scolding) íde f4 béil ▷ vi bheith ag achrann

rowboat (US) n bád m iomartha or rámhaíochta

rowing n iomramh m1, rámhaíocht f3; **rowing boat** n bád m iomartha or rámhaíochta

royal adj ríoga, ríúil; **Royal Irish Academy** n Acadamh m1 Ríoga na hÉireann; **royalty** n (royal persons) ríochas m1; (payment) dleacht f3

RTE n abbr = Raidió Teilifís Éireann

rub vt cuimil ▷ n (with cloth) cuimilt f2; **to give sth a ~** rud a chuimilt; **to ~ sb up** (Brit) or **to ~ sb** (US) **the wrong way** teacht in aghaidh an tsnáithe ar dhuine, teacht ar an taobh contráilte do dhuine; **rub off (on)** vi téigh i bhfeidhm (ar); **rub out** vt scrios (amach)

rubber n rubar m1; (eraser) scriosán m1; **rubber band** n banda m4 rubair

rubbish n (from household) bruscar m1; (fig: nonsense) truflais f2; (: nonsense) seafóid f2, ráiméis f2; **rubbish bin** n bosca m4 bruscair; **rubbish dump** n láithreán m bruscair

rubble n brablach m1; (smaller) spallaí mpl4

ruby n rúibín m4

rucksack n mála m4 droma

rudder n stiúir f

rude adj (impolite) mímhúinte, dímhúinte, drochbhéasach; (coarse) borb, graosta; (shocking) míchuibheasach

ruffle vt (hair) cuir in aimhréidh; (fig: person): **to ~ sb** duine a chur thar a shnáithe

rug n ruga m4, brat m1; (blanket) súsa m4

rugby n (also: **~ football**) rugbaí m4

rugged adj (landscape) garbh; (features) graifleach; (character) borb

ruin n scrios m, díothú m ▷ vt (spoil: clothes) scrios; (: event) mill; **ruins** npl (of building) ballóg fsg2, fothrach msg1

rule n riail f; (government) ceannas m1 ▷ vt (country) rialaigh; (person) smacht a bheith agat ar ▷ vi bheith i gceannas ar, rialaigh; **as a ~** de ghnáth; **rule out** vt cuir as an áireamh; **ruler** n (sovereign) rialtóir m3; (for measuring) rialóir m3; **ruling** adj (party) i réim, i gceannas ▷ n (Law) rialú m; **the ruling class** an lucht ceannais

rum n rum m4

Rumania n = **Romania**

rumble vi bheith ag tormáil, bheith ag déanamh tormáin; (stomach) bheith ag geonaíl

rumour (US **rumor**) n ráfla m4, luaidreán m1 ▷ vt: **it is ~ed that ...** tá sé ina ráfla go ..., táthar ag rá go ...

rump steak n stéig f2 gheadáin

run n (fast pace) rás m3; (outing) turas m1; (distance travelled) geábh m3; (Theat, series) sraith f2; (Ski) fána f4; (Cricket, Baseball) rúid f2; (in tights, stockings) roiseadh m ▷ vt (operate: business) reáchtáil; (: competition, course) eagraigh; (: hotel, house) coinnigh; (race) rith; (to pass: hand, finger) cuimil; (Press, feature) foilsigh ▷ vi rith; (flee) teith; (work: machine, factory) oibrigh; (bus, train) bheith i seirbhís; (continue: play) bheith ar obair ar or ar siúl; (flow: nose) sil; (: river) snigh; (colours, washing) rith; (in election) téigh or gabh san iomaíocht; **to go for a ~** dul amach ag rith; **there was a ~ on ...** (meat, tickets) bhí ráchairt ar ...; **on the ~** ar do sheachaint; **I'll ~ you to the station** tabharfaidh mé síob chun an stáisiúin duit, caithfidh or fágfaidh mé as an stáisiún thú; **to ~ a risk** dul sa seans; **run about** vi (children) rith thart; **run across** vt fus (find) tar ar; **run around** vi

= **run about**; **run down** vt (production) laghdaigh de réir a chéile; (factory) scoir de réir a chéile; (Aut) leag; (criticize) cáin; **to be ~ down** (tired) bheith in ísle brí; **run in** vt (car) rith isteach; **run into** vt fus (meet: person) buail le, cas le; (: trouble) téigh i; (collide with) buail in éadan + gen; **run off** vi teith ▷ vt (water) taom; (copies) déan; **run out** vi (person) rith amach; (liquid) doirt; **the lease has ~ out** tá an léas caite; **run out of** vt fus: **she ran out of money** ní raibh airgead ar bith fágtha aici, rith sí as airgead; **run over** vt (Aut) téigh sa mhullach ar ▷ vt fus (revise) athbhreithnigh; **run through** vt fus (recapitulate) athchoimrigh; (play) tabhair spleáchadh ar; **run up** vt: **to ~ up against difficulties** dul in abar; **to ~ up a debt** dul i bhfiacha; **runaway** adj, n teifeach m1

rung n (of ladder) runga m4

runner n (in race: person) reathaí m4; (on sledge, for drawer etc) sleamhnán m1; **runner bean** n pónaire f4 reatha; **runner-up** n: **the runner-up was ...** sa dara háit, bhí ...

running n rith m3; (of business, organization) reáchtáil f3 ▷ adj (water) reatha; **to be in/out of the ~ for sth** bheith san/as an iomaíocht faoi choinne + gen; **6 days ~** 6 lá as a chéile, sé lá druidte

runny adj silteach

run-up n: **in the run up to** i mbéal + gen, ag tarraingt ar

runway n (Aviat) rúidbhealach m1

rupture n (Med) maidhm f2 sheicne

rural adj tuathúil; (house, community etc) tuaithe n gen

rush n (hurry) deifir f2, deabhadh m1; (of crowd) rúid f2, brútam m1; (Comm: sudden demand) broid f2; (of air) siorradh m1; (of emotion) racht m3; (Bot) feag f3 ▷ vt (hurry) brostaigh, cuir dlús le ▷ vi deifrigh, brostaigh; **rush hour** n broidtráth m3

Russia n an Rúis f2; **Russian** adj, n Rúiseach m1; (Ling) Rúisis f2

rust n meirg f2 ▷ vi meirgigh

rusty adj meirgeach; **it's ~** tá meirg air

ruthless adj neamhthrócaireach

rye n seagal m1

S

Sabbath n sabóid f2

sabotage n sabaitéireacht f3 ▷ vt déan sabaitéireacht ar

saccharin, saccharine n siúicrín m4

sachet n saicín m4

sack n (bag) sac m1, mála m4 ▷ vt (dismiss) bris, sacáil, tabhair an bóthar do; (plunder) creach f2, toghail f3

sacred adj beannaithe, naofa; (oath) dobhriste

sacrifice n íobairt f3 ▷ vt íobair

sad adj brónach; **to be ~** brón a bheith ort, bheith brónach

saddle n diallait f2 ▷ vt (horse) cuir diallait ar; **to ~ sb with sth** rud a bhualadh ar a chur ar dhuine

sadistic adj sádach

sadly adv go brónach; (unfortunately) ar an drochuair, faraor

s

sadness n brón m

safe adj (unharmed) slán, sábháilte; (cautious) cúramach ▷ n taisceadán m1; **~ from** slán ó or ar; **~ journey!** go dté tú slán!; **~ and sound** slán sábháilte, slán folláin; (just) **to be on the ~ side** ar eagla na heagla, le fios nó le hamhras; **safely** adv (arrive) slán; (drive) go cúramach; **I can safely say that ...** níl dochar dom a rá go ...

safety n sábháilteacht f3; **safety belt** n crios m3 sábhála; **safety pin** n biorán m dúnta

sag vi stang, tabhair uaidh; (hem) tit

sage n (herb) sáiste m4; (person) saoi m4, fáidh m4

Sagittarius n (Astrol) An Saighdeoir m3

Sahara n: **the ~ (Desert)** an Sahára m4

sail n (on boat) seol m1; (trip): **to go for a ~** dul ag seoltóireacht ▷ vt, vi (boat) seol; (set off) dul chun farraige; **they ~ed into Belfast** sheol siad isteach go Béal Feirste; **sailboat** (US) n bád m1 seoil; **sailing** n (Sport) seoltóireacht f3; **to go sailing** dul ag seoltóireacht; **sailing boat** n bád m1 seoil; **sailor** n mairnéalach m1

saint n naomh m1; **S~ Patrick** Naomh Pádraig

sake n: **for the ~ of** ar son + gen, mar mhaithe le

salad n sailéad m1; **salad cream** n uachtar m1 sailéid; **salad dressing** n anlann m1 sailéid

salary n tuarastal m1

sale n díol m3, díolachán m1; (at reduced prices) reic m3; **"for ~"** le díol"; **on ~** ar lascaine, ar díol; **sales assistant** (US **sales clerk**) n freastalaí m4 siopa; **salesman** n

fear m1 díolacháin; **saleswoman** n bean f díolacháin

salmon n bradán m1

saloon n (US) tábhairne m4; (Brit: Aut) salún m1; (ship's lounge) beár m1

salt n salann m1 ▷ vt cuir salann ar; **saltwater** adj sáile m4; **salty** adj goirt

salute n cúirtéis f2; (greeting) beannú m ▷ vt déan cúirtéis do, beannaigh do

salvage n (act of) tarrtháil f3; (things saved) éadáil f3 ▷ vt tarrtháil

Salvation Army n Arm m an tSlánaithe

same adj céanna; ionann; (attrib): **the ~ man** an fear céanna; (non attrib with copula): **that is the ~ as ...** is ionann sin agus ... ▷ pron: **the ~** an rud céanna; **to do the ~** an cleas or rud céanna a dhéanamh; **the ~ book** an leabhar céanna; **at the ~ time** san am céanna; **all** or **just the ~** mar sin féin; **to do the ~ as sb** aithris a dhéanamh ar dhuine; **the ~ to you!** gurb amhlaidh duitse!; **they live in the ~ house** tá cónaí orthu sa teach céanna

sample n sampla m4 ▷ vt (food, wine) blais

sanction n (permission) cead m3; (embargo) smachtbhanna m4 ▷ vt ceadaigh

sanctuary n (Rel) tearmann m1; (refuge) cúl m1 dín

sand n gaineamh m1 ▷ vt (furniture: also: **~ down**) greanáil

sandal n cuarán m1

sandbox (US) n bosca m4 gainimh; **sandcastle** n caisleán m1 gainimh; **sandpaper** n greanpháipéar m1, páirín m4; **sandpit** n poll m1 gainimh; **sandstone** n gaineamhchloch f2

sandwich n ceapaire m4

sandy adj gainmheach; (colour) fionnrua

sane adj (person) ina chiall, ina cheartmheabhair; (outlook) céillí

sanitary towel (US **sanitary napkin**) n tuáille m4 sláintíochta

sanity n ciall f2, sláinte or folláine intinne; (common sense) réasún m

Santa n (also: **~ Claus**) Daidí m4 na Nollag

sap n (of plants) súlach m1, seamhar m1 ▷ vt (strength) cloígh

sapphire n saifír f2

sarcasm n tarcaisne f4

sardine n sairdín m4

SARS n abbr (= severe acute respiratory syndrome) SARS

sash n sais f2

satchel n mála m4 scoile, tiachóg f2

satellite n satailít f2; (Pol) fostát m1; **satellite dish** n mias f2 satailíte; **satellite television** n teilifís f2 satailíte

satin n sról m1 ▷ adj sról n gen

satire n aoir f2

satisfaction n (gratification, revenge) sásamh m1; (happiness) sástacht f3

satisfactory adj sásúil

satisfy vt (please) sásaigh; (convince) cinntigh do; (fulfil) comhlíon; (debts) glan

Saturday n (An) Satharn m1; **on ~** Dé Sathairn; **he comes on ~s** tagann sé ar an Satharn

sauce n anlann m1; **saucepan** n sáspan m1

saucer n fochupán m1

Saudi n (also: **~ Arabia**) an Araib f2 Shádach ▷ adj, n (also: **~ Arabian**) Arabach m1 Sádach

sauna n sauna m4

sausage n ispín m4; **sausage roll** n rollóg f2 ispíní

savage adj fiáin, fiánta; (cruel, fierce) barbartha ▷ n duine m4 fiáin or barbartha, brúid f2

save vt (person, belongings, also Comput) sábháil; (money) coigil, spáráil; (time) spáráil; (Sport) sábháil, stop ▷ vi (also: **~ up**) spáráil ▷ n (Sport) sábháil f3 ▷ prep (except for) seachas

savings npl (money saved) airgead msg1 taisce; **savings account** n cuntas m1 taisce; **savings bank** n banc m1 taisce

savoury (US **savory**) adj blasta; (dish: not sweet) séasúrach, spíosrach ▷ n blastóg f2

saw vt sábh ▷ n (tool) sábh m1, toireasc m1; **sawdust** n min f2 sáibh

saxophone n sacsafón m1

say n: **to have one's ~** cead cainte a fháil ▷ vt abair; **could you ~ that again?** abair sin arís; **it goes without ~ing that ...** ní gá a rá go ...; **I must ~** ó chaithfidh mé a rá (leat); **to ~ nothing of** gan trácht ar; **you can ~ that again** abair sin, féadann tú sin a rá; **I have no ~ in it** níl neart agam air, ní ar mo chomhairle atá sé; **saying** n nath m3 cainte

scab n gearb f2; (pej) suarachán m1; (blackleg) neamhstailceoir m3

scaffolding n scafall m

scald n scalladh m ▷ vt scall

scale n scála m4; (of fish) gainne m4, lann f2; (of map) buntomhas m1; (over eye) fachail f2 ▷ vt (mountain) dreap; (fish) lannaigh; **scales** npl (for weighing: also: **bathroom ~s**) scálaí (tomhais); **on a large ~** ar an mórchóir; **~ of charges** réim f2

phraghasanna; **scale down** vt
laghdaigh, scálaigh anuas

scallop n muirín m4, sliogán m1
mara; (small) cluaisín m4; (Sewing)
scolb m1

scalp n craiceann m1 an chinn, plait
f2 ▷ vt blaoscrúisc, bain craiceann
an chinn de

scampi npl scampi mpl

scan vt breathnaigh; (glance at
quickly) tabhair spléachadh ar;
(Med, Elec) scan ▷ n (Med) scanadh
m

scandal n scannal m1, náire f4
shaolta; (gossip) béadán m1

Scandinavia n Críoch f2 Lochlann;
Scandinavian adj, n
Lochlannach m1

scanner n (Comput, Elec) scanóir m3

scapegoat n ceap m1 milleáin

scar n colm m1 ▷ vt fág colm ar

scarce adj gann, tearc; **make
yourself ~!** gread leat!; **scarcely**
adv: **he had scarcely arrived** ní
mó ná go raibh sé ann

scare n scanradh m1 ▷ vt scanraigh;
to ~ sb stiff an t-anam a bhaint
amach as duine; **bomb ~**
foláireamh m1 buama; **scare off** vt
cuir scaoll i; **scarecrow** n babhdán
m1; **scared** adj: **I am scared (of)** tá
eagla orm (roimh); **I was scared
to death that ...** bhí eagla mo
bháis orm go ...; **he was too
scared to leave** ní ligfeadh an
faitíos dó imeacht

scarf n scairf f2, stoc m1

scarlet adj scarlóideach

scary (inf) adj scanrúil, scéiniúil

scatter vt ⁊ vi scaip, cuir scaipeadh i

scene n (of crime, accident) láthair f;
(sight, view, Theat) radharc m1;
scenery n (Theat) radharcra m4;
(landscape) radharc m1 tíre, dreach

m3 na tíre; **scenic** adj álainn,
galánta, aoibhinn

scent n cumhracht f3, mos m1,
boladh m1; (track) lorg m1

sceptical (US **skeptical**) adj
amhrasach; **I am ~ (about)** ... tá
amhras orm (faoi) ..., tá mé in
amhras (faoi) ...

schedule n sceideal m1; (bus, train)
clár m1 ama ▷ vt leag amach; **on ~**
de réir an sceidil, in am, ar an
spriocuair; **ahead of ~** (train)
luath; (with work) chun tosaigh (ar
an obair); **behind ~** (train) mall;
(with work) ar gcúl (leis an obair);
scheduled flight n eitilt f2
sceidealta

scheme n scéim f2 ▷ vi beartaigh,
bheith ag scéiméireacht

scholar n scoláire m4; **scholarship**
n scoláireacht f3

school n scoil f2; (secondary school)
meánscoil f2; (US: university) ollscoil
f2 ▷ cpd scoile n gen; **~ uniform**
culaith f2 scoile; **to go to ~** dul ar
scoil; **schoolbook** n leabhar m1
scoile; **schoolboy** n gasúr m1
scoile; **schoolchildren** npl páistí
mpl4 scoile; **schoolgirl** n cailín m4
scoile; **schooling** n scolaíocht f3;
schoolteacher n múinteoir m3
scoile

science n eolaíocht f3; **science
fiction** n ficsean m1 eolaíochta;
scientific adj eolaíoch, eolaíochta
n gen; **scientist** n eolaí m4

scissors npl siosúr msg1

scold vt scioll, bheith ag
sciolladóireacht

scone n bonnóg f2, scóna m4, toirtín
m4

scoop n (gen, also Press) scúp m1;
scoop up vt (material) scaob;
(liquid) taosc

scooter n scútar m

scope n (capacity: of plan, undertaking) scóip f2, réimse m4; (: of person) acmhainn f2; **to give sb ~** ligean a thabhairt do dhuine

score n (Sport, Mus, twenty) scór m1; (scratch) scríob f2, scór ▷ vt (goal) scóráil, faigh; (scratch) cuir stríoc i, scóráil, scríob ▷ vi (Football: keep score) an scór a mharcáil; **~s of** (very many) na scórtha + gen; **on that ~** ar an séala sin, ar an scór sin; **to ~6 out of 10** sé mharc as deich a fháil; **score out** vt scrios (amach); **scoreboard** n clár m1 scóir

scorn n tarcaisne f4, drochmheas m3

Scorpio n (Astrol) An Scairp f2

Scot n Albanach m1

scotch n (also: **~ whisky**) uisce m4 beatha na hAlban, Scotch m4 ▷ adj (Scot) Albanach, na hAlban n gen

Scotland n Albain f

Scots adj Albanach ▷ n (Ling) Béarla m4 na hAlban; **Scotsman** n Albanach m1; **Scotswoman** n Albanach m1 mná; **Scottish** adj Albanach

scout n (Mil) scabhta m4; (also: **boy ~**) gasóg f2

scowl vi gruig f2; **to ~ (at)** gruig a chur ort féin (le)

scramble n (rush) sciútam m1, sciolairt f, fuirseadh m ▷ vi streachail; **to ~ out/through** tú féin a streachailt amach/trí; **they ~d for it** bhí sí ina sciob sceab eatarthu; **scrambled eggs** npl uibheacha fpl2 scrofa

scrap n blúire m4; (of evidence) ruainne m4; (fight) racán m1, maicín m4; (also: **~ iron**) seaniarann m1 ▷ vt scartáil; (fig) caith i leataobh ar i dtraipisí ▷ vi (fight) troid; **scraps**

npl (waste) fuílleach m sg1;

scrapbook n leabhar m1 gearrthán

scrape vt, vi scríob, scrabh ▷ n: **to be in a ~** bheith san fhaopach; **to ~ through** fáil tríd ar éigean

scrap paper n seanpháipéar m1

scratch n scríob f2, gránú m1, scríobadh m ▷ vt, vi scríob; (itch) tochais; **to start from ~** tosú as an nua; **to be up to ~** bheith inchurtha leis an obair; **scratch card** n scríobchárta m4

scream n scread f3 ▷ vi lig scread, scread

screen n (partition) scáthlán m1; (Cine, Comput etc) scáileán m1 ▷ vt (conceal) folaigh; (from the wind etc) tabhair foscadh do; (film) taispeáin; (candidates etc) scag; **screening** n (Med) scrúdú m; **screenplay** n script f2; **screen saver** n (Comput) spárálaí m4 scáileáin

screw n scriú m4 ▷ vt (also: **~ in**) scriúáil; **screw up** vt (paper etc) fáisc; (inf: ruin) déan praiseach de; **to ~ up one's eyes** do shúile a chruinniú; **screwdriver** n scriúire m4

scribble vt, vi déan scríobláil

script n (Cine etc) script f2; (system of writing) scríobh m3

scroll n scrolla m4 ▷ vt, vi (Comput) scrollaigh; **scroll down** vi (Comput) scrollaigh síos; **scroll up** vi (Comput) scrollaigh suas

scrub n (land) scrobarnach f2 (choille); (beard) coinleach m1 ▷ vt (floor, pots etc) sciúr, sciomair; (washing) sciúrsáil; (inf: cancel) cuir ar ceal

scruffy adj giobach

scrum, scrummage n (Rugby) clibirt f2

scrutiny n mionscrúdú m

sculptor n dealbhóir m3

sculpture n dealbhóireacht f3

scum n screamh f2; (pej: people) scroblach m1

scurry vi sciuird; **he scurried off** scinn sé leis

sea n farraige f4, muir f3; **by ~** (travel) bealach na farraige; **on the ~** (boat) ar an fharraige, i bhfarraige; (town) cois farraige; **I'm all at ~** (fig) tá mé ar seachrán ar fad (ann); **out to ~** domhain i bhfarraige; **(out) at ~** ar an bhfarraige; **seafood** n bia m4 farraige, bia mara; **sea front** n aghaidh f2 na farraige, promanád m1; **seagull** n faoileán m1

seal n (animal: male) rón m1; (: female) bainirseach f2; (: stamp) séala m4 ▷ vt (envelope) dún, séalaigh; (: with seal) cuir séala ar

sea level n leibhéal m1 na farraige

seam n uaim f3; (of coal) féith f2

search n (for person, thing, Comput) cuardach m ▷ vt cuardaigh, ransaigh; (examine) scrúdaigh ▷ vi: **~ for** cuir cuardach ar, lorg; **in ~ of** ar lorg + gen, sa tóir ar; **search through** vt fus cuardaigh trí, ransaigh; **search party** n buíon f2 tarrthála

seashore n cladach m1; **seasick** adj: **I'm seasick** tá tinneas fairrge orm; **seaside** n cois f2 farraige; **seaside resort** n trábhaile m4

season n séasúr m ▷ vt blaistigh, leasaigh; (wood) stálaigh; **to be in/out of ~** bheith i/as séasúr; **seasonal** adj (work) séasúrach; **season ticket** n ticéad m séasúir

seat n (also in government: place) suíochán m; (buttocks, of trousers) tóin f3 ▷ vt (have room for): **it ~s 100**

tá áit suí ann do chéad; **seat belt** n crios m3 tarrthála

sea water n sáile m4

seaweed n feamainn f2

sec. abbr = **second(s)**

secluded adj cúlráideach, scoite; **a ~ place** cúlráid f2

second adj dóú, dara; (date): **the ~ of January** an dóú or dara lá Eanáir ▷ adv (in race etc): **she came ~** fuair sí an dara háit ▷ n (unit of time) soicind f2; (Aut: second gear) an dara giar m1; (Comm: imperfect) earra m4 den dara grád; (Boxing) taca m4 ▷ vt (motion) tacaigh le; **the ~ woman** an dóú or dara bean; **secondary** adj tánaisteach, fo-; **secondary school** n meánscoil f2; **second-class** adj den dara grád; (pej) beag is fiú, lagmheasartha ▷ adv (travel) den dara haicme; **I sent it second class** chuir mé leis an dara grád í; **secondhand** adj athláimhe, athchaite, smolchaite; **secondhand coat** áthchóta; **secondly** adv sa dara cás; **second-rate** adj den dara grád, lagmheasartha; **second thoughts** npl athchomhairle f4; **to have second thoughts (on sth)** athchomhairle a dhéanamh (faoi rud); **on second thoughts** or (US) **thought** sa choinne sin

secrecy n rúndacht f3

secret adj rúnda ▷ n rún m1; **in ~** faoi rún

secretary n rúnaí m4; **S~ of State** (Pol) Rúnaí m4 Stáit

secretive adj rúnda

section n rannóg f2; (of document) mír f2, cuid f3; (cut) trasghearradh m; (Law) alt m

sector n teascóg f2; (public, private) earnáil f3; (postal) rannóg f2

ecular adj saolta, tuata

ecure adj sábháilte; (firmly fixed) daingean ▷ vt (fix) feistigh; (fortify) daingnigh; (get) faigh

ecurity n slándáil f3; (safety) sábháilteacht f3; (for loan) bannaí mpl4; (staff) lucht (na) slándála

edan (US) n (Aut) salún m

edate adj stáitiúil, mómhar, stáidiúil ▷ vt (Med) cuir faoi shuaimhneasán

edative n suaimhneasán m

educe vt meabhlaigh, cuir ó chrích; **seductive** adj meallacach

ee vt feic; (accompany) bí le, comóir ▷ vi (understand) feic, tuig ▷ n cathaoir f easpaig; **to ~ that** (ensure) féachaint chuige go; **I'll ~ you to the door** beidh mé leat chuig an doras; **I'll ~ you to the station** déanfaidh mé do chomóradh chun an stáisiúin; **~ you (soon)!** slán go fóill!; **see about** vt fus fiosraigh faoi; **see off** vt cuir slán le; **see through** vt: **to ~ through to the end** dul go bun an angair le rud ▷ vt fus: **to ~ through sb** léamh i an intinn duine; **see to** vt fus féach chuige

eed n síol m, pór m; **gone to ~** (fig) rite as cineál

seeing conj: **~ (that)** ós rud é go

seek vt cuardaigh, lorg

seem vi: **he ~s big** tá cuma mhór air; **there ~s to be ...** is cosúil go bhfuil ...; **it ~s to me that ...** feictear dom go ...; **seemingly** adv is cosúil

seesaw n crandaí m4 bogadaí

segment n teascán m

segregate vt deighil

seize vt gabh; (opportunity) glac

seizure n (Med) taom m3; (of power) gabháil f3

seldom adv annamh

select vt togh, roghnaigh; **selection** n toghadh m, rogha f4; (of poetry etc) díolaim f3

self n: **the ~** an duine m4 féin ▷ prefix féin-; **self-assured** adj dóchasach asat féin, féinmhuiníneach; **self-centred** (US **self-centered**) adj leithleach, cóngarach duit féin; **self-confidence** n féinmhuinín f2; **self-conscious** adj cotúil, cúthail; **self-conscious person** náireachán m; **self-contained** adj (flat) glanscartha; **self-control** n féinsmacht m3; **self-defence** (US **self-defense**) n féinchosaint f3; (Law): **in self-defence** á chosaint féin; **self-employed** adj féinfhostaithe; **self-indulgent** adj sáil, macnasach; **self-indulgent person** sácrálaí m4; **self-interest** n leithleachas m, féinleas m3; **selfish** adj leithleach, cóngarach duit féin; **selfish person** súfartach m; **self-pity** n féintrua f4; **self-respect** n féinmheas, meas m3 ort féin; **have some self-respect** bíodh meas agat ort féin; **self-service** adj féinseirbhís f2

sell vt díol; **to ~ sth at or for £10** rud a dhíol ar dheich bpunt; **sell off** vt díol i saorchonradh; **sell out** vi: **the tickets are all sold out** tá deireadh na dticéad díolta; **seller** n díoltóir m3

Sellotape® n seilitéip f2

semester (esp US) n téarma m4, seimistear m

semi- prefix leath-; **semicircle** n leathchiorcal m; **semidetached**, **semidetached house** n teach m leathscoite; **semi-final** n cluiche m4 leathcheannais

seminar n seimineár m1

senate n seanad m1; **the Irish S~** Seanad Éireann; **senator** n seanadóir m3

send vt cuir, seol, seol; **send away** vt (letter, goods) cuir chun bealaigh, seol; (unwelcome visitor) tabhair an bóthar do, cuir ó dhoras; **send away for** vt fus ordaigh tríd an phost; **send back** vt cuir ar ais; **send for** vt fus cuir fios ar; **send off** vt (goods) cuir chun siúil; (Sport: player) cuir den pháirc; **send out** vt (invitation, person) cuir amach; (signal) craol; **send up** vt cuir suas or aníos; (parody) déan scigaithris ar; **sender** n seoltóir m3; **send-off** n: **he was given a good send-off** bhí comóradh mór leis

senior adj (high-ranking) sinsearach ▷ n (older): **she is 15 years his ~** tá 15 bliana aici air; **senior citizen** n pinsinéir m3

sensation n mothú m, céadfa m4, meabhair f; **it caused a ~** thóg sé an-charabuaic; **sensational** adj (marvellous) éachtach go deo

sense n (meaning, wisdom) ciall f2; (feeling) céadfa m4 ▷ vt mothaigh; **it makes no ~** níl aon chiall leis; **senseless** adj gan chiall; (unconscious) gan mheabhair

sensible adj ciallmhar, céillí

sensitive adj (touchy) goilliúnach, tógálach; (delicate) mothálach; (tender) leochaileach

sensual adj macnasach, drúisiúil

sensuous adj collaí, macnasach

sentence n (Ling) abairt f2; (Law, judgment) breith f2; (punishment) pionós m ▷ vt daor; **to ~ sb to 5 years in prison** príosún cúig bliana a ghearradh ar dhuine; **to ~ sb to death** duine a dhaoradh chun báis

sentiment n (feeling) mothú m; (emotionalism) maoithneachas m1; (opinion) meon m, intinn f2; **sentimental** adj maoithneach, maothintinneach

separate adj scartha; (room) ar leith ▷ vt scar, deighil; (make a distinction between) dealaigh idir ▷ vi scar; **separately** adv (people) ina nduine agus ina nduine; (things) ina gceann agus ina gceann, ceann i ndiaidh an chinn eile; **separation** n scaradh m

September n Meán m Fómhair

septic adj (wound) seipteach, galrach; **septic tank** n dabhach f2 séarachais or mhúnlaigh

sequel n (programme) clár m leantach; (of story) an chéad chuid f3 eile

sequence n (order) ord m1; (series) sraith f2; (of film) sraitheog f2

sequin n seacain f2

Serb adj, n Seirbiach m1

Serbia n an tSeirbia f4

Serbian adj, n Seirbiach m1

sergeant n sáirsint m4

serial n sraithchlár m1, sraithscéal m1; **serial number** n sraithuimhir f

series n sraith f2

serious adj (in earnest) dáiríre; (matter) tromchúiseach; (injury) trom; **be ~!** stad den amaidí!; **seriously** adv i ndáiríre; (hurt) go dona

sermon n seanmóir f3

servant n seirbhíseach m1

serve vt (employer etc) bheith i seirbhís ag; (customer) freastail ar; (food) riar (ar), leag chuig; (mass) friotháil; (apprenticeship, prison term) cuir isteach; (writ) seirbheáil ▷ vi (Tennis) tabhair; (suffice): **it will ~ its purpose** déanfaidh sé cúis ▷ n

(Tennis) tabhairt f3, seirbhís f2; **it ~s him right** gura mar sin dó, is maith an airí air é, tá sé ró-mhaith aige; **server** n (Comput) freastalaí m4

service n seirbhís f2 ▷ vt (car, washing machine) seirbhísigh, athchóirigh; **the S~s** na Fórsaí mpl4 Cosanta; **to be of ~ to sb** bheith fóinteach ag duine; **service charge** n táille f4 sheirbhíse; **serviceman** n (army) saighdiúir m3; (navy) saighdiúir cabhlaigh; **service station** n stáisiún m peitril

serviette n naipcín m4 (boird)

session n seisiún m4

set n (of tools etc) foireann f2, cur m1; (also: **television ~**) teilifíseán m1; (Radio) gléas m1 (craolacháin); (Tennis) sraith f2; (group of people) dream m3, aicme f4; (Theat: stage) láithreán m1; (: scenery) radharcra m4; (Math) tacar m1; (Hairdressing) feistiú m ▷ adj (fixed) daingean, suite; (ready) réidh ▷ vt (place) cuir; (fix, establish) leag amach, socraigh; (clock) socraigh; (decide: rules etc) leag síos; (task) cuir roimh; (exam) ceap, déan amach; (bone) cuir ina háit ▷ vi (sun) luigh; (jam, jelly, concrete) táthaigh, téacht, sioc; (bone) snaidhm, táthaigh; **to be ~ on** bheith meáite ar; **to ~ the table** an bord a leagan ora ghléasadh; **to ~ sth to music** ceol a chur le rud; **to ~ on fire** cur trí thine; **to ~ free** scaoileadh saor; **to ~ sth going** rud a chur sa siúl; **to ~ sail** cur chun farraige; **set about** vt fus (task) tabhair faoi; **set aside** vt cuir i leataobh; **set back** vt cuir ar gcúl; (cost) cosain; **it ~ us back a week** chuir sé seachtain ar gcúl muid; **it ~ me back £5** chosain sí

cúig phunt orm; **set off** vi imeacht ▷ vt (bomb) pléasc; (cause to start) dúisigh; (show up well) cuir le, bí de bhiseach ar; **set out** vi cuir chun bóthair ▷ vt (arrange) feistigh; (arguments) leag amach; **I ~ out to do sth** chuir mé romham rud a dhéanamh; **set up** vt (organization) bunaigh; **setback** n: **that was a setback to us** chuir sin cúl orainn; **set menu** n béile m4 an lae

settee n tolg m1

setting n (location) suíomh m1; (of jewel) leaba f; (position: of controls) leagan m1

settle vt socraigh; (argument) réitigh; (problem) fuascail, réitigh; (account) glan, socraigh ▷ vi (dust) luigh; (water) socraigh, síothlaigh; **to ~ for sth** bheith sásta le rud; **to ~ on sth** cinneadh ar rud; **they ~d in Galway** bhain or chuir siad fúthu in Gaillimh; **settle in** vi seadaigh, socraigh isteach; **settle up** vi: **to ~ up with sb** réiteach le duine; **settlement** n (Law) socraíocht f3; (payment) socrú m, glanadh m (cuntais); (village etc) lonnaíocht f2

setup n (situation) dóigh f2; **that's the present ~** sin an dóigh a bhfuil cúrsaí faoi láthair

seven num seacht; **~ bottles** seacht mbuidéal; **~ people** seachtar m; **seventeen** num seacht (gcinn) déag; **seventeen bottles** seacht mbuidéal déag; **seventeen people** seacht nduine dhéag; **seventh** num seachtú m4; **the seventh woman** an seachtú bean; **seventy** num seachtó

sever vt teasc, scoith, bain de; (relations) bris; **he ~ed his right foot** baineadh a chos dheas de; **he**

~ed his ties with them bhris sé a chumann leo

several adj roinnt + gen ▷ pron roinnt; **~ of us** cuid againn

severe adj dian, géar; (weather) crua, anróiteach; (criticism) feanntach

sew vt, vi fuaigh

sewage n múnlach m1

sewer n séarach m1

sewing n fuáil f3; **sewing machine** n inneall m1 fuála

sex n gnéas m1; **to have ~ with sb** luí le duine, caidreamh collaí a bheith agat le duine; **sexist** adj gnéaschlaonta ▷ n duine m4 gnéaschlaonta; **sexual** adj gnéasach, gnéis n gen; (sensual) collaí; **sexy** adj gnéasúil, meabhlach

shabby adj díblí, seanchaite, giobach; (behaviour) suarach

shack n bothán m1, seantán m1

shade n scáth m3 ▷ vt scáthaigh, cuir scáth ar; **in the ~ of the trees** faoi scáth na gcrann; **a ~ too large** pas beag ró-mhór; **a ~ more** beagáinín níos mó

shadow n scáth m3 ▷ vt (follow) coimhéad, coinnigh súil ar, lean; **shadow cabinet** n (Pol) comh-aireacht f3 (an) fhreasúra

shady adj scáthach, foscúil; (fig: dishonest) amhrasach, lochtach, míchneasta

shaft n (of arrow, spear) crann m1; (Aut, Tech) seafta m4; (of mine) sloc m1; (of lift) log m1; (of light) ga m4

shake vt, vi croith; **it shook me up** baineadh croitheadh or suaitheadh mór asam; **to ~ one's head** do cheann a chroitheadh; **to ~ hands with sb** lámh a chroitheadh le duine; **shake off** vt cuir díot; **to ~**

off the cold slaghdán a chur díot; **to ~ sb off** an cor gearr a chur ar dhuine; **shake up** vt bain stangadh as; **shaky** adj (hand, voice) creathach; (fearful) critheaglach

shall aux vb: **I ~ go** rachaidh mé; **~ I open the door?** an osclóidh mé an doras?

shallow adj (water) tanaí; (container) éadomhain; **a ~ person** éadromán

sham n cur m1 i gcéill ▷ adj bréige n gen

shambles n (mess) praiseach f2; (confusion) cíor f2 thuathail

shame n náire f4 ▷ vt náirigh, cuir náire ar; **it is a ~ that** is mór an trua go; **~ on you!** mo náire thú!; **shameful** adj náireach; **shameless** adj gan náire

shampoo n foltfholcadh m, seampú m4

shamrock n seamróg f2

shandy n seandaí m4

Shannon n: **the (River) ~** an tSionainn f2

shape n cruth m3, múnla m4 ▷ vt cruthaigh, múnlaigh; **to take ~** fabhraigh, teacht i gcruth; **shape up** vi (person) cruthaigh; (events): **it is shaping up to be a bad winter** tá an chuma air gur drochgheimhreadh a bheas ann; **they are shaping up well** tá cosúlacht mhaith orthu

share n cuid f3, cion m4; (Comm) scair f2 ▷ vt roinn; **shareholder** n scairshealbhóir m3

shark n siorc m3; (fig: person) caimiléir m3, plucálaí m4, lomaire m4

sharp adj (razor, knife, point) géar; (person) géarchúiseach; (incline) rite ▷ n (Mus) géar m1 ▷ adv (precisely): **at 2 o'clock** ~ ar bhuille a dó; **sharpen** vt cuir faobhar ar, faobhraigh; (pencil) cuir bior ar, bioraigh; **sharpener** n (also: **pencil sharpener**) bioróir m3 (peann luaidhe); **sharply** adv go géar; (turn, stop) go tobann; (stand out) go soiléir; (reprimand) go giorraisc

shatter vt: **to** ~ **sth** rud a fhágáil ina smidiríní; (fig) bris, scrios ▷ vi pléasc

shave vt, vi bearr n bearradh m (féasóige); **shaver** n (also: **electric shaver**) rásúr m1 leictreach

shaving cream n ungadh m1 bearrtha

shaving foam n cúr m1 bearrtha

shavings npl (of wood etc) scamhadh msg, scamhacháin mph, sliseogaí fpl2

shawl n seál m1

she pron sí, í; (as subject): ~ **came in** tháinig sí isteach; (with copula): ~ **is a woman** is bean í; (in passive, autonomous): ~ **was injured** gortaíodh í; (emphatic) sise, ise; ~ **came in and she stayed** tháinig sise agus d'fhan seisean; **it is** ~ **who ...** (is) ise a ...

sheath n truaill f2; (contraceptive) coiscín m4

shed n bothán m1 ▷ vt (leaves) caill; (tears) sil; (animal: coat) cuir

sheep n (sg) caora f; (pl) caoirigh fpl; **sheepdog** n madra m4 caorach; **sheepskin** n craiceann m1 caorach

sheer adj (utter) lom, amach agus amach; (steep) rite; (almost transparent) sreabhnach ▷ adv glan

sheet n (on bed) braillín f2; (of paper) leathanach m1; (: form) bileog f2; (of glass, metal etc) leathán m1; (of ice) leac f2

sheik, sheikh n síc m4

shelf n seilf f2; (Geog) laftán m1

shell n (on beach) sliogán m1; (of egg, nut, crab) blaosc f2; (of peas) cochall m1, faighneog f2; (of building, boat etc) creatlach f2; (explosive) pléascán m1, sliogán m1 ▷ vt (peas) scamh; (Mil) scaoil pléascáin le, bombardaigh

shellfish n (crab etc) iasc m1 blaoscach; (scallop etc) iasc sliogánach ▷ npl (as food) bia msg4 sliogán

shelter n foscadh m1, dídean f2; (building) scáthlán m1 ▷ vt tabhair foscadh do; (to give lodging to) tabhair dídean do ▷ vi téigh ar foscadh

shepherd n aoire m4, tréadaí m4 ▷ vt (guide) aoirigh, treoraigh; **shepherd's pie** n píóg f2 an aoire

sheriff (US) n sirriam m4

sherry n seirís f2

Shetland n (also: **the ~s, the ~ Islands**) Sealtainn f4

shield n sciath f2; (protection) scáth m3 ▷ vt cuir scáth ar, cumhdaigh, cosain

shift n (change) athrú m; (work period) seal m3 ▷ vt bog, aistrigh ▷ vi bog, corraigh

shin n lorga f4

shine n loinnir f, dealramh m1 ▷ vi lonraigh, dealraigh; (sun) soilsigh ▷ vt (torch etc) dírigh (ar); **to** ~ **a light on sth** solas a chaitheamh ar rud

shingles n (Med) deir f2

shiny adj lonrach, dealraitheach; (shoes) snasta

ship n long f2; (send) cuir (ar bhord loinge); **shipment** n lastas m1; **shipping** n (ships) loingeas m1; (act) loingseoireacht f3; **shipwreck**

n (*ship*) long *f2* bhriste; (*event*) longbhriseadh *m*, longbhá *m* ▷ *vt*: **we were shipwrecked on the reef** briseadh an long ar an bhoilg ▷ *adj* longbhriste; **shipyard** *n* longcheárta *f4*, longchlós *m*

shirt *n* léine *f4*; **in (one's) ~ sleeves** i gcabhail do léine, i do léine is i do bhríste

shit (*infl*) *n* cac *m3* ▷ *excl* damnú air!

shiver *n* crith *m3* ▷ *vi* bí ar crith, creathnaigh

shock *n* geit *f2*, croitheadh *m*; (*Elec, Mech*) turraing *f2*; (*mental*) coscairt *f3*, suaitheadh *m* ▷ *vt* (*offend*) tabhair scannal do; (*startle*) bain croitheadh as; **I was ~ed when I saw it** baineadh croitheadh asam nuair a chonaic mé é; **I got a terrible ~** baineadh an-anáil díom; **shocking** *adj* (*scandalizing*) scannalach; (*appalling*) creathnach, uafásach

shoe *n* bróg *f2*; (*also*: **horse~**) crú *m4* ▷ *vt* (*horse*) crúigh; **shoelace** *n* iall *f2* bróige, barriall *f2*; **shoe polish** *n* snas *m3* bróg; **shoeshop** *n* siopa *m4* bróg

shoot *n* (*on branch, seedling*) buinneán *m*, péacán *m* ▷ *vt* scaoil, caith; (*film*) déan, glac *vi* (*with gun, bow*) to ~ (**at**) scaoileadh (le); **shoot down** *vt* (*plane, bird*) tabhair anuas; **shoot in** *vi* scinn isteach; **shoot out** *vi* scinn amach; **shoot up** *vi* (*fig*) léim in airde, éirigh de léim; **shooting** *n* scaoileadh *m*, lámhach *m*; (*Hunting*) foghlaeireacht *f3*

shop *n* siopa *m4*, (*workshop*) ceardlann *f2* ▷ *vi* (*also*: **go ~ping**) téigh ag siopadóireacht; **shop assistant** *n* freastalaí *m4* siopa; **shopkeeper** *n* siopadóir *m3*, fear

m siopa; **shoplifting** *n* gadaíocht *f3* siopa; **shopping** *n* siopadóireacht *f3*; **shopping bag** *n* mála *m4* siopadóireachta; **shopping centre** (*US* **shopping center**) *n* ionad *m* siopadóireachta; **shop window** *n* fuinneog *f2* siopa

shore *n* (*of sea*) cladach *m*; (*of lake*) bruach *m* ▷ *vt*: **to ~ (up)** taca a chur le; **on ~** ar tír

short *adj* gearr *or* faoi, gairid; (*person*) beag, giortach; (*curt*) giorraisc; (*insufficient*) gann; **to be ~ of sth** bheith gann i rud; **in ~** i mbeagán focal; **everything ~ of** gach aon rud ach; **it is ~ for** is giorrúchán é ar; **to cut ~** (*speech, visit*) gearradh; **we are running ~ of food** tá an bia ag éirí gann orainn, tá muid ag éirí gann i mbia; **to stop ~** stopadh go tobann; **to stop ~ of** gan dul comh fada le; **shortage** *n* ganntanas *m*, teirce *f4*; **shortbread** *n* arán *m* briosc; **shortcoming** *n* locht *m3*; **shortcut** *n* aicearra *m4*, cóngar *m*; **to take a shortcut** aicearra a ghearradh; **shorten** *vt* gearr, giorraigh; **shortfall** *n* easnamh *m*, gannchion *m4*; **shorthand** *n* (*text*) gearrscríobh *m*; **shortlist** *n* (*for job*) gearrliosta *m4*; **short-lived** *adj* gearrshaolach; **shortly** *adv* gan mhoill, roimh i bhfad; **shorts** *npl*: **(a pair of) shorts** bríste *msg4* gairid; **short-sighted** *adj* gairid sa radharc, gearr-radharcach; **short story** *n* gearrscéal *m*; **short-tempered** *adj* teasaí, tobann; **short-term** *adj* neamhbhuan, gearrshaolach, gearrthéarma *n gen*

hot n urchar m; (try) iarraidh f; (injection) instealladh m; (Phot) pictiúr m; **he's a good ~** tá urchar maith aige; **like a ~** mar a bheadh splanc ann; **shotgun** n gunna m4 gráin

hould aux vb: **I ~ go now** ba cheart dom imeacht anois; **he ~ be there now** ba cheart dó bheith ann faoi seo; **I ~ like to** ba mhaith liom

houlder n gualainn f2 ▷ vt (fig) glac ort féin, luigh faoi; **shoulder blade** n slinneán m

hout n scairt f2, gáir f2, béic f2 ▷ vt, vi (also: **~ out**) scairt, lig béic asat

hove vt brúigh; (inf: put): **to ~ sth in** ba bhrú isteach; **shove off** (inf) vi: **~ off!** gread leat!

hovel n sluasaid f2

how n (Theat, TV) seó m4; (exhibition) taispeántas m; (semblance) mustar m, cur m i gcéill ▷ vt taispeáin; (uncover) nocht ▷ vi bheith le feiceáil; **on ~** (exhibits etc) ar taispeáint; **show in** vt (person) tabhair or seol isteach; **show off** vi (pej) déan mustar, cuir gothaí ort féin ▷ vt (display): **to ~ sth off** gaisce a dhéanamh de rud; **show out** vt: **to ~ sb out** duine a chomóradh amach; **show up** vi (inf: turn up) tar ar bráid ▷ vt (reveal) léirigh, tabhair chun solais

shower n (rain) ráig f2, cith m3; (in bathroom) cithfholcadán m; (act of) cithfholcadh m; (of stones etc) cith ▷ vi cithfholcadh a bheith agat ▷ vt: **to ~ sb with sth** (gifts etc) dalladh de rud a thabhairt do dhuine; **to have** or **take a ~** cithfholcadh a bheith agat; **shower gel** n glóthach f2 chithfholctha

showing n (of film) taispeáint f3

show-off (inf) n (person) uaiceálaí m4, siollaire m4

showroom n seomra m4 taispeántais

shred n ribeog f2, leadhbóg f2; (of evidence) dá laghad ▷ vt stiall, stoll; (Culin) scillig, mionghearraigh

shrewd adj críonna, glic, fadcheannach

shriek vi scréach

shrimp n sreabhlach m, ribe m4 róibéis; (person) séacla m4, draoidín m4

shrine n scrín f2

shrink vi crap, giortaigh; (move: also: **~ away**) cúb, diúltaigh roimh, cúlaigh ▷ vt (wool) crap; **to ~ from (doing) sth** loiceadh or diúltú roimh rud (a dhéanamh)

shrivel vt, vi (also: **~ up**) searg, spall

shroud n taiséadach m ▷ vt: **to ~ sth in mystery** dúrún a dhéanamh de rud

Shrove Tuesday n Máirt f4 Inide

shrub n tor m, tom m

shrug vt, vi: **to ~ (one's shoulders)** (do ghuaillí) a chroitheadh; **shrug off** vt: **to ~ sth off** rud a chur díot, neamhshuim a dhéanamh de rud

shudder vi: **she ~ed** chuaigh creathán tríd

shuffle vt (cards) suaith, boscáil ▷ vt, vi: **to ~ one's feet** bheith ag scuabáil, bheith ag tarraingt na gcos

shun vt seachain

shut vt, vi druid, dún; **shut down** vt, vi druid, dún; **shut off** vt cuir as, múch; **shut up** vi (inf: keep quiet) éist do bhéal!, dún do chlab!, bí i do thost! ▷ vt (close) druid, dún; **shutter** n comhla f4

shuttle n spól m; (also: **~ service**)

S

seirbhís f2 tointeála; **shuttlecock** n (Badminton) eitneán m1

shy adj faiteach, cotúil

siblings n deartháireacha mpl agus deirfiúracha fpl

Sicily n an tSicil f2

sick adj (ill) tinn, breoite; **I'm ~** tá tinneas orm, tá mé breoite; **I feel ~** (vomiting) tá masmas or orla orm; **to be ~** of (fig) bheith tinn tuirseach de; **sickening** adj (fig) masmasach; (disgusting) samhnasach; **sick leave** n saoire f4 bhreoiteachta; **sickly** adj coinbhreoite, meath-thinn; (ill-looking) drochdhathach, mílítheach; (causing nausea) masmasach; **sickness** n tinneas m1, breoiteacht f3; (vomiting) orla m4

side n taobh m1; (of lake) bruach m1; (team) foireann f2 b adj (door, entrance) taoibh n gen b vi: **to ~ with sb** dul i leith duine; **by the ~ of** le hais + gen; **~ by ~** taobh le taobh; **from ~ to ~** anonn agus anall; **to take ~s (with)** dul i bpáirt + gen; **at the ~ of the road** i leataobh an bhealaigh mhóir; **sideboard** n cornchlár m1; **side effect** n seachthoradh m1; **sidelight** n (Aut) taobhsholas m1; (Phot) fiarsholas m1; **sideline** n (Sport) taobhlíne f4; **side order** n taobhordú m; **side street** n taobhshráid f2; **sidetrack** n (Rail) taobhlach m b vt: **to sidetrack sb** iúl duine a thógáil (de rud), scéal eile a tharraingt ort féin; **sidewalk** (US) n cosán m1 (sráide); **sideways** adv i leith an chliatháin, i leataobh

siege n léigear m1

sieve n criathar m1

sift vt (fig: also: **~ through**)

mionscag; (lit: flour etc) criathraigh

sigh n osna f4 b vi osnaigh, lig osna

sight n (faculty) amharc m1, radharc m1; (spectacle) amharc m1 súl, féic f2 saolta; (on gun) treoir f b vt feic; (gun) treoráil; **in ~** ar amharc, le feiceáil; **out of ~** as amharc; **sightseeing** n fámaireacht f3; **to go sightseeing** dul ag fámaireacht, dul ag amharc ar na hiontais

sign n comhartha m4; (notice) fógra m4, clár m1; (omen) tuar m1; (of the cross) fíor f b vt (document) cuir d'ainm le, saighneáil, sínigh; (indicate) déan comhartha; **sign on** vi (Mil) téigh san arm; (as unemployed) saighneáil; (for course) cláraigh b vt (Mil) earcaigh; (employee) fostaigh; **sign up** vt (Mil) earcaigh b vi (Mil) téigh or liostaigh san arm; (for course) cláraigh; **there is no ~ of him** níl iomrá ar bith air

signal n comhartha m4 b vt: **to ~ sb** comhartha a dhéanamh le duine; (message) scéala a chur chuig duine

signature n síniú m

significance n (meaning) ciall f2; (importance) tábhacht f3

significant adj (important) tábhachtach, trombhríoch, tromchúiseach

signpost n cuaille m4 eolais

silence n ciúnas m1 b vt (person): **to ~ sb** duine a chur ina thost

silent adj ciúin; **to remain ~** fanacht i do thost

silhouette n scáthchruth m3

silicon chip n slis f2 sileacáin

silk n síoda m4 b cpd síoda n gen

silly adj amaideach, breallánta, bundúnach; **~ person** prioll f2;

~ talk breallaireacht f3,
glagaireacht f3

silver n airgead m1; (also: **~ware**)
gréithe pl airgid ▷ adj airgid n gen;
silver-plated adj airgeadaithe

SIM card n cárta m4 SIM

similar adj: **~ (to)** cosúil (le);
similarly adv a dhála sin, mar an
gcéanna

simmer vi (Culin) bogfhiuch,
suanbhruith, bain bogfhiuchadh
as; (revolt etc) coip

simple adj simplí; **simplicity** n
simplíocht f3; **simply** adv go
simplí; **I simply said that ...** ní
dúirt mé ach (go) ...; **you simply
have to ...** (imperative) níl (le
déanamh) agat ach ...

simultaneous adj comhuaineach

sin n peaca m4 ▷ vi déan peaca,
peacaigh

since adv, prep ó + lenition ▷ conj ó
(tharla); **~ then, ever ~** ó shin

sincere adj ionraic, fíréanta, amach
ó do chroí; **sincerely** adv see **yours**

sing vt abair, can, cas (amhrán) ▷ vi:
she is ~ing tá sí ag gabháil cheoil;
to begin to ~ drándán ceoil a chur
sus

singer n amhránaí m4, ceoiltóir m3,
fonnadóir m3

singing n amhránaíocht f3,
fonnadóireacht f3

single adj aonair n gen, aonarach;
(unmarried) singil, díomhaoin ▷ n
(also: **~ ticket**) ticéad m1 singil;
(record) ceirnín m4 singil; **single
out** vt pioc amach; **single file** n:
in single file duine i ndiaidh duine;
single-handed adv i d'aonar, gan
chabhair; **single-minded** adj
rúndaingean, diongbháilte; **single
room** n seomra m4 singil

singular adj aonarach;

(outstanding) ar leith; (Ling) uatha n
gen ▷ n uatha m4

sinister adj clé, claon-, droch-,
urchóideach, cealgrúnach

sink n doirteal m1 ▷ vt (ship) suncáil,
báigh; (foundations) cuir síos ▷ vi
(ship) téigh go grinneall; (ground
etc) suncáil, íslígh; **my heart sank**
thit mo chroí; **sink in** vi (fig): **it
finally sank in to me that ...**
tuigeadh dom sa deireadh go ...

sinus n cuas m1

sip n súimín m4, snáthán m1 ▷ vt
bain súimín as

sir n duine uasal; **S~ Maurice de
Bracy** An Ridire m4 Muiris de Bracy

siren n bonnán m1

sirloin n (also: **~ steak**) stéig f2
chaoldroma

sister n deirfiúr f; (nun, Brit: nurse)
siúr f; **sister-in-law** n deirfiúr f
chleamhnais

sit vi suigh; (also: **to be ~ting**)
bheith i do shuí; (assembly): **to ~ on**
bheith ar ▷ vt (exam) déan; **sit
down** vi suigh síos or fút; **~ down
at the table!** suigh isteach ag an
tábla!; **sit in on** vt fus suigh isteach
ar; **sit up** vi suigh aniar; (not go to
bed) fan i do shuí

site n ionad m1, láithreán m1; (also:
building ~) áit f2 tógála; (also:
web~) láithreán, suíomh m1 ▷ vt
cuir, suigh, ionadaigh

sitting n cruinniú m, suí m4; **sitting
room** n seomra m4 suí

situated adj suite

situation n (condition) staid f2;
(locale) suíomh m1; **the ~ of sth** an
luí atá ar rud

six num sé; **~ bottles** sé bhuidéal; **~
people** seisear m1; **Six Counties** n:
the Six Counties na Sé Chontae;
sixteen num sé (cinn) déag;

sixteen bottles sé bhuidéal déag;
sixteen people sé dhuine déag;
sixth num séú m4; **the sixth woman** an séú bean; **sixty** num seasca + sg

size n méid f2; **size up** vt braith, cuir sa mheá; **sizeable** adj toirtiúil, measartha mór

sizzle vi giosáil

skate n scáta m4; (also: **roller ~**) scáta rothacha; (fish) sciata m4 ▷ vi scátáil; **skateboard** n clár m1 scátála; **skater** n scátálaí m4; **skating** n scátáil f3; **skating rink** n rinc f2 scátála

skeleton n cnámharlach m1; (outline) creatlach f2

skeptical (US) adj = **sceptical**

sketch n sceitse m4 ▷ vt sceitseáil

skewer n briogún m1

ski n scí m4 ▷ vi sciáil; **ski boot** n bróg f2 sciála

skid vi sciorr; **skier** n sciálaí m4; **skiing** n sciáil f3

skilful (US **skillful**) adj sciliúil, cliste, oilte, deaslámhach; **to be ~** at sth lámh mhaith a bheith ar rud

ski lift n ardaitheoir m3 sciála

skill n scil f2; (requiring training: gen pl) ceird f2; **skilled** adj oilte; **to be skilled in a trade** ceird a bheith ar do lámh

skim vt (milk) scimeáil, bearr, bain an barr de; (glide over) sciorr, scinn; **skimmed milk** n sceidín m4, bainne m4 bearrtha

skin n craiceann m1, seithe f4; **skinny** adj tanaí, creatlom; **skinny person** scáineachán m1

skip n léim f2, foléim f2; (container) gabhdán m1 bruscair ▷ vi caith léim or foléim; (with rope) bheith ag scipeáil ▷ vt léim thar

skipper n (of boat) scipéir m3,

máistir m4, captaen m1; (Sport) captaen

skipping rope n téad f2 léimní or scipeála

skirt n sciorta m4 ▷ vt sciortáil, timpeallaigh

skirting board n clár m1 sciorta

ski slope n fána f4 sciála

ski suit n culaith f2 sciála

skull n blaosc f2 an chinn or chloiginn, cloigeann m1

skunk n conbhach m1

sky n spéir f2; **skyscraper** n teach m spéire, ilstórach m1 (spéire)

slab n leac f2, slaba m4

slack adj (loose) scaoilte; (neglectful) siléigeach; (business) ciúin, neamhghnóthach ▷ n (coal) smúdar m1 guail

slam vt (door) plab; (criticize) tabhair faoi, cáin ▷ vi dún de phlab

slander n clúmhilleadh m

slang n béarlagair m4

slant n claoine f4, fiaradh m, maig f2, fiar m1; **it is at a ~** tá leataobh air

slap n boiseog f2, bos f2 ▷ vt: **to ~ sb** boiseog or bos a thabhairt do dhuine

slash vt scor, slaiseáil

slate n scláta m4, slinn f2 ▷ vt (house) cuir scláta ar; (fig: criticize) feann

slaughter n ár m1, sléacht m3 ▷ vt déan ár or sléacht ar; (animal) maraigh; **slaughterhouse** n seamlas m1

slave n sclábhaí m4 ▷ vi (also: **~ away**) bheith ag sclábhaíocht (leat); **slavery** n daoirse f4; (drudgery) sclábhaíocht f3

slay vt maraigh

sleazy adj brocach

sledge n carr m1 sleamhnáin

sleek adj sleamhain, slim; (cunning)

slíocach, glic

sleep n codladh m3 ▷ vi codail; **to go to ~** dul a chodladh; **sleep in** vi (oversleep) codail mall or amach; **sleeper** n (Rail) cóiste m4 codlata; (: berth) leaba f; **sleeping bag** n mála m4 codlata; **sleeping car** n (Rail) cóiste m4 codlata; **sleeping pill** n piollaire m4 suain; **sleepover** n codladh m3 thar oíche; **sleepy** adj codlatach; **to be sleepy** codladh a bheith ort

sleet n flichshneachta m4

sleeve n muinchille f4

sleigh n carr m sleamhnáin

slender adj seang, caol

slew vi (also: **~ round**) sciorr, sleamhnaigh

slice n slis f2, sliseog f2, stiall f2; (Sport) slisbhuille m4 ▷ vt gearr na shliseogaí; (ball) slis

slick adj (smooth) snasta, líofa, creatúil; (slippery) sleamhain, slíocach ▷ n (also: **oil ~**) leo m4 ola

slide n (in playground, Phot) sleamhnán m; (also: **hair ~**) greamán m; (in prices) titim f2, sleamhnú m ▷ vt sleamhnaigh ▷ vi sciorr, sleamhnaigh; **sliding** adj sleamhnáin in gen; **sliding door** comhla f4 shleamhnáin

slight adj (build) caol, seang; (small, extent) beag, breac– ▷ n achasán m; **she is not in the ~est interested in it** níl spéis dá laghad aici ann; **slightly** adv beagán, beagáinín, beagán beag

Sligo n Sligeach m1

slim adj tanaí, caol, seang ▷ vi bheith do do thanú féin; **slimming** adj (diet, pills) tanaithe

slimy adj (muddy) ramallach; (person) sleamhain, snámhach; **a ~ individual** sramaide m4

sling n (Med) iris f2 ghualainne; (weapon) crann m1 tabhaill ▷ vt teilg

slip n sleamhnú m, sciorradh m; (mistake) botún m1, dearmad m1; (underskirt) foghúna m4; (of paper) slip f2, bileog f2; (for pay) duillín m4 ▷ vt (slide) sleamhnaigh ▷ vi sleamhnaigh; (decline) téigh síos; (move smoothly) **to ~ into/out of** sleamhnú isteach i/amach as; **to give sb the ~** cor a chur ar dhuine; **a ~ of the tongue** sciorradh m focail; **slip away** vi éalaigh, caolaigh leat, seangaigh as; **slip in** vt scaoil isteach ▷ vi (errors) tar isteach i ngan fhios; **slip out** vi éalaigh, seangaigh as, caolaigh leat; **I let it ~ out** (secret) d'imigh an focal orm, sciorr an focal uaim; **slip up** vi: **he ~ped up** rinne sé botún, chuaigh sé amú

slipper n slipéar m1

slippery adj sleamhain, sciorrach

slip road n sliosbhóthar m1

slit n scoilt f2, gearradh m ▷ vt scoilt, gearr

slog vi bheith ag úspaireacht leat, bheith ag streachailt or ag stróiceadh leat

slogan n mana m4

slope n fána f4 ▷ vi: **it ~s down** tá fána leis; **sloping** adj claon

sloppy adj slapach, sleamhchúiseach, leibideach, líobarnach

slot n sliotán m1 ▷ vt: **to ~ sth into** rud a chur isteach i

Slovakia n an tSlóvaic f2

Slovenia n an tSlóivéin f2

slow adj mall, fadálach; (watch): **to be five minutes ~** bheith cúig noiméad mall ▷ adv go mall, go fadálach ▷ vi (also: **~ down, ~ up**)

S

moilligh; **"~"** (road sign) "go mall";
slowly adv go mall, go fadálach

slug n seilide m4; **sluggish** adj
spadánta, torpánta, malltriallach

slum n (house) sluma m4

slump n meath m3; (Comm)
tobthitim f2, meathlú m ▷ vi
(person) tit i do chnap

slur n (fig: smear): **~ (on)** masla m4
(do) ▷ vt: **to ~ one's speech**
bachlóg a bheith ar do theanga

slush n greallach f2, lathach f2,
spútrach m1

sly adj slítheánta, slíocach,
sleamhain

smack n (slap) greadóg f2, boiseog
f2; (on face) leiceadar m1 ▷ vt
tabhair bos or boiseog do ▷ vi:
to ~ of sth blas ruda a bheith ar

small adj beag, mion-; **small
change** n airgead m1 mion,
sóinseáil f3 bheag, pinginí fpl2
(beaga) sóinseála

smart adj (neat) innealta, sciobalta;
(clever) cliste, géar; (quick) gasta
▷ vi: **her eyes were ~ing** bhí
greadfach ina súile; **smarten** vi:
to smarten o.s. up caoi or dóigh a
chur ort féin ▷ vt: **to smarten sth
up** caoi or dóigh a chur ar rud

smash n (also: **~-up**: accident)
tuairteáil f3, timpiste f4 taisme;
(also: **~ hit**): **it is a ~ hit** tá ráchairt
mhór air, an t-óir air ▷ vt
(opponent) tabhair greasáil do,
treascair; (Sport: record) sáraigh;
to ~ sth to pieces smidiríní a
dhéanamh de rud; **to ~ sth
against sth** rud a ghreadadh in
éadan ruda ▷ vi brís; **smashing**
(inf) adj ar fheabhas, thar barr, thar
cinn

smear n smearadh m1, smeadráil f3;
(Med) scrúdú m smearaidh ▷ vt

smear, smeadráil

smell n boladh m1, mos m1 ▷ vt
bolaigh ▷ vi (food etc): **it ~s of**
bolaigh ▷ vi; **to ~ of**
bolaigh ▷ (pej): **it
~s (terrible)** tá boladh bréan as or
uaidh; **smelly** adj bréan

smile n miongháire m4, aoibh f2,
meangadh m (gáire) ▷ vi aoibh an
gháire a bheith ort, miongháire a
dhéanamh

smirk n seitgháire m4, streill f2

smog n toitcheo m4

smoke n toit f2, deatach m1 ▷ vt
(tobacco) caith; (fish, bacon)
deataigh; **he ~s 20 a day**
caitheann sé fiche sa lá; **smoked**
adj (bacon, fish) deataithe;
smoking n caitheamh m1 tobac;
"no smoking" (sign) "ná caitear
tobac"; **to give up smoking** éirí as
na toitíní; **smoky** adj deatúil,
smúitiúil

smooth adj mín, caoin, réidh,
séimh ▷ vt (clothes) smúdáil; **to ~
over sth** plána mín a chur ar rud

smother vt múch, plúch

SMS n abbr (= short message service)
SMS, seirbhís gearrtheachtaireachtaí

smudge n smál m1, smáileog f2,
smearadh m ▷ vt smálaigh, smear

smug adj bogásach

smuggle vt smuigleáil; **smuggling**
n smuigleáil f3, smuigléireacht f3

snack n sneaic f2, scroid f2, raisín
m4, smailc f2; **snack bar** n
sneaicbheár m4, scroidchuntar m1

snag n fadhb f2

snail n seilide m4

snake n nathair f (nimhe)

snap n (sound) snap m4, cnag m1; (of
finger) smeach m3; (photograph)
grianghraf m1 ▷ adj tobann ▷ vt
(break) snap, bris; (fingers) bain
smeach as ▷ vi snap, bris; **to ~ at**

sb glafadh a thabhairt ar dhuine, sclamh a bhaint as duine, bheith ag snapadh ar dhuine, snap a thabhairt ar dhuine; **to ~ shut** druidim de bhlosc or de phreab; **snap up** vt sciob (suas); **snapshot** n grianghraf m

snarl vi drann, drantaigh

snatch vt sciob; (kidnap) fuadaigh

sneak vi: **to ~ in/out** sleamhnú isteach/amach go formhothaithe or go fáilí ▷ n (inf, pej: informer) sceithire m4; **to ~ up on sb** teacht go formhothaithe or go fáilí ar dhuine

sneer vi: **to ~ at sb** fonóid a dhéanamh faoi dhuine

sneeze vi lig sraoth, bheith ag sraothartach

sniff vi, vt smúr; **to ~ around** bheith ag smúrthacht thart

snigger vi déan seitgháire

snip n (cut) gearradh m ▷ vt gearr

sniper n naoscaire m4, snípéir m3

snob n duine m4 ardnósach or mórluachach

snooker n snúcar m

snoop vi: **to ~ about** bheith ag smúrthacht thart

snooze n néal m codlata ▷ vi néal codlata a dhéanamh

snore vi srann, lig srann, bheith ag srannfaíl

snort vi srann

snow n sneachta m4 ▷ vi: **it's ~ing** tá sé ag cur sneachta; **snowball** n meall m sneachta; **snowdrift** n ráth m3 sneachta, muc f2 shneachta; **snowman** n fear m sneachta; **snowplough** (US **snowplow**) n céachta m4 sneachta; **snowstorm** n stoirm f2 shneachta

snub vt déan beag is fiú de,

maslaigh, tabhair gonc do ▷ n aithis f2, gonc m1

snug adj cluthar, seascair, teolaí

○ **KEYWORD**

so adv amhlaidh, chomh **1** (thus, likewise) mar sin, amhlaidh; **if so** más amhlaidh atá, más ea; **I have a car** — so also or **have I** tá carr agam — tá agus agamsa; **I went to the doctor** — **so did I** chuaigh mé chuig an dochtúir — chuaigh agus mise; **it's 5 o'clock** — **so it is!** tá sé a cúig a chlog — tá go deimhin!; **I hope so** tá súil agam sin; **I think so** is dóigh liom é; **so far** go dtí seo or go nuige seo or go sea

2 (in comparisons etc: to such a degree) chomh; **so big (that)** chomh mór (go); **she's not so clever as her brother** níl sí chomh cliste lena deartháir

3: **so much** adj, adv an oiread sin; **I've got so much work** tá an oiread sin oibre agam; **I love you so much** tá mé chomh mór sin i ngrá leat, tá mé chomh doirte sin duit; **so many** an oiread sin, an méid sin

4 (phrases): **10 or so** tuairim is deich; **so long!** (inf) slán go fóill! ▷ conj **1** (expressing purpose): **so as to, so (that)** chun go, le go, d'fhonn go

2 (expressing result) sa dóigh go, sa chaoi go, sa tslí go

soak vt, vi maothaigh; **to ~ sth in** rud a chur ar maos i; **~ed to the skin** fliuch go craiceann, fliuch báite, (bheith) i do líbín báite; **soak up** vt súigh

soap n gallúnach f2, sópa m4; **soap opera** n sobalchlár m1; **soap powder** n púdar m1 gallúnaí, púdar sópa

soar vi téigh in airde

sob n smeach m3, snag m3 ▷ vi bheith ag smeacharnach, bheith ag osnaíl

sober adj sóbráilte, stuama; **sober up** n bain an mheisce de ▷ vi cuir an mheisce díot, tar as meisce

so-called adj: **a ~ expert** saineolaí mar dhea

soccer n sacar m1

sociable adj cuideachtúil, sochaideartha

social adj sóisialta; (sociable) cuideachtúil; (social evening) oíche f4 chaidrimh; **socialism** n sóisialachas m1; **socialist** adj sóisialach ▷ n sóisialaí m4; **socialize** vi: **to socialize (with)** cuideachta a choinneáil (le); **social networking** n líonrú m sóisialta; **social security** n leas m3 sóisialta; **social work** n obair f2 shóisialta; **social worker** n oibrí m4 sóisialta

society n sochaí f4; (club) cumann m1; (also: **high ~**) an ghalántacht f3, an uaisleacht f3

sociology n socheolaíocht f3

sock n stoca m4 gearr

socket n cró m4; (Anat) logall m1; (Elec: also: **wall ~**) soicéad m1

soda n (Chem) sóid f2; (also: **~ water**) uisce m4 sóide; (US: also: **~ pop**) uisce mianraí

sofa n tolg m1

soft adj bog; **soft drink** n mianra m4, deoch f neamh-mheisciúil; **soften** vt bog; (fig) maothaigh; (pain) maolaigh ▷ vi bog; (fig) maolaigh; **softly** adv go bog, go réidh; **software** n (Comput)

bogearraí mpl4

soggy adj maoth, líbíneach, maosta

soil n (earth) ithir f, úir f2 ▷ vt salaigh

solar adj grianda; **solar panel** n painéal m1 gréine; **solar power** n grianchumhacht f3

soldier n saighdiúir m3

sole n (of foot, shoe) bonn m1; (fish) sól msg1 ▷ adj aon-

solemn adj sollúnta; (person) stuama, staidéartha

solicitor n aturnae m4

solid adj (firm) daingean; (not hollow) cruánach; (entire): **3 ~ hours** 3 uair an chloig gan stad ▷ n solad m1

solitary adj aonair n gen, aonarach

solo n ceol m1 aonair ▷ adv (fly) i d'aonar; **soloist** n aonréadaí m4

soluble adj intuaslagtha; (fig) inréitithe

solution n réiteach m1; (chemical) tuaslagán m1

solve vt réitigh, fuascail

solvent adj (Comm) sócmhainneach ▷ n (Chem) tuaslagóir m3

KEYWORD

some adj roinnt + gen; cuid (de); éigin **1** (a certain amount or number of): **some tea/water** braon tae/ uisce; **some children/apples** roinnt páistí/úll; **some money** dornán airgid

2 (certain: in contrasts): **some people say that** deir cuid de na daoine go or deirtear go; **some films were excellent, but most ...** bhí cuid de na scannáin ar fheabhas, ach bhí a mbunús ...

3 (unspecified): **some woman was looking for you** bhí bean éigin ar do lorg; **he was asking about some book (or other)** bhí sé ag fiafraí faoi leabhar éigin; **some day** lá éigin; **some day next week** lá éigin an tseachtain seo chugainn ▷ *pron* **1** (*a certain number*) roinnt, cuid; **I've got some** (*books etc*) tá roinnt (leabhar *etc*) agam; **some (of them) have been sold** díoladh cuid acu *or* cuid díobh **2** (*a certain amount*) cuid, roinnt, méid áirithe; **I've got some** (*money, milk*) tá méid áirithe agam, níl mé folamh ar fad ▷ *adv*: **some 10 people** tuairim is deichniúr

somebody *pron* = **someone**; **somehow** *adv* ar dhóigh éigin, ar chaoi éigin; (*for some reason*) ar chúis éigin; **someone** *pron* duine *m4* éigin; **someplace** (*US*) *adv* = **somewhere**; **something** *pron* rud *m3* éigin, ní *m4* éigin; **something interesting** rud éigin spéisiúil; **sometime** *adv* (*in future, past*) am éigin; **sometimes** *adv* in amanna, uaireanta; **somewhat** *adv* pas beag, ábhar, ábhairín; **somewhere** *adv* áit éigin

son *n* mac *m1*

song *n* amhrán *m1*; (*of bird*) ceiliúr *m1*

son-in-law *n* cliamhain *m4*

soon *adv* gan mhoill; (*early*) go luath, go moch; **~ afterwards** gan mhoill ina dhiaidh sin; *see also* **as**; **sooner** *adv* (*time*) níos luaithe; (*preference*): **I would sooner do sth** b'fhearr liom rud a dhéanamh; **sooner or later** luath nó mall

soothe *vt* ciúnaigh, tabhair sólás do; (*pain, anger*) maolaigh

sophisticated *adj* sofaisticiúil

sophomore (*US*) *n* scoláire *m4* den dara bliain

soprano *n* (*singer*) soprán *m1*

sore *adj* nimhneach, tinn, frithir; (*annoying*) goilliúnach ▷ *n* cneá *f4*

sorrow *n* brón *m1*, buairt *f3*

sorry *adj* brónach, buartha, aiféalach; (*excuse*) bacach; (*state, condition*) ainnis, bocht; **~!** gabh mo leithscéal; **to feel ~ for sb** trua a bheith agat do dhuine

sort *n* cineál *m1*, saghas *m1*, sórt *m1* ▷ *vt* (*also*: **~ out**) sórtáil; (*problems*) socraigh, réitigh; (*Comput*) sórtáil

so-so *adv* measartha, cuibheasach, réasúnta

soul *n* anam *m3*

sound *adj* (*healthy*) folláin; (*safe, not damaged*) slán; (*reliable, reputable*) iontaofa, fónta, fuaimintiúil; (*sensible*) céillí ▷ *adv*: **she is ~ asleep** tá sí ina chnap codlata ▷ *n* fuaim *f2*, glór *m1*, foghar *m1*; (*Geog*) caolas *m1* ▷ *vt* (*vowels, consonants etc*) fuaimnigh ▷ *vi*, *vi* (*alarm*) buail; (*fig: seem*): **that ~s good** smaoineamh maith é sin, tá ciall leis sin, tá cuma mhaith air sin; **sound card** *n* (*Comput*) fuaimchárta *m4*; **soundtrack** *n* (*of film*) fuaimrian *m1*

soup *n* anraith *m4*

sour *adj* searbh, géar; **it's ~ grapes** (*fig*) níl ann ach silíní searbha

source *n* foinse *f4*

south *n* deisceart *m1* ▷ *adj* deisceartach; (*wind*) aneas; (*side*) theas ▷ *adv* (*in*) theas; (*to*) ó dheas; (*from*) aneas; **the S~** an Deisceart *m1*; **~ of** taobh theas de; **South Africa** *n* an Afraic *f2* Theas; **South African** *adj*, *n* Afracach *m1* Theas; **South America** *n* Meiriceá *m4* Theas; **South American** *adj*, *n*

S

Meiriceánach m Theas; **south east** n oirdheisceart m ▷ adj oirdheisceartach; (wind) anoir aneas; (side) thoir theas ▷ adv (in) thoir theas; (to) soir ó dheas; (from) anoir aneas; **the South East** an tOirdheisceart m; **south east of** taobh thoir theas de; **southern** adj deisceartach, theas; **the Southern Cross** Cros f2 an Deiscirt; **South Pole** n an Pol m Theas; **southward, southwards** adv ó dheas; **south west** n iardheisceart m ▷ adj iardheisceartach; (wind) aniar aneas; (side) thiar theas ▷ adv (in) thiar theas; (to) siar ó dheas; (from) aniar aneas; **the South West** an tIardheisceart m; **south west of** taobh thiar theas de

souvenir n cuimhneachán m

sovereign n tiarna m4

sow¹ n (pig) cráin f

sow² vt (seed) cuir

soya (US **soy**) n: ~ **bean** pónaire f4 shoighe; ~ **sauce** anlann m soighe

spa n (town) spá m4; (US: also: **health**) ionad m íocshláinte

space n spás m; (room) fairsinge f4, áit f2; (length of time) achar m ▷ cpd spás- ▷ vt (also: ~ **out**) spásáil; **spacecraft, spaceship** n spásárthach m

spade n (tool) spád f2, rámhainn f2; **spades** npl (Cards) spéireataí mpl4

Spain n an Spáinn f2

spam n (Comput) turscar m

span n (of bird, plane) réise f4 sciathán; (of arch) réise; (in time) tamall m ▷ vt (river etc) trasnaigh

Spaniard n Spáinneach m

Spanish adj Spáinneach ▷ n (Ling) Spáinnis f2; **the Spanish** npl na Spáinnigh mph

spanner n castaire m4

spare adj (free, unoccupied) saor; (of person) lom, caol, lomghéagach; (surplus) breise n gen ▷ n (part) páirt f2 bhreise or spártha ▷ vt (afford to give: money, time) spáráil; (expense) coigil; (do without) déan gnó gan, tar gan; (refrain from hurting) lig le; **to** ~ (surplus) le spáráil; **if I am ~d** má fhágann Dia an tsláinte agam, faoina bheith slán dom; **spare part** n páirt f2 bhreise or spártha; **spare time** n am m3 saor; **spare wheel** n (Aut) roth m3 breise

spark n drithle f4, spréach f2, aithinne f4; (of sense) splanc f2

sparkle n drithle f4, glioscarnach f2 ▷ vi drithligh, lonraigh; **sparkling** adj drithleach, lonrach; (wine) súilíneach; (fig) aigeanta, beoga, anamúil, spleodrach

spark plug n spréachphlocóid f2

sparrow n gealbhan m

sparse adj gann, tearc

spasm n taom m3, racht m3; (Med) ríog f2, freanga f4

spate n (fig): **a** ~ **of** lear mór + gen

speak vt labhair; (truth) déan, inis, can ▷ vi labhair; **to** ~ **to sb of** or **about sth** labhairt le duine faoi rud; ~ **up!** labhair amach!; **do you** ~ **Irish?** an bhfuil Gaeilge agat?; **so to** ~ mar a déarfá; **speaker** n (in public) cainteoir m3; (also: **loudspeaker**) callaire m4; **the Speaker** (Pol) An Ceann m Comhairle

spear n sleá f2 ▷ vt sáigh (le sleá)

special adj speisialta, ar leith; **specialist** n saineolaí m4, speisialtóir m3; **speciality** n speisialtacht f3; **specialize** vi: **to specialize (in)** speisialtóireacht a dhéanamh (i); **specially** adv go

speisialta; **specialty** (esp US) n
= **speciality**

species n (gen) gné f4; (Bot, Biol)
speiceas m1

specific adj sainiúil, sonrach; (Bot,
Chem etc) speiceasach; **specifically**
adv go sainiúil, go baileach

specimen n sampla m4

specs (inf) npl gloiní fpl4

spectacle n seó m4, amharc m1 súl,
feic m4 saolta; **spectacles** npl
(glasses) spéaclaí mpl4, gloiní fpl4;
spectacular adj iontach,
mórthaibhseach

spectator n breathnóir m3; **~s**
lucht m3 féachana

spectrum n speictream m1

speech n (faculty) urlabhra f4, caint
f2; (talk): **to make a ~** óráid f2 a
thabhairt; **speechless** adj: **she
was left speechless** níor fágadh
focal aici, baineadh an chaint di

speed n luas m1, siúl m; ▷ vi: **to ~
past** etc dul thart ar luas uair ar de
rása; **at full** or **top ~** faoi lán or
iomlán siúil, faoi lán seoil, faoi
lánluas; **speed up** vt, vi géaraigh
an luas ▷ vi bheith ag tógáil siúil,
géaraigh an luas; **speedboat** n
luasbhád m1; **speeding** n (Aut)
tiomáint f3 ar róluas; **speed limit** n
teorainn f luais; **speedometer** n
luasmhéadar m1; **speedy** adj
gasta, tapa, luath; (reply etc) ar an
bpointe, gan aon mhoill a
dhéanamh

spell n (also: **magic ~**) draíocht f3;
(period of time) tamall m1, seal m3
▷ vt (in writing) litrigh; (fig)
ciallaigh; **to cast a ~ on sb** duine a
chur faoi dhraíocht; **he can't ~** níl
litriú aige; **spelling** n litriú m

spend vt caith; **spending** n
caitheamh m1, caiteachas m1

sperm n speirm f2

sphere n sféar m1

spice n spíosra m4

spicy adj spíosrach; (fig) te

spider n damhán m1 alla

spike n spíce m4; (Bot) dias f2

spill vi, vt doirt

spin n (revolution of wheel) rothlú m;
(Aviat) casadh m1; (trip in car) geábh
m3, turas beag ▷ vt (wool etc)
sníomh; (wheel) cas ▷ vi cas, tar
thart or timpeall

spinach n spionáiste m4

spinal adj droma n gen

spinal cord n corda m4 an
dromlaigh

spin-dryer n triomadóir m3 guairne

spine n dromlach m1; (thorn) dealg
f2

spiral n bís f2 ▷ vi (fig) ardaigh go
gasta

spire n spuaic f2

spirit n spiorad m1; (mood) meon m1;
(courage) meanma f; **spirits** npl
(drink) deoch f sg4; **in good ~s**
bheith lán de chroí s aigne, do
chroí a bheith agat; **the Holy S~**
An Spiorad Naomh

spiritual adj spioradálta

spit n (for roasting) bior m3; (saliva)
seile f4 ▷ vi caith seile; (sound)
smeach

spite n olc m1, mioscais f2, faltanas
m1 ▷ vt cuir olc ar; **in ~ of** in
ainneoin (+ gen), gan bhuíochas de;
in ~ of o.s. de d'ainneoin; **spiteful**
adj mioscaiseach, nimheanta

splash n splais f2, steall f2 ▷ vt steall
▷ vi (also: **~ about**) bheith ag
slaparnach or ag splaisearnach

splendid adj taibhseach; **that's ~!**
tá sin ar fheabhas or thar barr or

thar cinn!

splinter n (wood) scealp f2 ▷ vi scealp

split n scoilt f2; (fig, Pol) deighilt f2 ▷ vt scoilt; (work, profits) roinn ▷ vi (divide) scoilt; **split up** vi (couple) scar ó chéile; (meeting) scaip

spoil vt (damage) mill; (child) mill, déan peata as

spoke n (of wheel) spóca m4

spokesman n urlabhraí m4

spokeswoman n urlabhraí m4

sponge n spúinse m4, múscán m1; (also: ~ **cake**) císte m4 spúinse ▷ vt spúinseáil ▷ vi: **to ~ off** or **on** bheith ag stocaireacht ar

sponsor n (Radio, TV, Sport) urra m4; (Rel) cara m Críost ▷ vt téigh in urrús ar; **~ed** faoi choimirce; **sponsorship** n urraíocht f3

spontaneous adj spontáineach

spooky (inf) adj uaigneach, aerach

spoon n spúnóg f2; **spoonful** n lán m1 spúnóige

sport n spórt m1, spraoi m4, scléip f2; (person): **he's a good ~** an-fhear é, duine galánta é ▷ vt (clothes) caith; **sport jacket**(US) n = **sports jacket**; **sports jacket** n casóg f2; **sportsman** n fear m1 spóirt, duine m4 cóir, fear m1 cothrom or macánta; **sportswear** n éide f4 spóirt; **sportswoman** n bean f spóirt; **sporty** adj spórtúil

spot n ball m1, spota m4; (dot: on pattern, Radio, TV: in programme) spota m4; (pimple) goirín m4; (place) áit f2, láthair f; (small amount): **a ~ of** ábhairín m4 or braon m1 or deoir f2 + gen, beagán m4 + gen ▷ vt (notice) tabhair faoi deara; **on the ~** ar an láthair; (immediately) láithreach bonn; **to be in a tight ~** bheith sa chúnglach or i bponc; **spotless** adj

gan smál; **spotlight** n spotsolas m1

spouse n céile m4

sprain n leonadh m ▷ vt: **to ~ one's ankle** do mhurnán a leonadh

sprawl vi sín, leath do ghéaga

spray n (of water) scaird f2; (from sea) cáitheadh m; (for garden) sprae m4; (aerosol) spraechanna m4; (of flowers) craobhóg f2 ▷ vt spraeáil, spréigh

spread n (distribution) forleathadh m; (Culin: paste) smearadh m; (inf: meal) féasta m4 ▷ vt leath, spréigh; (wealth, workload) roinn ▷ vi (disease, news) leath; (also: ~ **out**: stain) leath; **spread out** vi (people) scar amach

spree n spraoi m4, ragaire m4

spring n (leap) preab f2; (coiled metal) sprionga m4; (season) earrach m1; (of water) fuarán m1, tobar m1 ▷ vi preab; **to ~ to one's feet** léimnigh (de phreab) i do sheasamh, éirí de phreab; **to ~ from** fréamh f2; **in ~** san earrach; **spring up** vi éirigh de phreab, tar ar an bhfód go tobann, nocht go tobann

sprinkle vt croith; **to ~ sugar on** siúcra a chroitheadh ar; **to ~ sth with sugar** rud a spré le siúcra

sprint n rúid f2, ráib f2 ▷ vi bheith ag rábáil

spuds npl (inf) prátaí mpl4

spur n spor m1, brod m1; (fig) spreagadh m ▷ vt (also: ~ **on**) gríosaigh, spreag; **on the ~ of the moment** ar ala na huaire

spurt n (of blood) scaird f2; (of energy) ráig f2 ▷ vi tabhair rúchladh

spy n spiaire m4 ▷ vi: **to ~ on** déan ag spiaireacht ar; (see) feic

sq. abbr = **square**

quabble vi bheith ag achrann (le chéile)

quad n (Mil, Police) scuad m; (Football) foireann f2

squadron n (Mil) scuadrún m

squander vt díomail; **to ~ sth** rud a chur or a ligean (sa dul) amú

square n cearnóg f2 ▷ adj cearnógach; (inf: ideas, tastes) seanaimseartha ▷ vt (arrange) socraigh; (Math) cearnaigh; **all ~ cothrom; a ~ meal** béile maith; **2 metres ~** dhá mhéadar cearnaithe; **2 ~ metres** dhá mhéadar cearnach

squash n (drink): **lemon/orange ~** sú m4 líomóide/oráiste; (US: marrow) mearóg f2; (Sport) scuais f2 ▷ vt fáisc

squat adj dingthe ▷ vi (also: **~ down**) suigh ar do ghogaide; **squatter** n lonnaitheoir m3

squeak vi bheith ag díoscán; (mouse) bheith ag gíogadh

squeal vi sceamh; (brakes) scréach

squeeze n fáscadh m; (Econ) cúngach m ▷ vt fáisc

squid n máthair f shúigh

squint vi déan splinceáil ▷ n fiarshúil f2; **to have a ~** bheith fiarshúileach, bheith fiar sa tsúil

squirm vi bheith ag tónacán or ag lúbarnáil

squirrel n iora m4 rua; (grey squirrel) iora m4 glas

squirt vi steall, steanc

Sr abbr = **senior**

St abbr = **saint; street**

stab n (with knife etc) sá m4, ropadh m; (of pain) arraing f2, deann m3; (inf: try): **to have a ~ at (doing) sth** tabhair iarracht ar rud vt rop, sáigh

stable n stábla m4 ▷ adj seasmhach

stack n carn m; (of hay, turf) cruach

f2 ▷ vt (also: **~ up**) carn

stadium n staid f2

staff n (workforce) foireann f2 ▷ vt cuir foireann i

stag n poc m

stage n stáitse m4, ardán m; (point) staid f2, pointe m4 ▷ vt (play) stáitsigh, cuir ar an stáitse; (demonstration) cuir ar bun; **in ~s** diaidh ar ndiaidh, de réir a chéile, céim ar chéim, ina chéimeanna

stagger vi tuisligh ▷ vt (person: amaze) cuir alltacht ar; (hours, holidays) scaip ó chéile; **staggering** adj (amazing) iontach

stain n smál m; (colouring) ruaim f2 ▷ vt smálaigh; (wood) ruaimnigh; **stainless steel** n cruach f4 dhomheirgthe

staircase, stairway n staighre m4

stake n cuaille m4, stáca m4; (Betting) geall m; (Comm, interest) suim f2 ▷ vt cuir i ngeall; **to be at ~** bheith i ngeall; **to ~ one's claim to the land** do chuid den talamh a éileamh

stale adj stálaithe; (beer) rodta; (smell, air) dreoite

stalk n gas m ▷ vt éalaigh ar, bí ag stalcaireacht ar ▷ vi: **to ~ out/off** imeacht go huaibhreach amach/as **S**

stall n (in street, market etc) stainnín m4; (in stable) stalla m4 ▷ vi (Aut) stop; (delay) moilligh ▷ vi (Aut) loic; (fig) moilligh; **stalls** npl (in cinema, theatre) stallaí mpl4

stamina n teacht m3 aniar

stammer n stad m4 ▷ vi bheith ag stadaireacht

stamp n stampa m4; (rubber stamp) stampa rubair; (mark, also fig) lorg m, rian m ▷ vi (also: **~ one's foot**) buail do chos ▷ vt (letter) cuir stampa ar; (with rubber stamp) stampáil

stampede n táinrith m3

stance n seasamh m1; (view) dearcadh m1

stand n (position) seasamh m1; (for taxis) stad m4; (music stand) seastán m1; (Comm) stainnín m4; (Sport) ardán m1 ▷ vi seas; (rise) éirigh, seas (suas); (be placed) bí; (remain: other effect) seas; (in election) téigh san iomaíocht ▷ vt (place) cuir; (tolerate, withstand) fulaing, seas, cuir suas le; (drink) seas; **to make** or **take a ~** seasamh a ghlacadh; **to ~ for parliament** dul san iomaíocht i dtoghchán parlaiminte; **stand by** vi (be ready) bheith ar fuireachas or ar aire or ar tinneall ▷ vt fus (opinion) seas le; **stand down** vi (withdraw) tarraing siar, tarraing siar as; **stand for** vt fus (signify) ciallaigh; (tolerate) cuir suas le; **stand in for** vt fus glac ionad + gen; **stand out** vi (be prominent) seas amach, bí le sonrú; **stand up** vi (rise) seas, éirigh; **stand up for** vt fus seas ceart do; **stand up to** vt fus seas an fód in aghaidh + gen

standard n caighdeán m1; (criterion) slat f2 tomhais; (flag) meirge m4 ▷ adj (size etc) gnáth-, caighdeánach; (text) caighdeánach; **standards** npl (morals) caighdeáin mph; **standard of living** n caighdeán m1 maireachtála

stand-by ticket n (Aviat) ticéad m1 fuireachais

standing adj seasta; (permanent) buan- ▷ n seasamh m1; **standing order** n buanordú m

standpoint n dearcadh m1, taobh m1

standstill n: **at a ~** ina stop, ina stad

staple n (for papers) stápla m4 ▷ adj (food etc) bun-, príomh- ▷ vt stápláil; **stapler** n stáplóir m3

star n réalta f4, réaltóg f2 ▷ vi: **to ~ (in)** an phríomhpháirt a bheith agat (i)

starboard n deasbhord m1

starch n stáirse m4

stare n stánadh m1 ▷ vi: **~ at** stán ar

stark adj (bleak) lom; (harsh) dian, géar ▷ adv: **~ naked** lomnocht

start n tús m1; (of race, advantage) tosach m1; (sudden movement) geit f2, cliseadh m ▷ vt tosaigh, cuir tús le; (establish) bunaigh; (engine) tosaigh, dúisigh ▷ vi tosaigh; (jump) geit, clis; **to ~ doing** or **to do sth** tosú ar rud a dhéanamh; **start off** vi tosaigh; (leave) imigh; **start up** vi tosaigh; (engine) tosaigh, dúisigh ▷ vt (business) cuir tús le; (engine) tosaigh, dúisigh; **starter** n (Aut) dúisire m4; (Sport, official) túsaire m4; (Culin) cúrsa m4 tosaigh; **starting point** n pointe m4 imeachta

startle vt: **he ~d me** bhain sé geit or léim asam; **startling** adj iontach; (scary) scanrúil

starvation n gorta m4, ocras m1

starve vi (to death) faigh bás den ocras; (be hungry) **to be starving** ocras an domhain a bheith ort, bheith stiúgtha leis an ocras

state n (condition) caoi f4, bail f2, riocht m3, staid f2; (Pol) stát m1 ▷ vt abair, maígh; **the States** npl (America) Stáit mph Aontaithe Mheiriceá; **the (Free) S~** (Irl) An Saorstát m1; **to be in a ~** bheith trína chéile; **statement** n ráiteas m1; **statesman** n státaire m4

static n (*Radio, TV*) statach m1 ▷ adj statach

station n stáisiún m1; (*bus station*) busáras m1 ▷ vt: **the army was ~ed there** bhí an t-arm ar stáisiún ann

stationary adj gan bhogadh, ina stad

stationery n páipéarachas m1, stáiseanóireacht f3

statistic n staitistic f2; **statistics** n staitistic f2, staidreamh m1

statue n dealbh f2, íomhá f4

status n stádas m1; (*prestige*) céimíocht f3, céim f2

statutory adj reachtúil

staunch adj diongbháilte, dílis, daingean

stay n (*period of time*) cónaí m; (*visit*) cuairt f2 ▷ vi fan; (*reside*) cuir fút, stopadh; **~ put!** fan mar a bhfuil tú!, ná bog!; **to ~ with friends** stopadh ag cairde; **to ~ the night** fanacht thar oíche; **stay behind** vi fan siar; **stay in** vi (*at home*) fan istigh; **stay off** vt (*school, work*) fan ó; (*food etc: stop taking*) éirigh as; (*avoid taking*) staon ó; **stay on** vi fan (*tamall eile*); **stay out** vi (*of house*) fan amuigh; **stay up** vi (*at night*) fan i do shuí

steadily adv (*regularly*) go seasta; (*firmly*) go daingean; (*walk*) neamhchorrach

steady adj socair, (*regular*) seasta; (*person*) stuama ▷ vt daingnigh; (*nerves*) socraigh; **a ~ boyfriend** stócach seasta

steak n stéig f2

steal vt goid ▷ vi goid; (*move secretly*) éalaigh, téaltaigh

steam n gal f2 ▷ vt (*Culin*) galbhruith ▷ vi cuir gal; **steamy** adj galach

steel n cruach f4 ▷ adj cruach n gen

steep adj géar, rite, crochta; (*price*) daor ▷ vt cuir ar maos

steeple n spuaic f2

steer vt stiúir; **steering** n (*Aut*) stiúradh m; **steering wheel** n roth m3 stiúrtha

stem n (*of plant*) gas m1; (*of a glass*) cos f2 ▷ vt stop, coisc

step n céim f2, coiscéim f2; (*action*) céim, beart m1 ▷ vi: **to ~ forward/back** céim a thabhairt chun tosaigh/ar gcúl; **steps** npl (*stepladder*) dréimire m4 taca; **to be in ~ (with)** (*fig*) bheith ar aon intinn or aigne (le); **step down** vi (*fig*) éirigh as; **step up** vt ardaigh, géaraigh; **stepbrother** n leasdeartháir m; **stepdaughter** n leasiníon f2; **stepfather** n leasathair m; **stepladder** n dréimire m4 taca; **stepmother** n leasmháthair f; **stepsister** n leasdeirfiúr f; **stepson** n leasmhac m

stereo n steirió m4 ▷ adj steirió; (*stereophonic*) steireafónach

sterile adj (*Biol*) aimrid; (*Med, dressing etc*) steiriúil; **sterilize** vt aimridigh, steiriligh

sterling adj (*work*) den scoth ▷ n (*Econ*) steirling m4, airgead m1 Sasanach

stern adj dian, crua ▷ n (*Naut*) deireadh m1

steroid n stéaróideach m1

stew n stobhach m1 ▷ vt, vi stobh; **Irish ~** stobhach gaelach

steward n maor m1, stíobhard m1; (*on plane*) aeróstach m1; (*bouncer*) fear m1 dorais; **stewardess** n banmhaor m1; (*on plane*) aeróstach m1

stick n bata m4, maide m4; (*walking*

stick) bata m4 siúil; (firewood) cipín m4; (hurling stick) camán m ▷ vt (glue) greamaigh; (inf: put) cuir; (: tolerate) cuir suas le; (: thrust): **to ~ sth into** rud a shacadh isteach i ▷ vi (become attached) greamaigh de; (be unmoveable: wheels etc) téigh i bhfostú; (remain) fan; **stick out** vi gob amach; **stick up** vi gob aníos; **stick up for** vt fus cosáin; **he stuck up for her** sheas sé léi; **sticker** n greamaitheoir m3; **sticking plaster** n greimlín m4

sticky adj (label) greamaitheach; (situation) achrannach, deacair

stiff adj dolúbtha, righin; (difficult) deacair, crua, dian; (wind) láidir; (competition) dian; (muscles) stromptha ▷ adv: **to be frozen ~** bheith préachta or conáilte

stigma n aithis f2, náire f4; (Bot) stiogma m4

stiletto n (also: **~ heel**) sáil f2 stiletto

still adj socair, ciúin ▷ adv (up to this time) go fóill, fós, ar fad, i gcónaí; **I've ~ got 3 days holiday** tá 3 lá saoire fágtha agam go fóill; **better ~ ...** níos fearr arís ...; **there were ~ more people to come** bhí tuilleadh daoine fós le teacht

stimulate vt gríosaigh, spreag

stimulus n spreagadh m; (Bot) goineog f2

sting n (of wind, cold) goimh f2; (of bee) cealg f2, ga m4, cailg f2; (of nettle) goineog f2 ▷ vt cealg; (nettle) dóigh ▷ vi: **it's ~ing** tá greadfach ann

stink n bréantas m ▷ vi bíodh: **the socks stank** bhí boladh bréan as na stocaí

stir n corraíl f3; (movement) bogadh m, cor m ▷ vt, vi corraigh; **stir up** vt (trouble) tóg, cothaigh

stitch n (Med, Sewing) greim m3; (Knitting) lúb f2; (pain) arraing f2 ▷ vt fuaigh; **he didn't have a ~ on** ní raibh snáithe or luid air

stock n stoc m; (of tree) ceap m; (people: descent, origin) sliocht m3 ▷ adj (fig: reply etc) gnáth-, sean-; **~s and shares** stoic agus scaireanna; **in/out of ~** sa stoc/as stoc; **stockbroker** n stocbhróicéir m3; **stock cube** n ciúb m stoic; **stock exchange** n stocmhalartán m1

stocking n stoca m4

stock market n stocmhargadh m1

stole n stoil f2

stomach n goile m4; (abdomen) bolg m ▷ vt fulaing, cuir suas le; **stomachache** n tinneas m1 goile

stone n cloch f2; (pebble) méaróg f2; (in fruit) cloch, croí m4; (Med) púróg f2; (weight) cloch ▷ vt (person) caith clocha le

stool n stól m1

stoop vi (also: **have a ~**) bheith cromshlinneánach; (also: **~ down**) bend) crom

stop n stop m4, stad m4; (in punctuation: also: **full ~**) lánstad m4 ▷ vt stop; (also: **put a ~ to**) cuir stad le ▷ vi stad; **to ~ doing sth** éirí as rud a dhéanamh; **stop off** vi: **~ off at/in** buail isteach i; **stop up** vt (hole) líon, **stopover** n stad m4; **stoppage** n stopadh m; (strike) stailc f2, stopadh oibre

storage n stóráil f3; (Comput) stóras m1

store n (stock) stór m1; (depot) stór m1; (Brit: large shop) siopa m4 mór; (US) siopa m4 ilranna ▷ vt taisc; (information) cnuasaigh; **stores** npl (food) soláthairtí mph, lón msg1; **what is in ~ for me?** cad é atá i ndán dom?; **store up** vt stóráil, cruinnigh

torey (US **story**) n stór m1

torm n stoirm f2, anfa m4; (also: **thunder~**) stoirm f2 thoirní ▷ vi (fig) abair go feargach ▷ vt (army) ionsaigh; **stormy** adj doineanta, stoirmeach

tory n scéal m1; (US) = **storey**

tout adj calma, misniúil, cróga; (fat) ramhar, téagartha ▷ n (beverage) leann m3 dubh

tove n sorn m1, sornóg f2

traight adj díreach; (simple) simplí ▷ adv go díreach; (drink) ar a bhlas, as a neart; **to put things ~** (fig) na gnóthaí a réiteach; **~ away, ~ off** (at once) (lom) láithreach, ar an bpointe, caol díreach; **straighten** vt dírigh; (bed) cóirigh

straightforward adj simplí; (honest) díreach, ionraic

train n teannas m1, straidhn f2; (physical) strus m1; (mental) strus, straidhn; (breed) pór m1, cineál m1 ▷ vt (stretch: resources etc) cuir brú ar; (hurt: back etc) bain stangadh as; (vegetables) síothlaigh; **strains** (Mus) streancáin mph; **back ~** stangadh m droma; **strained** adj (muscle) leonta; (laugh etc) doicheallach; (relations) eascairdiúil; **strainer** n síothlán m1, stráinín m4

trait n (Geog) caolas m1; **straits** npl **to be in dire ~s** bheith i gcruachás, bheith in áit do charta

strand n (of thread) tointe m4; (of rope) dual m1; (of hair) dlaoi f4; (beach) trá f4; **stranded** adj (fig) ar an trá fholamh

strange adj (not known) anaithnid, coimhthíoch, strainséartha; (odd) aisteach, ait; **strangely** adv go

haisteach; see also **enough**; **stranger** n strainséir m3, coimhthíoch m1

strangle vt tacht

strap n iall f2, strapa m4; (of bag etc) iris f2

strategic adj straitéiseach

strategy n straitéis f2

straw n cochán m1, tuí f4; (for drinking) deochán m1; **that's the last ~!** sin buil(e) na tubaiste!

strawberry n sú f4 talún

stray adj (animal) fáin, seachráin ▷ vi téigh ar seachrán

streak n stríoc f2; (in hair) síog f2; (characteristic) féith f2, tréith f2 ▷ vt síog ▷ vi: **to ~ past** scinn or sciurd thar

stream n sruth m3; (small river) sruthán m1; (of people) scuaine f4 ▷ vt (Scol) roinn de réir cumais ▷ vi sruthaigh; **to ~ in/out** plódú isteach/amach

street n sráid f2; **the man in the ~** Tadhg m1 an mhargaidh; **to be ~s ahead** (fig) bheith i bhfad chun tosaigh; **streetcar** (US) n tram m4; **street light** n lampa m4 sráide

strength n neart m1, treise f4; (force) cumhacht f3; **strengthen** vt neartaigh, daingnigh

strenuous adj crua, dian

stress n (force, pressure) strus m1; (mental pressure) strus, stró m4; (emphasis) béim f2; (accent) aiceann m1 ▷ vt cuir béim ar

stretch n síneadh m1; (of land etc) réimse m4 ▷ vi (cloth) sín, tar as; (extend) **to ~ to or as far as** síneadh or dul a fhad le ▷ vt sín; **to ~ o.s.** tú féin a shearradh; **stretch out** vi sín (amach) ▷ vt (arm etc) sín amach; (spread) leath

stretcher n sínteán m1

S

strict adj dian, docht
stride n céim f2 fhada ▷ vi bheith ag céimniú
strike n (industrial) stailc f2; (of oil etc) aimsiú m; (attack) buille m4, ionsaí m ▷ vt buail; (oil etc) aimsigh; (deal) déan ▷ vi téigh ar stailc; (attack) buail; (clock) buail; **on ~** (workers) ar stailc; **to ~ a match** cipín a lasadh; **striker** n stailceoir m3; (Sport) ionsaitheoir m3; **striking** adj sonraíoch; (attractive) an-ghleoite
string n sreang f2; (row: of onions) trilseán m; (Mus) téad f2 ▷ vt: **to ~ out** scaipeadh; **the strings** npl (Mus) na téada fpl2; **to be able to pull ~s** (fig) bheith ábalta na sreangáin a tharraingt
strip n stiall f2; (of land) stráice m3 ▷ vt scamh, bain de; **he ~ped the paint from the wall** bhain sé an phéint den mballa; (also: **~ down**: machine) bain anuas ▷ vi struipeáil, bain díot
stripe n riabh f2, stríoc f2; (Mil) straidhp f2; **striped** adj riabhach, stríoctha
stripper n struipear m1
strive vi streachail, srac
stroke n buille m4; (Swimming) bang m3; (Med) stróc m4 ▷ vt slíoc; **at a ~** d'aon iarraidh; **to take a ~** (Med) stróc a fháil
stroll n spaisteoireacht f3 ▷ vi bheith ag spaisteoireacht
strong adj tréan, láidir; (heart, nerves) daingean; **they are 50 ~** tá siad caoga ann; **stronghold** n daingean m1; **strongly** adv go láidir; go daingean
structure n struchtúr m1; (building) foirgneamh m
struggle n streachailt f2, strácáil f3;

(conflict) gleic f2, coimhlint f2 ▷ vi streachail
stub n (of cigarette) bun m1, stupa m4; (of cheque etc) comhdhuille m4 ▷ vt: **to ~ one's toe** do ladhar a smiotadh
stubble n coinleach m1, bruth m3
stubborn adj dáigh, ceanndána, righin, stobarnáilte
stuck adj (jammed) greamaithe, gafa, mórchúiseach, i bhfostú; (fig: in difficulties) i bponc
stud n (on boots, collar etc, earring) stoda m4; (of horses: also: **~ farm**) graí f4; (also: **~ horse**) graíre m4 ▷ vt (fig): **~ded with** buailte le
student n mac m1 léinn, scoláire m4 ▷ adj (discount, loan) mac léinn; **student driver** (US) n foghlaimeoir m3 tiomána; **student loan** n iasacht f3 mac léinn; **students' union** n aontas m1 (na) mac léinn
studio n stiúideo m4
study n staidéar m1, léann m1; (place) seomra m4 staidéir ▷ vt déan staidéar ar; (examine) scrúdaigh ▷ vi déan staidéar or léann, bí ag staidéar
stuff n stuif m4; (substance) ábhar m1 ▷ vt stuáil, líon; (Culin) líon, le búiste; (inf: push) ding; **stuffing** n (padding) stuáil f3; (Culin) búiste m4
stuffy adj (room) plúchtach; (dull) tur, leadránach, leamh
stumble vi tuisligh; **to ~ across** or **on sth** (fig) teacht ar rud de thaisme
stump n stumpa m4; (of tooth) bun m1; (of tree) stacán m1 ▷ vt déan stacán de
stun vt (daze) cuir néal i; (amaze) cuir ionadh an domhain ar, déan staic de

stunning adj (news etc) treascrach, coscrach; (victory, feat) éachtach; (girl etc): **she was ~** bhí sí thar a bheith álainn

stunt n (Cine, TV) éacht m3; (publicity stunt) cleas m1 bolscaireachta ▷ vt crandaigh

stupid adj amaideach, díchéillí, bómánta; **stupidity** n easpa f4 céille, bómántacht f3

sturdy adj téagartha, daingean, tacúil

stutter vi: **to ~** labhairt go stadach, stad a bheith sa chaint agat

style n stíl f2; (clothes) faisean m1; **stylish** adj (clothes) faiseanta; (performer) snasta

sub- prefix fo-; **subconscious** adj fo-chomhfhiosach

subdued adj (manner, voice) ciúin; (light) fann, marbh

subject n (Scol) ábhar m1; (of country: citizen) géillsineach m1; (philosophical) suibiacht f3; (Gram) ainmní m4, suibiacht f3 ▷ vt: **he ~ed me to an examination** chuir sé scrúdú orm; **to be ~ to the law** bheith faoi réir an dlí; **to be ~ to** (disease) bheith tugtha do; **subjective** adj suibiachtúil; (Gram) ainmníoch; **subject matter** n (content) ábhar m1

submarine n fomhuireán m1

submission n géilleadh m; (in dispute) aighneas m1; (proposal) moladh m; (Law) aighniú

submit vt (argue) áitigh; (thesis etc) cuir isteach ▷ vi géill, tabhair isteach

subordinate adj íochtaránach ▷ n íochtarán m1

subscribe vi (to point of view) aontaigh le; (to newspaper) ceannaigh ar síntiús; (Comm) suibscríobh; **she ~d £5 to the** charity thug sí síntiús cúig phunt don charthanacht

subscription n (to magazine etc) síntiús m1; (on document) suibscríbhinn f2

subsequent adj ina dhiaidh sin, a lean(ann); **~ to** i ndiaidh +gen, tar éis +gen; **subsequently** adv ina dhiaidh sin, tar éis sin

subside vi (flood) tráigh; (wind, feelings) síothlaigh, maolaigh (ar); (ground) turn

subsidiary adj fo-, tánaisteach ▷ n (also: ~ **company**) fochomhlacht m3, fochuideachta f4

subsidize vt fóirdheonaigh; (finance) maoinigh

subsidy n fóirdheontas m1

substance n substaint f2; (of book etc) éirim f2, brí f4; (importance) tábhacht f3

substantial adj (also damages) substaintiúil; (large) mór, nach beag; (important) tábhachtach

substitute n (person) ionadaí m4; (thing) ionad m1; (Sport) fear m1 ionaid, ionadaí; (Math) ionadán m1 ▷ vt: **to ~ sth for sth else** ruda a chur in ionad ruda eile ▷ vi: **to ~ for sb** ionadaíocht a dhéanamh ar dhuine

subtitle n (Cine) fotheideal m1

subtle adj caolchúiseach; (fine) fíneálta; (cunning) glic

subtract vt dealaigh

suburb n bruachbhaile m4; **the suburbs** na bruachbhailte; **suburban** adj fo-uirbeach, bruachbhailteach

subway n (US: railway) traein f faoi thalamh; (Brit: underpass) íosbhealach m1

succeed vi: **she ~ed** d'éirigh léi; **they will ~ in doing it** éireoidh leo

S

or rachaidh acu (é) a dhéanamh
▷ vt (follow) tar i gcomharbas ar,
lean; **he ~ed his father** tháinig sé
in áit a athar
success n rath m3; (victory) bua m4;
the show was a ~ d'éirigh go
maith leis an seó; **successful** adj
(venture) rathúil; **they were very
successful** d'éirigh go geal leo
succession n (of people, to title etc)
comharbas m1; (line) sraith f2; **3 days
in ~** trí lá i ndiaidh a chéile or as a
chéile
successive adj i ndiaidh a chéile,
leanúnach
such adj a leithéid de; (of that kind):
~ a book leabhar dá leithéid or mar
é; (so much): **~ courage** a leithéid
de mhisneach ▷ adv a leithéid de;
~ books leabhair den sórt sin; **~ a
long trip** a leithéid de thuras fada;
~ a lot of an oiread sin + gen; **~ as**
(like) mar, ar nós, cosúil le; **he has
nothing against teachers as ~** níl
sé in aghaidh múinteoirí iontu féin;
such-and-such adj: **at
such-and-such a time** ag a
leithéid seo d'am
suck vt súigh, diúl
Sudan n an tSúdáin f2
sudden adj tobann, grod; **all of a ~**
gan choinne, go tobann; **suddenly**
adv go tobann
sue vt agair, cuir an dlí ar
suede n svaeid f2
suffer vt fulaing; (bear) cuir suas le,
seas ▷ vi fulaing; **suffering** n
fulaingt f; (pain) pian f2
sufficient adj: **I consider it ~** is leor
liom é; **~ money** go leor airgid,
dóthain airgid
suffocate vi múch, plúch
sugar n siúcra m4 ▷ vt cuir siúcra ar,
siúcraigh

suggest vt comhairligh, mol; (infer)
máigh; (indicate) comharthaigh,
tabhair le fios, cuir in iúl;
suggestion n moladh m,
comhairle f4; (indication) leid f2
suicide n féinmharú m; see also
commit
suit n (clothing) culaith f2; (Law)
agra m4 dlí; (Cards) dath m3 ▷ vt oir
do, fóir do, feil do, tar or gabh do;
aren't they well ~ed? (couple)
nach deas an lánúin iad?; **it ~s you
well** is deas atá sé ag teacht duit;
suitable adj oiriúnach, feiliúnach,
fóirsteanach; **suitcase** n mála m4
taistil
suite n (of rooms, also Mus) sraith f2;
(also: **~ of furniture**) foireann f2
troscáin
sulfur (US) n = **sulphur**
sulk vi téigh chun stuaice or chun
stailce, pus or stuaic a bheith ort
sulphur (US **sulfur**) n ruibh f2, sulfar
m1
sultana n sabhdánach m1
sum n suim f2; (total) iomlán m1;
sum up vt, vi coimrigh
summarize vt achoimrigh,
coimrigh
summary n achoimre f4, coimriú m
summer n samhradh m1 ▷ adj: **~
weather** aimsir shamhraidh;
summertime n an samhradh m1
summit n barr m1, mullach m1;
(meeting) cruinniú m mullaigh
summon vt glaoigh or scairt ar,
toghair; (meeting) tionóil;
summon up vt múscail, cruinnigh
sun n grian f2; **in the ~** faoi n grian;
sunbathe vi tú féin a ghrianadh,
bolg le gréin a dhéanamh;
sunburn n dó m4 gréine, griandó
m4; **sunburned, sunburnt** adj
griandóite

Sunday n (An) Domhnach m1; **on ~ Dé** Domhnaigh; **he comes on ~s** tagann sé ar an Domhnach

sunflower n lus m3 na gréine

sunglasses npl gloiní fpl4 or spéaclaí gréine; **sunlight** n solas m1 (na) gréine; **sunny** adj grianmhar; **sunrise** n éirí m4 (na) gréine; **sunset** n luí m4 (na) gréine, dul m3 faoi na gréine; **sunshade** n (over table) scáth m3 gréine; **sunshine** n dealramh m1 or taitneamh m1 na gréine; **in the sunshine** faoin ngrian; **sunstroke** n béim f2 or goin f3 ghréine; **suntan** n dath m3 gréine; **suntan lotion** n ionlach m1 gréine; **suntan oil** n ola f4 ghréine

super adj sár, iontach, ar fheabhas, ar dóigh

superb adj iontach, éachtach, thar barr

superficial adj éadomhain, dromchlach; (knowledge etc) breac-

superintendent n (Police) ceannfort m1; (manager) maoirseoir m3

superior adj ard-, scoth-, den scoth, uachtarach; **X is ~ to Y** is fearr X ná Y, tá X ag breith bairr ar Y ⊳ n uachtarán m1

superlative n (Ling) sárchéim f2

supermarket n ollmhargadh m1

supernatural adj osnádúrtha

superpower n (Pol) cumhacht f3 mhór, ollchumhacht f3

superstitious adj piseogach

supervise vt (exam) déan feitheoireacht ar; (work) déan maoirseacht ar; (watch) coinnigh súil ar; **supervision** n (of work) maoirseacht f3; (of exam) feitheoireacht f3; **supervisor** n feitheoir m3, maoirseoir m3, maor m1

supper n suipéar m1

supple adj aclaí, ligthe, scaoilte

supplement n (with magazine etc) forábhar m1, forlíonadh m1; (diet etc) forlíon ⊳ vt cuir breis le, cuir le

supplier n soláthraí m4

supply vt (provide) soláthair; **to ~ sb with sth** rud a sholáthar do dhuine, rud a choinneáil le duine ⊳ n riar m4, soláthar m1; **supplies** npl (food) soláthairtí mph; (Mil) lón msg1

support n (moral etc) tacaíocht f3; (Tech) taca m4 ⊳ vt tacaigh le, taobhaigh le, tabhair tacaíocht do; (family) riar do, cothaigh; (prop up) déan taca do; (bear) fulaing, cuir suas le; **supporter** n (Pol etc) cúl m1 taca; **supporters** npl (Sport) lucht m3 tacaíochta

suppose vt (assume) cuir i gcás, abair; (believe) samhlaigh, creid, síl; **I ~ he went home** is dócha go ndeachaigh sé abhaile; **let's ~ that ...** cuir i gcás go ...; **supposedly** adv in ainm; (allegedly) mar dhea

suppress vt (revolt) cuir faoi chois; (information) coinnigh faoi rún, buail cos ar; (yawn) brúigh fút, coinnigh cúl ar

supreme adj ard-, sár-

surcharge n formhuirear m1

sure adj cinnte, deimhin; **can I come? — ~!** an dtig liom teacht? — cinnte!; **~ enough** cuir go leor; **to make ~ of sth** deimhin a dhéanamh de rud, déanamh cinnte de rud; **make ~ that** tabhair do d'aire go; **surely** adv cinnte, go deimhin; **he is surely in danger** is cinnte go bhfuil sé i gcontúirt

surf n (waves) bruth m3 ⊳ vt, vi (Comput) scimeáil

surface n (gen, Geol) dromchla m4,

S

craiceann m1; (of water) uachtar m1
▷ vt (road) cuir craiceann ar ▷ vi tar
i mbarr uisce

surfboard n clár m1 toinne

surfing n marcaíocht f3 toinne

surge n borradh m1; (of interest etc)
méadú m; (of jealousy etc) racht m3
▷ vi borr, brúcht

surgeon n máinlia m4

surgery n máinliacht f3; (room)
clinic m4 (dochtúra)

surname n sloinne m4

surplus n (too much or many)
barraíocht f3, iomarca f4; (extra)
barrachas m1, fuíoll m1, farasbarr m1
▷ adj breise, de bharraíocht,
iomarcach

surprise n ionadh m1, iontas m1 ▷ vt
(catch unawares) tar aniar aduaidh
ar, béir gairid ar; (astonish) cuir
iontas or ionadh ar; **surprising** adj
iontach; **surprisingly** adv: **it's
surprisingly cold** is iontach a
fhuaire atá sé

surrender n géilleadh m ▷ vi géill,
tabhair isteach

surround vt timpeallaigh, tar
timpeall or thart ar; **surrounding**
adj máguaird, timpeall; **the
surrounding district** an ceantar
máguaird; **surroundings** npl
timpeallacht fsg3; (neighbourhood)
comharsanacht fsg3

surveillance n faire f4

survey n suirbhé m4; (examination)
iniúchadh m; (of land)
suirbhéireacht f3 ▷ vt déan suirbhé
or suirbhéireacht ar; (examine)
scrúdaigh; (look over) caith súil
thar; **surveyor** n suirbhéir m3

survival n marthanas m1, teacht m3
slán; (relic) iarsma m4

survive vi mair ▷ vt (illness etc)
slán as; **survivor** n marthanóir m3

suspect adj amhrasach ▷ n: **he is a
~ in the crime** táthar in amhras air
faoin gcoir ▷ vt bheith san amhras ar

suspend vt (hang) croch; (Law, Sport
etc) cuir ar fionraí; **suspended
sentence** n breith f2 fionraíochta;
suspenders npl (Brit) crochóga
fpl2; (US) gealasacha mph

suspense n beophianadh m

suspension n (Aut, Engineering)
crochadh m1; (of driving licence)
tarraingt f siar; (Sport) fionraíocht
f3; **suspension bridge** n
droichead m1 crochta

suspicion n amhras m1; (trace, hint)
ábhairín m4, iarracht f3;
suspicious adj amhrasach; **to be
suspicious of** bheith in amhras ar

sustain vt lean de, coinnigh le;
(food etc) cothaigh, coinnigh an dé i;
(suffer): **he ~ed an injury** bhain
gortú dó

SUV n abbr (= sport utility vehicle)
SUV, feithicil f2 áirge spóirt

swallow n slog m1; (bird) fáinleog f2
▷ vt slog; (believe) creid; **swallow
up** vt alp

swamp n seascann m1, corcach f2,
moing f2 ▷ vt báigh; **she was ~ed
with work** bhí sí go dtí an dá shúil
in obair

swan n eala f4

swap vt: **to ~ sth (for)** rud a
mhalartú or a bhabhtáil (ar)

swarm n saithe f4, púir f2; (of people)
slua m4 ▷ vi (bees) imigh i saithe;
~ing with people dubh le daoine

sway vi luasc, bí ag longadán or ag
gúngáil ▷ vt (influence) téigh i
bhfeidhm or i dtionchar ar

swear vt mionnaigh ▷ vi
eascainaigh, bí ag mallachtaigh;
swearword n mionn m3 mór,
eascaine f4

sweat n allas m ▷ vi cuir allas
sweater n geansaí m4
sweaty adj allasúil
Swede n Sualannach m
swede n svaeid m4
Sweden n antSualainn f2; **Swedish**
adj Sualannach ▷ n (Ling)
Sualainnis f2; **the Swedish** na
Sualannaigh mph
sweep n scuabadh m; (curve) cuar
m; (of wings) réim f2; (also:
chimney ~) glantóir m3 siméar
▷ vt scuab; (subj: current) cart;
(remove) glan ▷ vi (rush) sciurd;
sweep away vt scuab leat or chun
siúil; **sweep up** vt scuab
sweet n (candy) milseán m;
(dessert) milseog f2 ▷ adj milis; (fig:
kind) cneasta, cineálta, lách; (baby)
gleoite; (voice) binn; (smell)
cumhra; **sweetcorn** n arbhar m
milis; **sweetheart** n muirnín m4,
grá m4 geal, rúnsearc f2
swell n (of sea) mórtas m, suaill f2
▷ adj (US: inf: excellent) ar fheabhas
▷ vi borr; (Med) at; **swelling** n
(Med) at m; (lump) meall m
swerve vi fiar, tabhair cor
swift n (bird) gabhlán m gaoithe
▷ adj mear, luath; (response) grod,
pras
swim n snámh m3; **to go for a ~** dul
ag snámh ▷ vi snámh; **my head
was ~ming** bhí meadhrán i mo
cheann ▷ vt snámh; **swimmer** n
snámhóir m3; **swimming** n snámh
m3; **swimming costume** n culaith
f2 shnámha; **swimming pool** n
linn f2 snámha; **swimming trunks**
npl bríste m4 snámha; **swimsuit** n
culaith f2 shnámha
swing n luascán m; (movement)
luascadh m; (Mus) luasc-cheol m;
(change: in opinion etc) athrú m;

(blow) iarraidh f de bhuille ▷ vt
luasc; (also: **~ round**) cas,
iompaigh, tiontaigh ▷ vi luasc;
(also: **~ round**) cas thart, iompaigh,
tiontaigh; **to be in full ~** bheith
faoi lán seoil
swirl vi bí ag guairneáil
Swiss adj, n Eilvéiseach m
switch n (for light, radio etc) lasc f2;
(change) athrú m, aistriú m; (swap)
malartú m ▷ vt aistrigh, athraigh,
malartaigh; **switch off** vt (light)
cuir as, múch; (engine) stop, múch;
switch on vt (light) las, cuir air;
(engine, machine) dúisigh, tosaigh;
switchboard n (Tel) lasc-chlár m,
malartán m
Switzerland n an Eilvéis f2
swivel vi (also: **~ round**) cas or tar
thart; (Tech) cas ar sclóin
swoop n (by police) ruathar m ▷ vi
(also: **~ down**) tabhair ruathar anuas
swop vt = **swap**
sword n claíomh m; **swordfish** n
colgán m
sworn adj (statement, evidence) faoi
mhionn
syllable n siolla m4
syllabus n siollabas m
symbol n siombail f2, comhartha
m4
symmetry n siméadracht f3
sympathetic adj (understanding)
tuisceanach; (compassionate)
atruach; (favourable): **~ to** báúil le, i
bhfach le
sympathize vi: **to ~ with** (in grief)
comhbhrón a dhéanamh le;
(understand) tuiscint do; (approve)
bheith i bhfách le, bheith báúil le
sympathy n (pity) trua f4,
comhbhrón m; (affinity) bá f4,
dáimh f2; **in ~ with** (strike) ag
taobhú le

s

symphony n siansa m4

symptom n airí m4, siomptóm m1, comhartha m4

syndicate n sindeacáit f2

synonym n comhchiallach m1

synthetic adj sintéiseach, tacair; (Gram) táite

Syria n an tSiria f4

syringe n steallaire m4

syrup n síoróip f2; (also: **golden ~**) órshúlach m1

system n córas m1; (method) modh m3; **systematic** adj córasach, rianúil; **systems analyst** n anailísí m4 córas

ta (inf) excl sonas ort

tab n (label) lipéad m1; (on drinks can etc) cluaisín m4; (US: bill) dola m4; (Typ, Comput) táb m ▷ vt (Typ, Comput) tábáil; **to keep ~s on** (fig) súil ghéar a choinneáil ar

table n tábla m4, bord m1 ▷ vt (motion etc) cláraigh; **to lay** or **set the ~** an tábla a ullmhú; **tablecloth** n éadach m1 boird, scaraoid f2; **table lamp** n lampa m4 boird; **tablemat** n mata m4 boird; **tablespoon** n (also: **tablespoonful**: as measurement) spúnóg f2 bhoird

tablet n táibléad m1; (for writing) tabhall m1; (stone) leac f2

table tennis n leadóg f2 bhoird

tabloid n tablóid f2

tack n (nail) tacóid f2; (stitch) greim m3 gúshnátha ▷ vt daingnigh le tacóidí; (fig) greamaigh ▷ vi (Naut) leathbhord a chaitheamh

ackle n trealamh m1, fearas m1; (for lifting) tácla m4; (Rugby) greamú m
▷ vt (difficulty, animal, burglar etc)
tabhair faoi; (Rugby) greamaigh

acky adj greamaitheach; (pej: of poor quality) suarach

act n cáiréis f2; **tactful** adj cáiréiseach

actics npl oirbheartaíocht fsg3, taicticí fpl2

actless adj neamhchuíréiseach

adpole n torbán m1

ag n lipéad m1; (on ear) clib f2; **tag along** vi lean

ail n eireaball m1 ▷ vt (follow) lean;
tails npl (clothing) casóg fsg2
eireabaill

ailor n táilliúir m3

ake vt glac; (lift) tóg; (gain: prize)
gnóthaigh; (require: effort, courage)
tóg; (tolerate) fulaing; (hold:
passengers etc) iompair;
(accompany) tionlaic; (bring, carry)
tabhair; (exam) déan; **to ~ sth
from** (drawer etc) rud a thógáil ó or
as; (person) rud a bhaint de; **I ~ it
that ...** glacaim leis go ...; **take
after** vt fus bheith cosúil le; **take
apart** vt bain as a chéile; **take
away** vt: **~ it away!** tabhair leat é!;
to ~ sth away from sb rud a
bhaint de dhuine; **take back** vt
(return) tabhair ar ais; (accept) glac
ar ais; (one's words) tarraing siar;
take down vt (building) leag; (from
shelf etc) tóg anuas; (letter etc)
breac síos; **take in** vt (deceive) cuir
cluain ar; (understand) tuig;
(include) cuir san áireamh; (lodger)
glac; **take off** vi (Aviat) éirigh de
thalamh; (go away) imigh leat ▷ vt:
she took off her coat bhain sí di a
cóta; **take on** vt (work) glac

chugat; (employee) fostaigh;
(opponent) téigh i ngleic le; **take
out** vt (invite) tabhair amach;
(remove) tóg amach; **take over** vt
(business) téigh i gceannas (ar); **he
took over the factory** chuaigh sé i
mbun na monarchan ▷ vi: **to ~
over from sb** áit duine a ghlacadh;
take up vt (activity) tosaigh ar;
(dress) tóg; (occupy: time, space) tóg;
to ~ sb up on an offer glacadh le
tairiscint ó dhuine; **takeoff** n
(Aviat) éirí m4 de thalamh;
takeover n (Comm) táthcheangal
m1; **takings** npl (Comm) fáltas msg1

talc n (also: **~um powder**) talcam
m1

tale n (story) scéal m1, eachtra f4;
(account) tuairisc f2; **to tell ~s (on)**
(fig) sceitheadh (ar)

talent n bua m4, tréith f2, tallann f2;
talented adj tréitheach,
tallannach, éirimiúil; **he is a
talented musician** tá féith an
cheoil ann

talk n (a speech) caint f2;
(conversation) comhrá m4; (gossip)
béadán m1 ▷ vi labhair; **talks** npl
(Pol etc) comhchainteanna fpl2;
to ~ sb out of doing sth a áitiú ar
dhuine gan rud a dhéanamh; **to ~
shop** labhairt ar chúrsaí oibre;
talk over vt pléigh; **talk show** n seó
m4 agallaimh

tall adj ard; **to be six feet ~** bheith
sé throigh ar airde

tame adj ceansa, umhal; (fig: story,
style) leamh

tamper vi: **to ~ with** bheith ag
gabháil de

tampon n súitín m4

tan n (also: **sun~**) dath m3 na gréine
▷ vt, vi crónaigh ▷ adj (colour) crón

tangerine n táinséirín m4

tangle n achrann m, aimhréidh f2; **to get in(to) a ~** dul in aimhréidh

tank n (water tank) umar m1; (for fish) dabhach f2; (Mil) tanc m4

tanker n tancaer m1

tantrum n spadhar m1, taghd m1

tap n (on sink etc) sconna m4, buacaire m4; (gentle blow) cniogóg f2 ▷ vt: **to ~ sth** cniogóg a bhualadh ar rud; (resources) tarraing ar; (telephone): **to ~ a telephone** cúléisteacht ar ghuthán duine; **on ~** (fig: resources) ar fáil

tape n téip f2; (Sport) ribín m4; (also: **magnetic ~**) téip mhaighnéadach; (cassette) téip; (sticky) téip ghreamaitheach ▷ vt (record) taifead, cuir ar téip; (stick with tape) greamaigh; **tape measure** n ribín m4 tomhais, miosúr m1; **tape recorder** n téipthaifeadán m1

tapestry n taipéis f2

tar n tarra m4

target n sprioc f2; (fig) cuspóir m3

tariff n (Comm) taraif f2, táille f4; (taxes) cáin f

tarmac n tarramhacadam m1

tarpaulin n tarpól m1

tarragon n dragan m1

tart n (Culin) toirtín m4; (inf: slut) raiteog f2 ▷ adj (flavour) géar

tartan n breacán m1 ▷ adj breacáin

task n cúram m1, tasc m1; **to take sb to ~** duine a cháineadh

taste n blas m1; (fig: glimpse, idea) réamhbhlas m1 ▷ vt blais ▷ vi: **it ~s of** or **like fish** tá blas éisc air; **can I have a ~ of this wine?** an féidir liom an fíon seo a bhlaiseadh?; **to be in bad ~** bheith míchuí; **tasteful** adj (food etc) blasta; (dress etc) cuibhiúil; **tasteless** adj (food)

leamh; (remark) míchuibheasach; **tasty** adj blasta

tatters npl: **in ~** stiallta

tattoo n tatú m4 ▷ vt tatuáil

taunt n achasán m1 ▷ vt tarcaisnigh; **to ~ sb** duine a tharcaisniú

Taurus n (Astrol) An Tarbh m1

taut adj teann, rite

tax n cáin f ▷ vt cáin a ghearradh ar; (fig): **they are ~ing my patience** tá siad ag caitheamh na foighne agam; **tax disc** n (Aut) diosca m4 cánach; **tax-free** adj saor ó cháin

taxi n tacsaí m4 ▷ vi (Aviat) gluais ar talamh; **taxi driver** n tiománaí m4 tacsaí; **taxi rank, taxi stand** n stad m4 tacsaí

tax payer n íocóir m3 cánach

tax return n tuairisceán m1 cánach

tea n tae m4; **to make a cup of ~** cupán tae a dhéanamh; **tea bag** n mála m4 tae; **tea break** n sos m3 tae

teach vt, vi teagasc, múin; **to ~ sb sth, ~ sth to sb** rud a mhúineadh do dhuine; **teacher** n múinteoir m3, oide m4; **teaching** n múinteoireacht f3, teagasc m1

teacup n cupán m1

team n foireann f2; (of workers) meitheal f2

teapot n taephota m4

tear¹ n stróiceadh m ▷ vt, vi stróic, réab; **tear along** vi (rush): **she was ~ing along the road** bhí sí ag stróiceadh léi feadh an bhóthair; **tear up** vt (sheet of paper etc) stróic

tear² n deoir f2; **she burst into ~s** bhris a gol uirthi

tearful adj deorach; **a ~ voice** glór caointe

tear gas n deoirghás m1

tearoom n seomra m4 tae

tease vt spoch as; (unkindly) ciap

teaspoon n taespúnóg f2; (also: ~**ful**: as measurement) lán m1 taespúnóige; **teatime** n am m3 tae; **tea towel** n ceirt f2 soithí

technical adj teicniúil

technician n teicneoir m3

technique n teicníocht f3, teicníc f2

technology n teicneolaíocht f3

teddy (bear) n béirín m4

tedious adj leadránach, strambánach

tee n (Golf) tí m4

teenage adj (fashions etc) déagóra n gen; **teenager** n déagóir m3

teens npl déaga pl; **to be in one's ~** bheith sna déaga

teetotal adj (person) staontach

telegram n sreangscéal m1, teileagram m1

telegraph pole n cuaille m4 teileagraif

telephone n teileafón m1, guthán m1 ▷ vt (person): **to ~ sb** glaoch guthán a chur ar dhuine; **I'm on the ~** (speaking) tá mé ag caint ar an teileafón; **telephone booth**, **telephone box** n bosca m4 teileafóin or gutháin; **telephone call** n scairt f2 ghutháin, glao m4 gutháin; **telephone directory** n eolaí m4 teileafóin; **telephone number** n uimhir f theileafóin or ghutháin

telesales n teilidhíol m1, teilidhíolachán m1

telescope n teileascóp m1

television n teilifís f2; (also: ~ **set**) teilifíseán m1; **on ~** ar an teilifís

tell vt abair, inis; (distinguish): **to ~ sth from** rud a idirdhealú ó ▷ vi (talk): **to ~ (of)** inis (faoi); (have effect) dul i bhfeidhm (ar); **to ~ sb to go** a rá le duine imeacht; **tell off**

vt: **to ~ sb off** leadhbairt den teanga a thabhairt do dhuine;

teller n (in bank) áiritheoir m3

telly (Brit inf) n abbr (= television): **on the ~** ar an bhosca

temp n abbr = **temporary worker**

temper n (nature) meon m1; (mood) aoibh f2; (fit of anger) colg m1, taghd m1 ▷ vt (moderate) maolaigh; **he is in a ~** tá colg air; **he lost his ~** baineadh a mhíthapa as

temperament n (nature) meon m1, cáilíocht f3; **temperamental** adj taghdach, spadhrúil

temperature n teocht f3; **he has a ~** tá fiabhras air

temple n (building) teampall m1; (Anat) uisinn f2

temporary adj sealadach; (ephemeral) neamhbhuan

tempt vt meall; **to ~ sb** cathú a chur ar dhuine; **I was ~ed** tháinig cathuithe orm; **temptation** n cathú m

ten num deich; **~ bottles** deich mbuidéal; **~ people** deichniúr m1

tenant n tionónta m4

tend vt: **to ~ sb** aire a thabhairt do dhuine ▷ vi: **I ~ to agree** tá claonadh agam aontú; **tendency** n: **tendency to** claonadh m chun, luí m4 le

tender adj bog, maoth; (delicate) leochaileach; (bruise etc) frithir ▷ n (Comm, offer) tairiscint f3 ▷ vt tairg

tennis n leadóg f2; **tennis ball** n liathróid f2 leadóige; **tennis court** n cúirt f2 leadóige; **tennis player** n imreoir m3 leadóige; **tennis racket** n raicéad m1 leadóige

tenor n (Mus) teanór m1

tenpin bowling n bollaí mpl4 deich mbiorán

tense adj rite; (nervous) ar tinneall;

t

(*finish*) corraitheach ▷ *n* (*Ling*)
aimsir *f2*

tension *n* teannas *m1*

tent *n* puball *m1*

tentative *adj* trialach; (*cautious*)
faichilleach

tenth *num* deichiú *m4*; **the ~**
woman an deichiú bean

tent pole *n* cuaille *m4* pubaill

tepid *adj* alabhog; (*person*) leamh

term *n* téarma *m4*, tréimhse *f4*;
(*condition*) coinníoll *m1* ▷ *vt:* **to ~**
sth/sb ainm a thabhairt ar rud/
dhuine; **in the long ~** go
fadtéarmach; **to come to ~s with**
(*problem*) teacht chun réitigh le

terminal *adj* téarmach ▷ *n* (*Elec*)
teirminéal *m1*; (*also:* **air, coach**)
críochfort *m1*

terminate *vt* deireadh a chur le;
(*pregnancy*) ginmhilleadh a fháil

terminus *n* stáisiún *m* cinn aistir

terrace *n* lochtán *m1*; (*row of houses*)
sraith *f2*; (*in street names*) ardán *m1*;
the terraces *npl* (*Sport*) na
lochtáin *mph*; **terraced** (*garden*)
lochtánach

terrain *n* tír-raon *m1*

terrible *adj* uafásach, millteanach,
creathnach; **terribly** *adv*
millteanach, uafásach

terrier *n* brocaire *m4*

terrific *adj* iontach, éachtach

terrify *vt* scanraigh, sceimhligh; **he**
terrified them chuir sé scéin iontu

territory *n* dúiche *f4*, críoch *f2*,
líomatáiste *m4*

terror *n* scéin *f2*, sceimhle *m4*,
scanradh *m1*; **terrorism** *n*
sceimhlitheoireacht *f3*; **terrorist** *n*
sceimhlitheoir *m3*

test *n* triail *f*, teist *f2*, promhadh *m1*;
(*Med, Scol*) scrúdú *m*; (*Chem*) triail;
(*also:* **driving ~**) scrúdú tiomána

▷ *vt* triail; scrúdaigh; promh;
tástáil

testicle *n* magairle *m4*

testify *vi* (*Law*) fianaise a thabhairt;
to ~ to sth dearbhú le rud

testimony *n* fianaise *f4*

test match *n* (*Cricket, Rugby*)
teistchluiche *m4*

test tube *n* promhadán *m1*

tetanus *n* teiteanas *m1*

text *n* téacs *m4* ▷ *vt, vi* téacsáiln;
textbook *n* téacsleabhar *m1*

textile *n* teicstíl *f2*

text message *n* téacs *m4*,
téacs-scéal *m*,
téacsteachtaireacht *f3*

texture *n* uigeacht *f3*

Thailand *n* an Téalainn *f2*

Thames *n:* **the ~** an Tamais *f2*

than *conj* ná; (*with numerals*) **more**
~ 10/once níos mó ná deichniúr/
uair amháin; **I have more/less ~**
you tá níos mó/níos lú agam ná atá
agatsa; **she has more apples ~**
pears is mó úll ná piorra atá aici;
I'd rather go ~ stay b'fhearr liom
imeacht ná fanacht

thank *vt:* **to ~ sb (for)** buíochas a
ghabháil le duine (as); **thanks** *npl*
(*gratitude*) buíochas *msg1* ▷ *excl* go
raibh maith agat; **~ you (very**
much) go raibh míle maith agat;
~s to a bhuí le; ~ God! buíochas le
Dia!

○ KEYWORD

that *adj* (*demonstrative: pl those*) sin;
that man/woman/book an fear/
an bhean/an leabhar sin; (*not*
"*this*") an fear/an bhean/an leabhar
úd; **that one** a ceann sin ó rúd
▷ *pron* **1** (*demonstrative: pl those: not*
"*this one*") é sin, í sin, iad sin; **who's**

that? cé hé sin; **what's that?**
céard or cad é sin; **is that you?** an
tú atá ann?, an tusa atá ansin?; **I
prefer this to that** is fearr liom (é)
seo ná (é) sin; **that's what he said**
sin an rud a dúirt sé; **that is (to
say)** is é sin le rá or is ionann sin is a
rá

2 (relative: subject) a + lenition;
(: object) a + lenition, a + nas; (: in
past tenses) a + nas/ar + lenition;
(: indirect) a + nas; (: past tenses) a
+ lenition; **the book that I read** an
leabhar a léigh mé; **the books
that are in the library** na leabhair
atá sa leabharlann; **all that I have**
(gach) a bhfuil agam; **the box that
I put it in** an bosca ar chuir mé ann
é/inar chuir mé é; **the people that
I spoke to** na daoine ar labhair mé
leo or lenar labhair mé

3 (relative: of time): **the day that he
came** an lá a or ar tháinig sé
▷ conj: **he thought that I was ill**
shíl sé go raibh mé tinn
▷ adv (demonstrative): **I can't work
that much** ní thig liom an oiread
sin oibre a dhéanamh; **I didn't
know it was that bad** ní raibh a
fhios agam go raibh sé chomh dona
sin; **it's about that high** tá sé
faoin méid/airde sin

thatched adj (roof) tuí; **~ cottage**
teach ceann tuí

thaw n coscairt f3 ▷ vi: **it's ~ing** tá
coscairt ann ▷ vt coscair, leáigh

KEYWORD

the def art **1** (all sg except gsf) an; (gsf)
na; (all plurals) na; **the man/
woman** an fear/bhean; **the
summer/street** an samhradh/

tsráid; **the time** an t-am; **the
weather** an aimsir; **the children**
na páistí; **the songs** na hamhráin;
the history of the world stair an
domhain; **the top of the window**
barr na fuinneoige; **give it to the
postman** tabhair d'fhear an phoist
(é); **to play the piano/flute** an
pianó/fheadóg mhór a sheinm;
the rich and the poor an saibhir
agus an daibhir

2 (in titles): **Elizabeth the First** Eilís
a hAon; **Peter the Great** Peadar an
Mór

3 (in comparisons): **the more he
works, the more he earns** dá
mhéad a oibríonn sé is amhlaidh is
mó a shaothraíonn sé, dá mhéad
dá n-oibríonn sé is ea is mó a
shaothraíonn sé

theatre n amharclann f2; (also:
lecture ~) léachtlann f2; (Med: also:
operating ~) obrádlann f2

theft n gadaíocht f3, goid f3

their adj a; **~ house/car/gloves** a
dteach/ngluaisteán/miotóga, an
teach/an gluaisteán/na miotóga
acu; **~ hair** a gcuid gruaige; see also
my; **theirs** adj (single article) a
gceannsa; (share of) a gcuidsean;
this book is theirs is leo an
leabhar seo; **this book of theirs**
an leabhar seo acu; see also **mine**

them pron (direct) iad; (emphatic)
iadsan; **I saw ~** chonaic mé iad;
without ~ gan iad; **after ~** ina
ndiaidh; see also **me**

theme n téama m4, ábhar m1;
theme park n páirc f2 théama

themselves pl pron (reflexive) iad
féin; (emphatic) iadsan; see also
oneself

then adv (at that time) san am sin;

(at that moment) ansin; (next) ansin, ina dhiaidh sin ▷ conj (therefore) ansin, mar sin, más ea ▷ adj: **the ~ president** uachtarán na linne sin; **by ~** faoi sin; **from ~ on** as sin amach

theology n diagacht f3
theory n teoiric f2

therapy n teiripe f4

 KEYWORD

there adv 1: **there is, there are** tá ... ann; **there are 3 of them** (people) tá triúr díobh ann; (things) tá trí cinn díobh ann; **there has been an accident** bhí taisme ann
2 (referring to place) ansin, ansiúd; **it's there** tá sé ansin; **in/up/down there** istigh/thuas/thíos ansin; **he went there on Friday** chuaigh sé ann Dé hAoine; **I want that book there** an leabhar sin ba mhaith liom; **there he is!** sin or siúd ansin é
3: **there, there** (esp to child) seo, seo, seo anois

thereabouts adv (place) sa chóngar sin; (amount) thart faoi sin, a bheag nó a mhór; **thereafter** adv as sin amach; (up to present) ó shin i leith; **thereby** adv ar an dóigh sin, sa tslí sin, dá bharr sin; **therefore** adv dá bhrí sin, ar an ábhar sin, mar sin de
thermal adj teirmeach; (springs) te
thermometer n teirmiméadar m
thermostat n teirmeastat m
these pl adj (not "those"): **~ books** na leabhair seo ▷ pl pron (subj) siad seo; (obj) iad seo
thesis n (dissertation) tráchtas m; (theory) téis f2
they pl pron siad, iad; (emphatic)

siadsan; (as subject): **~ came in** tháinig siad isteach; (with copula): **~ are people** is daoine iad; (in passive, autonomous): **~ were injured** gortaíodh iad; **~ came and she stayed** tháinig siadsan agus d'fhan sise; **it is ~ who ...** is iadsan a ...; **~ say that ...** (it is said that) deirtear ...

thick adj tiubh, dlúth; (liquid) ramhar; (stupid) bómánta ▷ n: **in the ~ of** i lár + gen; **it's 20 cm ~** 20 cm ar tiús; **thicken** vt, vi tiubhaigh, ramhraigh; (plot) éirigh níos casta; **thickness** n tiús m, raimhre f4
thief n gadaí m4
thigh n ceathrú f, leis f2
thin adj tanaí, caol; (hair, crowd) scáinte ▷ vt, vi tanaigh, caolaigh
thing n rud m3, ní m4; **things** npl (belongings) giúirléidí fpl2; **poor ~!** an créatúr!; **the best ~ would be to ...** ba é ab fhearr a dhéanamh (ná) ...; **how are ~s?** cad é mar atá cúrsaí?
think vt, vi smaoinigh, (reflect) machnaigh; (presume) síl, ceap, meas ▷ vi: **to ~ about** smaoinigh or machnaigh ar b or **to ~** (imagine) samhail; **what did you ~ of them?** cad é do bharúil orthu?; **to ~ about sth/sb** smaoineamh ar rud/dhuine; **I'll ~ about it** déanfaidh mé mo mhachnamh air; **to ~ of doing sth** smaoineamh ar rud a dhéanamh; **Is he here? — I ~ so** an bhfuil sé abhus? — sílim go bhfuil; **I ~ of her a lot** bíonn sí go minic ar m'intinn; **think over** vt smaoinigh ar; **think up** vt ceap, cum, faigh
third num tríú, trian; **the ~ woman** an tríú bean ▷ n (fraction) an tríú cuid; (Aut) an tríú giar; (Univ:

degree) na tríú honóracha; (*Mus*) tréach *m*; **thirdly** *adv* ar an tríú dul síos; **third party insurance** *n* árachas *m* tríú páirtí; **Third World** *n*: **the Third World** an Tríú Domhan

thirst *n* tart *m3*; **thirsty** *adj* (*person*) tartmhar; (*work*) tartúil; **he is thirsty** tá tart air

thirteen *num* trí déag; **~ bottles** trí bhuidéal déag; **~ people** trí dhuine dhéag

thirty *num* tríocha + *sg*

 KEYWORD

this *adj* (*demonstrative*: *pl* these) seo; **this man/woman/book** an fear/an bhean/an leabhar seo; **this one** an ceann seo
▷ *pron* (*demonstrative*: *pl* these) é seo, í seo, iad seo; **who's this?** cé hé seo?; **what's this?** céard *or* cad é seo?; **I prefer this to that** is fearr liom (é) seo ná (é) sin; **this is what he said** seo a rud a dúirt sé; **this is Mr Brown** (*in introductions*) is é seo an tUasal Brown; (*in photo*) seo an tUasal Brown; (*on telephone*) an tUasal Brown anseo
▷ *adv* (*demonstrative*): **it was about this big** bhí sé thart faoin méid seo; **I didn't know it was this bad** ní raibh a fhios agam go raibh sé chomh dona seo

thistle *n* feochadán *m*

thorn *n* dealg *f2*

thorough *adj* cruinn, mion; (*work, person*) críochnúil; **thoroughly** *adv* (*go*) críochnúil; (*know*) (*go*) cruinn; (*very*) amach agus amach

those *pl adj* (*not* "these"): **~ books** na leabhair sin ▷ *pl pron* (*subj*) siad sin;

(*obj*) iad sin

though *conj* cé go, bíodh go ▷ *adv* mar sin féin

thought *n* machnamh *m1*; (*idea*) smaoineamh *m1*; (*opinion*) barúil *f3*; **thoughtful** *adj* (*deep in thought*) machnamhach, smaointeach; (*considerate*) tuisceanach; **thoughtless** *adj* místuama, éaganta; (*inconsiderate*) neamhthuisceanach

thousand *num* míle; **two ~ houses** dhá mhíle teach; **~s of houses** na mílte teach; **thousandth** *num* míliú

thrash *vt* léas, greasáil; (*defeat*) treascair; **thrash around, thrash about** *vi* iomlaisc

thread *n* snáth *m3*; (*of screw*) snáithe *m4* ▷ *vt*: **to ~ a needle** snáithe a chur i snáthaid

threat *n* bagairt *f3*; **threaten** *vi* bagair ▷ *vt*: **to threaten sb with sth** rud a bhagairt ar dhuine

three *num* trí; **~ bottles** trí bhuidéal; **~ people** triúr *m1*, **three-dimensional** *adj* tríthoiseach; **three-piece suite** *n* foireann *f2* troscáin trí bhall

threshold *n* tairseach *f2*

thrill *n* (*excitement*) corraíl *f3*; (*shudder*) drithlín *m4*, deann *m3* ▷ *vt* (*audience*) corraigh; **to be ~ed** (*with gift etc*) eiteoga a bheith ar do chroí; **thriller** *n* (*book*) leabhar *m1* corraitheach; (*TV, Cine*) scéinséir *m3*; **thrilling** *adj* corraitheach

thriving *adj* (*business, community*) rafar, bisiúil

throat *n* sceadamán *m1*, scornach *f2*; **I have a sore ~** tá tinneas sceadamáin *or* scornaí orm

throb *vi* (*heart*) preab; (*pain*) frithbhuail; **my finger is ~ing** tá mo mhéar ag broidearnach; **my head is ~bing** tá mo cheann ag frithbhuaileadh

throne n ríchathaoir f

through prep trí; (time) i rith + gen, ar feadh + gen; (by means of) trí mheán + gen, (owing to) de bharr + gen, le teann + gen ▷ adj (ticket, train, passage) díreach ▷ adv tríd; **~ and ~** amach agus amach; **to put sb ~ to sb** (Tel) duine a chur i gcaoi cainte le duine; **to be ~** (esp US: have finished) bheith réidh (le); **"no ~ road"** "níl aon bhealach tríd"; **throughout** prep (place) ar fud + gen; (time) i rith + gen ▷ adv i rith an ama, ar fud na háite

throw n caitheamh m ▷ vt caith, teilg; **throw away** vt caith uait; **throw off** vt: **he threw off his coat** chaith sé a chóta de; **throw out** vt caith amach; (reject) diúltaigh do; (person) díbir; (heat) tabhair uait; **throw up** vi caith amach, urlaic

thru (US) = **through**

thrush n (bird) smólach m; (disease) truis f2

thrust n sá m4, ropadh m ▷ vt sáigh, sac, rop

thud n tuairt f2, trost f2

thug n maistín m4

thumb n (Anat) ordóg f2 ▷ vt: **to ~ a lift** dul ar an ordóg; **thumb through** vt (book) méaraigh; **thumbtack** (US) n tacóid f2 ordóige

thump n tailm f2, paltóg f2; (sound) trost f2 ▷ vt, vi buail

thunder n toirneach f2 ▷ vi: **it is ~ing** tá toirneach ann; **thunderstorm** n spéirling f2, stoirm f2 thintrí

Thursday n (An) Déardaoin m4; **on**

~ Déardaoin; **he comes on ~s** tagann sé Déardaoin

thus adv (like so) mar seo, amhlaidh; (hence) mar sin de, dá bhrí sin

thwart vt sáraigh, bac

thyme n tím f2; (also: **wild ~**) lus m3 na mbrat

tick n (of clock, mark) tic m4; (Zool) sceartán m; (inf): **in a ~** (straight away) ar an toirt; (in a moment) i gceann meandair ▷ vi ticeáil ▷ vt (item on list) tic a chur le, ticeáil; **tick off** vt (item on list) tic a chur le, ticeáil; (person) íde béil a thabhairt do; **tick over** vi (engine) réchas; (fig): **to be ~ing over nicely** bheith ag gabháil leat

ticket n ticéad m; **ticket collector** n bailitheoir m3 ticéad; **ticket office** n oifig f2 ticéad

tickle vt, vi cigil; **ticklish** adj (person) cigilteach; (problem) cáiréiseach

tide n taoide f4; (fig: of events) sruth m3 ▷ vt: **to ~ sb over** cuidiú le duine; **high ~** lán mara; **low ~** lag trá

tidy adj slachtmhar, néata ▷ vt (also: **~ up**): **to ~ sth (up)** slacht a chur ar rud

tie n (string etc) ceangal m; (also: **neck~**) carbhat m; (Mus) nasc m; (Sport: draw) comhscór m ▷ vt ceangail, snaidhm; (link) nasc ▷ vi (Sport) críochnaigh ar comhscór; **to ~ a knot in sth** snaidhm a chur i rud; **tie down** vt (fig): **to ~ sb down to sth** rud a chur de chúram ar dhuine; **to be ~d down** (by relationship) bheith ar teaghrán; **tie up** vt (parcel, dog) ceangail; (boat) feistigh; (arrangements) socraigh; **to be ~d up (with)** (busy) bheith gafa (ag)

tier n sraith f2

tiger n tíogar m

tight adj (rope) teann, rite; (clothes) dlúth; (budget) gann; (programme, control) dian; (bend) géar; (inf: drunk) ólta ▷ adv (squeeze) go teann; (hold) go docht, daingean; (inf: drunk) ólta ▷ adv (squeeze) go teann; (hold) go docht; **tighten** vt, vi teann, fáisc; **tightly** adv (grasp) go daingean, go docht; **tights** npl riteoga fpl2

tile n tíl f2, leacán m

till n scipéad m ▷ vt (land) saothraigh ▷ prep, conj = **until**

tilt vt, vi claon, fiar

timber n (material) adhmad m

time n am m3, tráth m3, aimsir f2; (epoch) ré f4; **the ~** (by clock) an t-am; (moment) nóiméad m, meandar m; (occasion) uair f2; (Mus) am ▷ vt (race) amháigh; (programme) socraigh fad + gen; (visit, remark etc) aimsigh an uain thráthúil do; **for a long ~** ar feadh tamaill fhada, ar feadh i bhfad; **for the ~ being** don am i láthair; **4 at a ~** ceathrar in éineacht; **from ~ to ~** ó am go ham; **at ~s** in amanna; **in ~** (soon enough) roimh i bhfad; (after some time) i ndiaidh tamaill; **in a week's ~** i gceann seachtaine; **in no ~** gan mhoill; **any ~** am ar bith; **on ~** in am; **5 ~s 5** cúig faoina cúig; **what ~ is it?** cén t-am é?; **have a good ~!** bíodh am maith agat!; **timely** adj tráthúil, caoithiúil; **timer** n amadóir m3; **time-share** n sealbhaíocht f3 thréimhsiúil; **timetable** n clár m ama, amchlár m; **time zone** n crios m3 ama

timid adj faiteach; (easily scared) scáfar

timing n uainiú m; (Aut) comhrialú m; (Sport) crónaimeádrú m; **the ~ of his leaving** uain a imeachta

tin n stán m; (also: **~ plate**) pláta m4 stáin; (tin can) canna m4 stáin;

tinfoil n scragall m stáin

tingle vi (person): **my skin is tingling** tá griofadach i mo chraiceann agam

tinker: **tinker with** vt fus bheith ag útamáil le

tinned adj (food) stánaithe

tin opener n stánosclóir m3

tinsel n tinsil m3

tint n imir f2; (for hair) fordhath m3 gruaige; **tinted** adj fordhaite

tiny adj bídeach

tip n (end) barr m, ceann m, rinn f2; (of pen) gob m; (gratuity) séisín m4; (for rubbish) láithreán m fuillígh; (advice) nod m, leid f2 ▷ vt (waiter) séisín a thabhairt do; (tilt) claon; (overturn: also: **~ over**) iompaigh béal faoi; (empty: also: **~ out**) folmhaigh

tiptoe n: **on ~** ar na barraicíní

tire n (US) = **tyre** ▷ vt, vi tuirsigh, traoch; **tired** adj tuirseach; **I am tired** tá tuirse orm; **to be tired of sth** bheith bréan de rud; **tiring** adj tuirsiúil

tissue n (Biol) uige f4, fíochán m; (paper handkerchief) ciarsúr m páipéir; **tissue paper** n páipéar m síoda

tit n (bird) meantán m; (teat) sine f2; (breast) cíoch f2; **she will give him ~ for tat** tabharfaidh sí tomhas a láimhe féin dó

title n teideal m

○ **KEYWORD**

to prep **1** (direction) go, chuig, chun + gen, go dtí; **to go to Coleraine/Dublin/Ireland** dul go Cúil Raithin/go Baile Átha Cliath/go hÉirinn; **to go to Spiddal/Rome/France** dul chun an Spidéil/chun na Róimhe/chun na Fraince; **to go to the United States** dul chun na Stát Aontaithe; **to go to school** dul ar scoil or chun na scoile; **to go to John's/the doctor's** dul tigh Sheáin/chuig an dochtúir; **the road to Belfast** an bóthar go Béal Feirste

2 (as far as) go, go dtí; **to count to 10** comhaireamh go dtí a deich; **from 40 to 50 people** ó dhaichead go caoga duine

3 (with expressions of time) chun, do, go dtí; **it's twenty to 3** tá sé fiche don or go dtí or chun a trí

4 (for, of): **the key to the front door** eochair an dorais tosaigh; **a letter to his wife** litir chuig a bhean chéile

5 (expressing indirect object): **to give sth to sb** rud a thabhairt do dhuine; **to talk to sb** labhairt le duine

6 (in relation to): **3 goals to 2** 3 chúl in aghaidh a 2; **30 miles to the gallon** 30 míle an galún or don ghalún

7 (purpose, result): **to come to sb's aid** teacht i gcabhair ar dhuine, teacht ag cuidiú le duine; **to sentence sb to death** duine a dhaoradh chun báis; **to my surprise** rud a chuir iontas orm ▷ with vb **1** (simple infin): **to go/eat** imeacht/ithe

2 (following another vb): **to want to do sth** fonn a bheith ort rud a dhéanamh; **to try to do sth** iarraidh a thabhairt (ar) rud a dhéanamh; **to start to do sth** tosú ag déanamh ruda or dul i gceann ruda

3 (with vb omitted): **I don't want to** níl fonn orm

4 (purpose, result): **I did it to help you** rinne mé é chun cabhrú leat or le cuidiú leat

5 (equivalent to relative clause): **I have things to do** tá rudaí le déanamh agam; **the main thing is to try** is é is tábhachtaí (ná) tabhairt faoi

6 (after adjective etc): **ready to go** réidh le himeacht; **too old/young to ...** róshean/ró-óg le or chun ▷ adv: **push/pull the door to** dún an doras

toad n buaf f2; **toadstool** n beacán m1 bearaigh

toast n (Culin) tósta m4; (drink, speech) sláinte f4 ▷ vt (Culin) tóstáil; (drink to): **we ~ed him** d'ólamar a shláinte; **toaster** n tóstaer m1

tobacco n tobac m4

toboggan n sleamhnán m1

today adv, n inniu

toddler n tachrán m1

toe n ladhar f2, méar f2 coise; (of shoe) barraicín m4 ▷ vt: **to ~ the line** (fig) géilleadh do na rialacha; **toenail** n ionga f coise

toffee n taifí m4

together adv le chéile, in éineacht; **~ with** in éineacht le

toilet n (lavatory) leithreas m1 ▷ cpd (accessories etc) ionnalta; **toilet paper** n páipéar m1 leithris; **toiletries** npl cóir fsg3 ionnalta; **toilet roll** n rolla m4 leithris

token n (coupon) éarlais f2; (sign) comhartha m4 ▷ adj (strike, payment etc) comharthach; **book ~** éarlais leabhar

tolerant adj: **~ (of)** caoinfhulangach (maidir le)

tolerate vt fulaing, cuir suas le

toll n dola m4 ▷ vi (bell) buail; **the accident ~ on the roads** an líon a maraíodh ar na bóithre

tomato n tráta m4

tomb n tuama m4; **tombstone** n leac f2 uaighe

tomorrow adv amárach ▷ n amárach; **the day after ~** arú amárach; **~ morning** maidin amárach

ton n tonna m4; **~s of** (inf) dalladh m + gen

tone n (of voice) tuin f2; (Ling, Mus, colour) ton m1; (of muscles) teannas m1 ▷ vi (also: **~ in**) tar le; **tone down** vt maolaigh; (sound) bog; **tone up** vt (muscles) teann

tongs npl (for coal) tlú m4 sg4, maide m4 sg4 briste; (for hair) tlú gruaige

tongue n teanga f4; **~ in cheek** go híorónta

tonic n íocshláinte f4; (Med) athbhríoch m1; (also: **~ water**) uisce m4 íocshláinteach

tonight adv, n anocht

tonsil n céislín m4; **tonsillitis** n céislíneas m1

too adv (excessively) ró-; (also) fosta, freisin, chomh maith; **~ much food** barraíocht or an iomarca bia; **~ many people** barraíocht daoine

tool n uirlis f2, gléas m1, acra m4; **tool box** n bosca m4 uirlisí

tooth n (Anat, Tech) fiacail f2; **toothache** n tinneas m1 fiacaile, déideadh m1; **toothbrush** n scuab f2 fiacla; **toothpaste** n taos m1 fiacla; **toothpick** n bior m3 fiacla

top n uachtar m, barr m; (of mountain, head) mullach m1; (lid: of box, jar) clár m; (toy) caiseal m1; (garment) barrchóir f3 ▷ adj uachtarach; (in rank) príomh-;

(best) is fearr ▷ vt (exceed) sáraigh; (be first in) bheith ar cheann + gen; **on ~ of** ar bharr + gen, sa mhullach ar; (in addition to) ar bharr + gen; **from ~ to bottom** ó bhun go barr; **top up** (US **top off**) vt (bottle) líon go béal; (salary) cuir breis le; (mobile phone) breis a fháil; **top floor** n urlár m uachtarach; **top hat** n hata m4 ard

topic n ábhar m; **topical** adj ábhartha; (current) reatha

topless adj (bather etc) uchtnocht

topple vt (building) leag; (government) treascair ▷ vi tit

top-up n (for mobile phone) breis f2; **top-up card** n (for mobile phone) cárta m4 breisithe

torch n tóirse m4, trilseán m; (electric) lóchrann m póca

torment n crá m4, céasadh m ▷ vt céas, cráigh; (fig: annoy) ciap

tornado n tornádó m4

torpedo n toirpéad m

torrent n tuile f4, díle f

tortoise n toirtís f2

torture n céasadh m ▷ vt céas; (fig) ciap, cráigh

Tory (Brit: Pol) n Tóraí m4 ▷ adj Tóraíoch

toss vt caith; **she ~ed her head** bhain sí croitheadh as a ceann; **to ~ a coin** pingin a chaitheamh in airde; **to ~ up for sth** crainn a chaitheamh ar rud; **to ~ and turn** bheith d'únfairt féin sa leaba

total adj iomlán, ar fad, go léir ▷ n iomlán m, lán m2 ▷ vt (add up) suimigh; **it ~s thirty euros** tá tríocha euro ann

totally adv go hiomlán, go huile

touch n tadhall m, teagmháil f3; (skill: of artist etc) lámh f2; (sense) tadhall ▷ vt teagmhaigh le, bain do; **don't ~ that paint** ná bain don phéint sin; **a ~ of humour** (fig) iarracht den ghreann; **to get in ~ with** scéala a chur chuig; **he lost ~ with her** d'imigh sí ó chaidreamh air; **touch on** vt fus (topic) bain do; **touch up** vt (paint) cuir barr maise ar; **touchdown** n talmhú m; **touched** adj (moved) corraithe, tógtha; (batty) ar mire; **touching** adj corraitheach; **touchline** n (Sport) taobhlíne f4; **touch-sensitive** adj (Comput) tadhall-íogair

tough adj crua; (resistant, meat) righin; (firm) láidir; (task) doiligh, deacair

tour n turas m1, camchuairt f2; (also: **package ~**) turas m1 láneagraithe; (of town, museum) cuairt f2 ▷ vt: **she ~ed the country** thug sí camchuairt na tíre

tourism n turasóireacht f3

tourist n turasóir m3; **tourist office** n oifig f2 thurasóireachta

tournament n comórtas m1

tow vt tarraing; (caravan, trailer) tarraing ar cheann téide; **"on ~", "in ~"** (US) ar cheann téide

toward, towards prep chuig, chun, go dtí; (of attitude) maidir le; (of purpose) chun + gen, le haghaidh + gen; (direction) i dtreo + gen

towel n tuáille m4; **towelling** n (fabric) éadach m tuáillí

tower n túr m1; **tower block** n áraslann f2

town n baile m4 (mór); **to go to ~** dul chun na cathrach; **town centre** n lár m1 an bhaile; (in road signs) An Lár; **town hall** n halla m4 baile

tow truck (US) n trucail f2 tarraingthe

toy n bréagán m1, áilleagán m1; **toy with** vt fus bí ag súgradh le

trace n lorg m1, rian f2 (draw) rianaigh; (follow) lorg; (locate) aimsigh

tracing paper n rianpháipéar m1

track n (of bullet etc, on record) rian m1; (mark, of suspect, animal) lorg m1; (path) cosán m1; (Rail) rian m1; (Sport) raon m1 ▷ vt lorg; **he kept ~ of her** níor chaill sé tuairisc uirthi; **track down** vt (prey) lorg agus ceap; (sth lost) aimsigh; **tracksuit** n raonchulaith f2

tractor n tarracóir m3

trade n trádáil f3, tráchtáil f3; (skill, job) ceird f2 ▷ vi trádáil a dhéanamh ▷ vt (exchange): **to ~ sth (for sth)** rud a bhabhtáil (ar rud); **trade in** vt (old car etc) tabhair mar pháirtíocaíocht; **trademark** n trádmharc m1; **trader** n trádálaí m4, tráchtálaí m4; **tradesman** n (shopkeeper) fear m1 siopa; **trade union** n ceardchumann m1

tradition n traidisiún m1; **traditional** adj traidisiúnta

traffic n trácht m3 ▷ vi: **to ~ in** (pej: liquor, drugs) déileáil; **traffic circle** (US) n timpeallán m1; **traffic jam** n plódú m tráchta; **traffic lights** npl soilse fpl4 tráchta; **traffic warden** n maor m1 tráchta

tragedy n traigéide f4, tubaiste f4

tragic adj taismeach, tubaisteach, traigéideach

trail n (tracks) lorg m1; (path) cosán m1; (of smoke etc) sraoill f2 ▷ vt sraoill; (follow) lorg, lean ▷ vi sraoill; (in game, contest) bí chun deiridh; **trailer** n (Aut) leantóir m3; (US) carbhán m1; (Cine, TV) réamhbhlaiseadh m

train n traein f; (of dress) triopall m1

▷ vt oil; (sportsman) traenáil; (point: gun etc) aimsigh ▷ vi traenáil; **~ of thought** snáithe smaointe; **trainee** n foghlaimeoir m3; (in trade) printíseach m1; **trainer** n (Sport: coach) traenálaí m4; (of dogs etc) oiliúnóir m3; **trainers** (shoes) bróga fpl2 traenála; **training** n (at work etc) oiliúint f3; (Sport) traenáil f3; **in training** (Sport) ag traenáil; (fit) scafánta; **training shoes** npl bróga fpl2 traenála

trait n tréith f2

traitor n fealltóir m3

tram n (also: **~car**) tram m4

tramp n (person) bacach m1, fear m1 siúil; (inf: pej: woman) scubaid f2 ▷ vi siúil go trom

trample vt: **to ~ (underfoot)** satail ar, gabh de chosa i

trampoline n trampailín m4

tranquil adj ciúin, suaimhneach; **tranquillizer** (US **tranquilizer**) n (Med) suaimhneasán m1

transaction n idirbheart m1, beart m1

transatlantic adj trasatlantach

transfer n (gen, also Sport) aistriú m; (picture, design) aistreog f2; (: stick-on) aistreog ghreamaitheach ▷ vt aistrigh; **to ~ the charges** (Tel) na táillí a aistriú

transform vt claochlaigh

transfusion n (also: **blood ~**) fuilaistriú m

transit n idirthuras m1; **in ~** faoi bhealach

transitive adj (Ling) aistreach

translate vt aistrigh; **translation** n aistriúchán m1; **translator** n aistritheoir m3

transmission n seachadadh m, iompar m1; (Tel) tarchur m1

transmit vt seachaid; (Radio, TV) tarchuir

transparent adj trédhearcach

transplant vt aistrigh; (seedlings) athphlandáil; (Med) nódaigh ▷ n (Med) nódú m1

transport n iompar m1; (car) gléas m1 iompair ▷ vt iompair; **transportation** n iompar m1; (means of transportation) cóir f3 iompair

trap n (snare, trick) dol m3, gaiste m4; (carriage) trap m4 ▷ vt gaistigh, sáinnigh

trash (pej) n (goods) truflais f2, dramhaíl f3; (nonsense) seafóid f2, ráiméis f2; **trash can** (US) n bosca m4 bruscair

trauma n sceimhle m4; **traumatic** adj coscrach

travel n taisteal m1 ▷ vi taistil; (news, sound) leath ▷ vt (distance) taistil; **travel agency** n gníomhaireacht f3 taistil; **travel agent** n gníomhaire m4 taistil; **traveller** (US **traveler**) n taistealaí m4; **travellers** lucht msg3 siúil; **traveller's cheque** (US **traveler's check**) n seic m4 taistil; **travelling** (US **traveling**) n taisteal m1; **travel sickness** n tinneas m1 taistil

trawler n trálaer m1

tray n (for carrying) tráidire m4

treacherous adj (person, look) fealltach; (ground, tide) fabhtach

treacle n triacla m4

tread n (of shoe) bonn m1; (sound) coiscéim f2; (of tyre) trácht m3 ▷ vi siúil; **tread on** vt fus satail ar

treasure n stór m1, ciste m4, taisce f4 ▷ vt (value): **he ~s his books** is luachmhar leis a leabhair; **treasurer** n cisteoir m3

treasury n: **the T~**, **the T~**

Department (US) an Roinn *f2* Airgeadais

treat *n* féirín *m4* ▷ *vt* caith le; (*machine*) cóireáil; **to ~ sb to a drink** deoch a sheasamh do dhuine; **treatment** *n* cóir *f3*; (*Med, machine*) cóireáil *f3*; (*Comm*) socraíocht *f3*

treaty *n* conradh *m*; (*Comm*) gnóthaíocht *f3*

treble *adj* faoi thrí ▷ *vt, vi* méadaigh faoi thrí

tree *n* crann *m1*

trek *n* (*long*) aistear *m1*; (*on foot*) siúl *m1*

tremble *vi* bheith ar crith

tremendous *adj* (*enormous*) ollmhór; (*excellent*) thar barr, iontach

trench *n* díog *f2*, trinse *m4*

trend *n* (*tendency*) claonadh *m*; (*of events*) treocht *f3*; (*fashion*) nós *m1*; **trendy** *adj* (*idea, person, clothes*) faiseanta

trespass *vi*: **to ~ on** treaspás a dhéanamh ar; **"no -ing"** "ná déantar treaspás"

trial *n* (*Law*) triail *f*; (*test: of machine etc*) tástáil *f3*, promhadh *m1*; **trials** *npl* (*unpleasant experiences*) cruatan *msg1*; **to be on ~** (*Law*) bheith do do thriail; **by ~ and error** le tástáil agus le hearráid; **trial period** *n* tréimhse *f4* trialach

triangle *n* (*Math, Mus*) triantán *m1*

tribe *n* treibh *f2*

tribunal *n* binse *m4* breithimh

tribute *n* ómós *m1*; **to pay ~ to sb** duine a mholadh

trick *n* (*magic trick*) cleas *m1*; (*joke, prank*) bob *m4*; (*skill, knack*) ciúta *m4*; (*Cards*) cleas *m1* cártaí ▷ *vt* cuir cluain ar; **to play a ~ on sb** bob a bhualadh ar dhuine; **that should**

do the ~ ba chóir go ndéanfadh sin cúis

trickle *n* (*of water etc*) silín *m4* ▷ *vi* sil

tricky *adj* cleasach; (*problem*) cáiréiseach

tricycle *n* trírothach *m1*

trifle *n* mionrud *m3*; (*Culin*) traidhfil *f4* ▷ *adv*: **a ~ long** ábhairín fada

trigger *n* truicear *m1*; **trigger off** *vt* cuir tús le

trim *adj* (*house, garden*) slachtmhar; (*figure*) comair ▷ *n* (*haircut etc*) diogáil *f3*; (*on car*) feistiú *m* ▷ *vt* (*cut*) diogáil; (*Naut: a sail*) athraigh; (*decorate*): **to ~ (with)** feistigh (le)

trip *n* turas *m1*, aistear *m1*; (*excursion*) geábh *m3*; (*stumble*) tuisle *m4*, corr *m* coise ▷ *vi* tuisligh; **on a ~** ar turas; **trip up** *vi* tuisligh ▷ *vt* bain tuisle as

triple *adj* triarach

triplets *npl* trírín *msg4*

tripod *n* tríchosach *m1*

triumph *n* bua *m4*, caithréim *f2* ▷ *vi*: **to ~ (over)** beir bua (ar)

trivial *adj* fánach; (*commonplace*) coitianta

trolley *n* tralaí *m4*

trombone *n* trombón *m1*

troop *n* buíon *f2*, díorma *m4* ▷ *vi*: **~ in/out** cruinnigh isteach/bailigh leat amach; **troops** *npl* (*Mil*) trúpaí *mpl4*; (: *men*) saighdiúirí *mpl3*

trophy *n* trófaí *m4*, comhramh *m1*

tropical *adj* teochreasach

trot *n* sodar *m1* ▷ *vi* bheith ag sodar; **on the ~** (*fig*) as a chéile

trouble *n* trioblóid *f2*; (*worry*) buairt *f3*; (*bother, effort*) stró *m4*, dua *m4*; (*Pol*) achrann *m*; (*Med*): **he has stomach ~** tá an goile ag cur air ▷ *vt* (*disturb*) cuir as do; (*worry*) buair ▷ *vi*: **to ~ to do sth** saothar a chur ort féin le rud a dhéanamh;

troubles npl (Pol etc) trioblóidí fpl2; (personal) deacrachtaí fpl3; **to be in ~** deacrachtaí a bheith agat; (ship, climber etc) bheith i dtrioblóid; **what's the ~?** cad é atá cearr?; **troubled** adj (person) buartha; (epoch, life) corrach; **troublemaker** n clampróir m3; **troublesome** adj (child) crosta; (cough etc) cráite

trough n umar m1; (also: **drinking ~**) trach m4 uisce; (low point) log m1

trousers npl bríste msg4; **short ~** bríste gairid

trout n breac m1

trowel n lián m1

truant n múitseálaí m4; **to play ~** lá a chaitheamh faoin tor

truce n sos m3 cogaidh

truck n trucail f2; **truck driver** n tiománaí m4 trucaile

true adj fíor; (accurate) cruinn; (faithful) dílis; **to come ~** fíorú

truly adv dáiríre; (truthfully) go fírinneach; see also **yours**

trumpet n stoc m1, trumpa m4

trunk n (of tree) ceap m1, stoc m1; (of person) cabhail f; (of elephant) trunc m3; (case) cófra m4; (US: Aut) cófra m4 bagáiste; **trunks** npl (also: **swimming ~s**) bríste m4 snámha

trust n muinín f2, iontaoibh f2; (responsibility) cúram m1; (Law) iontaobhas m1 ▷ vt (rely on) bíodh iontaobh agat as; (hope) bíodh súil agat; (entrust): **to ~ sth to sb** rud a chur faoi chúram + gen; **to take sth on ~** rud a ghlacadh ar cairde; **trusted** adj muiníneach, iontaofa; **trustworthy** adj iontaofa

truth n fírinne f4; **to tell the ~** déanta na fírinne; **truthful** adj (person) ionraic; (answer) fírinneach

try n iarracht f3, triail f, (Rugby) úd m1 ▷ vt (attempt) déan iarracht ar,

triail; (test: sth new: also: **~ out**) tástáil, promh; (Law: person) triail; (strain) cuir stró ar ▷ vi déan iarracht; **to have a ~** tabhairt faoi; **to ~ to do sth** triail rud a dhéanamh; **try on** vt (clothes) féach ort; **trying** adj duaisiúil

T-shirt n T-léine f4

tub n tobán m1; (for washing clothes) tobán níocháin; (bath) folcadán m1

tube n feadán m1, píobán m1; (underground) traein f faoi thalamh; (for tyre) tiúb f2

tuck vt (put) sac; **tuck in** vt sac isteach; (child) soiprigh ▷ vi (eat) bhí leat; **tuck shop** n siopa m4 milseáin

Tuesday n An Mháirt f2; **on ~** Dé Máirt; **he comes on ~s** tagann sé ar an Máirt

tug n (ship) tuga m4 ▷ vt tarraing

tuition n (Brit) teagasc m1; (private tuition) teagasc m1 príobháideach; (US: school fees) táillí fpl4 scoile

tulip n tiúilip f2

tumble n (fall) titim f2 ▷ vi tit; **to ~ to sth** (inf) tuig; **tumble dryer** n triomadóir m3 iomlasctha

tumbler n (glass) timbléar m1

tummy (inf) n goile m4, bolg m1

tumour (US **tumor**) n sceachaill f2, meall m1

tuna n (also: **~ fish**) tuinnín m4

tune n (melody) fonn m1; (traditional dance music) port m4 ▷ vt (Mus, Radio, TV): **to ~ in (to)** aimsigh; **to be in/out of ~ (with)** (fig) bheith i dtiúin/as tiúin (le); **tune in** vi (Radio, TV): **to ~ in (to)** aimsigh; **tune up** vi (musician) tiúin

tunic n tuineach f2

Tunisia n an Túinéis f2

tunnel n tollán m1; (in mine) tollán mianaigh ▷ vi tochail tollán

turbulence n (Aviat) suaiteacht f3

t

turf n scraith f2; (peat) móin f3; (clod) fód m1 ▷ vt cuir scraith ar; **turf out** (inf) vt (person) tabhair bata agus bóthar do

Turk n Turcach m1

Turkey n an Tuirc f2

turkey n turcaí m4

Turkish adj Turcach ▷ n (Ling) Tuircis f2

turmoil n clampar m1, suaitheadh m; **the city is in ~** tá an chathair ina cíor thuaithail

turn n casadh m1, iompú m; (in road, of mind, of events) cor m1; (performance) dreas m3; (Med) taom m3 ▷ vt cas; (collar, steak) iompaigh; (change): **to ~ sth into** rud a chlaochlú go ▷ vi (object, wind, milk) iompaigh; (person: look back) féach; (reverse direction) fill; (become) éirigh; (age) slánaigh; **to ~ into** athrú go, dul i riocht + gen; **a good ~** gar; **it gave me quite a ~** bhain sé geit asam; **"no left ~"** (Aut) "ná castar ar chlé"; **it's your ~** do shealsa atá ann; **they spoke in ~** labhair siad ar a seal; **to take ~s (at)** uainíocht a dhéanamh (ar); **turn away** vi tabhair do dhroim (le) ▷ vt (person) cuir ó dhoras; **turn back** vi fill ▷ vt (person, vehicle) cas ar ais; (clock) cuir siar; **turn down** vt (refuse: person) diúltaigh do; (radio etc) ísligh; (bed etc) fill anuas; **turn in** vi (inf: go to bed) téigh a luí ▷ vt (fold) cas isteach; **turn off** vi (from road) cas ó ▷ vt (light, radio etc) much; (tap) stop; (engine) múch; **turn on** vt (light) las; (tap, radio etc) cuir ar siúl; (engine) dúisigh; **turn out** vt (light, gas) múch; (produce) táirg ▷ vi (voters, troops etc) tar amach; **he ~ed out to be an actor** tharla

gurbh aisteoir é; **turn over** vi (person) iompaigh ▷ vt iompaigh; **turn round** vi cas thart; (rotate) cas; **turn up** vi (person) nocht ▷ vt (collar) croch; (radio, heater) ardaigh; **turning** n (in road) cor m1, casadh m1; **turning point** n (fig) cor m1 cinniúnach

turnip n tornapa m4

turnout n: **there was a large ~** bhí cuid mhór i láthair; **turnover** n (Comm: amount of money) láimhdeachas m1; (: of goods) imeacht m3; (of staff) ráta m4 athraithe; **turnstile** n geata m4 casta; **turn-up** n (on trousers) filleadh m1 osáin

turquoise n (stone) turcaid f2 ▷ adj turcaidghorm

turtle n turtar m1

tusk n starrfhiacail f2

tutor n teagascóir m3; (in college) oide m4; (private teacher) múinteoir m3 príobháideach; **tutorial** n (Scol) rang m3 teagaisc

tuxedo (US) n casóg f2 dinnéir

TV n abbr (= television) TV

tweed n bréidín m4

tweezers npl pionsúirín msg4

twelfth num dóú déag, dara déag; **the ~ woman** an dara bean déag; **the T~** an Dóú Lá Déag (de Mhí Iúil); **the ~ day of December** an dóú lá déag de Nollaig; **the ~ day of Christmas** an dara lá déag den Nollaig

twelve num dó dhéag; **~ bottles** dhá bhuidéal déag; **~ people** dháréag m4; **the ~ days of Christmas** achar an dá lá dhéag; **the ~** an dáréag; **at ~ (o'clock)** (midday) ag meán lae; (midnight) ag meán oíche

twentieth num fichiú; **the ~**

woman an fichiú bean
twenty num fiche m + sg
twice adv faoi dhó; **~ as much** dhá oiread
twig n craobhóg f2, cipín m4 ▷ vi (inf) tuig
twilight n clapsholas m, coineascar m
twin adj cúplach ▷ n leathchúpla m4 ▷ vt nasc; **~s** cúpla msg4; **twin-bedded room** n seomra m4 dhá leaba
twinkle vi drithligh; (eyes) lonraigh
twin room n seomra m4 dhá leaba
twist n casadh m; (in road, story) cor m; (in wire, flex) caisirnín m4 ▷ vt cas; (weave) figh; (roll around) cas thart ar ▷ vi (road, river) cas, lúb
twit (inf) n bómán m
twitch n (pull) tarraingt f; (nervous) freanga f4 ▷ vi preab
two num dó; (persons): **~ people** beirt f2; **~ men/women** beirt fhear/bhan; **a day or ~** lá nó dhó; **~ or three years** a dó nó a trí de bhlianta; **to put ~ and ~ together** (fig) tuiscint as; **~ things** dhá rud
type n (category) cineál m, saghas m, sórt m; (example) sampla m4; (Typ) cló m4 ▷ vt (letter etc) clóscríobh; **typewriter** n clóscríobhán m
typhoid n fiabhras m breac
typical adj samplach, tipiciúil
typing n clóscríbhneoireacht f3
typist n clóscríobhaí m4
tyre (US **tire**) n bonn m
Tyrone n Tír f Eoghain

u

ugly adj gránna, míofar, gráiciúil
UK n abbr = **United Kingdom**
ulcer n othras m
Ulster n Cúige m4 Uladh ▷ adj Ultach
ultimate adj deireanach, deiridh n gen; (authority) is airde; **ultimately** adv ar deireadh, faoi dheireadh, as deireadh an scéil
ultrasound n ultrafhuaim f2
umbrella n scáth m3 fearthainne, scáth báistí; (for sun) scáth gréine, parasól m
umpire n moltóir m3
UN n abbr = **United Nations**
unable adj: **I am ~ to ...** níl mé ábalta or in ann ...; (incapable) níl ar mo chumas
unanimous adj d'aon ghuth
unarmed adj (combat) gan arm; (person) neamharmtha
unattended adj (car, child, luggage)

gan feighil
unattractive adj
mífhaitneamhach, mísciamhach
unavoidable adj dosheachanta;
it was ~ ní raibh dul taobh anonn
de, ní raibh neart air
unaware adj: **~ of** aineolach ar;
I was ~ of that ní raibh a fhios
agam sin; **unawares** adv in gan
fhios (do); **to catch sb** or **take sb
unawares** breith gairid ar dhuine,
teacht aniar aduaidh ar dhuine
unbearable adj dofhulaingthe;
it's ~ níl fulaingt le déanamh air
unbeatable adj dosháraithe;
he's ~ níl a bhualadh le fáil
unbelievable adj dochreidthe
unborn adj gan bhreith, nár rugadh
go fóill
unbutton vt scaoil
uncalled-for adj
neamhriachtanach
uncanny adj (eerie) diamhair;
(extraordinary) iontach, dochreidte
uncertain adj éiginnte,
neamhchinnte; (hesitant) idir dhá
chomhairle; (vague) doiléir; **in no ~
terms** go fiaclach a chur ann;
uncertainty n éiginnteacht f3,
neamhchinnteacht f3
uncle n uncail m4
uncomfortable adj
míchompordach; (uneasy)
míshuaimhneach; (situation)
bearránach, ciotach
uncommon adj neamhchoitianta,
neamhghnách
unconditional adj
neamhchoinníollach, gan
choinníoll
unconscious adj gan mheabhair;
(Med) neamhaireachtálach;
(unaware): **~ of** gan eolas ar ⊳ n:
the ~ an fo-chomhfhios m3

uncontrollable adj
dosmachtaithe; (temper, laughter)
doshrianta; **they're ~** níl smacht le
cur orthu
unconventional adj as an ngnáth,
neamhchoinbhinsiúnach
uncover vt nocht, tabhair chun
solais
undecided adj éiginnte,
neamhchinnte; (person) idir dhá
chomhairle
under prep faoi; (less than) faoi, faoi
bhun + gen; (according to) de réir
⊳ adv thíos (faoi); (movement) síos
(faoi); **~ there** thíos faoi sin; **~
repair** á dheisiú; **undercover** adv
faoi rún, ar foscadh; **underdone**
adj (Culin) cnagbhruite;
underestimate n meas faoina
luach; **he underestimated its
importance** níor thuig sé a
thábhacht; **undergo** vt téigh trí,
fulaing; **to undergo an operation**
obráid a bheith agat;
undergraduate n fochéimí m4;
underground n (railway) iarnród
m1 faoi thalamh ⊳ adj faoi thalamh;
(fig) faoi cheilt, rúnda ⊳ adv faoi
thalamh; **undergrowth** n
scrobarnach f2, casarnach f2,
fáschoill f2; **underline** vt (write)
cuir líne faoi; (emphasise) cuir béim
ar; **undermine** vt toll faoi, bain an
dúshraith de; **underneath** adv
thíos ⊳ prep faoi, faoi bhun + gen;
underpants npl fobhríste m5g4;
underpass n íosbhealach m1;
underprivileged adj faoi
mhíbhuntáiste; **undershirt** (US) n
foléine f4; **underskirt** n fosciorta
m4

understand vt, vi tuig; **I ~ that ...**
cluinim go ...; **am I to ~ that ...?** an
bhfuil tú á rá liom go ...?; **what do**

you ~ by that? cén chiall a bhaineann tú as sin?; **I was given to ~ that ...** tugadh le fios dom go ...; **understandable** adj intuigthe, le tuiscint; **it's understandable that ...** ní hionadh ar bith é go ...; **understanding** adj tuisceanach ▷ n tuiscint f3; (agreement) comhréiteach m1, comhaontú m

understatement n maolaisnéis f2

understood adj tuigthe; (implied) intuigthe

undertake vt tabhair faoi, glac as láimh; **to ~ to do sth** glacadh ort féin rud a dhéanamh

undertaker n adhlacóir m3

undertaking n (enterprise) gnóthas m1; (promise) gealltanas m1

underwater adv, adj faoi uisce; **to swim ~** snámh idir dhá uisce, dúshnámh a dhéanamh

underwear n fo-éadaí mph

underworld n (criminals) lucht m3 meirleachais

undo vt (damage) leigheas, leasaigh; (buttons etc) scaoil

undoubtedly adv gan aon amhras, go dearfa

undress vi bain díot

unearth vt (dig up) tochail as an talamh; (fig) nocht, tabhair chun solais

uneasy adj míshuaimhneach, míshocair, corrbhuaiseach; (worried) imníoch; (sleep) corrach; (peace, truce) sobhriste

unemployed adj dífhostaithe ▷ n: **the ~** lucht m3 dífhostaíochta

unemployment n dífhostaíocht f3

uneven adj éagothrom, míchothrom

unexpected adj gan choinne, gan súil leis

unfair adj éagórach, leatromach

unfaithful adj mídhílis

unfamiliar adj coimhthíoch, neamhaithnid

unfashionable adj neamhfhaiseanta

unfasten vt (open) oscail; **to ~ sth** rud a scaoileadh

unfavourable (US **unfavorable**) adj mífhabhrach, neamhfhabhrach; (weather) míchóiriúil, contráilte; (conditions) míbhuntáisteach

unfinished adj neamhchríochnaithe, gan chríochnú

unfit adj neamhaclaí; ~ **(for)** (incompetent) neamhoiriúnach (do); (military service) neamhinfheidhme (do); **he's ~ for the work** níl sé ábalta ag an obair

unfold vt (paper) oscail amach; (clothes) scar ▷ vi tar chun solais; (idea) fabhair

unforgettable adj dodhearmadta

unfortunate adj (person) mífhortúnach, mí-ámharach; (event) tubaisteach; **isn't it ~ that ...** nach mór an trua go ...; **unfortunately** adv ar an drochuair

unfriendly adj míchairdiúil, doicheallach

unhappiness n míshonas m1, brón m1; (dissatisfaction) míshásamh m1

unhappy adj brónach, míshona; ~ **about or with** (arrangements etc) míshásta le

unhealthy adj mífholláin; (person) easláinteach

unheard-of adj (unknown) gan iomrá; (without precedent) gan insint, nár chualathas a leithéid riamh

unhurt adj slán, gan díobháil, gan dochar

u

unidentified adj gan aithint

uniform n éide f4, culaith f2 ▷ adj comhionann, aonfhoirmeach; **in ~** faoi éide

uninhabited adj neamháitrithe

unintentional adj neamhbheartaithe

union n aontas m1; (action of) comhcheangail m1; (also: **trade ~**) ceardchumann m1; **the Act of U~** (Hist) Acht na hAondachta

Unionist adj, n Aontachtaí m4

unique adj sainiúil, uathúil; **a ~ opportunity** seans iontach

unit n aonad m1

unite vt aontaigh ▷ vi táthaigh (le chéile), téigh i gcomhar; **united** adj aontaithe, comhcheangailte; **United Kingdom** n an Ríocht f3 Aontaithe; **United Nations** n na Náisiúin mph Aontaithe; **United States** n na Stáit mph Aontaithe

unity n aonad m1; (agreement) aontacht f3 cur le chéile

universal adj uilíoch, comhchoitianta

universe n cruinne f4

university n ollscoil f2

unjust adj éagórach

unkind adj míchineálta, neamhcharthanach

unknown adj gan aithne, anaithnid; **~ to me** gan fhios dom

unlawful adj mídhleathach, in éadan an dlí

unleaded adj (petrol, fuel) gan luaid ▷ n peitreal m1 gan luaid

unleash vt scaoil, lig amach; (fig): **he ~ed his pent up emotions** lig sé amach a racht

unless conj mura, murar; **~ he leaves** mura or murar n-imeoidh sé, ach é imeacht

▷ prep murab ionann agus

unlikely adj neamhdhóchúil; **it is ~ that she will come** ní dócha go dtiocfaidh sí

unlimited adj neamhtheoranta, gan teorainn

unlisted (US) adj = **ex-directory**

unload vt díluchtaigh, dílódáil

unlock vt oscail

unlucky adj (person) mí-ámharach, mísheánmhar; (object, number) tubaisteach, teiriúil; **to be ~** an mí-ádh a bheith ag siúl leat

unmarried adj neamhphósta, singil, díomhaoin, gan phósadh

unmistakable, unmistakeable adj do-amhrais, follasach

unnatural adj mínádúrtha

unnecessary adj neamhriachtanach

unofficial adj neamhoifigiúil

unpack vt folmhaigh, díphacáil

unpleasant adj míthaitneamhach

unplug vt bain an phlocóid amach as

unpopular adj míghnaíúil; **an ~ individual/decision** duine/ cinneadh nach bhfuil dúil na ndaoine ann

unprecedented adj gan macasamhail, gan réamhshampla

unpredictable adj taghdach, guagach, luathintinneach

unqualified adj (teacher) neamhcháilithe; (unmitigated) iomlán, fíor-

unravel vt (knitting) rois; (problem) réitigh

unreal adj bréagach, neamhréadúil; (extraordinary) iontach

unrealistic adj neamhréadúil

unreasonable adj míréasúnta; (demand) ainmheasartha

unrelated adj neamhghaolmhar;

they are ~ (*people*) níl gaol acu le
chéile; (*things*) níl baint acu le
chéile

unreliable *adj* neamhiontaofa

unrest *n* anbhuain *f2*,
neamhshocracht *f3*

unroll *vt* leath amach

unruly *adj* gan riail, ainrianta,
mírialta

unsafe *adj* (*in danger*) i mbaol; (*car,
journey*) contúirteach

unsatisfactory *adj* míshásúil

unscrew *vt* díscriúáil

unsettled *adj* míshocair, corrach;
(*weather*) claochlaitheach; (*matter*)
gan réiteach

unsightly *adj* gan slacht,
míshlachtmhar, mímhaiseach

unstable *adj* éagobhsaí; (*person*)
taghdach; (*rock*) ar forbhás

unsteady *adj* éadaingean, corrach;
(*growth*) treallach

unsuccessful *adj* mírathúil, gan
rath; (*attempt*) in aisce; (*writer*)
teipthe, nach bhfuil rath air; **I was
~** (*in trying sth*) níor éirigh liom

unsuitable *adj* mífhóirsteanach,
mífheiliúnach, mí-oiriúnach

unsure *adj* éiginnte; **to be ~ of
sth/o.s.** bheith éiginnte de rud/
bheith gan dóchas asat féin

untidy *adj* (*room*) trína chéile;
(*appearance, person*) amscaí,
giobach

untie *vt* (*knot*) scaoil; (*parcel*) oscail;
(*dog*) scaoil amach

until *prep* go, go dtí ▷ *conj* go dtí; **~
he comes** go dtiocfaidh sé; **~
now/then** go dtí seo/sin

unused[1] *adj* (*clothes*) úr nua

unused[2] *adj*: **to be ~ to sth** gan a
bheith cleachta le rud

unusual *adj* neamhghnách,
neamhchoitianta

unveil *vt* nocht

unwanted *adj* (*child, pregnancy*) gan
iarraidh; (*clothes etc*) athchaite,
séanta

unwell *adj* tinn; **to feel ~** gan a
bheith ar do chóir féin, aireachtáil
rud beag tinn

unwilling *adj*: **to be ~ to do sth**
gan a bheith toilteanach ar rud a
dhéanamh

unwind *vt* díchorn ▷ *vi* (*relax*) lig do
scíth

unwise *adj* díchéillí, gan
chríonnacht

unwrap *vt* bain an clúdach de,
oscail

unzip *vt* (*file*) dízipeáil

KEYWORD

up *prep*: **he went up the stairs/the
hill** chuaigh sé suas an staighre/an
cnoc; **the cat was up a tree** bhí an
cat thuas/in airde i gcrann; **they
live further up the street** tá siad
ina gcónaí (níos faide) suas an
tsráid

▷ *adv* **1** (*upwards, higher*): **up in the
sky/the mountains** thuas sa
spéir/sna sléibhte; **put it a bit
higher up** cuir giota níos airde é;
up there thuas ansin; **up above**
thuas (ansin)

2: **to be up** (*out of bed*) bheith i do
shuí; (*prices*) ardú a bheith ar + *noun*

3: **up to** (*as far as*) go dtí; **up to
now** go dtí seo, go nuige seo, go
sea

4: **to be up to** (*depending on*): **it's
up to you** ar do chomhairle féin
atá sé, fút féin atá sé; (*equal to*):
he's not up to it (*job, task etc*) níl sé
inchurtha leis, níl sé in ann aige;
(*inf: be doing*): **what is he up to?**

cad é atá ar siúl aige?; cad é atá faoi?

▷ n: **ups and downs** (of life) cora mph an tsaoil

up-and-coming adj a bhfuil gealladh faoi
upbringing n oiliúint f3, tógáil f3
update vt leasaigh, coigeartaigh, tabhair suas chun dáta; (Comput etc) nuashonraigh ▷ n leagan m úr
upgrade vt (house) athchóirigh; (job) cuir ar leibhéal níos airde; (employee) tabhair ardú céime do
upheaval n (political, social) mórathrú m
uphill adj (path) i gcoinne an aird, crochta; (fig: task) duaisiúil; **to go ~** dul suas in éadan na mala
upholstery n cumhdach m
upload vt, vi (Comput) uaslódáil, lódáil suas
upon prep ar
upper adj uachtarach ▷ n (of shoe) uachtar m; **upper-class** adj uasaicmeach
upright adj ina sheasamh, ingearach; (fig) ionraic
uprising n éirí m4 amach
uproar n racán m, círéib f2
upset n suaitheadh m; (stomach upset) múisiam m4 boilg, taom m3 goile, tiontú m goile ▷ vt (glass etc) leag; (plan) cuir trína chéile; (person) corraigh, cuir as do, goill ar ▷ adj suaite, trí chéile; **my stomach is ~** tá mo ghoile ag cur isteach orm
upside down adv bunoscionn, béal faoi; (fig) gan chuma gan déanamh, ina chíor thuathail
upstairs adv (going) suas an staighre; (being there) thuas an staighre ▷ adj (room) thuas an

staighre ▷ n: **the ~** thuas staighre, uachtar m tí
up-to-date adj nua-aimseartha, faiseanta; **~ news** an scéala is nua or is déanaí
upward adj suas, in airde; (from below) aníos ▷ adv suas, in airde, aníos; **~ of 200** breis agus dhá chéad
upwards adv = **upward**
Uranus n (planet) Úránas m
urban adj uirbeach, cathrach n gen
urge n fonn m, dúil f2 ▷ vt: **to ~ sb to do sth** duine a ghríosú or a spreagadh chun rud a dhéanamh
urgency n práinn f2, dithneas m1
urgent adj práinneach, dithneasach; (tone) dian-
urinal n fualán m, úirinéal m1
urine n fual m1, mún m1
URL n abbr = (uniform resource locator) URL, aimsitheoir m3 aonfhoirmeach acmhainne
US n abbr = **United States**
us pron muid, sinn; (emphatic) muidne, sinne; **after us** inár ndiaidh; see also **me**
USA n abbr = (United States of America) SAM
use n úsáid f2, feidhm f2 ▷ vt bain úsáid or feidhm as; **in/out of ~** in/as úsáid, i bhfeidhm/as feidhm; **to be of ~** bheith úsáideach; **it's no ~** níl maith ar bith ann; **she ~d to do it** ba ghnách léi é a dhéanamh; **to be ~d to** bheith cleachta le; **use up** vt caith, ídigh; **used** adj (car) athláimhe; **useful** adj úsáideach; **useless** adj gan mhaith, ó mhaith; (person: hopeless) beagmhaitheasach, gan feidhm; **user** n úsáideoir m3; **user-friendly** adj (computer etc) cúntach
usual adj coitianta, gnáth-; **as ~**

mar is gnách; **usually** adv de ghnáth, go hiondúil

utensil n acra m4, uirlis f2; **kitchen ~s** gréithe pl cistine

utility n (also: **public ~**) fóntas m poiblí

utmost adj as cuimse, thar na bearta; **it is of the ~ importance** tá tábhacht as cuimse ag baint leis ▷ n: **to do one's ~** do sheacht ndícheall a dhéanamh

utter adj iomlán, fíor-, lán- ▷ vt (words) abair, labhair; (sounds) lig (asat); **an ~ fool** deargamadán; **utterly** adv go hiomlán, ar fad

U-turn n iompú m (iomlán) thart

vacancy n (job) folúntas m1

vacant adj (seat etc) folamh; (room) saor; (expression) bómánta

vacate vt (post) éirigh as; (room) fág

vacation n saoire f4; **to be/go on ~** bheith/dul ar (laethanta) saoire

vacuum n folús m1; **vacuum cleaner** n folúsghlantóir m3

vagina n faighin f2

vague adj éiginnte; (blurred: photo, outline) doiléir

vain adj (useless) díomhaoin; (conceited) uallach, giodalach; **in ~** in aisce

valentine n (also: **~ card**) vailintín m4; **St V~'s Day** Lá Fhéile Vailintín

valid adj (argument) a bhfuil bunús nó éifeacht leis; (document) bailí

valley n gleann m3

valuable adj (jewel) luachmhar; (help) tairbheach; **valuables** npl iarmhais fsg2, airgí fpl4 luachmhara

value n luach m3; (usefulness) fiúntas m1 ▷ vt (fix price) cuir luach ar, luacháil; **to ~ sth** (cherish) rud a bheith luachmhar agat

valve n (also Med) comhla f4

van n (Aut) veain f4

vandal n loitiméir m3, sladaí m4, creachadóir m3; **vandalism** n loitiméireacht f3, slad m3, creachadóireacht f3; **vandalize** vt: **to vandalize sth** loitiméireacht a dhéanamh ar rud

vanilla n fanaile m4

vanish vi téigh as radharc, ceiliúir; (die out) téigh ar ceal; **she ~ed completely** d'imigh sí mar a shlogfadh an talamh í

vanity n díomhaointeas m1, baothántacht f3

vapour (US **vapor**) n gal f2; (on window) ceo m4

variable adj claochlaitheach, luaineach; (speed, height) inathraithe

varied adj éagsúil, ilghnéitheach, ilchineálach

variety n cineál m1, saghas m1; (quantity) éagsúlacht f3

various adj difriúil; (several) éagsúla

varnish n vearnais f2 ▷ vt cuir vearnais ar

vary vi athraigh ▷ vt éagsúlaigh; **they ~ considerably** tá éagsúlacht mhór iontu

vase n vása m4, bláthchuach m4

Vaseline® n veasailín m4

vast adj mór as cuimse, ollmhór

VAT n abbr (= value added tax) cáin bhreisluacha

vault n (of roof) boghta m4; (tomb) tuama m4; (in bank) daingean m1 (faoi thalamh) ▷ vt (also: **~ over**) caith de léim láimhe

VCR n abbr = **video cassette recorder**

VDU n abbr (Comput: = visual display unit) aonad m1 amharcthaispeána

veal n laofheoil f3

veer vi claon, fiar

vegetable n glasra m4 ▷ adj plandúil, glasrúil; **~ garden** garraí glasraí

vegetarian adj feoilséantach ▷ n feoilséantóir m3

vehicle n feithicil f2

veil n fial m1, caille f4

vein n féith f2; (in wood) snáithe m4

velvet n veilbhit f2

vending machine n meaisín m4 díola

Venetian blind n dallóg f2 lataí

vengeance n díoltas m1; **with a ~** (fig) go díbhirceach

venison n fiafheoil f3

venom n nimh f2, goimh f2

vent n poll m1 gaoithe, gaothaire m4; (in dress, jacket) scoilt f2 ▷ vt (fig: one's feelings) lig amach

venture n fiontar m3 ▷ vt cuir i bhfiontar ▷ vi téigh i bhfiontar ruda; **to ~ a guess** buille faoi thuairim a thabhairt

venue n láthair f, ionad m1

Venus n (planet) Véineas f4

verb n briathar m1; **verbal** adj briathartha

verdict n breith f2, breithiúnas m1

verge n imeall m1, ciumhais f2, bruach m1; **on the ~ of tears** i riocht caointe; **verge on** vt fus bheith ag bordáil ar

verify vt fíoraigh, deimhnigh

versatile adj ildánach, iltréitheach; (machine) ilúsáidte

verse n (poetry) filíocht f3, véarsaíocht f3; (stanza) ceathrú f, rann m1; (in Bible) véarsa m4

version n leagan m1; **there are two**

~s of the story tá dhá insint ar an scéal

versus prep in aghaidh + gen, i gcoinne + gen, in éadan + gen

vertical adj ingearach, ceartingearach ▷ n ingear m1

very adv an-, iontach, fíor- ▷ adj: **the ~ book which** go díreach an leabhar a, an leabhar (ceannann) céanna a; **the ~ last one** an ceann deireanach ar fad; **at the ~ least** a laghad ar bith; **she likes it ~ much** tá an-dúil aici ann

vessel n (Naut) soitheach m1, árthach m1; (Anat, container) soitheach; **blood ~** fuileadán m1, soitheach fola

vest n (Brit) veist f2; (US: waistcoat) veist, bástchóta m4

vet n abbr = **veterinary surgeon**

veteran n seanfhondúir m3; (also: **war ~**) seansaighdiúir m3

veterinary surgeon (US **veterinarian**) n tréidlia m4

veto n cros f2 ▷ vt cros

via prep trí, bealach + gen

viable adj inmharthana, indéanta; inchurtha i gcrích

vibrate vi crith, tonnchrith

vicar n biocáire m4

vice n (evil) duáilce f4, drochbhéas m3; (Tech) bís f2

vice versa adv a mhalairt de dhóigh

vicinity n comharsanacht f3, timpeallacht f3; **in the ~** in aice láithreach, ar na gaobhair; **in the ~ of the school** cóngarach don scoil, i gcóngaracht na scoile

vicious adj (remark) gangaideach; (blow) fíochmhar; (dog) drochmhúinte

victim n íobartach m1, an duine atá thíos leis

victor n buaiteoir m3

Victorian adj Victeoiriach

victory n bua m4

video cpd fís- ▷ n (video film) físeán m1; (also: **~ cassette**) físchaiséad m1; (also: **~ cassette recorder**) taifeadán m1 físchaiséad; **video tape** n físteip f2

vie vi: **to ~ with** bheith ag iomaíocht le

Vienna n Vín f4

Vietnam n Vítneam m4; **Vietnamese** adj, n Vítneamach m1; (Ling) Vítneamais f2

view n radharc m1, amharc m1; (opinion) dearcadh m3 ▷ vt breathnaigh, amharc ar; **to have sth in ~** rud a bheith faoi do shúil; **with a ~ to** de ghealladh; **in ~ of the fact that he is late** ó tharla go bhfuil sé mall; **in my ~** i mo thuairimse, dar liomsa; **viewer** n (TV) breathnóir m3, féachadóir m3; **viewers** lucht msg3 féachana; **viewpoint** n dearcadh m1

vigorous adj bríomhar, fuinniúil, spreacúil

vile adj (action) suarach; (smell) bréan; (food) samhnasach

villa n vile m4

village n sráidbhaile m4; **villager** n duine m4 de mhuintir an tsráidbhaile; **the villagers** muintir fsg2 an tsráidbhaile

villain n (scoundrel) bithiúnach m1, cladhaire m4; (criminal) coirpeach m1; (in novel etc) bithiúnach m1

vine n fíniúin f3; (climbing plant) féithleog f2

vinegar n fínéagar m1

vineyard n fíonghort m1

vintage n (of wine) bliain f3; **~ wine** fíon m3 den scoth

viola n (Mus) vióla f4

violate vt sáraigh

violence n lámh f2 láidir, foréigean m1, forneart m1

violent adj foréigneach, forneartach; (person) ainscianta; (wind) tolgach; **~ death** anbhás

violet adj corcairghorm ▷ n (colour) corcairghorm m1; (plant) sailchuach f2

violin n veidhlín m4

VIP n abbr (= very important person) duine mór le rá

virgin n maighdean f2, ógh f2 ▷ adj maighdeanúil

Virgo n (Astrol) An Mhaighdean f2

virtually adv (almost) chóir a bheith, geall le bheith

virtual reality n (Comput) réaltacht f3 fhíorúil

virtue n suáilce f4; (advantage) bua m4; **by ~ of** de thairbhe + gen, as los + gen

virus n (also Comput) víreas m1

visa n víosa f4

visibility n léargas m1, infheictheacht f3; **~ was good** bhí solas maith ann

visible adj le feiceáil, ris, infheicthe

vision n (sight) radharc m1, amharc m1; (foresight) dearcadh m1; (in dream) aisling f2, taibhreamh m1, fís f2; **field of ~** réim f2 radhairc

visit n cuairt f2 ▷ vt tabhair cuairt ar; **visiting hours** npl (in hospital etc) uaireanta fpl2 cuartaíochta; **visitor** n cuairteoir m3

visual adj radharcach, radhairc n gen, amhairc n gen; **~ defect** éalang f2 radhairc; **visualize** vt samhlaigh; **try to visualize it** samhlaigh duit féin é

vital adj riachtanach; (organs) beatha n gen; (person) a bhfuil spreacadh ann

vitamin n vitimín m4

vivid adj (account) beoga; (light) glinn; (imagination) beo

V-neck n V-mhuineál m1

vocabulary n (of individual) stór m1 focal; (of discipline) réimse m4 focal; (glossary) foclóir m3, gluais f2

vocal adj guthach; (fig) ardghlórach, callánach

vocational adj gairmiúil, gairm-

vodka n vodca m4

vogue n faisean m1; **in ~** san fhaisean

voice n guth m3, glór m1; (Ling) faí f4 ▷ vt (opinion) cuir in iúl; **at the top of his ~** in ard a chinn; **voice mail** n glórphost m1

void n folús m1, folúntas m1 ▷ adj folamh; (invalid) neamhbhailí, neamhnitheach; (Law) ar neamhní; **~ of** ar díth + gen, gan aon

volatile adj (substance) so-ghalaithe; (person) taghdach

volcano n bolcán m1

volleyball n eitpheil f2

volt n volta m4; **voltage** n voltas m1

volume n (size) toirt f2, méid m4; (of book) imleabhar m1; (sound) láine f4

voluntarily adv go toilteanach, go deonach

voluntary adj toilteanach, saorálach; (unpaid) deonach

volunteer n saorálaí m4; (soldier) óglach m1 ▷ vt (information) tabhair de do chonlán féin ▷ vi (Mil) liostáil de do dheoin féin; **to ~ to do sth** tairiscint rud a dhéanamh; **he ~ed to help me** thairg sé cuidiú liom

vomit n urlacan m1, aiseag m1 ▷ vt, vi cuir amach, aisig

vote n vótáil f3; (cast) vóta m4; (franchise) ceart m1 vótála ▷ vt

(*elect*) togh; (*propose*): **to ~ that**
moladh go ▷ *vi* vótáil, caith vóta;
~ of thanks rún buíochais; **to put**
sth to a ~ rud a chur ar vóta; **he**
was ~d chairman toghadh ina
chathaoirleach é; **voter** *n* vótálaí
m4; **voting** *n* vótáil *f3*
voucher *n* (*for meal, petrol, gift*)
dearbhán *m1*
vow *n* móid *f2* ▷ *vi* móidigh, tabhair
móid
vowel *n* guta *m4*
voyage *n* aistear *m1* or turas *m1*
farraige
vulgar *adj* gráisciúil, madrúil,
lodartha
vulnerable *adj* gan chosaint, ar
lagchuidiú, soghonta
vulture *n* badhbh *f2*, bultúr *m1*

W

waddle *vi* bheith ag lapadán
wade *vi*: **to ~ through** siúl trí; (*fig:*
book) treabhadh trí
wafer *n* (*Culin*) abhlann *f2*
waffle *n* (*Culin*) vaiféal *m1*; (*inf*)
seafóid *f2*, glagaireacht *f3* ▷ *vi*
bheith ag seafóid or ag glagaireacht
wag *vt*, *vi* croith
wage *n* (*also:* **~s**) pá *m4*, tuarastal *m1*
▷ *vt*: **to ~ war** cogadh a chur
wail *vi* déan olagón
waist *n* coim *f2*, básta *m4*;
waistcoat *n* bástcóta *m4*, veist *f2*
wait *n* fanacht *m3*, feitheamh *m1*
▷ *vi* fan; **to keep sb ~ing** duine a
choinneáil ag fanacht; **to ~ for**
fanacht le; **I can't ~ to ...** (*fig*) is
fada liom nó go ...; **wait on** *vt fus*
déan freastal ar; **waiter** *n*
freastalaí *m4*; **waiting list** *n* liosta
m4 feithimh; **waiting room** *n*
feithealann *f2*, seomra *m4* feithimh;

waitress n freastalaí m4, banfhreastalaí m4

waive vt (claim) tarscaoil

wake vt, vi (also: **~ up**) múscail, dúisigh ▷ n (for dead person) faire f4; (Naut) marbhshruth f3

Wales n an Bhreatain f2 Bheag; **the Prince of ~** Prionsa m4 na Breataine Bige

walk n siúl m; (short) geábh m3 spaisteoireachta; (gait) leagan m siúil; (path) cosán m ▷ vi siúil; (for pleasure, exercise) déan spaisteoireacht ▷ vt (distance) siúil; (horse) cinnir; **10 minutes' ~ from** deich nóiméad siúil ó; **from all ~s of life** ó gach gairm bheatha; **walk out** vi (audience) siúil amach; (workers) téigh ar stailc; **walk out on** (inf) vt fus fág ansin; **walker** n (person) siúlóir m3, coisí m4; **walking** n siúl m, coisíocht f3; **walking shoes** npl bróga siúil; **walking stick** n bata m4 siúil; **walkway** n siúlbhealach m

wall n balla m4

wallet n vaillit f2, tiachóg f2

wallpaper n páipéar m balla ▷ vt páipéar balla a chur suas

walnut n gallchnó m4; **~ tree** crann m gallchnó

walrus n rosualt m

waltz n válsa m4 ▷ vi válsáil

wand n (also: **magic ~**) slat f2 draíochta

wander vi (person) bheith ag fálróid; (mind) bheith ar seachrán

want vt: **I ~ a biscuit** ba mhaith liom briosca; (need): **he ~s money** tá airgead de dhíth air ▷ n: **for ~ of** de cheal + gen; **wants** npl (needs) riachtanais mph; **she ~s to do that** is mian léi sin a dhéanamh; **she ~s him to buy it** ba mhaith léi go

gceannódh sé é; **wanted** adj (criminal): **they are wanted by the police** tá na péas sa tóir orthu; **"cook wanted"** "cócaire ag teastáil"

war n cogadh m; **to make ~ (on)** cogadh a chur (ar)

ward n (in hospital) barda m4; (Pol) barda m4; (Law, child) coimircí m4; **ward off** vt (attack, enemy) cosain

warden n bardach m; (of institution) maor m; (also: **traffic ~**) maor m tráchta

wardrobe n (cupboard) vardrús m; (clothes) feisteas m éadaigh; (Theat) culaithirt f2

warehouse n stór m, stóras m

warfare n cogadh m

warhead n (Mil) pléasc-cheann m

warm adj te; (thanks, welcome, applause, person) croíúil; **it's ~** tá sé te; **warm up** vi téigh ▷ vt (food) atéigh, téigh suas; (engine) téigh; **warmly** adv go te, go croíúil; **warmth** n teas m3

warn vt: **he ~ed me** thug sé rabhadh dom; **to ~ sb (not) to do sth** rabhadh a thabhairt do dhuine (gan) rud a dhéanamh; **warning** n rabhadh m; (signal) rabhchán m; **warning light** n solas m rabhaidh; **warning triangle** n (Aut) triantán m rabhaidh

warrant n barántas m

warranty n barántas m

warrior n gaiscíoch m, laoch m

Warsaw n Vársá m4

warship n long f2 chogaidh

wart n faithne m4

wartime n aimsir f2 chogaidh

wary adj airdeallach, faichilleach; **be ~ of him!** bí ar d'fhaichill air!

wash vt, vi nigh; (sea): **to ~ over sth/against sth** bheith ag slapҏanach thar rud/in éadan ruda

▷ n (clothes) níochán m; (of ship) maistreadh m; **wash away** vt (stain) bain amach; (subj: river etc): **the bridge was ~ed away** scuabadh an droichead le sruth; **wash off** vi: **it will ~ off** imeoidh sé sa níochán; **wash up** vi (Brit: dishes) nigh na soithí; (US: clean o.s.) nigh d'aghaidh agus do lámha; **washbasin** (US **washbowl**) n doirteal m1; **washer** n (Tech) leicneán m1; **washing** n níochán m1; **washing machine** n inneall m1 níocháin; **washing powder** n púdar m1 níocháin; **washing-up** n na soithí mpl; **washing-up liquid** n leacht m3 níocháin; **washroom** (US) n leithreas m1, seomra m4 folctha

wasp n foiche f4

waste n fuíoll m1; (of time) cur m1 amú; (rubbish) bruscar m1; (also: **household ~**) bruscar tí ▷ adj (leftover): **~ material** dramhaíl; (land, ground: in city) folamh ▷ vt (time, opportunity) diomail, cuir amú; **wastes** npl (area) fásach msg1; **waste away** vi: **he is wasting away** tá sé á ghoid as; **waste ground** n talamh m1 or f fásaigh; **wastepaper basket** n ciseán m1 dramhpháipéir

watch n uaireadóir m3; (act of watching) amharc m1, féachaint f3; (Mil, Naut) faire f4 ▷ vt (look at) amharc ar, féach ar; (spy on, guard, be careful of) coimhéad ▷ vi déan faire; **watch out** vi coimhéad, seachain; **watchdog** n gadhar m1 faire

water n uisce m4 ▷ vt (plant, garden) cuir uisce ar; (horses) tabhair uisce do ▷ vi (eyes): **my eyes are ~ing** tá uisce le mo shúile; (mouth): **it**

makes my mouth ~ cuireann sé uisce le mo chuid fiacla; **to ~ sth** uisce a chur ar rud; **in Irish ~s** i bhfarraigí na hÉireann; **water down** vt: **to ~ down whiskey** uisce beatha a chaoladh (le huisce); (fig: story) maolaigh; **watercolour** (US **watercolor**) n uiscedhath m3; **watercress** n biolar m1; **waterfall** n eas m3

Waterford n Port Láirge m; **~ crystal** criostal Phort Láirge

watering can n fraschanna m4; **watermelon** n mealbhacán m1 uisce; **waterproof** adj uiscedhíonach, díon a bheith ann; **is that coat waterproof?** an bhfuil díon sa chóta sin?; **water-skiing** n sciáil f3 ar uisce; **watertight** adj uiscedhíonach

watt n vata m4

wave n (also Radio) tonn f2; (of hand) croitheadh m; (in hair) casadh m1 ▷ vi croith; (flag): **the flag is waving** tá an bratach ar foluain; (grass) luasc ▷ vt (handkerchief) croith; (stick) bagair; **wavelength** n tonnfhad m

waver vi preab; (voice): **his voice ~ed** tháinig creathán ina ghuth; (person): **he is ~ing** tá sé idir dhá chomhairle

wavy adj iomaireach; (hair) camarsach, dréimreach

wax n céir f; (also: **ear ~**) sail f2 chluaise ▷ vt: **to ~ sth** céir a chur ar rud, rud a chiaradh ▷ vi (moon) líon

way n bealach m1, slí f4; (manner) dóigh f2, caoi f4; (habit) dóigh; **which ~? — this ~** cén bealach? — an bealach seo; **do you know the ~?** an bhfuil fios an bhealaigh agat?; **on the ~** (en route) ar an mbealach; **to be on one's ~** bheith

w

ar siúl; **to go out of one's ~ to do sth** (fig) stró a chur ort féin le rud a dhéanamh; **to be in the ~ (of)** bheith sa chosán (ag); **to lose one's ~** dul amú, dul ar seachrán; **under ~** ar siúl; **in a ~** ar bhealach; **will you see him? — no ~!** (inf) an mbuailfidh tú leis? — ní bhuailfidh nó a shaothar orm!; **by the ~ ...** dála an scéil ...; **"~ in"** "isteach"; **"~ out"** "amach"; **the ~ back** an bealach tar ais; **"give ~"** (Aut) "géill slí"

we pl pron muid, sinn; (emphatic) muidne, sinne; (as subject): **we came in** thángamar isteach; (with copula): **we are people** is daoine sinn or muid; (in passive, autonomous): **we were injured** gortaíodh sinn or muid; **we came and they stayed** thángamarna agus d'fhan siadsan; **it is we who ... is sinne or muidne a ...**

weak adj lag; **weaken** vi téigh i laige ▷ vt lagaigh; **weakness** n laige f4; (fault) fabht m4; **to have a weakness for** bheith tugtha do

wealth n (money, resources) saibhreas m1, maoin f2; (of details) flúirse f4; **wealthy** adj saibhir

weapon n arm m1, gléas m1 troda

wear n (use) caitheamh m ▷ vt caith; **wear away** vt ídigh ▷ vi caith; **wear down** vt snoigh; (strength, person) traoch; **wear off** vi: **it soon wore off** ba ghairid a mhair sé; **wear out** vt ídigh; (person, strength) spíon

weary adj (tired) tuirseach; (dispirited): **I am ~ of it** táim bréan de ▷ vi: **to ~ of** éirí bréan de

weasel n (Zool) easóg f2

weather n aimsir f2 ▷ vt: **to ~ the storm** an stoirm a chur díot; **to be**

under the ~ (fig: ill) bheith meath-thinn, gan a bheith ar fónamh; **weather forecast** n réamhaisnéis f2 na haimsire

weave vt figh

web n (of spider) líon m1 damháin alla; (Comput: also: **(World Wide) W~)** gréasán m1; (on foot) scamall m1; (fabric) uige f4; (fig): **a ~ of deceit** gréasán m1 bréag; **web address** n seoladh m gréasáin; **webcam** n (Comput) ceamara m4 gréasáin; **webpage** n (Comput) leathanach m1 gréasáin; **website** n (Comput) líonláithreán m1

wed vt, vi pós

wedding n (ceremony) pósadh m; (feast) bainis f2; **wedding day** n lá m pósta; **wedding dress** n gúna m4 pósta; **wedding ring** n fáinne m4 pósta

wedge n (of wood etc) ding f2; (of cake) canta m4 ▷ vt (fix) ding; (pack tightly) brúigh (síos)

Wednesday n An Chéadaoin f4; **on ~** Dé Céadaoin; **he comes on ~s** tagann sé ar an gCéadaoin

wee adj (Scot, Irl) beag

weed n fiaile f4; **weeds** npl lustan msg1, luifearnach msg1 ▷ vt déan gortghlanadh, bain lustan; **weedkiller** n fiailnimh f2

week n seachtain f2; **a ~ today** seachtain is an lá inniu; **weekday** n lá m den tseachtain; **on weekdays and Sundays** Domhnach is dálach; **weekend** n deireadh m1 seachtaine; **weekly** adv in aghaidh na seachtaine ▷ adj seachtainiúil ▷ n seachtanán m1

weep vt, vi (person) caoin, goil

weigh vt, vi meáigh; **to ~ anchor** an t-ancaire a thógáil; **weigh up** vt meas

weight n meáchan m; **to lose ~** meáchan a chailleadh; **to put on ~** meáchan a chur suas

weir n cora f4

weird adj diamhair; (odd) corr, aisteach

welcome adj: **a ~ guest** aoi a bhfuil fáilte roimhe ▷ n fáilte f4 ▷ vt: **to ~ sb** fáilte a chur roimh dhuine; **thank you — you're ~!** go raibh maith agat — níl a bhuíochas ort or tá fáilte romhat

weld vt táthaigh

welfare n (wellbeing) leas m3, sochar m; (social aid) leas sóisialta; **welfare state** n stát m leasa (shóisialaigh)

well n tobar m ▷ adv go maith ▷ adj: **to be ~** bheith go maith ▷ excl bhuel; **as ~** chomh maith; **as ~ as** (in addition to) chomh maith le; **~ done!** (gen) maith thú!, Dia leat!; (to man) maith an fear!, maith an buachaill!, bullaí fir!; (to woman) maith an bhean!, maith an cailín!; **she is ~ again** tá sí ar ais ar a seanléim; **to do ~** déanamh go maith; **to wish sb ~** rath a ghuí le duine; **well up** vi brúcht aníos; **well-behaved** adj dea-mhúinte; **well-built** adj (person) tathagach; **well-dressed** adj dea-éadaigh, feistithe go maith

wellingtons npl (also: **wellington boots**) buataisí fpl2 rubair

well-known adj (person) clúiteach, iomráiteach, aithnidiúil

well-off adj go maith as, leacanta

Welsh adj Breatnach ▷ n (Ling) Breatnais f2; **the Welsh** npl (people) na Breatnaigh mph; **Welshman** n Breatnach m; **Welshwoman** n Breatnach m (mná)

west n iarthar m ▷ adj iartharach; (wind) aniar; (side) thiar ▷ adv (in) thiar; (to) siar; (from) aniar; **the W~** an tIarthar m; **~ of** taobh thiar de; **western** adj iartharach, thiar ▷ n (Cine) scannán m buachaillí bó; **West Indian** adj, n Iar-Indiach m; **West Indies** npl na hIndiacha fpl Thiar

Westmeath n an Iarmhí f4

wet adj fliuch; (damp) tais; (soaked) fliuch báite; **"~ paint"** "péint úr"; **wetsuit** n culaith f2 tumtha

Wexford n Loch m Garman

whack vt leadair, tabhair faic do

whale n (Zool) míol m mór

wharf n cé f4

 KEYWORD

what adj: **what size is he?** cad é an saghas atá aige?, cad é an mhéid a chaitheann sé?; **what colour is it?** cén dath atá air?; **what books do you need?** cé na leabhair atá uait?; **what a mess!** a leithéid de phrácás! ▷ pron 1 (interrogative) céard, cad (é), cén rud; **what are you doing?** céard atá ar bun agat?; **what happened to you?** cad (é) a tharla or a bhain duit?; **what are you talking about?** céard faoi a bhfuil tú ag caint?; **what is it called?** cén t-ainm atá air, cad is ainm dó?; **what about me?** céard fúmsa?, cár fhág tú mise?; **what about doing ...?** cad é do bharúil dá ndéanaimis ...?

2 (relative): **I saw what you did/ was on the table** chonaic mé an rud a rinne tú/an rud a bhí ar an mbord; **tell me what you know about it** inis dom a bhfuil ar eolas agat faoi

▷ *excl* (*disbelieving*) cad é sin!; **what! no tea?** cad é seo! nach bhfuil tae ar bith ann?

whatever, whatsoever *adj*: **~ book** cibé leabhar ▷ *pron*: **do ~ is necessary** déan cibé rud is gá; **~ happens** cibé rud a tharlóidh; **with no reason ~** gan fáth ar bith; **nothing ~** a dhath ar bith

wheat *n* cruithneacht *f3*

wheel *n* roth *m3*; (*also*: **steering ~**) roth stiúrtha; (*Naut*) stiúir *f* ▷ *vt* (*pram etc*) brúigh romhat, faoileáil ▷ *vi* (*birds*) cas; (*also*: **~ round**: *person*) tiontaigh; **wheelbarrow** *n* bara *m4* (rotha); **wheelchair** *n* cathaoir *f* rothaí; **wheel clamp** *n* (*Aut*) glas *m1* rotha

wheeze *vi*: **to ~** cársán a bheith ionat

KEYWORD

when *adv* cén uair, cá huair, cathain; **when did it happen?** cén uair or cá huair or cathain a tharla sé?
▷ *conj* **1** (*at, during, after the time that*): **she was reading when I came in** bhí sí ag léamh nuair a tháinig mé isteach or ag teacht isteach dom
2 (*on, at which*): **on the day when I met him** an lá a casadh orm é
3 (*whereas*) is amhlaidh, is é rud, is éard; **I thought I was wrong when in fact I was right** shíl mé go raibh mé contráilte ach is amhlaidh a bhí an ceart agam

whenever *adv* an uair ▷ *conj* nuair; (*every time that*) gach uair
where *adv, conj* an áit, mar; **this is ~**

seo an áit; **whereabouts** *adv* cá
▷ *n*: **he has told no one his whereabouts** ní dúirt sé le duine ar bith cá bhfuil sé; **whereas** *conj* cé go; (*in legal documents*) de bhrí go; **whereby** *adv* trína; **a system whereby time is saved** modh oibre trína sábháiltear am; **wherever** *adv, conj* cibé áit

whether *conj* cé acu; **I don't know ~ to accept or not** níl a fhios agam cé acu ba chóir dom glacadh leis nó nár chóir; **it's doubtful ~ she will come** tá mé in amhras an dtiocfaidh sí; **~ you go or not** cé acu a rachaidh tú nó nach rachaidh

KEYWORD

which *adj* (*interrogative: direct, indirect*) cé, cé acu; **which picture do you want?** cén pictiúr atá de dhíth ort?; **which one?** cé acu ceann?; **in which case** agus más amhlaidh atá, agus an scéal a bheith amhlaidh
▷ *pron* **1** (*interrogative*): **I don't mind which** is cuma liom cé acu; **which (of these) are yours?** cé acu díobh seo is leat?; **tell me which you want** inis dom cé acu is mian leat or a theastaíonn uait
2 (*relative: subject*) a; (: *object*) a, ar; **the apple which you ate/which is on the table** an t-úll a d'ith tú/atá ar an mbord; **the chair on which you are sitting** an chathaoir a bhfuil tú i do shuí uirthi; **the book of which you spoke** an leabhar ar labhair tú faoi/ina thaobh; **he said he saw her, which is true** dúirt sé go bhfaca sé í, rud atá fíor/agus is fíor dó; **after which** agus ina dhiaidh sin

whichever adj: **take ~ book you prefer** tabhair leat cibé leabhar is fearr leat

while n tamall m1, scaitheamh m1 ▷ conj: **~ I was there** agus mé ann, fad is a bhí mé ann; **for a ~** ar feadh scathaimh; **while away** vt: **to ~ away the hours** an t-am a chur thart

whim n tallann f2; (foolish) baothmhian f2

whine vi bheith ag cnáimhseáil; (dog) bheith ag geonaíl

whip n fuip f2, lasc f2; (Pol: person) aoire m4 ▷ vt fuipeáil, lasc; (eggs) buail, coip; **whipped cream** n uachtar m1 coipthe

whirl n guairneán m1, cuilithe f4 ▷ vi rothlaigh, bheith ag guairneáil

whisk n (Culin) greadtóir m3; (of tail etc) flíp f2 ▷ vi scinn ▷ vt (eggs) gread; **to ~ sb away or off** duine a sciobadh leat

whiskers npl (of cat) guairí mpl4; (of man) féasóg f sg2 leicinn

whisky (Irl, US **whiskey**) n uisce m4 beatha, fuisce m4

whisper vt: **to ~ sth (to)** rud a rá i gcogar (le) ▷ vi bheith ag cogarnach

whistle n (sound) fead f2; (object) feadóg f2 ▷ vi bheith ag feadaíl; **to ~ (at sb)** fead a ligean (le duine)

white adj bán ▷ n an dath m3 bán; (person) duine m4 geal; **whitewash** vt cuir aoldath ar; (fig) cuir plán mín ar ▷ n (paint) aoldath m3

whiting n (fish) faoitín m4

Whitsun n An Chincís f2

whizz vi: **to ~ past** or **by** scinneadh thart, dul thart ar nós na gaoithe

who n (interr) cé; (relative) a; (negative) nach, nár; **~ is it?** cé (hé) sin?, cé atá ann?; **the man ~ was**

whichever adj: **take ~ book you**

here an fear a bhí anseo; **the man ~ went** an fear a d'imigh; **the man ~ was not here** an fear nach raibh anseo; **the man ~ did not go** an fear nár imigh

whoever pron: **~ finds it** an té a thiocfaidh air; **ask ~ you like** cuir ceist ar cibé duine is mian leat; **~ he marries** an bhean a phósfaidh sé; **~ told you that?** cé a d'inis sin duit?

whole adj (complete) iomlán; (not broken) slán ▷ n (all): **the ~ of** iomlán m1 + gen; **the ~ of the town** an baile uile or ar fad; **on the ~** den chuid is mó; **as a ~** ina iomláine; **wholehearted** adj ó chroí; **wholemeal** adj: **wholemeal bread** caiscín m4; **wholesale** n mórdhíol m3 ▷ adj (price) mórdhíola n gen; (destruction) ar fad ▷ adv ar fad; **wholewheat** adj = **wholemeal**; **wholly** adv ar fad

whom pron (interrogative): **~ did you see?** cé a chonaic tú?; (relative): **the man ~ I saw/to ~ I spoke** an fear a chonaic mé/ar labhair mé leis; **to ~ did you give it?** cé dó ar thug tú é?

whore (inf: pej) n striapach f2

KEYWORD

whose adj **1** (possessive: interrogative): **whose book is this?** cé leis an leabhar seo?; **whose pencil have you taken?** cé leis an peann luaidhe a thug tú leat?; **whose daughter/son are you?** cé leis tú?

2 (possessive: relative): **the man whose son you rescued** an fear ar thug tú tarrtháil ar a mhac; **the girl whose sister you were speaking to** an cailín a raibh tú ag

w

caint lena deirfiúr; **the woman whose car was stolen** an bhean ar goideadh a carr

▷ *pron*: **whose is this?** cé leis seo?; **I know whose it is** tá a fhios agam cé leis é

why *adv* cén fáth, cad chuige, cad ina thaobh; **the reason ~** an fáth; **tell me ~** abair liom cad chuige; **will we go out? — ~ not?** an rachaimid amach? — cén fáth nach rachadh!

wicked *adj* (*person*) droch-, urchóideach; (*animal*) mallaithe, drochmhúinte; (*mischievous*) mioscaiseach

wicket *n* (*Cricket*) geaitín m4

Wicklow *n* Cill f Mhantáin

wide *adj* leathan; (*area, knowledge*) fairsing ▷ *adv*: **to open ~** oscailt amach; **to shoot ~** urchar iomrallach a scaoileadh; (*Football*) buaileadh ar fóraoil; **widely** *adv* (*differing*): **they had widely different stories** ba mhór idir an dá scéal acu; (*spaced*) go fairsing; (*believed*) go coitianta; (*travel*) i bhfad agus i gcéin; **widen** *vt, vi* leathnaigh, fairsingigh; **wide open** *adj* oscailte amach, ar leathadh; **widespread** *adj* (*belief etc*) coitianta

widow *n* baintreach f2; **widower** *n* baintreach f2 fir

width *n* leithead m1, fairsinge f4

wield *vt* (*sword*) beartaigh; (*power*) bain feidhm as

wife *n* bean f (chéile)

Wi-Fi *n* Wi-Fi, dílseacht f3 gan sreang

wig *n* bréagfholt m1, peiriúic f2

wild *adj* (*animals*) allta, fiáin; (*places, people, behaviour*) fiáin; (*sea*) garbh;

to make a ~ guess buille faoi thuairim a thabhairt; **to run ~** dul i bhfiáin; **wilderness** *n* fásach m1; **wildlife** *n* ainmhithe mpl4 allta, fiabheatha f4; **wildly** *adv* (*behave*) go fiáin; (*happy*) go scléipeach

KEYWORD

will *aux vb* **1** (*forming future tense*): **I will finish it tomorrow** críochnóidh mé amárach é; **I will have finished it by tomorrow** beidh sé críochnaithe agam amárach; **will you do it? — yes I will/no I won't** an ndéanfaidh tú é? — déanfaidh/ní dhéanfaidh **2** (*in conjectures, predictions*): **he will** or **he'll be there by now** ba chóir é a bheith ann faoi seo or beidh sé ann faoi seo; **that will be the postman** is dócha gur fear an phoist atá ann, fear an phoist a bheas ann **3** (*in commands, requests, offers*): **will you be quiet!** bí ciúin!, nár chóir go dtostfá?; **will you help me?** an bhféadfá cuidiú a thabhairt dom?; **will you have a cup of tea?** ar mhaith leat cupán tae?; **I won't put up with it!** ní chuirfidh mé suas leis!

▷ *vt*: **I willed him to do it** bhí dúil as Dia agam go ndéanfadh sé é; **he willed himself to go on** thug sé air féin streachailt ar aghaidh ▷ *n* (*desire*) toil f3, togradh m, réir f2; (*testament*) uacht f3

willing *adj* toilteanach; **he's ~ to do it** tá sé sásta é a dhéanamh; **willingly** *adv* go toilteanach **willow** *n* saileach f2 **willpower** *n* neart m tola

wilt vi searg, sleabhac, feoigh

win n (in sports etc) bua m4 ▷ vt, vi buaigh, bain; **win over, win round** vt: **he won her over** fuair sé le casadh í, mheall sé í

wince vi: **I~d** baineadh freanga asam

wind¹ n (also Med) gaoth f2 ▷ vt (take breath): **to ~ sb** an anáil a bhaint de dhuine

wind² vt (clock, toy) tochrais, cas ▷ vi (road, river) cas; **wind up** vt (clock) tochrais, cas; (debate): **to ~ up** deireadh a chur le

windfall n amhantar m1

wind farm n feirm f2 ghaoithe

winding adj (road, river) casta; (also: **~ staircase**) staighre bíse

windmill n muileann m1 gaoithe

window n fuinneog f2; **window box** n ceapach f2 fuinneoige; **window cleaner** n (person) glantóir m3 fuinneog; **window pane** n pána m4 fuinneoige; **windowsill** n leac f2 fuinneoige

windscreen (US **windshield**) n gaothscáth m3; **windscreen wiper** n cuimilteoir m3 gaothscátha

windy adj gaofar; **it's very ~** tá gaoth mhór ann

wine n fíon m3; **wine bar** n beár m4 fíona; **wine glass** n gloine f4 fíona; **wine list** n liosta m4 fíona

wing n sciathán m1, eiteog f2; (Pol) eite f4; (Sport) cliathán m1; **wings** npl (Theat) cliatháin mpl

wink n caochadh m, sméideadh m ▷ vt, vi caoch, sméid

winner n buaiteoir m3

winning adj buach, caithréimeach, buaite; **the ~ team** an fhoireann a bhuaigh

winter n geimhreadh m1; **in ~** sa gheimhreadh

wipe n cuimilt f2; **to give sth a ~** cuimilt a thabhairt do rud ▷ vt cuimil; (erase: tape) glan; **wipe off** vt glan de; **wipe out** vt (debt) glan; (destroy) scrios, treascair

wire n sreang f2 ▷ vt (house) sreangaigh; (also: **~ up**) sreangaigh; (person: send telegram to) cuir sreangscéal chuig

wiring n sreangú m

wisdom n críonnacht f3; (of action) ciall f2; **wisdom tooth** n fiacail f2 forais

wise adj críonna; (remark) céillí ▷ suffix: **he is street~** tá ciall na sráide aige

wish n (desire) mian f2 ▷ vt: **I ~ is** mian liom; **best ~es** (on birthday etc) go maire tú an lá!; **with best ~es** (in letter) le dea-mhéin; **to ~ sb goodbye** (if leaving) slán a fhágáil ag duine; (if staying) slán a chur le duine; **I ~ to go** is mian liom dul ann; **to ~ for money** do bhiníd a chur in airgead

wistful adj tnúthánach, cumhach

wit n meabhair f, ciall f2; (wittiness) dea-chaint f2; (person) nathaí m4

witch n cailleach f2, bandraoi m4, draíodóir m3 mná

KEYWORD

with prep **1** (in the company of) in éineacht le; (at the home of) ag, tigh + gen; **we stayed with friends** d'fhan muid ag cairde; **I'll be with you in a minute** beidh mé agat faoi cheann nóiméid

2 (descriptive): **a room with a view** seomra a bhfuil radharc uaidh; **the man with the grey hat/blue eyes** an fear a bhfuil an hata liath

W

air/na súile gorma aige, fear an hata léith/na súl gorm
3 (indicating manner, means, cause): **with tears in her eyes** agus na deora lena súile; **to walk with a stick** siúl le bata; **red with anger** dearg le fearg, ar deargbhruite; **to shake with fear** bheith ar crith le heagla; **to fill sth with water** rud a líonadh le huisce or d'uisce
4: **I'm with you** (I understand) tuigim thú; **with it** (inf: up-to-date) san fhaisean

withdraw vt tarraing siar; (money) déan aistarraingt ▷ vi tarraing siar, cúlaigh; **withdrawal** n tarraingt f siar, cúlú m; (of money) aistarraingt f; **withdrawn** adj (person) deoranta

wither vi (plant) searg, dreoigh, feoigh

withhold vt (money) coinnigh siar

within prep istigh i, laistigh de ▷ adv istigh, laistigh; **it is ~ his reach** tá sé faoi fhad láimhe de; **~ sight of** ar amharc + gen; **~ a kilometre of** faoi chiliméadar de; **~ the/a week** faoi dheireadh na seachtaine/faoi cheann seachtaine

without prep taobh amuigh de, lasmuigh de; **~ a coat** gan chóta; **~ speaking** gan labhairt; **to go ~ sth** teacht gan rud

withstand vt seas in aghaidh + gen

witness n (person) finné m4 ▷ vt (event) feic; (document) fianaigh; **to bear ~ (to)** (fig) fianaise a dhéanamh (le)

witty adj dea-chainteach, deisbhéalach, greannmhar

wizard n draíodóir m3, asarlaí m4

wobble vi bheith ag guagadh; (chair): **it is wobbling** tá sí corrach

woe n: **~ is me** mo léan géar

wok n voc m4

wolf n mac m tíre, faolchú m4

woman n bean f

womb n (Anat) broinn f2

wonder n ionadh m, iontas m ▷ vi: **I ~ whether** níl a fhios agam cé acu, ní fheadar cé acu; **to ~ at sth** (marvel) ionadh a dhéanamh de rud; **to ~ about** bheith amhrasach faoi; **it's no ~ (that)** ní hionadh ar bith é (go); **it's little ~ (that)** is beag an t-iontas (go); **wonderful** adj iontach

wood n (timber) adhmad m; (forest) coill f2; **wooden** adj adhmaid n gen, maide n gen; (fig) maide n gen; **woodwind** n (Mus) gaothuirlis f2 adhmaid; **woodwork** n adhmadóireacht f3

wool n olann f; **to pull the ~ over sb's eyes** dallamulllóg a chur ar dhuine; **woollen** (US **woollen**) adj olla; **woollens** npl (clothes) éadaí mph olla; **woolly** (US **wooly**) adj olanda; (fig: ideas) scaipthe

word n focal m; (news) scéala m4 ▷ vt cuir i bhfocail; **in other ~s** i bhfocail eile; **to break your ~** dul ar gcúl i d'fhocal; **to keep your ~** cur le d'fhocal; **wording** n leagan m na bhfocal; **word processing** n próiseáil f3 focal; **word processor** n próiseálaí m4 focal

work n obair f2; (Art, Liter) saothar m ▷ vi bheith ag obair; (plan etc): **it ~ed** d'éirigh leis ▷ vt (land, mine etc) saothraigh; (clay) múnlaigh; (miracles, wonders etc) déan; **to be out of ~** bheith as obair; **to ~ loose** éirí scaoilte; **work on** vt fus: **to ~ on** leanúint (leat) ag obair; (person): **to ~ on sb** bheith ag gabháil do dhuine; **work out** vi

(*plans etc*): **it ~ed out well for me**
d'éirigh go maith liom ▷ vt
(*problem*) fuascail; (*plan*) beartaigh,
oibrigh amach; **it ~s out at 100
euros** céad euro an t-iomlán; **work
up** vt: **to get ~ed up** éirí tógtha;
worker n oibrí m4; **workforce** n
meitheal f2 oibre; **working class** n
lucht m3 oibre ▷ adj: **a
working-class family** teaghlach
de chuid an lucht oibre; **workman**
n oibrí m4; **workplace** n ionad m1
oibre, áit f2 oibre; **worksheet** n
bileog f2 oibre; **workshop** n
ceardlann f2; **work station** n
stáisiún m1 oibre
world n domhan m1 ▷ adj
(*champion*) domhain n gen;
(*power, war*) domhain ▷ adv; **to think
the ~ of sb** (*fig*) an dúrud a shíleadh
de dhuine; **world-wide** adj ar fud
an domhain, domhanda;
World Wide Web n: **the World
Wide Web** Líon m1 Domhanda,
Gréasán m1 Domhanda
worm n péist f2, cruimh f2,
cuiteog f2
worn adj caite; **worn-out** adj
(*object*) ídithe, athchaite; (*person*)
spíonta
worried adj imníoch, buartha;
I'm ~ tá imní orm
worry n imní f4, buairt f3 ▷ vt: **to ~
sb** imní a chur ar dhuine ▷ vi: **she
worries a lot** bíonn rud éigin i
gcónaí ag cur as di; **what's ~ing
you?** cad é atá ag déanamh
buartha duit?
worse adj níos measa, is measa;
a ~ footballer than John
peileadóir níos measa ná Seán; **a
footballer ~ than John** peileadóir
is measa ná Seán ▷ adv: **to get ~**
dul in olcas ▷ n: **the ~** an ceann m1

is measa; **a change for the ~** athrú
chun donachta; **worsen** vi téigh in
olcas; **worse off** adj: **you'll be
worse off this way** is measaide
duit an dóigh seo, beidh tú níos
measa as an dóigh seo
worship n adhradh m ▷ vt (*God*)
adhair; **YourW~** (*to mayor*) A Onóir
worst adj is measa; (*in the past*) ba
mheasa ▷ adv: **the musician who
performs~** an ceoltóir is measa a
sheinneann ▷ n: **the ~** (*singular*) an
ceann m1 is measa; (*plural*) an chuid
is measa
worth n fiúntas m1, luach m3 ▷ adj:
it is ~ a pound is fiú punt é; **it's ~ it**
is fiú é; **it would be ~ your while
to go** b'fhiú duit dul ann;
worthless adj beagmhaitheasach,
neamhfhiúntach; **it is worthless
talking to him** ní fiú a bheith leis;
a worthless person scraiste,
duine gan mhaith; **worthwhile**
adj (*activity, cause*) fiúntach
worthy adj (*person*) fiúntach;
(*motive*) uasal; **he is ~ of the
reward** is maith an airí air an duais;
the labourer is ~ of his hire is fiú
an t-oibrí a thuarastal

 KEYWORD

would aux vb **1** (*conditional tense*):
**if you asked him he would do it,
if you had asked him he would
have done it** dá n-iarrfá air
dhéanfadh sé é
2 (*in offers, invitations, requests*):
would you like a biscuit? ar
mhaith leat briosca?; **would you
close the door please?** an
ndruidfeá an doras, le do thoil
3 (*in indirect speech*): **I said I would
do it** dúirt mé go ndéanfainn é

4 (*emphatic*): **it WOULD have to snow today!** inniu féin a chuirfeadh sé sneachta!

5 (*insistence*): **she wouldn't do it** ní dhéanfadh sí é

6 (*conjecture*): **it would have been midnight** an meán oíche a bhí ann is dócha

7 (*indicating habit*): **he would go there on Mondays** théadh sé ann ar an Luan

wound n cneá f4, lot m1 ▷ vt cneáigh, loit

wrap vt (*also*: **~ up**) corn, fill (i bpáipéar); (*wind*) corn; **wrapper** n (*of book*) forchlúdach m1; (*on chocolate*) cumhdach m1; **wrapping paper** n páipéar m1 fillte

wreath n fleasc f2 (bláthanna)

wreck n (*ship*) long f2 bhriste; (*vehicle*) carr m1 scriosta ▷ vt scrios, raiceáil; **wreckage** n raic f2

wren n (*Zool*) dreoilín m4

wrench n (*Tech*) rinse m4; (*tug*) sracadh m1; (*fig*) freanga f4 ▷ vt: **to ~ sth from sb** rud a shracadh ó dhuine

wrestle vi: **to ~ (with sb)** bheith ag coraíocht or ag iomrascáil (le duine); **wrestler** n coraí m4, iomrascálaí m4; **wrestling** n coraíocht f3, iomrascáil f3; (*also*: **all-in wrestling**) iliomrascáil f3

wretched adj dearóil, díblí

wriggle vi (*also*: **to ~ about**) bheith ag lúbarnaíl

wring vt fáisc; **to ~ sth out of sb** rud a bhaint de dhuine ina ainneoin

wrinkle n roc m1 ▷ vt, vi roc

wrist n caol m1 na láimhe

write vt, vi scríobh; **write down** vt scríobh síos; **write off** vt (*debt*) díscríobh; **write out** vt: **to ~ sth out** rud a scríobh ina iomláine; **write up** vt: **to ~ sth up** cuntas a thabhairt ar rud; **write-off** n: **it was a write-off** scriosadh ar fad é; **writer** n scríbhneoir m3

writing n (*act of*) scríobh m3; (*of author*) scríbhneoireacht f3; (*document*) scríbhinn f2; in ~ i scríofa; **the ~s of Séamus Ó Grianna** scríbhinní Shéamuis Uí Ghrianna; **writing paper** n páipéar m1 scríofa

wrong adj (*incorrect*: answer, information) contráilte, mícheart; (*inappropriate*: choice, action etc) contráilte, mícheart; (*wicked*) olc; (*amiss*) contráilte, cearr; (*unfair*) éagórach ▷ adv go héagórach ▷ n olc m1, éagóir f3 ▷ vt: **to ~ sb** bheith san éagóir do dhuine; **you are ~ to do it** ní ceart duit é a dhéanamh; **you are ~ about that, you've got it ~** tá sin contráilte agat; **what's ~?** cad é atá cearr?; **to go ~** dul amú; (*machine*): **it went ~** tháinig fabht air; **to be in the ~** bheith san éagóir; **the ~ side** an taobh m1 contráilte; **wrongly** adv (*unjustly*) go héagórach

WWW (*Comput*) n abbr = **World Wide Web**

Xmas *n abbr* = **Christmas**
X-ray *n* (*ray*) x-gha *m*4; (*photo*)
x-ghathú *m* ▷ *vt* x-ghathaigh
xylophone *n* xileafón *m*1

yacht *n* luamh *m*1; **yachting** *n*
luamhaireacht *f*3
yard *n* (*of house etc*) clós *m*1;
(*measure*) slat *f*2
yarn *n* snáth *m*3, abhras *m*1; (*tale*)
scéal *m*1, staróg *f*2
yawn *n* méanfach *f*2 ▷ *vi* déan
méanfach
yd. *abbr* = **yard(s)**
yeah (*inf*) *adv* sea
year *n* bliain *f*3; **last** ~ anuraidh;
this ~ i mbliana; **The New Y**~ An
Bhliain Úr, An AthBhliain; **to be 8**
~**s old** bheith 8 mbliana d'aois; **an**
eight-~-**old child** páiste atá ocht
mbliana d'aois; **yearly** *adj*
bliantúil ▷ *adv* uair sa bhliain, uair
in aghaidh na bliana
yearn *vi*: **to** ~ **for sth** bheith ag
tnúth le rud; **to** ~ **to do sth** dúil
chráite a bheith agat chun rud a
dhéanamh

yeast n giosta m4, gabháil f3

yell n béic f2, liú m4 ▷ vi lig béic or liú

yellow adj buí

yes adv (repeat vb from question): **did you sleep well? — ~ (I did)** ar chodail tú go maith? — chodail; **will you take me there? — ~ (I will)** an dtabharfaidh tú ansin mé? — tabharfaidh; **more wine? — ~, please** an mbeidh tuilleadh fíona agat? — beidh, go raibh maith agat; **you're married? — ~, that's right** tá tú pósta? — tá, tá sin ceart; **~, can I help you?** is ea anois, an bhféadaim cúnamh leat?; **~, I remember it well** is ea, is cuimhin liom go maith é; **say ~ or no** abair is ea nó ní hea

yesterday adv inné ▷ n an lá m inné; **~ morning/evening** maidin/tráthnóna inné; **all day ~** i rith an lae inné

yet adv go fóill, fós ▷ conj mar sin féin, ina dhiaidh sin; **it is not finished** níl sé réidh go fóill; **the best one ~** an ceann is fearr fós; **as ~** go dtí seo, fós

yew n iúr m1

yield n toradh m1, táirgeacht f3, barr m1; (of milk) tál m1, crúthach m1, bleán m1, táirgeacht ▷ vt tabhair, táirg; (surrender) tabhair suas, géill ▷ vi géill; (US: Aut) géill slí

yoghurt, yogurt n iógart m1

yolk n buíocán m1

KEYWORD

you pron **1** (subject) tú; (emphatic) tusa; (plural) sibh; (emphatic) sibhse; **you** French enjoy your food tá dúil agaibh i bhur gcuid mar Fhrancaigh; **you and I will go**

rachaidh mise agus tusa

2 (object: direct, indirect): **I know you** aithním thú or sibh; **I gave it to you** thug mé duit or daoibh

3 (stressed): **I gave it to YOU** duitse a thug mé é; **I told YOU to do it** leatsa a dúirt mé é a dhéanamh

4 (after prep, in comparisons): **it's for you** duitse or daoibhse atá sé; **she's younger than you** is óige ise ná tusa or sibhse

5 (impersonal: one): **you never know** ní bheadh a fhios agat

young adj óg ▷ npl (of animal) óga mph; (people): **the ~** an t-aos m3 óg; **youngster** n (boy) malrach m1, buachaill m3; (girl) gearrchaile m4, girseach f2; (child) páiste m4

your adj (sg) do; (pl) bhur; **~ car/bag/father** (sg) do charr/do mhála/d'athair; **~ car/bag/father** (pl) bhur gcarr/mála/n-athair; see also **my**

yours adj (single article: sg) do cheannsa; (: pl) bhur gceannsa; (share of: sg) do chuidse; (: pl) bhur gcuidse; **that's ~** (sg) is leat sin; (pl) is libh sin; **this book of ~** (sg) an leabhar seo agat; (pl) an leabhar seo agaibh; **~ sincerely/faithfully/truly** is mise le meas; see also **mine**[1]

yourself pron (reflexive) tú féin; (object) thú féin; (emphatic) tusa féin; see also **oneself**; **yourselves** pl pron (reflexive) sibh féin; (emphatic) sibhse féin

youth n aos m3 óg, óige f4; (young man) óganach m1, stócach m1; **youth club** n club m4 óige; **youthful** adj óigeanta; **youth**

hostel *n* brú *m4* óige
Yugoslav *adj, n* (*formerly*)
  Iúgslavach *m1*
Yugoslavia *n* (*formerly*) an
  Iúgslaiv *f2*

Z

zap *vt* (*Comput*) scrios
zeal *n* díograis *f2*, dúthracht *f3*
zebra *n* séabra *m4*; **zebra crossing**
  n trasrian *m1* síogach
zero *n* nialas *m1*
zest *n* flosc *m3*, spionnadh *m1*, fonn
  m1; (*flavour*) goinbhlastacht *f3*
zigzag *n* fiarlán *m1*
Zimbabwe *n* an tSiombáib *f2*
zinc *n* sinc *f2*
zip (*US* **zipper**) *n* (*also:* **~ fastener**)
  sip *f2* ▷ *vt* (*also:* **~ up**) dún an tsip;
  (*file*) zipeáil; **zip code** (*US*) *n* cód *m1*
  poist; **zip file** *n* zipchomhad *m1*
zodiac *n* stoidiaca *m4*
zone *n* crios *m3*
zoo *n* zú *m4*
zoom *vi*: **to ~ past** stróiceadh thart
zucchini (*US*) *n, npl* cúirséid *mph*

Grammar
Gramadach

PREPOSITIONAL PRONOUNS

FORAINMNEACHA RÉAMHFHOCLACHA

AG	AR	AS	CHUN	DE
agam	orm	asam	chugam	díom
agat	ort	asat	chugat	díot
aige	air	as	chuige	de
aici	uirthi	aisti	chuici	di
againn	orainn	asainn	chugainn	dínn
agaibh	oraibh	asaibh	chugaibh	díbh
acu	orthu	astu	chucu	díobh

DO	FAOI	I	IDIR	LE
dom	fúm	ionam	-	liom
duit	fút	ionat	-	leat
dó	faoi	ann	-	leis
di	fúithi	inti	-	léi
dúinn	fúinn	ionainn	eadrainn	linn
daoibh	fúibh	ionaibh	eadraibh	libh
dóibh	fúthu	iontu	eatarthu	leo

Ó	ROIMH	THAR	TRÍ	UM
uaim	romham	tharam	tríom	umam
uait	romhat	tharat	tríot	umat
uaidh	roimhe	thairis	tríd	uime
uaithi	roimpi	thairsti	tríth	uimpi
uainn	romhainn	tharainn	trínn	umainn
uaibh	romhaibh	tharaibh	tríbh	umaibh
uathu	rompu	tharstu	tríothu	umpu

ADJECTIVES

AIDIACHTAÍ

In Irish, adjectives can be singular or plural, or in the genitive case, depending on the noun they describe. They may also be subject to lenition.

NOM	SING GEN MASC	SING GEN FEM	STRONG PLURAL

1ST DECLENSION

dubh	duibh	duibhe	dubha
géar	géir	géire	géara
greannmhar	greannmhair	greannmhaire	greannmhara
tábhachtach	tábhachtaigh	tábhachtaí	tábhachtacha
tuirseach	tuirsigh	tuirsí	tuirseacha
imníoch	imníoch	imníche	imníocha
spleách	spleách	spleáiche	spleácha
glic	glic	glice	glice

2ND DECLENSION

spreagúil	spreagúil	spreagúla	spreagúla

3RD DECLENSION

crua	crua	crua	crua

Plural adjectives preceded by weak plural nouns lose accreted final vowel (a/e) in genitive plural.

COMPARISON OF ADJECTIVES

CÉIMEANNA COMPARÁIDE NA hAIDIACHTA

EQUATIVE

chomh mór le	as big as
chomh hard le	as tall as

COMPARATIVE/SUPERLATIVE

glic	níos glice	is glice
ard	níos airde	is airde
álainn	níos áille	is áille
spleách	níos spleáiche	is spleáiche
tábhachtach	níos tábhachtaí	is tábhachtaí
cóir	níos córa	is córa
spreagúil	níos spreagúla	is spreagúla
crua	níos crua	is crua

IRREGULAR COMPARISON

mór	níos mó	is mó
beag	níos lú	is lú
maith	níos fearr	is fearr
olc	níos measa	is measa
furasta	níos fusa	is fusa
breá	níos breátha	is breátha
dócha	níos dóichí	is dóichí
dóigh	níos dóiche	is dóiche
te	níos teo	is teo
gearr	níos giorra	is giorra
iomaí	níos lia	is lia
fada	níos faide/sia	is faide/sia
ionúin	níos ionúine/ansa	is ionúine/ansa
tréan	níos tréine/treise	is tréine/treise

NOUNS   AINMFHOCAIL

All Irish nouns are either masculine or feminine.

There are four major groups of nouns. All regular Irish nouns are assigned a number (1, 2, 3 or 4) in this dictionary, and their gender is indicated by the abbreviations *m* for masculine and *f* for feminine. The tables below show examples of the various grammatical forms in each group.

There are a few other nouns which are not completely regular and their irregular forms are given in the entry in the Irish side. Such nouns have no number in the dictionary.

SING		PLUR	
NOM	GEN	NOM	GEN

1ST DECLENSION (all masculine)

cat	cait	cait	cat
breac	bric	bric	breac
leabhar	leabhair	leabhair	leabhar
buidéal	buidéil	buidéil	buidéal
milseán	milseáin	milseáin	milseán
marcach	marcaigh	marcaigh	marcach
scéal	scéil	scéalta	scéalta
glór	glóir	glórtha	glórtha
briathar	briathair	briathra	briathra
bealach	bealaigh	bealaí	bealaí
cogadh	cogaidh	cogaí	cogaí
rós	róis	rósanna	rósanna

2ND DECLENSION (feminine with one or two exceptions)

clann	clainne	clanna	clanna
sceach	sceiche	sceacha	sceach
fuinneog	fuinneoige	fuinneoga	fuinneog
leabharlann	leabharlainne	leabharlanna	leabharlann
eangach	eangaí	eangacha	eangach
glúin	glúine	glúine	glún

SING		PLUR	
NOM	GEN	NOM	GEN
áit	áite	áiteanna	áiteanna
aisling	aislinge	aislingí	aislingí
craobh	craoibhe	craobhacha	craobhacha
pian	péine	pianta	pianta

3RD DECLENSION

masculine

custaiméir	custaiméara	custaiméirí	custaiméirí
rinceoir	rinceora	rinceoirí	rinceoirí
saighdiúir	saighdiúra	saighdiúirí	saighdiúirí
rud	ruda	rudaí	rudaí
droim	droma	dromanna	dromanna

feminine

iasacht	iasachta	iasachtaí	iasachtaí
canúint	canúna	canúintí	canúintí
forbairt	forbartha	forbairtí	forbairtí
troid	troda	troideanna	troideanna
barúil	barúla	barúlacha	barúlacha

4TH DECLENSION (mostly masculine)

coinín	coinín	coiníní	coiníní
dalta	dalta	daltaí	daltaí
oráiste	oráiste	oráistí	oráistí
rúnaí	rúnaí	rúnaithe	rúnaithe
baile	baile	bailte	bailte

feminine

íomhá	íomhá	íomhánna	íomhánna
bearna	bearna	bearnaí	bearnaí

IRREGULAR NOUNS

cabhair f	cabhrach	cabhracha	cabhracha
draein f	draenach	draenacha	draenacha
litir f	litreach	litreacha	litreacha
comharsa f	comharsan	comharsana	comharsan
athair m	athar	aithreacha	aithreacha
namhaid m	namhad	naimhde	naimhde
bean f	mná	mná	ban
caora f	caorach	caoirigh	caorach
deoch f	dí	deochanna	deochanna
dia m	dé	déithe	déithe
lá m	lae	laethanta	laethanta
leaba f	leapa	leapacha	leapacha
mí f	míosa	míonna	míonna
talamh m	talaimh	tailte	tailte
talamh f	talún	tailte	tailte
teach m	tí	tithe	tithe

MULTIPLES OF 10: from 20 to 90 excluding 40 have same form

fiche	fichead	fichidí	fichidí
seasca	seascad	seascaidí	seascaidí
seachtó	seachtód	seachtóidí	seachtóidí
daichead	daichid	daichidí	daichidí

REGULAR VERBS
FIRST CONJUGATION

BRIATHRA RIALTA
AN CHÉAD RÉIMNIÚ

BOG

SING	PLURAL	SING	PLURAL

IMPERATIVE

CONDITIONAL

bogaim	bogaimis	bhogfainn	bhogfaimis
bog	bogaigí	bhogfá	bhogfadh sibh
bogadh sé	bogaidís	bhogfadh sé	bhogfaidís
bogadh sí		bhogfadh sí	
AUTON / bogtar		AUTON / bhogfaí	

PRESENT

PAST HABITUAL

bogaim	bogaimid	bhogainn	bhogaimis
bogann tú	bogann sibh	bhogtá	bhogadh sibh
bogann sé	bogann siad	bhogadh sé	bhogaidís
bogann sí		bhogadh sí	
AUTON / bogtar		AUTON / bhogtaí	

PAST

PRESENT SUBJUNCTIVE

bhog mé	bhogamar	boga mé	bogaimid
bhog tú	bhog sibh	boga tú	boga sibh
bhog sé	bhog siad	boga sé	boga siad
bhog sí		boga sí	
AUTON / bogadh		AUTON / bogtar	

FUTURE

VERBAL NOUN — bogadh

bogfaidh mé	bogfaimid
bogfaidh tú	bogfaidh sibh
bogfaidh sé	bogfaidh siad
bogfaidh sí	
AUTON / bogfar	

VERBAL ADJECTIVE — bogtha

CEILIÚIR

| SING | PLURAL | SING | PLURAL |

IMPERATIVE

| | | CONDITIONAL | |

ceiliúraim	ceiliúraimis	cheiliúrfainn	cheiliúrfaimis
ceiliúir	ceiliúraigí	cheiliúrfá	cheiliúrfadh sibh
ceiliúradh sé	ceiliúraidís	cheiliúrfadh sé	cheiliúrfaidís
ceiliúradh sí		cheiliúrfadh sí	

| AUTON | ceiliúrtar | AUTON | cheiliúrfaí |

PRESENT

| | | PAST HABITUAL | |

ceiliúraim	ceiliúraimid	cheiliúrainn	cheiliúraimis
ceiliúrann tú	ceiliúrann siad	cheiliúrtá	cheiliúradh sibh
ceiliúrann sé	ceiliúrann siad	cheiliúradh sé	cheiliúraidís
ceiliúrann sí		cheiliúradh sí	

| AUTON | ceiliúrtar | AUTON | cheiliúraí |

PAST

| | | PRESENT SUBJUNCTIVE | |

cheiliúir mé	cheiliúramar	ceiliúra mé	ceiliúraimid
cheiliúir tú	cheiliúir sibh	ceiliúra tú	ceiliúra sibh
cheiliúir sé	cheiliúir siad	ceiliúra sé	ceiliúra siad
cheiliúir sí		ceiliúra sí	

| AUTON | ceiliúradh | AUTON | ceiliúrtar |

FUTURE

| | | VERBAL NOUN | ceiliúradh |

ceiliúrfaidh mé	ceiliúrfaimid	**VERBAL ADJECTIVE**	ceiliúrtha
ceiliúrfaidh tú	ceiliúrfaidh sibh		
ceiliúrfaidh sé	ceiliúrfaidh siad		
ceiliúrfaidh sí			

| AUTON | ceiliúrfar |

CLOÍGH

SING	PLURAL	SING	PLURAL

IMPERATIVE

cloím	cloímis		
cloígh	cloígí		
cloíodh sé	cloídís		
cloíodh sí			

AUTON	cloítear

CONDITIONAL

chloífinn	chloífimis
chloífeá	chloífeadh sibh
chloífeadh sé	chloífidís
chloífeadh sí	

AUTON	chloífí

PRESENT

cloím	cloímid
cloíonn tú	cloíonn sibh
cloíonn sé	cloíonn siad
cloíonn sí	

AUTON	cloítear

PAST HABITUAL

chloínn	chloímis
chloíteá	chloíodh sibh
chloíodh sé	chloídís
chloíodh sí	

AUTON	chloítí

PAST

chloígh mé	chloíomar
chloígh tú	chloígh sibh
chloígh sé	chloígh siad
chloígh sí	

AUTON	cloíodh

PRESENT SUBJUNCTIVE

cloí mé	cloímid
cloí tú	cloí sibh
cloí sé	cloí siad
cloí sí	

AUTON	cloítear

FUTURE

cloífidh mé	cloífimid
cloífidh tú	cloífidh sibh
cloífidh sé	cloífidh siad
cloífidh sí	

AUTON	cloífear

VERBAL NOUN cloí

VERBAL ADJECTIVE cloíte

CUIR

| SING | PLURAL | SING | PLURAL |

IMPERATIVE

cuirim	cuirimis
cuir	cuirigí
cuireadh sé	cuiridís
cuireadh sí	

| AUTON | cuirtear |

PRESENT

cuirim	cuirimid
cuireann tú	cuireann sibh
cuireann sé	cuireann siad
cuireann sí	

| AUTON | cuirtear |

PAST

chuir mé	chuireamar
chuir tú	chuir sibh
chuir sé	chuir siad
chuir sí	

| AUTON | cuireadh |

FUTURE

cuirfidh mé	cuirfimid
cuirfidh tú	cuirfidh sibh
cuirfidh sé	cuirfidh siad
cuirfidh sí	

| AUTON | cuirfear |

CONDITIONAL

chuirfinn	chuirfimis
chuirfeá	chuirfeadh sibh
chuirfeadh sé	chuirfidís
chuirfeadh sí	

| AUTON | chuirfí |

PAST HABITUAL

chuirinn	chuirimis
chuirteá	chuireadh sibh
chuireadh sé	chuiridís
chuireadh sí	

| AUTON | chuirtí |

PRESENT SUBJUNCTIVE

cuire mé	cuirimid
cuire tú	cuire sibh
cuire sé	cuire siad
cuire sí	

| AUTON | cuirtear |

VERBAL NOUN cur

VERBAL ADJECTIVE curtha

FEOIGH

SING	PLURAL	SING	PLURAL

IMPERATIVE

SING	PLURAL
feoim	feoimis
feoigh	feoigí
feodh sé	feoidís
feodh sí	

AUTON	feoitear

CONDITIONAL

SING	PLURAL
d'fheofainn	d'fheofaimis
d'fheofá	d'fheofadh sibh
d'fheofadh sé	d'fheofaidís
d'fheofadh sí	

AUTON	d'fheofaí

PRESENT

SING	PLURAL
feoim	feoimid
feonn tú	feonn sibh
feonn sé	feonn siad
feonn sí	

AUTON	feoitear

PAST HABITUAL

SING	PLURAL
d'fheoinn	d'fheoimis
d'fheoiteá	d'fheodh sibh
d'fheodh sé	d'fheoidís
d'fheodh sí	

AUTON	d'fheoití

PAST

SING	PLURAL
d'fheoigh mé	d'fheomar
d'fheoigh tú	d'fheoigh sibh
d'fheoigh sé	d'fheoigh siad
d'fheoigh sí	

AUTON	feodh

PRESENT SUBJUNCTIVE

SING	PLURAL
feo mé	feoimid
feo tú	feo sibh
feo sé	feo siad
feo sí	

AUTON	feoitear

FUTURE

SING	PLURAL
feofaidh mé	feofaimid
feofaidh tú	feofaidh sibh
feofaidh sé	feofaidh siad
feofaidh sí	

AUTON	feofar

VERBAL NOUN feo

VERBAL ADJECTIVE feoite

LUIGH

| SING | PLURAL | SING | PLURAL |

IMPERATIVE

luím	luímis
luigh	luígí
luíodh sé	luídís
luíodh sí	

| AUTON | luitear |

PRESENT

luím	luímid
luíonn tú	luíonn sibh
luíonn sé	luíonn siad
luíonn sí	

| AUTON | luitear |

PAST

luigh mé	luíomar
luigh tú	luigh sibh
luigh sé	luigh siad
luigh sí	

| AUTON | luíodh |

FUTURE

luífidh mé	luífimid
luífidh tú	luífidh sibh
luífidh sé	luífidh siad
luífidh sí	

| AUTON | luífear |

CONDITIONAL

luífinn	luífimis
luífeá	luífeadh sibh
luífeadh sé	luífidís
luífeadh sí	

| AUTON | luífí |

PAST HABITUAL

luínn	luímis
luíteá	luíodh sibh
luíodh sé	luídís
luíodh sí	

| AUTON | luití |

PRESENT SUBJUNCTIVE

luí mé	luímid
luí tú	luí sibh
luí sé	luí siad
luí sí	

| AUTON | luitear |

VERBAL NOUN luí

VERBAL ADJECTIVE luite

SÁIGH

| SING | PLURAL | | SING | PLURAL |

IMPERATIVE

SING	PLURAL
sáim	sáimis
sáigh	sáigí
sádh sé	sáidís
sádh sí	

| AUTON | sáitear |

PRESENT

SING	PLURAL
sáim	sáimid
sánn tú	sánn sibh
sánn sé	sánn siad
sánn sí	

| AUTON | sáitear |

PAST

SING	PLURAL
sháigh mé	shámar
sháigh tú	sháigh sibh
sháigh sé	sháigh siad
sháigh sí	

| AUTON | sádh |

FUTURE

SING	PLURAL
sáfaidh mé	sáfaimid
sáfaidh tú	sáfaidh sibh
sáfaidh sé	sáfaidh siad
sáfaidh sí	

| AUTON | sáfar |

CONDITIONAL

SING	PLURAL
sháfainn	sháfaimis
sháfá	sháfadh sibh
sháfadh sé	sháfaidís
sháfadh sí	

| AUTON | sháfaí |

PAST HABITUAL

SING	PLURAL
sháinn	sháimis
sháiteá	shádh sibh
shádh sé	sháidís
shádh sí	

| AUTON | sháití |

PRESENT SUBJUNCTIVE

SING	PLURAL
sá mé	sáimid
sá tú	sá sibh
sá sé	sá siad
sá sí	

| AUTON | sáitear |

VERBAL NOUN sá

VERBAL ADJECTIVE sáite

SÓINSEÁIL

| SING | PLURAL | | SING | PLURAL |

IMPERATIVE

sóinseálaim   sóinseálaimis
sóinseáil   sóinseálaigí
sóinseáladh sé   sóinseáilidís
sóinseáladh sí

| AUTON | sóinseáiltear |

PRESENT

sóinseálaim   sóinseálaimid
sóinseálann tú   sóinseálann sibh
sóinseálann sé   sóinseálann siad
sóinseálann sí

| AUTON | sóinseáiltear |

PAST

shóinseáil mé   shóinseálamar
shóinseáil tú   shóinseáil sibh
shóinseáil sé   shóinseáil siad
shóinseáil sí

| AUTON | sóinseáladh |

FUTURE

sóinseálfaidh mé   sóinseálfaimid
sóinseálfaidh tú   sóinseálfaidh sibh
sóinseálfaidh sé   sóinseálfaidh siad
sóinseálfaidh sí

| AUTON | sóinseálfar |

CONDITIONAL

shóinseálfainn   shóinseálfaimis
shóinseálfá   shóinseálfadh sibh
shóinseálfadh sé   shóinseálfaidís
shóinseálfadh sí

| AUTON | shóinseálfaí |

PAST HABITUAL

shóinseálainn   shóinseálaimis
shóinseáilteá   shóinseáladh sibh
shóinseáladh sé   shóinseálaidís
shóinseáladh sí

| AUTON | shóinseáiltí |

PRESENT SUBJUNCTIVE

sóinseála mé   sóinseálaimid
sóinseála tú   sóinseála sibh
sóinseála sé   sóinseála siad
sóinseála sí

| AUTON | sóinseáiltear |

VERBAL NOUN sóinseáil

VERBAL ADJECTIVE sóinseáilte

REGULAR VERBS BRIATHRA RIALTA
SECOND CONJUGATION AN DARA RÉIMNIÚ

BAILIGH

SING	PLURAL	SING	PLURAL

IMPERATIVE

		CONDITIONAL	
bailím	bailímis	bhaileoinn	bhaileoimis
bailigh	bailígí	bhaileofá	bhaileodh sibh
bailíodh sé	bailídís	bhaileodh sé	bhaileoidís
bailíodh sí		bhaileodh sí	

AUTON	bailítear	AUTON	bhaileofaí

PRESENT

		PAST HABITUAL	
bailím	bailímid	bhailínn	bhailímis
bailíonn tú	bailíonn sibh	bhailíteá	bhailíodh sibh
bailíonn sé	bailíonn siad	bhailíodh sé	bhailídís
bailíonn sí		bhailíodh sí	

AUTON	bailítear	AUTON	bhailítí

PAST

		PRESENT SUBJUNCTIVE	
bhailigh mé	bhailíomar	bailí mé	bailímid
bhailigh tú	bhailigh sibh	bailí tú	bailí sibh
bhailigh sé	bhailigh siad	bailí sé	bailí siad
bhailigh sí		bailí sí	

AUTON	bailíodh	AUTON	bailítear

FUTURE

		VERBAL NOUN	bailiú
baileoidh mé	baileoimid	VERBAL	bailithe
baileoidh tú	baileoidh sibh	ADJECTIVE	
baileoidh sé	baileoidh siad		
baileoidh sí			

AUTON	baileofar

CEANNAIGH

| SING | PLURAL | SING | PLURAL |

IMPERATIVE

ceannaím	ceannaímis
ceannaigh	ceannaígí
ceannaíodh sé	ceannaídís
ceannaíodh sí	

| AUTON | ceannaítear |

CONDITIONAL

cheannóinn	cheannóimis
cheannófá	cheannódh sibh
cheannódh sé	cheannóidís
cheannódh sí	

| AUTON | cheannófaí |

PRESENT

ceannaím	ceannaímid
ceannaíonn tú	ceannaíonn sibh
ceannaíonn sé	ceannaíonn siad
ceannaíonn sí	

| AUTON | ceannaítear |

PAST HABITUAL

cheannaínn	cheannaímis
cheannaíteá	cheannaíodh sibh
cheannaíodh sé	cheannaídís
cheannaíodh sí	

| AUTON | cheannaítí |

PAST

cheannaigh mé	cheannaíomar
cheannaigh tú	cheannaigh sibh
cheannaigh sé	cheannaigh siad
cheannaigh sí	

| AUTON | ceannaíodh |

PRESENT SUBJUNCTIVE

ceannaí mé	ceannaímid
ceannaí tú	ceannaí sibh
ceannaí sé	ceannaí siad
ceannaí sí	

| AUTON | ceannaítear |

FUTURE

ceannóidh mé	ceannóimid
ceannóidh tú	ceannóidh sibh
ceannóidh sé	ceannóidh siad
ceannóidh sí	

| AUTON | ceannófar |

VERBAL NOUN ceannach

VERBAL ADJECTIVE ceannaithe

COSAIN

| SING | PLURAL | SING | PLURAL |

IMPERATIVE

SING	PLURAL
cosnaím	cosnaímis
cosain	cosnaígí
cosnaíodh sé	cosnaídís
cosnaíodh sí	

| AUTON | cosnaítear |

CONDITIONAL

SING	PLURAL
chosnóinn	chosnóimis
chosnófá	chosnódh sibh
chosnódh sé	chosnóidís
chosnódh sí	

| AUTON | chosnófaí |

PRESENT

SING	PLURAL
cosnaím	cosnaímid
cosnaíonn tú	cosnaíonn sibh
cosnaíonn sé	cosnaíonn siad
cosnaíonn sí	

| AUTON | cosnaítear |

PAST HABITUAL

SING	PLURAL
chosnaínn	chosnaímís
chosnaíteá	chosnaíodh sibh
chosnaíodh sé	chosnaídís
chosnaíodh sí	

| AUTON | chosnaítí |

PAST

SING	PLURAL
chosain mé	chosnaíomar
chosain tú	chosain sibh
chosain sé	chosain siad
chosain sí	

| AUTON | cosnaíodh |

PRESENT SUBJUNCTIVE

SING	PLURAL
cosnaí mé	cosnaímid
cosnaí tú	cosnaí sibh
cosnaí sé	cosnaí siad
cosnaí sí	

| AUTON | cosnaítear |

FUTURE

SING	PLURAL
cosnóidh mé	cosnóimid
cosnóidh tú	cosnóidh sibh
cosnóidh sé	cosnóidh siad
cosnóidh sí	

| AUTON | cosnófar |

VERBAL NOUN cosaint

VERBAL ADJECTIVE cosanta

IMIR

| SING | PLURAL | | SING | PLURAL |

IMPERATIVE

SING	PLURAL
imrím	imrímis
imir	imrígí
imríodh sé	imrídís
imríodh sí	

| AUTON | imrítear |

PRESENT

SING	PLURAL
imrím	imrímid
imríonn tú	imríonn sibh
imríonn sé	imríonn siad
imríonn sí	

| AUTON | imrítear |

PAST

SING	PLURAL
d'imir mé	d'imríomar
d'imir tú	d'imir sibh
d'imir sé	d'imir siad
d'imir sí	

| AUTON | imríodh |

FUTURE

SING	PLURAL
imreoidh mé	imreoimid
imreoidh tú	imreoidh sibh
imreoidh sé	imreoidh siad
imreoidh sí	

| AUTON | imreofar |

CONDITIONAL

SING	PLURAL
d'imreoinn	d'imreoimis
d'imreofá	d'imreodh sibh
d'imreodh sé	d'imreoidís
d'imreodh sí	

| AUTON | d'imreofaí |

PAST HABITUAL

SING	PLURAL
d'imrínn	d'imrímis
d'imríteá	d'imríodh sibh
d'imríodh sé	d'imrídís
d'imríodh sí	

| AUTON | d'imrítí |

PRESENT SUBJUNCTIVE

SING	PLURAL
imrí mé	imrímid
imrí tú	imrí sibh
imrí sé	imrí siad
imrí sí	

| AUTON | imrítear |

VERBAL NOUN imirt

VERBAL ADJECTIVE imeartha

IRREGULAR VERBS   BRIATHRA MÍRIALTA
ABAIR

| SING | PLURAL | SING | PLURAL |

IMPERATIVE

		CONDITIONAL	
abraim	abraimis	déarfainn	déarfaimis
abair	abraigí	déarfá	déarfadh sibh
abradh sé	abraidís	déarfadh sé	déarfaidís
abradh sí		déarfadh sí	

| AUTON | abairtear | AUTON | déarfaí |

PRESENT

		PAST HABITUAL	
deirim	deirimid	deirinn	deirimis
deir tú	deir sibh	deirteá	deireadh sibh
deir sé	deir siad	deireadh sé	deiridís
deir sí		deireadh sí	

| AUTON | deirtear | AUTON | deirtí |

PAST

		PRESENT SUBJUNCTIVE	
dúirt mé	dúramar	deire mé	deirimid
dúirt tú	dúirt sibh	deire tú	deire sibh
dúirt sé	dúirt siad	deire sé	deire siad
dúirt sí		deire sí	

| AUTON | dúradh | AUTON | deirtear |

FUTURE

		VERBAL NOUN	rá
déarfaidh mé	déarfaimid		
déarfaidh tú	déarfaidh sibh	VERBAL ADJECTIVE	ráite
déarfaidh sé	déarfaidh siad		
déarfaidh sí			

| AUTON | déarfar |

BEIR

SING	PLURAL	SING	PLURAL

IMPERATIVE

SING	PLURAL
beirim	beirimis
beir	beirigí
beireadh sé	beiridís
beireadh sí	

AUTON	beirtear

CONDITIONAL

SING	PLURAL
bhéarfainn	bhéarfaimis
bhéarfá	bhéarfadh sibh
bhéarfadh sé	bhéarfaidís
bhéarfadh sí	

AUTON	bhéarfaí

PRESENT

SING	PLURAL
beirim	beirimid
beireann tú	beireann sibh
beireann sé	beireann siad
beireann sí	

AUTON	beirtear

PAST HABITUAL

SING	PLURAL
bheirinn	bheirimis
bheirteá	bheireadh sibh
bheireadh sé	bheiridís
bheireadh sí	

AUTON	bheirtí

PAST

SING	PLURAL
rug mé	rugamar
rug tú	rug sibh
rug sé	rug siad
rug sí	

AUTON	rugadh

PRESENT SUBJUNCTIVE

SING	PLURAL
beire mé	beirimid
beire tú	beire sibh
beire sé	beire siad
beire sí	

AUTON	beirtear

FUTURE

SING	PLURAL
béarfaidh mé	béarfaimid
béarfaidh tú	béarfaidh sibh
béarfaidh sé	béarfaidh siad
béarfaidh sí	

AUTON	béarfar

VERBAL NOUN	breith
VERBAL ADJECTIVE	beirthe

CLUIN/CLOIS (irregular in past only)

PAST

SING	PLURAL
chuala mé	chualamar
chuala tú	chuala sibh
chuala sé	chuala siad
chuala sí	

AUTON	chualathas

VERBAL NOUN OF CLUIN	cluinstin
VERBAL NOUN OF CLOIS	cloisteáil
VERBAL ADJECTIVE OF CLUIN	cluinte
VERBAL ADJECTIVE OF CLOIS	cloiste

DÉAN

| SING | PLURAL | | SING | PLURAL |

IMPERATIVE

déanaim	déanaimis		
déan	déanaigí		
déanadh sé	déanaidís		
déanadh sí			

| AUTON | déantar |

PRESENT

déanaim	déanaimid
déanann tú	déanann sibh
déanann sé	déanann siad
déanann sí	

| AUTON | déantar |

PAST (INDEPENDENT)

rinne mé	rinneamar
rinne tú	rinne sibh
rinne sé	rinne siad
rinne sí	

| AUTON | rinneadh |

PAST (DEPENDENT)

ní dhearna mé	ní dhearnamar
go ndearna mé	go ndearnamar
ní dhearna tú	ní dhearna sibh
go ndearna tú	go ndearna sibh
ní dhearna sé	ní dhearna siad
go ndearna sé	go ndearna siad
ní dhearna sí	
go ndearna sí	

| AUTON | ní dhearnadh |
| | go ndearnadh |

FUTURE

déanfaidh mé	déanfaimid
déanfaidh tú	déanfaidh sibh
déanfaidh sé	déanfaidh siad
déanfaidh sí	

| AUTON | déanfar |

CONDITIONAL

dhéanfainn	dhéanfaimis
dhéanfá	dhéanfadh sibh
dhéanfadh sé	dhéanfaidís
dhéanfadh sí	

| AUTON | dhéanfaí |

PAST HABITUAL

dhéanainn	dhéanaimis
dhéantá	dhéanadh sibh
dhéanadh sé	dhéanaidís
dhéanadh sí	

| AUTON | dhéantaí |

PRESENT SUBJUNCTIVE

déana mé	déanaimid
déana tú	déana sibh
déana sé	déana siad
déana sí	

| AUTON | déantar |

| VERBAL NOUN | déanamh |
| VERBAL ADJECTIVE | déanta |

FAIGH

SING	PLURAL	SING	PLURAL

IMPERATIVE

		CONDITIONAL (INDEPENDENT)	
faighim	faighimis	gheobhainn	gheobhaimis
faigh	faighigí	gheofá	gheobhadh sibh
faigheadh sé	faighidís	gheobhadh sé	gheobhaidís
faigheadh sí		gheobhadh sí	
AUTON	faightear	AUTON	gheofaí

PRESENT

		CONDITIONAL (DEPENDENT)	
faighim	faighimid	ní bhfaighinn	ní bhfaighimis
faigheann tú	faigheann sibh	ní bhfaighfeá	ní bhfaigheadh sibh
faigheann sé	faigheann siad	ní bhfaigheadh sé	ní bhfaighidís
faigheann sí		ní bhfaigheadh sí	
AUTON	faightear	AUTON	ní bhfaighfí

PAST

		PAST HABITUAL	
fuair mé	fuaireamar	d'fhaighinn	d'fhaighimis
fuair tú	fuair sibh	d'fhaighteá	d'fhaigheadh sibh
fuair sé	fuair siad	d'fhaigheadh sé	d'fhaighidís
fuair sí		d'fhaigheadh sí	
AUTON	fuarthas	AUTON	d'fhaightí

FUTURE (INDEPENDENT)

		PRESENT SUBJUNCTIVE	
gheobhaidh mé	gheobhaimid	faighe mé	faighimid
gheobhaidh tú	gheobhaidh siad	faighe tú	faighe sibh
gheobhaidh sé	gheobhaidh siad	faighe sé	faighe siad
gheobhaidh sí		faighe sí	
AUTON	gheofar	AUTON	faightear

FUTURE (DEPENDENT)

ní bhfaighidh mé	ní bhfaighimid	**VERBAL NOUN**	fáil
ní bhfaighidh tú	ní bhfaighidh sibh	**VERBAL**	
ní bhfaighidh sé	ní bhfaighidh siad	**ADJECTIVE**	faighte
ní bhfaighidh sí			
AUTON	ní bhfaighfear		

FEIC

| SING | PLURAL | | SING | PLURAL |

IMPERATIVE

			CONDITIONAL	
feicim	feicimis		d'fheicfinn	d'fheicfimis
feic	feicigí		d'fheicfeá	d'fheicfeadh sibh
feiceadh sé	feicidís		d'fheicfeadh sé	d'fheicfidís
feiceadh sí			d'fheicfeadh sí	

| AUTON | feictear | | AUTON | d'fheicfí |

PRESENT

			PAST HABITUAL	
feicim	feicimid		d'fheicinn	d'fheicimis
feiceann tú	feiceann sibh		d'fheicteá	d'fheiceadh sibh
feiceann sé	feiceann siad		d'fheiceadh sé	d'fheicidís
feiceann sí			d'fheiceadh sí	

| AUTON | feictear | | AUTON | d'fheictí |

PAST (INDEPENDENT)

			PRESENT SUBJUNCTIVE	
chonaic mé	chonaiceamar		feice mé	feicimid
chonaic tú	chonaic sibh		feice tú	feice sibh
chonaic sé	chonaic siad		feice sé	feice siad
chonaic sí			feice sí	

| AUTON | chonacthas | | AUTON | feictear |

PAST (DEPENDENT)

			VERBAL NOUN	feiceáil
ní fhaca mé	ní fhacamar		VERBAL ADJECTIVE	feicthe
ní fhaca tú	ní fhaca sibh			
ní fhaca sé	ní fhaca siad			
ní fhaca sí				

| AUTON | ní fhacthas |

FUTURE

feicfidh mé	feicimid
feicfidh tú	feicfidh sibh
feicfidh sé	feicfidh siad
feicfidh sí	

| AUTON | feicfear |

ITH

| SING | PLURAL | SING | PLURAL |

IMPERATIVE

ithim	ithimis
ith	ithigí
itheadh sé	ithidís
itheadh sí	

| AUTON | itear |

PRESENT

ithim	ithimid
itheann tú	itheann sibh
itheann sé	itheann siad
itheann sí	

| AUTON | itear |

PAST

d'ith mé	d'itheamar
d'ith tú	d'ith sibh
d'ith sé	d'ith siad
d'ith siad	

| AUTON | itheadh |

FUTURE

íosfaidh mé	íosfaimid
íosfaidh tú	íosfaidh sibh
íosfaidh sé	íosfaidh siad
íosfaidh sí	

| AUTON | íosfar |

CONDITIONAL

d'íosfainn	d'íosfaimis
d'íosfá	d'íosfadh sibh
d'íosfadh sé	d'íosfaidís
d'íosfadh sí	

| AUTON | d'íosfaí |

PAST HABITUAL

d'ithinn	d'ithimis
d'iteá	d'itheadh sibh
d'itheadh sé	d'ithidís
d'itheadh sí	

| AUTON | d'ití |

PRESENT SUBJUNCTIVE

ithe mé	ithimid
ithe tú	ithe sibh
ithe sé	ithe siad
ithe sí	

| AUTON | itear |

| VERBAL NOUN | ithe |

| VERBAL ADJECTIVE | ite |

TABHAIR

| SING | PLURAL | SING | PLURAL |

IMPERATIVE

		CONDITIONAL	
tugaim	tugaimis	thabharfainn	thabharfaimis
tabhair	tugaigí	thabharfá	thabharfadh sibh
tugadh sé	tugaidís	thabharfadh sé	thabharfaidís
tugadh sí		thabharfadh sí	

| AUTON | tugtar | AUTON | thabharfaí |

PRESENT

		PAST HABITUAL	
tugaim	tugaimid	thugainn	thugaimis
tugann tú	tugann sibh	thugtá	thugadh sibh
tugann sé	tugann siad	thugadh sé	thugaidís
tugann sí		thugadh sí	

| AUTON | tugtar | AUTON | thugtaí |

PAST

		PRESENT SUBJUNCTIVE	
thug mé	thugamar	tuga mé	tugaimid
thug tú	thug sibh	tuga tú	tuga sibh
thug sé	thug siad	tuga sé	tuga siad
thug sí		tuga sí	

| AUTON | tugadh | AUTON | tugtar |

FUTURE

		VERBAL NOUN	tabhairt
tabharfaidh mé	tabharfaimid	**VERBAL**	
tabharfaidh tú	tabharfaidh sibh	**ADJECTIVE**	tugtha
tabharfaidh sé	tabharfaidh siad		
tabharfaidh sí			

| AUTON | tabharfar |

TAR

| SING | PLURAL | | SING | PLURAL |

IMPERATIVE

		CONDITIONAL	
tagaim	tagaimis	thiocfainn	thiocfaimis
tar	tagaigí	thiocfá	thiocfadh sibh
tagadh sé	tagaidís	thiocfadh sé	thiocfaidís
tagadh sí		thiocfadh sí	

| AUTON | tagtar | AUTON | thiocfaí |

PRESENT

		PAST HABITUAL	
tagaim	tagaimid	thagainn	thagaimis
tagann tú	tagann sibh	thagtá	thagadh sibh
tagann sé	tagann siad	thagadh sé	thagaidís
tagann sí		thagadh sí	

| AUTON | tagtar | AUTON | thagtaí |

PAST

		PRESENT SUBJUNCTIVE	
tháinig mé	thángamar	taga mé	tagaimid
tháinig tú	tháinig sibh	taga tú	taga sibh
tháinig sé	tháinig siad	taga sé	taga siad
tháinig sí		taga sí	

| AUTON | thángthas | AUTON | tagtar |

FUTURE

		VERBAL NOUN	teacht
tiocfaidh mé	tiocfaimid	**VERBAL ADJECTIVE**	tagtha
tiocfaidh tú	tiocfaidh sibh		
tiocfaidh sé	tiocfaidh siad		
tiocfaidh sí			

| AUTON | tiocfar |

TÉIGH

SING	PLURAL	SING	PLURAL

IMPERATIVE

SING	PLURAL
téim	téimis
téigh	téigí
téadh sé	téidís
téadh sí	

AUTON	téitear

FUTURE

SING	PLURAL
rachaidh mé	rachaimid
rachaidh tú	rachaidh sibh
rachaidh sé	rachaidh siad
rachaidh sí	

AUTON	rachfar

PRESENT

SING	PLURAL
téim	téimid
téann tú	téann sibh
téann sé	téann siad
téann sí	

AUTON	téitear

CONDITIONAL

SING	PLURAL
rachainn	rachaimis
rachfá	rachadh sibh
rachadh sé	rachaidís
rachadh sí	

AUTON	rachfaí

PAST (INDEPENDENT)

SING	PLURAL
chuaigh mé	chuamar
chuaigh tú	chuaigh sibh
chuaigh sé	chuaigh siad
chuaigh sí	

AUTON	chuathas

PAST HABITUAL

SING	PLURAL
théinn	théimis
théiteá	théadh sibh
théadh sé	théidís
théadh sí	

AUTON	théití

PAST (DEPENDENT)

SING	PLURAL
ní dheachaigh mé	ní dheachamar
go ndeachaigh mé	go ndeachamar
ní dheachaigh tú	ní dheachaigh sibh
go ndeachaigh tú	go ndeachaigh sibh
ní dheachaigh sé	ní dheachaigh siad
go ndeachaigh sé	go ndeachaigh siad
ní dheachaigh sí	
go ndeachaigh sí	

AUTON	ní dheachthas

PRESENT SUBJUNCTIVE

SING	PLURAL
té mé	téimid
té tú	té sibh
té sé	té siad
té sí	

AUTON	téitear

VERBAL NOUN	dul

VERBAL ADJECTIVE	dulta

BÍ

| SING | PLURAL | SING | PLURAL |

IMPERATIVE

SING	PLURAL
bím	bímis
bí	bígí
bíodh sé	bídís
bíodh sí	

| AUTON | bítear |

PAST (DEPENDENT) (ní/ an/ go)

SING	PLURAL
raibh mé	rabhamar
raibh tú	raibh sibh
raibh sé	raibh siad
raibh sí	

| AUTON | rabhthas |

PRESENT (INDEPENDENT)

SING	PLURAL
táim (tá mé)	táimid
tá tú	tá sibh
tá sé	tá siad
tá sí	

| AUTON | táthar |

FUTURE

SING	PLURAL
beidh mé	beimid
beidh tú	beidh sibh
beidh sé	beidh siad
beidh sí	

| AUTON | beifear |

PRESENT (DEPENDENT)

SING	PLURAL
nílim (níl mé)	nílimid
go bhfuil mé	go bhfuilimid
níl tú	níl sibh
go bhfuil tú	go bhfuil sibh
níl sé	níl siad
go bhfuil sé	go bhfuil siad
níl sí	
go bhfuil sí	

| AUTON | níltear |
| | go bhfuiltear |

CONDITIONAL

SING	PLURAL
bheinn	bheimis
bheifeá	bheadh sibh
bheadh sé	bheidís
bhfeadh sí	

| AUTON | bheifí |

PRESENT HABITUAL

SING	PLURAL
bím	bímid
bíonn tú	bíonn sibh
bíonn sé	bíonn siad
bíonn sí	

| AUTON | bítear |

PRESENT SUBJUNCTIVE

SING	PLURAL
raibh mé	rabhaimid
raibh tú	raibh sibh
raibh sé	raibh siad
raibh sí	

| AUTON | rabhthar |

PAST (INDEPENDENT)

SING	PLURAL
bhí mé	bhíomar
bhí tú	bhí sibh
bhí sé	bhí siad
bhí sí	

| AUTON | bhíothas |

VERBAL NOUN bheith

VERBAL OF NECESSITY beite

THE COPULA   AN CHOPAIL

PRESENT/FUTURE (no lenition)

	POSITIVE	NEGATIVE
INDEPENDENT	is	ní
DEPENDENT	gur(b)	nach
INTERR	an?	nach?
RELATIVE DIRECT	is	nach
INDIRECT	ar(b)	nach

FORMS COMBINED WITH THE COPULA

cé: cé(rb)	cá: cár(b)	cha(=ní): chan	sula: sular(b)
ó:ós	má: más	mura: mura(b)	de/do: dar(b)
faoi: faoinar(b)	i: inar(b)	le: lenar(b)	ó: ónar(b)
trí: trínar(b)			

PAST/CONDITIONAL (followed by lenition)

	POSITIVE	NEGATIVE
INDEPENDENT	ba/b'	níor(bh)
DEPENDENT	gur(bh)	nár(bh)
INTERR	ar(bh)?	nár(bh)?
RELATIVE DIRECT	ba/ab	nár(bh)
INDIRECT	ar(bh)	nár(bh)

FORMS COMBINED WITH THE COPULA

cé: cér(bh)	cá: cár(bh)	cha: char(bh)	sula: sular(bh)
ó: ó ba	má: má ba	dá: dá mba	mura: murar(bh)
de/do: dar(bh)	faoi: faoinar(bh)	i: inar(bh)	le: lenar(bh)
ó: ónar(bh)	trína: trínar(bh)		

PRESENT SUBJUNCTIVE (no lenition)

POSITIVE **gura(b)**
NEGATIVE **nára(b)**

a

A *nm4 (Mus)* A

a¹ *voc part*: **a Sheáin, a chara** Dear John

a² *part (with nums)*: **a haon, a dó, a trí** one, two, three

a³ *prep (in vn phrase)*: **fear a fheiceáil** to see a man

a⁴ *poss adj* his; her; its; their; **a bhagáiste** his luggage; **a bagáiste** her luggage; **a mbagáiste** their luggage; **a athair** his father; **a hathair** her father; **a n-athair** their father

a⁵ *rel part (lenites in dir rels, except past autonomous; is followed by independent form of verb)* **1**: **an bord atá sa choirnéal** the table which is in the corner; **an bhean a thagann liom gach lá** the woman who comes with me every day; **an fear a chaill a chóta** the man who lost his coat; **an fhoireann a imreoidh Dé Sathairn** the team which will play on Saturday; **an fear a cheannóidh an teach** the man who is going to buy the house **2** *(eclipses in indir rels and adds* **n-** *to vowel; is followed by dependent form of verb)*: **an bord a bhfuil leabhar air** the table on which there is a book; **an bhean a dtagaim léi gach lá** the woman whom I come with every day; **an fear a bhfuil a chóta caillte** the man whose coat has been lost; **an fhoireann a n-imreoidh mé leo Dé Sathairn** the team I'm going to play with on Saturday; **an fear a gceannóidh mé an teach uaidh** the man from whom I am going to buy the house ▷ *rel pron (eclipses)*: **sin a bhfuil agam** that's all I have

a⁶ *part (with abstract noun)* how; **a fheabhas atá sé** how good it is

á¹ *poss adj (as object of vn)* him; her; it; them; **á bualadh** hitting her; **á bhualadh** hitting him; **á mbualadh** hitting them

á² *excl* ah

ab¹ *nm3* abbot

ab² *see* **is**

abair *(vn* **rá***, vadj* **ráite***, pres* **deir***, past* **dúirt***, fut* **déarfaidh***) vt, vi* say; speak; sing; **~ le** tell; **~ sin** you can say that again

abairt *nf2* sentence

ábalta *adj* able, capable; able-bodied; **bheith ~ (ar) rud a dhéanamh** to be able to do sth

ábaltacht *nf3* ability

abar *nm1* soft boggy ground; **dul in ~** to get into difficulties

abhac *nm1* dwarf

abhaile *adv* home(wards); **rud a chur ~ ar dhuine** to impress sth on sb

abhainn (*gs* **abhann**, *pl* **aibhneacha**) *nf* river

ábhalmhór *adj* enormous, gigantic

abhann *n gen as adj* river; *see also* **abhainn**

ábhar *nm1* matter; material; cause; (*of book etc*) subject (matter), topic; (*Scol*) subject; (*Med*) pus; **ní bhaineann sé le h~** it is irrelevant; **~ sagairt** a student priest; **ar an ~ seo** for this reason; **~ imní** cause for concern; **~ a dhéanamh** (*wound*) to fester

ábhartha *adj* material; relevant

abhcóide *nm4* advocate, barrister

abhlann *nf2* (*Rel*) wafer, host

abhóg *nf2* leap, bound

abhras *nm1* handiwork; useful work; (*wool*) yarn

abhus *adv, adj* here; on this side; **~ anseo** over here; **thall agus ~** here and there

absalóideach *adj* (*Phil*) absolute

acadamh *nm1* academy; **A~ Ríoga na hÉireann** Royal Irish Academy

acadúil *adj* academic

acastóir *nm3* axle

EOCHAIRFHOCAL

ach¹ *conj* **1** (*when distinguishing between things*) but, but rather; **ní Tomás a bhí tinn ach Pádraig** it wasn't Thomas who was sick but Patrick

2 (*linking clauses*) but; however; **tá sé mór ach níl sé láidir** he's big but he's not strong

3 (*referring to time*) when; as soon as; **marófar thú ach tú dul**

abhaile you'll be killed when you get home

4 (*with* **go, gur**) except that; but for the fact that; **tá mé i gceart ach go bhfuil pian i mo cheann** I'm alright except that I have a headache; **ach go bhfaca mé féin é ní chreidfinn é** but for the fact that I saw it myself I wouldn't have believed it; **ach gur chailleamar uair an chloig** except that we lost an hour

5 (*with neg + vn*) but simply; just; **níor labhair sí focal ach imeacht léi** she didn't say a word but simply left; **ní dhearna siad ach dul ag gáire faoi** they just laughed at him; **ní dhéanann sé a dhath ach ithe agus codladh** he does nothing but eat and sleep

6 (*with vn*) if; provided that, as long as; **tiocfaidh sí ach tú glaoch uirthi** she'll come if you call her; **gheobhaidh tú suíochán ach teacht in am** you'll get a seat as long as you come in time

7 (*showing surprise, disagreement etc*): **ach níl ciall ar bith leis sin!** but that's ridiculous!

▷ *prep* **1** (*with neg*) only; apart from; nothing but; **níor tháinig ach Mícheál** only Michael came; **níl ann ach trioblóid** it's nothing but trouble

2 (*with forms of copula*) but for; **ach ab é tusa ní bheinn anseo ar chor ar bith** but for you I wouldn't be here at all; **ach gurb é an fuacht** but for the cold

▷ *adv* (*with neg*) just, only; **níl mé ach ag magadh** I'm only joking; **níl sé ach go lagmheasartha** it's just middling

ach² excl ugh

achainí (pl **achainíocha**) nf4 petition, request; plea

achainigh vt, vi: ~ **(ar dhuine)** implore (sb)

achar nm1 distance; duration; (Math) area

achasán nm1 insult; ~ **a thabhairt do dhuine** to reprimand sb

achoimre nf4 summary; synopsis; (news summary) roundup

achoimrigh vt summarize

achomair (gsf, pl, compar **achoimre**) adj concise, short; **go h~** neatly; in short

achomharc nm1, vt (Law) appeal

achrann nm1 strife; dispute; tangle, difficulty; **bheith in ~** to be entangled, be in difficulties; ~ **a réiteach** to solve a problem

achrannach adj (terrain) rugged; (person) quarrelsome; (problem) complicated, knotty, difficult

acht (pl **achtanna**) nm3 condition; (Law) act; **ar ~ go** on condition that

aclaí adj agile; fit; dexterous

aclaigh vt flex ▷ vi limber up

aclaíocht nf3 keep-fit, exercise

acmhainn nf2 capacity; potential; (money) resource, means; ~ **grinn** sense of humour; ~ **fuaicht a bheith agat** to be able to stand the cold; ~ **oibre a bheith agat** to have a capacity for hard work; **níl ~ agam air** I can't stand it; **é a bheith d'~ agat rud a cheannach** to be able to afford to buy sth

acmhainneach adj resilient; (boat) seaworthy; (rich) well-off

acra¹ nm4 acre

acra² nm4 utensil, tool

acu see **ag**

adamh nm1 atom

adamhach adj atomic; **buama/**

cumhacht ~ atomic bomb/power

adanóidí nfpl2 adenoids

ádh nm1 luck; fortune; **an t-~ a bheith ort** to be lucky or fortunate; ~ **mór ort!** good luck!; **le barr áidh** by mere chance

adhain (pres **adhnann**) vt, vi ignite; kindle

adhaint nf2 (Aut) ignition; (Med) inflammation

adhair (pres **adhrann**, vn **adhradh**) vt (Rel) worship; idolize

adhairt (pl **adhairteanna**) nf2 pillow

adhaltranas nm1 adultery

adharc nf2 horn; (Anat) erection; **in ~a a chéile** at loggerheads

adharcach adj (animal) horned; randy, horny

adharcáil vt gore

adhartha see **adhradh**

adhlacadh (gs **adhlactha**, pl **adhlacthaí**) nm burial

adhlacóir nm3 undertaker

adhlaic (pres **adhlacann**) vt bury

adhmad nm1 wood; timber; **déanta as ~** made of wood; ~ **a bhaint as rud** to make sense of sth

adhmadóireacht nf3 woodwork

adhmaid n gen as adj wooden; see also **adhmad**

adhnann see **adhain**

adhnua nm4: ~ **a dhéanamh de dhuine** to make a fuss of sb

adhradh (gs **adhartha**) nm worship; see also **adhair**

ádhúil adj lucky; fortunate

admhaigh vt, vi acknowledge; confess, admit; (at customs etc) declare

admháil nf3 admission; acknowledgement; (for parcel etc) receipt; **admhálacha** (in book etc) acknowledgements

aduaidh adv, prep, adj (from the) north; northerly; **an ghaoth ~** the north wind

aduain adj eerie, creepy; strange

ae (pl **aenna**) nm4 liver

aeistéitiúil adj aesthetic

aer nm (also Mus) air; **~ úr** fresh air; **faoin ~** outdoors

aer- prefix aerial, air-

aerach adj carefree; light-hearted; frivolous; (homosexual) gay

aeráid nf2 climate

aeráil nf3 airing; ventilation ▷ vt (room etc) air; ventilate

aerálaí nm4 ventilator

aerárthach (pl **aerárthaí**) nm1 aircraft

aerasól nm1 aerosol

aerdhíonach adj airtight

aerfhórsa nm4 air force

aerfort nm1 airport

aerga adj aerial; ethereal

aerline nf4 airline

aerobach adj airtight

aeróbaíocht nf3 aerobics

aeróg nf2 aerial

aeroiriúnaithe adj air-conditioned

aeroiriúnú nm air conditioning

aeróstach nm1 flight attendant, air hostess

aerphíobán nm1 snorkel

aerphost nm1 airmail

aer-ruathar nm air raid

Aetóip nf2: **an ~** Ethiopia

áfach adv however

Afracach adj, nm1 African; **~ Theas** South African

Afraic nf2: **an ~** Africa; **an ~ Theas** South Africa

EOCHAIRFHOCAL

ag (prep prons = **agam, agat, aige, aici, againn, agaibh, acu**) prep

1 (position) at; **ag baile** at home; **ag an scoil** at school

2 (time) at; **ag a trí a chlog** at three o'clock; **ag an Nollaig** at Christmas

3 (symbol @) at

4 (plus vn indicating activity) engaged in; **ag obair** working; **ag caint** talking

5 (possession): **tá deich euro agam** I have ten euros; **níl ciall ar bith aici** she has no sense; **an teach s'againne** our house

6 (with parts of the body): **tá súile gorma ag Caitríona** Catherine has blue eyes; **tá fiacla geala aici** she has shiny teeth

7 (capability) be able to, can; **tá tiomáint ag Deirdre** Deirdre is able to drive; **tá snámh ag Sinéad** Sinéad can swim

8 (knowledge) know; **tá Fraincis agam** I can speak French; **níl an t-amhrán sin agam** I don't know that song; **níl aithne agam air** I don't know him

9 (expressing feelings etc): **tá cion/fuath agam air** I like/hate him; **tá grá/trua agam di** I love/pity her

10 (obligation) have to, must; **tá agam leis an dinnéar a dhéanamh réidh** I have to make the dinner; **níl agat ach iarraidh a thabhairt air** all you have to do is try

11 (expressing advantage over) be owed: **tá cúig euro agam air** he owes me five euros; **tá dhá orlach agam ar Bhríd** I'm two inches taller than Brigit; **tá bliain agam ar Áine** I'm a year older than Ann

12 (referring to agent) by; **dóite ag an ngrian** burned by the sun; **tá sé déanta agam** I have done it; **tá**

mé cloíte caite agaibh you have me exhausted

13 (one of a number) of; **gach duine acu** every one of them

aga nm4 period, interval; **~ rochtana** (Comput) access time

agair (pres **agraíonn**) vt plead; entreat; avenge; (Law) sue

agall nf2 (Ling) exclamation; argument

agallaí nm4 interviewee

agallamh nm1 interview

agallóir nm3 interviewer

agam, agat see **ag**

aghaidh (pl **aghaidheanna**) nf2 face; front; aspect; **las sí san ~** she blushed; **ar ~ libh!** go on!; **cur in ~ duine** to oppose sb; **~ ar ~** face to face; **in ~ + gen** against, per; **ar ~ + gen** facing; **le h~ + gen** for; **in ~ na bliana** per annum; **dul ar ~ (le)** to proceed (with); **3 chúl in ~ a 2** 3 goals to 2; **~ a thabhairt ar rud** to face (up to) sth

agó nm4 condition; doubt; **gan aon ~** no question

agóid nf2 protest; objection; **~ a dhéanamh (in aghaidh + gen)** to protest (against)

agóideoir nm3 protester; objector

agra nm4 (Law) suit

agraíonn see **agair**

agúid nf2 acute (accent)

aguisín nm4 (in book) appendix

○ **EOCHAIRFHOCAL**

agus conj (sometimes written is)
1 (linking) and; **tá Seán agus Áine ag an doras** John and Ann are at the door; **tháinig sé isteach agus shuigh sé síos** he came in and sat down

2 (referring to time) when; as; **chonaic mé é agus mé ag teacht abhaile** I saw him as I was coming home; **ba shona a saol agus í ina cailín óg** she was happy when she was young

3 (referring to manner, way): **bhí sé ina sheasamh ansin agus a dhroim leis an mballa** he stood there with his back to the wall; **bhí sí ina suí ar stól agus í ag cniotáil** she was sitting on a stool knitting; **tháinig mé abhaile agus mé tuirseach cloíte** I came home exhausted

4 (in conditional clauses) even if, even though; **ní dhéanfainn é agus míle euro a fháil i mo dhorn** I wouldn't do it even if I got a thousand euros in my hand; **ina sheanduine agus mar atá sé** even though he is an old man

5 (taking into account) considering, since, when; **ní hiontas ar bith é agus gur tusa a athair** it's no wonder considering you're his father; **níor chóir duit bagairt air agus chomh maith agus a d'oibrigh sé** you shouldn't scold him when he has worked so well

6 (with amhail) as if; **bhí sé ag caint amhail agus dá mbíodh sé ólta** he was talking as if he were drunk; **bhí drochdhath uirthi amhail is dá mbeadh sí tinn** she was pale as if she were sick

7 (with chomh, ar mhéad) so that; **bhí an ghaoth chomh láidir agus nach raibh sé in ann siúl** the wind was so strong that he couldn't walk; **ní thiocfadh leis siúl ar mhéad is a bhí sé tuirseach** he was so tired that he couldn't walk

8 (directly following verb: moreover)

also, as well; **tá tuirse orm — tá agus ormsa** I'm tired — so am I; **bhí Seán ann, bhí agus Tomás** John was there, and so was Thomas **9** (in phrases): **a fhad agus** as long as; **a luaithe agus** as soon as; **breis agus** more than; **tuairim agus** about

agús nm1 qualification; reservation

áibhéalach adj (story, claim) exaggerated; (person) given to exaggeration

áibhéil nf2 exaggeration; **~ a dhéanamh (ar)** to exaggerate

aibhinne nm4 avenue

aibhleoga nfpl2 embers

aibhneacha see **abhainn**

aibhsigh vt highlight

aibí adj mature; (fruit) ripe; clever; **mac léinn ~** mature student

aibíd (pl **aibídeacha**) nf2 (Rel) habit

aibigh vt, vi mature, ripen

aibítir (gs **aibítre**, pl **aibítrí**) nf2 alphabet; **in ord aibítre** in alphabetical order

Aibreán nm1 April

aibreog nf2 apricot

aice nf4 nearness; **in ~ + gen** near; **tá sé in ~ láimhe** it's near to hand; **go díreach in ~ le** immediately next to; **an teach in ~ leis an scoil** the house by the school; **as a ~** out of his reach

aiceann nm (Ling, Mus, Typ) accent

aiceanta adj natural

aicearra nm4 shortcut; **~ a ghearradh/dhéanamh/ghabháil** to take a shortcut

aici see **ag**

aicíd nf2 disease

aicme nf4 (of society) group, class; (Math) denomination

aicmigh vt classify

aicne nf4 acne

aicsean nm action

Aidbhint nf2: **an ~** Advent

aidhleanna npl oilskins

aidhm (pl **aidhmeanna**) nf2 aim, purpose

aidiacht nf3 adjective

aidréanailín nm4 adrenaline

Aidriad adj: **Muir ~** Adriatic Sea

aiféala nm4 regret; shame; **beidh ~ ort faoi** you'll regret it

aiféalach adj sorry; shameful

aiféaltas nm embarrassment; **~ a chur ar dhuine** to shame or embarrass sb

aiféiseach adj ridiculous, ludicrous, absurd

aifir (pres **aifríonn**) vt rebuke; punish; **nár aifrí Dia orm é** God forgive me

Aifreann nm (Rel) Mass; **an t~ éisteacht** to attend Mass

aige see **ag**

aigéad nm acid

aigéadach adj acid(ic)

aigéadacht nf3 acidity

aigéan nm ocean; **an t~ Antartach** the Antarctic Ocean; **an t~ Artach** the Arctic Ocean; **an t~ Atlantach** the Atlantic Ocean; **an t~ Ciúin** the Pacific (Ocean)

aigeanta adj spirited; cheerful

aigeantach adj cheerful; lively; **sa chéill is aigeantaí (ag)** madly in love (with)

áigh excl ouch

aighneas nm dispute, argument

aigne nf4 mind; disposition; spirit; **cad é atá ar d'~?** what's on your mind?; **bheith lán d'~** to be full of life; **~ a chur i nduine** to cheer sb up

áil n: **cad ab ~ leat?** what would

you like?; **mar is ~ leat** as you wish

áiléar nm1 attic; (in theatre) gallery

ailgéabar nm1 algebra

Ailgéir nf2 **an ~** Algeria

ailibí (pl **ailibíonna**) nm4 alibi

ailigéadar nm1 alligator

ailínigh vt align

ailiúnas nm1 alimony

aill (pl **aillte**) nf2 cliff

áille nf4 beauty; see also **álainn**

áilleacht nf3 beauty

áilleagán nm1 toy; trinket; (inf: woman) bimbo; **~ intreach** merry-go-round

ailléirge nf4 allergy

ailléirgeach adj allergic

aillte see **aill**

ailp (pl **ailpeanna**) nf2 (of meat, bread) lump

ailse nf4 cancer; **~ chraicinn** skin cancer

ailseach adj cancerous

ailt nf2 ravine

áilteoir nm3 clown

ailtire nm4 architect

ailtireacht nf3 architecture

áiméar nm1 chance; opportunity; **an t~ a fhreastal** to seize the opportunity

aimhleas nm3 harm

aimhréidh adj entangled; confused; dishevelled ▷ nf2 tangle

aimhrialta adj irregular; anomalous

aimhrialtacht nf3 anomaly

aimiréal nm1 admiral

aimitis nf2 amethyst

aimléis nf2 despondency; **bheith in umar na h~e** to be down in the dumps

aimlithe adj wretched

aimliú nm (from rain) a drenching

aimnéise nf4 amnesia

aimpéar nm1 amp(ere)

aimplitheoir nm3 amplifier

aimrid adj sterile, barren

aimridigh vt sterilize

aimseartha adj temporal

aimsigh vt find; pinpoint; (oil etc) strike; (target etc) hit; (gun etc) aim

aimsir nf2 time; weather; (Ling) tense; **fear léite na h~e** the weather man; **caitheamh ~e** hobby, pastime; **an ~ chaite** the past tense

aimsitheoir nm3 marksman; (Tech) finder

aimsiú nm find; hit; aim; (of oil etc) strike

ainbhios (gs **ainbheasa**) nm3 ignorance

ainbhiosach adj ignorant

ainbhiosán nm1 ignoramus

aincheist nf2 quandary, predicament, dilemma

aindiachaí nm4 atheist

aineamh see **ainimh**

áineas nm3 pleasure, sport

ainéistéiseach adj, nm1 anaesthetic

ainéistéisí nm4 anaesthetist

aineolach adj ignorant; **bheith ~ ar** to be unaware of

aineolas nm1 ignorance; **bheith ar an ~** to be in the dark

aingeal nm1 angel

ainghléas nm1 (Tech) disorder; **~ innill** engine trouble; **in ~** out of order

ainghníomh (pl **ainghníomhartha**) nm1 atrocity

aingine nf4 angina

ainimh (gs, pl **ainimhe**, gpl **aineamh**) nf2 disfigurement

ainligh vt (car etc) manoeuvre; (delicate situation) handle

ainm (pl **ainmneacha**) nm4 name; first name; reputation; (Ling)

noun; **in ~ Dé!** for goodness sake!;
cén t~ atá ort? what's your
name?; **~ a thabhairt ar rud/
dhuine** to give sth/sb a name;
~ baiste Christian name;
~ briathartha verbal noun; **duine
gan ~** anonymous person
ainmfhocal *nm1* (Ling) noun
ainmheasartha *adj* excessive
ainmheasarthacht *nf3* excess
ainmhí *nm4* animal; beast
ainmhian *nf2* lust
ainmneach *adj, nm1* (Ling)
nominative
ainmnigh *vt* name; nominate
ainmnitheach *nm1* nominee
ainmniúchán *nm1* nomination
ainneoin *n*: **d'~ +** *gen* in spite of;
d'~ a dhíchill for all his efforts
ainneonach *adj* involuntary
ainnir (*pl* **ainnireacha**) *nf2*
beautiful young woman
ainnis *adj* mean; miserable
ainnise *nf4* misery; meanness
ainriail (*gs* **ainrialach**) *nf* anarchy,
disorder
ainrialaí *nm4* anarchist
ainrianta *adj* unruly; licentious
ainriochtach *adj* dilapidated
ainseabhaí *nm4* anchovy
ainseal *nm1* (*in phrase*): **dul chun
ainsil** to become chronic
ainsealach *adj* (*illness*) chronic
ainspianta *adj* grotesque; bizarre,
outrageous
aint *nf2* aunt
aintín *nf4* auntie, aunty
aintiún *nm1* anthem
aíonna *see* **aoi**
aipindic *nf2* (Anat) appendix
aipindicíteas *nm1* appendicitis
air *see* **ar¹**
airc *nf2* want; hunger
áirc *nf2* ark

aird¹ *nf2* attention; **tá ~ an phobail
air** it is the focus of public interest;
~ duine a tharraingt ar rud to
bring sth to sb's notice; **~ a
thabhairt (ar)** to pay attention
(to); **níl a dhath eile ar a ~**
he thinks of nothing else
aird² *nf2* direction; point of
compass; **as gach ~** from all
directions
airde *nf4* height; altitude; (*Mus*)
pitch; **ar cosa in ~** at a gallop;
20m ar ~ 20m high
airdeall *nm1* alertness; wariness;
bheith san ~ to be on the alert
airdeallach *adj* alert; cautious;
wary
aire¹ *nf4* care, attention; **~ a
thabhairt do rud** to take care of
sth, mind sth; **bheith ar d'~
(roimh)** to look out for); **A~!**
Danger!
aire² *nm4* (Pol) minister
aireach *adj* attentive, careful;
watchful, mindful
aireacht *nf3* (Pol) ministry
aireachtáil *nf3* perception; *see also*
airigh
aireagán *nm1* invention
aireagóir *nm3* inventor
áireamh *nm1* counting, calculation;
reckoning; **rud a chur san ~** to
take account of sth, include sth;
cáin san ~ inclusive of tax; *see also*
áirigh
áireamhán *nm1* calculator
airéine *nf4* arena
airgead (*gs, pl* **airgid**) *nm1* money,
cash; silver; **mo chuid airgid** my
money; **~ a íoc** to pay(in)
cash; **lucht an airgid** the rich; **~
póca** pocket money; **~ tirim**
(ready) cash; **~ reatha** currency
airgeadaíochta *n gen as adj*

monetary

airgeadaithe adj silver-plated

airgeadas nm1 finance; **an Roinn Airgeadais** the Treasury, the Treasury Department (US); **bliain airgeadais** financial year

airgeadóir nm3 cashier

airgeadra nm4 currency

airgeadúil adj silvery

airgid n gen as adj silver; see also **airgead**

Airgintín nf2: **an ~** Argentina

Airgintíneach adj, nm1 Argentinian

airgtheach adj inventive

airí[1] (pl **airíonna**) nm4 (Phys) property; (of sickness) symptom

airí[2] nf4 (merit) desert, just reward or punishment; **is maith an ~ ort é** it serves you right; you well deserve it

airigh (vn **aireachtáil**) vt sense; feel; hear; **duine a aireachtáil uait** to miss sb

áirigh (vn **áireamh**) vt count, calculate; work out; include

airíoch nm1 caretaker

airíonna see **airí**[1]

áirithe adj certain, particular ▷ nf4 certainty, surety; allotment; **seomra/tábla a chur in ~** to reserve or book a room/table; **méid ~** a certain amount; **daoine ~** certain people

airitheach adj perceptive

áiritheoir nm3 (Tech, Math) counter

áirithint nf2 reservation, booking

airneán nm1 visiting at night

airnéis nf2 property; cattle; lice

áirse nf4 arch

airteagal nm1 (of faith, law) article, tenet

airtríteas nm1 arthritis

ais[1] (pl **aiseanna**) nf2 axis

ais[2] nf2 (in adv phrases): **ar ~** back; again; **le h~ +** gen next to;

compared to; **an bealach ar ~** the way back; **droim ar ~** back to front; **scríobhfaidh mé ar ~ chugat** I will write back to you

ais[3] nf2: **ar ~ nó ar éigean** at all costs

ais- prefix back-

áis (pl **áiseanna**) nf2 facility; convenience; device; aid; **is mór an ~ é** it's very handy; **ar d'~** at your convenience; **~ éisteachta** hearing aid; **~eanna** amenities, facilities

aisbhreathnaitheach adj retrospective

aisce nf4 favour; gift; **(saor) in ~** free of charge; **turas in ~** a fruitless journey

aischothú nm (Biol) feedback

Áise nf4: **an ~** Asia

Áiseach adj, nm1 Asian; Asiatic

aiseag[1] nm1 vomit; (money etc) restitution; (Comm) return

aiséirí nm4 resurrection; resurgence

aiseolas nm1 (information) feedback

aisfháil nf3 retrieval

aisfhreagra nm4 retort; cheeky reply

aisfhuaimnigh vi reverberate

aisghabh vt (Comput) retrieve

aisghabháil nf3 (Comput) retrieval

aisghair vt repeal

aisghairm (pl **aisghairmeacha**) nf2 repeal

aisig (pres **aiseagann**, vn **aiseag**) vt vomit; (sth stolen) restore

aisíoc nm3 refund, repayment ▷ vt repay, reimburse

aisíocaíocht nf3 repayment

aisiompaigh vt, vi reverse; invert

aisiompú nm reversal; inversion

áisiúil adj helpful, useful, convenient

áisiúlacht nf3 convenience, handiness

aisling nf2 dream; vision

aispeist nf2 asbestos

aistarraingt nf (from bank) withdrawal

aiste nf4 (Liter, Scol) essay; quirk; pattern; ~ **bia** diet

aisteach adj bizarre, odd; outlandish, quaint, eccentric; ~ **go leor** oddly enough

aistear nm journey; trek; ~ **farraige** voyage

aisteoir nm3 actor; performer; ~ **breise** (Theat) extra

aisteoireacht nf3 (Theat etc) acting

aisti see **as**

aistreach adj (Ling) transitive

aistrigh vt, vi move (house); move about; transfer, shift; (population) transplant; translate

aistritheoir nm3 translator

aistriú nm (gen, also Sport) transfer; translation

aistriúchán nm translation

ait adj comic; odd, eccentric

áit (pl **áiteanna**) nf2 place; room; locality; **fuair sí an dara h~** she came (in) second; **in ~ +** gen instead of; ~ **ar bith** anywhere; (with neg) nowhere; **gach ~** everywhere; **tá ~ suí ann le haghaidh caoga** it seats 50; ~ **éigin** somewhere; **muintir na h~e** the locals; **bheith in ~ do charta** to be in a perilous situation; **in ~ na mbonn** immediately

aiteann nm1 furze, gorse, whin

aiteas nm1 fun, pleasure

áith (pl **áitheanna**) nf2 kiln

aitheanta see **aithne**

aitheantas nm1 recognition; identification; ~ **fháil** to gain recognition; **páipéir aitheantais** ID papers; **lucht aitheantais** acquaintances

aitheasc nm1 homily; speech

Aithin (gs **Aithne**) nf: **an ~** Athens

aithin (pres **aithníonn**, vn **aithint**) vt identify, recognize; foresee; realize; **glór duine a ~t** to recognize sb's voice; ~**t idir rudaí** to tell (the difference) between things

aithinne nf4 spark

aithint see **aithin**

aithis nf2 (scandal) disgrace; slur

aithiseach adj defamatory; denigratory

aithisigh vt slur

aithne[1] nf4 recognition; acquaintance; ~ **(shúl) a bheith agat ar dhuine** to know sb (to see); **duine a chur in ~** to introduce sb; **rud a chur as ~** to change sth beyond recognition; **lucht m'~ agus mo ghaoil** my kith and kin; **d'~ a ligean le duine** to introduce o.s. to sb

aithne[2] (pl **aitheanta**) nf4 commandment; **na Deich nA~** the Ten Commandments

aithnidiúil adj: ~ **(ar)** familiar (with)

aithníonn see **aithin**

aithreacha see **athair**

aithreachas nm1 regret; ~ **a bheith ort faoi rud** to regret sth

aithrí nf (Rel) penance; ~ **a dhéanamh (i)** to repent (of); **breithiúnas ~** (in confessional) penance

aithris nf2 imitation; (of poetry etc) recital ▷ vt (pres **aithrisíonn**) recite; relate; ~ **a dhéanamh ar dhuine** to imitate sb; **dán a ~** to recite a poem

aithriseoir nm3 mimic; reciter

aithriúil *adj* fatherly, paternal

áitigh *vt, vi* (premises) occupy; settle down; argue; **~ ar** persuade; **d'~ sé go ...** he argued that ...; **áitiú ar dhuine fanacht** to persuade sb to stay

áitiú *nm* occupation; argument; persuasion

áitiúil *adj* local

áitreabh *nm* domicile, abode; premises

áitreabhach *nm1* inhabitant; (Ling) locative

áitrigh *vt* inhabit

áitritheoir *nm3* inhabitant

ál (*pl* **álta**) *nm1* (of animals) litter, brood

ala *n:* **ar ~ na huaire** on the spur of the moment

áladh *nm1* lunge; grab; snap; **~ a thabhairt ar rud** to lunge or grab at sth

álainn (*gsf, pl, compar* **áille**) *adj* beautiful, gorgeous

aláram *nm1* alarm; **~ dóiteáin** fire alarm; **clog aláraim** alarm clock

Albain *nf* Scotland

Albáin *nf2:* **an ~** Albania

albam *nm1* album; **~ stampaí** stamp album

Albanach *nm1* Scot, Scottish person ▷ *adj* Scottish; Scotch; Scots

alcaile *nf4* alkali

alcól *nm1* alcohol; **~ máinliach** surgical spirit; **faoi thionchar an alcóil** under the influence of alcohol

alcólach *adj, nm1* alcoholic

alcólacht *nf3* alcoholism

allas *nm1* perspiration, sweat; **bheith ag cur allais** to sweat; **bheith ag bárcadh allais** to sweat profusely; **tháinig ~ fuar leis** he broke into a cold sweat

allasúil *adj* sweaty

allmhaire *nf4* (Comm) import

allmhaireoir *nm3* importer

allmhairigh *vt* import

allta *adj* (animals etc) wild

alltacht *nf3* wildness; astonishment; **~ a chur ar dhuine** to astonish or astound sb

allúrach *nm1* foreigner ▷ *adj* foreign

almóinn *nf2* almond

almóir *nm3* alcove; cupboard

alp *vt, vi* devour; swallow

Alpa (*gpl* **Alp**) *npl:* **na h~** the Alps

Alpach *adj* Alpine

alpaire *nm4* glutton

alpán *nm1* (of food) chunk, lump

Alsáiseach *nm1* (dog) Alsatian

alt *nm1* (Biol) joint; knuckle; (Ling) article; (Law) section; (Mus) alto; **as ~** (Med) dislocated

álta *see* **ál**

altaigh *vt, vi* (Rel) give thanks; **altú le bia** to say grace (before meals)

altán *nm1* gorge, gully, ravine

altóir *nf3* altar

altram *nm1* fostering; **athair ~a** foster father; **leanbh a thógáil ar ~** to foster a child

altramaigh *vt* foster

altú *nm* grace (before meals)

alúmanam *nm1* aluminium

am (*pl* **amanna**) *nm3* (also Mus) time; **an t-am** the time; **cén t-am é?** what time is it?; **am tae** tea time; **am luí** bedtime; **ó am go ham** occasionally; **thar am** overdue; **am cúitimh** injury-time; **am crua a thabhairt do dhuine** to give sb a hard time; **in am** on time; **an t-am ~** + *indir rel* when; **in am ar bith** at any time; **san am céanna** nonetheless

amach adv (motion) out; forth; aloud ▷ adj outward; utter, sheer; **as seo ~** from now on; **~ anseo** in the future; **~ agus ~ anseo** through and through; **"A~"** "Way Out"; **áit a bhaint ~** to reach a place; **~ leat!** get out!; **~ ó** apart from; **~ agus isteach le** approximately

amadán nm1 fool, idiot; sucker; **~ Aibreáin** April Fool

amadóir nm3 (device) timer

amaideach adj foolish, idiotic

amaidí nf4 nonsense; **níl ann ach ~** it's nothing but nonsense; **cén ~ atá ort?** what are you up to?

amaitéarach adj, nm amateur

amanna see am

amárach adv, n tomorrow; **maidin ~** tomorrow morning; **~ an Aoine** it's Friday tomorrow

amas nm1 attack; (of gun etc) aim; (Comput) hit; (Golf) putt

ambaiste excl really; indeed

ambasadóir nm3 ambassador

ambasáid nf2 embassy

amchlár nm1 timetable; schedule

amh (gsm **amh**) adj uncooked, raw

amh- prefix raw

ámh adv however

amhábhar nm1 raw material

amhail prep, conj like; **cur in ~ rud a rá** to go to say sth; **~ Pól** like Paul; **~ is** as if, as though

amháin adj sole, exclusive ▷ adv solely, exclusively, only; **ní hé ~ go raibh sé ...** not alone was he ...; **ag Seán ~ a bhí a fhios** John alone knew; **uair ~ eile** once more; **d'aon iarracht ~** in one go, at one attempt; **ní hé sin ~ é ach** what is more

amhairc n gen as adj visual

amhantar nm1 chance; windfall; **dul san ~ (le)** to take a chance (on)

amhantraíocht nf3 (Comm) speculation

ámharach adj lucky

amharc nm1 look; sight; view; watch ▷ vt, vi watch, look; **as ~** out of sight; **ar ~ + gen** within sight of; **dul as ~** to disappear; **~ thart** to look around; **~ a fháil ar rud** to catch a glimpse of sth; **~ ar** to look at, watch

amharclann nf2 theatre

amhas nm1 gangster, hooligan

amhastrach nf2 barking

amhlachas nm1 semblance; (Art) figure; **duine a thógáil in ~ + gen** to mistake sb for

amhlaidh adv so; thus; the same; **más ~** if so; **bíodh ~** so be it; **déanamh ~** to follow suit; **gurb ~ duitse!** the same to you!; **is ~ is mó/is fearr** all the more/the better

amhrán nm1 song; **an tA~ Náisiúnta** the national anthem

amhránaí nm4 singer

amhránaíocht nf3 singing

amhras nm1 doubt, suspicion; **gan ~** without doubt; **~ a chaitheamh ar dhuine** to cast suspicion on sb; **bheith in ~ (faoi)** to have doubts (about)

amhrasach adj doubtful; sceptical; suspicious; **bheith ~ faoi** to be dubious about

ámóg nf2 hammock

amóinia nf4 ammonia

amparán nm1 hamper

ampla nm4 hunger; greed

amplach adj hungry; greedy

amscaí adj slipshod; unkempt; awkward

amú adv wasted; in vain; **dul ~** to go astray; **am a chur ~** to waste time; **rud a ligean ~** to let sth go to waste

amuigh adj, prep out, outside; exterior, outward, outer; **taobh ~** (on the) outside; **tá sé ~ air go bhfuil sé saibhir** he's said to be rich; **~ faoin aer** in the open (air)

○ EOCHAIRFHOCAL

an¹ def art (gsf, gpl, nom pl **na**) (lenites nom fsg and gsm; adds **t-** to vowel of nom msg and to **s** + vowel or **l,n,r** in nom fsg and gsm; **na** eclipses gpl, adds **h-** to vowels in gs and nom pl and adds **n-** to vowels in gpl) **1**: **an buachaill** the boy; **an ghirseach** the girl; **an sagart** the priest; **an tsráid** the street; **an t-am** the time; **an aimsir** the weather

2 (in expressing ratios etc): **cúig euro an ceann** five euros each; **céad euro an tonna** one hundred euros per ton; **scilling an dosaen** a dozen for a shilling; **úll an duine** an apple each

3 (time etc): **an Domhnach** Sunday; **ar an Aoine** on Friday; **an Cháisc** Easter; **an samhradh** summer; **óstaíocht na hoíche** a night's lodgings; **i gceann na gcúpla lá** in a couple of days; **ag druidim leis na trí scór** approaching sixty

4 (with abstract nouns): **an bás** death; **an t-éad** jealousy; **an eagla** fear; **an t-olc agus an mhaith** good and evil

5 (+ adj to form noun): **an mór is an mion** great and small; **an saibhir agus an daibhir** rich and poor

6 (in titles): **an tUasal Ó Laoire** Mr. O'Leary; **an Dochtúir de Brún** Dr. Brown

7 (in names): **an Céitinneach** Keating; **na Baoilligh** the O'Boyles

8 (in places): **an Daingean** Dingle;

an Spidéal Spiddle; **an Mhumhain** the province of Munster; **an Ghearmáin** Germany; **an Eoraip** Europe

9 (with languages): **an Ghearmáinis** German; **an Iodáilis** Italian; **an Bhreatnais** Welsh

10 (with illnesses): **an fliú** flu; **an déideadh** toothache; **an triuch** whooping cough; **an galar breac** smallpox

11 (possession): **tá an chos briste agam** my leg is broken; **tharraing sí an chluas aige** she pulled his ear; **tá an lámh nimhneach aici** her hand is sore

12 (+ demonstrative): **an ceann seo** this one; **an ceann sin** that one; **an teach s'againne** our house

13 (in classifications): **is maith an cailín í** she's a good girl; **is bocht an scéal é** it's a sad state of affairs; **is é scoth na bhfear é** he's a top-class fellow

14 (indicating suddenness etc): **labhair an duine taobh thiar díom** (suddenly) someone behind me spoke; **chuala mé an ghlam** at that moment I heard a bark

15 (for emphasis): **bhí na mílte acu ann** there were thousands of them; **chaith sé na blianta ann** he spent years there; **ba é sin an t-am** those were the days; **is aige atá an eagna chinn** he is really intelligent; **nach ort atá an dóigh bhreá!** haven't you a great time of it!

an² interr part: **an bhfeiceann tú?** do you see?

an-³ prefix very, most, really; **~mhaith** very good; **~deacair** really hard; **~fhear** great man

an-² prefix in-, un-, not-; bad, evil; **anduine** evil person; **anrud** wicked thing

anabaí adj unripe; (person) immature; (death) premature, untimely

anacair nf3 (gs anacra, gpl anacraí) distress; **~ leapa** bedsore ▷ adj (gsf, pl, compar anacra) distressing, difficult

anachain (pl anachana) nf2 calamity; loss; harm

anacrach adj distressed; distressing

anaemach adj anaemic

anáil nf3 breath; influence; **as ~** out of breath; **an ~ a bhaint de dhuine** to wind sb; **~ a tharraingt** to draw breath, breathe; **chuaigh an bia lena ~** the food went down the wrong way; **faoi d'~** under one's breath

anailgéiseach adj, nm analgesic

anailís nf2 analysis

anailíseach adj analytic

anailíseoir nm3 analyser

anáilíseoir nm3 Breathalyser®

anailísí nm4 analyst; **~ córas** systems analyst

anailísigh vt, vi analyze

anaireicse nf4 anorexia

anaithnid adj strange; unknown

análaigh vt, vi breathe

anall adv across (from); **anonn agus ~** from side to side; over and back; **riamh ~** from time immemorial

anallód adv in ancient times

analóg nf2 analog(ue)

analógach adj analogous

análú nm respiration; **~ tarrthála** kiss of life

anam (pl anamacha) nm3 soul; life; liveliness; **m'~!** dear me!; **do ~ a**

thabhairt (ar son + gen) to lay down one's life (for)

anamchara (gs anamcharad, pl anamchairde) nm spiritual advisor; confessor

anamóine nf4 anemone

anamúil adj animated, spirited

anann nm pineapple

anarac nm1 anorak

anás nm1 wretchedness; poverty; **bheith ar an ~** to be living in hardship

anásta adj awkward; clumsy

anatamaíocht nf3 anatomy

anbhá nm4 dismay; panic

anbhann adj frail; feeble

anbhuain nf2 (of mind) unease, unrest

ancaire nm4 anchor; **an t-~ a thógáil** to weigh anchor

ancaireacht nf3 anchorage

anchaoi nf4 plight

anchúinse nm4 freak, monster

anchumtha adj misshapen

andúil nf2 addiction

andúileach nm1 addict ▷ adj addictive; **~ drugaí** drug addict

aneas adv, prep, adj (from the) south, south(ern); (wind) southerly

anfa nm4 storm

angadh nm (Med) pus; **~ a dhéanamh** to fester

anghrách adj erotic

Angla- prefix Anglo-

Anglacánach adj, nm1 Anglican

Angla-Éireannach adj Anglo-Irish

aniar adv, prep, adj (from the) west; (wind) westerly; **~ aduaidh** (from the) north west; **teacht ~ a bheith ionat** to be resilient; **teacht ~ aduaidh ar dhuine** to catch sb unawares; **~ is siar** to and fro

aníos adv, prep, adj up; upward(s);

from below

anlann *nm1* (*Culin*) dressing, relish, sauce; trimmings; **~ sailéid** salad dressing

anlathas *nm1* anarchy

anlucht *nm3* (*of food*) surfeit, glut

anluchtaigh *vt* overload; glut

ann¹ *adv* there; **bhí sé ~** he was there

ann² *n*: **bheith in ~ to** be able

ann³ *prep see* **i**

annamh *adj* rare, seldom

anocht *adv, n* tonight ▷ *adj* tonight's; **cruinniú na hoíche ~** tonight's meeting; **tiocfaidh sé ~** he will come tonight

anoir *adv, prep, adj* (*from the*) east; eastern; **~ aduaidh** north east

anóirthear *n, adv* the day after tomorrow

anois *adv* now; **~ díreach** right now; **~ agus arís** now and then

anonn *adv* across (to); **dul ~ agus anall** to go back and forth; **~ sa lá** late in the day

anord *nm1* chaos

anordúil *adj* chaotic

anraith *nm4* soup; broth; **~ glasraí** vegetable soup

anró *nm4* hardship; misery

anróiteach *adj* inclement; distressing; wretched

ansa *see* **ionúin**

anseo *adv* here; **cá fhad atá tú ~?** how long have you been here?; **istigh ~** in here; **abhus ~** over here; **~ is ansiúd** here and there, about

ansin *adv* there; then; **thall ~** over there; **istigh ~** in there; **tá sé ~** it's there

ansiúd *adv* beyond; yonder

ansmacht *nm3* tyranny

antaibheathach *adj, nm* antibiotic

antaihiostaimín *nm4* antihistamine

antaiseipteach *adj* antiseptic

antaiseipteán *nm1* antiseptic

antalóp *nm1* antelope

Antartach *adj, nm1*: **an t~** the Antarctic; **an tAigéan ~** the Antarctic Ocean

antashubstaint *nf2* antibody

antoisceach *adj* extreme ▷ *nm1* extremist

antraipeolaíocht *nf3* anthropology

antráthach *adj* late; untimely; inconvenient

anuas *adv* (*from above*) down; **teacht ~** to come down; **le blianta beaga ~** for the past few years

anuraidh *adv, n* last year ▷ *adj* last year's; **obair na bliana ~** last year's work; **pósadh ~ iad** they were married last year

aoi (*pl* **aíonna**) *nm4* guest; lodger

aoibh *nf2* smile; mood; pleasant expression; **tháinig ~ air** his face brightened up; **~ mhaith a bheith ort** to be in good spirits; **tá ~ an gháire air** he's smiling

aoibhinn (*gsf, pl, compar* **aoibhne**) *adj* charming; delightful

aoibhneas *nm1* bliss, delight; happiness

aoileach *nm1* manure, dung

Aoine (*pl* **Aointe**) *nf4* Friday; **Dé h~** on Friday; **ar an ~** on Fridays; **~ an Chéasta** Good Friday

aoir (*pl* **aortha**) *nf2* satire

aoire *nm4* shepherd; (*Pol*) whip

aois (*pl* **aoiseanna**) *nf2* age; old age; era; century; **cén ~ thú? cén ~ atá agat?** **cá h~ tú?** how old are you?; **tá sé 10 mbliana d'~** he's 10 years old; **an 21 ú h~** the 21st century

aoisghrúpa nm4 age group
aol (pl **aolta**) nm1 (Geog) lime
aolchloch nf2 limestone
aoldath nm3 whitewash; **~ a chur** ar (house) to whitewash

 EOCHAIRFHOCAL

aon num (lenites **b, c, f, g, m, p**) one;
aon phunt (amháin) one pound;
aon chileagram déag eleven
kilos; **aon uair amháin** once
(upon a time)
▷ adj **1** (no matter which) any; **aon
neach beo** anyone; **aon
leabhar is mian leat** take any
book you wish
2 (with neg) any; anything; at all;
no; **níl aon airgead agam** I
haven't any money; **níor ól sé aon
deoch** he didn't take any drink;
**níor tugadh aon ainm air ach
Bullaí** he was never called anything
but Bullaí; **níl aon mhaith ann** he
is no good
3: **gach aon** (for emphasis and
intensification) every single; **gach
aon ribe ar a ceann** every hair on
her head; **gach aon choiscéim
den bhealach** every step of the
way; **bhí gach aon ghlam as** it
kept on barking and barking
4 (with def art) only; **an t-aon locht
atá air** its only fault; **an t-aon
deacracht atá leis** the only
difficulty with it
5 (identical) same, one; **san aon
teach** in the same house; **ar aon
intinn** of like mind; **ar aon dul le**
in agreement with; **d'aon ghuth**
with one voice
▷ nm1 **1**: **a haon** one; **a haon déag**
eleven; **fiche (is) a haon** twenty
one; **a haon is a cúig sin a sé** one

and five are six; **a haon a chlog**
one o'clock; **a trí in aghaidh a
haon** three to one
2 (pron) one; **gach aon acu** every
one of them; **aon bocht scoite** a
loner
3 (Cards) ace; **an t-aon spéireata**
the ace of spades; **faoi aon de**
within an ace of
4 (in phrases): **mar aon le** along
with; **d'aon turas** deliberately;
ar aon acht under no condition

aon- prefix only, sole, one-, mono-,
uni-
aonach (pl **aontaí**) nm1 fair; **ar an ~**
at the fair
aonad nm1 unit; **~
amharcthaispeána** visual display
unit
aonair n gen as adj only, solitary,
individual; one-man; **páiste ~** an
only child
aonar nm1: **bheith i d'~** to be alone
or on one's own
aonarach adj lone(ly); isolated;
single
aonarán nm1 loner, recluse
aonchineálach adj homogeneous
aonocsaíd nf2 monoxide; **~
charbóin** carbon monoxide
aonraigh vt isolate
aonréadaí nm4 soloist
aonta see **aon**
aontacht nf3 unity; union;
unanimity
Aontachtaí nm4 (Pol) Unionist
aontaí see **aonach**
aontaigh vt, vi unite; bind; **aontú
le** to agree, approve; endorse
aontaithe adj united; **na Stáit A~**
the United States; **Éire A~** United
Ireland
aontas nm1 union; **A~ na hEorpa**

the European Union; **A~ na Sóivéadach** (formerly) the Soviet Union

aontíos nm cohabitation; **bheith in ~** (couple) to live together

aonton nm1 monotone

aontonach adj monotonous

Aontroim nm3 Antrim

aontú nm agreement, assent

aontumha nf4 celibacy ▷ adj celibate

aonú num, adj (in dates) first; **an t-~ lá** the first

aor vt satirize

aortha see **aoir**

aos nm3 people, folk; **an t-~ óg** the young; **~ dána/ceoil** poets/ musicians

aosach nm (in education etc) adult

aosánach nm juvenile

aosta adj old, aged

aothú nm (Med) crisis; turning point

ápa nm4 ape

apaipléis nf2 apoplexy

 EOCHAIRFHOCAL

ar¹ (prep prons = **orm, ort, air, uirthi, orainn, oraibh, orthu**) (normally lenites except: in general locative expressions): **ar muir agus ar tír** on land and sea; **ar deireadh** behind; (: indicating states): **ar mire** mad; **ar crochadh** hanging; (: in some set phrases): **ar ball** completely; (eclipses in a few phrases): **ar ndóigh** indeed; **ar gcúl** behind prep **1** (position) on; in; at; **ar talamh** on earth; **ar thalamh na hÉireann** on Irish soil; **ar tosach** in front; **ar thosach an tslua** at the front of the crowd; **ar muir agus ar tír** on land and sea; **ar an Chlochan Liath** in Dungloe

2 (indicating presence) at; **ar bainis** at a wedding; **ar bhainis Mháire** at Mary's wedding; **ar scoil** at school

3 (manner, state): **ar crochadh** hanging; **ar crith** shaking; **ar meisce** drunk

4 (time) at; **ar a trí a chlog** at 3 o'clock; **ar maidin** this morning; **ar ball** soon

5 (in classifications) one of; **tá sé ar na fir is saibhre sa tír** he is one of the richest men in the country; **tá sé ar an bhfear is saibhre sa tír** he is the richest man in the country

6 (in prices etc) at, for; **dhíol mé ar euro an ceann iad** I sold them at a euro each; **cheannaigh mé ar dhá euro é** I bought it for two euros

7 (in measurements) in; **méadar ar airde** a metre in height, a metre high; **dhá mhéadar ar fad** two metres long; **trí mhéadar ar leithead** three metres wide

8 (with substantive vb: indicating illnesses, complaints etc): **tá slaghdán/tinneas cinn orm** I have a cold/headache; **tá moill éisteachta uirthi** she is hard of hearing; **tá tart/ocras orm** I am thirsty/hungry; **cad é atá ort?** what's wrong with you?

9 (with substantive vb: expressing emotions): **tá bród mór orm as** I am really proud of him; **bhí lúcháir uirthi** she was delighted; **bhí driopás agus cearthaí orm** I was really nervous

10 (with substantive vb: indicating obligation): **beidh ort fanacht** you will have to wait; **tá orm buíochas a thabhairt dó** I must thank him

11 (indicating disadvantage) to, on;

féach mar a rinne tú orm look
what you have done to me; **bhris
siad an fhuinneog orm** they have
broken the window on me; **tá cúig
euro ag Tomás orm** I owe Thomas
five euros
12 (*with substantive vb: in reference to
weather*): **tá báisteach air** it's
going to rain; **tá toirneach air** it
looks like thunder; **tá athrach
aimsire air** the weather is going to
change
13 (*with vn*) when, after; **ar
theacht abhaile dom** when I
came or had come home
14 (*with substantive vb: with parts of
the body*): **tá ceann iontach
gruaige uirthi** she has a great
head of hair; **tá cosa móra fada
air** he has long legs
15 (*in appearances*) to judge by;
fear oibre é ar a chuid éadaigh
he is a working man to judge by
his clothes
16 (*with substantive vb: indicating
possibility etc*): **tá foghlaim mhór
air** it can only be learned with
practice; **níl teacht air** it cannot
be found
17 (*in the opinion of*): **is beag orm a
leithéid** I don't like it; **níl lú orm an
donas ná é** there is nothing I hate
worse

ar² *interr part*: **ar labhair tú?** did you
speak?
ar³ *rel part*: **an fear ar labhair a
mhac** the man whose son spoke;
**an duine ar cheannaigh mé na
bláthanna uaidh** the person from
whom I bought the flowers
ar⁴ *see* **is¹**
ar⁵ *irreg vb* (*in direct speech*) said;
says; **sea, ar sé** yes, he said

ár¹ *poss adj* our; us; **Ár nAthair** Our
Father; **tá sé ár mbualadh** he's
hitting us
ár² *nm* massacre, slaughter
ár³ *nm* (*measurement*) are
ara *nm4* (*Anat*) temple
Arabach *adj* Arab(ian), Arabic ▷ *nm*
Arab(ic); **~ Sádach** Saudi (Arabian)
árachas *nm* insurance; **~ a chur ar
rud** to insure sth; **~ tine/saoil** fire/
life insurance; **~ tríú páirtí** third
party insurance; **Á~ Náisiúnta**
National Insurance
araí (*gs* **araíon**, *pl* **araíonacha**) *nf*
bridle
Araib *nf2*: **an ~** Arabia; **an ~
Shádach** Saudi Arabia
Araibis *nf2* (*Ling*) Arabic
araicis *nf2*: **dul in ~ duine** to go to
meet sb
araid *nf2* bin; chest
araile *pron*: **agus ~** et cetera
Árainn *nf* Aran; **Oileáin Árann** the
Aran Islands
araltas *nm* heraldry
arán *nm1* bread; **~ seagail/sinséir**
rye bread/gingerbread; **bheith in
~ crua** to be in dire straits
araon *adj, adv* both; **sibh ~** both of
you
áras *nm* habitation; abode;
building
árasán *nm1* flat; apartment
arb *see* **is¹**
arbhar *nm1* corn, cereal; **~ Indiach**
maize, corn (*US*)
ard (*pl* **arda**) *nm1* height; rise; high
ground; **in ~ an lae** at high noon
▷ *adj* high; tall; loud; **os ~** out loud;
de ghlór ~ in a loud voice
ard- *prefix* chief, main; arch-
ardaigh *vt* raise; lift, increase;
elevate; heighten; step up;
(*volume*) turn up; (*object*) hoist ▷ *vi*

increase; go up; **do ghlór a ardú** to raise one's voice

Ard-Aighne nm4 Attorney General

ardaitheoir nm3 lift, elevator (US); hoist

ardán nm platform, rostrum; stage; (Sport) stand; (in street names) terrace; (Rail) platform

ardchlár nm (Geog) plateau

ardeaglais nf2 cathedral

ardeaspag nm archbishop

Ard-Fheis (pl **Ard-Fheiseanna**) nf2 (Pol) national convention

Ardleibhéil nmph (Scol) "A" levels

Ard Mhacha nm Armagh

ardmháistir (pl **ardmháistrí**) nm4 headmaster

ardmháistreás nf3 headmistress

ardmhéara nm4 Lord Mayor

ardmheas nm3 admiration, esteem; **~ a bheith agat ar dhuine** to admire sb

ardnósach adj haughty, lofty; snobbish

ardoifig nf2 head office

ardscoil nf2 high school

ard-teicneolaíochta n gen as adj hi-tech

ardteistiméireacht nf3 (Scol) leaving certificate

ardú nm rise, increase; raise; (Comm) appreciation; **~ céime** promotion

aréir adv, n last night; **arú ~ the** night before last

argóint nf2 argument; dispute

arís adv again; **~ eile** once again; **ar ais ~** back again; **anois agus ~** now and then, now and again; **choíche ~** never again; **~ is ~ (eile)** over and over (again); **níos measa ~** worse still; **faoin am seo ~** by this time next year

arm nm1 arm, weapon; army; **~ tine**

firearm; **A~ an tSlánaithe** Salvation Army; **dul san ~** to join the army

armáil vt arm

armas nm1 coat of arms

armlann nf2 arsenal; (of gun) magazine

armlón nm1 ammunition

armúr nm1 armour

armúrtha adj armoured

arracht nm3 monster; (lorry) juggernaut

arraing (pl **arraingeacha**) nf2 (of pain) stab, twinge; (in side) stitch; **~ a bheith ionat** to have a stitch (in one's side)

arsa irreg vb (in direct speech) said; says; **amach leat, ~ Seán** get out, said John

ársa adj ancient; archaic

ársaitheoir nm3 antiquarian

arsanaic nf2 arsenic

art nm1 stone

Artach adj, nm1 Arctic; **an t~ the** Arctic; **an tAigéan ~ the** Arctic Ocean

artaire nm4 artery

árthach (pl **árthaí**) nm1 boat, vessel; craft; dish; container

arú adv: **~ aréir** the night before last

arúil adj arable; (land) fertile

as (prep prons = **asam, asat, as, aisti, asainn, asaibh, astu**) prep out of; from; off; **is as Baile Átha Cliath é** he is from Dublin; **as Gaeilge/ Béarla** in Irish/English; **go raibh maith agat as ...** thank you for ...; **tá muinín agam as** I have trust in him; **as baile** away from home; **go maith as** well off; **as a chéile** gradually; **rud a bhaint as a chéile** to take sth apart; **bain as!** get lost!; **as obair** out of work; **triúr as a chéile** three in a row; **as éisteacht**

out of earshot; **as an gcosán** out of the way

asal nm1 ass, donkey

asam see **as**

asarlaí nm4 sorcerer, wizard; conjurer, magician

asarlaíocht nf3 magic, witchcraft

asat see **as**

ascaill nf2 armpit; recess; (in street names) avenue; (in pocket) **faoi d'~** under one's arm

aschur nm1 (also Comput) output

asfalt nm1 asphalt

aslonnaigh vt evacuate

asma nm4 asthma

aspairín nm4 aspirin

aspal nm1 apostle

aspalóid nf2 absolution; **~ a thabhairt do dhuine** to absolve sb

Astráil nf2: **an ~** Australia

Astrálach adj, nm1 Australian

astralaíocht nf3 astrology

astu see **as**

at (pl **atanna**) nm1 (Med) swelling ▷ vi (Med) swell; (sea) heave

atá vb see **bí**

atáirg vt reproduce

atáirgeach adj reproductive

atáirgeadh nm reproduction

atarlaigh vi recur

atarlú nm recurrence

ateangaire nm4 interpreter

atéigh vt warm up, reheat

ath- prefix re-; former; rejected; old; retired

áth (pl **áthanna**) nm3 ford

athair (gs **athar**, pl **aithreacha**) nm father; **~ baiste** godfather; **~ céile** father-in-law; **~ mór** grandfather; **an t-A~ Mícheál** (priest) Father Michael

athaontaigh vt reunite

athaontú nm reunion

athar see **athair**

athartha adj fatherly, paternal

áthas nm1 happiness; **tá ~ air** he is happy

áthasach adj happy; jolly

athbheochan nf3 revival, renaissance

athbheoigh vt (Med) resuscitate, revive

athbhliain nf3: **an A~** the New Year

athbhreithnigh vt review, revise

athbhreithniú nm review, revision

athbhrí nf4 recovery, revival; ambiguity

athbhríoch adj (food, drink) invigorating; (meaning) ambiguous ▷ nm1 (Med) tonic

athbhunaigh vt restore; reestablish

athbhunú nm restoration; reestablishment

athchaite adj secondhand; worn out; cast off

athcheartaigh vt revise; amend; **profaí a athcheartú** to revise proofs

athchluiche nm4 (Sport) return match

athchóirigh vt readjust; (house) renovate; restore; recondition

athchóiriú nm refurbishment, renovation; restoration

athchomhaireamh nm1 (Pol) re-count

athchomhairle nf4 second thoughts, change of mind; **~ a dhéanamh (faoi rud)** to have second thoughts (on sth)

athchraiceann nm1 veneer

athchraoladh nm (Radio, TV) repeat

athchum vt reconstruct; (Phys) deform

athchur nm1 replacement; (Law) remand

athchúrsáil vt recycle; reclaim

athdhéan vt redo; remake

athdhéanamh nm reconstruction; revision; remake; repetition

athdhearbhú nm reaffirmation

athfhill vi recur; reflect

athfhillteach adj recurrent; reflex; (Ling) reflexive

athfhriotal nm1 quotation

athfhuaimnigh vi resound

athghabháil nf3 recovery; recapture

athghair vt recall

athghairm (pl **athghairmeacha**) nf2 (Theat) encore; recall

athimirt nf3 (Sport) replay

athimpú nm (Med) relapse

athiomrá nm4 backbiting

athlá nm another day; **rud a chur ar** ~ to postpone sth

athlasadh (gs **athlasta**) nm (Med) inflammation

athlasta adj inflamed; see also **athlasadh**

athléim nf2 rebound

athlonnaigh vt, vi relocate

athmhachnamh nm1 reflection; **ar** ~ on reflection

athmhúscailt nf2: ~ **anála** artificial respiration

athneartú nm reinforcement

athnuachan nf3 renewal; rejuvenation

athnuaigh (vn **athnuachan**) vt renew

athoil vt (worker etc) retrain

athphlandáil vt replant, plant out

athphreab vi, nf2 rebound

athrá (pl **athráite**) nm4 repetition

athrach nm1 change, alteration; alternative; ~ **aeráide** change of climate; **chomh dócha lena** ~ as likely as not; **tá a** ~ **le déanamh agam** I have better things to do

athraigh vt, vi change, alter; vary; (Naut: sail) shift; **treo/éadach a athrú** to change direction/clothes

athráiteach adj repetitive

athraithe adj changed; transformed

athraiteach adj changeable; variable

athrú nm change, alteration; **tá ~ mór ort** you've changed a lot

athscag vt (oil etc) refine

athsheinm nf3 (Mus) repetition, replay

athshlánú nm (Med) rehabilitation

athsmaoineamh (pl **athsmaointe**) nm1 afterthought; second thought

athuair adv: **in** ~ again

atitim nf2 relapse

Atlantach adj, nm Atlantic; **an tAigeán** ~ the Atlantic (Ocean)

atlas nm1 atlas

atmaisféar nm1 (also inf) atmosphere

atóg (vn **atógáil**) vt reconstruct; rebuild

atosaigh vt resume; restart; (Comput) reboot

atosú nm resumption; restart; (Comput) reboot

atráth nm3 (in phrase): **rud a chur ar** ~ to postpone sth

atreorú nm diversion

atuirse nf4 weariness; blues

aturnae nm4 solicitor, attorney (US)

b

B *nm4* (*Mus*) B

b' *see* **is¹**

ba¹ *see* **is¹**

ba² *see* **bó**

bá¹ (*pl* **bánna**) *nf4* (*of sea*) bay

bá² *nf4* (*for person*) sympathy; liking; **bá a bheith agat le duine** to like sb

bá³ *nm4* flooding; immersion; drowning

báb *nf2* baby; (*inf: woman*) babe

babaí *nm4* baby

babhdán *nm* bogeyman

babhla *nm4* bowl

babhta *nm4* bout, spell; (*Sport*) round

babhtáil *nf3* exchange

bábhún *nm* enclosure, compound

bábóg *nf2* doll; **babóg éadaigh** rag doll

bac *nm* barrier; obstacle; hindrance; (*fig*) hurdle ▷ *vt* (*also*

Sport) block, obstruct; foil; **ná ~ leis** don't bother with it

bacach *nm* beggar; tramp ▷ *adj* lame; **bheith ~** to have a limp

bacadaí *nf4*: **bheith ag ~** to limp

bácáil *vt* bake ▷ *nf3* baking

bacainn *nf2* barrier, obstacle; **~ bhóthair** roadblock

bacán *nm* peg; (*of arm*) crook

bachall *nf2* ringlet; crozier; (*of shepherd*) crook

bachlóg *nf2* bud, sprout; **~a Bruiséile** Brussels sprouts; **~ a bheith ar do theanga** to slur one's speech

bácús *nm* bakery

badhró *nm4* ballpoint (pen), Biro®

badmantan *nm* badminton

bádóireacht *nf3* boating

bagair (*pres* **bagraíonn**) *vt, vi* threaten; (*stick etc*) wave; **~t ar dhuine** to threaten sb

bagairt (*pl* **bagairtí**, *gs* **bagartha**) *nf3* threat, menace

bagáiste *nm4* baggage, luggage; **~ láimhe** hand-luggage; **~ breise** excess baggage

baghcat *nm* boycott

baghcatáil *vt* boycott

bagrach *adj* threatening, menacing

bagraíonn *see* **bagair**

bagún *nm* bacon

baic *nf2*: **~ an mhuiníl** back or nape of the neck

báicéir *nm3* baker

báicéireacht *nf3* baking

baicle *nf4* group of people; clique

baictéar *nm* bacterium

báigh *vt* drown; soak; (*ship*) sink

bail *nf2* (*proper*) order; condition, state; **~ a chur ar rud** to mend sth; to put sth in proper order; **tá ~ mhaith air** it's in good nick

bailc *nf2* downpour

baile *nm4* home; town ▷ *adj* (*trade, situation etc*) domestic, home; home-made; **as ~** away from home; **sa bhaile** at home; **de chóir ~** near at hand; **~ fearainn** townland; **duine as ~ isteach** a blow-in, outsider

bailé (*pl* **bailéanna**) *nm4* ballet

baileach *adj* exact; **ní cuimhin liom go ~** I don't remember exactly

bailéad *nm* ballad

Baile Átha Cliath *nm4* Dublin

bailí *adj* valid

bailigh *vt* assemble, collect, gather; pick up ▷ *vi* assemble; **airgead/ stampaí a bhailiú** to collect money/stamps

bailitheoir *nm3* collector

bailiú *nm* collection; **~ bruscair** refuse collection

bailiúchán *nm* collection; **~ stampaí** stamp collection

báille *nm4* bailiff

Bailt *n*: **Muir Bhailt** the Baltic (the Sea)

bain *vt* extract; (*flowers, turf, hay*) pick, cut, reap; (*game, war, prize*) win; **ná ~ don phéint sin** don't touch that paint; **~ taca as** lean on; **an ghoimh a bhaint as rud** to render sth harmless; **ciall a bhaint as rud** to interpret *or* make sense of sth; **cluiche a bhaint** to win a game; **bhain sí fúithi i Londain** she settled down in London; **ní bhaineann sé leat** it doesn't concern you; **bhain taisme dó** he met with an accident; **bain amach** *vt* extract; (*stain*) wash away; (*destination*) reach; **bain anuas** *vt* take down, dismantle; **bain as** *vt* take from; get from; extract ▷ *vi* go, take off; **bain de** *vt* (*clothes*) remove; **bain do** *vt* touch ▷ *vi* (*accident*) happen to; **bain faoi** *vi*

settle; pacify; undermine; **bain le** *vt* touch; interfere with; (*matter etc*) concern; relate to; **bain ó** *vt* subtract from

baincéir *nm3* banker

baincéireacht *nf3* banking

baineann *adj* (*Biol*) female; (*man*) effeminate; **cat ~** she-cat

baineannach *nm* female

báiní *nf4* fury; **dul le ~** to fly into a rage

báinín *nm4* flannel; homespun cloth

baininscneach *adj* (*Ling*) feminine

bainis (*pl* **bainiseacha**) *nf2* wedding; wedding banquet

bainisteoir *nm3* manager

bainisteoireacht *adj* managerial

bainisteoireacht *nf3* management

bainistíocht *nf3* thriftiness; (*good*) management

bainistíochta *n gen as adj* (*skills*) managerial

bainistreás *nf3* manageress

bainne *nm4* milk; **~ géar** sour milk; **~ milis** fresh milk

báinseach *nf2* lawn, green

bainseo (*pl* **bainseonna**) *nm4* banjo

baint *nf2* connection; relevance; **níl aon bhaint agam leo** I have nothing to do with them

bainteach *adj*: **~ le** relevant to

baintreach *nf2* widow; **~ fir** widower

bairdéir *nm3* warder

báire *nm4* goal; (*of fish*) shoal; (*game*) hurling; (*Sport*) goal; **an ~ a bhaint** to triumph; **~ na fola** the crucial test; **~ a chur** (*Sport*) to score a goal; **cúl ~** goalkeeper; **i lár ~** in the middle; **i dtús ~** first of all

bairéad *nm* beret

bairille *nm4* barrel

bairín nm4 loaf; **~ breac** barn-brack

bairneach nm1 limpet

báirse nf4 barge

báisín nm4 (wash)basin

baist vt baptise; name

báisteach nf2 rain; shower

baisteadh (gs **baiste**, pl **baistí**) nm baptism, christening; **ainm baiste** Christian name

baistí adj baptismal; **athair ~** godfather; **máthair bhaistí** godmother

báistiúil adj rainy

báite adj sodden, soaked

baithis nf2 (of head) crown; forehead; **ó bhaithis go bonn** from top to toe

baitín nm4 (Mus) baton

baitsiléir nm3 bachelor

bál nm1 (also dance) ball

balastair nmph banister(s)

balbh adj dumb, mute; (letter) silent

balbhán nm1 dumb person

balcais nf2 rag; garment

balcóin nf2 balcony

ball nm1 (of organization) member; (of body) limb; organ; (of machine) part; patch, spot; **ar ~** later; not long ago; **baill bheatha** vitals; **~ broinne** birthmark; **~ dobhráin** (on skin) mole; **~ éadaigh** article of clothing; **~ te** (forWi-Fi) hotspot; **~ troscáin** piece of furniture

balla nm4 wall

ballach adj spotted, speckled

ballán nm1 teat

ballasta nm4 ballast

ballóg nf2 (of building) ruin

ballraíocht nf3 membership

balsam nm1 balsam, balm

balscóid nf2 blotch, smudge

balún nm1 balloon

bambú (pl **bambúnna**) nm4 bamboo

ban vb see **bean**

ban- prefix (sex, character) female

bán adj white; (page etc) blank; (field) fallow; (place) empty ▷ nm white; (Geog) grassland; **béal ~** flattery, sweet talk

bán- prefix pale

ban-ab nf3 abbess

bánaigh vt whiten, bleach; (hall etc) empty; (country) devastate

banaisteoir nm3 actress

banaltra nf4 nurse; **~ fir** male nurse

banaltracht nf3 (profession) nursing

banana nm4 banana

banbh nm1 piglet

banbharún nm1 baroness

bánbhuí (colour) cream

banc nm1 bank; **~ taisce** savings bank; **~ trádála** commercial bank

banchara nm4 girlfriend

banchliamhain (pl **banchliamhaineacha**) nm4 daughter-in-law

bánchorcra adj mauve

banda¹ nm4 band; **~ leathan** (Comput) broadband; **~ rubair** rubber band

banda² adj feminine, womanly

bandé see **bandia**

bándearg adj, nm1 pink

bandia (gs **bandé**, pl **bandéithe**) nm goddess

bandiúc nm1 duchess

bandochtúir nm3 woman doctor

bandraoi nm4 witch

banéigean nm1 rape

bangharda nm4 (Irl) policewoman

bánghlóthach nf2 blancmange

bánghnéitheach adj pale, pallid

banimpire nm4 empress

banmhaor nm1 stewardess

banmhéara nm4 mayoress

banna nm4 guarantee, warranty, surety; (*musical*) band; **~ bisigh** premium bond; **~ ceoil** (*at a dance*) band; **~ práis** brass band; **dul i m~i ar dhuine** to go bail for sb

bánna see **bá**[1]

banoidhre nm4 heiress

banóstach nm1 hostess

banphóilín nm4 policewoman

banphrionsa nm4 princess

banrach nf2 paddock

banríon (*pl* **banríonacha**) nf3 (*also Cards etc*) queen

banstiúrthóir nm3 conductress

bantiarna nf4 (*title*) lady

bantracht nf3 womenfolk

bánú nm brightening; clearance; **le ~ an lae** at daybreak

banúil adj ladylike; womanly

baoi (*pl* **baoithe**) nm4 buoy; (*Fishing*) float

baois nf2 folly

baoite nm4 bait

baol nm danger, risk; **beag an ~!** not likely!; **níl sé ~ ar ...** he's not nearly ...

baolach adj dangerous, unsafe; **is ~ é** I'm afraid so

baoth adj vain; (*boat*) unsteady; (*behaviour*) foolish

baothmhian nf2 whim

bara nm4: **~ rotha** wheelbarrow

baracáid nf2, vt barricade

baraiméadar nm1 barometer

barántas nm1 guarantee; (*Law: to arrest, search*) warrant; **~ cuardaigh** search warrant

barántúil adj authentic

baratón nm1 baritone

barbaiciú nm4 barbecue

barbartha adj barbaric, savage; (*fig: behaviour etc*) uncivilized

barbarthacht nf3 barbarity

barbatúráit nf2 barbiturate

bárcadh n: **ag ~ allais** sweating profusely

bard nm1 bard

barda nm4 (*in hospital, Pol*) ward

bardach adj warden; **~ eaglaise** church warden

bardas nm1 (*of town*) corporation, municipal authority

barócach adj baroque

barr (*pl* **barra**) nm1 (*fig: apex*) tip; summit, top; (*Agr*) crop; superiority; **thar ~** excellent; **le ~ áidh** by mere chance; **ó bhun go ~** from top to bottom; **bun agus ~** the sum total (of); the ins and outs (of); **~ maise a chur ar rud** to put the finishing touches to sth; **an ~ a bhaint de** to skim; **~ méire** fingertip; **de bharr ar an iomlán** into the bargain; **de bharr +** gen due to; **ar bharr +** gen on top of; **ag an m~** at the top; **dá bharr sin** consequently; **ar a bharr sin** furthermore

barra[1] nm4 (*also Mus, Law*) bar; rod; ingot; **~ uirlisí** (*Comput*) toolbar

barra[2] see **barr**

barrachód nm1 bar code

barraicín nm4 tip of the toe

barraíocht nf3 excess; **~ +** gen too much; **~ a ghearradh ar dhuine** to overcharge sb; **de bharraíocht ar** in excess of; over and above

barrchaolaigh vt taper

barrchríoch nf3 (*garment*) top

barriall (*gs* **barréille**, *pl* **barriallacha**) nf2 shoelace

barrloisc vt, vi singe

barróg nf2 hug; **~ a bhreith ar dhuine** to hug sb

barrshamhail (*gs* **barrshamhla**, *pl* **barrshamhlacha**) nf3 ideal

barrúil adj amusing, comic; strange

barúil (pl **barúlacha**) nf3 idea; opinion, thought; **bheith den bharúil go** to be of the opinion that; **cad é do bharúil orthu?** what do you think of them?; **níl ~ agam** I haven't a clue; **tá ~ mhaith agam** I have a fair idea

barún nm1 baron

bás (pl **básanna**) nm1 death; **~ a fháil** to die; **bheith idir ~ agus beatha** to be battling for one's life

básaigh vt kill, execute ▷ vi die

basal nm4 basil

basár nm1 bazaar

basc vt mangle; crush

Bascach adj, nm1 Basque; **Tír na m~** the Basque Country

bascaed nm1 basket

Bascais nf2 (Ling) Basque

básmhar adj mortal

básta nm4 waist

bastard nm1 bastard

bástchóta nm4 vest

bású nm killing, execution

basún nm (Mus) bassoon

bata nm4 baton; stick; **~ siúil** walking stick; **~ is bóthar a thabhairt do dhuine** to dismiss or sack sb

bataire nm4 (Elec) battery

batráil vt batter

báúil adj sympathetic

BCE n abbr (= Banc Ceannais na hEorpa) ECB

béabhar nm beaver

beacán nm1 mushroom; **~ bearaigh** toadstool

beach nf2 bee; **~ chapaill** wasp

beacht adj accurate, exact, precise

beachtaigh vt correct

beachtas nm1 accuracy

beadaí adj (eater) fussy, particular

béadán nm1 gossip, scandal; **~ a dhéanamh ar dhuine** to cast aspersions on sb

béadánaí nm4 (person) gossip

béadchaint nf2 (Law) slander

beag nm1 (pl **beaganna**) small amount ▷ adj (compar **lú**) little, small; slight; (brother etc) younger, little, wee; **a bheag nó a mhór** more or less; **is ~ a shíl mé ...** little did I think ...; **is ~ orm í** I despise her; **is ~ duine a chreideann é** few people believe it; **~ an baol!** not likely!, some chance!; **is ~ nár thit mé** I nearly fell; **a bheag a dhéanamh de rud** to belittle or make light of sth; **le blianta ~a anuas** in the last few years

beagán nm1 little, small amount; pittance ▷ adv rather; **is buí le bocht an ~** beggars can't be choosers; **~ ar bheagán** little by little; **ar bheagán airgid** on a shoestring; **i m~ focal** in a few words

beagmhaitheasach adj worthless

beagnach adv almost, nearly; all but

beaguchtach nm1 lack of courage; **~ a chur ar dhuine** to discourage sb

beaichte nf4 accuracy, exactness

beairic nf2 barracks

béal nm1 mouth; (of cave, hole etc) opening; (of gun) muzzle; (of boat) gunwale; (of cup etc) rim; (of blade, spade etc) sharp edge; (of shoe) edge of upper; (of cliff etc) face; (part of sea) sound, strait; **~ an ghoile/an chléibh** the pit of the stomach; **i m~ na trá/na toinne** at the water's edge; **i m~ an dorais** next door, in near proximity; **ar ~ maidine** first thing in the morning; **lán go ~** full to the brim; **~ faoi** upside down; **ó do bhéal féin** from one's own lips; **ar do bhéal is ar do shrón** flat on one's face; **as ~ a chéile** with one voice; all at once; **ar bhéala** about to; **teacht chun béil** to get going properly, find one's rhythm; **~ bán** cajolery, flattery; **nach bréagach a** truthful person; **~ gan smid a** taciturn, unsociable person; **bheith i m~ an phobail/na ndaoine** to be on everyone's lips; **bheith gan bhéal gan teanga** to be unable to talk; **imeacht i m~ an chinn** to leave home and take to the road; **~ a leagan ar rud** to talk about sth; **rud a rá le duine suas lena bhéal** to say sth to sb's face; **baineadh oscailt as a bhéal** his mouth dropped open; **bhain tú as mo bhéal é** you took the words right out of my mouth; **níl as a bhéal ach é** he talks about nothing else; **tá sé mar a d'iarrfadh do bhéal a bheith** you couldn't ask for better

bealach (*pl* **bealaí**) *nm1* road, thoroughfare; pathway; way; (*of bus*) route; (*TV*) channel; (*trajectory*) path; method, process; **~ caoch** cul-de-sac; **~ Dhoire** via Derry; **cén ~?** — **an ~ seo** which way? — this way; **duine a chur chun bealaigh** to sack sb; **fios an bhealaigh a bheith agat** to know the way; **an ~ a fhágáil ag duine** to get out of sb's way; **an ~ ar ais** the way back; **~ mór** main road; (*part of road*) carriageway; **~ trádála** trade route; **~ uisce** waterway; **ar bhealach** in a way; **bheith sa bhealach ag duine** to be in sb's way

bealadh *nm1* grease, lubricant

bealaí see **bealach**

bealaigh *vt* grease, lubricate, oil

bealaithe *adj* greasy

béalastán *nm1* (*inf: person*) slobber, slabber

béalbhach *nf2* (*of bridle*) bit

béalchráifeach *adj* hypocritical; sanctimonious

béalchráifeacht *nf3* sanctimoniousness

béaldath (*pl* **béaldathanna**) *nm3* lipstick

Béal Feirste *nm* Belfast

béalghrá *nm4* lip service; **~ a thabhairt do rud** to pay lip service to sth

béal-leathan *adj* (*gap*) yawning

béalmhír *nf2* (*tool*) bit

béalóg *nf2* (*Mus, of instrument*) mouthpiece; (*for animal*) muzzle

béaloideas *nm* folklore

béaloscailte *adj* gaping, open-mouthed

béalscaoilte *adj* indiscreet

Bealtaine *nf4* May; **i Mí na ~, 2010** in May 2010; **idir dhá thine Bhealtaine** in a quandary

bean (*gs, npl* **mná**, *gpl* **ban**) *nf* woman; (*also: ~ chéile*) wife; **B~ Mhic Gabhann** Mrs Smith; **~ lóistín** (*of house*) landlady; **~ ghlúine** midwife; **~ luí** (*lover*) mistress; **~ rialta-nún**; **~ an tí** the lady of the house; **a bhean chóir** madam; **Seán agus a bhean** John and his wife; **"Mná"** (*sign*) "Ladies"

beangán *nm1* shoot; (*fork*) prong

beann¹ *nf2* regard; **beag ~ ar** impervious to; regardless of

beann² *nf2* antler, horn; prong

beann³, beanna see **binn¹**

beannacht *nf3* blessing; greeting; (*Rel*) benediction; **~ Dé ort** God bless you; **~ Dé lena anam** God rest his soul

beannaigh vt bless; ▷ vi **beannú do** to greet, salute

beannaithe adj holy, sacred

beannú nm greeting, salute

beár nm1 (in pub) bar

béar nm1 bear; ~ **bán** polar bear

beara see **bior**

bearach nm1 heifer

bearbóir nm3 barber

béarfaidh etc vb see **beir**

Béarla nm4 (Ling) English

béarlachas nm1 anglicism

béarlagair nm4 jargon, slang

Béarlóir nm3 English speaker

bearna nf4 break, gap; hiatus; ~ **ghiorria** harelip

bearnach adj gappy; incomplete

bearnaigh vt breach; (barrel) tap

bearnas nm1 (in mountains) pass

bearr vt (hair, nails) clip; prune; shave

bearradh nm1 shave; shaving; ~ **gruaige** haircut

bearránach adj irritating, annoying; uncomfortable

beart[1] (pl **bearta**) nm1 bundle; parcel

beart[2] (pl **bearta**) nm1 plan; action; **i m~a crua** in dire straits

beart[3] (pl **bearta**) nm1 (Comput) byte

beart[4] (pl **beartanna**) nm3 berth

beartaigh vt, vi plot, scheme; decide upon; (sword) wield; **bheartaigh sí imeacht** she decided to go; **rud a bheartú** to plan sth

beartaíocht nf3 tactics

beartaithe adj planned, decided

beartán nm1 parcel

Bérút nm4 Beirut

béas[1] (gs, gf **béasa**, gpl **béas**) nm3 habit; ~**a a athrú** to turn over a new leaf; **béasa** nmpl3 behaviour,

manners; **fios a bhéasa a thabhairt do dhuine** (inf) to teach sb manners

béas[2] nm3 beige

béasach adj polite, civil, well-mannered

béascna nf4 habit, custom; lifestyle

beatha nf4 life; livelihood; food; **do bheatha a bhaint den fharraige** to earn one's living from the sea; ~ **dhuine a thoil** each to his own; **slí bheatha** livelihood

beathaigh vt (person) feed, nourish

beathaisnéis nf2 biography

beathaisnéiseach adj biographic

beathaithe adj well-fed; (person) fat

beathaitheach adj nourishing; fattening

beathú nm nourishment

béic (pl **béiceacha**) nf2, vi yell, roar; ~ **a ligean** to yell

béicíl nf3 yelling

beidh etc vb see **bí**

beifear vb see **bí**

Beijing nf4 Beijing

béil n gen as adj oral; verbal; **an traidisiún** ~ the oral tradition

béile nm4 meal

Beilg nf2: **an Bheilg** Belgium

Beilgeach adj, nm1 Belgian

beilt (pl **beilteanna**) nf2 belt

béim (pl **béimeanna**) nf2 stress, emphasis; blow; ~ **ghréine** sunstroke; **buille sa bhéim** felling blow; ~ **a chur ar rud** (syllable, word, point) to emphasize sth, stress sth; ~ **a bhaint as duine** to bring sb down a peg or two

beir (vn **breith**, vadj **beirthe**, past **rug**, fut **béarfaidh**) vt, vi give birth to; (egg) lay; bring, take; ~ **ar** catch; **breith maol ar dhuine** to catch sb red-handed; **bua a bhreith (ar)** to triumph (over), gain a victory (over); **~ air!** get him!; **buntáiste a bhreith ar** (situation) to take advantage of; **breith gairid ar dhuine** to catch sb unawares; **~ ar do chiall** wise up

beirigh vt, vi boil; bake

béirín nm4 teddy (bear)

beiriste nm4 (Cards) bridge

Beirlín nf4 Berlin

beirt (pl **beirteanna**) nf2 two people, pair, couple; **~ fhear/bhan** two men/women; **ina m~eanna** in twos; **bhí siad ~ ann** they were both there; **an bheirt agaibh** both of you

beirthe vadj see **bí**

beith[1] nf2 (Phil) being, entity

beith[2] (pl **beitheanna**) nf2 birch

beithíoch nm animal; beast; **~ allta** wild beast

beo nm4 living being; life; livelihood ▷ adj alive, live, living; animated; (colour, person) lively; **a bheo a ligean le duine** to spare sb's life; **bhí an baile ~ le daoine** the town was full of people; **~ beathach** alive and well; **sreang bheo** (Elec) live wire; **bolcán ~** active volcano

beocht nf3 liveliness

beoga adj lively; vivid; brisk

beoigh vt, vi enliven, animate

beoir (gs **beorach**, pl **beoracha**) nf beer

beola npl lips

beophianadh nm suspense

beostoc nm livestock

b'fhéidir adv perhaps

bh (remove "h") see also **b...**

bheadh vb see **bí**

bhéarfadh, bhéarfainn etc vb see **beir**

bheas, bheiff, bheinn etc vb see **bí**

bheireadh, bheiridís etc vb see **beir**

bheith vn see **bí**

bhfaighidh etc vb see **faigh**

bhfuil vb see **bí**

bhí etc vb see **bí**

bhuel excl well

bhur poss adj your

bí (vn **bheith**, pres **tá**, pres neg **níl**, past **bhí**, fut **beidh**, subj **raibh**) vt, vi be; exist; **bheith mór/beag** to be big/small; **bheith go maith/go dona** to be good/bad; **bheith buailte/críochnaithe/sáraithe** to be beaten/finished/exhausted; **bíodh is go** even though; **tinn is mar atá sé** even though he is sick; **tá breoite** sick my foot; **(ach) má tá** indeed; **bhí mé ann tá bliain ó shin** I was there a year ago; **bí ag** be at; **bheith ag an doras/damhsa** to be at the door/dance; **bheith ag siúl/caint/snámh** to be walking/talking/swimming; **tá carr agam** I have a car; **tá Fraincis agam** I can speak French; **tá snámh agam** I know how to swim; **níl scaradh aice leis** she cannot part with it; **tá agat** you have succeeded; **bíodh aige** let it be; **cé atá agam (ann)?** who is it?; **tá agam le himeacht** I have to leave; **bí ar** be on; **tá sé ar an mbord** it is on the table; **tá cosa fada air** he has long legs; **bhí geansaí deas air** he was wearing a nice jersey; **bhí dath bán air** it was white; **tá brón/áthas/fearg air** he is sad/glad/angry; **tá ocras/tart/tuirse air** he is hungry/thirsty/tired; **cad é atá ort?** what is the matter with you?; **tá báisteach/gaoth/**

toirneach air it is going to rain/ get windy/become thundery; **tá athrach aimsire air** the weather is going to change; **níl riail/teacht/ tabhairt ar ais air** it cannot be controlled/found/brought back; **níl bogadh air** he cannot be moved; **cad é an chaint atá ort?** what are you talking about?; **cad é an amaidí atá ort?** what nonsense are you up to?; **tá orm imeacht** I must leave; **bí as** be from; **bheith as Corcaigh** to be from Cork; **bheith as obair/ cleachtadh** to be out of work/ practice; **bheith as** (light etc) to be out; **tá sé míle as seo** it is a mile from here; **níl bogadh as** he is not making a move; **bí chun** to be towards; **tá sé chugainn** he is coming towards us; **tá solas an lae chugainn** morning is approaching; **an Nollaig a bhí chugainn** the following Christmas; **ní chugatsa a bhí mé** I was not referring to you; **tá mé chun imeacht** I intend to leave; **bí de** be from, of; **níl de airgead agam ach é** it is the only money I have; **níl de chiall aige** he hasn't enough sense (to); **sin a raibh de** or **ní raibh de sin ach sin** that was the end of that; **is é mar a bhí sé de** actually; **tá sin díobh he chéile** that runs in the family; **tá sin díom anois** I have that behind me now; **bí do** to be; be at; **tá sé do mo bhualadh** he is beating me; **rud duit féin a bheith agat** to have sth all to o.s.; **tá déanamh dó féin aige** it has its own particular shape; **duine dó féin atá ann** he's an oddball; **cad chuige a bhfuil tú dom?** why do you want me?;

bí faoi be under; **bheith faoi thalamh/uisce** to be underground/underwater; **bheith faoi bhrón/chian/eagla/ualach** to be sad/depressed/afraid/ burdened; **bheith faoi shiúl** or **ghluaiseacht** to be moving; **siúl/ fás/fuadar a bheith fút** to be moving/growing/in a hurry; **cad é atá faoi sin agat?** what do you mean by that?; **rud a bheith fút féin** to have sth to o.s.; **níl faoi nó thairis ach é** it is all he wants to do; **tá fúm sin a dhéanamh** I intend to do that; **bí i** be in; **tá Dia ann** God exists; **tá lá deas ann** it is a nice day; **am bricfeasta atá ann** it is time for breakfast; **tá gaoth agus fearthainn ann** it is windy and raining; **seachtar atá siad ann** there are seven of them; **tá urra as cuimse ann** he is very strong; **níl maith ann** he is no good; **tá céad cileagram meáchain ann** he weighs a hundred kilograms; **tá a chosaint féin ann** he is able to defend himself; **níl bogadh ann** he is unable to move; **múinteoir atá inti** she is a teacher; **tá sí ina múinteoir** she is a teacher; **tá sí ina suí/seasamh/codladh** she is sitting/standing/sleeping; **tá sí ina sláinte** she is healthy; **tá sí mar a bheadh tachrán girsí ann** she is like a child; **níl ann ach imeacht** there is nothing else for it but to leave; **níl ann aige ach** he says nothing but; **tá ann ann go** the only thing is that; **bí le** be with; **bheith le duine** to accompany sb; to act as best man or bridesmaid for sb; **beidh mé leat síos** I'll go down with you; **bhí mo pheann leat** you took my pen with you; **cé leis thú?** whose child are you?; **duine atá leis féin** a person who lives alone; **tá leat** you have succeeded; **tá sé leat anois** you have it now; **tá mé le himeacht inniu** I am to leave today; **tá obair le déanamh** there is work to be done; **bí ó** be from; **céard atá uait?** what do you want?; **tá peann uaim** I want a pen; **tá uaim sin a dhéanamh** I want to do that; **tá sé ó mhaith/ó leigheas** it is useless/irreparable; **bí roimh** be before; **tá sé romhat** it is all in front of you; **tá romham sin a dhéanamh** I intend to do that; **bí thíos** be down; **tá thíos léis le rud** to suffer as a result of sth

bia (*pl* **bianna**) *nm4* food; meal; **~ agus leaba** board and lodging; **~ coisir** kosher food; **~ farraige** seafood; **~ folláin** health food; **~ míoltóg a dhéanamh de dhuine** (*inf*) to make mincemeat out of sb

bia-ábhair *nmpl* foodstuffs
biabhóg *nf2* rhubarb
biachlár *nm1* menu; **~ socraithe** set menu
bialann *nf2* restaurant; canteen
biatas *nm1* beetroot; **~ siúcra** sugar beet
bíceips *nf2* biceps
bicíní *nm4* bikini
bídeach *adj* minute, tiny
Bílearúis *nf2*: **an Bhílearúis** Belarus
bileog *nf2* (*form*) sheet; (*of paper*) slip; handout, flier; **~ nuachta** (*newsletter*) bulletin; **~ oibre** worksheet; **~ shúile** (*leg*) patch
bille *nm4* (*Comm, Pol*) bill; **~ parlaiminte** parliamentary bill

billéad *nm1* billet
billéardaí *npl* billiards
billiún *nm1* billion
bím *etc vb see* **bí**
binbeach *adj* (*voice*) sharp
bindealán *nm1* bandage; **~ a chur ar chneá** to bandage a wound
binn[1] (*pl* **beanna**, *gpl* **beann**) *nf2* cliff; (*of house*) gable; (*of dress etc*) lap; **~ sléibhe** mountain peak; **titim le ~** to fall down a cliff
binn[2] *adj* sweet, melodious; **glór ~** a sweet voice
binneas *nm1* (*of sound*) sweetness
binse *nm4* bench; **~ breithimh** tribunal; **~ oibre** workbench
Bíobla *nm4* Bible
biocáire *nm4* vicar
bíog *vi* start; jump; (*muscle*) twitch ▷ *nf2* (*sound*) peep; (*of engine*) pulse; **~ a ligean** to peep
bíogach *adj* cheerful; perky; (*muscle*) twitching
biogamach *nm1* bigamist
biogamacht *nf3* bigamy
biogóid *nm4* bigot
biogóideacht *nf3* bigotry
biolar *nm1* watercress
biongó *nm4* bingo
bior (*gs* **beara**, *pl* **bioranna**) *nm3* point; (*of record player*) stylus; (*for roasting*) spit; **~ fiacla** toothpick; **~ seaca** icicle; **~ a chur ar rud** to sharpen sth; **bheith ar ~ le rud a dhéanamh** to be dying to do sth
biorach *adj* pointed; (*tongue*) sharp
bioraigh *vt* sharpen
biorán *nm1* (knitting) needle; pin; **~ cniotála** knitting needle; **~ dúnta** safety pin; **~ gruaige** hairpin; **rud a bheith ar na bioráin agat** to have sth in hand
bioróir *nm3*: **~ peann luaidhe** (pencil) sharpener

biotáille nf4 liquor, spirits;
~ **mheitileach** methylated spirit

bís nf2 spiral; (Tech) vice; **staighre
~e** a spiral staircase; **ar ~** on
tenterhooks

biseach nm1 (in health)
improvement; recovery; (in luck,
also Comm) upturn; **tá ~ orm** I'm
better; **ar aghaidh bisigh** on the
mend; **bheith ar ~** to be
improving; ~ **a fháil** (from illness) to
recover; **bliain bhisigh** leap year

bisigh vi (health) improve; (person)
recuperate

biteicneolaíocht nf3
biotechnology

bith nm3 world; existence; **ar ~** any;
(with neg) no; **ar scor ar ~, cibé ar
~** anyway; **ar chor ar ~** at all; **áit
ar ~** anywhere; nowhere; **duine ar
~** anybody; nobody; **rud ar ~**
anything; nothing

bithbheo adj immortal; everlasting

bithcheimic nf2 biochemistry

bitheolaí nm4 biologist

bitheolaíoch adj biological

bitheolaíocht nf3 biology

bithiúnach nm1 scoundrel; thug;
villain

bithiúntas nm1 (Law) foul play;
thuggery

bitseach nf2 bitch; ~ **(mná)** (pej)
bitch

biúró nm4 bureau

bladar nm1 flattery

bladhaire nm4 flame; flare

bladhm (pl **bladhmanna**) nf3 flame
▷ vi (fig: person) flare up

bladhmannach adj boastful

bláfar adj (work) neat; (girl) prim

blagadach adj bald

blagaid nf2 bald head; bald patch

blaincéad nm1 blanket; ~
leictreach electric blanket

blais vt, vi taste; (food, wine) sample

blaisínteacht nf3: ~ **a dhéanamh
ar do chuid bia** to pick at one's
food

blaistigh vt flavour; (food) season

blaistiú nm flavouring; seasoning

blaosc nf2 skull; (of egg, nut, crab etc)
shell

blár nm1 open space; field; ~ **catha**
battlefield; **bheith ar an m~
folamh** to be down and out

blas (pl **blasanna**) nm1 taste,
flavour; (speech) accent; **cad é an ~
atá air?** what does it taste like?; **tá
~ éisc air** it tastes of or like fish; **tá
~ coimhthíoch ar a chuid cainte**
he has a foreign accent

blasta adj appetizing, tasty

blastán nm1 seasoning

bláth (pl **bláthanna**) nm3 bloom,
flower, blossom; **bheith i m~
d'óige** to be in the flower of youth

bláthach nf2 buttermilk

bláthadóir nm3 florist

bláthaigh vi blossom, flower

bláthcheapach nf2 flower bed

bláthfhleasc nf2 wreath; garland

bleachtaire nm4 detective

bleachtaireacht nf3 detecting;
úrscéal ~a a detective novel

bleán see **bligh**

bléasar nm1 blazer

bleib (pl **bleibeanna**) nf2 (Bot) bulb

bleid nf2: ~ **a bhualadh ar dhuine**
to accost sb

bléin nf2 groin

bléitse nm4 (household) bleach

bliain (pl **blianta**, with numbers
bliana) nf3 year; **an bhliain seo
chugainn** next year; **An Bhliain
Úr** the New Year; ~ **bhisigh** leap
year; **in aghaidh na bliana** per
annum

bliainiris nf2 yearbook, annual

bliantóg nf2 (Bot) annual

bliantúil adj annual, yearly

bligeard nm1 blackguard

bligh (vn **bleán**) vt (also fig) milk

bliog nf2 (inf: man) pansy; effeminate man

bliosán nm1 artichoke

blípire nm4 bleeper

bloc nm1 block

blocáil vt (also Sport) block

bloclitreacha nfpl block capitals

blogh nf3 fragment

bloicín nm4 (toy) block

blonag nf2 fat; lard; blubber

blosc¹ nm1 (of gun) report; **~ toirrí** thunderclap; **~ a bhaint as do mhéara** to crack one's fingers; **~ a bhaint as do theanga** to click one's tongue

blosc² vt, vi crack; explode

bloscadh nm1 (noise) crack

blúire nm4 bit, fragment, scrap, snippet; **~ fianaise** scrap of evidence

blús (pl **blúsanna**) nm1 blouse

bó (gs, gpl **bó**, pl **ba**) nf cow

bob (pl **bobanna**) nm4 hoax, trick; **~ a bhualadh ar dhuine** to trick sb

bobailín nm4 tassel

bobaireacht nf3 tricks, pranks; **ag ~ ar dhuine** playing pranks on sb

bobghaiste nm4 booby trap

boc nm1 buck; **~ mór** big shot; **an ~ mór** the big fellow

bocáil vi toss; bounce

bocaire nm4 (Culin) muffin

bocht adj needy, poor; (condition, excuse) sorry; grotty ▷ nm1 pauper; **tá oíche bhocht ann** it's an awful night; **chomh ~ leis an deoir** as poor as a church mouse

bochtaineacht nf3 poverty

bochtán nm1 pauper

bod nm1 penis

bodach nm1 lout; **~ mór** (inf: VIP) hobnob, bigwig

bodbheart nm1 (contraceptive) sheath, condom

bodhaire nf4 deafness; **tháinig ~ Uí Laoire air** he pretended not to hear

bodhar (pl **bodhra**) adj deaf; (with pain) numb

bodhraigh vt deafen; annoy; (pain) deaden

bodhrán¹ nm1 deaf person

bodhrán² nm1 (traditional music) bodhrán, hand drum

bodhránaí nm4 (Mus) bodhrán player

bodmhadra nm4 mongrel

bodóg nf2 heifer; hefty young woman

bog vt, vi move; stir; soften; loosen; agitate; (milk) warm ▷ adj soft; tender; (life, work) easy; (person) lenient; (tooth) loose; indulgent; (toy) fluffy; **feoil bhog** tender meat; **bheith ~ le duine** to go easy on sb; **~ leat** move along; **~ amach as** move out or off; **~ anonn** move over; **~ ar aghaidh** move on; **~ ar ais** move back; **~ ar shiúl** move away; **~ chun tosaigh** move forward; **~ isteach i** move into; **~ thart** move about

bogadh (gs **bogtha**) nm move; movement; shift; **níl ~ as** he's making no movement; **níl ~ ann** he can't move; **gan ~** still

bogás nm1 complacency

bogásach adj smug; complacent

bogearraí nmpl4 (Comput) software; **~ frithvíreasacha** antivirus software

bogha (pl **boghanna**) nm4 (weapon, Mus) bow; **~ báistí** rainbow

boghta nm4 vault

bogshodar *nm1* jogging; **~ a dhéanamh** (*horse*) to canter

bogtha *see* **bogadh**

bogthe *adj* lukewarm

boidín *nm4* (*inf*) penis

boige *nf4* softness; leniency

boigéiseach *adj* gullible

boilg *nf2* submerged reef

boilgearnach *nf2* bubbling

boilgeog *nf2* bubble

boilsc *nf2* bulge

boilscitheach *adj* inflationary

boilsciú *nm* (*Econ*) inflation

bóín *nf4*: **~ Dé** ladybird

boinéad *nm* bonnet

boirbe *nf4* fierceness; coarseness

boiseog *nf2* slap; **~ a thabhairt do dhuine** to slap sb

Boisnia *nf4* Bosnia

bóitheach *nm* byre, cow shed

bóithre *see* **bóthar**

bóithrín *nm4* lane, boreen

boladh (*pl* **bolaithe**) *nm1* odour, smell, whiff; **~ bréan** pong; **tá ~ as** it smells

bólaí *npl*: **na ~ seo** these parts, this area

bolaigh *vt* smell

Bolaiv *nf2*: **an Bholaiv** Bolivia

bolb *nm* caterpillar

bolcán *nm* volcano; **~ beo/suanach** active/dormant volcano

bolg *nm* abdomen, stomach, belly; (*of ship*) hold ▷ *vt*, *vi* bulge, swell out; (*paint*) blister; **~ le gréin a dhéanamh** to sunbathe

bolgach *nf2* smallpox; **~ fhrancach** syphilis

bolgam *nm1* mouthful; **~ tae** a sip of tea; **~ cainte** (*of speech*) mouthful

bolgán *nm1* bubble; (*Elec*) bulb; **~ solais** light bulb

bolgchainteoir *nm3* ventriloquist

bolgóid *nf2* bubble

bollaí *nmpl4*: **cluiche ~** bowls

bollán *nm1* boulder

bollóg *nf2* loaf

bológ *nf2* bullock

bolscaire *nm4* announcer; publicist

bolscaireacht *nf3* (*TV*, *Radio*) commercial; propaganda, publicity

bolta *nm4* (*rod*: *of metal etc*) bar; bolt

boltáil *vt* bolt

bomaite *nm4* minute; moment; **fan ~!** wait a minute!

bómán *nm1* fool, twit

bómánta *adj* stupid, dumb, thick; (*expression*) vacant

bómántacht *nf3* stupidity

bóna *nm4* collar; lapel

bónas *nm1* bonus

bonn¹ *nm1* (*of shoe*, *foot*) sole; foundation, base, basis; tyre; **láithreach ~** at once; **~ athmhúnlaithe** (*tyre*) remould, retread; **~ istigh** insole; **dul ar do cheithre boinn** to go on all fours; **léim as ~** standing jump; **ar aon bhonn** on equal footing

bonn² *nm1* medal; coin; **~ deich bpingine** ten-pence piece; **gan phingin gan bhonn** penniless

bonnán¹ *nm1* (*Aut*) horn; siren; **an ~ a shéideadh** to toot the horn

bonnán² *nm1* bittern

bonnóg *nf2* bannock; scone

bonsach *nf2* javelin

borb *adj* coarse; (*fire*, *attack*, *person*) fierce; (*sound*) harsh; (*character*) rugged

bord *nm1* table; (*also in firm*) board; deck; **~ iarnála** ironing board; **ar ~ loinge** on board (a) ship; **thar ~** overboard; **dul ar ~ + ** *gen* to board; **an ~ a leagan/a ghlanadh** to lay/clear the table; **suí chun boird** to sit at table; **tá braon ar ~ aige** he has been drinking; **fíon boird** table wine

borr vi swell; (*plants*) spring up

borradh (*gs* **borrtha**) *nm* (*Elec*) surge; (*Tech*) expansion; **~ (trádála)** boom

borróg *nf2* bun

borrtha *adj* swollen, bloated; (*Med*): **féitheacha ~** varicose veins

bos *nf2* palm; (*of oar*) blade; **bualadh ~** round of applause; **~ go cos** (*Gaelic Football*) hand-to-toe; **airgead boise** ready cash; **ar iompú boise** instantly

bósan *nm* bosun

bosca *nm4* (*also Theat*) box; case; pigeonhole; **~ cairtchláir** cardboard box; **~ seacláidí** a box of chocolates; **~ bruscair** bin, dustbin; **~ ceoil** accordion, melodeon; **~ fiúsanna** fuse box; **~ guthain** call box, phone box; **~ litreach** pillar box, postbox; **~ poist** mailbox, Post Office Box; **seinm ar an m~** to play the accordion

boscadóir *nm3* (*Mus*) accordion player, box player

Bostún *nm* Boston

both (*pl* **bothanna**) *nf3* hut; kiosk

bothán *nm* cabin; hut, shed

bóthar (*pl* **bóithre**) *nm* road; **~ an dara grád** secondary road; **cur chun bóthair** to set off (on a trip); **an ~ a thabhairt do dhuine** to dismiss *or* sack sb

bothóg *nf2* cabin

botún *nm* blunder, slip, slip-up; **~ a dhéanamh** to slip up, blunder

brabach *nm1* gain, profit; spin-off; (*fig: profits*) spoils; **~ a dhéanamh (ar)** to make a profit (on)

brabús *nm1* profit; advantage

brabúsach *adj* profitable, lucrative

brac *nm1* (*on wall etc*) bracket

brach *nm3* pus

brách *n*: **go ~** ever; (*with neg*) never; **as go ~ léi** away she went; **is fearr go mall ná go ~** better late than never

brachán *nm1* porridge; **~ a dhéanamh de rud** to make a mess of sth

brád *see* **bráid**

bradach *adj* thieving; (*money*) stolen

bradán *nm1* salmon

bradán *nm1* drizzle

braich *nf2* malt

bráid (*gs* **brád**, *pl* **bráide**) *nf* neck; bust; **teacht ar ~** to come on the scene; **rud a chur faoi bhráid duine** to submit sth to sb; **~ na coise** instep

bráidín *nm4* bib

braighdeanach *nm1* captive

braighdeanas *nm1* captivity; internment

braillín *nf2* (*on bed*) sheet; **~ talún** groundsheet

brainse *nm4* branch

bráisléad *nm1* bracelet

braiteach *adj* (*person, mind*) perceptive, alert, sensitive

braiteoireacht *nf3* hesitation

braith (*vn* **brath**) *vt* feel; betray; detect; intend; size up; **brath ar** to depend on; **pian/cuisle a bhrath** to feel pain/a pulse; **tá mé ag brath fanacht** I intend to stay; **duine a bhrath** inform on sb; **ná bí ag brath air** don't depend on him

bráithre *see* **bráthair**

bráithreachas *nm1* fraternity

bran *nm4* bran

branar *nm1* fallow ground

branda[1] *nm4* brand

branda[2] *nm4* brandy

brandáil vt (cattle) brand
branra nm4 tripod; gridiron; ~ **brád** collarbone
braon (pl **braonta**) nm drop; ~ **tae/uisce** a drop of tea/water; ~ **beag eile** a little more
Brasaíl nf2: **an Bhrasaíl** Brazil
Brasaíleach adj, nm1 Brazilian
brat nm1 cloak; coating; (Theat) curtain; (of paint) coat, layer; ~ **deataigh** smoke screen; ~ **ózóin** ozone layer; ~ **urláir** carpet
bratach nf2 banner, flag
brath see **braith**
bráth nm3: **Lá an Bhrátha** Day of Judgement
brathadóir nm3 (police) informer; (device) detector
bráthair (gs **bráthar**, pl **bráithre**) nm (Rel) brother; friar; fellow man
bratóg nf2 rag; (of snow) flake
bratógach adj (clothes) ragged
breá (gsm **breá**, gsf, pl, compar **breátha**) adj excellent; grand; magnificent; (weather) fine; **lá** ~ fine day; **fear** ~ sound man; ~ **mór** good and large; **ba bhreá liom dul** I'd love to go; **is** ~ **liom seacláid** I love chocolate; **tá sé go** ~ **anois** he's or it's fine now
breab nf2 (pl **breabanna**) bribe ▷ vt bribe
breabaireacht nf3 bribery
breabhsánta adj sprightly; spruce
breac¹ nm1 trout; fish
breac² vt jot down; log ▷ adj speckled; tortoiseshell; (weather, work) reasonable; ~ **le** rife with, dotted with; **rud a bhreacadh síos** to jot sth down
breac- prefix mild, middling; semi-
breacadh nm1 scribbling; (of colour) lightening; (of weather) clearing; **le** ~ **an lae** at daybreak

breacáin n gen as adj tartan
breacán nm1 plaid, tartan
Breac-Ghaeltacht nf3 areas of the Gaeltacht where only some of the population speak Irish
bréad nm1 braid
bréag nf2 deception; lie; **gréasán** ~ a web of deceit; ~ **a insint** to (tell a) lie; **ainm bréige** false name; **deora bréige** crocodile tears
bréag- prefix dummy, pseudo-
bréagach adj bogus, false, phoney, spurious
bréagadóir nm3 liar
bréagadóireacht nf3 lying, deceit
bréagán nm1 toy; (woman) doll
bréagéide nf4 fancy dress
bréagfholt nm1 wig, toupee
bréagnaigh vt contradict, negate, rebut, repudiate
bréagnaitheach adj invalidating, contradictory
bréagriocht (gs **bréagreachta**) nm3 disguise
breall nf2 blubber lip; blemish; **tá** ~ **ort** you are (badly) mistaken
breallach nm1 clam
breallán nm1 fool, blunderer
bréan adj smelly, foul; rancid; rank; **anáil bhréan** foul breath; **tá boladh** ~ **as** it smells (terrible); **bheith** ~ **de rud** to be tired of sth
bréantas nm1 stench, stink; squalor
Breatain nf2: **an Bhreatain (Mhór)** (Great) Britain; **an Bhreatain Bheag** Wales
breátha see **breá**
breáthacht nf3 excellence; beauty; glory
breathnaigh vt, vi view; (case etc) examine; ~ **ar** eye, look at; ~ **thart** look round
breathnóir nf2 spectator; (TV) viewer

Breatnach adj Welsh ▷ nm1 Welsh, Welshman; **~ mná** Welshwoman

Breatnais nf2 (Ling) Welsh

breicne nf4 freckle

breicneach adj freckled

bréid nm4 (pl **bréideanna**) bandage; canvas; cloth; **~ a chur ar chneá** to bandage a wound

bréidín nm4 tweed

bréifin nf2 perforation

bréige nf4 falseness ▷ n gen as adj false, fake; mock, sham

breis (pl **breiseanna**) nf2 addition, extra; increase; (on salary) increment; **~ agus 200** upward(s) of 200; **~ a chur le rud** to supplement sth; (salary) to top sth up; **~ a fháil** (mobile phone) to top up; **lá ~e** extra day; **am ~e** (Sport) extra time; **~ agus** over, more than

breischéim (pl **breischéimeanna**) nf2 (Ling) comparative degree

breise n gen as adj extra, additional, further; spare; **roth ~** spare wheel

breiseán nm1 additive

breith¹ vn see **beir**; **ní raibh ann ach ~ nó fág** it was do or die

breith² (pl **breitheanna**) nf2 (Law) sentence; verdict; **~ an bháis** the death sentence; **~ a thabhairt ar chás** (Law) to judge a case

breith³ (pl **breitheanna**) nf2 birth; **lá ~e (sona)** (happy) birthday

breitheamh (pl **breithiúna**) nm1 (Law) judge

breitheanna see **breith²,³**

breithiúnas nm1 judg(e)ment, verdict; **fágfaidh mé ar do bhreithiúnas féin é** I shall leave it up to you to decide; **~ aithrí** (Rel) penance

breithlá nm birthday

breithmheas nm3 appraisal

breochloch nf2 flint

breoite adj ill, sick, laid up

breoiteacht nf3 illness, sickness

breosla nm4 fuel

brí (pl **brionna**) nf4 strength, energy; force; significance, sense, meaning; **~ ruda a thuiscint** to understand the meaning of sth; **bheith in ísle ~** to be run down; **de bhrí go** because; **dá bhrí sin** therefore

briathar (pl **briathra**) nm1 (Ling) verb; word; **an B~** (Rel) the Word; **dar mo bhriathar** upon my word

briathartha adj (Ling) verbal

bríce nm4 brick

bríceadóir nm3 bricklayer

bricfeasta nm4 breakfast

bricín nm4 freckle

bricín nm4 minnow

bricíneach adj freckled

brídeach nf2 bride

Brídíní nfpl4 (Irl) ≈ Brownies

brilléis nf2 gibberish

brillín nm4 clitoris

briocht nm3 charm; amulet; spell

briogáid nf2 brigade; **~ dóiteáin** fire brigade

briogún nm1 skewer

bríomhar adj dynamic; snappy; vigorous

brionglóid nf2 dream

brionglóideach nf2 dreaming; **bheith ag ~ ar rud** to dream of sth

brionna see **brí**

brionnaigh vt forge, counterfeit

brionnú nm forgery

briosc adj breakable, brittle; crisp

briosca nm4 biscuit

brioscáin nmph: **~ phrátaí** crisps

brioscán nm1 (potato) crisp

brioscarán nm1 shortbread

briotach adj lisping

Briotáin nf4: **an Bhriotáin** Brittany

Briotanach adj British ▷ nm1 Briton

Briotánach *adj*, *nm1* Breton
bris *vt* (*also promise*) break; smash;
(*ship*) wreck; (*cheque*) cash; (*person*)
dismiss, pay off; (*fig*) upset, shatter
▷ *nf2* loss; **ní maith liom do**
bhris I'm sorry for your trouble;
~ isteach barge in; (*language*) break
in; **~eadh as a phost é** he got the
sack; **do chos a bhriseadh** to
break one's leg; **do shláinte a**
bhriseadh to ruin one's health;
d'fhocal a bhriseadh to break
one's word; **seic a bhriseadh** to
cash a cheque; **bhris ar**
m'fhoighne I lost my patience;
~eadh isteach ar chuid cainte
duine to interrupt sb
briseadh (*gs* **briste**, *pl* **bristeacha**)
nm battle; disruption; defeat;
breakage; fracture; (*money*) (*loose*)
change; dismissal, sacking;
bristeacha *nmpl* (*in sea*) breakers
briste *adj* broken; broke; (*from job*)
dismissed; (*army*) defeated; **tá a**
croí ~ she is heartbroken; **~ brúite**
battered; **Gaeilge bhriste** broken
Irish; *see also* **briseadh**
bríste *nm4* (pair of) trousers, pants
(US); **~ deinim** denims; **~ géine**
jeans; **~ snámha** swimming
trunks; **má tá sé i do bhríste** (*inf*)
if you've got the guts
bristeacha *see* **briseadh**
brístín *nm4* panties; pants
bró *nf4* (*also fig*) millstone
brobh *nm1* (*of grass*) blade, wisp
broc *nm1* badger; junk, refuse
brocach¹ *adj* (*place*) filthy; (*talk*)
dirty
brocach² *nf2* burrow
brocailí *nm4* broccoli
brocaire *nm4* terrier
brocais *nf2* filthy place
brocamas *nm1* dirt; refuse

brod *nm1* spur
bród *nm1* pride; **tá ~ orm as** I'm
proud of it; **ceiliúrann ~**
bochtaineacht pride conceals
poverty
bródúil *adj* proud, stuck-up
bróg *nf2* shoe; **~a gleacaíochta**
gym shoes; **~a móra** boots; **~a**
peile football boots; **~a siúil**
walking shoes; **~a sneachta**
snowshoes; **~a traenála** trainers
broghach *adj* dirty
broic *vt*: **~ le rud** to tolerate sth
bróicéir *nm3* broker
broid¹ *nf2* distress; (*Comm: sudden*
demand) rush; **bheith i m~** to be on
tenterhooks; **~ oibre** rush of work
broid² *vt* goad; nudge
broideadh (*gs* **broidte**) *nm* (*Fishing*)
bite; **~ coinsiasa** a twinge of
conscience
broidearnach *nf2* throbbing
broidiúil *adj* busy, under pressure
bróidnéireacht *nf3* embroidery
bróidnigh *vt* embroider
broidtráth *nm3* rush hour
broim *nm3* (*pl* **bromanna**) fart ▷ *vi*
fart; **a ligean** to fart; **bheith le ~**
to be crazy
broincíteas *nm1* bronchitis
broinn (*pl* **broinnte**) *nf2* (*Anat*)
womb; (*Naut*) hold; **rud a bheith**
as ~ leat to be born with sth; **galar**
~e congenital disease
bróisiúr *nm1* brochure
bróiste *nm4* brooch
brollach *nm1* breast, bosom
bromach *nm1* colt
brón *nm1* grief; sadness; **tá ~ uirthi**
she is sad
brónach *adj* sad, poignant
bronn *vt* donate; bestow; (*degree*)
confer
bronnadh (*gs* **bronnta**, *pl*

bronntaí *nm* presentation; bestowal; **~ na gcéimeanna** graduation; **~ duaiseanna** prizegiving

bronntanas *nm1* gift, present

bronntóir *nm3* donor

brosna *nm4* firewood

brostaigh *vt, vi* hurry, rush; **~ ort!** hurry up!

brothall *nm1 (of day)* (intense) heat

brothallach *adj* close, sultry; sweltering

brú¹ *nm4* crush; *(Med)* bruise; pressure; push; **~ fola** blood pressure; **~ boinn** tyre pressure; **bheith faoi bhrú** to be under pressure

brú² *nm4* hostel; **B~ Óige** Youth Hostel

bruach *nm1 (of river, lake)* bank; shore; side; **~ abhann** riverbank; **cur thar ~** *(river etc)* to overflow

bruachbhaile *(pl* **bruachbhailte***) nm4* suburb

bruachshoilse *nmpl* footlights

brúcht *(pl* **brúchtanna***) nm3* belch; eruption ▷ *vi* belch; erupt; **~anna** emissions; **~adh aníos** to well up

brúchtadh *(gs* **brúchta***) nm* eruption

brúghrúpa *nm4 (Pol)* lobby, pressure group

brúid *nf2* beast, brute

brúidiúil *adj* brutal

brúidiúlacht *nf3* brutality

brúigh *vt* press; push; crush; bruise; mash; *(pram etc)* wheel ▷ *vi* jam; **~ faoi** *(yawn)* suppress; **~ i leataobh** push aside; **~ isteach ar** *(on territory)* muscle in on; **cnaipe a bhrú** to press a button; **bheith ag brú romhat** *(in crowd)* to push and shove; **prátaí a bhrú** to mash potatoes

bruíon *(pl* **bruíonta***) nf2* fight, scrap; quarrel

bruíonach *adj* quarrelsome

Bruiséil *nf2:* **an Bhruiséil** Brussels

bruite *adj* boiled; cooked; *(person)* roasted; burned

brúite *adj (potatoes)* mashed; crushed; *(heart)* sad

bruith *vt, vi* bake; burn; boil

brúitín *nm4* mashed potatoes; **~ a dhéanamh de rud** to crush or pulp sth

bruitíneach *nf2* measles; **~ dhearg** German measles

bruscar *nm1* rubbish, waste, garbage *(US)*; litter; **~ tí** household waste

bruscarnach *nf2* debris

bruth *nm3* heat; *(Med)* rash; **~ goiríní** a rash of pimples

bruthaire *nm4* cooker

bú *nm4* hyacinth

bua *(pl* **buanna***) nm4* victory, triumph; talent; virtue, special quality; **~ a bhreith (ar)** to triumph (over); **an ~ a fháil (i gcluiche)** to win (a game); **~ an cheoil a bheith agat** to have a talent for music; **de bhua** + *gen* by virtue (of)

buaball *nm1* buffalo; bugle

buacach *adj (person)* cheerful, high-spirited

buacaire *nm4* tap, faucet *(US)*

buach *adj* winning, victorious

buachaill *nm3* boy, lad; boyfriend; *(shop)* assistant; **~ bó** cowboy; **~ báire** playboy

buachan *vb see* **buaigh**

buaf *nf2* toad

buaic *nf2* climax; *(fig: of event)* highlight; *(highest level)* peak

buaicphointe *nm4 (Theat)* climax

buaicuaireanta *nfpl2* peak hours

buaigh (vn **buachan**) vt, vi win; **~ ar** defeat, conquer; prevail

buail (vn **bualadh**) vt, vi hit, strike; beat; bump; defeat; (Agr) thresh; (coins) mint; (bell) ring; toll; (clock) strike; (eggs) whip; **do chos a bhualadh** to stamp one's foot; **bualadh in éadan** + gen to collide with, run into; **bualadh amach ar feadh nóiméid** to pop out for a minute; **~ isteach** (Comput) key in; (visit) pop in; **bualadh le duine** to meet sb; **ceol a bhualadh** to play music; **tá mé ~te** I'm beat or shattered; **duine a bhualadh** to hit sb; **bhuil smaoineamh mé go ...** it occurred to me that ...; **~ ar an doras** knock on the door; **craiceann a bhualadh (le duine)** to have sex (with sb); **~te ar** adjoining; **~ fút ansin** sit (yourself) down there; **~ cic air** give it a kick

buaile (pl **buailte**) nf4: **níl an dara suí sa bhuaile agat** you've no alternative

buaileam nm4: **~ sciath** show-off; bravado

buailte adj defeated; exhausted; see also **bualadh**

buailteoir nm3 beater

buaine nf4 permanence

buair (vn **buaireamh**) vt, vi annoy; worry, trouble; **tá mé buartha faoi** I'm sorry/worried about it; **ná bí buartha** don't worry

buaircín nm4 pine cone

buairt (gs **buartha**, pl **buarthaí**) nf3 bother; care; sorrow; worry; **~ an tsaoil** the worries of life; **duine gan bhuairt** carefree person; **tá sé ag déanamh buartha di** it's worrying her

buaiteach adj (ticket) winning

buaiteoir nm3 victor, winner

bualadh (gs, pl **buailte**) nm beating; striking; (of door, window) rattle; **~ bos** (round of) applause; see also **buail**

bualtrach nf2 cow dung

buama nm4 bomb; **~ adamhach** atomic bomb

buamadóir nm3 bomber

buamáil vt bomb ▷ nf3 bombing

buan adj lasting, permanent, constant

buan- prefix permanent, standing

buanaí nm4 reaper

buanfas nm1 durability

buanfasach adj hard-wearing, durable, long-lasting

buanna see **bua**

buannaíocht nf3 presumption; **~ a dhéanamh ar dhuine** to be an imposition on sb

buannúil adj presumptuous

buanordú nm standing order

buanseasmhach adj reliable; steadfast

buanseasmhacht nf3 perseverance

buartha¹ adj disturbing; sorry; (person) troubled, worried

buartha², buarthaí see **buairt**

buatais nf2 boot; **~í rubair** wellingtons, rubber boots

búcla nm4 buckle; (in hair) ringlet

búcláil vt buckle

Búdachas nm1 Buddhism

Búdaí nm4 Buddhist

budragár nm1 budgerigar

buí¹ nm4, adj yellow; **Fear B~** (Pol, inf) Orangeman

buí² nm: **is ~ le bocht an beagán** beggars can't be choosers

buicéad nm1 bucket

buidéal nm1 bottle

buidéalaigh vt bottle

buifé nm4 buffet

buígh (vn **buíochan**) vt, vi tan

buile nf4 outrage; fury; frenzy; **dul ar ~** to go mad; **bheith ar ~ le duine** to be furious with sb; **fear ~** madman; **~ bóthair** road rage

builín nm4 loaf

buille nm4 blow; hit; strike; pulse; (of engine) stroke; **~ faoi thuairim** guess; **~ na tubaiste!** the last straw!; **~ luath/mall** a little early/late; **~ scoir** (Boxing) knockout; **ar bhuille a trí** on the stroke of three

buillean nm bullion

buime nf4 nanny, nurse

buimpéis nf2 (shoe) pump

buinneach nf2 diarrhoea

buinneán¹ nm1 shoot; sapling

buinneán² nm1 bunion

buíocán nm1 yolk; primrose

buíoch adj grateful; **~ (as)** thankful (for)

buíochan see **buígh**

buíochán nm1 jaundice; **na buíocháin** jaundice

buíochas nm1 thanks, gratitude; acknowledgement; **~ a ghabháil le duine (as)** to thank sb (for); **~ le Dia!** thank God!; **níl a bhuíochas ort!** (answer for thanks) don't mention it!; **gan ~ do** in spite of; **dá mhíle ~** despite all his efforts

buíon (pl **buíonta**) nf2 band; (of workmen) gang; **~ cheoil** (Mus) band

búir vi roar ▷ nf2 (pl **búireanna**) (of animal) call; roar

búireach nf2 bellowing

buirg nf2 borough

buirgléir nm3 burglar

buirgléireacht nf3 burglary

buiséad nm1 budget

buiséadaigh vt, vi budget

búiste nm4 (Culin) stuffing;

poultice; bulge

búistéir nm3 butcher

búit nm4 (of car) boot, trunk

buitléir nm3 butler

bulaí nm4 bully; **~ fir!** good man!

bulba nm4 bulb

bulc nm bulk; cargo; (on ship) hold

Bulgáir nf2: **an Bhulgáir** Bulgaria

Bulgáiris nf2 (Ling) Bulgarian

Bulgárach adj, nm Bulgarian

bulla¹ nm4 buoy

bulla² nm4 (Rel, Fin) bull

bulladóir nm3 bulldog

bullán nm1 bullock

bultúr nm1 vulture

bumbóg nf2 bumble bee

bun (pl **bunanna**) nm base; basis; (of container, sea etc) bottom; **ag ~ +** gen at the bottom of; **titim i m~ do chos** (person) to collapse; **scoil a chur ar ~** to found a school; **dul i m~ oibre** to set to work; **suí i m~ duine** to take advantage of sb; **~ agus barr** the ins and outs; **céard atá ar ~ agat?** what are you doing?; **~ toitín** cigarette butt; **bheith i m~ do mhéide** to be fully grown; **níl ~ ná barr air** it has neither rhyme nor reason; **fanacht i m~ duine** to remain in sb's company; **tá ~ ar an aimsir** the weather is settled

bun- prefix basic; original; raw; (school, education) elementary

bunachar nm1 base, foundation; **~ sonraí** (Comput) database

bunadh nm1 people; inhabitants; **~ an tí** the household; **~ na háite** the locals

bunaidh n gen as adj basic, fundamental; original; first-hand

bunaigh vt establish, found, institute, set (up), start

bunaíocht nf3 establishment

bunáit (*pl* **bunáiteanna**) *nf2* (*Mil*) base, installation

bunáite *nf2* majority; most

bunaitheoir *nm3* founder

bunanna *see* **bun**

bunbhrí *nf4* essence, gist

bunc *nm4* bunk

buncaer *nm1* bunker

bunchóip *nf2* (*book, picture*) original

bunchúis *nf2* motive; root cause

bundath *nm3* primary colour

bundúchasach *adj* aboriginal
▷ *nm* aborigine

bundún *nm1* (*of person*) backside, ass; silly talk

buneolas *nm1* (*in education*) basic knowledge, grounding

bungaló (*pl* **bungalónna**) *nm4* bungalow

bunóc *nf2* infant

bunoideachas *nm1* primary education

bunoscionn *adj* upside-down, disorderly; (*things, facts*) confused

bunreacht *nm3* constitution

bunreachtúil *adj* constitutional

bunriachtanas *nm1* bare necessity; specification

bunscoil (*pl* **bunscoileanna**) *nf2* primary school, grade school (*US*)

bunsmaoineamh *nm1* (*of theory etc*) original idea, basic idea

buntáiste *nm4* (*also Tennis*) advantage; (*Golf*) handicap; ~ **a bhreith ar dhuine** to take advantage of sb

buntáisteach *adj* advantageous

buntoisí *nmpl4* (*fig*) vital statistics

buntús *nm1* rudiments, basics

bunú *nm* foundation, setting up

bunúdar *nm1* (*fig*) root, cause

bunús *nm1* basis, origin; most; **bhí a m~ ann** most of them were there; **is Ciarraíoch ó bhunús é**

he's originally from Kerry; **scéal gan bhunús** a story without foundation; ~ **an ama** most of the time

bunúsach *adj* basic, essential, elementary; grass-roots

burla *nm4* bundle; (*of banknotes etc*) roll, wad

burláil *vt* bundle; (*Agr*) bale

burlaire *nm4* baler

bus (*pl* **busanna**) *nm4* bus; ~ **dhá urlár** double-decker

busáras *nm1* bus station

busta *nm4* (*Art*) bust

C

EOCHAIRFHOCAL

cá *interr pron* **1** (*with verb; eclipses*) where?; **cá gceannaíonn tú iad?** where do you buy them?; **cá dtéann tú ar laethanta saoire?** where do you go on holidays?; **cá n-éiríonn an ghrian?** where does the sun rise?; **cá bhfuil tú i do chónaí?** where do you live?; **cá raibh tú inné?** where were you yesterday?; **cá ndearna siad an praiseach?** where did they mess up?; **cá bhfuair tú é?** where did you get it?; **cá bhfaca tú í?** where did you see her?; **cá ndeachaigh sibh anuraidh?** where did you go last year?

2 (*with past tense of reg vbs* = **cár**; *lenites following word, except with initial vowel and autonomous forms*)

where?; **cár chuir tú é?** where did you put it?; **cár fhág tú an carr?** where did you leave the car?; **cár imigh an saol a bhí anallód ann?** where did the old way of life go?; **cár ceannaíodh iad?** where were they bought?

3 (*with copula* = **cá, cárb, cárbh**) where?; what?; **cár mhaith duit é?** what good was it to you?; **cárb as duit/tú?** where do you come from?; **cárbh as dó/é?** where was he from?

4 (*with nouns and adjs; prefixes* **h** *to following vowel*) what?; where?; when?; **ní raibh a fhios agam cá conair ar ghabh siad** I did not know what path they took; **cá háit a raibh tú?** where were you?; **cá huair a tháinig sí?** when did she come?; **cá haois tú?** what age are you?; **cá beag duit a bhfuil déanta agat?** haven't you done enough?; **cá beag sin?** is that not enough?; **cá hiontas duit a bheith tuirseach!** no wonder you're tired!

5 (*with prep prons*) what?; where?; **cá leis ar bhris tú é?** what did you break it with?; **cá air a bhfuil tú ag caint?** what are you talking about?; **cá has duit/tú?** where do you come from?

6 (*with abstract nouns of degree; lenites*) how?; **cá mhinice a thagann sé?** how often does he come?; **cá mhéad atá air?** how much does it cost?; **cá fhad atá tú anseo?** how long have you been here?

7 (*with* **fios**; *eclipses*) how?; **cá bhfios duit?** how do you know?

8: **cá bhfuil mar (a)** how?; **cá bhfuil mar a bheadh a fhios**

agatsa? how would YOU know?
9: cár bith whatever; **cár bith is maith leat** whatever you like

cachtas nm4 cactus

🔵 **EOCHAIRFHOCAL**

cába nm4 (garment) cape; collar
cabaire nm4 (person) chatterbox, blabber
cabaireacht nf3 chatter; chatting; blabbing; blabbering; **bheith ag ~** to chatter
cabáiste nm4 cabbage
cabán nm cabin; (of lorry) cab; **~ píolóta** cockpit
cabhail (gs **cabhlach**, pl **cabhlacha**) nf body; (of person) torso, frame, trunk; (of vehicle) frame; (of ship) hull
cabhair (gs **cabhrach**) nf help; **~ a chur chuig duine** to send help to sb; **~ a thabhairt do dhuine** to give help to sb; **~ a fháil ó dhuine** to get help from sb; **teacht i g~ ar dhuine** to come to sb's assistance; **gan chabhair** unaided; **is deise ~ Dé ná an doras** God's help is always at hand; **~ airgid** subsidy
cabhalra nm4 bodywork
Cabhán nm: **an ~** Cavan
cabhlach nm4 navy; fleet; **~ trádála** merchant navy; see also **cabhail**
cabhóg nf2 hollow; ruin, destruction; **bhí mo chabhóg déanta** I was ruined
cabhrach adj helpful
cabhraigh vi help; **~ le** help, assist
cabhróir nm3 assistant, helper
cabhsa nm4 lane, path
cábla nm4 cable
cac (pl **cacanna**) nm3 excrement, shit; droppings
cáca nm4 cake; **~í milse** pastries
cacamas nm1 nonsense
cách nm4 everyone, everybody

cad interr pron 1 (with pers pron) what; **cad é?** what?
2 (with dem pron) what; **cad seo/sin?, cad é seo/sin?** what is this/that?; **cad iad seo/sin?** what are these/those?
3 (with pers pron plus rud, an rud) what; **cad é (an) rud?** what?; **cad é (an) rud é seo/sin/siúd** what is this/that?
4 (with pers pron plus art and noun) what; which; **cad (é) an t-am é?** what time is it?; **cad é an mhaith é?** what good is it?
5 (with forms of the copula) what; which; **cad or cad é or cad é an rud is dán ann?** what is a poem?; **cad (é) is cúis leis?** what is the reason for it?; **cad is ainm duit?** what is your name?; **cad (é) is fearr leat, tae nó caife?** which do you prefer, tea or coffee?; **cad (é) ba mhaith leat?** what would you like?
6 (with other verbs) what; **cad (é) tá ort?** what's the matter with you?; **cad é an dath atá air?** what colour is it?; **cad é an t-ainm atá ort?** what is your name?; **cad (é) a rinne tú?** what did you do?; **cad (é) a dhéanfaimid?** what will we do?
7 (with prep pron) why; with what; what about; where from; **cad chuige ar bhris tú é?** why did you break it?; **cad leis ar bhuail tú é?** what did you hit him with?; **cad air a bhfuil sibh ag caint?** what are you talking about?; **cad fúmsa?** what about me?; **cad as duit?** where are you from?

8 (with compound preps) why; what about; where from; **cad ina thaobh ar tháinig tú?** why did you come?; **cad mar gheall ormsa?** what about me?
9 (with **mar**) how; **cad é mar tháinig tú?** how did you come?; **cad é mar atá tú?** how are you?
10 (with **eile**) who else; what else; **Seán a bhí ann, cad eile?** it was Sean, who else?; **cad eile céard a déarfá?** what else would you say?

cadás nm1 cotton
cadhan nm1 wild goose, barnacle goose; **bheith i do chadhan aonair** to be a lone wolf
cadhnaíocht nf3: **bheith ar thús ~a** to lead the way; to be in the vanguard
cadhnra nm4 (Elec) battery
cadóg nf2 haddock; **~ dheataithe** smoked haddock
cadráil nf3 gossip
cadránta adj stubborn
Caerdydd nm4 Cardiff
cág nm1 jackdaw
cagúl nm1 cagoule
caibheár nm1 caviar(e)
caibidil (gs **caibidle**, pl **caibidlí**) nf2 chapter; debate, discussion; **faoi chaibidil** under discussion, being discussed
caibinéad nm1 cabinet; **~ comhad** filing cabinet; **~ taispeántais** display cabinet
caibléir nm3 cobbler
caici nm4 khaki
caid (pl **caideanna**) nf2 football
caidéal nm1 pump; **~ peitril** petrol pump
caidéalaigh vt pump
caidéis nf2 inquisitiveness; **~ a fháil de** to pass remarks on; **~ a**

fháil do dhuine to pass remarks on sb
caidéiseach adj inquisitive
cáidheach adj dirty; messy; filthy
caidhp (pl **caidhpeanna**) nf2 cap; bonnet
caidreamh nm1 (with people) association; relationship; liaison; **~ a dhéanamh le duine** to associate with sb; **~ poiblí** public relations; **~ collaí** (Law) sexual intercourse; **oíche chaidrimh** social evening
caife nm4 coffee; café; coffee bar; **~ bán** white coffee; **~ idirlín** internet café; **~ lucht iompair** transport café
caiféin nf2 caffeine
caifirín nm4 headscarf
caifitéire nm4 cafeteria
caighdeán nm1 standard; **~ maireachtála** standard of living; living standards; **caighdeáin** (moral) standards
caighdeánach adj standard
caighdeánaigh vt standardize
cáil (pl **cáileanna**) nf2 fame, renown; reputation; quality; **sa cháil sin** in that respect
cailc nf2 chalk; (inf) limit
cailciam nm4 calcium
caileann nf2 Calends; **Lá Caille** New Year's Day
cailg nf2 (of insect etc) bite, sting; **chuir sé cealg ionam** it stung me
cáiligh vt, vi qualify
cailín nm4 girl; girlfriend; **~ aimsire** maid, chambermaid; au pair (girl); **~ coimhdeachta** bridesmaid; **~ donn** brunette; **~ freastail** waitress; **~ óg** bride
cáilíocht nf3 quality, attribute; disposition; (degree etc) qualification

cailís nf2 chalice

cáilithe adj qualified

cáilitheach adj (exam etc) qualifying

cáiliúil adj famous; celebrated; renowned

caill nf2 (pl **cailleanna**) loss ▷ vt lose; miss, miss out; shed; make a loss; **níl ~ air** it's not bad; **do phost a chailleadh** to be made redundant; **an scéimh a chailleadh** to lose one's good looks; to grow ugly; **meáchan a chailleadh** to lose weight

caille nf4 veil

cailleach nf2 witch; hag; **~ feasa** fortune teller; **~ na luatha** couch potato

cailliúnaí nm4 loser; spendthrift

caillte adj lost; perished

caillteanas nm loss

cailpís nf2 (on trousers) fly

cáim nf2 flaw, blemish

caimiléir nm3 crook, rogue

caimiléireacht nf3 dishonesty, crookedness, trickery; cheating; fiddle

caimseog nf2 fib

cáin (gs **cánach**, pl **cánacha**) nf tax; (Law) fine, penalty ▷ vt, vi fine; criticize; condemn; censure; **~ san áireamh** inclusive of tax; **~ a ghearradh ar** to tax; **~ bhreisluacha** value added tax; **~fhoirne** service charge; **~ioncaim** income tax; **saor ó cháin** tax-free

cáinaisnéis nf2 (Pol) budget

cáineadh (gs **cáinte**) nm condemnation

cainéal¹ nm (TV) channel

cainéal² nm cinnamon

caingean (gs, pl **caingne**) nf2 dispute

cáinmheas nm3 tax assessment

cainneann nf2 leek

cainníocht nf3 quantity; **~éigríochta** infinite quantity; **~anaithnid** unknown quantity

caint (pl **cainteanna**) nf2 speech; talk; language; address, discourse; **rud a chur i g~** to express sth; **~na ndaoine** everyday speech, common parlance; **leagan ~e** turn of phrase, expression, locution; **mórán ~e ar bheagán cúise** much ado about nothing; **~a chur ar** to accost; address; **bheith ag ~seafóide** to talk nonsense or bunkum; **cur le do chuid ~e** to live up to one's word; **cruinnigh do chuid ~e** come to the point!; **cead ~e a fháil** to have one's say; **droch-chaint** bad language; **~dhíreach** (statement) quote; **baineadh an chaint díom** I was left speechless; **bí ag ~ar ...** talk about ...!; **cad é an chaint atá ort?** what are you talking about?, what nonsense is this?; **fuair sé an chaint** or **tháinig a chaint leis** he found his tongue

cainte n gen as adj (exam etc) oral; **scrúdú ~** oral examination

cáinte see **cáineadh**

cainteach adj talkative

cáinteach adj disparaging; reproachful

cainteanna see **caint**

cainteoir nm3 speaker; **~dúchais (Fraincise)** a native speaker (of French)

cáinteoir nm3 fault finder

caintic nf2 canticle

caíonna see **caoi**

cáipéis nf2 document

cáipéiseach adj documentary

caipín nm4 cap; **~glúine** kneecap; **~súile** eyelid; **~snámha** swimming cap

caipiteal *nm1* (*money*) capital
caipiteleachas *nm1* capitalism
caipitlí *nm4* capitalist
caipitlíoch *adj* capitalist
cairde *nm4* respite; (*Comm*) credit; **ar ~** on credit; **gan chairde** at short notice; *see also* **cara**
cairdeagan *nm1* cardigan
cairdeas *nm1* friendship; **~ a dhéanamh le duine** to make friends with sb; **~ a athsnaidhmeadh** to make up
cairdiach *adj* cardiac
cairdín *nm4* accordion
cairdinéal *nm1* cardinal
cairdiúil *adj* friendly; (*computer etc*) user-friendly
cairéad *nm1* carrot
cairéal *nm1* (*for stone*) quarry
cáiréis *nf2* care
cáiréiseach *adj* fastidious; careful; tactful, diplomatic
Cairib *nf4*: **Muir Chairib** Caribbean Sea
Cairibeach *adj* Caribbean
cairpéad *nm1* carpet
cairt¹ (*pl* **cairteacha**) *nf2* cart
cairt² (*pl* **cairteacha**) *nf2* (*Naut*) map, chart; parchment
cairtchlár *nm1* cardboard; **bosca cairtchláir** cardboard box
cairteacha *see* **cairt**
cáis (*pl* **cáiseanna**) *nf2* cheese
Cáisc *nf3* Easter; **Domhnach Cásca** Easter Sunday; **~ na nGiúdach** Passover
caiscín *nm4* wholemeal; wholemeal bread; **tá mo chaiscín meilte** I'm done for
caiséad *nm1* cassette
caiseal *nm1* stone fort; (*Chess*) rook; (*toy*) (spinning) top
caisealta *adj* walled
caisearbhán *nm1* dandelion

caisíne *nm4* casino
caisirnín *nm4* (*in wire, flex etc*) kink; twist
caisleán *nm1* castle; **~ gainimh** sandcastle
caismír *nf2* cashmere
caismirt *nf2* commotion; disorder; conflict; fray
caite¹ *adj* worn; past; spent, exhausted, consumed; **seanduine ~** a worn-out old person; **an tseachtain seo ~** last week; **an aimsir chaite** (*Gram*) the past tense; **tá an léas ~** the lease has run out; **tá an t-airgead ~** the money is spent; *see also* **caitheamh**
caiteachas *nm1* expenditure
caiteoir *nm3* consumer; spender; wearer; **~ tobac** smoker
caith¹ *vt, vi* (*missile*) throw; (*clothes, shoes*) wear; wear out; (*Pol, Fishing*) cast; (*money, time*) spend; (*food, Med*) take; (*cigarettes*) smoke; (*gun, shot*) fire; **cloch a chaitheamh** to throw a stone; **briste/gúna/buataisí a chaitheamh** to wear trousers/a dress/boots; **tá sála mo chuid bróg ag ~eamh** the heels of my shoes are wearing out; **vóta a chaitheamh** to cast one's vote; **dorú a chaitheamh** to cast a fishing line; **euro a chaitheamh** to spend a euro; **an lá/oíche a chaitheamh** to spend the day/night; **an g~eann tú siúcra?** do you take sugar?; **cógas a chaitheamh** to take medicine; **toitíní a chaitheamh** to smoke cigarettes; **an g~eann tú?** do you smoke?; **"ná caitear tobac"** "no smoking"; **urchar** or **piléar a chaitheamh** to fire a shot; **caith amach** throw out; **chaith sé**

amach an t-uisce he threw out the water; **caith aníos** throw up (from below); vomit; **~ aníos chugam é** throw it up to me; **caith anuas** throw down (from above); **~ anuas chugam é** throw it down to me; **caith anuas ar** belittle, disparage; **bíonn sé i gcónaí ag ~eamh anuas orm** he is forever running me down; **caith ar** throw on; **~ ar an urlár é** throw it on the floor; **súil a chaitheamh ar** to cast a glance at; **cad é atá ag ~eamh ort?** what's the matter with you?; **caith ar leataobh** throw away; **caith (amach) as** throw out of; **~ mé (amach) as mo lámha é** I threw it out of my hands; **caith chuig** throw to or towards; **~ chugam an liathróid** throw the ball to me; **caith de** throw from; **chaith sé an fear den chapall** he threw the man from the horse; **caith i** throw into; **~ sa phota é** throw it into the pot; **caith in aghaidh** cast up against; **rud a chaitheamh in aghaidh duine** to cast sth up to sb; **caith le** throw at; (*care*) take; (*energy*) expend; (*diligence*) exercise; (*behave towards*) treat; **chaith sé cloch léi** he threw a stone at her; **cúram or dua a chaitheamh le rud** to take trouble with sth; **dúthracht a chaitheamh le rud** to expend energy in doing sth; to exercise diligence in doing sth; **~eamh go maith/go dona le duine** to treat sb well/badly; **caith ó** throw from; **rud a chaitheamh uait** to throw sth away; to desist from doing sth; **caith suas** throw up; **~ suas é** throw it up; **~ suas le** deride; cast up to; **chaith**

sé suas liom é he derided me because of it; he cast it up to me

caith² *aux vb* (*obligation, necessity*): **~fidh tú é a dhéanamh** you've got to do it; **~fidh mé scéala a chur chuig na póilíní** I've got to notify the police; **~fidh tú gan a rá léi** you mustn't tell her; **~fimid teacht leis** we'll have to make do with it; **~fidh sé go bhfuil sé ann faoi seo** he must be there by now; **chaithfeá ceist a chur ar dtús** you would have to ask first

cáitheadh (*gs* **cáite**) *nm* (*from sea*) spray

caitheamh *nm1* throw; spending; consumption; (*use*) wear; **~ a bheith ort rud a dhéanamh** to be compelled to do sth; **~ i ndiaidh** + *gen* to hanker after; **i g~ na seachtaine** during the week; **~ aimsire** pastime(s); **le ~ na haimsire** with the passing of time; **cad é atá ag cur caite ort?** what's troubling you?

caithfidh *see* **caith²**

caithis *nf2* charm, attraction; fondness

caithiseach *adj* delicious

cáithnín *nm4* fleck, particle, small flake; speck; mote; **tháinig ~í ar mo chraiceann** my flesh began to creep; **~ sneachta** snowflake

caithréim *nf2* triumph

caithréimeach *adj* triumphant

Caitliceach *adj, nm1* Catholic; **~ Rómhánach** Roman Catholic

Caitliceachas *nm1* Catholicism

cál *nm1* cabbage; **~ faiche** nettles

caladh (*pl* **calaí**) *nm1* harbour

calafort *nm1* port, harbour

calaois *nf2* fraud, swindle; deceit; (*Sport*) foul; **~ a dhéanamh ar dhuine** to defraud sb; to short-change sb; (Sport) to foul sb

calaoiseach adj underhand(ed); deceitful; dishonest; fraudulent

calc vt (pipe) choke; (hole) plug

calcadh nm (on wages) freeze

call nm4 need

callaire nm4 (person) loud talker; (appliance) loudspeaker, megaphone

callán nm1 noise, racket, row; **~ a thógáil** to create a noise, cause a disturbance

callánach adj noisy, loud; rowdy

calm nm1 calm

calma adj brave, stalwart, stout

calmacht nf3 bravery

calóg nf2 flake; **~ arbhair** cornflakes; **~ shneachta** snowflake

calra nm4 calorie

cálslá nm4 coleslaw

cam adj bent, crooked; dishonest

camall nm1 camel

camán¹ nm1 (Sport) hurling stick; (Mus) quaver; **idir chamáin** at issue, under discussion

camán² nm: **~ meall** camomile

camas nm1 cove, river bend

camastaíl nf3 deceit; swindle, fraud

camchosach adj bandy-legged

camchuairt nf2 tour

camhaoir nf2 dawn, daybreak

camóg nf2 comma; (Sport) camogie stick; **~a inbhéartaithe** inverted commas

camógaíocht nf3 camogie

campa nm4 camp; **~ saoire** holiday camp; **~ géibhinn** concentration camp

campáil vi camp; **dul ag ~** to go camping

campálaí nm4 camper

campas nm1 campus

can vt, vi speak; sing

cána nm4 cane; **~ siúcra** sugar cane

cánach, cánacha see **cáin**

cánachas nm1 (of tax etc) imposition; taxation

canáil nf3 canal

canáraí nm4 canary

canbhás nm1 canvas

canbhasáil vt, vi: **~ (ar son)** canvass (for)

cancrán nm1 (person) crank, bad-tempered person

candaí nm4 candy; **~ cadáis** candy floss, cotton candy (US)

cangarú nm4 kangaroo

canna nm4 can; tin (can); **~ peitril** petrol can; **bheith ar na ~í** to be in your cups

cannabas nm1 cannabis

cannaigh vt can

canóin (pl **canónacha**) nf3 cannon; (Rel, Mus) canon

canónach nm1 (clergyman) canon

canta nm4 (of bread etc) chunk; (of cake) wedge, slice

cantaireacht nf3 chant(ing)

cantalach adj grumpy; petulant; peevish

canú (pl **canúnna**) nm4 canoe

canúint (gs **canúna**) nf3 dialect; vernacular; accent; **~ a chur ar rud** to express sth in words

caoch nm1 (pl **caocha**) blind person ▷ adj (gsm **caoich**) blind; (cartridge) blank ▷ vt blind; dazzle ▷ vt, vi blink; wink; **chomh ~ le cloch** as blind as a bat; **bheith ~ ar rud** to be blind to sth; **súil a chaochadh ar dhuine** to wink at sb

caochadh (gs **caochta**) nm wink; **bheith caochta** to be very drunk

caochán nm1 (animal, fig) mole

caochóg nf2 cubbyhole; **~ na cóisire** (fig) wallflower

caochspota nm4 (Aut etc) blind spot

caoga (gs **caogad**, pl **caogaidí**, ds, pl with numbers **caogaid**) num, nm fifty

caogadú num, adj, nm4 fiftieth

caoi (pl **caíonna**) nf4 way; manner; means; opportunity; condition; **tá ~ mhaith air** it is in good condition; **i g~ go, sa chaoi (is)** so that; **ar chaoi éigin** somehow; **cén chaoi a bhfuil tú?** how are you?; **ar chaoi ar bith, ar aon chaoi** anyway, in any event; **~ a chur ar rud** to fix sth, repair sth; to tidy sth up

caoile nf4 thinness; narrowness

caoimhe nf4 gentleness; loveliness

caoin adj gentle, refined; delicate; kind; soft; (weather) mild ▷ vi, vt lament, mourn; weep, cry

caoineadh (gs, pl **caointe**) nm lament; elegy

caoineas nm1 gentleness; smoothness

caointeach adj plaintive; mournful

caoireoil nf3 mutton

caoirigh see **caora**

caoithiúil adj convenient

caoithiúlacht nf3 convenience

caol adj thin; lean, slender; (insight etc) subtle; tenuous; narrow; (Ling) palatal ▷ nm (pl **caolta**); **~ na láimhe** wrist; **~ na sróine** bridge of the nose; **~ na coise** ankle; **~ an droma** small of the back; **bhí ceangal na gcúig g~ air** he was bound hand and foot; **~ díreach** directly, straightaway

caolaigeanta adj narrow-minded

caolaigh vt, vi narrow; dilute; (Ling) palatalize; **~ ar** whittle away; reduce

caolas nm1 bottleneck; (Geog) sound; strait

caolchuid nf3: **ar an g~** in need, in want

caolchúiseach adj subtle

caolsráid (pl **caolsráideanna**) nf2 alley

caolta see **caol**

caomh adj gentle; lovely

caomhnaigh vt preserve, keep safe; protect, guard; **teanga/cultúr a chaomhnú** to preserve a language/culture

caomhnóir nm3 patron, protector; (of minor) guardian

caomhnú nm conservation; protection, preservation

caonach nm1 moss; **~ móna** peat moss

caor nf2 berry; **~ fíniúna** grape; **~ thine** thunderbolt; meteor, fireball; **~ thine ort!** damn you!

caora (gs, gpl **caorach**, pl **caoirigh**) nf sheep; ewe

caorán nm1 bog

caoróg nf2 (Bot: also: **~ léana**) pink

capaillín nm4 pony

capall nm1 horse; mare; **ar mhuin capaill** on horseback; **~ rása/luascáin** racehorse/rocking horse; **~ maide** vaulting horse, wooden horse; hobby-horse

capán nm1: **~ glúine** kneecap

capsúl nm1 capsule

captaen nm1 captain; skipper

cár nm1 (set of) teeth; grimace; **~ a chur ort féin** to grimace, pull a face; see also **cá**

cara (gs, gpl **carad**, pl **cairde**) nm friend; buddy; **~ Críost** godparent; **a Chara** Dear Sir/Madam; **~ sa chúirt** a friend in high places

caracatúr nm1 caricature

carachtar nm1 character

carad see **cara**

caraf nm4 carafe

caramal nm caramel

carat nmi carat

cárb see **cá**

carbad nm chariot

carbaihiodráit nf2 carbohydrate

carball nm roof of the mouth; (hard) palate; (of mouth) gum

carbán nmi carp

cárbh see **cá**

carbhán nmi caravan, trailer (US)

carbhat nmi tie; cravat; scarf; necktie; **~ cuachóige** bow tie

carbón nmi carbon

carbradóir nm3 carburettor

carcair (gs **carcrach**, pl **carcracha**) nf jail, prison

cargáil nf3 jostling; **~ a thabhairt do dhuine** to manhandle sb

Carghas nmi: **an ~** Lent; **rinne mé an ~ ar an ól** I abstained from drinking during Lent

carn nmi heap; mound; stack, pile; cairn ▷ vt, vi heap (up), pile (up); save; mount (up), stack (up); **~ fuillígh** dump; **~ aoiligh** dunghill; **~ slaige** slag heap; **airgead a charnadh** to make piles of money; **ar an g~ aoiligh** on the scrapheap

carnabhal nmi carnival; funfair

carnán nmi (of earth) bank; (of money) kitty

carr (pl **carranna**) nmi car; **~ cábla** cable car; **~ campála** (vehicle) camper; **~ péas/rása/spóirt** police/racing/sports car; **~ sleamhnáin** sledge, sleigh; bobsleigh; **i g~** or **sa charr** by car

carrach adj scabby, mangy; (hill) rocky

carraig (pl **carraigeacha**) nf2 rock, boulder

carraigín nm4 (carrageen) moss

carráiste nm4 carriage; **~ caite tobac** (Rail) smoker

carrbhealach nmi carriageway; **~ dúbailte** dual carriageway

carrchlós nmi car park, parking lot (US)

carrfón nmi car phone

carrghlanadh (gs **carrghlanta**) nm car wash

carria nm4 deer, stag

carróstlann nf2 motel

cársán nmi wheeze; **~ a bheith ionat** to be wheezy

cársánach adj wheezy

cart vt, vi scrape clean; clear out; (boat) discharge; (current) sweep away; (leather) tan

cárt nmi quart

cárta nm4 card; **~ airgid** cash card; **~ aitheantais/bainc** identity/bank card; **~ ballraíochta** membership card; **~ beannachta** greeting(s) card; **~ bordála** (Aviat, Naut) boarding pass; **~ breisithe** (for mobile phone) top-up card; **~ creidmheasa** credit card; **~ cuimhne** (Comput) memory card; **~ glas** green card; **~ gnó** business or calling card; **~ gutháin** phonecard; **~ imeartha** playing card; **~ innéacsa** record card; **~ muirir** charge card; **~ Nollag** Christmas card; **~ poist** postcard; **~ SIM** SIM card; **~ tuairisce** record card; **rud a chaitheamh i g~í** to give up (on); discard; **ag imirt ~í** playing cards

cártafón nmi cardphone

cártán nmi carton

carthanach adj charitable; kind

carthanacht nf3 friendship; charity; **cumann ~a** a benevolent society

cartlann nf2 archive(s)

cartún *nm1* cartoon

cartús *nm1* cartridge; **~ beo/caoch** live/blank cartridge

carúl *nm1* (Christmas) carol

cas *vt, vi* twist, turn (around); return; (*clock*) wind; switch; flick; spin, twirl, swing; (*song*) sing; **~ ar/le/do** encounter, meet; **~ ar ais** (*person, vehicle*) turn back; **~adh orm/liom/dom é** I met or happened to meet him; **~ isteach** (*fold*) turn in; **~ ó** (*from road*) turn off; **~ thart** swing round, turn round; **"ná ~tar ar clé"** "no left turn"

cás¹ (*pl* **cásanna**) *nm1* (*also Law*) case; eventuality; instance; concern; **cuir i g~** for instance; **cuir i g~ (go)** suppose (that); **i g~ ar bith** in any case; **sa chás sin** in that case; **sa chás go** in the event of; **~ dlí/cúirte** law/court case; **ní~ liom é** it's no concern of mine; **is trua liom do chás** I'm sorry for your trouble; **nach bocht an ~ é?** aren't things in a bad way?

cás² (*pl* **cásanna**) *nm1* case; cage; **~ pacála** packing case; **~ toitíní** cigarette case

casacht *nf3* cough; **~ a dhéanamh** to cough

casachtach *nf2* coughing; **racht casachtaí** fit of coughing

Casacstáin *nf2*: **an Chasacstáin** Kazakhstan

casadh (*pl* **castaí**) *nm1* turn, twist; turning; (*Aviat*) spin; coil; **le ~ an phoist** by return (of post); **~ na taoide** the turn of the tide; **~ an chorcáin leis an gciteal** the pot calling the kettle black

cásáil *nf3* casing

casaoid *nf2* grievance; complaint; **~ a dhéanamh le duine** to take sb to task, make a complaint to sb

casaoideach *adj* querulous

casaról *nm* casserole

casla *nf4* small harbour

cásmhar *adj* sympathetic

casóg *nf2* jacket; cassock; **~ dinnéir** dinner jacket, tuxedo; **~ spóirt** sports jacket

casta *adj* elaborate, intricate, complicated; (*argument*) convoluted, involved; (*fig*) knotty; (*road, river*) winding; **rud a dhéanamh ~** to complicate sth

castacht *nf3* complexity

castaí *see* **casadh**

castaire *nm4* spanner

castán *nm* (sweet) chestnut

casúr *nm* hammer

cat *nm* cat; **~ baineann/riabhach** she-cat/tabby; **~ breac** (*fig*) turncoat

catach *adj* (*head, hair*) curly; (*page*) dog-eared

catalaíoch *nm1* catalyst

catalóg *nf2* catalogue

cath (*pl* **cathanna**) *nm3* battle

cathaigh *vt* tempt

cathain *interr* when; **a tháinig sé?** when did he come?

cathair (*gs* **cathrach**, *pl* **cathracha**) *nf* city; **~ ghríobháin** maze, labyrinth; **comhairle/halla cathrach** city council/hall; **C~ na Vatacáine** Vatican City

cathaoir (*gs* **cathaoireach**, *pl* **cathaoireacha**) *nf* chair; throne; seat; (*Rel*) see; **~ deice/rothaí/uilleach** deckchair/wheelchair/armchair; **~ luascáin** rocking chair; **dul sa chathaoir** (*at meeting*) to take the chair, preside

cathaoirleach *nm1* chairperson, chairman/chairwoman

cathaoirleacht *nf3* (*position of chairperson*) chair

cathartha *adj* civil; civic

cathéide *nf4* armour

cathlong *nf2* battleship

cathrach *n gen as adj* town, municipal; **Póilíní C~ Londan** the Metropolitan Police; *see also* **cathair**

cathracha *see* **cathair**

cathróir *nm3* citizen

cathróireacht *nf3* citizenship

cathú *nm* temptation; regret; **tá ~ orm faoi sin** I'm sorry about that; **~ a chur ar dhuine** to tempt sb

CCanna *n abbr* (= *ceisteanna coitianta*) FAQ

○ **EOCHAIRFHOCAL**

cé¹ *interr pron* **1** (*with pers pron; prefixes* **h** *to* **é, í, iad**) who; **cé hé/cé hí?** who is he/she?; **cé hiad?** who are they?
2 (*with pers pron; normally takes emphatic forms of* **tú, sibh**) who; **cé tusa?** who are you?; **cé sibhse?** (*plural*) who are you?
3 (*with dem pron*) who; **cé seo?, cé hé seo?** who is this?; **cé sin?, cé hé sin?** who is that?
4 (*with dem adj*) who; **cé hé an fear seo?** who is this man?
5 (*with verbs*) who, whom; **cé atá ann?** who is it?; **cé a rinne é?** who did it?; **cé a chonaic sé?** whom did he see?
6 (*with prep prons*) with whom; to whom; from whom; **cé leis a raibh tú ag caint?** with whom were you talking?; **cé aige a bhfuil an t-airgead?** who has the money?; **cé dó ar thug tú é?** to whom did you give it?; **cé uaidh a bhfuair tú é?** from whom did you get it?

7 (*becomes* **cén, cé na** *with art and noun*) what; **cé t-am é?** what time is it?; **cén aois tú?** what age are you?; **cé na daoine a chonaic tú?** what people did you see?
8 (*becomes* **cén** *with* **uair, fáth, áit, caoi, dóigh**): **cén uair?** when?; **cén uair a tháinig sí?** when did she come?; **cén fáth?** why?; **cén fáth ar tháinig sí?** why did she come?; **cén áit?** where?; **cén áit a bhfuil tú?** where are you?; **cén chaoi?, cén dóigh?** how?; **cén chaoi** *or* **dóigh a bhfuil tú?** how are you?
9 (*with prep* **le** *indicating ownership*) whose; **cé leis an leabhar seo?** whose is this book?
10 (*becomes* **cér, cérb, cérbh** *with some forms of the copula*) whose; **cér díobh tú?** who are your people?; **cér díobh JFK?** who were JFK's people?; **cérb iad?** who are they?; **cérbh iad na fir sin?** who were those men?; **cér leis an sean-rud caite seo?** whose was this old thing?
11 (*with prep prons* **againn, agaibh, acu** *to indicate choice among things*) which; whether; **cé agaibh is óige, tusa nó Máire?** which of you is the younger, you or Mary?; **cé acu peann a thóg sé?** which pen did he take?; **cé acu (ceann) is fearr leat?** which do you prefer?; **níl a fhios agam cé acu atá sí ann nó nach bhfuil** I don't know whether she is there or not
12 (*with* **mar a**) how; **cé mar a tháinig sé?** how did he come?

cé² *conj* **cé go** although, though; whereas

cé³ (*pl* **céanna**) *nf4* quay

ceachartha adj mean, tightfisted

ceacht (pl **ceachtanna**) nm3 lesson; (Scol) exercise; **~ a mhúineadh do dhuine** to teach sb a lesson; **~ tiomána** driving lesson

céachta nm4 plough; **~ sneachta** snowplough

ceachtar pron either; (in negative) neither; **~ acu** either (of them); **ní raibh ~ den bheirt ann** neither of the two were there

cead nm3 leave, permission; approval; go-ahead; (also: **~ isteach**) pass; **~ go maidin** all-night pass; **ar ~** on leave; **~ a fháil** to get permission; **~ a bheith agat rud a dhéanamh** to be at liberty to do sth; **do chinn a bheith agat** to be free to do as one pleases; **~ a thabhairt do dhuine** to give sb permission; **~ a chinn a thabhairt do dhuine** or **a ligean le duine** to let sb have their own way; **rud a chur i g~ duine** to ask sb's permission; **le do chead** with your permission; **~ cainte a fháil** to have one's say; **(a) chead aige teacht** let him come; **i g~ duit** with respect (to you); **~ cónaithe** residence permit; **~ isteach** admission, admittance; **~ pleanála** planning permission; **~ scoir** leave of absence; **bíonn ~ cainte ag fear caillte na himeartha** the loser of a contest may talk as much as he pleases

céad¹ (pl **céadta**) nm1 hundred; century; **ina g~ta** in hundreds; **~ euro** a hundred euros; **~ go leith** one hundred and fifty; **~ meáchain** hundredweight; **na ~ta** = nom sg hundreds of; **an t-aonú ~ is fiche** the twenty-first century

céad² adj first; **an chéad duine** the first person; **na chéad daoine** the first people; **an chéad cheann** the first one; **an chéad ghiar** (Aut) first gear; **an chéad duine eile** the next person

céad- prefix first

ceadaigh vt, vi permit, grant; pass, approve; consult; **ceadú do dhuine rud a dhéanamh** to allow sb to do sth

ceadaithe adj permitted, allowed; permissible

ceadaitheach adj permissive

Céadaoin (pl **Céadaoineacha**) nf4: **An Chéadaoin** Wednesday; **an Luaithrigh** Ash Wednesday; **Dé ~** on ☩Wednesday

céadar¹ nm1 (tree) cedar

céadar² nm1 cheddar (cheese)

céadchosach nm1 centipede

céadfa nm4 (bodily) sense, feeling

céadfach adj sensory

ceadmhach adj permissible

céadta see **céad¹**

céadú num, adj, nm4 hundredth

céaduair : **a/de chéaduair** adv (in phrases) first, at first, initially; **shíl mé a chéaduair gur ag magadh a bhí tú** I thought at first you were joking

ceadúnaigh vt license

ceadúnaithe adj licensed

ceadúnas nm1 licence; permit; **~ tiomána** driving licence, driver's license (US)

ceaintín nm4 canteen

ceal nm4 want, lack; extinction; **de cheal** + gen for lack of, for want of; **cuir ar ~** abolish, cancel; abrogate; **dul ar ~** to disappear; **thar ~** overdue

céalacan nm1 morning fast; **bheith ar ~** to be fasting; **do chéalacan a bhriseadh** to break one's fast

cealaigh *vt* cancel; annul; remove
cealg *vt* deceive; allure; (*child*) lull
to sleep; (*insect*) sting ▷ *nf2* deceit,
treachery; (*of bee*) sting
cealgach *adj* deceitful; (*question*)
loaded
ceall, cealla *see* **cill¹**
ceallach *adj* cellular
ceallafán *nm* cellophane
cealú *nm* cancellation
cealúchán *nm* cancellation
ceamach *adj* (*appearance*) sloppy,
slovenly ▷ *nf2* (*gs* **ceamaí**, *pl*
ceama, *gpl* **ceamach**) slut
ceamara *nm4* camera; **~ digiteach**
digital camera; **~ gréasáin**
(*Comput*) webcam
ceamaradóir *nm3* camera(wo)man
ceamthaifeadán *nm* camcorder
ceana *see* **cion¹**
Ceanada *nm4* Canada
Ceanadach *adj, nm* Canadian
ceanastar *nm* canister
ceangail (*pres* **ceanglaíonn**) *vt*
bind, tie (up); fasten, hitch; join; to
attach; lace (up); tether; **iallacha
a cheangail** to tie one's shoelaces;
leabhar a cheangail to bind a
book; **bád a cheangail** to secure a
boat; **rud a cheangail de r-phost**
to attach something to an email;
~ de to tie to; **~ le** tie with
ceangailte *adj* tied (up); united;
fastened
ceangal *nm* connection; (*string
etc*) tie; link (up); binding; bond;
obligation; **~ a bheith ort rud a
dhéanamh** to be obliged to do sth;
~ na gcúig gcaol a chur ar dhuine
to bind sb's hands, feet and neck; to
ensnare sb
ceangaltán *nm* (*Comput*)
attachment
ceangaltas *nm* commitment

ceann (*gs*, *npl* **cinn**, *npl also* **ceanna**,
gpl **ceann**, *ds* **cionn**) *nm* head;
extreme; end; one; roof; **tá pian i
mo cheann** I have a pain in my
head; **a cheann a ligean le duine**
to leave sb to their own devices; **~
faoi a bheith ort** to be dejected; **~
maith a bheith ort** to be sensible,
be smart; **má thagann sé ina
cheann** if it ever occurs to him; **~
teaghlaigh/roinne** head of
family/department; **~ ar aghaidh**
headlong; **ar an g~ is lú de** at the
very least; **gan ach an ~ caol a lua**
to put it mildly; **thíos ag ~ an
bhealaigh** down at the end of the
road; **~ cúrsa** *or* **scríbe** journey's
end; **ó cheann ~ na bliana** all the
year round; **bheith idir dhá
cheann na meá** to hang in the
balance; **~ amháin (acu)** one (of
them); **an chéad cheann** the first
one; **do rogha ~** whichever one
you wish; **~ ar cheann, ina g~ is
ina g~** one by one; **níl ~ ar bith
fágtha agam** I've none left; **an ~
eile** the other one; **an ~ is
deireanaí ar fad** the very last one;
an ~ is fearr fós the best one yet;
an ~ seo/sin this/that one; **cé acu
~?** which one?; **ar cheann + gen** at
the head of; **ar cheann an liosta**
first on the list; **teach ~ tuí**
thatched cottage; **de cheann
+ gen** for the sake of; **faoi cheann
+ gen** by or at the end of; **faoi
cheann seachtaine** in a week's
time; **go ceann + gen** to the end of;
for the duration of; **ní bheidh sé
réidh go ~ míosa** it won't be ready
for a month; **i gceann + gen** at the
end of; engaged in; **i g~ seachtaine**
in a week's time; **bheith i g~ do
chuid oibre** to be at your work;

dul i g~ an tsaoil to make a start in life; **os cionn** + gen above, over; beyond; **os cionn na fuinneoige** above the window; **os cionn fiche** more than twenty; **os cionn comórtais** beyond comparison; **thar ceann** + gen on behalf of, for the sake of; in return for; **thar ~ an aire** on behalf of the minister; **an ~ corr** the odd one out; **~ baineann** female; **C~ Comhairle** (Irl: Pol) the Speaker; **~ cúrsa** terminal; **~ feadhna** leader, ringleader; **~ scríbe** destination; **~ téide** (Geog) cape; **~ urra** chief; **"ar cheann téide"** "on tow", "in tow" (US); **cionn is** go because; **thar cionn** excellent; **an lá dár gcionn** the next day; **dul chun cinn** progress; **an ~ is fearr a fháil ar dhuine** to get the better of sb; **a chur ar rud** to start sth (off); **do cheann a leagan thart** to lay one's head to rest; **do cheann a bheith sa spéir agat** to have one's head in the clouds; **do cheann a bheith sa talamh agat** to be stooped towards the ground; **dul i g~ ruda** to commence sth; **rud a chur isteach i g~ duine** to convince sb of sth; **rud a thabhairt chun cinn** to produce or bring forward sth; to promote sth; to bring sth to a successful conclusion; **rud a thabhairt i g~ duine** to remind sb of sth; **gan do cheann a bhuaireamh le rud** not to bother about sth; **rudaí a chur** or **thabhairt i gceann a chéile** to put together or assemble things; **chuir sé ina cheann é ...** he took it into his head to/that ...; **do cheann a chur isteach in áit** to pop in somewhere

ceann- prefix chief, leading, main

céanna nm4, adj same; **an leabhar ~ (le)** the same book (as); **san am ~** at the same time; **mar an g~** in the same way

ceannach nm1 purchase; **tá ~ maith ar an leabhar** the book is selling well

ceannachán nm1 (thing bought) purchase

céannacht nf3 identity

ceannadhairt (pl **ceannadhairteanna**) nf2 pillow

ceannaghaidh (gs, pl **ceannaithe**) nf face; **ceannaithe** (of face) features

ceannaí nm4 merchant

ceannaigh vt buy, purchase; bribe

ceannairc nf2 mutiny, revolt; **dul chun ~e** to mutiny

ceannairceach nm1 rebel ▷ adj mutinous, rebellious

ceannaire nm4 leader; (Mil) corporal

ceannaitheoir nm3 buyer, purchaser

ceannann adj: **an fear ~ céanna** the very same man

ceannáras nm1 headquarters

ceannas nm1 command; authority; rule; sovereignty; **dul i g~** + gen to assume command of, take charge of; **bheith i g~ ar** to be in charge of

ceannasach adj commanding; ruling; assertive; (Mus) dominant

ceannasaí nm4 commander; controller

ceannasaíocht nf3 leadership; command; assertiveness

ceannbheart nm1 headgear

ceannbhrat nm1 canopy

ceannchathair nf metropolis

ceannchathartha adj metropolitan

ceanncheathrú (*gs* **ceanncheathrún**, *pl* **ceanncheathrúna**) *nf* headquarters

ceanndána *adj* headstrong, stubborn; wilful

ceannfhocal *nm1* headword

ceannfort *nm1* commander; (*Mil*) commandant; (*Police*) superintendent

ceannlíne (*pl* **ceannlínte**) *nf4* headline

ceannlitir (*gs* **ceannlitreach**, *pl* **ceannlitreacha**) *nf* capital (letter)

ceannródaí *nm4* pioneer; leader

ceannsolas *nm1* headlight

ceannteideal *nm1* heading; caption

ceanntréan *adj* dogged, obstinate; headstrong

ceansa *adj* meek, tame

ceansaigh *vt* tame; pacify

ceant (*pl* **ceantanna**) *nm4* auction; **rud a chur ar ~** to auction sth

ceantáil *nf3* auction

ceantálaí *nm4* auctioneer

ceantar *nm1* district; region; locality; **an ~ máguaird** the surrounding area

ceanúil *adj* loving, affectionate; **~ ar** fond of

ceap¹ (*pl* **ceapa**) *nm1* block; (*of tree*) trunk; pad; **~ luiche** (*Comput*) mouse mat, mouse pad; **~ magaidh** laughing stock; **~ milleáin** scapegoat; **~ nótaí** notepad; **~ oifigí** office block

ceap² *vt* think, reckon; catch; invent, think up; nominate, appoint; **~aim go ...** I reckon that ...

ceapach *nf2* (*for flowers, seeds etc*) bed

ceapachán *nm1* (*to post etc*) appointment; (*art etc*) composition

ceapadh (*gs* **ceaptha**) *nm* (*to job etc*) appointment; (*Sport*) catch

ceapadóir *nm3* composer; inventor

ceapaire *nm4* sandwich

céarach, céaracha *see* **céir**

cearbhas *nm1* caraway

cearc (*gs* **circe**) *nf2* hen; female bird; **~ fhraoigh** grouse; **~ cholgach** shuttlecock

cearchaill *nf2* girder

céard *interr pron* what; **~ atá ar siúl agat** what are you doing?; **~ fúmsa?** what about me?

ceardaí *nm4* craftsman; artisan

ceardaíocht *nf3* craft; craftwork

ceardchumann *nm1* trade union

ceardchumannaí *nm4* trade unionist

ceardlann *nf2* workshop

ceardscoil (*pl* **ceardscoileanna**) *nf2* technical school

cearn *nf3* corner; (*Geog*) quarter; **gach ~ is clúid** every nook and cranny; **as gach ~** from all quarters

cearnach *adj* square; angular; **dhá mhéadar chearnacha** 2 square metres; **fréamh chearnach** square root

cearnaigh *vt* (*Math*) square

cearnaithe *adj* square; **dhá mhéadar ~** 2 metres square

cearnamhán *nm1* hornet

cearnóg *nf2* square

cearpantóir *nm3* carpenter

cearpantóireacht *nf3* carpentry

cearr¹ *adj* wrong; **cad é atá ~?** what's the trouble?, what's wrong?

cearr² (*pl* **cearranna**) *nf3* (*mental*) derangement

cearrbhach *nm1* gambler

cearrbhachas *nm1* gambling

ceart (*pl* **cearta**) *nm1* right; just claim; justice; fair play; due; correct interpretation ▷ *adj* right, rightful, proper; real; fully-fledged; **~ agus éigeart** right and wrong; **tabhair a cheart dó** give him his due; **de cheart** by right; originally; **i g~** right; originally; **ó cheart** rightfully; originally; **an ~ a choíche** let's be fair; **gach ~ ar cosaint** all rights reserved; **an ~ a bheith agat** to be right; to be in the right; **~ a sheasamh do dhuine** to stand up for sb; **~ a sibhialta** civil rights; **~ slí** right of way; (*Pol*) franchise; **~ go leor** OK, alright; sure enough; **ba cheart go mbainfeadh sé** he ought to win; **ba cheart dom imeacht** I should go

ceárta *nf4* forge; (*fig*) hotbed

ceartaigh *vt* correct, amend; adjust; rectify; redress; chastise

ceartaiseach *adj* insistent; self-righteous

ceartas *nm1* claim; right

ceartingearach *adj* vertical, plumb

ceartlár *nm1* exact centre; **i g~** + *gen* right in the middle of

ceartú *nm* (*act*) correction

ceartúchán *nm1* correction

céas *vt* torture; torment; (*Rel*) crucify

ceasacht *nf3* complaining

céasadh (*gs, pl* **céasta**) *nm* pain, agony; torture; **an C~** the Crucifixion

ceasaí *nf*: **dul thar an cheasaí** to overstep the mark; to go astray

céasla *nm4* paddle

céaslaigh *vt, vi* paddle

céasta *adj* tormented; excruciating; distressing; (*Ling*) passive; **an fhaí chéasta** the passive voice; *see also* **céasadh**

ceastóireacht *nf3* interrogation

céatadán *nm1* percentage

ceatha *see* **cith**

ceathair (*pl* **ceathaireanna**) *num, nm4* four; **~ déag** fourteen

ceathairéad *nm1* quartet(te)

ceathanna *see* **cith**

Ceatharlach *nm* Carlow

ceathracha (*gs* **ceathrachad**, *pl* **ceathrachaidí**) *num, nm* forty

ceathrar *nm1* (+ *gen pl*: *people*) four; **~ ban/sagart** four women/priests

ceathrú (*gs* **ceathrún**, *pl* **ceathrúna**, *ds* **ceathrúin**) *nf* quarter; stanza, verse; (*Anat*) thigh; **~ uaineola** leg of lamb; **~ uaire** a quarter of an hour; **~ i ndiaidh a hocht** quarter past eight; **~ don** *or* **go dtí** *or* **chun a cúig** a quarter to five; **~ dollair** (*25 cents*) quarter (*US*); **~ pionta** (*measure*) gill

ceathrú *num, adj* fourth; **an ~ fear** the fourth man; **an ~ capall déag** the fourteenth horse

ceil *vt* hide, conceal; disguise; (*fig*) whitewash; **ní raibh sin ~te air** he was well aware of that

céile *nm4* partner; companion; spouse; **fear ~** husband; **bean chéile** wife; **~ comhraic** *or* **iomaíochta** rival, opponent; adversary; **a chéile** each other; **is fuath leo a chéile** they hate each other; **le** *or* **lena chéile** together; **mar a chéile** alike, the same; **as a chéile** gradually; progressively; **i ndiaidh a chéile** in succession, one after the other; **in one piece, together; cur le chéile** to unite, join; **rud a chur le chéile** to assemble sth, put sth together; **tá siad cosúil le chéile** they are alike; **rud(aí) a chur ó chéile** to dismantle sth; (*people etc*) to separate; **(seasca míle) ó chéile** (sixty miles) apart; **thit sé as a chéile** it fell apart; **de réir a chéile** by degrees, bit by bit; **trí** or **trína chéile** confused; **ó am go chéile** from time to time; **teacht le chéile** to meet; to agree; to join together; to tally; **labhairt le chéile** to speak to one another

céileachas nm companionship; cohabitation

céilí nm4 Irish dancing evening, ceilidh

ceiliúir vt, vi celebrate; vanish; fade

ceiliúr nm greeting; (of bird) song; **~ a chur ar dhuine** to hail or address sb; **~ pósta a chur ar dhuine** to propose to sb

ceiliúradh (gs **ceiliúrtha**) nm celebration; **~ céad bliain** centenary celebration

céill, céille see **ciall**

céillí adj sensible; wise; rational; **ba chéillí an cor é sin** that was a wise move

ceilt nf2 concealment; denial; cover-up; **faoi cheilt** secretly; **cad é an cheilt a bhí aici air?** why was she concealing it?

Ceilteach adj Celtic ▷ nm Celt

Ceiltis nf2 (Ling) Celtic

céim (pl **céimeanna**) nf2 step; stair; degree; (Scol) grade; phase; rank, status; (fig) milestone; **~ ar chéim** step by step; **~eanna na gealaí** the phases of the moon; **deich g~ 10 degrees; **~ síos** demotion; humiliation; **ardú ~e** promotion; **"seachain an chéim"** "mind the step"; **ina chéimeanna** in stages; **~ a thabhairt chun tosaigh/ar gcúl** to step forward/back; **ísliú ~e a fháil** (Sport) to be relegated; **~ a**

ghnóthú to graduate; **~ onóracha** (Scol) hono(u)rs degree

céimí nm4 graduate

ceimic nf2 chemistry

ceimiceach adj chemical

ceimiceán nm chemical

ceimiceoir nm3 (scientist) chemist

ceimiteiripe nf4 chemotherapy

céimiúil adj eminent, renowned

céimiúlacht nf3 eminence, distinction

céimseach adj gradual

céimseata (gs **céimseatan**) nf geometry

céin, céine see **cian¹**

Céinia nf4: **an Chéinia** Kenya

ceint nf2 (coin) cent (US etc)

ceinteagrád nm centigrade

ceinteagrádach adj centigrade

ceintiméadar nm centimetre

céir (gs **céarach**, pl **céaracha**) nf wax; **~ a chur ar rud** to wax sth; see also **ciar**

ceirbheacs nm4 cervix

ceird nf2 trade; line; skill; **dul le ~** to take up a trade or profession; **duine a chur le ~** to apprentice sb to a trade; **gach aon fhear is a cheird féin** every man to his own trade

céire see **ciar**

ceirín nm4 poultice

ceirneoir nm3 disc jockey

ceirnín nm4 (Mus) record; **~ singil** single; **éarlais ~í** record token

céirseach nf2 (hen) blackbird

ceirt (pl **ceirteacha**) nf2 cloth; tea cloth; rag; **~ deannaigh** duster

ceirtlín nm4 (of wool, thread) ball; **ag tochras ar a cheirtlín féin** working in his own interest

ceirtlis nf2 cider

céislín nm4 tonsil

céislínteas nm tonsillitis

ceist (pl **ceisteanna**) nf2 question, query; inquiry; issue; **chuir sé ~ orm** he asked me a question; **rud a chur i g~** to draw attention to sth; **i g~** at issue, in question; **is é a bhí i g~** aici **ná** what she meant was; **croí na ~** the crux of the question; **~ agam ort** answer me this; **ná bíodh ~ ort faoi seo** you may be sure of that; **~eanna coitianta** frequently asked questions, FAQ

ceistigh vt interrogate, question, quiz

ceistiú nm interrogation

ceistiúchán nm1 questionnaire

ceistneoir nm3 questionnaire

ceithearnach nm1 (Chess, fig) pawn

ceithre num, adj four; **~ bhó/charr/úll** four cows/cars/apples

cén = **cé'**

ceo nm4 fog; mist; haze; (of dust) cloud; (on window) vapour; **tá ~ ann** it's foggy; **chomh sean leis an g~** as old as the hills

ceobhrán nm1 drizzle

ceobhránach adj misty

ceol (pl **ceolta**) nm1 music; (in ears) ringing; **~ a sheinm** to play music; **~ a bhaint as rud** to enjoy sth; to go on a spree; **bheith ag gabháil cheoil** to be singing; **níl ~ agam** I can't sing; **~ tíre** folk music; **~ aireagail** chamber music; **gléas ceoil** musical instrument

ceoláras nm1 concert hall

ceolchoirm (pl **ceolchoirmeacha**) nf2 concert

ceoldráma nm4 opera

ceolfhoireann (gs, pl **ceolfhoirne**) nf2 orchestra

ceolmhar adj musical

ceoltóir nm3 musician; singer

ceomhar adj foggy

cér, cérb, cérbh see **cé'**

ch (remove "h") see also **c...**

cha (before vowel or f + vowel = **chan**; + past of reg vbs = **char**) neg part not; **an mbuailfidh tú leis? — ~ bhuailim!** will you see him? — no way!; **~n go fóill/anois** not yet/ now; **~n gan ábhar** rightly, with reason

cheana adv (also: **~ féin**) already, beforehand

chluinfinn etc vb see **cluin**

choíche adv ever; forever; never

chomh adv as; so; **~ fada siar le** as far back as; **~ cliste (le)** as clever (as); **~ hálainn le** as beautiful as; **ná Seán ach ~ beag** nor John either; **~ maith as well; ~ maith le** as well as; **~ mór (go)** so big (that); **an bhfuil sé ~ dona sin?** is it that bad? **chomh beag léi!** how small she is!

chonacthas, chonaic vb see **feic**

Chorcaí see **Corcaigh**

Chosaiv nf2: **An ~** Kosovo

Chróit see **Cróit**

chuaigh etc vb see **téigh**

chuala etc vb see **clois, cluin**

chuathas vb see **téigh**

chuig (prep prons = **chugam, chugat, chuige, chuici, chugainn, chugaibh, chucu**) prep towards, to; **rud a chur ~ duine** to send sth to sb; **chuaigh mé ~ an dochtúir** I went to the doctor; **teacht chugat féin** to recover; **duine a thabhairt ~e féin** to bring sb round; **~e sin** for that purpose, to that end; **ní ~e sin atá mé** I'm not referring to that; **an tseachtain/bhliain seo chugainn** next week/year; **cad ~e?** why?, what for?

chun (prep prons = **chugam, chugat, chuige, chuici, chugainn, chugaibh, chucu**) (+ gen) prep to, towards; in order to; for; **~ na scoile** to (the) school; **cur ~ farraige** to put to sea; **duine a chur ~ báis** to kill sb; to execute sb; **deifriú ~ bheith in am** to hurry (in order) to be in time; **ullamh ~ foilsithe** ready for publication; **lá maith ~ siúlóide** a fine day for a walk; **cúig ~ a hocht** five (minutes) to eight; **dul ~ donais** to deteriorate; **chuaigh sé ~ sochair dom** it benefitted me; **teacht ~ tosaigh** to come to the fore; **dul ~ cinn a dhéanamh** to make headway; **~ tosaigh** in the lead; **~ go** in order that; **téigh ~ réasúin le** to reason with; **is maith ~ a chéile Seán agus Máire** John and Mary are well matched; **teacht ~ réitigh le** to come to terms with; **dul ~ na Róimhe/~ na Fraince** to go to Rome/France

ciainn nf2 cyanide

ciall (gs **céille**, ds **céill**) nf2 sense; common sense; meaning; interpretation; perception; appreciation; **bheith i do chiall, do chiall a bheith agat** to be in one's senses; to be sober; **bheith as do chiall** to have taken leave of one's senses, be demented; **breith ar do chiall** to regain one's senses; to control oneself; **bheith ar chiall na bpáistí** to have no more sense than a child; **gan an chuid is troime den chiall a bheith agat** to have little sense; **gan aon chiall a bheith agat** to have no sense; **teacht ar do chiall, teacht chun céille** to begin to see sense, come to one's senses; **~ a chur i nduine** to bring sb to his senses; to soothe or pacify sb; **dul as do chiall** to take leave of one's senses; **duine a**

chur as a chiall to dement sb, drive sb crazy; **~ a bhaint as rud** to make sense of sth; to interpret sth; **~ a bheith agat do rud** to have an understanding or appreciation of sth; **beag i g~** foolish, naive; **tá ~ leis sin** that makes sense; (*ironically*) such nonsense!; **tá sé le ~ go ...**, **luíonn sé le ~ go ...** it stands to reason that ...; **~ cheannaithe** hard-won experience; **níl ~ duit ann** it is senseless for you to do so; **rud a chur i gcéill do dhuine** to give sb to understand sth; **cur i gcéill** make-believe

ciallaigh vt mean; signify; stand for; imply; (*fig*) spell

ciallmhar adj sensible; reasonable

cian¹ (pl **cianta**, ds **céin**, dpl **cianaibh**) nf: **na ~ta ó shin** ages ago; **leis na ~ta** for ages; in ages; **i gcéin** far away, in the distance; **i gcéin is i gcóngar** far and near; **ó chianaibh** recently ▷ adj (gsm (gsm céin, gsf, compar **céine**) long; distant; far

cian² nm4 sadness; **faoi chian** sad, downhearted; **~ a thógáil de dhuine** to cheer sb up; to lift sb's spirits

cian- prefix long-distance

cianaosta adj primeval

cianghlao nm4 long-distance call

Cianoirthear nm: **an ~** the Far East

cianrialaithe adj remote-controlled

cianrialú nm remote control

cianta see **cian**

ciap vt annoy; harass; (*fig*) torment

ciapadh (gs **ciaptha**) nm harassment; torment

ciar (gsm **céir**, gsf, compar **céire**) adj (hair) dark; (complexion) dark, swarthy

ciardhuán *nm1* negro

ciaróg *nf2* beetle; **~ dhubh**
cockroach; **~ lín** earwig;
aithníonn ~ ~ eile birds of a
feather flock together

Ciarraí *nf4* Kerry

ciarsúr *nm1* handkerchief;
~ páipéir paper hankie

cibé *pron* whoever; whatever;
whichever; **~ áit** wherever ▷ *adj*
any; no matter what; **~ (ar bith)**
leabhar whatever book; **déan ~ is**
gá do whatever is necessary; **~ a**
tharlóidh whatever happens;
tabhair leat ~ leabhar is fearr
leat take whichever book you
prefer; **cuir ceist ar ~ duine is**
mian leat ask whoever you like;
~ acu a d'fhan sé nó a d'imigh sé
whether he stayed or he left; **~ ar**
bith anyhow; **~ scéal é** anyhow

cic (*pl* **ciceanna**) *nf2* kick; **~ shaor**
free kick

ciceáil *vt, vi* kick

ciclipéid *nf2* encyclop(a)edia

cifleog *nf2* rag, tatter

cigil (*pres* **ciglíonn**) *vt, vi* tickle

cigilt *nf2* tickle; **~ a bheith ionat**
to be ticklish

cigilteach *adj* (*person*) ticklish;
(*question*) delicate, touchy

cigire *nm4* inspector

cigireacht *nf3* inspection

cíle *nf4* keel

cileagram *nm1* kilogram(me);
30 pingin an ~ 30p a kilo; **~ plúir**
a kilo of flour

cileavata *nm4* kilowatt

cilí *nm4* chil(l)i

cilibheart (*pl* **cilibhearta**) *nm1*
kilobyte

ciliméadar *nm1* kilometre; **10 g~**
san uair 10 km an hour; **faoi**
chiliméadar de within a

kilometre of

cill¹ (*pl* **cealla**, *gpl* **ceall**) *nf2* (*also Biol,*
Elec) cell

cill² *nf2* church; graveyard,
cemetery; **~ agus tuath** Church
and State

Cill Chainnigh *nf* Kilkenny

Cill Dara *nf* Kildare

cillín *nm4* (*in prison*) cell

Cill Mhantáin *nf* Wicklow

cime *nm4* captive; prisoner, inmate

Cincís *nf2*: **an Chincís** Pentecost

cine (*pl* **ciníocha**) *nm4* race; people;
an ~ daonna humanity, mankind

cineál *nm* (*pl* **cineálacha**) kind;
variety; sex, gender; species ▷ *adv*
somewhat; **an ~ sin amhráin** that
kind of song; **a chineál féin** his
own kind; **an dá chineál** both
sexes; **an ~ ainmhíoch** the animal
world; **~ mall/trom** somewhat
late/heavy; **~ a dhéanamh ar**
dhuine to do sb a kindness; to give
sb a treat; **teacht chun cineáil** to
develop to maturity; to flourish;
rud a thabhairt chun cineáil to
make sth fruitful or prosperous;
(*land*) to make productive

cineálta *adj* kind; mild

cineáltas *nm1* kindness

cinedheighilt *nf2* apartheid

cinéiteach *adj* kinetic

cinic *nm4* cynic

ciniciúil *adj* cynical

ciníoch (*gsm* **ciníoch**) *adj* racial;
ethnic; racist

ciníocha *see* **cine**

ciníochaí *nm4* racist

ciníochas *nm1* racism

cinn *vt, vi*: **~ (ar)** decide (to);
determine (that); **tá sé ag**
cinneadh orm sin a dhéanamh
I am unable to do that

cinneadh *nm1* decision; (*Law*)

findings; **ní fúmsa atá sé ~ a dhéanamh** it is not for me to decide

cinniúint (gs **cinniúna**) nf3 destiny; fate; chance; **chuir sé cor i mo chinniúint** it changed my life

cinniúnach adj fateful; fatal; momentous

cinnte adj certain, sure; positive; definite; decided; **tá sí ~ de** she is certain of (it); **~!** certainly!; **~ le Dia** surely to God; **chomh ~ is atá tú beo** as sure as you're alive; **is ~ (féin) go** there is no doubt that; **déanamh ~ go** to make sure that

cinnteacht nf3 certainty

cinntigh vt ensure; make certain; ascertain; confirm; **dáta a chinntiú le duine** to confirm a date with sb

cinntitheach adj decisive

cinntiú (gs **cinntithe**) nm confirmation

cinsire nm4 censor

cinsireacht nf3 censorship

cíoch nf2 breast; **an chíoch a thabhairt do (leanbh)** to breastfeed

cíochbheart (pl **cíochbhearta**) nm1 bra, brassiere

cíocrach adj eager; hungry; **léitheoir ~** voracious reader

cíocras nm1 craving; greed; eagerness; hunger; **~ ruda a bheith ort** to have a craving for sth; **~ tobac** craving for tobacco; **~ fola** bloodthirstiness

ciolar nf: **~ chiot a dhéanamh de rud** to make a shambles of sth; **~ chiot a dhéanamh de dhuine** to knock the stuffing out of sb; to make sb look foolish

ciombal nm1 cymbal

cion¹ (gs **ceana**) nm3 love; affection;

effect; **ainm ceana** pet name; **~ a bheith agat ar dhuine** to care about sb; **dul i g~** to take effect; **focal a chur i g~** to drive home a statement; **~ croí a dhéanamh le duine** to embrace sb

cion² nm4 share; **do chion féin a dhéanamh** to pull one's weight

cion³ (gs **ciona**, pl **cionta**) nm3 offence

ciondáil nf3, vt ration

cionmhar adj proportional; **ionadaíocht chionmhar** proportional representation

cionn see **ceann**

cionsiocair (gs **cionsiocrach**, pl **cionsiocracha**) nf genesis; root cause

cionta see **cion³**

ciontach nm1 offender, culprit ▷ adj guilty; **bheith ~ i** to be guilty of

ciontacht nf3 guilt

ciontaí n: **eisean is ~** he is to blame

ciontaigh vt, vi blame, accuse; convict; transgress; **~ thú féin** own up

ciontóir nm3 offender

ciontú (gs **ciontaithe**) nm (Law) conviction

cíor nf2 comb ▷ vt comb; examine closely; discuss; **~ mheala** honeycomb; **~ thuathail** mayhem, turmoil; **tá an chathair ina ~ thuathail** the city is in turmoil; **do chuimhne a chíoradh** to rack one's brains

cíorach adj serrated

cíoradh (gs **cíortha**) nm combing; discussion; examination; hair pulling; **bhí siad ag ~ a chéile** they were pulling each other's hair out

ciorcad nm1 (Elec) circuit

ciorcal nm1 circle

ciorclach adj circular

ciorclaigh vt circle, encircle; surround

ciorclán nm circular

ciorraigh vt cut; hack; maim

ciorrú nm cutback

cíos (pl **cíosanna**) nm3 rent, rental; hire; **carr a fháil ar ~** to hire a car; **teach a ligean ar ~** to let a house; **~ dubh** extortion

ciotach adj left-handed; awkward, clumsy; inconvenient

ciotaí nf4 hassle, inconvenience

ciotóg nf2 left hand; (person) left-hander

ciotógach adj left-handed

ciotrúnta adj clumsy; obstinate

cipín nm4 twig; match; **~ a lasadh** to strike a match; **ar ~í** in suspense; **~í theacháin** chopsticks

Cipir nf2: **an Chipir** Cyprus

Cipireach adj, nm Cypriot

circe see **cearc**

circeoil nf3 (food) chicken

círéib (pl **círéibeacha**) nf2 riot; uproar

círéibeach adj riotous

círíneach adj (face) flushed

cis nf2 basket; crate; handicap; **~ a chur ar dhuine** to handicap sb; (Sport) to penalize sb

ciseach nf2: **~ a dhéanamh de rud** to make a mess of sth

ciseán nm basket

cispheil nf2 basketball

cist nf2 cyst

ciste nm4 fund; kitty; treasure; treasury; **~ pinsean/rúnda** pension/slush fund

císte nm4 cake

cisteoir nm3 treasurer

cistin (pl **cistineacha**) nf2 kitchen; **aonad ~** kitchen unit

citeal nm kettle; **an ~ a chur síos** to put the kettle on

cith (gs **ceatha**, pl **ceathanna**) nm3 shower; **~ fearthainne** a shower of rain

cithfholcadán nm (in bathroom) shower

cithfholcadh (gs **cithfholctha**, pl **cithfholcthaí**) nm shower(ing); **~ a bheith agat** to have or take a shower

cithréim nf2 deformity; **~ a bheith ort** to be deformed or maimed

citseap nm ketchup

citreas nm citrus; **toradh citris** citrus fruit

ciú (pl **ciúnna**) nm4 queue

ciúb (pl **ciúbanna**) nm cube; **~ oighir/stoic** ice/stock cube

ciúbach adj cubic; **troigh chiúbach** cubic foot

ciúbaigh vt, vi (Math) cube

ciúin adj calm, tranquil; quiet, silent

ciumhais (pl **ciumhaiseanna**) nf2 border, edge; (of page) margin; (of road) kerb

ciúnadóir nm3 (Aut, on gun) silencer

ciúnaigh vt, vi calm (down); die down

ciúnas nm silence, hush; calm, quiet

ciúta nm4 turn of phrase; wisecrack

clábar nm4 mud

clabhstra nm4 cloister

clabhsúr nm4 closure; **an ~ a chur ar rud** to bring sth to a close, complete sth

cladach (pl **cladaí**) nm shore, seashore

cladaigh n gen as adj inshore

cladhaire nm4 coward; villain

cladhartha adj spineless, cowardly

clag vt, vi (rain) clatter, pelt

clagarnach nf2 clattering; clatter

claí (pl **claíocha**) nm4 wall; fence, barrier; **~ teorann** boundary wall; **~ cloch** stone wall

claibín *nm4* lid; (*of bottle etc*) top, cap

claidhreacht *nf3* cowardice

claíomh (*pl* **claimhte**) *nm1* sword; **~ cosanta** champion, defender

clairéad *nm1* claret

cláiríneach *adj, nm1* cripple

cláirnéid *nf2* clarinet

cláirseach *nf2* harp

clais (*pl* **claiseanna**) *nf2* channel; ditch; pit; furrow

claisceadal *nm1* choral singing; choir

clamhach *adj* mangy

clamhán *nm1* buzzard

clamhsán *nm1* complaint, grumble; **ag ~** complaining

clamhsánach *adj* querulous; grumbling

clampa *nm4* clamp

clampaigh *vt* clamp

clampar *nm1* commotion, uproar

clamprach *adj* noisy; disorderly, rowdy

clampróir *nm3* troublemaker

clann *nf2* children; offspring; family; **triúr clainne** three of a family; **bheith ag súil le duine clainne** to be expecting; **tá sí ag iompar clainne** she is pregnant; **pleanáil chlainne** family planning; **~ clainne** grandchildren

claochladán *nm1* transformer

claochlaigh *vt, vi* change; deteriorate; transform

claochlaitheach *adj* variable

claochlú *nm* change

claon *nm1* (*pl* **claonta**) slope, incline; tendency, inclination; perversity ▷ *adj* inclined; reclining; perverse ▷ *vt, vi* incline; decline; **~ or ~adh a bheith agat le rud** to have a partiality for sth; **tá an ~ ann** he is perverse by nature; **~ ar**

prone to, tending to; **breithiúnas ~** perverse judgement; **do cheann a chlaonadh** to bow one's head; **chlaon a neart** his strength declined; **an fhírinne a chlaonadh** to pervert the truth; **~ le** take to, incline to; **~ ó** deviate from

claon- *prefix* oblique

claonadh (*gs* **claonta**) *nm* inclination; tendency, trend; perversion; prejudice, bias; **~ a bheith agat le rud a dhéanamh** to be inclined to do sth

claonchló *nm4* (*Phot*) negative

claonta *adj* bias(s)ed, prejudiced

clapsholas *nm1* twilight; dusk

Clár *nm*: **an ~** Clare

clár *nm1* board; plank; table (*of contents*); menu; programme; (*Radio, TV, for interview, exams*) panel, register; lid ▷ *vt* table; **~ ábhair** table of contents; **~ ama** timetable; **~ comhardaithe** balance sheet; **~ dubh** *or* **cailce** blackboard; **~ éadain** forehead; **~ faisnéise** documentary; **~ fichille** chessboard; **~ fógraí** notice board; **~ fónála isteach** phone-in; **~ leantach** (*programme*) sequel; **~ na mionn** witness box; **~ oibre** agenda; **~ sciorta** skirting board; **~ urláir** floorboard; **~ ionstraimí** instrument panel; **~ scátála/toinne** skateboard/surfboard; **ar an chlár** in the game; **rinneadh clár den bhád** the boat was smashed to pieces; **an ~ is an fhoireann a fhágáil ag duine** to leave sb to it; to clear off completely

cláraigh *vt, vi* register, record; enrol

cláraithe *adj* (*letter, parcel*) registered

cláraitheoir nm3 registrar

clárlann nf2 registry (office)

clárú nm registration

clasaiceach adj classic(al)

clásal nm1 clause

claspa nm4 clasp

clástrafóibe nf4 claustrophobia

clé nfa left hand ▷ adj, adv left; **ar ~, faoi chlé** on the left; **an eite chlé** (Pol) the Left; **"ná castar ar ~"** "no left turn"

cleacht vt make a habit of; practise; frequent; (Theat) rehearse

cleachta adj: **bheith ~ le** to be used to

cleachtadh (pl **cleachtaí**) nm1 habit; (work) experience; exercise; practice, rehearsal; **as ~** out of practice; **~ deiridh** dress rehearsal; **cleachtaí leasúcháin** remedial exercises

cleachtas nm1 practice

cleachtóir nm3 practitioner

cleamhnas nm1 match; relationship by marriage; **~ a dhéanamh le/idir** to arrange a marriage with/between; **bheith i g~ le duine** to be related to sb by marriage

cleas (pl **cleasa**) nm1 trick; joke; prank; (in film) stunt; ploy; **~ a imirt ar** to play a joke on; **~ cártaí** (Cards) trick; **~ magaidh** (practical) joke; **~a lúth** athletics

cleasach adj artful, tricky; crafty, cunning

cleasaí nm4 trickster

cleasaíocht nf3 trickery

cleasghleacaí nm4 acrobat

cleatar nm1 clatter, rattle

cleathóg nf2 (snooker) cue

cléibh see **cliabh**

cléir nf2 clergy

cléireach nm1 clerk; altar boy;

~ siopa sales clerk

cléiriúil adj clerical

cleite nm4 feather; **bhí a chleití síos le Seán** John was crestfallen; **níor baineadh ~ as** he emerged completely unscathed; **chluinfeá ~ ag titim** you could have heard a pin drop

cleiteán nm1 (for painting) brush

cleitearnach nf2 (of wings) flutter; **~ a dhéanamh** (bird) to flutter

cleith nf2 wattle; stave, pole; **d'imigh sé idir ~ is ursain** he had a narrow escape

cléithe see **cliath**

cléithín nm4 splint

cleithiúnach adj dependent

cleithiúnaí nm4 dependant

cleithiúnas nm1 dependence; **i g~ duine** depending on sb

cliabh (gs, pl **cléibh**) nm1 chest; bosom; pannier basket; **cara cléibh** bosom friend

cliabhán nm1 cradle; **~ iompair** carrycot

cliabhrach nm1 chest

cliamhain (pl **cliamhaineacha**) nm4 son-in-law

cliant nm1 client

cliantacht nf3 clientele

cliarlathas nm1 hierarchy

cliarscoil nf2 seminary

cliath (gs **cléithe**) nf2 (Sport) hurdle; (in sock) darning; (Mus) stave, staff; **~ a chur ar rud** to darn sth

cliathán nm1 flank, side; (Sport) wing; **cliatháin** (Theat) wings; **teacht le ~ + gen** to come alongside

cliathánaí nm4 (Sport) winger

cliathbhosca nm4 crate

clib nf2 tag

clibirt nf2 (Rugby) scrum(mage)

cliceáil (Comput) vi: **~ ar** click on;

~ faoi dhó ar double-click on

cling nf2 (pl **clingeacha**) (noise) ping; clink; ring; jingle ▷ vi ping; clink; ring; jingle

clingcheol nm (on mobile phone) ringtone

clinic nm4 clinic; **~ réamhbhreithe** antenatal clinic

cliobóg nf2 filly; **~ a chaitheamh** to play leapfrog

clíoma nm4 climate

clis vi jump; fail; **~ eadh as do shuan** to wake up with a start; **chlis an carr** the car broke down; **~ eadh ar dhuine** to let sb down; **chlis an chuimhne orm** my memory failed me; **chlis uirthi sa scrúdú** she failed the exam

cliseadh (gs **cliste**) nm jump, start; collapse; (Aut, Med, fig) breakdown; (mechanical etc) failure; **~ cumhachta** power failure; **~ néarógach** nervous breakdown

cliste adj clever, smart, intelligent

clisteacht nf3 intelligence

cló (pl **clónna**) nm4 form, shape; appearance, look; (letters) print; (Typ) type; **as ~** out of print; **~ iodálach** italics; **i g~ duine** in human form; **rud a chur i g~** to print sth

clóbh nm (Culin: spice) clove

clóbhuail vt print

clóca nm4 cloak

cloch nf2 stone; **~ chora** stepping stone; **~ dhomlais** gallstone; **~ duirlinge** cobble; **~ mhíle** milestone; **~ thine** flint; **~a sneachta** hail(stones); **croí cloiche** heart of stone; **cúig chloch phráta** five stone of potatoes

clochán nm1 causeway

clochar nm1 convent

clódóir nm3 printer

clódóireacht nf3 printing

clog nm1 clock; bell; (in kitchen etc) timer; **~ rabhaidh** alarm clock; **~ gréine** sundial; **7 a chlog ar maidin** 7 o'clock in the morning

clogad nm1 helmet; **~ cosanta** crash helmet

clogáil vi: **~ isteach/amach** to clock in/out

clogás nm1 belfry

cloicheán nm1 prawn; **cloicheáin fhriochta** scampi

cloigeann (pl **cloigne**) nm1 head; **bheith éadrom sa chloigeann** to be impetuous; **an ~ a chur le peil** to head a ball

cloígh¹ vt overpower, overwhelm; subdue; defeat; (thirst) quench

cloígh² vi: **~ le** to adhere to; stay by

cloígh³ vt print; **~ le stionsal** stencil

cloígh⁴ vt: **~ le** to adapt to, adjust to; accustom to

cloigín nm4 bell; **~ dorais** doorbell

cloigne see **cloigeann**

cloigtheach (gs **cloigthí**, pl **cloigthithe**) nm belfry

clóire nm4 printer

clóirín nm4 chlorine

clois (past **chuala**, vn **cloisteáil**) vt, vi hear; **ní chloisim thú** I can't hear you; **torann a chloisteáil** to hear a noise

clóis n gen as adj (animal) domestic

clóiséad nm1 cabinet, closet

cloíte adj exhausted; feeble; defeated; (deed) base

clónna see **cló**

clord nm1 gangway

clós nm1 (of house etc) yard

clóscríbhinn nf2 typescript

clóscríbhneoireacht nf3 typing, typewriting

clóscríobh vt type

clóscríobhaí *nm4* typist

clóscríobhán *nm1* typewriter

clóscríofa *adj* typewritten

clú *nm4* reputation; fame; credit; **an ~ a bheith amuigh ort go** to be reputed to be; **~ a thabhú duit/do rud** to gain a reputation for o.s./ sth; **~ na tíre a sheasamh** to uphold the honour of one's country; **droch-chlú a chur ar dhuine** to defame sb; **bhí sé de chlú air go ...** he was reputed to be ...; **is maith or mór an ~ duit é** it is great credit to you

cluain *nf3* deception; persuasion; **~ a chur ar dhuine** to deceive sb; to seduce sb

cluaisín *nm4* tag, tab; **~ cait** *(on page)* dog-ear

cluanaire *nm4* deceiver; flatterer

cluas *nf2* ear; *(of cup etc)* handle; *(Cycling)* handlebar; **~ ghéar a thabhairt do rud** to listen attentively to sth; **~ le héisteacht a chur ort féin** to prick up one's ears; to listen attentively; **rud a ligean thar do chluasa** to disregard sth

cluasáin *nmpl* earphones, headphones

club *(pl* **clubanna)** *nm4* club; **~ oíche/óige/sóisialta** night/ youth/social club

clubtheach *nm* clubhouse

clúdach *nm1* cover; envelope; *(of book)* jacket; **~ crua/páipéir** hardback/paperback; **~ piliúir** pillowcase

clúdaigh *vt* cover, wrap

cluiche *nm4* game; match; **~ a imirt** to play a game; **~ a bhaint** to win a game; **~ peile** game of football; **~ cártaí** game of cards; **~ ceannais** *(Sport)* final; **~ ceannais na hÉireann** the All-Ireland (Final); **~ ceathrúcheannais/ leathcheannais** quarterfinal/ semifinal; **na Cluichí Oilimpeacha** the Olympic Games, the Olympics

clúid *(pl* **clúideacha)** *nf2* nook; corner; chimney-corner; **do chlúid féin** one's own home

clúidín *nm4* nappy

cluimhreach *nf2* feathers

cluimhrigh *vt (feathers)* pluck; preen

cluin *(vn* **cluinstin,** *vadj* **cluinte,** *past* **chuala)** *vt, vi* hear; **níor chuala mé é** I didn't hear him; **chluin Dia sinn!** Lord preserve us!

clúiteach *adj* well-known; celebrated, renowned

clúmh *nm1* feathers; down; *(of animal)* coat; *(on body)* hair

clúmhach *nm1 (on jacket, carpet)* fluff ▷ *adj* fluffy; *(animal etc)* furry; **éirí ~** to go mouldy

clúmhilleadh *(gs* **clúmhillte)** *nm* slander

clúmhúil *adj* mildewed; mo(u)ldy

clupaid *nf2 (in fabric)* fold

cluthar *adj* snug

clutharaigh *vt* make comfortable; *(news)* hush up; **tú féin a chlutharú** to wrap up well

clutharaithe *adj* well wrapped up

cnádánach *adj (person)* disagreeable

cnag *nm1* knock, blow; *(sound)* crack, crunch ▷ *vt* knock, strike; thump; crunch; **~ a bhualadh ar dhoras** to knock on a door

cnagadh *(gs* **cnagtha)** *nm* knocking; striking; crunching; cracking

cnagaosta *adj* elderly

cnagarnach nf2 crunch; crackle, rattle; **bheith ag ~** to crackle

cnagbhruite adj (Culin) parboiled

cnaigh vt, vi gnaw; corrode

cnáimhseach nf2 midwife

cnáimhseáil nf3: **bheith ag ~** to grumble, complain

cnaipe nm4 button; bead; **~ a scaoileadh** to relieve o.s.; **tá a chnaipe déanta** he is done for or kaput

cnámh nf2 bone; **duine a fheannadh go dtí na ~a** to flay sb to the bone; to severely castigate sb; **nuair a théann an chúis go ~ na huillinne** when it comes to the crunch; **~ droma/grua/ smiolgadáin** backbone/ cheekbone/collarbone; **lomchnámh na fírinne** the plain truth; **~a scéil** (of story) bare bones

cnámhach adj bony

cnámharlach nm1 skeleton

cnap (pl **cnapanna**) nm1 lump; heap; (dense) mass; (of butter) knob; **~ airgid** heap of money; **~ scamall** mass of clouds; **thit sé ina chnap codlata** he fell fast asleep

cnapach adj lumpy, bumpy

cnapán nm1 lump, bump

cnapsac nm1 knapsack

cnapshuim nf2 lump sum

cneá (pl **cneácha**) nf4 sore, wound

cnead (pl **cneadanna**) nf3, vi pant; gasp; groan

cneáigh vt wound

cneámhaire nm4 rogue, crook

cneas (pl **cneasa**) nm1 skin

cneasaigh vt, vi heal

cneasta adj mild; sincere; decent; (weather) calm

cneastacht nf3 sincerity; mildness; gentleness; decency

cniog nm4 rap, tap; blow

cniotáil vt, vi knit ▷ nf3 knitting

cnó (pl **cnónna**) nm4 nut; **~ capaill** (horse) chestnut

cnoc nm1 hill; mountain; **~ ailse** malignant tumour; **~ oighir** iceberg

cnocach adj hilly

cnocadóireacht nf3 hillwalking

cnuasach nm1 collection; (of artist) portfolio

cnuasaigh vt collect; store

cnuasainm (pl **cnuasainmneacha**) nm4 (Ling) collective noun

Cóc nm4 Coke®

cóc nm1 coke

cocáil vt cock; **gunna a chocáil** to cock a gun

cocaire nm4 cocky or cheeky person

cócaire nm4 cook

cócaireacht nf3 cooking; **an chócaireacht a dhéanamh** to do the cooking

cócaireán nm1 cooker

cócaon nm1 cocaine

cócaráil nf3 cooking

cóch nm1 squall

cochall nm1 hood; cowl; (of plant) pod

cochán nm1 straw

cocnaí nm4 cockney

cócó nm4 cocoa; **cnó ~** coconut

cód nm1 code; **~ diailithe** dialling code; **~ poist** postcode, zip code (US)

coda see **cuid**

codail (pres **codlaíonn**) vi sleep; **codladh go headra** to sleep in, oversleep

codán nm1 fraction

codanna see **cuid**

codarsnach adj opposite, contrary

codarsnacht nf3 antithesis; opposite

codladh (*gs* **codlata**) *nm3* sleep;
bheith i do chodladh to be asleep;
dul a chodladh to go to sleep; **~ a
bheith ort** to be sleepy; **dul thar
do chodladh** to go past one's
sleep; **bheith idir ~ is dúiseacht**
to be half asleep; **an ~ a bhaint
díot féin** to dispel one's tiredness;
thit a ~ uirthi she nodded off;
~ gliúragáin pins and needles;
~ faoin spéir to sleep rough;
~ thar oíche sleepover

codlaidín *nm4* opium

codlaíonn *see* **codail**

codlata *see* **codladh**

codlatach *adj* sleepy; drowsy;
dormant

cófra *nm4* press; chest;
~ tarraiceán chest of drawers

cogadh (*pl* **cogaí**) *nm1* war;
warfare; **~ a chur (ar)** to make war
(on); **~ cathartha** civil war; **Cogaí
na Croise** (*Hist*) The Crusades

cogain (*pres* **cognaíonn**) *vt, vi*
chew; gnaw; grind; **na fiacla a
chogaint** to grind one's teeth

cógaiseoir *nm3* pharmacist

cogar *nm1* whisper; **rud a rá i g~
(le)** to whisper sth (to); **~ an
philiúir** pillow talk; **~ mé seo
(leat)** tell me now confidentially

cogarnach *nf2*: **bheith ag ~**
whispering

cógas *nm1* medication; medicine

cógaslann *nf2* pharmacy

cognaíonn *see* **cogain**

coguas *nm1* soft palate; cavity

coibhéis *nf2* equivalent

coibhéiseach *adj* equivalent

coibhneas (*pl* **coibhneasa**) *nm1*
relationship; ratio; proportion

coibhneasta *adj* (*also Ling*) relative;
comparative

coicís *nf2* fortnight

coicísiúil *adj* fortnightly

coigeartaigh *vt* adjust

coigeartú *nm* adjustment

coigil (*pres* **coiglíonn**) *vi* save (up),
economize ▷ *vt* save (up); (*fire*)
bank up

coigilteach *adj* economical

coigistigh *vt* confiscate

coigríoch *nf2* foreign parts; **ar an
g~** abroad

coileach *nm1* (*rooster*) cock, rooster;
male bird; **~ gaoithe** weathercock

coileán *nm1* pup

coiléar *nm1* collar

coilí *nm4* collie

coiliceam *nm1* colic

coilíneach *adj* colonial ▷ *nm1*
colonist

coilíneacht *nf3* colony

cóilis *nf2* cauliflower

coill¹ (*pl* **coillte**) *nf2* forest; wood

coill² *vt* (*cat etc*) neuter; (*sanctuary,
law*) violate

coillteach *adj* wooded

coim *nf2* waist; middle; cover; **faoi
choim** under cover, in secret; **faoi
choim na hoíche** under cover of
darkness

coimeád *nm* (*gs* **coimeádta**)
observance, adherence;
maintenance; detention ▷ *vt* keep;
observe, adhere to; maintain;
detain; **na rialacha a choimeád**
to keep the rules; **do ghealltanas
a choimeád** to keep one's promise;
príosúnach a choimeád to guard
a prisoner; **rud a choimeád duit
féin** to keep possession of sth;
cuntas a choimeád to keep an
account; **páistí a choimeád i
ndiaidh am scoile** to detain
children after school; **páistí a
choimeád ón scoil** to keep
children back from school

cóiméad *nm1* comet

coimeádach *adj*, *nm* conservative; **C~** (*Pol*) Conservative

coimeádaí *nm4* keeper

coimeádán *nm1* container, holder

cóimeáil *nf3* (*fitting together*) assembly ▷ *vt* (*parts*) assemble

coiméide *nf4* comedy

cóimheá *nf4* balance

cóimhéad (*gs* **cóimhéadta**) *nm* guard, watch; observation ▷ *vt, vi* (*match, TV etc*) watch; observe, spy on; guard; be careful (of), watch out (for)

cóimhéadaí *nm4* observer

coimheascar *nm1* combat

cóimhiotal *nm1* alloy

coimhlint *nf2* competition, contest; rivalry; **bheith ag ~ le duine** (**le haghaidh** + *gen*) to compete with sb (for)

coimhlinteach *adj* competitive

coimhthíoch *nm1* foreigner; alien; stranger, outsider ▷ *adj* alien; foreign; strange, unfamiliar; (*food*) exotic; (*person*) distant

coimhthíos *nm1* shyness; alienation; **~ a dhéanamh le duine** to make strange with sb

coimín *nm4* common (land)

coimirce *nf4* protection; patronage

coimirceoir *nm3* guardian; patron; sponsor

coimisinéir *nm3* commissioner

coimisiún *nm1* commission

coimisiúnaigh *vt* commission

coimpléasc *nm1* complex, fixation; constitution

coimre *see* **comair**

coimrigh *vt* sum up, summarize

coimrithe *adj* abbreviated, shortened

coinbhinsiún *nm1* convention

coinbhinsiúnach *adj* conventional

coincheap (*gs, pl* **coincheapa**) *nm3* concept

coincleach *nf2* mildew; (*blue*) mould

coincréit *nf2* concrete; **~ threisithe** reinforced concrete

coincréiteach *adj* (*floor etc*) concrete

cóineartaigh *vt* (*Rel*) confirm

cóineartú *nm* (*Rel*) confirmation

coineascar *nm1* twilight, dusk

coinfití *nm4* confetti

coinicéar *nm1* (*of rabbits*) warren

coinín *nm4* rabbit

coinleach *nm*: **~ féasóige** (*beard*) stubble

coinlín *nm4*: **~ reo** icicle

coinne *nf4* appointment; date; **faoi choinne** + *gen* for; **i g~** + *gen* opposed to; **cur i g~** + *gen* to object to; **os ~** + *gen* in front of; **gan choinne** unexpectedly; **os a choinne sin** on the other hand

coinneáil *nf3* retention; (*Scol*) detention; (*rule*) observance; **le ~** for keeps

coinneal (*gs, pl* **coinnle**) *nf2* candle; **solas coinnle** candlelight; **coinnle corra** bluebells

coinneálach *adj* retentive; **cuimhne choinneálach** retentive memory

coinnealbhá *nm4* excommunication

coinnigh *vt* keep, maintain; hold (onto); retain; detain; (*hotel, house*) run; (*holiday*) observe; **deoch a choinneáil le duine** to ply sb with drink; **~ greim ar an téad** hold onto the rope; **cuntas a choinneáil (ar)** to keep an account (of); **cúl a choinneáil ar dhuine** to hold sb back; **do fhocal a choinneáil** to keep one's word;

súil a choinneáil ar to watch, observe, monitor; **~ ort (ag caint)** keep on (talking); **coinneáil le rud** to keep at sth; **coinneáil ó** to refrain from; **rud a choinneáil siar** to withhold sth

coinníoll (pl **coinníollacha**) nm condition, requirement; pledge, honour; (Comm) term; **ar choinníoll (go)** provided (that); on condition (that)

coinníollach adj conditional

coinnle see **coinneal**

coinnleoir nm3 candlestick; **~ craobhach** chandelier

coinscríofach nm conscript

coinséartó nm4 concerto

coinsias nm3 conscience; **broideadh ~a** a twinge of conscience

coinsiasach adj conscientious

coinsíneacht nf3 consignment

coinsínigh vt consign

cointinn nf2 contention

cointinneach adj quarrelsome

coip vt, vi ferment; foam; (Culin) whip; **bhí a chuid fola ag ~eadh** his blood was boiling

cóip (pl **cóipeanna**) nf2 copy; **~ a dhéanamh de rud** to make a copy of sth; **× Xéireacs** photocopy

cóipcheart (pl **cóipchearta**) nm1 copyright

coipeach adj frothy, foamy

coipeadh (gs **coipthe**) nm foam; froth; (of soap etc) lather

cóipeáil nf3 copying

cóipleabhar nm1 copybook; jotter, exercise book

coipthe adj (sea) choppy; see also **coipeadh**

coir (pl **coireanna**) nf2 crime, offence; (on person) harm; **~ a dhéanamh** to commit a crime;

duine gan choir a harmless person; **níl ~ inti** she is harmless

cóir nf3 (pl **córacha**) justice; due, share; accommodation; gear, equipment; favourable wind ▷ adj (gsm **cóir**, gsf, pl, compar **córa**) just; proper; honest; **an ~ a dhéanamh** to do what is just; **~ mhaith a chur ar aoi** to treat a guest well; **~ chodlata** sleeping accommodation; **tá an chóir leo** the wind is with them; **(de** or **a) chóir an dorais** near the door; **(de) chóir a bheith réidh** nearly ready; **an chóir** the wherewithal; **praghas ~** fair price; **mar is ~** properly; **thar an chóir** over the limit; **ba chóir dom dul** I should go/have gone; **~ a chur ar rud** to fix sth

coirce nm4 oats

coirceog nf2 beehive; hive; cone

coire nm4 cauldron; boiler; pit; **~ guairneáin** whirlpool

Cóiré nf4: **an Chóiré** Korea; **an Chóiré Thuaidh/Theas** North/South Korea

cóireáil nf3 (Med) treatment; **~ mhíochaine** medical treatment

coiréal nm1 coral

coireanna see **coir**

cóiriandar nm1 coriander

cóirigh vt, vi fix, mend; (music) arrange; (wound) dress; (food) prepare; (hair) do; (person) dress (up); **tú féin a chóiriú** to dress up; **leaba a chóiriú** to make a bed

cóiríocht nf3 accommodation; equipment, facilities

cóirithe adj tidy; fixed; (person) done up; see also **cóiriú**

cóiriú (gs **cóirithe**) nm repair; (Med) dressing; (Mus) arrangement; **~ bróg** shoe repairs

cóiriúil *adj* favourable; suitable

coirloscadh (*gs* **coirloiscthe**) *nm* arson

coirm (*pl* **coirmeacha**) *nf2* party; ~ **cheoil** concert

coirnéad *nm1* (*Mus*) cornet

coirnéal[1] *nm1* corner; ~ **caoch** blind corner

coirnéal[2] *nm1* colonel

coirnín *nm4* (*in hair*) curl; (*decorative*) bead; **~í a chur i gcuid gruaige duine** to curl sb's hair

coirníneach *adj* curly

coirpeach *nm1* criminal; villain

coirt (*pl* **coirteacha**) *nf2* coating, scum; (*of tree*) bark; (*in kettle etc*) fur

cois *see* **cos**

coisbheart (*pl* **coisbhearta**) *nm1* footwear

coisc (*vn* **cosc**) *vt, vi* prevent; prohibit; stop; (*emotion*) restrain; (*tide*) stem; (*Fin*) freeze; (*Aut*) brake; **rud a chosc** to prohibit sth; **duine a chosc ar rud a dhéanamh** to prevent sb from doing sth

coiscéim (*pl* **coiscéimeanna**) *nf2* (*foot*)step, pace; **ar do choiscéim** while passing; **~ ar choiscéim le** step for step with; **do choiscéim a ghéarú** to quicken one's step; **filleadh ar do choiscéim** to retrace one's steps

coiscín *nm4* contraceptive

coiscriú *nm* disturbance; alarm; **~ a chur faoi dhuine** to disturb sb

coisctheach *adj* preventive; deterrent

coisear *nm1* kosher; **bia coisir** kosher food

coisí *nm4* pedestrian; (*Mil*) infantryman

coisíocht *nf3* walking

cóisir *nf2* party; banquet; **gorta nó ~** feast of famine; **~ mhanglaim** cocktail party

coisreacan *nm1* blessing; consecration

coisric *vt* bless; consecrate; **tú féin a choisreacan** to bless yourself

coisricthe *adj* holy; blessed; **uisce ~** holy water

coiste *nm4* committee, board; jury; **~ cróinéara** (coroner's) inquest

cóiste *nm4* coach, carriage; pram; stagecoach; **na marbh** hearse; **~ codlata** sleeping car

coiteann *adj* common; **dlí ~** common law

coitianta *adj* common(place), usual, ordinary; popular; widespread; **nós ~** widespread custom; **go ~** generally; commonly

coitiantacht *nf3* ordinary people, common people; normal practice; **ar mhaithe leis an g~** for the common good

coitinne *nf4* generality; **i g~** in general

col (*pl* **colanna**) *nm1* aversion, dislike; degree of kinship; **a chol agus a bhá** his likes and dislikes; **ciorrú coil** incest; **~ ceathar** *or* **ceathrair/seisir** first/second cousin; **tá ~ aige leis an obair** he dislikes the work

colainn (*pl* **colainneacha**) *nf2* (*living*) body, torso; (*Rel*) flesh; **peacaí na ~e** sins of the flesh; **i g~ dhaonna** incarnate; **~ gan cheann** headless body

coláiste *nm4* college; **~ oiliúna** training college

colaistéaról *nm1* cholesterol

colbha *nm4* edge, side; **shuigh sí ag ~ na leapa** she sat by the bed; **~ an bhealaigh** edge of the road

colg *nm* anger; blade; (*of sword*) point; (*Biol*) dorsal fin; **~ a chur ar dhuine** to annoy sb; **tá ~ air** he is raging

colgach *adj* angry

colgán *nm* swordfish

coll *nm* hazel; **crann/cnó coill** hazel tree/hazelnut

collach *nm* boar

collaí *adj* carnal, sexual; sensual

colm¹ *nm* dove

colm² *nm* scar; **~ a fhágáil ar** to scar

colmán *nm* dove

colmóir *nm* hake

Colóim *nf2*: **an Cholóim** Colombia

colpa *nm4* (*Anat*) calf

colscaradh (*gs* **colscartha**, *pl* **colscarthaí**) *nm* divorce

colún *nm* column; pillar; **~ pearsanta** personal column

colúnaí *nm4* columnist

colúnáid *nf2* colonnade

colúr *nm* pigeon; **~ frithinge** homing pigeon

cóma *nm4* coma

comair (*gsf, pl, compar* **coimre**) *adj* neat; trim; (*style*) concise, laconic

comaitéir *nm3* commuter

comaoin¹ (*pl* **comaoineacha**) *nf2* favour; obligation; debt; compliment; return of favour; **bheith faoi chomaoin ag duine as rud** be indebted *or* obliged to sb for sth; **gan chomaoin** without obligation; **~ a láimhe féin a thabhairt do dhuine** to pay sb back in kind

comaoin² (*pl* **comaoineacha**) *nf2* (*spiritual etc*)

comaoineach *nf4* communion; **An Chomaoineach Naofa** Holy Communion

comh- *prefix* joint, common; fellow; equal

comha *nf4* safeguard; indemnity

comhábhar *nm* ingredient; component part

comhad *nm* (*also Comput*) file; **~ cúltaca** backup file

comhadchaibinéad *nm* filing cabinet

comhaimseartha *adj* modern; topical

comhaimsir *nf2*: **lucht a ~e** her contemporaries

comhainmneoir *nm3* (*Math*) common denominator

comhair *in prep phrases*: **os ~** + *gen* in front of, opposite; **os ~ an tsaoil** openly, publicly; **faoi chomhair** + *gen*, **i g~** + *gen* for, intended for; **i g~ an lóin** for lunch; **i g~ na hoíche** for the night; **plean a chur os ~ an phobail** to unveil a scheme

comh-aireacht *nf3* (*Pol*) cabinet; **~ fhreasúra** shadow cabinet

comhaireamh *nm* count; calculation

comhairle *nf4* advice; council; **~ a chur ar dhuine** to advise sb; **~ duine a dhéanamh** *or* **a ghlacadh** to follow sb's advice; **dul i g~ le duine** to consult sb; **bheith ar do chomhairle féin** (*person*) to be independent; **idir dhá chomhairle (faoi)** undecided (about); **déan do chomhairle féin** please yourself!; **níl ~ air** he will not listen to reason; **~ baile** town council; **Ceann C~** (*Irl: Pol*) the Speaker

comhairleach *adj, nm* consultant

comhairleoir *nm3* councillor; consultant; counsellor

comhairligh *vt* advise; **rud a chomhairliú do dhuine** to advise sb to do sth

cómhaith nf2 equal; parallel; **níl a chómhaith i mBéarla** it has no parallel in English
cómhalartach adj reciprocal
cómhalartaigh vt reciprocate
comhalta nm4 fellow, member
comhaltacht nf3 fellowship
comhaltas nm membership; association
comhaois nf2 equal or similar age; **lucht mo chomhaoise** my peers, my own age group; **tá mé ar ~ leis** I am the same age as him
comhaontas nm alliance, concord; **An C~ Glas** The Green Party
comhaontú nm agreement, accord; pact; unification; **C~ Angla-Éireannach** Anglo-Irish agreement
comhar nm cooperation, collaboration; teamwork; **dul i g~ le duine (i rud)** to cooperate or combine with sb (in sth); **tá teach i g~ acu** they have a house between them; **an ~ a chúiteamh le duine** to return a favour or compliment to sb; **~ na g~san** system of cooperation among neighbours
comharba nm4 successor
comharbas nm succession
comharchumann nm cooperative (society)
comhardaigh vt equalize; (account etc) balance
comhardú nm balance; **~ na trádála** balance of trade
Cómhargadh nm: **An ~** the Common Market
comharsa (gs, gpl **comharsan**, pl **comharsana**) nf neighbour
comharsanacht nf3 (place) neighbourhood; vicinity; (of person) neighbourliness

comhartha nm4 sign, signal; gesture, symbol; mark; emblem; omen; **ina chomhartha ar** indicative of; **~ bóthair** road sign; **~ ceiste** question mark; **~ cille** birthmark; **~ guaise** distress signal; **~í sóirt** (of person) features; description; **~í athfhriotail** quotation marks, quotes; **~ a dhéanamh** to signal
comharthaigh vt indicate; signify; designate
comhbhá nf4 sympathy
comhbhrí nf4: **ar ~ (le)** (meaning) equivalent (to)
comhbhrón nm condolence; sympathy; **~ a dhéanamh le duine** to give one's condolences to sb
comhbhrúigh vt compress
comhbhrúiteán nm compress
comhbhruith vt concoct ▷ nf (gs **comhbhruite**) concoction
comhbhuainteoir nm3 combine (harvester)
comhchaidreamh nm association
comhcheangail vt, vi join, combine
comhcheangailte adj joined, united; (Sport) muscle-bound
comhcheangal nm combination, association; **~ smaointe** association of ideas
comhcheilg (pl **comhchealga**, gpl **comhchealg**) nf2 plot, conspiracy
comhchéim nf2 matching step; **ar ~ le** on a par with, on equal terms with
comhchiallach nm synonym
comhchoirí nm4 accomplice
comhchoiteann adj communal; collective; general
comhchosúil adj matching, identical; similar

comhchuntas nm joint account
comhdháil nf3 conference; (gathering) convention, congress
comhdhéan vt constitute, make up
comhdhéanamh nm1 composition, structure, make up
comhdheas adj ambidextrous
comhdhlúthaigh vt, vi condense; compact
comhdhlúthú nm condensation
comhdhúil nf2 (Chem) compound
comhdhuille nm4 counterfoil
comhéadan nm1 (Comput) interface
comhfhiontar nm1 (Comm) joint venture
comhfhios nm3 (Phil) consciousness
comhfhiosach adj (Phil) conscious
comhfhocal nm1 (Ling) compound (word)
comhfhreagracht nf3 correspondence; joint responsibility
comhfhreagraí nm4 correspondent
comhfhreagras nm1 correspondence; **cúrsa comhfhreagrais** correspondence course
comhghairdeas nm1 congratulation; **~ a dhéanamh le duine (faoi** or **as)** to congratulate sb (on)
comhghlasáil vt, vi interlock
comhghleacaí nm4 colleague; fellow; equal, peer
comhghnás nm1 convention; protocol
comhghnásach adj conventional
comhghuaillí nm4 ally; **na Comhghuaillithe** the Allies
comhiomlán adj, nm1 aggregate

comhionann adj identical; uniform
comhionannas nm1 equality
comhla nf4 door leaf; shutter; valve; **~ bheag** service hatch, hatch; **~ thógála** trap door; **~ sceite** safety valve
comhlach adj, nm1 associate
comhlachas nm1 (Comm) association
comhlacht nm3 firm, company; **~ corpraithe/poiblí** incorporated/ public company; **~ teoranta** limited (liability) company
comhlánaigh vt complete; complement
comhlann nf2 contest; fight
comhlathas nm1 commonwealth; **an C~** the Commonwealth
comhlíon vt fulfil; carry out; (rules etc) observe, comply with; (duties) perform; (purpose) serve; **dualgas a chomhlíonadh** to fulfil an obligation; **riail a chomhlíonadh** to observe a rule
comhlíonadh (gs **comhlíonta**) nm fulfilment; completion
comhluadar nm1 company; family, household
comhoibrí nm4 workmate
comhoibrigh vi: **~ (le)** cooperate (with); collaborate (with)
comhoibritheach adj cooperative
comhoibriú nm cooperation
comhoideachais n gen as adj coeducational
comhoiriúnach adj compatible; matching
comhordaigh vt coordinate
comhordanáidí nfpl2 coordinates
comhordanáidigh vt (Math) coordinate
comhpháirt nf2 component, part; **i g~ (le)** jointly, in partnership (with)

comhpháirtí nm4 associate; colleague

comhphobal nm1 community; **An C~ Eorpach** The European Community, EC

comhrá (pl **comhráite**) nm4 conversation, talk; chat; **~ a dhéanamh** to have a conversation; (on the internet) to chat; **~ a chur ar dhuine** to begin talking to sb; **~ cailleach** old wives' tales; **~ite** negotiations

comhrac nm1 fight; fighting; combat

comhraic vt, vi encounter

comhráite see **comhrá**

comhráiteach adj colloquial; conversational ▷ nm conversationalist

comhramh nm1 trophy

comhréir nf2 proportion; syntax; **i g~ (le)** proportional (with)

comhréireach adj proportional; syntactic(al)

comhréiteach nm1 compromise; settlement; agreement

comhréitigh vt, vi compromise; settle; agree

comhriachtain nf3 (sexual) intercourse; copulation

comhrialtas nm1 (Pol) coalition

comhrian nm1 (on map) contour

comhscór nm1 (Sport) draw

comhshamhlaigh vt assimilate

comhsheasmhacht nf3 consistency

comhshuaitheadh (gs **comhshuaite**) nm (Med) concussion

comhshuíomh nm1 (atmosphere etc) composition; **briathar comhshuite** (Ling) compound verb

comhtharlaigh vi coincide

comhtharlú nm coincidence

comhtháthaigh vt, vi integrate; fuse; merge

comhthéacs nm4 context; **rud a ghlacadh as a chomhthéacs** to take sth out of context

comhthionól nm1 congress; assembly; (Rel) community; cluster

comhthíreach nm1 compatriot

comhtholgadh (gs **comhtholgtha**) nm1 concussion

comhthreomhar adj parallel

comhthuiscint nf3 understanding; rapport

comóir vt, vi celebrate; escort; accompany; **duine a chomóradh amach** to show sb out

comónta adj common, ordinary

comóradh nm1 celebration; escort

comórtais n gen as adj competitive; **cluiche ~** competitive game

comórtas nm1 competition; contest; comparison; **~ iascaireachta/ceoil** fishing/ music competition; **dul i g~ le** to compete with; **rud a chur i g~ (le)** to compare sth (with); **i g~ le** in comparison with

compánach nm1 companion, chum; comrade

compánachas nm1 companionship

comparáid nf2 comparison; likeness; **capall a chur i g~ le hasal** to compare a horse to a donkey

comparáideach adj (also Ling) comparative

compás nm1 compass; circumference; **as ~** out of order; (boat) off course

complacht nm3 (Mil) company

compord nm1 comfort

compordach adj comfortable

comrádaí nm4 comrade; pal, mate

comrádaíocht nf3 comradeship;
bheith ag ~ le duine to pal or hang
about with sb

común nm1 commune

con see **cú**

cón nm1 cone; (ice cream) cornet

conablach nm1 remains; carcass

conách nm1 success; wealth; **a
chonách sin ort!** (ironic) it serves
you right!

cónaí (gs, pl **cónaithe**) nm
residence, dwelling; repose, peace;
scoil chónaithe boarding school;
ceantar cónaithe residential area;
dul a chónaí (i) to go to live (in);
bheith i do chónaí (i) to reside
(in); **dul faoi chónaí** to go to rest;
i g~ always, constantly; still

cónaidhm (pl **cónaidhmeanna**) nf2
federation

cónaidhme n gen as adj (state etc)
federal

cónaigh vi live; reside; settle

conail vt, vi freeze; perish;
chónálfadh sé na corra it is
freezing

conáilte adj freezing; **bheith ~ to**
be frozen stiff

conairt (pl **conairteacha**) nf2 pack
(of hounds); (people) rabble

cónaisc vt merge; amalgamate;
federate

cónaithe see **cónaí**

cónaitheach adj resident;
constant, permanent; **post ~**
permanent post

cónaitheoir nm3 resident; (in
asylum etc) inmate

conamar nm1 fragments

conartha, conarthaí see **conradh**

conas adv how; **~ tá tú?** how are
you?; **~ a d'éirigh leat?** how did
you manage?

cónasc nm1 link, connection; (Ling)

conjunction

concas nm1 conquest

conchró (pl **conchróite**) nm4
kennel

conductaire nm4 conductor;
~ tintrí lightning conductor

confach adj bad-tempered; (dog)
rabid; vicious

confadh nm1 rabies; bad temper,
rage

cóngar nm1 proximity; shortcut;
i g~ na siopaí within reach of the
shops; **dul an ~** to take the
shortcut

cóngarach adj near; convenient;
approximate; **~ (do)** near (to);
bheith ~ duit féin to be egocentric
or selfish

conlaigh vt gather; scrape
together; glean

conlán nm1 collection; **rud a rá as
maoil do chonláin** to say sth on
the spur of the moment; **bheith ar
do chonlán féin** to be
independent, to be providing for o.s.

Connachta (gpl **Connacht**) nmpl
(also: **Cúige Chonnacht**)
Connacht

Connachtach adj Connacht ▷ nm1
Connacht man/woman

connadh nm1 firewood; fuel

cónra nf4 coffin, casket (US)

conradh (gs **conartha**, pl
conarthaí) nm1 contract; treaty;
bargain; (association) league;
~ síochána peace treaty; **C~ na
Gaeilge/Talún** The Gaelic/Land
League; **C~ na Náisiún** League of
Nations; **fuair tú ~ maith** you got
a good bargain

conraitheoir nm3 contractor

consal nm1 consul

consalacht nf3 consulate

consan nm1 consonant

consól nm1 (*Comput*) console

conspóid nf2 controversy; argument, dispute

conspóideach adj controversial

constábla nm4 constable

constáblacht nf3 constabulary

constaic nf2 obstacle, barrier; impediment

contae (*pl* **contaetha**) nm4 county

contrabhanna nm4 contraband

contráilte adj wrong; incorrect; contrary; **tá sin ~ agat** you've got it wrong; **an taobh ~** the wrong side

contralt nm1 contralto

contrártha adj contrary; opposite

contrárthacht nf3 contrast; **i g~ le** in contrast with

contráth nm3 dusk

contúirt nf2 danger, peril; **i g~** in danger; **slán ó chontúirt** out of harm's way

contúirteach adj dangerous, risky; unsafe

cor (*pl* **cora**) nm1 turn; (*Fishing*) haul; (*dance, Mus*) reel; **~ bealaigh a chur ort féin** to take a detour, go out of one's way; **~ cainte** idiom, turn of phrase; **~ poist** mailshot; **~ coise a thabhairt do dhuine** to trip sb; **~ a chur i scéal** to distort a story; **~ a thabhairt do dhuine** to give sb the slip; **~ a chur i saol duine** to change the course of sb's life; **~a crua an tsaoil** the hardships of life; **is olth liom do chor** I am sorry for your predicament; **tá ~ san fheoil** the meat is off; **ar aon chor** at any rate, anyway; **ar chor ar bith, in aon chor** at all

cór¹ nm1 choir; chorus

cór² nm1 corps; **~ taidhleoireachta** diplomatic corps

cora nf4 weir; *see also* **cor**

coradh (*gs* **cortha**, *pl* **corthaí**) nm (*in road, river*) bend, turn

coraí nm4 wrestler

coraintín nm4 quarantine

coraíocht nf3 wrestling; **bheith ag ~ (le duine)** to wrestle or struggle (with sb)

córam nm1 quorum

Córan nm1: **An Córán** the Koran

córas nm1 system; setup; (*Pol*) régime; **~ deachúlach** decimal system

córasach adj systematic

corc nm1 cork

Corcaigh (*gs* **Chorcaí**) nf2 Cork

corcairdhearg adj, nm1 crimson

corcairghorm adj, nm1 (*colour*) violet

corcán nm1 pot

corcra adj, nm4 purple

corcscriú nm4 corkscrew

corda nm4 cord, string; (*Mus*) chord; (*fabric*) cord, corduroy

Corn nm: **~ na Breataine** Cornwall

corn¹ vt roll (up), coil; wrap

corn² nm1 (*Mus*) horn; beaker; (*Sport*) cup; (*Racing*) plate

corna nm4 coil, roll; bale; (*contraceptive*) **an ~** the coil

cornchlár nm1 sideboard

cornphíopa nm4 hornpipe

coróin (*gs* **corónach**, *pl* **corónacha**) nf crown; **C~ Mhuire** rosary beads; **bheith i g~** to reign; **teacht i g~** to accede to the throne

coróineach nf2 carnation

corónaigh vt crown

corónú nm coronation

corp nm1 body; corpse, remains; **~ agus anam** body and soul; **~ na fírinne** the very truth; **~ eaglaise** nave

corpán nm1 corpse, body

corparáid nf2 corporation

corparáideach adj corporate

corpartha adj bodily

corpoideachas nm1 physical education, PE

corr¹ (gsm **corr**) adj odd; eccentric; kinky; **an ceann ~** the odd one out; **an t-éan ~** the odd man out

corr² nf2 heron; **~ bhán** stork; **~ mhóna** crane

corr- prefix odd-, occasional

corrabhuais nf2 confusion

corrabhuaiseach adj confused

corrach adj unsettled; restless; unsteady; (times) troubled, uncertain

corradh nm: **~ le** or **agus** more than

corraí nm excitement

corraigh vt, vi move, shift, stir; agitate; disturb; excite, thrill

corraíl nf3 stir; excitement; thrill; hype

corraithe adj excited; (sea) choppy

corraitheach adj exciting, thrilling; touching, moving

corrán nm1 sickle; crescent; (Geog) hook; **~ gealaí** crescent moon

corrlach nm (in betting) odds

corrmhéar nf2 index finger, forefinger

corrmhíol (pl **corrmhíolta**) nm1 midge

corróg nf2 (Anat) hip

corrthónach adj restless, fidgety

corruair adv occasionally, sometimes

Corsaic nf2: **an Chorsaic** Corsica

cortha adj exhausted; see also **coradh**

corthaí see **coradh**

córúil adj choral

cos (ds **cois**) nf2 leg; foot; (of knife etc) handle; (of a glass) stem; **de chois** on foot; **~ sicín** leg of

chicken; **do chosa a bhreith leat** to make one's getaway; **ar ~a in airde** at a gallop; **de shiúl na g~** on foot; **bheith ag tarraingt na g~** to shuffle one's feet; **rud a dhéanamh in éadan do chos** to do sth unwillingly; **rud a chur faoi chois** to suppress sth; **buail ~ air** keep it quiet; **cois + gen, de chois + gen, i gcois + gen** beside, along; **siúl cois na farraige** to walk along the shore; **le cois + gen** as well as, in addition to; **lena chois sin** besides; **ar cois** afoot; **cad é atá ar cois?** what's up?

cosain (pres **cosnaíonn**) vt defend, protect; vindicate; cost; **duine a chosaint** to defend sb; **chosain sé í** he stuck up for her; **chosain an leabhar 10 euro** the book cost 10 euros

cosaint (gs **cosanta**) nf3 defence, protection; safeguard; **Aire Cosanta** Minister of Defence; **dul ar do chosaint** to go on the defensive

cosán nm1 path, footpath; pavement, sidewalk (US); track, trail

cosanta n gen as adj (clothing etc) protective

cosantach adj defensive, protective

cosantóir nm3 protector; (Sport) defender; (Law) defendant; (Aut) bumper

cosc nm1 prohibition; prevention; deterrent; ban; **~ a chur ar rud** to ban sth, prohibit sth; see also **coisc**

coscair (pres **coscraíonn**) vt, vi thaw; disintegrate; shatter; hack; mangle; (person) distress, shock

coscairt (gs **coscartha**) nf3 thaw; defeat, overthrow; slaughter;

tháinig an choscairt it thawed

coscán nm1 brake; **~ láimhe/coise** handbrake/footbrake; **na coscáin a theannadh** to put the brakes on

coscrach adj harrowing, distressing; (victory, defeat) overwhelming

coslia (pl **coslianna**) nm4 chiropodist

cosmaid nf2 cosmetic

cosnaíonn see **cosain**

cosnochta adj barefoot

cósta nm4 coast

costas nm1 cost; expense; **cuid is ~ food and expenses**

costasach adj costly, expensive

cóstóir nm3 rambler; (vehicle) coaster; **~ roithleáin** roller coaster

cosúil adj like; alike; **~ (le)** similar (to); **is ~ go ...** it appears that ...; **tá siad ~ le chéile** they are alike

cosúlacht nf3 likeness; resemblance; appearance; semblance; **i g~** in appearance, seemingly; it seemed that; **de réir ~a** on the face of it, apparently; **tá an uile chosúlacht go ...** there is every likelihood that ...; **tá ~ na fírinne air** it appears to be the truth, it seems likely

cóta nm4 coat; kilt; **~ báistí** raincoat; **~ fionnaidh** fur coat; **~ mór/seomra** overcoat/housecoat

cotadh nm1 shyness

cothabháil nf3 maintenance

cothaigh vt feed; sustain; (financially etc) support; (trouble etc) stir up

cothroime nf4 evenness

cothrom adj equal, even; (surface) flat, level; (decision etc) fair, just ▷ nm1 level; balance; equal(ity); fairness; **baineadh dá ~í** she lost her balance; **~ na féinne** fair play;

i g~ le on a par with; **bheith ~ le** to be even with; **cluiche ~** (Sport) a draw

cothromaigh vt even (up), level (off); balance; (Sport) equalize

cothromaíocht nf3 evenness; balance; equilibrium

cothrománach adj horizontal

cothromóid nf2 (Math) equation

cothú nm nourishment, sustenance; maintenance; promotion; **~ cothrom** balanced diet; **~ ealaíon** promotion of arts

cothúil adj nourishing, sustaining

cotúil adj bashful, shy; self-conscious

crá nm4 anguish, distress; torment; bother; **~ croí** (inf) nuisance, pain in the neck

craein (gs **craenach**) nf (machine) crane

crág nf2 large paw or hand; (Aut) clutch; **~ airgid** a handful of money

craic (pl **craiceanna**) nf2 (fun) crack; company; **tá ~ mhaith leis** he's good craic; he's a good sport

craiceann (pl **craicne**) nm1 skin; hide, pelt; (of bacon, cheese) rind; (of fruit, potato) peel; (fig) veneer; **~ caorach** sheepskin; **~ istigh** inside out; **an ~ a bhaint d'oráiste** to peel an orange; **~ a bhualadh le duine** have sex with sb; **~ a chur ar scéal** to embroider a story; (road) surface; **tá ~ na fírinne ar an scéal** the story rings true

craicear nm1 (biscuit) cracker

cráifeach adj religious, devout

cráifeacht nf3 piety

cráifisc nf2 crayfish

cráigh vt torment, distress; annoy; **ná bí do mo chrá** don't annoy me

cráin (gs **cránach**, pl **cránacha**) nf sow

cráite adj tormented, tortured; annoying, exasperating; **saol ~** miserable life

crampa nm4 cramp

cranda adj stunted

crandaí nm4 hammock; **~ bogadaí** seesaw

crangaid nf2 winch, crank

crann nm tree; (Radio etc) mast; pole; handle, shaft; **~ gallchnó/ castán** walnut/chestnut (tree); **~ ológ/plána** olive/plane (tree); **~ síorghlas** evergreen (tree); **~ teile/úll** lime/apple (tree); **~ brataí** flagpole; **~ cosanta** defender, champion; **~ fuinte** rolling pin; **~ seoil** mast; **~ tabhaill** sling; **~ taca** mainstay; **~ tógála** crane; **crainn a chaitheamh (ar rud)** draw lots (for sth), toss up (for sth); **teacht i g~** to reach maturity, develop fully; **dul as do chrann cumhachta** to lose control of o.s., fly off the handle; **é a thitim ar do chrann rud a dhéanamh** to have it fall to one's lot to do sth

crannchur nm lottery; raffle

crannóg nf2 pulpit, rostrum; (Hist) crannog, wooden lake fort; (Naut) crow's nest

craobh (pl **craobhacha**, gpl **craobh**) nf2 branch; bough; (Sport) championship; **~ ghinealaigh** genealogical tree; **dul le ~acha** to go mad; **~ an chontae** the county championship

craobhchomórtas nm1 championship

craobhóg nf2 twig; sprig

craobhscaoil vt, vi broadcast; propagate

craobhscaoileadh (gs **craobhscaoilte**) nm propagation

craol vt announce ▷ vt, vi broadcast; (signal) send out

craolachán nm1 broadcasting; **stáisiún craolacháin** broadcasting station

craoladh (gs **craolta**, pl **craoltaí**) nm broadcast

craoltóir nm3 broadcaster

craos nm, nm1 gullet; greed, gluttony; **~ a dhéanamh (ar)** to gorge o.s. (on)

craosach adj ravenous; gluttonous

craosaire nm4 glutton

craosfholc vt, vi gargle

crap vt, vi contract; shrink

crapadh nm contraction; shrinkage

crapall nm1 restriction; fetter

craplaigh vt cripple

craptha adj stilted; cramped

cráta nm4 crate

cré¹ (pl **créanna**) nf4 clay; earth, soil; ash; **~ bhruite** terracotta; **earraí ~** earthenware

cré² (pl **créanna**) nf4 creed

creach vt, vi loot, plunder; ransack, rifle; prey on; assault, mug ▷ nf2 (of stolen goods etc) haul; loot; spoils; (animal) prey, quarry; **ainmhí creiche** beast of prey

creachadh (gs **creachtha**, pl **creachthaí**) nm plunder; ruin(ation)

creachadóir nm3 plunderer; looter

creachadóireacht nf3 plundering; looting

créacht nf3 wound, gash

créafóg nf2 clay

creagach adj rocky

créam vt cremate

créamatóiriam nm4 crematorium

créanna see **cré**

creasa see **crios**

creat nm3 frame; shape; chassis; **~ a chur ar rud** to get sth into shape

creatach adj emaciated, gaunt

creatha see **crith**

creathach adj (hand) shaky; shivering; (voice) trembling; vibrating

creathán nm tremor; **tháinig ~ ina ghuth** his voice wavered

creathánach adj trembling

creathanna see **crith**

creathnaigh vi (with fear) tremble, flinch; **creathnú roimh dhuine** to cower before sb

creatlach nf2 framework; skeleton; (empty) shell; **~ scéil** outline of story

créatúr nm creature; **an ~!** poor thing!

creid vt believe; suppose, guess; **~im i míorúiltí** I believe in miracles; **~eann sé go bhfuil sí tinn** he believes that she is sick; **~ mise (ann), ~ mé duit ann** believe me

creideamh nm1 belief; faith; religion

creidiúint (gs **creidiúna**) nf3 credit

creidiúnach adj reputable; creditable

creidiúnaí nm4 creditor

creidmheach nm1 believer

creidmheas nm3 credit; **áiseanna ~a** credit facilities

creig nf2 rock; crag

creim vt erode; gnaw

creimeadh (gs **creimthe**) nm erosion; inroads

creimire nm4 rodent

créip nf2 crepe

cré-umha nm4 bronze

crián nm crayon

criathar nm sieve; quagmire

criathraigh vt sieve, sift; (bullets) riddle; **ceist a chriathrú** to examine a question closely

críoch (ds **crích**) nf2 limit; boundary; end, finish; territory; completion; fulfilment; **C~ Lochlann** Scandinavia; **teacht chun críche** to come to an end; **mar chríoch** in conclusion; **rud a chur i gcrích** to finish or complete sth

críochantacht nf3: **ag ~ le** (land etc) bordering on

críoch-cheol nm1 finale

críochdheighilt nf2 (Pol) partition

críochfort nm1 terminal

críochnaigh vt, vi complete, finish (off), end

críochnaithe adj finished; (absolute) utter, complete

críochnaitheach adj final

críochnú nm completion

críochnúil adj thorough; methodical

críochú nm demarcation

criogar nm (insect) cricket

críonna adj prudent, wise; cunning; (person) mature; (option) advisable

críonnacht nf3 wisdom; maturity; shrewdness

crios (gs **creasa**, pl **criosanna**) nm3 belt; strap; (Geog) zone; **~ ama** time zone; **~ iompair** conveyor belt; **~ leaisteach** elastic band; **~ tarrthála** lifebelt; safety belt, seat belt

Críost nm4 Christ

Críostaí adj, nm4 Christian

Críostaíocht nf3: **An Chríostaíocht** Christianity

criostal nm1 crystal

Críostúil adj Christian

critéar nm1 criterion

crith (gs **creatha**, pl **creathanna**) nm3 tremble, shiver; quiver ▷ vi shiver; tremble; **bheith ar ~ le heagla** to shake with fear; **~ talún** earthquake, (earth) tremor

critheagla nf4 fear, trepidation
critheaglach adj terrified; fearful; timorous
crithlonraigh vi shimmer
critic nf2 (Liter) critique, criticism
criticeoir nm3 (reviewer) critic
criticiúil adj critical
criú nm4 crew
cró¹ (pl **cróite**) nm4 hovel; (Phot) aperture; (for sheep) pen; (arena, for boxing) ring; (Anat) socket; (of needle) eye; **~ folaigh** hideaway; **~ muice** pigsty, sty
cró² nm4 blood
crobh nm paw; claw, talon
crobhaing nf2 cluster
croch nf2 cross; gallows ▷ vt, vi hang (up), put up; raise up; carry; **an Chroch Chéasta** the Cross of the Crucifixion; **pictiúr a chrochadh an bhalla** to hang a picture on a wall; **amhrán a chrochadh (suas)** to strike up a song; **~ leat!** get lost!
crochadán nm hanger
crochadh nm hanging
crochaille nm4 spittle; phlegm
crochóga nfpl2 suspenders
crochta adj sloping; steep; hanging; raised
cróga adj brave; hardy
crógacht nf3 bravery, valour
crogall nm crocodile
croí nm4 heart; centre; (of fruit etc) core; **a chroí** my dear; **a dhuine/ bhean chroí** my dear man/ woman; **a stór mo chroí** my beloved; **~ na ceiste** the heart of the matter; **~ na féile** the epitome of generosity; **~ na fírinne** the real or absolute truth; **i do chroí istigh** in one's heart of hearts; **do chroí a bheith istigh i rud/nduine** to be completely devoted to sth/sb;

~ duine a thógáil to cheer sb up;
~ duine a bhriseadh to break sb's heart; **rud atá ar do chroí** one's most sincere feelings and thoughts; **rud a thig ó do chroí (amach)** sth sincerely felt and thought; **is fada sin óna chroí** that is far from what he really thinks or feels; **an ~ a bhaint as duine** to terrify sb; **an ~ a bhaint de dhuine** to dishearten sb; **tá a chroí ina bhéal aige, tá a chroí amuigh ar ag dul amach ar a bhéal le heagla** he is terrified; **rud a chur de do chroí** to get sth off one's chest; **fuair sé de chroí ...** he was bold or audacious enough to ...; **thit mo chroí** my heart sank; **rud a dhéanamh faoi chroí mhór mhaith** to do sth gladly; **le ~ mór** heartily
croíbhriste adj broken-hearted
croílár nm dead centre; hub
cróílí adj disabled; infirm ▷ nm4 disablement; infirmity; **i g~ an bháis** in the throes of death
croim- see **crom-**
croiméal nm moustache
cróimiam nm4 chromium
cróinéir nm3 coroner; **coiste cróinéara** (coroner's) inquest
cróineolaíoch adj chronological
croinic nf2 chronicle
cróise nf4 crochet
croit nf2 croft
Cróit nf2: **an Chróit** Croatia
cróite see **cró**
croith vt, vi shake; rattle; (tail) wag; (hand, flag) wave; (salt etc) sprinkle; **lámh a chroitheadh (le)** to shake hands (with); **do cheann a chroitheadh** to shake one's head
croitheadh nm shake; sprinkling; **~ láimhe** handshake; **bhain an**

taisme ~ aisti she was shaken by the accident

croíúil adj hearty; cheerful; (song) rousing; (welcome) warm

crom adj bent, stooped ▷ vt, vi bend; stoop; lean (over); **~ siar/chun tosaigh** lean back/forward; **~ ar** start to; (tune, song) strike up; (work) get down to

cróm nm1 chrome

cromán nm1 (Anat) hip; (Tech) crank

crómasóm nm1 chromosome

crombóg nf2 crumpet

cromleac (gs **cromleice**, pl **cromleaca**) nf cromlech

crompán nm1 creek

crón adj swarthy

cronaigh vt miss; **cronaím an chraic** I miss the crac

crónán nm1 hum; drone, murmur; **tá an cat ag ~** the cat's purring

cros nf2 cross; prohibition; veto ▷ vt forbid; ban; prohibit; **~ ar** ban; forbid; **comhartha na croise** the sign of the cross; **~ chéasta** crucifix; **C~ an Deiscirt** the Southern Cross; **an Chros Dhearg** the Red Cross; **Turas na Croise** (Rel) the Stations of the Cross; **tá ~ ar an leabhar sin** that book is banned; **~aim ort dul amach** I forbid you to go out; **tá sin ~ta** that is not permitted

crosach adj crosswise

crosáid nf2 crusade

crosáil vt cross

crosaire nm4 crossing; crossroads; **~ comhréidh** level crossing

crosbhealach nm1 crossroad; (on motorway) interchange; (of roads) intersection

crosbhóthar (pl **crosbhóithre**) nm1 crossroad

croscheistigh vt, vi (Law)

cross-examine

crosfhocal nm1 crossword

croslámhach nm crossfire

crosóg nf2 small cross; **~ mhara** starfish; **~ Bhríde** (Rel) St Brigid's cross

crosta adj (child) bold; troublesome

crostagairt nf3 cross-reference

crotal nm1 (of lemon etc) rind; (of wheat) husk

crothán nm1 sprinkling; (quantity) little; **~ + gen** a smattering of

crú nm4 horseshoe; **nuair a thagann an ~ ar an tairne** when it comes to the test

crua adj hard; difficult; harsh; hardy; (drink) neat ▷ nm4 hard; **saol/buille/fear ~** hard life/blow/man; **ólann sé ~ é** he drinks it neat; **tá sé ag cur ~ orm** dearmad **a dhéanamh air** I find it hard to forget

cruach¹ nf2 pile; (of hay, turf) stack ▷ vt stack; **~ fhéir** haystack

cruach² nf2 steel; **~ dhosmálta** stainless steel

cruachás nm1 predicament; difficulty; dilemma; **bheith i g~** to be in dire straits

cruachroíoch adj callous

cruadhiosca nm4 (Comput) hard disk

crua-earraí nmpl4 hardware

cruaigh vt, vi harden; toughen

cruálach adj cruel

cruálacht nf3 cruelty

cruan nm, vt enamel

cruatan nm1 hardship; want; **~ an tsaoil** the rigours or trials of life

crúb nf2 claw; hoof; **bheith i g~a duine** to be in sb's clutches

crúbáil vt, vi claw, paw; **ag ~ le peann** scrawling with a pen

crúca nm4 hook; crook; claw

crúcáil vt hook; **bheith ag ~ ar** to claw at; to clutch at

cruib (pl **cruibeanna**) nf2 crib; **~ shúgartha** playpen

cruicéad nm (game) cricket

cruidín nm4 kingfisher

crúigh¹ vt (horse) shoe

crúigh² vt milk

cruimh nf2 grub; maggot

cruinn adj round; exact; accurate; assembled; **tábla ~** round table; **cur síos ~** accurate description; **tá na daltaí ~ sa leabharlann** the pupils are assembled in the library; **éist go ~** listen closely

cruinne nf4 universe; orb, globe; roundness

cruinneachán nm1 dome

cruinneas nm1 accuracy, exactness, precision; clarity

cruinneog nf2 (in class) globe

cruinnigh vt, vi assemble; gather, collect; **airgead/stampaí a chruinniú** to collect money/stamps; **chruinnigh siad le chéile** they got together; **~ do chuid cainte** come to the point!; **do mheabhair a chruinniú** to gather one's thoughts

cruinniú nm gathering, meeting; collection; **tá sí ar chruinniú** she's at a meeting; **~ mullaigh** summit (meeting)

crúiscín nm4 small jar or jug

cruit (pl **cruiteanna**) nf2 hump, hunch; (Mus) small harp

cruiteach adj humpbacked, hunchbacked

cruiteachán nm1 hunchback

cruithneacht nf3 wheat

cruóg nf2 urgent need; rush; **tá ~ air** he's in a rush

cruógach adj busy; urgent, pressing

crúsca nm4 jar, jug

crústa nm4 crust

cruth (pl **cruthanna**) nm3 appearance, shape; state, condition; **teacht i g~** to take shape; **cuir ~ ort féin** tidy yourself up; **bhí sí i g~ titim leis an tuirse** she was fit to drop with exhaustion

cruthaigh vt; vi create, shape, form; prove; establish; **cás a chruthú** to prove a case; **cruthú go maith** to turn out well

cruthaíocht nf3 (shape) outline

cruthaitheach adj creative

cruthaitheoir nm3 creator

cruthanta adj lifelike; exact; (fool etc) complete

cruthú nm creation; proof; **níl aon chruthú agam (go)** I've no proof (that); **gan cruthú** unsubstantiated

crúthúnas nm1 proof

cú (pl **cúnna**) nm4 greyhound; hound

cuach¹ (pl **cuacha**, gpl **cuach**) nm4 bowl

cuach² nf2 cuckoo; bow-knot; (in hair) curl, tress; hug ⊳ vt wrap; bundle; hug; **~ta isteach le chéile** huddled together; **bheith ~ta istigh** to be cooped up

cuachóg nf2 bow-knot

cuaifeach nm1 whirlwind

cuaille nm4 pole; stake; post; **~ báire** goalpost; **~ lampa** lamppost

cuairín nm4 circumflex

cuairt (pl **cuairteanna**, with pl nums **cuarta**) nf2 visit, call; (of doctor) round; (of town, museum) tour; (of track) circuit, lap; **~ a thabhairt ar dhuine** to pay sb a visit

cuairteoir nm3 visitor; tourist

cual nm1 bundle

cuallacht nf3 guild; corporation; fellowship

cuan (*pl* **cuanta**) *nm1* harbour, marina; haven; **C~ Bhaile Átha Cliath** Dublin Bay

cuar *nm1* curve; circle

cuarán *nm1* sandal

cuarbhóthar *nm1* ring road, beltway (US)

cuardach *nm1* search

cuardaigh *vt* search (for)

cuarta *see* **cuairt**

cuartaíocht *nf3* visiting; **dul ag ~ tigh** + *gen* to call round to sb's (house)

cuas (*pl* **cuasa**) *nm1* hollow, cavity; (*Anat*) sinus

cuasach *adj* hollow, concave

cúb *nf2* coop ▷ *vt, vi* bend; cower, shrink; **~adh (ó)** to recoil (from)

Cúba *nm4* Cuba

cubhachail *nm4* cubicle

cúbláil *vt* misappropriate; wrangle; manipulate

cúcamar *nm1* cucumber

cufa *nm4* cuff

cuí *adj* fitting

cuibheasach *adj* fair, reasonable, middling

cuibhiúil *adj* proper; seemly; decent

cuibhiúlacht *nf3* seemliness, decorum; decency

cuibhreach *nm1* binding, fetter; **níl ceangal ná ~ air** he has no ties

cuibhreann *nm1* field; (*Mil*) mess

cuid (*gs* **coda**, *pl* **codanna**) *nf3* some; part; share; portion; means of subsistence; **an chéad chuid** the first part; **an chuid is mó** the greater part; **~ de** some of; **~ acu** some of them; **~ mhaith** + *gen* a lot (of); **roinnte ina chodanna** divided in parts; **bhí a chuid den chuideachta aige** he enjoyed himself as much as anyone; **tá mo**

chuid gruaige fliuch my hair is wet; **tá meath ar a chuid Gaeilge** his Irish has deteriorated; **iníon de chuid Sheáin** one of John's daughters; **do chuid a shaothrú** to earn your keep; **ná tréig do chara ar do chuid** don't lose a friend for gain; **déan do chuid** eat (your meal); **tá lorg a coda uirthi** (*inf*) she looks well-fed

cuideachta *nf4* company; amusement; **is fear mór ~ é** he's very outgoing; **~ a choinneáil le duine** to keep sb company; **i g~ a chéile** together; **i g~ na ~** along with the rest; **bhí ~ mhaith ann aréir** it was good craic last night

cuideachtúil *adj* sociable; outgoing

cuidigh *vi* help ▷ *vt*: **~ le** help, assist; (*motion*) second; **cuidiú le duine** to help sb; **chuidigh sí liom an t-airgead a chuntas** she helped me to count the money

cuiditheoir *nm3* helper; (*at meeting*) seconder

cuidiú (*gs* **cuidithe**) *nm* help; assistance; **lámh chuidithe** helping hand

cuidiúil *adj* helpful

cúig *num, nm4* five; **a ~ déag** fifteen; **dhíol mé ar chúig euro é** I sold it for five euros; **~ charr/mhí/phointe** five cars/months/points

cúige *nm4* province; **C~ Chonnacht** Connacht; **C~ Laighean** Leinster; **C~ Mumhan** Munster; **C~ Uladh** Ulster

cúigeach *adj* provincial

cúigear *num* five; five people

cúigiú *num, adj, nm4* fifth

cuil *nf2* fly; **~ ghorm** bluebottle

cuil² *nf2* angry mood; **tá ~ air** he's angry

cúil nf (gs **cúlach**, pl **cúlacha**) corner; nook

cuilceach nm1 rascal; playboy

cuileann nm1 holly

cúileann adj, nf2 blond(e)

cuileog nf2 (insect) fly

cúilín nm4 (Sport) point

cuilithe nf4 vortex; centre; core; (fig) mainstream

cuilt (pl **cuilteanna**) nf2 quilt

cuimhin n (with copula + le): **is ~ léi (an tseanscoil)** she remembers (the old school); **ní ~ liom a hainm** I can't remember her name

cuimhne nf4 memory; recollection; **cuimhní cinn** memoirs; **le ~ na ndaoine** within living memory; **más buan mo chuimhne** if I remember correctly; **ar feadh mo chuimhne, de réir mo chuimhne** as far as I remember; **rud a chur i g~ do dhuine** to remind sb of sth

cuimhneacháin n gen as adj memorial

cuimhneachán nm1 commemoration; memento, souvenir

cuimhneamh nm1 remembrance; thought; **~ míosa** (Rel) month's mind

cuimhnigh vt, vi: **~ (ar)** remember; recall; keep or bear in mind

cuimil (pres **cuimlíonn**) vt, vi rub; wipe; stroke; fondle

cuimilt nf2 rubbing; wiping; stroking; friction; (with cloth) rub, wipe; **~ a thabhairt do rud** to give sth a rub or wipe

cuimilteoir nm3 wiper; **~ gaothscátha** windscreen wiper

cuimleoir nm3 wiper; rubber

cuimse nf4: **dul thar ~** to go too far; **as ~** extreme, exceedingly

cuimsigh vt, vi comprehend;

connote; comprise

cuimsitheach adj comprehensive; inclusive; full-scale

cuing (pl **cuingeacha**) nf2 yoke; bond, obligation; **~ an phósta** wedlock

cúinne nm4 corner; angle; nook; (in road) bend

cúinneach nm1 (Football) corner (kick)

cuinneog nf2 (for butter) churn

cúinse nm4 circumstance; pretext; condition; **ar aon chúinse** under no circumstances; **gan chúinse** unconditionally; **bhí sí ann ar an gcúinse go ...** she was there on the pretext that...

cuir (vn **cur**) vt, vi put, place; (body) bury; (seed) sow, plant; set, lay; send; (hair, leaves) shed; rain; **cár chuir tú an peann?** where did you put the pen?; **crann a chur** to plant a tree; **dol a chur** to set a trap; **ceist a chur (ar)** to ask a question (to); **geall a chur** to place a bet; **páiste a chur a luí** to send a child to bed; **scéala a chur chuig duine** to send word to sb; **bheith ag cur allais** to be sweating; **tá sé ag cur sneachta** it is snowing; **cuir amach** put out; eject; (drink) pour; vomit; (warrant, statement) issue; **do cheann a chur an fhuinneog amach** to put your head out of the window; **duine a chur amach** (eject) to put sb out; **bhí sí ag cur amach** she was vomiting; **cuir aníos** send up (from below); **cuir anuas** send down (from above); **cuir ar** put on; place; send to; turn on; cause; impose; (sugar) add; colour; ascribe; bring on; translate; trouble; **~ ort do chóta** put your coat on; **stampa a chur ar litir** to put a stamp on a letter; **rud a chur ar aghaidh/ar gcúl** to put sth forward/back; **an raidió a chur air** to switch on the radio; **chuir an boladh ocras air** the smell made him hungry; **dualgas a chur ar dhuine** to place an obligation on; **níor chuir mé siúcra ar an gcaife** I didn't put any sugar in the coffee; **mallacht a chur ar dhuine** to curse sb; **~ Gaeilge ar sin** put that into Irish; **tá an déideadh ag cur air** the toothache is troubling him; **cuir as** put out of; put out, turn off; bother; **duine a chur as obair** to put sb out of work; **chuir sí an solas as** she put out the light; **tá na scrúduithe ag cur as di** she's worried about the exams; **cuir chuig** or **chun** send to; put to; disturb; embark on; set to; **bille a chur chuig duine** to send a bill to; **chuir sé an mhoill chun tairbhe dó féin** he used the delay for his own benefit; **is fearr gan cur chuige** it's better not to disturb him; **cur chun bóthair** to set off; **cur chun oibre** to set to work; **duine a chur chun báis** to execute sb; **cuir de** put, send; finish; get rid of; **imreoir a chur den pháirc** (*Sport*) to send a player off; **slaghdán a chur díot** to get over a cold; **rud a chur díot** to get sth over and done with; **cuir faoi** put under, place under; (*reside*) settle; **~ an stól faoin mbord** place the stool under the table; **tír a chur faoi smacht** to conquer a country; **cuir i** put in; thrust into; bring upon; **chuir sé a lámh ina phóca** he put his hand in his pocket; **chuir sí an scian ann** she stuck the knife in him; **poll a chur i rud** to make a

hole in sth; **duine a chur i gcontúirt** to put sb in danger; **sonrú/dúil a chur i nduine** to notice/get to like sb; **cuir isteach** put in; insert; (*time*) pass, spend; **~ isteach ar** (*job*) apply for; (*person*) interrupt, annoy; **~ isteach an diosca** insert the disk; **chuir mé lá fada isteach** I put in a long day; **cuir le** send with, send by; add to; drive to; **teachtaireacht a chur le duine** to send a message with; **orlach a chur le rud** to add an inch to sth; **d'ainm a chur le rud** to add your name to sth; **duine a chur le báiní** to infuriate sb; **cuir ó** put off; prevent; put away; **chuir sé ó cheol mé** it put me off singing; **chuir sé uaidh an casúr** he set the hammer aside; **cuir roimh** put before; **deoch a chur roimh dhuine** to set a drink before sb; **cuspóir a chur romhat** to set yourself an aim; **cuir siar** put back; postpone; **cuir síos** lay, put down; **~ síos ar** describe; **~ síos do** attribute to; **brat urláir a chur síos** to lay a carpet; **an citeal a chur síos** to put the kettle on; **~adh neamhshuim síos dom** I was said to be uninterested; **cuir suas** put up; **cuir suas de** refuse; **~ suas le** tolerate; **póstaer a chur suas** to put a poster up; **ní féidir liom cur suas leis níos faide** I can't tolerate it any longer; **cuir thar** put over, across; (*time*) pass; **cuilt a chur tharat** to put a quilt around you; **cuir thart** send round; pass; **an clár oibre a chur thart** to pass round the agenda; **cuir trí** put through; **~ trí chéile** mix up, confuse; discuss; **chuir sé an liathróid trí fhuinneog na**

scoile he put the ball through the school window; **chuir an scéala trí chéile í** the news confused her; **cás a chur trí chéile** to discuss a case

cuircín nm4 (feathers) crest

cuireadh nm invitation; guest; **~ a thabhairt do dhuine** to invite sb; **~ gan iarraidh** uninvited guest

cuireata nm4 (Cards) jack

cúiréir nm3 courier

cuirfiú nm4 curfew

cuirín nm4 currant; **~ dearg** redcurrant

cúirt (pl **cúirteanna**) nf2 court; **~ airm** court martial; **~ dlí** law court; **~ éigse** bardic court; **~ leadóige** tennis court

cúirtéis nf2 courtesy; (Mil) salute

cúirteoir nm3 courtier

cuirtín nm4 curtain; **~í** drapes

cúis (pl **cúiseanna**) nf2 cause, reason, grounds; case; charge; **~ gháire** laughing matter; **~ ghearáin** cause for complaint; **is í an aimsir is ~ leis** the weather is the cause of it; **bhí ~ mhaith aige (le)** he had good reason (to); **déanfaidh sin ~** that'll do; **~ dlí** lawsuit

cúiseamh nm accusation, charge; prosecution

cúisí nm4 accused

cúisigh vt accuse; prosecute; charge; **duine a chúiseamh (as)** to charge sb (with)

cúisín nm4 cushion

cúisitheoir nm3 prosecutor; **~ an stáit** public prosecutor

cuisle nf4 vein; (of blood) pulse; (inf) darling; **~ mhór** artery; **~ a bhrath** to feel a pulse; **a chuisle mo chroí!** dearest!

cuisneoir nm3 fridge, refrigerator

cúiteach adj compensating; (fig)

rewarding; redeeming; **~ (le)** quits (with)

cúiteamh nm (Law) damages, compensation, indemnity; redress; retribution; **~ a dhéanamh** to make amends; **rud a chúiteamh le duine** to reward sb for sth

cuiteog nf2 worm

cúitigh vt repay; compensate; recoup; **gar a chúiteamh le duine** to return a favour to sb; **éagóir a chúiteamh** to make amends for an injustice; **duine a chúiteamh** to reward sb

cuitléireacht nf3 cutlery

cúl (pl **cúla**) nm back; rear; (of coin) reverse; (Sport) goal; **~ an tí** the back of the house; **i g~ an bhus** in the back of the bus; **ar chúl +** gen behind; **doras/seomra cúil** back door/room; **do chúl a thabhairt le rud** to give sth up, turn one's back on sth; **titim i ndiaidh do chúil** to fall backwards; **dul ar g~** to recede, go back; **~ a chur ar dhuine** to delay sb; **ar ~a** (riding) pillion; **ar chúla téarmaí** secretly; **~ a scóráil** to score a goal; **~ báire** goalkeeper; **~ taca** support, backing; (person) backer

cúlach, cúlacha see **cúil**

cúlaí nm4 (Sport) back, defender

cúlaigh vt, vi back; retreat; (car) reverse

culaith (pl **cultacha**) nf2 suit; dress; uniform; **~ shnámha** swimming or bathing costume, swimsuit; **~ thráthnóna** evening dress; **~ trí bhall** three-piece suit

culaithirt nf2 (Theat) wardrobe

cúlánta adj backward; shy

cúlbhinseoir nm3 (Pol) backbencher

cúlbhuille nm4 backhand (stroke)

cúlchaint nf2 backbiting; gossip

cúlchainteoir nm3 (person) gossip

cúlcheadaigh vt connive at

cúlchiste nm4 (Comm) reserve, fund

cúléisteacht nf3: **~ (le)** eavesdropping (on)

cúlfhiacail nf2 molar

cúlgharda nm4 rearguard

cúlpháirtí nm4 (to crime) accessory

cúlra nm4 background; backdrop

cúlráid nf2 seclusion; secluded place; **ar an g~** in seclusion; **fanacht ar an g~** to lie low

cúlráideach adj secluded; backward

cúlspás nm4 backspace

cúltaca adj backup ▷ nm4 (Mil) reserve; (Comput) backup; **cóip chúltaca** backup copy

cultacha see **culaith**

cultas nm1 cult

cúltort vi backfire

cultúr nm1 culture

cultúrtha adj cultural; cultured

cúlú nm backing; retreat; withdrawal

cum vt invent; make up; (music, poem) compose; (plan) devise

cuma¹ nf4 shape, form; appearance; **tá ~ mhaith/droch-chuma ar Sheán** John is looking well/bad; **tá ~ air go ...** it seems that ...; **tá an chuma sin air** so it seems; **ar chuma éigin** somehow; **ar aon chuma** anyway

cuma² nf4 (with copula): **is ~ (faoi)** it doesn't matter (about); **is ~ liom** I don't care or mind; **is ~ duit (má)** it doesn't matter to you (if); it doesn't concern you (if); **is ~ cad é dúirt mé inné** no matter what I said yesterday; **ar nós ~ liom (faoi)** indifferent (to)

cumadóir nm3 inventor; composer

cumadóireacht nf3 invention; fabrication; fiction; composition; simulation

cumaisc (pres **cumascann**, vn **cumasc**) vt, vi mix together; blend; combine

cumann¹ nm1 club; association; society; fellowship; **~ carthanachta** charity; **~ foirgníochta** building society; **~ gailf** golf club; **~ lucht tráchtála** chamber of commerce; **C~ Lúthchleas Gael** the Gaelic Athletic Association

cumann² nm1 relationship, love affair

cumannach adj communist

cumannachas nm1 communism

cumannaí nm4 communist

cumar nm1 ravine

cumarsáid nf2 communication; **~ a dhéanamh** to communicate

cumas nm1 capability, ability; capacity; **níl ar mo chumas siúl fós** I'm not able to walk yet; **tá an-chumas inti** she is very capable

cumasach adj capable; able; powerful; effective; **bleachtaire ~** an able detective

cumasc nm1 mixture, blend; (Comm) merger; see also **cumaisc**

cumascann see **cumaisc**

cumha nm4 loneliness; homesickness; nostalgia

cumhacht nf3 power; (fig) authority; influence; **teacht i g~** to come into power; **~ aturnae** power of attorney

cumhachtach adj powerful; potent; (person) influential

cumhdach nm1 cover; wrapper

cumhdaigh vt cover, protect; preserve; **go gcumhdaí Dia thú** may God preserve you

cumhra adj fragrant

cumhracht nf3 fragrance; scent; aroma; (of wine) bouquet

cumhrán nm1 perfume

cumtha adj fictitious, invented; (girl) comely

cúnaigh vi: **~ le** help

cúnamh nm1 help; aid; **~ a thabhairt do dhuine** to help sb

cúnant nm1 covenant

cúng adj narrow; tight

cúngaigeanta adj narrow-minded

cúngaigh vt, vi narrow, restrict; **cúngú ar** to encroach on

cúngú nm restriction

cúnna see **cú**

cunta nm4 (nobleman) count

cúntach adj helpful; auxiliary

cuntanós nm1 countenance

cuntaois nf2 countess

cuntar nm1 (shop) counter; condition; stipulation; **ar chuntar go** provided that, on condition that

cuntas nm1 count; account; record; **~ a thabhairt ar rud** to give an account of sth; **~ a oscailt** to open an account; **~ béil** oral account; **~ bainc/taisce** bank/deposit or savings account; **~ reatha** current account

cuntasaíocht nf3 (subject) accountancy

cuntasóir nm3 accountant; book-keeper

cuntasóireacht nf3 (profession) accountancy; book-keeping

cúntóir nm3 assistant; helper; **~ pearsanta** personal assistant

cuóta nm4 quota

cupán nm1 cup; **~ tae** a cup of tea

cúpla nm4 couple; twins; **An C~** (Astrol) Gemini; **~ + nom sg** a couple of, a few

cúplach adj twin

cúpón nm1 coupon; **~ freagartha** reply coupon

cur nm1 sowing; laying; burial; round; **~ dí/ceapairí** round of drinks/sandwiches; **~ amach** vomit; **~ siar** postponement; **~ i gcéill** pretence, make-believe; **~ ar aghaidh** advancement; **~ ar ceal** cancellation; **~ chun báis** execution; **~ faoi chois** suppression; **~ le chéile** cooperation; unity; **~ i gcás** supposition; **~ teachtaireachtaí pictiúr** picture messaging; **tá ~ amach maith aige ar an ábhar sin** he is quite knowledgeable in that subject; see also **cuir**

cúr nm foam, froth; **~ bearrtha** shaving foam

curach nf2 currach; canoe; coracle

curachóireacht nf3 canoeing

curaclam nm1 curriculum

curadh nm1 champion

curadhmhír nf2 (winner's) prize; showpiece

curaí nm4 curry

curáideach nm1 curate

curaíocht nf3 tillage

curaíochta n gen as adj arable

cúram (pl **cúraimí**) nm1 care; responsibility; family, children; matter, business; keeping; position, office; trust; upkeep; **faoi chúram + gen** in sb's care; **rud a chur faoi chúram duine** to commit sth to sb's care; **ní foláir ~ práinneach a dhéanamh den chás** the case requires urgent attention; **an bhfuil ~ ar bith ort?** have you any children?

cúramach adj careful; cautious; attentive; **"láimhsigh go ~"** "handle with care"

curata adj brave; valiant

curfá *nm4* refrain, chorus

curiarracht *nf3* (*Sport*) record; **i g~ama** in record time

curiarrachtaí *nm4* (*Sport*) record holder

curra *nm4* holster

curriculum *nm*: **~ vitae** curriculum vitae

cúrsa *nm4* course; round; circuit; **~ na gréine** the sun's course; **~ taistil** itinerary; **~ a leagan** to set a course; **ceann ~** destination; **~ ollscoile** university course; **~ spioradálta** (*Rel*) retreat; **~ tosaigh** (*Culin*) starter; **~í** affairs, matters; circumstances; (*Med*) periods; **~í reatha** current affairs; **~í dlí/airgid** legal/money matters; **sin mar atá ~í faoi láthair** that's how matters stand at the moment

cúrsáil *nf3* cruise; coursing; **long chúrsála** cruise ship ▷ *vt*, *vi* cruise; course; chase

cúrsaíocht *nf3* circulation; currency

cúrsóir *nm3* cruiser

cuspa *nm4* (*for artist*) model

cuspóir *nm3* object; objective; purpose; **~ folaithe** ulterior motive, hidden agenda

cuspóireach *nm* (*Ling*) accusative, objective

custaiméir *nm3* customer; patron

custam *nm* customs; **oifigeach custaim** customs officer

custard *nm* custard

cuthach *nm* rage, fury; **dul le ~** to get into a rage

cúthail *adj* shy, bashful

d

D *nm4* D

d' *see* **de**; **do¹**

○ **EOCHAIRFHOCAL**

dá¹ *conj* (*with dependent conditional or past sub*; *eclipses*) if 1 (*with verbs*): **cad é a dhéanfá dá mbeadh míle euro agat?** what would you do if you had a thousand euros?; **dá gcuirfeá an t-airgead sa bhanc bheifeá saibhir** if you had put the money in the bank you would have been rich, if you were to put the money in the bank you would be rich; **dá rachainn** *or* **dá dtéinn ann d'fheicfinn í** if I had gone there I would have seen her, were I to go there I would see her; **dá dtiocfadh leat** if you could; **dá mbeadh ciall agat** if you had any sense; **dá mbeadh a fhios agat!** if you only knew!

2 (*with more than one condition*): **dá mbínn** *or* **mbeinn ar shiúl céad bliain agus mná na cruinne le fáil agam, thiocfainn ar ais chugatsa** if I were away for a hundred years and could have all the women in the world, I would come back to you; **dá dtiocfadh sé agus dá bhfeicfeadh sé anseo thú** if he should come and see you here; **dá mbeadh beirt fhear ag troid agus go bhfeicfidís ag teacht í stadfaidís** if two men were fighting and they should see her coming they would stop

3 (*with past tense of verb* **tá** *in main clause indicating conditional*): **dá ndéanfadh sé sin bhí deireadh leis** if he had done that he would have been ruined

4 (*with copula*): **dá mba mhúinteoir cáilithe í** if she were a qualified teacher; **cad a dhéanfá dá mba rud é go bhfeicfí ann thú?** what would you do if you were to be seen there?; **dá mba agatsa a bheadh an t-airgead** if YOU had the money; **dá mba mhaith leat** if you (would) like; **dá mb'fhearr leat** if you (would) prefer; **dá mb'fhéidir é** if it were possible; **dá mba leat féin é** if it were your own

5: **dá ... gan** if ... not; **dá mbeadh sé gan sin a dhéanamh** if he had not done that, if he were not to do that; **cad a dhéanfá dá mbeadh gan airgead a bheith agat?** what would you do if you had no money?

dá² = **do** + *poss adj* **a** to his/her/its/ their; for his/her/its/their; **thug**

mé an cárta **dá** mháthair I gave the card to his mother; **thug sí aire mhaith dá cuid gruaige** she looked after her hair; **fuair siad bronntanas dá dtuismitheoirí** they got a present for their parents

dá³ = **de** + *poss adj* **a** of his/her/its/ their; from his/her/its/their; off his/her/its/their; **duine dá chairde** one of his friends; **bhain sí an fáinne dá méar** she took the ring off her finger

dá⁴ = **do** *or* **de** + *rel part* **a** to whom; to which; for whom; for which; of whom; of which; **an bhean dá dtug mé an t-airgead** the woman to whom I gave the money; **gach pingin dá bhfuil agaibh** every penny you have

dá⁵ = **de** + *part* **a** (*followed by abstract noun*) however; **dá mhéad é** however big he/it is; **dá fhuaire an mhaidin** however cold the morning; **dá fheabhas é** excellent as it is; **níl fear, dá láidre, a bhuailfeadh é** there's no man however strong would defeat him

dá⁶ *see* **dhá**

daba *nm4* dab; blob; **mac an ~ ring finger**

dabhach (*gs* **daibhche**, *pl* **dabhcha**) *nf2* tank; tub; vat; **~ mhúinlaigh** septic tank

dabht (*pl* **dabhtanna**) *nm4* doubt

dada *nm4* anything; nothing; **má bhíonn ~ uait** if you need anything; **níl ~ le feiceáil ann** there's nothing to see there

daibhir (*gsf, pl, compar* **daibhre**) *nm4* poor person ▷ *adj* poor; **an saibhir agus an ~** the rich and the poor

daichead (*pl* **daichidí**) *num, nm* forty; **sna daichidí** in the forties; **~ bliain/fear/euro** (*with nom sg*) forty years/men/euros

daicheadú num, adj, nm4 fortieth

daid (pl **daideanna**) nm4 dad

daideo nm4 grandad

daidí nm4 daddy; **D~ na Nollag** Father Christmas, Santa (Claus)

daigh (pl **daitheacha**) nf2 pang; twinge; **~ aithreachais** a twinge of regret; **~ chroí** heartburn; see also **daitheacha**

dáigh adj obstinate; adamant

dáil nf3 (pl **dálaí, dála**) meeting; encounter; assembly, convention; (Pol) parliament; circumstance, condition ▷ vt distribute, give out; bestow; (food etc) serve; **dálaí** data; **dul i n~ + gen** to go to meet; **dálaí oibre** working conditions; **dála Sheáin** like Seán; **dála an scéil** by the way; **a dhála sin** moreover, similarly; **idir ~ agus pósadh** engaged (to be married); **D~ Éireann** The Dáil, the Irish Parliament

dáilcheantar nm4 (Pol) constituency

dáileadh (gs **dáilte**, pl **dáiltí**) nm distribution

dáileog nf2 dose

dáileoir nm3 distributor; dispenser; **~ airgid** cash dispenser

dáilia (pl **dáilianna**) nf4 dahlia

daille nf4 blindness

dailtín nm4 brat, imp

dáimh nf2 fraternity; affinity; affection, fondness

daingean adj (gsf, pl, compar **daingne**) solid, secure, firm; fixed; staunch; strong, determined ▷ nm fortress, stronghold; fort; **baile ~** fortified town; **rún ~** firm intention; **bhéal ~** solid wall; **~ faoi thalamh** (in bank) vault; **chomh ~ le carraig** as steady as a rock

daingnigh vt fortify, secure, steady; strengthen; (friendship) cement

dainséar nm danger

dair (gs, gpl **darach**, pl **daracha**) nf oak

dáiríre adj serious; earnest ▷ adv really, truly; **~?** really?; **bheith ~ (faoi)** to be in earnest/be serious (about); **caint dháiríre** serious talk; **i n~** in earnest

dairt nf2 dart; clod

dais nf2 (Math, Typ) dash

daite adj coloured, dyed; fated; allotted

daitheacha nfpl2 rheumatism; see also **daigh**

dála see **dáil**

dálach nm1: **Domhnach agus ~** (work) seven days a week, without a break

dálaí see **dáil**

dalba adj bold, cheeky; (child) naughty; headstrong

dall adj blind, blinded ▷ nm1 blind person ▷ vt blind; dazzle; mesmerize; (door) darken; **bheith ~ ar rud** to be ignorant of sth; to be unable to understand sth; **idir ~ is dorchadas** at twilight

dalladh (gs **dallta**) nm plenty; **~ airgid** plenty of money

dallamullóg nm4 deception; confusion; **~ a chur ar dhuine** to fool sb

dallarán nm1 dunce, idiot

dallóg nf2 (for window) blind; blind creature; **~ Veinéiseach** Venetian blind; **~ fhéir** dormouse

dallraigh vt blind; dazzle ▷ vi glare

dallrú nm (of light) glare

dallta see **dalladh**

dalta nm4 disciple; (Scol) pupil, student; ex-student; (Mil) cadet

damáiste nm4 damage

damanta adj damned; terrible

damba nm4 dam

damh nm1 ox

dámh nf2 (Univ) faculty

damhán nm1: ~ **alla** spider

damhna nm4 matter, substance

damhsa nm4 dancing

damhsaigh vt, vi dance

damhsóir nm3 dancer

damnaigh vt damn

damnaithe adj damned, hellish

damnú nm damnation; ~ **hell!,
shit!; ~ air!** damn (it/him)!

dán (pl **dánta**) nm1 poem; destiny,
fate; faculty; art

dána adj bold; daring; brazen,
forward

dánacht nf3 boldness; cheek; ~ **a
dhéanamh ar rud** to make bold
with sth

Danar nm1 Dane; (fig) barbarian

danartha adj cruel, heartless,
callous

danarthacht nf3 cruelty; barbarity

dánlann nf2 art gallery

Danmhairg nf2: **an** ~ Denmark

Danmhairgis nf2 (Ling) Danish

Danmhargach adj Danish ▷ nm1
Dane

dánta see **dán**

daoibh see **do²**

daoine see **duine**

daoire nf4 costliness

daoirse nf4 slavery; oppression

daol nm1 beetle

daoldubh adj jet-black

daonáireamh nm1 census

daonchairdiúil adj humanitarian

daonchumhacht nf3 manpower

daonlathach adj democratic

daonlathaí nm4 democrat; **na
Daonlathaithe Liobrálacha** the
Liberal Democrats

daonlathas nm1 democracy

daonna adj human; humane; **an
cine** ~ the human race; **neach** ~
human being

daonnacht nf3 humanity; human
nature

daonnachtúil adj humane

daonnaí nm4 human being

daonra nm4 population

daonuair nf2 man-hour

daor adj dear; expensive; captive;
severe ▷ nm1 slave; condemned
person ▷ vt enslave; convict;
condemn; **duine a dhaoradh
chun báis** to condemn sb to death;
duine a dhaoradh i gcoir to
convict sb of an offence; **beidh** ~
ort you will pay dearly for it

daoraí n: **bheith ar an** ~ (**le duine**)
to be furious (with sb)

daorghalar nm1 haemorrhoids,
piles

daorobair nf2 hard labour

daoscarshlua nm4 rabble, riffraff

dar¹ prep by; ~ **Dia!** by God!;
~ **m'fhocal** upon my word

dar² vb: ~ **le** it seems to, in the
opinion of; ~ **liom go bhfuil tú san
éagóir** it seems to me that you are
in the wrong; **bhí deifir uirthi,** ~
leis she was in a hurry, he thought;
~ **leo féin** in their own opinion

dar³ = **de** or **do** + indir rel of copula **ar⁴**;
an té ~ **mhiste é** the person to
whom it mattered

dar⁴ = **do** or **de** + poss adj **ár**; **duine** ~
ngaolta one of our relations;
tabhair ~ **gcairde iad** give them to
our friends

dár⁵ = **do** or **de** + rel part **ar**; **an
ceannaire** ~ **ghéill sé** the leader to
whom he surrendered; **an cóta** ~
thit an cnaipe the coat which the
button fell off

dár³ prep: **an lá/bhliain ~ gcionn** the following day/year

dara num second; **an ~ bean/háit/doras** the second woman/place/door; **an ~ lá déag** the twelfth day; **gach ~** every other

darach n gen as adj oak; see also **dair**

daracha see **dair**

darb, darbh see **dar³**

dásacht nf3 audacity; bravery; madness

dásachtach adj furious

dáta nm4 date

dátaigh vt date

dath nm3 colour; dye; (Cards) suit; **~ na fírinne a chur ar rud** to give sth a semblance of truth; **scéal gan ~** unlikely story; **a dhath** anything; (with neg) nothing; **níl a dhath aige** he has nothing; **an bhfuil a dhath eile le déanamh?** is there anything else to do?; **a dhath ar bith** nothing whatever

dathaigh vt colour; dye; paint

dathannach adj colourful; multicoloured

dathdhall adj colour-blind

dátheangach adj bilingual

dátheangachas nm bilingualism

dathú nm colouring

dathúil adj colourful; good-looking, pretty

dathúlacht nf3 good-looking, beauty

EOCHAIRFHOCAL

de (prep prons = **díom, díot, de, di, dínn, díbh, díobh**) (lenites; = **d'** before vowel or **fh** + vowel; = **den** before def art) prep **1** (indicating amount etc) of; **cuid den fheoil** some of the meat; **a lán de na milseáin** a lot of the sweets; **lán de dhóchas** full of hope; **punt de phlúr bán** a pound of white flour; **ceann de na capaill** one of the horses; **duine de na fir** one of the men; **cúig cinn de phiontaí** five pints; **lá de na laethanta** once upon a time

2 (indicating position) of; **taobh thiar** or **laistiar den teach** at the back of the house; **an taobh seo den tsráid** this side of the street

3 (kind) like; of; **carr den saghas** or **sórt** or **chineál seo** a car like this; **fágálach de dhuine** a weak helpless person

4 (provenance, instrument) of; **déanta d'adhmad** made of wood; **duine den seandéanamh** an old-timer; **buille de dhorn** a thump of a fist

5 (indicating time) of; by; **faoin am seo d'oíche** at this time of night; **de ló is d'oíche** by day and by night; **de ghnáth** usually

6 (because of, on the basis of) of; with; **bréan de rud** fed up with sth; **tuirseach de rud** tired of sth

7 (after a leithéid, a mhalairt, a athrach etc) of; **a leithéid de dhuine** such a person; **ar a athrach** or **mhalairt de dhóigh** in another way

8 (manner) by; **de shiúl na gcos** by foot; **ag cur de dhíon is de dheora** pouring rain; **teacht isteach de rása** or **rúid** to come rushing in; **cur de ghlanmheabhair** to learn (off) by heart; **éirí de phreab** or **léim** to jump up

9 (in comparisons) by; of; **níos sine de bhliain ná** a year older than

10 (in phrasal verbs): **scor** or **stad de rud** to stop (doing) sth; **leanúint de rud** to continue (doing) sth;

baint de rud to take from sth
11 (*in phrases*): **de bhrí** or **bharr**
because; **d'ainneoin** despite,
notwithstanding; **dá ainneoin sin**
in spite of that; **de réir** according
to; **dá réir sin** accordingly; **de mo
dhóighse** in my opinion; **i dtaca
liomsa de** as far as I'm concerned;
rud eile de moreover; **d'aon
ghuth** unanimously; **bhí de
mhisneach/chiall/chroí aige** he
had the courage/sense/heart; **ní
raibh de sin ach sin** that's all there
was to it

Dé *n*: **Dé Luain/Céadaoin** (on)
Monday/Wednesday
dé¹ (*gs, pl* **déithe**) *nf* breath; **dé
ghaoithe** breath of wind; **bheith
ar an dé deiridh** to be on one's last
legs; **an dé a choinneáil i nduine**
to keep sb alive, sustain sb
dé² *see* **dia**
dé- *prefix* two-, twin-, bi-
dea- *prefix* good-; **~scéal**
good news; **ar an ~uair**
fortunately; **~mhúinte** polite,
well-mannered
deabhadh *nm1* rush, hurry
dea-bhéasa *nmpl4* etiquette; good
manners
deabhóid *nf2* devotion
dea-bholadh *nm1* aroma
deacair *nf* (*gs, gpl* **deacra**) difficulty
▷ *adj* (*gsf, pl, compar* **deacra**)
difficult, hard
déach (*gsm* **déach**) *adj* dual
deachaigh *vb see* **téigh**
dea-chaint *nf2* (*humour*) wit
dea-chlú *nm4* good name; honour
deachmaíocht *nf3* wastage
dea-chroíoch *adj* kind-hearted
deachtafón *nm1* dictaphone
deachtaigh *vt* dictate; instruct;

compose
deachthas *vb see* **téigh**
deachtóir *nm3* dictator
deachtóireacht *nf3* dictatorship
deachtú *nm* dictation; composition
deachúil *nf3* decimal
deachúlach *adj* decimal
dea-chumtha *adj* shapely;
well-formed
deacra *see* **deacair**
deacracht *nf3* difficulty; distress
déad (*pl* **déada**) *nm* tooth; set of
teeth
déadach *adj* dental
déag *num* -teen; **aon ~** eleven; **dó
dhéag** twelve; **seacht mbuidéal ~**
seventeen bottles; **~a** tens, teens
déagóir *nm3* teenager
déagóra *n gen as adj* (*fashion etc*)
teenage
dealaigh *vt, vi* separate, part;
distinguish, differentiate; **~ le** part
from; separate with; **~ ó** subtract
from
dealbh¹ (*gsm* **dealbh**) *adj* destitute;
(*house*) bare, bleak
dealbh² *nf2* statue
dealbhóir *nm3* sculptor
dealbhóireacht *nf3* sculpture
dealg *nf2* thorn; prickle; brooch
dealgán *nm1* knitting needle
dealrachán *nm1* collarbone
dealraigh *vt, vi* shine; appear;
dealraíonn sé go ... it seems
that ...
dealraitheach *adj* shiny; radiant;
handsome; plausible; apparent
dealramh *nm1* shine; radiance;
hue; resemblance; look,
appearance; **~ a bheith agat le** to
be or look like sb; **~ na gréine**
sunshine; **tá ~ na fírinne ar do
scéal** your story seems plausible;
rud a chur ó dhealramh to

disfigure sth; **de réir dealraimh** apparently

dealú nm subtraction

dealús nm destitution

dealúsach adj destitute

deamhan nm1 demon

dea-mhéin nf2 goodwill; **le ~ with kind regards, with compliments**

dea-mhéineach adj benevolent; well-wishing

dea-mhiotail adj silver; sterling

dea-mhúinte adj well-behaved; well-mannered

déan¹ nm1 dean

déan² (vn **déanamh**, vadj **déanta**, past **rinne**, fut **déanfaidh**) vt, vi do; make; perform; carry out; commit; turn out; reach; establish; **maith/ do dhícheall/cúrsa a dhéanamh** to do good/your best/a course; **culaith/ciorcal a dhéanamh** to make a suit/circle; **airgead/an dinnéar a dhéanamh** to make money/the dinner; **dualgas a dhéanamh** to perform a duty; **peaca/coir a dhéanamh** to commit a sin/crime; **an fhírinne a dhéanamh** to speak the truth; **~ do rogha rud** do as you wish; **~faidh sé múinteoir maith** he'll make a good teacher; **an talamh a dhéanamh** to reach land; **riail/ nós a dhéanamh** to establish a rule/habit; **déan amach** make out; distinguish; determine; conclude; **déan ar** do unto; proceed towards; **machnamh a dhéanamh ar rud** to think about sth; **scéala a dhéanamh ar dhuine** to inform on sb; **~amh ar an mbaile** to make for home; **déan as** make from; **gúna a dhéanamh as éadach** to make a dress from cloth; **~amh as duit féin** to fend for yourself; **déan de** make

of; change into; **praiseach a dhéanamh de rud** to make a mess of sth; **rinneadh uachtarán de** he was made president; **a mhór a dhéanamh de rud** to make the most of sth; **smionagar a dhéanamh de rud** to reduce sth to bits; **amadán a dhéanamh díot féin** to make a fool of yourself; **déan do** make for, do for; **gar a dhéanamh do dhuine** to do sb a favour; **gearán/gáire a dhéanamh faoi dhuine** to complain/laugh about sb

déanach adj last; late; **bheith ag obair moch ~** to work all hours

déanaí nf4 lateness; **le ~** lately; **ar a dhéanaí** at the latest

déanamh nm1 doing; making; manufacture; make; (of clothes) style

déanfaidh etc vb see **déan**

déan-féin-é nm4 do-it-yourself, DIY

deann (gs, pl **deanna**) nm3 twinge; pang; sting

deannach nm1 dust

déanta adj complete; (teacher, barrister etc) fully-qualified; fully-fledged; (liar, thief etc) out-and-out; **~ na fírinne** as a matter of fact

déantóir nm3 maker; manufacturer

déantús nm1 make; manufacture; **de dhéantús na hÉireann** made in Ireland

dear vt draw, design

deara n: **rud a thabhairt faoi ~** to notice sth

dearadh (pl **dearaí**) nm1 design; sketch; drawing

dearbhaigh vt declare; confirm; assert; assure; attest

dearbhán nm1 voucher; **~ lóin** luncheon voucher

dearbhchló (pl **dearbhchlónna**)
nm4 (Phot) positive, print

dearbhú nm declaration;
affirmation; confirmation;
assurance

dearc vt, vi look

dearcach adj considerate; **bheith
~ le duine** to be considerate to sb

dearcadh nm1 look; outlook;
opinion, point of view; vision

dearcán nm1 acorn

Déardaoin nm4 Thursday; **ar an ~**
on Thursdays

dearfa adj certain; definite; proved;
decided; attested; **go ~** certainly

dearfach adj affirmative, positive

déarfaidh, déarfaimid, déarfar
vb see **abair**

dearg vt, vi blush; light; glow;
redden ▷ nm (pl **dearga**) red ▷ adj
red; lit; glowing; (wound) raw;
intense; (luck) real; **~ te** red-hot

dearg- prefix real; utter; real

dearmad vt, vi forget; overlook
▷ nm1 forgetfulness; omission;
mistake; lapse; **de dhearmad** by
mistake; **~ a dhéanamh ar** or **de
dhuine/rud** to forget about sb/sth

dearmadach adj forgetful;
absent-minded

dearna[1] vb see **déan**[2]

dearna[2] nf palm (of the hand)

dearnáil nf3 darn(ing) ▷ vt darn

dearóil adj wretched; miserable;
(weather) chilly; bleak; frail, puny;
poor; needy

deartháir (gs **dearthár**, pl
dearthaireacha) nm brother;
~ céile brother-in-law; **~eacha
agus deirfiúracha** siblings

dearthóir nm3 designer

deas[1] n: **ó dheas** south(wards)

deas[2] n: **de dheas do, i n~ do** near
to, close to; **an baile is deise duit**

the town nearest to you

deas[3] (gsm **deas**) adj nice; kind

deas[4] adj (position) right; **an chos
dheas** the right leg; **an taobh ~**
the right-hand side

deasaigh vt, vi dress; arrange

deasbhord nm1 starboard

deasc nf2 desk

deasca[1] nm4 dregs, sediment; yeast

deasca[2] nm4 consequence; (ill)
effects

deascán nm1 deposit, sediment

deasghnách adj formal;
ceremonial; ritual

deasghnáth (gsf, pl **deasghnátha**)
nm3 formality; ceremony; rite;
ritual

deaslabhartha adj eloquent,
articulate; witty

deaslabhra nf4 elocution

deaslámhach adj right-handed;
handy; skilful, deft

deastógáil nf3 assumption; **D~ na
Maighdine Muire** the Assumption
of the Virgin Mary

deatach nm1 smoke

deataigh vt (fish etc) smoke

deataithe adj smoked

dea-thoil nf3 goodwill

débhríoch (gsm **débhríoch**) adj
ambiguous

débhríocht nf3 ambiguity

décharbónáit nf2 bicarbonate

déchéileachas nm1 bigamy

déchiallach adj equivocal,
ambiguous

décliceáil vi: **~ ar** (Comput)
double-click on

défhócasaigh nmph bifocals

défhoghar nm1 diphthong

déghloiniú nm double glazing

deic nf2 (Naut) deck; **~ caiséad**
cassette deck; **~ eitilte** flight deck

deich num, nm4 ten; **a ~ a chlog** ten

o'clock; **céad is a ~** a hundred and
ten; **~ gcapall/euro/n-acra** ten
horses/euros/acres
deichiú *num, adj, nm4* tenth
deichniúr *nm* ten (people); (*Rel: of
rosary*) decade; **tuairim is ~** some
ten people
déideadh *nm* toothache
deifir (*gs* **deifre**) *nf2* hurry, rush;
haste; **rud a dhéanamh faoi
dheifir** to do sth in a hurry; **tá ~
orm** I am in a hurry; **déan ~!** hurry
up!; **tá ~ leis** it's urgent
deifreach *adj* hasty, hurried
deifrigh *vt, vi* hurry, rush; hasten
deighil (*pres* **deighleann**) *vt* divide;
separate; (*Pol*) partition
deighilt *nf2* division; separation;
(*Pol*) partition; (*fig*) rift; split
deil (*pl* **deileanna**) *nf2* lathe; **ar ~**
in (working) order
deilbh (*pl* **deilbheacha**) *nf2*
appearance, shape; (*of body*) figure
deilbhín *nm4* (*Comput*) icon
deilbhíocht *nf3* (*Ling*) accidence
déileáil *nf3* dealing ▷ *vi* deal
déileálaí *nm4* dealer
deilf (*pl* **deilfeanna**) *nf2* dolphin
deilgneach *nf2* chickenpox ▷ *adj*
prickly, thorny; barbed
deili *nm4* (*delicatessen*) deli
deilín *nm4* rigmarole; (*for advert*)
jingle
deimheas *nmi* shears
deimhin (*gsf, pl, compar* **deimhne**)
adj sure, certain, definite; **~ a
dhéanamh de rud** to make sure of
sth; **go ~** indeed
deimhneach *adj* certain; (*also Elec*)
positive
deimhneacht *nf3* certainty
deimhnigh *vt, vi* assure; certify;
confirm; verify
deimhniú *nm* certificate;

confirmation; assurance
deimhniúil *adj* affirmative
déin¹ *n*: **faoi dhéin** to meet; to
fetch; **dul faoi dhéin an dochtúra**
to go to fetch the doctor
déin² *see* **dian**
déine *nf4* severity; hardness;
intensity; *see also* **dian**
deinim *nm4* denim
deir¹ *vb see* **abair**
deir² *nf2* shingles
déirc *nf2* charity
déirceach *adj* charitable
deire *vb see* **abair**
deireadh¹ (*pl* **deiri**) *nm* end;
conclusion; termination; rear,
back; stern; ending; all; **~ an
leabhair/na míosa/an lae** the
end of the book/the month/the
day; **~ a chur le rud** to finish sth;
tús agus ~ beginning and end; **tá
~ leis an tsraith sin** that series is
over; **tá ~ réidh** everything is
ready; **d'ith siad ~** they ate the
whole lot; **bheith ar ~ le rud** to be
behind with sth; **faoi dheireadh
thiar thall** at long last; **i n~** an
end of the day, finally; **an
oíche faoi dheireadh** the other
night; **~ loinge** stern of ship; **roth/
suíochán deiridh** back wheel/
seat; **cosa deiridh** hind legs; **solas
deiridh** taillight
deireadh² *vb see* **abair**
Deireadh Fómhair *nm* October
deireanach *adj* last; final; late;
recent; **go ~ aréir** late last night; **an
chóip is deireanaí** the latest copy
deireanaí *nf4* lateness; **le ~**
recently
deireanas *nmi*: **le ~** recently
deirfiúr (*gs* **deirféar**, *pl*
deirfiúracha) *nf* sister; **~ chéile**
sister-in-law

deirí see **deireadh¹**

déirí nm4 dairy

deiridh adj see **deireadh¹**

deiridís, deirimid etc vb see **abair**

déiríocht nf3 dairying

deirmitíteas nm dermatitis

deirteá, deirtear, deirtí vb see **abair**

deis nf2 right, right hand (side); opportunity; means; good condition; **casadh ar** or **faoi dheis** to turn right; **ar dheis Dé** at God's right hand; **~ a fháil ar rud** to get an opportunity to do sth; **~ a thapú** to grasp an opportunity; **~ iompair** means of transport; **~ cócaireachta** cooking facilities; **~ a chur ar rud** to repair sth; **tá ~ mhaith ar mhuintir Sheáin** John's people are well off; **~ istigh** innings; **~ a labhartha** way with words

deisbhéalach adj witty

deisceabal nm disciple

deisceart nm south; southern part; **an D~** (Geog) the South

deisceartach adj southern

déise see **dias**

deiseal adv clockwise

deisigh vt mend, repair; renovate

deisitheoir nm3 repairer, mender

deisiú vt repair; renovation

deismíneach adj refined; prim

deismíneachtaí nfpl3 niceties

deismir adj neat, tidy; refined; exemplary

deismireacht nf3 neatness; neat illustration

déistin nf2 distaste; disgust; **~ a chur ar dhuine** to disgust sb

déistineach adj disgusting; distasteful; revolting

déithe see **dé¹**; see **dia**

---

den = **de** + def art **an**

dénártha adj binary

deo n: **go ~** for ever, always; (in negative) never; **níl deireadh go ~ leis** it is never-ending

deoch (gs dí, pl **deochanna**) nf drink; beverage

dé-ocsaíd nf2: **~ charbóin** carbon dioxide

deoin (pl **deonta**) nf3 consent; will; **dá ~ féin** of her own free will

deoir (pl **deora**, gpl **deor**) nf2 tear; drop; **~ anuas** (in roof) leak; **~ fhearthainne** raindrop; **tháinig na deora leis** he began to weep; **~ ar dheoir** drop by drop; **bhain an ceol na deora aisti** the music moved her to tears

deoirghás nm tear gas

deonach adj voluntary; willing

deonaigh vt grant; consent; **rud a dheonú (do dhuine)** to grant sth (to sb)

deonta see **deoin**

deontas nm grant

deontóir nm3 donor; **~ fola** blood donor

deor, deora see **deoir**

deorach adj tearful

deoraí nm4 exile

deoraíocht nf3 exile

deoranta adj strange, unusual; alien; withdrawn

déshúiligh nmph binoculars

déthaobhach adj bilateral

déthreo adj two-way

d'fhaighinn etc vb see **faigh**

d'fheicfinn etc vb see **feic**

dh (remove "h") see also **d...**

dhá (after article, aon or céad = **dá**) num two; **~ chloch mhóra** two large stones; **an dá dhoras ghorma** the two blue doors; **mo ~ lámh** my two hands

dháréag nm4 twelve people

dheachaigh etc vb see **téigh**

dhéanfainn, dhearna, dhein vb see **déan**

di see **de**; **do²**

dí see **deoch**

dia (gs **dé**, pl **déithe**), **Dia** nm god; God; **~ beag** (pop star etc) idol; **D~ duit!** good day!, hello!; **D~ linn!** (after sneeze) bless you!; **D~ ár sábháil!** God save us!; **buíochas le D~!** thank God!

diabhal nm1 devil; fiend; **an D~** the Devil

diabhalta adj mischievous

diabhlaíocht nf3 mischief; witchcraft

diaga adj divine; theological

diagacht nf3 divinity; divine nature; piety; theology

diaganta adj pious

diagram nm1 diagram

diaibéiteach adj, nm1 diabetic

diaibéiteas nm1 diabetes

diaidh n: **i n~** + gen following, after; **i n~ na nuachta** following the news; **i n~ an chluiche** after the match; **seachtain ina dhiaidh sin** a week later; **trí lá i n~ a chéile** three days in a row; **tá cumha air i n~ an bhaile** he is homesick; **tháinig an madra i mo dhiaidh** the dog came after me; **níl mé ina dhiaidh air** I don't blame him, I don't hold it against him; **fiche i n~ a trí** twenty past three; **ina dhiaidh seo** from now on; **ina dhiaidh sin** afterwards; nevertheless; **~ ar n~** gradually; **ina dhiaidh sin is uile** despite all that

diail (pl **diaileanna**) nf2 dial

diailigh vt dial

dí-áirithe adj innumerable, countless

dialann nf2 diary; personal organizer

diallait nf2 saddle; **~ a chur ar** (horse) to saddle; **dul sa ~** to mount; **an ~ a chur ar an each cóir** to place the blame where it belongs

diamant nm1 diamond

diamhair (pl **diamhra**) adj dark, obscure; eerie, creepy; mysterious; weird

diamhasla nm4 blasphemy

diamhracht nf3 mysteriousness, mystique

dian (gsm **déin**, gsf, compar **déine**) adj intense, intensive; severe, gruelling; difficult

dian- prefix intensive, intense; hard, severe

dianchúrsa nm4 intensive course

dianmhachnamh nm1 concentration; **~ a dhéanamh ar rud** to think long and hard about sth

dí-armáil vt, vi disarm

dias (gs **déise**) nf2 ear of corn; (Bot) spike; (of weapon) point; (Tennis) deuce

díbeartach nm1 outcast

díbh see **de**

dibheán nm1 divan

díbheirg nf2 wrath, vengeance

díbheo adj lifeless, listless

díbhinn nf2 dividend

díbhirce nf4 zeal

díbhirceach adj eager; zealous

díbhoilsciú nm (Fin) deflation

díbholaíoch nm1 deodorant

díbir (pres **díbríonn**) vt expel, drive out; banish; deport

díbirt (gs **díbeartha**) nf3 expulsion; banishment; deportation

díblí adj decrepit; dilapidated; worn out

dícháiligh vt disqualify

dícheall nm best effort; **do dhícheall a dhéanamh** to do one's best; **bheith ar do dhícheall ag déanamh ruda** to be working flat out at sth

dícheallach adj hard-working, industrious; earnest

dícheillí adj senseless

díchódaigh vt decode

díchóimeáil vt dismantle

díchorda nm4 (Mus) discord

díchreideamh nm disbelief; lack of faith

díchuimhne nf4 oblivion

dide nf4 (Anat) nipple; (on bottle) teat

dídean nf2 shelter; refuge; asylum; (fig) haven; **~ a thabhairt do dhuine** to give shelter to sb

dídeanaí nm4 refugee

difear nm difference; **is beag an ~ é** it matters little

dífhabhtaigh vt (Comput) debug

dífhostaíocht nf3 unemployment; **lucht ~a** the unemployed

dífhostaithe adj unemployed

dífhostú nm dismissal

difríocht nf3 difference

difriúil adj different; various

diftéire nf4 diphtheria

dígeanta adj obdurate

díghalraigh vt disinfect

díghalrán nm disinfectant

digit nf2 digit

dil adj dear, beloved

díláraithe adj decentralized

dílárú nm decentralization, devolution

díle (gs **díleann**, pl **dílí**) nf flood, deluge, torrent; **~ bháistí** downpour

díleá nm4 digestion; dissolution

díleáigh vt digest; dissolve

dílis (gsf, pl, compar **dílse**) adj loyal; dear; genuine; proper; **bheith ~ do dhuine** to be faithful to sb; **a mháthair dhílis** dear mother; **cóip dhílis** genuine copy; **ainm ~** proper name

dílleachta nm4 orphan

dílleachtlann nf2 orphanage

dílse nf4 loyalty; allegiance; pledge; see also **dílis**

dílseacht nf3 allegiance, loyalty

dílseoir nm3 loyalist

díluacháil vt devalue ▷ nf3 devaluation

díluchtaigh vt unload; discharge

dímheabhrach adj forgetful; **~ (ar)** oblivious (of)

dímheas nm3 contempt; disrespect

dímheasúil adj contemptuous; disrespectful; derogatory

ding (pl **dingeacha**) nf2 wedge; dent ▷ vt wedge; pack; ram

dinimiciúil adj dynamic

dinimit nf2 dynamite

dínit nf2 dignity

dínn see **de**

dinnéar nm dinner

dinnireacht nf3 dysentery

dinnseanchas nmm topography

dintiúir nmph (references) credentials; **tá a ~ aici** she's fully qualified

díobh see **de**

díobhach nm remover; **~ vearnais iongan** nail polish remover

díobháil nf3 damage; harm; want; loss; **de dhíobháil airgid** for want of money; **tá saoire de ~ orm** I need a holiday; **~ a dhéanamh do rud/do dhuine** to harm sth/sb

díobhálach adj harmful; spiteful

díocasach adj (keen) eager

díochlaon vt (Ling) decline

díochlaonadh (gs **díochlaonta**, pl

díochlaontaí *nm* declension

díochra *adj* passionate, fervent; intense

díog *nf2* ditch; trench; drain

diogáil *vt* trim, cut

díogha *nm4* worst; **~ na bhfear** the worst of men; **rogha an dá dhíogha** a choice of two evils; **~ agus deireadh** the worst thing possible

díograis *nf2* zeal; fervour; kindred bond

díograiseach *adj* enthusiastic; keen; zealous

díograiseoir *nm3* enthusiast

dí-oighritheoir *nm3* de-icer

díol *nm3* sale; payment; (*of emotion*) object; enough ▷ *vt, vi* sell; pay; **"le ~" "** for sale"; **~ agus ceannach** buying and selling; **i n-~ ruda** in payment for sth; **~ trua** pitiful case; **~ beirte** enough for two

díolachán *nm1* sale

díolaim (*pl* **díolamaí**) *nf3* collection; compilation

díolaíocht *nf3* payment

díoltas *nm1* revenge, vengeance; **~ a imirt ar** to take revenge on

díoltasach *adj* vindictive, vengeful

díoltóir *nm3* seller; dealer

díolúine (*pl* **díolúinti**) *nf4* exemption, immunity; (*Comm*) franchise; licence

díom *see* **de**

díomá *nf4* disappointment; **~ a chur ar dhuine** to disappoint sb

díomách (*gsm* **díomách**) *adj* disappointed; disappointing; sorry

díomail *vt* squander, waste

díomailt *nf2* waste, extravagance

díomailteach *adj* wasteful, extravagant

díomaíoch (*gsm* **díomaíoch**) *adj* ungrateful

diomaite *adv*: **~ de** apart from; besides

díomas *nm1* arrogance, pride; contempt

díomasach *adj* arrogant; contemptuous

díomhaoin *adj* idle; redundant; unmarried, single; vain; worthless

díomhaointeas *nm1* vanity; idleness

díomua *nm4* defeat

díon (*pl* **díonta**) *nm1* roof; shelter ▷ *vt* protect; shelter; make watertight; **~ gréine** (*Aut*) sunroof

díonach *adj* protective; impermeable; **~ ar** proof against

díonbhrollach *nm1* preface

diongbháilte *adj* firm, staunch; determined; positive; decided; secure, fixed; steadfast

diongbháilteacht *nf3* resolve; firmness; decisiveness; staunchness

díonmhar *adj* waterproof

díonteach (*gs* **díontí**, *pl* **díontithe**) *nm* penthouse

dioplóma *nm4* diploma

díorma *nm4* troop; band; posse

díorthach *nm1* derivative

díosal *nm* (*also vehicle*) diesel

díosc *vi* creak; grate, grind

díosca *nm4* disk; **~ bog** (*Comput*) floppy (disk); **~ córais** (*Comput*) system disk

dioscaireacht *nf3* household chores

díoscán *nm1* creaking; grating, grinding

dioscó *nm4* disco

dioscólann *nf2* discotheque

díoscthiomáint *nf3* disk drive

d'íosfainn *etc vb see* **ith**

díospóid *nf2* dispute; **~ thionsclaíoch** dispute

díospóireacht nf3 debate; discussion

díot see **de**

díotáil nf3 indictment ▷ vt indict

díoth, díotha see **díth**

díothaigh vt exterminate; eliminate, eradicate; annihilate

díothóir nm3 eliminator; destroyer

díothú nm destruction, elimination, extermination, annihilation

dip nf2 dip

dírbheathaisnéis nf2 autobiography

díreach adj; straight; erect; direct ▷ adv just; exact(ly); **caint/ceist/ líne dhíreach** straight talk/ question/line; **~ anonn** straight across; **anois ~** just now; **~ ansin** right there; **a dó go ~** exactly two; **go ~ mar a d'iarr tú** just as you asked; **go ~!** exactly!

díréireach adj disproportionate

dírigh vt straighten; **rud a dhíriú ar** to direct sth towards; **d'aire a dhíriú ar fhadhb** to direct one's attention to a problem; **dhírigh sí ar an obair** she set to work

dís nf2 pair; two people

disc nf2 dryness; barrenness; **dul i n~** to run dry, run out

discéad nm (Comput) diskette

disciplín nm4 discipline

discithe adj dried up; consumed; spent; eliminated

discréid nf2 discretion

discréideach adj discreet; reserved

discríobh vt (Comm, Ins) write off

díséad nm duet

díseart nm retreat; hermitage; hideaway

díshealbhaigh vt evict; dispossess

díshealbhú nm eviction; dispossession

díshioc vt defrost

disle nm4 die; **díslí** dice

díspeag vt belittle

díspeagadh (gs **díspeagtha**) nm belittlement; (Ling) diminutive; **~ cúirte** contempt of court

dispeipse nf4 dyspepsia

díth (pl **díotha**, gpl **díoth**) nf2 loss; deprivation; lack; need; **dul ar ~** to go to loss; **rud a bheith de dhíth ort** to need sth; **~ céille** foolishness; **de dhíth a mhalairte** for want of anything else

díthneas nm1 haste, hurry, urgency

díthneasach adj urgent

díthreabh nf2 wilderness

díthreabhach nm1 hermit, recluse; homeless person

díthruailligh vt decontaminate

diúc nm1 duke

diúg vt drink; drain; sponge on

diúgaire nm4 leech, sponger

diúgaireacht nf3 drinking; draining; sponging; cadging

diúilicín nm4 mussel

diúité (pl **diúitéithe**) nm4 duty; **bheith ar ~** to be on duty

diúl vt, vi suck

diúlach nm1 guy, fellow; lad, chap

diúltach adj, nm1 (also Elec, Ling) negative

diúltaigh vt deny; refuse; turn down; **diúltú do** renounce; reject; **diúltú rud a dhéanamh** to refuse to do sth

diúltú nm1 refusal; denial; rejection; renunciation

diúnas nm1 stubbornness

diúracán nm1 missile; projectile

diúraic vt cast, throw; launch

diurnaigh vt drain; swallow; hug

diúscairt nf3 disposal

dízipeáil vt (file) unzip

dlaíóg nf2 wisp; lock; **an ~**

mhullaigh a chur ar rud to crown sth, put the finishing touches to sth

dlaoi (pl **dlaoithe**) nf4 (of hair) lock, strand; tuft, wisp

dleacht (pl **dleachtanna**) nf3 (lawful) right; tax, duty; (on books etc) royalty

dleachtach adj lawful; due; proper

dleathach adj lawful, legal; genuine; valid

dlí (pl **dlíthe**) nm4 law; **~ na tíre/ Dé/an nádúir** the law of the land/ God/nature; **~ canónta/míleata** canon/martial law; **an ~ a chur ar dhuine** to bring legal action against sb

dlí-eolaí nm4 jurist

dlíodóir nm3 lawyer

dlisteanach adj lawful; legitimate; rightful; faithful

dliteanas nm liability

dlíthe see **dlí**

dlíthiúil adj legal, lawful; judicial

dlús nm density; compactness; speed; **~ a chur le rud** to speed sth up

dlúsúil adj industrious

dlúth adj dense; compact; close; tight; **bearrtha go ~** closely shaven

dlúthchaidreamh nm close relations; intimacy

dlúthdhiosca nm4 CD, compact disc

do¹ (before vowel or fh + vowel = **d'**) poss adj (singular) your

EOCHAIRFHOCAL

do² (prep prons = **dom, duit, dó, di, dúinn, daoibh, dóibh**) (lenites; when followed by vowel or fh + vowel = **d'**; when followed by def art **an** = **don**;

when followed by **a, ár = dá, dár**) prep to; for **1** (indicating indirect object) to; for; **rud a ofráil/ thabhairt do dhuine** to offer/give sth to sb; **rud a dhéanamh do dhuine** to do sth for sb; **bheith maith/dílis do dhuine** to be good/loyal to sb; **gar a dhéanamh do dhuine** to do sb a favour; **trua a bheith agat do dhuine** to have pity on sb

2 (relation): **is aintín dom í** she is an aunt of mine; **bheith gaolmhar do dhuine** to be related to sb

3 (proximity): **bheith gar ar cóngarach do rud** to be close to sth

4 (with greetings): **Nollaig shona daoibh** Merry Christmas to you

5 (with verbal noun phrases): **ag imeacht dó** as he was leaving; **ar imeacht dó** when he had left

6 (existence, condition): **is ann dóibh** they exist; **is fíor duit** you're right; **nach méanar di** isn't she lucky; **is amhlaidh dom féin** I'm in the same boat

7 (signifying effect): **tá an t-aer úr maith duit** the fresh air is good for you; **is cuma dóibh anois** it doesn't matter to them now

8 (with questions): **cad is ainm duit?** what's your name?; **cárb as di?** where's she from?

do³ vb part: **d'iarr sé pionta** he asked for a pint; **d'ólfadh sí bainne** she would drink milk

do- prefix very difficult to; impossible to; evil-, ill-

dó¹ see **do²**

dó² (pl **dónna**) num, nm4 two; **a dó dhéag** twelve

Dobhar nm1 Dover

dobharcheantar *nm1 (of river)*
catchment area

dobharchú *nm4* otter

dobhareach *nm* hippopotamus

dobhrán *nm1* otter; *(person)* idiot,
imbecile

dobhréagnaithe *adj (facts,
evidence)* undeniable, indisputable

dobhriathar *(pl* **dobhriathra)** *nm1*
adverb

dobhriste *adj* unbreakable

dobrón *nm1* grief, sorrow; affliction

dócha *(compar* **dóichí)** *adj* likely,
probable; **is ~ (go)** it is likely (that);
ní ~ go dtiocfaidh sí it is unlikely
that she will come; **chomh ~ lena
athrach** as likely as not

dochar *nm1* harm, hurt; damage;
debit; **~ a dhéanamh do dhuine/
do rud** to harm sb/sth; **níl ~
déanta** there's no harm done;
sochar agus ~ profit and loss

dóchas *nm1* hope; expectation;
trust; **tá ~ agam (go)** I hope
(that); **~ a bheith agat asat féin**
to be self-confident

dóchasach *adj* hopeful; optimistic;
confident

docheansaithe *adj* untameable;
uncontrollable

dochloíte *adj* invincible; tireless;
irresistible

dochorraithe *adj* impassive,
imperturbable

dochrach *adj* harmful; damaging

dochreidte *adj* incredible;
unbelievable

docht *(gsm* **docht)** *adj* close; tight;
rigid; strict

dochtúir *nm3* doctor

dóchúil *adj* likely, probable;
promising

dóchúlacht *nf3* likelihood,
probability

dócmhainneach *adj* insolvent

dócúl *nm1* discomfort

dodach *adj* sullen; furious; *(animal)*
restive, obstinate

dodhéanta *adj* impossible

dodhearmadta *adj* unforgettable

do-earráide *n gen as adj* infallible

do-fhaighte *adj* unobtainable;
(book etc) rare

dofheicthe *adj* invisible

dofhulaingthe *adj* unbearable;
intolerable

doghafa *adj* impregnable

doghrainn *nf2* distress

dóibh *see* **do²**

doicheall *nm1* reluctance;
inhospitality

doicheallach *adj* unwelcoming;
reluctant; grudging; stand-offish

dóichí *see* **dócha**

doiciméad *nm1* document

do-ídithe *adj* inexhaustible

dóigh¹ *nf2* way, manner; method;
state, condition; **~ oibre** method
of working; **sa ~ go** in such a way
that; **ar dhóigh nó ar dhóigh
eile** (in) one way or another; **níl
an dara ~ air** there is no
alternative; **tá a dhóigh féin aige**
he's his own man; **tá ~ mhaith
orthu** they are well off; **cén ~ atá
ort?** how are you keeping?; **bheith
gan ~** to be in a bad way; **~ a chur
ar rud** to fix sth; **ar ~** excellent,
wonderful

dóigh² *nf2* probability; **is ~ liom
(go)** I think (that); **de mo dhóigh
féin** in my own opinion

dóigh³ *vt, vi* burn; scorch; cremate

dóighiúil *adj* handsome;
good-looking

doiléir *adj* dim; obscure, vague;
ambiguous

doiléirigh *vt* blur, obscure; darken

doiligh (*gsf, pl, compar* **doilí**) *adj* difficult, hard; tough

doilíos *nm1* remorse; melancholy; sorrow

doilíosach *adj* remorseful, contrite; sorrowful

doimhne, doimhneacha *see* **domhain**

doimhneacht *nf3* depth

doineann *nf2* bad weather; storm

doineanta *adj* (*weather*) foul, terrible; stormy

doinsiún *nm1* dungeon

do-inste *adj* untold; indescribable

Doire *nm4* Derry

dóire *nm4* burner; ~ **CDanna** CD burner; ~ **DVD** DVD burner

doirne *see* **dorn**

doirse *see* **doras**

doirseoir *nm3* doorkeeper; porter; ~ **oíche** night porter

doirt *vt* pour; spill; (*tears*) shed; (*colour*) run; ~ **amach** pour out; **tá siad ~e dá chéile** they are head over heels in love

doirteadh *nm* spilling; pouring; effusion; ~ **ola** oil slick; ~ **fola** bloodshed

doirteal *nm1* (kitchen) sink; washbasin

dóite *adj* burned, scorched; withered; dry; bitter; **seanduine** ~ decrepit old man; **gáire** ~ dry laugh; **bheith dubh** ~ to be fed up

dóiteán *nm1* blaze, fire; **inneall dóiteáin** fire engine

dol (*gs, pl* **dola**) *nm3* snare, trap; noose; loop; batch; (*Fishing*) cast; haul

dól *nm1* dole

dola *nm4* charge, expense; toll, tax; **an ~ a dhíol** to pay the bill; (*fig*) to suffer the consequences

dolabhartha *adj* unspeakable

dólás *nm1* sorrow; contrition; **gníomh dóláis** act of contrition

doléite *adj* illegible

dollar *nm1* dollar

dolúbtha *adj* inflexible; unbending; rigid

dom *see* **do¹**

domhain *nf2* (*gs* **doimhne**, *pl* **doimhneacha**) depth ▷ *adj* (*gsf, pl, compar* **doimhne**) deep; profound; serious

domhan *nm1* world; earth; **ar fud an domhain** all over the world; **an Tríú D~** the Third World; **an D~** (*planet*) the Earth; **an D~ Thoir** the Orient; **bhí fearg an domhain air** he was extremely angry

domhanda *adj* worldwide; global; worldly; terrestrial

domhanfhad *nm* longitude

domhanleithead *nm* latitude

domhantarraingt *nf* (*Phys*) gravity

domheanma (*gs* **domheanman**) *nf* low spirits, despondency, depression

domheanmnach *adj* downhearted; dejected, despondent; depressed

Domhnach (*pl* **Domhnaichí**) *nm1* Sunday; **ar an ~** on Sundays; **Dé Domhnaigh** on Sunday

domlas *nm1* bitterness

domlasta *adj* unpalatable, unsavoury, bitter

domplagán *nm1* dumpling

don = **do¹** + *def art* **an**

dona *adj* bad; miserable; unfortunate; **is ~ an scéal é** it's a bad state of affairs; **tá sí go ~ le seachtain** she has been very sick this last week; **loite go ~** badly wounded

donacht *nf3* badness; **dá dhonacht iad** however bad they

are; **athrú chun ~a** a change for
the worse

donas nm1 bad luck, misfortune;
misery; mischief; **dul chun donais**
to get worse; **is é ~ an scéil (go)**
the worst of it is (that); **tá an ~ air
le falsacht** he's the world's worst
for laziness

donn adj brown

donnbhuí adj buff

do-oibrithe adj unworkable

dó-ola nf4 fuel oil

doras (pl **doirse**) nm1 door;
doorway; **~ cúil** back door;
~ éalaithe emergency exit; **duine
a chur ó dhoras** to put sb off with
an excuse

dorcha adj dark; (water) murky,
shadowy; (meaning) obscure

dorchacht nf3 darkness

dorchadas nm1 dark, darkness;
bheith sa ~ faoi rud to be in the
dark about sth

dorchaigh vt, vi darken

dorchla nm4 passage, passageway

dord nm1 drone; buzz; hum; (Mus)
bass ▷ vi drone; buzz; hum

dordán nm1 drone; buzz; hum

dordánaí nm4 buzzer

dordghuth nm3 bass (voice)

dordveidhil nf2 cello

doréitithe adj (of problem) insoluble

doriartha adj unruly; intractable;
uncontrollable

dorn (pl **doirne**) nm1 fist; punch;
handle, grip; **~ a thabhairt do
dhuine** to punch sb; **~ a
tharraingt ar rud** to thump sth;
dul sna doirne le duine to come
to blows with sb

dornaisc nmpl handcuffs

dornálaí nm4 boxer

dornálaíocht nf3 boxing

dornán nm1 handful; **~ airgid** some

money; **~ daoine** a few people

dórtúr nm1 dormitory

dorú nm4 (fishing) line; **~ pluma**
plumb line; **as ~** out of alignment

dos (pl **dosanna**) nm1 tuft; bush;
(of flowers) bunch; (of trees) cluster;
(of bagpipes) drone

dosaen (pl **dosaenacha**) nm4
dozen

doscaí adj extravagant

doshamhlaithe adj unthinkable;
inconceivable, unimaginable

dosháraithe adj unbeatable;
unmatched; inviolable

dosháraitheacht nf3 (of life)
sanctity

dosheachanta adj inescapable;
inevitable, unavoidable

doshéanta adj irrefutable,
undoubted; undisputed

doshrianta adj uncontrollable;
unmanageable

dosmachtaithe adj
uncontrollable; ungovernable

dóthain nf2 enough, sufficiency;
do dhóthain a ithe to eat one's fill;
ní mór a dhóthain he's easily
satisfied

dothuigthe adj unintelligible,
incomprehensible; inscrutable

dóú num, adj second; **an ~ duine/
háit/rogha** the second person/
place/choice

drabhlás nm1 debauchery; **bheith
ar an ~** to be on the tear or the
binge; **dul chun drabhlais** to go to
the bad

drabhlásach adj wild; dissipated;
prodigal

drabhlásaí nm4 waster; boozer;
reprobate

draein (gs **draenach**, pl **draenacha**)
nf drain

draenáil nf3 drainage ▷ vt drain

dragan *nm1* dragon; tarragon

draid (*pl* **draideanna**) *nf2* mouth; grin; grimace; set of teeth

draidgháire *nm4* grin; **~ a dhéanamh** to grin

draighneán *nm1* blackthorn

draíocht (*gs, pl* **draíochta**) *nf3* (magic) spell; witchcraft; charm; romance; **~ a chur ar** to enchant; **duine a chur faoi dhraíocht** to cast a spell on sb

draíochta *n gen as adj* magic(al)

draíodóir *nm3* magician, wizard; **~ mná** witch

dram (*pl* **dramanna**) *nm3* dram

dráma *nm4* drama; play; **~ grinn** comedy

drámadóir *nm3* dramatist, playwright

drámaíocht *nf3* drama; dramatic act

drámata *adj* dramatic

dramhaíl *nf3* refuse, trash; waste

dramhphost *nm1* junk mail

drandal *nm1* (*Anat*) gum(s)

drann *vi* snarl; **~adh le rud** to go near sth, touch sth

drantaigh *vi* growl

draoi (*pl* **draoithe**) *nm4* magician; sorcerer; druid

draothadh *n*: **~ gáire** faint smile

drár *nm1* drawer

dreach (*gs, pl* **dreacha**) *nm3* face; expression; appearance, aspect, look

dréacht *nm3* draft; tract; composition; **~ ceoil** piece of music; **~ conartha** draft of contract

dréachtaigh *vt* draft

dream *nm3* group (of people); crowd; **an ~ óg** the young people; **seachain an ~ sin** avoid that crowd; **an ~ a tháinig** those

who came

dreancaid *nf2* flea

dreap *vt, vi* climb, scale

dreapa *nm4* stile; (*of cliff*) edge

dreapadh (*gs* **dreaptha**) *nm* climb

dreapadóir *nm3* climber

dreapadóireacht *nf3* climbing

dreas (*gs, pl* **dreasa**) *nm3* spell, while; turn; (*of talks*) round; (*Sport*) round, heat; (*Tennis*) rally; **~ oibre** stint of work; **~ a chodladh** to sleep a while

dreasacht *nf3* incentive

dréim *nf2* aspiration; expectation; contention ▷ *vi* aspire to; strive after; expect; **bheith ag ~ le rud** to expect sth; to strive for sth

dréimire *nm4* ladder; **~ taca** stepladder

dreoigh *vi* decompose; rot, decay

dreoilín *nm4* (*Zool*) wren; **~ teaspaigh** grasshopper

dreoite *adj* decayed, withered; mo(u)ldy; stale

dríodar *nm1* dregs, slops; sediment

driog *vt* distil

drioglann *nf2* distillery

driopás *nm1* hurry; **~ a bheith ort** to be in a hurry

dris (*pl* **driseacha**) *nf2*: **~ chosáin** stumbling block

drisiúr *nm1* dresser

drithle *nf4* sparkle

drithleach *adj* sparkling

drithleog *nf2* spark

drithligh *vi* sparkle, gleam, glint; glow; twinkle

drithlín *nm4* bead; shudder, thrill

droch- *prefix* bad, poor, evil, un-; **~chaint** bad language; **~chlú** slur; bad name

drochamhras *nm1* distrust; misgivings; **~ a bheith agat ar dhuine** to distrust sb

drochaoibh *nf2*: ~ **a bheith ort** to be in a bad mood

drochbhail *nf2* poor condition; ~ **a thabhairt ar dhuine** to ill-treat sb

drochbharúil *nf3* poor opinion

drochbhéas *nm3* vice, bad habit; ~**a** bad manners

drochbhéasach *adj* rude, ill-mannered

drochbhlas *nm* distaste; bad taste

droch-chroí *nm4* ill will, malice

drochfhéachaint (*gs* **drochfhéachana**) *nf3* evil look; glare, glower

drochiarraidh (*gs* **drochiarrata**, *pl* **drochiarrataí**) *nf* indecent assault

drochíde *nf4* abuse; ~ **a thabhairt do dhuine** to abuse or ill-treat sb; ~ **do pháistí** child abuse

drochiontaoibh *nf2* distrust

drochmheas *nm3* disdain, contempt; ~ **a bheith agat ar** to look down on

drochmheasúil *adj* disparaging, contemptuous

drochmhisneach *adj* discouragement; ~ **a chur ar dhuine** to dishearten sb

drochmhuinín *nf2* distrust

drochmhúinte *adj* rude, ill-mannered; (*animal*) vicious

drochobair (*gs* **drochoibre**) *nf2* mischief

drochshaol *nm* hard times; **An D~** (*Hist*) the (Great) Famine

drochuair *nf2* crisis; **an ~ a chur tharat** to pull through, survive an ordeal; **ar an ~** unfortunately

drogall *nm1* reluctance

drogallach *adj* reluctant

droichead *nm1* bridge; ~ **coisithe** footbridge; ~ **crochta** suspension bridge; ~ **tógála** drawbridge

droim (*pl* **dromanna**) *nm3* back; (*of*

hill) ridge; (*of coin*) tail; ~ **dubhach** (*mood*) depression; **rud a iompar ar do dhroim** to carry sth on your back; **bheith ar dhroim duine** to be out to get sb; **bheith sa ~ ar dhuine** to nag at sb; ~ **ar ais** back to front; ~ **coise** instep; **ar dhroim an domhain** on the face of the earth; **ar dhroim na mara** on the surface of the sea; **ligean le do dhroim** to take a rest

droimneach *adj* rolling, undulating

droimscríobh (*vn* **droimscríobh**) *vt* (*cheque*) endorse

drólann *nf2* (*Med*) colon

droma *n gen as adj* spinal

dromchla *nm4* surface

dromlach *nm1* spine, spinal column

drong *nf2* group; gang; mob; pack

dronn *nf2* hump; ~ **a chur ort féin** to arch one's back

dronuilleog *nf2* rectangle; oblong

dronuilleogach *adj* rectangular; oblong

dronuillinn (*pl* **dronuillinneacha**) *nf2* (*Math*) right angle

drualus *nm3* mistletoe

drúcht *nm3* dew

druga *nm4* drug; **bheith ag caitheamh ~í** to be on drugs

drugadóir *nm3* pharmacist, druggist

drugáil *vt* drug; (*horse etc*) dope

druglann *nf2* chemist's, drugstore

druid¹ (*vn* **druidim**) *vt, vi* close, shut; shut (down); ~ **le** approach, move close to; **doras/cuntas a dhruidim** to close a door/an account; ~ **do bhéal!** shut up!; ~**im leis an tine** to move close to the fire; **dhruid sí uaim** she moved away from me; ~**im i leataobh** to move aside

druid² (*pl* **druideanna**) *nf2* starling

druidte adj closed, shut

druil (pl **druileanna**) nf2 drill;
~ **aeroibrithe** pneumatic drill

druileáil vt, vi drill

druilire nm4 (tool) drill

drúis nf2 lust

drúisiúil adj lustful, lecherous;
randy

druma nm4 drum

drumadóir nm3 drummer

druncaeir nm3 drunk

drúthlann nf2 brothel

dt (remove "d") see **t...**

dtí adv: **go** ~ to, until; **go ~ seo** so
far, up to now, as yet; **go ~ an
siopa** as far as the shop; **go ~ gur
imigh sé** until he left;
comhaireamh go ~ a deich to
count to 10; **níor chaoineadh go ~
é** you never heard such crying

dua nm4 toil, labour, effort; trouble,
difficulty

duáilce nf4 vice, evil

duairc adj dismal; gloomy; grim

duairceas nm gloominess

duais nf2 (pl **duaiseanna**) prize;
reward; gift

duaiseoir nm3 prizewinner

duaisiúil adj difficult, trying,
troublesome

duaithnigh vt camouflage

duaithníocht nf3 camouflage

dual¹ nm1 lock; tuft; wisp; strand;
dowel; (in wood) knot; ~ **gruaige**
lock of hair; **an ~ is faide siar ar
do choigeal** the least of your
worries

dual² nm: **is ~ dó bheith tostach**
it's in his nature to be quiet; **ní ~ di
an tsaint** it's not like her to be
greedy; **is ~ athar duit é** you took
after your father in that respect;
an chéim is ~ dó his proper
standing

dualgas nm1 duty, obligation; onus;
ar ~ on duty; ~ **a bheith ort le rud**
to be bound by duty to do sth, be
lumbered with sth

duan (pl **duanta**) nm1 poem; song;
~ **Nollag** carol

duán¹ nm1 hook

duán² (Anat) kidney

duánaí nm4 angler

duanaire nm4 anthology (of
poems)

duanta see **duan**

duántacht nf3 angling

duarcán nm1 dour person

duartan nm1 downpour

dúbail (pres **dúblaíonn**) vt double

dúbailte adj double; dual; **seomra
~** double room

dubh adj black; dark; black-haired;
dismal; (with people) swarming
▷ nm1 black; darkness; **bheith ~
dóite** to be fed up; ~ **dorcha**
pitch-black; **an Mhuir Dhubh** the
Black Sea; **tá an baile ~ le
turasóirí** the town is full of
tourists; **an ~ a chur ina gheal ar
dhuine** to pull the wool over sb's
eyes; **bheith ag obair ó dhubh
go ~** to work from dawn till dusk

dubhach adj downcast;
melancholic; dismal; gloomy,
sombre

dubhachas nm1 gloom

dubhaigh vt blacken, darken;
sadden

dubhfhocal nm1 enigma;
conundrum

dúblach adj, nm1 duplicate

dúblaíonn see **dúbail**

dúch nm1 ink

dúchais n gen as adj native;
cainteoir ~ Fraincise a native
speaker of French; **tír dhúchais**
mother country

dúchas *nm1* heritage; instinct; **rud a bheith sa ~ agat** to have sth in the blood; **is Éireannach ó dhúchas é** he is Irish by birth

dúchasach *adj* hereditary; ancestral; native; innate ▷ *nm1* native, inhabitant

dúcheist (*pl* **dúcheisteanna**) *nf2* puzzle, riddle

Dúchrónach *nm1* Black and Tan

dufair *nf2* jungle

duga *nm4* dock

dúghorm *adj* navy(-blue)

duibheagán *nm1* depth(s); abyss; **~ an éadóchais** depths of despair; **poll duibheagáin** bottomless pit; quicksand

duibheagánach *adj* deep

dúiche *nf4* (native) land; district; region; area; **an Chúirt D~** the District Court

dúil *nf2* desire; expectation; (*for thing*) liking, urge; **tá ~ aici ann i nduine** to have a soft spot for sb; **tá an~ aici ann** she likes it very much; **tá mé ag ~ le ...** I can't wait to ...; **~ dhóite a bheith agat rud a dhéanamh** to yearn to do sth; **bhí ~ as Dia agam go ndéanfadh sé é** I willed him to do it; **tá ~ sa bhia agaibh** you enjoy your food; **~ gan fháil** pipe dream; **mar dhúil (go)** on the off chance (that)

duileasc *nm1* dulse

duille *nm4* leaf, lid

duilleog *nf2* leaf; **~ bháite** water lily

duillín *nm4* docket

duilliúr *nm1* foliage; greenery

duine (*pl* **daoine**) *nm4* man; mankind; person; (*of persons*) one; **daoine** people, ordinary people, folk; **~ óg/tinn/saibhir** a young/

sick/rich person; **cearta/nádúr an ~** human rights/nature; **~ fásta** adult; **~ uasal** gentleman; **fiche ~** twenty people; **caint na ndaoine** ordinary speech; **le cuimhne na ndaoine** in living memory; **~ de na banaltraí** one of the nurses; **d'imigh siad ina n~ is ina n~** they left one by one; **fuair siad deich euro an ~** they got ten euros each; **~ éigin** someone; **mo dhuine (thall úd)** your man (over there); **~ ar bith** anybody; nobody; **gach ~** everybody

dúinn *see* **do**[¹]

dúirt *etc* *vb* *see* **abair**

dúiseacht *nf3* awakening; **bheith i do dhúiseacht** to be awake or wakened

dúisigh *vt, vi* wake (up), awake; rouse; (*memories*) evoke; set off; (*engine*) start (up)

dúisire *nm4* (*Aut*) starter

duit *see* **do**[¹]

dul *vn* *see* **téigh** ▷ *nm3* departure; going; method, way; arrangement, style; **níl ~ agam air** I can't manage it; **níl ~ aici bheith ann** she is unable to be there; **tá ~ Muimhneach air** it is in a Munster idiom; **tá ~ eile ar an scéal** there is another version of the story; **~ chun cinn** progress; **~ ar ceal** disappearance; **~ i léig** decline; **níl aon ~ as** there is no way of avoiding it; **~ síos/suas** descent/ascent; **ar an gcéad ~ síos** in the first instance; **~ ar bord** embarkation

dúlra *nm4* nature; the elements

dulta *vadj* *see* **téigh**

dúmhál *nm1, vt* blackmail

dumpáil *vt* dump

Dún *nm1*: **an ~** Down

dún¹ (*pl* **dúnta**) *nm* fort, fortress

dún² *vt* close, shut; shut down; shut up; (*coat*) fasten; **~ an doras** close the door; **~ do chlab!** shut up!

dúnadh (*gs* **dúnta**) *nm* closure

dúnáras *nm1* reserve; reticence

dúnárasach *adj* reserved, tight-lipped; aloof

Dún Éideann *nm* Edinburgh

dúnmharaigh *vt* murder

dúnmharfóir *nm3* murderer

dúnmharú *nm* murder

Dún na nGall *nm* Donegal

dúnorgain *nf3* manslaughter

dúnpholl *nm* manhole

dúnta *adj* closed, shut; *see also* **dún¹**

dúr *adj* dour; stupid; grim, sullen, moody

dúradán *nm1* speck, mote; domino

dúradh, dúramar *vb see* **abair**

durdáil *vi* coo

dúrud *nm3* a lot, loads; **an ~ airgid** loads of money

dúshlán *nm1* challenge; defiance; **~ duine a thabhairt** to defy sb, challenge sb

dúshlánach *adj* challenging

dúshraith (*pl* **dúshraitheanna**) *nf2* base, foundation; basis

dusta *nm4* dust

dustáil *vt, vi* dust

dúthracht *nf3* diligence; commitment; zeal; earnestness

dúthrachtach *adj* diligent; devoted; zealous; earnest

---

e

E *nm4* E

○ **EOCHAIRFHOCAL**

é *3rd person msg pron* he; him; it **1** (*as direct object*): **tóg é** lift him/it; **chonaic mé inné é** I saw him yesterday

2 (*with copula*): **nach iontach é!** isn't it great!; **is maith an rud é** it's a good thing; **buachaill breá is ea é** he's a fine boy; **is é an fear is ábalta é** he's the most able man; **cé hé féin?** who is he?; (*with fem noun*): **áit ghalánta (is ea) é** it's a lovely place; **ní hé an dea-cháil a bhí air** he did not have a good reputation; **sin é an uair ..** that's when ...; (*ironical*): **is deas an chaoi é!** that's a fine way for things to be!

3 (*with autonomous of verbs*): **déantar go minic ar an gcaoi**

sin **é** it's often done like that;
cailleadh inné é it was lost
yesterday; he died yesterday
4 (*with* **agus** *indicating manner,
way*): **tháinig sé abhaile agus é
fliuch báite** he came home
soaking wet; **bhí mise agus é féin
ann go minic** he and I were there
often

5 (*with* **ach**): **ní raibh sa teach ach
é** he was the only one in the house;
ní raibh acu ach é that's all they
had

6 (*with* **ná**): **tá Seán bliain níos
sine ná é** John is a year older than
him

7 (*with certain preps*): **gan é** without
him/it; **mar é** like him/it

8 (*with preps and conjs* + *vn*): **i
ndiaidh** *or* **tar éis é imeacht** after
he left; **le hé a fheiceáil** to see
him; **mar gheall ar é a bheith
tinn** because he's sick; **ainneoin é
a bheith anseo** although he's here

9 (*referring to previous or subsequent
clause*): **cad é a dúirt sé?** what did
he say?; **is é a dúirt sé ...** what he
said was ...; **is é rud a shiúil sé
amach an doras** what he did was
to walk out the door; **is é mo
bharúil go** it is my opinion that;
an é nach bhfuil a fhios agat? do
you mean to say that you don't
know?

10 (*in phrases*): **pé scéal é, pé acu
sin é** in any case; **is é sin** that is;
namely

EOCHAIRFHOCAL

ea *3rd person sg neuter pron* (*with
copula only*) **1** (*noun, pron as indefinite
predicate*): **dlíodóir is ea Tomás/é**

Thomas/he is a lawyer;
múinteoirí ba ea iad they were
teachers; **is dóigh liom gur
dlíodóir (gurb ea) é** I think he is a
lawyer; **dúirt sé gur mhúinteoirí
(gurbh ea) iad** he said they were
teachers

2 (*adj as predicate*): **an tuirseach
atá tú? — is ea** are you tired? — yes
3 (*adv, adv phrase or clause as
predicate*): **nach inné a tháinig sé?
— is ea** wasn't it yesterday he
came? — yes (it was); **an ar an
mbord a chuir sí an bainne? — is
ea** did she put the milk on the
table? — yes (she did); **an ag ól atá
siad? — ní hea, ach ag ithe** are
they drinking? — no, they're eating
4 (*referring to sth subsequent*): **an ea
nach dtuigeann tú céard a dúirt
sí?** do you mean to say you do not
understand what she said?
5 (*in reply to classification questions*):
**an madra maith é sin? — is ea/ní
hea?** isn't that a good dog? — yes (it
is)/no (it isn't); **is madra maith é
sin, nach ea?** that's a good dog,
isn't it?; **ar bhád mór í? — ba ea/
níorbh ea** was it a big boat? — yes
(it was)/no (it wasn't); **ba bhád
mór í, nárbh ea?** it was a big boat,
wasn't it?
6 (*in fuller negative corrective*): **an
capall é sin? — ní hea ach bó** or **ní
hea, bó is ea í** is that a horse? —
no, it's a cow; **creidim, ní hea,
táim cinnte de go ...** I believe, no,
I am certain that ...
7 (*conciliatory*): **is ea (anois), a
Ghearóid, céard seo a bhíomar a
rá?** now, Gerard, what is it we were
saying?
8 (*in phrase* **más ea**) even so;
tháinig sé go luath, ach más ea

(féin) níor fhan sé i bhfad he came early, but even so, he did not stay long

éabann *nm1* ebony

eabhar *nm1* ivory

éabhlóid *nf2* evolution

Eabhrais *nf2* (*Ling*) Hebrew

each *nm1* horse, steed

each-chumhacht *nf3* horsepower

eachma *nf4* eczema

éacht *nm3* feat; achievement; stunt

éachtach *adj* sensational, extraordinary; (*blow*) powerful

eachtra *nf4* adventure; expedition; event; experience

eachtrach *adj* external

eachtrán *nm1* (*sci-fi*) alien

eachtránaí *nm4* adventurer

eachtrannach *adj* foreign, alien
  ▷ *nm1* foreigner

eachtrúil *adj* adventurous; eventful

eacnamaí *nm4* economist

eacnamaíoch *adj* economic(al)

eacnamaíocht *nf3* economy; economics

eacnamúil *adj* economic

eacstais *nf2* ecstasy

Eacuadór *nm* Ecuador

éacúiméineach *adj* ecumenical

éad *nm3* envy; jealousy; ~ **a bheith ort (le duine)** to be jealous (of sb)

éadach (*pl* **éadaí**) *nm1* cloth, fabric; clothing, clothes; (*Naut*) sail; ~ **soithí** dishcloth; ~ **boird** tablecloth; ~ **leapa** bedclothes; **éadaí olla** woollens; **do chuid éadaigh a chur ort** to put on one's clothes

éadáil *nf3* gain; wealth; (*fig*) bonus

éadaingean (*gsf*, *pl*, *compar* **éadaingne**) *adj* insecure, unsteady

éadan *nm1* face; front; nerve,

impudence; **in ~** + *gen* against; **bualadh in ~ ruda** to bump into sth; **as ~** indiscriminately; **cur in ~ duine** to contradict sb; object to sb; oppose sb; **clár éadain** forehead; **nach dána an t~ atá uirthi!** the cheek of her!; **in ~ mo thola** against my wishes

eadarlúid *nf2* interlude

eadhon *adv* namely

éadlúth *adj* (*air*) rare

éadmhar *adj* envious; jealous

éadóchas *nm1* despair; **dul in ~** to fall into despair

éadóchasach *adj* despairing, hopeless

éadóigh *adj* unlikely; **is ~ go** it's unlikely that

eadóirsigh *vt* naturalize

éadomhain *adj* shallow

eadra *nm4* late morning; **codladh go h~** to sleep in until late in the day

eadraibh *see* **idir**

eadráin *nf3* arbitration; intervention; ~ **a dhéanamh** (*in dispute*) to mediate, intervene; **talamh eadrána** no-man's-land

eadrainn *see* **idir**

eadránaí *nm4* mediator; arbitrator

éadrócaireach *adj* merciless

éadroime *nf4* lightness; levity

éadrom *adj* light; lightweight

éadromaigh *vt*, *vi* lighten

éadromán *nm1* balloon; float

éadromchroíoch *adj* light-hearted

éadruach *adj* pitiless

éadulangach *adj* intolerant

éag *nm3* death ▷ *vi* die, perish; **go h~** till death; **dul in ~** to expire, die out

eagal *adj*: **is ~ liom go** I am afraid that; **ní h~ duit** you're in no danger

éaganta *adj* giddy; scatterbrained

éagaoin *nf2* moan; **~ a ligean asat** to moan ▷ *vi* moan

eagar *nm1* arrangement; order; condition, state; **in ~ ceart** properly arranged; **rudaí a chur in ~** to arrange things; **~ a chur ar leabhar** to edit a book

eagarfhocal *nm1* editorial

eagarthóir *nm3* editor

eagarthóireacht *nf3* editing; **foireann ~a** editorial staff

eagla *nf4* fear; **~ a bheith ort (roimh rud)** to be afraid (of sth); **~ a theacht ort** to get afraid; **~ a chur ar dhuine** to scare sb; **ní ligfeadh an ~ dó léim** he was afraid to jump; **ar ~ na h-** just in case, (just) to be on the safe side

eaglach *adj* fearful; apprehensive

eaglais *nf2* church; **an E~** the Church; **seirbhís ~e** church service

eaglaiseach *nm1* clergyman

eaglasta *adj* ecclesiastical

éagmais *nf2* lack; absence; **déanamh in ~ ruda** to do without sth

eagna *nf4* wisdom; **~ chinn** intellect, intelligence

éagnach *nm1* groan, moan

eagnaí *adj* wise; intelligent

éagóir (*pl* **éagóracha**) *nf3* injustice; wrong; **~ a dhéanamh ar dhuine** to wrong sb; **bheith san ~ (ar dhuine)** to be in the wrong (about sb)

éagórach *adj* unjust, unfair

éagothroime *nf4* imbalance; inequality

éagothrom *adj* uneven; unfair, unjust

eagraí *nm4* organizer

eagraigh *vt* organize; arrange

eagraíocht *nf3* (*political etc*) organization

eagrán *nm1* edition; number, issue

eagras *nm1* (*political etc*) organization

eagrú *nm* (*layout etc*) organization

éagruthach *adj* shapeless; deformed

éagsamhalta *adj* inconceivable; extraordinary

éagsúil *adj* different; various; diverse

éagsúlacht *nf3* dissimilarity; difference; (*of things*) variety

éagsúlaigh *vt* vary; diversify

éagumas *nm1* incapacity; impotence

éagumasach *adj* incapable; impotent

eala *nf4* swan

ealaigh *vi* escape; slip away or out; abscond; elope

ealaín (*pl* **ealaíona**, *gpl* **ealaíon**) *nf2* art; skill; antics, caper; **na healaíona uaisle** the fine arts; **tá siad ar an ~ chéanna arís** they are at the same carry-on again

ealaíonta *adj* artistic; skilful

ealaíontacht *nf3* artistry

ealaíontóir *nm3* artist

éalaitheach *adj* elusive ▷ *nm1* fugitive; survivor

éalang *nf2* flaw; weakness; **gan ~** flawless; **~ a fháil ar dhuine** to catch sb at a disadvantage

éalangach *adj* flawed, defective; (*person*) debilitated

eallach (*pl* **eallaí**) *nm1* cattle; livestock

ealta *nf4* (*of birds*) flock

éalú *nm* escape; elopement

éalúchas *nm1* escapism

éamh (*pl* **éamha**) *nm1* cry, scream

éan *nm1* bird; fowl; **~ corr** odd man out; **~ creiche** bird of prey; **éin tí** domestic fowl

éanadán nm1 (bird) cage

Eanáir nm4 January

éaneolaí nm4 ornithologist

éanfhaireatheoir nm3 bird-watcher

eang nf3 nick, notch; trace; gusset;
~ a chur i rud to nick sth

eangach¹ nf2 net, netting; grid;
network

eangach² adj jagged; indented

eanglach nm1 numbness; pins and
needles

éanlaith nf2 birds, fowl

éanlann nf2 aviary

earc (pl **earca**) nm1 lizard;
~ luachra newt

earcach nm1 recruit

earcaigh vt, vi recruit

éard = **é + rud**; **is ~ a bhí uaidh
(ná)** ... what he wanted was ...

éarlais nf2 deposit, part payment;
token; **~ a chur ar rud** put down a
deposit on sth

éarlamh nm1 patron (saint)

earnáil nf3 category; (Comm) sector

earra nm4 commodity;
merchandise, goods; **~í** npl goods;
wares; **~í gloine** glassware; **~í
tomhaltais** consumer goods

earrach nm1 spring, springtime;
san ~ in spring

earráid nf2 error, mistake; lapse;
~ chló typing error; **~ a dhéanamh**
to make a mistake

earráideach adj erroneous,
incorrect

éarthach nm1, adj repellent

eas (pl **easanna**) nm3 waterfall,
cascade

easaontaigh vt, vi disagree;
easaontú le duine to disagree
with sb

easaontas nm1 disagreement;
discord

éasc nm1 (Geol) fault

éasca adj easy; nimble; ready

eascaine nf4 swearword, curse

eascainigh (vn **eascaíní**) vi curse,
swear

eascair (pres **eascraíonn**) vi sprout
(up), spring; **~t ó rud** to derive
from sth

eascairdeas nm1 antagonism,
enmity

eascairdiúil adj unfriendly; hostile

eascann nf2 eel

eascrach etc see **eiscir**

easláinte nf4 ill health

easlán nm1 invalid ▷ adj sickly,
infirm

easna (pl **easnacha**) nf4 rib

easnamh nm1 shortage; lack;
~ ruda a bheith ort to lack sth;
in ~ missing

easnamhach adj deficient;
incomplete

easóg nf2 (Zool) stoat; weasel

easonóir nf3 dishonour, indignity

easpa¹ nf4 lack; absence;
deficiency; shortfall; **tá ~ taithí air**
he lacks experience

easpa² nf4 (Med) abscess

easpach adj lacking; deficient;
missing

easpag nm1 bishop; **dul faoi lámh
easpaig** (Rel) to be confirmed

easpórtáil vt export ▷ nf3
exportation

easpórtálaí nm4 exporter

eastát nm1 estate; **~ réadach** real
estate; **~ tionsclaíoch** industrial
estate; **~ tithíochta** housing
estate

Eastóin nf2: **an ~** Estonia

easumhal (pl **easumhla**) adj
disobedient; insubordinate

easumhlaíocht nf3 disobedience,
insubordination

easurraim nf2 disrespect

easurramach adj irreverent, disrespectful

easurrúsach adj presumptuous

eatarthu see **idir**

eatramh nm (between showers) interval, lull; cessation

eatramhach adj intermittent; interim

eibhear nm1 granite

éiceachóras nm ecosystem

éiceolaíoch adj ecological

éiceolaíocht nf3 ecology

éide nf4 clothes; uniform; **faoi ~** uniformed; **~ spóirt** sportswear

éideimhin adj uncertain, unsure

éideimhne nf4 uncertainty

eidhneán nm1 ivy

éidreorach adj feeble, puny; helpless

éifeacht nf3 effectiveness; effect; significance; **~ a dhéanamh le rud** to do well at sth, do sth with great effect; **teacht in ~** to become successful (in life etc)

éifeachtach adj effective; efficient; telling; (person) capable

éifeachtacht nf3 efficiency

éigean nm1 force, violence; outrage; rape; necessity; distress; **ar ~** hardly, barely; **in am an éigin** in time of need; **b'~ dom imeacht I** had to leave

éigeandáil nf3 emergency; crisis

éigeantach adj compulsory

éigeart nm1 injustice, wrong

éigeas nm1 poet; scholar

éigh vi cry, scream

éigiallta adj irrational

éigin adj some; approximately; **duine ~** someone; **lá ~** some day; **ar dhóigh ~** somehow; **míle ~ euro** about a thousand euros

éiginnte adj uncertain; vague; undecided; (also Gram) indefinite

éiginnteacht nf3 uncertainty; indecision; vagueness

Éigipt nf2: **an ~** Egypt

Éigipteach adj, nm1 Egyptian

éigneasta adj insincere

éigneoir nm3 violator, rapist

éignigh vt rape; violate; (Mil) storm

éigniú nm rape

éigríoch nf2 infinity

éigríochta adj endless; infinite

éigríonna adj unwise; ill-advised

éigse nf4 poetry; learning

eile adj, adv, pron other; another; different; else; **cé ~?** who else?; **duine amháin ~** one more person

éileamh nm1 claim, demand; request; accusation; **tá ~ ar an leabhar** the book is in demand

eilifint nf2 elephant

éiligh vt, vi claim, demand; complain; ail; **rud a éileamh** to demand sth; **bheith ag éileamh** to be ill

eilimint nf2 (Elec, Biol) element

eilit nf2 doe

éilitheach adj demanding

éilitheoir nm3 plaintiff; claimant

éill, éille see **iall**

éillín nm4 clutch, brood

Eilvéis nf2: **an ~** Switzerland

Eilvéiseach adj, nm Swiss

Éimin nf4 the Yemen

éindí n: **in ~ (le)** together (with)

éineacht n together; at the same time; **dul in ~ le duine** to go along with sb

eipeasóid nf2 episode

eipic nf2 epic

eipidéim nf2 epidemic

Éire (ds **Éirinn**, gs **Éireann**) nf Ireland, Eire; **Muir ~ann** the Irish Sea; **in Éirinn** in Ireland; **muintir na h~ann** the Irish people;

Poblacht na h~ann the Republic of Ireland

eireaball nm1 tail; tail end; **treabhadh as d'~ féin** to fend for oneself

Éireann see **Éire**

Éireannach adj Irish ▷ nm1 Irish person

eireog nf2 chicken

éirí nm4 rising, rise; ascent; **~ amach** revolt, uprising; **~ na gréine** sunrise; **~ in airde** arrogance, snobbishness; see also **éirigh**

éiric nf2 revenge; retribution; **~ a bhaint as duine** to get one's own back on sb; **cic ~e** (Sport) penalty(-kick)

eiriceach nm1 heretic

eiriceacht nf3 heresy

éirigh (vn **éirí**) vi rise, arise, get up; grow; become, get; **tá sé ag éirí fuar** it's getting cold; **éirí as rud** to resign from sth, quit sth; **d'~ leis** it or he succeeded; (in exam etc) he passed; **d'~ eatarthu** they fell out; **cad é mar atá ag éirí leat?** how are you getting on?; **éirí amach** to rise (in revolt); **cad é a d'~ dó?** what happened to him?

éirim nf2 intellect, wit; talent, aptitude; (of story) gist, tenor

éirimiúil adj talented, intelligent, brainy

Éirinn see **Éire**

eirleach nm1 slaughter, carnage

eirmín nm4 ermine

éis n: **d'~ + gen, tar ~ + gen** after; **tar ~ an tsaoil** after all; **fiche tar ~ a trí** twenty past two

eisbheartach adj (clothes) skimpy, scant; (person) scantily clad

éisc see **iasc**

eisceacht nf3 exception; **~ a**

dhéanamh (de rud) to make an exception (of sth)

eisceachtúil adj exceptional

eischeadúnas nm1 off-licence

eiscir (gs **eascrach**, pl **eascracha**) nf (terrain) ridge, esker

eisdíritheach adj, nm1 extrovert

eiseachadadh (gs **eiseachadta**) nm extradition

eiseachaid (pres **eiseachadann**) vt extradite

eiseamláir nf2 example, model, paragon; **~ duine a leanúint** to follow sb's example

eiseamláireach adj exemplary

eisean emphatic pron he; him; himself; **~ a bhí ann** it was HIM

eisiach adj (rights etc) exclusive, sole

eisiaigh vt exclude

eisiatacht nf3 exclusion

eisigh vt issue

eisileach nm1 effluent

eisimirce nf4 emigration

eisimirceach adj, nm1 emigrant

eisint nf2 (Phil) essence

eisiúint (gs **eisiúna**) nf3 (of shares etc) issue; (of film etc) release

eispéaras nm1 (Phil) experience

eisreachtaí nm4 outlaw

eisreachtaigh vt outlaw, proscribe

éist vt, vi listen; hear; heed; **~eacht le duine** to listen to sb; **~ (liom) (here)!; ~ do bhéal!** shut up!; **cás a ~eacht** to hear a case

éisteacht nf3 hearing; **as ~** out of earshot; **lucht ~a** audience

éisteoir nm3 (Radio) listener

eite nf4 (gen, Pol) wing; (of fish) fin; **an ~ chlé** the Left (wing)

eiteach nm1 refusal; **~ dearg** a flat refusal; see also **eitigh**

eiteán nm1 spool, bobbin; (Sport) shuttlecock

eiteog nf2 (of bird) wing

éitheach nm1 lie; **mionn éithigh** false oath, perjury; **mionn éithigh a thabhairt** to perjure o.s.

eithne nf4 kernel; nucleus

eithneach adj nuclear

eitic nf2 ethics

eiticiúil adj ethical

eitigh (vn **eiteach**) vt refuse; **duine a eiteach faoi rud** to refuse sb sth

eitil (pres **eitlíonn**) vi fly

eitilt nf2 flight; flying

eitinn nf2 tuberculosis

eitleán nm1 aeroplane, plane

eitleog nf2 (toy) kite; (Tennis etc) volley

eitlíocht nf3 aviation

eitneach adj ethnic

eitneolaí nm4 ethnologist

eitpheil nf2 volleyball

eitre nf4 groove, furrow

eitseáil nf3 etching

Elastoplast nm4 Elastoplast

eochair (gs **eochrach**, pl **eochracha**) nf key; (Mus) clef

eochairbhuille nm4 (Comput, Typ) keystroke

eochairchlár nm1 keyboard

eochraí nf4 (fish) roe

eol nm: **is ~ dom (go) ...** I know (that) ...; **mar is ~ duit** as you know

eolach adj knowledgeable; learned; informed; **bheith ~ ar cheantar** to know an area

eolaí nm4 (gen) expert; scientist; (book) directory, guidebook

eolaíoch adj scientific

eolaíocht nf3 science

eolaire nm4 directory

eolas nm1 knowledge; information; **níl aon ~ agam faoi** I have no knowledge of it; **bheith ar an ~** to be in the know; **rud a bheith ar ~ agat** to know sth; **de réir m'eolais**

as far as I know; **duine a chur ar an ~ faoi rud** to brief or inform sb about sth; **~ an bhealaigh a chur** to ask directions; **oifig eolais** information office

Eoraip nf3: **an ~** Europe

eorna nf4 barley

eornóg nf2 barley sugar

Eorpach adj, nm1 European

eotanáis nf2 euthanasia

euro nm4 (currency) euro

f

F *nm4* F

fabhalscéal (*pl* **fabhalscéalta**) *nm* fable

fabhar *nm* favour; **bheith i bh~ le rud/duine** to be in favour of sth/sb

fabhcún *nm* falcon

fabhra *nm4* (*eye*)lash; (*eye*)brow

fabhrach *adj* favourable; partial

fabhraigh *vi* form; develop

fabht *nm4* defect; fault; weakness; (*Comput*) bug; **an ~ san éide** the chink in the armour

fabhtach *adj* defective, faulty; treacherous

fabraic *nf2* fabric

fách *n*: **bheith i bh~ le rud/duine** to be in favour of sth/sb

fachtóir *nm3* (*Math*) factor; **~í coiteanna** common factors

facs *nm4* fax

facsáil *vt, vi* fax

fad *nm1* length; duration; distance; extent; **~ a bhaint as rud** to make sth last, draw sth out; **ar a fhad** lengthwise; **~ saoil duit!** bravo!; **~ is nach mbeidh tú mall** as long as you're not late; **ar ~** altogether; in full; **an lá ar ~** all day; **sé mhéadar ar ~** 6 metres long; **i bh-ró-bheag** far too small; **i bh~ ó shin** long ago; **dul a fhad le duine** to approach sb; **cá fhad?** how far/long?; **faoi fhad láimhe** or **sciathán de rud** within reach of sth

fada (*compar* **faide**) *adj* long, lengthy; **scéal/bóthar ~** a long story/road; **le ~ (an lá)** for a long time past; **is ~ ó ...** it's a long time since ...

fadaigh *vt, vi* (*fire*) kindle; (*anger*) incite; **fadú le rud** to add to sth

fadálach *adj* slow; tedious

fadbhreathnaitheach *adj* far-seeing

fadchainteach *adj* long-winded

fadcheannach *adj* astute, shrewd

fadcheirnín *nm4* LP, long-playing record

fadharcán *nm1* (*on foot*) corn

fadhb (*pl* **fadhbanna**) *nf2* problem; (*in timber*) knot; **~ a fhuascailt** or **a réiteach** to solve a problem

fadhbach *adj* problematical

fadlíne *nf4* (*Geog*) meridian

fadó *adv* long ago; once upon a time

fadradharcach *adj* long-sighted

fadraoin *n gen as adj* long-range

fadsaolach *adj* long-lived

fadtéarmach *adj* long-term

fadtonn *nf2* (*Radio*) long wave

fadú *nm* extension

fág (*vn* **fágáil**) *vt, vi* leave; depart; **rud a fhágáil ag duine** to leave sth to or with sb; **slán a fhágáil ag duine** to say goodbye to sb; **rud a**

fhágáil amach to leave sth out; **rud a fhágáil ar dhuine** to attribute sth to sb; **rud a fhágáil faoi dhuine** (*decision*) to leave sth up to sb; **rud a fhágáil uait** to leave sth aside; **d'fhág sé** he left

fágálach *nm* weakling; (*inf*) runt

faghairt (*gs* **faghartha**, *pl* **faghairtí**) *nf3* mettle, spirit; (*in eyes*) look of anger or determination

faí (*pl* **faíthe**) *nf4* voice; cry; (*Ling*) voice; **an fhaí chéasta/ghníomhach** the passive/active (voice)

fáibhile *nm4* beech (tree)

faic *nf4* (*with neg*) nothing; **~ na fríde** nothing at all; **ní dhéanann sé ~** he does nothing

faiche *nf4* green, lawn; (*Sport*) ground, (*playing*) field

faichill *nf2* care, caution; **bheith ar d'fhaichill roimh** *or* **ar dhuine/rud** to be wary of sb/sth; **~ a thóna féin ar gach fear** every man for himself

faichilleach *adj* careful, cautious; non-committal, wary

faide *see* **fada**

fáidh (*pl* **fáithe**) *nm4* prophet

faigh (*vn* **fáil**, *vadj* **faighte**, *past* **fuair**, *fut* **gheobhaidh**) *vt* get; find; discover; receive; (*advantage etc*) gain; **rud a fháil ar ais** to get sth back; **duine a fháil ciontach** (*Law*) to find sb guilty; **rud a fháil déanta** to get sth done; **ní bhfuair mé labhairt leis** I didn't get to speak with him; **fáil amach faoi rud** to find out about sth; **locht a fháil ar rud** to find fault with sth; **ar fáil** available; **níl fáil air** he cannot be found; he is unavailable

faighin (*gs* **faighne**, *pl* **faighneacha**) *nf2* vagina

faighneog *nf2* pod; shell

faighteoir *nm3* recipient; receiver

fáil *see* **faigh**

fáilí *adj* stealthy, sneaky; affable; **teacht go ~ ar dhuine** to sneak up on sb

faill (*pl* **failleanna**) *nf2* chance, opportunity; time; **ag faire na ~e** waiting for an opportunity; **níl ~ suí agam** I don't have time to sit; **~ a bhreith ar dhuine** to take sb at a disadvantage; **an fhaill a fhreastal** to seize an opportunity; **~ a thabhairt do dhuine (rud a dhéanamh)** to give sb time (to do sth)

faillí (*pl* **faillíocha**) *nf4* oversight; **~ a dhéanamh i rud** to neglect sth

faillitheach *adj* negligent, remiss

fáilte *nf4* welcome; **~ romhat!** welcome! **~ a chur roimh dhuine** to welcome sb

fáilteach *adj* welcoming, hospitable

fáilteoir *nm3* receptionist

fáiltigh *vi* welcome; **fáiltiú roimh rud/dhuine** to welcome sth/sb

fáiltiú *nm* reception

fainic *nf2* caution ▷ *vt, vi* take care, beware; **~ thú féin ar an madra** beware of the dog

fáinleog *nf2* (*bird*) swallow

fáinne *nm4* ring, circle; halo; (*hair*) ringlet; **~ lochtach** vicious circle

fáinneáil *nf3*: **ag ~** circling, loitering

faire *vt, vi* watch; observe; guard; (*corpse*) wake

fairche *nf4* diocese; (*Hist*) parish, monastic territory

faire *nf4* watch; lookout; surveillance; (*for dead*) wake; vigil; **fear ~** sentry; **focal ~** password

faíreach *nf2* booing; **~ a dhéanamh faoi dhuine** to boo sb

faireog *nf2* gland

faireogach *adj* glandular

fairis *see* **fara**

fairsing *adj* wide, extensive; spacious; plentiful; (*measures etc*) sweeping

fairsinge *nf4* breadth; abundance; expanse; spaciousness

fairsingigh *vt, vi* broaden

fairsingiú *nm* expansion

fairtheoir *nm3* sentry, watchman; ~ **oíche** night watchman

fáisc (*vn* **fáscadh**) *vt* squeeze; squash; wring; press; tighten

fáisceán *nm1* (*Tech*) press; (*Med*) bandage; (*of zip*) slider

fáiscín *nm4* clip; fastener; ~ **páipéir** paper clip; ~ **gruaige** hair clip

faisean *nm1* fashion; style; (*custom*) habit; **san fhaisean** or **i bh~** in fashion; **as** ~ out of fashion

faiseanta *adj* fashionable; stylish; popular

faisisteach *adj* fascist

faisnéis *nf2* information; (*Mil etc*) intelligence; (*Gram*) predicate; ~ **duine a chur** to inquire about sb; ~ **na haimsire** weather report

faisnéiseach *adj* informative, revealing; (*Gram*) predicative

faisnéiseoir *nm3* informant; ~ **aimsire** weatherman

fáistine *nf4* prophecy

fáistineach *adj* prophetic; (*Gram*) future ▷ *nm* (*Gram*) future

faiteach *adj* timid, nervous, shy

faiteadh *nm1*: **i bh~ na súl** in the blink of an eye

fáithe *see* **fáidh**

fáithim *nf2* hem

faithne *nm4* wart

faitíos *nm1* fear; shyness; **ar fhaitíos go** for fear that

fál (*pl* **fálta**) *nm1* hedge; fence,

fencing; wall; enclosure; ~ **a chur ar rud** to fence sth (in or off)

fala (*pl* **falta**) *nf4* grudge; spite; ~ **a bheith agat do dhuine** to bear a grudge against sb

fálaigh *vt* fence, enclose; (*pipes*) lag

fallaing (*pl* **fallaingeacha**) *nf2* cloak; robe; ~ **folctha** bathrobe; ~ **sheomra** dressing gown

fálróid *nf2* stroll(ing); ~ **ar chapaillíní** pony trekking

falsa *adj* lazy; false

falsacht *nf3* falseness; laziness

falsaigh *vt* falsify, fake

falsaitheoir *nm3* forger

falsóir *nm3* lazy person

falta *see* **fala**

fálta *see* **fál**

faltanas *nm1* spite; vindictiveness; grudge

fáltas *nm1* (*Fin*) receipt; return; **fáltais** (*nom pl*) proceeds; ~ **pá** pay packet

fámaireacht *nf3* sightseeing; strolling about

fan (*vn* **fanacht**) *vi* stay, remain, wait; ~ **acht le duine/rud** to wait for sb/sth; ~ **acht ag duine** to stay or lodge with sb; ~ **acht as an mbhealach** to stay out of the way; ~ **go fóill!** hold on!; ~ **nóiméad** or **bomaite!** wait a minute!

fán *nm1*: **ar** ~ astray, wandering; **imeacht ar** ~ to wander off; **lucht fáin** vagrants, wanderers

fána *nf4* slope; incline; **dul le** ~ (*fig*) to decline

fánach *adj* (*attempt*) futile, vain; (*occurrence*) occasional; (*matter, cause*) trivial; (*meeting*) chance; (*sample, number*) random; (*person*) wandering

fanacht *nm3* wait, stay

fánaí *nm4* rambler

fanaiceach nmm fanatic ▷ adj
fanatic(al)

fanaile nm4 vanilla

fann adj faint, feeble; wan; limp

fannchlúmh nm (eider)down

fanntais nf2 faint, swoon; **dul i bh~**
to faint

fantaisíocht nf3 fantasy

faobhar nmm (sharp) edge; **~ a chur
ar rud** to sharpen sth; **~ a bheith
ar do theanga** to have a sharp
tongue

faobhrach adj sharp-edged;
(person) eager

faobhraigh vt sharpen, whet

EOCHAIRFHOCAL

faoi (prep prons = **fúm, fút, faoi,
fúithi, fúinn, fúibh, fúthu**: lenites;
followed by def art **an = faoin**;
followed by poss adj **a, ár = faoina,
faoinár**; followed by rel part **a, ar
= faoina, faoinar**) prep under,
below; about, around; by, near;
within **1** (underneath) below, under;
faoin tábla/ngrian under the
table/sun; **faoi aois** under-age
2 (topic, matter) about; **labhairt/
fiafraí faoi rud** to talk/ask about
sth; **bheith ar buile/míshásta/
imníoch faoi rud** to be furious/
annoyed/worried about sth; **is
cuma faoi** that doesn't matter
3 (time) within; by; at; **faoi choicís
den Nollaig** within a fortnight of
Christmas; **faoin am a bhfuair sé
amach** by the time he found out;
faoi láthair at the moment
4 (distance, area) within; around;
faoi mhíle den teach within a
mile of the house; **chuaigh sé faoi
orlach den sprioc** it went within
an inch of the target; **faoin teach**

about the house; **faoin tuath** in
the country(side)
5 (with numbers) by; under, less
than; **faoi dheich** by ten, ten
times; **fiche faoin gcéad** twenty
percent; **bhí faoi chaoga acu ann**
there were less than fifty of them
there
6 (condition, state): **faoi bhrú** under
pressure; **faoi ghruaim**
despondent; **faoi onóir** esteemed;
bheith faoi gheasa ag duine to
be under sb's spell
7 (intention): **cad (é) atá faoi a
dhéanamh anois?** what does he
intend to do now?; **tabhairt faoi
rud** to attempt sth
8 (responsibility, charge): **rud a
fhágáil faoi dhuine** to leave sth in
sb's care; **is fúithi féin atá sé** it's
up to herself; **tá an teach fúthu
féin** they have the house to
themselves
9 (location): **suigh fút** sit down;
**chuir siad fúthu cois an
chladaigh** they settled by the
shore
10 (appearance): **faoi éadaí
galánta** dressed in fine clothes;
faoi bhláth in flower; **faoi ainm
bréige** under a false name
11 (encircling) around; **chuir sé a
lámh faoina coim** he put his arm
around her waist
12 (collision) against; **do cheann a
bhualadh faoi rud** to bang one's
head against sth

faoileán nm gull, seagull

faoileoir nm3 glider

faoileoireacht nf3 gliding

faoin = **faoi** + def art **an**

faoina = **faoi** + poss adj **a**; **faoi** + rel
part **a**

faoinar = faoi + rel part ar

faoinár = faoi + poss adj ár

faoiseamh nm relief; reprieve; ~ a thabhairt do dhuine (ó) to relieve sb (from); ~ a fháil (ó) to get relief (from)

faoiste nm4 (Culin) fudge

faoistin nf2 (Rel) confession; ~ a dhéanamh i rud to confess sth

faoitín nm4 (fish) whiting

faolchú (pl faolchúnna) nm4 wolf; wild dog

faomh vt (decision etc) accept; consent to

faomhadh (gs faofa) nm acceptance; concession

faon adj limp; supine

faopach nm: bheith san fhaopach to be in a fix

fara (prep prons = faram, farat, fairis, farae, farainn, faraibh, faru) prep along with; as well as, besides

farae nm4 fodder

farantóireacht nf3 ferrying; bád ~a ferry

faraor excl alas

farasbarr nm1 excess, surplus

farat see fara

fargán nm1 ledge

farraige nf4 sea; dul or cur chun ~ to set to sea

faru see fara

fás vt, vi grow ▷ nm growth; ~ aníos to grow up

fasach nm1 (Law) precedent

fásach nm1 desert, wilderness; (of plants) wild growth

fáscadh (pl fáscaí) nm1 squeeze; clasp; see also fáisc

fáschoill nf2 (in forest etc) undergrowth

fásra nm4 vegetation

fásta vadj grown(up); duine ~ adult

fáth (pl fáthanna) nm3 cause, reason; cén ~? why?

fathach nm1 giant

fáthmheas nm3 diagnosis ▷ vt diagnose

feá¹ (pl feánna) nf4 beech

feá² (pl feánna) nm4 fathom

feabhas nm1 improvement; excellence; ar fheabhas excellent; ~ a chur ar rud to improve sth; dul i bh~ or ~ a theacht ort to improve

Feabhra nm4 February

feabhsaigh vt, vi improve, get better

feabhsaitheoir nm3 conditioner

feabhsú nm improvement

feac¹ nm4 (of spade) handle

feac² nm3: do chos a chur i bh~ to put one's foot down

feac³ vt, vi (knee) bend

féach (vn féachaint) vt, vi look; see; observe; ~aint ar rud to look at sth, watch sth; ~aint le rud to attempt sth; ~ ar look at, watch; ~ ort (clothes) try on; ~ leis! have a go!, try it!

féachadóir nm3 observer; onlooker

féachaint (gs féachana) nf3 look; test; lucht féachana spectators; onlookers; viewers

feachtas nm1 campaign

fead (pl feadanna) nf2 whistle; ~ ghlaice finger-whistle; ~ a ligean (le duine) to whistle (at sb)

féad (vn féadachtáil) aux vb be able to, can; should; ní fhéadfaí é a dhéanamh it couldn't be done; ~aim a rá go ... I can safely say that ...; ~ann tú imeacht you may go; d'fhéad tú a rá leis you should have told him

feadaíl nf3 whistling

feadair defective vb: ní fheadar I don't know; an bhfeadraís? do you know?

feadán *nm1* tube; duct

feadh *nm3* length; extent; duration; **~ an bhóthair** along the road; **ar ~ a ndearna sé de mhaith duit** for all the good it did you; **ar ~ sé mhí** for 6 months; **ar ~ scathaimh** for a while; **ar ~ a shaoil** all his life; **ar ~ m'eolais** as far as I know

feadóg *nf2* whistle; **~ mhór** flute

feag (*pl* **feagacha**) *nf3* (*Bot*) rush

feall *nm1* deceit; failure; betrayal; (*Sport*) foul ▷ *vi*: **~adh ar dhuine** to let sb down; betray sb; **~ ar iontaoibh** betrayal of trust; **tá an ~ ann** he's treacherous by nature

feallmharaigh *vt* assassinate

feallmharú *nm* assassination

fealltach *adj* treacherous; deceitful

fealltóir *nm3* traitor

fealsamh (*pl* **fealsúna**) *nm1* philosopher

fealsúnach *adj* philosophical

fealsúnacht *nf3* philosophy

feamainn *nf2* seaweed

fean (*pl* **feananna**) *nm4* fan

feann *vt* (*also inf*) skin; (*criticise*) slate; (*rob*) fleece

feánna *see* **feá**[1,2]

feannóg *nf2* scald *or* grey crow

feannta *adj* sharp, severe

feanntach *adj* (*wind*) piercing; (*cold*) biting; (*criticism*) sharp

fear (*gs*, *pl* **fir**) *nm* man; husband; **F~ Buí** Orangeman; **~ buile** madman; **~ céile** husband; **~ dóiteáin** fireman; **~ ionaid** deputy; (*Sport*) substitute; **~ an phoist/bhainne** postman/milkman; **~ singil** bachelor; **~ sneachta** snowman; **fir** (*Hist*) race; **"Fir"** "Gents"

féar (*pl* **féara**) *nm1* grass; hay

féarach *nm1* pasture

fearacht *prep* (+ *gen*) as, like

fearadh *nm*: **~ na fáilte** a hearty welcome

féaráilte *adj* fair

fearann *nm1* land, grounds; **baile fearainn** townland

fearas *nm1* appliance, apparatus; equipment, kit; order; **rud a chur i bh~** to put sth in (working) order; **~ deisiúcháin/garchabhrach** repair/first-aid kit

fearchat *nm1* tomcat

fearg (*gs* **feirge**, *ds* **feirg**) *nf2* anger; (*in wound etc*) irritation; **~ a bheith ort** to be angry; **~ a chur ar dhuine** to make sb angry

fearga *adj* male; manly

feargach *adj* angry; irate; (*wound etc*) inflamed

feargacht *nf3* manhood; masculinity; virility

Fear Manach *nm* Fermanagh

fearr *see* **maith**

fearsaid *nf2* spindle, shaft; sand-ridge; **An Fhearsaid** (*Astron*) Orion's belt

feart *nm3* miracle; **A Rí na bhF~!** Almighty God!

feartha, fearthaí *see* **fearadh**

féarthailte *nmpl* prairies

fearthainn *nf2* rain; **ag cur ~e** raining

fearúil *adj* manly, manful

feasa *see* **fios**

feasach *adj* (well-)informed; knowledgeable

feasachán *nm1* (*TV, Radio*) bulletin

féasóg *nf2* beard

féasógach *adj* bearded

feasta *adv* from now on; henceforth; **lá ar bith ~** any day now

féasta *nm4* feast; banquet; party

feic[1] *vt*, *vi* (*vn* **feiceáil**, *vadj* **feicthe**, *past* **chonaic**) see; seem; **le ~eáil**

visible; **~tear dom go ...** it appears to me that ...; **fan go bh~fidh mé** let me see

feic² nm4 (sorry) sight, spectacle

feiceálach adj noticeable; striking, eye-catching, attractive

féich see **fiach¹**

féichiúnaí nm4 debtor

féidearthacht nf3 possibility

feidhm (pl **feidhmeanna**) nf2 function; use; **dul i bh~ ar dhuine/rud** to influence sb/sth; **as ~** out of order, obsolete; **dlí a chur i bh~** to enforce a law; **níl ~ leis** it isn't necessary; **níl ~ orm** I don't have to, I don't need to; **~ a bhaint as rud** to use sth

feidhmeach adj applied

feidhmeannach nm1 official; agent; executive

feidhmeannas nm1 service, function; position; office

feidhmigh vt, vi function; (Rel) officiate; enforce; **feidhmiú mar mholtóir** to act as adjudicator or referee

feidhmitheach adj executive

feidhmiú nm1 operation; application

feidhmiúcháin n gen as adj (committee etc) executive

feidhmiúil adj functional; efficient

féidir n (with copula) **b'fhéidir** maybe; **is ~ é a fheiceáil** it is possible to see it; **an ~ liom** or **dom caitheamh?** may I smoke?; **chomh mór agus is ~** as big as possible; **más ~** if possible; **ní ~ liom teacht** I cannot come

feighil nf2 care; vigilance; **bheith i bh~ ruda/duine** to look after sth/sb, be in charge of sth/sb

feighlí nm4 watcher; overseer; (of building) caretaker; **~ páistí**

baby-sitter

feil (vn **feiliúint**) vi suit, fit; **~iúint do dhuine/rud** to suit sb/sth

féil, féile see **fial³**

féile¹ (pl **féilte**) nf4 festival; (Rel) feast (day); **Lá Fhéile Pádraig** St Patrick's Day; **Lá Fhéile Vailintín** St Valentine's Day

féile² nf4 generosity; hospitality

féileacán nm1 butterfly

féileadh (pl **féilí**) nm: **~ beag** kilt

feileastram nm1 (plant) iris

féilire nm4 calendar

feiliúint see **feil**

feiliúnach adj suitable; appropriate; (person) obliging

feiliúnacht nf3 suitability, fitness

feilt nf2 felt

féilte see **féile²**

féiltiúil adj festive; periodic; regular

féimheach nm1 bankrupt

feimineachas nm1 feminism

feimini nm4 feminist

---

féin emphatic and reflexive pron, adv

1 (with pron) self; **mé féin** myself; **tú féin** yourself; **(s)é féin** himself; **(s)í féin** herself; **muid** or **sinn féin** ourselves; **sibh féin** yourselves; **(s)iad féin** themselves

2 (with prep pron) self; **tháinig sí léi féin** she came by herself; **coinnígí eadraibh féin é** keep it to yourselves

3 (with proper noun) self; **Bríd féin a d'inis dom é** Bridget herself told me

4 (with poss pron and noun) own; **mo leabhar féin** my own book; **do theach féin** your own house; **a bróga féin** her own shoes

5 (with copula and prep **le** denoting

ownership) own; **is leo féin an t-airgead** it's their own money
6 (with verb): **oscail an doras, a Sheáin — oscail féin é** open the door, John — open it yourself;
rinneamar féin é we did it ourselves
7 (emphatic pron referring to sth previous): **cá bhfuil peann Mháire? — tá sé aici féin** where's Mary's pen? — she has it herself
8 (referring to important member of group): **tháinig sé féin isteach timpeall a naoi** himself or the husband or the man of the house came in about nine; **an bhfaca tú í féin sa siopa?** did you see herself or the wife in the shop?; **bhí mé ag fanacht léi féin teacht abhaile** I was waiting for herself or the wife to come home; **an tú féin atá ann?** is it yourself there?
9 (as reflexive pron): **ghortaigh sí í féin** she hurt herself; **bhí mé do mo bhearradh féin** I was shaving (myself); **nigh siad iad féin** they washed themselves
▷ adv: **mar sin féin** even so, nevertheless; **go deimhin féin** indeed; **cheana féin** already; **má tá sé fuar féin níl sé fliuch** even though it's cold it's not wet; **anois féin** even now; **ní hé sin féin é** that's not quite the whole story; to be more precise

féin- prefix auto-, self-
féinchaomhnú nm self-preservation
féinchosaint nf3 self-defence
féinchúiseach adj self-interested, egocentric
féinfhostaithe adj self-employed
feiniméan nm1 phenomenon

féiniúlacht nf3 (separate) identity; individuality
féinmharú nm suicide
féinmhuinín nf2 (self-)confidence
Féinne see **Fiann**
féinriail (gs féinrialach) nf autonomy
féinrialaitheach adj autonomous, self-governing
féinseirbhís nf2 self-service
féinsmacht nm3 self-control, self-discipline
féinspéis nm4 egoist
féintrua nf4 self-pity
féir see **fiar**
feirc nf2 tilt; (of dagger etc) hilt; (cap) peak
féire see **fiar**
feirg, feirge see **fearg**
féirín nm4 present, gift
feirm (pl feirmeacha) nf2 farm;
~ ghaoithe a wind farm
feirmeoir nm3 farmer
feirmeoireacht nf3 farming
feis (pl feiseanna) nf2 festival; feis; Irish language festival; **Ard-Fheis** (Pol) National Convention, National Conference
Feisire nm4 (in Britain: also: **~ Parlaiminte**) MP, member of Parliament; **~ Eorpach** Member of the European Parliament, MEP
feisteas nm1 furnishings, fittings; outfit, dress; (Theat) costume; **seomra feistis** changing-room
feisteoir nm3 fitter; outfitter
feistigh (vn feistiú) vt arrange; equip, fit; dress; secure; (ship) moor, tie up; **tábla a fheistiú** to set a table
feistiú nm décor; (on car) trim; (of jewel) setting; (Hairdressing) set
feith vt, vi: **bheith ag ~eamh le rud** to be waiting for sth, be expecting sth

féith (pl **féitheacha**) nf2 vein; muscle; (Geog) seam; (personality) trait; talent; **~eacha borrtha** varicose veins; **~ na filíochta** poetic talent

feitheamh nm1 wait; anticipation; **seomra feithimh** waiting-room

féitheog nf2 sinew; muscle; vein

féitheogach adj sinewy; beefy; muscular

feitheoir nm3 invigilator; supervisor

feitheoireacht nf3 supervision

feithicil (gs **feithicle**, pl **feithiclí**) nf2 vehicle

feithid nf2 insect

feithidicíd nf2 insecticide

féithleann nm1 honeysuckle

feitis nf2 fetish

feochadán nm1 thistle

feoigh vi decay, wither

feoil (pl **feolta**, gs **feola**) nf3 flesh; meat

feoilséantach adj vegetarian

feoilséantóir nm3 vegetarian

feoite vadj withered, decayed

feola, feolta see **feoil**

feolamán nm1 fat person, fatty

feolmhar adj flabby; fleshy

feothan nm1 breeze; gust

fh (remove "h") see **f...**

fhaca etc vb see **feic**

fi nf4 (hair) plait(ing)

fia (pl **fianna**) nm4 (roe) deer; **~ rua** (red) deer ▷ adj wild

fiabheatha nf4 wildlife

fiabhras nm1 fever; **~ léana/dearg** hay/scarlet fever; **~ breac** typhoid

fiabhrasach adj feverish

fiacail (pl **fiacla**) nf2 (Anat, Tech) tooth; **fiacla bréige** false teeth, dentures; **~ forais** wisdom tooth; **rud a rá faoi** or **trí d'fhiacla** to mutter sth; **rud a rá gan ~ a chur**

ann to say sth bluntly

fiach¹ (gs **féich**, nom pl **fiacha**, gpl **fiach**) nm1 debt; obligation; offence; **~ a ghlanadh** to pay off a debt; **bheith i bh~a** to be in debt; **~a a bheith ag duine ort** to be in sb's debt; **~a a bheith ort rud a dhéanamh** to have to do sth

fiach² (gs **fiaigh**) nm1 hunt(ing), chase ▷ vt, vi hunt, chase

fiach³ (gs **fiaigh**, nom pl **fiacha**, gpl **fiach**) nm1 raven

fiachóir nm3 debtor

fiacla see **fiacail**

fiaclach adj toothed; serrated

fiaclóir nm3 dentist

fiaclóireacht nf3 dentistry

fiadhúlra nm4 wildlife

fiafheoil nf3 venison

fiafraí (gs, gs **fiafraithe**) nm1 inquiry, question

fiafraigh (vn **fiafraí**) vi, vt inquire, ask; **rud a fhiafraí de dhuine** to ask sb sth; **fiafraí faoi rud** to inquire about sth

fiafraitheach adj inquisitive

fiagaí nm4 hunter

fiaile nf4 weed(s)

fiailnimh nf2 weedkiller

fiáin adj wild; primitive, savage; (behaviour) riotous; (land) uncultivated

fial¹ nm1 veil; screen; vial

fial² (gsm **féil**, gsf, compar **féile**) adj generous; lavish

fianaise nf4 evidence, testimony; **~ a thabhairt** to testify; **i bh~ duine** in the presence of sb

fiancé nm4 fiancé(e)

Fiann (gs **Féinne**, gpl **Fiann**, pl **Fianna**) nf2 (Hist, Mythology) the Fianna; **cothrom na Féinne** fair play; **~a Fáil** Fianna Fáil political party

fiannaíocht nf3: **An Fhiannaíocht** (Mythology) The Fenian Cycle

fiannaíochta n gen as adj (Mythology) Fenian

fiánta adj wild; fierce, savage

fiántas nm wildness; wilderness

fiar adj (gsm **féir**, gsf, compar **féire**) (line etc) diagonal, oblique; (wood etc) warped; perverse ▷ nm (pl **fiara**) slant; tilt; bend; twist; (in wood) warp; **rud a chur ar ~** to slant sth; **~ a chur i scéal** to slant a story ▷ vt, vi slant; tilt; swerve; twist

fiarlán nm zigzag

fiarshúil (gs, pl **fiarshúile**, gpl **fiarshúl**) nf2 squint; **tá ~ ann** he has a squint

fiata adj fierce; wild

fia-úll nm crab apple

fibín nm4 (sudden) notion; caprice

fích see **fioch**

fiche (gs **fichead**, pl **fichidí**, ds, pl with numbers **fichid**) num, nm twenty

ficheall nf2 chess; chessboard

fichiú num, adj, nm4 twentieth

ficsean nm fiction

fidil (gs **fidle**, pl **fidleacha**) nf2 (Mus) fiddle

fidléir nm3 fiddler

fíf nf2 fife

fige nf4 fig

figh (vadj **fite**) vt, vi weave; intertwine; **fite fuaite** interwoven

figiúr (pl **figiúirí**) nm figure; number, digit

file nm4 poet

fileata adj poetic; lyrical

filiméala nm4 nightingale

filíocht nf3 poetry; verse

Filipíneach adj: **na hOileáin Fhilipíneacha** the Philippines

fill vt, vi turn (back), go back, return;

fold (up); wrap (up); (plans etc) backfire

filléad nm fillet

filleadh (pl **fillteacha**) nm bend, fold; return; recoil; **~ beag** kilt; **~ osáin** (on trousers) turn-up

fillte adj (ticket) return

fillteach adj (chair etc) folding

fillteán nm folder; wrapper

filltín nm4 crease; crinkle

fimíneach nm hypocrite ▷ adj hypocritical

fimíneacht nf3 hypocrisy

fine nf4 (Hist) race, clan; (Hist: territory) lordship; **F~ Gael** Fine Gael political party

fínéagar nm vinegar

fíneáil nf3 fine ▷ vt fine

fíneálta adj fine, delicate

fíneáltacht nf3 delicacy

finideach adj finite

Fínín nm4 (Hist) Fenian

fíniúin (pl **fíniúnacha**) nf3 (grape-)vine; vineyard

finné (pl **finnéithe**) nm4 witness; **~ fir** best man

finscéal (pl **finscéalta**) nm fiction; legend

finscéalach adj fictional; legendary

finscéalaíocht nf3 fiction

fíocas nm haemorrhoids; piles

fíoch (gs **fích**, pl **fíocha**) nm fury, angry; **~ fola** bloodlust

fíochán nm (Biol) tissue

fíochmhar adj ferocious; furious

fíodóir nm3 weaver

fíoghual nm charcoal

fíon (pl **fíonta**) nm3 wine; **~ boird** table wine

fíonchaor nf2 grape

fíondar nm fender

fíonghort nm vineyard

Fionlainn nf2: **an Fhionlainn** Finland

Fionlainnis *nf2 (Ling)* Finnish
Fionlannach *nmm* Finn ▷ *adj* Finnish
fionn¹ *adj (hair etc)* fair; blond(e)
fionn² *vt* discover; find out
fionnachrith *nm3* goose pimples, goose bumps, goose flesh
fionnachtaí *nm4* discoverer
fionnachtain *(gs, pl* **fionnachtana)** *nf3* discovery; find; invention
fionnadh *nm* hair; fur, coat
fionnrua *adj (hair)* sandy
fionnuar *adj* cool
fionraí *nf4* suspension; **duine a chur ar ~** to suspend sb
fionta *see* **fion**
fiontar *nm* risk; enterprise; venture; **dul i bh~ le rud** to gamble on sth
fiontrach *adj* enterprising
fiontraí *nm4* entrepreneur
fiontraíocht *nf3* enterprise
fíor¹ *adj* true, real ▷ *nf2* truth; **más ~ (nó) bréag é** whether it is true or not; **is ~ duit** you are right
fíor² *(gs* **fiorach)** *nf* figure; outline; symbol; **~ na Croise** the sign of the Cross
fíor- *prefix* true, real, actual; extreme; genuine ▷ *adv* extremely; prize; unqualified; very; **fíoruisce** pure water; **fíorthús** very beginning; **fíoríochtar** very bottom
fíoraigh *(vn* **fíorú)** *vt* verify; *(prediction etc)* fulfil
fíoraíocht *nf3* frame
fíorasach *adj* factual
fíorasc *nm (Law)* verdict
fíorú *nm* verification; fulfilment
fíoruisce *nm4* pure or spring water
fios *(gs* **feasa)** *nm3* knowledge; information; **tá a fhios agam (go)** ... I know (that) ...; **~ do**

ghnóthaí a bheith agat to know one's business; **rud a thabhairt le ~ do dhuine** to let sb know sth; **~ a chur ar dhuine** to send for sb; **fear** or **bean feasa** fortune-teller; **gan fhios** unknowingly; secretly; **cá bh~ duit?** how do you know?
fiosrach *adj* nosy; inquisitive; curious
fiosracht *nf3* curiosity
fiosraigh *vt* inquire (into); check
fiosrú *nm (of crime)* investigation; inquiry
fiosrúchán *nm (investigation)* inquiry
fir *n gen sg as adj* male; *see also* **fear**
fíréad *nm* ferret
fíréan *nm* just person; **na fíréin** *(Rel, gen)* the just, the elect
fireann *adj* male; manly
fireannach *nm (Biol)* male ▷ *adj* male
fíréanta *adj* just, righteous
fíric *nf2* fact
fírinne *nf4* truth; **de dhéanta na ~** as a matter of fact; **an fhírinne a insint** to tell the truth
fírinneach *adj* truthful
firinscneach *adj (Gram)* masculine
firmimint *nf2* firmament
fís *(pl* **físeanna)** *nf2* vision, dream
fís- *prefix* video
físchaiséad *nm* video (cassette)
físeán *nm* video
fisic *nf2* physics
fisiceach *adj (Med etc)* physical
fisiceoir *nm3* physicist
fisiteiripe *nf4* physiotherapy
fís-scannán *nm* video (film)
fístéip *nf2* video (tape)
fite *see* **figh**
fithis *nf2* orbit; path
fithisigh *vt, vi* orbit

fiú n worth; **is ~ céad euro é** it is worth a hundred euros; **~ amháin** even; **ní ~ labhairt leis** there's no point talking to him; **b'fhiú duit dul** it would be worth your while to go

fiuch (vn **fiuchadh**) vt, vi boil; **ar ~adh** (water etc) boiling

fiúntach adj worthy; worthwhile; (person) decent

fiúntas nm1 worth, merit; decency; value

fiús (pl **fiúsanna**) nm1 fuse

flaigín nm4 flask

flainín nm4 flannel

flaith (gs, pl **flatha**) nm3; prince; ruler; chief, lord

flaitheas nm1 rule, sovereignty; kingdom, lordship; **na Flaithis** heaven

flaithiúil adj generous; princely

flaithiúlacht nf3 generosity

flannbhuí adj (colour) orange

flas nm3 floss; **~ candaí** candy-floss

flatha see **flaith**

fleá (pl **fleánna**) nf4 (Mus) festival; party

fleáchas nm1 festivities

fleasc[1] nm3 flask

fleasc[2] nf2 band, hoop; rod; (of flowers) garland, wreath; (of wheel etc) rim; (Typ) dash

fleisc (pl **fleisceanna**) nf2 flex

fleiscín nm4 hyphen

flichshneachta nm4 sleet

flíp nf2 whisk

fliú nm4 flu; influenza; **~ a bheith ort** to have the flu

fliuch (vn **fliuchadh**) vt, vi wet ▷ adj (gsm **fliuch**) wet; **~ báite** soaking wet, soaked

fliuchadh (gs **fliuchta**) nm drenching

fliuchras nm1 moisture; rainfall

fliúit (pl **fliúiteanna**) nf2 flute; **~ Shasanach** (Mus) recorder

flocas nm1: **~ cadáis** cotton wool

flóra nm4 flora

flosc nm3 zest

flóta nm4 float

fluairíd nf2 fluoride

fluaraiseach adj fluorescent

flúirse nf4 abundance, plenty

flúirseach adj abundant; plentiful

flústar nm1 flurry

fo- prefix under-, sub-, minor, secondary; occasional

fobhríste nm4 underpants, pants

focal nm1 word; comment; remark; **dul ar gcúl i d'fhocal** to break your word; **cur le d'fhocal** to keep your word; **i mbeagán ~** in a nutshell; **~ faire** password

fócas nm1 focus; **as ~/i bh-** out of/in focus

fochair n: **i bh~** + gen along with, in the company of

fochéimí nm4 undergraduate

fochlásal nm1 (Gram) dependent or subordinate clause

fochoiste nm4 subcommittee

fo-chomhfhios nm3: **an ~** the subconscious

fo-chomhfhiosach adj subconscious

fochostais nmph incidental expenses

fochóta nm4 undercoat

fochraobh nf2 (fig) offshoot

fochuideachta nf4 subsidiary

fochupán nm1 saucer

foclóir nm3 dictionary; vocabulary

foclóirín nm4 word list, (small) vocabulary

fód nm1 sod; turf; place; **an ~ a sheasamh** to make or take a stand; **teacht ar an bh~** to come on the scene; **~ dúchais** home patch

fodar *nm1* fodder

fodhlí *nm4* by(e)-law

fo-éadaí *nmpl* underwear

fógair (*pres* **fógraíonn**) *vt* announce; advertise; herald, proclaim

fógairt (*gs* **fógartha**) *nf3* declaration; announcement

fogas *n*: **i bh~ do rud** close (to sth)

fogha *nm4* attack; lunge; **~ a thabhairt faoi dhuine** to attack sb

foghail (*gs* **foghla**) *nf3* plunder(-ing); pillage; (*Law*) trespass

foghar *nm1* sound

foghlaeireacht *nf3* (*Hunting*) fowling

foghlaí *nm4* plunderer; intruder, trespasser; **~ mara** pirate

foghlaim *nf3* learning ▷ *vt, vi* (*pres* **foghlaimíonn**) learn

foghlaimeoir *nm3* learner; trainee; **~ tiomána** learner driver

foghlamtha *adj* learned, educated

foghraíocht *nf3* phonetics

fo-ghúna *nm4* slip, petticoat

fógra *nm4* advert, advertisement; announcement, notice, sign; placard

fógraíocht *nf3* advertising

fógrán *nm1* poster

fógróir *nm3* advertiser; announcer, herald

fóibe *nf4* phobia

foiche *nf4* wasp

foighne *nf4* patience; **~ a dhéanamh** to be patient

foighneach *adj* patient; long-suffering

fóill *adj*: **go ~** yet, still; **níl sé réidh go ~** it is not finished yet; **slán go ~!** so long!

fóillíocht *nf3* leisure; spare time

foilmhe *see* **folamh**

foilseachán *nm1* publication

foilsigh *vt* publish; disclose, divulge; reveal

foilsitheoir *nm3* publisher

foilsitheoireacht *nf3* publishing

foilsiú *nm* disclosure, issue

fóin (*pres* **fónann**, *vn* **fónamh**) *vi* serve; **fónamh do dhuine** to serve sb, benefit sb

foinse *nf4* source; fountain, spring

fóinteach *adj* of service; practical

fóir[1] (*gs* **fóireach**, *pl* **fóireacha**) *nf* boundary; rim; (*also*) **dul thar ~ le rud** to overdo sth; **thar ~** over the top, excessive

fóir[2] (*vn* **fóirithint**) *vt, vi*: **~ ar** help; save; suit, become; **~ orm!** help!; **~ithint ar dhuine** to help sb, rescue sb; **~ithint do dhuine** (*clothes etc*) to suit sb

foirceann *nm1* end, extremity; term, limit

fóirdheontas *nm1* subsidy

foireann (*gs, pl* **foirne**) *nf2* staff, workforce; (*also Sport*) team; (*boat*) crew; (*Theat*) cast; (*chess etc*) set; **~ (chló)** (*Comput, Typ*) font

foirfe *adj* perfect

foirfeacht *nf3* perfection; **rud a thabhairt chun ~a** to bring sth to perfection

foirfigh *vt* perfect

foirgneamh *nm1* building

foirgneoir *nm3* builder

foirgníocht *nf3* building, construction

fóirithint *nf2* help; relief; **ciste ~e** relief fund; *see also* **fóir**[2]

foirm (*pl* **foirmeacha**) *nf2* form; **~ ordaithe** order form

foirmigh *vt, vi* (take) form

foirmiú *nm* formation

foirmiúil *adj* formal

foirmle nf4 formula

foirne see **foireann**

foirnéis nf2 furnace

fóirsteanach adj suitable, fitting

fóisc nf2 ewe

foisceacht nf3 proximity; **i bh~ míle den bhaile** within a mile of home

fola see **fuil**

folach nm hiding, concealment; **rud a chur i bh~** to hide sth; **i bh~** hidden, in hiding; **doras folaigh** hidden door

folachán nm hiding; **folacháin a dhéanamh** to play hide-and-seek

folachánaí nm4 stowaway

foladh nm (of subject etc) essence, substance

folaigh vt hide, conceal; obscure; include

folaíocht nf3 breeding; pedigree

foláir n: **ní ~** it is necessary; **ní ~ liom** I feel it is necessary; **ní ~ dom imeacht** I must go

foláireamh nm1 warning, caution; notice

folaithe vadj hidden, latent; **cuspóir ~** ulterior motive

folamh (gsf, compar **foilmhe**, pl **folmha**) adj empty; vacant; (page) blank; **fann ~** destitute

folc vt bathe; wash

folcadán nm1 bath, tub

folcadh (gs **folctha**, pl **folcthaí**) nm bath; wash; **~ a ghlacadh** to have a bath; **~ béil** mouthwash

foléim nf2 skip

foléine nf4 undershirt

folig vt sublet

folíne (pl **folíinte**) nf4 (telephone) extension

folláin adj healthy, fit, sound; hearty; (food) wholesome

folláine nf4 (Med) healthiness,

wholesomeness

follasach adj clear, evident, obvious, unmistak(e)able;

folmha see **folamh**

folmhaigh vt empty

folt nm hair

foltfholcadh (gs **foltfholctha**, pl **foltfholcthaí**) nm shampoo(ing)

foluain nf3 flying; hovering; **bheith ar ~** (kite etc) to float in the air

folúil adj thoroughbred, full-bred

folúntas nm1 vacancy; void

folús nm1 vacuum; void

folúsfhlaigín nm4 (vacuum) flask

folúsghlantóir nm3 Hoover®, vacuum cleaner

fómhar nm1 autumn, fall (US); harvest(-time)

fomhuireán nm1 submarine

fón nm1 phone; **~ ceamara** camera phone; **~ póca** mobile (phone)

fónáil nf3: **~ isteach** (Radio, TV) phone-in

fónamh nm1 service; benefit; **ar ~** excellent; **bheith ar ~** to feel well or fine; see also **fóin**

fondúireacht nf3 (institution) foundation

fonn nm1 urge; mood; frame of mind; humour; **~ a bheith ort rud a dhéanamh** to feel like doing sth; **le ~** with gusto or relish; **d'fhonn** in order to, (with a view) to

fonn nm1 melody; tune

fonnadh nm1 chassis

fonnadóir nm3 lilter; singer

fonnadóireacht nf3 lilting; singing

fonnmhaireacht nf3 enthusiasm

fonnmhar adj eager; willing

fonóid nf2 ridicule, derision; **~ a dhéanamh faoi dhuine** to sneer or scoff at sb

fonóideach adj derisive, scornful

fonóta nm4 footnote

fonsa nm4 hoop, band; weal; welt

fónta adj good; useful; adequate

fóntas nm utility

foráil nf3 provision

forainm (pl **forainmeacha**) nm4 pronoun

fóram nm forum

foraois nf2 forest

foraoiseacht nf3 forestry

foras nm institute; institution; foundation; basis; (Law) ground(s)

forás nm development; growth; progress

forásach adj progressive; developing; competent

forasta adj established; stable

forbair (pres **forbraíonn**) vt, vi develop; expand

forbairt (gs **forbartha**) nf3 development; growth

forbhás nm: **ar ~** (rock etc) unsteady, perched

forbhríste nm4 overall(s)

forc nm fork

forcháin (gs **forchánach**, pl **forchánacha**) nf surtax

forchéimniú nm progression

forchlúdach nm dust jacket, wrapper

foréigean nm violence

foréigneach adv violent; forcible

forghabh vt (country) seize, overrun

forhalla nm4 hall; foyer

forimeallach adj peripheral

forléas nm skylight

forleathadh (gs **forleata**) nm (of disease etc) spread

forleathan (gsf, compar **forleithne**) adj widespread; general; extensive

forlíonadh (pl **forlíontaí**) nm (in magazine etc) supplement

formad nm envy

formáid nf2 format

formáidigh vt (also Comput) format

formhéadaigh vt magnify

formhór nm most, majority

formhothaithe adj stealthy, unnoticed

formhuinigh vt (cheque) endorse

formhuirear nm surcharge

forógra nm4 proclamation; decree

forrán nm: **~ a chur ar dhuine** to greet or address sb

fórsa nm4 force

forscáth (pl **forscáthanna**) nm3 canopy

forscript nf2 superscript

forshuigh vt superimpose

fortacht nf3 aid, relief; succour

fortheach (gs **forthí**, pl **forthithe**) nm annexe, extension

fortheideal nm caption

fortún nm fortune; fate

fós adv yet, still; moreover; nevertheless; **níos fearr ~** better still

foscadán nm (building) shelter

foscadh (pl **foscaí**) nm shelter

fosciorta nm4 underskirt

foscript nf2 subscript

foscúil adj sheltered; (person) discreet

foshuiteach adj, nm (Gram) subjunctive

fosta adv also; too

fostaí nm4 employee

fostaigh vt, vi catch, grip; employ, hire

fostaíocht nf3 employment

fostóir nm3 employer

fostú nm entanglement; employment; **dul i bh~ i rud** to get caught up in sth

fótachóip (pl **fótachóipeanna**) nf2 photocopy

fótachóipire nm4 (machine) photocopier

fótagraf nm1 photograph

fotha nm4 (on printer) feed
fothaigh vt (Comput) feed
fothain nf3 shelter
fothainiúil adj sheltered
fotheideal nm1 (Cine) subtitle
fothoghchán nm by-election
fothrach nm (of building) ruin
fothraig (pres **fothragann**) vt bathe, dip
fothram nm1 noise
Frainc nf2: **an Fhrainc** France
frainceáil vt (letter) frank
Fraincis nf2 (Ling) French
frainse nm4 (of hair) fringe
fráma nm4 frame; chassis
frámaigh vt frame
Francach adj French ▷ nm1 Frenchman; **~ mná** Frenchwoman
francach nm1 rat
fraoch¹ (gs **fraoigh**) nm1 heather
fraoch² (gs **fraoich**) nm1 fury; wrath; fierceness
fras adj abundant; profuse; **go ~** copiously, abundantly
frása nm4 phrase
fraschanna nm4 watering can
freagair (pres **freagraíonn**, vn **freagairt**) vt, vi answer, reply, respond; react; **~t do rud** to correspond to sth
freagairt nf3 answer, response; reaction
freagra nm4 answer, reply, response
freagrach adj responsible; accountable; responsive; **bheith ~ as rud** to be responsible for sth
freagracht nf3 responsibility
fréamh (pl **fréamhacha**) nf2 root; origin, source
fréamhaigh vt, vi (take) root; **fréamhú ó rud** to derive from sth, descend from sth
freang vt twist, contort; (Mech) strain

freanga nf4 twitch; spasm; contortion
freangach adj spasmodic
freas- prefix rival, counter-
freasaitheoir nm3 reactor
freaschur nm1 (of decision, order) reversal
freastail (pres **freastalaíonn**) vt, vi attend to; **freastal ar chruinniú** to attend a meeting; **freastal ar dhuine** to serve sb, cater for sb
freastal nm1 service; attendance
freastalaí nm4 attendant; waiter; (Comput) server
freasúra nm4 (also Pol) opposition
freisin adv also, as well
fríd nf2 mite; **faic na ~a** nothing at all
frídín nm4 germ
frioch vt, vi fry
friochadh (gs **friochta**) nm (meal) fry
friochta vadj fried
friochtán nm (frying) pan
friotaíocht nf3 (Elec) resistance
friotal nm1 speech; expression; **rud a chur i bh~** to put sth into words
frittháil vt, vi attend to, serve
friotháilaí nm4 attendant; server
friséailte adj fresh
frisnéiseach adj contradictory
frith- (before "t" = **fri-**) prefix anti-, counter-
frithbheathach nm1, adj antibiotic
frithbhuaic nf2 anticlimax
frithbhualadh (gs **frithbhuailte**) nm backlash, repercussion
frithchaith (vn **frithchaitheamh**) vt reflect
frith-chuaranfa nf4 anticyclone
frithdhúlagrán nm1 antidepressant
fritheithneach adj antinuclear

frithgheallaí nm4 underwriter
frithghiniúint (gs **frithghiniúna**) nf3 contraception
frithghiniúnach adj, nm1 contraceptive
frith-Ghiúdachas nm1 anti-Semitism
frithghníomh (pl **frithghníomhartha**) nm1 reaction, counteraction
frithghníomhaí nm4 reactionary
frith-hiostaimín nm4 antihistamine
frithir adj sore; tender
frithnimh (pl **frithnimheanna**) nf2 antidote
frithradadh (gs **frithradta**) nm backlash
frithreo nm4 antifreeze
frithshóisialta adj antisocial
frithshuigh vt contrast
frithvíreasach adj antivirus; **bogearraí ~a** antivirus software
frog (pl **froganna**) nm1 frog
frogaire nm4 diver
fronsa nm4 (Theat) farce
fronta nm4 (Mil, weather, gen) front
fruilcheannach nm1 hire purchase
fruiligh vt hire
fruiliú nm (Comm) hire; **~ carranna** or **gluaisteán** car hire
fuacht nm3 cold; chill; exposure; **~ a bheith ort** to feel cold
fuachtán nm1 chilblain
fuadach nm1 abduction, kidnapping; hijacking
fuadaigh vt abduct; kidnap; hijack
fuadaitheoir nm3 abductor; kidnapper; hijacker
fuadar nm1 rush; fuss; activity
fuadrach adj hurried; busy; hectic
fuafar adj hateful; hideous; obnoxious
fuaidreamh nm1 wandering; agitation
fuaigh (pres **fuann**, vn **fuáil**) vt, vi sew; stitch; stick
fuáil nf3 needlework, sewing
fuaim (pl **fuaimeanna**) nf2 sound
fuaimdhíonach adj soundproof
fuaimdhíonadh (gs **fuaimdhíonta**) nm soundproofing
fuaimeolaíocht nf3 (science) acoustics
fuaimintiúil adj substantial; fundamental
fuaimíocht nf3 (of sound) acoustics
fuaimiúil adj acoustic
fuaimnigh vt, vi pronounce; sound
fuaimniú nm pronunciation
fuaimrian nm1 soundtrack
fuair etc vb see **faigh**
fuaire nf4 coldness; **dul i bh~** (weather) to get cold
fual nm1 urine; **~ a bheith ort** to need to go to the toilet
fualán nm1 urinal; chamber-pot; pimp
fuann see **fuaigh**
fuar adj cold; **bheith ~ le duine** to be cold with sb
fuaraigeanta adj (person) calm, composed
fuaraigh vt, vi cool (down); (Culin) chill
fuarán nm1 fountain; spring
fuarbholadh nm1 stale smell
fuarbhruite adj (person, effort) indifferent; half-hearted, lukewarm
fuarchroíoch adj cold-hearted; callous
fuarchúis nf2 coolness; apathy; indifference
fuarchúiseach adj (manner) cool(-headed), calm; indifferent
fuarthas vb see **faigh**
fuarthóir nm3 cooler

fuascail (*pres* **fuasclaíonn**) *vt*
(*captive etc*) release; (*problem*) solve
fuascailt *nf2* release; ransom;
answer, solution
fuath (*pl* **fuathanna**) *nm3* hate,
hatred; **is ~ liom é, tá ~ agam air**
I hate it; **~ a thabhairt do rud** to
take an intense dislike to sth
fud *n*: **ar ~** + *gen* throughout, all
over; among
fúibh *see* **faoi**
fuil (*gs, pl* **fola**) *nf* blood; **~ a chur** to
bleed; **~ a bheith leat** to be
bleeding
fuilaistriú *nm* (blood) transfusion
fuileadán *nm* blood vessel
fuilghrúpa *nm* blood group
fuiliú *nm* bleeding; haemorrhage
fuilleach *nm1* remains, leftovers;
remnant; surplus; (*Comm*) balance;
~ ama a bheith agat to have
plenty of time
fuilteach *adj* bloody
fuin *vi, vt* knead; mould; **crann ~te**
rolling pin
fúinn *see* **faoi**
fuinneamh *nm1* energy, vigour;
impetus; (*fig*) momentum
fuinneog *nf2* window; **~ dhín**
skylight
fuinniúil *adj* energetic; vigorous
fuinseog *nf2* ash (tree)
fuíoll *nm1* remainder; surplus;
waste; after-effects; **níor fhág sé
~ molta air** he praised him highly
fuip (*pl* **fuipeanna**) *nf2* whip
fuipeáil *vt* whip
fuireach *nm1* wait, delay
fuireachair *adj* wary, vigilant, alert
fuireachas *nm1* anticipation;
vigilance, caution
fuirseoir *nm3* plodder; comedian
fuirsigh (*pres* **fuirseann**) *vi, vt*
harrow; plod, struggle; fuss

fuisc *excl* shoo
fuisce *nm4* whisk(e)y
fuiseog *nf2* (*bird*) lark
fuist *excl* hush
fúithi *see* **faoi**
fulacht *nf3* barbecue
fulaing *vt, vi* endure, suffer; bear,
tolerate; withstand; put up with
fulaingt (*gs* **fulaingthe**) *nf*
endurance, suffering; tolerance
fulangach *adj* suffering; enduring;
patient
fúm *see* **faoi**
fungas *nm1* fungus
furasta (*compar* **fusa**) *adj* easy;
níos fusa (ná) more easily (than)
fút, fúthu *see* **faoi**
fútán *nm4* futon
fútráil *nf3* fidgeting; **bheith ag ~ le
rud** to fidget with sth

g

ga (*pl* **gathanna**) *nm4* spear; dart; (*of light*) beam, ray; (*Math*) radius

gá *nm4* need, necessity; **ní gá duit sin a dhéanamh** you don't need to do that; **más gá** if necessary; **ní gá a rá (go)** it goes without saying (that)

gabh *vt, vi* take; accept; catch; seize, arrest; (*port*) make; (*song etc*) say, sing; (*also fig*) conceive ▷ *vi* proceed, go; come; **seilbh a ghabháil ar rud** to take possession of sth; **airm a ghabháil** to take arms; **leithscéal duine a ghabháil** to accept sb's excuse; **~ mo leithscéal!** excuse me!; **peil/slaghdán a ghabháil** to catch a football/cold; **duine a ghabháil** to arrest sb; **amhrán a ghabháil** to sing a song; **~ abhaile** to go home; **~ isteach!** come in!; **tá an t-inneall ag ~áil** the engine is running; **níl sé ag ~áil le** he's not going to wait on you; **cad é atá ag ~áil (ar aghaidh)?** what is going on?; **gabh ag** *vt, vi* forgive; (*pardon*) ask of; **~aim pardún agat!** I beg your pardon!; **gabh ar** *vt, vi* go on or about; set about, undertake; **rud a ghabháil ort féin** to undertake to do sth; **gabh as** *vi* go out of; (*light etc*) go out; **gabh chuig** or **chun** *vi* go to; **gabh de** *vi* set about with; **gabh do** *vi* go about, set to, work at; annoy; owe unto; suit; **bheith ag ~áil do dhuine** to annoy sb; **cá mhéad atá ag ~áil dóibh?** how much are they owed?; **bheith ag ~áil do rud** to be working at sth; **gabh faoi** *vt, vi* go under; undergo; go to; go about; **~áil faoi scian** to undergo an operation; **~áil faoi chónaí** to go to rest; **gabh i** *vt, vi* go into; take for; **gabh le** *vt, vi* go (along) with, accompany; go (out) with; agree with; side with; take to; (*thanks etc*) convey; **buíochas a ghabháil le duine** to thank sb; **bheith ag ~áil (amach) le duine** to be going (out) with sb; **gabh ó** *vt, vi* take from; accept from; go from; **gabh thar** *vi* go by or over; pass (by); go beyond; miss; **gabh trí** *vi* go through; pass through

gábh (*pl* **gábha**) *nm1* danger

gabha (*pl* **gaibhne**) *nm4* smith; **~ dubh/geal** blacksmith/silversmith

gabháil *nf3* conquest; arrest; (*drugs etc*) seizure; (*Sport*) catch; (*of song etc*) rendition; *see also* **gabh, téigh**

gabhal *nm1* fork, junction; crotch; **bheith ar scaradh gabhail ar rud** to be astride sth

gabhálach adj contagious, catching

gabhálas nm accessory

gabháltas nm (of land) holding; (of country) invasion, conquest; occupancy

gabhar nm goat; **An G~** (Astrol) Capricorn

gabhdán nm container; holder

gabhlaigh vi fork, branch (out)

gabhlán nm (bird) martin; **~ gaoithe** (bird) swift

gabhlóg nf2 fork

gach adj each, every ▷ n everything; all; **~ aon, ~ uile** each, every; **~ (aon) lá** every (single) day; **~ duine** everybody; **~ ceann acu** each one of them; **~ re, ~ dara** (in series) every second; **~ ar tharla** everything that happened

gad nm willow rod; string, rope; **an ~ is deise don scornach** the most urgent problem; **~ ar ghaineamh** a futile enterprise

gadaí nm4 thief

gadaíocht nf3 theft

gadhar nm dog

Gaeilge nf4 (Ling) (the) Irish (language), Gaelic; **~ na hAlban** Scots Gaelic, Scottish Gaelic

Gaeilgeoir nm3 Irish speaker; Irish-language enthusiast

Gael nm Irishman/Irishwoman; person of Gaelic descent

Gaelach adj Irish, Gaelic

Gael-Mheiriceánach adj, nm Irish-American

Gaeltacht nf3 Irish-speaking district

gafa vadj caught; arrested; (seat) taken; **bheith ~ i rud** to be caught (up) in sth; **bheith ~ le rud** to be bothered with sth

gág nf2 chink, crack; (in skin) crack, chap

gágach adj chapped; cracked

gaibhne see **gabha**

gáifeach adj loud; flamboyant; exaggerated, sensational

gaige nm4 dandy, poser

gail nf: **bheith ar ~** (water) to be boiling; (person) to be fuming

gailearaí nm4 gallery; **~ ealaíne** art gallery

gáilleach nm (of fish) gills

gáilleog nf2 mouthful, swig

Gaillimh nf2 Galway

gailseach nf2 earwig

Gaimbia nf4: **an Ghaimbia** (The) Gambia

gaimbín nm4 interest; **fear ~** (Irl: Hist) gombeen-man, money-lender

gaineamh nm4 sand

gaineamhchloch nf2 sandstone

gaineamhlach nm (sand-)desert

gainmheach adj sandy

gainne nm4 (of fish etc) scale

gainne nf4 scarcity; **dul i n~** to become scarce

gair (vn **gairm**, vadj **gairthe**) vt, vi call; shout; (meeting) summon; **rí a ghairm de dhuine** to proclaim sb king

gáir (pl **gártha**) nf2 shout; roar; rumour; fame; **~ bhréige** false alarm; **~ chatha** battle cry; **~ mholta** cheer; **chuaigh an gháir amach** the word spread; **bhí a gháir ar fud na tíre** the whole country was talking about him

gáir (vn **gáire**) vi laugh; shout; cry; **bheith ag ~e faoi rud** to laugh at sth

gairbhe nf4 roughness, coarseness; (of speech) crudeness

gairbhéal nm gravel

gairbhseach nf2 roughage

gairdeas nm joy; **~ a dhéanamh** to rejoice

gairdian *nm* (*Rel*) guardian

gairdín *nm4* garden; **~ na n-ainmhithe** zoo

gáire *nm4* laugh; laughter; **~ a dhéanamh (faoi rud)** to laugh (at sth); **~ a bhaint as duine** to make sb laugh; **scotbhach ~** guffaw; *see also* **gáir²**

gaireacht *nf3* nearness, proximity; **dul i ~ do rud** to come close to sth

gaireas *nm* device; apparatus; gadget

gairgeach *adj* harsh; cross

gairid *adj* brief, short; (*relation*) near; **le ~** recently; **breith ~ ar dhuine** to take sb by surprise, take sb unawares

gairleog *nf2* garlic; **ionga gairleoige** clove of garlic

gairm (*pl* **gairmeacha**) *nf2* call; (*also*: **~ (bheatha)**) profession, occupation; vocation; *see also* **gair**

gairm- *prefix* vocational

gairmeach *adj, nm* (*Ling*) vocative

gairmiúil *adj* professional; vocational

gairmoideachas *nm* vocational education

gáirsiúil *adj* coarse, obscene; smutty; bawdy

gáirsiúlacht *nf3* obscenity

gairtéar *nm* garter

gaisce *nm4* bravado, showing off; feat, achievement; **~ a dhéanamh (as rud)** to boast (about sth); (*fam*) to perform heroics

gaiscéad *nm* (*Aut*) gasket

gaiscíoch *nm* hero; warrior

gaisciúil *adj* heroic; boastful

gaisciúlacht *nf3* heroics; heroism; boastfulness

gaiste *nm4* snare, trap; pitfall

gáitéar *nm* gutter; drainpipe

gal *nf2* steam; vapour; smoke;

inneall gaile steam-engine

gála *nm4* (*wind, payment*) gale; **rud a íoc ina ghálaí** to pay sth in instalments

galach *adj* steamy; **uisce ~** boiling water

galaigh *vt, vi* steam, vaporize; evaporate

galamaisíocht *nf3* carry on

galánta *adj* beautiful; elegant; posh; genteel; gallant

galántacht *nf3* elegance; gentility; gallantry; **an ghalántacht** high society

galar *nm* sickness, disease; affliction; **~ a thógáil** to catch a disease; **bheith i n~ an ghrá** to be love-smitten; **~ breac** smallpox; **~ buí** jaundice; **~ croí** heart disease

galbhruith *vt* (*Culin*) steam

galf *nm* golf

galfaire *nm4* golfer

galfchúrsa *nm4* golf course

galfholcadán *nm1* steam bath; sauna

galfholcadh (*gs* **galfholctha**) *nm* sauna

Gall *nm4* (*Hist*) foreigner; Englishman; Viking; Lowlander; **Inse Ghall** the Hebrides

gallán *nm* standing stone, menhir

gallchnó (*pl* **gallchnónna**) *nm4* walnut

gallda *adj* foreign; anglicized; English

galldachas *nm1* foreign or anglicized ways

galldú *nm* anglicization

gallóglach *nm* gallowglass

galltacht *nf3* anglicization; **G~** non-Irish-speaking area

gallúnach *nf2* soap

galraigh *vt, vi* infect

galrú (*gs* **galraithe**) *nm* infection

galtán nm1 (Naut) steamer
galún nm1 gallon; vessel
gamal nm1 dolt, idiot
gamhain (gs, pl **gamhna**) nm3 calf

⬤ **EOCHAIRFHOCAL**

gan prep (lenites in general use except d, f, s, t) **1** (with noun) without; **gan chlann** childless; **gan amhras** without doubt; **gan mhoill** without delay; **gan rath** futile; fruitless; **rud gan mhaith/úsáid** worthless/useless thing **2** (with def art) without; **gan an ceol** without the music; **tá an teach ciúin gan na páistí** the house is quiet without the children **3** (with vn): **rud a fhágáil gan déanamh** to leave sth undone **4** (with dependent clause; does not lenite): **b'fhearr liom gan fanacht** I'd rather not stay; **ba mhaith uaidh gan casaoid a dhéanamh** it was good of him not to complain; **filleadh gan pingin a chaitheamh** to return without spending a penny **5**: **gan ach** with only; **gan ach triúr fágtha** with only three remaining; **gan inti ach cailín óg** though she's only a young girl

Gána nm4 Ghana
gandal nm1 gander
gang nm3 gong
gangaid nf2 spite, bitterness; venom; **le ~** venomously
gangaideach adj bitter; venomous
gann adj scant; scarce; sparse; **bheith i rud** to be short of sth
gannchuid (gs **gannchoda**) nf3 scarcity; **bheith ar an n~** to live in poverty

ganntanas nm1 scarcity, shortage
gaobhar nm1 proximity; **ar na gaobhair** in the vicinity
gaofar adj windy
gaois nf2 wisdom; shrewdness
gaoiseach adj wise; shrewd
gaol (pl **gaolta**) nm1 relative, relation; relationship; kinship; **~ bheith agat le duine** to be related to sb; **cairde gaoil** friends and relations; **~ fola** blood relation(ship); **lucht gaoil** relatives
gaolmhar adj related; **bheith ~ do dhuine** to be related to sb
gaosán nm1 nose
gaoth¹ nf2 wind; **~ mhór** high wind; **in aghaidh na gaoithe** against the wind; **~ an fhocail** the slightest hint; **ar bharr na gaoithe** carefree; **ar nós na gaoithe** like a flash
gaoth² nf2 estuary
gaothaire nm4 vent; ventilator
gaothraigh vt fan
gaothrán nm1 fan
gaothscáth (pl **gaothscáthanna**) nm3 windscreen
gaothuirlis nf2 wind instrument; **~ adhmaid** woodwind
gar (pl **garanna**) nm1 favour, good turn; use, benefit; proximity ▸ adj near; **~ a dhéanamh do dhuine** to do sb a favour; **is mór an ~ (go)** it's just as well (that); **níl ~ ann** it's pointless; **níl ~ a bheith leis** there's no use talking to him; **dul i n~ do rud** to approach or go near sth; **i n~ agus i gcéin** near and far; **bheith ~ do rud** to be near sth
gar- prefix near-
garach adj helpful, obliging
garaíocht nf3 assistance; **in áit na ~a** in a position to oblige

garáiste nm4 garage

gar-amharc nm1 close-up

garastún nm1 garrison

garathair (gs **garathar**, pl **garaithreacha**) nm1 great-grandfather

garbh adj rough; (surface) uneven; (word etc) coarse; (draft, estimate) rough

garbhánach nm1 sea bream

garbhchríoch nf2: **G-a na hAlban** the Scottish Highlands

garchabhair (gs **garchabhrach**) nf first aid

garda nm4 guard; sentinel; (also: **~ síochána**) policeman; **bheith ar ~ (ar rud)** to be on guard (over sth); **~ cósta** coastguard

gardáil vt guard

garg adj harsh; bitter; rough

gariníon (pl **gariníonacha**) nf2 granddaughter

garlach nm1 child; urchin, brat

garmhac nm1 grandson

garmheastachán nm1 rough estimate

garneacht nf3 grandniece

garnia nm4 grandnephew

garraí (pl **garraithe**) nm4 garden; (of vegetables) patch; (enclosure) yard; **~ margaidh** market garden

garraíodóir nm3 gardener

garraíodóireacht nf3 gardening

garsún nm1 boy

gártha see **gáir**

garúil adj helpful, obliging

gas nm1 stalk; stem; (of grass) blade; sprig, shoot

gás nm1 gas

gásaigh vt gas

gásailín nm4 gasolene

gásmhéadar nm1 gas meter

gasóg nf2 boy scout

gásphúicín nm4 gas mask

gasra nm4 group

gasta adj fast, quick; clever, smart

gastrach adj gastric

gasúr nm1 boy; child

gátar nm1 distress; need; **in am an ghátair** in time of need

gathanna see **ga**

gc (remove "g") see **c...**

gé (pl **géanna**) nf4 goose; **na Géanna Fiáine** (Hist) the Wild Geese

geab nm4 chatter

geabach adj chatty, talkative

geabaire nm4 chatterbox

geabaireacht nf3 chattering

géabh (pl **géabhanna**) nm3 ride; trip; excursion

géag nf2 (of tree) branch, bough; limb; (Genealogy) branch; **~a ginealaigh** family tree

géagán nm1 appendage

geaitín nm4 (Cricket) wicket

géaitse nm4 affectation; gesture; **geáitsí** antics; **bheith ag ligean geáitsí ort féin** to show off

geáitsíocht nf3 gesturing; play-acting

geal nm1 white ▷ adj bright, white; (smile etc) happy ▷ vt, vi brighten; whiten; (day) dawn; **d'éirigh go ~ leis** it went well, it succeeded; **i lár an lae ghil** in broad daylight; **ba é an lá ~ dúinn é** it was a lucky day for us

geal- prefix light, bright; white; happy

gealacán nm1 (of eye, egg) white

gealach nf2 moon; **bliain ghealaí** a lunar year; **oíche ghealaí** moonlit night

gealán nm1 bright spell; **gealáin** (in hair) highlights

gealasacha nmpl braces, suspenders (US)

gealbhan nm1 sparrow

gealchroíoch adj light-hearted

gealgháireach adj pleasant, cheerful; radiant

geall (pl **geallta**) nm1 bet, wager; stake; promise; pledge; vow ▷ vt, vi pledge, promise; **~aim duit (go)** I assure you (that); **bíodh ~ go** you can bet that; **~ a chur ar rud** to bet on sth; **teach gill** pawnshop; **~ le** virtually, practically; **de gheall ar** for the sake of; in order to; **i n~** or **mar gheall ar** because of, as a result of

geallchur nm1 betting

geallearbóir nm3 pawnbroker

geallghlacadóir nm3 bookmaker

geallmhar adj: **~ ar** fond of

geallta vadj: **~ do** promised to; destined for; engaged to; see also **geall**

gealltanas nm1 pledge, promise, commitment; **~ a thabhairt/a choinneáil** to make/keep a promise; **~ pósta** engagement

gealltóir nm3 punter

gealt (gs **geilte**) nf2 madman, lunatic; maniac; **teach na n~** mental asylum

gealtacht nf3 (Med) insanity

gealtán nm1 maniac; lunatic

gealtlann nf2 mental asylum

geamaireacht nf3 pantomime

gean nm3 love, affection; **~ a bheith agat ar dhuine** to be fond of sb

geanc nf2: **~ a chur ort féin (le rud)** to turn one's nose up (at sth)

geancach adj snub-nosed

geanmnaí adj chaste, pure

geanmnaíocht nf3 chastity

géanna see **gé**

geansaí nm4 jersey, sweater, jumper

geanúil adj affectionate, loving; lovable

géar adj sharp; bitter, sour; steep; (angle) acute; intense; (senses) keen; (pain) severe; (comment) cutting; (smell) pungent ▷ nm1 (Mus) sharp

géaraigh vt, vi sharpen; intensify; **luas a ghéarú** to speed up

gearán nm1 complaint ▷ vt, vi complain; **~ a dhéanamh (faoi)** to complain (about); **bheith ag ~ faoi rud** to complain about sth

gearánaí nm4 plaintiff

gearb (gs **geirbe**) nf2 scab

géarchéim (pl **géarchéimeanna**) nf2 emergency, crisis

géarchor nm crisis; **an ~ creidmheasa** the credit crunch

géarchúis nf2 astuteness, shrewdness

géarchúiseach adj astute, shrewd

gearg (gs **geirge**) nf2 (Zool) quail

gérghoileach adj hungry

géarleanúint (gs **géarleanúna**) nf3 persecution; **~ a dhéanamh ar dhuine** to persecute sb

Gearmáin nf2: **an Ghearmáin** Germany

Gearmáinis nf2 (Ling) German

Gearmánach adj, nm1 German

gearr adj (gsm **gearr**, gsf, compar **giorra**) short; near ▷ vt, vi cut; (meat) carve; (sentence) impose; (price) charge; reduce; **~adh siar** to cut back; **céad euro a ghearradh ar dhuine** to charge sb a hundred euros; **léim a ghearradh** to take a jump; **i bhfad agus i n~** far and near

gearr- prefix short; moderate; **gearrscaifte** a fair crowd; **gearrleitheadach** fairly widespread

gearradh (*gs* **gearrtha**, *pl* **gearrthacha**) *nm* cut; slit; snip; (*from wage etc*) deduction; (*Med*) removal; **gearrthacha** (*Comm*) levy, rates; **~ Caesarach** Caesarean (section)

gearrán *nm* horse; **~ iarainn** (*inf*) bicycle

gearranáil *nf3* shortness of breath

gearrcach *nm* fledgling; (*inf: Scol*) fresher

gearrchaile *nm4* young girl

gearrchiorcad *nm* short-circuit

gearrliosta *nm4* shortlist

gearr-radharcach *adj* short-sighted

gearrscéal (*pl* **gearrscéalta**) *nm1* short story

gearrscríobh (*gs* **gearrscríofa**) *nm* shorthand

gearrscríobhaí *nm4* stenographer

gearrshaolach *adj* short-lived

gearrshodar *nm* canter, trot

gearrtha *vadj* cut; *see also* **gearr, gearradh**

gearrthán *nm1* (*from newspaper*) clipping; (*cardboard*) cutout

gearrthóg *nf2* (*Culin*) cutlet; (*from plant*) cutting

gearrthóir *nm3* cutter

géarshúileach *adj* observant

géarú *nm* sharpening; souring; heightening; **~ goile** appetizer

geas, geasa *see* **geis**

géasar *nm* geyser

geasróg *nf2* (*spell*) charm

geata *nm4* gate; gateway

géibheann *nm1* captivity; distress

géibheannach *nm1* captive ⊳ *adj* urgent; critical

geilignít *nf2* gelignite

géill¹ *vt*, *vi* surrender; yield, give in or up; **"~ slí"** "give way"; **~eadh do dhuine** to give in to sb

géill² *see* **giall¹,²**

géilleadh (*gs* **géillte**) *nm* submission; surrender

geilleagar *nm* economy

géilliúil *adj* submissive

géilliúlacht *nf3* compliance

géillsine *nf4* allegiance

géillsineach *nm1* subject

geilte *see* **gealt**

géim¹ *nm4* (*Hunting*) game

géim² *nf2* (*pl* **géimeanna**) moo(ing); roar(ing) ⊳ *vi* moo; roar

geimheal (*gs*, *pl* **geimhle**) *nf2* shackle, chain

geimhleach *nm* captive

geimhreadh (*pl* **geimhrí**) *nm1* winter

geimhrigh *vi* hibernate

geimhriúil *adj* wintry

géin¹ *nf2* (*Biol*) gene

géin² *nf2* (*cloth*) jean; **brístí ~e** jeans

géinathraithe *adj* genetically modified

géineasach *adj* generic

géineolaíocht *nf3* genetics

géiniteach *adj* genetic

geir (*pl* **geireacha**) *nf2* (*for cooking*) fat; suet

geirbe *see* **gearb**

géire *nf4* severity; sharpness

geireach *adj* (*food*) fatty

geireannach *nm1*, *adj* (*Gram*) gerundive

geiréiniam *nm4* geranium

geirm *nf2* (*Biol*, *Med*) germ

geis (*pl* **geasa**, *gpl* **geas**) *nf2* spell; curse; prohibition; **bheith faoi gheasa ag duine** to be under sb's spell

geit (*pl* **geiteanna**) *vi* jump, start ⊳ *nf2* shock; start, jump; **~ a bhaint as duine** to startle sb; **éirí de gheit** to rise suddenly

geiteach *adj* jumpy, nervous

geiteo nm4 ghetto

geocach nm1 tramp, bum (esp US)

geografach adj geographical

geografaíocht nf3 geography

geoiméadrach adj geometric(al)

geoiméadracht nf3 geometry

geoin nf2 drone, hum; (of animal etc) whimper

geolaíoch adj geological

geolaíocht nf3 geology

geolbhach nm1 (of fish) gills

geonaíl nf3 whimpering, whining

gh (remove "h") see also **g**...

gheobhadh, gheobhaidh, gheobhainn vb see **faigh**

gheofaí, gheofar vb see **faigh**

giall¹ (gs **géill**, pl **gialla**) nm1 jaw; chin; (of house) corner; (of door) jamb

giall² (gs **géill**, pl **gialla**) nm hostage

giar (pl **giaranna**) nm1 (Aut) gear

giarbhosca nm4 gear box

giarsa nm4 joist; girder

gibir (vn **gibreacht**) vt, vi (Sport) dribble

gibiris nf2 gibberish

gild (pl **gildeanna**) nm4 guild

gile nf4 whiteness; brightness; see also **geal**

gilitín nm4 guillotine

gin (pl **ginte**) nf2 embryo; offspring ▷ vt, vi procreate; (energy etc) generate, produce

gineadóir nm3 generator

ginealach nm1 pedigree; genealogy; **líne ghinealaigh** lineage

ginealas nm1 genealogy

ginearál nm1 general

ginearálta adj general; overall

ginearálú nm generalization

Ginéiv nf2: **an Ghinéiv** Geneva

ginias nm1 genius

ginideach adj, nm1 (Ling) genitive

giniúint (gs **giniúna**) nf3 conception; procreation; (of electricity etc) generation; **G~ Mhuire gan Smál** the Immaculate Conception; **stáisiún giniúna** generating station; **baill ghiniúna** reproductive organs, genitals

ginmhilleadh (gs **ginmhillte**) nm abortion; **~ a fháil** to terminate a pregnancy, have an abortion

ginte see **gin**

giobach adj scruffy; untidy; rough

giobal nm1 rag

gioblach adj ragged; unkempt

Giobráltar nm4 Gibraltar

giodal nm1 cheek; conceit; vanity

giodalach adj cheeky; conceited; vain

giodam nm1 friskiness

giodamach adj frisky; restless

giofóg nf2 gypsy

gíog nf2, vi (animal etc) squeak; (bird) chirp

giolamas nm1 fondling, petting

giolcach nf2 reed; (Bot) cane

giolla nm4 servant, attendant; boy, youth; (for luggage) porter; (fam) fellow; **~ an tseanchinn** the cheeky brat

giollacht nf3 service; **~ a dhéanamh ar dhuine** to attend to sb; **~ an daill ar an dall** the blind leading the blind

giollaigh vt wait upon; (food) prepare, cook

gíománach nm1 coachman; servant; (Hist) Yeoman

giorra nf4 shortness; see also **gearr**

giorracht nf3 shortness; closeness; **dul i n~ do rud** to go near or come close to sth; **dul i n~** to get short

giorraigh vt, vi shorten

giorraisc adj (answer etc) abrupt, curt; (manner) gruff

giorria (pl **giorriacha**) nm4 hare

giorrúchán nm1 abbreviation

giortach adj short; (clothes etc) scanty, skimpy

giortaigh vt, vi shorten

giosáil vi sizzle, fizzle

giosán nm1 sock

giosta nm4 yeast

giota nm4 bit; piece

giotán nm1 (Comput) bit

giotár nm1 guitar

gircín nm4 gherkin

girseach nf2 girl

Giúdach nm1 Jew ⊳ adj Jewish

giúiré (pl **giúiréithe**) nm4 jury

giuirléid nf2 implement; **~í** belongings, things

giúis (pl **giúiseanna**) nf2 fir, pine (tree)

giúistís nm4 justice, magistrate; **~í** judiciary

giúmar nm1 (mood) humour

giuncán nm1 junket

giúróir nm3 juror

glac¹ vt, vi accept; take; receive; (sickness) catch; **rud a ghlacadh** or **~adh le rud** to accept sth; **pictiúr/sos/nótaí a ghlacadh** to take a picture/a rest/notes; **~ d'am!** take your time!; **fearg a ghlacadh** to get angry; **ghlacfá é a dhéanamh** you would need to do it; **rud a ghlacadh chugat féin** to take sth personally

glac² nf2 hand; grasp; handful

glacadh (gs **glactha**) nm acceptance; (Radio etc) reception; **níl ~ acu ar sin** that is not acceptable to them

glacadóir nm3 receiver

glacadóireacht nf3 (Radio etc) reception

glaeúil adj slimy

glagaire nm4 fool, waffler

glagaireacht nf3 waffle

glaine nf4 cleanness

glaineacht nf3 cleanliness; purity

glam (pl **glamanna**) nf2 (of animal etc) bark, howl ⊳ vi bark, howl; roar; **is measa a ghlam ná a ghreim** his bark is worse than his bite

glan adj clean, pure; clear; bright; net; exact; **fanacht ~ ar dhuine** to stay clear of sb ⊳ adv absolutely, completely ⊳ vt, vi clean, cleanse; clear; (dirt etc) remove; **fiacha a ghlanadh** to pay off debts; **an fhírinne ghlan** the whole truth; **~ leat!** go away!

glanadh (gs **glanta**, pl **glantaí**) nm cleaning, clearance; **~ an earraigh** spring-clean(ing)

glanmheabhair n: **rud a bheith de ghlanmheabhair agat** to know sth off by heart

glanscartha adj self-contained

glantach nm1 detergent

glantóir nm3 (also person) cleaner; cleanser

glantóireacht nf3 cleaning

glao (pl **glaonna**) nm4 call, shout; **~ gutháin a dhéanamh** to make a phone call; **~ áitiúil/idirnáisiúnta** local/international call

glaoch nm1 call, calling

glaoigh vt, vi call, shout; **glaoch ar dhuine** to call or ring sb (by telephone)

glaoire nm4 (Tel) pager

glár nm1 silt, alluvium

glas¹ nm1 lock; **an ~ a chur ar rud** to lock sth (up); **an ~ a bhaint de rud** to unlock sth; **~ fraincín** padlock; **faoi ghlas** locked up

glas² adj, nm1 green; grey; (person) inexperienced

glasadóir nm3 locksmith

glasáil vt lock

Glaschú nm4 Glasgow

glasíoc nm3 instalment

glasra nm4 vegetable; vegetation

glé adj clear; vivid, bright

gleaca see **gleic**

gleacaí nm4 gymnast; acrobat; wrestler; fighter

gleacaíocht nf3 gymnastics; acrobatics; wrestling

gleann (pl **gleannta**) nm3 glen; valley

gleanntán nm1 little glen, dale

gléas (pl **gléasanna**) nm1 instrument; appliance; (working) order; means; (Mus) key ▷ vt dress (up); fit out; **tú féin a ghléasadh** to dress o.s.; **~ ceoil** musical instrument; **~ freagartha** answering machine; **~ iompair** (means of) transport; **i n~** ready for use; **as ~** out of order

gléasadh (gs **gléasta**) nm attire

gléasra nm4 gear, equipment

gléasta adj dressed; see also **gléasadh**

gléghlan adj crystal-clear

gleic (pl **gleaca**) nf2 struggle, tussle; contest; **dul i n~ le duine** to wrestle with sb

gléigeal adj pure white; limpid

gléineach adj clear; (light etc) bright

gleo (pl **gleonna**) nm4 din, racket; fight, row; battle; **dul sa ghleo** to join in (the fighting)

gleoiréiseach adj animated, boisterous

gleoite adj charming, delightful; lovely, pretty

gleoiteog nf2 (type of) sailing boat

gliaire nm4 gladiator

glic adj clever; shrewd; crafty, devious

gliceas nm1 shrewdness; cunning

gligín nm4 (for baby) rattle

gligleáil nf3 chink

glincín nm4 (of spirits) drop

glinn adj clear, distinct

glinne nf4 clarity

gliobach adj dishevelled

gliogar nm1 rattle, jangle; (of weapons etc) clashing; (of bells) ringing; (of verse) rhythm

gliograch adj rattling

gliomach nm1 lobster

gliondar nm1 glee, joy, delight

gliondrach adj cheerful, joyful

glioscarnach nf2 sparkle; **~ a dhéanamh** to glisten

gliú nm4 glue, paste

gliúáil vt glue

gliúcaíocht nf3 peeping

gliúragán nm1: **codladh gliúragáin** pins and needles

gliúrascnach nf2 creaking

glób nm1 globe

glógarsach nf2 (of hens) clucking

gloine nf4 glass; mirror; **~ fíona** wine glass; glass of wine; **~ formhéadúcháin** magnifying glass; **gloiní** glasses, spectacles; **gloiní gréine** sunglasses

gloineadóir nm3 glazier

gloinigh vt, vi glaze

gloiniú nm1 glazing; **~ dúbailte** double glazing

glóir nf2 glory; bliss; **bheith sa ghlóir** to be ecstatic

glóirigh vt glorify

glóirmhianach adj ambitious

glónra nm4 glaze

glónraigh vt glaze

glónraithe adj glazed

glór (pl **glórtha**) nm1 voice; sound; **de ghlór ard/íseal** in a loud/soft voice

glórach adj loud, vocal, vociferous

glórmhar adj glorious

glórphost nm1 voice mail

glóthach nf2 gel; (also Culin) jelly; ~ **chithfholctha** shower gel

glothar nm1 gurgle; (in throat) rattle

gluaireán nm1 fuss

gluais¹ vt, vi move; proceed

gluais² (pl **gluaiseanna**) nf2 glossary; vocabulary

gluaiseacht nf3 motion; movement

gluaisrothaí nm4 motorcyclist; biker

gluaisrothar nm1 motorbike, motorcycle

gluaisteán nm1 car, motor (car)

gluaisteánaí nm4 motorist

glúcós nm1 glucose

glugarnach nf2 gurgling, squelching

glúin (gs, pl **glúine**, gpl **glún**) nf2 knee; generation; **dul ar do ghlúine** to kneel; **ar leathghlúin** on one knee; **bean ghlúine** midwife

gnách adj habitual, normal, usual; **mar is** ~ as usual; **ba ghnách léi é a dhéanamh** she used to do it

gnaíúil adj friendly, pleasant; handsome

gnaoi nf4 beauty; fondness; **nochtann grá** ~ beauty is in the eye of the beholder; **bhí ~ na ndaoine air** he was well thought of

gnás (pl **gnásanna**) nm1 norm, procedure; usage, custom

gnásúil adj normal; conventional

gnáth (pl **gnátha**) nm1 custom, usage; **de ghnáth** normally, usually; as a rule

gnáth- prefix everyday; ordinary, usual; routine; (size etc) standard

gnáthaigh vt, vi haunt; frequent

gnáthamh nm1 routine, habit; procedure

gnáthchaint nf2 ordinary speech

gnáthchaite adj (Gram) past habitual

gnáthchléir nf2 secular clergy

gnáthchulaith nf2 lounge suit

gnáthdhochtúir nm3 general practitioner

gnáthdhuine (pl **gnáthdhaoine**) nm4 ordinary person

gnáthéadach nm1 plain clothes

gnáthóg nf2 habitat; den, lair

gnáthóir nm3 frequenter, regular; ~ **amharclainne** theatre-goer

gné (pl **gnéithe**) nf4 aspect; physical appearance; species; form

gné-alt nm1 (article) feature

gnéas (pl **gnéasanna**) nm1 sex

gnéasach adj sexual

gnéaschlaonta adj sexist

gnéchlár nm1 (programme) feature

gníomh (pl **gníomhartha**) nm1 action, act; deed; (also Theat) act; **rud a chur i n~** to put sth into effect; **fear gnímh** man of action

gníomhach adj (also Gram) active; acting

gníomhachtaigh vt activate

gníomhaí nm4 activist; (Chem) agent

gníomhaigh vt, vi act; take action

gníomhaíoch nm1 activist

gníomhaíocht nf3 activity; action; ~ **thionsclaíoch** industrial action

gníomhaire nm4 agent; ~ **eastáit** estate agent, realtor (US); ~ **taistil** travel agent

gníomhaireacht nf3 agency

gníomhartha see **gníomh**

gníomhas nm1 (Law) deed

gníomhú nm action

gnó (pl **gnóthaí**) nm4 business; concern, affair; (Comm) trading, dealings; **ní de do ghnósa é** it is none of your concern; **déanfaidh sin ~** that will do; **fear ~** businessman; **fios do ghnó a bheith agat** to know one's business; **d'aon ghnó** deliberately

gnólacht nm3 firm, business

gnóthach adj busy, occupied

gnóthaigh vt earn; gain; get; (loss) recover; **gnóthú ar rud** to gain from/by sth; profit from sth; **duais a ghnóthú** to win a prize

gnóthas nm (Comm) enterprise; (business) undertaking

gnúis (pl **gnúiseanna**) nf2 face; facial expression

gnúsacht nf3 grunt; **~ a dhéanamh** to grunt

go¹ prep to, until, till; **go Corcaigh/ hAlbain** to Cork/Scotland; **go maidin** until morning; **ó cheann go ceann** from end to end; **go brách, go deo** for ever; **go dtí** to, towards, up to; **go dtí go** until; **go fóill** still, yet; **fan go bhfeice mé** wait until I see

go² (+ past of reg vbs = **gur**) conj (so) that; **deirtear go ...** people say that ...; **b'fhéidir go dtiocfadh sé** he might come; **sílim** or **ceapaim** or **measaim go ...** I reckon that ...; **cionn is go, as siocair go, mar go** because, since, as; **chun go, le go** in order that

go³ vb part: **go maire tú an céad!** may you live to be a hundred!; **go raibh (míle) maith agat** thank you (very much)

go⁴ in adv phrases: **go maith** well; **go tapa** quickly; **go réidh** easily, gently; **go díreach** indeed, quite; just; **go háirithe** especially; **go léir, go huile** all, entirely; **go minic** frequently

go⁵ prep and, plus; **uair go leith** an hour and a half; **go bhfios dom** as far as I know

gó nf4 lie; **gan gó** undoubtedly

gob (pl **goba**) nm (of bird) bill, beak; (pej) gob, mouth; (of jug etc) spout; (of knife, spear) tip; (of coast) point, headland ▷ vi stick out; **~ ar ghob** neck and neck; **~adh amach** to protrude, stick out

gobán nm (for baby) dummy, pacifier (US); (on mouth) gag; **~ a chur i nduine** (also fig) to gag sb

gobharnóir nm3 governor

goblach nm titbit; mouthful

gogaide nm4 hunkers; **ar do ghogaide** on one's hunkers

gogán nm (wooden) bowl

goic nf2 slant; stance

goid nf3 (gs **goda**) theft ▷ vt steal

goil (vn **gol**) vt, vi cry, weep; **ag gol in áit na maoiseoige** crying over spilt milk

goile nm4 stomach, tummy; appetite; **béal a ghoile** pit of the stomach; **tinneas bhéal an ghoile** indigestion

góilín nm4 gullet; inlet

goill vi distress, hurt; vex; **~eadh ar dhuine** to hurt sb

goilliúnach adj (person) sensitive; touchy; (comment) hurtful

goimh nf2 sting; venom; **an ghoimh a bhaint as rud** to take the sting out of sth; **~ a bheith ort (le duine)** to be annoyed (at sb)

goimhiúil adj venomous; stinging

goin (pl **gonta**) nf3 wound; injury ▷ vt (vadj **gonta**) wound, hurt

goineog nf2 hurtful remark, jibe; (of snake) fang

goirín nm4 pimple, spot; **~ dubh** blackhead

goiríneach adj spotty

goirmín nm4 (Bot) pansy

goirt adj salty; bitter; (fish) salted

gol nm crying, weeping; see also **goil**

gonc nm1 rebuff, snub

gonta¹ adj (remark) pithy, terse

gonta² vadj wounded, hurt

gor vt, vi heat; hatch

goradán nm1 incubator

goradh (gs **gortha**) nm warmth, heat; **do ghoradh a dhéanamh** to warm o.s.

goraille nm4 gorilla

gorm adj, nm blue; (skin) black; **duine ~** Black; **na ~acha** the blues

Gormach adj, nm1 Black

gort nm1 field

gorta nm4 hunger; famine

gortach adj hungry; mean; barren

gortaigh vt hurt; injure

gortaithe vadj hurt, injured

gortú nm injury; **bhain ~ do Sheán** John sustained an injury

gotha nm4 appearance; pose; **bheith ag cur ~í ort féin** to pose or show off

gothach adj posing

gothaíocht nf3 mannerism

grá nm4 love; darling, sweetheart; **titim i n~ le duine** to fall in love with sb; **bheith i n~ le duine** to be in love with sb; **de ghrá** (+gen), **ar ghrá** (+gen) for the love or sake of

grabaire nm4 (child) brat; imp

grabhróg nf2 crumb; **~a aráin** breadcrumbs

grách adj loving

grád nm1 grade; degree; (travel) class

grádach adj graded

grádaigh vt grade; rate

gradam nm1 prestige; distinction; respect

gradamach adj estimable; prestigious; honourable

grádú nm rating; grading

graf nm1 graph; chart

grafach adj graphic

grafaicí nfpl2 graphics

graffiti nmpl graffiti

grág nf2 croak, squawk; **~ a chur asat** to croak, squawk

grág² nf2 (of tree) stump

grágach adj raucous

grágán nm1 (of tree) stump; **~ gruaige** mop of hair; **chuaigh an deoch sa ghrágán aige** the drink went to his head

graí (pl **graíonna**) nf4 (of horses) stud (farm)

gráiciúil adj ugly

graifleach adj ugly; coarse

gráig (pl **gráigeanna**) nf2 village, hamlet

gráigh vt love, adore

graiméar nm1 grammar (book)

gráin (gs **gránach**) nf disgust; abhorrence; ugliness; **is ~ liom é** I hate or detest it; **folaíonn grá ~** love is blind

grainc (pl **grainceanna**) nf2 grimace, frown

gráinigh vt hate, detest

gráiniúil adj hateful, loathsome; odious; ugly

gráinne nm4 grain

gráinneog nf2 hedgehog

gráinnín nm4 (of salt etc) pinch; small amount

gráinseach nf2 grange; granary

gráisciúil adj vulgar, obscene

gram nm1 gram

gramadach nf2 grammar

gramadúil adj grammatical

gramaisc nf2 rabble; (fig) plebs

grámhar adj loving, tender; lovable

gramhas nm1 grimace, grin

grán *nm1* grain

gránach *nm1, adj* cereal

gránáid *nf2* grenade

gránaigh *vt, vi* (*wound*) graze, scrape; granulate

gránbhíorach *adj* ball-pointed; **peann ~** ball-point pen

gránna *adj* ugly; horrible; disgusting, vile; nasty

gránphlúr *nm* cornflour

gránú *nm* (*wound*) graze, scrape, scratch

Graonlainn *nf2*: **an Ghraonlainn** Greenland

graosta *adj* obscene, lewd; smutty

graostacht *nf3* obscenity

gráscar *nm1* scuffle; mob

grásta (*gs, pl* **grásta**, *gpl* **grást**) *nm4* grace; mercy; **faic na ngrást** nothing whatsoever

grástúil *adj* gracious; merciful

gráta *nm4* grate; grating

grátáil¹ *vt* (*Culin*) grate

grátáil² *nf3* grille

gread *vt, vi* strike, beat (up); (*fig*) hammer, pound; (*wings*) beat; (*teeth*) chatter; (*feet*) stamp; (*eggs*) whisk; **~ leat!** beat it!, shove off!

greadadh (*gs* **greadta**) *nm* beating; (*quantity etc*) plenty

greadfach *nf2* stinging; **bhí ~ ina súile** her eyes were smarting

greadóg *nf2* slap, smack; apéritif

greadtóir *nm3* (*Culin*) whisk

Gréagach *adj, nm1* Greek

greamachán *nm1* adhesive; **~ gorm** blue tack

greamaigh *vt, vi* stick, fasten; attach, secure; (*catch*) hold; **rud a ghreamú de** to stick sth to sth; **greamú de rud** to stick to sth

greamaire *nm4* pliers

greamaithe *vadj* stuck, glued

greamaitheach *adj* adhesive; sticky

greamaitheoir *nm3* sticker

greamán *nm1* (*hair etc*) clasp

greamú *nm* (*in rugby etc*) tackle

grean¹ *vt* carve; engrave

grean² *nm1* gravel, grit; **~ a chur ar bhóthar** to grit a road

greanadóireacht *nf3* engraving

greann *nm1* fun; humour; joking; **fear grinn** comedian, clown; **scéal grinn** funny story; **bheith ag déanamh grinn** to joke; **rud a rá le ~** to say sth as a joke

greannán *nm1* (*paper*) comic

greannmhar *adj* humorous; funny

greanta *adj* graven; (*work*) polished

gréas *nm3* design; web

gréasaí *nm4* shoemaker

gréasáil *nf3* beating, thrashing ▷ *vt* beat, thrash

gréasán *nm1* web; network; tangle; **~ bréag** web of deceit; **an G~ Domhanda** (*Comput*) World Wide Web

Gréig *nf2*: **an Ghréig** Greece

Gréigis *nf2* (*Ling*) Greek

greille *nf4* grill; grid

greim (*pl* **greamanna**) *nm3* grip, grasp; hold; (*of food*) bite, morsel; (*Med, Sewing*) stitch; **~ a fháil ar rud** to get hold of sth, catch sth; **~ a choinneáil ar rud** to hold on to sth; **~ a bhaint as rud** to bite sth; **bheith i n~ ag rud** to be obsessed by sth; **ar ghreim láimhe** by the hand; **~ an fhir bháite** a tight grip

greimlín *nm4* (*sticking*) plaster

gréisc *nf2* grease

gréiscdhíonach *adj* greaseproof

gréiseach *adj* greasy

gréithe *npl* crockery, ware; dishes; **~ airgid** silverware

grian (*gs* **gréine**, *pl* **grianta**, *ds* **gréin**) *nf2* sun; **éirí/luí na gréine** sunrise/sunset; **ga gréine**

sunbeam ▷ vt sun
grian- prefix solar, sun-
grianán nm1 (part of house) solarium
grianchloch nf2 quartz
grianchlog nm1 sundial
grianchumhacht nf3 solar power
griandaite adj suntanned
griandó nm4 sunburn
griandóite vadj sunburned
grianghraf nm1 photo(graph),
snap(shot); **~ a thógáil/ghlacadh
de rud** to photograph sth
grianghrafadóir nm3
photographer
grianghrafadóireacht nf3
photography
grianmhar adj sunny
grianta see **grian**
grinn adj observant, perceptive;
(answer etc) precise, clear
grinneall nm1 (of sea, valley) floor,
bed, bottom
grinneas nm1 perspicacity; (of
sight) sharpness
grinnigh vt scrutinize
grinniú nm (watching) observation
gríobhán nm1: **cathair ghríobháin**
maze
gríodán nm1 dregs; remains
griofadach nm1 tingle; tingling
griog vt excite, incite; provoke;
annoy, tease
griolladh (gs **griollta**) nm (Culin)
grill; **~ measctha** mixed grill
griolsa nm4 fracas
gríos nm1 embers; (Med) rash
gríosach nf2 hot ashes
gríosaigh vt incite, rouse; stir up
gríosaitheach adj provocative;
rousing
gríosc vt, vi grill
gríosú nm incitement;
inflammation
griothal nm1 fuss

gríscín nm4 (Culin) chop;
~ uaineola lamb chop
gró nm4 crowbar
grod adj prompt, abrupt
groí adj robust, strong; (character)
hearty
grósaeir nm3 grocer
grua (pl **grianna**) nf4 facet; (Anat)
cheek; (of hill) brow; (of road) verge
gruagach adj hairy
gruagaire nm4 hairdresser
gruagaireacht nf3 hairdressing
gruaig nf2 (on head) hair; **do chuid
~ a ní** to wash one's hair
gruaim nf2 gloom; **bheith faoi
ghruaim** to be depressed
gruaimhín nf2 (of road) verge
gruama adj sad; sombre; downcast
grúdaire nm4 brewer
grúdlann nf2 brewery
gruig (pl **gruigeanna**) nf2 scowl,
frown
grúm nm1 (bride)groom
grúpa nm4 group
grúpáil vt, vi group
grusach adj surly, gruff; (answer)
terse
guagach adj restless; fickle,
unpredictable; volatile, wayward
guailleáil vt, vi shoulder; jostle
guailleán nm1 shoulder strap;
guailleáin (for trousers) braces,
suspenders (US)
guaillí¹ nm4 companion
guaillí² see **gualainn**
guaim nf2 (self) control; **~ a
choinneáil ort féin** to stay calm
guairdeall nm1 hanging about
guairille nm4 guerrilla
guairilleach adj guerilla
guairneán nm1 whirl; spin
guais (pl **guaiseacha**) nf2 danger;
peril
guaiseach adj dangerous

gual *nm1* coal; charcoal; **tine ghuail** coal fire

gualach *nm1* charcoal

gualainn (*pl* **guaillí**) *nf2* shoulder; **~ ar ghualainn** shoulder to shoulder

gualchró (*for coal*) bunker

gualéadan *nm1* coal face

guí (*pl* **guíonna**) *nf4* prayer

guigh (*vn* **guí**) *vt, vi* pray; **Dia a ghuí (go)** to pray to God (that); **rud a ghuí do dhuine** to wish sth for sb

guma *nm4* gum; **~ coganta** chewing gum

gúna *nm4* gown, dress; robe

gunna *nm4* gun; **~ mór** cannon; **faoi bhéal ~** at gunpoint

gunnán *nm1* revolver

gur¹ *see* **go²**

gur², **gura**, **gurab**, **gurb**, **gurbh** *see* **is¹**

gus *nm3* courage, grit; initiative; self-assurance; **an ~ a bhaint as duine** to take sb down a notch

gusta *nm4* gust

gustal *nm1* wealth; enterprise; **é a bheith de ghustal agat rud a dhéanamh** to be able to afford to do sth

gustalach *adj* well-off, wealthy; arrogant; enterprising

guta *nm4* vowel

gúta *nm4* gout

guth (*pl* **guthanna**) *nm3* voice; **d'aon ghuth** unanimously

guthán *nm1* phone, telephone; **~ póca** mobile phone

h

h... (*remove "h"*) *see* **initial vowel**

haca *nm4* hockey; **~ oighir** ice hockey

haemaifiliach *adj, nm1* haemophiliac

Háig *nf2*: **an ~** The Hague

haingear *nm1* hangar

hairicín *nm4* hurricane

haisis *nf2* hashish

haiste *nm4* (*Naut*) hatchway; hatch

halla *nm4* hall, hallway; **~í cónaithe** halls of residence

hamstar *nm1* hamster

hanla *nm4* handle

hart (*pl* **hairt**) *nm1* (*Cards*) heart

hata *nm4* hat

hearóin *nf2* heroin

héileacaptar *nm1* helicopter

hidrigin *nf2* hydrogen

hidrileictreach *adj* hydroelectric

hiéana *nm4* hyena

hi-fi *nm4* hi-fi

híleantóir *nm3* highlander
hiodrálach *adj* hydraulic
hiodrant *nm* (fire) hydrant
Hiondúch *adj, nm* Hindu
hiopnóisigh *vt* hypnotize
hipitéis *nf2* hypothesis
histéire *nf4* hysteria
histéireach *adj* hysterical
homaighnéasach *adj, nm* homosexual
hurlamaboc *nm4* commotion; uproar; carry-on

EOCHAIRFHOCAL

i (*prep prons* = **ionam, ionat, ann, inti, ionainn, ionaibh, iontu**) (*eclipses; with sg art* = **sa** before consonants and **san** before vowels or **f** plus vowel; **sa** lenites **b, c, g, m, p** and adds **t** to fsg nouns beginning with **s**; **san** lenites **f**; with plural art = **sna**) *prep* in, into **1** (*place, position*) in; **i bpríosún** in prison; **sa bhanc** in the bank; **sa tsraith náisiúnta** in the national league; **san arm** in the army; **san fharraige** in the sea; **sna bailte móra** in the larger towns **2** (*with verbs of movement*) into; **caith i bhfarraige é** throw it into the sea; **cuir sa bhanc é** put it into the bank; **chuaigh sé isteach sa charr** he got into the car **3** (*referring to time*) in, at; **i Mí**

Eanáir in January; **sa samhradh** in summer; **san oíche** at night; **i mbliana** this year

4 (*state, mood*): **i do shuí** sitting; **i do luí** lying; **i do chodladh** sleeping; **i bhfeirg** angry; **i ndroim dubhach** depressed

5 (*in classifications*): **tá sé ina mhúinteoir** he is a teacher; **bean mhaith tí atá inti** she's a good housewife; **níl ann ach leanbh** he's only a child

6 (*in ratios etc*) in the; per; **fiche ceint sa euro** twenty cents in the euro; **daichead euro sa lá** forty euros per day; **50 ciliméadar san uair** 50 kilometers per hour

7 (*manner*) in; **i nglór íseal** in a low voice; **i mBéarla** in English; **i dtobainne** suddenly; **i gceart** correctly

8 (*circumstances*) in; **i mbaol** in danger; **san fhearthainn** in the rain

9 (*quality, capability*): **tá an ghnaoi agus an t-urra ann** he is strong and handsome; **níl bogadh ionam** I can't move

10 (*with* **téigh** *indicating change of state*) become, get; **ag dul i bhfuaire/i bhfeabhas/in olcas** getting colder/better/worse

11 (*with substantive verb*) be; exist; **is deas an mhaidin atá ann** it's a nice morning; **cé atá ann?** who is it?; **beidh trioblóid ann** there will be trouble; **tá Dia ann** God exists

12 (*in measurements*): **tá punt meáchain ann** it is a pound weight; **tá measartacht airde inti** she's fairly tall

í *3rd person fsg pron* she; her; it; **is í a bhí ann** it was her; **ní fheicim í**

I can't see her; **is múinteoir í** she is a teacher; *see also* **é** used similarly to [é] *for categories 1-6. In category 2 used with fem and masc nouns like* **cailín**, **bád**, **carr**, **árthach**, **leabhar** *etc*

iad *3rd person pl pron* they; them; **is ~ is gaiste** they're the fastest; **is gardaí ~** they're policemen; **cé h~?** who are they?; *see also* **é**; *used similarly to* **é** *for categories 1-6. In category 2 used for plural collective and abstract nouns*

iadsan *pron* (*emphatic*) them

iaidín *nm4* iodine

iaigh *vt, vi* close

iall (*gs* **éille**, *pl* **iallacha**, *ds* **éill**) *nf2* strap; (*of shoe etc*) lace; (*for dog*) lead, leash; **bheith ar éill ag duine** (*inf*) to be under sb's thumb; **d'~acha a cheangal** to tie one's laces

iallach *nm1* compulsion; **~ a bheith ort rud a dhéanamh** to be obliged to do sth; **~ a chur ar dhuine rud a dhéanamh** to make sb do sth

ialtóg *nf2* (*Zool*) bat

iamh *nm1* closure; confinement; **faoi ~** enclosed

iar *prep* after; **~-Chríost** AD

iar- *prefix* ex-, former; post-; late; west

Iaráic *nf2*: **an ~** Iraq

Iaráin *nf2*: **an ~** Iran

iarainn *n gen as adj* iron; **bóthar ~** railway

iarann *nm1* iron; **~ múnla/rocach** cast/corrugated iron

iarbháis *n gen as adj* posthumous; postmortem; **scrúdú ~** postmortem (examination)

iarchéim *nf2* postgraduate degree

iarchéime *n gen as adj* postgraduate

iarchéimí *nm4* postgraduate

iarchogaidh n gen as adj postwar

iardhearcadh nm1 (Cine) flashback

iardheisceart nm1 south-west

iarghaois nf2 hindsight

iargúil (gs **iargúlach**, pl **iargúlacha**) nf backwater

iargúlta adj isolated, remote; backward

iargúltacht nf3 isolation, remoteness; **cónaí ar an ~** to live at the back of beyond

Iar-Indiach adj, nm1 West Indian

iarla nm4 earl

iarlais nf2 (in folklore) changeling

iarmhairt (gs **iarmharta**) nf3 consequence, result; (Phys etc) effect

iarmhéid nm4 (Comm) balance; **~ bainc** bank balance

Iarmhí nf4: **an ~** Westmeath

iarmhír (pl **iarmhíreanna**) nf2 suffix

iarnáil vt iron ▷ nf3 ironing

iarnóin (pl **iarnónta**) nf3 afternoon; **a cúig ~** five pm

iarnród nm1 railway, railroad

iaróg nf2 quarrel, row

iarógach adj quarrelsome

iarr vt ask (for), request; invite; seek, want; look for; solicit; attempt; **rud a ~aidh ar dhuine** to ask sb for sth; **bhí sé ag ~ imeacht** he wanted or was trying to leave; **~aidh ar dhuine rud a dhéanamh** to ask sb to do sth; **cad é atá tú a ~aidh?** what do you want?, what are you looking for?

iarracht nf3 attempt; effort; time, turn; (a little) touch; **~ a thabhairt ar rud a dhéanamh** to make an effort to do sth; **~ a dhéanamh** to make an effort; **tá ~ den íoróin ann** it is a little ironic; **an-~! good try!**; **an ~ seo** this time

iarraidh (gs **iarrata**, pl **iarrataí**) nf attempt, bid; request; time, go; **d'aon ~** in one go, first time; **~ a thabhairt ar rud** to try sth; **~ a thabhairt ar dhuine** to attack sb; **tá ~ mhór ar an tseirbhís nua** the new service is in great demand; **gan ~** unwanted, uninvited; **bheith ar ~** to be missing; **an ~ seo** this time

iarratas nm1 application; request; demand; **~ a dhéanamh ar phost** to apply for a job; **foirm iarratais** application form

iarratasóir nm3 applicant

iarrthóir nm3 applicant; entrant; candidate; petitioner

iarscríbhinn nf2 postscript

iarsma nm4 relic; remains; (of disease etc) after-effects; mark

iarsmalann nf2 museum

iarthar nm1 west; **an t-~** (Pol) the West

iartharach adj western ▷ nm1 westerner

iarthuaisceart nm1 north west

iasacht nf3 loan; **rud a fháil ar ~** to borrow sth; **rud a thabhairt ar ~ (do dhuine)** to lend sth (to sb); **ón ~** from abroad

iasachta n gen as adj foreign; strange, unfamiliar

iasc (gs, pl **éisc**) nm1 fish ▷ vt, vi (vn **iascach**) fish; **~ sliogánach** shellfish; **~ órga** goldfish; **Na hÉisc** (Astrol) Pisces

iascach nm1 fishing

iascaire nm4 fisherman

iascaireacht nf3 fishing; fishery; **slat ~a** fishing-rod; **~ slaite** angling

iata adj closed; (Med) constipated; **i gcúirt ~** (Law) in camera

iatacht nf3 constipation

íceach adj healing

ící nm4 healer

idé (pl **idéanna**) nf4 idea

íde nf4 abuse; **~ béil a thabhairt do dhuine** to give sb a rollicking; **~ a thabhairt ar dhuine** to abuse sb; **~ gach oilc** the root of all evil

ideal nm ideal

idéalach adj ideal

idéalachas nm idealism

idé-eolaíocht nf3 ideology

ídigh vt use (up); consume; wear out; abuse

EOCHAIRFHOCAL

idir (pl prep prons = **eadrainn, eadraibh, eatarthu**) prep between; among **1** (space, time, separation, distinction; lenites following noun) (in) between; **ithe idir bhéilí** to eat between meals; **an cheist atá idir chamáin** the question that is being discussed; **bheith idir dhá cheann na meá** (result etc) to hang in the balance; **idir chairde** between or among friends; **d'éirigh eatarthu** they fell out

2 (in phrases with **agus** identifying opposite ends/extremes; does not affect noun) between; **(taisteal áit éigin) idir Gaillimh agus Baile Átha Cliath** (to travel somewhere) between Galway and Dublin; **an difríocht idir buachan agus cailleadh** the difference between winning and losing

3 (followed by def art; does not affect noun) between; **idir an fhuinneog agus an doras** between the window and the door; **cluiche idir an Fhrainc agus Sasana** a match between France and England

4 (exclusiveness, inclusion) between; among; **idir mise agus tusa (agus an bac)** between me and you (and the wall); **rud a fháil/roinnt eadraibh** to get/share sth between you; **eadraibh féin atá sé** you may sort it out among yourselves; **níl ach cúpla euro againn eadrainn** we only have a few euros between us

5 (used as adv): **idir eatarthu** in between; betwixt and between

6: **idir agus** (lenites following noun) both ... and ...; **idir shaibhir agus dhaibhir** both young and old; **bhí idir bhuachaillí agus chailíní ann** there were both boys and girls there

7 (partly): **idir shúgradh is dáiríre** half joking, half in earnest

idirbheartaíocht nf3 negotiation(s)

idirchum nm4 intercom

idirdhealaigh vt differentiate; discriminate; separate

idirdhealú nm discrimination; differentiation; **~ a dhéanamh ar rudaí** to make a distinction between things

idiréadan nm (Comput) interface

idireaglasta adj interdenominational

idirghabh vi mediate

idirghabháil nf3 intervention; mediation

idirghabhálaí nm4 go-between, mediator

idirghníomhach adj (Comput etc) interactive

idirghuí (pl **idirghuíonna**) nf4 intercession

idirlinn (pl **idirlinnte**) nf2 interval; intermission; time lag

idirlíon *nm1* (*Comput*) internet; **an tI~** the Net

idirmhalartaigh *vt* interchange

idirmhalartú *nm* interchange

idirmheánach *adj* intermediate

idirnáisiúnta *adj* international

idirscaradh (*gs* **idirscartha**, *pl* **idirscarthaí**) *nm* (*of couple*) separation

idirstad *nm4* (*Typ*) colon

ídithe *vadj* used (up); spent; worn-out

íditheoir *nm3* consumer; abuser

idiú *nm* consumption; abuse

ifreanda *adj* infernal, hellish

ifreann *nm1* hell

il- *prefix* multi-, poly-; many; diverse

ilbhliantóg *nf2* perennial

ilbhliantúil *adj* (*Bot*) perennial

ilcheardach *adj* (*skilled worker*) versatile; (*school*) polytechnic(al)

il-cheardscoil *nf2* polytechnic

ilchineálach *adj* mixed; varied; miscellaneous

ilchomórtas *nm1* tournament

ilchríoch *nf2* continent

ilchríochach *adj* continental

ildánach *adj* versatile; (*worker*) accomplished

ildathach *adj* multicoloured

ilearraí *nmpl4* sundries

ilfheidhmeach *adj* multifunctional

ilghnéitheach *adj* diverse, various; multi-faceted

iliomad *n* many; a lot of; **bhí an ~ daoine ann** there was a vast number of people there

ilnáisiúnta *adj* multinational

ilnáisiúntach *nm* multinational

ilnithe *nmpl4* sundries

ilrannach *adj* **siopa ~** department store

ilscléaróis *nf2* multiple sclerosis

ilsiamsa *nm4* variety show

ilsleasach *adj* multilateral, many-sided

ilstórach *adj* multistorey(ed) ▷ *nm* (*Constr*) skyscraper

iltaobhach *adj* multilateral, many-sided

ilteangach *adj*, *nm* polyglot

iltíreach *adj*, *nm* cosmopolitan

iltréitheach *adj* multi-talented; versatile

im (*gs* **ime**, *pl* **imeanna**) *nm* butter

im- *prefix* about, peri-, around; big; very

imbhualadh (*gs* **imbhuailte**, *pl* **imbhuailtí**) *nm* impact, collision

imchas *vt*, *vi* rotate, revolve

imdháileadh (*gs* **imdháilte**) *nm* distribution

imdhíonach *adj* immune

imdhíonacht *nf3* immunity

imeacht *nm3* going; departure, leaving; (*of goods*) turnover; passage of time; **~aí** events; proceedings; **in ~ na hoíche** during the course of the night; **I~ na nIarlaí** (*Hist*) Flight of the Earls

imeachtaí *nmpl3* event; proceedings

imeagla *nf4* fear; dread

imeaglach *adj* fearful; dreadful

imeaglaigh *vt* intimidate; terrorize

imeaglú *nm* intimidation

imeall *nm1* edge; border; fringe, margin; verge; outskirts; **in** or **ar ~** + gen at or on the edge of

imeallach *adj* marginal; peripheral

imeallbhord *nm1* border, margin; coastline

imeartas *nm1* play; **~ focal** pun, play on words

imeartha *see* **imirt**

imeascadh (*gs* **imeasctha**) *nm* integration

imeasctha *vadj* (*Scol*) integrated

imghabháil *nf3* evasion; **~ cánach** tax evasion

imghearradh *(gs* **imghearrtha)** *nm* circumcision

imigéin *n:* **in ~** far off, far away

imigéiniúil *adj* faraway, distant

imigh *vi* go (away), leave; depart; disappear; escape; *(time)* pass; **imeacht ar na péas** to escape from the police; **imeacht as amharc** to go out of sight, vanish; **d'~ sé (leis)** he went away; **d'~ an traein orm** I missed the train; **~ leat!** go away!, get lost!

imir *(pres* **imríonn)** *vt, vi* play; **peil/snúcar a ~t** to play football/snooker; **cleas a ~t ar dhuine** to play a trick on sb; **díoltas a ~t ar dhuine** to take revenge on sb

imirce *nf4* migration; emigration; **~ a dhéanamh** to (e)migrate; **éan ~** migratory bird

imirceach *adj* migratory ▷ *nm* migrant; emigrant

imirt *(gs* **imeartha)** *nf3* playing; **páirc imeartha** playing field

imleabhar *nm1 (of book)* volume

imleacán *nm1* navel

imlíne *(pl* **imlínte)** *nf4* circumference; perimeter; outline

imlínigh *vt* outline

imlitir *(gs* **imlitreach,** *pl* **imlitreacha)** *nf* circular

imní *nf4* worry, anxiety; concern; **~ a bheith ort faoi rud** to be worried about sth; **tá sé ag déanamh ~ dom** it is worrying me

imníoch *adj* anxious, worried; nervous

impí *nf4* entreaty, plea

impigh *vt, vi* beg, implore; **impí ar dhuine rud a dhéanamh** to beg sb to do sth

impire *nm4* emperor

impireacht *nf3* empire

impiriúil *adj* imperial

impleacht *nf3* implication

imprisean *nm1* impression

impriseanachas *nm1* impressionism

impriseanaí *nm4 (Art)* impressionist

imreas *nm1* quarrel; contention; **~ a dhéanamh** to cause mischief

imreasach *adj* quarrelsome; contentious

imreasc *nm1 (eye)* iris

imréiteach *nm1 (customs, Comm)* clearance, clearing

imreoir *nm3* player

imríonn *see* **imir**

imrothlach *adj* revolving

imrothlaigh *vi* revolve

imrothlú *nm (of wheel etc)* revolution

imshaoil *n gen as adj* environmental

imshaol *nm* environment

imtharraingt *(gs* **imtharraingthe)** *nf* gravitation; attraction

imtheorannaigh *vt* intern

imtheorannú *nm* internment

in *see* **i**

in-¹ *prefix* capable of; fit to, fit for; equally

in-² *prefix* in-, il-, im-, ir-; endo-

ina = **i** + *poss adj* **a**; **i** + *rel part* **a**

ináirithe *adj* calculable; worthy of mention/inclusion

inaistir *adj (car etc)* roadworthy; *(boat)* seaworthy

inaistrithe *adj* movable, portable; removable; transferable; translatable

inaitheanta *adj* recognizable

inar = **i** + *rel part* **ar**

inár = **i** + *poss adj* **ár**

inathraithe *adj* changeable; adjustable

in-athscríofa adj rewritable; (CD, DVD)

inbhear nm1 estuary; river mouth

inbhéartach adj inverse

inbhéartaigh vt invert

inbheirthe adj innate, inborn

inbhraite adj perceptible, palpable

incháinithe adj taxable

inchaite adj (clothes) presentable; (food) edible

inchinn nf2 brain

inchloiste adj audible

inchluinte adj audible

inchomórtais adj: **~ le** comparable to or with

inchreidte adj plausible, credible

inchurtha adj comparable; equal; **bheith ~ le duine** to be a good match for sb; **bheith ~ leis an ócáid** to rise to the occasion

indéanta adj possible, feasible; practicable; **níl sé ~** it isn't possible

Ind-Eorpais nf2 (Ling) Indo-European

India nf4: **an ~** India; **na h~cha Thiar** the West Indies

Indiach adj, nm Indian; **~ Dearg** (American) Indian

indibhidh nf2 individual

indibhidiúil adj individual

indíleáite adj digestible

Indinéis nf2: **an ~** Indonesia

indíreach adj indirect

indiúscartha adj disposable

inearráide adj fallible

infhaighte adj available

infheicthe adj visible

infheictheacht nf3 visibility

infheidhme adj (for work etc) fit; able-bodied

infheidhmeacht nf3 (Med) fitness

infheisteoir nm3 investor

infheistigh vt invest

infheistíocht nf3 investment

infhilleadh nm1 (Gram) inflexion

infhillte adj collapsible; folding

infinid nf2 infinite

infinideach adj, nm (Ling) infinitive

ingear nm1 vertical, perpendicular

ingearach adj vertical, upright, perpendicular

ingearán nm1 helicopter, chopper

inghlactha adj acceptable, admissible

ingne see **ionga**

iniata vadj (letter etc) enclosed

Inid nf2 Shrovetide; **Máirt ~e** Shrove Tuesday

inimirce nf4 immigration

inimirceach adj, nm1 immigrant

iniompartha adj portable

Iníon nf2 Miss; **~ Uí Cheallaigh** Miss Kelly

iníon (pl **iníonacha**) nf2 daughter; girl; miss; **~ baistí** goddaughter

iníor nm grazing

in-íoslódála adj downloadable

inis¹ (gs **inse**, pl **insí**) nf2 island, isle

inis² (pres **insíonn**, vn **insint**) vt, vi tell, relate; reveal; **rud a insint do dhuine** to tell sb sth; **bréag a insint** to tell a lie

iniseal (pl **inisealacha**) nm1 initial

inite adj edible

iniúch vt examine, inspect; audit

iniúchadh (gs **iniúchta**, pl **iniúchtaí**) nm examination, inspection; audit

iniúchóir nm3 auditor

inlasta adj (in)flammable

inleighis adj rectifiable; curable

inléite adj legible

inleithscéil n gen as adj excusable; justifiable

inlíocht nf3 manoeuvre

inmhaíte adj enviable

inmhalartaithe adj interchangeable

inmharthana adj viable

inmhe nf4 maturity; ability; **bheith in ~ rud a dhéanamh** to be able to do sth; **teacht in ~** (person) to grow up, attain maturity

inmheánach adj inner, internal, interior

inmhianaithe adj desirable

inmholta adj commendable, praiseworthy; advisable

inné adv, n yesterday

inneachar nm content(s)

innéacs (pl **innéacsanna**) nm4 index

inneall nm machine; engine; motor; (arrangement) order; (condition) state; **~ dóiteáin** fire engine; **~ fuála/níocháin** sewing/washing machine

innealra nm4 machinery

innealta adj neat; stylish

innealtóir nm3 engineer

innealtóireacht nf3 engineering; **~ shibhialta/ghéiniteach** civil/genetic engineering

inneoin (gs **inneonach**, pl **inneonacha**) nf anvil

innilt nf2 grazing

inní nmpl4 bowels, guts

innite adj washable

inniu adv, n today; **seachtain agus an lá ~** a week today

inniúil adj able, capable; **bheith ~ ar rud** to be capable of sth

inniúlacht nf3 ability; competence

inoibrithe adj workable

inólta adj drinkable

inráite adj (comment) appropriate, suitable

inroinnte adj divisible

insamhlaithe adj imaginable; **~ le** comparable with

inscne nf4 (Gram) gender

inscortha adj detachable

inscríbhinn nf2 inscription

inse¹ nm4 hinge

inse² nf3 small island

inse³ see **inis¹**

insealbhaigh vt install, induct

insealbhú nm induction, installation

Inse Ghall nfpl2 the Hebrides

inséidte adj inflatable

Inse Orc nfpl2 the Orkneys

insí see **inis¹**

insint nf2 narration; version; **bhí a ~ féin aige** he had his own version; see also **inis¹**

insíonn see **inis²**

insligh vt insulate

inslin nf2 insulin

insliú nm insulation

inspéise adj interesting, noteworthy

inspioráid nf2 inspiration

insroichte adj (place) accessible

insteall vt inject

instealladh (gs **insteallta**, pl **instealltaí**) nm injection, jab, shot

instinn nf2 instinct

instinneach adj instinctive

institiúid nf2 institute; institution

insúl n gen as adj (person) attractive, good-looking

inti see **i**

intinn nf2 mind; intention; **bheith ar aon ~ (le)** to be in agreement (with); **cad é atá ar d'~** what are you thinking about?; **d'~ a leagan ar rud** to turn one's mind to sth, concentrate on sth; **d'~ a athrú** to change one's mind; **rud a bheith ar ~ agat** (intend) to have sth in mind; **suaimhneas ~e** peace of mind

intinne n gen as adj mental

intinneach adj intentional

intíre adj inland; (minister; department) interior; domestic

intleacht nf3 intellect, intelligence;
~ **shaorga** artificial intelligence

intleachtach adj intellectual;
intelligent; brainy ▷ nm1
intellectual

intreoir (gs **intreorach**) nf intro,
introduction

intriacht nf3 interjection

intuigthe adj understandable;
implicit, implied

inveirteabrach adj, nm1
invertebrate

íobair (pres **íobraíonn**, vn **íobairt**)
vt, vi sacrifice

íobairt (gs **íobartha**) nf3 sacrifice

íobartach nm1 (sacrificial) victim

íoc[1] nm3 payment; charge ▷ vt, vi
pay (up); ~ **as rud** (also fig) to pay
for sth; **bille a** ~ to pay a bill; ~ **ar
sheachadadh** cash on delivery

íoc[2] nf2 cure, healing

íocaí nm4 payee

íocaíocht nf3 payment;
~ **chomhchineáil** payment in kind;
~ **in aghaidh na huaire** payment
by the hour

locht n: **Muir n~** the English
Channel

íochtar nm1 lower part or region;
bottom, base; (Geog) northern part

íochtarach adj bottom, lower;
inferior

íochtarán nm1 inferior,
subordinate; underling; underdog

íochtaránach adj inferior;
subordinate

íochtaránacht nf3 inferiority

íoclann nf2 dispensary; doctor's
surgery or office

íocóir nm3 payer; ~ **cánach/rátaí**
tax payer/ratepayer

íocón nm1 (also Comput) icon

íocshláinte nf4 balm; (also fig)
tonic

Iodáil nf2: **an** ~ Italy

Iodáilis nf2 (Ling) Italian

Iodálach adj, nm1 Italian

iodálach adj, nm (Typ) italic; **in
iodálaigh** in italics

íogair adj sensitive, delicate;
(person) touchy; (question) ticklish

íogart nm yog(h)urt

íol (pl **íola**) nm1 idol

iolar nm1 eagle

iolra nm4, adj (Gram) plural; **an
uimhir** ~ the plural

iolrachas nm1 pluralism

iolraigh vt (Math) multiply;
compound

iolraitheoir nm3 (Math) multiplier

iolrú nm (Math) multiplication

iomad n (too) much, (too) many

iomadúil adj numerous; plentiful;
excessive

iomadúlacht nf3 abundance

iomaí adj many; **is** ~ **duine a shíl
sin** many a person thought that; **is**
~ **uair a bhí mé mall** many a time I
was late; **is** ~ **duine ag Dia** it takes
all kinds (to make a world)

iomáin nf3 (Sport) hurling ▷ vi play
hurling

iomáint (gs **iomána**) nf3 (Sport)
hurling

iomaíoch adj competitive

iomaíocht nf3 rivalry; competition;
bheith san/as an ~ **do rud** to be
in/out of the running for sth; **dul
san** ~ **i dtoghchán** to stand for
election

iomair (pres **iomraíonn**, vn
iomramh) vt, vi row

iomaire nm4 ridge; **d'** ~ **féin a
threabhadh** to paddle one's own
canoe

iomaitheoir nm3 competitor,
contender; rival

iománaí nm4 (Sport) hurler

iománaíocht nf3 hurling

iomann nm1 hymn

iomarbhá nf4 dispute, contention, controversy

iomarca nf4 excess; **an ~ +** gen too much (of)

iomarcach adj excessive; superfluous; redundant

iomarcaíocht nf3 redundancy

iomas nm1 intuition

iomasach adj intuitive

iomghaoth nf2 whirlwind

íomhá (pl **íomhánna**) nf4 image; statue

íomháineachas nm1 imagery

iomláine nf4 entirety, fullness; **ina ~** in its entirety

iomlaisc (pres **iomlascann**, vn **iomlasc**) vt, vi roll about; wallow

iomlán adj total, all, whole, complete; utter; overall ▷ nm1 total, whole, all; **an t-~** the lot; **an t-~ léir** all and sundry; **mar bharr ar an ~** into the bargain; **~ na leabhar** all the books; **~ gealaí** full moon; **i ndiaidh an iomláin** after all

iomlánaigh vt complete; integrate

iomlánú nm completion

iomlat nm1 (of child) mischief

iomlatach adj mischievous, playful

iompaigh vt, vi turn (over); invert; overturn; **iompú thart/ar ais** to turn round/back; **rud a iompú béal faoi** to turn sth upside down; **iompú i d'fheoilséantóir** to turn vegetarian

iompair (pres **iompraíonn**) vt carry, bear; take, transport; behave; **bheith ag iompar (clainne)** to be pregnant; **tú féin a iompar go stuama** to behave sensibly

iompaitheach nm1 convert

iompar nm1 transport(ation);

haulage, shipping; (of sound) transmission; behaviour; posture; **rud a bheith ar ~ agat** to carry sth; **crios iompair** conveyor belt; **~ clainne** pregnancy; **~ poiblí** public transport

iompórtálaí nm4 importer

iompróir nm3 (also Med: person) carrier

iompú nm turn; **ar ~ do bhoise** like a flash

iomrá nm4 rumour; repute; mention; talk; **tá ~ na hintleachta air** he is said to be intelligent; **níl ~ ar bith air** there's no sign of it; **ar chuala tú ~ riamh ar ...?** did you ever hear of ...?

iomraíonn see **iomair**

iomráiteach adj famous, well-known, celebrated

iomrall nm1 error, mistake; **~ aithne** mistaken identity

iomrallach adj mistaken; erroneous; random; (shot etc) wide

iomramh nm1 rowing; **bád iomartha** rowing boat; see also **iomair**

iomrascáil nf3 wrestling

iomrascálaí nm4 wrestler

iomróir nm3 rower

íon adj pure; sincere

íonacht nf3 purity

ionad nm1 position; place; site; (in life) rank, station; (Mil) post; **~ ruda/duine a dhéanamh** to substitute for sth/sb; **in ~ +** gen instead of; **~ glaonna** call centre; **~ pobail** community centre; **~ saoire** holiday resort; **~ siopadóireachta** shopping centre; **fear ionaid** deputy; (Sport) substitute

ionadach adj substitute; vicarious

ionadaí nm4 (person)

representative; stand-in; deputy; (Med) locum; (Sport) substitute, replacement

ionadaíocht nf3 representation; replacement; ~ **chionmhar** proportional representation

ionadh (pl **ionaí**) nm surprise, wonder; ~ **a chur ar dhuine** to surprise sb; ~ **a dhéanamh de rud** to wonder at sth; ~ **a bheith ort (faoi rud)** to be surprised (at sth); **ní nach** ~ not surprisingly

ionaibh, ionainn, ionann see **i**

ionanálaigh vi, vt inhale, breathe in

ionann adj same; identical; equal; alike; **is ~ x agus y** x and y are the same or identical; **is ~ méid dóibh** they're the same size; **is ~ liom sin agus …** that's the same to me as …; **ní h~ agus …** unlike …; ~ **is** virtually, almost; ~ **is a rá** as if to say

ionannaigh vt equate

ionannas nm1 equality; uniformity; identity

ionar nm1 tunic; jacket

ionas adv: ~ **go** in order that, so that

ionat see **i**

ionathar nm1 bowels, entrails; intestines

ioncam nm1 income, revenue

ionchas nm1 prospect, expectation; expectancy

ionchoise nm4 inquest; inquisition

ionchollú nm incarnation

ionchorpraigh vt incorporate

ionchúiseamh nm1 prosecution

ionchúisitheoir nm3 prosecutor

ionchur nm1 input, resources; (Comput) input

iondúil adj normal, customary, usual; **go h~** usually

ionfhabhtú nm infection

ionga (gs **iongan**, pl **ingne**) nf (finger-)nail; claw, talon; (of garlic etc) clove; ~ **coise/méire** toenail/ fingernail

iongabháil nf3 handling

ionghabháil nf3 intake

íonghlan vt purify

íonghlanadh (gs **íonghlanta**) nm purification

ionlach nm1 lotion; ~ **gréine** suntan lotion

ionnail (pres **ionlann**) vt wash, bathe

ionnús nm1 wealth; resources; enterprise

ionnúsach adj wealthy; enterprising

ionracas nm1 honesty, sincerity; integrity

ionradh (pl **ionraí**) nm1 invasion

ionraic adj honest; candid; upright

ionramháil vt handle; manipulate; manoeuvre; humour

ionróir nm3 invader

ionsá nm4 insertion

ionsaí nm1 attack; assault; attempt; ~ **a dhéanamh ar dhuine** to attack or assault sb

ionsaigh vt, vi attack; (task, problem) tackle

ionsáigh vt insert

ionsair see **ionsar**

ionsaitheach adj aggressive; offensive

ionsaitheoir nm3 attacker; (Sport) striker, attacker

ionsar (prep prons = **ionsorm, ionsort, ionsair, ionsuirthi, ionsorainn, ionsoraibh, ionsorthu**) prep to, towards

ionstraim nf2 instrument

ionstraimeach adj (Mus) instrumental

ionstraimí nm4 instrumentalist

ionsú nm4 absorption
ionsúigh vt absorb
ionsúiteach adj absorbent
iontach adj wonderful, marvellous;
astonishing; surprising;
exceptional, unusual ▷ adv
extremely, very; **~ mór** very big; **is
~ an radharc é** it's a wonderful
sight; **is ~ liom go ...** I find it
surprising that ...; **d'imir sé go h~**
he played brilliantly
iontaobh adj trusting
iontaobhaí nm4 trustee
iontaobhas nm1 (Law, Fin etc) trust
iontaofa adj trustworthy, reliable
iontaoibh nf2 trust; confidence;
~ a bheith agat as duine to have
confidence in sb
iontas nm1 wonder; surprise;
astonishment; **~ a dhéanamh de
rud** to marvel at sth; **~ a bheith
ort (faoi rud)** to be surprised (at
sth); **iontais na cathrach** the
sights of the city
iontráil vt (also Comput) enter
▷ nf3 entry; **foirm iontrála** entry
form
iontrálaí nm4 entrant
iontu see **i**
ionú nm4 opportunity; time; turn
ionúin adj dear, beloved
iora nm4 squirrel; **~ glas/rua** grey/
red squirrel
lordáin nf2: **an ~** Jordan
Ioróin nf2 irony
iorónta adj ironic(al); **go h~** tongue
in cheek
iorras nm1 promontory
Iorua nf4: **an ~** Norway
Ioruach adj, nm1 Norwegian
Ioruais nf2 (Ling) Norwegian
íos- prefix minimal, minimum, least
Íosa nm4 Jesus
Íosánach adj, nm1 Jesuit

íosbhealach nm1 subway,
underpass
ioscaid nf2 back of the knee
íosfaidh etc vb see **ith**
íoslach nm1 basement
íoslaghdaigh vt minimize
Íoslainn nf2: **an ~** Iceland
Ioslamach adj Islamic ▷ nm1
Islamite
Ioslamachas nm1 Islam
íosmhéid nf2 minimum
íospairt (gs **íospartha**) nf3
ill-treatment, abuse
Iosrael nm4 Israel
Iosraelach adj, nm1 Israeli
íosta adj minimum, minimal
íostas nm1 accommodation,
lodging; hostel
íota nf4 thirst; desire
íothlainn nf2 grain store
iPod® nm iPod®
iris nf2 (Press) magazine; journal;
review
iriseoir nm3 journalist
iriseoireacht nf3 journalism
irisleabhar nm1 magazine, journal

○ **EOCHAIRFHOCAL**

is¹ copula see also **grammar section.**
1 (non-past affirmative): **is dochtúir
é, dochtúir is ea é** he is a doctor;
is é an dochtúir é he is the doctor;
is annamh a théim ann I rarely go
there; **is maith sin** that's good; **is
breá liom an léitheoireacht** I love
reading; **an mac is sine** the eldest
son; **is do Sheán a thug mé é** I
gave it to John; **is as Corcaigh é/
dó** he's from Cork; **is inné a tharla
sé** it happened yesterday
2 (non past neg = **ní**): **ní saineolaí é**
he isn't an expert; **ní minic a
tharlaíonn sin** that doesn't

happen often; **ní hé is fearr orthu** he's not the best of them; **ní hé an t-ardmháistir é** he isn't the principal; **ní ar Sheán a bhí mé ag caint** I wasn't talking about John **3** (*non past interr* = **an**): **an éan é?** is it a bird?; **an miste leat má imím?** do you mind if I leave?; **an é an múinteoir é?** is he the teacher?; **an ar an mbus a casadh ort é?** did you meet him on the bus? **4** (*non past dependent affirmative* = **gur(b)**): **ceapaim gur mac léinn é** I think he's a student; **is cosúil gurb é/í/iad amháin a chonaic é** it appears that he/she/they alone saw it **5** (*non past indir rel affirmative* = **ar(b)**): **na mic léinn ar féidir leo na ceisteanna ar fad a fhreagairt** the students who can answer all the questions **6** (*non past interr neg, dependent neg, rel neg* = **nach**): **nach múinteoir é?** isn't he a teacher?; **nach mór an trua gur imigh sé?** isn't it a great pity he left?; **deir sé nach maith leis tae** he says he doesn't like tea; **tá spéaclaí de dhíth ar dhuine ar bith nach féidir leis sin a fheiceáil** anyone who can't see that should get glasses **7** (*pres sub affirmative* = **gura(b)**): **gura fada buan iad** long may they live **8** (*pres sub neg* = **nára(b)**): **nára fada go bhfille siad** may it not be long until they return **9** (*past or conditional affirmative* = **ba** *or* **b'**): **ba dhochtúir í, dochtúir ba ea í** she was *or* would be a doctor; **b'ealaíontóir í** she was *or* would be an artist; **ba é/í/iad amháin a labhair leis** he/she/they alone

spoke to him; **ba í Máire ba shine** Mary was *or* would be the eldest; **ba bhreá liom dul ann** I would love *or* loved to go there; **b'fhíor di** she was *or* would be right; **b'as Londain í/dí** she was from London; **ba chuma liom** I didn't *or* wouldn't mind **10** (*past or conditional neg* = **níor(bh)**): **níor cheoltóir í** she wasn't *or* wouldn't be a musician; **níorbh aisteoir í** she wasn't *or* wouldn't be an actress; **níorbh eol di sin** she wasn't aware of that **11** (*past or conditional interr, indir rel affirmative* = **ar(bh)**): **ar chuidiú ar bith é dá ...?** would it be any help if ...?; **an bhean arbh fhiaclóir a hathair** the woman whose father was *or* would be a dentist **12** (*past or conditional dependent affirmative* = **gur(bh)**): **cheap sí gur chigire é** she thought he was *or* would be an inspector **13** (*past or conditional dir rel affirmative* = **ba** *or* **ab**): **an léim ab fhaide** the longest jump **14** (*past or conditional dependent neg, interr rel, rel neg* = **nár(bh)**): **nár bhainistreás í?** wasn't she a manageress?; **nárbh fhile í?** wasn't she *or* wouldn't she be a poet?; **nárbh fhearr leat fanacht?** did *or* would you not rather stay?

is[1] *conj* and; *see also* **agus**
ise *pron* (*emphatic*) she; her; herself
íseal (*gsf, pl, compar* **ísle**) *adj* low; **os ~** quietly; **de ghlór ~** in a soft voice
ísealaicme *nf4* lower class
Ísiltír *nf2*: **an ~** the Netherlands
ísle *nf4* lowliness, lowness; **bheith in ~ brí** to be run down *or* in low spirits

ísleacht *nf3* low(li)ness; low ground; hollow

ísleán *nm* low ground; hollow

ísligh *vt, vi* lower; (*sound etc*) turn down

ísliú *nm* lowering; reduction; **~ céime** (*Sport*) relegation

ispín *nm4* sausage

isteach *adj* incoming; inward ▷ *adv* in, into; inside; inward(s); **tar ~!** come in!; **~ leat!** get in!; **cead ~** admission

istigh *adj* indoor; inner; inside; (*time*) expired ▷ *adv* in, inside, indoors; within; **tá an t-am ~** time is up; **an bhfuil aon duine ~?** is there anyone in?; **an taobh ~** the inside; **taobh ~ de** within, inside

istoíche *adv* by night, at night

ith (*vn* **ithe**, *vadj* **ite**) *vt, vi* eat; feed (on); **~ leat!** dig in!

itheachán *nm* eating; **seomra itheacháin** dining room

ithiomrá (*pl* **ithiomráite**) *nm4* backbiting

ithir (*gs* **ithreach**, *pl* **ithreacha**) *nf* earth, soil

iubhaile *nf4* jubilee

Iúgslaiv *nf2*: **an ~** (*formerly*) Yugoslavia

Iúil *nm4* July

iúl *nm* knowledge; guidance; attention; **rud a chur in ~ do dhuine** to let sb know sth; to make sb aware of sth; to pretend sth to sb; **d'~ a bheith ar rud** to concentrate on sth; **tú féin a chur in ~** to express o.s.

Iúpatar *nm1* (*planet*) Jupiter

iúr *nm1* yew

jab (*pl* **jabanna**) *nm4* job

jacaí *nm4* jockey

jíp (*pl* **jípeanna**) *nm4* jeep

júdó *nm4* judo

k l

karaté *nm4* karate
kebab *nm4* kebab

lá (*gs* **lae**, *pl* **laethanta**) *nm* day; **tá sé ina lá** it is day; **bhí lá agus ...** there was a time when ...; **sa lá atá inniu ann** nowadays; **lá breithe** birthday; **lá saoire** holiday; **Lá an Altaithe** Thanksgiving (Day); **Lá Bealtaine** May Day; **Lá Fhéile Muire san Fhómhar** The Feast of the Assumption; **Lá Fhéile Pádraig** St Patrick's Day; **Lá Fhéile Stiofáin** Boxing Day; **Lá Nollag** Christmas Day; **Lá Nollag Beag** Epiphany, New Year's Day; **an lá a bheith leat** to win, succeed; **is fada an lá ó ...** it's a long time since ...; **níl lá eagla orm** I'm not the least bit afraid; **ní raibh lá rúin aige dul** he had no intention of going
lab *nm4* lump; (*of money*) large amount; (*Sport*) lob
lábán *nm1* mud, muck; soft roe

lábánach adj muddy, mucky

labhair (pres **labhraíonn**) vt, vi speak, talk; utter; **~t le duine (faoi rud)** to speak to sb (about sth); **Gaeilge a ~t** to speak Irish; **~t ar rud** to mention sth; **~ amach!** speak up!

labhairt (gs **labhartha**) nf3 speaking; speech

labhandar nm1 lavender

labhras nm1 laurel

lacáiste nm4 rebate; discount; **rud a fháil ar ~** to get sth at a discount; **~ mac léinn** student discount

lách (gsm **lách**) adj kind, affable; good-natured

lacha (gs, gpl **lachan**, nom pl **lachain**) nf duck

lachtach adj milky; lactic

ladar nm1 ladle; **do ~ a chur i rud** to interfere or meddle in sth

ladhar (gs **laidhre**, pl **ladhracha**) nf2 toe; claw; hand; fork, prong; **ladhracha** (of crab etc) pincers

ladrann nm (Zool) drone

ladús nm1 impertinence, cheek; nonsense

ladúsach adj cheeky; foolish

lae, laethanta see **lá**

laethúil adj daily

laftán nm1 (of rock) ledge

lag adj weak, slight; feeble; faint ▷ nm1 weak (person)

lagaigh vt, vi weaken; dilute; **nár lagaí Dia thú!** good on you!, more power to you!

Lagán n: **Abhainn an Lagáin** the (river) Lagan

lagar (pl **lagracha**) nm1 weakness; **~ a theacht ort** to become faint

lágar nm1 lager

lagbhríoch adj weak

lagbhrú nm4 (Meteor) low pressure, depression

laghad nm4 smallness; fewness; sparseness; **dá ~** however little; **gan eagla dá ~** without the least fear; **ar a ~** at least; **ní chreidfeá a ~ am a ghlacann sé** you wouldn't believe how little time it takes

laghairt nf2 lizard

laghdaigh vt, vi reduce; lessen, decrease

laghdú nm decrease, reduction

lagiolra nm4 (Gram) weak plural

lagmheasartha adj (quality) indifferent, unimpressive

lagmhisneach nm1 low spirits; **~ a chur ar dhuine** to demoralize sb

lagrach nm1 (Meteor) depression, low

lagú nm weakening; (of storm etc) abatement

láí (pl **lánta**) nf4 spade

láib nf2 mud, mire

laibhe nf4 lava

laicear nm1 lacquer

Laidin nf2 (Ling) Latin

Laidineach adj, nm1 Latin

láidir (gsf, pl, compar **láidre**) adj strong; powerful ▷ nm4 strong (person); **lámh ~** violence, force

láidreacht nf3 strength

láidrigh vt, vi strengthen

laige nf4 weakness; early childhood; faint; **titim i ~** to faint; **ó ~ go neart** from childhood to maturity

Laighin (gpl **Laighean**) nmpl: **Cúige Laighean** Leinster

Laighneach adj Leinster ▷ nm1 Leinster(wo)man

láimh see **lámh**

láimhdeachas nm1 handling, manipulation

láimhe n gen as adj manual, hand-

láimhseáil vt handle, manage ▷ nf3 handling, management

láimhsigh vt (physically)
(man)handle; manipulate
láimhsiú nm handling;
manipulation
laincis nf2 fetter; (fig) restriction;
níl ~í ar bith uirthi she has no ties
laindéar nm1 lantern
láine nf4 fullness; (sound) volume
lainseáil vt (Naut) launch
láir (gs **lárach**, pl **láracha**) nf mare
láirig (pl **láirigeacha**) nf2 thigh
laiste nm4 latch
laisteas adv, prep (to the) south
laistiar adv, prep to the west of;
behind
laistigh prep, adj, adv indoors,
inside, within
laistíos adv, adj, prep below
láithreach adj present; immediate,
prompt; instant ▷ adv presently;
immediately, instantly ▷ nm
(Gram) present (tense); **~ bonn**
instantly; on the spot; see also
láthair
láithreacht nf3 presence
láithreán nm1 site; (Comput)
(web)site; (Theat) set; **~ fuillígh**
dumping site; **~ gréasáin** (Comput)
website; **~ tógála** building site
láithreoir nm3 presenter
Laitvia nf4: **an ~** Latvia
lamairne nf4 jetty
lámh (ds **láimh**) nf2 hand; arm;
handle; (skill) touch; handwriting;
~ chúnta or **chuidithe** a helping
hand; **tá ~ is fonsa eatarthu** they
are engaged; **~ mhaith a bheith
agat ar rud** to be handy at sth; **rud
a ghlacadh as/i láimh** to
undertake sth; **~ a chur i do bhás
féin** to commit suicide; **rud a
bheith idir ~a agat** to be occupied
with sth; **droim/cúl láimhe a
thabhairt le rud** to reject sth,

renounce sth; **an ~ in uachtar a
fháil ar dhuine** to get the better of
sb; **do ~ a chur le rud** to sign sth;
in aice láimhe nearby; **ar láimh** at
hand; **láimh le** beside, near
lámhacán nm1 crawling
lámhach nm1 gunfire; shooting
▷ vt, vi shoot; **sos lámhaigh**
cease-fire
lámháil nf3 allowance; discount
▷ vt allow
lámháltas nm1 allowance,
concession; (Tech) tolerance
lámhainn nf2 glove; **~í dornála**
boxing gloves
lámh-cheird nf2 handicraft
lámhchleasaí nm4 juggler
lámhchrann nm1 handle
lámhdhéanta vadj handmade
lámhleabhar nm1 handbook,
manual
lámh-mhaisiú nm manicure
lámhscríbhinn nf2 manuscript
lámhscríbhneoireacht nf3
handwriting
lámhscríofa vadj handwritten
lampa nm4 lamp
lán adj full ▷ nm complement; fill;
~ go béal full up; **~ chomh cliste
le ...** every bit as clever as ...;
~ dóchais full of hope; **~ mara**
high or full tide; **~ doirn** a fistful; **a
~ rudaí** many things; **a ~ acu**
many of them
lán- prefix full, fully, total(ly)
lána nm4 lane
lánaimseartha adj full-time
lánchúlaí nm4 (Sport) full-back
landair nf2 (in room) partition
lándúiseacht nf3: **tá sí ina ~** she is
wide-awake
lánfhada adj full-length
lánluas nm1 full speed; **ar ~** at full
speed

lann *nf2* blade; thin plate; (*of fish*) scale; **~ rásúir** razor blade

lannach *adj* laminated; (*weapon*) bladed

lannaigh *vt* laminate; scale

lanntrach *nf2* (*of fish*) scales

lánoiread *n*: **bhí a ~ ag Áine** Ann had just as much or many

lansa *nm4* lance(t); blade

lansaigh *vt* (*Med*) lance

lánscoir *vt* (*parliament*) dissolve

lánscor *nm1* (*of parliament*) dissolution

lánseol *n*: **faoi ~** at full speed; (*fig*) in full swing

lánstad (*pl* **lánstadanna**) *nm4* (*Typ*) full stop, period

lánstaonaire *nm4* teetotaller

lántáille *nf4* full fare

lántosaí *nm4* (*Sport*) full forward

lánúin (*pl* **lánúineacha**) *nf2* couple; **~ phósta** married couple; **~ nuaphósta** newly-weds

lánúnas *nm1* matrimony; cohabitation

lao (*pl* **laonna**) *nm4* calf

laoch (*gs* **laoich**, *pl* **laochra**) *nm1* hero; warrior

laochas *nm1* heroism, valour; bravado

laochra *nm4* (band of) warriors

laochraiceann *nm1* calf(skin)

laofheoil *nf3* veal

Laoi *nf4*: **an ~** the (River) Lee

laoi (*pl* **laoithe**) *nf4* poem; lay

Laois *nf2* Laois

laomlampa *nm4* flashlight

laomthacht *nf3* (*of light*) brilliance

Laos *nm4* Laos

lapa *nm4* paw; flipper; (*of birds etc*) webbed foot

lapadáil *nf3* (*in water*) paddling, wading; (*of water*) lapping

Laplainn *nf2*: **an ~** Lapland

lár *nm* centre, middle; ground, floor; (*in road signs*) **An L~** town centre; **~ na hÉireann** the centre of Ireland; **~ na hoíche** the middle of the night; **i ~ báire** in the middle; **rud a fhágáil ar ~** to omit sth; **~ na páirce** midfield; **bheith ar ~** to be missing; (*knocked down*) be on the ground/floor; **an lúb ar ~** the missing link

lárach, láracha *see* **láir**

laraing *nf2* larynx

laraingíteas *nm1* laryngitis

larbha *nm4* larva

lardrús *nm1* larder

lárionad *nm1* centre

lárlíne (*pl* **lárlínte**) *nf4* diameter; centre line

lárnach *adj* central; **téamh ~** central heating

lárphointe *nm4* centre

lárthosaí *nm4* (*Sport*) centre-forward

las *vt, vi* light; inflame, ignite; blush; **tine a ~adh** to light a fire

lása *nm4* lace

lasadh (*gs* **lasta**) *nm* lighting; blush; inflammation; **~ a bhaint as duine** to make sb blush

lasair (*gs* **lasrach**, *pl* **lasracha**) *nf* flame; blaze

lasán *nm1* flame; flash; (*for lighting*) match; **bosca ~** box of matches

lasánta *adj* flaming, fiery; (*word*) heated; (*complexion*) flushed; (*character*) quick-tempered, irritable

lasc *nf2* whip, lash; (*for light, radio etc*) switch ▷ *vt, vi* whip, lash; (*ball*) kick; hurry, dash; **~ ama** time switch

lascadh (*gs* **lasctha**) *nm* whipping, flogging

lascaine *nf4* discount; abatement;

~ 10% 10% off; **ar ~** at a reduced price

lasmuigh adj, adv, prep outdoors, outside; **~ de** apart from

lasnairde adv, adj, prep above, overhead

lasóg nf2 small flame; **an ~ a chur sa bharrach** to spark off trouble

lasrach, lasracha see **lasair**

lasta¹ nm4 freight, cargo, load

lasta² vadj lit; inflamed; flushed; see also **lasadh**

lastall adj, adv, prep beyond, on the far side

lastas nrm freightage; shipment; consignment

lastlong nf2 (ship) freighter

lastoir adv, adj, prep on the east side

lastóir nm3 lighter

lastuaidh adj, adv, prep on the north side

lastuas adj, adv above, overhead

lata nm4 slat

láthair (gs **láithreach**, pl **láithreacha**) nf place; location, spot; **bheith as ~** to be absent; **bheith i ~** to be present; **faoi ~** at present; **ar an ~** on the spot; **ar ~ amuigh** (Cine) on location; **i ~ na huaire** at the moment

EOCHAIRFHOCAL

le (prep prons = **liom, leat, leis, léi, linn, libh, leo**) (prefixes **h** to vowel; becomes **leis** before def art) prep with; to; by; near **1** (accompanying) with; **suí/fanacht le duine** to sit/wait with sb; **tabhair do leabhar leat** bring your book with you **2** (aid, implement etc) with; **duine a bhualadh le bata** to strike sb with a stick; **scríobhadh le peann**

luaidhe é it was written with a pencil

3 (with emotion, feeling etc) with; out of; due to; **bhí mé lag leis an ocras** I was weak with hunger; **is le teann feirge a rinne sé é** he did it out of sheer anger; **rud a dhéanamh le fonn** to do sth with relish; **bhí siad ar crith le heagla** they were trembling with fear

4 (with copula: view, opinion, habit): **is maith liom tae** I like tea; **is dóigh léi go bhfuil sé sa bhaile** she thinks he's at home; **is cuma liom** I don't mind or care; **ba ghnách liom dul ann go minic** I used to go there often

5 (ownership, relationship) of; by; **is le Máire an sparán sin** that purse belongs to Mary; **is col ceathar leo é** he is a cousin of theirs; **leabhar le Camus** a book by Camus

6 (comparison) as; **bheith chomh hard le duine** to be as tall as sb; **bheith ar aon aois le duine** to be the same age as sb; **bheith cosúil le duine** to look like sb

7 (favouring) with, for; **an bhfuil tú linn nó inár n-éadan?** are you for us or against us?; **bhí an t-ádh leo** luck was with them; **bheith ar aon intinn le duine** to be of the same opinion as sb

8 (time) for; during; at; **táimid anseo le seachtain** we have been here for a week; **le mo sholas** as long as I live; **le bánú an lae** at daybreak; **leis sin, d'imigh sé** with that, he left

9 (against, near): **taobh le taobh** side by side; **do chos a chur leis an doras** to put one's foot against the door

10 (*hanging*) from; **bhí a cuid gruaige síos léi** her hair was hanging down

11 (*pursuit, occupation*) with; **am a chaitheamh le rud** to spend time with sth; **dul le feirmeoireacht** to take up farming

12 (*denoting continuing action*): **tá sí ag obair léi** she's working away; **abair leat** carry on with what you're saying; **tá mé ag foghlaim liom** I'm learning all the time

13 (*in phrasal verbs*): **labhairt le duine** to speak with sb, talk to sb; **troid/déileáil le duine** to fight/ deal with sb; **cabhrú** or **cuidiú/ éisteacht le duine** to help/listen to sb; **cur le rud** to add to sth; **do chúl a thabhairt le rud** to turn one's back on sth; **titim le binn** to fall down a cliff

14 (*disposition towards*) to, with, towards; **bheith cairdiúil/ giorraisc le duine** to be friendly/ curt with sb

15 (*with verbal noun*): **chuaigh sé amach le toitín a chaitheamh** he went out to smoke a cigarette; **bhí rudaí le déanamh acu** they had things to do; **níl dada le rá aige** he has nothing to say; **níl sé le fáil in aon áit** it's nowhere to be found

leá *nm4* melting; dissolution

leaba (*gs* **leapa**, *pl* **leapacha**) *nf* bed; berth; **an ~ a chóiriú** to make the bed; **bia agus ~** board and lodging; **~ agus bricfeasta** bed and breakfast; **~ shingil/ dhúbailte** single/double bed; **i ~ + gen** instead of, in lieu of

leabaigh *vt* bed, embed

leabhal *nm1* libel

leabhar *nm1* book; **~ nótaí**

notebook; **~ tagartha** reference book; **~ gearrthóg** scrapbook; **~ sceitseála** sketch book; **~ scoile** schoolbook; **dar an ~** upon my word

leabharchoimeád (*gs* **leabharchoimeádta**) *nm* book-keeping

leabharlann *nf2* library

leabharlannaí *nm4* librarian

leabharliosta *nm4* bibliography

leabharmharc *nm1* (*also Comput*) bookmark

leabhrágán *nm1* bookcase

leabhrán *nm1* booklet; brochure

leac *nf2* flat stone; (*of stone*) slab, flagstone; (*on floor*) tile; (*Cards etc*) kitty; **~ an dorais** the doorstep; **~ na fuinneoige** the windowsill; **~ oighir** ice; **~ uaighe/thuama** gravestone/tombstone

leaca (*gs, gpl* **leacan**, *nom pl* **leicne**) *nf* cheek; (*of mountain*) side, slope

leacaigh *vt* flatten (out); crush

leacán *nm1* flat stone, slab; tile; **díon ~** tiled roof

leacht[1] (*pl* **leachtanna**) *nm3* liquid

leacht[2] (*pl* **leachtanna**) *nm3* grave, cairn; memorial stone; **~ cuimhneacháin** monument

léacht *nf3* lecture; **~ a thabhairt** to give a lecture

leachtach *adj* liquid

leachtaigh *vt, vi* liquidize, liquefy; (*Comm*) liquidate

leachtaitheoir *nm3* liquidizer; (*Comm*) liquidator

léachtlann *nf2* (*Scol*) lecture theatre

léachtóir *nm3* lecturer

léachtóireacht *nf3* lectureship; lecturing

leadair (*pres* **leadraíonn**) *vt* thrash, beat; hack

leadhb (pl **leadhbanna**) nf2 strip; rag; (of animal) hide; (of stick etc) blow ▷ vt tear apart, cut up; beat, trounce

leadhbairt nf3 beating, thrashing

leadhbóg nf2 small strip; blow, slap; (Zool) flounder

leadóg nf2 slap; (Sport) tennis; **~ bhoird** table tennis

leadradh (gs **leadartha**, pl **leadarthaí**) nm beating, trouncing, hammering

leadrán nm bore, drag; boredom, tedium; **dul chun leadráin** to become tedious, drag on

leadránach adj boring, tedious

leadránaí nm4 lingerer; bore

leafaos nm1 paste

leag (vn **leagan**) vt, vi knock down or over; (house) demolish; lay; (car) run down; (sail) lower; **dúshraith a ~an** to lay a foundation; **rud a ~an amach** to lay out sth, arrange sth; **duine a ~an amach** to knock sb out; **d'intinn a ~an ar rud** to apply o.s. to sth, concentrate on sth; **súil a ~an ar rud** to lay eyes on sth; **cuspóirí a ~an síos** to set (out) objectives; **rud ~an ar dhuine** to attribute sth to sb; **lámh a ~an ar rud** to lay a hand on sth

leagáid nf2 legacy

leagan (pl **leaganacha**) nm1 version; knocking down; lowering; laying; **~ cainte** phrase, expression; **do ~ féin a chur ar rud** to tell sth your (own) way; **~ amach** lay-out

leaid (pl **leaideanna**) nm4 lad

leáigh (vn **leá**) vt, vi melt (down), thaw; dissipate

leaisteach adj elastic

leaistic nf2 elastic

leamh (gsm **leamh**) adj weak; tepid; boring, dull; stupid

léamh (pl **léamha**) nm1 reading; **níl ~ ná scríobh air** it's beyond description; see also **léigh**

leamhachán nm1 (sweet) marshmallow

leamhan nm1 moth

leamhán nm1 elm

leamhgháire nm4 sarcastic smile, smirk

leamhnacht nf3 milk

leamhsháinn nf2 (Chess) stalemate

leamhthuirse nf4 boredom

lean (vn **leanúint**) vt, vi follow, pursue; proceed; continue; **mar a ~as** as follows; **treoracha a ~úint** to follow instructions; **lean ar** continue, persist in; **~ ort** continue, persist in; **~ ar aghaidh** proceed, continue; **~úint ort ag scríobh** to continue writing; **lean de** continue (with), adhere to; (name) stick; (note) sustain; **~úint de rud** to keep at sth; **lean le** continue (with)

léan (pl **léanta**) nm1 anguish; grief; woe; **bheith faoi ~** to be grief-stricken

léana nm4 lawn; meadow

leanaí see **leanbh**

leanbaí adj childlike, childish; infantile; **bheith san aois ~** to be doting

leanbaíocht nf3 childhood; childishness, infantility; dotage

leanbán nm1 little child, baby

leanbh (pl **leanaí**) nm1 child; **ó liath go ~** both young and old

léanmhar adj harrowing; agonizing; woeful

leann (pl **leannta**) nm3 ale; beer; **~ dubh** stout, porter; **~ úll** cider; **teach ~a** pub, ale-house

léann *nm* learning; education; **~ a bheith ort** or **agat** to be educated; **bheith ag déanamh léinn** to study

leanna *see* **lionn**

leannán *nm* lover; sweetheart; chronic sickness

leannánta *adj* chronic

leannlus *nm3* hops

leannta *see* **leann**

léannta *adj* learned; scholarly

léanta *see* **léan**

leantach *adj* continuous; repeated; consecutive

leantóir *nm3* follower, fan; (*Aut*) trailer

leanúint (*gs* **leanúna**) *nf3* following; pursuit; **lucht leanúna** followers, supporters; **ar ~** to be continued; *see also* **lean**

leanúnach *adj* continuous; continuing; persistent, faithful; sustained

leanúnachas *nm* continuity; faithfulness

leanúnaí *nm4* follower

leapa, leapacha *see* **leaba**

lear[1] *nm* sea; ocean; **thar ~** overseas, foreign

lear[2] *nm4* large number or amount; **~ mór páistí** a lot of children

lear[3] *nm4* defect, blemish; shortcoming

léaráid *nf2* diagram; illustration

learg *nf2* (*of hill etc*) slope, side

léargas *nm* sight; insight; vision, visibility; discernment

léaró *nm4* glimmer; **~ dóchais** glimmer of hope

learóg *nf2* larch

Learpholl *nm* Liverpool

léarscáil (*pl* **léarscáileanna**) *nf2* map; **~ bhóithre** road map

leas *nm3* welfare, interest, good, benefit; (*Agr*) manure, fertilizer; **~ a bhaint as rud** to benefit by or from sth; **rud a dhéanamh le do ~ féin** to do sth for your own benefit; **~ an phobail** the common good

leas- *prefix* vice-, deputy-, step-

léas[1] *nm3* lease; **rud a ligean ar ~** to lease sth out

léas[2] (*pl* **léasacha**) *nm* (*of light*) ray, beam; weal, welt

léas[3] *vt* thrash; spank

leasachán *nm* fertilizer

léasadh (*gs* **léasta**, *pl* **léastaí**) *nm* thrashing; spanking, hiding

leasaigh (*vn* **leasú**) *vt* amend, reform; (*food etc*) preserve; season; (*Agr*) fertilize

leasainm (*pl* **leasainmneacha**) *nm4* nickname

leasaithe *vadj* reformed; improved; amended; (*food etc*) preserved, cured

leasaitheach *adj* amending, reforming; preservative

léasar *nm* laser

leasathair (*gs* **leasathar**, *pl* **leasaithreacha**) *nm* stepfather

leasc (*gsm* **leasc**) *adj* slow; reluctant; **ba ~ liom dul** I was reluctant to go

leasdeartháir (*gs* **leasdeartháir**, *pl* **leasdeartháireacha**) *nm* stepbrother

leasdeirfiúr (*gs* **leasdeirféar**, *pl* **leasdeirfiúracha**) *nf* stepsister

leasiníon *nf2* stepdaughter

léaslíne (*pl* **léaslínte**) *nf4* horizon

leasmhac *nm* stepson

leasmháthair (*gs* **leasmháthar**, *pl* **leasmháithreacha**) *nf* stepmother

léaspáin *nmpl*: **~ a bheith ar do shúile** to be seeing things

léaspairt nf2 witticism

leas-phríomhoide nm4 (Scol) vice principal, deputy head

leasrach nm1 (also Culin) loin(s)

leasracha see **leis¹**

leasú nm amendment; reform; improvement; (Agr) manure, fertilizer

leasúchán nm1 amendment

leat see **le**

leataobh nm1 one-side; lay-by; **rud a chur i ~** to put to one side

leataobhach adj one-sided; bias(s)ed; lopsided

leatard nm1 leotard

leath¹ (ds leith) nf2 half; **rud a ghearradh ina dhá ~** to cut sth in two; **go leith** and a half; **bliain go leith** a year and a half; **~ bealaigh** halfway; **~ chomh ... le** half as ...; **céad go leith** one hundred and fifty; **níl agat ach a ~** the feelings are mutual

leath² (ds leith) nf2 side, part; direction; **bheith d'aon leith** to be on (the) one side; **dul d'aon leith** to combine, unite; **ar leith** special, distinct, particular; separate, apart; **i leith +** gen towards, in favour of; **bheith i leith ruda** to be in favour of sth; **rud a chur i leith duine** to accuse sb of sth, attribute sth to sb; **ón lá sin i leith** since that day

leath³ (vn **leathadh**) vt, vi spread (out); sprawl; open wide; scatter

leath- prefix half-, semi-; one of two; partial; **leathlá** half day; **leathmhíle** half a mile; **leathshúil** one eye

leathadh (gs **leata**) nm spread(ing); diffusion; **ar ~** wide open

leathaghaidh nf2 side of face, profile

leathair n gen as adj leather

leath-am nm3 half-time

leathan (gsf, compar **leithne**) adj broad; wide; extensive

leathán nm1 (of glass, paper etc) sheet

leathanach nm1 page, sheet; **~ baile** (Comput) home page; **~ gréasáin** (Comput) web page; **~ tosaigh** front page

leathanaigeanta adj broadminded

leathar nm1 leather

leathbhádóir nm3 colleague; (fig) partner

leathbhreac nm1 counterpart

leathchéad nm1 half-century, fifty; half-hundredweight

leathcheann nm1 (of spirits) half

leathchiorcal nm1 semicircle

leathchruinne nf4 hemisphere

leathchuid (gs **leathchoda**, pl **leathchodanna**) nf3 half

leathchúlaí nm4 half back

leathchúpla nm4 (one) twin

leathdhosaen nm4 half a dozen

leathdhuine (pl **leathdhaoine**) nm4 moron

leathfhada adj oblong

leathfhocal nm1 catch phrase; hint

leathlá (gs **leathlae**, pl **leathlaethanta**) nm half-day

leathmhaig nf2 tilt, slant; **bheith ar ~** to be tilted

leathmheasartha adj (quality etc) indifferent, poor

leathnaigh vt, vi widen

leathnú nm widening, expansion

leathóg nf2 flatfish

leathphingin nf2 halfpenny

leathphionta nm4 (of beer) half-pint

leathphunt nm1 half a pound

leathscoite adj semi-detached

leathstad (pl **leathstadanna**) nm4 semicolon

leath-thosaí nm4 (Sport) half forward

leathuair nf2 half-hour, half an hour

leatrom nm inequality; oppression; **~ a dhéanamh ar dhuine** to oppress or wrong sb

leatromach adj unbalanced, unfair; oppressive; one-sided

léi see **le**

leibhéal nm1 level

léibheann nm1 level area; platform, stage; (Geog) terrace; **~ cheann staighre** (in house) landing

leibide nf4 fool, idiot

leibideach adj silly, ridiculous, foolish; (work etc) slack, slovenly

leiceacht nf3 (of health) delicacy

leiceadar nm1 smack, slap

leiceann (pl **leicne**) nm1 cheek; (of mountain) side, slope

leicneach nf2 mumps

leictreach adj electric(al)

leictreachas nm1 electricity

leictreoid nf2 electrode

leictreoir nm3 electrician

leictreonach adj electronic

leictreonaic nf2 electronics

leid (pl **leideanna**) nf2 clue, hint; (Comput) prompt

leifteanant nm1 lieutenant

léig nf2 decay, neglect; **dul i ~** to decay, decline; **rud a ligean i ~** to neglect sth

léigh (vn **léamh**) vt, vi read; **~ amach** read out; **~ ar** make out; **~ as** interpret; **leabhar a léamh** to read a book; **aifreann a léamh** to say Mass

leigheas nm1 (pl **leigheasanna**) medicine; remedy; cure; retrieval ▷ vt heal; cure; right, rectify,

remedy; **níl ~ air** it can't be helped

léigiún nm1 legion

léim nf2 (pl **léimeanna**) jump, leap ▷ vt, vi jump; leap; start; (word, page) miss, skip; **~ ard/fhada** (Sport) high/long jump; **~ chuaille** pole vault; **~ a bhaint as duine** to startle sb; **balla a ~** to jump over a wall

léimneach nf2 jumping

léine (pl **léinte**) nf4 shirt; **~ phóló** polo shirt; **~ oíche** nightdress

leipreachán nm1 leprechaun

léir adj clear; distinct; clear-headed; **is ~ go** it is evident that; **ba ~ dom (go)** it was clear to me (that); **ní ~ aon dul as** there doesn't seem to be any alternative; **(uile) go ~** altogether, whole, all; **an t-airgead go ~** all the money

leircín nm4: **a dhéanamh de rud** to squash or crush sth

léire nf4 clearness; accuracy; **rud a thabhairt chun ~** to highlight sth, draw attention to sth

léirigh (vn **léiriú**) vt, vi illustrate; show; indicate; (Cine) produce

léiritheoir nm3 (Cine, Theat etc) producer

léiriú nm clarification; illustration; (Theat) production

léirmheas nm3 review, critique; **rud a ~** (Liter etc) to review sth

léirmheastach adj critical

léirmheastóir nm3 critic, reviewer

léirmheastóireacht nf3 (profession) criticism

léirmhínigh vt interpret, explain

léirmhíniú nm interpretation

léirscrios (gs **léirscriosta**) nm destruction, devastation ▷ vt destroy, devastate

léirsigh vi (Pol) demonstrate

léirsitheoir nm3 (Pol) demonstrator

léirsiú nm (rally) demonstration

léirstean nf2 insight, perception, understanding

léirsteanach adj perceptive

léirthuiscint nf3 appreciation

leis¹ (pl **leasracha**) nf2 thigh; (Culin) leg

leis² adv also; too; either

leis³ see **le**

leisce nf4 laziness; reluctance; shyness; **~ a bheith ort rud a dhéanamh** to be reluctant or loath to do sth; **giolla na ~** lazybones, dosser

leisceoir nm3 lazybones, dosser

leisciúil adj lazy; reluctant

leispiach adj, nm lesbian

leite (gs **leitean**) nf porridge

leith see **leath**¹,²

léith see **liath**

leithcheal nm3 discrimination; **~ a dhéanamh ar dhuine** to discriminate against sb, treat sb unfairly

léithe see **liath**

leithead nm1 breadth, width; (disposition) conceit; **tá sé slat ar ~** it's a yard wide

leitheadach adj widespread; broad, wide

léithéid nf2 such; like, equal; **a ~ de leabhar** such a book; **ní fhaca mé a ~ riamh** I never saw anything like it; **a ~ seo d'áit** such-and-such a place; **a ~ de phraiseach!** what a mess!; **~í Sheáin** the likes of John

léitheoir nm3 reader

léitheoireacht nf3 reading

leithinis (gs **leithinse**, pl **leithinsí**) nf2 peninsula

leithleach adj (place) apart; (style etc) distinct; (person etc) selfish

leithleachas nm1 selfishness; (of style etc) individuality, peculiarity

leithligh n: **ar ~** aside, apart; **rud a chur ar ~** to put sth aside

leithlis nf2 isolation

leithlisigh vt isolate

leithne nf4 breadth, width; see also **leathan**

leithreas nm1 toilet; lavatory

leithscéal (pl **leithscéalta**) nm1 excuse; apology; **(do) ~ a ghabháil le duine** to apologize to sb; **ní ~ ar bith sin** that's no excuse; **~ duine a ghabháil** to excuse sb

leithscéalach adj apologetic

leitís nf2 lettuce

lena, lenár, leo see **le**

leochaileach adj fragile; (to pain etc) tender

leochaileacht nf3 delicacy, fragility; (to pain etc) tenderness

leoga excl indeed

leoicéime nf4 leukaemia

leoithne nf4 breeze

leomh vt, vi dare; presume; allow

leon¹ nm1 lion; **An L~** (Astrol) Leo

leon² vt sprain; wound, hurt

leonadh (gs **leonta**, pl **leontaí**) nm sprain; injury, wound

leonta vadj sprained; injured, hurt

leor adj enough, sufficient; plenty, ample; **is ~ é** it is sufficient; **is ~ liom é** I consider it sufficient; **is ~ sin/euro/beirt** that/a euro/two is enough; **go ~ airgid** enough money; **in am go ~** in sufficient time; **aisteach go ~** oddly enough; **ceart go ~, maith go ~** alright, all right

leoraí nm4 lorry

leorghníomh nm1 amends; **~ a dhéanamh i rud** to make up for sth

lí nf4 complexion; colour

lia¹ (pl **lianna**) nm4 physician; **~ ban** gynaecologist; **~ súl** optician

lia² adj more numerous

liach (gs **léiche**) nf2 ladle(ful)

liacht nf3 medicine

liamhás (pl **liamhása**) nm1 ham

lián nm1 trowel; propeller

liath (gsm **léith**, gsf, compar **léithe**) adj grey ▷ nm1 grey ▷ vi (become) grey

liathbhán adj pale, pallid; wan

liathbhuí adj sallow

liathchorcra adj lilac

liathróid nf2 ball; **~ láimhe** handball

Liatroim nm3 Leitrim

libh see **le**

Libia nf4: **an ~** Libya

líbín nm4: **bheith i do ~** to be soaked or dripping wet

licéar nm1 liqueur

licín nm4 (in game, gambling) counter

Life nf4: **an ~** the (river) Liffey

lig (vn **ligean**) vt, vi let, allow; emit; (house etc) let; (sound, sigh) emit, let out; (rest) have; **duine a ~ean saor** or **ar shiúl** to let sb go; **téad a ~ean** to pay out a rope; **~ do scíth seal** rest yourself a while; **fead a ~ean** to whistle; **lig amach** let out; (house, land) hire out; (information) reveal; (feelings etc) vent; (clothes) let out; **do racht a ~ean amach** (fig) to let off steam; **lig anuas** (hair etc) let down; (weight etc) lower; **lig ar** let on; pretend; feign; **níl sí ach ag ~ean uirthi (féin)** she's only pretending; **lig amach** let out, release from; (scream) emit, let out; (from work, drinking etc) ease off, lay off; **~ sé béic as** he yelled; **tine a ~ean as** to let a fire go out; **lig chuig** or **chun** let to; allow to; reveal to; **lig de** release from; (habit etc) give up; (load) lay down;

lig do allow, let, permit; (person) let be, leave alone; **níor ~ sí dó fanacht** she didn't let him stay; **~ dom!** leave me alone!, don't bother me!; **lig faoi** (storm, rage) settle down; **lig i** let into; **rud a ~ean i ndearmad** to let sth be forgotten; **lig isteach** let in; (boat, roof) leak; (clothes) take in; **~ isteach mé!** let me in!; **lig le** let go, allow to go; (secret identity) reveal to; **rud a ~ean le duine** to let sb get away with sth; **lig ó** let go; cede; (bucket etc) leak; **rud a ~ean uait** to let sth go; **lig siar** let back; swallow; **lig síos** (also fig) let down; **lig thar** let pass; **rud a ~ean tharat** (remark etc) to let sth pass; **lig trí** let through; leak

ligean nm1 letting; draining; scope; leakage; (in rope etc) slack; **~ a thabhairt do dhuine** to give sb (some) leeway

ligh vt, vi lick; **do mhéara a lí** to lick one's fingers

ligthe vadj let; hired; (athlete etc) supple, lithe; **bheith ~ ar rud** to be addicted to sth

lile nf4 lily

limistéar nm1 area, sphere; territory; district; **~ faoi fhoirgnimh** built-up area; **~ liath** grey area

líne (pl **línte**) nf4 line; row; lineage; **~ cheannais** line of command; **~ chóimeála** assembly line; **línte dhá spás** double-spaced lines; **fear ~** linesman

líneach adj lined; linear

líneadach (pl **líneadaí**) nm1 linen

líneáil nf3 lining ▷ vt line

línéar nm1 (ship) liner

líníocht nf3 drawing

línithe adj lined, ruled

linn¹ (*pl* **linnte**) *nf2* pool, pond; sea, water; **~te peile** (football) pools

linn² *nf2* period; **le ~ a hóige** during her youth; **idir an dá ~** in the meantime; **lena ~** in his lifetime

linn³ *see* **le**

linntreog *nf2* pond; puddle; pothole

línte *see* **líne**

lintile *nf4* lentil

Liobáin *nf2*: **an ~** Lebanon

liobair *vt* tear; scold, slate

liobar *nm* lip; pout; rag, tatter

liobarnach *adj* torn; awkward; clumsy; blubbering

liobrálach *adj* liberal

liobrálachas *nm1* liberalism

liobrálaí *nm4* liberal

liocras *nm1* liquorice

liodán *nm1* litany

líofa *adj* fluent; polished; (*knife etc*) sharp

líofacht *nf3* fluency; sharpness

liom *see* **le**

líoma *nm4* lime

liomanáid *nf2* lemonade

líomatáiste *nm4* district, area; limit; precinct; territory

líomh *vt* (*edge*) sharpen; file; polish

líomhain (*gs* **líomhna**, *pl* **líomhaintí**) *nf3* allegation ▷ *vt* (*pres* **líomhnaíonn**) allege

líomhán *nm1* (*tool*) file

liomóg *nf2* nip, pinch; **~ a bhaint as duine** nip or pinch sb

líomóid *nf2* lemon

líon¹ (*pl* **líonta**) *nm1* number; fill ▷ *vt*, *vi* fill (in *or* up); (*tide*) flood; **~ tí** household; **~ gnó** quorum

líon² *nm1* flax; linen

líon³ *nm1* web; net; **~ damháin alla** cobweb

líon⁴ *adj*: **~ lán** full; packed; crowded

líonadh (*gs* **líonta**) *nm* filling

líonmhaireacht *nf3* proliferation, abundance; **dul i ~** to become more numerous

líonmhar *adj* numerous; abundant; full, complete

líonn (*gs* **leanna**, *pl* **lionnta**) *nm* (*of body*) humour; **~ fuar** phlegm; **~ dubh** melancholy, depression; **~ dubh a bheith ort** to be depressed

líonól *nf2* lino

líonpheil *nf2* netball

líonra *nm4* (*also Comput*) network, web

líonrith *nm4* excitement, agitation; panic

líonrú *nm* networking; **~ sóisialta** social networking

lionsa *nm4* lens; **~í tadhaill** contact lenses

líonta *see* **líon¹**

liontán *nm1* (small) netting; net

liopa *nm4* lip; flap

liopach *adj*, *nm* (*also Ling*) labial

liopard *nm1* leopard; **~ fiaigh** cheetah

liopasta *adj* untidy; awkward, clumsy

lios (*gs* **leasa**, *pl* **liosanna**) *nm3* ring-fort; fairy mound; enclosed area

Liospóin *nf4* Lisbon

liosta¹ *adj* tedious; tiresome; persistent

liosta² *nm4* list; inventory

liostaigh *vt* list

liostáil *vt*, *vi* enlist

Liotuáin *nf2*: **an ~** Lithuania

liotúirge *nm4* liturgy

lipéad *nm1* label; **a chur ar rud** to label sth

líreacán *nm1* lollipop

liric *nf2* lyric

liriceach adj lyrical

lítear nm litre

liteartha adj literary; literate; literal

litearthacht nf3 literacy

litir (gs **litreach**, pl **litreacha**) nf letter; epistle; **bosca litreacha** letterbox; **~ mhínithe** covering letter

litrigh vt spell

litríocht nf3 literature

litriú nm spelling, orthography

litriúil adj literal

liú nm4 yell, shout; **~ a ligean asat** to yell

liúntas nm allowance; **~ cíosa/leanaí/teaghlaigh** rent/children's/family allowance

liús nm1 (fish) pike

lobh vt, vi rot, decay; decompose

lobhadh nm1 rot, decay

lobhar nm leper

lobhra nf4 leprosy

loc vt enclose; round up; (car etc) park ⊳ nm (of canal) lock

loca nm4 (Agr) pen, fold; (of cotton wool, paper) wad; (of hair) lock; **~ carranna** car park

loch (pl **lochanna**) nm3 loch, lough, lake; pool; sea; **L~ Dearg** (in Ulster) Loch Derg; **L~ Deirgeirt** (on River Shannon) Loch Derg; **L~ Éirne** Lough Erne; **L~ nEathach** Lough Neagh; **L~ Lao** Belfast Lough

lochán nm1 pond; **~ uisce** puddle

Loch Garman nm Wexford

Lochlannach adj, nm Scandinavian; Norse; Viking

lóchrann nm1 lantern; light, lamp

locht (pl **lochtanna**) nm3 fault; blame; **is ort féin an ~** it's your own fault; **an ~ a chur ar dhuine faoi rud** to blame sb for sth; **~ a fháil ar rud** to find fault with sth

lochta nm4 loft

lochtach adj defective, faulty; false

lochtaigh (vn **lochtú**) vt fault; blame

lochtán nm1 terrace

lochtú nm fault-finding, criticism

lód nm1 load

lódáil vt, vi (also Comput) load ⊳ nf3 load(ing), charge; **~ síos** (Comput) download; **~ suas** (Comput) upload

lofa vadj rotten, decayed

log¹ nm1 hollow; place; **~ an ghoile** pit of stomach; **~ súile** eye-socket

log² (Comput) vi log; **~ ann/as** log on/off

logáil nf3: **~ isteach** (Comput) login

logainm (pl **logainmneacha**) nm4 place name

logán nm1 (in ground) depression, hollow

logartam nm1 logarithm

logartamach adj logarithmic

logha nm4 (Rel) indulgence, concession; boon

loghadh (gs **loghtha**) nm remission, forgiveness

loic vt, vi flinch, shirk; falter, hesitate; fail; **~eadh ar dhuine** to let sb down; **tá mo shláinte ag ~eadh** my health is failing

loicéad nm1 locket

loiceadh (gs **loicthe**) nm failure; refusal; flinch

loighciúil adj logical

loighic (gs **loighce**) nf2 logic

loigín nm4 dimple

loime nf4 bareness; bleakness; emptiness; (of tongue) sharpness

loine nf4 piston; (for drain) plunger

loingseoir nm3 seaman, navigator

loingseoireacht nf3 navigation; seamanship

loinneog nf2 refrain, chorus

loinnir (*gs* **loinnreach**) *nf* shine, sparkle; brilliance, brightness

loinsiún *nm1* luncheon

loirgneán *nm1* shinguard

lóis (*pl* **lóiseanna**) *nf2* lotion; **~ iarghréine** aftersun

loisc (*vn* **loscadh**) *vt* burn, scorch; sting

loisceoir *nm3* incinerator

loiscneach *nm* caustic ▷ *adj* burning, scorching; (*pain*) stinging; caustic

lóiste *nm4* lodge

lóisteáil *vt* (*Fin*) lodge

lóistéir *nm3* lodger

lóistín *nm4* lodgings, digs; accommodation

loit (*vn* **lot**) *vt* hurt; injure; spoil, destroy

loitiméir *nm3* vandal; destroyer

loitiméireacht *nf3* vandalism; destruction

lom *nm1* bareness; openness, opening ▷ *adj* bare; thin; close; (*denial*) flat ▷ *vt*, *vi* mow, shear; lay bare; denude; **~ láithreach** right now, immediately; **~ dáiríre** in earnest; **~ na fírinne** the plain truth; **an ~ a fháil ar dhuine** to get a chance at sb

lomadh *nm* baring; stripping; fleecing

lomaire *nm4* shearer; **~ faiche** lawnmower

lomeasna *nf4* (*Culin*) spare rib

lomlán *adj* full up or to capacity ▷ *nm1* full capacity

lomnocht (*gsm* **lomnocht**) *adj* nude; stark naked

lomra *nm4* fleece

lon (*pl* **lonta**) *nm1* (*also:* **~ dubh**) blackbird

lón (*pl* **lónta**) *nm1* lunch; provisions; (*of food etc*) supply; **~ cogaidh** munitions; **am lóin** lunchtime

lónadóir *nm3* caterer

lónadóireacht *nf3* catering

Londain (*gs* **Londan**) *nf* London

long *nf2* ship; vessel; **~ chogaidh** warship

longadán *nm1* swaying, rocking

longbhriseadh (*gs* **longbhriste**, *pl* **longbhriseacha**) *nm* shipwreck

longchlós *nm1* shipyard

Longfort *nm1*: **an ~** Longford

longfort *nm1* camp; fort

longlann *nf2* dockyard

lonnaigh *vt*, *vi* stay; settle (down); frequent

lonnaitheoir *nm3* squatter

lonnú *nm* stay; settlement

lonrach *adj* bright, shining; luminous

lonraigh *vt*, *vi* shine; light up

lonta *see* **lon**

lorg *nm* mark, imprint; trace, track ▷ *vt*, *vi* seek, look for; track; ask for; **dul ar ~ ruda** to go looking for sth; **do ~** *or* **~ do láimhe a fhágáil ar rud** to leave one's mark on sth; **dul ar ~ do thaoibh/chúil** to go sideways/backwards; **bheith ag ~ oibre** to be looking for work; **~ carbóin** carbon footprint; **~ coise/láimhe** footprint/handprint

lorga *nf4* shin; cudgel, club

lorgaire *nm4* detective; tracker; pursuer

lorgaireacht *nf3* detection

losaid *nf2* breadboard; wooden tray

losainn *nf2* lozenge

loscadh (*gs* **loiscthe**) *nm* burning; stinging; *see also* **loisc**

loscann *nm1* frog; tadpole

lot *nm1* injury; damage, harm; *see also* **loit**

L-phlátaí *nmpl4* L-plates

Lú *nm4* Louth

lú see **beag**

lua nmf4 mention; reference

luach (pl **luachanna**) nm3 value; price; reward; **~ deich euro de pheitreal** ten euros' worth of petrol; **~ do chuid airgid a fháil** to get one's money's worth; **~ saothair** (for work etc) reward; **cén ~ atá ar sin?** what price is that?; **bainfidh mise a ~ asat** I'll make you pay for it

luacháil vt evaluate; value ▷ nf3 valuation; evaluation

luachair (gs **luachra**) nf rushes

luachmhar adj valuable; precious

luadar nm1 movement; energy

luadrach adj moving; active

luaidhe nf4 (metal) lead; **peann ~** pencil

luaidreán nm1 rumour, gossip

luaigh vt, vi mention; cite; **rud a lua le duine** mention sth to sb

luail nf2 (of body) motion, power

luain nf2 hard graft; motion

luaineach adj changeable; variable; volatile; (prices etc) fluctuating

luaineacht nf3 (Fin etc) fluctuation; volatility; restlessness

luais n gen as adj express

luaith nf3 ash(es)

luaithe nf4 quickness; earliness; **a ~ a bhí sé ar shiúl** once or as soon as he had left; **ar a ~** at the earliest; see also **luath**

luaithreach nm1 ashes; dust

luaithreadán nm1 ashtray

luamh nm1 yacht

luamhaire nm4 yachtsman

luamhaireacht nf3 yachting

luamhán nm1 lever; leverage

luamhánacht nf3 leverage

Luan (pl **Luanta**) nm1 Monday; **Dé Luain** on Monday; **ar an ~** on Mondays

luan nm1 halo, aureole; (Culin) loin

luas (pl **luasanna**) nm1 speed, rapidity; velocity; earliness; **~ a bheith fút** to be moving at speed; **ar ~** at pace, quickly; **~ a ghéarú/ mhaolú** to increase/reduce speed

luasaire nm4 accelerator

luasbhád nm1 speedboat

luasbhus (pl **luasbhusanna**) nm4 express (bus)

luasc vt, vi swing; rock, sway; oscillate

luascach adj swinging

luascadán nm pendulum

luascadh (gs **luasctha**, pl **luascthaí**) nm swing(ing); swaying; rocking

luascán nm1 (for children) swing; **cathaoir luascáin** rocking chair

luasghéaraigh vt, vi accelerate

luasmhéadar nm1 speedometer

luastraein (gs **luastraenach**, pl **luastraenacha**) nf express (train)

luath (compar **luaithe**) adj early, soon; quick; fickle; **go ~ ar maidin** early in the morning; **~ nó mall** sooner or later; **chomh ~ is is féidir leat** as soon as you can

luathaigh vt, vi quicken, speed up

luathchainteach adj quick-spoken; glib

luathintinneach adj hasty; impulsive; fickle

lúb vt, vi bend; loop ▷ nf2 bend, twist; (of a chain) link; loop; (in hair) ringlet; (Knitting) stitch; (trap) snare, net; craft, deceit; **~ ar lár** dropped stitch; (fig) flaw; **i ~ cuideachta** in company

lúbach adj coiled; winding; bending; crafty, cute

lúbadh (gs **lúbtha**) nm bend(ing)

lúbaire nm4 rogue, crook

lúbán nm1 loop, coil; hoop; hasp
lúbarnach adj twisting; wriggling; writhing
lúbarnaíl nf3 twisting; writhing; wriggling
lubhóg nf2 flake
lúbra nm4 maze
luch nf2 (also Comput) mouse; **~ chodlamáin** dormouse; **~ fhéir** field-mouse; **~ mhór** rat
lúcháir nf2 joy, delight; **~ a dhéanamh** to rejoice
lúcháireach adj joyous, glad
lucharachán nm1 dwarf; elf; toddler
luchóg nf2 mouse
lucht (pl **luchtanna**) nm3 content; capacity; cargo; category of people; **~ féachana/éisteachta** spectators/audience; **~ oibre** working class, labour (force); **~ siúil** travellers; **~ aitheantais** acquaintances
luchtaigh vt fill; load; (battery) charge
Lucsamburg nm4 Luxembourg
lúdrach nf2 hinge; pivot
lúfaireacht nf3 agility, athleticism; suppleness
lúfar adj athletic; agile; lithe
lug n: **thit an ~ ar an lag orm** I was devastated, I lost heart
luí nm4 lying down; lie; setting; tendency; **bheith i do ~** to be lying down or in bed; **bheith i do ~ le slaghdán** to be down with a cold; **~ na tíre** the lie of the land; **~ a bheith agat le rud** to be inclined towards sth; **rud a chur ina ~ ar dhuine** to impress sth on sb; **~ na gréine** sunset, sundown; **am ~** bedtime
luibh (pl **luibheanna**) nf2 herb
luibheolaí nm4 botanist

luibheolaíoch adj botanical
luibheolaíocht nf3 botany
luibhiteach adj herbivorous
luibhiteoir nm3 herbivore
lúibín nm4 buttonhole; (Typ) bracket; loop; ringlet; **idir ~í** in brackets
luid nf2 (of clothing) stitch; tatter
lúide (= **lú + de**) prep less, minus; **~ 50%** less 50%; see also **beag**
luideog nf2 (of cloth) scrap, tatter
lúidín nm4 little finger; little toe
luifearnach nm weeds; (fig) rabble
luigh (vn **luí**) vi lie; lean; settle; (sun) set; **luí síos** to lie down; **dul a luí** to go to bed; **páiste a chur a luí** to send or put a child to bed; **luí amach** or **isteach ar rud** to get into sth; (work etc) to go about sth (in earnest); **luí ar rud** to lie or lean on sth; to weigh on sth; **luí chun staidéir** to get down to studying; **luí le duine** to sleep with sb; **luíonn sé le réasún (go)** it stands to reason (that)
lúireach nf2 breastplate, armour; protective prayer
luisiúil adj glowing; radiant
luisne nf4 blush, flush; glow
luisniúil adj blushing, flushed; glowing
luiteach adj (clothes) tight, well-cut; **bheith ~ le rud** to be fond of sth, inclined to sth
lúitéis nf2 fawning, toadyism
lúiteach nf2 ligament, tendon
lúithnire nm4 athlete
lumbágó nm4 lumbago
lumpa nm4 lump

Lúnasa *nm4* August

lus (*pl* **lusanna**) *nm3* plant; herb;
~ an bhalla wallflower; **~ an
choire** coriander; **~ an
chromchinn** daffodil; **~ na gréine**
sunflower; **~ liath** lavender; **~ na
mbrat** (wild) thyme

lusra *nm4* herbs

lustan *nm* weed(s)

lústar *nm* fawning; **bheith ag ~ le
duine** to fawn on sb

lútáil *vi* fawn; **~ le duine** to fawn
(up)on sb ▷ *nf3* fawning, toadyism

lúth *nm1* (*physical*) movement;
agility, athleticism; suppleness

lúthchleas *nm1* athletic exercise;
~a athletics

lúthchleasach *adj* athletic

lúthchleasaí *nm4* athlete

lúthchleasaíocht *nf3* athletics

m' *see* **mo**

○ EOCHAIRFHOCAL

má¹ *conj* (*normally used with
indicative; lenites following vb, except
past autonomous of reg vbs; prefixes* **d'**
*in past to words beginning with vowel
or* **fh** + *vowel*) **1** (*with present tense*):
**má tá míle euro agat sa bhanc tá
tú saibhir** if you have a thousand
euros in the bank you are rich; **má
fheiceann tú í abair léi go raibh
mé ag cur a tuairisce** if you see
her tell her I was asking for her
2 (*with present habitual indicating
future time*): **má chuireann tú
chuige éireoidh leat** if you apply
yourself you will succeed;
**tiocfaidh mé amárach má
bhíonn am agam** I will come
tomorrow if I have time

3 (*with present tense of verb* **tá** *in consequent clause indicating future time*): **má ghnóthaímid an corn tá linn** if we win the cup we will have succeeded
4 (*with past habitual*): **má bhíodh airgead aige thugadh sé uaidh go fial é** if he had money he gave it away generously
5 (*with past tense*): **má chuir sé an t-airgead sa bhanc tá an t-ádh air** if he (has) put the money in the bank he is lucky; **má d'ól sí an deoch sin beidh sí tinn** if she has taken that drink she will be sick; **má d'fhan sé sa bhaile feicfidh Máire é** if he stayed at home Máire will see him; **má fhreastail sé ar scoil gach lá gheobhaidh sé duais** if he has attended school every day he will get a prize; **má caitheadh an t-airgead beidh muid beo bocht** if the money has been spent we will be on the poverty line
6 (*with conditional, sometimes used instead of* **dá**): **dúirt sí go rachadh sí ann má in d'fhéadfadh sí** she said she would go if she could; **gheall sí dó má dhéanfadh sé gach aon ní a dearfadh sí leis go mbeadh saol maith acu** she promised him that if he did everything he said they would have a good life
7 : **ach má (... féin)** nevertheless; even though; **b'aisteach an scéal é, ach má b'aisteach (féin), b'fhíor é** it was a strange story, but true nevertheless; **rinne sé go maith, ach má rinne féin** he did well, but even so
8 (*with copula =* **más**): **rachaidh mé ann más maith leat** I will go there

if you want; **más mian leat dul amach cuir ort do chóta** if you want to go put on your coat; **más rud é go rachaidh seisean ní rachaidh mise** if he goes I won't; **más é** *or* **amhlaidh is fearr leat** if you prefer
9 (*in phrases*): **más olc maith leat** whether you like it or not; **más gá** if necessary; **más mar sin é** if so; even so; **más ea** if so; even so; **más fíor** it seems; according to reports; as they say; **más beo mé** if I live (that long); **más leat ...** if you are going to ..., if you intend to ...; **is beag má tá sé ábalta siúl** he can hardly walk; **tá sé daichead má tá sé bliain** he's forty if he's a day

má[2] (*pl* **mánna**) *nf4* plain
Mac *nm* (*in surnames*): **~ Maoláin** McMullan; **~ Seáin** Johns(t)on; **~ Síomóin** Fitzsimon
mac *nm1* son; (*inf*) guy, fellow; **~ baistí** godson; **~ imrisc** (*of eye*) pupil; **~ léinn** student; **~ tíre** wolf; **is é ~ a athar é** he takes after his father; **gach aon mhac máthar acu** (*of people*) every last one of them
Macadóin *nf2*: **an Mhacadóin** Macedonia
macalla *nm4* echo; **~ a bhaint as rud** to make sth echo or ring
macánta *adj* sincere; honest; gentle
macántacht *nf3* sincerity; honesty; childhood
macarón *nm1* macaroni
macasamhail (*gs*, *pl* **macasamhla**) *nf3* like; equal; copy; **níl a mhacasamhail eile le fáil** there isn't another like it (to be found);

~ de rud a dhéanamh to reproduce sth

máchail nf2 blemish; injury

machaire nm4 plain; (of battle) field; **~ gailf** golf course, links; **~ ráis** race course

machnaigh vt, vi think, reflect; **machnamh ar rud** to ponder sth

machnamh nm1 thought, reflection; **~ a dhéanamh ar rud** to reflect on sth; to meditate on sth; **ábhar machnaimh** food for thought

macnas nm1 playfulness, exuberance; wantonness

macnasach adj playful; frisky; lascivious, wanton

madra nm4 dog; **~ rua** fox; **~ uisce** otter; **tá a fhios ag ~í an bhaile (go)** it is common knowledge (that)

madrúil adj coarse; obscene

magadh nm1 mocking, mockery, ridicule; **ceap magaidh a dhéanamh de dhuine** to make a laughing stock of sb; **bheith ag ~ ar** or **faoi dhuine** to mock sb; **níl mé ach ag ~** I'm only joking

magairle nm4 testicle

magairlín nm4 orchid

máguaird adv about, around; **an ceantar ~** the surrounding district

magúil adj mocking, derisive

mahagaine nm4 mahogany

maicín nm4 pet child, spoilt child

maicréal nm1 mackerel

maide nm4 stick; beam ▷ n gen as adj wooden; (fig) useless; **~ gailf** golf-club; **~ croise** crutch; **~ rámha** oar; **~ siúil** walking stick; **~ briste** (for fire) tongs; **do mhaidí a ligean le sruth** to let things go or drift; **~ as uisce a thógáil do dhuine** to take the blame off sb;

cos mhaide wooden leg; **múinteoir ~** useless teacher

maidhm nf2 break, eruption; defeat; explosion; detonation ▷ vt defeat; burst; detonate; **~ thalún** landslide; **~ shneachta** avalanche; **~ sheicne** hernia; **~ bháistí** cloudburst

maidhmitheoir nm3 detonator

maidin (pl **maidineacha**) nf2 morning; **ar ~** this morning, in the morning; **~ mhaith!** good morning!; **tá (sé) ina mhaidin** it's morning

maidir: **~ le** prep as regards; like; corresponding to; **~ le Seán** as for John; **~ le do litir** regarding your letter; **níl an dá chóip ~ le chéile** the two copies don't correspond

Maidrid nf4 Madrid

maígh (vn **maíomh**) vt, vi claim, state; boast; envy; **cad é atá tú a mhaíomh?** what do you mean?; **mhaígh sé gurbh é féin an rí ceart** he claimed that he was the proper king; **rud a mhaíomh ar dhuine** to begrudge sb sth; **maíomh as rud** to boast about sth

maighdean nf2 maiden, virgin; **~ mhara** mermaid; **An Mhaighdean** (Astrol) Virgo; **An Mhaighdean Mhuire** the Virgin Mary

maighdeanas nm1 virginity

Maigh Eo nf Mayo

maighnéad nm1 magnet

maighnéadach adj magnetic

mailís nf2 malice; (of disease) malignancy

mailíseach adj malicious; malignant

maille prep: **~ le** (along) with; together with

mailp (pl **mailpeanna**) nf2 maple;

crann ~e maple tree

maindilín nm4 mandolin

máine nf4 mania

mainicín nm4 mannequin, model

mainicíneacht nf3 (of clothes) modelling

mainistir (gs **mainistreach**, pl **mainistreacha**) nf monastery; abbey

máinlia (pl **máinlianna**) nm4 surgeon

máinliach adj surgical

máinliacht nf3 surgery

máinneáil nf3 loitering; dawdling; **bheith ag ~ thart** to hang about

mainséar nm1 manger; crib

maíomh nm1 boast; **ábhar maíte** sth to be proud of; see also **maígh**

mair vt, vi live; last, survive; endure; linger; **~eachtáil ar an dól** to live on the dole; **níor mhair sé ach seachtain** it lasted only a week; **go ~e tú (do nuacht)** congratulations (on your news); **nach ~eann** deceased

mairbhleach adj numb

maireachtáil nf3 living; livelihood; **caighdeán maireachtála** standard of living; see also **mair**

mairg nf2 woe, sorrow; **is ~ don té nach n-éistfidh** woe to him who won't listen; **bheith faoi mhairg** to be saddened; **is ~ a tháinig riamh** I wish I'd never come

mairnéalach nm1 sailor, seaman

máirséail vt, vi march, parade ▷ nf3 (also Mus) march; parade

máirséalaí nm4 marcher

Máirt nf4 Tuesday; **Dé ~ (on) Tuesday; ~ Inide** Pancake or Shrove Tuesday

mairteoil nf3 beef; **~ rósta/shaillte** roast/corned beef

mairtíneach nm1 cripple

mairtíreach nm1 martyr

maise nf4 adornment; beauty; **ba dheas an mhaise dó glaoch** it was nice of him to call; **barr ~ a chur ar rud** to crown sth; **cur le ~ ruda** to add to the beauty of sth

maisigh vt adorn, decorate; (book) illustrate; **tú féin a mhaisiú** to doll o.s. up

maisitheoir nm3 decorator

maisiúchán nm1 adornment, decoration; (cosmetics etc) toiletry; **maisiúcháin Nollag** Christmas decorations; **clár maisiúchán** dressing table

maisiúil adj decorative, elegant; becoming

máisiún nm1 Freemason, mason

maistín nm4 bully; thug

maistíneacht nf3 bullying; thuggery; **bheith ag ~ ar dhuine** to bully sb

máistir (pl **máistrí**) nm4 master; employer; **~ scoile/stáisiúin** schoolmaster/stationmaster; **M~ Ealaíne/Eolaíochta** Master of Arts/Science

máistreacht nf3 mastering, mastery; **~ a fháil ar rud** to master sth

maistreadh (pl **maistrí**) nm1 (of milk, sea) churning

máistreás nf3 mistress; governess; **~ scoile** schoolmistress

máistrigh vt, vi churn

máistriúil adj masterful, masterly

maiteach adj forgiving

maíteach adj boastful; begrudging

maith¹ (gs, pl **maithe**) nf2 good; goodness; value; benefit ▷ adj (compar **fearr**) good; **go ~!** good!; **bheith go ~** to be well; **déanamh go ~** to do well; **chomh ~ le** as well as; **cuid mhaith acu** quite a few of them; **is ~ an rud (go) ...** it's just as well (that) ...; **is ~ a bhí a fhios aige go** he knew full well that; **ba mhaith liom** I would like, I'd like; **tá sé ~ dom** it's good for me; **níl ~ (ar bith) ann** it's no use; **rud a chur ó mhaith** to render sth useless; **an mhaith choiteann** the common good; **go raibh ~ agat** thank you; **tá go ~!** OK!; **cuid mhaith airgid** a fair amount of money; **tá sé fuar go ~** it's quite cold; **más olc ~ linn é** whether we like it or not; **~ go leor** alright; **~ thú féin!** good on you!

maith² (vn **maitheamh**) vt forgive; pardon; **rud a mhaitheamh do dhuine** to forgive sb sth

maithe nf4 good, goodness; **ar mhaithe le** for the good or sake of; **ar mhaithe léi féin** in her own interest

maitheas nf3 good, goodness; **rachadh saoire chun ~a duit** a holiday would do you good; **bheith i mbláth do mhaitheasa** to be in the prime of life

maithiúnas nmm forgiveness; pardon; **~ a iarraidh (ar dhuine)** to ask (sb's) forgiveness

máithreacha see **máthair**

máithreachais n gen as adj maternity

máithreachas nmm maternity; motherhood

máithriúil adj motherly; tender

maitrís nf2 matrix

mál nmm excise

mala nf4 eyebrow, brow; slope; hillside; **fágfaidh mise an mhala ar an tsúil aige** I'll soon sort him out; **muc a bheith ar gach ~ agat** to frown moodily; to be in a foul mood; **in éadan na ~** uphill

mála nm4 bag; sack; **~ aeir** airbag; **~ cáipéisí** briefcase; **~ codlata** sleeping bag; **~ droma** rucksack; **~ láimhe** handbag, purse (US); **~ scoile** schoolbag

Malaeisia nf4: **an Mhalaeisia** Malaysia

maláire nf4 malaria

malairt nf2 change; exchange; alternative; opposite, reverse; **is é a mhalairt a rinne sé** he did quite the opposite; **a dhéanamh** to swap; **~ éadaigh** change of clothes; **ní raibh fios a mhalairte agam san am** I didn't know any better at the time

malartach adj changing; changeable; fluctuating; fickle

malartaigh vt change, exchange; **rudaí a mhalartú** to barter things

malartán nmm (Comm) exchange; changeling; **~ fostaíochta** job centre, employment exchange

malartú nmm change; exchange

mall adj (gsm **mall**, gsf, compar **moille**) slow; late; **bheith fiche nóiméad ~** to be twenty minutes slow/late; **bheith ~ ag coinne** to be late for an appointment

mallacht nf3 curse; **do mhallacht a chur ar dhuine** to curse sb

mallaibh npl: **ar na ~** of late

mallaigh vt, vi curse

mallaithe vadj cursed; vicious; unholy; **rud ~** bloody or damned thing; **madra ~** vicious dog; **dúil mhallaithe** craving, burning desire

Mallarca nm4 Majorca

mallghluaiseacht nf3 slow motion

mallintinneach adj slow-witted; (mentally) retarded

mallmhuir nf3 neap tide

malltriallach adj slow-moving, sluggish ▷ nmm slowcoach

malrach *nm1* child, youngster

Málta *nm4* Malta

mam¹ (*pl* **mamanna**) *nf2* mum, mummy

mám¹ *nf3* handful; **~ airgid** a handful of money

mám² (*pl* **mámanna**) *nm3* (mountain) pass

mamach *nm1* mammal ▷ *adj* mammary

mamaí *nf4* mum, mummy

mamó *nf4* granny, grandma

mana *nm4* attitude; portent; motto; **más é sin an ~ atá acu faoi/air/dó** if that's their attitude towards it

manach *nm1* monk

manachúil *adj* monastic

Manainn *nf*: **Oileán Mhanann** Isle of Man

Manainnis *nf2* (*Ling*) Manx

Manannach *adj* Manx ▷ *nm1* Manx(wo)man

Manchain *nf4* Manchester

mandairín *nm4* (*orange*) mandarin

mangaire *nm4* peddler; haggler; hawker

mangaireacht *nf3* peddling; haggling; hawking

mangarae *nm4* (*cheap goods*) junk

manglam *nm1* hotchpotch; (*drink*) cocktail

mangó *nm4* mango

mánla *adj* gentle, tender; demure

mant *nm3* (*in teeth, knife etc*) gap; **~ a bheith ionat** to have a gap in one's teeth

mantach *adj* gap-toothed; toothless; inarticulate; (*edge, blade etc*) chipped, jagged

mantóg *nf2* muzzle, gag; **~ a chur i nduine** to gag sb

maoil *nf2* rounded summit; hillock; bald patch; tip; **bhí an tábla faoi**

mhaoil le páipéir the table was heaped with papers; **ag cur thar ~** brimming over; **rud a rá as ~ do chonláin** to say sth off the top of one's head, say sth on the spur of the moment

maoin (*gs, pl* **maoine**) *nf2* property; wealth, fortune; **~ phearsanta** private property; **~ shaolta** worldly goods; **~ ghoidte** stolen property

maoinigh *vt* finance; endow

maoirseacht *nf3* stewardship; supervision

maoirseoir *nm3* supervisor

maoiseog *nf2* (*of potatoes etc*) heap; **gol in áit na maoiseoige** to cry over spilt milk

maoithneach *adj* emotional, sentimental; melancholy

maoithneachas *nm1* sentimentality

maol *adj* bald; bare; (*animal*) hornless; (*person*) dense; (*knife etc*) blunt; (*Mus*) flat ▷ *nm1* dense person; (*Mus*) flat; **tá sé ~ marbh** he is stone dead; **bheith ~** to be bald; **bheith ag éirí ~** to be going bald

maolaigh *vt, vi* (*force, intensity*) decrease; (*pain etc*) alleviate; (*pace etc*) slacken; (*view, reply*) moderate; subside; (*mind*) dull; **luas a mhaolú** to reduce speed; **maolaíonn barraíocht de an intinn** too much of it dulls the mind; **mhaolaigh ar m'fhearg** my anger subsided

maolaire *nm4* bumper; (*also Comput*) buffer; absorber

maolaitheach *adj* alleviating; extenuating

maolchluasach *adj* subdued; crestfallen

maolgháire *nm4* chuckle; **~ a dhéanamh** to chuckle

maolintinneach *adj* (*person*) dense, obtuse

maolscríobach *adj* (*work etc*) sloppy, slipshod

maolú *nm* slackening; alleviation; mitigation; let-up

maonáis *nf2* mayonnaise

maor *nm1* steward; (*of institution*) warden; (*Mil*) major; (*in school*) prefect; (*Sport*) umpire; **~ géim** gamekeeper; **~ líne** linesman; **~ cúil** (*Gaelic class*) (goal) umpire; **~ tráchta** traffic warden; **~ uisce** water bailiff

maorga *adj* elegant; stately

maorlathach *adj* bureaucratic

maorlathas *nm1* bureaucracy

maos *nm1*: **bheith ar ~ (le)** to be soaked or saturated (with); **rud a chur ar ~ (i)** to steep sth (in)

maoth *adj* soft; tender; moist; sentimental

maothaigh *vt, vi* soften; moisten; soak

mapa¹ *nm4* mop

mapa² *nm4* map

mapáil¹ *vt* mop

mapáil² *vt* map

 EOCHAIRFHOCAL

mar *prep* **1** (*in comparisons*) like; such; as; **cóta mar an cóta s'agatsa** a coat like yours; **bean mar an bhean sin** a woman such as that

2 (*manner*) like; **mar seo/sin** like this/that; **sin mar atá sé** that's the way of it

3 (*in capacity of*) as, for; **ag obair mar rúnaí** working as a secretary; **mar bhronntanas** as a present;

mar shampla for example

4 (*referring to aforementioned*) (*esp*): **fág é mar scéal** forget the matter; **tháinig sí inné mar Bhríd** Bríd came yesterday

5 (*with substantive vb*) namely, that is to say; **ní raibh ann ach aon duine amháin, mar atá, cailín as Doire** there was only one person there, that is a girl from Derry

▷ *conj* **1** (*cause*) since, because; **fan sa bhaile mar tá slaghdán ort** stay at home since you have a cold

2 (*manner*) as, how; **fan mar atá tú** stay as you are

3 (*place: with dependent form of verb*) where; **fan mar a bhfuil tú** stay where you are

4 (*resembling*) as, like; **tá cuma air mar a bheadh tinneas air** he looks as if he's sick; **bhí sé ag screadach mar a bheadh fear mire ann** he was screaming like a madman

▷ *adv* **1** as; **déan mar is mian leat** do as you like; **dá fheabhas mar atá sé** no matter how good it is

2 (*in fixed phrases*): **mar sin féin** all the same; **mar sin** therefore; **agus mar sin de** and so forth; **mar an gcéanna** likewise; **mar siúd is mar seo** this way and that; **mar dheá** as if!, fat chance!; **gur mar sin duitse!** it serves you right!

mara *see* **muir**

marachuan *nm1* marijuana

Maracó *nm4* Morocco

maraigh *vt* kill; (*fish*) catch

marana *nf4* contemplation; **do mharana a dhéanamh (ar rud)** to reflect (on sth)

maranach *adj* thoughtful

maránta *adj* gentle, placid; mild

marascal nm1 marshal

maratón nm1 marathon

marbh adj dead; (feeling) numb; exhausted; (water) stagnant; (Comm, money) unused; (pain, colour) dull ⊳ nm dead person; deceased; **~ tuirseach** dead tired; **tá mé ~ leis an déideadh** I'm dying with toothache; **éirí ó mhairbh** to rise from the dead; **Féile na M~** All Souls' Day; **cuimhnigh ar na mairbh** remember the dead

marbhán nm1 corpse, body

marbhánta adj (weather) close, oppressive; (person) lifeless, lethargic; (business) slack, stagnant

marbhántacht nf3 lethargy; inertia; stagnation

marbhghin nf2 stillborn child

marbhlann nf2 mortuary; morgue

marbhna nm4 elegy

marbhsháinn nf2 checkmate

marbhshruth nf3 (Naut) wake; turn of the tide

marc (pl **marcanna**) nm1 mark; target; set time; (on clothes, sheep etc) brand mark

marcach nm1 rider; horseman

marcáil vt mark (out)

marcaíocht nf3 riding; ride; drive; lift; **scoil mharcaíochta** riding school; **~ a fháil go Gaillimh** to get a lift to Galway

marcálaí nm4 (also Sport) marker; sign

marcóir nm3 (pen) marker

marcshlua nm4 cavalry

marfach adj deadly, fatal, lethal

marfóir nm3 killer

margadh (pl **margaí**) nm1 market; agreement; bargain; **~ caorach** sheep market; **~ dubh** black market; **teacht ar an ~** (product) to come on to the market; **~ maith a**

fháil to get a good deal; **ní raibh sin sa mhargadh** that was not part of the deal

margáil nf3 bargaining; haggling; negotiation; **bheith ag ~ (le duine)** to bargain or haggle (with sb)

margaíocht nf3 marketing

margairín nm4 margarine

marglann nf2 mart

marla nm4 Plasticine®; (fig) weakling

marmaláid nf2 marmalade

marmar nm1 marble

maróg nf2 pudding; (stomach) paunch; (inf) beer belly; **~ ríse** rice pudding; **dul chun maróige** to develop a paunch

Mars nm3 (planet) Mars

mart nm1 (slaughtered) cow; bullock; **ceathrú mhairt** quarter of beef

Márta nm4 March

martbhorgaire nm4 beefburger, hamburger

marthain nf3 existence; **ar ~** alive; extant

marthanach adj lasting; everlasting; permanent; (colour) fast

marthanóir nm3 survivor

marú nm killing; slaughter

marún adj, nm maroon

más¹ nm1 buttock; thigh

más² = **má** conj + **is¹**; **~ maith leat é** if you like it; **~ ea** if so, even so

másailéam nm1 mausoleum

masc nm1 mask

mascára nm4 mascara

masla nm4 insult, slur; strain; **~ a thabhairt do dhuine** to insult sb; **ná cuir ~ ort féin leis** don't overstrain yourself with it

maslach adj insulting, abusive; (breathing) laboured; (work) heavy

maslaigh vt insult, abuse;
overstrain

masmas nm nausea; **~ a chur ar
dhuine** to nauseate sb

masmasach adj nauseous,
nauseating

mata nm4 mat; **~ boird** table mat;
~ luchóige (Comput) mouse mat,
mouse pad; **~ tairsí** doormat

máta nm4 (Naut) mate

matal nm1 mantelpiece

matamaitic nf2 mathematics,
maths

matamaiticeoir nm3
mathematician

matán nm muscle; **~ a tharraingt**
(Sport) to pull a muscle

matánach adj muscular

máthair (pl **máthar**, pl
máithreacha) nf mother;
~ chéile mother-in-law; **~ mhór**
granny; **~ altrama** foster mother

máthairab nf3 abbess

máthartha adj maternal; **teanga
mháthartha** mother tongue

mátrún nm1 matron

mb (remove "m" *see* **b...**

mé pron I, me

meá (pl **meánna**) nf4 scales,
balance; measure; **~ ar mheá** on
level terms; **idir dhá cheann na ~**
hanging in the balance; **an Mheá**
(Astrol) Libra

meabhair (gs **meabhrach**) nf
mind; memory; (sense) reason;
meaning; **bheith gan mheabhair**
to be unconscious; **dul/bheith as
do mheabhair** to go/be mad; **~ a
bhaint as rud** to make sense of sth

meabhrach adj mindful;
conscious; thoughtful; intelligent

meabhraigh vt, vi remember;
remind; memorize; **meabhrú do
dhuine rud a dhéanamh** to

remind sb to do sth; **meabhrú ar
rud** to reflect on sth

meabhraíocht nf3 awareness;
intelligence

meabhrán nm1 memo,
memorandum

meacan nm1 tuberous root; **~ bán/
biatais/dearg** parsnip/beetroot/
carrot

meáchan nm1 weight; **titim chun
meáchain** to put on weight;
tógáil ~ (Sport) weight lifting

meáchanlár nm1 centre of gravity

méad n amount, number, quantity;
cá mhéad + nom sg how many?; **cá
mhéad + gen** how much?; **ar a
mhéad** at the (very) most; **cá
mhéad atá air?** how much is it?;
**dá mhéad a oibríonn sé is
amhlaidh is mó a shaothraíonn
sé** the more he works, the more he
earns; *see also* **méid**

méadaigh vt, vi increase; (person)
grow; enlarge; magnify; **méadú ar
rud** to add to sth

meadáille nm4 medallion

méadaíocht nf3 increase;
self-importance; **teacht i ~** to
grow up

méadaitheach adj increasing

méadar nm1 meter; metre

méadaracht nf3 (Poetry) metre

meadhrán nm1 vertigo, dizziness;
exhilaration; bewilderment; **~ a
bheith i do cheann** to be or feel
giddy; **tá an cheist seo ag
déanamh meadhráin dom** this
question is baffling me

méadrach adj metric

méadú nm increase; multiplication;
rise; (Phot) blow-up, enlargement

meafar nm1 metaphor

meafarach adj metaphorical

meaig nf2 magpie

meáigh *vt, vi* balance, weigh; (*situation, options*) consider; (*words*) measure

meaisín *nm4* machine

meaisíneoir *nm3* machinist

meáite *adj*: **bheith ~ ar rud a dhéanamh** to be intent or set on doing sth

meala *see* **mil**

mealbhacán *nm1* melon

mealbhóg *nf2* pouch; leather bottle

meall¹ *vt, vi* charm; coax, entice; delude, deceive; disappoint

meall² (*pl* **mealita**) *nm1* ball; lump; protuberance; (*inf*) VIP, big shot; **~ sneachta** snowball; **~ ime** knob of butter; **~ mór** (*inf*) VIP, big shot; **agus an ~ mór ar deireadh** and last but not least

meallacach *adj* alluring; attractive; sexy

meallacacht *nf3* attractiveness; allure

mealladh (*gs* **mealita**, *pl* **mealitaí**) *nm* attraction, lure; deception; **~ a bhaint as duine** to disappoint or deceive sb

mealita *vadj* disappointed

mealltach *adj* enticing; deceptive; disappointing

meamhlach *nf2* miaow(ing)

meamram *nm1* parchment; memorandum

meán *nm1* middle; medium; average; **na meáin** *nmpl* the media; **an ~ lae** midday; **ar ~ on** average; **an mhéar mheáin** the middle finger

meán- *prefix* medium, middle; average, mean; (*course, level*) intermediate

meanach *nm1* entrails

meánach *adj* average; medium; middle; intermediate

meánaicme *nf4* middle class, bourgeoisie

meánaicmeach *adj* middle-class

meánaois *nf2* middle age; **an Mheánaois** the Middle Ages

meánaoiseach *adj* medieval

meánaosta *adj* middle-aged

méanar *adj*: **is ~ duit** lucky you, it's well for you

meánchiorcal *nm1* equator

meancóg *nf2* mistake, blunder; **~ a dhéanamh** to make a mistake

meandar *nm1* instant, moment

méanfach *nf2* yawn(ing); **~ a dhéanamh** to yawn

Meán Fómhair *nm* September

meang *nf2* deceit

meangadh (*gs* **meangtha**) *nm*: **~ (gáire)** smile; **~ a dhéanamh** to smile

meanma (*gs* **meanman**) *nf* morale, spirit; courage; **ardú ~n** (psychological) boost

meánmheáchan *nm1* (*Boxing*) middleweight

Meánmhuir *nf3*: **an Mheánmhuir** the Mediterranean (Sea)

Meánmhuirí *adj* Mediterranean

meanmnach *adj* spirited; lively

meann *adj*: **Muir Mheann** the Irish Sea

meánna *see* **meá**

meannán *nm1* (*animal*) kid

Meánoirthear *nm1*: **an ~** the Middle East

meánscoil (*pl* **meánscoileanna**) *nf2* secondary school

meántán *nm1* (*bird*) tit

meánteistiméireacht *nf3* (*Irl: Scol*) intermediate certificate, ≈ GCSE

meántonn *nf2* (*Radio*) medium wave

mear (*gsm* **mear**) *adj* quick, lively; (*action*) hasty

m

méar *nf2* finger; digit; **rud a bheith ar bharr na ~ agat** to have sth at one's fingertips; **rud a chur ar an ~ fhada** to postpone sth indefinitely

méara *nm4* mayor

méaracán *nm* thimble

mearadh *nm* insanity

mearaí *nf4* bewilderment; **meascán ~ a bheith ort** to be bewildered *or* confused

mearaigh *vt, vi* derange; perplex; baffle

méaraigh *vt* finger; **leabhar a mhéarú** to thumb a book

mearbhall *nm* bewilderment; confusion; dizziness; error; **~ a bheith ort** to be confused *or* dizzy

mearbhlach *adj* bewildered; bewildering; erratic; incorrect

mearcair *nm4* mercury; **M~** (*planet*) Mercury

méarchlár *nm* keyboard

meargánta *adj* foolhardy, reckless; stubborn

mearghrá *nm4* infatuation

méarlorg *nm* fingerprint

méarnáil *nf3* groping; **ag ~ sa dorchadas** groping in the dark

mearóg *nf2* (vegetable) marrow, squash

méaróg *nf2* pebble; **~ chuimhne** (*Comput*) memory stick; **~ éisc** (*Culin*) fish finger

mearú *nm* bewilderment; distraction; mental aberration

meas *nm3* opinion; respect ▷ *vt, vi* estimate; expect; think; assess; **cad é do mheas ar ...?** what do you think of ...?; **is é mo mheas go ...** my estimation is that ...; **~ a bheith agat ar dhuine** to respect sb; **mise, le ~** (*in letters*) yours respectfully; **cás a mheas** to

assess a case; **mheas sé go n-éireodh leis** he thought he'd succeed

measa *see* **olc**

measartha *adj* moderate; fair, average; middling ▷ *adv* (*quite*) fairly, reasonably

measarthacht *nf3* moderation; fair amount

measc¹ *vt, vi* mix, mix up; (*pot*) stir; **pósadh ~tha** mixed marriage

measc²: **i ~** + *gen* among; **dul i ~** + *gen* to mingle with

meascach *nm* half-caste

meascán *nm* mixture; muddle; **~ mearaí** confusion; jigsaw puzzle

meascra *nm4* (*Mus etc*) medley; miscellany

measctha *vadj* assorted, mixed

meascthóir *nm3* mixer

meastachán *nm* estimate

meastóireacht *nf3* appraisal

measúil *adj* reputable, respectable; respectful

measúlacht *nf3* respectability

measúnacht *nf3* assessment

measúnaigh *vt* assess

measúnóir *nm3* assessor

meata *adj* sickly; cowardly; spineless; **gníomh ~** cowardly deed

meatach *adj* declining; decadent

meatachán *nm* coward; weakling; sickly person

meatacht *nf3* cowardice; decay

meath *vi* decline; decay; waste away; (*eyesight, health, light etc*) fail ▷ *nm3* decay; decline; failure; **tá mo radharc ag ~** my eyesight is failing; **~ na Gaeilge** the decline of the Irish language; **mheath na barra** the crops failed

meathlaigh *vi* decline, deteriorate; fail; degenerate

meathlú nm decline; decay; degeneration

Meice nf4 Mecca

meicneoir nm3 mechanic

meicníocht nf3 mechanism

meicniúil adj mechanical

Meicsiceach adj, nm Mexican

Meicsiceo nm4 Mexico

méid nm4 amount, number, quantity; **an ~ airgid atá aige** the amount of money he has; **an ~ sin leabhar** that number of books; **an ~ againn a d'fhan** those of us who stayed; **sa mhéid go** in so far as

méid² nf2 magnitude; size; **dul i ~** to grow bigger; **de réir ~e** according to size

meidhir nf2 merriment; fun; (high) spirits

meidhreach adj cheerful; frisky; lively

meidhréis nf2 mirth; friskiness

meigeall nm goatee; goat's beard

meigeallach nf2 (of goat) bleat(ing)

meigibheart nm (Comput) megabyte

meil vt, vi grind, crush; chew; waste; **am a mheilt** to kill time; (Sport) to waste time

méileach nf2 (of sheep) bleat(ing)

meilt nf2 crushing

meilteoir nm3 grinder; crusher

méin nf2 disposition, nature; mind

méine see **mian**

meiningíteas nm meningitis

méiniúil adj friendly

meirbh adj languid; (weather) close

meirdreach nf2 prostitute, whore

meireang nm4 meringue

meirg nf2 rust; **~ a thógáil** to rust; **seanscéal is ~ air** a familiar story

meirgdhíonach adj rustproof

meirge nm4 banner, standard

meirgeach adj rusty; irritable

Meiriceá nm4 America; **~ Laidineach** Latin America; **~ Láir** Central America; **~ Theas** South America; **~ Thuaidh** North America

Meiriceánach adj, nm American; **~ Laidineach** Latin American; **~ Theas** South American

méiríntecht nf3 meddling; **bheith ag ~ ar** or **le rud** to fiddle with sth

meisce nf4 intoxication, drunkenness; **bheith ar ~** to be drunk; **teacht as ~** to sober up

meisceoir nm3 drunk, drunkard

meisciúil adj intoxicating; (addicted) alcoholic

méise see **mias**

méiseáil nf3 messing; **bheith ag ~ le rud** to mess about with sth

Meisias nm4 Messiah

meitéareolaíocht nf3 meteorology

méith adj (person etc) fat; (land) fertile, rich

meitheal nf2 (of workmen) gang; (Mil) party

Meitheamh nm June

meon (pl **meonta**) nm (of person) nature, disposition, temperament; (of movement etc) spirit

mh (remove "h") see **m...**

Mí nf4: **an Mhí** Meath

mí (gs **míosa**, pl **míonna**) nf month; **mí na meala** honeymoon; **ar an bhfichiú lá de Mhí an Mheithimh** on June 20th; **i Mí na Bealtaine, 2010** in May 2010

mí- prefix bad, evil, ill, mis-, un-

mí-ádh nm bad luck, misfortune; **~ a bheith ort** to be unlucky

mí-áisiúil adj inconvenient

mí-ámharach adj unlucky

m

mian (gs **méine**, pl **mianta**) nf2
desire, wish; **is ~ léi sin a
dhéanamh** she wants to do that;
~ta na colainne the desires of the
flesh; **do mhian a fháil** to get
what one wants

mianach nm ore; mine; (of person)
potential; calibre; **~ guail** coal
mine, colliery; **~ talún** landmine;
~ maith a bheith ionat to have
potential

mianadóir nm3 miner; **~ guail** coal
miner

mianadóireacht nf3 mining

mianra nm4 mineral

mianrach adj mineral

mias (gs **méise**) nf2 dish; basin,
bowl

miasniteoir nm3 dishwasher

míbhail nf2 bad condition; **~ a
thabhairt ar rud** to abuse sth

míbhéas nm3 bad habit; **~a bad
manners**

míbhéasach adj ill-mannered, rude

míbhuíoch adj ungrateful;
displeased

míbhuntáiste nm4 disadvantage

míbhuntáisteach adj
disadvantageous

mic see **mac**

míchairdiúil adj unfriendly

míchaoithiúil adj inconvenient

míchaoithiúlacht nf3
inconvenience

mícheadfa nf4 bad mood;
rudeness

mícheadfach adj bad-tempered;
rude

micheart adj incorrect, wrong

míchiall (gs **míchéille**) nf2
misinterpretation; **~ a bhaint as
rud** to misunderstand sth

míchineálta adj unkind

míchinniúint nf3 doom, ill fate

míchinniúnach adj ill-fated

míchleachtas nm malpractice

míchlú nm4 ill repute; **~ a
tharraingt ar rud** to bring sth into
disrepute

míchlúiteach adj disreputable;
infamous

míchomhairle nf4 bad advice

míchompord nm discomfort

míchompordach adj
uncomfortable

míchothrom adj unbalanced,
uneven; (ground) rough; unfair

míchreidiúnach adj
untrustworthy

míchruinn adj inaccurate, inexact

míchuí adj improper, undue

míchuibheasach adj immoderate

míchuibhiúil adj unfitting,
unseemly

míchuimseach adj extravagant

míchumas nm inability;
disability

míchumasach adj incapable;
disabled

míchumtha adj deformed; ugly

míchúramach adj careless

micrea-, micri- prefix micro-

micreafón nm microphone

micreaphróiseálaí nm4
microprocessor

micreascannán nm microfilm

micreascóp nm microscope

micrifís nf2 microfiche

mídhaonna adj inhuman

mídhealraitheach adj (story)
unlikely; implausible

mídhíleá nm4 indigestion,
dyspepsia

mídhílis adj disloyal, unfaithful

mídhílseacht nf3 infidelity

mídhleathach adj illegal

mídhlisteanach adj illegitimate;
disloyal

mí-eagar *nm1* disorder; **i** or **ar** ~ in disarray

mífhabhrach *adj* unfavourable

mífheiliúnach *adj* unsuitable

mífhoighne *nf4* impatience

mífhoighneach *adj* impatient

mífhóirsteanach *adj* unsuitable

mífholláin *adj* unhealthy

mífhortún *nm1* misfortune

mífhortúnach *adj* unfortunate

mígheanasach *adj* indecent; immodest

mígheanmnaí *adj* unchaste

míghléas *nm1* malfunction; **ar** ~ out of order

míghnaíúil *adj* unpopular; mean

míghnaoi *nf4* ugliness; meanness; ~ **a chur ar rud** to spoil the look of sth

míghníomh *nm1* misdemeanour

míghreann *nm1* mischief

migréin *nf2* migraine

mí-iompar *nm1* misconduct; misbehaviour

mí-ionracas *nm1* dishonesty

mí-ionraic *adj* dishonest

mil (*gs* **meala**) *nf3* honey; **briathra meala** sweet words

míle (*pl* **mílte**) *nm4* thousand; mile; ~ **punt/euro** a thousand pounds/euros; **na mílte bliain** thousands of years; **go raibh** ~ **maith agat** thanks a million

mileáiste *nm4* mileage

míleata *adj* military

míleatach *adj, nm* militant

mileméadar *nm1* mileometer

milis (*gsf, pl, compar* **milse**) *adj* sweet; (*talk*) flattering

míliste *nm4* militia

mílítheach *adj* sickly, pale; pallid

míliú *num, adj, nm4* thousandth

mill *vt, vi* spoil; ruin; **an oíche a mhilleadh ar dhuine** to spoil the night for sb; **páiste a mhilleadh** to spoil a child

milleadh (*gs* **millte**) *nm* destruction; spoiling; ruination

milleagram *nm1* milligram(me)

milleán *nm1* blame; **an** ~ **a chur ar dhuine (as/faoi)** to blame sb (for); **(is) air féin an** ~ it's his own fault

milliméadar *nm1* millimetre

millín *nm4* pellet; bud; ~**í leamhan** mothballs

milliún *nm1* million; ~ **punt/euro** a million pounds/euros; **na milliúin bliain** millions of years

milliúnaí *nm4* millionaire

milliúnú *num, adj, nm4* millionth

millte *see* **milleadh**

millteach *adj* destructive; terrible

millteanach *adj* horrible, terrible; enormous; **tá sé** ~ **trom** it is extremely heavy

millteanas *nm1* destruction

milseacht *nf3* sweetness; flattery

milseán *nm1* sweet

milseog *nf2* dessert; sweet

milseogra *nm4* confectionery

milsigh *vt, vi* sweeten

milsíneacht *nf3* sweet things

mílte *see* **míle**

mím *nf2* (*pl* **mímeanna**) mime ▷ *vt, vi* mime

mímhacánta *adj* dishonest

mímhacántacht *nf3* dishonesty

mímhaiseach *adj* unbecoming, unsightly

mímhodhúil *adj* immodest; graceless

mímhorálta *adj* immoral

mímhoráltacht *nf3* immorality

mímhuinín *nf2* distrust

mímhúinte *adj* impolite, ill-mannered, rude

min *nf2* (flour) meal; ~ **choirce** oatmeal; ~ **sáibh** sawdust

m

mín adj soft, smooth; (manner) suave, courteous; (cloth) fine ▷ nf2 level land; (in hills) grassland

mínádúrtha adj unnatural

mináireach adj shameless

minc (pl **minceanna**) nf2 mink

míneas nm minus (sign)

minic adj frequent ▷ adv often, frequently; **go ~** often; **níos ~e** more often; **~ go leor** often enough; **is ~ a fheictear iad** they are often seen

minicíocht nf3 (Radio, Elec) frequency

mínigh vt explain; smooth (out); **rud a mhíniú** to explain sth

míníneacht nf3 (of person) refinement; (food) delicacy; (of mind) subtlety

ministir nm4 (Rel) minister

ministreacht nf3 (Rel) ministry

mínitheach adj explanatory

míniú nm explanation; **nóta mínithe** explanatory note

míniúchán nm explanation

mínleach nm (Golf) fairway

míntír nf2 arable land; mainland

míntíreachas nm cultivation; (of land) reclamation; **talamh a thabhairt chun míntíreachais** to reclaim land

míochaine nf4 medicine ▷ n gen as adj medical

míochnú nm medication

miocrób nm microbe

miodamas nm offal; garbage

miodóg nf2 dagger

miodún nm meadow

míofar adj ugly

mí-oiriúnach adj unsuitable; inappropriate

míol (pl **míolta**) nm animal; insect; louse; **~ mór** (Zool) whale; **~ gorm** blue whale

míolach adj lousy, dirty; mean

míoltóg nf2 midge

mion adj fine; powdered; detailed; **rud a scrúdú go ~** to examine sth closely; **cuntas ~** detailed account

mion- prefix small; minor; micro-

mionaigh vt, vi mince; powder; crumble

mionairgead nm1 petty cash

mionairm nmph small arms

mionaoiseach nm (Law) minor

mionbhrístín nm4 (clothes) briefs

mionbhus nm4 minibus

mionchaint nf2 small talk

mionchatach adj (hair) frizzy

mionchóir n: **ar mhionchóir** on a small scale

mionchúiseach adj meticulous; trivial

mionda adj petite

miondíol nm3 retail ▷ vt retail

miondíola n gen as adj retail

miondíoltóir nm3 retailer

miondiosca nm4 MiniDisc®; minidisc

mionduine nm4 (person) inferior; nobody

mionéadach nm haberdashery

mionéadaí haberdashery

mionfheoil nf3 minced meat

mionghadaíocht nf3 pilfering

miongháire nm4 smile; **~ a dhéanamh** to smile

mionlach nm1 minority; **~ eitneach** ethnic minority

mionn nm3 oath; **~ mór** oath, swearword; **faoi mhionn** under oath, on oath; **~aí móra a stróiceadh** to curse and swear; **~ éithigh** false oath, perjury

míonna see **mí**

mionnaigh vt, vi swear (in)

mionnú nm swearing; **~ éithigh** perjury

mionoifigeach *nm* petty officer

mionpháirt *nf2* secondary part; small detail

mionphointe *nm4* minor detail, small point

mionra *nm4* (*Culin*) mince, mincemeat (*US*)

mionrud *nm3* trifle, triviality; **~aí** sundries

mionsamhail *nf3* miniature; model

mionsciorta *nm4* miniskirt

mionscrúdaigh *vt* examine closely, scrutinize

mionscrúdú *nm* detailed examination

mionsonra *nm4* minor detail, particular

miontas *nm1* mint

miontóir *nm3* mincer

miontuairisc *nf2* detailed account; **~í** (*of meeting*) minutes

mionúr *adj, nm1* (*Rel, Sport*) minor

mí-ordú (*gs* **mí-ordaithe**) *nm* disorder, disarray

míorúilt *nf2* miracle

míorúilteach *adj* miraculous

míosa *see* **mí**

mioscais *nf2* spite; malice; rancour; **~ a chothú** to stir trouble

mioscaiseach *adj* spiteful; malicious; mischievous

míostraigh *vi* to menstruate

míostrú (*gs* **míostraithe**) *nm* menstruation

míosúil *adj* monthly

miosúr *nm1* measure; measurement; **~ duine a thógáil** to measure sb; **as ~** exceeding, limitless

miotaigh *vt* nibble; whittle away

miotal *nm1* metal; (*of person*) mettle; **~ a bheith ionat** to be tough or hardy

miotalach *adj* metallic; (*fig*) wiry, hardy

miotas *nm1* myth

miotasach *adj* mythical

miotaseolaíocht *nf3* mythology

miotóg *nf2* glove; mitt(en); nip; punch; **~ a bhaint as duine** to pinch sb

mír (*pl* **míreanna**) *nf2* bit, portion; (*on agenda, programme*) item; (*of line*) segment; (*Mus*) phrase; (*Theat*) number, routine; (*of book*) section; (*Gram*) particle; **~ nuachta** item (of news); **~eanna mearaí** jigsaw (puzzle)

mire *nf4* speed; ardour; madness; **bheith/dul ar ~** to be/go mad

míréasúnta *adj* unreasonable

míréir *nf2* disobedience; **~ duine a dhéanamh** to disobey sb

mírialta *adj* unruly; (*Ling*) irregular

míriar *nf4* mismanagement ▷ *vt* mismanage

mirlín *nm4* (*toy*) marble

mírún *nm1* malice

mísc *nf2* mischief

mise *pron* (*emphatic*) I; me; **~ atá ann** it's me; **cé atá ann?** — **~** who is it? — it's me; **cé a bhris é?** — **~** who broke it? — I did

misean *nm1* mission

míshásamh *nm1* displeasure, dissatisfaction; **~ a chur ar dhuine** to displease sb

míshásta *adj* displeased; dissatisfied; awkward

míshástacht *nf3* displeasure, dissatisfaction

míshásúil *adj* unsatisfactory

míshibhialta *adj* rude

míshlachtmhar *adj* untidy; scrappy; (*work*) shabby; unsightly

míshocair *adj* uneasy; unsteady

míshona *adj* unhappy

míshuaimhneach adj restless, ill-at-ease

míshuaimhneas nm1 discomfort, disquiet

misinéir nm3 missionary

misneach nm1 courage; morale; **do mhisneach a chailleadh** to lose heart; **~ a thabhairt do dhuine** to give sb courage; **níor chaill fear an mhisnigh riamh** fortune favours the brave

misnigh vt encourage; cheer up; cheer on

misniúil adj courageous, brave; hopeful

miste adj = **measa** + **de**; **ní ~ liom í** I don't mind; **ba mhiste dom é** it mattered to me; **is ~ léi faoin chúis seo** she cares about this cause; **an ~ leat?** do you mind?; **níor mhiste dul ann** it wouldn't do any harm to go

misteach adj, nm1 mystic

mistéir nf2 mystery

mistéireach adj mysterious

mistic nf2 mystique

místuama adj clumsy; thoughtless

míthaitneamh nm1 dislike; **~ a thabhairt do dhuine/rud** to take a dislike to sb/sth

míthaitneamhach adj disagreeable; unattractive; unpleasant

míthapa nm4 mishap; rash action; inactivity; **a mhíthapa a bhaint as duine** to make sb lose their temper

mítharraingteach adj unattractive

mithid adj: **is ~ é** it is overdue; **is ~ di críochnú** it is time for her to finish

míthráthúil adj untimely; inopportune; ill-timed

míthreorach adj bewildered; misleading

míthrócaireach adj merciless

míthuairim nf2 misconception

míthuiscint (gs **míthuisceana**) nf3 misunderstanding

mitín nm4 glove, mitt(en)

miúil nf2 mule

mí-úsáid nf2 abuse; misuse; **~ a bhaint as rud** to misuse sth

mná gs, npl see **bean**

mo (before vowel or **fh** = **m'**) poss adj my; **mo bhlús** my blouse; **m'fhoclóir** my dictionary; **m'atlas** my atlas; **m'anam!** upon my soul!; **tá sí do mo phógadh** she is kissing me

mó adj: **an mó ...?** how many ...?

mó² see **mór**

moch (gsm **moch**) adj early

modartha adj dark; (water) murky; (person) morose

modh (pl **modhanna**) nm3 mode, method; procedure; (Ling) mood; (Mus) mode; **an ~ díreach** (Scol) direct method; **i ~ rúin** in confidence; **~ íocaíochta** method of payment; **tá ~ ina mhire** there's method in his madness

Modhach adj, nm1 Methodist

modhnaigh vt modify

modhnóir nm3 moderator

modhúil adj modest; decent; mannerly

modhúlacht nf3 modesty; decency; politeness

modúl nm1 module

mogall nm1 mesh; pod; **~ súile** eyelid

moghlaeir nm3 boulder

móid (pl **móideanna**) nf2 vow; **~ a thabhairt** to make a vow

móide = compar of **mór** + **de** prep plus; more; **is ~ mo shonas sin a**

chluinstin I am all the happier for hearing that; **ní ~ go bhfuil siad ann** it's unlikely that they're there; **a seacht ~ a deich** seven plus ten

móideim nm4 modem

móidigh vt, vi vow

moiglí adj soft; easy-going; placid

móihéar nm1 mohair

móilín nm4 molecule

moill (pl **moilleanna**) nf2 delay; hindrance; **~ a bhaint as rud** to slow sth down or up; **~ a chur ar dhuine** to delay sb; **gan mhoill** soon; **~ éistigh a bheith ort** to be hard of hearing; **~ seachtaine** a week's delay

moille see **mall**

moilleadóireacht nf3 delaying; dawdling; procrastination

moilligh vi delay, linger, slow down, slow (up)

moillitheach adj delaying; hesitant

móimint nf2 moment

móiminteam nm1 momentum

móin (pl **móinte**) nf3 peat, turf; bog land

móinéar nm1 meadow

moing (pl **moingeanna**) nf2 mane; hair; (of vegetation) cover

móinteach nm1 heath, moorland

móinteán nm1 moor; bog

móipéid nf2 moped

móiréiseach adj haughty, pretentious; stuck-up

moirfín nm4 morphine

moirt nf2 dregs; mud

moirtéal nm1 (Constr) mortar

moirtéar nm1 (Mil, vessel) mortar

móitíf nf2 motif

mol¹ vt, vi commend, praise; propose, recommend; **duine a mholadh as rud** to praise sb for sth; **rud a mholadh do dhuine** to recommend sth to sb

mol² nm1 pivot; (of wheel) hub

moladh (gs **molta**, pl **moltaí**) nm praise, commendation; proposal, suggestion; **~ a thabhairt do dhuine** to praise sb

molás nm1 molasses

molchaidhp nf2 hubcap

Moldóiv nf2: **an Mholdóiv** Moldova

moll nm1 heap; (of things) large number; (of money etc) large amount

moltach adj complimentary

moltóir nm3 proposer, nominator; (Sport) umpire; (in competition) adjudicator

mómhar adj graceful; mannerly; self-content

monabhar nm1 murmur(ing)

Monacó nm4 Monaco

monagamach adj monogamous

monaplacht nf3 monopoly

monarc (pl **monarcaí**) nm4 monarch

monarcacht nf3 monarchy

monarcha (gs **monarchan**, pl **monarchana**) nf factory

monaróir nm3 manufacturer

monarú nm manufacture

monatóir nm3 (TV, Comput etc) monitor

moncaí nm4 monkey

mongach adj (animal) maned; (person) long-haired; (terrain) marshy

Mongóil nf2: **an Mhongóil** Mongolia

mónóg nf2 bogberry; cranberry; bead; drop

monsún nm1 monsoon

monuar excl alas

mór nm1 much ▷ adj (compar **mó**) big, large; great ▷ vt, vi increase; exalt; celebrate; **a mhóra a**

dhéanamh de rud to make the most of sth; **athair ~** grandfather; **bhí an blús ~ aici** the blouse was too big for her; **an duine is mó clú** the most famous person; **fear ~ ceoil** a great man for music; **bheith ~ le duine** to be friendly with sb; **ba mhór agam an cuidiú** I appreciated the help; **go ~** greatly; **go ~ ~** especially; **ní ~ dom é a cheannach** I have to buy it; **céad euro nach ~** nearly a hundred euros; **cuid mhór** + gen a good deal (of), a lot (of); **Peadar M~** Peter the Great; **Seán M~** John Senior; **fear ~ le rá** famous man; **ní mó ná go raibh mé istigh** I had hardly come in; **ní mó ná sé déanta aige** he had just done it; **is mé is mó a chonaic** I saw (the) most; **den chuid is mó** for the most part; **ní chluinim níos mó é** I can't hear him any more; **níos mó daoine/oibre ná** more people/work (than)

mór- prefix great-, grand-; major; general

móráil nf3 pride; vanity

mórálach adj proud; conceited; **bheith ~ as** to be proud of sth

morálta adj moral

moráltacht nf3 morals; morality

móramh nm1 majority

mórán nm1 many; much; a lot of; **~ airgid** a lot of money; **an bhfuil ~ le déanamh agat?** have you much to do?; **níl sin ~ níos fearr** that's not much better

mórbhileog nf2 broadsheet

mórchóir n: **ar an ~** on a large scale; (Comm) in bulk

mórchuid (gs **mórchoda**, pl **mórchodannna**) nf3 large quantity; majority; **an mhórchuid**

den am most of the time; **an mhórchuid de na daltaí** most of the pupils

mórchúis nf2 pride; pretentiousness; self-importance

mórchúiseach adj arrogant, proud; self-important; pretentious

mórdhíol nm3 wholesale

mórdhíola n gen as adj wholesale

mórdhíoltóir nm3 wholesaler

mórfhoclach adj oratorical; bombastic; pedantic

mórga adj great, exalted; majestic

mórgacht nf3 greatness; majesty; **A M~** Her Majesty

morgáiste nm4 mortgage

morgtha vadj rotten

mórleabhar nm (Comm) ledger

mórlitreacha nfpl: **~ bloic** block capitals, block letters

mórluachach adj valuable; self-important

Mormannach adj, nm1 Mormon

mórphianó nm4 grand piano

mór-ranna see **mór-roinn**

mór-roinn (pl **mór-ranna**) nf2 continent

mór-rón nm1 sea lion

Morsach adj Morse; **an cód ~** the Morse code

mórscála nm4 large scale

mórshiúl (pl **mórshiúlta**) nm1 procession

mórtas nm1 pride; boastfulness; (of sea) swell; **~ a dhéanamh** to boast; show off

mórthaibhseach adj spectacular

mórthimpeall adv (+ gen) all round ▷ nm1 circuitous route; surroundings; **~ na páirce** all around the field

mórthír nf2 mainland

mortlaíocht nf3 (death rate) mortality

mos *nm1* odour, scent
mosach *adj* shaggy; grumpy
mósáic *nf2* mosaic
mosc *nm1* mosque
Moscó *nm4* Moscow
Moslamach *adj, nm1* Muslim
móta *nm4* moat
mótar *nm1* motor car
mótar- *prefix* motor-
mótarbhád *nm1* motorboat; launch
mótarbhealach *nm1* motorway
mothaigh *vt, vi* feel, sense; hear; smell; become aware (of); **rud a mhothú uait** to miss sth
mothaitheach *adj* perceptive
mothálach *adj* sensitive; responsive
mothall *nm1 (of hair)* mop
mothallach *adj (hair)* bushy; *(person, animal)* shaggy
mothar *nm1* thicket; jungle
mothchat *nm1* tomcat
mothú *nm* feeling; perception; touch; sensation; consciousness; **gan mhothú** unconscious; **teacht gan mhothú ar dhuine** to catch sb unawares
mothúchán *nm1* emotion, feeling
mothúchánach *adj* emotional
muc *nf2* pig; *(of snow etc)* bank, drift; **~ ghuine** guinea pig; **~ mhara** porpoise; **~ shneachta** snowdrift; **i mála** a pig in a poke
múcas *nm1* mucus
múch *vt, vi* extinguish; muffle, smother; suffocate; *(light, engine etc)* switch off; **an raidió a mhúchadh** to turn the radio off ▷ *nf2* fumes
múchadh *(gs* **múchta)** *nm* asthma; smothering; suffocation
múchghlan *vt* fumigate
múchta *vadj* smothered;

extinguished; (switched) off; muffled
múchtóir *nm3* extinguisher; **~ tine** fire extinguisher
muclach *nm1* piggery; drove of pigs
muga *nm4 (cup)* mug
muiceoil *nf3* pork; bacon
muid *pron* we; us
muidne *emphatic pron* we; us; ourselves
muifín *nm4* muffin
muileann *(gs* **muilte)** *nm1* mill; **~ gaoithe** windmill; **~ iarainn** ironworks; **bheith ag tarraingt uisce ar do mhuileann féin** to look after one's own interests
muileata *(pl* **muileataí)** *nm4 (Cards)* diamond
muilleoir *nm3* miller
Muimhneach *adj* Munster ▷ *nm1* Munsterman/Munsterwoman
muin *nf4* back; **ar ~ capaill** on horseback; **bheith ar mhuin na muice** to be on the pig's back
múin *vt, vi* teach; educate, instruct; **Gaeilge a mhúineadh** to teach Irish
muince *nf4* necklace; collar
muinchille *nf4* sleeve
muine *nf4* thicket, scrub
Muineachán *nm1* Monaghan
múineadh *(gs* **múinte)** *nm* teaching; instruction; *(of story)* moral; manners, good behaviour; politeness; **~ a chur ar dhuine** to teach sb manners; **bíodh ~ ort!** have manners!
muineál *nm1 (gs, pl* **muiníl)** neck; cervix
muinín *nf2* confidence, trust; dependence; **dul i ~ + gen** to resort to; **~ a bheith agat as duine** to trust sb; **bheith i ~ + gen** to depend on

muiníneach adj dependable; trustworthy

múinte vadj polite, well-mannered

muintearas nm friendship; kinship; fellowship

muinteartha adj friendly; related; familiar; **bheith ~ do dhuine** to be related to sb; **daoine ~** relations

múinteoir nm3 teacher

múinteoireacht nf3 teaching

muintir (pl **muintireacha**) nf2 community; household; followers; parents; people, folk; **~ an tsráidbhaile** the villagers; **~ na Fraince** the French; **~ na háite** the locals; **iomlán a ~e** all her relatives; **ba de mhuintir Bhreatnach í** her maiden name was Walsh

muir (gs, pl **mara**) nf3 sea; **ar ~** at sea; **de mhuir** by sea; **thar ~** over or beyond the sea; **ainmhí mara** marine animal; **M~ Aidriad** Adriatic (Sea); **M~ Bhailt** the Baltic Sea; **an Mhuir Cheilteach** Celtic Sea; **an Mhuir Dhubh** the Black Sea; **M~ Éireann** the Irish Sea; **M~ nIocht** the (English) Channel; **an Mhuir Mharbh** the Dead Sea; **an Mhuir Thuaidh/Rua** North/Red Sea

muirbhrúcht nm3 tidal wave

muirchur nm jetsom

Muire nf4 (Virgin) Mary

muirear nm1 burden, charge; family

muirghalar nm1 sea sickness

muirí adj, nm4 marine

muirín nm4 scallop

muirín nf4 family; **soláthar do mhuirín** to provide for a family

muiríne nm4 marina

muirneach adj affectionate; beloved; caressing

muirnigh vt caress, fondle; cuddle

muirnín nm4 darling, sweetheart, beloved

muirniú nm caress

muirthéacht nf3 (Pol) revolution

múisc nf2 vomit; nausea; disgust

muiscít nf2 mosquito

múisiam (pl **múisiamaí**) nm4 upset; huff; nausea; drowsiness; **bhí ~ air (leo)** he was huffing (with them)

múisiamach adj upset; annoyed

muisiriún nm mushroom

muislín nm4 muslin

múitseálaí nm4 truant; idler

mullach (pl **mullaí**) nm1 top; summit; (of head) crown; high ground; **i ~ a chéile** on top of one another; **fágadh ag tochas a mhullaigh é** he was left scratching his head; **titim ar mhullach do chinn** to fall head first

mullard nm bollard

Mumhan (gs **Mumhan**) nf: **Cúige Mumhan** Munster

mún nm1 urine, piss ▷ vt, vi urinate, piss

mungail (pres **munglaíonn**, vn **mungailt**) vt, vi chew, munch; mumble

múnla nm4 mould; shape

múnlach nm1 sewage; putrid water

múnlaigh vt mould; model; shape

múr (pl **múrtha**) nm1 wall; rampart; (of rain) shower; **~tha** nmpl loads, abundance; **tá na ~tha airgid acu** they are filthy rich

EOCHAIRFHOCAL

mura conj (eclipses) if not; unless
1 (with indicative): **mura bhfuil biseach ort fan sa bhaile** if you are not better stay at home; **mura dtéann tú abhaile beidh fearg ar**

do mháthair leat if you don't go home your mother will be angry with you; **mura n-éiríonn sé go luath ar maidin bíonn sé míshásta i rith an lae** if he doesn't get up early in the morning he's unhappy the rest of the day; **mura mbíodh sé go maith d'fhanadh sé sa bhaile** if he wasn't well he stayed at home; **mura raibh sí sa bhaile ní fhaca sí é** if she wasn't at home she didn't see him; **mura bhfuair sé scéala ní thiocfaidh sé** if he didn't get word he won't come

2 (with past tense of regular verbs = **murar**): **murar chuir sé ar an mbord é níl a fhios agam cár fhág sé é** if he didn't put it on the table I don't know where he left it; **murar shiúil sé rith sé** if he didn't walk he ran

3 (with present subjunctive or future): **mura dté** or **rachaidh tú ann ní fheicfidh tú é** if you don't go there you won't see him; **mura n-imí** or **n-imeoidh tú anois láithreach glaofaidh mé ar na péas** if you don't leave immediately I'll call the police; **mura dtaga** or **dtiocfaidh sé bíodh an t-iomlán ag Máire** if he doesn't come let Mary have the lot; **go dtuga Dia a luach duit mura mbí** or **mbeidh mise ábalta a thabhairt duit** may God reward you if I cannot

4 (with past subjunctive or conditional): **níl a fhios agam cad é a dhéanfainn mura dtagadh** or **dtiocfadh sí** I don't know what I would have done if she hadn't come, I don't know what I would do if she didn't come; **mura gcoinneoinn leis go n-ólfadh sé**

é, **bheadh sé tinn fós** if I hadn't kept at him till he drank it, he would still be sick

5 although ... not; even though ... not; **murar thráchtamar ar an ábhar, tá daoine eile a thrácht air minic go leor** although we did not talk about the subject, others did so frequently; **murar chuir sé leis an moladh níor chuir sé ina aghaidh** although he didn't support the recommendation he didn't oppose it

6 : **mura mbeadh** if not; except for; only for; **mura mbeadh mé féin** but for myself; **mura mbeadh Seán bhí muid san fhaopach** but for John we were in a fix; **ní inseodh sé bréag mura mbeadh gur mheas sé go gcreidfí uaidh é** he wouldn't have told a lie if he didn't think he would be believed

7 (with present of copula = **mura**): **mura mian leat** if you don't wish; **mura miste leat** if you don't mind; **mura rud é** if it is not so

8 (with present of copula before vowels = **murab**): **murab é sin** but for that; **murab é go raibh tusa anseo** but for the fact that you were here; **murab amhlaidh atá é** if it is not so; **murab é Seán an duine a rinne é** if John is not the one who did it; **murab ionann agus tusa** unlike you; **murab agat atá an leabhar** if you haven't the book

9 (with past of copula = **murar**): **murar pheaca é** if it wasn't a sin

10 (with past of copula before vowels = **murarbh**): **murarbh onóir mhór dó é** if it wasn't a great honour for him

murab *see* **mura**

murach *conj* if not; only; ~ **an fhearthainn** only for the rain; ~ **an obair a bheith déanta aige** only that he had done the work; ~ **iadsan** but for them; ~ **go bhfaca mé iad** had I not seen them

múráil *nf3* shower(s)

murar, murarbh *see* **mura**

murascaill *nf2* gulf; **M~ na Peirse** the (Persian) Gulf

murlach *nm1* lagoon

murlán *nm1* knob; (*of door*) handle; knucklebone

murlas *nm1* mackerel

murnán *nm1* ankle

mursanta *adj* domineering

múrtha *see* **múr**

murúch *nf2* mermaid

mús *nm1* moose

músaem *nm1* museum

múscail (*pres* **músclaíonn**) *vt, vi* wake (up), awake; rouse

múscailt *nf2* awakening

múscailte *vadj* awake

múscán *nm1* sponge; ooze; (*of fungus*) mould

mustar *nm1* swagger; muster; assembly

mustard *nm1* mustard

mustrach *adj* swaggering; vain; arrogant

n

n- (*remove "n-"*) *see* **initial vowel**

nA (*remove "n"*) *see* **A...**

na *gsf, pl of* **an**; **i lár na hoíche** in the middle of the night; **ar fud na háite** throughout the place; **Turas na Croise** the Stations of the Cross; **na boicht** the poor; **na leabhair seo** these books; **faoi scáth na gcrann** under the shade of the trees; **na hamhráin** the songs; **na Meánaoiseanna** the Middle Ages

-na *emphatic suffix, 1st person pl*: **ár dteachna** our house; **ár gcarrannana** our cars

ná¹ *neg vb part* (*used with imperative*): **ná rith** don't run; (*with* **bí**: *in pres sub*): **ná raibh sé tinn** may he never be sick; **ná hith é** don't eat it

ná² *conj* nor, or; **níl tús ná deireadh leis an scéal seo** there is neither a start nor a finish to this story; **níl**

Pól ná Seán neither Paul nor John is there; **níor chuala mé an clog — níor chuala ná mise** I didn't hear the bell — neither did I

ná³ conj than; **is ciúine na cailíní ná na buachaillí** the girls are quieter than the boys; **tá sé níos óige ná mise** he is younger than me

ná⁴ conj but; **cé a bhí roimpi sa seomra ná Seán?** who should she find in the room but John?; **ná go, ná gur** but that

nás conj (with copula): **is é a rinne sé sa deireadh ná neamhiontas ar fad a dhéanamh de** what he did in the end was to ignore him totally

nach neg vb part (in questions): **~ raibh a fhios agat?** didn't you know? ▷ conj that ... not; (in adv phrases): **~ mór, ~ beag** almost, nearly; (in relative clause): **fuair sé rud ~ ndearna sé margadh air** he got sth he hadn't bargained for; **fear ~ luafar** a man who won't be named; **is cosúil ~ ann dó** it seems that it doesn't exist; **an bhfuil sé anseo? is léir ~ bhfuil!** is he here? it's clear that he's not!; **rinne tú é, ~ ndearna?** you've done it, haven't you?; see also **is**

nádúr nm nature; inherent character; **tá sé sa ~ aige** it's in his nature; **ó ~** by nature

nádúrtha adj natural; normal; (weather) mild; (person) good-natured; **fás/gáire ~** natural growth/laugh

naí (pl **naíonna**) nm4 infant

naíchóiste nm4 pram, baby carriage (US)

náid (pl **náideanna**) nf2 nil, nought, nothing; (number) zero

naimhde see **namhaid**

naimhdeach adj hostile, unfriendly

naimhdeas nm hostility; enmity; spite

naíolann nf2 nursery

naíonán nm infant

naipcín nm4 napkin, serviette

náire nf4 shame, disgrace; dishonour; **~ a bheith ort** to be ashamed; **mo ~ thú!** shame on you!; **~ duine a thabhairt** to disgrace sb; **is mór an ~ é** it's a disgrace; **nach bhfuil ~ ar bith ionat?** have you no shame?

náireach adj (action) shameful; (person) modest, bashful

náirigh vt shame, disgrace

naisc (vn **nascadh**, pp **naiscthe**) vt connect; link; tie

náiscoil (pl **náiscoileanna**) nf2 kindergarten, playschool

náisiún nm nation; **Na Náisiúin Aontaithe** the United Nations

náisiúnach nm national

náisiúnachas nm nationalism

náisiúnaigh vt nationalize

náisiúnta adj national; nationwide

náisiúntacht nf3 nationality

Naitsíoch adj (gsm **naitsíoch**) Nazi

namhaid (gs **namhad**, pl **naimhde**) nm enemy, foe; **fórsaí an namhad** the enemy forces; **~ a dhéanamh de do rún** to cut off your nose to spite your face

naofa adj holy, sacred; **an Talamh N~** the Holy Land

naofacht nf3 sanctity, holiness

naoi num, nm4 (pl **naonna**) nine; **uimhir a ~ number nine; **~ déag** nineteen; **~ gcapall déag** nineteen horses

naomh nm saint ▷ adj holy; **N~ Peadar** Saint Peter; **an Spiorad N~** the Holy Spirit

naomhóg nf2 (type of) currach

Naomhshacraimint nf2 (Rel): **An ~** the Blessed Sacrament

naonúr nm1 (+ gen pl) nine people

naoú num, adj, nm4 ninth; **an ~ lá/háit/duine** the ninth day/place/person

naprún nm1 apron

nár¹ neg interr vb part (in questions): **~ chuala tú mé?** did you not hear me?; **~ oscail tú é?** didn't you open it?, you opened it, didn't you?

nár² conj that ... not; see also **is'; chonacthas dom ~ thuig sé an cheist** it appeared to me that he didn't understand the question; **is beag ~ thit mé** I nearly fell

nár³ neg rel vb part (in relative clause): **an bhean ~ chuala an scairt** the woman who didn't hear the shout; **an páiste ~ tógadh sa cheantar seo** the child who was not raised in this district; **níl a fhios agam cé acu ba chóir dom glacadh leis nó ~ chóir** I don't know whether or not I should accept it

nár⁴ neg vb part (with pres sub): **~ chluine tú é** may you not hear it

nárbh see **is'**

nasc nm1 link; clasp; bond; (Comput) link, hyperlink

nath nm3 adage, saying; **~ cainte** figure of speech

nathair (gs **nathrach**, pl **nathracha**) nf snake, serpent; **~ nimhe** (poisonous) snake; **~ shligreach** rattlesnake

nd (remove "n") see **d...**

nE (remove "n") see **E...**

-ne emphatic suffix, 1st person pl: **ár máthairne** our mother; **inár dtithene** in our houses; **déanfaimidne é** we will do it; **is dúinne a thug sí é** she gave it to us

neach (pl **neacha**) nm4 being; person; **~ daonna** human being; **ní raibh aon ~ ann** there wasn't a soul there

neacht nf3 niece

neachtar pron: **nó ~ acu** or else

neachtlann nf2 laundry

nead (pl **neadacha**) nf2 nest; **~ seangán** anthill; **an ~ a fhágáil** to leave home

neadaigh vt, vi nest; nestle, lodge; set

neafais nf2 triviality

neafaiseach adj trivial

néal (pl **néalta**) nm1 cloud; depression; fit; nap; **~ a chodladh** to take a nap; **~ codlata** snooze, nap; **~ a chur i nduine** to daze sb, stun sb; **~ feirge** a fit of anger; **~ a theacht ort** to doze off; **dul i ~** to go into a trance

néaltach adj cloudy

neamart nm1 neglect; negligence; oversight; **~ a dhéanamh i rud** to neglect sth

neamartach adj neglectful; remiss; negligent; **ba ~ an mhaise dó** (rud a dhéanamh) it was remiss of him (to do sth)

neamh (gs **neimhe**) nf2 heaven; **dul ar ~** to go to heaven; **níl a fhios agam ó ~ anuas** I haven't the slightest idea

neamh- prefix in-, non-, un-

neamhábalta adj incapable, unable

neamhábaltacht nf3 inability

neamhacra adj: **bheith ar an ~** to be independent or self-sufficient

neamhaibí adj immature; unripe

neamhaird nf2 inattention; disregard; **~ a thabhairt ar rud** to disregard sth

neamh-aire nf4 carelessness

neamh-aireach *adj* careless; inattentive

neamh-aistreach *adj* intransitive

néamhann *nm1* gem; mother-of-pearl

neamhbhailí *adj* invalid

neamhbhalbh *adj* candid; forthright, outspoken

neamhbheartaithe *adj* unintentional

neamhbheo *adj* inanimate, lifeless; (Art) still

neamhbhuan *adj* impermanent; fleeting, transient; short-term

neamhbhuartha *adj* carefree; unperturbed, unconcerned

neamhcháilithe *adj* unqualified

neamhchaiteoir *nm3* non-smoker

neamhchead *n*: **ar ~ do** regardless of; without the permission of

neamhcheadaithe *adj* unauthorized; not permitted; forbidden

neamhchinnte *adj* uncertain, undecided; indefinite

neamhchiontach *adj* innocent, not guilty

neamhchodladh *(gs* **neamhchodlata)** *nm* insomnia

neamhchoitianta *adj* uncommon

neamhchorrabhuais *nf2* (*calm*) cool; nonchalance

neamhchorraithe *adj* unruffled, unmoved

neamhchostasach *adj* inexpensive

neamhchosúil *adj* unlike, dissimilar; unlikely, improbable

neamhchreidmheach *adj* unbelieving ▷ *nm1* unbeliever

neamhchríochnaithe *adj* unfinished, incomplete

neamhchúis *nf2* coolness, composure; lack of concern

neamhchúiseach *adj* unconcerned; imperturbable

neamhdhíobhálach *adj* harmless

neamhdhóchúil *adj* unlikely

neamhdhuine *nm4* (*person*) nobody; nonentity

neamheagla *nf4* fearlessness

neamheaglach *adj* bold, fearless

neamheolach *adj* (*unaware*) ignorant

neamhfhaiseanta *adj* unfashionable

neamhfheiceálach *adj* inconspicuous

neamhfhicsean *nm1* non-fiction

neamhfhoirfe *adj* (*also Ling*) imperfect

neamhfhoirmiúil *adj* informal, casual

neamhfhoirmiúlacht *nf3* informality

neamhfhorbartha *adj* undeveloped

neamhfhreagrach *adj* irresponsible; inconsistent; incompatible

neamhfhreagracht *nf3* inconsistency

neamhghéilliúil *adj* uncompromising; insubordinate

neamhghlan *adj* impure, unclean

neamhghnách *(gsm* **neamhghnách)** *adj* uncommon; extraordinary

neamhghníomhach *adj* inactive

neamhghnóthach *adj* idle, slack

neamhghoilliúnach *adj* (*fig*) thick-skinned

neamhinniúil *adj* incompetent, incapable

neamhiomlán *adj* incomplete, partial

neamhionannas *nm1* inequality; disparity

n

neamhiontas *nm1*: ~ **a dhéanamh de** rud to ignore sth

neamhleithleach *adj* selfless, unselfish

neamhleor *adj* insufficient

neamhlitaeartha *adj* illiterate

neamhliteaarthacht *nf3* illiteracy

neamh-mheisciúil *adj* (drink) non-alcoholic, soft

neamh-mhothálach *adj* insensitive

neamh-mhuiníneach *adj* unreliable

neamhní (pl **neamhnithe**) *nm4* nothing, nought; nonentity; **dul ar** ~ to come to nothing

neamhoifigiúil *adj* unofficial

neamhoilte *adj* raw, inexperienced

neamhord *nf2* disorder, confusion

neamhphearsanta *adj* impersonal

neamhphósta *adj* unmarried

neamhphraiticiúil *adj* impractical

neamhréir *nf2* inconsistency

neamhréireach *adj* inconsistent

neamhréiteach *nm1* discrepancy

neamhriachtanach *adj* unnecessary

neamhrialta *adj* irregular

neamhshaolta *adj* unearthly; unworldly

neamhshocracht *nf3* unrest; uneasiness

neamhshuim *nf2* disregard; indifference; ~ **a dhéanamh de** rud to disregard sth

neamhshuimiúil *adj* insignificant, unimportant; **bheith ~ i** rud to be indifferent to sth, be uninterested in sth

neamhshuntasach *adj* inconspicuous; nondescript

neamhspéisiúil *adj* uninteresting

neamhspleách (gsm **neamhspleách**) *adj* independent

neamhspleáchas *nm1* independence

neamhthaithí *nf4* inexperience

neamhthoil *nf3* unwillingness; reluctance; **ar mo** ~ against my will

neamhthoiliúil *adj* involuntary

neamhthoilteanach *adj* unwilling, reluctant

neamhthuairimeach *adj* (remark) casual

neamhthuisceanach *adj* inconsiderate, thoughtless

neamhúdaraithe *adj* unauthorized

neamhurchóideach *adj* inoffensive; harmless

neantóg *nf2* nettle

néaróg *nf2* nerve

néaróiseach *adj*, *nm1* neurotic

neart *nm* strength; might; plenty; ~ **coirp** bodily strength; **níl ~ aige air** he can't help it; **dul i ~** to grow strong; ~ + gen plenty; ~ **tola** willpower; **tú féin a chur thar do** ~ to overstrain o.s.; **vodca a ól as a** ~ to drink vodka neat; ~ **airgid/ama** plenty of money/time; **níl ~ air** it can't be helped

neartaigh *vt, vi* strengthen; reinforce; **neartú le duine** to support sb

neartmhar *adj* strong; powerful

neas- *prefix* near-, close-

neascóid *nf2* (Med) boil

neasghaol (pl **neasghaolta**) *nm1* next-of-kin

néata *adj* tidy, neat; orderly

néatacht *nf3* neatness

neimhe *see* **neamh**

néimhe *see* **niamh**

Neiptiún *nm1* (planet) Neptune

neirbhís *nf2* nervousness; ~ **a**

bheith ort to be nervous

neirbhíseach adj nervous

neodrach adj (also Ling) neuter; neutral

neodracht nf3 neutrality

neoid adj backward, shy

neon nm1 neon; **comharthaí neoin** neon signs

ng (remove "n") see **g...**

ní (remove "n") see **í...**

Ní nf4 (in female surnames): **Máire Ní Dhónaill** Mary O'Donnell

ní¹ neg vb part: **ní aithníonn sé é** he doesn't recognize it; **ní dhéanann sé faic** he does nothing; **ní thagann sé a thuilleadh** he no longer comes; **ní dhearna sí é** she did not do it; **ní fhaca mé í** I didn't see her; **ní bhfuair sé é** he did not find it; **ní raibh duine ar bith sa bhaile** there was nobody (at) home; **ní bhíonn a fhios agat** one never knows; **ní bheidh mé anseo amárach** I will not be here tomorrow; **ní chuirfidh mé suas leis!** I won't put up with it!; **ní raibh ceachtar den bheirt ann** neither of the two was there; **ní dhéanfadh sé croí duit** he wouldn't hold a candle to you; see also **is**

ní² in phrase: **ní mé** I wonder

ní³ (gs **nithe**) nm4 thing, something; nothing; **an bhfuil aon ní uait?** do you need anything?; **níor tharla aon ní** nothing happened; **ós ní go** since, seeing as; **os cionn gach uile ní** above all; **ní nach ionadh** no wonder

ní⁴ nf4 washing

nia (pl **nianna**) nm4 nephew

nialas nm1 zero

niamhrach adj bright; lustrous

Nic (in Mac surnames) n: **Nóra ~**

Grianna Nora Green; **Áine ~ Pháidín** Anne McFadden

nicil nf2 nickel

nicitín nm4 nicotine

Nigéir nf2: **an ~** Nigeria

nigh vt, vi wash; cleanse; **na soithí a ní** to wash the dishes

Níl nf2: **an ~ the** Nile

níl vb see **bí**

nílim etc vb see **bí**

nimh (pl **nimheanna**) nf2 poison, venom; **san fheoil a bheith agat do dhuine** to have it in for sb

nimheadas nm1 antagonism, spitefulness

nimheanta adj poisonous; spiteful

nimhigh vt poison

nimhíoc nf2 antidote

nimhiú nm poisoning; **~ bia/fola** food/blood poisoning

nimhiúil adj poisonous

nimhneach adj painful, sore; (person) touchy; spiteful

níochán nm1 washing; wash; laundry; **tobán níocháin** wash tub; **meaisín níocháin** washing machine

níolón nm1 nylon

níor¹ neg vb part (with neg vbs in past): **~ cheannaigh sé é** he did not buy it; **~ cáineadh é** he was not censured

níor², níorbh see **is**

níos adv: **tá sé ag éirí ~ fuaire** it is becoming colder; **i bhfad ~ fearr** far better; **i bhfad ~ mó** many/ much more; **~ lú ná sin** less than that; **~ mó daoine (ná)** more people (than); **~ mó ná riamh** more than ever; **~ déanaí** later; **~ faide** farther; **~ luaithe** sooner; **~ measa** worse

niteoir nm3 washer; **~ gaothscátha** windscreen washer

nithe *see* **ní**

nítrigin *nf2* nitrogen

niúmóine *nm4* pneumonia

nO (remove "n") *see* **O...**

nó *conj* or; **luath nó mall** sooner or later; **a bheag nó a mhór** more or less

nócha (*gs* **nóchad**, *pl* **nóchaidí**) *num, nm* (*+ nom sg*) ninety

nóchadú *num, adj, nm4* ninetieth

nocht *adj* naked, bare ▷ *nm1* naked person; (Art) nude ▷ *vt* bare; disclose; uncover; reveal; (Phot) expose ▷ *vi* emerge; (plans) unfold; appear; **rún a ~adh** to reveal a secret; **do dhroim a ~adh** to bare your back; **~ sé ag cúl an tí** he appeared at the back of the house

nochtacht *nf3* nudity

nochtadh (*gs* **nochta**) *nm* disclosure; revelation; (Phot) exposure; **~ mígheanasach** indecent exposure; **~ leachta** unveiling of a monument

nod *nm1* abbreviation; hint

nódú (*gs* **nódaithe**, *pl* **nóduithe**) *nm* graft, transplant

nóiméad *adv* awhile ▷ *nm* minute; moment; **~ ar bith** at any moment

nóin *nf3* noon; afternoon, evening; **um ~** at noon

nóinín *nm4* daisy

nóinléiriú *nm* matinee

nóisean *nm1* fancy, notion; **tá ~ aige do Mháire** he fancies Mary

noitmig *nf2* nutmeg

Nollaig (*gs* **Nollag**, *pl* **Nollaigí**) *nf* Christmas; December; **Oíche Lae Nollag** Christmas Eve; **Oíche Lá Nollag** Christmas night; **um ~, faoi ~** at Christmas; **~ Shona!** Merry Christmas!

normálta *adj* normal

Normannach *adj, nm1* Norman

nós (*pl* **nósanna**) *nm1* habit; custom; trend; **~ a dhéanamh** to form a habit; **ar ~ na gaoithe** like the wind; **~ áitiúil** local custom; **~ imeachta** procedure; **ar ~ + gen** like; **ar aon ~** anyway, at any rate; **is ~ leis bheith in am** he's usually on time

nósmhaireacht *nf3* formality; customariness

nósmhar *adj* customary; usual; polite

nósúil *adj* formal; fastidious

nóta *nm4* note; annotation; **~ a ghlacadh/chur** to take/send a note; **~ bainc/sochair** bank/credit note

nótáil *vt* note (down)

nótáilte *adj* noted; notable

nU (remove "n") *see* **U...**

nua (*gsf, compar* **nuaí**) new; new-found; fresh; recent ▷ *nm4* new thing, novelty; **an sean agus an ~** the old and the new; **as an ~** all over again, afresh

nua- *prefix* new-, newly-

nua-aimseartha *adj* modern

nua-aimsithe *adj* new-found

nua-aoiseach *adj* modern

nuabheirthe *adj* newborn

nuachar *nm1* spouse

nuachóirigh *vt* modernize

nuacht *nf3* news; novelty; **bhí sé ar an ~** it was on the news

nuachtán *nm1* newspaper, paper

nuachtánaí *nm4* newsagent

nuachtghníomhaireacht *nf3* news agency

nuachtlitir *nf* newsletter

nuachtóireacht *nf3* journalism

Nua-Eabhrac *nm4* New York

Nua-Ghaeilge *nf4* Modern Irish

nuaí *see* **nua**

nuair *conj* (+ *dir rel*) when, whenever; since; **~ a rachaidh an chúis go cnámh na huillinne** when it comes to the crunch; **~ a chonaic sé seo** when he saw this; **bhí sí ag léamh ~ a tháinig mé isteach** she was reading when I came in

nuanósach *adj* newfangled

nuaphósta *adj* newly-wed

Nua-Shéalainn *nf2*: **an ~** New Zealand

nuatheanga (*pl* **nuatheangacha**) *nf4* modern language

núdail *nmph* noodles

núicléach *adj* (*gsm* **núicléach**) nuclear

nuige *adv*: **go ~** as far as; **go ~ seo** previously

núis *nf2* nuisance

O

ó¹ (*prep prons* = **uaim, uait, uaidh, uaithi, uainn, uaibh, uathu**) *prep, conj* from; since; **ó Dhoire go …** from Derry to …; **ó thús na bliana** since the beginning of the year; **uaidh féin** of its own accord; **ó tá sé abhus anois** since he is here now; **ó rugadh í** since she was born; **ó bhun go barr** from top to bottom; **míle ón stáisiún** a mile from the station; **rud a bheith uait** to want sth; **rud a fheiceáil uait** to see sth at a distance; **ba dheas uaithi glaoch** it was nice of her to call

ó² (*pl* **óí**, *gs* **uí**, *pl* in some names **uí**, *dpl* in some place names **uíbh**) *nm4* grandson; descendant; **is de lucht leanúna Uí Néill é** he is a follower of O'Neill; **cuid scríbhinní Shéamais Uí Ghrianna** the writings of Séamas Ó Grianna

ó³ adv: **ó dheas** southwards; **ó tuaidh** northwards

ó⁴ excl o, oh

obair (gs **oibre**, pl **oibreacha**) nf2 work; labour; employment; difficulty; **bheith ag ~ (ar rud)** to work (at sth); **dul i gceann oibre** to set to work; **~ tí** housework; **~ bhaile** homework; **~ chloiche/láimhe** stonework/handiwork; **oibreacha poiblí/uisce** public/water works; **~ a dhéanamh agat rud a dhéanamh** to have difficulty doing sth; **ar ~** in action, going on; **bheith as ~** to be out of work, be unemployed

óbó nm4 oboe

obráid nf2 operation

ócáid nf2 occasion; **ar ~í** occasionally; **rugadh san ~ orainn** we were caught in the act

ócáideach adj occasional; (work etc) casual

ochón excl alas nf4 lament

ochslaíoch adj, nm1 (Gram) ablative

ocht num, nm4 (pl **ochtanna**) eight; **~ gcapall/n-úll (mhóra)** eight (big) horses/apples; **caibidil a h~** chapter eight

ochtagán nm1 octagon

ochtapas nm1 octopus

ochtar nm1 eight (people); **col ochtair** third cousin

ochtó (gs **ochtód**, pl **ochtóidí**) num, nm eighty

ochtódú (pl **ochtóduithe**) num, adj, nm4 eightieth

ochtú num, adj, nm4 eighth; **trí ~** three eighths; **an t~ lá** the eighth day

ocrach adj hungry; (period) lean

ocras nm1 hunger; **~ a bheith ort** to be hungry

ocsaigin nf2 oxygen

ofráil vt offer ▷ nf3 (Rel) offering

Óg adj (in names): **Séamas Óg** Master James; James Junior

óg adj young; junior ▷ nm1 (pl **óga**) young person

óganach adj adolescent; juvenile ▷ nm1 youth, adolescent; juvenile

ógbhean (gs, pl **ógmhná**, gpl **ógbhan**) nf young woman or lady

ógfhear nm1 young man

ogham nm1 (script) ogham

óglach nm1 (soldier) volunteer; **Óglaigh na hÉireann** the Irish Volunteers

ógmhná see **ógbhean**

óí see **ó⁴**

oibiacht nf3 (Ling, Phil) object

oibiachtúil adj objective

oibleagáid nf2 obligation; **bheith faoi ~ do dhuine** to be under an obligation to sb

oibleagáideach adj obliging; obligatory

oibre, oibreacha see **obair**

oibreoir nm3 (of machine) operator

oibrí nm4 worker; labourer; **~ feirme/iarnróid** farmhand/railwayman; **~ neamhoilte** unskilled worker; **~ sóisialta** social worker; **~ bóna bháin** white-collar worker

oibrigh vt, vi work; operate, function, act; take effect; agitate, excite

oibriú (gs **oibrithe**) nm working; operation; agitation

oíche nf4 night; nightfall; (of festival) eve; **d'~/san ~** at/by night; **thar ~** overnight; **tá an ~ ann** it is night; **O~ Shamhna** Hallowe'en; **~ mhaith!** good night!; **O~ Chinn Bliana** New Year's Eve; **O~ Nollag** Christmas Eve

oide nm4 tutor, teacher; **~ spioradálta** spiritual director

oideachas nm education; **~ aosach** adult education; **~ tríú leibhéal** further or higher education

oideachasúil adj educational

oideas nm instruction; (Culin) recipe; (Med) prescription

oidhre nm4 heir

oidhreacht nf3 inheritance; heritage; legacy; **rud a fháil le h~** to inherit sth

oifig nf2 office; **~ an phoist** the post office; **~ ticéad** ticket office, box office; **~ turasóireachta/eolais** tourist/information office; **éirí as ~** to retire from office

oifigeach nm officer

oifigiúil adj official

óige nf4 childhood; youth; young people; **ina ~** in his youth; **dul in ~** to get younger

óigeanta adj youthful

oighe nf4 (tool) file

oigheann nm oven; **~ micreathoinne** microwave (oven)

oighear nm ice

oighearaois nf2 (Hist, Geol) ice-age

oighreata adj icy

oil vt rear; educate; train

oileán nm island; **Oileáin Árann** Aran Islands; **Na hOileáin Bhriotanacha** the British Isles; **O~ Mhanann** Isle of Man; **Oileáin Mhuir nIocht** the Channel Islands

oileánach nm islander ▷ adj insular

Oilimpeach adj Olympic; **na Cluichí ~a** the Olympic Games, the Olympics

oilithreach nm pilgrim

oilithreacht nf3 pilgrimage

oiliúint (gs **oiliúna**) nf3 upbringing; training, coaching

oilte adj trained; qualified

oilteacht nf3 training; proficiency, skill

oineach nm honour; reputation

oinigh n gen as adj (secretary etc) honorary

oinniún nm onion

óinseach nf2 (woman) fool, idiot

óinsiúil adj foolish

oir (vn **oiriúint**) vi fit; suit; **~ do** go with, suit, become

óir conj for

óir² n gen as adj gold, golden; see also **ór**

oirdheisceart nm south-east

oireachas nm precedence; sovereignty; status

oireachtas nm: **an tO~** the Legislature; **O~ na Gaeilge** annual Gaelic festival, ≈ Eisteddfod, ≈ Mod

oiread n amount; quantity; **~ agus** as much as; **tá a dhá ~ aici** she has twice as much; **tá a ~ sin airgid aige** he has so much money; **ach ~ (le)** no more (than); either; **~ na fríde** the tiniest bit

oirfide nm4 entertainment; music

oirfideach nm musician; entertainer ▷ adj entertaining

oirirc adj eminent; distinguished

oiriúint (gs **oiriúna**) nf3 suitability; **in ~** ready, in order; **rud a chur in ~ do rud** to adapt sth to sth; **~í** accessories, fittings; see also **oir**

oiriúnach adj suitable; fit; tasteful

oiriúnaigh vt adapt, fit

oirmhinneach nm: **an tO~ Seán Mac Gabhann** the Reverend John Smith ▷ adj reverend

oirnigh vt (Rel) ordain; inaugurate

oirniú nm ordination; inauguration

oirthear nm east; **an tO~** the Orient

oirthearach adj eastern, oriental

oirthuaisceart nm1 north east

oirthuaisceartach adj north-east(ern)

oiseoil nf3 venison

oisín nm4 fawn

oisre nm4 oyster

oitir (gs **oitreach**, pl **oitreacha**) nf (sand)bank

ól nm1 drink; booze ▷ vt, vi drink; **bheith ar an ól** to be on the booze; **éirí as an ól** to give up the drink; **teach (an) óil** pub

ola nf4 oil; fuel oil; ~ **agus aithrí** last rites (and penance); ~ **olóige/ricne/ráibe** olive/castor/ rape(seed) oil; ~ **ghréine** suntan oil; ~ **ae troisc** cod-liver oil

olach adj oily

ólachán nm1 drink(ing)

olacheantar nm1 oilfield

olagón nm1 wail(ing); lament; ~ **a dhéanamh** to wail; lament

olann (gs **olla**, pl **olanna**, gpl **olann**) nf wool; ~ **chadáis** cotton wool

olc nm1 evil; spite; harm ▷ adj (compar **measa**) bad; evil; ~ **a bheith agat do dhuine** to bear sb a grudge; ~ **a chur ar dhuine** to anger sb; **rud a dhéanamh le h~ (ar)** to do sth out of spite (for); **bheith go h~** to be in a bad way; **tá sé ~ agat** it is bad for you; **maith nó ~ leat** like it or not

olcas nm1 badness; evil; **dul in ~** to get worse; **dá ~ é** however bad it is

oll- prefix mass-, massive, gross, huge

olla n gen as adj woollen; see **olann**

Ollainn nf2: **an ~** Holland

Ollainnis nf2 (Ling) Dutch

ollamh (pl **ollúna**) nm1 professor; (Hist) master, expert

Ollannach adj Dutch ▷ nm1 Dutchman

ollbhrathadóir nm3 supergrass

olldord nm1 double bass

ollghairdeas nm1 jubilation

ollmhaitheas nm3 wealth

ollmhargadh (pl **ollmhargaí**) nm1 supermarket

ollmhór adj huge, immense

ollphéist (pl **ollphéisteanna**) nf2 monster; serpent

ollscoil (pl **ollscoileanna**) nf2 university

ollscolaíocht nf3 university education

olltáirgeacht nf3 gross or mass production

olltoghchán nm1 general election

ollúna see **ollamh**

ológ nf2 olive

ólta vadj drunk

óltach adj addicted to drink

olúil adj oily

Oman nm4 Oman

ómós nm1 tribute; homage; respect; ~ **a thabhairt do dhuine** to pay respect to sb; **le h~ di** out of respect for her; **i gcead is in ~ do dhuine** with all due respect to sb; **in ~ na hócáide** to mark the occasion

ómósach adj respectful

ón = **ó¹** + def art **an**

óna = **ó¹** + poss adj **a**; **ó¹** + rel pron **a**

ónar = **ó¹** + rel part **ar**

ónár = **ó¹** + poss adj **ár**

onnmhaireoir nm3 exporter

onnmhairigh vt export

onóir (pl **onóracha**) nf3 honour; **a O~** Your Honour; **ar m'~** upon my honour; **in ~ duine** or **le h~ do dhuine** in sb's honour; **céim onóracha** (Univ) honours degree

onórach adj hono(u)rable; honorary

ór nm1 gold; **ar ór ná ar airgead** not for any money; **is fiú ór í** she's as good as gold; **ór Muire** marigold

oraibh see **ar¹**

óráid nf2 speech; talk, address; **~ a thabhairt** to make a speech

óráidí nm4 orator, speaker

óraigh vt gild

orainn see **ar¹**

oráiste nm4 (fruit, colour) orange ▷ adj orange

Oráisteach nm Orangeman ▷ adj (Pol) Orange

Orc n: **Inse ~** the Orkneys

órcheardaí nm4 goldsmith

órchloch nf2 philosopher's stone

ord¹ nm1 sledgehammer

ord² nm1 order; sequence; (Admin, Law) procedure; **in/as ~** in/out of order; **~ aibítre** alphabetical order; **~ crábhaidh** religious order; **~ uimhreacha** numerical order; **rudaí a chur in ~** to put things in order

ordaigh vt order; prescribe; **ordú do dhuine rud a dhéanamh** to order sb to do sth

ordaitheach adj, nm1 (Gram) imperative

ordanás nm1 ordnance

órdhonn adj auburn

ordóg nf2 thumb

ordú nm command; order; **~ cúirte/béil** court/verbal order; **~ poist** postal order; **pointe ordaithe** point of order

ordúil adj orderly, neat

orduimhir (gs **orduimhreach**, pl **orduimhreacha**) nf ordinal number

ordúlacht nf3 tidiness, neatness;

orderliness

órga adj golden

orgán nm1 (Mus, Biol) organ; **~ béil** mouth organ

orgánach adj organic ▷ nm1 organism

orla nm4 vomiting; vomit

orlach (pl **orlaí**) nm1 inch

orm see **ar¹**

ornáid nf2 ornament; trinket

ornáideach adj ornamental; ornate

ornáidigh vt embellish; ornament

órnite vadj gilt

órshnáithe nm4 gold braid

ort see **ar¹**

ortaipéideach adj orthopaedic

ortha nf4 charm; spell

orthu see **ar¹**

os prep over, above; **os ard/íseal** loud/low; **os cionn** + gen above, more than; in charge of; **os coinne, os comhair** + gen opposite, in front of

ós = **ó¹** + **is¹**

oscail (pres **osclaíonn**) vt, vi open (up); **doras/do shúile a ~t** to open a door/one's eyes

oscailt nf2 opening; **~ súl** eye-opener; **bheith ar ~** (door etc) to be open

oscailte vadj open

oscailteacht nf3 candour; openness

osclóir nm3 opener

osna nf4 sigh; **~ a ligean** to sigh

osnádúrtha adj supernatural

ospidéal nm1 hospital

osréalach adj surreal, surrealist

ósta nm4 lodging; **teach ~** inn, public house

óstach nm1 host/hostess

Ostair nf2: **an ~** Austria

óstán *nm1* hotel

Ostarach *adj, nm1* Austrian

otair *adj* gross, vulgar; obese

oth *n*: **is ~ liom (go)** I regret (that), I'm sorry (that)

othar *nm1* patient; invalid;
~ seachtrach/cónaitheach outpatient/inpatient

otharcharr (*pl* **otharcharranna**) *nm1* ambulance

otharlann *nf2* hospital, infirmary

ózón *nm1* ozone

pá *nm4* pay; wages; wage; earnings

pábháil *vt* pave ▷ *nf3* paving, pavement; **cloch phábhála** paving stone

paca *nm4* pack; packet; **~ cártaí** pack of cards; **do lámh a chur i b~** to throw in one's hand

pacáil *vt, vi* pack ▷ *nf3* packing

pacáiste *nm4* package

Pacastáin *nf2*: **an Phacastáin** Pakistan

Pacastánach *adj, nm1* Pakistani

págánach *nm1* pagan, heathen

págánta *adj* pagan, heathen

paicéad *nm1* packet

paidir (*gs* **paidre**, *pl* **paidreacha**) *nf2* prayer; **an Phaidir** the Lord's Prayer; **~ chapaill a dhéanamh de scéal** to drag a story out; to make a hash of a story

paidrín *nm4* rosary; rosary beads; **an P~** the Rosary

Páil *nf2*: **an Pháil** (*Hist*) the Pale

pailin *nf2* pollen

pailm (*pl* **pailmeacha**) *nf2* palm (tree)

pailniú *nm* pollination

paimfléad *nm1* pamphlet; brochure

painéal *nm1* panel; (*Aut*) dashboard

páipéar *nm1* paper; **~ balla** wallpaper; **~ bán** (*Pol*) white paper; **~ carbóin** carbon paper; **~ leithris** toilet paper; **~ litreacha** notepaper; **~ nuachta** newspaper; **~ scríbhneoireachta** writing paper; **~ súite** blotting paper

páipéarachas *nm1* stationery

páipéir *n gen as adj* paper; **mála ~** paper bag

páirc (*pl* **páirceanna**) *nf2* park; field; **P~ an Chrócaigh** Croke Park (*national football/hurling stadium*); **P~ an Fhionnuisce** the Phoenix Park (*large park in Dublin*); **~ imeartha** pitch, playing field; **~ théama** theme park

páirceáil *vt, vi* park ▷ *nf3* parking

páircíneach *adj* (*material*) checked

pairifín *nm4* paraffin

páirt (*pl* **páirteanna**) *nf2* part; role; association; **~ a dhéanamh** to act a part; **~ a ghlacadh i rud** to take part in sth; **dul i b~ le duine** to join or side with sb; **níl baint ná ~ agam leo** I have nothing whatsoever to do with them; **~eanna spártha** spare parts

páirtaimseartha *adj* part-time

páirteach *adj* participating; sharing; sympathetic; **bheith ~ i rud** to be involved or participate in sth

páirtí *nm4* (*also Pol*) party; partner; **An P~ Glas** the Green Party; **P~ an Lucht Oibre** Labour, the Labour Party

páirtíocht *nf3* partnership

páis *nf2* (*Rel*) passion, suffering; **P~ Chríost** the Passion of Christ; **Seachtain na P~e** Passion Week, Holy Week

paisean *nm1* (*emotion*) passion

paiseanta *adj* passionate

paisinéir *nm3* passenger

paiste *nm4* patch; **~ a chur ar rud** to patch sth

páiste *nm4* child; youngster; infant; **~ aonair** an only child

paisteáil *vt* patch

paistéartha *vadj* pasteurized

páistiúil *adj* childish, infantile

páistiúlacht *nf3* childishness

paiteanta *adj* patent; precise, correct; **rud a dhéanamh go ~** to do sth expertly

paiteolaí *nm4* pathologist

paiteolaíoch *adj* pathological

paitinn *nf2* patent; **cearta ~e** patent rights

Palaistín *nf2*: **an Phalaistín** Palestine

Palaistíneach *adj, nm1* Palestinian

pálás *nm1* palace

paltóg *nf2* blow, thump; **~ a bhualadh ar dhuine** to wallop sb

pána *nm4* pane; **~ fuinneoige** window pane

pancóg *nf2* pancake

panda *nm4* panda

panna *nm4* pan

pantaimím *nf2* pantomime

pantrach *nf2* pantry

pápa *nm4* pope

pápach *adj* papal

pár *nm1* parchment; **rud a chur ar ~** to record sth

paradacsa *nm4* paradox

paradacsúil *adj* paradoxical

paragraf *nm1* paragraph

Paragua *nm4* Paraguay

paráid nf2 parade

parailéal nm1 parallel; **i b~ le** parallel with

parailéalach adj parallel

paraimíleatach adj, nm1 paramilitary

paraisiút nm1 parachute

Páras nm4 Paris

parasól nm1 parasol

paratrúipéir nm3 paratrooper

pardóg nf2 pad; pannier

pardún nm1 pardon; **tugadh ~ dóibh** they were pardoned; **gabhaim ~ agat!** pardon me!, I beg your pardon!

parlaimint nf2 parliament; **teachta ~e** Hove the MP for Hove; **P~ na hEorpa** European Parliament

parlaiminteach adj parliamentary

parlús nm1 parlour, sitting-room

paróiste nm4 parish

paróisteach nm1 parishioner ▷ adj parochial

parthas nm1 (Rel, also fig) paradise; **Gairdín Pharthais** the Garden of Eden

parúl nm1 parole; **ar ~** on parole

pas (pl **pasanna**) nm4 pass; permit; passport; **~ a fháil** (Scol) to pass; **~ a thabhairt do dhuine** (Sport) to pass to sb; **~ láimhe** hand-pass ▷ as adv rather, somewhat; **~ beag ró-mhór** a shade too large

pasáil vt, vi (Scol, Sport) pass

pasáiste nm4 passage; corridor; gangway

pasfhocal nm1 (Comput) password

pasleabhar nm1 passbook

pasta nm4 pasta

pastae nm4 pasty

pataire nm1 tot

páté nm4 pâté

patraisc nf2 partridge

patról nm1 patrol; **~ a dhéanamh** to patrol

patrólcharr nm1 patrol car

patrún nm1 pattern, design

pátrún nm1 patron; (Rel) pattern

patuar adj lukewarm, tepid; (person) apathetic

pé pron, adj, conj whoever; whatever; whichever; whether; **pé scéal é** anyhow; **pé hiad féin** whoever they are; **pé ann nó as é** whether he's there or not; **pé acu a rinne é** whichever of them did it; **pé ar bith duine** whatever person

péac vt, vi sprout, shoot; germinate; prod ▷ nf2 point, peak; prod; effort; **bheith i ndeireadh na péice** to be on one's last legs

peaca nm1 sin; **~ marfach/solathach** mortal/venial sin; **~ an tsinsir** original sin; **~ a dhéanamh** to commit (a) sin; **is mór an ~ é** it's a crying shame

peacach nm1 sinner ▷ adj sinful

péacach adj colourful; gaudy, flashy

peacaigh vi sin

péacóg nf2 peacock

peann nm1 pen; **~ gránbhiorach/tobair** ballpoint/fountain pen; **~ luaidhe** pencil

peannaid nf2 penance; pain

peannaideach adj penal; painful

péarla nm4 pearl

pearóid nf2 parrot

pearsa (gs, gpl **pearsan**, pl **pearsana**) nf person; (Liter, Theat) character

pearsanra nm4 personnel

pearsanta adj personal

pearsantacht nf3 personality

pearsantú nm personification

péas (pl **péas**) nm4 policeman; **na ~** the police

peasghadaí nm4 pickpocket

peata nm4 pet; **~ a dhéanamh de dhuine** to pamper sb; **~ an mhúinteora** teacher's pet

péicíneach nm1 (dog) Pekin(g)ese

peil nf2 football; **cluiche ~e** game of football; **~ mheiriceánach** American football

peilbheas nm1 pelvis

peileadóir nm3 footballer

péindlí (pl **péindlíthe**) nm4 penal law; **Na P~the** (Hist) the Penal Laws

péine¹ see **pian**

péine² nm4 (tree) pine

péineas nm1 penis

peinicillin nf2 penicillin

péint nf2 paint; **"~ úr"** "wet paint"

peinteagán nm1 pentagon

péinteáil nf3 painting; paintwork
▷ vt, vi paint

péintéir nm3 painter

péintéireacht nf3 (Art) painting

péire nm4 pair

peireacót nm1 petticoat

peiriúic nf2 wig

Peirs nf2: **an Pheirs** Persia; **Murascaill na ~e** the (Persian) Gulf

Peirseach adj, nm1 Persian

peirsil nf2 parsley

Peirsis nf2 (Ling) Persian

peirspíocht nf3 perspective

péist (pl **péisteanna**) nf2 worm; reptile; monster; **~ chapaill** or **chabáiste** caterpillar; **~ ribíneach/talún** tapeworm/earthworm

peiteal nm1 petal

peitreal nm1 petrol; **~ gan luaidhe** unleaded petrol

peitriliam nm4 petroleum

péitseog nf2 peach

ph (remove "h") see **p...**

pí nm4 (Math) pi

piachán nm1 hoarseness; **tá ~ i mo sceadamán** I'm hoarse

piachánach adj hoarse; husky

pian (gs **péine**, pl **pianta**) nf2 pain, ache; **~ a bheith ort** or **bheith i b~** to be in pain; **~ta fáis** growing pains; **duine a chur as ~** to put sb out of his/her misery

pianmhar adj painful

pianmhúchán nm1 painkiller

pianó (pl **pianónna**) nm4 piano

pianódóir nm3 pianist

pianpháis nf2 anguish; **i b~** in agony

pianúil adj penal; painful

piardán nm1 prawn

piasún nm1 pheasant

píb (pl **píoba**, gpl **píob**) nf2 (Mus) pipe; (throat) windpipe; **~ mhála** bagpipes; **~ uilleann** uilleann pipe(s)

píblíne nf4 pipeline

pic nf2 (tar) pitch

píce nm4 (Mil) pike; (Agr) fork; (of cap) peak; **~ féir** hayfork

picéad nm1 picket

picéadaigh vt, vi picket

píchairt nf2 pie-chart

picil nf2, vt pickle; **~í** pickles; (as condiment) pickle

picnic nf2 picnic

pictiúr nm1 picture; painting; scene; (Phot) picture, shot; (Cine) movie, show; **~ a thógáil** or **a ghlacadh de rud** to take a picture of sth; **dul chuig na pictiúir** to go to the cinema; **~ le Picasso** a painting by Picasso

pictiúrlann nf2 cinema, movie house (US)

pictiúrtha adj picturesque

píléar nm1 bullet; pillar; **~ a scaoileadh** to fire a bullet

pílear nm1 cop

piléardhíonach adj bulletproof
pilirín nm4 pinafore
piliúr nm1 pillow
pinc adj, nm4 pink
pingin (pl **pingini**, pl with numbers **pingine**) nf2 penny; **níl ~ rua agam** I'm totally skint; **ar an phingin is airde** at the highest price
pinniúr nm1 gable end; (Sport) alley
pinse nm4 (of salt etc) pinch
pinsean nm1 pension; **dul ar ~ to** retire; **bheith i dteideal pinsin to** be eligible for a pension
pinsinéir nm3 pensioner; senior citizen
píob, píoba see **píb**
píobaire nm4 piper
píobaireacht nf3 piping; pipe music
píobán nm1 (Anat) pipe; windpipe; throat; tube; hose; **~ gairdín** garden hose; **greim píobáin a fháil ar dhuine** to grab sb by the throat
píobar nm1 pepper
pioc¹ vt, vi pick; select, choose; **~adh ar rud** (food) to nibble at sth; **~adh ar dhuine** to pick on sb; (eyebrows, musical instrument, bird) pluck ▷ vi pick; (bird) preen
pioc² nm4 iota; bit; **tá sí gach ~ chomh cliste leis** she's every bit as clever as him
piocaire nm4 picker; **~ pócaí** pick-pocket
Piocht nm3 Pict
piocóid nf2 (tool) pick, pickaxe
piocúil adj neat; smart; quick on the uptake
píog nf2 pie; **~ úll/mhionra** apple/mince pie
píollaire nm4 pill; pellet; bung
píolón nm1 pylon

píolóta nm4 pilot
píolótach adj pilot
pioncás (pl **pioncásanna**) nm1 pincushion
piongain nf2 penguin
pionna nm4 pin; peg; **~ éadaigh** clothes peg; **~ gruaige** hairpin
pionós nm1 penalty; punishment; **~ a chur ar dhuine** to punish or penalize sb; **~ báis** death penalty, capital punishment; **~ corpartha** corporal punishment
pionósaigh vt punish; penalize
pionsúirín nm4 tweezers
pionsúr nm1 pincers
pionta nm4 pint
píopa nm4 pipe; **do phíopa a dheargadh** to light one's pipe; **~ sceite** (in sink) overflow
píoráid nm4 pirate
píoráideacht nf3 piracy
piorra nm4 pear; **~ abhcóide** avocado
píosa nm4 piece, bit; (of rope etc) length; (packed) lunch; **~ páipéir/talaimh** piece of paper/land; **~ den tráthnóna** part of the evening
piostal nm1 pistol
Piréiní nmpl: **na ~** the Pyrenees
pirimid nf2 pyramid
pis (pl **piseanna**) nf2 pea; **~ talún** peanut; **~ chumhra** sweet pea
piscín nm4 kitten
piseán nm1 pea
piseánach nm1 (Culin, Agr) pulse; chickpea
piseog nf2 charm; superstition
piseogach adj superstitious
pit nf2 vulva
piteog nf2 sissy; effeminate man
piteogach adj effeminate
pitseámaí nmpl4 pyjamas
piúratánach adj, nm1 puritan(ical)

plá (*pl* **plánna**) *nf4* pest; plague

plab *nm4, vt, vi* bang; slam

plac *vt, vi* guzzle, devour

plaic (*pl* **plaiceanna**) *nf2* bite; (*trophy*) plaque; **~ a bhaint as rud** to take a bite out of sth

pláigh *vt* plague, pester

pláinéad *nm1* planet

pláinéadach *adj* planetary

plaisteach *adj, nm* plastic

plait (*pl* **plaiteanna**) *nf2* bald patch; scalp

plaiteach *adj* bald; patchy

plámás *nm1* flattery, sweet-talk; **~ a dhéanamh le duine** to flatter sb

plámásach *adj* flattering; cajoling

plámásaí *nm4* flatterer

plána *nm4* (*Art, Math etc, tool*) plane; **~ mín a chur ar rud** to smooth or gloss over sth

plánach *adj* plane

plánáil *vt* plane

planc *nm1* plank ▷ *vt* beat; **rud a phlancadh síos** to plank sth down

plancstaí *nm4* planxty

planctón *nm1* plankton

planda *nm4* plant

plandaigh *vt* (*Agr*) plant

plandáil *nf3* plantation ▷ *vt* (*Hist*) plant, settle; **P~ Uladh** (*Hist*) the Ulster Plantation

plandóir *nm3* planter

plandúil *adj* vegetable, vegetal

plánna *see* **plá**

plás *nm1* level area; (*fish*) plaice; (*in street names*) place

plásaíocht *nf3* flattering, sweet-talk(ing)

plásánta *adj* smooth-talking

plásóg *nf2* lawn; green; **~ amais** putting green

plástar *nm1* plaster; **~ Pháras** plaster of Paris

plástráil *vt, vi* plaster

pláta *nm4* plate; **~ anraith** soup plate; plate of soup; **~ te** hotplate

plátáil *nf3* armour; plating ▷ *vt* plate; armour

plátáilte *adj* (*car, tank*) armoured

platanam *nm1* platinum

plé *nm4* discussion; dealings; **níl aon phlé agam leo** I don't have any dealings with them

pléadáil *vt, vi* plead; dispute ▷ *nf3* plea

plean (*pl* **pleananna**) *nm4* plan; design; **~ baile** town plan

pleanáil *vt, vi* plan ▷ *nf3* planning; **~ clainne** family planning; **~ baile** town planning

pleanálaí *nm4* (*urban etc*) planner

pléaráca *nm4* revelry, romp; reveller

pléasc *nf2* (*pl* **pléascanna**) bang, explosion ▷ *vt, vi* explode, blow up; set off; go off; burst

pléascach *adj, nm1* (*Ling*) plosive; explosive

pléascán *nm1* explosive; bomb

pléascóg *nf2* cracker; **~ Nollag** Christmas cracker

pléata *nm4* pleat

pléatach *adj* pleated

pléatáil *vt* pleat

pleidhce *nm4* fool, idiot

pleidhcíocht *nf3* clowning, fooling

pleidhciúil *adj* foolish, silly

pléigh *vt, vi* debate, discuss; **rud a phlé** to discuss sth; **plé le rud/ duine** to deal with sth/sb

Pléimeannach *adj* Flemish

Pléimeannais *nf2* (*Ling*) Flemish

pléineáilte *adj* plain

pléisiúr *nm1* pleasure; treat; **~ a bhaint as rud** to enjoy sth; **is mór an ~ dul ann** it's a pleasure to go there

pléisiúrtha adj pleasant, enjoyable, jolly; agreeable

pleota nm4 fool, idiot

plimp (pl **plimpeanna**) nf2 crash, bang; (of thunder) roar; **~ thoirní** thunder clap

plionta nm4 plinth

plobaire nm4 blubberer, babbler

plobaireacht nf3 blubbering; babbling

plobarnach nf2 splashing; bubbling; gurgling

plocóid nf2 plug, bung; (Elec) plug

plódaigh vt crowd, mob ▷ vi: **plódú isteach** (people) to pour in, throng

plódaithe adj crowded, busy, packed

plódú (gs **plódaithe**) nm crush, jam; (traffic etc) congestion

plota nm4 plot

pluais (pl **pluaiseanna**) nf2 cave; den

pluc nf2 cheek; bulge; pucker

plucach adj chubby; puckered

plucaireacht nf3 cheek; impudence

plucamas nm1 mumps

plúch vt suffocate, asphyxiate; smother, stifle ▷ vi (snow) fall heavily; **bhí sé ag ~adh sneachta** it was snowing heavily

plúchadh (gs **plúchta**) nm suffocation; asthma; **~ sneachta** heavy snowfall

plúchtach adj stifling; (room) stuffy

pluda nm4 mud; slush

pludach adj muddy; slushy

pludgharda nm4 mudguard, fender (US)

pluga nm4 plug; **~ cluaise** earplug

pluid (pl **pluideanna**) nf2 blanket

pluiméir nm3 plumber

pluiméireacht nf3 (trade) plumbing

plúirín nm4 little flower; indigo; **~ sneachta** snowdrop

pluis nf2 plush

pluma nm4 plum; plumb

plúr nm1 flower; blossom; **~ na mban** the choicest of women

plúr~ nm flour

plus (pl **plusanna**) nm4 plus (sign)

Plútó nm4 (planet) Pluto

pobal nm (Pol) people; population; community; (congregation) parish; **an ~** the public; **os comhair an phobail** in public; in the limelight

pobalbhreith (pl **pobalbhreitheanna**) nf2 opinion poll; plebiscite

pobalscoil (pl **pobalscoileanna**) nf2 community school

poblacht nf3 republic; **P~ na hÉireann** the Republic of Ireland

poblachtach adj, nm republican

poblachtachas nm republicanism

poc nm1 buck, stag; strike; butt; (Sport) puck; **~ saor** free puck; **~ amach** puck-out; **~ sleasa** side-line (cut)

póca nm4 pocket

pocáil vt puck, strike

pocán nm1 he-goat, (small) bag, basket

pócar nm1 (Cards) poker

pocléimneach nf2 frolicking

podchraoladh nm podcast

póg nf2 kiss ▷ vt, vi kiss; **~ a thabhairt do dhuine** to kiss sb

poibleog nf2 poplar

poiblí adj public; **go ~** publicly

poibligh vt publicize; make public

poiblíocht nf3 publicity

póigín nm4 (kiss) peck

póilín nm4 policeman; **na ~í** the police

poimpéiseach adj pompous

pointe nm4 point; dot; stage; **a dó**

~ a trí 2 point 3 (2.3); **~ fócasach** focal point; **~ cumhachta** power point; **~ fiuchta** boiling point; **~ imeachta** starting point; **~ teicniúil** technically; **ar an b~ boise** immediately

pointeáil vt point, aim

pointeáilte adj fussy, particular; (place) tidy; (dress) smart

poipín nm4 poppy

póir nf2 (Biol) pore

póirín nm4 small potato; pebble

póirse nm4 porch

póirseáil nf3: **bheith ag ~ timpeall** to rummage or grope about

póirtéir nm3 porter

poistíneacht nf3 (doing) odd jobs

póit (pl **póiteanna**) nf2 excessive drink(ing); hangover; **~ a bheith ort** to have a hangover; **~ a dhéanamh** to drink too much; **leigheas na ~ e a hól arís** the hair of the dog (that bit you)

póiteach adj (person) alcoholic, heavy-drinking

poitigéir nm3 pharmacist, chemist

poitín nm4 poteen

póitiúil adj intoxicating

póitseáil nf3 poaching

póitseálaí nm4 poacher

pol nm1 (Geog, Elec) pole; **an P~ Theas/Thuaidh** The South/North Pole

polagán nm1 polygon

polaimiailíteas nm1 polio

Polainn nf2: **an Pholainn** Poland

Polainnis nf2 (Ling) Polish

polaitéin nf2 polythene

polaiteoir nm3 politician

polaitíocht nf3 politics; **~ na heite deise** right-wing politics

polaitiúil adj political

Polannach adj Polish ⊳ nm1 Pole

polasaí nm4 policy; **~ árachais**

insurance policy; **~ uile-ghabhálach** (Ins) comprehensive policy

poll nm1 hole; pit; aperture; puddle; (in tyre etc) puncture; (in road) pothole ⊳ vt hole; penetrate; puncture; **~ cnaipe** buttonhole; **~ eochrach/amhairc** keyhole/ peephole; **~ gainimh** sandpit; **~ móna** boghole; **~ sróine** nostril; **~ a chur i** or **ar rud** to make a hole in sth; **dul/cur go tóin poill** to sink

polla nm4 pole, pillar

polladh (gs **pollta**) nm perforation

polláire nm4 (Anat) nostril; buttonhole

polltach adj piercing, penetrating

póló nm4 polo

pomagránait nf2 pomegranate

pónaí nm4 pony

pónaire nf4 bean(s); **~ fhrancach/ leathan** French/broad bean; **~ reatha** runner bean; **~ shoighe** soya bean

ponc (pl **poncanna**) nm1 dot; point; full stop; **bheith i b~** to be in a fix

poncaíocht nf3 punctuation

Póncán nm1 Yank

poncúil adj punctual

poncúlacht nf3 punctuality

pop excl pop

popcheol nm1 (Mus) pop (music)

pór (pl **pórtha**) nm1 seed; breed

póraigh vt, vi breed; propagate

pórghlan adj purebred

pornagrafaíocht nf3 pornography

port¹ nm1 port, harbour; (Naut) station; bank, embankment; **~ a ghabháil** to make port

port² nm1 tune; (kind of tune) jig; **~ béil** lilt; **~ a sheinm** to play a tune; **do phort a athrú** to change one's tune; **tá mo phort seinnte** I'm done for

portach nm1 bog
Portaingéalach adj, nm1 Portuguese
Portaingéil nf2: **an Phortaingéil** Portugal
Portaingéilis nf2 (Ling) Portuguese
portaireacht nf3 (Mus) lilting
portán nm1 crab; **An P~** (Astrol) Cancer
pórtar nm1 (drink) porter
pórtfhíon nm3 (wine) port
pórtha see **pór**
Port Láirge nm Waterford
portráid nf2 portrait
pós vt, vi marry, get married (to), wed
pósadh (gs **pósta**, pl **póstaí**) nm1 marriage; (ceremony) wedding; **ceiliúr pósta a chur ar dhuine** to propose to sb
pósae (pl **pósaetha**) nm4 posy
posóid nf2 (medicinal) concoction
post[1] nm1 post, mail; **An P~** the Irish Postal service; **~ saor** Freepost®; **le casadh an phoist** by return (of post); **fear an phoist** the postman; **oifig phoist** post office; **litir a chur sa phost** to post a letter
post[2] nm1 post; appointment, job, position
pósta adj married; marital; **stádas ~** marital status; see also **pósadh**
póstaer nm1 poster
póstaí see **pósadh**
postáil vt (letter) post
postas nm1 postage
postoifig nf2 post office
postúlacht nf3 conceit, self-importance
pota nm4 pot; (child's) potty; **~ caife** coffeepot
potaire nm4 potter

pótaire nm4 drunk(ard)
pótaireacht nf3 pottery
pótaireacht nf3 drunkenness; heavy drinking
potbhiathuigh vt spoon-feed
potrálaí nm4 potterer; (pej: doctor) quack
prácás nm1 mess; **a leithéid de phrácás!** what a mess!
praghas (pl **praghsanna**) nm1 price; **~ a chur ar rud** to price sth
práinn[1] (pl **práinneacha**) nf2 urgency; hurry, rush; **tá ~ leis** it's urgent; **~ a bheith ort** to be in a rush
práinn[2] nf2 liking, affection; delight; pride; **~ a bheith ort i** or **as rud** to be fond of sth, take pride in sth
práinneach[1] adj urgent; imperative; pressing
práinneach[2] adj: **bheith ~ as** or **i rud** to be fond of sth, be delighted with sth
práisc nf2 mess
práiscín nm4 apron
praiseach nf2 mess, hash; thin porridge
praiticiúil adj practical
praiticiúlacht nf3 practicality
pram (pl **pramanna**) nm4 pram, baby carriage (US)
pramsáil vi prance (about)
pras adj prompt; rapid; (slogan) snappy
prás nm1 brass
prásóg nf2 marzipan
práta nm4 potato
preab vt, vi bounce; (light) flicker, jolt; (heart) pound, pulsate; throb ▷ nf2 bounce; jolt; spring, leap; **~ a bhaint as duine** to make sb jump; **liathróid a phreabadh** to bounce a ball; **éirí de phreab** to jump up;

bheith i ndeireadh na preibe to be on one's last legs

preabán nm patch

preabánach adj patched

preabanta adj lively

preabarnach nf2 throbbing; jumping

préachán nm (bird) rook, crow

préachta vadj freezing; perished

preas (pl **preasanna**) nm3 press

preasagallamh nm3 press conference

preasáil vt iron, press

Preispitéireach adj, nm Presbyterian

priacal nm risk, peril; **ar do phriacal féin** at one's own risk

priaclach adj risky; anxious

pribhéad nm privet

pribhléid nf2 privilege

pribhléideach adj privileged; articulate

printéir nm3 (machine) printer

printíseach nm trainee, apprentice

printíseacht nf3 apprenticeship

príobháid nf2 privacy

príobháideach adj private

príobháidiú nm privatization

prioc vt prick; prod, poke, goad

priocadh (gs **prioctha**) nm prick, prickle; prod

priocaire nm4 (tool) poker

príomh- prefix chief, leading, main, major, prime, principal; (food etc) staple; (in rank) top

príomha adj prime, primary; premier

príomh-aire nm4 (Pol) prime minister, premier

príomhaisteoir nm3 leading man/ lady

príomhalt nm editorial

príomhamhránaí nm4 lead singer

príomhbhean nf first lady

príomhbhóthar nm1 main road; major road

príomhchathair (gs **príomhchathrach**, pl **príomhchathracha**) nf capital (city)

príomhchonstábla nm4 chief constable

príomhoide nm4 head, headmaster, principal

príomhoifig nf2 head office

príomhshráid nf2 high street, main street

prionsa nm4 prince; **P~ na Breataine Bige** the Prince of Wales

prionsabal nm principle

prionta nm4 print; type

priontáil vt print

prios (pl **priosanna**) nm3 press, cupboard

príosún nm prison, jail, penitentiary; imprisonment; **~ a ghearradh ar dhuine** to sentence sb to prison; **~ saoil** life sentence

príosúnach nm prisoner

príosúnacht nf3 imprisonment

próca nm4 urn; jar; **~ tae** tea urn; **~ suibhe** jam jar

prochóg nf2 den; cave; hovel; recess

profa nm4 (Typ) proof

próifíl nf2 profile

proifisiúnta adj professional

proifisiúntacht nf3 professionalism

proinn nf2 meal

proinnseomra nm4 dining room

proinnteach (gs **proinntí**, pl **proinntithe**) nm canteen; refectory; restaurant

Proinsiasach adj, nm Franciscan

próiseáil vt process ▷ nf3 processing; **~ focal** word processing

p

próiseálaí *nm4* processor; **~ bia** food processor; **~ focal** word processor

próiseas *nm1* process

próitéin *nf2* protein

promanád *nm1* (by sea) promenade

promh *vt* prove; test; try

promhadán *nm1* test tube

promhadh *nm1* proof; test; (Law) probation; **bheith ar ~** to be on probation

prós *nm1* prose

Protastúnach *adj, nm1* Protestant

Protastúnachas *nm1* Protestantism

prúna *nm4* prune

pub *nm4* pub

puball *nm1* tent; **~ a chur suas** to pitch a tent

púca *nm4* ghost

púdal *nm1* poodle

púdar *nm1* powder; dust; **~ bácála** baking powder; **~ gallúnaí/níocháin** soap/washing powder; **~ gunna** gunpowder

púic (pl **púiceanna**) *nf2* blindfold; covering; scowl; **~ tae** tea cosy

púicín *nm4* blindfold; blinkers; scowl

puilpid *nf2* pulpit

puimcín *nm4* pumpkin

puinn *n* (with neg) not much; **níl ~ eolais aige** he hasn't a clue

puins (pl **puinseanna**) *nm4* (drink) punch

puipéad *nm1* puppet

púirín *nm4* hovel; hutch

puirtleog *nf2* fluff; **~ girsí** a chubby girl

puisín *nm4* kitten, pussy cat

puiteach *nm1* mud

puití *nm4* putty

púitse *nm4* pouch

púl *nm4* (game) pool

pulc *vt, vi* gorge; crowd; (Scol) cram

pumpa *nm4* pump

pumpáil *vt, vi* pump

punann *nf2* sheaf; (Comm) portfolio

punc *nm4* punk

punt *nm1* (weight, money, enclosure) pound; **~ steirling** pound sterling; **~ milseán** a pound of sweets

purgadóir *nf3* purgatory

purgóid *nf2* laxative, purgative

púróg *nf2* pebble; (Med) stone

pus (pl **pusa**) *nm1* face; pout; snout; **~ a bheith ort** to sulk

pusach *adj* pouting; moody, huffy

puslach *nm1* muzzle

puth *nf2* puff

putóg *nf2* gut, intestine; **~ dhubh** black pudding, blood pudding (US)

q r

Q, q no letter "q" in Irish

rá *nm4* saying; *see also* **abair**
rábach *adj* dashing; (*money etc*)
extravagant; (*growth*) rank;
(*victory*) rampant
rabhadh *nm1* warning; alarm;
alert; **~ a thabhairt do dhuine**
to warn sb; **clog rabhaidh** alarm
clock
rabharta *nm4* spring tide; flood
rabhchán *nm1* (*signal*) warning,
alarm; beacon
rabhlaer *nm1* overall
rabhlóg *nf2* tongue twister
rac *nm4* rock (music)
raca *nm4* (*for guns, tools*) rack
ráca *nm4* (*tool*) rake
rácáil *vt* rake
racán *nm1* racket, row; rumpus;
pandemonium; **~ a thógáil** to
cause trouble
rachadh, rachaidh, rachainn *vb*
see **téigh**

ráchairt nf2 demand; **bhí ~ air ...** there was a run on ...

rachmas nm1 wealth; (Fin) capital

rachmasach adj wealthy, well-off

racht (pl **rachtanna**) nm3 (of anger) fit; (of emotion) rush; outburst; **~ casachtaí/sciotaíola** fit of coughing/giggles; **do ~ a ligean (amach)** to let off steam

rachtúil adj impassioned; vehement

radacach adj radical

radadh (gs **radta**) nm1 showering; (of horse) kick

radaighníomhach adj radioactive

radaíocht nf3 radiation

radaitheoir nm3 radiator

radar nm1 radar

radharc nm1 view, look; sight; (Theat) scene, spectacle; **teacht i ~** to come in sight; **dul as ~ to** disappear; **seomra a bhfuil ~ uaidh** a room with a view; **~ na súl** eyesight; **~ a fháil ar rud** to get a look at sth

radharcach adj visual, optical

radharceolaí nm4 optician

radharcra nm4 (Theat) scenery; set

rafar adj thriving, prosperous

ráfla nm4 rumour

ragairne nm4 spree; revelry; **dul ar ~** to go on the tear

ragobair (gs **ragoibre**) nf2 overtime

raibh etc vb see **bí**

raic[1] (pl **raiceanna**) nf2 wreckage; **adhmad ~e** driftwood

raic[2] nf2 row, racket; uproar; **~ a thógáil** to cause a row

raicéad nm1 (Sport) racket, racquet; **~ leadóige** tennis racket

raiceáil vt wreck

raiceáilte adj ramshackle, run-down, dilapidated

raidhfil nm4 rifle

raidhse nf4 plenty, profusion

raidhsiúil adj plentiful, abundant

raidió nm4 radio; wireless; **ar an ~** on the radio

raidis nf2 radish; **~ fhiáin** horseradish

ráig (pl **rágeanna**) nf2 (of disease etc) outbreak; spurt; (of violence etc) spate

ráille nm4 rail; railing; (Rail) track, rail; **~ tuáillí** towel rail; **ráillí** banisters

raiméis nf2 nonsense; kidology; rigmarole

raimhre nf4 fatness, thickness; **dul i ~** to become fat; see also **ramhar**

ráinigh defective vb reach; arrive; happen; **~ liom** I succeeded

ráite vadj said; see also **abair**

ráiteachas nm1 saying, expression

ráiteas nm1 statement

ráithe nf4 season; (of year) quarter

ráithiúil adj quarterly

raithneach nf2 bracken; fern

rámh nm3 oar

rámhaigh vt, vi row

rámhaille nf4 raving; delirium; fancies, notions; **~ na hóige** youthful fancies; **bheith ag ~** to rave

rámhainn nf2 spade

rámhaíocht nf3 rowing

ramhar (gsf, compar **raimhre**, pl **ramhra**) adj fat, thick; plump; **cloigeann ~** hangover; **~ sa réasún** unreasoning

rámhcheol nm1 rave music

ramhraigh vt, vi fatten

rancás nm1 frolicking

randamrochtain nf3 random access

rang (pl **ranganna**) nm3 rank; (Scol) class; (line) row

rangaigh vt classify; grade; sort

rangú nm category; classification; grading

rann¹, ranna see **roinn²**

rann² nm⁴ verse, rhyme; **~ páistí** nursery rhymes

rannach adj departmental

rannán nm¹ sector; (Mil) division

ranníocaíocht nf₃ contribution

rannóg nf₂ section; (postal) sector

rannóir nm₃ container; dispenser; **~ airgid** cash dispenser

rannpháirt nf₂ participation, involvement

rannpháirteach adj partaking; involved; contributory; **bheith ~ i rud** to be involved in sth

rannta see **roinnt**

ransaigh vt ransack; rummage through; rifle through

raon (pl **raonta**) nm range; path; (Sport) track; **~ faoi bhéal** point-blank range; **~ rásaí** race track; **~ cluas** earshot; **as ~** out of range

raonchulaith nf₂ tracksuit

rapcheol nm¹ rap music

rás nm₃ race

rásáil vt, vi (engine) race

rásaíocht nf₃ racing

ráschúrsa nm₄ racecourse

raspa nm₄ rasp, file; **~ ingne** nailfile

rásúr nm¹ razor

ráta nm₄ rate; **~ bainc/malairte/úis** bank/exchange/interest rate; **~í (tax)** rates

rath nm₃ success; prosperity; good; **tá ~ ar an ngnó** the business is thriving; **~ a ghuí ar dhuine** to wish sb well; **de ~ Dé** by the grace of God; **rud a chur ó ~** to render sth useless

ráth nm₃ (Irl: Hist) ring fort, rath; **~ sneachta** snowdrift

rathaigh vi thrive, succeed ▷ vt bring success to

ráthaíocht nf₃ guarantee; **faoi ~** under guarantee

rathúil adj successful; thriving; prosperous

rathúnas nm¹ prosperity, fortune; abundance

ré (pl **réanna**) nf₄ (period of) time, age; life span; era; moon; **roimh ré** in advance; **an Ré Órga** the Golden Age; **le mo ré** in my lifetime; **uair sa ré** once a month; occasionally

réab vt tear, rip up; shatter; violate

réabhlóid nf₂ revolution

réabhlóideach adj revolutionary

reacaire nm₄ seller, vendor; gossip; scandalmonger

reacht (pl **reachtanna**) nm₃ statute; law; **an ~ diaga/scríofa** the divine/written law; **riail agus ~** law and order

reáchtáil nf₃ (of business etc) running ▷ vt, vi run; operate

reachtaíocht nf₃ legislation

reachtaire nm₄ steward; rector; administrator

reachtúil adj statutory

réadach adj real; **eastát ~** real estate

réadán nm¹ woodworm

réadlann nf₂ observatory

réadóir nm₃ teetotaller, Pioneer

réadúil adj real, realistic

réal vt (Phot) develop

réalachas nm¹ realism

réaladh nm (Phot) processing, development

réalaí nm₄ realist

réalaíoch adj realistic

réalt- prefix star-; astro-; stellar

réalta nf₄ star; (Typ) asterisk; (celebrity) star; **~ reatha** shooting star; **~ scuaibe** comet; **an ~ thuaidh** the north star

réaltbhuíon nf2 constellation

réalteolaíocht nf3 astronomy

réaltóg nf2 (small) star

réamh- prefix pre-, ante-, fore-, in advance

réamhaisnéis nf2 forecast; **~ na haimsire** the weather forecast

réamhaithris vt predict

réamhbhlaiseadh (gs **réamhbhlaiste**) nm (Cine, TV) trailer

réamhcheol (pl **réamhcheolta**) nm (Mus) overture

réamhchlaonadh (gs **réamhchlaonta**) nm prejudice

réamhchlaonta adj prejudiced

réamhchoinníoll nm precondition

réamhchúram (pl **réamhchúraimí**) nm precaution

réamhdhéanta adj prefabricated; ready-made

réamhdhréacht nm3 rough copy; (Mus) prelude

réamhfhéachaint nf3 foresight

réamhfhocal nm preposition

réamhíocaíocht nf3 advance payment

réamhíoctha adj prepaid

réamhléiriú nm (Theat) rehearsal; **~ feistithe** dress rehearsal

réamhordú nm advance booking

réamhrá (pl **réamhráite**) nm4 introduction; preface

réamhscoile n gen as adj pre-school

réamhstairiúil adj prehistoric

reann, reanna see **rinn**[1,2]

réanna see **ré**

réasún nm reason; sense; cause; **tá** or **luíonn sé le ~ (go)** it stands to reason (that); **dul chun réasúin le duine** to reason with sb; **~ a thabhairt le rud** to give a reason for sth

réasúnach adj rational

réasúnaigh vt reason; rationalize

réasúnta adj reasonable; moderate; **~ mór** reasonably big

reatha see **rith**

reathaí nm4 runner

reathaíocht nf3 running

réchúiseach adj easy-going, laid-back; unconcerned

réibhe see **riabh**

reibiliún nm rebellion

reibiliúnach adj rebellious

reic (pl **reiceanna**) nm3 sale; recital ▷ vt, vi sell; peddle; recite; betray

réidh adj smooth; level; easy; ready, set; **bheith ~ i rud** to be indifferent to sth; **is ~ agat a bheith ag caint** it's easy for you to talk; **bheith ~ le rud** to be finished with sth; **níl sé ~ go fóill** it is not finished yet; **~ le himeacht** ready to go

réidhe nf4 smoothness; levelness; easiness; readiness

Reifirméisean nm: **an ~** the Reformation

reifreann nm referendum

réigiún nm region

réigiúnach adj regional

reilig nf2 graveyard, cemetery

reiligiún nm religion

reiligiúnach adj religious

réiltín nm4 asterisk; (Cine) starlet

réim (pl **réimeanna**) nf2 régime; career; range, bracket; (fig) field; **teacht i ~** to take office; **bheith i ~** to be in power; **gnás atá faoi ~ a** usage that prevails; **~ praghsanna** scale of charges; **~ bia** diet; **bheith i mbarr do ~** to be at one's peak

réimeas nm reign; regime

réimír (pl **réimíreanna**) nf2 prefix

réimnigh vt sort, arrange; (Gram) conjugate

réimniú (gs **réimnithe**) nm (Gram) conjugation

réimse nm4 range, scope; gamut; (of river etc) reach; (of sand etc) stretch; (Geog) tract; (Comput) field

Réin nf2: **an ~** the Rhine

réinfhia (pl **réinfhianna**) nm4 reindeer

reiptíl nf2 reptile

réir nf2 will; wish; **de ~ a chéile** gradually; **bheith faoi ~ duine** to be at sb's service; **de ~** +gen according to; **dá ~** accordingly; **agus dá ~ sin** and so on; **de ~ an sceidil** on schedule; **faoi ~** ready, available; **bheith faoi ~ an dlí** to be subject to the law

réisc see **riasc**

reisimint nf2 regiment

réiteach nm (of problem) solution, answer; (of dispute) settlement; clearance, clearing; preparation; **teacht chun réitigh le duine** to come to an agreement with sb; **vóta réitigh** casting vote

réiteoir nm3 referee; umpire; arbitrator

reithe nm4 ram; **an R~** (Astrol) Aries

réitigh vt, vi (problem, difficulty) solve, resolve; iron or straighten out; (dispute) settle; (path etc) clear; prepare; **ní réitíonn an bia sin liom** that food does not agree with me; **do scornach a réiteach** to clear one's throat; **réiteach le duine** get on with sb; make peace with sb; **tú féin a réiteach** to get ready

reo nm4 frost

reoán nm icing

reoánta adj (cake) iced

reoigh vt, vi freeze; congeal

reoiteog nf2 ice cream

reoiteoir nm3 freezer; icebox

reophointe nm4 freezing point; **trí chéim faoi bhun an ~** 3 degrees below freezing

rí¹ (pl **ríthe**) nm4 king, sovereign, ruler, lord; **rí rua** chaffinch

rí² (pl **rítheacha**) nf4 forearm

rí- prefix extremely, very; ultra-; royal

riabh (gs **réibhe**) nf2 stripe; streak

riabhach adj striped; streaked; dull, dismal

riachtanach adj necessary; essential; vital

riachtanas nm necessity; need; must; requirement; **in am an riachtanais** in time of need; **cuid an riachtanais** the bare essentials

riail (gs **rialach**, pl **rialacha**) nf rule; regulation; order, authority; **rialacha iompair** rules of conduct; **bheith faoi ~ duine** to be ruled by sb; **an ~ a chur ar rud** to run the rule over sth

rialaigh vt rule; reign, govern; regulate; control

rialaitheoir nm3 (Tech) controller

rialóir nm3 (for measuring) ruler

rialta adj regular; (order) religious; **bean ~** nun; **go ~** regularly

rialtacht nf3 regularity

rialtais n gen as adj (Pol) governmental

rialtas nm government; (Pol) administration; **~ áitiúil** local government

rialú (gs **rialaithe**) nm rule, regulation; (Law) ruling; control; **bord rialaithe** governing body

riamh adv ever; always; never; **níos lú ná ~** less than ever; **bhí sé ~ lag** he was always weak; **ní fhaca mé ~ í** I never saw her; **an chéad lá ~** the very first day

rian (*pl* **rianta**) *nm1* mark; trace; track; (*of bullet etc*) trajectory; ~ **fola** bloodstain; **dul ar ceann riain** to set the pace

rianaigh *vt* trace, draw

rianpháipéar *nm1* tracing paper

riar *vt, vi* manage; give out, distribute; administer; (*food etc*) serve ▷ *nm4* share, enough; administration; distribution; provision, supply; ~ **ar** *or* **do** to provide for; ~ **an iomláin** enough to go round; ~ **cirt** administration of justice; ~ **do cháis a fháil** to get enough for one's needs; ~ **agus éileamh** supply and demand

riarachán *nm1* administration

riaráiste *nm4* arrears; backlog

riarthóir *nm3* administrator

riasc (*gs* **réisc**, *pl* **riasca**) *nm1* marsh

ribe *nm4* (strand of) hair; (*of grass*) blade; (*of beard*) bristle; (*Elec*) filament; ~ **róibéis** shrimp

ribeach *adj* hairy; bristly

ribeog *nf2* shred; (small) hair; wisp

ribín *nm4* ribbon; band, string; (*Sport*) tape; ~ **tomhais** tape measure; **rud a stróiceadh ina ~í** to cut sth to shreds

ríchathaoir (*gs* **ríchathaoireach**, *pl* **ríchathaoireacha**) *nf* throne

** rídhamhna** *nm4* crown prince; royal heir

ridire *nm4* knight; (*in titles*) Sir

rige *nm4* (*also:* ~ **ola**) (oil) rig

righin (*gsf, pl, compar* **righne**) *adj* tough; stubborn; stiff; (*walk*) slow, sluggish

righneas *nm1* toughness; stubbornness; slowness

righnigh *vt, vi* toughen; stiffen

rigín *nm4* (*Naut*) rigging; (*Knitting*) rib

ríl (*pl* **ríleanna**) *nf2* reel

rilleadh (*gs* **rillte**) *nm* flood; downpour

rím (*pl* **rímeanna**) *nf2* rhyme

ríméad *nm1* joy; jubilation

ríméadach *adj* overjoyed; jubilant

rinc¹ (*pl* **rinceanna**) *nf2* (ice) rink; ~ **scátála** skating rink

rinc² *vt, vi* dance

rince *nm4* dance; dancing; ~ **tuaithe** country dancing

rinceoir *nm3* dancer

rinn¹ (*pl* **rinne**, *gpl* **reann**) *nf2* point; tip; top, peak; ~ **tíre** (*Geog*) cape

rinn² (*gs, pl* **reanna**, *gpl* **reann**) *nm3* star; planet; **na reanna neimhe** the celestial bodies

rinne *etc vb see* **déan**

rinneach *adj* pointed

rinse *nm4* (*Tech*) wrench; whorl

ríocht (*gs* **reachta**) *nm3* shape, form; state, condition; **dul i** ~ + *gen* to masquerade as; **an fhírinne a chur as a** ~ to distort the truth; **bheith i** ~ **rud a dhéanamh** to be in a position to do sth; **bhí mé i** ~ **titim leis an ocras** I was fit to drop with hunger; **sa** ~ **ina bhfuil sé** in the state it's in; **i** ~ **go** in such a way that

ríocht *nf3* kingdom; realm; **an R~ Aontaithe** the United Kingdom

ríochtaigh *vt* adapt; condition

ríochtán *nm1* (*for clothes*) dummy

ríog *nf2* impulse; spasm; fit

ríoga *adj* regal, royal

ríogach *adj* impulsive; spasmodic

ríomh *vt* count, calculate; (*story*) tell

ríomhaire *nm4* computer;

calculator; **~ pearsanta** personal computer

íomhaireacht nf3 computer science; calculation

íomhchlár nm1 (Comput) program(me)

íomhchláraitheoir nm3 (computer) programmer

íomhchlárú nm computer programming

íomhphost nm1 email; **scéala ríomhphoist a chur chuig duine** to email sb; **rud a chur leis an ~** to email sth

ríomhthicéad nm1 e-ticket

ríomhthráchtáil nf3 e-commerce

ríon (pl **ríonacha**) nf3 queen

riosól nm1 rissole

riospráid nf2 respiration; **~ shaorga** artificial respiration

rírá nm4 uproar, commotion

ris adj exposed, uncovered; visible

rís nf2 rice

rísín nm4 raisin

rite[1] adj taut; tight; (climb) steep; (cliff) sheer; (area) exposed; **~ chun** eager for; **chuaigh sé ~ léi é a chríochnú** she barely managed to finish it

rite[2] adj used up, spent, run out; **~ anuas** or **síos** (health) run down

riteoga (fpl, gpl **riteog**) nfpl2 tights; pantihose

rith (gs **reatha**, pl **rití**) nm3 run(ning) ▷ vt, vi run; flow; **i ~ + gen** during; **i ~ na hoíche** all night long; **i ~ an ama** all the time; **is fearr ~ maith ná drochsheasamh** discretion is the better part of valour; **~ croí** (Med) palpitation; **cuntas reatha** current account; **cúrsaí reatha** current affairs; **uisce reatha** running water

ríthe see **rí**[1]

rítheacha see **rí**[2]

rithim nf2 rhythm

Rivéara nm4: **~ na Fraince** the French Riviera

RnaG n abbr (= **Raidió na Gaeltachta**) Irish language radio

ró (pl **rónna**) nm4 row

ró- prefix too, excessively; **rómhór** too large; **róshean/ró-óg** too old/ young

róba nm4 robe; gown

robáil vt rob; hold up ▷ nf3 robbery; hold-up

robálaí nm4 robber

roc nm1 wrinkle; crease

rocach adj wrinkled, creased; (iron) corrugated

rochtain (gs **rochtana**) nf3 (Comput) access; **aga rochtana** access time

ród nm1 road; way

ródháileog nf2 overdose

ródhóchas nm1 presumption

rodta adj (drink) flat, stale

rógaire nm4 rogue

rogha nf4 choice; option; selection; alternative; **cheal aon ~ eile** in the last resort; **bíodh do ~ leabhar agat** choose any book you like; **is ~ liom fanacht** I prefer to stay; **de ~ ar** in preference to, rather than; **níl an dara ~ againn** we have no alternative; **~ an fhíona** the best of wine; **déan do ~ rud** do whatever you want

roghchlár nm1 (Comput) menu

roghnach adj optional

roghnaigh vt choose, pick; select

roghnú nm choice; selection

roicéad nm1 rocket

roimh (prep prons = **romham, romhat, roimhe, roimpi, romhainn, romhaibh, rompu**) *prep* before, ahead of, in front of, in advance of; (*with time: not later than*) by; **~ ré** in advance; **~ i bhfad** before long; **tá fáilte romhat** you are welcome; **loic sé ~e** he shrank from it; **~ Chríost (R. Ch)** before Christ, B.C.; **~ Cháisc** before Easter; **siúil romhat** to walk along; **dul ~ rud** to anticipate sth

Róimh *nf2*: **an ~** Rome

roimhe *adv* before; **bhí mé ann ~** I've been there before; **~ sin** before then/that; **~ seo** formerly; *see also* **roimh**

roimpi *see* **roimh**

Róin *nf2*: **an ~** the Rhone

roinn¹ *vt* share; divide, distribute; (*cards*) deal

roinn² (*gs, pl* **ranna**, *gpl* **rann**) *nf* share, portion; distribution

roinn³ *nf2* department; part; area; **an R~ Airgeadais** the Treasury, the Treasury Department (US); **an R~ Gnóthaí Eachtracha** the Foreign Office; **ranna stáit** state departments; **ranna cainte** (*Ling*) parts of speech

roinnt (*pl* **rannta**) *nf2* (*Math, gen*) division; sharing; (*cards*) deal; some, a few; several; **~ mhaith** a good deal; **gan ~** undivided; **~ daoine** several people; **gan ~** undivided

rois¹ (*pl* **roiseanna**) *nf2* (*of gunfire, questions*) burst, volley; (*of wind*) blast

rois² *vt* unravel; rip

roiseadh (*gs* **roiste**, *pl* **roistí**) *nm* rip, tear; (*in tights*) ladder, run

roisín *nm4* resin; **~ cnáibe** cannabis resin

roithleán *nm1* pulley; wheel; (*Fishing*) reel; spool

ról *nm1* role

roll *vt, vi* roll

rolla *nm4* roll; register, record; **~ leithris** toilet roll

rolladh (*gs* **rollta**) *nm* roll

rollóg *nf2* (*bread*) roll

róluchtaigh *vt* overload

Rómáin *nf2*: **an ~** Romania

Rómáinis *nf2* (*Ling*) Romanian

Rómánach *adj, nm1* Romanian

rómánsach *adj* romantic

rómánsachas *nm1* romanticism

rómánsaíocht *nf3* (*Liter etc*) romanticism

romhaibh, romhainn, romham *see* **roimh**

rómhair (*pres* **rómhraíonn**, *vn* **rómhar**, *pp* **rómhartha**) *vt* (*field*) dig

Rómhánach *adj, nm1* Roman

romhat, rompu *see* **roimh**

rón (*pl* **rónta**) *nm1* (*animal*) seal; **~ mór** sea lion

ronnach *nm1* mackerel

rop *vt* stab; thrust ▷ *nm3* stab, thrust; **duine a ~adh** to stab sb

rópa *nm4* rope

ropadh (*gs* **roptha**) *nm* stab, stabbing

ros *nm1* linseed; **ola rois** linseed oil

rós (*pl* **rósanna**) *nm1* rose

rósach *adj* rosy

rosc¹ *nm1* eye

rosc² *nm1* chant, anthem; **~ catha** war cry; **~ ceoil** (*Mus*) rhapsody

rosca *nm4* rusk

Ros Comáin *nm* Roscommon

róst *vt, vi* roast

rósta *adj, nm4* (*beef etc*) roast

rostram *nm1* rostrum

rosualt *nm1* walrus

róta *nm4* rota; **ar bhonn ~** on a rota basis

roth *nm3* wheel; **~ breise** spare wheel; **~ fiaclach** cog; **~ stiúrtha**

steering wheel

rothaí nm4 cyclist; rider

rothaíocht nf3 cycling

rothar nm1 bicycle, bike; **~ sléibhe** mountain bike

rótharraingt (gs **rótharraingthe**) nf overdraft

rótharraingthe adj overdrawn

rothlach adj rotating; rotary

rothlaigh vt, vi rotate; spin

rothlú nm rotation; spin

r-phost nm1 email

RTE n abbr = **Raidió Teilifís Éireann**

rua adj red; red-haired; (colour) rusty; wild; **an Mhuir R~** the Red Sea; **oíche ~** a wild night; **níl cianóg ~ agam** I haven't a bean

ruacan nm1 cockle

ruadhóigh vt scorch

ruagaire nm4 chaser; **~ reatha** wanderer; **~ feithidí** insect repellent

ruaig vt chase; drive away, repel ▷ nf2 (pl **ruaigeanna**) chase; rout; foray, expedition; flying visit; **an ~ a chur ar dhuine** to chase sb; **~ a thabhairt abhaile** to take a run home; **~ chreiche** plundering expedition

ruaigtheach adj repellent

ruaille nm4: **~ buaille** commotion

ruaim nf2 fishing line

ruaimneach adj (water) muddy

ruainne nm4 shred; morsel; scrap; **~ fianaise** scrap of evidence

ruathar nm1 charge, rush; raid, swoop

rubar nm1 rubber; **~ cúir** foam rubber

rúbarb nm4 rhubarb

rúchladh nm1 dash; **~ a thabhairt ar rud** to make a dash for sth

rud nm3 thing; object; **ós ~ é go**

since it happens that; **~ eile de** furthermore; **~ beag fuar** a little bit cold; **tá ~aí le déanamh agam** I have things to do; **~ éigin** something; **~ eile ar fad** a different matter altogether; **~ gan úsáid** useless thing; **~ beag** + gen a little (of sth)

rufa nm4 frill

rug etc vb see **beir**

ruga nm4 rug

rugadh, rugamar vb see **beir**

rugbaí nm4 rugby

ruibh nf2 sulphur

ruibhchloch nf2 brimstone

rúibín nm4 ruby

rúid (pl **rúideanna**) nf2 run; rush; sprint

rúidbhealach (pl **rúidbhealaí**) nm1 runway

ruifíneach nm1 ruffian

rúiléid nf2 roulette

ruipleog nf2 (Culin) tripe

Rúis nf2: **an ~** Russia

rúisc (pl **rúisceanna**) nf2 discharge; volley

Rúiseach adj, nm1 Russian

Rúisis nf2 (Ling) Russian

rúitín nm4 ankle

rum nm4 rum

rún nm1 secret; intention; intent; (at meeting) motion, resolution; **faoi ~** in secret; **~ a bheith agat rud a dhéanamh** to intend to do sth; **le ~ urchóide** with a sinister purpose; **~ buíochais** vote of thanks; **do ~ a ligean le duine** to confide in sb

rúnaí nm4 secretary; **R~ Stáit** Secretary of State; **R~ Gnóthaí Baile** Home Secretary

rúnda adj secret; secretive; confidential

rúndacht nf3 secrecy

rúndaingean (*gsf, pl, compar* **rúndaingne**) *adj* determined, resolute

rúndiamhair (*pl* **rúndiamhra**) *adj* mysterious ▷ *nf2* mystery

runga *nm4* rung

rúnmhar *adj* discreet; secretive

rúnscríbhinn *nf2* cipher

rúnseirbhís *nf2* (*Pol*) secret service

Rúraíocht *nf3* (*Irl: Mythology*) Ulster epic cycle

rúsc *nm* (*of tree*) bark

rúta *nm4* root

ruthag *nm* run, sprint, dash; **léim ruthaig** running jump

S

sa = **i** + *def art* **an**

-sa *emphatic suffix* (*with broad consonants or vowels*): **mo leabharsa** my book; **ní fhanfása ann** you wouldn't stay there; **ní ormsa an locht** it's not my fault

sá (*pl* **sáite**) *nm4* thrust; (*with knife etc*) stab

sabaitéireacht *nf3* sabotage

sábh (*pl* **sábha**) *nm1* saw; **~ mara** sawfish

sábháil *nf3* saving; (*Sport*) save; (*from accident*) rescue ▷ *vt, vi* save; rescue

sábháilte *adj* safe; **slán ~** safe and sound

sábháilteacht *nf3* safety

sabhaircín *nm4* primrose

sabhdánach *nm1* sultana

sabóid *nf2* Sabbath

sac *nm1* sack ▷ *vt* cram; pack; thrust; shove

sacar nm1 soccer
sách adj sated ▷ adv sufficiently; fairly
sacraimint nf2 sacrament
sacsafón nm1 saxophone
sádach adj sadistic ▷ nm1 sadist
sadhlas nm1 silage
sádráil vt solder
sáfach nf2 (of spade, spear) shaft
sága nm4 saga
sagart nm1 priest
sagartacht nf3 priesthood
saghas (pl **saghsanna**) nm1 kind, sort ▷ adv: **~ ait** rather strange
Sahára nm4: **an ~ the** Sahara (Desert)
saibhir (pl **saibhre**) nm4 rich person ▷ adj (gsf, pl, compar **saibhre**) rich, wealthy; **an ~ agus an daibhir** the rich and the poor
saibhreas nm1 wealth; fortune
saifír nf2 sapphire
sáigh (vn **sá**, vadj **sáite**) vt, vi stab, thrust; jab; **bheith sáite as duine** to nag sb; **bheith sáite i rud** to be engrossed in sth
saighdeadh (gs **saighdte**) nm incitement, provocation
saighdeoir nm3 archer; **An S~** (Astrol) Sagittarius
saighdiúir nm3 soldier
saighead (gs **saighde**) nf2 arrow; dart; pang; **~ reatha** (runner) stitch in side
saighid (pres **saighdeann**, vn **saighdeadh**) vt incite; provoke; **~ faoi** to tease
saighneáil vt, vi sign; (as unemployed) sign on
saighneán nm1 lightning; **Na Saighneáin** The Northern Lights
sail nf2 dirt; **~ chnis** dandruff
sáil (pl **sála**, gpl **sál**) nf2 heel; (of cheque etc) stub

sailchuach nf2 (plant) violet
sailchuachach adj violet
sáile nm4 sea water, brine; sea; **dul thar ~** to go overseas
saileach nf2 willow, sallow; **crann saili** willow tree; **~ shilte** weeping willow
sailéad nm1 salad; **~ torthaí** fruit salad
saileog nf2 willow
saill¹ nf2 fat
saill² vt, vi (meat etc) cure; salt; **mairteoil shaillte** corned beef
sáiltéar nm1 salt cellar
Saimbia nf4: **an t~** Zambia
sáimhín nm4: **bheith ar do sháimhín só** to be completely at ease
sáimhríoch adj (person) drowsy; (evening) tranquil
sain- prefix specific; special; distinctive
sainaithin vt identify
saincheadúnas nm1 franchise
sainchomhartha nm4 characteristic; **~ tíre** landmark
sainchreideamh nm1 (Rel) denomination
saineolaí nm4 expert; specialist
saineolas nm1 expertise; **~ a bheith agat ar rud** to have expert knowledge of sth
sainfheidhme n gen as adj (work, tools) specialized
sainghné nf4 characteristic feature
sainiú nm1 specification; definition
sainiúil adj specific; distinctive
sainmhínigh vt define
sainmhíniú nm definition
sáinn nf2 trap; fix; (Chess) check; **duine a chur i ~** to corner sb
sáinnigh vt corner; trap; (Chess) check
sainráite adj (condition) express

saint nf2 greed; avarice

saintréith nf2 distinctive trait

saíocht nf3 erudition, learning

Sáir nf2: **an t~** Zaire

Sairdín nf2: **an t~** Sardinia

sairdín nm4 sardine

sáirsint nm4 sergeant

sais (pl **saiseanna**) nf2 sash

sáiste nm4 (herb) sage

sáite see **sáigh**

sáiteán nm1 stake; (insult) dig

sáith nf2 fill; enough; **do sháith (airgid) a bheith agat** to have enough (money); **do sháith a ól** to drink your fill

saithe nf4 swarm; multitude

sál, sála see **sáil**

salach adj dirty; grubby; (talk) foul; (weather) wet, drizzly; **teacht ~ ar dhuine** to cross sb

salachar nm1 dirt, filth; ordure

salaigh vt, vi dirty, soil; (reputation) smear

salann nm1 salt

sall adv over (to far side)

salm nm1 psalm

salún nm1 (Aut) saloon

sámh adj easy, serene; peaceful; calm

samhail (gs **samhla**, pl **samhlacha**) nf3 likeness, semblance; model; simile; ghost

samhailteach adj imaginary

Samhain (gs **Samhna**) nf3 November; **Oíche Shamhna** Hallowe'en

samhalta adj visionary; virtual

sámhán nm1 nap, doze

sámhasach adj voluptuous

samhlaigh vt, vi imagine; visualize; **samhlaítear dom (go)** it appears to me (that); **rud a shamhlú le rud eile** to liken sth to sth else; **rud a shamhlú le duine** to expect

sth of sb

samhlaíoch (gsm **samhlaíoch**) adj imaginative

samhlaíocht nf3 imagination

samhlaoid nf2 image, illustration

samhnas nm1 nausea; disgust; **~ a bheith ort** to feel disgusted or queasy

samhnasach adj disgusting, repulsive; squeamish

samhradh (pl **samhraí**) nm1 summer; **sa ~** in summer

sampla nm4 sample; specimen; example; wretch; **mar shampla** for example; **~ fola** blood specimen

samplach adj sample; specimen; (case) test

sampláil vt sample

San n Saint, St; **~ Proinsias** St Francis

san =**i** + defart **an**

-san emphatic suffix: **a leabharsan** his book; **tabhair dósan é** give it to him

sanasaíocht nf3 etymology

sanasán nm1 glossary

sann vt (Law) assign

sannadh nm (Law) assignment

Sanscrait nf2 (Ling) Sanskrit

santach adj greedy; covetous

santacht nf3 greediness

santaigh vt desire; covet; lust after

saobh vt pervert; derange; (word) twist ▷ adj perverse; crooked; slanted; askew

saobhghrá nm4 infatuation

saofóir nm3 pervert

saoi nm4 wise man; master; expert; **ní bhíonn ~ gan locht** even Homer sometimes nods, nobody's perfect

saoire nf4 holiday, vacation; leave; (Rel) Sabbath, holy day; **lá ~** a day off; **ar ~** on holidays

saoirse nf4 freedom; liberty

saoirseacht nf3 craftsmanship;
~ **chloiche/adhmaid** masonry/
woodwork

saoiste nm4 boss; foreman; (wave)
roller

saoistíocht nf3 bossing; ~ **a
dhéanamh ar dhuine** to boss sb
(around or about)

saoithín nm4 know-all

saoithíneach adj pedantic

saoithiúil adj learned, wise;
peculiar

saol (pl **saolta**) nm1 life; lifetime;
world; **an ~ eile** the other world;
le mo shaol in my life; **an ~ mór**
the whole world; **tar éis an tsaoil**
after all; **teacht ar an ~** to be born;
ar na ~ta seo nowadays; **cúrsaí
an tsaoil** world(ly) affairs; **sín an ~
(agat)** such is life; **os comhair an
tsaoil** openly; **cad é an ~ atá agat**
how is life treating you?

saolach adj long-lived

saolaigh vt (autonomous):
saolaíodh mac di a son was born
to her

saolré nf4 life cycle

saolta adj worldly; temporal;
earthly; **náire shaolta** absolute
disgrace

saonta adj gullible, naïve

saontacht nf3 naivety

saor¹ nm1 craftsman; ~ **cloiche**
stonemason; ~ **adhmaid**
carpenter

saor² adj free; cheap; (room) vacant;
(not busy) available; (Gram)
autonomous; **am ~** free time; ~ **ó
dhleacht** duty-free; ~ **(ó/ar)**
exempt or safe (from); ~ **i n-aisce**
free of charge; **duine a scaoileadh
~** to set sb free

saor³ vt free; liberate; acquit; **duine
a shaoradh ar rud** to save or

exempt sb from sth

saor- prefix independent, free-

saoradh (gs **saortha**) nm
liberation; (Law) acquittal

saoráid nf2 (of style, motion) fluidity;
(device) convenience

saoráideach adj easy; effortless;
(style etc) fluid

saorálach adj voluntary

saorálaí nm4 volunteer

saoránach nm1 citizen

saoránacht nf3 citizenship

saorbhealach nm1 freeway

saorbhriathar nm1 (Gram)
autonomous verb

saorchic nf2 (Football) free kick

saorga adj artificial, man-made

saorstát nm1 free state; **S~ na
hÉireann** Irish Free State

saorthoil nf3 free will

saorthrádáil nf3 free trade

saorthuras nm1 excursion (at
cheap rate)

saothar nm1 work; labour;
exertion; (literary etc) works; **le ~**
laboriously; ~ **a chur ort féin le
rud a dhéanamh** to trouble o.s. to
do sth; ~ **in aisce** labour in vain;
~ **a bheith ort** to be out of breath

saotharlann nf2 laboratory

saotharach adj (person) industrious;
(breath) laboured

saothraí nm4 labourer;
bread-winner

saothraigh vt, vi labour, toil; (land)
till, work; earn; cultivate; **do chuid
a shaothrú** to earn or make a living

saothrú nm1 cultivation; earnings

sár- prefix super-, ultra-, excellent,
supreme

sáraigh vt, vi infringe, violate;
overcome; rape; (record) smash,
exceed; (order, objection) override;
sháraigh orm I failed

sárchéim nf2 (Gram) superlative
sármhaith adj excellent
sárshaothar nm masterpiece
sárú nm infringement; violation;
rape; surpassing; **níl a shárú ann**
it cannot be surpassed
sás (pl **sásanna**) nm device; trap;
means
sásaigh vt please, satisfy; (wish,
desire) fulfil; (whim) indulge
sásamh nm1 satisfaction; (of wishes
etc) fulfilment; **~ a bhaint as
duine** to get even with sb
Sasana nm4 England
Sasanach adj English ▷ nm1
Englishman/Englishwoman
sásar nm1 saucer
sáspan nm1 saucepan, pan
sásta adj satisfied; pleased; glad;
willing; handy; convenient; **bheith
~ le rud** to be pleased with sth
sástacht nf3 satisfaction
sásúil adj satisfactory; satisfying
satail (pres **satlaíonn**, vn **satailt**) vt,
vi trample, tread; **~t ar rud** to
tramp on sth
satailít nf2 satellite
Satarn nm1 (planet) Saturn
Satharn nm1 Saturday; **Dé
Sathairn** on Saturday; **ar an ~** on
Saturdays
scabhta nm4 (Mil) scout
scabhtáil vi scout
scadán nm1 herring
scafa see **scamh; scamhadh**
scafall nm1 scaffold, scaffolding
scafánta adj fit; strapping
scáfar adj terrible, frightful; timid
scag vt, vi filter, strain, sift; (sugar,
oil) refine; (candidates etc) screen
scagadh (gs **scagtha**) nm (oil)
refinement; (of evidence etc)
examination

scagaire nm4 filter; **~ ola** (Aut) oil
filter
scaglann nf2 refinery
scáil (pl **scáileanna**) nf2 shade;
shadow; image, reflection
scáileán nm (TV, Cine etc) screen
scailleagánta adj lanky;
(disposition) lively
scailliún nm1 scallion
scailp (pl **scailpeanna**) nf2 (in cliff,
rock) fissure; cave
scáin vt, vi (wood etc) split; (crowd)
scatter; thin out; wear thin
scáineadh (gs **scáinte**) nm crack,
split
scaineagán nm1 shingle; gravel
scáinte adj flimsy; (hair) thin;
(crowd, cloud) scattered; (clothes)
threadbare
scaip vt, vi spread; disperse; (fog) lift
scaipeadh (gs **scaipthe**) nm
dissemination; dispersion;
circulation
scaipthe vadj scattered; (person)
scatterbrained; (thoughts, words)
incoherent
scair (pl **scaireanna**) nf2 (also
Comm) share; (coal etc) layer, bed
scairbh nf2 shoal; (Geog) shelf;
shallow; **~ ilchríochach**
continental shelf
scaird vt, vi squirt; gush ▷ nf2 (pl
scairdeanna) squirt; jet; spurt
scairdeitleán nm1 (Aviat) jet
scairdinneall nm1 jet engine
scairf (pl **scairfeanna**) nf2 scarf
scairp (pl **scairpeanna**) nf2
scorpion; **An S~** (Astrol) Scorpio
scairshealbhóir nm3 shareholder
scairt¹ nf2 (pl **scairteanna**) shout;
call; **~ a ligean** to shout;
~ ghutháin phone call ▷ vt, vi
shout (out); yell
scairt² (pl **scairteacha**) nf2 midriff,

diaphragm; thicket; cave

scairteach nf2 shouting

scairteoir nm3 (Tel) caller

scaitheamh (pl **scaití**) nm while; spell; **scaití** at times

scal nf2, vi (sun etc) burst; flash

scála¹ nm4 (also Math, Mus) scale; **~í** balance

scála² nm4 basin, bowl

scall vt scald; (egg) poach; scold

scalladh (gs **scallta**) nm scald

scallta adj measly, paltry; puny

scalltán nm fledgling; runt; puny person

scamall nm cloud; (on foot) web

scamallach adj cloudy

scamh (pp **scafa**) vt, vi peel, strip; (peas) shell; (clothes) fray; (wood) shave, plane

scamhadh (gs **scafa**) nm shavings, scrapings

scamhaire nm4: **~ prátaí** potato peeler

scamhóg nf2 lung

scan vt scan

scannal nm scandal; outrage

scannalach adj scandalous

scannán nm film, movie; (Biol) membrane; **~ daite** colour film; **~ faisnéise** documentary; **~ uafáis** horror film; **~ a dhéanamh** (TV, Cine) to shoot

scannánaigh vt, vi film

scanóir nm3 scanner

scanradh nm fright, scare

scanraigh vt, vi frighten, scare; take fright

scanraithe vadj frightened

scanrúil adj frightening, scary; timorous

scaob vt scoop (up)

scaoil vt, vi loosen, release; slacken; (gun) fire; (buttons, knot etc) unfasten; (Naut) cast off; (secret)

reveal; decipher; disentangle; (culprit) let off; **~ (le)** shoot (at); **duine a ~eadh saor** to set sb free; **~eadh le duine** to let sb go, fire at sb; **rud a ~eadh tharat** to let sth pass

scaoileadh (gs **scaoilte**) nm release; (of person) shooting

scaoilte adj loose, slack

scaoilteán nm (Phot etc) release

scaoilteoir nm3 (Sport: official) starter

scaoll nm panic, alarm; fright; **~ a theacht ort** to panic

scaollmhar adj panicky

scaoth nf2 swarm

scaothaire nm4 loudmouth, boaster

scaothaireacht nf3 boasting; (fam) bullshit

scar vt, vi part; separate; diverge; spread; **~ ar** straddle ▷ vi: **~adh le rud/duine** to part from or separate from sth/sb

scaradh (gs **scartha**) nm separation; parting; (Typ) spacing

scaraoid nf2 tablecloth

scarlóideach adj scarlet

scartha separate, disjointed; (Gram) analytic; (Math) disjoint; see also **scaradh**

scata nm4 crowd; group

scáta nm4 (Sport) skate; **~í rothacha** roller skates

scátáil nf3 skating ▷ vi skate; **~ ar oighear** ice-skating

scátálaí nm4 skater

scáth (pl **scáthanna**) nm3 shade, shadow; (of night) cover; (in mirror) reflection; fright; bashfulness; **~ báistí** or **fearthainne** umbrella; **~ gréine** parasol; sunshade; **ar ~ a bhfuair sé** for all he got

scáthach adj shady

S

scáthán *nm* mirror; **~ cúlradhairc** (*Aut*) rear-view mirror

scáthchruth (*pl* **scáthchruthanna**) *nm3* silhouette

scáthlán *nm* screen; (*building*) shelter; **~ lampa** lampshade

sceabha *nm4*: **ar ~** askew; **rud a chur ar ~** to slant sth

sceabhach *adj* oblique, skew

sceach *nf2* thornbush; (*also*: **~ gheal**) hawthorn; (*also*: **~ thalún**) brier; **~ i mbéal bearna** (*measure etc*) stop-gap

scead *nf2* (*on animal, tree*) blaze; light *or* bald patch

sceadach *adj* (*hair*) balding; patchy

sceadamán *nm* throat

scéal (*pl* **scéalta**) *nm* story; tale; yarn; anecdote; **~ bleachtaireachta** detective story; **~ fada ar an anró** a tale of woe; **~ grá** romance; **~ nua** *or* **úr** (*piece of*) news; **~ práinneach** news flash; **~ scéil** hearsay

scéala *nm* news; communication; message; **~ a chur chuig duine** to send word to sb; **~ a dhéanamh ar dhuine** to inform on sb

scéalaí *nm4* storyteller; **is maith an ~ an aimsir** time will tell

scéalaíocht *nf3* storytelling

sceallóg *nf2* (*of glass, stone*) chip; **~a** (*Culin*) chips, French fries

scealp *nf2* chip; (*of wood*) splinter ▷ *vt, vi* chip; flake; splinter

scealpóg *nf2* chip; pinch, nip

scéalta *see* **scéal**

sceamh *nf2, vi* squeal; (*dog*) yap, yelp

sceamhaíl *nf3* yelping

scean *vt, vi* stab, knife; (*meat*) cut up

sceana *see* **scian**

sceanra *nm4* cutlery

sceathrach *nf2* spawn; discharge

sceideal *nm1* schedule

sceilg *nf2* crag; steep rock

scéilín *nm4* anecdote

sceilp (*pl* **sceilpeanna**) *nf2* slap

sceilpín *nm4*: **~ gabhair** scapegoat

scéim (*pl* **scéimeanna**) *nf2* scheme; plan; plot

scéiméireacht *nf3* scheming

scéimh *nf2* (*physical*) beauty; appearance; **an ~ a chailleadh** to grow ugly

sceimheal *nf2* eaves; surrounding wall

sceimhle (*pl* **sceimhleacha**) *nm4* terror; ordeal; trauma; **~ a chur ar dhuine** to terrorize sb

sceimhligh *vt, vi* terrify; terrorize; become afraid

sceimhlitheoir *nm3* terrorist

sceimhlitheoireacht *nf3* terrorism

scéin *nf2* fright, terror; (*in eyes*) glare; **~ a chuir i nduine** to terrorize sb

scéiniúil *adj* frightening; frightened; (*light*) garish, lurid; (*eyes*) glaring

scéinséir *nm3* (*TV, Cine*) thriller

sceipteach *nm1* sceptic

sceiptiúil *adj* sceptical

sceir (*pl* **sceireacha**) *nf2* reef; **~ choiréil** coral reef

sceirdiúil *adj* bleak

sceiteach *adj* brittle; powdery

sceith *vt, vi* (*divulge*) give away; (*wall etc*) crumble; (*skin etc*) peel; vomit; spawn; **~eadh ar dhuine** to inform on sb

scéithe *see* **sciath**

sceitheadh (*gs* **sceite**) *nm* overflow

sceithire *nm4* telltale; informer

sceithphíopa *nm4* exhaust (pipe); waste pipe

sceitimíneach *adj* (*very*) excited

sceitimíní npl excitement; **~ a bheith ort** to be very excited
sceitse nm4 sketch
sceitseáil vt, vi sketch
scí (pl **scíonna**) nm4 ski
sciáil vi ski ▷ nf3 ski; skiing; **~ ar uisce** water-skiing
sciaitice nf4 sciatica
sciálaí nm4 skier
sciamhach adj beautiful
scian (gs **scine**, pl **sceana**) nf2 knife; **dul faoi ~** to undergo an operation; **~ phóca** penknife; **~ feola** carving knife
sciar (pl **sciartha**) nm4 share
sciata nm4 (fish) skate
sciath (gs **scéithe**) nf2 shield, screen; (on machine) guard; **dul ar chúl scéithe le rud** to hedge about sth
sciathán nm wing; side; (of person) arm; **~ leathair** (Zool) bat
scidil nf2 skittle
scigaithris nf2 parody
scigdhráma nm4 (Theat) farce
scigiúil adj mocking, derisive
scigmhagadh nm derision; jeering
scigphictiúr nm caricature
scil vt, vi disclose, give away; (information) leak; (peas etc) shell
scil (pl **scileanna**) nf2 skill
sciliúil adj skilful, skilled
scilléad nm saucepan, pan
scilling (pl **scillinge**) nf2 shilling
scim nf2 coating, film
scimeáil vt skim; (Comput) surf
scine see **scian**
scinn vi dart; rush; (animal) shy; **~eadh de rud** to glance off sth
sciob vt, vi grab, snatch; (inf: steal) pinch
scioból nm barn
sciobtha adj fast; prompt; **~ scuabtha** spick-and-span

scioll vt, vi scold
scíonna see **scí**
sciorr vi slip, slide; skid; **~ an focal uaidh** he let the word slip
sciorrach adj slippery
sciorradh (gs **sciorrtha**, pl **sciorrthaí**) nm slip; skid; **~ focail** a slip of the tongue
sciorta nm4 skirt; **~ den ádh** a touch of luck, the rub of the green
sciot vt snip; prune; clip
sciotaíl nf3 giggling
sciotán nm (of tail) stump; **de ~** suddenly, in a dash
scipéad nm till
scirmis nf2 skirmish
scíth nf2 relaxation, rest; break; **do ~ a dhéanamh** or **ligean** to take a rest
sciuird (pl **sciuirdeanna**) nf2 dash; short visit
sciúirse nm4 scourge; whip
sciúlán nm bib
sciúr vt, vi scour; sand (down); (floor, pots etc) scrub; (beat) lash
sciurd vi rush; dash; scurry
sclábhaí nm4 slave; (farm) labourer
sclábhaíocht nf3 slavery; heavy work
sclaig nf2 (in road) rut
sclamh nf2 (in road) (pl **sclamhanna**) bite ▷ vt, vi scold, nag; **~ a bhaint as duine** to snap at sb
scláta nm4 slate
scléip (pl **scléipeanna**) nf2 fun, crack; carry-on; rowdiness
scléipeach adj party-like; fun; sporty, enjoyable
scliúchas nm brawl; skirmish
sclog vt, vi gulp, gasp; choke
scód nm (Naut) sheet; (fig) liberty; **~ a ligean le duine** to give sb rope
scóig (pl **scóigeanna**) nf2 neck; (Aut) throttle

scoil (pl **scoileanna**) nf2 school;
(of fish) shoal; **ar ~** to or at school;
~ ullmhúcháin preparatory
school; **~ chónaithe/Domhnaigh**
boarding/Sunday school;
~ ghramadaí/náisiúnta
grammar/national school; **~ oíche**
night school; **~ phríobháideach/
phoiblí** private/public school

scoilcheantar nm (Scol)
catchment area

scoile n gen as adj school

scoilt vt, vi contract; crack; (hair) part
▷ nf2 (pl **scoilteanna**) split; divide,
rift; (in dress, jacket) slit; (in hair)
parting

scóip nf2 scope; ambition; joy,
delight; **~ a bheith ort** to be
delighted

scóipiúil adj wide, extensive;
delighted

scoir (vn **scor**) vt, vi detach; (Scol)
break up; (contract) end; (meeting)
disperse; **scor de rud** (habit etc) to
give sth up

scoite adj (place) remote; (house)
detached; (showers) scattered;
(person) lone

scoith vt, vi cut or snap off;
separate, disconnect; (flowers,
weeds) pull (out); (grip) release,
break; (button, horseshoe) lose,
shed; (in race) leave behind,
outdistance; (child) wean

scól vt, vi torment; (timber) warp

scolaíocht nf3 schooling

scoláire nm4 scholar; academic

scoláireacht nf3 scholarship;
learning

scolártha adj scholarly

scolb nm splinter; nick; chip;
(Sewing) scallop

scolghaire nm4 guffaw; **~ a
dhéanamh** to guffaw

scológ nf2 (Hist) (small) farmer;
farmhand

sconna nm4 (of pipe) spout; (on sink
etc) tap

sconsa nm4 fence; ditch

scor¹ nm termination; retirement;
(of meeting) end; **am scoir** quitting
time; (of meeting) end; **am scoir** quitting
time; **scor** night school

scor² nm: **ar ~ ar bith** at any rate

scor³ see **scoir**

scór (pl **scórtha**) nm twenty; (also
Sport, Mus) score; notch; tally; **an ~
a choinneáil** to keep the score;
~ go leith thirty; **~ féachana**
(Radio, TV) ratings

scóráil vt, vi (Sport) score

scórchlár nm scoreboard

scornach nf2 throat; **do ~ a
réiteach** to clear one's throat

scoth (pl **scothanna**) nf3 (best)
choice; pick; (year) vintage; **~ oibre**
excellent work; **~ lae** a great day

scothbhruite adj (steak) medium;
(egg) soft-boiled

scothóg nf2 tassel

scrábach adj (writing) scrawling;
(work) ragged; (teeth) scraggy

scrábáil nf3 scrawl, scribble

scrabh vt, vi scratch; scrape; claw

scragall nm foil; **~ stáin** tinfoil

scraiste nm4 layabout

scraith (pl **scraitheanna**) nf2
scraw; turf, sod; rash

scréach nf2, vi (vn **scréachach**)
screech, shriek; (owl) hoot

scréachóg nf2: **~ choille** jay;
~ reilige barn owl

scread vi scream ▷ nf3 (pl
screadanna) scream; **~ a ligean**
to scream

screamh nf2 coating, film; scum

screamhóg nf2 (of rust, paint etc)
crust, flake; speck

scríbhinn nf2 writing; **rud a chur**

i ~ to set sth down in writing; **~í Descartes** Descartes' writings

scríbhneoir nm3 writer; **~ CDanna/DVD** CD/DVD writer

scríbhneoireacht nf3 (hand)writing; lettering

scrín (pl **scrínte**) nf2 shrine

scríob nf2 scratch, scrape; (of journey) leg; (of work etc) spell; **ceann scríbe** destination ▷ vt, vi scratch, score, scrape

scríobach adj abrasive

scríobadh (gs **scríobtha**) nm scratch

scríobh vt, vi write (out) ▷ nm3 (gs **scríofa**) writing, handwriting; **~ chuig duine** to write to sb

scríobhaí nm4 scribe

scrioptúr nm Scripture

scrios vt destroy; ruin; erase, delete ▷ nm (gs **scriosta**) destruction; ruin

scriosach adj destructive

scriosán nm1 rubber, eraser

scriostóir nm3 destroyer

script (pl **scripteanna**) nf2 script; screenplay

scriú (pl **scriúnna**) nm4 screw

scriúáil vt, vi screw

scriúire nm4 screwdriver

scrobarnach nf2 undergrowth; scrub

scrobh vt (eggs) beat; scramble

scroblachóir nm3 scavenger

scrofa vadj (eggs) scrambled

scrogall nm1 long thin neck; (traffic) bottleneck

scroid nf2 snack

scroidchuntar nm1 snack bar

scrolla nm4 scroll

scrollaigh vt (Comput) scroll; **scrollaigh síos** (Comput) scroll down; **scrollaigh suas** (Comput) scroll up

scrúdaigh vt examine

scrúdaitheoir nm3 examiner

scrúdú nm exam(ination); **~ bréige** mock exam; **~ cainte** oral exam; **~ iontrála** entrance exam

scrupall nm scruple; qualm

scrupallach adj scrupulous

scuab nf2 broom, brush; (inf) girl, girlfriend ▷ vt brush, sweep; **an clár a ~adh** to sweep the board; **rud a ~adh chun siúil** to sweep sth away; **~adh leat** to rush off; **~ éadaigh** clothes brush; **~ ghruaige** hairbrush

scuabadh (gs **scuabtha**) nm sweep

scuabadóir nm3: **~ cairpéad** carpet sweeper

scuad nm1 (Mil, Police) squad; (insects) swarm

scuadrún nm1 (Mil) squadron

scuaibín nm4 brush

scuaine nf4 queue; line; (crowd) drove

scuais nf2 (Sport) squash

scúnc nm1 skunk

scúp nm1 scoop

scútar nm1 scooter

sé pron he; it; **cá fhad atá sé go ...?** how far is it to ...?; **cén t-am?** what time is it?

sé[2] (pl **séanna**) num, nm4: **a sé** six; **a sé déag** sixteen; **sé mhéadar ar fad** 6 metres long

sea as adv: **go ~** so far

seabhac nm1 hawk

seabhrán nm1 dizziness; whirr; **~ a dhéanamh** to whirr

séabra nm4 zebra

seac nm1 (Aut) jack

seaca n gen as adj (weather) frosty; see also **sioc**

seacál nm1 jackal

seach n: **faoi ~** in turn; **i nDoire agus i mBaile Átha Cliath faoi ~** in Derry and Dublin respectively

S

seachadadh (gs **seachadta**) nm delivery; (Sport) pass; **íoc ar ~ cash** on delivery; **~ taifeadta** recorded delivery

seachaid (pres **seachadann**) vt deliver; pass; transmit

seachain (pres **seachnaíonn**) vt avoid, evade; shun, sidestep

seachaint nf3 avoidance; evasion; **bheith ar do sheachaint** to be on the run

seachantach adj evasive, elusive

seachas prep besides, as well as; other than

seachbhóthar nm1 ring road

seachfhocal nm1 aside

seachmall nm1 aberration; abstraction; illusion

seachrán nm1 straying; delusion; derangement; **tá ~ air** he's deranged; **chuaigh sé ar ~** he lost his bearings, he got lost

seachránach adj misguided, erroneous; (mind) deranged

seachránaí nm4 wanderer

seachród nm1 (road) bypass

seacht (pl **seachtanna**) num, nm4 seven; **a ~ déag** seventeen

seachtain (pl **seachtainí**, pl with numbers **seachtaine**) nf2 week; **~ agus an lá inniu** a week today; **deireadh (na) ~e** (the) weekend

seachtainiúil adj weekly

seachtanán nm1 weekly (paper)

seachtar nm1 seven; seven people

seachtó (gs **seachtód**, pl **seachtóidí**) num, nm seventy

seachtódú num, adj, nm4 seventieth

seachtrach adj external, outside

seachtú num, adj, nm4 seventh

seachvótáil nf3 voting by proxy

seacláid nf2 chocolate; **~ bhainne/dhorcha** milk/dark chocolate

séad nm3: **~ fine** heirloom

séadaire nm4 (Sport, Med) pacemaker

seadán nm1 parasite

séadchomhartha nm4 monument

seadóg nf2 grapefruit

seafóid nf2 nonsense; waffle

seafóideach adj ridiculous, nonsensical

seafta nm4 (Aut, Tech) shaft

seagal nm1 rye

seaicéad nm1 jacket; **~ dinnéir** dinner jacket; **~ tarrthála** life jacket

seaimpéin nm4 champagne

seaimpín nm4 (Sport) champion

seal nm3 turn, go; period, spell; (of work) shift; **labhair siad ar a ~** they spoke in turn; **do shealsa atá ann** it's your go or turn

séal (pl **séalta**) nm1 shawl

séala nm4 seal; mark; **~ a chur ar rud** to seal sth; **ar an ~ sin** on that score; **faoi shéala** sealed; **ar shéala** about to, with the intention of; **~ do choda a bheith ort** to look well-fed; **tá a shéala orthu** they look it

sealadach adj provisional, temporary

séalaigh vt seal

sealaíocht nf3 taking turns, alternation; (Sport) relay; **~ a dhéanamh le duine (ag/ar/le rud)** to take turns with sb (at sth)

sealbh, sealbha see **seilbh**

sealbhach adj, nm1 (Ling) possessive

sealbhaigh vt, vi possess; get possession of

sealbhóir nm3 possessor; occupier; (of ticket, deed) holder; (Rel) incumbent

sealgaire nm4 hunter

sealgaireacht nf3 hunting

sealla nm4 chalet

Sealtainn nf4 Shetland, the Shetlands, the Shetland Islands

sealúchas nm1 possession(s), property, belongings

seam (pl **seamanna**) nm3 rivet

seamaí nm4 chamois (leather)

seamair (gs **seimre**, pl **seamra**, gpl **seamar**) nf2 clover

seamlas nm1 slaughterhouse

seampú (pl **seampúnna**) nm4 shampoo

seamróg nf2 shamrock; **an t~ a bhaisteadh** to drown the shamrock

sean (gs, gpl **sean**, pl **seana**) nm4 ancestor; senior ▷ adj (compar **sine**) old, aged

sean- prefix old-, ancient-; long-established; exceeding

-sean emphatic suffix: **a mháthairsean** his mother; **dóibhsean** to them

séan[1] nm1 happiness; good luck

séan[2] vt deny; disown; (promise) go back on, renounce

seanad nm1 senate

séanadh (gs **séanta**) nm denial

seanadóir nm3 senator

seanaimseartha adj old-fashioned; out-of-date; dated

seanaois nf2 old age

seanársa adj primitive

seanathair (gs **seanathar**, pl **seanaithreacha**) nm grandfather

seanbhailéad nm: **~ a dhéanamh de rud** to harp on about sth

seanbhean (gs, nom pl **seanmhná**, gpl **seanbhan**) nf old woman

seanbhunaithe adj (well-)established

seanchaí nm4 (traditional) story-teller; historian

seanchailín nm4 spinster

seanchaite adj worn out; antiquated; trite

seanchas nm1 lore, tradition; story-telling; **~ a chur faoi rud** to enquire about sth

seanchríonna adj precocious

seanda adj old, ancient; archaic

seandacht nf3 antiquity; **~aí** antiques

seandaí nm4 shandy

seandálaí nm4 archaeologist

seandálaíocht nf3 archaeology

seanduine (pl **seandaoine**) nm4 old person; old man; **na seandaoine** the elderly

seanfhaiseanta adj old-fashioned; out-of-date

seanfhear nm1 old man

seanfhocal nm1 proverb, old saying

seanfhondúir nm3 veteran; old-timer

seang (gsm **seang**) adj slender, slim; meagre, lean

seangaigh vt, vi slim

seangán nm1 ant

Sean-Ghall nm1 (Hist) Anglo-Norman, Old English

Sean-Ghallda adj (Hist) Anglo-Norman, Old English

seaniarann nm1 scrap metal

seanléim nf2: **bheith ar do sheanléim (arís)** to be fit and well (again)

seanliach adj geriatric

seanmháthair (gs **seanmháthar**, pl **seanmháithreacha**) nf grandmother

seanmóir nf3 sermon

seanmóireacht nf3 (also fig) preaching

seanmóirí nm4 preacher

séanna see **sé**[2]

sean-nós (pl **sean-nósanna**) nm1 old custom; traditional singing

seanóir nm3 old person, elder; (Pol) alderman

seanphinsean nm old-age pension

seanphinsinéir nm3 old-age pensioner

seans (pl **seansanna**) nm4 chance; opportunity; luck ▷ adv maybe; **de sheans** by chance; **dul sa ~** to take a chance; run a risk

seansaighdiúir nm3 old soldier, veteran

seansailéir nm3 chancellor; **S~ an Státchiste** Chancellor of the Exchequer

seantán nm1 shack, shanty

Sean-Tíomna nm4 Old Testament

séantóir nm3 apostate, renegade

seanuimhir (gs **seanuimhreach**, pl **seanuimhreacha**) nf back number

Seapáin nf2: **an t~** Japan

Seapáinis nf2 (Ling) Japanese

Seapánach adj, nm1 Japanese

séarach nm1 sewer

séarachas nm1 sewerage

searbh (gsm **searbh**) adj bitter, sour; (truth) bitter, unpalatable; (laugh) sardonic; (speech) biting, caustic; **éirí ~ le chéile** to become angry with one another

searbhaigh vt, vi embitter; become bitter

searbhas nm1 bitterness, sourness; sarcasm; **dul chun searbhais** to get bitter or acrimonious

searbhasach adj bitter; sarcastic

searbhónta nm4 servant

searc nf2 love

searg vt, vi wilt, wither; shrivel; decline

seargán nm1 withered person or thing; (body) mummy

seargánach nm1 spoilsport

searmanas nm1 ceremony

searr vt (limbs etc) stretch, extend; loosen up

searrach nm1 foal; **~ na dea-lárach** thoroughbred; top-notcher

searradh (gs **searrtha**) nm stretching; **~ a bhaint asat féin** to stretch, loosen up

searróg nf2 jar

seas vi stand; resist, hold out; endure, suffer; bear; (food) keep; **pian a sheasamh** to bear pain; **~amh siar ó rud** to stand back from sth; **~amh do rud** to stand for sth, represent sth, benefit sth, abide by sth; **~amh le duine** to stand by sb; **an fód a sheasamh** to make or take a stand; **deoch a sheasamh do dhuine** to treat sb to a drink

seasamh nm1 standing; status; (point of view) stand, stance; **bheith i do sheasamh** to be standing; **titim as do sheasamh** to collapse; **áit seasaimh** standing-room

seasc (gsm **seasc**) adj barren, infertile; dry; (Biol) neuter

seasca (gs **seascad**, pl **seascaidí**) num, nm sixty

seascadú num, adj, nm4 sixtieth

seascair adj cosy, snug

seascann nm1 swamp, marsh

seasmhach adj (person) firm, steadfast; staunch; (weather) settled

seasmhacht nf3 firmness, steadfastness

seasta adj standing; (work) steady; (soldier etc) regular

seastán nm1 (Mus etc, also Sport)

stand; **~ nuachtán** news stand

séasúr nm1 season; (*in food*) relish, seasoning; **i/as ~** in/out of season

séasúrach adj seasonal; (*food*) savoury, seasoned

seatnaí nm4 chutney

seic (*pl* **seiceanna**) nm4 cheque, check (*US*); (*pattern*) check; **íoc le ~** to pay by cheque

seic-chárta nm4 cheque card

Seiceach adj, nm1 Czech; **an Phoblacht Sheiceach** the Czech Republic

seiceáil vt, vi, nf3 check

seicheamh nm1 sequence; progression

Seicis nf2 (*Ling*) Czech

seicleabhar nm1 chequebook

seict (*pl* **seicteanna**) nf2 sect

seicteach adj sectarian

seicteachas nm1 sectarianism

séid vt, vi blow (up); **do shrón a shéideadh** to blow one's nose; **~eadh faoi dhuine** to needle sb, rile sb

séideadh (*gs* **séidte**) nm draught; (*of wound*) inflammation

séideán nm1 (*of wind*) gust; snort; **~ a bheith ionat** to be breathing hard

séideog nf2 (*also Culin*) puff

SEIF n abbr (= *Siondróm Easpa Imdhíonachta Faighte*) AIDS

seift (*pl* **seifteanna**) nf2 device, expedient; resource; gimmick; **an t~ dheireanach** the last resource

seiftigh vt, vi improvise; devise; procure; **seiftiú duit féin** to provide for o.s.

seiftiú nm improvisation

seiftiúil adj resourceful

seilbh (*pl* **sealbha**, *gpl* **sealbh**) nf2 occupancy; property; possession; **~ a ghabháil** or **a ghlacadh ar rud**

to take possession of sth; **bheith i ~ ruda** to possess sth, be in possession of sth; **duine a chur as ~** to evict sb

seile nf4 spit; saliva; spittle; **~ a chaitheamh** to spit

seileog nf2 spit

seilf (*pl* **seilfeanna**) nf2 shelf

seilg vt, vi hunt, chase; prey on; seek out ▷ nf2 hunt, hunting; chase; game, quarry

seilide nm4 snail; slug

séimeantach adj semantic

séimeantaic nf2 semantics

séimh adj gentle, mild; smooth; fine; soft, mellow

séimhigh vt, vi soften, temper; (*Gram*) lenite

séimhiú nm (*Gram*) lenition

seimineár nm1 seminar

seimistear nm1 semester

Seineagáll nf2: **an t~** Senegal

seinm nf3 (*Mus etc*) playing; (*of birds*) chatter

seinn (*vn* **seinm**) vt, vi (*Mus*) play; **seinm ar chláirseach** to play on a harp

seinnteoir nm3 (*Mus*) player; **~ dlúthdhioscaí/MP3** CD/MP3 player

séipéal nm1 chapel

séiplíneach nm1 chaplain; curate

seipteach adj septic

seirbhe nf4 (*of taste etc*) bitterness

seirbhís nf2 service; **~ phoist/uisce** postal/water service; **~ do chustaiméirí/iardhíola** customer/after-sales service; **~í poiblí/sláinte** public/health services; **na ~í éigeandála** the emergency services

seirbhíseach nm1 servant

Seirbia nf4: **an t~** Serbia

Seirbiach adj, nm1 Serb(ian)

S

seirfeach nm1 (Hist) serf

seirfean nm1 indignation

seiris nf2 sherry

séiseach adj melodic, tuneful

seisean pron (emphatic) he; **níl ~ chomh lúfar** he is not as agile

seisear nm1 six (people)

seisiún nm1 session; **~ ceoil** (traditional) music session

seisreach nf2 plough(-team); **an tS~** (Astron) the Plough, the Great Bear

seit nm4 (dance) set

seitgháire nm4 snigger; smirk

seithe nf4 skin, hide; **~ dhlúth a bheith ort** to be thick-skinned

seitreach nf2 neigh(ing); **~ a dhéanamh** to neigh

seo dem pron, adj, adv this; these; here is, here are; **an bhean ~** this woman; **faoi ~** by now; **as ~ amach** from now on; **go dtí ~** as yet; **roimhe ~** before this; **an tseachtain ~ chugainn** next week; **an mhí ~ caite** last month; **~ fear** this is a man; **~ é an fear** this is the man; **~ í an bhean** this is the woman; **~ chugainn an fear** here comes the man; **Séamus s'againne** our James

seó (pl **seónna**) nm4 show; **~ cainte** chat show; **~ ilsiamsa** variety show

seobhaineach adj, nm1 chauvinist

seobhaineachas nm1 chauvinism

seodóir nm3 jeweller

seodóireacht nf3 (business) jewellery

seodra nm4 jewellery

seoid (pl **seoda**, gpl **seod**) nf2 jewel; gem

seoigh adj wonderful, excellent

seoinín nm4 shoneen, lackey

Seoirseach adj, nm1 Georgian

seoithín nm4: **~ seó** or **seothó** lullaby

seol[1] (pl **seolta**) nm1 sail; trend, direction; flow; (for weaving) loom; **faoi lán seoil** under full sail; **~ smaointe** line of thought; **duine a chur de dhroim seoil** to hinder or frustrate sb

seol[2] vt sail; navigate; send, dispatch; launch; **litir a sheoladh (chuig duine)** to send a letter (to sb)

seol[3] nm1: **i luí seoil** (Med) in labour

seoladh (gs **seolta**, pl **seoltaí**) nm address; sail(ing); (of book) launch; **~ a chur ar litir** to address a letter; **~ baile** home address; **~ ríomhphoist** email address

seolán nm1 (Elec) lead

seoltóir nm3 sailor; sender; (Elec) conductor

seoltóireacht nf3 sailing; **dul ag ~** to go sailing

seomra nm4 room; **~ bia/ teaghlaigh** dining/living room; **~ comhrá** (Comput) chat room; **~ dúbailte/singil** double/single room; **~ folctha** bathroom; **~ gléasta** fitting room; **~ leapa** bedroom; **~ suí** sitting room

seónna see **seó**

séú num, adj, num1 sixth

sféar nm1 sphere

sh (remove "h") see **s...**

sí[1] 3rd person fsg pron she; he; it; **tá sí ar saoire** she's on holidays

sí[2] nm4 fairy mound; **bean sí** banshee; **an slua sí** the fairy host

sia compar adj longer, farther

siab see **síob**

siabhrán nm1 delusion

siad 3rd person pl pron they

siamsa nm4 fun, entertainment, amusement; **~ a dhéanamh do**

dhuine to entertain sb
siamsaíocht nf3 fun; **~ oíche** nightlife
sian nf2 whistling sound; (of bullet) whine
siansa nm4 strain, melody; symphony
siansach adj melodious
siar adv westward(s); west; (not forward) back; backwards; **chomh fada ~ le** as far back as; **i mbaile i bhfad ~** at the back of beyond; **tarraingt ~ as rud** to opt out of sth; **rud a chur ~** to postpone sth; **baineadh ~ asam** I was taken aback
sibh 2nd person pl pron you
sibhialta adj civil; polite
sibhialtach nm, adj civilian
sibhialtacht nf3 civilization
sibhialtas nm1 civility
sibhse pl pron (emphatic) you
sícé nf4 psyche
síceach adj psychic(al)
síceolaí nm4 psychologist
síceolaíoch adj psychological
síceolaíocht nf3 psychology
síciatracht nf3 psychiatry
síciatraí nm4 psychiatrist
Sicil nf2: **an t~** Sicily
sicín nm4 chicken
sifilis nf2 syphilis
sil vt, vi drip, trickle; ooze, seep; (nose) run; (tears) shed; (vegetables) strain, drain; (hair etc) hang down
síl vi think; suppose; expect; intend; **a mhór a shíleadh de dhuine** to think a lot of sb
Sile nf4: **an t~** Chile
sileacan nm1 silicon
sileadh nm1 drip; (Med) pus, discharge
síleáil nf3 ceiling
siléar nm1 cellar; **~ fíona** wine cellar

siléig nf2 slackness, neglect
siléigeach adj (work) lax, negligent
silín¹ nm4 cherry
silín² nm4 trickle, drop; pendant
sil-leagan nm1 (Geog) deposit
silteach adj runny; dripping
siméadracht nf3 symmetry
simléar nm1 chimney; (of ship) funnel
simpeansaí nm4 chimpanzee
simplí adj simple
simpligh vt simplify
simplíocht nf3 simplicity
sin dem pron, adj, adv that; those; **ó shin** ago; since then, ever since; **bliain ó shin** a year ago; **ach ina dhiaidh ~** then again; **~ ~** that's that; **cé ~?** who's that?; **chomh maith le ~** as well as that; **~ fear** that's a man; **~ é an fear** that's the man; **~ í an bhean** that's the woman; **mar ~ féin, ...** mind you, ...
sin- prefix (relatives) great-
Sín nf2: **an t~** China
sín vt, vi stretch (out); extend, hold out; **rud a shíneadh chuig duine** to hand or pass sth to sb; **shín (muid) linn** off we went
sinc nf2 zinc
sindeacáit nf2 syndicate
sine¹ nf4 nipple; teat
sine² see **sean**
sineach nf2 mammal
Síneach adj, nm1 Chinese
síneadh (pl **síntí**) nm1 extension; stretching; (Gram) accent; **~ láimhe** tip, gratuity; **sa ~ fada** in the long run
singil adj single; unmarried; (soldier) private
sínigh vt, vi sign
Sínis nf2 (Ling) Chinese
síniú nm signature; autograph

sinn pron we; us

sinne pron (emphatic) we; us

sin-seanathair (gs **sin-seanathar**, pl **sin-seanaithreacha**) nm great-grandfather

sin-seanmháthair (gs **sin-seanmháthar**, pl **sin-seanmhaithreacha**) nf great-grandmother

sinsear nm1 senior; ancestor, forefather; (in family) eldest

sinséar nm1 ginger; **arán sinséir** gingerbread

sinsearach nm1 senior; ancestor ▷ adj senior; ancestral

sinsearacht nf3 seniority; ancestry

sinseartha adj ancestral

sínte vadj (hand) outstretched; supine; **~ le** adjoining; see also **sín**

sínteán nm1 stretcher

sintéis nf2 synthesis

sintéiseach adj synthetic

síntí see **síneadh**

síntiús nm1 donation, subscription

síntiúsóir nm3 subscriber

síob¹ nf2 (in car) lift, ride

síob² vt, vi (wind) blow (away); (snow) drift; (explosives) blow up

síobadh (gs **síobtha**) nm blow; drift; **~ gainimh** sand drift; **~ sneachta** blizzard

síobaire nm4 hitchhiker

síobarnach see **sioparnach**

síobhas nm1 chive

síobshiúil vi hitchhike, thumb a lift

síoc vt, vi freeze; (glue) set, solidify ▷ nm3 (gs **seaca**) frost; **tá sé ag cur seaca** it's freezing

síocair nf cause; pretext; occasion; **(as) ~** because; **bheith i do shíocair le rud** to be the cause of sth; **gan fáth gan ~** for no reason at all

síocaire nm4 chicory

síocán nm1 frost

síocanailís nf2 psychoanalysis

síocanailísí nm4 psychoanalyst

síocdhó nm4 frostbite

síocháin nf3 peace; **faoi shíocháin** in or at peace; **~ a dhéanamh** to make peace

síochánachas nm1 pacifism

síochánaí nm4 pacifist

síochánta adj peaceful, passive

síoctha adj frozen; hardened; **~ leis na gáirí** in stitches laughing

síoda nm4 silk

síodúil adj silky; suave; courteous

síofón nm1 siphon ▷ vt, vi siphon (off)

síóg nf2 fairy

síog vt strike out; cancel ▷ nf2 stripe, streak; (of coal etc) seam, vein

síogach adj striped, streaked

síogaí nm4 fairy, elf

síogairlín nm4 pendant

síol (pl **síolta**) nm1 seed; pip; (of coffee) bean; (Biol) sperm, semen; (Hist) descendants; race; **~ Éabha** the human race; **~ ainise** aniseed

síolchur vt, vi sow, propagate

síolchur nm1 propaganda; propagation

siolla nm4 syllable; (of music) note; (of luck) stroke

siollabas nm1 syllabus

siollach adj syllabic

síolmhar adj fertile, fruitful

síolraigh vt, vi breed; (Biol) reproduce; **síolrú ó dhuine** to be a descendant of sb

Siombáib nf2: **an t~** Zimbabwe

siombail nf2 symbol

siombalach adj symbolic

síon (pl **síonta**) nf2 (bad) weather; **oíche na seacht ~** a wild, stormy night

sionagóg nf2 synagogue

Sionainn nf2: **an t~** the (River) Shannon

síonbhuailte adj weather-beaten

sioncrónaigh vt synchronize

siondróm nm syndrome

sionnach nm fox

siopa nm4 shop; **~ bróg** shoe shop; **~ grósaera** grocer's (shop); **~ leabhar** bookshop; **~ seanéadaigh** second-hand clothes shop

siopadóir nm3 shopkeeper

siopadóireacht nf3 shopping

sioparnach nf2 confusion; **rud a chur chun sioparnaí** to throw sth into confusion

síor adj eternal; continual

síor- prefix ever-; perpetual; incessant

sioráf nm giraffe

síoraí adj eternal; constant, endless

síoraíocht nf3 eternity

siorc (pl **siorcanna**) nm3 shark

síorghlas adj evergreen

síoróip nf2 syrup

siorradh (pl **siorraí**) nm draught

siortaigh vt, vi ransack, search; rummage (through)

sios vi hiss

síos adj, adv, prep down, downward(s); **dul ~ i bpoll** to go down into a hole; **~ leat/libh!** down you go!; **do sciathán a bheith ~ leat** to have lost the use of one's arm

siosarnach nf2 hissing, rustling

siosmaid nf2 common sense

siosmaideach adj sensible

siosúr nm (pair of) scissors

síota nm4 (run) dash; (of wind) gust

síota nm4 cheetah

síothlaigh vt, vi strain, filter;

(turbulence etc) settle, subside; (water) drain away; (noise) die away; (person) expire

síothlán nm strainer, filter; percolator

sip nf2 zip (fastener)

Siria nf4: **an t~** Syria

sirriam nm4 sheriff

síscéal nm fairy tale

sise emphatic pron she; her

siséal nm chisel

síth nf3 peace

síheach adj peaceful

siúcra nm4 sugar; **~ reoáin** icing sugar; **~ garbh/mín** granulated/ caster sugar

siúd dem pron that; those; **~ is go** although; **~ ort!** cheers!

siúicrín nm4 saccharin(e)

siúil (pres **siúlann**) vt, vi walk; tread; wander; travel; **an domhan a shiúl** to travel the world; **siúl amach le duine** to date sb; **siúl ~ leat** come on

siúinéir nm3 joiner; carpenter

siúinéireacht nf3 joinery; carpentry

siúl (pl **siúlta**) nm walk; walking; gait; trek; speed; travel; **ar ~** under way, going on; **ar siúl** away, gone; **~ a thógáil** to gather speed; **rud a chur ar ~** to get sth going; **an ~ atá ar/faoi/le rud** the speed at which sth is travelling; **an ~ atá i rud** the speed sth is capable of; **lucht siúil** itinerants

siúlóid nf2 walk, hike, stroll

siúlóir nm3 walker, hiker

siúnta nm4 joint

siúr (gs **siúrach**, pl **siúracha**) nf (also Rel) sister; **An tS~ Máire** Sister Mary

siúráilte adj sure, certain

slaba nm4 slob

slabhra nm4 chain; **duine a bheith ar ~ agat** to have sb at your beck and call; **bheith ar ~ ag an ól** to be hooked on drink

slacán nm (Sport) bat

slacht nm3 neatness, tidiness; (polish etc) finish; **~ a chur ar rud** to tidy sth up

slachtmhar adj neat, tidy; orderly

slad nm3 plunder; devastation; havoc ▷ vt plunder, loot; devastate; **~ a dhéanamh** to wreak havoc

sladaí nm4 plunderer, looter

sladchonradh (gs **sladchonartha**, pl **sladchonarthaí**) nm (good deal) bargain

sladmhargadh (pl **sladmhargaí**) nm bargain, snip

slaghdán nm (Med) cold; **~ a thógáil** or **tholgadh** to catch a cold; **~ a bheith ort** to have a cold

sláinte nf4 health; (drink, speech) toast; **~!** cheers!; **bheith i do shláinte** to be in good health; **mheath a shláinte** his health broke; **~ duine a ól** to toast sb; **An Roinn S~** Department of Health

sláinteach adj hygienic

sláinteachas nm hygiene

sláintíocht nf3 sanitation

sláintíochta n gen as adj sanitary

sláintiúil adj healthy

slám nm4 handful; pile; (of hair) tuft

slán (pl **slána**) nm4 farewell; healthy person ▷ adj safe, secure; sound; intact; whole; (Mus) perfect; **~ a fhágáil ag duine/chur le duine** to say goodbye to sb; **teacht ~ as rud** to survive sth, pull through sth; **~ sábháilte** safe and sound; **gura ~ don am sin** those were the days; **~ a bheas mé** if God spares me ▷ excl goodbye;

~ go fóill! so long!; **~ leat!**, **~ agat!** cheerio; farewell; **~ codlata!** good night!

slánaigh vt, vi save; heal; indemnify; (fig, also Rel) redeem; (age) reach

slánaitheoir nm3 saviour, redeemer

slándáil nf3 security

slánú nm salvation; redemption

slánuimhir (gs **slánuimhreach**, pl **slánuimhreacha**) nf whole number

slapach adj sloppy

slaparnach nf2 splashing, lapping

slat nf2 rod, stick; (measure) yard; (Scol) cane; (on bridge etc) rail; **an t~ a thabhairt do dhuine** to cane sb; **bheith faoi shlat ag duine** to be dominated by sb; **ar shlat chúl do chinn** flat on one's back; **ó rinne ~ cóta dom** since I was a kid; **~ draíochta** (magic) wand; **~ iascaigh** fishing rod; **~ tomhais** criterion; (fig) yardstick

sláthach nm (mud) slime

sleá (pl **sleánna**) nf4 spear, javelin; splinter

sleabhac (pres **sleabhcann**) vi droop; fade, wilt

sléacht¹ nm3 slaughter

sléacht² vi kneel; genuflect; bow down

sleachta see **sliocht**

sleamchúiseach adj negligent, remiss

sleamhain (pl **sleamhna**) adj slippery; smooth, sleek

sleamhnaigh vi slide, slip, slither

sleamhnán n gen as adj (door etc) sliding

sleamhnán¹ nm (for boat) slip; (on sledge, for drawer etc) runner; (in playground) slide; (Phot) slide;

toboggan

sleamhnán² *nm1* (*Med*) sty(e)

sleamhnú *nm* slip, slide

sleán *nm1* turf spade

sleasa *see* **slios**

sleasach *adj* lateral; (*gem*) faceted

sléibhe *n gen as adj* mountain; *see also* **sliabh**

sléibhte *see* **sliabh**

sléibhteoir *nm3* mountaineer

sléibhteoireacht *nf3* mountaineering

sléibhtiúil *adj* mountainous

slí (*pl* **slite**) *nf4* way, road; path; means, manner; **~ isteach/ amach** way in/out; **ar shlí go, i ~ is go** in such a way that; **~ bheatha** livelihood; **slí in a** way; **ar aon ~** in any event; **ar shlí a dhéanta** possible

sliabh (*gs* **sléibhe**, *pl* **sléibhte**) *nm* mountain; moor

sliabhraon *nm1* mountain range

sliasaid *nf2* thigh, side

Sligeach *nm1* Sligo

sligéisc *nmph* shellfish

slim *adj* slender, slim; smooth, sleek; cunning, sly

slinn (*pl* **slinnte**) *nf2* slate, tile

slinneán *nm1* shoulder blade

slíoc *vt, vi* pat, pet, stroke

sliocht (*gs, pl* **sleachta**) *nm3* offspring; descendants; (*fig*) breed; passage; extract; **bhí a shliocht air** it showed (on him)

sliochtach *nm1* descendant

slíoctha *adj* sleek; (*pej: person*) smooth

sliogán *nm1* (*on beach, explosive*) shell

slios (*gs, pl* **sleasa**) *nm3* side; slope; inclination

sliotán *nm1* slot

sliotar *nm1* hurling ball

slipéar *nm1* slipper

slis (*gs* **sliseanna**) *nf2* chip; slice; (*of glass, wood etc*) sliver

slisbhuille *nm4* (*Sport*) slice; cut

sliseog *nf2* chip; slice

slisín *nm4* rasher

slite *see* **slí**

slítheánta *adj* sly; sneaky

slócht *nm3* hoarseness; **~ a bheith ort** to be hoarse

slodán *nm* (*of rain*) puddle

slog *vt* swallow; engulf; recant ▷ *vi* gulp, swallow; sink ▷ *nm* (*pl* **sloganna**) gulp, swallow; swig; **do chuid cainte a shlogadh** to eat one's words; **rud a shlogadh siar** to gulp sth down

slógadh (*gs* **slógaí**) *nm* (*Pol etc*) rally; mobilization

sloinne *nm4* surname, family name

Slóivéin *nf2*: **an t~** Slovenia

slonn *nm* (*Math*) expression

Slóvaic *nf2*: **an t~** Slovakia

slua (*pl* **sluaite**) *nm4* crowd, multitude, throng; army; **ar cheann an t~** in the vanguard; **dul leis an ~** to follow the crowd; **bhí na ~ite sioraí ann** there was a huge crowd there; **~ na marbh** the dead

sluaisteáil *vt, vi* shovel; scoop

sluasaid (*gs* **sluaiste**, *pl* **sluaistí**) *nf2* shovel

sluma *nm4* slum

smacht (*pl* **smachta**) *nm3* control; rule; discipline; **bheith faoi ~ (ag) duine** to be ruled by sb; **~ a chur ar dhuine** to control sb; **dul ó ~** to go out of control

smachtaigh *vt* control; restrain; discipline

smachtbhanna *nm4* sanction; embargo

smachtín *nm4* baton; truncheon

smál *nm* stain; smudge; blemish; disgrace

smálaigh *vt* stain; smudge; tarnish; cloud

smalóg *nf2* flick; **~ a thabhairt do bhonn** to flip a coin

smaoineamh (*pl* **smaointe**) *nm* thought; idea; reflection

smaoinigh *vt, vi* think; reflect; envisage; **smaoineamh ar rud** to think sth over, consider sth; **b'fhada a bheinn ag smaoineamh air** I wouldn't dream of it

smaointeach *adj* thoughtful, pensive

smaointeoir *nm3* thinker

smaragaid *nf2* emerald

smeach (*pl* **smeachanna**) *nm3* flick; (*of finger*) snap; smack; sob; **druidim de ~** to snap shut; **bheith sa ~ deireanach** to be at one's last gasp ▷ *vt, vi*: **do theanga a ~adh** to click one's tongue

smeacharnach *nf2* sobbing

smear *vt* smear, smudge; grease

sméar *nf2* berry; **~ dhubh** blackberry

smeara *see* **smior**

smearadh (*pl* **smearthaí**) *nm1* smear, smudge; grease, polish; (*Culin: paste*) spread

sméaróid *nf2* ember; spark

sméid *vt, vi* nod; wink; beckon, signal; **~eadh ar dhuine** to wink or nod at sb; beckon towards sb

sméideadh (*gs, pl* **sméidte**) *nm* wink; nod

smid (*pl* **smideanna**) *nf2* breath; puff; sound; **níl ~ astu** there's not a sound from them

smideadh *nm* make-up

smidiríní *npl* smithereens; **~ a dhéanamh de rud** to shatter sth

smig (*pl* **smigeanna**) *nf2* chin

smionagar *nm1* smithereens, bits; **~ a dhéanamh de rud** to smash sth to pieces

smior (*gs* **smeara**) *nm3* marrow; **chuaigh an ráiteas sin go ~ inti** that statement cut her to the bone *or* quick; **tá sé sa ~ aige** it is ingrained in him

smiot *vt* hit; smash; chop; chip; swat; **do ladhar a ~adh** to stub one's toe

smitín *nm4* blow, cuff

smólach *nm1* (*bird*) thrush

smolchaite *adj* threadbare; used

smúdáil *vt, vi* iron

smúdar *nm* powder, dust; grit; **~ guail** slack

smuga *nm4* snot; mucus; **ní fiú ~ cait é** it's not worth a damn

smugairle *nm4* spittle; **~ róin** jellyfish

smuigleáil *vt, vi* smuggle

smuigléir *nm3* smuggler

smuigléireacht *nf3* smuggling

smúit *nf2* dust, grime; smoke; gloom; **bheith faoi ~** to be depressed

smúitiúil *adj* smoky; gloomy; overcast

smúitraon *nm1* dirt track

smúr *nm1* ash, dust; soot; grime

smúr *vt, vi* sniff

smúrthacht *nf3* snooping, sniffing (about); **bhí sé ag ~ thart** he was prowling around

smúsach *nm1* pith, pulp; marrow

smut *nm1* snout; pout; huff, sulk; **~ a bheith ort (le duine)** to huff (at sb); **~ a chur ort féin** to look sullen, take the hump

sna = **i** + *def art pl* **na**

snag[1] (*pl* **snaganna**) *nm3* gasp; sob; hiccup; lull; **~ a bheith ort** to have a hiccup

snag² (pl **snaganna**) nm3: **~ breac** magpie; **~ darach** woodpecker

snagcheol nm1 jazz

snaidhm nf2 (pl **snaidhmeanna**) knot; bond; constriction ▷ vt, vi knot, tie; unite, join; (broken bones) knit, set; **tú féin a ~eadh i nduine** to embrace sb

snaidhmeach adj knotted

snáithe nm4 thread; (in wood) grain; **~ smaointe** thread of thoughts; **duine a chur thar a shnáithe** to get sb flustered

snáithín nm4 fibre, filament

snamh nm1 dislike; **~ a thabhairt do rud** to take a dislike to sth

snámh nm3 swim; swimming; bathing; **~ a bheith agat** to be able to swim; **~ uchta/droma** breaststroke/backstroke; **ar ~ afloat** ▷ vi swim; float; crawl; (snake) slither; **dul a shnámh** to go for a swim; **~ in aghaidh easa** to struggle against the odds

snámhach adj buoyant, floating

snámhóir nm3 swimmer

snaois nf2 snuff

snaoisín nm4 snuff

snas nm3 polish, gloss; **~ a chur ar rud** to polish sth, shine sth

snasán nm1 (substance) polish; **~ bróg/iongan** shoe/nail polish

snasleathar nm1 patent leather

snasta adj polished; glossy; well-done

snáth (pl **snáthanna**) nm3 thread, yarn

snáthadán nm1 daddy-long-legs, crane-fly

snáthadh nm1 sip

snáthaid nf2 needle; pointer; (on clock) hand; **~ mhór** dragonfly

snáthaidpholladh (gs

snáthaidphollta) nm acupuncture

sneachta nm4 snow; **clocha ~** hailstones; **tá sé ag cur ~** it's snowing

sneachtúil adj snowy

sneaicbhéar nm4 snack bar

sní nf4 flow

snigh vi pour; flow; filter through; (snake etc) slither, crawl

sniodh (gs, pl **sneá**) nf nit

sníomh vt, vi (road, path) twist, meander; (wool etc) spin ▷ nm3 (of thread) spinning

snípéir nm3 sniper

snoídóir nm3 carver, sculptor

snoigh vt, vi carve; wear down; chip; **snoí as** to waste away

snoíodóireacht nf3 carving; **~ adhmaid** wood carving

snua (pl **snuanna**) nm4 complexion; appearance; **~ an bháis** the colour of death

snuaphúdar nm1 face powder

snua-ungadh nm1 face cream

snúcar nm1 snooker

so- prefix easily; possible; good

só nm4 comfort, luxury; leisure

so-athraithe adj adjustable

sobal nm1 lather, suds

sobalchlár nm1 soap opera

so-bhlasta adj mouth-watering; palatable

sobhogtha adj elastic; movable

sobhriste adj fragile; brittle

sóbráilte adj sober

soc nm1 muzzle; pout; (of hose etc) nozzle; (of boat) nose; **~ spréite** (of hose etc) rose; **~ a chur ort féin** to pout

socadán nm1 busybody

socair (gsf, pl, compar **socra**) adj calm, still; steady; (pace) easy; (issue) settled

sócamais nmpl confectionery, delicacies

sóch adj comfortable; luxurious

sochaí nf4 society; community

sochaideartha adj approachable; sociable

sochar nm1 benefit; gain; profit; **~ a bhaint as rud** to benefit from sth; **chuaigh sé chun sochair dom** it benefited me; **~ an amhrais a thabhairt do dhuine** to give sb the benefit of the doubt

socheolaíocht nf3 sociology

sochorraithe adj highly strung, excitable

sochrach adj beneficial, advantageous

sochraid nf2 funeral (procession)

sochraideach nm1 mourner

sochreidte adj credible

sócmhainn nf2 asset

sócmhainneach adj (Comm) solvent

socra see **socair**

socracht nf3 calmness; ease

socraigh vt, vi arrange; fix; calm; settle; **socrú síos (in áit)** to settle down (somewhere); **socrú isteach** to settle in; **coinne a shocrú** to arrange an appointment; **socrú ar rud a dhéanamh** to decide to do sth

socraithe vadj fixed; arranged; settled

socrú nm arrangement; settlement

sócúl nm1 comfort

sócúlach adj comfortable

sócúlacht nf3 composure, ease

sodar nm1 trot, jog; **bheith ag ~ to** jog

sodhéanta adj easily done

sofaisticiúil adj sophisticated

sofheicthe adj visible; obvious

sofhriotal nm1 euphemism

sofhulaingthe adj bearable, tolerable

soghluaiste adj mobile; (cash) ready

soghonta adj vulnerable

soibealta adj impudent; cheeky

soibealtacht nf3 impudence; cheek

soicéad nm1 socket

soicind nf2 (unit of time) second

sóid nf2 soda

soighe nm4 soya; **pónaire/anlann ~** soya bean/sauce

soilbhir adj cheerful; jovial

soiléir adj clear, distinct; obvious; apparent

soiléireacht nf3 clarity

soiléirigh vt clarify; elucidate

soilíos nm1 favour, good turn

soilíosach adj (helpful) obliging

soilire nm4 celery

soilse nf4 (flash of) lightning; (title) excellency; **A Shoilse** his/your Excellency; see also **solas**

soilsigh vt, vi shine; illuminate

soilsiú nm illumination; lighting

soineann nf2 fair weather

soineanta adj (weather) calm; (person) innocent, naïve

soineantacht nf3 innocence, naivety

sóinseáil vt, nf3 (money) change

so-iompair adj portable

soiprigh vt nestle, snuggle; (child) tuck in

soir adj, adv, prep to the east, eastward; **dul ~** to go east; **scaipeadh ~ siar** to scatter in all directions

soirbhíoch nm1 optimist

soiscéal nm1 gospel

soiscéalach adj evangelical

soiscéalaí nm4 preacher; evangelist

sóisear nm1 junior

sóisearach adj junior

sóisialach adj socialist

sóisialachas nm1 socialism

sóisialaí nm4 socialist

sóisialta adj social

soith (pl **soitheanna**) nf2 (dog) bitch

soitheach (pl **soithí**) nm1 vessel,
container; dish; ship; **~ siúcra**
sugar bowl; **na soithí** the dishes;
na soithí a ní to do the
washing-up

sóivéadach adj soviet

sól nm (fish) sole

solad nm1 solid

soláimhsithe adj manageable

sólaisteoir nm3 confectioner

sólaistí nmpl4 (food) delicacies;
refreshments

sólann nf2 leisure centre

solas (pl **soilse**) nm1 light; lighting;
flame, beacon; **~ a chaitheamh ar
rud** to illuminate sth; **an ~ a
lasadh/mhúchadh** to put the
light on/off; **soilse tráchta** traffic
lights; **~ an lae** daylight; **tá sé ag
dul ó sholas** it is getting dark; **~ a
iarraidh ar dhuine** to ask sb for a
light (for a cigarette etc); **rud a
thabhairt chun solais** to bring sth
to light

sólás nm1 solace; reassurance; **~ a
thabhairt do dhuine** to comfort
sb

solasbhliain nf3 lightyear

solasmhar adj bright, luminous

so-lasta adj inflammable

solathach adj (sin) venial

soláthair (pres **soláthraíonn**) vt, vi
provide; procure; supply; **soláthar
do dhuine** to provide for sb

soláthar (pl **soláthairtí**) nm1
supply; provision

soláthraí nm4 supplier

sóléite adj legible

sollúnta adj solemn

solúbtha adj flexible, pliable

Somáil nf2: **an t~** Somalia

sómhar adj comfortable, luxurious

son n: **ar ~ +** gen for the sake of, on
behalf of; in return for; instead of;
ar ~ Dé for God's sake; **labhairt ar
~ duine** to speak on sb's behalf; **ar
a shon sin (is uile)** nevertheless,
even so

sona adj lucky; happy; **Nollaig
Shona!** Merry Christmas!

sonas nm1 happiness; (good) luck;
~ ort! best wishes; thank you

sonc nm4 nudge, push, dig

sonra nm4 detail; particular; **~í**
data

sonrach adj specific, particular; **go
~** notably

sonraigh vt notice, observe;
specify, define; (Law) state

sonraíoch (gsm **sonraíoch**) adj
noticeable, remarkable, striking

sonrú nm (observation) notice; **~ a
chur i rud** to take notice of sth

sonuachar nm1 spouse

sop nm1 wisp, (straw) bed; **dul
chun soip** to go to bed; **~ in áit na
scuaibe** poor substitute,
makeshift

sópa nm4 soap

soprán nm1 soprano

sorcas nm1 circus

sorcóir nm3 cylinder; **~ gáis** gas
cylinder

sorn nm1 furnace; stove, (kitchen)
range

sornóg nf2 stove

sórt nm1 sort; kind; type; **de shórt
éigin** of some sort; **bhí ~ leisce air
dul** he was somewhat reluctant to
go

sórtáil vt sort (out)

sos (*pl* **sosanna**) *nm3* pause, break, rest; interval; respite; ~ **cogaidh** truce; armistice; ~ **comhraic** ceasefire; ~ **tae/caife** tea/coffee break

sotal *nm1* cheek, impudence; arrogance; ~ **a bheith ionat** to be arrogant or cheeky; **níor thug mé ~ ar bith dó** I stood up to him

sotalach *adj* arrogant; cheeky, impertinent, insolent

sothuigthe *adj* easily understood

spá (*pl* **spánna**) *nm4* spa

spád *nf2* spade

spadánta *adj* listless, sluggish

spadhar *nm1* (*of anger etc*) fit

spadhrúil *adj* moody; wayward

spaga *nm4* pouch, purse

spágáil *vi* trudge

spailpín *nm4* (*Hist, Irl*) migrant farm labourer

Spáinn *nf2*: **an ~** Spain

Spáinneach *nm1* Spaniard ▷ *adj* Spanish

spáinnéar *nm1* spaniel

Spáinnis *nf2* (*Ling*) Spanish

spairn *nf2* fight, contention; **cnámh ~e** bone of contention

spaisteoireacht *nf3* stroll; ramble; **bheith ag ~** to stroll about, ramble

spall *vt, vi* scorch, parch; shrivel

spallta *vadj* parched; **bheith ~ leis an tart** to be parched with thirst

spalp *vt, vi* (*sun*) beat down; **bréaga/mionnaí móra a ~adh** to lie/curse profusely

spáráil *vt, vi* spare; **le ~** to spare; **in hand**

spárálach *adj* sparing; (*fam*) tight

spárálaí *nm4*: ~ **scáileáin** (*Comput*) screen saver

spárán *nm1* purse, billfold (*US*)

sparra *nm4* bar; spike

spartach *adj* spartan

spártha *adj* spare

spás (*pl* **spásanna**) *nm1* space; (*rent, debts*) extra time to pay; ~ **seachtaine** a week's grace

spás- *prefix* space-

spásáil *vt* space (out) ▷ *nf3* spacing

spásaire *nm4* astronaut

spásárthach *nm1* spacecraft

spasmach *adj, nm* spastic

speabhraídí *nfpl2* hallucination, illusion

speach *nf2, vi* kick; (*gun*) recoil

spéaclaí *nmpl4* glasses, spectacles

speal *nf2, vt* scythe

speic *nf2* (*of cap*) peak; slant

spéic *nf2*: ~ **a chur ar dhuine** to accost sb

speiceas *nm1* (*Biol*) species

speiceasach *adj* (*Biol*) specific

spéir (*pl* **spéartha**) *nf2* sky; **codladh faoin ~** to sleep rough

spéirbhean (*pl* **spéirmhná**, *gpl* **spéirbhan**) *nf* beautiful woman

spéireata (*pl* **spéireataí**) *nm4* (*Cards*) spade

spéiriúil *adj* striking, attractive

spéirling *nf2* thunderstorm

speirm *nf2* sperm

spéis *nf2* interest; affection; ~ **a bheith agat i rud** to be interested in sth; ~ **a chur i rud** to take an interest in sth; **ní ~ liom é** I have no interest in it or her

speisialta *adj* special

speisialtacht *nf3* speciality

speisialtóir *nm3* specialist

speisialtóireacht *nf3* specialization; ~ **a dhéanamh ar rud** to specialize in sth

spéisiúil *adj* interesting

spiagaí *adj* flashy; gaudy

spiaire *nm4* spy; mole; informer

spiaireacht *nf3* spying, espionage; **bheith ag ~ ar dhuine** to spy on sb, inform against sb

spíce nm4 spike

spíceach adj spiky

spíd nf2 slander, aspersion; **~ a fháil ar dhuine** to disparage sb

spideog nf2 robin

spídiúil adj disparaging; insulting

spíon[1] nf2 thorn(s)

spíon[2] vt, vi exhaust, spend; (argument) examine thoroughly

spionáiste nm4 spinach

spíonán nm1 gooseberry

spionnadh nm1 verve, vigour

spíonta vadj exhausted; worn-out

spiorad nm1 spirit; **An S~ Naomh** Holy Spirit or Ghost

spioradálta adj spiritual; **cúrsa ~** (Rel) retreat

spioradáltacht nf3 spirituality

spíosra nm4 spice

spíosrach adj spicy; aromatic

splanc vi flash, spark; **~adh ar dhuine** to flare up on sb; **bheith ~tha i ndiaidh duine** (in love) to be crazy about sb ▷ nf2 (pl **splancacha**) flash, spark; **~ thintrí** flash or bolt of lightning; **bíodh ~ chéille agat** have a bit of sense, wise up

spleách adj dependent

spléach vi: **~ ar** glance at; peek at

spléachadh nm glance, glimpse; peep; **~ a thabhairt ar rud** to glance at sth; **~ a fháil ar rud** to get a glimpse of sth

spléachas nm1 dependence

spleodar nm1 exuberance

spleodrach adj exuberant; cheerful; lively

splinceáil nf3: **bheith ag ~ to** squint

spóca nm4 (of wheel) spoke

spoch vt, vi castrate; **~adh as duine** to tease or annoy sb

spól nm1 spool

spóla nm4 (Culin) joint

spor nm, vt, vi spur

spórt nm1 sport; fun; **~ a dhéanamh** to have fun

spórtaíocht nf3 recreation, leisure

spórtúil adj sporty; sporting; playful

spota nm4 spot; dot; speck

spotach adj spotty, speckled

sprae nm4 spray

spraeáil vt, vi spray

spraeire nm4 sprayer

spraíúil adj playful

spraoi (pl **spraíonna**) nm4 fun, sport

spraoithiománaí nm4 joyrider

spré[1] (gs **spréite**) nm (in skirt etc) flare

spré[2] nf4 dowry; wealth

spréach nf2 spark ▷ vt, vi spark; splutter; (horse) lash out; (person) crack up

spréacharnach nf2 sparkling, sparkle

spreag vt inspire; encourage; incite, urge; prompt; **an chuimhne a ~adh** to jog the memory

spreagadh (gs **spreagtha**, pl **spreagthaí**) nm inspiration; encouragement; incitement; motivation; stimulus

spreagtha vadj motivated

spreagúil adj encouraging; rousing

spréigh vt, vi spread, disperse

spréire nm4 (for lawn) sprinkler

spréite see **spré**[1]

sprid (pl **sprideanna**) nf2 ghost; spirit

sprioc (pl **spriocanna**) nf2 target; objective; **an ~ a bhualadh** to hit the mark

spriocdháta nm4 (date) deadline

sprionga *nm4* (metal) spring
sprionlaithe *adj* mean, miserly, stingy
sprionlaitheacht *nf3* meanness, stinginess
sprionlóir *nm3* miser
sprochaille *nf4* gill; baggy skin; **sprochaillí faoi na súile** bags under the eyes
sprús *nm1* spruce
spuaic (*pl* **spuaiceanna**) *nf2* blister; spire, steeple; huff
spúinse *nm4* sponge
spúinseáil *vt* sponge
spúnóg *nf2* spoon; **~ bhoird** tablespoon
srac *vt, vi* tear, pull; struggle; drag; **rud a shracadh ó dhuine** to wrench sth from sb
sracadh (*pl* **sracaí**) *nm1* jerk, wrench, tug; mettle, spirit; (*Law*) extortion
sracfhéachaint *nf3* glance; **~ a thabhairt ar rud** to take a quick look at sth
sracshúil *nf2* glance; **~ a thabhairt ar rud** to glance at sth
sráid (*pl* **sráideanna**) *nf2* street
sráidbhaile (*pl* **sráidbhailte**) *nm4* village
sraith (*pl* **sraitheanna**) *nf2* (succession) series; line, row; layer; (*Sport*) league; (*Tennis*) set; (*Mus*) progression
sraithchlár *nm1* serial
sraithchomórtas *nm1* (*Sport*) league
sraitheog *nf2* (*of film*) sequence
srann *nf2, vi* snore; snort
srannfach *nf2* snoring; snorting
sraoill (*pl* **sraoilleanna**) *nf2* (*of smoke etc*) trail ▷ *vt, vi* tear apart; drag, trail
sraoilleach *adj* (*appearance*) ragged

sraoilleán *nm1* streamer
sraoilleog *nf2* slut
sraon *vt, vi* pull, drag; plod; deflect
sraoth (*pl* **sraothanna**) *nm3* sneeze; snort; **~ a ligean** to sneeze
sraothartach *nf2* sneeze, sneezing
srapnal *nm1* shrapnel
srathach *adj* layered; serial
srathair (*gs* **srathrach**, *pl* **srathracha**) *nf* straddle
srathnaigh *vt, vi* spread (out)
srathraigh *vt* straddle; harness
sreabhadh (*gs* **sreafa**) *nm* flow
sreang *nf2* string; wire; cord; **~ dheilgneach** barbed wire; **~ bheo/thalmhaithe** live/earthed wire ▷ *vt* pull, wrench
sreangach *adj* stringed; stringy; bloodshot
sreangadh (*gs* **sreangtha**) *nm* pull, wrench; **~ a bhaint as rud** (*injury*) to wrench sth
sreangaigh *vt* wire (up)
sreangán *nm1* cord, string; twine
sreangshiopa *nm4* chain store
srian (*pl* **srianta**) *nm1* bridle; rein; check, restraint; restriction ▷ *vt* check, restrain; **~ a chur le duine** to restrain sb; **~ a choinneáil ort féin** to control o.s.; **fearg a shrianadh** to check anger
srianta *adj* restrained
srincne *nf4* umbilical cord
sroich *vt, vi* reach, attain; come up to
sról *n gen as adj* satin
sról *nm1* satin
srón *nf2* nose; sense of smell; **do shrón a shéideadh** to blow one's nose; **tá an-~ air** he has a great sense of smell
srónach *nm1, adj* (*Ling*) nasal
srónbheannach *nm1* rhinoceros
sruth (*pl* **sruthanna**) *nm3* stream,

river; current; flow
sruthaigh vi stream, flow
sruthán nm1 stream
sruthlaigh vt flush, rinse
stábla nm4 stable
stáca nm4 stake, post; (of corn etc)
stack
stad nm4 (pl **stadanna**) stop; halt;
pause; stammer; (for taxis) stand,
rank ▷ vt, vi stop; halt, pull up; **~ a
chur le rud** to put a stop to sth;
~ bus bus stop; **~ (cainte)** (speech)
impediment; **~ tacsaí** taxi rank;
baineadh ~ aisti she was taken
aback; **~ a bheith ionat** to have a
stammer; **gan ~** incessant,
endless, continuous; **~ de rud** to
stop (doing) sth
stadach adj stammering; faltering
stádas nm1 status
staic (pl **staiceanna**) nf2 stake;
post; **~ a dhéanamh de dhuine** to
astound or shock sb
staicín nm4 (of ridicule) butt
staid (pl **staideanna**) nf2 state;
condition; situation
staidéar nm1 study; level-
headedness, sense; **~ a
dhéanamh (ar rud)** to study (sth)
staidéarach adj studious; sensible,
level-headed
staidiúir nf2 posture, pose
staidreamh nm1 statistics
staighre nm4 stairs; staircase;
flight of steps
stail (pl **staileanna**) nf2 stallion
stailc (pl **staiceanna**) nf2 (Ind)
strike; (trait) stubbornness,
sulkiness; **dul ar ~** to go on strike;
bhuail ~ í she took a huff
stailceoir nm3 (Ind) striker
stainc nf2 pique; huff; **~ a bheith
ort (le duine)** to be in a huff (with
sb); **rud a dhéanamh le ~ ar**

dhuine to do sth to spite sb
stainceach adj huffy; petulant
stair (pl **startha**) nf2 history
staire n gen as adj historical
stairiúil adj historic(al)
stáirse nm4 starch
stáisiún nm1 station; **~ peitril**
petrol or (US) gas station, service
station, filling station;
~ cumhachta power station;
~ póilíní or **gardaí** police or garda
station; **~ raidió** radio station;
~ traenach railway station;
~ vótála polling station; **~ dóiteáin** fire station
staitistic nf2 statistic
stáitse nm4 (platform) stage; **ar
chúl ~** behind the scenes
stáitsigh vt (play) stage
stálaithe adj stale; (wood etc)
seasoned
stalc vi stiffen, seize up; (glue) set
stalcach adj stubborn; sulky
stalla nm4 stall
stampa nm4 stamp; **~ poist**
postage stamp
stampáil vt, vi stamp
stán¹ nm1 (metal, container) tin
stán² vi stare; **~adh ar dhuine/rud**
to stare at sb/sth
stánadh nm1 stare
stánaithe adj (food) tinned, canned
stang vt, vi (land) stake out; (gun)
load; (wood etc) warp
stangadh (gs **stangtha**) nm1 bend;
wrench; strain; **~ a bhaint as rud**
(injury) to twist or wrench sth; **~ a
bhaint as duine** to shock sb
staon vi stop, cease; let up; abstain;
~adh ón ól to abstain from drink
staonaire nm4 (Irl: abstainer)
pioneer; teetotaller
stápla nm4 staple
stápláil vt staple

stáplóir nm3 stapler

staraí nm4 historian

starr nf3 projection

starrfhiacail (pl **starrfhiacla**) nf2 prominent tooth; fang; tusk

startha see **stair**

stát nm (Pol) state; **na Stáit Aontaithe** the United States

statach adj static

státaire nm4 statesman

státchiste nm4 exchequer

státrúnaí nm4 secretary of state

státseirbhís nf2 Civil Service

státseirbhíseach nm1 civil servant

státúil adj stately, dignified

steall (pl **steallta**) nf2 splash; squirt; gush ▷ vt, vi splash; pour; bash, smash; (lies etc) spout; **~ tae** a drop of tea; **tá sé ag ~adh báistí** it is pouring (with rain)

stealladh (pl **steallaí**) nm1 downpour; **ar ~ cosa in airde** at a full gallop; **ar steallaí meisce** raging drunk; **ar steallaí mire** boiling mad

steallaire nm4 syringe

steanc nm4, vt, vi squirt, spurt; splash

stéaróideach nm1 steroid

stéig¹ nf2 intestine

stéig² (pl **stéigeacha**) nf2 steak; **~ fhilléid/gheádáin** fillet/rump steak

stéille see **stiall**

steiréó nm4 stereo; **~ pearsanta** personal stereo

steiréafónach adj stereophonic

steirling nm4 sterling

stiall (gs **stéille**, pl **stiallacha**) nf2 strip; piece; lash ▷ vt tear, cut (up); lash; criticize

stiallach adj tattered; torn

stiallaire nm4 shredder

stiallchartún nm1 strip cartoon

stiallta vadj in tatters

stíl (pl **stíleanna**) nf2 style

stíléireacht nf3 poteen making

stíobhard nm1 steward; **~ ceardlainne** shop steward

stiogma nm4 stigma; **~í** stigmata

stíoróip nf2 stirrup

stiúg vi perish, expire

stiúgtha vadj perished; **bheith ~ leis an ocras** to be ravenous with hunger; **bheith ~ leis na gáirí** to be convulsed with laughter

stiúideo (pl **stiúideonna**) nm4 studio

stiúir vt, vi steer; direct; manage; supervise; (business etc) conduct ▷ nf (gs **stiúrach**, pl **stiúracha**) (Naut) rudder, helm; wheel; control, direction

stiúradh (gs **stiúrtha**) nm (Aut) steering; direction; supervision; control; **roth stiúrtha** steering wheel; **bord stiúrtha** governing body

stiúrthóir nm3 director; supervisor; conductor; controller

stobh vt stew

stobhach nm1 stew

stoc nm1 (also Comm, Agr) stock; scarf, muffler; (of people) race; (Mus) trumpet; bugle; (Ling: of word) stem

stoca nm4 sock; stocking; **~ cabhlach** body stocking

stócach nm1 boy, youth; boyfriend

stócáil vt (fire, boiler) stoke

stocaire nm4 odd man out; sponger, hanger-on

stocaireacht nf3: **bheith ag ~ ar dhuine** to sponge off or on sb

stocbhróicéir nm3 stockbroker

stocmhalartán nf3 stock exchange

stocmhargadh nm1 stock market

stocthiomsaigh *vt, vi* stockpile

stoda *nm4* shred; **~ bóna** collar stud

stoidiaca *nm4* zodiac

stoirm (*pl* **stoirmeacha**) *nf2* storm; **~ shneachta/thoirní** snowstorm/ thunderstorm

stoirmeach *adj* stormy

stoith *vt* pluck; uproot; (*weeds etc*) pull (out); **fiacail a ~eadh** to extract a tooth

stól (*pl* **stólta**) *nm1* stool

stoll *vt, vi* shred, tear (up)

stop *vt, vi* stop; halt; block; lodge, stay; (*flow*) stem ▷ *nm4* stop

stopadh *nm* stoppage, hold-up

stopallán *nm1* plug, stopper

stór¹ (*pl* **stórtha**) *nm1* store; stock; treasure; wealth; (*of food*) hoard; **~ a chruinniú** to amass a fortune; **a ~!** (*term of endearment*) darling!

stór² (*pl* **stórtha**) *nm1* storey

stóráil *nf3* storage ▷ *vt* store

stóras *nm1* storehouse, storeroom; depot

stothóg *nf2* pubic hair

strabhas *nm1* grimace

strae *nm4* straying; **ar ~** astray

stráice *nm4* strip; **~ tuirlingthe** landing strip

straidhn *nf2* fury; madness; **~ a bheith ionat** to be easily riled

straidhp *nm* (*Mil*) stripe

strainc *nf2* grimace; **~ a chur ort féin** to grimace

stráinín *nm4* strainer

strainséartha *adj* strange

strainséir *nm3* stranger

straitéis *nf2* strategy

straitéiseach *adj* strategic

strambán *nm1* bore, drag

strambánach *adj* boring, tedious

straois *nf2* grin; smirk; **~ a chur ort féin** to grin; smirk

straoiseog *nf2* emoticon

strapa *nm4* strap, strap

Strasburg *nm4* Strasbourg

streachail (*pres* **streachlaíonn**) *vt, vi* struggle; drag

streachailt *nf2* struggle

streancán *nm1* (*of music*) tune, air; (*of instrument*) twang

streancánacht *nf3* (*on fiddle, guitar*) scraping, twanging, strumming

striapach *nf2* prostitute, whore

stríoc *nf2* stripe; streak; (*of pen etc*) stroke, line; (*in hair*) parting, part (*US*) ▷ *vi* give in, submit

stró *nm4* trouble; bother, effort; **~ a chur ort féin le rud** to take pains with sth; **gan ~** easily, effortlessly

stróic *nm4* (*Med*) stroke

stróic (*pl* **stróiceacha**) *nf2* tear ▷ *vt, vi* tear (up); wrench; continue; **mionnaí móra a ~eadh** to curse; **rud a ~eadh as a chéile** to tear sth apart; **~ leat** carry on, continue, tear away

stróiceadh *nm* tear

stroighin (*gs* **stroighne**) *nf2* cement

stromptha *vadj* (*muscles etc*) stiff

structúr *nm1* structure

structúrach *adj* structural; structured

structúrtha *adj* structured

strufal *nm1* truffle

strus *nm1* stress, strain; **~ a chur ort féin** to overtax o.s., put o.s. under pressure

stua (*pl* **stuanna**) *nm4* arc; arch

stuacach *adj* peaked, pointed; (*person*) stubborn; sulky

stuaic (*pl* **stuaiceanna**) *nf2* peak, tip; spire; sulk; **~ a bheith ort** to be in a huff, be disgruntled

stuáil *nf3* padding; stuffing; packing ▷ *vt, vi* stuff; pack; pad; stow

s

stuaim *nf2* sense, level-headedness; composure; ingenuity; **rud a dhéanamh as do ~ féin** to do sth off one's own bat

stuama *adj* sensible; sober; steady, calm

stuamaigh *vt* calm down

stuara *nm4* arcade

stuif (*pl* **stuifeanna**) *nm4* stuff, material

stumpa *nm4* stump

sú[1] (*pl* **súnna**) *nm4* juice; soup; **sú torthaí** fruit juice

sú[2] (*pl* **sútha**) *nf4* berry; **sú craobh** raspberry; **sú talún** strawberry

sú[3] (*gs* **súite**) *nm* suction

suáilce *nf4* virtue; blessing; joy

suáilceach *adj* virtuous; pleasant; happy

suaill *nf2* (*of sea*) swell

suaimhneach *adj* quiet; peaceful; tranquil; relaxed, calm

suaimhneas *nm1* peace, calm, tranquillity; quietness; **duine a chur ar a shuaimhneas** to relax sb; **~ a thabhairt do dhuine** to leave sb in peace; **bheith ar do shuaimhneas** to feel at ease; **~ intinne** peace of mind

suaimhneasán *nm1* (*Med*) tranquillizer, sedative

suaimhnigh *vt*, *vi* calm, placate, quieten (down); pacify

suairc *adj* merry; pleasant; cheerful

suaite *vadj* confused; in shock; in turmoil; exhausted

suaiteacht *nf3* turbulence

suaith *vt*, *vi* mix; exhaust; agitate; confuse; (*Cards*) shuffle; (*rub*) massage; (*problem*) discuss

suaitheadh *nm* mix; (*Med*) shock; (*Aviat*) turbulence; turmoil

suaitheantas *nm1* badge, emblem; decoration; (*flag*) standard; (*of emblem*) crest

suaithinseach *adj* remarkable; distinctive; unusual

suaithní *adj* remarkable; odd; extraordinary

Sualainn *nf2*: **an t~** Sweden

Sualainnis *nf2* (*Ling*) Swedish

Sualannach *adj* Swedish ▷ *nm1* Swede

suan *nm1* sleep; slumber; **dul chun suain** to go to sleep

suanach *adj* lethargic; dormant

suanán *nm1* sedative

suanbhruith *vt*, *vi* simmer

suanlann *nf2*: **~ chónaithe** bedsit(ter)

suanlios (*gs* **suanleasa**, *pl* **suanliosanna**) *nm3* dormitory

suanmhar *adj* sleepy, drowsy

suansiúl *nm1* sleepwalking

suansiúlaí *nm4* sleepwalker

suantraí *nf4* lullaby

suarach *adj* petty, mean; base; sordid; contemptible

suarachán *nm1* lousy or mean person; scab

suarachas *nm1* meanness; pettiness; sordidness

suas *adj*, *adv*, *prep* up; upward(s)

subh *nf2* jam; preserve

subhach *adj* cheerful, merry

substaint *nf2* substance; (*in food*) sustenance; (*quality*) depth

substainteach *adj* (*Gram*) substantive

substaintiúil *adj* substantial

Súdáin *nf2*: **an t~** Sudan

súgach *adj* merry, cheerful; tipsy

súgradh (*gs* **súgartha**) *nm* play(ing); **áit súgartha** playground; **bheith ag ~ le rud** to play or toy with sth

suí (*pl* **suíonna**) *nm4* sitting; (*court etc*) session; **bheith i do shuí** to be sitting or (not in bed) to be up; **bí i do shuí** have a seat; **bheith i do shuí go te** to be well-off; **seomra ~ sitting** room

suibiacht nf3 subject

suibiachtúil adj subjective

súiche nm4 soot

suigh vt, vi sit; (in session) meet; place; (house etc) let; (tent) pitch; (scene) set; **suí síos/siar** to sit down/back; **suí go mall** to sit up late; **suí i mbun duine** to take advantage of sb

súigh vt suck, absorb, soak up

súil (gs, pl **súile**, gpl **súl**) nf2 eye; hope, expectation; anticipation; **~ sprice** bull's-eye; **~ chait** (Aut) Catseye®; **~ a bheith agat (go)** or **bheith ag ~ (go)** to hope (that); **bheith ag ~ le duine/rud** to expect sb/sth; **~ a leagan ar rud** to set eyes on sth; **rud a chur ar a shúile do dhuine** to let sb know sth; **do shúile a shá i nduine/rud** to stare at sb/sth

súlaithne nf4: **tá ~ agam air** I know him to see

súilfhéachaint (gs **súilfhéachana**, pl **súilfhéachaintí**) nf3 glance

súilín nm4 eyelet; bubble, globule; bead; viewfinder

súilíneach adj bubbly; beaded; (wine) sparkling

suim (pl **suimeanna**) nf2 interest; (of money) sum, amount; (Math) sum; (of story etc) gist; **~ a bheith agat i rud** to be interested in sth; **~ a chur i rud** to take an interest in sth; **ní ~ liom é** I have no interest in it or him

suimigh vt add (up)

súimín nm4 sip; **~ a bhaint as deoch** to sip from a drink

súimíneacht nf3 sipping

suimint nf2 cement

suimiú nm addition

suimiúchán nm (Math etc) addition

suimiúil adj interesting; considerable

suíochán nm4 seat; pew

suíomh nm1 site, location; position; settlement, establishment; (Comput) (web)site; **~ gréasáin** (Comput) website

suíonna see **suí**

suipéar nm1 supper

suirbhé nm4 survey

suirbhéir nm3 surveyor; **~ cainníochta** quantity surveyor

suirbhéireacht nf3 (of land) survey

suirí nf4 courting; **bheith ag ~ le duine** to court sb

suiríoch nm1 lover; suitor

súisín nm4 bedspread

súiste nm4 flail

súisteáil vt, vi flail, thresh; thrash

suite vadj situated; located; fixed; certain; **bheith ~ de rud** to be convinced of sth

súiteach adj absorbent

suiteáil nf3 installation ▷ vt install

súiteoir nm3 sucker

súl see **súil**

sula (+ past of reg vbs = **sular**) conj before; **~ ndearna mé é** prior to my doing it; **~r imigh sí** before she left

súlach nm1 gravy, sap, juice

sular see **sula**

sulfar nm1 sulphur

sult nm1 satisfaction, pleasure; fun, enjoyment; **~ a bhaint as rud** to enjoy sth

sultmhar adj enjoyable, entertaining; (company) pleasant

súmaire nm4 scrounger; leech; quagmire

súmaireacht *nf3* suction; scrounging
súmhar *adj* juicy; succulent
súmóg *nf2* sip
súnás *nm1* orgasm
suntas *nm1* attention, notice; **~ a thabhairt do rud** to notice sth
suntasach *adj* noticeable; remarkable; prominent
súp *nm1* soup
súraic *vt, vi* suck
súsa *nm4* rug, blanket
suth (*pl* **suthanna**) *nm3* embryo
sútha *see* **sú²**
svaeid¹ *nf2* suede
svaeid² (*pl* **svaeideanna**) *nm4* swede
svaistice *nf4* swastika

t- (*remove* "t-") *see* **initial vowel**
tA (*remove* "t") *see* **A...**
tá *vb see* **bí**
táb *nm1* (*Typ, Comput*) tab
tábhacht *nf3* importance; significance; (*of person*) industry; **gan ~** insignificant, negligible
tábhachtach *adj* important; significant; substantial; industrious
tabhair (*pres* **tugann**, *past* **thug**, *fut* **tabharfaidh**, *vn* **tabhairt**, *vadj* **tugtha**) *see also* **grammar section** *vt, vi* give; take; bring; (*war*) wage; (*time*) spend; (*crop*) yield; **tabhair amach** give out; bring out; scold; **~t amach do pháiste** to scold a child; **tabhair ar** exchange for; name; cause, compel; take to; **deich euro a thabhairt ar rud** to give ten euros for sth; **~t ar dhuine rud a dhéanamh** to make sb do

sth; **amadán a thabhairt ar dhuine** to call sb a fool; **an leaba a thabhairt ort féin** to take to one's bed; **tabhair as** take or bring out of; **tabhair chuig/chun** take or bring to; **rud a thabhairt chun críche** to bring sth to an end; **duine a thabhairt chun céille** to bring sb to his senses; **tabhair do** give to; *(embarrassment)* bring on, cause; **náire a thabhairt do dhuine** to bring shame on sb; **tabhair faoi** bring under; attempt; attack; **~t faoi rud a dhéanamh** to attempt to do sth; **~t faoi dhuine** to attack sb; **tabhair i** take or bring into; **tugann sin i gcuimhne dom (go)** that reminds me (that); **tabhair isteach** give or bring in; introduce; *(loss, time)* make up for, retrieve; *(surrender)* give in; accept; **féar a thabhairt isteach** to bring in hay; **~t isteach do phointe** to accept a point; **tabhair le** take away; *(gist)* grasp; *(time)* devote to; *(reason, explanation)* give for; *(back)* turn on; **~ leat sin** bring or take that with you; **focal a thabhairt leat** to catch a word; **cúis a thabhairt le rud** to give a reason for sth; **do chúl a thabhairt le rud** *(also fig)* to turn one's back on sth; **tabhair ó** take or bring from; give away; *(wall etc)* give way; **rud a thabhairt uait** to give sth away; **thug an t-urlár uaidh** the floor gave way; **tabhair suas** give up, abandon

tábhairne *nm4* pub, bar; tavern

tábhairneoir *nm3* publican

tabhairt *(gs* **tabhartha** *nf3* grant; delivery; yield; *(Cards)* lead; *(in cloth, rope etc)* give; *(Sport)* service; **~ faoi deara** perspicacity; *see also* **tabhair**

tabharfaidh *etc vb see* **tabhair**

tabharthach *adj, nm1 (Gram)* dative

tabharthóir *nm3* donor

tábla *nm4* table; **~ a fheistiú** or **a chóiriú** to set or lay the table

taca *nm4* prop, support, rest; *(in time)* point; **~ a bhaint as rud** to lean on sth; **~ a chur le rud** to shore sth (up); **i d~ le** as regards; **i d~ liomsa de** for my part; **i d~ le holc** all things considered; **do chosa a chur i d~** to refuse to budge; *(fig)* to dig in; **faoin ~ seo** about this time

tacaí *nm4* supporter

tacaigh *vi:* **~ le** to support, hold up; **~ le duine/rud** to support sb/sth

tacaíocht *nf3* support; back-up; **~ a thabhairt do dhuine** to support sb, back sb (up)

tacar *nm1* collection; *(Math)* set

tachrán *nm1* child; kid; toddler

tacht *vt, vi* choke; strangle; *(airwaves)* jam

tacóid *nf2* tack; clove; **~ ordóige** drawing pin, thumbtack

tacsaí *nm4* taxi, cab

tadhall *nm1 (sense of)* touch; contact

Tadhg *nm1:* **~ an mhargaidh** the man in the street; **~ an dá thaobh** a two-faced person

tae *nm4* tea; **~ líomóide** lemon tea; **~ beag** afternoon tea

taephota *nm4* teapot

tafann *nm1* bark(ing); **bheith ag ~** to bark

tagaim *etc vb see* **tar**

tagair *(pres* **tagraíonn** *vt, vi:* **~t do rud** to refer to sth, mention sth

tagairt *(gs* **tagartha**, *pl* **tagairtí** *nf3* reference; mention; **leabhar tagartha** reference book

tagann vb see **tar**

taghdach adj moody; temperamental

tagtha vadj see **tar**

taibhse nf4 ghost; phantom; manifestation; **~ thorainn** poltergeist

taibhseach adj flamboyant; magnificent; ostentatious; pretentious

táibléad nm1 tablet

taidhleoir nm3 diplomat

taifead nm1 record ▷ vt record; tape; **seachadadh ~ta** recorded delivery

taifeadadh (gs **taifeadta**, pl **taifeadtaí**) nm (Mus etc) recording

taifeadán nm1 recorder; **~ caiséid** cassette recorder; **~ físchaiséad** video (cassette) recorder

taifí nm4 toffee

taifigh (vn **taifeach**) vt analyse

taighde nm4 research; **~ a dhéanamh ar rud** to research sth

táille nf4 fare; fee; admission; entrance fee; tally; charge; **~ dochtúra** doctor's fee; **~ iompair** haulage (charge); **leath-tháille/lán~** half/full fare; **táillí** fees, rates; **na táillí a aistriú** to transfer the charges

táillefón nm1 pay phone

táilliúir nm3 tailor

táilliúireacht nf3 tailoring

tailte see **talamh**

táim etc vb see **bí**

táin nf3 herd; (Hist) cattle-raid; herd wealth

táinséirín nm4 tangerine

taipéis nf2 tapestry

táiplis nf2: **~ bheag** draughts, checkers (US); **~ mhór** backgammon

tairbhe nf4 benefit; profit; **de**

thairbhe + gen because of; by virtue of; **~ a bhaint as rud** to benefit from sth; **gan ~** useless; worthless

tairbheach adj beneficial; profitable

tairg vt, vi bid; offer

táirg vt produce; yield

táirge nm4 product; **táirgí as bainne** milk products

táirgeadh (gs **táirgthe**) nm production; output

táirgeoir nm3 producer

tairiscint (gs **tairisceana**, gs **tairiscintí**) nf3 bid, offer; proposition; (Comm, offer) tender

tairne nm4 (metal) nail

tairngir vt, vi prophesy; foretell

tairngreacht nf3 prophecy; prediction

tairseach nf2 threshold; (window) sill

tais adj damp; humid; moist; (manner) gentle, soft

taisc vt, vi store; hoard; (Fin) deposit

taisce nf4 store, reserve; cache; (Fin) deposit; hoard; treasure; (term of endearment) darling; **i d~** in reserve; **rud a chur i d~** to put sth away for safe keeping; **cuntas ~** savings or deposit account; **a thaisce!** darling!

taisceadán nm1 safe; locker; depository

taiscéal vt, vi explore; prospect; (Mil) reconnoitre

taiscéalaí nm4 explorer; prospector

taise nf4 damp(ness), humidity; (disposition) compassion

taisme nf4 accident; mishap; **de** or **trí thaisme** by chance; **~ bhóthair** road accident

taismeach *adj* accidental; tragic ▷ *nm* casualty

taispeáin (*pres* **taispeánann**, *vn* **taispeáint**) *vt, vi* show; display, exhibit; illustrate

taispeáint (*gs* **taispeána**) *nf3*: **ar** ~ on display

taispeánadh (*gs* **taispeánta**, *pl* **taispeántaí**) *nm* apparition; revelation

taispeántas *nm1* show, exhibition; display

taisritheoir *nm3* moisturizer

taisteal *nm1* travel; travelling; **gníomhaire taistil** travel agent; **lucht taistil** (community) travellers

taistealaí *nm4* traveller

taistil (*pres* **taisealaíonn**) *vt, vi* travel

taithí *nf4* experience; practice; **dul i d~ ar rud** to get used to sth; to familiarise oneself with sth; **bheith as** ~ to be out of practice

taithigh *vt, vi* frequent; practise; experience

taithíoch (*gsm* **taithíoch**) *adj* familiar; intimate; **bheith** ~ **ar rud** to be familiar with sth; **bheith** ~ **ar dhuine** to be intimate with sb

taitin (*vn* **taitneamh**, *pres* **taitníonn**) *vt, vi* (*sun*) shine; appeal to, please; **níor thaitin an leabhar léi** she didn't like the book

taitneamh *nm1* shine, brightness; pleasure; ~ **a thabhairt do dhuine** to take a fancy to sb; ~ **a bhaint as rud** to enjoy sth

taitneamhach *adj* pleasant; enjoyable; likeable; shining

tál *nm1* (*of milk*) yield ▷ *vt, vi* (*milk*) yield; (*tears, blood*) shed

talamh (*gsm* **talaimh**, *gsf* **talún**, *pl* **tailte**) *nm1, nf* earth; land; ground;

faoi thalamh underground; **ó thalamh** (*fool*) utter; (*review etc*) thorough; ~ **slán a dhéanamh de rud** to take sth for granted; **an** ~ **a bhrath** to put out feelers, test the ground

talcam *nm1* talcum powder, talc

tallann *nf2* impulse; whim; talent; ~ **feirge** (fit of) temper

tallannach *adj* impulsive, temperamental; talented

talmhaigh *vt, vi* dig in; (*Elec*) earth, ground (US); (*Sport*) touch down

talmhaíocht *nf3* agriculture

talmhaíochta *n gen as adj* agricultural

talún *see* **talamh**

Tamais *nf2*: **an** ~ the Thames

tamall *nm1* while; spell; span; (*short*) distance; ~ **oibre** a spell of work; ~ **den lá** a part of the day; **go ceann tamaill** for a while; **faoi cheann tamaill** after a while; ~ **ó bhaile** some distance from home

támh *nf2* trance; coma; daze; nap; apathy; **dul i d~** to go into a trance

tamhach *nm*: ~ **táisc** commotion

támhnéal (*pl* **támhnéalta**) *nm1* trance; swoon

tanaí *adj* thin; (*water etc*) shallow; (*soup etc*) watery; skinny

tanaigh *vt, vi* thin; slim; dilute; dwindle

tánaiste *nm4* deputy Prime Minister; second-in-command; third finger

tánaisteach *adj* secondary

tanc (*pl* **tancanna**) *nm4* (*Mil*) tank

tancaer *nm1* tanker

taobh (*pl* **taobhanna**) *nm1* side; flank; aspect; ~ **tíre** region, area; (**an**) ~ **istigh/amuigh** (the) inside/outside; **bheith i d~ le** to depend on; ~ **thall de** (on) the other side of; **~ thiar de** behind; **~ le ~** side by side; **i de~ +** gen about; **cad ina thaobh?** why?; **fá d~ de** about; **le ~ + gen** compared to; **d'aon ~** united

taobhach adj lateral; **~ le** biased towards

taobhaí nm4 supporter

taobhaigh vt, vi approach; **~ le** side with, support; favour; trust

taobhline nf4 (Sport) sideline, touchline

taobhmhaor nm linesman

taobhshráid nf2 side street

taoibh n gen as adj side

taoide nf4 tide; **~ thuile** flood tide; **~ thrá** ebb tide

taoiseach nm chief; leader; **An T~** (Pol) Prime Minister of Ireland

taom (pl **taomanna**) nm3 (Med) seizure, fit; **~ croí** heart attack

taomach adj (illness) fitful; moody

taos nm1 paste; dough; **~ fiacla** toothpaste

taosc vt, vi drain; bail

taoschnó nm4 doughnut

taosrán nm1 pastry

tapa nm4 readiness ▷ adj quick, rapid; **bheith ar do thapa** to be alert

tapaigh vt quicken; (opportunity) seize, take

tar (pres **tagann/tig**, past **tháinig**, fut **tiocfaidh**, vn **teacht**, vadj **tagtha**) see also **grammar section** vt, vi come; (time) arrive; (events) happen; **teacht abhaile** to come home; **teacht an t-aicearra** to take the short-cut; **tar amach** come out; emerge; **tar aníos** come up; **tar anuas** come down; criticise; **tar ar** come on on, come upon; arrive on; (mode of transport) come by; discover, find; catch;

teacht ar rothar to come by bicycle; **teacht ar fhianaise nua** to discover new evidence; **tháinig an ulpóg uirthi** she caught the flu; **tá fearg ag teacht air** he is getting angry; **tar as** come out of; (danger etc) escape from; (sickness) recover from; result from; **teacht as rud** to get over sth; **tar chuig/chun** come to; reach; **teacht chugat féin** (from sickness, faint) to come round; **tar de** come of; (background) come from; **tar do** happen to; suit; **tagann an gúna** dí the dress suits her; **thiocfadh dó (go)** it might be (that); **tar faoi** come to; come within; **teacht faoi aon de rud** to come within a whisker of sth; **tar gan do** without; **beidh ort teacht gan é** you will have to do without it; **tar i** come to; come into; reach; attain; **teacht in aois** to come of age; **teacht i gcabhair ar dhuine** to come to sb's aid; **tar isteach** come in; enter; (prophecy) come to pass; **teacht isteach ar** to get the hang of sth; **tar le** come along (with); come to; agree with; suit; (colour etc) match; do with; be able; **teacht le tuairim** to agree with an opinion; **ní thig liom dul** I can't go; **tar ó** come from; originate from; (danger) escape from; (sickness) recover from; **tar roimh** come before; intercept; (in conversation) interrupt; **tar suas** catch up with; **tar thar** come over; (bridge etc) cross; refer to; mention; **teacht thar chás** to mention a case; **tar thart** come round, recover; **tar trí** come through; **teacht trí thinneas** to come through an illness

tarbh nm1 bull; **An T~** (Astrol) Taurus

tarbhchomhrac nm1 bullfight, bullfighting

tarbhghadhar nm1 bulldog

tarcaisne nf4 insult; scorn; contempt

tarcaisneach adj offensive; disparaging

tarcaisnigh vt insult; scorn; demean

tarchuir vt (Radio, TV) transmit; (Law) remit

tarchuradóir nm3 transmitter

tarlaigh (past **tharla**) vi happen; occur, come about; **ó tharla go ...** seeing that ...; **tharla ann é** he happened to be there

tarlóir nm3 haulier

tarlú nm happening; occurrence

tarnocht adj (stark) naked

tarpól nm1 tarpaulin

tarra nm4 tar

tarracóir nm3 tractor

tarraiceán nm1 drawer

tarraing (vn **tarraingt**) vt, vi pull; drag, haul; draw; attract; **~ ar** approach; **bruíon/troid a tharraingt** to cause trouble/a fight; **na cosa a tharraingt** to drag one's feet

tarraingt (gs **tarraingthe**, pl **tarraingtí**) nf pull; tug; draw; attraction; (in door, chimney) draught; (Med) traction; **~ na téide** tug of war; **~ a bhaint as buidéal** to take a drink from a bottle; **ar ~** (Med) in traction

tarraingteach adj3 attractive; appealing; fetching; seductive

tarramhacadam nm1 tarmac(adam)

tarrtháil nf3, vt rescue; help; salvage

tart nm3 thirst; **tá ~ orm** I'm thirsty; **do thart a chosc** to quench one's thirst

tartmhar adj (work etc) thirsty

tasc (pl **tascanna**) nm1 task; chore

tásc nm1 tidings; report; **níl ~ ná tuairisc orthu** there is no word of them

táscach nm1 (Gram) indicative

táscaire nm4 indicator; (Comput) cursor

táistáil vt, vi test, sample ▷ nf3 test, trial; **~ agus earráid** trial and error

tathag nm1 solidity; fullness; (of wine etc) body

tathagach adj solid; (wine) full-bodied

táthaire nm4 welder; (inf) scrounger

táthar vb see **bí**

tatú nm4 tattoo

tatuáil vt tattoo

TCI n abbr (= teilifís ciorcaid iata) CCTV

TD n abbr (= Teachta Dála) Dáil Deputy, ≈ MP

tE (remove "t") see **E...**

te (pl, compar **teo**) adj hot, warm; **buidéal te** hot-water bottle

té pron whoever, whosoever; **an té a thiocfaidh air** whoever finds it; **an té atá ar iarraidh** the missing person

teach (gs **tí**, pl **tithe**, ds **tigh**) nm1 house; (Admin etc) household; place; **i d~ Phádraig, tigh Phádraig** at Patrick's; **~ beag** or **asail** toilet; **~ gloine** greenhouse; **~ na ngealt** asylum; **~ ósta** hostel, inn; **~ pobail** chapel, church; **~ solais** lighthouse

teacht nm3 approach; arrival; **~ an tsamhraidh** the coming of summer; **le ~ na hoíche** at nightfall; **~ isteach** income;

~ abhaile homecoming; **~ aniar** stamina, resilience; **~ i láthair** presence, self-assurance; *see also* **tar**

téacht *vt, vi* freeze; congeal; *(jelly etc)* set

teachta *nm4* envoy; representative; *(Pol)* deputy; **~ parlaiminte** MP; **T~ Dála** Dáil Deputy, TD

teachtaire *nm4* messenger

teachtaireacht *nf3* message, errand; communication

téacs *(pl* **téacsanna)** *nm4* text

téacsáil *nf3 (on mobile phone)* text(ing) ▷ *vt, vi* text; **~ réamhaisnéise** predictive text(ing)

téacsleabhar *nm1* textbook

téacs-scéal *nm1,* **téacsteachtaireacht** *nf3 (on mobile phone)* text message

téad *nf2* rope; line; cord; *(also Mus)* string; **~ léimní** skipping rope; **~ ruthaig** lasso; **~ tarraingthe** towrope; **bheith ar an ~ chéanna (le duine)** to take the same line (as sb); **~a gutha** vocal cords

téadléimneach *nf2* skipping

téaduirlis *nf2 (Mus)* stringed instrument; **~í** *npl (Mus)* strings

téagar *nm1* substance; bulk; *(term of endearment)* dearest; **dul i d~** *(grow)* to fill out

téagartha *adj* hefty; stout; substantial

teagasc *vt* teach; instruct; coach ▷ *nm1 (npl* **teagasca)** teaching(s); tuition; instruction

teagascóir *nm3* tutor; instructor

teaghlach *nm1* family; *(persons)* household

teaghlaigh *n gen as adj* family, domestic

teaglaim *nf3* collection;

compilation; *(Math)* combination

teaglamaigh *vt* compile; collect; *(Math)* combine

teagmhaigh *(vn* **teagmháil)** *vi:* **~ le** touch; encounter; connect with

teagmháil *nf3* meeting; encounter; contact; **~ a bheith agat le duine** to be in touch with sb; **dul i d~ le duine** to contact sb

teagmhálaí *nm4* opponent; go-between

teagmhas *nm1* contingency; incident; chance occurrence

teagmhasach *adj* incidental, contingent

Téalainn *nf2:* **an ~** Thailand

teallach *nm1* hearth; fireplace; **cois teallaigh** by the fire

téama *nm4* theme

téamh *nm1* heating; **~ domhanda** global warming; **~ lárnach** central heating; *see also* **téigh¹**

teampall *nm1* temple; church

téana *(vn* **téanachtaint)** *vi (imperative verb)* come (along)

teanchair *nf2* tongs; pincers; pliers

teanga *(pl* **teangacha)** *nf4* tongue; language; **~ dhúchais** native language; **dán a bheith ar do theanga agat** to have a poem off by heart; **do theanga a bheith i do leathbhéal agat** to speak tongue in cheek

teangaire *nm4* interpreter

teangeolaí *nm4* linguist

teangeolaíocht *nf3* linguistics

teann *vt, vi (vn* **teannadh)** tighten; squeeze; *(lock etc)* secure; *(tyre etc)* inflate ▷ *nm3 (gs, pl* **teanna**, *gpl* **teann)** strength, force; stress ▷ *adj* taut; tight; strenuous; firm; forceful; **~ ar** *or* **le** approach, close in on; **bheith ag obair ar theann**

do dhíchill to be working flat out;
~ a chur le rud (*word, point*) to
emphasize sth; (*door*) to secure sth;
le ~ nirt by sheer strength; **bheith
ar theann do dhíchill** to try your
very best; **i d~ na dtrioblóidí** at
the height of the troubles;
seasamh go ~ to stand firm; **~adh
ar dhuine** to put pressure on sb; **tá
an t-am ag ~adh orainn** we are
pressed for time

téann *see* **téigh**

teannaire *nm4* (*bicycle etc*) pump

teannas *nm1* strain; tension;
(*muscle*) tone

teannta *nm4* predicament;
foothold; support; **bheith i d~** to
be in a fix; **do chos a chur i d~** (*also
fig*) to stand firm; **i d~ +** *gen* along
with; as well as; moreover

teanntás *nm1* boldness, audacity;
assertiveness; **~ a dhéanamh le
duine** to make bold with sb

teanntásach *adj* assured;
assertive; audacious

teanór *nm1* (*Mus*) tenor

tearc (*gsm* **tearc**) *adj* scarce; sparse

téarma *nm4* term; semester; **thar
~** (*Fin*) overdue; **~í** *npl* conditions

téarmaíocht *nf3* terminology

tearmann *nm1* asylum, sanctuary,
refuge; (*for tribe etc*) reservation

téarnamh *nm1* convalescence

teas *nm3* heat; warmth

teasaí *adj* hot; fiery; hot-headed;
(*argument*) heated

teasc *vt* amputate; sever; hack off

teascán *nm1* segment; section

teaspach *nm1* (*of weather*) heat; (*of
person*) exuberance; high spirits

teastaigh (*vn* **teastáil**) *vi* be
wanted; **"giolla ag teastáil"**
"waiter wanted"; **teastaíonn breis
ama uaithi** she wants more time

teastas *nm1* certificate; diploma;
(*for job*) reference; **~ báis/breithe/
pósta** death/birth/marriage
certificate

teibí *adj* abstract

teicneoir *nm3* technician

teicneolaíoch *adj* technological

teicneolaíocht *nf3* technology;
~ an eolais information
technology, IT

teicníc *nf2* technique

teicníocht *nf3* technique

teicniúil *adj* technical

teideal *nm1* title; claim; **bheith i d~
ruda** to be entitled to sth; **teidil
chreidiúna** (*Cine, TV*) credits

teidealach *adj* titular

teifeach *adj, nm1* fugitive

téigh¹ (*vn* **téamh**) *vt* heat, warm
(up); **théigh mo chroí leis** I took a
liking to him

téigh² (*pres* **téann**, *fut* **rachaidh**,
past **chuaigh**, *past dependent*
deachaigh, *vn* **dul**, *vadj* **dulta**) *see
also* grammar section *vi* go; last;
dul a luí to go to bed; **tá sé ag dul
a thógáil tí** he's going to build a
house; **téigh ag** succeed; **chuaigh
agam é a dhéanamh** I managed
to do it; **téigh amach** go out
through/by; **dul amach ar an
bhfuinneog** to get out through the
window; **téigh ar** go on; (*mad,
astray*) go; **dul ar bord eitleáin** to
board an aeroplane; **dul ar
aghaidh/ar gcúl** to progress/
regress; **dul ar mire** to go mad;
téigh as go away from; (*fire etc*) go
out; go out of; **chuaigh an solas
as** the light went out; **téigh
chuig/chun** go to; become; **dul
chun donais** to get worse; **dul
chun cainte le duine** to go and
speak to sb; **dul chun tairbhe do**

rud to benefit sth; **téigh do** go to; be due to; affect; **cá mhéad atá ag dul duit?** how much are you owed?; **téigh faoi** go under; sink; (*sun etc*) set; go within; **dul faoi chónaí** to retire (to bed); **téigh gan** go or do without; **téigh i** to go in(to); (*member*) join; (*responsibility*) undertake; become; **dul i bhfolach** to go into hiding; **dul i mbun ruda** to take charge of sth; **dul i bhfuaire** to get cold; **téigh idir** go between; intervene; **téigh isteach** go in by; (*exam, competition*) enter; **téigh le** go with; accompany; match; (*pursuit, career*) take up; become; **dul le múinteoireacht** to take up teaching; **dul le fána** to go downhill; **téigh ó** go from; **dul ó mhaith** to become useless; **téigh roimh** go before; precede; interrupt; **dul roimh dhuine sa chaint** (*in conversation*) to interrupt sb; **téigh siar ar** (*word*) go back on; (*step*) retrace; **téigh síos** go down; sink; **téigh thar** go over; pass (by); exceed; (*rule*) break; **dul thar sáile** to go overseas; **téigh thart** go round; (*time etc*) go by; **téigh trí** go through; (*penetrate*); (*resources*) spend, use

teiléacs nm4 telex
teileafón nm1 telephone; **~ ceallach** cellphone
teileafónaí nm4 telephonist
teileagraf nm1 telegraph
teileascóp nm1 telescope
teilg (*vn* **teilgean**) vt, vi throw; fling; (*colour*) fade; (*Law*) condemn
teilgean nm1 projection
teilgeoir nm3 projector
teilidhíol, teilidhíolachán nm3 telesales

teilifís nf2 television, TV; **~ dhaite** colour television; **~ dhigiteach** digital television
teilifíseán nm1 television (set), TV
Teilitéacs nm4 Teletext®
téim etc vb see **téigh**
teimhligh vt tarnish; stain
teip nf2 failure; flop; (*Tennis*) fault
  ▷ vi (*pp* **teipthe**) fail; **theip orm** I failed; **gan ~** without fail; **theip an tsláinte air** his health failed; **~ ar dhuine** to let sb down
téip (*pl* **téipeanna**) nf2 tape; **~ dhearg** (*fig*) red tape
téipthaifeadán nm1 tape recorder
teiripe nf4 therapy
teirmeach adj thermal
teirmeas nm1 (Thermos®) flask
teirmeastat nm1 thermostat
teirmiméadar nm1 thermometer
teirminéal nm1 (*also Comput, Elec*) terminal
teist (*pl* **teisteanna**) nf2 testimony; test; reputation; (*service etc*) record
teistiméireacht nf3 (*Scol etc*) certificate; testimony; (*character*) reference
teith vi flee, run (off); **~ ó** avoid; flee
teitheadh (*gs* **teite**) nm flight; escape; **bheith ar do theitheadh** to be on the run
téitheoir nm3 heater
teo see **te**
teochreasach adj tropical
teochrios (*gs* **teochreasa**, *pl* **teochriosanna**) nm3: **an T~** (*Geog*) The Tropics
teocht nf3 temperature; warmth; **dul i d~** to get warm
teoiric nf2 theory; **~ an chandaim** the quantum theory; **~ na coibhneasachta** the theory of relativity
teoiriciúil adj theoretical

teoirim *nf2* theorem

teolaí *adj* comfy; snug

teorainn (*gs* **teorann**, *pl* **teorainneacha**) *nf* border; frontier; limit; boundary; **an T~** (*Pol*) The Border; **gan ~** unlimited, boundless; **~ aoise/luais** age/ speed limit

teorann *gs as adj* border; boundary; (*waters*) territorial

teoranta *adj* finite; (*also Econ*) limited

th (*remove* "h") *see also* **t...**

thabharfainn *etc vb see* **tabhair**

thagadh, tháinig *etc vb see* **tar**

thairis, thairsti *see* **thar**

thall *adv, adj* over; beyond; **~ i Meiriceá** over in America; **an bruach ~** the far bank; **~ ansin** over there; **~ is abhus** here and there

thángamar, thángthas *vb see* **tar**

thar (*prep prons* = **tharam, tharat, thairis, thairsti, tharainn, tharaibh, tharstu**) *prep* over; above; beyond; more than; across; **~ barr** excellent; **dul ~ d'acmhainn le rud** to go out of your depth with sth; **~ sáile** abroad, overseas; **~ mhíle** over a mile; **~ a bheith fuar** extremely cold; **thairis sin** moreover; **~ gach rud** above all

tharla *etc vb see* **tarlaigh**

tharstu *see* **thar**

thart *adv, prep* about, around; round; by; past; over; **amharc ~** to look around; **rud a chur ~** to pass sth round; **teacht ~** to come round; **dul ~** (*time*) to pass; **tá an cluiche ~** the game is over; **an tseachtain seo a chuaigh ~** last week; **dul ~ le rud** to pass sth by

théadh *vb see* **téigh¹**

theas *adv, adj* (*position*) south; southern; southerly

thiar *adv, adj* (*position*) west; western; westerly; rear; **taobh ~ den doras** behind the door; **tá ~ air** he is done for; **faoi dheireadh ~** at long last

thiocfadh *vb see* **tar**

thíos *adv* (*position*) below, beneath; down; (*in writing*) below; **~ faoi** beneath, underneath; **bheith ~** (*kettle, pot*) to be on; **bheith ~ le rud** to lose (out) by sth; **~ staighre** downstairs

thoir *adv, adj* (*position*) east; eastern; easterly

thú *see* **tú**

thuaidh *adv, adj* (*position*) north; northern; northerly; **an Mhuir T~** the North Sea

thuas *adv, adj* (*position*) above; overhead; up, upper; **~ staighre** upstairs

thug *etc vb see* **tabhair**

thusa *see* **tusa**

tí (*remove* "t") *see* **i...**

tí *nf4* **bheith ar tí rud a dhéanamh** to be on the point of doing sth

tí⁷ *see* **teach**

tiachóg *nf2* wallet; satchel

tiarcais n: a thiarcais! (*exclamation*) my goodness!

tiarna *nm4* lord; peer; **~ talaimh** or **talún** landlord; **An T~** (*Rel*) the Lord; **Teach na dT~í** the (House of) Lords

tiarnas *nm* rule; lordship; dominion

tiarnúil *adj* haughty; (*tone*) overbearing

tibhe *see* **tiubh**

tic *nm4* (*of clock, mark*) tick; **~ a chur le rud** to tick sth off

t

ticéad *nm* ticket; **~ páirceála/ séasúir/dea-mhéine** parking/ season/complimentary ticket; **~ fillte/singil** return/single ticket

ticeáil *vt*, *vi* tick (off)

tig *vb* see **tar**

tigh see **teach**

tíl (*pl* **tíleanna**) *nf2* tile

tím *nf2* thyme

timbléar *nm* (*glass*) tumbler

timire *nm4* messenger; attendant

timireacht *nf3* household chores; running errands

timpeall *nm* circuit; round; roundabout way; circumference ▷ *adv* round; about ▷ *prep* round; about; **~** + *gen* around, round; approximately, roughly, in the region of; **~ an tí** around the house; **~ 60** 60-odd; **inár ~** around us; **ag dul ~** going round; **~ mí ó shin** about a month ago

timpeallach *adj* (*route, means*) roundabout, circuitous; surrounding

timpeallacht *nf3* surroundings; environment; vicinity

timpeallachta *n gen as adj* environmental

timpeallaigh *vt* circle, surround; go round

timpeallán *nm* (*Aut*) roundabout

timpiste *nf4* accident; **bhain ~ dó** he had an accident; **de thimpiste** by accident

timpisteach *adj* accidental

timthriall *nm3* (*Biol, Math, Phys*) cycle

timthriallach *adj* cyclical; recurring; (*movement, work*) repetitive

tincéir *nm3* (*gipsy*) tinker

tine (*pl* **tinte**) *nf4* fire; **~ chnámh** bonfire; **~ gháis** gas fire; **trí** *or* **le**

thine on fire; **a chur síos** to set a fire; **rud a chur trí thine** to set sth on fire

tinn *adj* ill, sick; sore, aching; **buaileadh ~ í** she took ill; **bheith ~ tuirseach de rud** to be sick and . tired of sth

tinneas *nm* illness, sickness; ache; **~ cinn/cluaise/fiacaile** headache/earache/toothache; **~ clainne** (*childbirth*) labour; **~ farraige** seasickness; **~ cinn a bheith ort** to have a headache; **~ na circe** the fidgets; **~ póite** hangover

tinreamh *nm* attendance

tinte see **tine**

tinteán *nm* hearth; fireplace; **níl aon ~ mar do thinteán féin** there's no place like home

tintreach *nf2* lightning

tintrí *adj* (*temper*) hot; hot-headed; ardent

Tiobraid Árann *nf* Tipperary

tiocfaidh *etc vb* see **tar**

tíogar *nm* tiger

tíolacadh (*gs* **tíolactha**, *pl* **tíolacthaí**) *nm* (*spiritual*) gift

tíolaic (*pres* **tíolacann**) *vt*, *vi* dedicate; bestow

tiomáin *vt*, *vi* drive; propel

tiomáint (*gs* **tiomána**) *nf3* (*also Comput*) drive; power

tiománaí *nm4* (*also Golf*) driver; chauffeur

tiomna *nm4* will, testament; **An T~ Nua** the New Testament

tiomnaigh *vt*, *vi* assemble; collect; accumulate

tiomsaitheoir *nm3* compiler; collector

tionchar *nm* influence; impact; **faoi thionchar an alcóil** under the influence of alcohol

tionlacaí nm4 (Mus) accompanist
tionlacan nm1 (entourage) escort; (Mil) convoy; (Mus) accompaniment
tionlaic (pres **tionlacann**, vn **tionlacan**) vt escort; (also Mus) accompany; (bride) give away
tíonna see **tí**[superscript 1]
tionóil (pres **tionólann**) vt, vi convene; muster; assemble
tionóisc nf2 accident; **~ bhóthair** road accident; **trí thionóisc** by accident
tionóisceach adj accidental
tionól nm1 gathering; assembly; (of assembly etc) sitting
tionónta nm4 tenant
tionóntacht nf3 tenancy
tionscadal nm1 project
tionscain (pres **tionscnaíonn**) vt, vi initiate, start; institute; mastermind; originate
tionscal nm1 industry
tionscantach adj initial; original; (person, mind) enterprising
tionsclaíoch (gsm **tionsclaíoch**) adj industrial
tionscnamh nm1 origin; (setting up) establishment; initiative
tionscnóir nm3 initiator; originator; promoter
tiontaigh vt, vi turn; convert; translate; **tiontú ar ais** to turn back
tíopa nm4 (Biol) type
tíoránach nm1 tyrant; bully
tíoránta adj tyrannical; oppressive; (heat, pain) intense
tíorántacht nf3 tyranny; despotism
tíos nm1 housekeeping; thrift; (Scol) home economics; **airgead tís** housekeeping (money)
tíosach adj thrifty; economical

▷ nm1 (TV, Radio etc) host
tipiciúil adj typical
tír (pl **tíortha**) nf2 country; land; **~ dhúchais** native country, homeland; **~ mór** mainland; **ceol ~e** folk music; **teacht i d~** survive, manage; **teacht i d~ ar rud/ dhuine** to take advantage of sth/ sb; **do bheatha a thabhairt i d~** to make one's living
Tír Chonaill nf Donegal
tírdhreach (gs, npl **tírdhreacha**, gpl **tírdhreach**) nm3 landscape
Tír Eoghain nf Tyrone
tíreolaíocht nf3 geography
tírghrá nm4 patriotism
tírghrách (gsm **tírghrách**) adj patriotic
tirim adj dry; arid; **airgead ~** ready cash
tirimghlanadh (gs **tirimghlanta**) nm dry-cleaning
tirimghlantóir nm3 dry-cleaner('s)
tíriúil adj homely; sociable; (story) racy
tit (vn **titim**, pp **tite**) vi fall (down); drop; sag; **thit mo chodladh orm** I fell asleep; **~im i laige** or **i bhfanntais** to faint; **~im isteach** (roof etc) to cave in; **~im as a chéile** to fall apart; **~im chun deiridh** (also fig) to fall behind; **~im amach** (events) to happen; **~im amach le duine** to fall out with sb; **~im chun feola** to put on weight; **~im i do chodladh** to fall asleep
tithe see **teach**
tithíocht nf3 housing
titim nf2 fall; decline; (in prices etc) drop; tumble
titimeas nm1 epilepsy
tiúb (pl **tiúbanna**) nf2 tube
tiubh (gsm **tiubh**, gsf, compar **tibhe**) adj thick; dense; fast; **chomh ~**

géar is a thig leat as soon as you can

tiúilip *nf2* tulip

tiúin (*pl* **tiúineanna**) *nf2* tune; mood; **bheith i d~/as ~ le** to be in/ out of tune with ▷ *vt, vi* (*pres* **tiúnann**, *vn* **tiúnadh**, *gs, pp* **tiúnta**) tune (up)

tiús *nm1* thickness; density; **20cm ar ~** 20cm thick

tláith *adj* weak; pale; tender; mild

T-léine *nf4* T-shirt

tlú (*pl* **tlúnna**) *nm4* tongs

TnaG *n abbr* (= Teilifís na Gaeilge) Irish language television

tnáite *adj* jaded; exhausted

tnúth *nm3* envy; rivalry; expectation; longing ▷ *vt, vi* envy; long for; **rud a thnúth do dhuine** to begrudge sb sth; **~ le rud** to yearn for sth; expect sth

tnúthach *adj* envious

tnúthán *nm1* expectancy

tO (remove "t") *see* **O...**

tobac *nm4* tobacco; **"ná caitear ~"** "no smoking"

tobacadóir *nm3* tobacconist

tobán *nm1* tub

tobann *adj* sudden; abrupt; impetuous; short-tempered; **go ~** suddenly

tobar (*pl* **toibreacha**) *nm1* (of water) well; spring; fountain

tochail (*pres* **tochlaíonn**, *vn* **tochailt**) *vt, vi* dig; burrow

tochailt *nf2* digging, excavation

tochais (*pres* **tochasann**) *vt, vi* scratch; itch

tochas *nm1* itch; **~ a bheith ionat** to itch

tochasach *adj* itchy

tochrais *vt, vi* wind

tocht[1] (*pl* **tochtanna**) *nm3* mattress

tocht[2] *nm3* (*Med*) stoppage;

emotion; **~ a bheith ort** to be (very) emotional

tochtmhar *adj* (very) emotional

tocsain *nf2* toxin

tocsaineach *adj* toxic

todhchaí *nf4* future

todóg *nf2* cigar

tofa *vadj* choice; (fool etc) utter

tóg *vt, vi* raise or lift (up); pick up; take; build; (family) bring up, rear; (cattle) raise, rear; (emotion) stir (up); (slope) ascend; (fare etc) collect; (space, time) take, require; (police) arrest, lift; (step, photograph) take; (language, skill) pick up; (flu etc) catch, contract; **teach a thógáil** to build a house; **clann a thógáil (le Gaeilge)** to rear a family (through Irish); **thógfadh sé uair nó dhó dul ann** it would take an hour or two to get there; **achrann a thógáil** to stir up a row; **grianghraf a thógáil (de rud)** to take a photograph (of sth); **áit duine a thógáil** to take sb's place; **~ go bog é!** take it easy!; **tóg ar** raise or lift upon; undertake; take for; blame for; hold against; **rud a thógáil ar do ghualainn** to lift sth up on your shoulder; **ní thógfainn orm féin sin a dhéanamh** I wouldn't take it upon myself to do that; **rud a thógáil ar dhuine** to hold sth against sb; **teach/carr a thógáil ar cíos** to rent a house/car; **tóg as** lift or take out of; take from; **tóg chuig** or **chun** take to; **rud a thógáil chugat féin** (remark etc) to take sth personally; **tóg de** lift off; take off; **do shúil a thógáil de rud** to take your eye off sth; **duine a thógáil den pháirc** (Sport: substitution) to take sb off; **tóg do** take to; **olc a**

thógáil do dhuine to take a grudge against sb; **tóg** i take into, lift into; **tóg isteach** take in; (*dress etc*) shorten; **tóg le** lift with; excite by; take to; take away; **~áil le duine/rud** to take to sb/sth; **rud a thógáil leat** to take sth away; (*trick, skill etc*) to pick sth up; **tóg ó** take from; lift from; **achasán a thógáil ó dhuine** to take an insult from sb; **tóg suas** lift or raise up

toga nm4 toga

tógáil nf3 upbringing; *see also* **tóg**

tógálach adj (Med) infectious; catching; (*person*) touchy

tógálaí nm4 builder; breeder

togh (*pp* **tofa**) vt, vi choose; select; elect; (*Pol: candidate*) return

togha nm4 choice; pick; ~ **oibre** excellent work; ~ + *gen* the best of; ~ **fir!** good man!; ~ **agus rogha** the pick of the bunch

toghadh (*gs* **tofa**) nm election, selection

toghchán nm election

toghchánaíocht nf3 electioneering

toghlach nm constituency

toghluasacht nf3 abortion

toghthóir nm3 elector; constituent; **na ~í** the electorate

tógtha vadj excited; agitated; **éirí ~ (faoi rud)** to get excited or worked up (about sth)

toiciúil adj affluent; well-to-do

toil nf3 will; desire; inclination; **le do thoil, más é do thoil é** please; **in éadan do thola** against your will; **de do thoil féin** of your own accord; **is ~ liom** I wish or desire to; ~ **a thabhairt do rud** to take a liking to sth; **teanga a bheith ar do thoil agat** to be fluent in a language; **do thoil a thabhairt do**

rud to give your consent to sth

toiligh vt, vi consent, agree; **toiliú le rud** to consent to sth

toileanach adj willing; voluntary

tóin (*pl* **tóineanna**) nf3 backside, bottom; (*trousers*) seat; lowest part; **dul go ~ (poill)** (*boat*) to sink; **cic sa ~** (*fam*) an injection of urgency; **dul ar do thóin i rud** to back out of sth; **thit an ~ as** (*also fig*) it fell apart

toinn *see* **tonn**

tointe nm4 strand, thread; (*of clothes*) stitch

tóir (*pl* **tóireacha**) nf3 pursuit; chase; **dul sa ~ ar dhuine** to chase sb; ~ **a bheith ort** to be popular

toirbhir (*pres* **toirbhríonn**, *vn* **toirbhirt**) vt, vi deliver; present; dedicate

toircheasach adj pregnant

toirchigh vt make pregnant; (*Biol*) fertilize

toirmeasc nm prohibition; mishap; mischief

toirmisc vt, vi prohibit; prevent; **rud a thoirmeasc ar dhuine** to forbid sb sth

toirmiscthe adj forbidden

toirneach nf2 thunder

toirniúil adj thundery

tóirse nm4 torch; flare

tóirsholas nm searchlight

toirt (*pl* **toirteanna**) nf2 mass, bulk; volume; **ar an ~** immediately

toirtéis nf2 self-importance; pride

toirtéiseach adj self-important; proud

toirtín nm4 scone; cake

toirtís nf2 tortoise

toirtiúil adj bulky; (*person*) heavy

toisc (*pl* **tosca**) nf factor; circumstance; ~, **de thoisc** because, due to; ~ **é a bheith as**

láthair due to his absence; **~ go bhfuil sí tinn** because she is ill; **d'aon ~** on purpose

toise nm4 measurement; dimension

toit nf2 smoke; **~ a dhéanamh** (fire) to smoke; **~ a chaitheamh** to have a smoke

toitcheo nm4 smog

toiteach adj smoky

toitín nm4 cigarette, fag; (of cannabis) joint

tólamh n: **i d~** always; all the time

tolg¹ vt, vi (storm) gather; (illness) contract; develop; **slaghdán a tholgadh** to catch a cold

tolg² nm settee, sofa; couch

tolglann nf2 lounge (bar)

toll¹ vt, vi bore, drill

toll² nm: **rudaí a chur i d~ a chéile** to put things together

toll³ (also sound) hollow; pierced

tollán nm tunnel

tom nm bush; shrub; tuft; clump

tomhais (pp **tomhaiste**) vt, vi measure; gauge; estimate, guess

tomhaiste vadj regular; measured

tomhaltas nm consumption

tomhaltóir nm3 consumer

tomhas nm measure; dimension; guess; puzzle, riddle; **~ a láimhe féin a thabhairt do dhuine** to give sb as good as one gets

ton nm tone

tonn (pl **tonnta**, ds **toinn**, gpl **tonn**) nf2 (also Radio) wave; **~ tuile** tidal wave; **thar toinn** overseas; **faoi thoinn** underwater; **~ teaspaigh** heatwave ▷ vt, vi gush; (smoke) billow; (terrain) undulate

tonna nm4 ton

tor nm shrub; bush; tuft

toradh (pl **torthaí**) nm fruit; product; produce; (of test, game etc)

result, outcome; **~ citris** citrus fruit; **bhí de thoradh air go ...** it resulted in ...; **de thoradh** + gen as a result of

tóraí nm4 robber; outlaw; **T~** (Pol) Tory

tóraíocht nf3 search, pursuit; (Police) manhunt; **~ taisce** treasure hunt

torann nm1 (loud) noise

torannach adj noisy

torbán nm tadpole

torc nm boar

torcán nm young boar; **~ craobhach** porcupine

tormán nm1 noise; boom

tormánach adj noisy

tormas nm: **ag ~** grumbling; sulking

tornádó (pl **tornádónna**) nm4 tornado

tornapa nm4 turnip

torrach adj pregnant

tórramh nm wake; funeral (procession); **teach tórraimh** wake house

torthúil adj fertile; fruitful

tosach (gs, pl **tosaigh**) nm beginning; start; front; lead; onset; (Naut) bow, prow; **ó thosach** from the beginning; **i d~** at first; **teacht chun tosaigh** to come to the fore; **chun tosaigh** in the lead; forward

tosaí nm4 (Sport) forward

tosaigh¹ vt, vi begin, start (off) or (up); initiate; (Comput) boot; **~ arís** resume; **tosú ar rud** to begin sth

tosaigh² n gen as adj front; opening; (in race etc) leading; **roth ~** front wheel; see also **tosach**

tosaíocht nf3 preference; priority; **~ a thabhairt do rud** to give priority to sth

tosaitheoir nm3 beginner

tosca *see* **toisc**

toscaire *nm4* delegate; deputy

toscaireacht *nf3* delegation; deputation

tost *nm3* silence ▷ *vi* go or be silent; **bí i do thost!** shut up!; **duine a chur ina thost** to silence sb; **fanacht i do thost** to remain silent

tósta *nm4* (*Culin*) toast

tostach *adj* taciturn

tóstaer *nm1* toaster

tóstáil *vt* (*bread*) toast

tóstal *nm* assembly; pageant

trá¹ (*pl* **tránna**) *nf4* beach; strand; **bheith ag iarraidh an dá thrá a fhreastal** to try to do two things at once; **ar an ~ fholamh** destitute; **ar an ~ thirim** high and dry

trá² *nm4* ebb; (*Comm*) recession; *see also* **tráigh**

trácht¹ (*pl* **tráchtanna**) *nm3* mention, comment; discussion ▷ *vt, vi* mention, comment; discuss; **~ a chloisteáil ar rud** to hear (tell) of sth; **is annamh ~ air** it's rarely mentioned; **~ ar rud** to mention or speak of sth; **gan ~ ar** not to mention

trácht² (*pl* **tráchtanna**) *nm3* (*of foot*) sole, instep; (*of tyre*) tread

trácht³ (*pl* **tráchtanna**) *nm3* traffic; **soilse ~a** traffic-lights

tráchtáil *nf3* trade, commerce

tráchtaire *nm4* commentator

tráchtaireacht *nf3* commentary

tráchtála *n gen as adj* commercial

tráchtas *nm* dissertation; thesis; tract

trádáil *nf3* trade, commerce ▷ *vt, vi* trade; deal

trádálaí *nm4* trader

trádmharc *nm* trademark

traein (*gs* **traenach**, *pl* **traenacha**)

nf train; **ar an** *or* **leis an ~** by train; **~ luais** express train

traenáil *vt, vi* train; coach ▷ *nf3* training; coaching

traenáilte *adj* trained

traenálaí *nm4* trainer; coach

tragóid *nf2* tragedy

tragóideach *adj* tragic

traidhfil *nf4* (*also Culin*) trifle; small amount

traidisiún *nm1* tradition

traidisiúnta *adj* traditional

traigéide *nf4* (*Theat*) tragedy

traigéideach *adj* (*Theat*) tragic

tráigh (*vn* **trá**) *vi* ebb; recede; dry up; decline

tráill *nf2* slave; wretch

traipisí *npl* personal belongings; junk; **rud a chaitheamh i d~** to discard sth, give sth up

trálaer *nm* trawler

tralaí *nm4* trolley

tram (*pl* **tramanna**) *nm4* tram, tramcar, streetcar (*US*)

trampáil *vt, vi* tramp

trampailín *nm4* trampoline

trangláilte *adj* crowded; cluttered

tranglam *nm* clutter; tangle; disorder

tránna *see* **trá¹**

traoch *vt* exhaust, tire out; overcome

traochta *vadj* exhausted; exhausting

tras- *prefix* trans-, cross-

trasatlantach *adj* transatlantic

trasghearradh (*gs* **trasghearrtha**, *pl* **trasghearrthacha**) *nm* cross-section

trasna *prep, adv* (+ *gen*) across; (*dul*) **~ na sráide** (to go) across the street; **teacht ~ ar dhuine** to contradict sb; **3m ~** 3m across

trasnaigh vt, vi (*traverse*) cross; intersect; contradict

trasnaíocht nf3 (*Radio, TV*) interference

trasnán nm1 crossbar; (*Math*) diagonal

trasnú nm intersection, traverse; (*in conversation*) interruption

trasrian (*pl* **trasrianta**) nm1:
~ coisithe pedestrian crossing;
~ le soilse lámhrialaithe pelican crossing

tráta nm4 tomato

tráth (*pl* **tráthanna** or **trátha**, *gpl* **tráth**) nm3 hour; time; occasion; (*formerly*) once; meal; **i d~a a dó a chlog** around 2 o'clock; **in am agus i d~** in good time; **~ bia** a meal; **~ na gceist** quiz

tráthas n: **idir sin is ~** somewhat later; later on

tráthnóna (*pl* **tráthnónta**) nm4 evening; afternoon; **~ or um thráthnóna** in the afternoon or evening

tráthrialta adv: **go ~** regularly; punctually

tráthúil adj timely, opportune, apt

treabh (*vn* **treabhadh**) vt, vi plough; **~adh leat** (*fig*) to plod on; **~adh le duine** to get along with sb

treabhsar nm1 trousers; slacks

tréad (*gs, pl* **tréada**) nm3 (*also Rel*) flock; fold; herd

trealamh nm1 equipment; gear; kit; fitting, furniture; paraphernalia

treallach adj fitful; capricious

treallúsach adj assertive; enterprising; industrious

tréan (*compar* **treise, tréine**) adj strong, mighty; vehement ⊳ nm1 strength; power; **~ + gen** plenty (of), a lot (of); **~ airgid** plenty of money; **le ~ áthais** out of sheer delight

tréaniolra nm4 (*Gram*) strong plural

treas adj third

treascair (*pres* **treascraíonn**) vt fell; (*enemy*) rout; (*régime*) overthrow

treascairt (*gs* **treascartha**) nf3 overthrow; downfall; defeat

treascrach adj overpowering; overwhelming; stunning

tréaslaigh (*vn* **tréaslú**) vt congratulate; **rud a thréaslú le or do dhuine** to congratulate sb on sth

treaspás nm1 trespass(ing); **"ná déantar ~"** "no trespassing"

tréatúir nm3 traitor

trédhearcach adj transparent

treibh (*pl* **treibheanna**) nf2 tribe; race; people

tréidlia (*pl* **tréidlianna**) nm4 vet, veterinary surgeon

tréig (*vn* **tréigean**, *pp* **tréigthe**) vt, vi (*place, cause*) abandon, desert; forsake; (*colour*) fade; (*health*) fail

tréigthe vadj derelict; deserted; (*colour*) faded

tréimhse nf4 period, spell

tréimhseachán nm1 periodical

tréimhsiúil adj periodic(al)

tréine *see* **tréan**

treis n: **teacht i d~** to come to power; **rud a thabhairt i d~** (*subject*) to bring sth up; **bheith i d~ i rud** to be involved in sth

treise nf4 strength; emphasis; **~ a chur le rud** to strengthen or emphasize sth; *see also* **tréan**

treisigh (*vn* **treisiú**) vt, vi strengthen; reinforce; **treisiú le rud/duine** to support sth/sb

tréith (*gs, pl* **tréithe**) nf2 trait;

quality, characteristic; **fios a thréithe a thabhairt do dhuine** to tell sb a few home truths

tréitheach *adj* gifted; characteristic; tricky

treo (*pl* **treonna**) *nm4* direction; way; **cén ~ ar imigh sé?** what direction did he go?; **i d~** +*gen* towards

treodóireacht *nf3* orienteering

treoir (*gs* **treorach**, *pl* **treoracha**) *nf* guidance; direction; leadership; indicator; (*on gun*) sight; progress; **~ a dhéanamh do dhuine** to give sb directions; **duine a chur dá threoir** to confuse sb; **i d~** ready, in order; **treoracha** directions or instructions (for use)

treoraí *nm4* guide

treoraigh *vt* guide; direct; lead

trí¹ (*pl* **trítonna**) *num, nm4*: **a ~** three; **a ~ déag** thirteen; **~ mhála** three bags; **seomra a ~** room 3

trí² (*prep prons* = **tríom, tríot, tríd, tríthi, trínn, tríbh, tríothu**) *prep* (*becomes* **tríd** *before art* **an**) through; throughout; by; **~(na) chéile** confused; **~d síos** right through; **bheith i bhfad ~d** to be far gone; **~d is ~d** by and large; **~ Ghaeilge** or **~d an nGaeilge** through Irish

triacla *nm4* treacle

triail *nf* test; (*also Law*) trial, experiment ▷ *vt* (*also Law*) try; test

trialach *adj* trial, experimental

triall (*pl* **trialltd**) *nm3* journey ▷ *vt, vi*: **~ ar an mbaile** to make for home; **cá bhfuil do thriall?** where are you heading?

trian (*pl* **trianta**) *nm1* (*fraction*) third

triantán *nm1* (*Math, Mus*) triangle

triarach *adj* triple; triplicate

tríbh *see* **trí²**

tríchosach *nm1* tripod

tríd *see* **trí²**

trídhathach *adj* tricolour

trídhualach *adj* (*wool*) three-ply

trilseán *nm1* plait; braid; pigtail; (*of onions*) string

trína = **trí²** + *poss adj* **a**; **trí²** + *rel part* **a**

trínar = **trí²** + *rel part* **ar**

trínár = **trí²** + *poss adj* **ár**

trínn *see* **trí²**

trinse *nm4* trench

trioblóid *nf2* trouble; distress; **~í** (*Pol etc*) troubles

trioblóideach *adj* troublesome

trioc *nm4* furniture

tríocha (*gs* **tríochad**, *pl* **tríochaidí**) *num, nm* thirty

tríochadú *num, adj, nm4* thirtieth

tríom *see* **trí²**

triomach *nm1* dry weather; drought

triomadóir *nm3* dryer; **~ gruaige** hair dryer

triomaigh *vt, vi* dry (up)

tríonna *see* **trí¹**

Tríonóid *nf2*: **An ~ Naofa** (*Rel*) the Holy Trinity

triopall *nm1* bunch; (*of dress*) train

triopallach *adj* clustered; tidy

tríot *see* **trí²**

tríothu *see* **trí²**

trírín *nm4* triplet

tríthi *see* **trí²**

tríú *num, adj, nm4* third; **an T~ Domhan** the Third World

triuch (*gs* **treacha**) *nm3* whooping cough

triuf (*pl* **triufanna**) *nm4* (*Cards*) club

triúr *nm1* three (people); **chuaigh ~ againn ann** 3 of us went; **tá siad ~ ann** there are 3 of them

triús *nm1* trousers

t

trócaire nf4 mercy; leniency; ~ a
dhéanamh ar dhuine to have
mercy on sb

trócaireach adj merciful; lenient

trodach adj quarrelsome;
belligerent

trodaí nm4 (also fig) fighter

trófaí nm4 trophy

troid nf3 fight; fighting; quarrel
▷ vt, vi fight; quarrel; ~ a chur ar
dhuine to challenge sb to a fight

troigh (pl **troithe**) nf2 (also measure)
foot; **sé troithe ar airde** 6 feet tall

troisc (vn **troscadh**) vi fast

troistneach nf2 commotion; noise

troitheán nm pedal

trom nm4 weight; burden; bulk
▷ adj heavy; (work) hard; (blow)
hefty; ~ na hoibre the bulk of the
work; **bheith ~ ar an ól** to be a
heavy drinker

tromaí adj weighty; grave;
heavy-hearted

tromaigh vt, vi make or become
heavier

tromaíocht nf3 censure;
condemnation; **bheith ag ~ ar
dhuine** to criticise sb

tromán nm weight; ~ **páipéir**
paperweight; ~ **lúith** dumbbell

trombóis nf2 thrombosis

trombón nm trombone

tromchroíoch adj heavy-hearted

tromchúiseach adj grave, serious

tromlach nm majority

tromluí nm4 nightmare

trópaic nf2 tropic

trosc nm cod

troscadh nm fast; see also **troisc**

troscán nm furniture

trost nf2 thud; (noise) thump

trua nf4 pity; sympathy;
compassion ▷ adj (meat) lean; **is ~
liom é** I pity him; **is ~ go ...** it's a

pity that ...; **nach mór an ~!** what
a pity!; ~ **a bheith agat do dhuine**
to feel sorry for sb

truacánta adj pitiful; plaintive;
touching

truaill nf2 sheath; covering

truaillí adj corrupt; base; mean

truailligh vt pollute; contaminate

truaillíocht nf3 pollution

truaillithe vadj polluted;
contaminated

truailliú nm pollution

truamhéala nf4 pathos;
compassion

truamhéalach adj pathetic;
piteous; pitiful

trucail nf2 truck; cart

truflais nf2 rubbish; trash

truilleán nm push, shove

trúipéir nm3 trooper

trumpa nm4 trumpet

trunc nm3 trunk

trup (pl **trupanna**) nm4 noise

trúpa nm4 troop

ts (remove "t") see **s**...

tU (remove "t") see **U**...

tú (as object of verb **thú**) pron you; **tú
féin** yourself; **dá bhfeicfeá thú
féin anois** if you saw yourself now;
tú féin a dúirt é it was you who
said it

tua (pl **tuanna**) nf4 axe, hatchet

tuailleas nm hunch, idea

tuáille nm4 towel; ~ **sláintíochta**
sanitary towel

tuaiplis nf2 blunder

tuairgníonn see **tuargain**

tuairim nf2 opinion; idea ▷ prep
about, approximately;
around; ~ **is** about,
around; **is é mo thuairim go ...** it
is my belief that ...; **buille faoi
thuairim a thabhairt** to hazard a
guess

tuairimíocht nf3 speculation;

guesswork

tuairisc nf2 information; account; report, tale; **~ duine a chur** to inquire about or ask after sb; **~ a thabhairt ar rud** to give an account of sth

tuairisceoir nm3 reporter; (news) correspondent

tuairisceoireacht nf3 (news) reporting

tuairiscigh vt, vi report

tuairt (pl **tuairteanna**) nf2 crash, bump; thud; smash

tuairteáil vt bump, crash into; smash; ram

tuaisceart nm1 north; **T~ Éireann** Northern Ireland

tuaisceartach adj north, northern ▷ nm1 northerner

tuaithe n gen as adj country; rural; see also **tuath**

tuama nm4 tomb; vault; tombstone

tuar (pl **tuartha**) nm1 omen, sign; forecast ▷ vt forebode; predict; deserve; **tháinig an ~ faoin tairngreacht** the prophecy was fulfilled; **~ ceatha** rainbow

tuarascáil (pl **tuarascálacha**) nf3 report, account; description

tuarascálaí nm4 reporter

tuarastal nm1 salary

tuargain (pres **tuairgníonn**) vt pound; thump; batter

tuaslagán nf2 (Chem) solution

tuaslaig (pres **tuaslagann**) vt, vi dissolve

tuata nm4 lay person ▷ adj lay; secular

tuath (gs **tuaithe**) nf2 country(side); laity; (Hist) people, tribe; (Hist) territory; **faoin ~** in the country

tuathal adj, adv anticlockwise

▷ nm1 blunder; **dul ~** to go anticlockwise

tubaiste nf4 calamity; catastrophe, disaster

tubaisteach adj catastrophic, disastrous; tragic

tugaim, tugann vb see **tabhair**

tugtha vadj exhausted, spent; **~ do** prone to, fond of, devoted to; **bheith ~ do rud** to be addicted to sth; see also **tabhair**

tuí nf4 thatch; straw; **teach ceann ~** thatched cottage

tuig (vn **tuiscint**) vt, vi understand, realize; **~tear dom go ...** I gather that ...; **tuiscint do dhuine** to empathize with sb; **tuiscint as rud** to get the gist of sth

tuile nf4 (pl **tuilte**) flood; torrent

tuill (vn **tuilleamh**) vt deserve; earn; **bhí sé ~te aici** she deserved it; **~ go maith** well-deserved

tuilleadh nm1 more; addition; **ar mhaith leat a thuilleadh tae?** would you like (some) more tea?; **ní thagann sé a thuilleadh** he no longer comes

tuilleamaí nm4 dependence; reliance; **bheith i d~ duine/ruda** to be dependent on sb/sth

tuilte see **tuile**

tuin nf2 tone; accent

Túinéis nf2: **an ~** Tunisia

tuinnín nm4 tuna (fish)

Tuirc nf2: **an ~** Turkey

Tuircis nf2 (Ling) Turkish

túirín nm4 turret

tuirling (pres **tuirlingíonn**) vt, vi descend; (Aviat) land

tuirlingt (gs **tuirlingthe**) nf2 descent; (Aviat) landing; touchdown; **~ éigeandála** emergency landing

tuirne nm4 spinning wheel

t

tuirse *nf4* tiredness; fatigue; strain; **~ a bheith ort** to be tired
tuirseach *adj* tired; weary
tuirsigh *vt*, *vi* tire
tuirsiúil *adj* tiring; tiresome
túis *nf2* incense
túisce *compar adj, adv* sooner; first; **an rud is ~** the first thing
tuisceanach *adj* understanding, sympathetic, considerate; discerning
tuiscint (*gs* **tuisceana**) *nf3* understanding; perception; realization; *see also* **tuig**
tuiseal *nm* (*Gram*) case
tuisle *nm4* stumble; trip; **bhain ~ dó** he lost his footing; **~ a bhaint as duine** to trip sb
tuisligh *vi* stumble; trip (up); falter; stagger
tuismeá *nf4* horoscope
tuismitheoir *nm3* parent
tulach *nm* hill; mound
tum *vt*, *vi* dip, immerse, submerge; dive, plunge
tumadh (*gs* **tumtha**, *pl* **tumthaí**) *nm* dive, plunge; (*Culin*) dip
tumadóir *nm3* diver
tumadóireacht *nf3* diving
tur *adj* dry; tasteless; (*subject*) dull; (*person*) humourless
túr *nm* tower
turas *nm* journey, trip; pilgrimage; occasion; **d'aon ~** on purpose; **T~ na Croise** (*Rel*) the Stations of the Cross
turasóir *nm3* tourist
turasóireacht *nf3* tourism
Turcach *adj* Turkish ▷ *nm* Turk
turcaí *nm4* turkey
turcaid *nf2* turquoise
turgnamh *nm* experiment
turraing *nf2* stumble; shove; (*Elec*) shock

turtar *nm* turtle
tús *nm* start, beginning, outset; onset; **ar d~** at first; **ó thús** from the beginning; **i d~ báire** first of all, first and foremost; **~ a chur le rud** to begin sth; **ar thús** + *gen* at the front of
tusa (*as object of verb* **thusa**) *pron* (*emphatic*) you
túslitir (*gs* **túslitreach**, *pl* **túslitreacha**) *nf* initial
tútach *adj* awkward; tactless; rude; crude

u

uabhar nm1 pride; arrogance; **dul chun uabhair** to get uppity

uacht (pl **uachtanna**) nf3 will, testament; **rud a fhágáil le h~ ag duine** to bequeath sth to sb

uachtar nm1 top, upper part; cream; (of water) surface; **an lámh in ~ a fháil (ar dhuine)** to get the upper hand (over sb); **~ reoite/coipthe** ice/whipped cream

uachtarach adj upper, top; (in rank) superior

uachtarán nm1 president; superior; **U~ na hÉireann** the President of Ireland

uachtarlann nf2 creamery

uafar adj ghastly, horrible; dreadful

uafás nm1 horror; atrocity; astonishment; a lot of; **~ a chur ar dhuine** to astound or horrify sb; **Ré an Uafáis** the Reign of Terror; **an t~ airgid/daoine** an awful lot of money/people

uafásach adj awful, horrible; astonishing; **caill ~** terrible loss; **radharc ~** horrifying sight

uaibh see **ó¹**

uaibhreach adj proud, arrogant; (growth) lush; (food) rich

uaidh see **ó¹**

uaigh (pl **uaigheanna**) nf2 grave

uaigneach adj lonely; solitary; spooky; **saol ~** lonely life; **áit ~** lonely or spooky place

uaigneas nm1 loneliness; solitude; isolation; **~ a bheith ort** to be or feel lonely

uaill nf2 howl, wail; **~ a ligean asat** to howl, yell

uaillmhian nf2 ambition

uaim see **ó¹**

uaimh (pl **uaimheanna**) nf2 cave; grotto; vault; **~ ifrinn** hell pit

uaimheadóireacht nf3 (activity) potholing

uain (pl **uaineacha**) nf2 time; opportunity, occasion; turn, spell; weather; **ar aon ~ le** simultaneous with; **~ a bheith agat ar rud** to have time to do sth; **fanacht ar d'~** to wait for your turn; **ar ~ibh** occasionally

uaine adj, nf4 (bright) green

uaineoil nf3 (meat) lamb; **ceathrú uaineola** leg of lamb

uainíocht nf3 rotation, interchange; shift work; **~ a dhéanamh** to take turns

uainn see **ó¹**

uair (pl **uaireanta** or **uaire**) nf2 hour; time; **~ an chloig** an hour; **cá h~?, cén ~?** when?; **gach ~** every time; **an chéad ~** the first time; **an chéad ~ eile** the next time; **~ sa tseachtain** once a week; **~ amháin** once; **obair ~ an**

hour's work; **dhá ~ níos faide**
twice as long; **10 gciliméadar san
~** 10 km an hour; **i láthair na h-e**
at the moment; **ar ala na h~e** on
the spur of the moment; **~eanta**
sometimes, at times; **~eanta
cuartaíochta** visiting hours;
~eanta oibre working hours;
~eanta oifige office hours
uaireadóir nm3 watch
uaisle[1] see **uasal**
uaisle[2] nf4 nobility; (fam) gentry
uaisleacht nf3 nobility
uait, uaithi see **ó**[1]
ualach (pl **ualaí**) nm load, burden;
weight; **faoi ~ +** gen laden with
ualaigh vt load; weigh down
uamanna see **uaim**[2]
uan nm (animal) lamb
uas- prefix maximum, top, upper
uasaicme nf4 upper class,
aristocracy; (fam) gentry
uasaicmeach adj upper-class,
aristocratic
uasal (pl **uaisle**) nm nobleman;
gentleman; aristocrat; **~ le híseal
a dhéanamh ar dhuine** to
patronize sb ▷ adj (gsf, pl, compar
uaisle) noble; worthy; precious;
an tU~ Ó Murchú Mr Murphy; **A
Dhuine Uasail** Dear Sir; **A Bhean
U~** Dear Madam; **a dhaoine
uaisle** ladies and gentlemen;
cloch ~ precious stone; **gníomh ~**
honourable deed
uasbhealach nm3 flyover
uascán nm idiot
uascánta adj silly; simple-minded
uaslathas nm (Pol) aristocracy
uaslódáil vt, vi upload
uath- prefix auto-; spontaneous
uatha adj, nm4 (Gram) singular
uathoibríoch (gsm **uathoibríoch**)
adj automatic

uathu see **ó**[1]
uathúil adj unique
ubh (pl **uibheacha** or **uibhe**) nf2
egg; **~ bhruite/bheirithe** boiled
egg; **~ fhriochta** fried egg;
~ scallta poached egg; **~ scrofa**
scrambled egg
ubhchruth nm3 oval
ubhchruthach adj oval,
egg-shaped
ubhchupán nm eggcup
ubhthoradh nm aubergine
U-chasadh nm (in pipe) U-bend
ucht (pl **uchtanna**) nm3 chest;
breast, bosom; lap; **suí in ~ duine**
to sit in sb's lap; **as ~ +** gen for the
sake of, on account of; **as ~ Dé** for
God's sake
uchtach nm courage; hope; **d'~ a
chailleadh** to lose heart; **~ a
thabhairt do dhuine** to
encourage sb
uchtaigh vt (child) adopt
uchtú nm adoption
Úcráin nf2: **an ~** Ukraine
Úcráinis nf2 (Ling) Ukrainian
Úcránach adj, nm Ukrainian
úd[1] nm (Rugby) try
úd[2] adj that, yonder; **an lá úd** that
day
údar nm author; (expert) authority;
origin; cause; **scéal gan ~** baseless
story; **~ a chur le gníomh** to
justify an action; **~ gach oilc** the
root of all evil
údarach adj authentic
údaraigh vt authorize; cause, bring
about
údarás nm authority; **na húdaráis**
the authorities; **~ poiblí/sibhialta**
public/civil authority; **gan ~** (story)
unauthenticated
údarásach adj authoritative;
authoritarian; **go h~** (informed)

reliably

Uí, uí, uíbh see **ó²**

uibheacha, uibhe see **ubh**

uibheagán *nm1* omelet(te)

Uíbh Fhailí *nmpl* Offaly

EOCHAIRFHOCAL

uile *adj, adv* **1** (*with art; precedes n; lenites*) every; **an uile áit** everywhere; **an uile ní** everything; **ón uile thaobh** from every side **2** (*with gach; precedes n; lenites*) every; **gach uile áit** everywhere; **gach uile rud** everything; **gach uile dhuine** everyone **3** (*with art; comes after pron, vb, n*) all; whole; **cairde muid uile** we are all friends; **táimid uile anseo** we are all here; **an domhan uile** the whole world; **sin uile** that's all; **ina dhiaidh sin is uile** after all **4** (*followed by go léir*) all; whole; **na daoine go léir** all of the people; **an t-am uile go léir** the whole time

▷ *adv* all, completely; **trína chéile uile (go léir)** all confused; **go huile is go hiomlán** completely

uilechumhachtach *adj* (*also Rel*) almighty, omnipotent

uile-Éireann *n gen as adj* all-Ireland

uileghabhálach *adj* comprehensive

uilíoch *adj* universal

uilleach *adj* angular

uillinn (*pl* **uillinneacha**, *also gs, gpl* **uilleann**) *nf2* elbow; angle; **~ ar ~** arm in arm; **~ airde** angle of elevation; **ar ~ nócha céim** at an angle of 90 degrees

úim (*pl* **úmacha**) *nf3* harness; tackle; **~ shábháilteachta** safety

harness

uime see **um**

uimhir (*gs* **uimhreach**, *pl* **uimhreacha**) *nf* number; numeral; **U~ Aitheantais Phearsanta** PIN (number); **~ chuntais/cheadúnais/ theileafóin** account/licence/ telephone number; **~ chláraithe** (*also Aut*) registration number; **~ Rómhánach** Roman numeral

uimhirchlár *nm1* licence plate, number plate

uimhirphláta *nm4* number plate

uimhreach, uimhreacha see **uimhir**

uimhrigh *vt, vi* number

uimhríocht *nf3* arithmetic

uimpi see **um**

úinéir *nm3* owner

úinéireacht *nf3* ownership

úir *nf2* soil, earth

uirbeach *adj* urban

uirbiú (*gs* **uirbithe**) *nm* urbanization

úire *nf4* freshness; **as ~** afresh, anew

uireasa *nf4* lack, absence; deficiency; **d'~ airgid** for want of money; **déanamh d'~ ruda** to do without sth

uireasach *adj* lacking; inadequate; incomplete; (*also Gram*) defective

úiríneál *nm1* urinal

uiríseal (*gsf, pl, compar* **uirísle**) *adj* lowly; menial; humble; slavish

uirísligh *vt* humble; humiliate

uirlis *nf2* tool; (*musical*) instrument

uirlise *n gen as adj* (*music*) instrumental

uirthi see **ar¹**

uisce *n gen as adj* water; aquatic ▷ *nm4* water; **~ a chur ar rud** to water sth; **chuirfeadh sé ~ le**

d'fhiacla it would make one's mouth water; **dul/cur faoi ~** to submerge; **~ abhann** *or* **locha** freshwater; **~ beatha (braiche)** (malt) whisk(e)y; **~ coipeach/mianrach** tonic/mineral water; **~ coisricthe** holy water; **~ faoi thalamh** (*pl*) intrigue

uisceadán *nm1* aquarium

Uisceadóir *nm3*: **An t~** (*Astrol*) Aquarius

uiscedhath *nm3* watercolour

uiscedhíonach *adj* waterproof; watertight

uiscigh *vt* water; irrigate

uisciú *nm* irrigation

uisciúil *adj* watery; (*ground*) soggy

uiséir *nm3* usher

Ulaidh (*gpl* **Uladh**) *npl*: **Cúige Uladh** Ulster

ulchabhán *nm1* owl

úll (*pl* **úlla**) *nm*; *adj*; (*Anat*) ball joint; **~ taifí** toffee apple; **~ na haithne** the forbidden fruit; **~ na scornaí** Adam's apple; **~ an chromáin** hip joint

úllagán *nm1* dumpling

ullamh *adj* ready; willing; prompt; in readiness; **bheith ~ (do rud)** to be prepared (for sth)

ullmhaigh *vt, vi* prepare, (get) ready; fix; set; **ullmhú i gcomhair scrúduithe** to prepare for exams; **béile a ullmhú** to prepare a meal

ullmhú *nm* preparation; **~ bia** preparation of food

ullmhúchán *nm1* preparation; groundwork; **scoil ullmhúcháin** prep(aratory) school

úllord *nm1* orchard

Ultach *adj* Ulster ▷ *nm1* native of Ulster

ultrafhuaim *nf2* ultrasound

um (*prep prons* = **umam, umat,**

uime, uimpi, umainn, umaibh, umpu) *prep* about, at, around, in, on; **um Nollaig** at Christmas; **um thráthnóna** in the afternoon

úmacha *see* **úim**

umar *nm1* (water) tank; (*also Geol*) trough; vat; font; **~ ola** (*Aut*) pump; **~ peitril** petrol tank; **~ baiste** baptismal font

umat *see* **um**

umha *nm4* copper; bronze

umhal (*pl* **umhla**) *adj* humble, obedient; supple; **~ ábalta** willing and able

umhlaigh *vt, vi* bow; genuflect; humble; (*fig*) stoop

umhlaíocht *nf3* obedience; humility; respect; **dul ar an ~** to swallow one's pride

umhlú *nm* genuflection; curtsey; (*with body*) bow

umpu *see* **um**

uncail *nm4* uncle

únfairt *nf2* wallowing; tossing and turning; fumbling; messing; **bheith do d'~ féin** to toss and turn; **bheith ag ~ le rud** to fumble with sth

ungadh (*gs* **ungtha**, *pl* **ungthaí**) *nm* ointment; salve; (*cosmetics*) cream; **~ beola** lip salve

Ungáir *nf2*: **an ~** Hungary

Ungáiris *nf2* (*Ling*) Hungarian

Ungárach *adj, nm1* Hungarian

unsa *nm4* ounce

ur- *prefix* pre-, pro-, ante-

úr *adj* new; fresh; novel

Uragua *nm4* Uruguay

Úránas *nm* (*planet*) Uranus

urchar *nm1* shot; **~ maith a bheith agat** to be a good shot; **~ gunna** gunshot; **~ iomraill** (*shot*) miss; **~ reatha** pot shot

urchóid *nf2* harm; malice; (*Med*)

malignancy; **an ~ a bhaint as ráiteas** to take the sting out of a statement; **gan ~** harmless

urchóideach adj harmful; malicious; (also Med) malignant

urghabh vt (Law) seize

urghabháil (pl **urghabhálacha**) nf3 (Law) seizure

urghnách adj (meeting, motion) extraordinary

urlabhra nf4 (faculty) speech; manner of speech

urlabhraí nm4 spokesperson; mouthpiece

urlacan nm1 vomit; **~ folamh** retching

urlaic (pres **urlacann**) vt, vi vomit

urlámhas nm1 control; authority

urlár nm1 floor; (of bus, bridge) deck; **an chéad ~** the first floor; **~ leacán** tiled floor

urnaí nf4 prayer; praying; **bheith ag ~** to pray

úrnua adj brand-new; new; **tosú go h~** to start from scratch

urra nm4 guarantor; (for money) surety; (Radio, TV, Sport) sponsor; authority; strength; **faoi ~** guaranteed; **ceann ~** leader; **dul in ~ ar dhuine** to act as a guarantor for sb; **~ a chur le scéal** to back up a story

urraigh vt sponsor, go surety for

urraim nf2 respect; reverence; **~ a thabhairt do dhuine** to treat sb with respect

urraíocht nf3 sponsorship

urramach adj respectful ▷ nm1 (title) reverend; **an tU~ de Brún** Reverend Brown

urrann nf2 compartment

urrúnta adj strong; hardy, robust

urrús nm1 guarantee, security; **~ in aghaidh caillteanais** indemnity against loss

urrúsach adj confident, assured

ursain nf2 door-post

úrscéal (pl **úrscéalta**) nm1 novel

úrscéalaí nm4 novelist

urú (gs **uraithe**, pl **uruithe**) nm eclipse; (Gram) eclipsis

ús nm1 (Comm) interest; **an ráta úis** the interest rate

úsáid nf2, vt use; **in/as ~** in/out of use; **~ a bhaint as rud** to use sth; **gan ~** useless

úsáideach adj useful

úsáideoir nm3 user; consumer

úsc nm1 extract; grease, fat; sap, resin ▷ vt, vi ooze, exude; seep; **~ éisc** fish oil

úscach adj oily, greasy

úspaireacht nf3 drudgery, slog

úspánta adj clumsy

útamáil nf3 fumbling; **bheith ag ~ le rud** to fumble with sth; **ag ~ thart** pottering about

úth (pl **úthanna**) nm3 udder

Útóipe nf4 Utopia

Útóipeach adj Utopian

V

vác (pl **vácanna**) nm4 (of duck) quack

vacsaín (pl **vacsaíní**) nf2 vaccine

vacsaínigh vt vaccinate

vaiféal nm waffle

vaigín nm4 wag(g)on

vailintín nm4 valentine (card); **Lá Fhéile V~** St Valentine's Day

vallait nf2 wallet

válsa nm4 waltz

vardrús nm1 wardrobe

Vársá nm4 Warsaw

vása nm4 vase

vástchóta nm4 waistcoat

vata nm4 watt

Vatacáin nf2: **an ~** the Vatican; **Cathair na ~e** Vatican City

veain (pl **veaineanna**) nf4 van

vearanda nm4 veranda(h), porch

vearnais nf2 varnish

véarsa nm4 (poem) verse; stanza

véarsaíocht nf3 (Poetry) verse

veasailín nm4 Vaseline®

veidhleadóir nm3 violinist

veidhlín nm4 violin

veigeatóir nm3 vegetarian

veilbhit nf2 velvet

Véineas nf4 (planet) Venus

Veinéis nf2: **an ~** Venice

veinír nf2 veneer

Veiniséala nm4 Venezuela

Veiniséalach adj, nm Venezuelan

veist (pl **veisteanna**) nf2 vest; waistcoat

vialait nf2 (colour) violet

Victeoiriach adj Victorian

Vín nf4 Vienna

vióla nf4 viola

víosa nf4 visa

víreas nm1 (also Comput) virus

vitimín nm4 vitamin

Vítneam nm4 Vietnam

Vítneamach adj, nm Vietnamese

Vítneamais nf2 (Ling) Vietnamese

V-mhuineál nm1 V-neck

voc nm4 wok

volta nm4 volt

voltas nm1 voltage

vóta nm4 vote

vótáil nf3 voting; poll ▷ vt, vi vote; **ionad vótála** polling booth; **lucht vótála** voters

W X

W, w no letter "w" in Irish except in loan words

X-chrómasóm *nm1* X-chromosome
xéaracs *nm4* Xerox®
x-gha (*pl* **x-ghathanna**) *nm4* (*ray*) X-ray
x-ghathú *nm* (*photo*) X-ray
xileafón *nm1* xylophone

y z

Y-chrómasóm *nm1* Y-chromosome

zipeáil *vt* (*file*) zip
zipchomhad *nm1* zip file
zú (*pl* **zúnna**) *nm4* zoo

Language Plus
Tuilleadh Faoin Teanga

CONTENTS

CLÁR ÁBHAIR

TIME

What time is it?
It's ...

a haon a chlog

deich (nóiméad) i ndiaidh/
tar éis a haon

ceathrú i ndiaidh a haon

At what time?

ar a dó dhéag (san oíche)

ar a dó dhéag (meán lae)

AN tAM

Cén t-am é?
Tá sé ...

leath i ndiaidh a haon

fiche go dtí/chun a dó

ceathrú go dtí a dó

Cén t-am?

ar a haon tráthnóna

ar a hocht (a chlog)
tráthnóna/san oíche

4

LET'S TALK TIME	LABHRAÍMIS FAOI CHÚRSAÍ AMA
this/next Monday	Dé Luain seo chugainn/ seo ag tarraingt orainn
last week	An tseachtain seo caite/ seo a chuaigh thart/ seo a d'imigh tharainn
every Saturday morning	gach maidin Sathairn
Monday to Saturday (Am.) Mon. through Sat.	ó Luan go Satharn
next year	an bhliain seo chugainn, san athbhliain
last year	anuraidh
for the past year, for a year now	le bliain anuas
for a year (future); for the next (coming) year	go ceann bliana
for the next (following) year	go ceann/ar feadh bliana (ina dhiaidh sin)
in a week, in a week's time	i gceann seachtaine
within a week, by the end of a/the week	faoi cheann seachtaine
by lunchtime tomorrow	faoi am lóin amárach
for a whole month	i rith míosa
during the month	i rith/i gcaitheamh na míosa
throughout the month	ar feadh na míosa
a week from today (future)	seachtain ó inniu
a month ago this Monday	mí is/gus an Luan seo chugainn

LET'S TALK TIME

LABHRAÍMIS FAOI CHÚRSAÍ AMA

this time last year	an t-am seo anuraidh, bliain go ham seo
three months ago	trí mhí ó shin
in a month's time, (by) this time next month	mí ó inniu
this morning	maidin inniu
yesterday evening	tráthnóna inné
the day before yesterday	arú inné
the day after tomorrow	anóirthear, amanathar, arú amárach

DAYS OF THE WEEK

LAETHANTA NA SEACHTAINE

Sunday	an Domhnach
Monday	an Luan
Tuesday	an Mháirt
Wednesday	an Chéadaoin
Thursday	an Déardaoin
Friday	an Aoine
Saturday	an Satharn

on Sunday	Dé Domhnaigh
on Monday	Dé Luain
on Tuesday	Dé Máirt
on Wednesday	Dé Céadaoin
on Thursday	Déardaoin
on Friday	Dé hAoine
on Saturday	Dé Sathairn

on Mondays	ar an Luan
every Monday	gach Luan
last Tuesday	Dé Máirt seo caite
next Friday	Dé hAoine seo chugainn
a week on Saturday past	seachtain is an Satharn seo caite
two weeks from next Saturday	coicís ón Satharn seo chugainn

MONTHS

January	Eanáir
February	Feabhra
March	Márta
April	Aibreán
May	Bealtaine
June	Meitheamh
July	Iúil
August	Lúnasa
September	Meán Fómhair
October	Deireadh Fómhair
November	Samhain
December	Nollaig

NA MÍONNA

What date is it today? — Cén dáta é inniu?
It's the 16th of June. — An séú lá déag Meithimh.
What date is your birthday? — Cén dáta do lá breithe?
It's the 22nd of May. — An dara lá fichead Bealtaine.

FESTIVALS	FÉILTE
Christmas	an Nollaig
Christmas Eve	Oíche Nollag
Christmas Day	Lá Nollag
Boxing Day	Lá Fhéile Stiofáin
New Year's Eve	Oíche Chinn Bliana
New Year's Day	Lá Caille
Valentine's Day	Lá Fhéile Vailintín
April Fool's Day	Lá na nAmadán
Good Friday	Aoine an Chéasta
Easter/Easter Sunday	an Cháisc/Domhnach Cásca
Whitsun/Whit Sunday	an Chincís/Domhnach Cincíse
Hallowe'en	Oíche Shamhna
All Saints' Day	Lá na Naomh Uile
Happy Christmas!	Nollaig faoi mhaise!
April fool!	A amadáin Aibreáin!
at Easter	faoi/um Cháisc
to celebrate New Year	an Bhliain Nua a cheiliúradh
What do you do at Christmas?	Cad a dhéanann sibh um Nollaig?
We spend Christmas Day at home.	Caithimid Lá Nollag sa bhaile.

HOLIDAYS	LAETHANTA SAOIRE
the summer holidays	saoire an tsamhraidh
the midterm break	an briseadh lár téarma
the Christmas holidays	saoire na Nollag
the Easter holidays	saoire na Cásca
What are you going to do in the holidays?	Cad a dhéanfaidh tú sna laethanta saoire?
We're going to Italy this summer.	Táimid ag dul go dtí an Iodáil sa samhradh.
We're not going on holiday this year.	Nílimid ag dul ar saoire i mbliana.
We always go skiing in February.	Téimid ag sciáil i gcónaí i mí Feabhra.
I'm going to stay with my friend for a week next year.	Tá mé chun fanacht seachtain ag mo chara an bhliain seo chugainn.
Last year I went to the United States.	Chuaigh mé go dtí na Stáit Aontaithe anuraidh.

NAMES

AINMNEACHA

Girls' names

Ainmneacha cailíní

Áine	ahn-yi	Ann(e)
Aingeal	ang-il	Angela
Aoife	ee-fi	Eva
Bríd	breedj	Bridget
Cáitlín	kahtj-leen	Kathleen
Caitríona	katj-reeni	Catherine
Doireann	djr-in	Dorothy
Eibhlín	ay-leen, ev-lin	Eileen
Eilís	ay-lish	Elizabeth, Ellen
Eithne	en-yi	Annie
Fionnuala	fin-oola	Penelope, Penny
Gearóidín	gyahr-oadj-een	Geraldine
Gráinne	grah-nyi	Grace
Lile	li-li	Lillian, Lily
Mairéad	mar-ayd	Margaret
Máire	mahr-i	Maria, Marie, Mary
Máirín	mahr-een	Maureen
Méabh	mee-iv	Maeve
Neans	nyans	Nancy
Pádraigín	pahd-rigeen	Patricia
Póilín	poal-een	Pauline
Proinséas	prun-shay-is	Frances
Róis	roash	Rose
Róisín	roash-een	Rosaleen
Seosaimhín	shoas-av-een	Josephine
Sinéad	shin-ayd	Jane, Janet, Jenny
Síle	shee-li	Sheila
Siobhán	shiv-ahn	Susan(na), Joan, Johanna
Sorcha	sor-a-ha	Sarah
Treasa	tras-i	Theresa

NAMES

AINMNEACHA

Boys' names

Ainmneacha buachaillí

Ailbhe	al-vi	Albert
Aindréas	andr-ayis	Andrew
Aindriú	and-roo	Andrew
Alastar	alis-tir	Alexander
Aodh	ee, oo	Hugh
Aonghas	ay-nis	Angus
Antain	ant-in	Anthony
Art	art	Arthur
Caoimhín	keev-een	Kevin
Cathal	kah-il	Charles
Ciarán	keer-in	Kieran
Críostóir	krist-oar	Christopher
Conchúr	kru-hir	Connor
Dónall	doan-il	Daniel
Dáithí	daih-ee	David
Dáiví	daih-vee	David
Déaglán	day-glin	Declan
Diarmaid	djeer-midj	Dermot
Éadbhard	ayd-ward	Edward
Eoghain	oa-in	Eugene
Eoin	oan	Ian, John
Fearghal	far-il	Fergal
Fearghas	far-is	Fergus
Gearóid	gyar-oadj	Gerald, Gerard
Liam	lay-m	William
Lúcás	look-as	Luke
Lughaidh	loo-ee	Lewis, Louis
Máirtín	mahr-tjeen	Martin
Maitiú	matj-oo	Matthew
Maolmhaodhóg	mi-loag	Malachy
Marcas	mar-kis	Mark

12

NAMES

AINMNEACHA

Boys' names

Ainmneacha
buachaillí

Mícheál	mee-hahl	Michael
Pádraig	pahd-rig	Patrick
Peadar	pyad-ir	Peter
Pilib	pil-ib	Philip
Pól	poal	Paul
Roibeard	rib-ard	Robert
Ruairí	roor-ee	Roderick, Rory
Séamas	shaym-is	James
Seán	shawn	John
Séarlas	shayr-lis	Charles
Seoirse	shor-shi	George
Seosamh	shoas-iv	Joseph
Somhairle	sawir-li	Samuel
Stiofán	stif-in	Steven
Tomás	tom-ahs	Thomas
Tadhg	tay-g	Timothy

NUMBERS

There are two forms of cardinal numbers in Irish. The first list shows cardinal numbers used in counting.

zero, nothing	0	nialas, náid, neamhní
one	1	a haon
two	2	a dó
three	3	a trí
four	4	a ceathair
five	5	a cúig
six	6	a sé
seven	7	a seacht
eight	8	a hocht
nine	9	a naoi
ten	10	a deich
eleven	11	a haon déag
twelve	12	a dó dhéag
thirteen	13	a trí déag
fourteen	14	a ceathair déag
fifteen	15	a cúig déag
sixteen	16	a sé déag
seventen	17	a seacht déag
eighteen	18	a hocht déag
nineteen	19	a naoi déag
twenty	20	fiche
twenty-one	21	fiche a haon
twenty-two	22	fiche a dó
thirty	30	tríocha
forty	40	daichead
fifty	50	caoga
sixty	60	seasca
seventy	70	seachtó
eighty	80	ochtó
ninety	90	nócha
a hundred	100	céad
a hundred and one	101	céad a haon
a hundred and thirty	130	céad is tríocha
three hundred	300	trí chéad
three hundred and one	301	trí chéad a haon
a thousand	1,000	míle
ten thousand	10,000	deich míle
a hundred thousand	100,000	céad míle
a million	1,000,000	milliún

NUMBERS

The second list shows cardinal numbers used in conjunction with a noun. The noun is represented here by three dots.

a, one, a single	1	(aon) ... amháin
two	2	dhá (things)/beirt (persons)
three	3	trí/triúr
four	4	ceithre/ceathrar
five	5	cúig/cúigear
six	6	sé/seisear
seven	7	seacht/seachtar
eight	8	ocht/ochtar
nine	9	naoi/naonúr
ten	10	deich/deichniúr
eleven	11	(aon) ... déag
twelve	12	dhá ... déag
thirteen	13	trí ... déag
fourteen	14	ceithre ... déag
fifteen	15	cúig ... déag
sixteen	16	sé ... déag
seventeen	17	seacht ... déag
eighteen	18	ocht ... déag
nineteen	19	naoi ... déag
twenty	20	fiche
twenty-one	21	... is fiche
twenty-two	22	dhá ... is fiche
thirty	30	tríocha
forty	40	daichead
fifty	50	caoga
sixty	60	seasca
seventy	70	seachtó
eighty	80	ochtó
ninety	90	nócha
a hundred	100	céad
a hundred and one	101	céad is aon
a hundred and thirty	130	céad is tríocha
three hundred	300	trí chéad
three hundred and one	301	trí chéad is aon
a thousand	1,000	míle
ten thousand	10,000	deich míle
a hundred thousand	100,000	céad míle
a million	1,000,000	milliún

NUMBERS

first	1st	an chéad/t-aonú
second	2nd	an dara/dóú
third	3rd	an tríú
fourth	4th	an ceathrú
fifth	5th	an cúigiú
sixth	6th	an séú
seventh	7th	an seachtú
eighth	8th	an t-ochtú
ninth	9th	an naoú
tenth	10th	an deichiú
eleventh	11th	an t-aonú ... déag
twelfth	12th	an dóú/dara ... déag
thirteenth	13th	an tríú ... déag
fourteenth	14th	an ceathrú ... déag
fifteenth	15th	an cúigiú ... déag
sixteenth	16th	an séú ... déag
seventeenth	17th	an seachtú ... déag
eighteenth	18th	an t-ochtú ... déag
nineteenth	19th	an naoú ... déag
twentieth	20th	an fichiú
twenty-first	21st	an t-aonú ... is fiche
twenty-second	22nd	an dóú/dara ... is fiche
thirtieth	30th	an tríochadú
fortieth	40th	an daicheadú
fiftieth	50th	an caogadú
sixteith	60th	an seascadú
seventieth	70th	an seachtódú
eighteith	80th	an t-ochtódú
ninetieth	90th	an nóchadú
hundredth	100th	an céadú
hundred and first	101st	an céad is aonú ...
hundred and eleventh	111th	an céad is aonú ... déag
thousandth	1000th	an míliú
one millionth	1,000,000th	an milliúnú

NUMBERS

UIMHREACHA

a half	1/2	leath
a third	1/3	trian
two thirds	2/3	dhá dtrian
a quarter	1/4	ceathrú
three quarters	3/4	trí cheathrú
one fifth	1/5	cúigiú
nought point five	0.5	náid pointe a cúig
three point four	3.4	trí pointe a ceathair
ten per cent	10%	deich faoin gcéad
one hundred per cent	100%	céad faoin gcéad